Klaus Müller

Glauben – Fragen – Denken

Band II

Weisen der Weltbeziehung

ASCHENDORFF MÜNSTER

Druck: Druckhaus Aschendorff, Münster, 2008
Gedruckt auf säurefreiem, alterungsbeständigem Papier ∞

ISBN 13: 978-3-402-00421-0

LOL

Für Thomas Bremer
zum 14.11. und überhaupt
(willkommen im Ü50-Club)

INHALTSVERZEICHNIS

Vorwort

Intellektuellenmisere darf nicht
zur Verzweiflung
an der Rolle der Geistigen verführen.[1]

Im Band I dieses Lehrbuchs – erschienen 2006 – wurden diejenigen zehn Basisthemen in der Begegnung von Philosophie und Theologie entfaltet, von denen ich glaube, dass ein kompetenter Umgang mit ihnen zum Grundgerüst eines zünftigen Theologiestudiums gehört.

Wie dort bereits angekündigt, bieten der vorliegende Band II und der bald folgende Band III nicht weitere oder speziellere Sachbereiche, sondern greifen jene Basisthemen aus Bd. I in gestufter Dichte auf, was Schwerpunktverlagerungen einschließt.[2] Die Zugriffsperspektiven werden systematisch und historisch ausdifferenziert, und an den entscheidenden Wegmarken des Verhältnisses von Vernunft und Glaube sollen die jeweiligen Problemstellungen bis auf die Höhe der einschlägigen Gegenwartsdebatten vorangetrieben werden. In diesem Bd. II geschieht das für die Weisen der philosophischen Weltbeziehung, die gewöhnlich die Disziplinnamen der Erkenntnis- und Wissenschaftstheorie, der Medienphilosophie, der Hermeneutik, der Ethik, der Ästhetik und der Ontologie tragen. Auf eine ausführliche Bibliographie wird in Bd. II und III verzichtet. Erstrangige Literatur haben ohnehin die Primärquellen zu sein. Für weiterführende Lektüre sei auf die Bibliographie in Bd. I verwiesen. Alle Publikationen, auf die ich mich für die Entfaltung der eigenen Überlegungen beziehe, sind in den jeweiligen Anmerkungen ausgewiesen.

Selbstverständlich unterliegt ein Unterfangen wie dieses Lehrbuch den Grenzen der erstpersönlichen Optionen des Autors, die manchmal enger gezogen sind, als diesem lieb ist. Dieses Eingeständnis könnte aber zugleich die Lesenden ermutigen, ihrerseits erstpersönliche Wegbahnungen im philosophischen Denken zu wagen.

Ohne den an dieser Stelle allfälligen Rekurs auf den Nachtvögeltransport in die klassische Philosophen-Metropole weiter zu bemühen, danke ich erneut meiner engagierten und unermüdlichen Frau- und Mannschaft am Lehrstuhl, bestehend aus WM Christian Hengstermann, den SHKs Rudi Heidrich, Elisa Kröger, Veronika Wegener, der Ex-SHK und jetzigen Std.-Ref.'in Jasmin Hassel, dem WHK Dipl.-

[1] Diktum von Hans Blüher, zit. nach *Der Pfahl*. Jahrbuch aus dem Niemandsland zwischen Kunst und Wissenschaft VII. München 1993. 7.

[2] Während in Bd. I die Sprachphilosophie ein eigener Themenblock war und die Ontologie quer durch die Traktate implizit blieb, wird hier in Bd. II die Ontologie ausführlich behandelt und die Sprachphilosophie als Querschnittthema in die Traktate integriert.

Theol. Andreas Reitinger und der Sekretärin Monika Liedschulte. Desgleichen ein herzliches Vergelt's Gott der bewährten Outsource-Abteilung „Druckfehlerteufeljagd“ im Klarissenkonvent am Münsteraner Dom.

In dem Unbehagen, etwas aus der Hand zu geben, an dem noch so Vieles getan werden könnte, tröstet mich ein Aphorismus Nicolás Gómez Dávilas, der zwar ein Reaktionär war, aber wo er Recht hat, Recht hat:

„Was in der Philosophie nicht Fragment ist, ist Betrug.“[3]

Münster,
am 24. November 2007,
dem 375. Geburtstag und im 330. Todesjahr
Baruch de Spinozas

Klaus Müller

3 DÁVILA, Nicolás Gómez: Das Leben ist die Guillotine der Wahrheiten. Ausgewählte Sprengsätze. Hg. u. mit einem Essay versehen v. Martin Mosebach. Aus d. Spanischen v. Thomas Knefeli, Günter Maschke, Michaela Messner u. Günther Rudolf Sigl. Frankfurt a.M. 2006. 310.

Teil A:
Wissen und Wahrnehmen

0. Kleine Landschaftsskizze

Philosophisches „Jetzt". Wer ins Philosophieren eintritt, tut das nie voraussetzungslos. Das gilt nicht erst für den Fall, dass sich jemand ausdrücklich an einer bestimmten Tradition oder Weise des Philosophierens orientieren möchte. Zuvor bereits steht jeder philosophische Gedanke – und selbst das einfache Staunen etwa als sein Anfang – unter dem Horizont eines bestimmten Verständnisses und Selbstverständnisses der Philosophie – gehört also jeweils einem philosophischen Heute an.

„[…] Philosophie [ist; K. M.], ihre Zeit in Gedanken erfaßt"[1],

sagt Georg Wilhelm Friedrich Hegel bündig dafür. In dieses Heute sind alle eingebettet, die selbst einen philosophischen Gedanken fassen. Nachdem das geschehen ist, wird in der Regel dann bald auch diese unvermeidliche Voraussetzung des eigenen Philosophierens selbst Thema des philosophischen Nachdenkens werden: Wer philosophisch denkt, wird das, was sie bzw. er in erster Person an Gedanken fasst, ins Verhältnis zu dem setzen, was in ihrer bzw. seiner Gegenwart als Philosophieren gilt. So wird das subjektive Denken dem Belastungstest auf dem Forum der allgemeinen und kritischen Vernunft ausgesetzt. Darum gehört zu jedem Entschluss, philosophisch zu denken oder – noch tiefer greifend – ein philosophisches Leben zu führen, unabdingbar die Aufgabe, sich Klarheit über das eigene – eben jetzt gegebene – Heute der Philosophie zu verschaffen. Anders gesagt: Es stellt sich die ihrerseits bereits philosophische Aufgabe, in etwa die Perspektiven im Umriss zu vergegenwärtigen, in denen sich in der jeweiligen Gegenwart das vollzieht, was als Ausdruck philosophischen Denkens gilt. Eben war von Forum – also Marktplatz – der Vernunft die Rede: Das ist der öffentliche Ort, an dem Argumente ausgetauscht und gewogen werden und wo entschieden wird, welche von ihnen zählen. Die Verständigung über das jeweilige Jetzt der Philosophie ist darum kritische Selbstevaluation dieses Forums. Andere Mittel haben wir dafür nicht. Darum ist alles wirkliche Philosophieren von Wesen selbstkritisch. In dieser Grundeinstellung versuchen wir in einem ersten Schritt, etwas die Landschaft philosophischen Denkens heute zu vermessen. Aus der Übersicht, die sich so gewinnen lässt, suchen wir dann die Orte philosophischen Denkens auf, die uns als Theologie-Treibende in besonderer Weise interessieren oder herausfordern.

Philo-Tainment. Für eine solche erste Orientierung über das philosophische Heute nun könnte jemand so vorgehen: Er oder sie betritt eine große Buchhandlung und mustert die Regale durch, über denen „Philosophie" steht. An den Titeln der Werke und den Namen

[1] HEGEL, Georg W. F.: Grundlinien der Philosophie des Rechts oder Naturrecht und Staatswissenschaft im Grundbegriffe. In: DERS.: Sämtliche Werke. Jubiläumsausgabe in 20 Bänden. Hg. v. Hermann Glockner. Bd. 7. Stuttgart 1952. 35.

der Autoren bzw. dem Umfang, in dem ihre Bücher aufliegen, müsste doch eigentlich ein erster Trend ablesbar sein, was denn so diskutiert wird. Aber: Fehlanzeige. Namen kommen alle möglichen vor, bekannte und viel mehr noch unbekannte, uralte und ganz neue. Von allen großen Denkern, angefangen von den Vorsokratikern, stehen ein paar Schriften herum, dazwischen Schriften anderer über diese Schriften – und daneben immer wieder Bücher, von denen man nicht genau weiß, ob sie ernst gemeint sind oder die Sache, um die es geht (oder gar den potenziellen Leser) veralbern: *Philosophie für Einsteiger* in Comic-Form oder *Alles Bluff! Mitreden beim Thema: Philosophie* mit Anweisungen, wie man mit ein bisschen fachterminologischem Wortgeklapper den Eindruck von Bescheidwissen erzeugen kann. Beispiel:

> „Suchen Sie sich ein paar Floskeln aus, die gut klingen, und verwenden Sie sie, bis sie ausgelutscht sind. Und beherzigen Sie immer eine Goldene Regel: Sagen Sie nichts auf Deutsch, was Sie auch in einer anderen Sprache sagen können (vorzugsweise Lateinisch oder Griechisch)."[2]

In der Philosophie der Gegenwart scheint – wie anderswo auch in der Gesellschaft – das Motto zu herrschen: „Lasst viele Blumen blühen!" Jede und jeder kann sich im Grunde aussuchen, was ihm an Meinungen und Überzeugungen zu Gesicht steht (wobei von Überzeugung streng genommen gar nicht gesprochen werden dürfte; denn zu einer Überzeugung gehört, von etwas so und nicht anders zu denken, also bis ins Mark überzeugt zu sein, wie man so sagt, und dafür auch stichhaltige Gründe angeben zu können). Von der Situation der „neuen Unübersichtlichkeit" sprach Jürgen Habermas schon vor Jahren. Dazu gehört auch, dass Beschäftigung mit Philosophie für erstaunlich breite Kreise zu einer Art Gesellschaftsspiel geworden ist. Flächendeckend begann das 1979 mit dem Buch *Gödel, Escher, Bach: An Eternal Golden Braid*, einem Kompendium von vor allem mathematischen und ästhetischen Gedankenspielen. Dem folgten – wie immer, wenn sich etwas gut verkauft – ähnlich aufgebaute voluminöse Bücher mit dem Titel *Einsicht ins Ich* und *Metamagicum*, beides Sammelwerke, in denen sich hochspezialisierte Fachbeiträge mit Science Fiction, Literatur und augenzwinkernder Humoristik zum philosophischen Zentralrätsel „Bewusstsein" mischen. Diese Publikationen verlangten der Leserschaft durchweg ein erhebliches Maß an Zeit und Anstrengung ab. Das meiste, was in den Folgejahren erschien, vor allem die allgemeinen Einführungen in Philosophie und philosophiegeschichtliche Abrisse, fällt dagegen um Dimensionen ab.

Vernunft-Misstrauen. Dass es diesen erstaunlichen Philosophie-Boom überhaupt gibt, hat dabei einen völlig anderen Grund, als man im ersten Moment annehmen möchte. Kein Geringerer als der bereits erwähnte Hegel, unter anderem auch Begründer der Philoso-

[2] HANKINSON, Jim: Alles Bluff? Mitreden beim Thema: Philosophie. München 1994. 52.

phiegeschichte als einer eigenen Disziplin, leitet seine *Vorlesungen über die Geschichte der Philosophie* ein mit der Beobachtung:

> „Bei der Geschichte der Philosophie drängt sich sogleich die Bemerkung auf, daß sie wohl ein großes Interesse darbietet, wenn ihr Gegenstand in einer würdigen Ansicht aufgenommen wird, aber daß sie selbst noch ein Interesse behält, wenn ihr Zweck verkehrt gefaßt wird; – ja dieses Interesse kann sogar in dem Grade an Wichtigkeit zu steigen scheinen, in welchem die Vorstellung von der Philosophie und von dem, was ihre Geschichte hierfür leiste, verkehrter ist. Denn aus der Geschichte der Philosophie wird vornehmlich ein Beweis der Nichtigkeit dieser Wissenschaft gezogen."[3]

Das passt aufs Wort für unsere heutige Situation: Vielschichtiges Interesse an Philosophie nicht als Ausdruck kraftvoller Orientierung durch Denken, sondern als Symptom eines tiefreichenden Misstrauens in die Geltung und Leistung der Vernunfttätigkeit. Indem forsch alles nebeneinandergestellt oder durchlaufen wird, was denn schon so alles gedacht wurde, wie ein philosophisches Konzept das andere ablöst, eines dem anderen widerspricht, muss ja zwangsläufig der Eindruck entstehen, dass wohl an keinem letztlich etwas daran sein kann, es also gleich-gültig ist im buchstäblichen Sinn, wie ich über dieses oder jenes denke. Eine Annahme wie etwa diejenige Hegels, dass sich möglicherweise durch die Wendungen der Geschichte und auch die Widersprüche der Konzepte hindurch die eine Vernunft zur Geltung bringe und dass sich darum die Aufgabe stellen könnte, die Vielheit ihrer Äußerungsformen systematisch in ihrer Einheit zu erfassen, liegt für diese Auffassung von der Philosophie und ihrer Geschichte außerhalb jeder Fragbarkeit.

Eine nicht zu unterschätzende Ursache für das Aufkommen dieser Einstellung liegt in den Erfahrungen, die wir mit unserer durchschnittlichen Lebenswelt machen: Sie wird technisch, ökonomisch, politisch und gesellschaftlich immer komplizierter. Um in den hochgradig ausdifferenzierten Lebenswelten der Berufe, der Medien, der Bildung, der Fitness, der Freizeitleistung mithalten zu können, sind wir in erheblichem Ausmaß den Experten ausgeliefert. Die Einzelsegmente der Lebenswelt sind oft wenig miteinander vernetzt, teilweise gegeneinander abgeschottet. Aus beidem – Abhängigkeit von anderen und Unüberschaubarkeit der Zusammenhänge – erwächst ein Orientierungsdefizit. Bis vor noch gar nicht so langer Zeit wurde dieses Orientierungsbedürfnis von den großen Sinnstiftungsagenturen gestillt: den Parteien, den Gewerkschaften, den Kirchen. Nur haben diese heute weitgehend ihre Bindekraft eingebüßt. Teils konnten sie mit den rasanten gesellschaftlich-kulturellen Prozessen nicht Schritt halten, teils sind sie in Verdacht geraten, statt dem Wohl der Menschen zu dienen, eigene Interessen, meist pekuniäre, zu verfolgen. Die öffentliche Autorität dieser Instanzen ist verschlissen. Darum sucht

[3] HEGEL, Georg W. F.: Vorlesungen über die Geschichte der Philosophie I. In: DERS.: Sämtliche Werke. Jubiläumsausgabe in 20 Bänden. Hg. v. Hermann Glockner. Bd. 17. Stuttgart 1959. 23.

man sich in der Regel eine etwas weniger weltverwickelte, irgendwie transzendentere Autorität, an die man sich anlehnen kann. Manche finden diese Stütze in einer Wiederbelebung der Idee des Nationalen; bis tief in demokratische Kreise hinein wird da ein gefährliches Spiel mit dem Feuer getrieben. Andere folgen einem spirituellen Guru (der Preis spielt dabei eine eher geringe Rolle). Für ganz viele bieten sich als eine Art freischwebende Autorität die Philosophen und Philosophien an (in vielen Buchhandlungen verläuft der Übergang vom Philosophie- zum Esoterik-Regal bezeichnenderweise fließend). Das Angenehme bei dieser weichen Lösung: Die von mir gewählte Philosophie kann mich nur bedingt in Anspruch nehmen. Wenn mir die Richtung eines Tages nicht mehr passt, suche ich mir eine andere. Sanktionen gibt es keine. Und nachdem das nicht nur ich, sondern die anderen genauso halten, muss ich deren Positionen und die sie tragenden Philosophien nicht so ganz bitterernst nehmen – und meine eigene natürlich auch nicht. Diese Beliebigkeit im Umgang mit Positionsbestimmungen macht den Kern dessen aus, was im öffentlichen Diskurs und in den Feuilletons als „Postmoderne“ bezeichnet wird.

Grundlagenkrise. Dabei handelt es sich keineswegs um eine künstlich erzeugte Modeerscheinung. Der Oberflächenpluralismus der Postmoderne ist vielmehr ein Symptom dafür, dass die Krise des westlichen Denkens erstmals seit der Zeit der Vorsokratiker auch diejenige Instanz erfasst hat, auf die man in früheren Krisen rekurrierte, um diese Krisen zu bewältigen. Systematisch gewendet: Das von mir beschriebene unübersichtliche Geflecht von philosophischen Deutungsmächten, Meinungen und Moden setzt als Bedingung seiner Möglichkeit einen bis ans Fundament gehenden Zweifel an der orientierenden Kraft des Denkens voraus. Die Gründe dafür, dass und wie diese Grundlagenkrise der abendländischen Rationalität aufkam, liegen dabei im Gang des philosophischen Denkens unseres Jahrhunderts selbst beschlossen. Damit stehen wir an dem Punkt, von dem aus uns ein Einstieg in die Innenansichten der Philosophie dieses Jahrhunderts und unserer Gegenwart möglich sein müsste. Ich beginne das Unternehmen mit dem Versuch einer Grobskizze der hauptsächlichen Diskurslinien, aus der sich dann die Schwerpunkte für eine detaillierte Auseinandersetzung ergeben.

Formen von Vernunftanspruch. Wenn ich soeben sagte, die Lage der gegenwärtigen Philosophie resultiere aus einem fundamentalen Zweifel an der orientierenden Kraft des Denkens, dann war das natürlich noch abstrakt gesprochen. Der Zweifel – wenn er wirklich gegeben ist – kann ja nur die konkreten Weisen betreffen, in denen sich der Anspruch der Vernunft geltend macht. Was sind das für Weisen? Es gibt deren drei: Was wahr und damit richtig und damit auch verbindlich ist, ergibt sich entweder aus der Tradition oder aus der Reflexion der Lebenspraxis oder aus der Wissenschaft – konkret natürlich immer aus allen dreien zugleich. Das sind die fundamentalen Auftrittsweisen von Vernunftansprüchen:

(a) Tradition. Unter „Tradition“ ist zu verstehen, was als überkommen und bewährt gilt, was zur Verfügung steht, um immer neu angeeignet zu werden, um aus dem, was jemand gesagt oder gedacht hat, für jetzt Orientierung zu gewinnen. Zu Tradition in diesem Sinn sind zu rechnen: Religion, Philosophie und die so genannte klassische Literatur, also jene Werke der Dichtung, in denen Grundfragen der Welt- und Selbstbeschreibung als gültig beantwortet gelten. Zu berücksichtigen ist dabei auch, dass ein fundamentaler Zweifel an Tradition nicht nur die Inhalte der Überlieferungen betrifft, sondern auch ihr Medium, d.h. die Sprache als solche. Mit dem Zerfall der Verbindlichkeit der Tradition geht daher auch der Verdacht einher, Sprache sei überhaupt nicht fähig, Sinn zu vermitteln.

(b) Reflexion der Lebenspraxis. Vernunft macht sich auch darin geltend, dass ich über mich und mein Tun nachdenke, um herauszufinden, was ich weiterhin tun soll; dass ich die Bedingungen analysiere, denen ich unausweichlich unterstehe; dass ich mein Dasein auf eine Weise entwerfe, die es gelingen lässt. In fundamentaler Weise gehört dazu auch der Einbezug meiner Verwiesenheit auf andere, also die Dimension der Intersubjektivität und Gesellschaftlichkeit. Ein fundamentaler Zweifel daran, dass sich das Dasein in seinen elementaren Dimensionen kraft der Vernunft bestimmen und in Folge davon erhalten und gestalten lässt, stellt unter Verdacht, dass ich überhaupt sagen kann, wer ich als Mensch bin und dass ich mit meinesgleichen vernünftig auszukommen vermag.

(c) Wissenschaft. Den Namen „Wissenschaft“ trägt diejenige Auftrittsweise von Vernunft, die aufgrund ihrer unerhörten Erfolgsgeschichte während der letzten zweieinhalb Jahrhunderte bis vor ganz kurzer Zeit als fraglos verlässlich galt. Mittlerweile ist aber unübersehbar geworden, dass diese Form des Vernunftgebrauchs nicht nur ihren Preis kostet, nicht nur vor Fragen stellt, die wir im Grunde nicht beantworten können („Dürfen wir tun, was wir tun können?“), sondern dass sie Folgen zeitigt, die den Fortbestand vernünftiger Wesen und der Welt überhaupt in Frage stellen. Unter dem Titel der „ökologischen Krise“ wird die wissenschaftlich-instrumentelle Vernunft der Welt- und Selbstzerstörung angeklagt. Der Zweifel an der Vernünftigkeit der Vernunft geht dabei so weit, dass ihr eine Selbstkorrektur im Grunde gar nicht mehr zugetraut wird. Der unmittelbar drohenden Katastrophe scheint nur noch durch Rekurs auf nichtrationale Weltbeschreibungsformen – etwa kosmozentrische oder New Age geprägte Gedanken – Einhalt geboten werden zu können.

Es kann kein Zweifel bestehen: Das Vertrauen in die Vernunft ist theoretisch wie praktisch bis ins Fundament erschüttert. Kants berühmte Fragen „Was kann ich wissen? Was soll ich tun? Was darf ich hoffen?"[4] werden von nicht wenigen heute so beantwortet: Was kann ich wissen? – Nichts. Was soll ich tun? – Weiß ich nicht. Was darf ich hoffen? Keine Ahnung.

Neueinsätze. Um die Reichweite dieser Vernunftkrise von heute in etwa ermessen zu können, muss man in Rechnung stellen, dass die Philosophie des 20. Jahrhunderts exakt mit buchstäblich bahnbrechenden Neubesinnungen auf die philosophische Relevanz von Tradition, Praxisreflexion und Wissenschaft beginnt.[5] In den 20er Jahren erschien nämlich zu allen drei Weisen des Auftritts von Vernunft je ein Grundbuch, das den Anspruch der jeweiligen Vernunftform auf eine dermaßen radikale Weise neu formulierte, dass diese Werke zur Initialzündung völlig neuer Philosophien avancierten. Alle drei prägten teils nebeneinander, teils in Konkurrenz, teils gebrochen durch geschichtlich-epochale Umstände die Philosophie dieses Jahrhunderts auf direkte Weise zum Teil bis in die 70er Jahre. Es handelt sich um den *Tractatus logico-philosophicus* von Ludwig Wittgenstein (1921), um *Geschichte und Klassenbewußtsein* von Georg Lukacs (1923) und um *Sein und Zeit* von Martin Heidegger (1927).

Der *Tractatus* begründete die Analytische Sprachphilosophie mit auf eine Weise, dass aus ihr über diverse Zwischenstationen die moderne Wissenschaftstheorie hervorgehen konnte; *Geschichte und Klassenbewußtsein* eröffnete in Gestalt des Neomarxismus eine Möglichkeit, alte philosophische Probleme unter Umgehung der marxschen Verengungen und unter konstitutivem Einbezug der geschichtlich-gesellschaftlichen Dimension neu zu formulieren. In diesem Horizont allererst sind dann die großen gesellschaftsphilosophischen Konzepte und Praxisphilosophien der Folgezeit möglich geworden. Und *Sein und Zeit* stellt zum einen den Gedanken einer aus der Tradition anzueignenden Vernunft auf eine bisher nicht da gewesene Basis, zum anderen begründet Heidegger mit diesem Werk – unabsichtlich – über die Rezeption, die es durch Jean-Paul Sartre erfährt, den französischen Existenzialismus mit.

Historische Folie. Die Radikalität dieses dreifachen Neueinsatzes wird spontan deutlich, wenn man den Hintergrund mitbetrachtet, vor dem er sich vollzieht. Um diesen Hintergrund zu skizzieren, muss ich für einen Moment in die Zeit des 19. Jahrhunderts zu-

4 KANT, Immanuel: Logik. Ein Handbuch zu Vorlesungen. In: DERS.: Kant's gesammelte Schriften. Hg. v. der Königlich Preußischen Akademie der Wissenschaften. Bd. IX. Berlin; Leipzig 1923. 1-150. Hier 25.

5 Vgl. zum Folgenden SCHNÄDELBACH, Herbert: Philosophie in Deutschland 1831-1933. Frankfurt a.M. 1983.

rückgreifen. Hegel starb 1831. Er ist der Repräsentant des so genannten absoluten Idealismus. Darunter versteht man das Projekt, eine vollständige Welt- und Selbstbeschreibung aus einer einzigen Grundidee heraus systematisch zu entwickeln. Diese Grundidee ist das Absolute, und in ihm sollen Sein und Denken, das Wahre, Gute und Schöne zur Einheit und diese Einheit in der Philosophie als der Wissenschaft vom Absoluten zur Darstellung gebracht werden. Dass die Idee zu einem solchen Unterfangen nicht pure Hybris sein muss, sondern durchaus auch Gründe für sich hat, wird noch zu reflektieren sein. (→ Bd. 2, Teil C, Kap. 6) Hegel erhob jedenfalls den Anspruch, in seiner eigenen Philosophie dieses Projekt im Wesentlichen realisiert zu haben. Das schloss freilich ein, dass alles Wissen der einzelnen Wissenschaften, das begegnet, in diesem philosophischen System einbegriffen ist und dadurch als durch die Vernunft begreifbares zur Darstellung gebracht werden kann (in der Tat erweist sich Hegel selbst, soweit er einzelwissenschaftliches Wissen ausdrücklich in den Gang seiner Überlegungen einbezieht, auf der Höhe seiner Zeit, auch in Naturwissenschaften). Freilich fungierte die philosophische Systematik damit umgekehrt auch als Kriterium: Als wissenschaftliches Wissen ließ Hegel nur gelten, was in das System der Darstellung der Idee des Absoluten eingefügt werden konnte.

Genau gegen diesen Anspruch gab es schon zu Hegels Lebzeiten massiven Widerspruch. Er selbst kritisierte mehrfach in Einleitungen zu Werken die grassierende Philosophiefeindlichkeit, und er bezog sich damit auf die Einstellung derer, für die Wissenschaftlichkeit an der empirischen Fundierung von Wissen hing. Nicht lange nach Hegels Tod kam es zu dem, was gemeinhin „Zusammenbruch des Idealismus" genannt wird. Der Sache nach handelt es sich aber nicht um den Exitus eines bestimmten, hybriden Philosophiesystems, sondern um eine grundsätzliche Abwendung von der Philosophie überhaupt – hin zu den Wissenschaften und zu einer Wissenschaftlichkeit jenseits spekulativer Ambitionen: Messungen, Fakten, Daten, Experimente machen wirkliches Wissen zugänglich, nicht der „armchair-philosopher", der Sessel-Philosoph, der am Schreibtisch brütend die angebliche Wahrheit hervortüftelt.

Fragmentierung. Die Philosophie im Sinn einheitlicher systematischer Welt- und Selbstbeschreibung ist damit zu Ende. Sie zerfällt buchstäblich in das, was der Idealismus untrennbar ineinander zu integrieren gesucht hatte:

(a) Geschichtlichkeit. Jetzt kommt das Problem der Geschichte und Geschichtlichkeit auf. Was ist Geschichte? Hat Geschichte einen Sinn? Wenn ja, woher kommt er? Die Endlichkeit des Menschen kommt in den Blick – und dass er gegenüber dem Gang der

Geschichte nur über begrenzte Autonomie verfügt. Geschichte wird zum Prinzip, Vernunft auf Geschichte mehr oder weniger reduziert.

(b) Wissenschaft. Genauso steht nun die explizite Frage nach der Verfassung wirklicher Wissenschaft an. Die Empirizität wird zum Kriterium, die Mathematisierbarkeit, der rechnende Umgang mit den Dingen am Leitfaden des Kosten-Nutzen-Kalküls. Methoden werden systematisch entwickelt, Disziplinen ausdifferenziert.

(c) Verstehen. Völlig neu stellt sich auch das Problem des Verstehens. Wenn mir in Sprachen und Überlieferungen nicht mehr die eine Vernunft begegnet, wie kann ich dann anderes, Fremdes verstehen?

(d) Leben. Weil die Allumfassendheit der Vernunft nicht mehr gegeben ist, tritt eine andere Ganzheitsfigur an ihre Stelle, eine jenseits der universalen Vernunft, also eine, die die Welt von einem konkreten zufälligen Punkt aus als Ganze in den Blick nimmt: das „Leben". Die damals mächtigen „Lebensphilosophien" tun nichts anderes, als eine Ganzheitsperspektive gegen die Ganzheit der Vernunft zur Geltung zu bringen, also muss es sich um eine irrationale Ganzheit handeln, eine, die keine Begriffe, keine Vermittlung braucht, sondern sich aus dem Unmittelbaren, aus dem Erleben, der Spontaneität, dem Instinktiven speist.

(e) Werte. Dieser Irrationalität wird zugleich eine Philosophie der Werte entgegengestellt. Dieser wird mehr noch als die Grundlegung einer Ethik die Aufgabe angesonnen, dem faktischen Sein der Welt einen Sinn zu verbinden.

(f) Sein. Sofern durch den Zerfall des Hegelschen Systemdenkens die Wirklichkeit als plurale in den Zuständigkeitsbereich der Wissenschaft fällt, kommt natürlich auch die Frage auf, inwiefern denn das, was ist, auch noch Thema der Philosophie sein könne; Antwort: sofern es ist. So tritt im Zuge dieses Zusammenbruchs das Thema Sein hervor. Oder anders gesagt: Wie kann nach dem Ende des Idealismus noch Metaphysik getrieben werden? Jedenfalls nicht so, wie im Idealismus oder gar vorher, also mit einer Denkbewegung, die bis auf die Gottesfrage ausgreift.

(g) Anthropologie. In der damit aufgeworfenen Frage, was denn Philosophie eigentlich überhaupt noch kann und ist, kommt schließlich noch ein Themenkomplex auf, der sich als Reaktion auf diese Identitätskrise begreifen lässt: das Thema „Mensch". In der philosophischen Anthropologie Ende des letzten und der ersten Hälfte des 20. Jahrhunderts sucht die Philosophie durch die Verbindung von erfahrungswissenschaftlichen, lebensphilosophischen und werttheoretischen Momenten sich selbst eine neue Aufgabe zu geben, die durchaus von größtem Belang ist: Denn mit dem Zerfall der ambitioniertesten Philosophie geriet ja auch das abendländische Menschenbild in die Krise, sodass dessen Neufassung dringlich wird.

Systematische Aufgabenstellung. Alles Arbeiten in systematischen Perspektiven der Philosophie, wie es heute geschieht, steht mehr oder weniger direkt – sei es in affirmativem, sei es in kritischem Bezug – im Bann jener Neuaufbrüche. Am direktesten ist das im Raum der Erkenntnisproblematik wahrzunehmen. Die Dynamik, die der Neueinsatz der Philosophie Anfang des 20. Jahrhunderts diesbezüglich freigesetzt hat, führt nicht zuletzt auch dazu, dass dieses Themenfeld heute nicht mehr nur die klassischen Fragen nach dem Unterschied von Sein und Schein, Wahrheit und Skepsis, Zweifel und Gewissheit umfasst. (↖ Bd. 1, Kap. 3) Vielmehr hat sich die Erkenntnistheorie zu einem komplexen Ringen um die Differenziertheit von erkenntnismäßigen Weltbeziehungen, um die Grenzen des Erkennens, die Hypotheken des Theoriebildens entwickelt, dem im Gang einer Art Radikalisierung die eigenen Grundlagen schwankend geworden sind. Der kulturelle Umbruch durch die Digitalisierung und den „iconic turn", die Wendung zu den Bildern, den die Neuen Medien herbeigeführt haben (↖ Bd. 1, Kap. 3.3), hat diese Tendenz verschärft und in die Grundlagen okzidentaler Selbstverständigung und Weltbeschreibung insgesamt längst einzugreifen begonnen. Darum gehört neben der Wissenschaftstheorie längst auch die Medienkritik zu diesem Großbereich kritischen Philosophierens. Und natürlich wirft das aus der Sicht der Theologie die fundamentale Frage auf, was es bedeutet, unter diesen Bedingungen mit Vernunftanspruch von Gott zu reden – wobei sich, das sei vorweg gesagt, herausstellen wird, dass Theologie selbst in diese Formationsprozesse philosophischen Denkens – auch die wissenschaftstheoretischen und medienästhetischen – viel tiefer verstrickt ist, als es meist auf den ersten Blick scheinen mag. Um in dem Geflecht von intellektuellen Debatten und dem Kampf von Denkformen von vornherein einen gewissen Orientierungsrahmen zu haben, legt sich nahe, bis zu den elementaren Weichenstellungen der Erkenntnisfrage zurückzugehen und von ihnen her in die gegenwärtigen systematischen Auseinandersetzungen einzutreten.

Erste Weichenstellungen. Die Ersten, die sich philosophisch ausdrücklich und kritisch mit dem Phänomen der Erkenntnis befassen, sind die Vorsokratiker Parmenides und Heraklit. Sie etablieren jene innere Achse, um die sich die gesamte Erkenntnistheorie bis heute dreht: die Differenz zwischen wahrer und nur scheinbarer Erkenntnis. Heraklit entwickelt die Idee des „logos" als der Instanz, die alles Geschehen bestimmt und eint. Zugleich ist der „logos" auch der menschlichen Seele eigen und fungiert so als das Prinzip wahrer Erkenntnis. Allerdings hegt Heraklit große Vorbehalte, was das menschliche Erkennen betrifft:

> „Denn menschliche Sinnesart verfügt nicht über Einsichten, wohl aber verfügt göttliche darüber."[6]

Parmenides hat ein Lehrgedicht (in Hexametern) verfasst. Dieses in Teilen ziemlich rätselhafte und auch poetisch nur bedingt gelungene Opus macht sich als Ganzes die Frage nach wahrer Erkenntnis zum Thema; es ist anachronistisch gesprochen so etwas wie die erste Monographie zur Erkenntnistheorie. Parmenides, so beginnt das Gedicht, wird von Pferden zu einem Tor hoch in der Luft getragen und dort von einer Göttin begrüßt mit den Worten:

> „Junger Mann [...] sei willkommen! Denn nicht ein böses Geschick sandte dich aus, diesen Weg zu gehen – einen Weg nämlich, der fürwahr abseits der menschlichen Pfade liegt –, sondern göttliche Fügung und Recht. So steht es dir an, alles zu erfahren, einerseits das unerschütterliche Herz der wohlgerundeten Wahrheit und andererseits die Meinungen der Sterblichen, in denen keine wahre Verläßlichkeit wohnt."[7]

Der Ausdruck „das unerschütterliche Herz der wohlgerundeten Wahrheit" markiert dabei Thema und Absicht der Erkenntnistheorie: Das „Herz" der Wahrheit bildet die Wahrheit über Wahrheit und Unwahrheit. Damit tritt bereits ein erster systematischer Grundzug aller philosophischen Beschäftigung mit dem Erkennen hervor: Erkenntnistheorie sucht unabhängig von bestimmten Inhalten zu erkennen, wie es sich mit dem Erkennen verhält, genauer: was Erkennen zu wahrem Erkennen macht. Und für das, was dabei herauskommt, beansprucht sie, dass es sich um Erkenntnis handelt. Erkenntnistheorie müht sich also um die Erkenntnis von Erkenntnis, d.h. sie ist reflexiv, selbstbezüglich strukturiert. Sie muss für ihre eigenen Behauptungen das leisten, was sie von beliebigen anderen Erkenntnisbehauptungen dafür einfordert, dass diese sich als wahre Erkenntnis verstehen dürfen. Das unterscheidet Erkenntnistheorie von allen anderen Wissenschaften, die sich auch mit dem menschlichen Erkenntnisvermögen befassen, an erster Stelle die Psychologie und das, was heute Neurowissenschaften heißt, also jener Verbund von medizinischer Hirnforschung, Biologie und Informatik, von dem man sich erhofft, das bislang hartnäckigste Rätsel der Wissenschaften und der Philosophie, nämlich das Phänomen des Bewusstseins, zu knacken. (↖ Bd. 1, Kap. 7.3)

Moderne Erkenntnistheorie. Eben sagte ich, man könne Parmenides Lehrgedicht als erstes Buch zur Erkenntnistheorie bezeichnen, aber nur anachronistisch, also indem man eine Bezeichnung

6 HERAKLIT: Fragmente. Nr. 78. In: KIRK, Geoffrey S./RAVEN, John E./SCHOFIELD, Malcolm (Hgg.): Die vorsokratischen Philosophen. Einführung, Texte und Kommentare. Nr. 205. Übers. v. Karlheinz Hülser. Stuttgart; Weimar 1994. 209.

7 PARMENIDES: Fragmente. Nr. 1. In: KIRK/RAVEN/SCHOFIELD: Die vorsokratischen Philosophen (Anm. 6). Nr. 288. 267.

verwendet, die es zu Parmenides Zeit noch gar nicht geben konnte, weil es die bezeichnete Sache noch gar nicht gab. Erkenntnistheorie im strengen Sinn als Teildisziplin der Philosophie ist nämlich ein relativ junges Phänomen, jedenfalls im Vergleich zur Epoche der Vorsokratiker. Der Sache nach lässt sich das Projekt einer Erkenntnistheorie als systematischer Aufklärung des Phänomens Erkenntnis bis zu Baruch de Spinoza und René Descartes zurückverfolgen. Wirkliches Gewicht gewann es durch Kant. Eine eigene Disziplin wurde schließlich erst im 19. Jahrhundert daraus. Aus dieser Zeit stammt auch der Name: Vermutlich 1832 taucht der Ausdruck „Theorie der Erkenntnis“ erstmals auf. Ebenso treten erst in der Neuzeit die beiden fundamentalen Aufgaben philosophischer Beschäftigung mit Erkenntnis klar hervor: (a) Die Frage, ob Erkenntnis wirklich möglich ist. Und (b) wie Erkennen geschieht und sein Resultat, die Erkenntnis, verfasst ist.

„Ob“-Frage. Die Frage nach der Möglichkeit von Erkenntnis überhaupt ist natürlich schon in den Stellungnahmen von Heraklit und Parmenides impliziert, denken Sie an Heraklits Skepsis bezüglich durchschnittlich menschlichen Denkens und daran, dass Parmenides den Weg gesicherter Erkenntnis als „fürwahr abseits der menschlichen Pfade“ bezeichnet – beides Ausdruck dafür, dass die Möglichkeit von Erkenntnis durchaus eingeschränkt gedacht wird zumindest hinsichtlich des Kreises derer, die ihrer fähig sind. Und damit ist natürlich prinzipiell die Tür zu der ungleich radikaleren Frage aufgestoßen, wie denn so etwas wie Erkenntnis überhaupt möglich ist. Danach hat mit ebendieser Radikalität als erster ausdrücklich Kant gefragt, allerdings primär im Blick auf metaphysische Erkenntnisbehauptungen. Um zu einer Klärung der Frage zu kommen, sieht er als einzig möglichen Weg, nicht bei den Gegenständen der Erkenntnis anzusetzen, sondern beim Erkenntnisinstrumentar, also der Vernunft, bei ihren Prozessen und den Regeln, denen diese gehorchen. Erkenntnis wird also nicht (mehr) im Blick auf Erkanntes thematisch, sondern hinsichtlich der Bedingungen ihrer Möglichkeit, die in der Vernunft selbst gelegen sind. In diesem Zusammenhang trifft Kant auch jene Sprachregelung, die als eine Art Kennwort der kantischen Philosophie gelten kann:

> „Ich nenne alle Erkenntnis transscendental, die sich nicht sowohl mit Gegenständen, sondern mit unserer Erkenntnißart von Gegenständen, so fern diese a priori möglich sein soll, überhaupt beschäftigt.“[8]

Die Ausweitung dieser transzendentalen Fragestellung nach der Möglichkeit von Erkenntnis über die Metaphysik hinaus auf alles wirkliche Wissen überhaupt hat Johann Gottlieb Fichte vorgenommen, in-

8 KANT, Immanuel: Kritik der reinen Vernunft (2. Aufl.). In: DERS.: Kant's gesammelte Schriften. Hg. v. der Königlich Preußischen Akademie der Wissenschaften. Bd. III. Berlin 1911. 43.

dem er schon 1794, also am Anfang seiner jahrzehntelangen Bemühungen um eine „Wissenschaftslehre" – das ist ein anderer Name für „Erkenntnistheorie" – fragte, wie denn Gehalt und Form einer Wissenschaft überhaupt, d.h. wie Wissenschaft selbst möglich sei.[9]

„Wie"-Frage. Diese Frage nach der Möglichkeit von Erkenntnis überhaupt ist im Übrigen mit der anderen Grundfrage der Erkenntnistheorie, der nach dem „Wie" von Erkenntnis, untrennbar verschlungen. Denn nach der prinzipiellen Möglichkeit von etwas kann ich ja überhaupt nur fragen, wenn ich wenigstens auch nur ahnungsweise Vorstellung vom „Wie" dessen ins Spiel bringe, nach dessen Möglichkeit ich frage. Nach der Möglichkeit von etwas zu fragen, wovon ich auch nicht die geringste Vorstellung hätte, hieße für die Möglichkeitsfrage keinerlei Ansatzpunkt zu besitzen. Und umgekehrt kann ich die Frage nach dem „Wie" des Erkennens und seines Resultats nur dann sinnvoll stellen, wenn die Frage nach der Möglichkeit wenigstens dem Prinzip nach bereits positiv beantwortet ist. Insofern gibt es in der Erkenntnistheorie nicht so etwas wie einen Nullpunkt, eine tabula rasa. Das wiederum erlaubt, diesen Themenbereich unmittelbar in Gestalt einer Analyse der elementaren Formen unserer Erkenntniserzeugung, den so genannten epistemischen Einstellungen, in Angriff zu nehmen.

[9] Vgl. FICHTE, Johann G.: Über den Begriff der Wissenschaftslehre oder der sogenannten Philosophie. In: DERS.: Fichtes Werke. Hg. v. Immanuel Hermann Fichte. Bd. I. Berlin 1971. 27-81. Hier 43-44.

1. Epistemische Einstellungen

Erste Klärung. Unter „epistemischer Einstellung“ versteht man die Weise, wie jemand zu einem Sachverhalt Stellung nehmen kann. Gegenüber dem Sachverhalt z.B., den ich mit dem Satz ausdrücke „Heute ist es kalt“, kann das sehr verschieden geschehen:

- Ich kann sagen: „Ich weiß, dass es heute kalt ist“, weil ich die bereiften Autodächer sehe oder soeben auf das Thermometer geschaut habe.

- Ich kann sagen: „Ich hoffe, dass es heute kalt ist“, weil ich endlich mit meiner Herzensdame Hand in Hand Schlittschuhlaufen möchte.

- Ich kann sagen: „Ich fürchte, dass es heute kalt ist“, wenn ich beim Aufstehen die tiefhängenden Wolken sehe, wo ich doch (mit eben jener Herzensdame) eine Radtour mit Picknick im lauschigen Hain hätte machen wollen.

- Ich kann sagen: „Ich glaube, dass es heute kalt ist“, wenn ich beim Blick aus dem Fenster sehe, wie eine auffällige Zahl von Passanten den Mantelkragen hochschlägt.

- Ich kann sagen: „Ich meine, dass es heute kalt ist“, weil ich sehe, wie sich meine Katze unter Präsentation eines Buckels in Ofennähe verzieht und ich schon mehrfach erlebt habe, dass ein solches Gebaren meines Haustiers mit erheblicher Kälte draußen einherging.

Platons Unterscheidungen. Wie auch immer: Bereits diese paar Beispiele machen klar, dass sich jemand zu Sachverhalten sehr verschieden verhalten kann. Und ebenso klar ist, dass einige dieser Einstellungen für Gedanken über das Phänomen „Erkenntnis“ von Bedeutung sind. Bereits Platon hat die erkenntnistheoretisch relevanten epistemischen Einstellungen thematisiert und durch Abgrenzung voneinander zu ersten Bestimmungen gebracht. Seine Sicht der Dinge gilt seither als klassisch, und dies zumindest insofern zu Recht, als bis heute trotz eingehender Versuche keine überzeugenden Alternativen aufgeboten werden konnten. Platon gewinnt durch zwei Gegenüberstellungen drei erkenntnistheoretische Grundbegriffe. Die erste dieser Abgrenzungen begegnet in der *Politeia*:

> „Dies also wissen wir zur Genüge, und wenn wir es von noch soviel Seiten betrachteten, daß das vollkommen Seiende auch vollkommen erkennbar ist, das auf keine Weise Seiende auch ganz und gar unerkennbar. – Vollkommen zur Genüge. – Wohl. Wenn sich aber etwas so verhält, daß es ist und auch nicht ist, würde es dann nicht in der Mitte liegen zwischen dem ganz rein Seienden und dem ganz und gar nicht Seienden? – In der Mitte. – Nun bezog sich doch Erkenntnis auf das Seiende, Unkenntnis aber notwendig auf das Nichtseiende. Für das zwischen beiden also ist etwas zu suchen zwischen der Unkenntnis und der Erkenntnis, wenn es etwas solches gibt. – Allerdings. – Sagen wir nun, daß etwas auch Meinung [‚doxa'] ist? – Wie sollten wir nicht. – Als ein von dem Wissen [‚episteme'] verschiedenes Vermögen oder als dasselbe? – Als ein verschiedenes. – Für etwas anderes

> also ist die Vorstellung geordnet, und für etwas anderes das Wissen, jedes von beiden nach seinem ihm eigentümlichen Vermögen."[1]

Das Wissen, so Platon im weiteren Verlauf des Dialogs, repräsentiere das stärkste aller Vermögen. Es beziehe sich auf das Seiende. Da aber dem Nicht-Seienden epistemisch die Unkenntnis entspreche, muss sich die „doxa", die Meinung auf etwas dazwischen beziehen, sofern sie weder Erkenntnis noch Unkenntnis ist. Daraus wird klar,

> „daß die Vorstellung dunkler zwar ist als die Einsicht, aber heller als die Unkenntnis."[2]

Im Dialog *Gorgias* nimmt Platon neben der Differenz von Wissen und Meinen eine zweite Abgrenzung vor, wieder im Gegenüber zur „episteme", zum Wissen:

> „Sokrates: So komm denn, laß uns auch dies überlegen: Du sagst doch bisweilen, man habe etwas gelernt?
> Gorgias: O ja.
> Sokrates: Auch, man habe etwas geglaubt?
> Gorgias: Ich gewiß.
> Sokrates: Dünkt dich dies nun einerlei, gelernt haben und geglaubt, und erlerntes Wissen und Glauben [‚pistis'], oder verschieden?
> Gorgias: Ich, o Sokrates, meine, es ist verschieden.
> Sokrates: Und gar recht hast du. Du kannst es aber hieraus erkennen. Wenn dich jemand fragte: Gibt es wohl einen falschen Glauben und einen wahren? Das würdest du bejahen, denke ich?
> Gorgias: Ja.
> Sokrates: Wie? Auch eine falsche Erkenntnis und eine wahre?
> Gorgias: Keineswegs.
> Sokrates: Offenbar also ist nicht beides einerlei.
> Gorgias: Du hast Recht.
> Sokrates: Doch aber sind sowohl die Wissenden überredet als die Glaubenden.
> Gorgias: So ist es.
> Sokrates: Willst du also, wir sollen zwei Arten der Überredung setzen, die eine, welche Glauben hervorbringt ohne Wissen, die andere aber, welche Erkenntnis?
> Gorgias: Allerdings."[3]

Damit sind drei erkenntnistheoretische Grundbegriffe etabliert: „Wissen", „Meinen" und „Glauben". Erste Charakterisierungen zeichnen sich in beiden Platon-Texten auch schon ab, wie etwa die eben am Ende, dass es sich bei Erkenntnis wie Glauben zwar beide Male um Überzeugungen handle, einmal jedoch aufgrund von Wissen, einmal ohne. Diese Binnenstrukturen der genannten drei epistemischen Einstellungen sollen nachfolgend etwas näher analysiert werden.

[1] PLATON: Politeia. 477a-b.
[2] PLATON: Politeia. 478c.
[3] PLATON: Gorgias. 454c-e.

1.1 Wissen

Sprachgebrauch. Vor jeder begrifflichen Bestimmung der epistemischen Einstellung „Wissen“ haben wir einer sprachlichen Beobachtung Aufmerksamkeit zu schenken, die für die Sache selbst von zentralem Belang ist. Das Gleiche gilt auch im Fall der anderen epistemischen Einstellungen und darüber hinaus im Grunde für die meisten der wichtigen Ausdrücke in philosophischen Diskursen. Insofern muss das, was einleitend zum Wissensbegriff zu sagen ist, als eine methodologische Klärung von allgemeiner philosophischer Relevanz gelten. Konkret gewendet: Wenn man in Auseinandersetzung mit einem philosophischen Problem tritt, trägt zu einer ersten Klärung bei, zu prüfen, welcher Gebrauch von den für das Problem charakteristischen Ausdrücken normalerweise in der Sprache gemacht wird.

Nehmen wir diesen Zugang nun zum Thema „Wissen“. Solche Annäherung über den allgemeinen Sprachgebrauch trägt systematisch gesehen der Tatsache Rechnung, dass wir mit einem Sachverhalt oder einem Problem nie bei einem Nullpunkt anfangen, weil wir das gar nicht können. Um etwas über das Phänomen „Wissen“, seine Strukturen oder seine Bedeutung sagen zu können, muss ich ja schon irgendwie etwas davon wissen (!), was Wissen ist. Von diesem Vorwissen weiß ich aber nicht, ob es zutrifft oder nicht zumindest bruchstückhaft oder einseitig ist. Was ich dagegen wissen kann, ist, wie das Wort „Wissen“ gebraucht wird.

(a) Alltagssprache. „Wissen“ als Substantiv und als Verbum ist weder ein technischer noch ein philosophischer Ausdruck, sondern kommt in der Alltagssprache vor. Dort wird es in verschiedenen Zusammenhängen gebraucht, ein typischer Fall von Analogie. (⇖ Bd. 1, Kap. 4.6) Aristoteles sagt über einen solchen sprachlichen Ausdruck: „pollachos legetai“ – er wird vielfältig gesagt. Z.B.: „Ich weiß, dass das der Fall ist“, „Ich weiß mir zu helfen“, „Ich weiß, dass Gott mir beistehen wird“, „Ich weiß nicht“ (als Ausdruck meines Zögerns, auf den Vorschlag eines anderen einzugehen).

(b) Intellektuelle Kapazität. „Wissen“ bezeichnet eine intellektuelle Fähigkeit. Es bezeichnet nicht ein Ereignis oder eine Aktivität (wie z.B. „denken“). Es bezeichnet auch keine mentalen Zustände, weder bewusste noch unbewusste (ich kann viel wissen, ohne mir dieses Wissens im Moment bewusst zu sein; und ich weiß Dinge, die mir nie bewusst waren). „Wissen“ heißt, einem Satz oder Sachverhalt zustimmen können: „Ich weiß, dass...“.
Wittgenstein schreibt:

„Die Grammatik des Wortes ‚wissen' ist offenbar eng verwandt der Grammatik der Worte ‚können', ‚imstande sein'. Aber auch eng verwandt der des Wortes ‚verstehen'. (Eine Technik ‚beherrschen'.)"[4]

(c) Psychologischer Term. „Wissen" ist ein psychologischer Ausdruck. Damit gehört er zu denjenigen, die unter den Unterschied zwischen Subjekt- und Objektgebrauch sprachlicher Ausdrücke fallen. (↸ Bd. 1, Kap. 1.2) Die Wahrheitsbedingungen für den Satz „Ich weiß, dass..." und „Er weiß, dass..." sind verschieden. Die Frage „Woher weißt du, dass du weißt, dass..." ist sinnlos, nicht jedoch die Frage „Woher weißt du, dass er weiß, dass...". In diesem Fall lassen sich Gründe angeben, im ersten nicht.

(d) Propositionalität. Von philosophisch besonderer Relevanz ist, dass „wissen" vorwiegend als Einleitung zu einer Behauptung verwendet wird: „Ich weiß, dass heute Montag ist". Man nennt diese Bezogenheit auf einen „dass"-Satz propositional. Trotzdem sind Wendungen wie „Ich weiß mich..." nicht einfach ungrammatisch und unsinnig, wie etwa das Äquivalent „Ich kenne mich" belegt. Mit diesem Ausdruck kann jemand auf sich als Ganzes Bezug nehmen, ohne dafür notwendig propositional verfasste Einzelaussagen über sich zu machen. Ich kann z.B. den Wunsch eines Kumpels, doch noch länger im Biergarten dazubleiben, mit der Wendung „Ich kenne mich" abweisen, weil ich normalerweise nach Konsum der vierten Maß Bier zu einer erhöhten Rauflust neige, wobei vorweg in keiner Weise klar, also auch nicht propositional fassbar ist, was denn der konkrete Anlass zur Rauferei werden wird.

(e) Logischer Ausdruck. „Wissen" ist ein logischer Ausdruck. Jemand sagt nur, dass er etwas wisse, wenn das, was er weiß, wahr ist oder von ihm als wahr erachtet wird. Niemand sagt: „Ich wusste es, aber es war nicht wahr"; in diesem Fall würde man sagen: „Ich dachte, dass..., aber es stimmte nicht". Der Gebrauch des Ausdrucks „Wissen" hat damit zu tun, dass ich epistemisch zu einem Erfolg komme.

(f) Erkenntnis. Engstens verbunden mit dem Ausdruck „Wissen" ist der Ausdruck „Erkennen". Der eine kann wechselseitig durch den anderen definiert werden. Unter „Erkennen" verstehen wir den Übergang einer Person vom Zustand des Nichtwissens bezüglich eines Sachverhalts in einen Zustand des Wissens dieses Sachverhalts. Umgekehrt gilt auch: Eine Person weiß, dass p, wenn sie erkannt hat, dass p.

[4] WITTGENSTEIN, Ludwig: Philosophische Untersuchungen. § 150.

Basale Bestimmungen. Aus diesen Beobachtungen zum sprachlichen Gebrauch des Ausdrucks „Wissen“ lassen sich unschwer die basalen Bestimmungen der epistemischen Einstellung Wissen gewinnen:

(1) Relation. Als Basis dafür fungiert die Einsicht, dass es sich bei Wissen offenkundig um eine Relation zwischen Personen und Sachverhalten handelt.

(2) Sachverhaltsbezug. Wer von jemandem sagt, dass er weiß, dass p, setzt voraus, dass der Sachverhalt p tatsächlich besteht. Ebenso im Fall des Satzes „a weiß nicht, dass p“: Das kann ich sinnvoll nur behaupten, wenn die betroffene Person eben einen Sachverhalt nicht kennt, der tatsächlich besteht.

(3) Gewusstes Wissen. Weiß jemand, dass der Sachverhalt p besteht, dann weiß er oder sie auch, dass er oder sie das auch weiß. Der Satz „Ich weiß nicht, dass p“ ist also unsinnig. Es handelt sich um ein ungenaues Synonym für „Ich weiß nicht, ob p“. Wenn jemand in der Prüfung gefragt würde „Wann ist Aristoteles gestorben?“, und er hat keine Ahnung, antwortet aber auf Verdacht „322 v. Chr.“, dann wird der Prüfer wohlwollend nicken, weil er die Antwort für den Ausdruck von „Wissen“ hält (denn Aristoteles ist tatsächlich 322 v. Chr. gestorben). Aber der Kandidat weiß es besser. Er weiß, dass er das nicht weiß (und freut sich natürlich über den Treffer). Aber Wissen hat er in diesem Fall natürlich keines. Das gilt auch für den Fall von „Ich weiß nicht, ob p“. Denn dann weiß ich ja weder, dass p besteht, noch weiß ich, dass p nicht besteht. Auch in diesem Fall handelt es sich nicht um Wissen.

(4) Wissen impliziert Glauben. Wenn jemand sagt „Ich weiß, dass p“, dann glaubt er auch, dass p. Der Satz „Ich weiß, dass p, aber ich glaube es nicht“ ist wenigstens erkenntnistheoretisch gesehen Unsinn. Aufschlussreich ist die Wendung „Ich glaube nicht nur, dass p, sondern ich weiß, dass p“. Wer so spricht, beruft sich ja auf zwei ganz verschiedene Instanzen: Einerseits die Gewissheit, dass p, derentwegen er oder sie glaubt, dass p, und eine zweite Instanz, die die erste einschließt, aber über sie hinausgeht. Worin besteht dieses Mehr?

(5) Überschuss. Formal lässt sich dieses Mehr relativ einfach benennen. Jemand weiß, dass p, wenn er nicht nur überzeugt ist, dass p (denn diese Überzeugung könnte auch falsch sein), sondern wenn er oder sie mit der Überzeugung Recht hat, wenn also p wahr ist. Das klingt im ersten Moment schlüssig, trotzdem steckt noch immer so etwas Ähnliches wie das vorhin richtig erratene Aristoteles-

Sterbedatum darin. Eine wahre Überzeugung kann nämlich auch ohne Wissen zustande kommen. Schon Platon hat dafür in seinem Dialog *Theaitetos*, der ersten Abhandlung über den Begriff des Wissens, die es gibt, ein schlagendes Beispiel aufgeboten – die Situation des Richters bei der Urteilsfindung:

> „Sokrates: Wenn also Richter, so wie es sich gehört, überredet worden sind in bezug auf etwas, das nur, wer es selbst gesehen hat, wissen kann, sonst aber keiner, so haben sie dieses, nach dem bloßen Gehör urteilend, vermöge einer richtigen Vorstellung, aber ohne Erkenntnis abgeurteilt, so jedoch, daß die Überredung richtig gewesen, wenn sie nämlich als Richter gut geurteilt haben?
> Theaitetos: So ist es allerdings.
> Sokrates: Nicht aber, o Freund, könnte jemals, wenn richtige Vorstellung und Erkenntnis einerlei wären, auch der beste Richter und Gerichtshof etwas richtig vorstellen ohne Erkenntnis. Nun aber scheint beides verschieden zu sein.“[5]

Also: Ein Richter kann und muss sich bei der Urteilsfindung auf Zeugenaussagen stützen, sofern ihm diese verlässlich scheinen. Er unterstellt deren Wahrheit. Vorausgesetzt, der Zeuge hat tatsächlich die Wahrheit gesagt, kommt der Richter also seinerseits zu einer Überzeugung, die wahr ist, weil es in der Tat sich so verhält oder verhalten hat, wie er aufgrund der Zeugenaussagen gewiss ist, ohne dass er selbst aber diesen Sachverhalt als wahr hätte erkennen können.

Darum muss der Begriff des „Wissens“ hinsichtlich seiner Komponente des Wahrseins noch genauer bestimmt werden. Ebendies tut Theaitetos in unmittelbarer Folge der obigen Passage auf eine Weise, die bis heute als klassisch gilt, obwohl Platon selbst sie ablehnt:

> „Theaitetos: Was ich auch schon einen sagen gehört und es nur vergessen habe, mich aber dessen jetzt wieder erinnere. Er sagte nämlich, die mit ihrer Erklärung verbundene richtige Vorstellung wäre Erkenntnis, die unerklärbare dagegen läge außerhalb der Erkenntnis. Und wovon es keine Erklärung gebe, das sei auch nicht erkennbar, und so benannte er dies auch, wovon es aber eine gebe, das sei erkennbar.“[6]

Bündig gesagt: Eine Überzeugung wird selbst dadurch, dass sie wahr ist, nicht zu Wissen. Dazu wird sie erst dadurch, dass die oder der Wissende Gründe dafür aufzubieten hat, dass sich etwas so verhält, wie es sich nach seiner Überzeugung und in Wahrheit verhält.

Problem Begründetheit. Damit lässt sich die epistemische Einstellung „Wissen“ so definieren: Wissen ist eine Überzeugung, die wahr und begründet ist. Anstelle von „begründet“ wird gern auch von „fundiert“ gesprochen. Ungleich wichtiger als diese Sprachregelung aber ist, dass dieses Begründetsein einer wahren Überzeugung seinerseits nochmals durchaus verschieden bestimmt werden kann. Oder in Frageform: Was macht eine Überzeugung, die tatsächlich zutrifft, zu

[5] PLATON: Theaitetos. 201b-c.
[6] PLATON: Theaitetos. 201c-d.

einer begründeten? Solches Begründetsein wird im Wesentlichen in vier Varianten gedacht:

(a) Korrektheit? Eine Person kann für einen Sachverhalt eine Begründung angeben, die nach ihrer Überzeugung korrekt ist, wobei „korrekt“ so viel bedeutet wie: Sie kann Tatsachen angeben, aus denen der Sachverhalt p logisch folgt. Freilich verrät diese Variante schon auf den ersten Blick ihre Schwäche: Es könnte ja durchaus sein, dass die wahren Überzeugungen auf Tatsachen gegründet werden, über die ihrerseits falsche Annahmen bestehen. Ein Ausweg aus diesem Dilemma scheint in der verschärften Voraussetzung zu liegen, dass von Begründung nur dann die Rede sein soll, wenn sie tatsächlich korrekt ist, sich also auf wahre Prämissen stützt. Dann aber müssten diese Prämissen ihrerseits als wahr erkannt sein. Jeder Begründungsgang aber hat ein Ende, weil er mit nicht nochmals begründeten Sätzen beginnt. Damit kann ein begründeter Satz auch auf diesem Weg keine Erkenntnisqualität gewinnen.

(b) Evidenz? Wenn die Interpretation von Begründung für Wissen, wie sie soeben im Fall (a) diskutiert wurde, nicht greift, liegt auf der Hand, dem Wissen einen seinerseits begründungsunbedürftigen Grund zu verschaffen. Dafür käme nur Evidenz in Frage, also dass ein Sachverhalt in solcher Klarheit auf der Hand liegt, dass er keiner weiteren Begründung mehr bedarf. Evidenzwissen gibt es aber – wie in Teilen bereits erläutert und wie noch näher auszuführen sein wird – nur eingeschränkt. Außerdem können auch wahre Überzeugungen für den, der sie hegt, in Evidenz gründen, ohne dass sie begründet wären.

(c) Kompetenz? Die Begründetheit einer wahren Überzeugung wird gern auch daran festgemacht, dass die Person, die die betreffende Überzeugung hegt, den betroffenen Sachverhalt kompetent beurteilen kann. Solche Kompetenz verbürgt im Regelfall eine gewisse Verlässlichkeit, schließt aber die Möglichkeit von Irrtum nicht aus. Das ist auch kein Wunder: Kompetenz ist nämlich ihrerseits mehrdimensional definiert. Sie betrifft ein zur Debatte stehendes Problem inhaltlich, methodisch, institutionell und auf der personalen Ebene, also im Medium von Erfahrung. Vor allem in den beiden letzteren Hinsichten liegt die Möglichkeit von Irrtum auf der Hand: Meine Erfahrung, selbst wenn sie durch Evidenz ausgezeichnet wäre, kann falsch sein. Und institutionelle Kompetenz wird mehr als oft verliehen, ohne dass dies durch sachliche oder methodische Kompetenz gedeckt wäre (Beispiele im politischen wie im kirchlichen Bereich gibt es buchstäblich von der Stange).

(d) Methodik? Man könnte die Begründetheit von Wissen auch noch daran festmachen, dass bestimmte Methoden zu dessen Gewinnung und Evaluierung festgesetzt werden. Als fundiert hätte Wissen dann zu gelten, wenn es jemand unter korrekter Anwendung einer bestimmten Methode gewonnen hat. Die Prinzipien dieser Methode lassen sich mit dieser Methode selbst nicht begründen, sonst läge ein Zirkel vor. Führte man sie auf eine weitere Methode zurück, käme man in den infiniten Regress. Bleibt also wiederum nur begründetes Überzeugtsein, das, selbst wenn es wahr wäre, hinsichtlich seiner Gründe im Prinzip widerlegt werden kann.

Resümee. Systematisch gewendet: Die vier Auslegungen von Begründetsein, die wir soeben durchgespielt haben, mögen den Begriff von „Wissen“, den wir ihnen vorausgesetzt haben, in der einen oder anderen Hinsicht modifizieren. Erkenntnistheoretisch auf ein höheres, d.h. sichereres Niveau bringen sie ihn nicht. Daraus aber folgt: Wissen besteht doch nur aus Überzeugungen, die wahr sind. Alle Definitionen, die ein Moment der Begründetheit ins Spiel bringen, präzisieren diesen Wissensbegriff nicht, sondern schränken lediglich seine Reichweite ein. Das lässt sich näher begründen:

Als eine Art Gegenprobe kann der Fall des so genannten perfekten Wissens fungieren, der uns schon aus der Diskussion des Problems der Skepsis (↸ Bd. 1, Kap. 3.2) bekannt ist: Perfektes Wissen besteht ausschließlich hinsichtlich analytischer Sachverhalte (z.B. ein Quadrat hat vier gleichlange Seiten, die sich rechtwinklig schneiden) und eigener Überzeugungen des betreffenden Subjekts (z.B. „Mir scheint, dass das und das der Fall ist“). Das Perfektsein dieses Wissens leitet sich dabei nicht aus einer besonderen Quelle her, sondern lediglich daraus, dass in diesen beiden Fällen das Überzeugtsein mit dem Wahrsein zusammenfällt. Somit braucht es kein eigenes Begründetsein des Wahrheitsanspruches mehr. Damit ist aber auch schon der Preis dieser Wissensform genannt: Sie umfasst nur sehr geringe Teilbereiche möglichen Wissens und taugt darum nicht für einen allgemeinen Wissensbegriff.

Damit steht zweierlei fest: (1) Wissen lässt sich nicht auf perfektes Wissen zurückführen. Und (2): Wissen ist auch nicht gleichbedeutend mit Überzeugungen, die wahr und zugleich begründet sind. Die möglichen Begründungsformen führen – wie gezeigt – nicht über den Status wahrer Überzeugung hinaus. Also bleibt als Begriff von „Wissen“ derjenige wahrer Überzeugung übrig. Aber selbst wenn man in Rechnung stellt, dass das Wort „Wissen“ damit sogar in wissenschaftlichen Zusammenhängen hinreichend bestimmt ist und den durchschnittlichen Sprachgebrauch in etwa abdeckt, kommt sofort ein brisantes Folgeproblem auf: Wenn Wissen in wahrer Überzeugung besteht, wodurch ist es dann vom Meinen unterschieden?

1.2 Meinen

Scheinlösung. Für denjenigen, der sich als Erster mit der Differenz zwischen Wissen und Meinen befasst, also für Platon, scheint – ich betone das „scheint"! – diese Angelegenheit im Dialog *Menon* auf glatte Weise lösbar. Dort heißt es:

> „[...] auch die richtigen Vorstellungen sind eine schöne Sache, solange sie bleiben, und bewirken alles Gute; lange Zeit aber pflegen sie nicht zu bleiben, sondern gehen davon aus der Seele des Menschen, so daß sie doch nicht viel wert sind, bis man sie bindet durch Aufweisen ihrer Begründung [...]. Nachdem sie aber gebunden werden, werden sie zuerst Erkenntnisse und dann auch bleibend. Und deshalb nun ist die Erkenntnis höher zu schätzen als die richtige Vorstellung, und es unterscheidet sich eben durch das Gebundensein die Erkenntnis von der richtigen Vorstellung."[7]

Das ist genau die Position, die sich uns bereits als problematisch dargestellt hat: Wissen bestehe aus Meinungen, d.h. Überzeugungen, die wahr und begründungsfähig sind. Ganz dem entsprechend reagiert Sokrates auch auf die geradezu enthusiastische Zustimmung Menons zu seiner soeben vorgenommenen Erklärung. Auf dessen „Beim Zeus, Sokrates, so etwas muss es auch sein." erwidert Sokrates seinerseits:

> „Wiewohl ich auch dies keineswegs sage, als wüßte ich es, sondern ich vermute es nur. Daß aber richtige Vorstellung und Erkenntnis etwas Verschiedenes sind, dies glaube ich nicht nur zu vermuten; sondern wenn ich irgend etwas behaupten möchte zu wissen, und nur von Wenigem möchte ich dies behaupten, so würde ich dies eine hierher setzen unter das, was ich weiß."[8]

Dass ein Unterschied zwischen richtigem Meinen und Wissen besteht, dessen ist sich Sokrates gewiss. Bloß worin besteht dieser Unterschied? Wir haben bereits entdeckt, dass das Kriterium der Begründungsfähigkeit zur näheren Bestimmung der Kategorie „Wissen" nichts beiträgt. Damit aber wird der Unterschied zwischen Wissen und Meinen zum ausgesprochenen Problem. Wenn die Begründungsfähigkeit von Überzeugungen die Differenz nicht tragen kann, was dann? Klar, dass sich die Suche sofort auf die anderen beiden Momente Wahrheit und Gewissheit konzentrieren muss. Geschieht dies, kommt es jedoch zu einem durchaus unliebsamen Resultat. Es stellt sich nämlich heraus, dass Wahrheit und Gewissheit nur begrenzt als Kriterien für Wissen fungieren können und damit natürlich auch nur bedingt für die Unterscheidung des Wissens vom Meinen taugen. Warum verhält sich das so?

(a) Kriterium Wahrheit. Was Wahrheit betrifft: Ohne Zweifel bildet Wahrheit eine notwendige Bedingung von Wissen; das haben wir schon geklärt: Eine Aussage, mit der jemand ausdrückt zu wissen, dass p, setzt voraus, dass p wahr ist. Ebenso eine Aussage, mit der

7 PLATON: Menon. 97e-98a.
8 PLATON: Menon. 98a-b.

jemandem zugeschrieben wird zu wissen, dass p. Damit aber, dass Wahrheit eine notwendige Bedingung von Wissen bildet, ist noch nicht gesagt, dass Wahrheit auch eine hinreichende Bedingung für Wissen sei. Wäre das so, dann müsste alles Wissen in wahren Sätzen zum Ausdruck gebracht werden, und umgekehrt wären bloß Sätze wahr, die Wissen ausdrücken. Beides trifft nicht zu. Denn (1) kann jemand sehr wohl etwas wissen, ohne es in wahre Sätze fassen zu können; im Fall von Erfahrungswissen z.B., wenn ein – sagen wir Goldschmied – herrliche Schmuckstücke herzustellen weiß (!), ohne sein Wissen in wahren Sätzen weitergeben zu können (sondern nur, indem er seinem Lehrling sagt: „Pass auf“ oder „Schau her, so geht das“). Und (2) sind nicht bloß Sätze wahr, die Wissen ausdrücken, sondern manchmal auch solche, die wir einleiten mit „Ich glaube, dass“ oder „Ich bezweifle, dass“. Außerdem können auch Bilder und Gleichnisse wahr sein. Wenn einer sagt „Die XYZ-Partei besteht nur noch aus Lumpen“ kann das Gegenüber ohne weiteres antworten: „Das ist wahr!“ Oder „Die grünen Augen der Trixi machen mich noch verrückt!“, sagt der andere: „Mich auch!“ Der verschiedenen Beispiele kurzer Sinn: Wahrheit ist wohl eine notwendige, nicht jedoch eine hinreichende Bedingung für Wissen. Wissen ist nicht dadurch definiert, dass es sich ausschließlich in wahre Aussagen fassen lässt.

(b) Kriterium Gewissheit. Was Gewissheit betrifft: Da ist die Sache sehr einfach zu sehen. Jede und jeder von uns hat wahrscheinlich schon mehr als genug die Erfahrung gemacht, dass sich etwas, dessen wir absolut gewiss waren, als falsch herausgestellt hat. Damit ist klar: Auch Gewissheit ist keine hinreichende Bedingung für Wissen. Davon unberührt bleibt, dass Gewissheit genauso eine notwendige Bedingung von Wissen ist wie Wahrheit. Der Satz „Ich weiß, dass p, aber ich bin mir nicht sicher“, ist Unsinn. Ich kann nur sagen: „Ich bin mir nicht sicher, dass p“ oder „Ich glaube, dass p“ oder „Ich zweifle, dass p“.

Überschuss. Damit entpuppen sich Wahrheit und Gewissheit je für sich als notwendige, aber nicht hinreichende Bedingungen von Wissen. Sofern sich keine anderen Bedingungen angeben lassen, bleibt nur übrig anzunehmen, dass Wahrheit und Gewissheit zusammengenommen als hinreichende Bedingungen von Wissen fungieren, dass also ihr Zusammentreten erkenntnistheoretisch mehr leistet als die Summe der beiden Einzelbedingungen – wie auch immer dies näherhin zu denken wäre.

Nimmt man von diesem Resultat her nochmals das Problem der Differenz zwischen Wissen und Meinen in Blick, dann lässt sich sagen: Die epistemische Einstellung des Meinens charakterisiert, dass die oder der eine Meinung Hegende mehr oder weniger stark hofft, in der zur Debatte stehenden Angelegenheit die Wahrheit zu treffen, ohne sich dessen aber sicher zu sein und je sicher sein zu können, weil es selbst an Kriterien für das eventuelle Getroffenhaben mangelt. Trotzdem muss irgendwie ein Moment anfänglicher Sicherheit ins Spiel kommen, sonst würde ich mich nicht hinreißen lassen, wenigstens zu meinen, dass sich etwas so und so verhält, wenn ich es denn schon nicht wissen kann.

Das aber bedeutet zweierlei: (1) Wahrheit und Gewissheit sind auch im Fall des Meinens nicht völlig ausgeschaltet. Nur das Gegebensein wenigstens von Wahrheits- und Gewissheitsmomenten macht eine epistemische Einstellung wie das Meinen überhaupt sinnvoll, wenn darunter nicht eine völlig willkürliche Stellungnahme verstanden werden soll. Und (2): Schon bei der Analyse des Wissensbegriffs hatte sich ergeben, dass die Kategorie der Begründetheit in sich zu problematisch ist, als dass sie erkenntnistheoretisch gesehen Sicherheit geben könnte. Platon hat dieses Kriterium wohl ja auch nicht zufällig abgelehnt: Weder Wahrnehmung noch richtige Vorstellung noch die mit der richtigen Vorstellung verbundene Erklärung könne als Erkenntnis gelten, schreibt er am Ende seines Dialogs *Theaitetos*.[9] Durchgesetzt hat sich das Kriterium der Begründbarkeit schlicht und einfach, weil es sich relativ bequem ausnimmt. Insofern kann man – wie heute in der Regel üblich – nicht sagen, die Differenz zwischen Wissen und Meinen bestehe einfach darin, dass das Moment der Gewissheit im Fall des Meines nur eingeschränkt oder gar nicht auf Gründe gestützt sei.[10] Das ist es im Fall der epistemischen Einstellung „Wissen“ nämlich genau besehen auch nicht.

Gettier-Fälle. Damit wird natürlich die Unterscheidung von Wissen und Meinen verteufelt schwer. Dem exakt entsprechend hat der Amerikaner Edmund L. Gettier 1963 einen lediglich knapp drei Seiten langen Aufsatz vorgelegt, in dem er vorführt, dass eine wahre Überzeugung, die in unkorrekten Gründen wurzelt, sich von anderen wahren Überzeugungen nicht unterscheiden lässt. Anders gewendet: Eine Person kann gerechtfertigt einen wahren Satz glauben, ohne dass man von ihr sagen kann, sie wisse um den von diesem Satz ausgedrückten Sachverhalt. Um zu demonstrieren, dass es das tatsächlich geben kann, muss ich nachfolgend wenigstens einen der beiden so genannten Gettier-Fälle im Wortlaut wiedergeben. Ich empfehle ihn Ihrer persönlichen Auseinandersetzung:

> „Nehmen wir an, Smith und Jones hätten sich für dieselbe Stelle beworben, und Smith habe starke Evidenz für folgende Konjunktion [= Verknüpfung zweier Aussagen zu einer neuen Aussage; K. M.]:
>
> > (d) Jones ist derjenige, der die Stelle erhalten wird, und Jones hat zehn Münzen in seiner Hosentasche.

9 Vgl. PLATON: Theaitetos. 210a-b.

10 Vgl. TEUWSEN, Rudolf: Erkenntnislehre. In: HONNEFELDER, Ludger/KRIEGER, Gerhard (Hgg.): Philosophische Propädeutik. Bd. 1: Sprache und Erkenntnis. Paderborn u.a. 1994. 119-181. Hier 133.

Die Evidenz könnte z.B. darin bestehen, daß der Präsident der Gesellschaft Smith versichert hat, man würde sich letztlich für Jones entscheiden, und er, Smith, ferner erst vor zehn Minuten die Münzen in Jones' Hosentasche gezählt hat. Aus (d) folgt:

(e) Derjenige, der die Stelle erhalten wird, hat zehn Münzen in seiner Hosentasche.

Wir wollen nun annehmen, Smith sieht, daß (e) aus (d) folgt, und er akzeptiert (e) aufgrund von (d), für das er starke Evidenz hat; in diesem Fall ist Smith ganz offensichtlich darin gerechtfertigt zu glauben, daß (e) wahr ist. Aber stellen wir uns ferner vor, daß Smith selbst, was ihm zu diesem Zeitpunkt noch unbekannt ist, die Stelle erhalten wird, und nicht Jones; und nehmen wir an, daß Smith – ebenfalls ohne es zu wissen – auch zehn Münzen in seiner Hosentasche hat; in diesem Fall ist Proposition (e) wahr, obwohl Proposition (d), aus der Smith auf (e) geschlossen hat, falsch ist. In unserem Beispiel ist das folgende also alles wahr:

(i) (e) ist wahr; *(ii)* Smith glaubt, daß (e) wahr ist; und *(iii)* Smith ist darin gerechtfertigt zu glauben, daß (e) wahr ist. Doch ebenso offensichtlich ist, daß Smith nicht *weiß*, daß (e) wahr ist, denn (e) ist wahr aufgrund der Anzahl von Münzen in Smiths Hosentasche, während Smith gar nicht weiß, wieviele Münzen sich in Smiths Hosentasche befinden, sondern seinen Glauben an (e) darauf stützt, daß er die Münzen in Jones' Tasche gezählt hat, von dem er nun einmal fälschlicherweise meint, daß *er* die Stelle bekommt."[11]

Wenn für das Gegebensein von Wissen nicht reicht, dass die fundierenden Gründe für einen Wissensanspruch korrekt sind, dann reicht auch nicht mehr, dass die fundierenden Gründe fundiert sind und dass die Fundierung der fundierenden Gründe fundiert ist usw. Dieser infinite Regress kann nur gestoppt werden, wenn die fundierenden Gründe für Wissen nicht mehr selbst den Charakter von Wissen haben, wenn also wahre Überzeugung als hinreichende Bedingung für Wissen anerkannt wird.

Resümee. Aus dem Gettier-Beispiel wird jedenfalls zweifelsfrei klar, dass sich Wissen nicht durch die Kriterien der Gewissheit und Wahrheit hinreichend vom Meinen abheben lässt (das Moment der Begründetheit hatten wir schon bei der Diskussion des Wissensbegriffs ausgeschieden). Gewissheit und Wahrheit können lediglich als notwendige Bedingungen von Wissen in Anschlag gebracht werden. Für eine exakte Abgrenzung des Wissens vom Meinen taugen sie nicht. Wie eine solche Abgrenzung aussähe, ist heute, zweieinhalb Jahrtausende nach Platon, noch immer so offen, wie Platon es faktisch im *Theaitetos* offengelassen hat.

Weil sich die Differenz von Wissen und Meinen also begrifflich nicht fassen lässt, bleibt nur eines: die Aufmerksamkeit auf die Weise richten, wie beide Ausdrücke im Rahmen der Sprache, der sie zugehören, gebraucht werden. Im Gebrauch dieser Ausdrücke zeigt sich ja in

[11] GETTIER, Edmund L.: Ist gerechtfertigte, wahre Meinung Wissen? In: BIERI, Peter (Hg.): Analytische Philosophie der Erkenntnis. Frankfurt a.M. 1987. 91-93. Hier 92.

der Tat eine Differenz: Ich kann – wie schon einmal erwähnt – nicht sagen „Ich weiß, dass p, aber ich bin nicht sicher, dass p“. Wohl aber kann ich sagen „Ich meine, dass p, aber ich bin nicht sicher, dass p“. Oder: Mit der Wendung „Ich habe immer gewusst, dass p“ drücke ich aus, dass sich ein von mir in der Vergangenheit erhobener Wahrheitsanspruch nunmehr als gerechtfertigt herausgestellt hat. Mit „Ich habe immer gemeint, dass p“ leite ich dagegen das Geständnis ein, dass ich mich mit einer bislang gehegten Gewissheit geirrt habe. Die Reihe solcher Beispiele ließe sich fortsetzen. Allein schon die beiden genannten lassen von der Differenz zwischen Wissen und Meinen mehr greifbar werden als die ganze vorausgehende begriffliche Analyse, der wir uns unterziehen mussten. Insofern kann eigentlich gar nicht überraschen, dass sich auch die dritte für uns zentrale epistemische Einstellung, das „Glauben“, am präzisesten über den Sprachgebrauch des einschlägigen Terminus analysieren lässt.

1.3 Glauben

Sprachbefund. Wenn Theologinnen und Theologen im philosophischen Kontext den Ausdruck „glauben" hören, kommt verständlicherweise spontan Heimatgefühl auf. Das ist auch nicht ganz falsch. Nur verengte dieser Aha-Effekt den Bedeutungsbereich des Ausdrucks, wenn er nicht seinerseits bewusst gemacht würde. „Glauben" kommt ja neben dem religiösen Bereich auch in der Alltagssprache, aber eben auch durchaus spezifiziert in der Philosophie, näherhin in der Erkenntnistheorie vor.

(a) „glauben" – „meinen". Alltagssprachlich wird „glauben" häufig synonym mit „meinen" verwendet. „Peter glaubt, dass Gottfried kommen wird." Allerdings impliziert diese Austauschbarkeit von „glauben" und „meinen" eine gewisse Unschärfe. Das Meinen lässt den betreffenden Sachverhalt generell im Ungefähren. Der Gebrauch von „glauben" ist intern differenziert: Ich kann mit „Ich glaube, dass p" zum Ausdruck bringen, (1) dass ich mir sehr unsicher bin, dass p, (2) dass ich mir relativ sicher bin, dass p, (3) dass ich überzeugt bin, dass p; zumindest Letzteres geht mit „meinen" nicht. Welchen Gewissheitsgrad wir jeweils veranschlagen, machen wir in der Regel durch Tonfall, Gestik und Mimik kenntlich, also rhetorisch gesprochen durch ektosemantische Operatoren („ektosemantisch" bedeutet: außerhalb der Bedeutungsdimension eines Ausdrucks liegend).

(b) Epistemische Logik. Erkenntnistheoretisch ist „Glauben" ein Grundbegriff der epistemischen Logik. Bisweilen begegnet in diesem Zusammenhang auch der Ausdruck „doxastische Logik" (im Anschluss an den griechischen Term „doxa", also „Meinung" ein deutlicher Hinweis auf den synonymen Gebrauch, der von „glauben" und „meinen" gemacht wird). Der Glaubensbegriff, der alltagssprachlich zur Anwendung kommt, wird gern „deskriptiv" genannt. Der Satz, dass jemand glaubt, dass p, drückt dann einfach aus, was jemand empirisch glaubt. Dazu könnte auch gehören, dass jemand glaubt, dass p, ohne dass er oder sie glaubt, dass p besteht. Oder dass p besteht, aber nicht q, obwohl q eine logische Folge von p darstellt. Formal gefasst: Glauben kann jemand sehr viel, selbst dass ihn Marsmännchen entführt, ein paar Blutproben entnommen und wieder zurückgebracht haben. Glaubbar im deskriptiven Sinn ist das Verrückteste.

Der erkenntnistheoretische Glaubensbegriff ist demgegenüber zweifach spezifiziert: (1) Er operiert nur mit der höchsten Gewissheitsstufe, die mit dem Ausdruck „glauben" verbunden werden kann, d.h. er bedeutet immer soviel wie „überzeugt sein, dass". Und (2) ist er rational verfasst. Das meint z.B.: Wenn jemand glaubt, dass p, und q eine logische Folge von p ist, dann glaubt er oder sie auch, dass q. Von diesem Glaubensbegriff her lassen sich dann Prinzipien einer doxastischen Logik formulieren, z.B.: dass man nicht zugleich p und nicht-p glauben kann. Oder: Wenn jemand glaubt, dass p, dann glaubt sie oder er auch, dass sie oder er das glaubt. Bzw. glaubt jemand nicht, dass p, dann glaubt sie oder er auch, dass sie oder er das nicht glaubt. Was soviel bedeutet wie: Wenn wir etwas glauben, können wir uns darin nicht täuschen, dass wir es glauben.

Unterscheidungsproblem. Wer glaubt, dass p, erhebt mit dem entsprechenden Ausdruck einen starken Anspruch auf Gewissheit und Wahrheit. Worin besteht dann der Unterschied zwischen Glauben und Wissen? Wissen hatten wir bestimmt als: Überzeugungen, die wahr sind. Anders gewendet: Ich weiß, dass p, wenn ich überzeugt bin, also glaube, dass p, und damit richtig liege. Glauben dagegen heißt: Ich bin überzeugt, dass p, und ich bin überzeugt, dass ich richtig liege. Ob ich tatsächlich richtig liege, weiß ich nicht. Das sieht im ersten Moment nach klarer Differenz zwischen Wissen und Glauben aus, und man könnte versucht sein, diese Differenz so auszudrücken: Wissen sei Überzeugtsein, für dessen Richtigkeit sich Gründe beibringen lassen, Glauben sei Überzeugtsein, das ohne solche Gründe gewagt wird. Dem jedoch steht zweierlei entgegen:

(1) Schon Aristoteles weiß um die Erkenntnis spezieller Sachverhalte, die anders als auf übliche Weise zustande kommt, als „pisteuein", also „glauben": Die ersten Prinzipien der Vernunft (z.B.: Etwas kann nicht zugleich und unter derselben Rücksicht sein und nicht sein) leuchten in dermaßen unentrinnbarer Klarheit auf, dass man folgern muss:

> „[...] es besteht mehr Notwendigkeit, den Prinzipien Glauben zu schenken, sei es allen oder einigen, als dem Vorgang der Schlußfolgerung."[12]

(2) Sowenig sich Wissen ausschließlich auf Gründe stützt, so wenig sind Gründe für Glauben einfach irrelevant. Nur, dass die Gründe, auf die sich Glauben stützt, ganz anders geartet sind als diejenigen, die in bestimmten Wissensweisen auftreten. Im Fall von Wissen war uns zum einen perfektes Wissen begegnet – analytische Sätze und die eigenen Überzeugungen –, bei dem die Begründungsproblematik dadurch gelöst ist, dass Überzeugung und Wahrheit zusammenfallen. Zum anderen gilt Wissen in bestimmten Bereichen als begründet, wenn es anhand bestimmter Methoden durch deren korrekte Anwendung gewonnen oder wenn es von jemandem behauptet wird, dem kompetente Beurteilung in der Sache zuerkannt ist.

Grammatische Beobachtung. Auf die Spur der spezifischen Begründungsform im Fall von Glauben bringt uns wieder einmal eine grammatische Beobachtung. Das Verbum „glauben" kann in

[12] ARISTOTELES: Analytica Posteriora. 72a, 36.

drei verschiedenen grammatischen Konstruktionen verwendet werden:

(1) „glauben“ mit „dass“-Satz: „Ich glaube, dass ich die Prüfung bestehen werde.“

(2) „glauben“ mit Dativ: „Ich glaube meinem Freund Peter.“

(3) „glauben“ mit präpositionalem Ausdruck in zwei Versionen:

(3a) „Ich glaube an den Erfolg bei der Prüfung.“

(3b) „Ich glaube an Gott.“

Die Fälle (1) und (3a) unterscheiden sich ihrer Bedeutung nach nicht. (3a) lässt sich unproblematisch umwandeln in „Ich glaube, dass ich in der Prüfung Erfolg haben, sie also bestehen werde.“ Komplexer dagegen verhält es sich mit den Fällen (2) und (3b). Fall (2) „Ich glaube meinem Freund Peter“ bringt ein Vertrauensverhältnis zum Ausdruck, das sehr wohl als Grund meiner Überzeugung gedacht ist, sich dazu aber auf die Wahrhaftigkeit meines Freundes stützt, nicht auf die von ihm gemachte Sachaussage. Wollte ich Satz (2) in einen „dass“-Satz umformen, müsste ich formulieren:

(4) „Ich glaube meinem Freund Peter, dass er die Wahrheit sagt.“

Der Grund meiner Überzeugung ist also in diesem Fall das Zeuge-Sein meines Freundes. Der in Fall (2) auftretende Dativ kann in der „dass“-Satz Version nicht ausgelassen werden, sonst veränderte sich die Bedeutung des Satzes:

(5) „Ich glaube, dass mein Freund Peter die Wahrheit sagt“ wäre nicht äquivalent mit (4) „Ich glaube meinem Freund Peter, dass er die Wahrheit sagt.“ In (4) nehme ich meinen Freund Peter als Grund für meine Gewissheit in Anspruch und nur dieses. In (5) kann mein Gebrauch von „glauben“ auch einen Vorbehalt, eine Unsicherheit bezüglich seiner Wahrhaftigkeit artikulieren. Der Dativ ist rein etymologisch betrachtet der Fall des Gebers (von lateinisch „dare“). Ich übergebe, über-antworte (im buchstäblichen Sinn) die Begründetheit meiner Überzeugung dem anderen. Somit zeigt sich am grammatischen Gebrauch von „glauben“ in Fall (2) eine dialogische Begründung von Glauben.

Eine ähnliche Besonderheit lässt sich bei genauerem Zusehen auch im Gebrauchsfall (3b) „Ich glaube an Gott“ ermitteln – wiederum mit Hilfe der Umformung in eine „dass“-Variante. (3a) „Ich glaube an den Erfolg bei der Prüfung“ ließ sich, wie gesehen, ohne Bedeutungseinbuße in ein Äquivalent zu (1) umwandeln. Formuliert man (3b) genauso um, so ergibt sich

(6) „Ich glaube, dass es Gott gibt.“

Das aber ist keineswegs äquivalent mit (3b). Beweis: (3b) impliziert nicht (6), und umgekehrt impliziert auch (6) nicht (3b): Im Klartext formuliert: Jemand kann sehr wohl glauben, dass es Gott gibt, und trotzdem nicht an ihn glauben. Theologisch gewendet ist das die Grundform der Sünde, klassisch festgehalten in der berühmten Weissagung über die Geburt des Immanuel im Buch Jesaja. Als König Ahas von Jerusalem davon hört, dass sich zwei andere Könige gegen ihn zum Feldzug zusammentun, bekommt er das große Zittern. Da wird ihm der Prophet Jesaja geschickt, um ihn zum Gottvertrauen, zum Glauben zu ermutigen. Jetzt wörtlich:

> „Der Herr sprach noch einmal zu Ahas; er sagte: Erbitte dir vom Herrn, deinem Gott, ein Zeichen, sei es von unten, aus der Unterwelt, oder von oben, aus der Höhe. Ahas antwortete: ich will um nichts bitten und den Herrn nicht auf die Probe stellen. Da sagte Jesaja; Hört her, ihr vom Haus David! Genügt es euch nicht, Menschen zu belästigen? Müßt ihr auch noch meinen Gott belästigen?" (Jes 7, 10-13).

Ahas hat keineswegs Gottes Existenz bezweifelt. Aber er wollte diesem Gott kein Vertrauen schenken, sondern auf das eigene politische Kalkül setzen. Er glaubte an Gott, ohne ihm – wieder der Dativ! – zu glauben.

Auch der umgekehrte Fall ist möglich: Jemand glaubt nicht, dass es Gott gibt, glaubt aber an Gott – dass also Fall (3b) nicht Fall (6) impliziert. Man kann diese Version auch so wiedergeben: Jemand ist nicht überzeugt, zweifelt also, ob es einen Gott gibt, glaubt aber trotzdem an Gott. Eine solche Einstellung kann mindestens zweierlei bedeuten:

(a) Zum einen kann sie Ausdruck eines skeptischen Vorbehalts gegenüber der eigenen Einsichtsfähigkeit in Belange religiösen Glaubens sein ganz gemäß jener Geschichte aus einer osteuropäischen Synagoge: Kommt ein Mann am Sabbat ins Bethaus und trifft dort seinen Nachbarn, von dem rundherum bekannt war, dass er sich als Atheisten bezeichnete. „Hoi, Nachbar, du hier?", fragte der Beter. „Ich dachte, du glaubst nicht an Gott?" Natürlich nicht", darauf der andere. „Aber weiß ich, ob ich recht hab?"

(b) Auf der anderen Seite kann jene Einstellung, nicht an die Existenz Gottes zu glauben und dennoch an Gott zu glauben, einen ungleich ernsteren Hintergrund besitzen: Dass jemand, getroffen von einem Schicksalsschlag nach dem anderen, einfach nicht mehr an ein Dasein Gottes glauben kann und sich dennoch mit allen Fasern der eigenen Existenz an Gott hängt. Einschlägige biographische Zeugnisse gibt es gar nicht so wenige. Das berühmteste ist – obwohl fiktiv, aber von umso größerer poetischer Berührungskraft – das von Zwi Kolitz stammende Testament eines Warschauer Juden mit dem Titel *Jossel Rakovers Wendung zu Gott.*[13] Schreiben lässt der Dichter den Protagonisten sein Testament in den letzten Stunden vor dem endgültigen Fall des Warschauer Ghettos. In der Erwartung seines unmittelbar bevorstehenden Todes erinnert sich Rakover an eine Geschichte, die ihm sein Rabbi oft und oft erzählt hatte – die Geschichte von einem Juden, der mit Frau und Kindern der spanischen Inquisition entflohen

[13] Vgl. KOLITZ, Zvi: Jossel Rakovers Wendung zu Gott. Jiddisch-Deutsch. Aus d. Jiddischen übertr., hg. u. kommentiert v. Paul Badde. Mit Zeichnungen v. Tomi Ungerer. Zürich 2004.

ist und über das stürmische Meer in einem kleinen Boot zu einer Insel trieb. Und dann passiert – so die Geschichte wörtlich –Folgendes:

> „Da zuckte ein Blitz auf und erschlug die Frau. Da kam ein Sturmwind und wirbelte sein Kind ins Meer. Allein, elend, hinausgeworfen wie ein Stein, nackt und barfuß, vom Sturm gepeitscht, von Donner und Blitz geschreckt, die Haare zerzaust und die Hände zu Gott erhoben, ist der Jude seinen Weg weitergegangen auf die wüste Felseninsel und hat sich so an Gott gewandt: ‚Gott Israels', sagte er, ‚ich bin hierher geflohen, daß ich Dir ungestört dienen kann: um Deine Gebote zu tun und Deinen Namen zu heiligen. Du aber tust alles, daß ich nicht an Dich glauben soll. Wenn du aber meinen solltest, daß es Dir gelingen wird, mich mit diesen Versuchungen vom richtigen Weg abzubringen, ruf' ich Dir zu, mein Gott und Gott meiner Eltern, daß es Dir alles nicht helfen wird. Magst Du mich auch beleidigen magst Du mich auch züchtigen, magst Du mir auch wegnehmen das Teuerste und Beste, das ich habe auf der Welt, und mich zu Tode peinigen – ich werde immer an Dich glauben. Ich werde Dich immer liebhaben, immer – Dir selbst zum Trotz!'
>
> [Und jetzt Rakover selbst; K. M.] Und das sind auch meine letzten Worte an Dich, mein zorniger Gott: Es wird Dir gar nichts nützen! Du hast alles getan, daß ich an Dir irre werde, daß ich nicht an Dich glaube. Ich sterbe aber grade so, wie ich gelebt habe, als unbeirrbar an Dich Glaubender. [...] ‚*Schma Israel!* – Höre Israel! Der Herr ist unser Gott, der Herr ist Einer! In Deine Hände, oh Herr empfehle ich meinen Geist!'"[14]

Formal gewendet: Der wechselseitige Implikationsausschluss von (3b) und (6) sowie umgekehrt bringt zur Geltung, dass der Satz (3b) einen Überschuss einschließt, der sich mit den Kategorien propositional verfassten Wissens oder Nicht-Wissens nicht erfassen lässt. Ich empfinde es eher irreführend, wenn Autoren das zeugnisbezogene Vertrauensmoment aus (2) und den Überschuss in (3b) als „existentielle Gewißheit" bezeichnen.[15] Von Gewissheit kann ja in beiden Fällen wohl kaum die Rede sein. Denn Vertrauen ist ja im Gegenteil durch Entsicherung definiert. Und dasjenige am Glauben an Gott, was im Annehmen einer Existenz Gottes eben nicht aufgeht, hat ebenso wenig mit Gewissheit, dafür um so mehr mit Auslieferung an einen Gott zu tun, den man – wenn es ihn denn geben sollte – nur noch unbegreiflich nennen kann. Außerdem ist das Attribut „existenziell" mittlerweile durch die politische wie theologische Betroffenheitslyrik dermaßen verschlissen, dass sich seine Vermeidung von selbst gebietet.

Platonischer Holzweg? Der Sache nach verdienen das Vertrauens- und das Überschussmoment, die durch die Analyse des Sprachgebrauchs von „glauben" zur Geltung kommen, allergrößte Aufmerksamkeit. Beides hat sich ja rein philosophisch ergeben, auch wenn uns das zweite Beispiel schon in den Bereich des religiösen Gebrauchs von „glauben" führte. Dass beide Momente keineswegs Grenzfälle, sondern eher elementare Basisfälle des Gebrauchs von

[14] KOLITZ: Wendung zu Gott (Anm. 13). 95-101.
[15] So etwa TEUWSEN: Erkenntnislehre (Anm. 10). 141.

„glauben“ darstellen, lässt natürlich die Frage aufkommen, ob nicht möglicherweise schon Platon mit seiner Gegenüberstellung von Wissen und Glauben und der daraus folgenden Qualifikation von Glauben als defiziente epistemische Einstellung die ganze Reflexion des Glaubensbegriffs auf einen Holzweg gewiesen hat.

Philosophischer Glaube. Es gibt ein ganz starkes Indiz für diese Vermutung über die obigen Sprachgebrauchsanalysen hinaus. Es besteht in der Tatsache, dass es in der ganzen Neuzeit, also seit dem 17. Jahrhundert, und bis heute Bemühungen um einen so genannten philosophischen Glauben gibt. Kein Geringerer als Karl Jaspers hat dem mehrere Veröffentlichungen gewidmet. Eine heißt wörtlich *Der philosophische Glaube*.[16] Es mag sich dabei durchaus um Säkularisierungen von Gehalten eines theologischen Glaubensbegriffs handeln. Dass solche Konzepte aber überhaupt entwickelt wurden und zum Teil werden, verrät eines überdeutlich: Eine konsistente Welt- und Selbstbeschreibung des Menschen – so könnte man Philosophie als solche durchaus fassen – kommt mit dem Wissensbegriff allein nicht aus. Ihr kann dann freilich auch nicht mehr ein Glaubensbegriff angemessen sein, der von vornherein am Wissensbegriff gemessen ist. Wenn das zutrifft, dann müsste so etwas wie eine Phänomenologie von Glauben möglich sein, die diese epistemische Einstellung als Phänomen sui generis auszuweisen vermag. Weil ich dies in der Tat für möglich halte, möchte ich ebendamit die philosophischen Erläuterungen zum erkenntnistheoretischen Glaubensbegriff beschließen[17]:

Aus dem Vorausgehenden steht bereits fest: Glauben stützt sich seinem Begriff nach nicht auf in Augenschein Genommenes (sonst handelte es sich lediglich um einen Modus des Wissens). Thomas von Aquin definiert in einem seiner frühen Werke, dem Kommentar zu den *Sentenzen* des Petrus Lombardus:

> „Der Glaube kann sich gar nicht auf etwas beziehen, das man sieht [...]; und auch was bewiesen werden kann, gehört nicht zum Glauben.“[18]

Wenn ich etwas glaube, verfüge ich über keine unmittelbare Einsicht in den geglaubten Sachverhalt selbst, stimme ihm aber gleichwohl entschieden zu. Insofern kann schon an dieser Stelle gesagt werden: „glauben“ bezieht sich spezifisch auf das, was weder kraft Evidenz aus sich selbst einleuchtet noch in irgendeiner Form – sei es durch Sinne, sei es durch Argumente – überprüft werden kann. Trotzdem handelt es sich bei der Zustimmung des Glaubens nicht um einen Akt der Willkür. Vielmehr wird aufgrund des Zeugnisses einer oder eines anderen geglaubt. Dessen Glaubwürdigkeit aber und meine Motive, die-

16 JASPERS, Karl: Der philosophische Glaube. München 1948.

17 Vgl. zum Folgenden LEHMANN, Karl: Art. Glaube. In: Handbuch philosophischer Grundbegriffe. Bd. 3. München 1973. 596-605.

18 THOMAS VON AQUIN: In Sent. II, d.24, q.2, a1.

sem Zeugen Glauben zu schenken, unterstehen der kritischen Prüfung.

Inneres Moment dieser Glaubwürdigkeitsprüfung ist dabei auch, ob für mich als Glaubenden das vom Zeugen Bezeugte nachvollziehbar, also vernunftgemäß ist. Dabei kann es sich inhaltlich durchaus um etwas die Vernunft Übersteigendes handeln; nur kann dann auch dieses Überstiegsmoment vernünftig erfasst werden. Daraus folgt logisch, dass sich Glaubwürdigkeitsfragen nicht durch Rekurs auf Autorität entscheiden lassen. Ein Moment von Entscheidung als solcher allerdings ist für „glauben" konstitutiv. Anders gewendet: In die mögliche Erkenntnisleistung der epistemischen Einstellung „glauben" gehört ein willentlich-personales Element hinein. „Glauben" kann man darum auch nur und ausschließlich in erster Person. Ich muss willentlich auf meine Kappe nehmen, einem Sachverhalt ohne letzte Sicherung in der Sache (sondern in der Person einer oder eines Bezeugenden) meine Zustimmung zu geben. Glauben aufgrund etwa des Alters oder der Ehrwürdigkeit einer Tradition („weil es immer schon so war") ist defizitäres Glauben. Authentisches Glauben speist sich aus einer Verbindung von Vertrauen, Vernunft, Subjektivität und Freiheit. Dieser komplexe Charakter zieht der Kommunikabilität und Objektivierbarkeit von Glauben Grenzen. Gleichzeitig macht er diese epistemische Einstellung auch für Verzerrungen anfällig.

Biblische Motive. Unschwer lässt sich erkennen, dass den soeben umrissenen philosophischen Glaubensbegriff auch Motive des biblischen Verständnisses von „glauben" mitprägen. An erster Stelle geht die Dimension des Vertrauens auf das zurück, was das Alte wie das Neue Testament unter „glauben" verstehen. Jes 7,9:

> „Glaubt ihr nicht, so bleibt ihr nicht."

Und in der Geschichte vom Seesturm Mk 4,35-41 heißt es in Vers 40:

> „Warum habt ihr solche Angst? Habt ihr noch keinen Glauben?"

Diese Perspektive unter dem Titel „Vertrauen" macht dabei nur einen mehr oder minder stark ausgeprägten Schwerpunkt biblischen Verständnisses von Glauben aus, längst nicht dessen Gesamt. Nur kam eben dieses Moment zu einer direkten philosophischen Wirkungsgeschichte. Was, um es nebenbei wieder einmal in Erinnerung zu bringen, bedeutet: Nicht nur die abendländische Philosophie hat – angefangen spätestens seit Platon – die jüdisch-christliche Theologie beeinflusst; es gibt ebenso Wirklinien in der Gegenrichtung. Nahezu alle Proteste gegen den Platonismus, zu denen es in der abendländischen Philosophie kam, haben sich am biblischen Denken direkt oder indirekt inspiriert. Die Ausbildung der philosophisch bis heute so wichtigen Begriffe der Individualität, der Autonomie, der Solidarität, der Freiheit, der Geschichtlichkeit und der Irrtumsanfälligkeit und Kontingenz des menschlichen Geistes verdanken sich ihm.[19] Aber das nur nebenbei. Was den Glaubensbegriff selbst betrifft, hat die Begegnung zwischen philosophischem Klärungsbedarf und religiös-theologischer Dimension innerhalb dieser selbst Konzeptionen angeregt, die einer eigenen Erwähnung bedürfen. Darum:

(c) „glauben" religiös-theologisch. Zunächst einige philosophisch relevante Bemerkungen zum religiös-theologischen Gebrauch des Ausdrucks „glauben": Ohne wenn und aber muss eingeräumt werden, dass im religiösen Sprechen das Wort „glauben" faktisch in der ganzen Breite seiner alltagssprachlichen Verwendung von „argwöhnen" über „vermuten" bis „überzeugt sein" vorkommt. Theologisch dagegen hat der Terminus eine bemerkenswerte Eigendynamik entfaltet. Auf dem Hintergrund der biblischen Bedeutungspotenziale kommt es theologisch zu einer Umkehrung der platonischen Verhältnisbestimmung von Wissen und Glauben. Diese hatte das Glauben als epistemisch defizitär gegen das Wissen abgesetzt. In der Zeit vor Augustinus weicht dieses Konzept einer Sicht, die Glauben als Propädeutik, also Vor-Schule und Vorwegnahme später möglicher Erkenntnis begreift. Augustinus selbst fasst das Verhältnis von Glauben und Erkennen bereits dialektisch:

> „Wenn ihr nicht glaubt, dann werdet ihr nicht erkennen"[20],

heißt es in einem seiner vielen erhaltenen Briefe. Augustinus ist also überzeugt: Wer sich kompromisslos dem Problem der Erkenntnis stellt, kommt von selbst zum Glauben. Und wer streng genug glaubt, wird eben dadurch zu wirklichem Erkennen geführt. Anselm von Canterbury schiebt diese beiden gegenwendigen Prinzipien gleichsam vollständig ineinander. Das Resultat dieser Operation bildet verkürzt gesagt Anselms berühmte Formel „Fides quaerens intellectum". (↖ Bd. 1, Kap. 2.4) Glaube setzt kraft seiner Verfasstheit als feste Zustimmung zu etwas meiner wissenden Verfügung Entzogenem aus sich eine Dynamik auf Verstehen frei. Und wirkliches Verstehen wird sich nach Anselms Überzeugung in nichts anderem als der Aufhellung von Geglaubtem als Wahrem, weil Notwendigem erweisen. Nur deshalb kann Anselm auf das kühne Projekt kommen, selbst die zentralen Glaubensgeheimnisse wie Inkarnation und Trinität „remoto Christo"[21], wie er sagt, also unter Absehen vom Christusgeschehen, als notwendige Vernunftwahrheiten nachzuvollziehen. „Nachvollziehen" heißt dabei natürlich: angestoßen sein zu dieser Reflexion durch gläubige Zustimmung zum faktisch-geschichtlichen Christusereignis.

Ohne Zweifel wird damit in der theologischen Dimension dem Glauben vor dem Wissen ein Vorsprung eingeräumt (wobei freilich

[19] Vgl. dazu HABERMAS, Jürgen: Israel und Athen oder: Wem gehört die anamnetische Vernunft? Zur Einheit in der multikulturellen Vielfalt. In: Diagnosen zur Zeit. Mit Beiträgen von Johann Baptist Metz u.a. Düsseldorf 1994. 51-64.

[20] AUGUSTINUS: Epistulae. CXX, I, 3.

[21] ANSELM VON CANTERBURY: Cur deus homo. Vorrede.

dem Wissen zugetraut bleibt, das, was ihm innerhalb dieses Vorsprungs des Glaubens inhaltlich begegnet, einzuholen – aber eben nach dem Glauben). In unseren Überlegungen zum Problem der Skepsis (↸ Bd. 1, Kap. 3.2) ist aber schon klar geworden, dass ein solches Glaubens-Apriori keineswegs eine spezielle Angelegenheit von Glauben im religiös-theologischen Bereich repräsentiert. Vielmehr basiert alles Wissen und jede mögliche Wissenschaft, also auch etwa Physik und Mathematik (und Letztere sogar besonders offenkundig), auf Annahmen, die als wahr anerkannt, also geglaubt werden.

Epistemische Härtegrade. Um das ganze Problem von Glauben und Wissen abschließend auf eine Pointe zu bringen: Genauerem Zusehen erweist sich Glauben philosophisch wie theologisch keineswegs als eine epistemische Einstellung, die grundsätzlich „weicher“ wäre als diejenige des Wissens. Das ist schon rein logisch nicht möglich: Ein Argument kann immer nur so stark sein wie seine schwächste Prämisse. Wenn Glauben als Prämisse von normalem Wissen gelten muss, kann Wissen nicht „härter“ sein als Glauben, auch wenn beide Einstellungen sehr differenziert beschrieben werden müssen. Umgekehrt entpuppt sich die epistemische Einstellung „Wissen“ im Rahmen der vorausgehenden Überlegungen als erheblich „weicher“, als gewöhnlich mit diesem Terminus insinuiert wird. Perfektes oder unhintergehbares Wissen lässt sich von uns nur in einem sehr schmalen Sektor, dem bezüglich analytischer Sachverhalte und eigener Überzeugungen, gewinnen. Aber selbst dieses Wissen wurzelt in Anerkennungsakten: Analytische Wahrheiten werden geglaubt; ebenso wurzeln eigene Überzeugungen in Evidenzvertrauen.

Theologische Wissenschaftstheorie. Daraus resultiert, dass Theologie für sich den Anspruch von Wissenschaftlichkeit auf keine andere oder unklarere Weise beansprucht als andere Wissenschaften auch. Theologie setzt sich Gott als eine alles bestimmende Wirklichkeit als ihren Ausgangspunkt voraus. Keine einzige andere Wissenschaft kann diesen Ausgangspunkt als a priori falsch oder unmöglich bestreiten. Und keine nimmt zu ihrem formellen Ausgangspunkt die Annahme einer Nicht-Existenz einer solchen alles bestimmenden Wirklichkeit. Eine jede Wissenschaft entfaltet sich vielmehr von der Annahme einer sie begründenden Wirklichkeit her, die im Vergleich mit einer alles bestimmenden Wirklichkeit als Teilwirklichkeit ausgezeichnet ist. Ohne Zweifel wird sich Theologie von den Resultaten solcher unter dem Vorzeichen bestimmter Teilwirklichkeiten entfalteter Wissenschaften beständig zu kritischer Überprüfung und Differenzierung des Begriffs ihres eigenen Ausgangspunktes – der alles bestimmenden, also auch alle Teilwirklichkeiten bestimmenden Wirklichkeit – veranlasst sehen. Aber genauso wird keine Wissenschaft, die sich dem Erkenntnisideal verpflichtet weiß, und es gibt per definitionem keine, die das nicht wäre, a priori darauf verzichten können, ihren eigenen Ausgangspunkt zumindest probeweise ins Verhältnis zu jener alles bestimmenden Wirklichkeit qua Ausgangspunkt der Theologie zu setzen, um zu sehen, inwiefern daraus möglicherweise Konsequenzen für ihre eigenen Methoden, Diskurse und Resultate erwachsen.

Übrigens auch durch ihre kirchliche Bindung gerät Theologie keineswegs in eine Sonderrolle gegenüber anderen Disziplinen. Wissenschaftliche Fragestellungen, die Geltung experimenteller Beobachtungen, die Durchsetzung von Grundannahmen einer Disziplin sind nicht unabhängig von so genannten „Paradigmen" (vom griechischen „paradeigma": Beispiel, Vorbild, Muster). Salopp könnte man Paradigma als maßgebende Sicht eines bestimmten Komplexes von Sachverhalten wiedergeben. Die Ausbildung eines Paradigmas und seine Durchsetzung verdankt sich dabei längst nicht nur wissenschaftlichen Ergebnissen allein, sondern genauso epochalen Einflüssen von außen und vor allem auch Prozessen innerhalb der Gemeinschaft derer, die als Forscher mit dem betreffenden Sachverhaltskomplex befasst sind. Diese soziale Struktur bringt natürlich mit sich, dass sich Erkenntnis kräftig mit Interessen mischt. Nicht umsonst wird gar nicht so selten zur Beschreibung bestimmter Situationen oder Vorgänge in einer wissenschaftlichen Disziplin auf Ausdrücke aus dem kirchlich-theologischen Bereich zurückgegriffen: Man spricht etwa vom „Papst der Rheuma-Forschung" oder von „Dogmen der Psychoanalyse" usw. Die klassische Beschreibung dieser Verfasstheit von Wissenschaft hat Thomas S. Kuhn 1962 in seinem Buch *Die Struktur wissenschaftlicher Revolutionen* geliefert[22] (→ Bd. 2, Teil A, Kap. 3.2) – wir werden uns damit noch ausführlich beschäftigen. Von Kuhn nahm auch die Karriere des Ausdrucks „Paradigmenwechsel" ihren Ausgang. Im Gang unserer Überlegungen werden wir noch mehrfach auf das stoßen, was damit gemeint ist, weil es auch in der Philosophie und der Theologie Paradigmenwechsel gibt.

Überhangproblem. Wenn unsere Überlegungen zur epistemischen Einstellung Glauben zutreffen, stellt sich in ihrem Horizont aber noch eine ganz andere Frage: Weit über den religiös-theologischen Bereich hinaus, also auch genuin philosophisch, liegt eine Unzahl von Zeugnissen aus allen Epochen vor, die davon ausgehen, dass Sachverhalte, die per se nur geglaubt, aber nicht gewusst werden können, dennoch auf der Basis der epistemischen Einstellung Glauben unter bestimmten Bedingungen einer unmittelbaren Erfahrung und Erkenntnis zugänglich sein können. Die Zeugnisse und das von ihnen bezeugte Phänomen heißen „Mystik". Damit stellt sich die Frage: Gibt es möglicherweise neben Wissen, Meinen und Glauben

[22] KUHN, Thomas S.: Die Struktur wissenschaftlicher Revolutionen. 2. rev. u. um das Postskriptum von 1969 erg. Aufl. Frankfurt a.M. 1976.

eine weitere epistemische Einstellung, die ähnlich wie Wissen auf Glauben basiert, aber gänzlich anders als Wissen strukturiert ist? Ich nehme meine Antwort auf diese Frage gleich vorweg. Sie heißt: Ja. Ich spreche von Mystik. Damit bin ich freilich verpflichtet, hinreichende Gründe für diese Annahme zu liefern.

1.4 Mystik

Namensklärung. Die Probleme beginnen gleich beim Namen.[23] „Mystik“ wird in der Regel vom griechischen „myein“ abgeleitet, zu übersetzen mit „die Augen schließen“, also nach innen schauen. Assoziativ nahe steht außerdem das Verb „myeein“, „in Mysterien einweihen“; vermutlich gilt das auch für „mysterion“, „Geheimnis“ oder „Geheimzeichen“. Offenkundig ist von Anfang an eine erkenntnistheoretische Dimension des Terms. Das Gegenteil von „mystikos“, bald allgemein ein Wort für „geheimnisvoll“, „dunkel“ heißt „phaneros“, „offen“. Philosophisch wichtig wird „mystikos“ in der Spätantike. Je mehr man sich den höheren, göttlichen Dingen nähert, desto dunkler wird die Ausdrucksweise, deren man sich bedienen muss.

Epistemologische Wendung. Bei den griechischen Kirchenvätern, namentlich bei den Alexandrinern Klemens und Origenes kommt der Ausdruck nicht nur in der bisherigen philosophischen Bandbreite seiner Bedeutungen zu Gebrauch. Zugleich wird sein erkenntnistheoretischer Charakter deutlich in den Vordergrund gerückt. Das geschieht zum einen dadurch, dass der Terminus in der Schriftauslegung eine Rolle zu spielen beginnt: Neben dem buchstäblichen Sinn haben viele Stellen der Schrift, und zwar gerade die dem Buchstaben nach rätselhaften, einen verborgenen, mystischen Sinn. Diese Position nimmt Origenes aus einem erkenntnistheoretischen Grund ein: Wenn es überhaupt Wahrheit gibt, so kann diese Wahrheit nur eine sein, sagt er sich. Ist die Bibel das Buch der Wahrheit, so findet sich diese eine Wahrheit ganz in ihr. Viele Sätze, in denen diese Wahrheit zum Ausdruck kommt, stehen wörtlich in der Bibel. Viele aber scheinen zu fehlen. In Wirklichkeit, so Origenes, sind sie aus verschiedenen Gründen, z.B. pädagogischen, hinter denjenigen Stellen verborgen, die keinerlei Wahrheit zur Sprache zu bringen scheinen, sondern nur Zufälliges und Nebensächliches.[24] (↖ Bd. 1, Kap. 5.1) Neben dieser exegetischen Funktion erhält der Begriff des Mystischen durch eine systematische Grundentscheidung der Alexandriner zusätzliches Gewicht: Gläubige Existenz wird unter den Spannungsbogen von „pistis“ und „gnosis“ gestellt. Der Glaube ist nur etwas Anfanghaftes; er strebt aus sich zu geistlicher Erkenntnis und unmittelbarer Schau, auch wenn nicht alle diesen Weg zu gehen vermögen. Ohne auf die Probleme einzugehen, die dieses Konzept aufwarf, kann man sagen: Damit war das mystische Erleben systematisch in die Perspektive der Erkenntnisthematik integriert.

[23] Vgl. zum Folgenden HEIDRICH P./LESSING, H.-U.: Art. Mystik, mystisch. In: Historisches Wörterbuch der Philosophie. Bd. 6. Basel 1984. 268-279. – MIETH, Dietmar: Art. Mystik. In: Neues Handbuch theologischer Grundbegriffe. Erw. Neu-Ausg. Bd. 3. München 1991. 407-418.

[24] Vgl. dazu MÜLLER, Klaus: Homiletik. Ein Handbuch für kritische Zeiten. Regensburg 1994. 59-60.

Dialektik. Gleichzeitig wurde es in seiner Eigenheit gegen „normales“ Erkennen abgesetzt. Bestimmend wurde hierbei vor allem Pseudo-Dionysius Areopagita (wirkend um 500 in Syrien), der zu immensem Einfluss gelangte, weil er sich als der in Apg 17,34 genannte Dionysius, der Areopagit, ausgab, der sich als einer der ganz wenigen dem Apostel Paulus anschloss, als der bei seiner Predigt in Athen einen seiner größten Reinfälle erlebte. Pseudo-Dionysius schrieb in seinem Werk *De mystica theologia*: Wer nach mystischer Schau trachte, müsse die Sinne und die geistigen Tätigkeiten, alles Nichtseiende und Seiende hinter sich lassen und sich ohne Erkenntnis zur Einung mit dem erheben, was über allem Wesen und aller Erkenntnis sei. So gelange er ins Licht der göttlichen Finsternis, der einzig noch Schweigen angemessen sei; darum müsse auch die Theologie zu verneinenden Ausdrücken greifen, um überhaupt etwas sagen zu können. Diese Dialektik von Widersprüchen („Licht der Finsternis“, „Schweigen als Sprache“) macht das formelle Charakteristikum von Mystik schlechthin aus, ohne dass aber ein Erkenntnisanspruch aufgegeben würde. So unterscheidet z.B. Thomas von Aquin eine Erkenntnis der göttlichen Güte und des göttlichen Willens, die spekulativ ist, von einer solchen, die er „affectiva seu experimentalis“ affektiv, gefühls- und erfahrungsmäßig nennt[25], aber eben „cognitio“, Erkenntnis. Und fast ein Jahrtausend nach Pseudo-Dionysius schreibt ein Nikolaus von Kues an der Schwelle der Neuzeit:

> „Gott ist nur jenseits des Zusammenfallens der Gegensätze. In ihm fallen das Große und Kleine, das Viel und das Wenig zusammen. Und das ist die mystische Theologie.“[26]

Mystik-Kritik. Widerspruch erfährt diese starke Tradition einer Einschätzung der Mystik als Weise von Erkenntnis erst im Rahmen der neuzeitlichen Religionskritik seit Kant. Er kritisiert Mystik als

> „Übersprung (salto mortale) von Begriffen zum Undenkbaren“[27].

Friedrich Nietzsche, um nur ihn noch aus der Reihe der kompromisslosen Kritiker anzuführen, setzt noch eins drauf und meint:

> „Wenn Skepsis und Sehnsucht sich begatten, entsteht die Mystik“[28],

womit er uns natürlich zugleich einen trefflichen Beweis liefert für die fundamentale Verankerung des Mystik-Problems in der Erkenntnistheorie.

[25] Vgl. THOMAS VON AQUIN: Summa Theologiae. II-II, q.97, a2 ad2.

[26] NIKOLAUS VON KUES: Randbemerkung zum Albert-Kommentar zur „Mystischen Theologie“. In: BAUR, Ludwig: Cusanus-Texte III/1. Sitzungsberichte der Heidelberger Akademie der Wissenschaften. Phil.-Hist. Klasse 1940/41. Abh. 4. Nr. 589. 112.

[27] KANT, Immanuel: Von einem neuerdings erhobenen vornehmen Ton in der Philosophie. In: DERS.: Kant's gesammelte Schriften. Hg. v. der Königlich Preußischen Akademie der Wissenschaften. Bd. VIII. Berlin; Leipzig 1923. 387-406. Hier 398.

[28] NIETZSCHE, Friedrich: Nachgelassene Fragmente 1882-1884. In: DERS.: Sämtliche Werke. Kritische Studienausgabe. Hg. v. Giorgio Colli u. Mazzino Montinari. Bd. 10. 2. Aufl. München; Berlin; New York 1988. Nr. 274.

Gegenbewegung. Freilich muss man diesen kritischen Stimmen gegenüber sofort festhalten, dass sich bereits die Romantik, also die kritische Antwort auf die Aufklärung, um eine Rehabilitierung der Mystik mühte und dass dies beinahe noch mehr im 20. Jahrhundert geschah und geschieht. Auch aus der Vielzahl der Stimmen unserer Zeit nur zwei besonders markante Zeugen: Karl Jaspers versteht das Mystische als Erlebnisform, in der der Gegensatz von Subjekt und Objekt, von Seele und Welt aufgehoben ist. Es richte sich gegen die gegenständliche Zersplitterung der rationalen Einstellung und es sei wesentlich Erlebnis, nicht Inhalt.[29]

Genau dieser Zug der Aufhebung des Subjekt-Objekt-Gegensatzes verleiht der Mystik für Ernst Bloch philosophisch allergrößte Bedeutsamkeit. In solchem Einswerden antizipiert der Mensch am unmittelbarsten den Gehalt jener großen, alles durchherrschenden Utopie, der Bloch in seinem Opus magnum *Das Prinzip Hoffnung* (geschrieben 1938-1947) nachspürt. Bloch wörtlich:

> „Die christliche Mystik vor allem ist *Versenkung* ohne alles schäumende Außersichsein, eben die Art von Versenkung, die dem tiefsten Nähe-Affekt in Gestalt einer Subjektausschüttung in Gott, einer Gottausschüttung ins Subjekt entsprechen sollte. […] Ledigwerden von seinem individuellen Sosein wie von der Vielheit aller Dinge, dies Verlassen von allem gilt als der Hauptweg zum Finden von allem, das ist: zum Finden der Einheit des Wesens mit dem wahren Selbst. […]
> Keine Andersheit mehr, das ist schließlich die riesig antizipierende Illusion aller Mystiker gewesen, jedoch ein phantasma utopicissime fundatum."[30]

Unabhängig von dem philosophischen Stellenwert, den Jaspers wie Bloch innerhalb ihrer jeweiligen Konzeption der Mystik geben, haben beide die Grundstruktur des Mystischen in den Basiskategorien der Erkenntnistheorie formuliert: Subjekt, Objekt, deren Differenz und ihre Aufhebung.

Sprachindiz. Dass damit tatsächlich das zentrale Profil einer spezifischen epistemischen Einstellung „Mystik" getroffen sein dürfte (und nicht nur ein Zug neben vielen anderen), wird auch durch eine kleine Sprachbeobachtung gestützt – also auf eben die Weise, die uns bei der Analyse der anderen epistemischen Einstellungen schon gute Dienste geleistet hat.[31] Dieser Beobachtung liegt ein Satz von Meister Eckhart zugrunde, der als durchaus für Mystik typisch gelten kann:

> „Got und ich wir sint ein."[32]

[29] Vgl. LESSING/HEIDRICH: Mystik (Anm. 23). 277.

[30] BLOCH, Ernst: Das Prinzip Hoffnung. Bd. 3. Frankfurt a.M. 1968. 1535. 1537.

[31] Vgl. zum Folgenden SEYPPEL, Joachim: Mystik als Grenzphänomen und Existenzial. In: SUDBRACK, Josef (Hg.): Das Mysterium und die Mystik. Beiträge zu einer Theologie der christlichen Gotteserfahrung. 111-153.

[32] MEISTER ECKHART: Iusti vivent in aeternum (Predigt 6). In: DERS.: Die Deutschen Werke. Hg. u. übers. v. Josef Quint. Bd. 1: Meister Eckharts Predigten. Stuttgart 1958. 97-115. Hier 113.

Auffällig ist an diesem Satz, dass Eckhart die beiden Subjekte „got“ und „ich“ in einem dritten Subjekt „wir“ gleichsam zusammenzieht. Das „sint“ könnte durchaus wegfallen, weil aus dem Vorausgehenden klar ist, was kommen muss: „ein“. In der grammatischen Form ist der Inhalt schon antizipiert. Genauso auffällig: Der Satz kommt bereits grammatisch ohne Objekt aus. Das weicht markant vom normalen Sprachgebrauch ab, dessen Grundstruktur die Trias Subjekt-Prädikat-Objekt bestimmt, gerade auch bei epistemischen Ausdrücken, z.B.: „Ich sehe einen Baum“ oder „Ich glaube, dass er kommen wird“. Außerdem gilt zu beachten, dass in dem Eckhart-Satz kein Komma gesetzt ist, obwohl uns unser natürliches Sprachempfinden beim Nachsprechen des Satzes intuitiv nach dem „ich“ ein wenig einhalten lässt. Indem kein Komma steht, wird der Satz sprachlich gesehen zu einem einheitlichen Feld. Spricht man den Satz so nach, wie er dasteht, so spürt man wohl die drei Kraftzentren „Got und ich“, „wir“ und „sint ein“, aber gleichzeitig spürt man auch, wie die Dynamik des Satzes seine Bestandteile in ein einheitliches Ganzes hineinzieht. Formal gewendet: Mystik artikuliert sich in einer Grenzsprache. Zu einer solchen gehört grammatisch die kontrollierte Regelausweitung oder -verletzung. Stilistisch gesehen schlägt sich dieser Grenzcharakter vor allem in paradoxen Wendungen, Tautologien oder Wortspielen nieder. Ihren sachlichen Grund haben diese sprachlichen Grenzphänomene darin, für etwas in Gebrauch genommen zu sein, wofür das Schweigen besser geeignet wäre, ohne dass jedoch von dem in diesem Schweigen Aufgehobenen nur geschwiegen werden dürfte.

Es mag in der epistemischen Einstellung „Mystik“ in der Tat primär um religiös-theologische Gehalte gehen. Gleichwohl lässt sich das Phänomen selbst und seine sprachlichen Äußerungsgestalten – wie gezeigt – auch rein philosophisch rekonstruieren. Allein von daher ergibt sich schon das Recht, im Rahmen einer philosophischen Erkenntnistheorie von Mystik als einer epistemischen Einstellung zu handeln. Dem lässt sich aber noch ein weiterer Grund anfügen. Und diesen näher zu entfalten, ist aus zwei Motiven kategorisch geboten: (a) Weil Mystik durch ihn zumindest hinsichtlich eines bestimmten, aber äußerst wichtigen und wirksamen Bereichs ihres geschichtlichen Auftretens, als aus genuin philosophischen Wurzeln hervorgehend enthüllt wird. Und (b): Weil dabei ihr Charakter als wirklicher epistemischer Einstellung in einer Art Selbsterweis hervortritt.

Philosophische Verwurzelung. Tatsache ist nämlich, dass gerade die so genannte „Deutsche Mystik“ mit ihren Repräsentanten Meister Eckhart, Heinrich Seuse, Johannes Tauler, Dietrich von Freiberg, Berthold von Moosburg und anderen ihre Wurzeln in einem spektakulären und bis heute relevanten philosophischen Vorgang des

Mittelalters hat. Am Beginn dieses Vorgangs steht Albert der Große.[33] Albert – Dominikanermönch und Lehrer des Thomas von Aquin – kam 1248 aus Paris nach Köln, um dort das Studium generale der Dominikaner und damit die erste Universität auf deutschem Boden aufzubauen. An sich hätte er dort keine andere Aufgabe gehabt, als wie in Paris die Schrift zu kommentieren. Aber verblüffenderweise hielt er 1249 Vorlesungen über die Schriften des Pseudo-Dionysius Areopagita (das ist bis heute von keinem seiner Kollegen bekannt). Und noch verblüffender: Ein Jahr später fing er an, systematisch das gesamte damals bekannte Werk des Heiden Aristoteles zu kommentieren. Albert sucht die Konfrontation mit Aristoteles und kommt dabei zu einem noch niemals da gewesenem Ergebnis:

> „Der Philosoph besitzt die Gewißheit der Beweisführung, auf die er sich stützt, während sich der Theologe auf die erste Wahrheit an sich und nicht auf rationale Argumente stützt, auch wenn dies nicht heißt, daß er über diese nicht verfüge; und daher staunt der Theologe, nicht aber der Philosoph."[34]

Das schreibt er in seinem Kommentar zu Aristoteles *Nikomachische Ethik*, dem ersten Buch des Stagiriten, das Albert kommentiert. D.h. schon zu Beginn seiner Auseinandersetzung mit Aristoteles tauchen Ansätze eines Gedankens der Autonomie der Vernunft (gegenüber der Theologie) auf. Zur vollen Entfaltung kommt diese Frage in Alberts Auseinandersetzung mit dem Problem der Herkunft und Verfasstheit der menschlichen Seele. Je länger, je mehr tritt deutlich hervor, dass er neben der theologischen Denkfigur einer Erschaffung nach dem Bild Gottes auch eine rein philosophisch-rationale Vernunfttheorie zu formulieren sucht. In der Mitte steht die These: Das wahre Wesen des Menschen bestehe in seiner Vernunfttätigkeit. Aber dies sei dem Menschen nicht bewusst. Und darum müsse ihm die Philosophie helfen, dessen – d.h. also seiner selbst – wieder inne zu werden – was übrigens weitgehend im Medium wissenschaftlicher und rationaler Naturerkenntnis geschehen soll. So hat Albert dem Menschen kraft des Denkens eine ihm allein durch seine Natur eignende Bedeutung zugeschrieben. Dieses autonome Denken gilt ihm dabei gleichzeitig als Bild Gottes und Bild des Universums. Damit sicherte er die Universalität der Vernunft und somit auch ihre kommunikative Kompetenz. Glückselig ist der, der seine Existenz als philosophische vollzieht, also das ihm eignende Vernunftpotenzial ausschöpft. Wer das tut, so Albert, wird in gewisser Weise Gott ähnlich, weil er göttliche Dinge wirken und in gewisser Hinsicht die Gesamtheit des Denkbaren erhalten könne.[35] Von daher wird unmittelbar verständlich, wie einige Spätere auf Alberts Spur zu der Überzeugung kommen konnten, dass auch den heidnischen Philosophen die visio beatifica, also die beseligende Got-

[33] Vgl. zum Folgenden STURLESE, Loris: Die deutsche Philosophie im Mittelalter. Von Bonifatius bis zu Albert dem Großen. 748-1280. München 1993. 324-388.

[34] ALBERT DER GROẞE: Super Ethica. X, 16.

[35] Vgl. ALBERT DER GROẞE: De anima. III, 3, 11.

tesschau geschenkt sein muss. Als Philosophen ist ihnen voller Selbstvollzug zuzuschreiben, und ein solcher verdankt sich der Gnade bzw. – so die Späteren – fällt mit ihr mehr oder weniger in eins.

Vernunft-Autonomie. Diese intensive Nähe zwischen Göttlichem und Menschlichem unter der Bedingung einer Autonomie des Letzteren gedanklich zu fassen und spekulativ zu entfalten, war die Herausforderung, deren sich die Vertreter der (nicht sehr glücklich so bezeichneten) „Deutschen Mystik" annahmen. Bei dieser handelt es sich also genetisch gesehen keineswegs um den religiösen Sonderweg eines elitären Zirkels, sondern um die Konsequenz einer philosophischen Grundentscheidung, derjenigen für die Autonomie der menschlichen Vernunft. (↗ Bd. 3, Teil A, Kap. 4.2) Ist das erkannt, wird nahezu von selbst auch der sprachliche und spekulative Charakter der Artikulationen dieser Bemühung sichtbar. Im Grunde stellten sich dieser zwei fundamentale Aufgaben:

(1) Sie musste die Nähe von Gott und Mensch so intensiv wie irgend möglich, beinahe als Identität, denken, wenn die Glückseligkeit des Menschen im Vollzug seiner selbst bestehen konnte. Und

(2) musste diese intensive Nähe aufgrund der Voraussetzung der Autonomie der menschlichen Vernunft als eine Art Identität in Differenz gefasst werden.

Beide Aufgaben zusammen treiben mit Notwendigkeit in die für die deutsche Mystik so typischen Gedanken- und Sprachformen: Die intensive Nähe kommt am treffendsten durch den Gedanken einer wechselseitigen Austauschbarkeit von Gott und Mensch oder wie – in dem erläuterten Eckhart-Satz – in der Zusammenziehung beider in einem grammatischen Subjekt zur Geltung. Und was die Differenz betrifft: Wenn der Mensch wirklich etwas für sich selbst ist, kann Gott nicht mehr auf die gleiche Weise als etwas für sich neben dem Menschen gedacht werden. Denn so gedacht, könnte er nicht mehr Gott sein, sondern nur ein Endliches neben mir. (↗ Bd. 3, Teil B, Kap. 9.2) Also muss er notwendig auf eine nicht-gegenständliche Weise gedacht werden, und auf strengste Weise geschieht dies, indem er als Nichts gedacht wird. Dass ein Sein schlechthin, das aus Gründen der Logik ein Nichts sein muss, am ehesten durch sprachliche Paradoxa, grammatische Regelverletzungen oder dialektische Umwendungen (etwa die menschliche Autonomie ihrerseits als Nichts zur Geltung gebracht) werden kann, liegt auf der Hand.

Formal gefasst: In dem Augenblick, in dem die Autonomie des Menschen ernsthaft Thema der Philosophie wurde, musste notwendig eine spekulative Mystik auftreten. Es wäre eine Aufgabe für sich, von diesem systematischen Zusammenhang her nun generell die Frage zu stellen, ob nicht Mystik überhaupt, wo immer sie auftritt, mehr oder weniger ausdrücklich mit dem Problem menschlichen Autonomiegefühls und seiner Vermittlung mit einem göttlichen Grund in Verbindung steht. (→ Bd. 2, Teil A, Kap. 3.43) Aber auch unabhängig von einer solchen empirischen Überprüfung gibt es damit gute Gründe, zumindest ab einem gewissen spekulativen Niveau Mystik als epistemische Einstellung sui generis aufzufassen, die einer ausschließlich philosophischen Begründung fähig ist.

Praktisches Postskript. Im normalen Lehrplan unserer Studienordnungen kommt die mystische Theologie – wenn überhaupt – nur am Rande oder gar nicht vor. Das hat natürlich nicht zuletzt damit zu tun, dass zwischen der Mystik und verfassten Religionen sowie der schulmäßigen Theologie seit je eine gewisse Spannung besteht. Kein Wunder: Religion wie Theologie als Institutionen sind primär an Feststellbarem, Verfügbarem, Gesichertem interessiert. Anders dagegen die Mystik. Gershom Scholem, der große Kenner der jüdischen Mystik meinte, Mystik suche primär

> „[...] den Gott, der ihr in den spezifischen religiösen Vorstellungen der Gemeinschaft entgegentritt, in der sie sich entwickelt, aus einem Objekt des Wissens und der Dogmatik zu einer neuen und lebendigen Erfahrung zu machen.“[36]

Das geschieht durch

> „Aufschmelzung des heiligen Textes und die Entdeckung neuer Dimensionen an ihm.“[37]

Solche erfahrungsmäßige Verlebendigung kann natürlich nur in erster Person geschehen und in Verbindung mit dem Vertrauen – unbeschadet der eigenen Endlichkeit – der Wahrheit Gottes fähig zu sein genau so, wie das Albert als Erster vorausgesetzt hat. Sich dem Abenteuer der Mystik zu stellen, nicht zuletzt in der Absicht, sich von dessen Dynamik selber ergreifen zu lassen, hat also eminent mit Autonomie und Freiheitsbewusstsein zu tun. Der größte Teil des gegenwärtigen Elends von Theologie und Kirche hat damit zu tun, dass es an solchem Selbstbewusstsein und seinen geistlichen Konsequenzen mangelt. Unter der Voraussetzung, dass außerdem der Autonomiegedanke mit Beginn der Neuzeit zum Leitbegriff der abendländischen Philosophie avancierte, kann der Ausfall der Mystik in Kirche und Theologie nur noch fatale Folgen zeitigen.

Ein Allerletztes, das zugleich ein Erstes ist: So verschieden die vier epistemischen Einstellungen waren, mit denen wir uns auseinandergesetzt haben, in einem kommen sie überein: Es geht ihnen um Erkenntnis, um Erkenntnis nicht nur einfach so, sondern um Erkenntnis, wie sich die Dinge wirklich verhalten. Alle vier Einstellungen sind beseelt von dem Motiv, wahre Erkenntnis zu gewinnen, sich ihr wenigstens anzunähern. Nichts hat gerade große Teile der Philosophie des 20. Jahrhunderts mehr in seinen Bann gezogen als eben dieses Motiv. Auf welchen Wegen philosophische Vernunft diesem Ideal

36 SCHOLEM, Gershom: Die jüdische Mystik in ihren Hauptströmungen. Frankfurt a.M. 1957. 11.

37 SCHOLEM, Gershom: Zur Kabbala und ihrer Symbolik. Zürich 1973. 21.

nachgeht und wie weit sie dabei kommt, wird am besten klar, wenn man sich mit den Schüben der modernen Erkenntnistheorie systematisch und mit historischer Tiefenschärfe zugleich auseinandersetzt. Dem ist der nächste Schritt gewidmet:

2. Philosophieren aus der Vernunftform „Wissenschaft“

In der einleitenden Landschaftsskizze zum philosophischen Denken von heute war davon die Rede gewesen, dass dieses Heute nach wie vor im Bann von Aufbrüchen des Philosophierens steht, zu denen es in den 20er Jahren des 20. Jahrhunderts gekommen war. Gleich für den ersten dieser Neueinsätze steht die Frage der Erkenntnis im umfassenden Sinn im Zentrum: Woraus schöpfen wir unser Wissen? Wie kontrollieren wir es? Wie weit reicht unser Erkenntnisinstrumentar? Was macht wirkliche Wissenschaft aus? Sind die epistemischen Prozesse sich selbst durchsichtig oder zehren sie von Voraussetzungen, die dem üblichen Reflexionsinstrumentar entzogen sind? Darf Vernunft überhaupt sich selbst vertrauen oder steht Erkenntnis – sich selbst verborgen – im Bann ganz anderer Faktoren, die sie in Wahrheit steuern? Alle diese und ähnliche Fragen werden in dem breiten Strom des zeitgenössischen Philosophierens behandelt, den ich „Philosophieren aus der Vernunftform der Wissenschaft“ nennen möchte. Als seine Initialzündung kann Ludwig Wittgensteins 1921 erschienener *Tractatus logico-philosophicus* gelten. Er begründet die Analytische Philosophie (↖ Bd. 1, Kap. 4.4) mit und markiert symbolisch den Ausgangspunkt der zeitgenössischen Erkenntnis- und Wissenschaftstheorie. Auch wenn der *Tractatus* in diesem Sinn als eine Art Gründungsurkunde gelten kann, fiel das Werk natürlich nicht vom Himmel. Auch es stützt sich auf ein Netzwerk von unmittelbaren und mittelbaren Voraussetzungen, ohne dass darum seine Originalität und sein innovativer Anspruch in irgendeiner Weise geschmälert würden. Umgekehrt lohnt es sich aber auch, wenigstens einen kurzen Blick auf ebenjene Voraussetzungen zu werfen, weil in ihnen die Grundlagen des heutigen Nachdenkens über Erkenntnis greifbar werden – und im Übrigen auch bereits erstmals die Verflechtungen mit theologischen Denksträngen, die in den üblichen Darstellungen verschwiegen bleiben.

2.1 Anbahnungen Analytischer Philosophie

Vor-Vorläufer I: B. Bolzano. Wurzeln Analytischer Philosophie in einem durchaus strengen Sinn lassen sich bis an den Anfang des 19. Jahrhunderts zurückverfolgen. Man sagt heute, das Basis-Charakteristikum der Analytischen Philosophie sei der „linguistic turn“ (am besten zu übersetzen mit: „Wende zur Sprache“) oder der „semantic ascent“ (der semantische Aufstieg). Gemeint ist: Gegenstand philosophischer Untersuchung sind nicht mehr Phänomene, sondern Sätze über Phänomene. Genau mit dieser Transformation operierte systematisch als erster Bernhard Bolzano. Bolzano lebte in Böhmen, hatte Philosophie, Theologie und Mathematik studiert, war katholischer Priester. Mit seinen Reflexionen zu Problemen der Mathematik und Logik war er seiner Zeit um Jahrzehnte voraus. Zugleich bemühte er sich auch um eine Vermittlung von katholischer Tradition und Rationalität – was ihm amtlicherseits nicht als Verdienst angerechnet wurde. Mit seiner Amtsenthebung 1819 rückte Bolzano in die beachtlich lange Reihe böhmischer Priester und Theologen, in denen sich ein hartnäckiger innerkirchlicher Selbststand mit zum Teil genialen Leistungen auf dem Gebiet der Philosophie und der Dichtung verband.[1] Indem Bolzano seiner konzeptionellen Wendung zur Sprache in einer auffallend transparenten Argumentation und klaren Sprache Ausdruck verlieh, wurde er mit diesem seinem Stil zum buchstäblichen Voraus- und wohl auch Vorbild einer neuen Weise philosophischen Arbeitens.

Vor-Vorläufer II: F. Brentano und A. Meinong. Noch zwei weitere Namen aus dem Wurzelgeflecht der Anfänge der Analytik sind zu nennen. Zum einen Franz Brentano. Obwohl aus dem Rhein-Lahn-Kreis stammend, wurde er zum Begründer dessen, was man heute „Österreichische Philosophie“ nennt, wobei man hinzufügen muss, dass unter dem Einfluss von Brentano auch eigenständige philosophische Traditionen in Polen, Tschechien und Slowenien entstanden sind. Auch Brentano war katholischer Priester, beschäftigte sich sehr viel mit Aristoteles und schrieb über diesen auch seine Dissertation. Sie erschien unter dem Titel *Von der mannigfachen Bedeutung des Seienden*. Dieses Buch hatte eine ganz eigene, gleichsam persönliche Wirkungsgeschichte, und zwar so völlig abseits des Bereiches analytischen Philosophierens, dass sie eben darum erwähnt werden muss. Der Konstanzer Gymnasialdirektor Conrad Gröber, späterer Erzbischof von Freiburg, drückte dieses Brentano-Buch nämlich einem seiner Schüler in die Hand. Der hieß Martin Heidegger, wollte nach dem Abitur Jesuit werden, wandte sich jedoch bald von der Theologie, später auch vom Katholizismus ab und bekannte von sich, Brentanos Dissertation sei ihm ab 1907 Stab und Stecken seiner ersten unbeholfenen Versuche gewesen, in die Philosophie einzudringen. Brentanos Analysen zur Bewusstseinsproblematik verschafften der Philosophie in der Zeit nach Hegel und gegen den Neokantianismus, die Lebensphilosophien und die Historisierung einen neuen wissenschaftlichen Ansatzpunkt. Weil Brentano dem Unfehlbarkeitsdogma von 1870 nicht zustimmen konnte, schied er aus dem priesterlichen Dienst aus und ging nach Wien. Dort gehörten zu seinen Schülern nicht nur Logiker und Psychologen (unter ihnen übrigens auch Sigmund Freud), sondern vor allem Philosophen, die später von sich reden machten. An erster Stelle Edmund Husserl; er hat die Grundlagen seines Denkens, der Phänomenologie als einer Philosophie von strenger Wissenschaft-

[1] Vgl. dazu LÖFFLER, Winfried (Hg.): Bernard Bolzanos Religionsphilosophie und Theologie. Beiträge zum Bolzano-Symposium der Österreichischen Forschungsgemeinschaft im Dezember 2000 in Wien. St. Augustin 2002.

lichkeit, in produktiver Auseinandersetzung mit Brentano entfaltet. In diese Reihe gehört aber auch Alexius Meinong. Ihnen allen war darum zu tun, gegen den verbreiteten Psychologismus Bewusstseinserlebnis und Inhalt dieses Erlebens sauber auseinander zu halten. Formal gesagt: Die Geltung eines Gedankens lässt sich in keiner Weise aus seiner Genesis, seinem Aufkommen erklären oder darauf zurückführen. Meinongs Bemühungen in dieser Sache schrieben sich dem neu erwachenden Bemühen um philosophische Klarheit so profiliert ein, dass heutige analytische Philosophen direkt auf ihn und Brentano zurückgreifen. Roderick Chisholm etwa, einer der wichtigsten analytischen Subjekttheoretiker der Gegenwart, spricht von „Brentano's problem", um eines der derzeit am heißesten diskutierten Themen zu bezeichnen, nämlich: ob psychische Phänomene auf physikalische Ereignisse zurückgeführt werden können oder nicht. Ein anderer, vielleicht noch wichtigerer Autor, der 1993 verstorbene Hector-Neri Castañeda, verwendet den Namen „Meinongische Prädikation" für notwendig wahre Prädikationen – alles Hinweise für die argumentativen Potenziale, die diese Vor-Läufer der Analytischen Philosophie entfaltet haben.

Normalsprachliche Analytik. Alle diese Autoren haben sich bei ihrer Arbeit ziemlich in der Nähe alltäglichen Sprechens gehalten und wurden so die Avantgarde derjenigen Richtung der Analytischen Philosophie, als deren unmittelbarer Begründer George E. Moore gilt (wir kommen auf ihn noch), die der so genannte „späte Wittgenstein" oder „Wittgenstein II" in seinen Aufzeichnungen *Philosophische Untersuchungen* fortgeführt hat und die man „ordinary language philosophy", also „Philosophie der normalen Sprache" nennt.

Idealsprachliche Analytik. Die zweite Grundrichtung analytischen Philosophierens, die sich parallel zur „ordinary language philosophy" entfaltete, die so genannte „Philosophie der idealen Sprache", wurde durch Bertrand Russell (auch von ihm gleich noch mehr) und „Wittgenstein I", d.h. dem Autor des *Tractatus* unmittelbar begründet. Durch logische Analyse soll aus der normalen Sprache eine ideale Sprache konstruiert werden; „ideal" meint dabei: größtmögliche Ausschaltung von Missverstehbarkeiten, Ungenauigkeiten und Zweideutigkeiten. Aber auch die idealsprachliche Analytik hat ihren entfernteren Stammvater, ohne den sie nicht in Gang gekommen wäre. Es handelt sich um Gottlob Frege.

Vorläufer G. Frege. Bezeichnend, dass auch Frege – wie etwa Bolzano, aber auch später Russell und Wittgenstein – über Fragen bezüglich der Fundamente der Mathematik auf das Problem der Sprachphilosophie stieß. Frege erschloss mathematisch wie philosophisch Neuland, blieb darum von vielen Zeitgenossen unverstanden;

sein Denken fand zunächst im Grunde nur durch seine Rezeption seitens Russells und Wittgensteins Verbreitung. Heute geschieht es auch auf direkte Weise; man hat erkannt, dass Frege der modernen Logik, der formalen Semantik (also Bedeutungslehre) und der Sprachphilosophie den Weg geebnet hat.

Damit diese Charakterisierung nicht eine leere Behauptung bleibt, greife ich einige wenige Grundoperationen Freges heraus, an denen sein Anliegen und seine Leistung einigermaßen spontan einsichtig werden. Beginnen wir mit dem Bereich der Logik:

(1) Logik. Frege beschäftigte sich mit Logik in der Absicht, zu einer Verbesserung der mathematischen Beweisführung beizutragen; dieses Anliegen teilte er mit nicht wenigen anderen. Aber anders als die meisten von ihnen war er überzeugt, dass es dazu nicht reichte, die Regeln logischen Schließens zu ordnen. Vielmehr sah Frege das entscheidende Problem darin, dass die Weisen sprachlichen Ausdrucks einer wirklichen Präzisierung mathematischer Verfahren im Weg standen (man sieht: Schon im Ansatz greifen für Frege Logik, Mathematik und Sprachproblem ineinander). Vor allem das Problem der Mehrdeutigkeit musste ausgeschaltet werden. Mehrdeutigkeiten kommen in der Sprache en masse vor; im durchschnittlichen Sprachgebrauch kommen wir trotzdem einigermaßen klar oder merken an Missverständnissen, dass etwas schiefgelaufen sein muss. Ganze Sätze mit identischen Ausdrücken können total Verschiedenes bedeuten – und das auch noch auf ganz verschiedene Weise. Beispiele:
„Das Geld liegt auf der Bank“ kann

(a) die halbe Million meinen, die auf meinem Konto liegt, aber genauso

(b) das Zweieurostück, das auf einer Parkbank liegt; während sein Besitzer auf dem Boden danach sucht, könnte ich ihn mit diesem Satz darauf hinweisen, wo er das verlorene Geldstück findet.
Die Ausdrücke „Geld“ und „Bank“ treten in den zwei Sätzen mit verschiedenen Bedeutungen auf.

Oder – schon etwas schwieriger: „Jeder Junge liebt ein bestimmtes Mädchen“. Der könnte nämlich für zweierlei Verschiedenes stehen, obwohl die Ausdrücke „Junge“, „Mädchen“, „liebt“ (anders als vorhin „Bank“ und „Geld“) gleichbleibende Bedeutung haben und behalten. Der Satz könnte nämlich stehen für

(a) „Es gibt ein Mädchen, das von jedem Jungen geliebt wird“ (z.B. die Klassenschönste von allen Jungen ihrer Klasse); er könnte aber auch wiedergegeben werden mit

(b) „Für jeden Jungen gibt es ein bestimmtes Mädchen, das er liebt“. Der Unterschied ist fundamental. Formal wiedergegeben hieße

(a) Einige S sind P („S“ steht für Subjekt; „P“ für Prädikat);

(b) Alle S sind P.

Die begriffsschriftlich eindeutige Wiedergabe solcher Differenzen macht eine der wichtigsten Leistungen Freges aus. Man nennt sie „Quantifikation"; mit ihr ist eine konsistente Prädikatenlogik möglich geworden. Unter Prädikatenlogik versteht man die Theorie von denjenigen Schlussfolgerungen, deren Gültigkeit von den logischen Eigenschaften der Ausdrücke „alle", „keine", „einige" und „einige ... sind nicht" abhängen.

Begriffsschrift. Klar, dass solche Mehrdeutigkeiten im abstrakten Bereich der Mathematik ein heilloses Durcheinander erzeugen. Darum fasst Frege das Projekt einer „Begriffsschrift", d.h. die Entwicklung einer Kunstsprache für mathematische Belange, durch die Eindeutigkeit im Ausdruck gesichert werden soll. Eindeutigkeit resultiert dabei daraus, dass Inhalt und Form von Sätzen in einem eindeutigen Verhältnis stehen. In einem schmalen Werk mit dem Titel *Begriffsschrift* führt Frege sämtliche logischen Schlussregeln auf und gibt an, wie eine solche Kunstsprache geschaffen werden könnte.

(2) Mathematik. Nicht weniger fundamental nehmen sich Freges direkte Bemühungen um mathematische Probleme aus – und desgleichen ihre philosophischen Konsequenzen: So hat Frege z.B. eine Definition des Begriffs der Zahl erarbeitet, und zwar in Abgrenzung gegen den schon erwähnten Psychologismus. Für diesen besteht die Bedeutung eines Ausdrucks in den mit diesem Ausdruck verbundenen Vorstellungen. Vorstellungen aber sind etwas, was nie zwei oder mehr Menschen gemeinsam haben können. Wenn ich von etwas eine Vorstellung habe, dann ist das meine Vorstellung davon, die niemals die eines anderen sein kann, auch wenn er eine Vorstellung von demselben Etwas hat – dann hat er eben seine Vorstellung und nicht meine. Wären Zahlen Vorstellungen, gäbe es in der Mathematik so viele Exemplare einer Zahl – etwa Zweien –, wie Menschen, die sich eine Zwei vorstellen. Oder umgekehrt: Ob 5000 ein leeres Zeichen ist oder etwas bedeutet, hinge davon ab, dass sich mindestens ein Mensch diese Zahl vorstellt. Die Abwegigkeit dieser Konsequenzen zwingt dazu, Zahlen als etwas Objektives aufzufassen. Daraus aber folgt auch – und das ist philosophisch von außerordentlicher Brisanz –, dass es neben Objektivem, das Raum und Zeit einnimmt, auch solches Objektives gibt, von dem das nicht gilt.

Satzzusammenhangsprinzip. Im Zusammenhang dieser Psychologismus-Kritik ergibt sich auch einer der Basissätze der fregeschen Sprachphilosophie: Wenn die Bedeutung eines Ausdrucks nicht von der mit ihm verbundenen Vorstellung abhängt, können auch Ausdrücke, von deren Inhalt wir uns keine Vorstellung zu machen vermögen, Bedeutung haben. Dieser Fall tritt auch zweifelsfrei auf: Wir können Sätze bilden, die solche vorstellungslosen Ausdrücke enthalten und wahr sind, also bedeutungsvoll sein müssen, etwa ein Satz, der die Entfernung zwischen Erde und Sonne richtig angibt. Woher kommt dann seine Bedeutung, wenn nicht von Vorstellungen? Freges Antwort: Wörter haben streng genommen nicht isoliert für sich, sondern nur im Zusammenhang vollständiger Sätze eine Bedeutung. Dieses „Satzzusammenhangsprinzip“ leitet bis heute einen Großteil der Analytischen Sprachphilosophie.

(3) Sinn und Bedeutung. Den wohl bekanntesten unmittelbaren Beitrag zur Sprachphilosophie hat Frege durch seine Unterscheidung von Sinn und Bedeutung geleistet, die er in einem gleichnamigen Artikel aus dem Jahr 1892 vorgenommen hat. Frege stellt sich die Frage, wie denn eigentlich Namen funktionieren. Die Antwort scheint zunächst ganz einfach: Ein Name ist wie ein Etikett, also einem bestimmten Gegenstand als seinem Träger zugeordnet. Einen Namen verstehen und ihn richtig gebrauchen heißt soviel wie wissen, was für einen Gegenstand er bezeichnet. Allerdings sieht sich diese bündige Auffassung einem doppelten Problem konfrontiert: (a) Es treten Fälle auf, in denen sich herausstellt, dass ein Name gar keinen Träger hatte. Auch im Fall Homers dürfte das so sein. Trotzdem werden die bisherigen Aussagen über Homer nicht sinnlos – was sie doch werden müssten, weil Namen ohne Träger nach obiger Ansicht in Sprache gar nicht auftreten können. (b) Manchmal hat ein Träger mehr als einen Namen. Freges berühmt gewordenes Beispiel: Der Morgenstern ist der Abendstern. Beide Male handelt es sich um die Venus. Beide Namen bezeichnen denselben Gegenstand, unterscheiden sich aber hinsichtlich der Weise, in der sie ihn bezeichnen. Der eine Name meint die Venus als den Stern, der am Morgen als Letzter untergeht, der andere Name meint die Venus als den Stern, der am Abend als Erster aufgeht. Die Art, wie ein Gegenstand gegeben ist, macht den Sinn des jeweiligen Namens aus; unter „Bedeutung“ versteht Frege – etwas fremd für unseren heutigen durchschnittlichen Sprachgebrauch – den Gegenstand, den ein Name bezeichnet, d.h.: „Morgenstern“ und „Abendstern“ haben zwar verschiedenen Sinn, aber dieselbe Bedeutung. Das ist deswegen von philosophischem Belang, weil damit erklärt werden kann, warum der Satz „Der Morgenstern ist der Abendstern“ informativ ist, der Satz „Der Morgenstern ist der Morgenstern“ aber nicht, obwohl sie beide wahr sind: Trotz desselben Wahrheitswerts drücken sie verschiedene Gedanken aus. Sätze können damit nicht nur in wahre und falsche eingeteilt werden, sondern wahre wie falsche Sätze lassen sich auch hinsichtlich der durch sie ausgedrückten Gedanken, also ihres Sinnes weiter differenzieren.

Realismus. Indem Frege die Unterscheidung von Sinn und Bedeutung nicht nur auf Namen, sondern auf alle Arten von Ausdrücken und vor allem ganze Sätze anwendet, folgt er nicht nur seinem

Differenzierungs- und Präzisierungsprogramm. Gleichzeitig ermöglicht ihm diese Operation auch die Entfaltung einer streng realistischen Position. „Realistisch“ ist dabei als Gegensatz zu „idealistisch“ gemeint und besagt: Wir können mittels der Sprache einander Gedanken mitteilen und über die Wirklichkeit objektive Wahrheiten formulieren. Kommunikation und Erkenntnis sind nicht Bewusstseins- und Erlebnisphänomene. Dieser Objektivitätsanspruch versteht sich natürlich als ein fundamentales Oppositionsprogramm gegen alles Philosophieren in der Tradition Kants und Hegels nicht weniger als gegen die für Frege zeitgenössischen Lebensphilosophien und den Psychologismus. Nur durch einen solchen Gang in die radikale Objektivität konnte der Philosophie gegen ihre eigene Entkernung (wieder) wissenschaftlicher Anspruch zuerkannt werden. Den dafür nötigen Realismus gewinnt Frege aus der Verknüpfung des (vorhin erläuterten) Sinnbegriffs mit demjenigen der Wahrheit. Konkret gewendet: Frege fasst den Sinn eines Satzes als seine Wahrheitsbedingung auf, das meint: Den Sinn eines Satzes erkenne ich dann, wenn ich weiß, welche Tatsachen vorliegen müssen, dass dieser Satz wahr ist. Wenn ich angeben kann, unter welchen Bedingungen die Sätze einer bestimmten Sprache wahr sind, verstehe ich diese Sprache. Frege erläutert also den Begriff des Sinnes durch denjenigen der Wahrheit. Dieser seinerseits gilt ihm als einfach, also keiner weiteren Erklärung fähig und bedürftig. Ein Satz ist wahr, wenn das, was sein Sinn zum Ausdruck bringt, als Tatsache vorliegt. „Es regnet“ ist wahr, wenn es regnet – mehr muss man darüber nicht sagen. Wahrheit gibt es also nur dergestalt, dass Wahrheitsbedingungen bestimmter Sätze erfüllt sind; darum verfügt selbst jemand, der wahre Sätze ausspricht oder vernimmt, nicht über ein Wissen, was es allgemein bedeutet, dass ein Satz wahr ist. Für Frege kann es keine Definition des Wahrheitsbegriffs geben. Insbesondere lehnt er die so genannte „Korrespondenztheorie der Wahrheit“ ab, dergemäß die Wahrheit eines Satzes durch sein Übereinstimmen mit einer Tatsache zustande kommt. Wäre Wahrheit eine Eigenschaft des Satzes, so müsste, um die Wahrheit dieses Satzes zu entscheiden, die Wahrheit desjenigen Satzes entschieden werden, mit dem dem ersten Satz jene Eigenschaft zugeschrieben wird, und dazu bedürfte es wiederum eines dritten Satzes zur Zuschreibung von Wahrheit an den zweiten Satz und so in infinitum. Gegen diese interne Regress-Figur hat Wahrheit (und Falschheit) für Frege einfach damit zu tun, dass Ausdrücke einen Bezug zu – in der Regel äußeren – Gegenständen haben. Der Sinn eines Ausdrucks artikuliert, wie der Bezug dieses Ausdrucks zu einem Gegenstand verfasst ist. Wahrheit und Verstehen sind damit gegen ihre idealistische Zuschreibung an die Innenwelt des Subjekts in das Verhältnis von Wirklichkeit und Sprache verlagert – und das bedeutet allem voran: Sie haben objektiven und öffentlichen Charakter. Und genau damit ist der Maßstab aufgerichtet, demgemäß eine Philosophie überhaupt erst wieder die

Möglichkeit hat, in den wissenschaftlichen Diskurs ernsthaft Eingang zu finden. Die Klarheit und Strenge des fregeschen Projekts und der ihm in Aussicht gestellte Gewinn machen nachvollziehbar, dass in der Phase der Grundlegung und dann für eine ganze Weile die idealsprachliche Ausprägung analytischen Philosophierens im Sinne Freges mehr Aufmerksamkeit auf sich zog als die sich an der Bolzano-Brentano-Meinong-Linie sich inspirierende normalsprachliche Variante. In entsprechender Reihenfolge haben wir den zwei Weisen der unmittelbaren Grundlegung Analytischer Philosophie nachzugehen.

2.2 Eine Doppelung am Anfang der Analytischen Philosophie

Einsatz I: B. Russell. Als unmittelbarer Begründer der idealsprachlichen Analytik muss Bertrand Russell gelten. Sein fast 98jähriges Leben verlief so bewegt, dass es eine regelrechte Kontrastfolie zu seinem auf die logische Analyse zentrierten Philosophieren bildet. Von jungen Jahren an bis ins hohe Alter engagierte er sich politisch und in gesellschaftlichen Fragen – bis dahin, dass ihm mehrere seiner Wortmeldungen Gefängnisstrafen oder persönliche Nachteile einbrachten. Noch mit 70 Jahren musste er einen Arrest absitzen, weil er zu einer Demonstration für Wehrdienstverweigerung aufgerufen hatte. Ein kritisches Buch über das eheliche Zusammenleben und für ein gelösteres Verhältnis der Geschlechter zueinander von 1929 – Titel *Marriage and Morals* – kostete ihm noch 1940 einen Lehrstuhl in New York. Wahrscheinlich hat ihm gut getan, 1950 ausgerechnet für dieses Buch den Literatur-Nobelpreis zugesprochen zu bekommen. Dass seine drei Scheidungen in vier Ehen seinem moralischen Image gerade im amerikanischen Bereich nicht sonderlich förderlich waren, versteht sich von selbst. An Popularität unter den Philosophen dieses Jahrhunderts kam ihm eigentlich nur Jean-Paul Sartre gleich. Seine leidenschaftliche Arbeit für den Frieden, die ihn 1966 u.a. auch zum Mit-Initiator des berühmten „Vietnam-Tribunals" zur kritischen Untersuchung des Vietnam-Kriegs der Amerikaner werden ließ, erfuhr erst noch vor kurzem eine indirekte Ehrung, durch die Russell faktisch ein zweites Mal nobilitiert wurde: Er hat nämlich auch die „Pugwash"-Bewegung, eine Vereinigung von Wissenschaftlern zur Abschaffung der Kernwaffen, mitbegründet; „Pugwash" erhielt 1995 den Friedens-Nobelpreis. Russell selbst brachte sein Leben auf den bündigen Nenner, drei einfache, doch übermächtige Leidenschaften hätten sein Leben bestimmt: „Das Verlangen nach Liebe, der Drang nach Erkenntnis und ein unerträgliches Mitgefühl für das Leiden der Menschheit."[2]

Insofern kann gar nicht überraschen, dass der Komplexität seiner Biographie durchaus auch die Gestalt seines philosophischen Arbeitens entspricht. Russell hat kein System entfaltet, sondern zu einer Vielzahl philosophischer Fragen Stellung genommen – zum Teil in einer Weise, die Selbstrevisionen einschloss. Man kann Russells Schaffen grob in vier Perioden gliedern:

(a) Idealismuskritik. Zunächst setzte er sich ab 1890 bis 1898 mit dem deutschen Idealismus und den zeitgenössischen engli-

[2] Zit. nach SCHÜRGERS, Norbert J.: Art. Russell, Bertrand. In: Metzler Philosophen Lexikon. Von den Vorsokratikern bis zu den Neuen Philosophen. 2., aktualisierte u. erweiterte Aufl. unter redaktioneller Mitarbeit v. Norbert Redlich hg. v. Bernd Lutz. Stuttgart; Weimar 1995. 763-765. Hier 764.

schen Spätidealisten Bradley und McTaggert, einem Hegelianer, auseinander, bei dem er studierte. Der idealistischen Erkenntnistheorie stellt er einen Realismus entgegen.

(b) Mathematische Logik. In der zweiten Phase (bis ca. 1913) wendet er sich der mathematischen Logik zu. Zusammen mit seinem Lehrer Alfred N. Whitehead verfasst er die berühmten dreibändigen *Principia Mathematica* (erschienen 1910-1913). Schon an dieser Stelle bemerke ich, dass Whitehead unbeschadet seiner Bedeutung im Kontext der Grundlegung der Analytischen Philosophie mit seinem Werk *Process and Reality. An Essay on Cosmology* (1929; deutsch erst 1979!) einer der ganz wenigen Metaphysiken des 20. Jahrhunderts vorgelegt hat, die mittlerweile auch als für Theologie von Belang erkannt worden ist.

(c) Logischer Atomismus. In einer dritten Phase, die sich zum Teil mit der zweiten überlappt, arbeitet Russell in einer Verknüpfung von erkenntnistheoretischen, sprachphilosophischen und ontologischen Überlegungen seine Philosophie des „Logischen Atomismus“ aus. In dieser Zeit war Russell auch der Lehrer Wittgensteins.

(d) Neutraler Monismus. Seiner letzten Schaffensphase (bis etwa 1948) gibt Russell einen nochmals neuen Schwerpunkt dadurch, dass er seinen sprachphilosophischen und bewusstseinstheoretischen Überlegungen auch Perspektiven der zeitgenössischen Psychologie anschließt und so vom „Logischen Atomismus“ zum „Neutralen Monismus“ gelangt.

Basale Vorgaben. Über alle diese Schwerpunktdifferenzen hinweg erblickte Russell die Grundaufgaben der Philosophie im Wesentlichen darin, Klarheit zu schaffen, (a) welche Arten von Dingen im weitesten Sinn es geben müsse, wenn bestimmte Common-Sense-Annahmen oder wissenschaftliche Überzeugungen akzeptiert werden sollen, und (b) die Struktur und Gewissheit von Erkenntnis in bestimmten Bereichen herauszuarbeiten. Bei seinen Bemühungen orientierte sich Russell an drei basalen Vorgaben:

(1) Wissen durch Bekanntschaft. Er denkt empiristisch bzw. positivistisch. Am sichersten wissen wir, was uns unmittelbar gegeben ist, sei es durch die Sinne, durch Erinnerung oder durch Introspektion oder wenn es um Eigenschaften wie Farben und Relationen wie „x ist links neben y“ geht. Er spricht in diesem Zusammenhang von Wissen durch Bekanntschaft; von ihm grenzt er das „Wissen durch Beschreibung“ ab. Wissen durch Bekanntschaft liegt vor, wenn die Person x zur Entität y in unmittelbarer Relation steht. Unmittelbarkeit bedeutet: Das Wissen der Person x von y kommt weder durch

Schlussfolgerungen noch durch das Wissen anderer Wahrheiten, also durch Wissen der Form „x weiß, dass p“ zustande. „Wissen, dass p“ heißt propositional verfasstes Wissen, weil es in Sätze gefasst wird, die Sachverhalte ausdrücken. Solch propositional verfasstes Wissen und Schlussfolgerungen sind die Charakteristika des „Wissens durch Beschreibung“. Wissen aus Bekanntschaft bildet für Russell die Grundlage all unseres Wissens im Sinn von Dingerkenntnis wie Wahrheitserkenntnis. Ein erheblicher Teil der Vertreter analytischen Philosophierens wich und weicht von dieser erkenntnistheoretischen Grundstellung Russells ab. Durchschnittlich unterscheidet man heute zwischen „wissen, dass“ – also dem propositionalen Wissen – und „wissen, wie“, d.h. Wissen von Fertigkeiten. Seit einiger Zeit entdecken Analytiker aber von neuem das Phänomen des Selbstbewusstseins und kommen beim Versuch einer näheren Bestimmung des Wissens, welches Selbstbewusstsein ausmacht, in die Nähe des russellschen Wissens durch Bekanntschaft; nicht zufällig wird in diesem Zusammenhang gern von „Vertrautheit mit sich“ selbst gesprochen. Für Russell selbst impliziert das, dass nicht nur Sachverhalte, sondern auch Dinge Gegenstand von Wissen sein können, also etwa Sinnesdaten, z.B. ein brauner Fleck, den wir hernach durch logische Konstruktion und Beschreibung als Tisch bestimmen. Insofern wirkt wie eine Art Gegengewicht, woran sich Russell als seinem zweiten Prinzip orientiert:

(2) Ockhams razor. Das „Ockhamsche Rasiermesser“ – eine stehende Redewendung, die zu den philosophischen Grundkenntnissen gehört. Wilhelm von Ockham, einer der großen Gelehrten des Franziskanerordens, im Übrigen der seit Jahren meist behandelte mittelalterliche Autor (→ Bd. 2, Teil C, Kap. 4), hatte eine Grundregel der Ontologie, also der Wissenschaft von dem, was es gibt, formuliert, die schulmäßig auf die Formel gebracht wurde:

> „Entia non sunt multiplicanda praeter necessitatem“ – Seiende sollen nicht über das notwendige Maß hinaus vermehrt werden.[3]

Anders gesagt: Wenn es darum geht, die Bausteine der Welt zu bestimmen, soll ein Prinzip der Sparsamkeit gelten: Es sollen keine Entitäten, keine Seienden unterstellt werden, wenn sich die Verfasstheit der Wirklichkeit auch ohne ihre Annahme erklären lässt. In diesem Sinn hat Russell z.B. dafür plädiert, den Begriff des Dings im alltäglichen Sinn aus der Philosophie zu eliminieren. Mit diesem Begriff, sagt Russell, unterstellen wir in unserem Sprechen über die Veränderungen von Gegenständen – ihre Form, Farbe oder Lage etwa –, dass hinter allem Wandel ein Unsichtbares steht, das konstant ist. Aber eben diese Annahme könne ersetzt werden durch den Begriff der Serie, genauer der Reihe der Erscheinungen von etwas.

[3] Vgl. MAURER, Armand: Ockham's Razor and Chatton's Anti-Razor. In: Mediaeval Studies 46 (1984). 463-475.

(3) Logische Analyse. Den dritten Richtpunkt für Russells Philosophieren bildet die „Logische Analyse“ – gemeint ist damit vor allem die Frage, welche Weisen von Aussagen sich logisch gesehen unterscheiden lassen und inwiefern Aussagen, die unter keine dieser Arten fallen, auf eine oder mehrere dieser Arten zurückgeführt werden können. Für Russell bildete die Logik das Wesen der Philosophie; die Mathematik soll aus rein logischen Prinzipien und Begriffen durch deren Klärung gewonnen werden (dieser Standpunkt hinsichtlich der Grundlegung der Mathematik heißt „Logizismus“). Mit dem, was Russell in diesem Zusammenhang zur Mengenlehre vortrug, legte er das Fundament zu den beiden Theoriestücken, durch die er am bekanntesten geworden ist, die „Typentheorie“ und die „Theorie der Kennzeichnungen“. Durch Letztere hat Russell auch mehr als durch jeden anderen seiner Gedanken Einfluss gewonnen; auf die „Theorie der Kennzeichnungen“ wird heute noch zurückgegriffen. Worum geht es in diesen Theorien? Beginnen wir mit der Typentheorie:

Typentheorie. Ausgehen muss man dabei von dem grundlegenden Unterschied zwischen Einzeldingen und Mengen. Würde man die Mengen oder Klassen als Dinge auffassen, hätte man immer mehr Dinge, als man hat: Im Falle von einem Paar Schuhen hätte man dann nämlich vier Dinge: einen Schuh, einen zweiten Schuh, das Paar Schuhe und keine Schuhe, d.h. die leere Menge. Nun stieß Russell dabei – und speziell in Auseinandersetzung mit Frege – auf eine Antinomie, die in der Literatur den Namen „Russellsche Antinomie“ erhielt. Es handelt sich dabei um eine Variante einer Widerspruchsfigur, die eigentlich schon aus der Antike bekannt ist, etwa in Gestalt des Rätsels: Wenn ein Kreter sagt: „Alle Kreter lügen“ – ist dieser Satz dann wahr oder falsch? Genauso wenn ich einfach behaupte: „Ich lüge“. Der Widerspruch, der dabei auftritt, ist doppelt und ausweglos: Wenn ich sage „Ich lüge“ und ich lüge wirklich, sage ich die Wahrheit. Wenn ich sage „Ich lüge“ und ich lüge nicht, sage ich aber auch die Wahrheit – weil ich ja lüge, indem ich nicht lüge. Nun lässt sich ein solcher Widerspruch verblüffenderweise auch mengentheoretisch formulieren: Es gibt ja formal gesehen nur genau zwei Arten von Mengen: (a) Mengen, die sich selbst nicht als Element enthalten und (b) Mengen, die sich selbst als Element enthalten. Beispiele machen die Sache sofort einsichtig: Eine Menge besteht aus individuellen Instanzen, das sind die Elemente. Die Menge der bisherigen Päpste schließt sich nicht selbst als Element ein, weil sie ihrerseits kein Papst ist. Gleichwohl gibt es Mengen, die sich selbst als Element einschließen: etwa die Menge aller Nicht-Lebewesen ist selbst ein Nicht-Lebewesen. Nun kann man natürlich auch Mengen aus diesen beiden Arten von Mengen bilden und folgende Frage aufwerfen: Ist die Menge aller Mengen, die sich nicht selbst einschließen, eine Menge, die sich einschließt, oder eine, die sich nicht einschließt? Die Antwort lautet doppelt: Enthält sie sich selbst nicht, dann steht das im Widerspruch zu ihrer Definition als Menge aller Mengen, die sich nicht selbst enthalten. Enthält sie sich selbst als Element, ergibt sich ein Widerspruch zur Definition ihrer Elemente, die doch Mengen sind, die sich nicht selbst enthalten. Formal gefasst: Die Antinomie kommt dadurch zustande, dass über sämtliche Fälle einer bestimmten Art von Elementen eine generelle Aussage gemacht wird, aber eben diese Aussage ein neues Element darstellt, das denen, über die die Aussage gemacht wurde, zugleich gleicht und nicht gleicht. Um diese antinomische Form von Selbstbezüglichkeit auszuschalten, formuliert Russell seine Typentheorie. Diese besagt im Kern: Jede Menge oder Klasse repräsentiert immer einen höheren logischen Typ als ihre Elemente, d.h. es wird eine Hierarchie geschaffen, um die antinomische Selbstbezüglichkeit auszuschalten. Aussagen wie „Die Klasse der Klassen, die sich nicht selbst als Elemente enthalten, ist ein Element aus sich selbst" gelten dann einfach als sinnlos. Diese Überlegungen wirken auf den ersten Blick ohne Zweifel gekünstelt, trotzdem sind sie aus zwei Gründen alles andere als ein leeres Spiel. Denn (a) hat Russell mit der Klassen-Antinomie darauf hingewiesen, wie wenig selbstverständlich die Grundlagen der Mathematik selbst und gerade dann sind, wenn sie durch logische Operationen gewonnen werden sollen. Und (b) das wohl noch Wichtigere: Durch den Grundgedanken der Typentheorie ist klar geworden, dass der Differenz zwischen wahren und falschen Aussagen die noch fundamentalere Differenz zwischen sinnvollen und sinnlosen Sätzen oder Aussagen vorausliegt. Anders gesagt: Logische und grammatische Form von Sätzen fallen nicht zusammen. Genau das ist einer der Leitgedanken sprachanalytischen Philosophierens geworden. Ihm ist auch jenes logische Theoriestück verpflichtet, mit dem Russell einzig auf umfassende Weise Einfluss gewann, die „Theorie der Kennzeichnungen".

Theorie der Kennzeichnungen. Diese Theorie – und das ist die Pointe – macht einsichtig, wie auf bedeutungsvolle Weise über etwas gesprochen werden kann, das es gar nicht gibt – und das tun wir gar nicht so selten, z.B. wenn Eltern ihr Kind aufklären mit den Worten „Den Weihnachtsmann gibt es nicht". Genauso, wenn jemand sagt „Runde Vierecke sind unmöglich". Um die Nicht-Existenz oder Unmöglichkeit von etwas zu konstatieren, muss ebenjenes Nichtexistierende oder Unmögliche zunächst spezifiziert werden, und das geschieht durch einen bezeichnenden Ausdruck. Grammatisch gesehen heißt das freilich, dass die Existenz oder Möglichkeit dessen unterstellt wird, dessen Nicht-Existenz oder Unmöglichkeit behauptet werden soll. Oder anders gesagt: Was als grammatisches Subjekt in solchen Sätzen auftritt, ist logisch gar keines. Würde man Kennzeichnungen als Namen auffassen, wären die Sätze, in denen sie auftreten, entweder falsch oder sinnlos – aber beides sind sie eben nicht: Der

Satz „Runde Vierecke sind unmöglich“ ist weder falsch noch sinnlos. Dieses Problem kann nur dadurch gelöst werden, dass die Bedeutung solcher Sätze die Existenz dessen, was der Subjektausdruck bezeichnet, nicht voraussetzt. Inhalt und Bezugsfunktion der Kennzeichnung müssen auseinandergehalten werden. Dann besteht die Bedeutung einer Kennzeichnung nicht mehr in dem bezeichneten Objekt, sondern macht einen Aspekt der Bedeutung des Satzes aus, in dem sie auftritt. Russell realisiert diese Differenzierung anhand einer – durchaus umständlich klingenden, aber präzisen – analysierenden Umschreibung. Russells Beispiel: „Der gegenwärtige König von Frankreich ist kahlköpfig“. Der Satz wird aufgelöst in

(a) „Eine und nur eine Entität ist gegenwärtig ein König von Frankreich, und diese ist kahlköpfig.“

In der Formulierung „Eine und nur eine (Entität)“ steckt eine Existenzbehauptung und eine Eindeutigkeitsforderung, die weiter analysiert werden muss in

(b) Es gibt ein x, sodass x gegenwärtig ein König von Frankreich ist und dass für alle y, für die gilt, dass y gegenwärtig ein König von Frankreich ist, gilt, dass y identisch ist mit x, und x ist kahlköpfig.“

Der – wenn ich so sagen darf – Dreh bei der ganzen Sache besteht darin, dass die ursprüngliche Kennzeichnung in den analysierten Varianten des Satzes nun nicht mehr als Subjekt, sondern als Teil des Prädikats auftritt. Prädikatbedeutungen aber sind kein Problem; sie lassen sich nach Russell immer auf Bekanntschaft mit Eigenschaften oder Relationen zurückführen. So treten an die Stelle von Kennzeichnungen Prädikate, logische Zeichen und Variablen. Damit werden Sätze, die Kennzeichnungen enthalten, eindeutig entscheidbar, denn die Existenzaussage am Anfang analysierter Sätze muss entweder wahr oder falsch sein. Neben der möglichen Differenz zwischen grammatischem und logischem Subjekt war es genau dies, was Russells Theorie der Kennzeichnungen für die spätere Analytische Philosophie so bedeutsam machte: Durch sie wurde klar, dass eine korrekte Formulierung der logischen Form eines Satztyps die Wahrheitsbedingungen für diesen Satztyp angeben muss.

Atomare Tatsachen. Von der Theorie der Kennzeichnungen her lässt sich auch am besten verstehen, was Russell meinte, wenn er die Verknüpfung seiner erkenntnistheoretischen, sprachphilosophischen und ontologischen Gedanken „Logischen Atomismus“ nannte. Die letzten unzerlegbaren Elemente der Wirklichkeit sind für ihn die Individuen und die Tatsachen, also das, was eine Aussage wahr oder falsch macht. Tatsachen bestehen darin, dass Individuen Prädikate oder Relationen zu- oder abgesprochen werden. Singuläre Aussagen wie „Dies ist rot“ oder eine Relation zwischen zwei Individuen sind die einfachsten und darum nach Russells Sprachregelung „atomare“ Tatsachen. Mit ihnen hat Russell die Ontologie, also die Lehre vom Seienden, radikal verwandelt. Seit der Antike, speziell seit Aristoteles, war die Ontologie durch das Begriffsdoppel „Substanz-Attribut“ – oder in sachgemäßer Übertragung: „Ding-Eigenschaft“ – dirigiert. Die Voraussetzung dafür, dass es sich bei allen Sätzen, wenn man sie analysiert, um Subjekt-Prädikat-Sätze handelt, hat Russell widerlegt. Und damit hat er der Ontologie so etwas wie eine dritte Dimension geöffnet.

Physisches und Mentales. Wem so sehr an einer angemessenen Erfassung und Beschreibung der Wirklichkeit gelegen ist wie einem Russell, den kann ein Phänomen wie dasjenige des Geistes nicht gleichgültig sein. Schon nach 1918 begann er, sich mit dieser Materie auseinanderzusetzen. Seine diesbezüglichen Wortmeldungen blieben weitgehend unbeachtet – bis vor gar nicht so langer Zeit. Es gibt heute kein Thema, das in der Analytischen Philosophie heftiger diskutiert würde als „mind“. (↖ Bd. 1, Kap. 7.3) Die Zahl einschlägiger Beiträge explodiert. Damit kann aber nicht ausbleiben, dass auch Russells Beitrag zu diesem Thema – möglicherweise in einem strengen Sinn zum ersten Mal – Aufmerksamkeit zuteil wird. Russells Konzept einer Philosophie des Geistes trägt einen eigenen Namen: „Neutraler Monismus“. Der Sache nach handelt es sich um eine der antidualistischen Revolten in den ersten zwei Jahrzehnten des letzten Jahrhunderts. Damit ist auch schon die Richtung markiert, in die Russell dachte. Dualismus heißt ja immer: Geist ist eine Wirklichkeitsdimension sui generis jenseits von Leib und Materie; und Monismus votiert für das genaue Gegenteil. Nach heutigem Diskussionsstand kann jedweder Dualismus als erledigt gelten – aber jeder krude Monismus genauso, zumal all die Varianten, die das Phänomen des Geistigen auf mehr oder weniger unmittelbare Weise auf materielle, also physikalische Prozesse zurückführen oder aus ihnen herleiten wollen. Gemessen an diesen Sackgassen nimmt sich Russells Vorschlag verblüffend differenziert aus:

Das ist um so mehr hervorzuheben, als Russell auf diese Weise auch jene Positionen gleichsam exponentiell überbietet, von denen er in seiner Theorie des Geistes und des Bewusstseins seinen Ausgang nimmt. Bei diesen handelt es sich nämlich um Resultate der damaligen Tierpsychologie und Psychoanalyse sowie vor allem um Anschauungen behavioristischer Provenienz (diese besagen, kurz und im Kern gesagt: Was Seele oder Bewusstsein eines Menschen heißt, ist in Wirklichkeit nichts anderes als die Schnittmenge der Einflüsse und Konditionierungen, denen jemand ausgesetzt ist, die ihn prägen und die sich dann an seinem Verhalten wieder ablesen lassen). Solche Überlegungen überbietet Russell schon im Ansatz dadurch, indem er als Grundstoff der Welt etwas noch Ursprünglicheres als Geist und Materie ansetzt, etwas, das neutral ist gegen Geistiges wie Physisches und als ein und dieselbe Instanz beidem zugrunde liegt (daher der Name

„neutraler Monismus“ – „neutral“ ist klar; „Monismus“ übersetzt man am besten mit „Alleinheits-Lehre“). Wie stellt sich Russell dieses dem Geistigen wie Physikalischen gemeinsam Zugrundeliegende näherhin vor? Er nennt es auch „Empfindung“ und „Erscheinung“. Ungleich aufschlussreicher ist ein Bild, das er dafür aufbietet:

Würden wir nachts bei klarem Himmel eine Fotoplatte aufstellen, sagt Russell, so hielte diese alle Vorgänge in einem Ausschnitt des Sternenhimmels fest. Festgehalten würden Vorgänge, die von den Sternen ausgehen und mit den auf der Fotoplatte festgehaltenen Lichtpunkten enden. Das gilt für jeden Zeitpunkt und jeden Ort, an dem eine solche Fotoplatte aufgestellt werden könnte. Was dabei geschähe, lässt sich in zwei Hinsichten reflektieren: (a) Es könnten alle Erscheinungen verschiedener Sterne an einem Ort thematisiert werden oder (b) alle Erscheinungen eines Sterns an verschiedenen Orten. Im Fall (a) entstünde – so Russell – eine „Perspektive“, also ein psychisches Phänomen, im Fall (b) käme es zur Konstruktion eines physischen Phänomens, nämlich eines Gegenstandes im herkömmlichen Sinn. Damit wären Physisches wie Psychisches abgeleitete Entitäten, also logische Konstruktionen. Um es am Beispiel der Wahrnehmung eines Stuhles klarzumachen:

> „Die tatsächliche Erscheinung, die der Stuhl mir jetzt präsentiert, ist ein Element meiner selbst und ein Element des Stuhles, während das Ich und der Stuhl logische Fiktionen sind.“[4]

Zuerst ist Russell durch den Logischen Atomismus einflussreich geworden (dazu später mehr). Dann – d.h. heute – fungierte und fungiert sein „Neutraler Monismus“ als so etwas wie ein Bezugs- und Absatzpunkt in der aktuellen Diskussion um Geist und Bewusstsein in der Analytischen Philosophie. Russells Überlegungen sind umso ernster zu nehmen, als aus den gleichen Quellen durchaus alternative Gedanken aufgekommen sind. Damit ist von demjenigen zu reden, der mit Russell die Kritik an dem zeitgenössisch dominierenden Idealismus teilte – und doch einen gänzlich anderen Weg ging. Ich spreche von George E. Moore.

Einsatz II: G.E. Moore. George Edward Moore hatte Russell während seines Studiums in Cambridge kennen gelernt. Wie dieser begann er seine philosophischen Bemühungen in Gestalt einer Auseinandersetzung mit dem Idealismus. Gemeinsam mit Russell setzte er sich von diesem ab. Der Grund dafür wirkt im ersten Moment beinahe trivial, erweist sich näherem Zusehen aber als ziemlich stabil: Moore stützt seine Überlegungen mehr als auf alles andere auf den Common Sense; gegen jedwede Variante von Idealismus – also die Annahme, dass es sich beim wahrhaft Wirklichen um etwas Ideelles

4 RUSSELL, Bertrand: Philosophie des logischen Atomismus. In: DERS.: Die Philosophie des logischen Atomismus. Aufsätze zur Logik und Erkenntnistheorie (1908 – 1918). Ausgew., übers. u. eingel. v. Johannes Sinnreich. München 1976. 178-277. Hier 274.

oder Geistiges handelt –, rekurriert Moore auf einige Binsenwahrheiten, deren Bestreitung ihm als völlig absurd gilt, so etwa, dass wir einen Körper haben, der zu einem bestimmten Zeitpunkt auf die Welt kam, dass wir im Lauf unseres Lebens viele verschiedene Erlebnisse hatten, dass das Gleiche auch für viele andere gilt und dass diese anderen das genauso wissen wie wir selbst. Diese Binsenwahrheiten gelten nur, wenn es wirklich Raum, Zeit, materielle Dinge und Personen gibt und wenn das alle mit Sicherheit wissen. Nun gibt es aber philosophische Standpunkte – etwa idealistischer Couleur –, die einiges oder alles davon bestreiten – dass wir z.B. nicht mit letzter Sicherheit wissen, dass es materielle Dinge gibt. Gegen solche Positionen verweist Moore auf deren eigene elementare Auftrittsbedingungen: Materielle Dinge für unwirklich zu erklären, ist ein Standpunkt. Dieser Standpunkt muss, damit es ihn gibt, vertreten werden oder worden sein. Einen Standpunkt vertreten kann aber nur eine Person. Diese wiederum ist ein Wesen mit einem Körper, der zu einem bestimmten Zeitpunkt ins Dasein trat. Die Behauptung, es gäbe keine materiellen Dinge, steht also mit sich selbst in einem Widerspruch, freilich keinem logischen, sondern in einem, der sie selbst als Handlung betrifft. Später hat sich dafür der Name „performative Inkonsistenz" eingebürgert (von „to perform": vollziehen, ausführen); er benennt einen der Elementargedanken der „ordinary language philosophy".

Common Sense. Der Gedanke der Performativität ist auch paradigmatisch für das, wodurch Moore bekannt geworden ist und bis heute Einfluss ausübt: nicht durch wohlumschriebene Thesen oder eine Theorie, sondern durch den Stil seines Philosophierens. Die Rolle, die er dem Common Sense zuschrieb, ließ ihn überzeugt sein, dass es sich bei einem Großteil der philosophischen Probleme nur um Scheinprobleme handle. Um ihnen auf die Spur zu kommen, gehe es nicht darum, die Wahrheit oder Falschheit bestimmter Aussagen zu entscheiden, sondern ihre Bedeutung zu klären. Die dafür wichtigen Aussagen müssen für Moore in der Alltagssprache formulierbar sein; technische Ausdrücke können sich als nützlich erweisen, müssen aber in Normalsprache präzis erläutert werden können; Moore war überzeugt, dass ein allzu umfänglicher Gebrauch technischer Terme – wie etwa in der idealsprachlichen Richtung der Analytik üblich – zu einer Verunklarung des sachlichen Problems führe (und damit dürfte er durchaus Recht gehabt haben). Philosophische Analyse ist für ihn immer Analyse von Aussagen und Begriffen, also Analyse sprachlicher Ausdrücke. Komplexe Ausdrücke müssen auf einfache zurückgeführt werden. Letzte einfache Ausdrücke, die nicht mehr weiter analysiert werden können, stehen für letzte einfache Dinge, bei denen es sich für Moore um Begriffe oder Ideen handelt, die uns aus sich selbst evident einleuchten, etwa im Fall des Ausdrucks „gut".

Moores Ethik. Mit diesem Beispiel habe ich auch denjenigen Bereich berührt, in dem Moore mehr als nur stilbildend Einfluss gewann: die Ethik. (→ Bd. 2, Teil B, Kap. 4) Wegen der Auffassung, der Ausdruck „gut“ stehe – genauso wie etwa der Ausdruck „gelb“ – für etwas, was keiner weiteren Bestimmung und Definition bedürftig oder fähig sei, zählt Moore zu den so genannten „Intuitionisten“. Intuitionismus heißt die Überzeugung, dass es ein genuines Werterleben gibt. In unmittelbarer Verbindung mit dieser Einfachheit von „gut“ steht ein Gedanke aus Moores Werk *Principia ethica* von 1903, der bis heute zum Standardrepertoire ethischer Diskurse gehört, obwohl Moore diesen Gedanken selbst so wenig präzis formuliert hat, dass später Varianten entstanden, die sich gegen Moore selbst richten lassen: Es handelt sich um den „naturalistischen Fehlschluss“. Schon David Hume, einer der Stammväter der Philosophie der Neuzeit, hatte darauf hingewiesen, dass ein argumentativer Bruch vorliege, wenn der Versuch gemacht wird, Behauptungen über das, was man tun soll, aus der Tatsache zu gewinnen, dass Dinge so und so sind. Moore arbeitete diese Differenz analytisch aus.

Einfach „gut“. Dass „gut“ einfach ist, bedeutet, dass es nicht durch andere Ausdrucksarten definiert werden kann, etwa durch „angenehm“ oder „bedarfsbefriedigend“ und auch nicht durch Einbettung in Erklärungskontexte, z.B. „Gut ist, was Gott will“. Dass eine solche Definition von „gut“ nur für Leute akzeptabel wäre, die an Gott glauben, macht keineswegs ihre größte Schwäche aus. Diese besteht vielmehr darin, dass diese Definition zirkulär ist: Wenn prinzipiell gut ist, was Gott will, dann muss das Gutsein als notwendiges Implikat des Gottesbegriffs auftreten. Das aber ist nicht der Fall. Also muss der Gott, dessen Wille das Gute gut macht, als gut bestimmt werden. Damit jedoch tritt auf der definierenden Seite der Definition genau der Ausdruck auf, der definiert werden soll – Zirkel. Neben dieser theologischen Naturalisierung gibt es auch biologische (gut ist, was der Art-Erhaltung dient), soziologische (gut ist, was die Gemeinschaft fördert) oder psychologische (gut ist, was mir die Angst nimmt etc.). Es gibt zwar kein formelles Argument gegen diese Naturalisierungen; man muss jede dieser Strategien konkret untersuchen. Aber bislang hat sich jede – und dies auch noch sehr einfach – widerlegen lassen. Insofern kann begründet das Resümee gezogen werden: Es gibt (außer bei bestimmten logischen Sätzen) keinen Übergang von „ist“-Sätzen zu „soll“-Sätzen, von Deskriptionen zu Präskriptionen. Das bedeutet: Moral bzw. Ethik ist autonom, nicht reduzierbar auf Wissen über Gesellschaft, Mensch oder Natur. Die Beschreibung von Tatsachen ist etwas anderes als Aussagen über Werte und die Aufstellung moralischer Normen. Genau an solchen basalen Differenzierungen wird ersichtlich, dass Moore im Letzten das gleiche Ziel wie der Idealsprachler Russell verfolgte – allerdings auf seine ganz dem Common

Sense verpflichtete Weise: die Ausschaltung von Irrtümern und Zweideutigkeiten.

Doppelte Fortschreibung. Beide Varianten analytischen Philosophierens fanden ihren Meister in einem, der mit seinen – ich bemerke eigens: ausgesprochen schmalen – Werken, was die Wirkungsgeschichte betrifft, die beiden Gründerväter der Analytik, Russell und Moore, auf eine Weise überbot, die Vergleiche schwermacht. Ich spreche von Ludwig Wittgenstein. Zwischen seiner Fortschreibung der idealsprachlichen Analytik im *Tractatus* und der der normalsprachlichen Richtung in den *Philosophische[n] Untersuchungen* liegen dreißig Jahre. Das berechtigt ohne Zweifel dazu, von einem „Wittgenstein I" und einem „Wittgenstein II" zu sprechen, wie das heute auch durchwegs geschieht. Ich schließe mich dieser Sprachregelung an, füge jedoch ausdrücklich hinzu, dass zwischen beiden Wittgenstein-Phasen deutlich nachweisbar ebenjene Gemeinsamkeit waltet, die ich gerade vorhin auch für Russell und Moore behauptet habe. Im ersten Schritt zu Wittgenstein begegnen wir nun auch unmittelbar dem ersten jener philosophischen Werke, die ich vorausgehend bereits als Gründungsdokument der Philosophie des 20. Jahrhunderts bezeichnet habe.

2.3 Wittgenstein I und der Tractatus

Biographisches. Der *Tractatus logico-philosophicus* ist eine harte Nuss, die Biographie seines Autors – gelinde gesagt – ungewöhnlich. Ludwig Wittgenstein, geboren in Wien, stammte aus steinreichem Hause, in dem Intellektuelle, Literaten und Künstler der Zeit ein- und ausgingen. Das mag Wittgensteins Interesse für Kunst nicht unbeeinflusst gelassen haben. Dennoch wandte er sich zunächst einem Ingenieurstudium zu, wechselte aber 1911 nach Cambridge, um bei Russell Mathematik zu studieren, stieß eben dabei aber auf Probleme der Logik und Philosophie, die ihn nicht mehr losließen. Eine akademisch-philosophische Ausbildung hat Wittgenstein nie absolviert. Vor dem Ersten Weltkrieg lebte er eine ganze Weile quasi als Einsiedler in einer Hütte in Norwegen, hatte sich eingehend mit der Frage beschäftigt, ob er katholischer Priester werden solle; nach Auffindung so genannter „Geheimer Tagebücher“ weiß man heute, dass Wittgenstein diesen Plan aufgab, weil es ihm nicht gelang, seine homosexuelle Neigung, die er verspürte, auf eine Weise in den Griff zu bekommen, wie dies seiner Ansicht nach für eine priesterliche Existenz unabdingbar war. Gleichwohl blieben in sein Werk wie in sein weiteres Leben bleibend asketisch-monastische Züge eingeflochten. Um nur die zwei aufsehenerregendsten zu nennen: Wittgenstein verschenkte seinen Erbanteil in Millionen-Höhe, damals ein unglaublicher Vorgang. Außerdem arbeitete er in einer Phase zwischen dem frühen und dem späten Werk, in der er sich von der Philosophie abgewandt hatte, jahrelang als Volksschullehrer in österreichischen Dörfern. Die Eltern der Schüler waren verblüfft oder empört, weil dieser seltsame Lehrer ihren Kindern Algebra beibrachte und auch in den Heften die Fehler nicht verbesserte, sondern am Seitenrand nur Zeichen machte und die Schüler die Fehler selbst suchen ließ. Es heißt, sein Pädagogenleben sei nicht zuletzt dadurch beendet worden, weil manchen Eltern die auf die Häupter ihrer Kinder niedergehenden Kopfnüsse des Lehrers Wittgenstein selbst nach damaligem Maßstab etwas zu intensiv waren. Immerhin ging aus dieser Tätigkeit eines der beiden Bücher hervor, die zu Wittgensteins Lebzeiten erschienen: ein Wörterbuch für Volksschüler. Auch in der Dorfschule hatte ihn offenkundig die Frage nicht losgelassen, wie Sprache funktioniert und was Menschen mit ihr vermögen.

Auf diese Frage zuvor schon einmal eine Antwort gegeben zu haben, von der Wittgenstein, als er sie publizierte, überzeugt war, dass mit ihr die Probleme der Philosophie als solcher im Wesentlichen einer Lösung zugeführt seien, das begründete seinen Ruhm. Entstanden ist auch diese Antwort unter ungewöhnlichen Bedingungen: während des Ersten Weltkrieges, an dem Wittgenstein als Freiwilliger teilgenommen hatte. Immer wieder machte er sich Notizen im Tagebuch und überarbeitete sie. Aus seiner Kriegsgefangenschaft in Monte Cassino schickte er das Manuskript an Russell. Dieser gestand später ein, für sein eigenes Denken viele Anregungen von Wittgenstein erhalten zu haben, diese Arbeit aber machte ihm Probleme. Zwar schrieb Russell für die zweite deutsch-englische Ausgabe des Buchs eine Einleitung (die erste Publikation 1921 in einer Zeitschrift war sehr fehlerhaft gewesen). Aber Wittgenstein behielt das Gefühl, auch von Russell nicht wirklich verstanden worden zu sein. Das Buch erschien mit einem Titel, den Moore vorgeschlagen hatte: *Tractatus logico-philosophicus – Logisch-philosophische Abhandlung*.

Tractatus als Transzendentalphilosophie. Dieses Werk – der *Tractatus*, wie sein Kurzname gewöhnlich lautet – ist nur schmal, wirkt schon rein äußerlich streng logisch gegliedert: Alle einzelnen Sätze sind mit Dezimal-Numerierung durchgezählt. Trotzdem erweist es sich als schwer zugänglich und wirft tiefgreifende Interpretationsprobleme auf. Das hat damit zu tun, dass die einzelnen Sätze oft nur eine Art Überschrift zu einem umfänglichen Problemzusammenhang sind, mit denen Wittgenstein dem Leser einen Wink gibt, in welche Richtung er selbst weiterzudenken habe. Ebenso entgegen dem ersten Eindruck geht es im *Tractatus* nicht einfach um Sprachlogik, sondern hinter den logischen und semantischen Fragestellungen um Philosophie als Frage nach dem Ganzen der Wirklichkeit sowie dem Ort des denkenden Menschen in diesem Ganzen. Ich schließe mich der Gruppe derjenigen Interpreten an, die den *Tractatus* als ein transzendentalphilosophisches Werk, genauer gesagt: als eine wissenschaftliche Metaphysik lesen – noch genauer: als Versuch, die Grenzen unseres Wissens um die Wirklichkeit so exakt wie möglich zu bestimmen. Völlig ungewohnt sind freilich die Wege, auf denen sich Wittgenstein an ein solches Projekt macht.

Motiv Klarheit. Das treibende Motiv Wittgensteins hinter seiner Arbeit am *Tractatus* ist uns durchaus schon vertraut aus unserem Blick auf das weitere Wurzelfeld der Analytischen Philosophie. Auch ihm geht es in der philosophisch speziell und auch kulturell allgemein unbefriedigenden Lage um Klarheit der Zusammenhänge und Verhältnisse in einem umfassenden Sinn. Wittgenstein sucht sich diesem Ziel philosophisch dadurch zu nähern, dass er zwischen dem logisch und sinnvoll Sagbaren und dem Unsagbaren unterscheidet und zwar anhand des Instrumentars logisch-semantischer Analyse. Gleich an diesem Punkt muss ich eine Erklärung einschieben, um einem Missverständnis vorzubeugen, zu dem es schon bald bei der Rezeption des *Tractatus* kam: Mit dieser Differenzierung zwischen logisch sinnvoll Sagbarem einerseits und Unsagbarem andererseits, das folgerichtig natürlich als „unsinnig“ qualifiziert werden muss, geht für Wittgenstein in keiner Weise die Meinung einher, dieses Unsinnige und Unsagbare sei als Denk- oder Sprechfehler zu eliminieren oder es handle sich um Irrelevantes. Im Gegenteil: Gerade die Dinge, die logisch sinnvoll sagbar sind und darum in den Bereich der Naturwissenschaften gehören, sind für das Leben des Menschen unwesentlich. Es wird von solchen Sätzen überhaupt nicht erreicht. Gleichzeitig sprechen wir über diesen Bereich indirekt dadurch, dass wir über das – und nur über das – sprechen, was sich in logisch sinnvolle Sätze fassen lässt. Auf diese Weise zeigt sich das Unsagbare. Genau das bringt Wittgenstein in dem berühmten Schlusssatz des *Tractatus* auf den Punkt:

„Worüber man nicht reden kann, darüber muß man schweigen.“[5]

Gewisse Theologenkreise machen sich natürlich mit Wonne über dieses Diktum her. Das Peinliche daran ist nur, dass sie sich auf das, was Wittgenstein als eine letztmögliche Grenzmarkierung gemeint hatte, zur Bestätigung eigener Ansprüche beziehen, diese wortreich auswalzen und damit fraglos unterstellen, ihrerseits an diese Grenze nicht gebunden zu sein. Aber wahrscheinlich kann es zu diesem grotesken Fehlverständnis ohnehin nur kommen, wenn jemand vor dem Satz 7 nicht auch die Sätze 1 bis 6 und die wichtigsten ihrer Untersätze zur Kenntnis genommen hat.

Tatsachen-Ontologie. Die für das weitere Verstehen entscheidende Weichenstellung nimmt Wittgenstein gleich im ersten Obersatz vor; die Sache selbst ist uns schon von Russell vertraut: Wittgenstein geht wie sein Lehrer nicht von einer Ding-Eigenschaft-Ontologie, sondern von einer Tatsachen-Ontologie aus. Eine Tatsache besteht darin, dass sich etwas so und so verhält. Dementsprechend lauten die ersten beiden Obersätze des *Tractatus*:

„1. Die Welt ist alles, was der Fall ist. [...]
2. Was der Fall ist, die Tatsache, ist das Bestehen von Sachverhalten.“[6]

Auftreten können im Gesamt der Welt einfache und komplexe Tatsachen, die auch Sachlagen heißen; Letztere sind in einfache zerlegbar. Eine Tatsache ist eine Verbindung von Gegenständen. Diese sind einfach und unveränderlich. D.h.: Wie sehr sich die Welt ändern mag – die Menge der Gegenstände bleibt die gleiche. Tatsachen, einfache und komplexe, können in einer Welt bestehen, in einer anderen nicht. Folglich kommen in jeder bestehenden Welt nur zweierlei Bausteine vor: Gegenstände und bestehende einfache Tatsachen; komplexe Tatsachen sind keine Bausteine, weil sie sich in einfache zerlegen lassen – denken Sie an das russellsche Rasiermesser-Prinzip.

Abbildtheorie. Sprache tut nun nach Wittgenstein nichts anderes, als diese Weltstruktur abzubilden, d.h. ihre Struktur ist derjenigen der Welt parallel. In der Sprache gibt es Namen und Sätze; die Bedeutung eines Namens ist der von ihm bezeichnete Gegenstand, der

5 WITTGENSTEIN, Ludwig: Tractatus logico-philosophicus. Nr. 7.
6 WITTGENSTEIN, Ludwig: Tractatus logico-philosophicus. Nr. 1. Nr. 2.

Sinn von einfachen oder „Elementar"-Sätzen der Sachverhalt, den sie darstellen, bzw. bei komplexen Sätzen die Sachlage. Schematisch:

- Komplexe Tatsachen der Wirklichkeit werden durch komplexe Sätze der Sprache als Sachlagen dargestellt.
- Einfache Tatsachen werden durch Elementarsätze der Sprache als Sachverhalte dargestellt.
- Gegenstände werden durch Namen bezeichnet.

Freilich liegt diese Verfassung der Sprache und ihre Funktion als Abbild der Wirklichkeit nicht so einfach auf der Hand. Zwar hält Wittgenstein die Alltagssprache auch im *Tractatus* keineswegs für eine ungenaues Instrumentar: Alle Sätze seien, so wie sie sind, nicht ein Gleichnis der Wahrheit, sagt er, sondern die volle Wahrheit selbst.[7] Dennoch müssen Funktion und Logik der Sprache durch Analyse offengelegt werden – und zwar mit Hilfe einer der logischen Grammatik entsprechenden Zeichensprache (man denke an Freges Begriffsschrift!). Nur so ließen sich auch jene Irrtümer aufdecken, in die sich gerade die Philosophie verstrickt, weil sie – verführt von der „Oberflächengrammatik" (wird Wittgenstein später sagen) – etwas für ein Ding hält, das gar keines ist, so etwa, wenn jemand – wie durchaus geschehen – aus dem Satz „Da ist kein Hund" folgert, es müsse einen Nicht-Hund geben. Selbst in dem so nüchternen *Tractatus* formuliert Wittgenstein für diese Problematik ein eingängiges Gleichnis:

> „Die Umgangssprache ist ein Teil des menschlichen Organismus und nicht weniger kompliziert als dieser.
> Es ist menschenunmöglich, die Sprachlogik aus ihr unmittelbar zu entnehmen.
> Die Sprache verkleidet den Gedanken. Und zwar so, daß man nach der äußeren Form des Kleides nicht auf die Form des bekleideten Gedankens schließen kann; weil die äußere Form des Kleides nach ganz anderen Zwecken gebildet ist als danach, die Form des Körpers erkennen zu lassen [...]."[8]

Namen und Elementarsätze. Eben darum ist Wittgenstein überzeugt, dass er die logische Grammatik der Sprache nur freilegen kann, wenn über das Präzisierungsprojekt der Idealsprachler Frege und Russell hinaus die letzten, nicht mehr zerlegbaren Elemente der Sprache herausgearbeitet werden. Die letzten Elemente erblickt er – gemäß des vorhin erläuterten Parallelismus – in den Namen und den Elementarsätzen. Die nähere Bestimmung zeigt aber nun, dass es sich bei Namen und Elementarsätzen um etwas anderes handelt, als gewöhnlich mit diesen Ausdrücken bezeichnet wird. Elementarsätze, sagt Wittgenstein etwa, bestehen aus Namens-Verkettungen (wobei unter „Namen" Gegenstandsbezeichnungen, Eigenschafts- und Relationsbezeichnungen fallen). Außerdem sind die Elementarsätze so ver-

[7] Vgl. WITTGENSTEIN, Ludwig: Tractatus logico-philosophicus. Nr. 5.563.
[8] WITTGENSTEIN, Ludwig: Tractatus logico-philosophicus. Nr. 4.002.

fasst, dass sie keine logischen Zeichen enthalten und auch voneinander unabhängig sind. An einem einfachen Beispiel wird sofort klar, dass diese Bestimmungen überraschende Konsequenzen zeitigen: Wenn Elementarsätze weder logische Zeichen enthalten noch einander widersprechen dürfen, dann wäre „Die Vase steht auf dem Tisch“ – entgegen dem intuitiven Eindruck – kein Elementarsatz, denn „Die Vase steht auf dem Boden“ ist ein grammatisch korrekt gebildeter Satz, der dem ersten Satz widerspricht. Was aber ist ein Elementarsatz dann? Antwort: Wittgenstein nennt an keiner Stelle des *Tractatus* ein Beispiel für einen Elementarsatz. Genau das Gleiche gilt für Namen im analytischen Sinn. Wittgenstein bestimmt sie als Urzeichen, die nicht definiert werden können und ihre Bedeutung aus der Zuordnung zu einem Gegenstand beziehen. Sie kommen als solche überhaupt nicht in Sätzen so vor, wie das vorkommt, was wir gewöhnlich Namen nennen (und diese sind ihrerseits etwas durch Urzeichen Definiertes). Ihre Funktion kommt nur in der gewöhnlichen sprachlichen Zeichenverwendung zur Geltung. Anders gesagt: Durch Beispielsätze gewöhnlichen Sprechens wird erkennbar, was Urzeichen sind: die Vertretungsinstanz von Gegenständen, kraft deren allein es eine unmittelbare Verbindung zwischen Wirklichkeit und Sprache gibt und an der damit auch die prinzipielle Möglichkeit von Sätzen hängt. Trotzdem kommt man auf direkte Weise an die Namen im Sinn von Urzeichen genauso wenig heran wie an die Elementarsätze. Wieder ein Beispiel: „Onkel“ ist kein undefinierbares Urzeichen, weil weiß Gott wie oft definiert werden kann, was ein Onkel ist, z.B. „Bruder meines Vaters“ oder „Bruder meiner Mutter“ oder „Sohn meiner Großmutter respective meines Großvaters“, das wieder differenziert nach mütterlicher- und väterlicherseits, oder „Enkel“ meiner „Urgroßmutter respective meines Urgroßvaters“ und Weiteres. Wer meint, im Fall von „Mutter“ oder „Vater“ sei das einfacher und es handle sich um ein Urzeichen, der ist auf dem Holzweg. Denn – nehmen wir diesen Fall – meine Mutter kann definiert werden als die Schwester meines Onkels, die Nichte meiner Großtante, die Tochter meines Großvaters, die Frau meines Vaters, die, die mich geboren hat, die Großmutter meiner Kinder (falls ich welche habe) etc. etc. Von undefinierbaren Urzeichen als Elementen der Umgangssprache – keine Spur. Hinzu kommt, dass auch die Zuordnung von Namen und Gegenständen als Eins-zu-Eins-Relation überhaupt nicht fassbar ist, denn – und darin folgt Wittgenstein ganz Frege:

> „Nur der Satz hat Sinn; nur im Zusammenhang des Satzes hat ein Name Bedeutung.“[9]

Grenzbegriffe. Damit kann man natürlich fragen: Wozu dann von Namen und Elementarsätzen, von Gegenständen und Tatsachen überhaupt reden, wenn sie selbst in keiner Weise fassbar sind

[9] WITTGENSTEIN, Ludwig: Tractatus logico-philosophicus. Nr. 3.3.

und auch nicht Bedeutung garantieren? Antwort: „Name“ und „Elementarsatz“, „Gegenstand“ und „Tatsache“ sind Grenzbegriffe. Sie benennen etwas, was gedacht werden muss, wenn Sprache und Wirklichkeit etwas miteinander zu tun haben sollen – und das tun sie ganz offensichtlich, weil wir einen Gutteil unseres Umgangs mit der Wirklichkeit sprachlich bewältigen und das in der Regel auch einigermaßen funktioniert. Statt von Grenzbegriffen könnte man auch von „Bedingungen der Möglichkeit“ sprechen. Und wer weiß, dass das wiederum der Grundbegriff schlechthin in der Philosophie Kants ist, entdeckt spontan den eigentlichen Charakter des *Tractatus*: Bis heute halten ihn viele für ein Dokument des Positivismus; in Wirklichkeit enthält er strengste Transzendentalphilosophie: Er legt frei, was notwendigerweise gedacht werden muss, wenn das, was ist, sich so verhält, wie es uns erscheint.

Nur in dieser transzendentalphilosophischen Perspektive lässt sich auch richtig verstehen, was Wittgenstein mit der zentralen These des *Tractatus* meint, Sätze seien Bilder der Wirklichkeit. Die Abbild-Theorie der Sprache im *Tractatus* behauptet nämlich in keiner Weise eine Art zeichnerischer oder fotographischer Ähnlichkeit zwischen Wirklichkeitsaufbau und Sprachstruktur. Wittgenstein wörtlich:

> „Die Grammophonplatte, der musikalische Gedanke, die Notenschrift, die Schallwellen, stehen alle in jener abbildenden internen Beziehung zu einander, die zwischen Sprache und Welt besteht.
> Ihnen allen ist der logische Bau gemeinsam. [...]
> Daß es eine allgemeine Regel gibt, durch die der Musiker aus der Partitur die Symphonie entnehmen kann, durch welche man aus der Linie auf der Grammophonplatte die Symphonie und nach der ersten Regel wieder die Partitur ableiten kann, darin besteht eben die innere Ähnlichkeit dieser scheinbar so ganz verschiedenen Gebilde. Und jene Regel ist das Gesetz der Projektion, welches die Symphonie in die Notensprache projiziert. Sie ist die Regel der Übersetzung der Notensprache in die Sprache der Grammophonplatte.“[10]

Logische Form. Entscheidend ist also, dass Satz und Wirklichkeit in ihrer logischen Form korrespondieren. Welche logische Form der Wirklichkeit eignet, zeigt sich im Satz, ohne dass sie ihrerseits als Objekt durch Zeichen dargestellt werden kann. Die Wichtigkeit dieser Beobachtung erweist sich dadurch, dass es offenkundig Sätze gibt, die genauso aussehen wie alle anderen, jedoch unweigerlich falsch oder unweigerlich wahr sind, völlig gleichgültig, wie die Wirklichkeit beschaffen ist, auf die sie sich beziehen. Beispiele: Der Satz „Es schneit oder es schneit nicht“ ist immer wahr; der Satz „Es schneit und es schneit nicht“ ist immer falsch – im ersten Fall liegt eine so genannte Tautologie vor, im zweiten eine Kontradiktion. Beide Sätze sind grammatisch korrekt – und haben dennoch keinen Sinn (wie Wittgenstein sagt), weil sie in keiner Weise Wirklichkeit bestim-

[10] WITTGENSTEIN, Ludwig: Tractatus logico-philosophicus. Nr. 4.014-4.0141.

men. Ebendies zu tun, ist Kennzeichen sinnvoller Sätze. Weil sie das aber nicht durch spezielle Zeichen tun und sich von den sinnlosen Sätzen sprachlich nicht unterscheiden, kann die Wirklichkeitsbestimmung nur dadurch geschehen, dass sie ihren Sinn *zeigen*, also zeigen, wie sich die Dinge verhalten, und sagen, dass sich die Dinge so verhalten.

„zeigen“ – „sagen“. Mit dieser Differenz von „zeigen“ und „sagen“ hat Wittgenstein ein Instrument entwickelt, das vielleicht zum wichtigsten im *Tractatus* überhaupt gehört. Es dient nämlich dazu, dem Geltung zu verschaffen, was sich mit der sinnvollen Sprache im Sinn exakter Bestimmbarkeit nicht erfassen lässt – und trotzdem von Gewicht ist, weit mehr sogar als das sinnvoll Sagbare, wie schon kurz erwähnt. Alle ästhetischen, ethischen und religiösen Sätze gehören in diesen Bereich. Ein Vortrag Wittgensteins aus dem Jahr 1930 mit dem Titel *Ethik* schließt mit den Worten:

> „[...] ich sehe jetzt, daß diese unsinnigen Ausdrücke nicht etwa unsinnig waren, weil ich die korrekten Ausdrücke noch nicht gefunden hatte, sondern daß vielmehr ihre Unsinnigkeit ihr eigentliches Wesen ausmachte. Denn was ich mit ihnen erreichen wollte, war ja gerade, *über* die Welt *hinauszugehen*, und das heißt auch: über die sinnvolle Sprache hinaus. Es trieb mich, gegen die Grenzen der Sprache anzurennen – wie es, glaube ich, alle Menschen getrieben hat, die jemals über Ethik oder Religion zu schreiben oder zu sprechen versucht haben. Dieses Anrennen gegen die Grenze unseres Käfigs ist völlig und vollkommen hoffnungslos. Insofern es dem Wunsch entspringt, etwas über den letzten Sinn des Lebens zu sagen, über das absolut Gute und das absolut Wertvolle, kann die Ethik keine Wissenschaft sein. Was sie sagt, fügt unserem Wissen in keinem Sinn etwas hinzu. Aber sie ist ein Dokument einer Tendenz im Menschen, die hochzuachten ich nicht umhin kann und über die ich mich um keinen Preis lustig machen möchte.“[11]

Welt. Von Wittgensteins Sinn/Sinnlosigkeits-Differenz her werden auch zwei andere Grundgedanken des *Tractatus* klar, die auf den ersten Blick mehr als rätselhaft wirken. Der eine betrifft die Welt, der andere das Ich. Hinsichtlich der Welt schreibt Wittgenstein:

> „*Die Grenzen meiner Sprache* bedeuten die Grenzen meiner Welt.“[12]

Anders gewendet: Nur in dem Maß, in dem ich grammatisch korrekte Sätze zu bilden vermag, gibt es Welt. Der Fall ist, was ich benennen kann. Das bedeutet natürlich auch: „Die Welt“ gibt es überhaupt nicht, sondern Welt ist immer je meine Welt. Darum hört die Welt auch, wie Wittgenstein gegen Ende des *Tractatus* eigens festhält, mit dem Tod auf.[13]

11 WITTGENSTEIN, Ludwig: Ethik. In: DERS.: Geheime Tagebücher 1914-1916. 2. Aufl. Wien 1991. 77-86. Hier. 86.

12 WITTGENSTEIN, Ludwig: Tractatus logico-philosophicus. Nr. 5.6.

13 Vgl. WITTGENSTEIN, Ludwig: Tractatus logico-philosophicus. Nr. 6.431.

Ich. Die Grenze der Welt ist also das Ich. Und genau das ist der vielleicht aufregendste Gedanke des ganzen *Tractatus*. Denn mit ihm eröffnet Wittgenstein eine völlig neue Weise der Rede über das Ich. Diese ist diskursiv, verlegt aber jedem Verständnis des Ichs als einer Substanz oder eines Gegenstandes im Ansatz bereits den Weg – ein Gedanke, der seit Descartes und vor allem in der Rezeption und Kritik idealistischer Theoreme immer wieder – zumindest als Missverständnis – aufgekommen war. Wenn das Ich als Grenze der Welt bestimmt wird, ist es nicht mehr Teil der Welt und kommt es in der Welt nicht mehr vor – ohne dass es einfach nichts wäre. Das Ich ist – und Wittgenstein greift damit geradezu kühn auf einen uralten Namen zurück –, wenn es überhaupt ist, etwas Metaphysisches.

> „Wo *in* der Welt ist ein metaphysisches Subjekt zu merken?
> Du sagst, es verhält sich hier ganz, wie mit Auge und Gesichtsfeld. Aber das Auge siehst du wirklich *nicht*.
> Und nichts *am Gesichtsfeld* läßt darauf schließen, daß es von einem Auge gesehen wird. [...]
> Es gibt also wirklich einen Sinn, in welchem in der Philosophie nichtpsychologisch vom Ich die Rede sein kann.
> Das Ich tritt in die Philosophie dadurch ein, daß die ‚Welt meine Welt ist'.
> Das philosophische Ich ist nicht der Mensch, nicht der menschliche Körper, oder die menschliche Seele, von der die Psychologie handelt, sondern das metaphysische Subjekt, die Grenze – nicht ein Teil der Welt."[14]

Analytische Subjektivität. Das philosophische Potenzial, das Wittgenstein mit diesem Gedanken des Ichs als Grenze zugänglich gemacht hat, wurde erst Jahrzehnte nach Erscheinen des *Tractatus* wirklich erkannt. Seit der zweiten Hälfte der 60er Jahre des 20. Jahrhunderts gibt es eine analytische Wiedergewinnung der Subjektthematik nach der radikalen Austreibung des Subjektgedankens, deren sich der Mainstream der Analytischen Philosophie nach Wittgenstein in seiner Fundamentalkritik aller idealistischen Ansätze befleißigte, deren Zentrum gerade dieser Subjektgedanke bildete. (↖ Bd. 1, Kap. 7.7) Wittgenstein ist der heimliche Stammvater dieser gerade derzeit heiß diskutierten binnenanalytischen Revisionen – und zwar, entgegen einem landläufigen Klischee, eben bereits mit dem *Tractatus*. Und noch einmal mehr bestätigt die Weise, wie das Ich in diesem Werk auftaucht, dass wir es mit strengster Transzendentalphilosophie zu tun haben. Oder was wären transzendentale Gedanken sonst, wenn nicht solche, die jenes thematisieren, was gegeben sein muss, ohne dass man es durch Erfahrung dingfest machen könnte, wenn es das geben soll, was in Erfahrung begegnet?

„Das Mystische". Damit liegt alles, was für das Leben irgendwie von wirklicher Bedeutung ist, außerhalb der Welt: Das Ethische, das Ästhetische, das Religiöse, sogar das Ich – und mit ihm na-

[14] WITTGENSTEIN, Ludwig: Tractatus logico-philosophicus. Nr. 5.633-5.641.

türlich auch die Tatsache, dass es so etwas wie Welt gibt. Wittgenstein rechnet diese Tatsache deswegen zu dem, was er „das Mystische“ nennt. Wie die Welt ist, das ist Sache der Logik. Dass sie ist, liegt jenseits dessen, was mit sinnvollen Sätzen gesagt werden kann. Sinnvolle Sätze gibt es nur über kontingente Tatsachen. Die schon erwähnten Tautologien und Kontradiktionen – also Sätze, die immer wahr oder immer falsch sind – heißen sinnlos. Die anderen, mit denen über das gesprochen wird, was man nicht sagen kann, sind die unsinnigen. Aber gerade sie sind natürlich besonders wichtig. Wer sie ausspricht, rennt gegen die Grenzen der Sprache an, bewirkt aber eben dadurch, dass sich zeigt, was sich nicht sagen lässt, weil sie nicht von Tatsachen handeln. Der Dialektik von „sagen“ und „zeigen“ unterstehen nicht nur ethische, ästhetische und religiöse Sätze, sondern genauso auch philosophische. Auch sie liegen jenseits sprachlicher Sinnhaftigkeit; die eignet nur naturwissenschaftlichen Sätzen, also solchen, die mit Philosophie überhaupt nichts zu tun haben. Darum muss der *Tractatus* notwendig mit einer Selbstaufhebung enden – und tut das auch. Der vorletzte Satz – der vor dem schon zitierten Schweige-Imperativ – lautet:

> „Meine Sätze erläutern dadurch, daß sie der, welcher mich versteht, am Ende als unsinnig erkennt, wenn er durch sie – auf ihnen – über sie hinausgestiegen ist. (Er muß sozusagen die Leiter wegwerfen, nachdem er auf ihr hinaufgestiegen ist.)
> Er muß diese Sätze überwinden, dann sieht er die Welt richtig.“[15]

Von daher lässt sich auch begreifen, dass der Anspruch, den Wittgenstein im Vorwort zum *Tractatus* anmeldet, durchaus ernst gemeint ist. Der Anspruch ist ein doppelter: Zum einen der, Gedanken ausgedrückt zu haben; hinsichtlich deren Genauigkeit ist Wittgenstein überzeugt, das prinzipiell Mögliche längst nicht erreicht zu haben. Hinsichtlich des zweiten Anspruchs zeigt er sich weitaus kategorischer: Die Wahrheit seiner Ausführungen hält er für „unantastbar und definitiv“, sodass er folgern kann:

> „Ich bin also der Meinung, die Probleme im Wesentlichen endgültig gelöst zu haben. Und wenn ich mich hierin nicht irre, so besteht nun der Wert dieser Arbeit zweitens darin, daß sie zeigt, wie wenig damit getan ist, daß diese Probleme gelöst sind.“[16]

Mit Sicherheit hat sich Wittgenstein selbst nicht träumen lassen, wie wahr dieses Resümee seines literarischen Erstlings sein sollte. Der *Tractatus* übte nämlich seinen größten Einfluss auf eine Weise aus, von der man ohne Übertreibung sagen kann, es handle sich dabei um ein Paradox – und vielleicht sollte man einfach so sprechen, wie ich es in der Überschrift zu unserem nächsten Schritt tue:

[15] WITTGENSTEIN, Ludwig: Tractatus logico-philosophicus. Nr. 6.54.
[16] WITTGENSTEIN, Ludwig: Tractatus logico-philosophicus. Vorwort.

2.4 Ein produktives Missverständnis: Der Wiener Kreis, der Logische Empirismus und die Wissenschaftstheorie

Im Bereich der professionellen Universitätsphilosophie wurde der *Tractatus* wenn überhaupt, dann nur hinsichtlich bestimmter Thesen zur Logik oder Semantik zur Kenntnis genommen. Der philosophische Anspruch des Werkes stieß auf weitgehendes Unverständnis. Frege, dem Wittgenstein das Manuskript geschickt hatte, konnte nichts damit anfangen. Wittgenstein über Freges Reaktion in einem Brief an Russell:

> „Er hat mir vor einer Woche geschrieben und ich entnehme daraus, daß er von dem Ganzen kein Wort versteht. Meine einzige Hoffnung ist also, Dich bald zu sehen und Dir alles zu erklären, denn es ist schon *sehr* bedrückend, von keiner einzigen Seele verstanden zu werden!“[17]

Aber auch mit Russells Interpretation des *Tractatus* in seiner Einleitung zur zweisprachigen Ausgabe des Buches konnte Wittgenstein nicht einverstanden sein.

Wiener Kreis. Zu einer partiellen Rezeption des *Tractatus* kam es lediglich durch einige britische Analytiker; diese fanden vor allem den Logischen Atomismus interessant, also dass sich beschreibende Sätze als Wahrheitsfunktionen von Elementarsätzen analysieren lassen sollen. Eine zweite Wirkungslinie entstand dadurch, dass Wittgenstein in den 20er Jahren mit Moritz Schlick zusammentraf. Dieser war der führende Kopf des so genannten „Wiener Kreises“, ein Zirkel, der sich in einem Wiener Café traf und wissenschaftstheoretische Probleme diskutierte. Über Schlick kam Wittgenstein auch mit anderen Leuten dieser Gruppe in Kontakt. Wittgenstein selbst wurde jedoch nicht Mitglied. Aus dem *Tractatus* griff die Gruppe eigentlich nur einen Gedanken auf, noch dazu einen, der für Wittgenstein zu den eher unbedeutenden zählte: nämlich dass alle sinnvollen Sätze solche der Naturwissenschaft sind. Alles andere, worum es Wittgenstein vor allem gegangen war – also die Metaphysik, die Ethik, die Ästhetik usw. –, verfiel dem Verdikt, einfach schlechte Philosophie zu sein. Und damit ist das Doppelcharakteristikum derjenigen philosophischen Richtung schon angegeben, die in den 30er Jahren durch den Wiener Kreis angestoßen wurde und über Jahrzehnte immensen Einfluss ausübte: der „Logische Empirismus“; gebräuchlich sind auch die Namen „Logischer Positivismus“ oder „Neopositivismus“. Sofern die Wiener überdies an einer ökonomischen Darstellung naturwissenschaftlicher Theorien und ihren Veränderungen interessiert waren, begründeten sie gleichzeitig jenen philosophischen Arbeitszweig, der später – vor allem in den 60er Jahren – phasenweise allein noch als Philoso-

[17] Zit. nach MAURER, Ernstpeter: Art. Wittgenstein, Ludwig. In: Metzler Philosophen Lexikon. Von den Vorsokratikern bis zu den Neuen Philosophen. 2., aktualisierte u. erweiterte Aufl. unter redaktioneller Mitarbeit v. Norbert Redlich hg. v. Bernd Lutz. Stuttgart; Weimar 1995. 925-929. Hier 926.

phie zu gelten tendierte: die Wissenschaftstheorie. So kam es zu dem Paradox, dass der *Tractatus*, der doch zeigen wollte, dass und warum die Philosophie keine Wissenschaft ist, in genau derjenigen philosophischen Richtung zu einer gewissen Wirkungsgeschichte fand, die mehr als jede andere Philosophie als wissenschaftliche zu etablieren suchte, indem sie philosophische Sätze den gleichen Kriterien unterwarf wie naturwissenschaftliche. Auf den Logischen Positivismus etwas näher einzugehen, scheint mir aus zwei Gründen geboten: (a) wegen der tiefreichenden und im öffentlichen Diskurs zum Teil bis heute anhaltenden Wirkung dieser philosophischen Denkform; und (b) sofern natürlich der streng antimetaphysische Grundzug des Logischen Positivismus in die zeitgenössische Religionskritik Eingang fand und in der Tat eine der elementaren Herausforderungen an jeden theologischen Diskurs darstellt. (↖ Bd. 1, Kap. 4.4) Ich skizziere zunächst die wichtigsten Auffassungen des Wiener Kreises und gehe dann etwas ausführlicher auf den prominentesten Vertreter, auf Rudolf Carnap, ein.

Einzelgestalten. Wie so oft bei solchen Etikettenbildungen steht auch hinter dem „Wiener Kreis“ keine homogene Gruppe mit einem wohlbestimmten Set von gemeinsamen Überzeugungen. Vielmehr umschreibt dieser Name ausgesprochen individuelle Figuren, bei denen es faktisch zu einer gewissen Interessenüberlappung gekommen ist. Zwischen den beiden Weltkriegen hatten sich mehrere solcher Brennpunkte ausgebildet, der bekannteste wohl ebender in Wien. Als sein eigentlicher Vater muss Ernst Mach gelten, ein Wissenschaftshistoriker und Philosoph, der 1895 in Wien auf einen Lehrstuhl für „Philosophie der induktiven Wissenschaften“ berufen wurde. Der Name ist ziemlich aufschlussreich: Er verweist aus sich in den Raum des Empirischen. Das war auch das Zentrum von Machs Überlegungen: Wissenschaft sollte seiner Ansicht nach nichts anders tun, als empirisch Gegebenes zusammenfassend zu beschreiben und Unbekanntes auf Bekanntes zurückzuführen. Annahmen von etwas, das darüber hinausgeht, hielt er für überflüssig – das Sparsamkeitsprinzip ist nicht die einzige Gemeinsamkeit zwischen Mach und Russell. „Raum“ bezeichnet in diesem Sinn nichts anderes als die Gesamtheit aller räumlichen Relationen (aber nichts für sich), genauso wenig gibt es für Machs Positivismus konstante Gegenstände oder eine Differenz zwischen Physischem und Psychischem. Von diesem Gedanken her entstand im Logischen Positivismus der Gedanke einer Einheitswissenschaft.

Der spätere „Wiener Kreis“ verdankte aber nicht nur Mach seine basalen Intuitionen, sondern auch einigen anderen, deren Namen Ihnen gewiss aus anderen Zusammenhängen vertraut sind. Ohne Anspruch auf Vollständigkeit nenne ich den Physiker und Physiologen Hermann von Helmholtz, die Mathematiker Henri Poincaré und David

Hilbert und nicht zuletzt Albert Einstein. Die Namen der eigentlichen Begründer des „Wiener Kreises", also derer, die mit den Treffen im Café anfingen, sind demgegenüber sekundär, nicht freilich wiederum einige von jenen, die später hinzustießen. Von Schlick habe ich schon erwähnt, dass er zum Kopf der Gruppe aufrückte. Schlick war Schüler von Max Plank gewesen und vermochte aufgrund seiner Doppelkenntnisse in Physik und Philosophie als einer der Ersten wahrzunehmen, welche philosophischen Konsequenzen die Relativitätstheorie Einsteins zeitigen würde. Dieser grundsätzlichen Verbindung von Naturwissenschaft und Philosophie waren auch alle anderen verbunden, die in zum Teil verschiedenen Phasen seines Bestehens noch zum „Wiener Kreis" stießen. Als die wichtigsten nenne ich noch Friedrich Waismann, Otto Neurath, Hans Reichenbach, Kurt Gödel und Rudolf Carnap. Gerade das nebeneinander der beiden letzteren kann erahnen lassen, welche Gräben manche der Mitglieder des „Wiener Kreises" unbeschadet gewisser Gemeinsamkeiten trennen konnten: Während Carnap – wie ich noch näher zeigen werde – einem durchaus aggressiven, auch antitheologischem Antimetaphysizismus das Wort redete, formulierte Gödel, der Entdecker des berühmten Unvollständigkeitssatzes (kein formales System, das die elementare Zahlentheorie widerspruchsfrei darstellen kann, vermag mit seinen eigenen formalen Mitteln diese seine Widerspruchsfreiheit zu beweisen), der damit die mathematische Grundlagenforschung in eine neue Dimension katapultierte, formulierte einen eigenen hochkarätigen Gottesbeweis. 1929 präsentierte sich der „Wiener Kreis" anlässlich eines Kongresses auch öffentlich. Damit war die Voraussetzung für eine gewisse Breitenwirkung geschaffen: So schloss sich den Wienern eine Gruppe von Berliner Philosophen an, Berührungen gab es mit britischen Analytikern, polnische Logiker und Philosophen kamen hinzu – der prominenteste war Alfred Tarski. Ebenso gab und gibt es in den skandinavischen Ländern Vertreter eines antimetaphysischen und begriffsanalytischen Philosophierens, das sich mehr oder weniger direkt dem „Wiener Kreis" verpflichtet weiß. Wohl am radikalsten hat der Brite Alfred J. Ayer den Logischen Positivismus als philosophische Position ausgearbeitet – eine Hardcore-Version sozusagen, zumindest was ethische und theologische Aussagen betrifft. (↖ Bd. 1, Kap 4.4) Solche Diskursformen sind nämlich für Ayer weder wahr noch falsch, sondern schlicht und einfach sinnlos – aber sinnlos nun nicht in dem Sinn, in dem Wittgenstein von Unsinnigkeit sprach, um den Bereich des philosophisch eigentlich Wichtigen zu markieren. Wenn Ayer von „sinnlos" spricht, dann meint er: Werturteile etwa drücken nicht aus, dass sich etwas so und so verhält, sondern geben lediglich Aufschluss über Gefühle oder Stimmungen dessen, der sie äußert. Analog verhält es sich mit religiösen Sätzen. Daraus folgert er:

> „Die Tatsache, daß Menschen religiöse Erfahrungen haben, ist – unter psychologischen Aspekten – interessant; sie schließt aber in keiner Weise ein, daß es so etwas wie religiöse Erkenntnis gibt – nicht mehr als die Tatsa-

che, daß wir moralische Erfahrungen haben, einschließt, daß es so etwas wie moralische Erkenntnis gibt. Der Theist wie der Moralist mag glauben, daß seine Erfahrungen Erkenntnis bergende Erfahrungen sind; solange er aber seine ‚Erkenntnis' nicht in empirisch verifizierbare Propositionen fassen kann, können wir gewiß sein, daß er sich selbst etwas vormacht. Daraus folgt, daß solche Philosophen, die ihre Bücher mit Behauptungen füllen, sie ‚wüßten' intuitiv um diese oder jene moralische oder religiöse ‚Wahrheit', nur Material für den Psychoanalytiker liefern. Denn man kann von keinem Akt der intuitiven Anschauung sagen, er offenbare eine Wahrheit über eine Tatsache, wenn er nicht auf verifizierbare Propositionen hinausläuft. Und alle solche Propositionen müssen im System der die Wissenschaft ausmachenden empirischen Propositionen zusammengefaßt sein.“[18]

Verifikationsprinzip. Strukturell bringt dieses Statement Ayers m. E. recht gut zur Geltung, was die antimetaphysische Grundüberzeugung des „Wiener Kreises“ und damit das Verbindendste zwischen seinen Gliedern systematisch ausmacht. Im Zentrum von allem steht die kategorische Überzeugung, wirklich könne nur sein, was sich prinzipiell auch der Erfahrung zugänglich erweise. Die Polemik, mit der diese These – in einem später noch zu erläuternden Vorgriff sage ich jetzt schon: die Polemik, mit der dieses *Dogma* – vorgetragen wurde, bringt die Neopositivisten durchaus in eine systematische Kontinuität mit Vertretern der französischen Aufklärung. Ob Wahrheitsbedingungen von Sätzen erfüllt sind oder nicht, ist rein eine Frage der Logik oder wird über Sinneswahrnehmungen entschieden. Für letztere These bürgerte sich die Rede vom Verifikationskriterium oder Verifikationismus ein. Im ersten Augenblick erscheint das Ganze auch sehr eindeutig und stringent – aber eben nur im ersten Augenblick: Denn wenn die Sinnhaftigkeit eines Satzes daran hängt, dass ihn Beobachtungen glaubwürdig machen, sind wir sofort mit zwei Problemfällen konfrontiert: (a) Es gibt zahlreiche Sätze, die uns als sinnvoll gelten, obwohl sie nicht durch Beobachtung gerechtfertigt werden können. Viele von ihnen können auf Beobachtungssätze zurückgeführt werden, z.B. der Satz „Bald wird das Wetter umschlagen“ auf „Das Barometer fällt“, „Ich habe Kopfschmerzen“, „Meine Katze macht seit Tagen einen Buckel“, „Die typischen Lämmchen-Wolken sind wieder da“ etc. Erstens wäre zu fragen, wie viele solcher Sätze es denn braucht, um jenen – ich sage es so – Generalsatz über das Wetter zu rechtfertigen. Und zweitens besteht eine solche Verifikationsmöglichkeit längst nicht für alle Sätze dieses Typs, jedenfalls nicht definitiv. Es gibt sogar Sätze, die sind bislang durch Beobachtung gesichert – und können morgen schon durch Beobachtung falsifiziert sein. Z.B. „Niemals trat in der Berechnung der „p“-Zahl bisher dreimal hintereinander eine „4“ auf.“ Berechnungen der „p“-Zahl lassen sich ja prin-

[18] AYER, Alfred J.: Sprache, Wahrheit und Logik. Aus d. Engl. übers. u. hg. v. Herbert Herring. Stuttgart 1970. 159.

zipiell endlos anstellen – und wer könnte die Prognose wagen, nie träte im Gang eines solchen Unternehmens eine dreifache „4" auf? Philosophisch weit substanzieller nimmt sich freilich aus, dass sich das Basisprinzip des Logischen Empirismus sozusagen auch eine Selbstanwendung gefallen lassen muss. Konkret gesagt: Wie lässt sich durch Beobachtung ausweisen, dass es wirklich nur Beobachtbares gibt? Oder in den Grundbegriffen des Logischen Empirismus selbst gefragt: Handelt es sich beim Verifikationsprinzip um einen analytischen, einen synthetischen oder um einen metaphysischen Satz? Letzteres mit Sicherheit nicht, aber gleichzeitig ist das Verifikationsprinzip weder analytisch, also aus den Begriffen zu gewinnen, die in ihm selbst vorkommen, noch synthetisch, d.h. empirisch abgestützt.

Falsifikationsprinzip. Kurz gesagt: Gerade die Basisannahmen des Logischen Empirismus drängten aus ihrer eigenen Logik weg vom Prinzip der Verifikation hin auf dasjenige der Falsifikation – das aber gehört einer völlig anderen philosophischen Einstellung an als sein Vorgängermodell. Der Unterschied zwischen beiden lässt sich wohl am besten so festhalten: Während der Verifikationismus Sätze als wahr behauptet, die durch Beobachtung bestätigt sind, gilt dem Falsifikationismus als wahr, was bislang noch nicht widerlegt worden ist. Wahre Sätze sind für ihn Hypothesen, die prinzipiell widerlegbar sind. Diese Auffassung beginnt sich ab den 60er Jahren gegen den Logischen Empirismus durchzusetzen und ist vor allen anderen mit dem Namen Sir Karl Raimund Poppers verbunden. Wir kommen später darauf zurück, zum einen, weil die falsifikationistische Wissenschaftstheorie, auch „Kritischer Rationalismus" genannt, historisch Jahrzehnte nach dem Logischen Empirismus erst zum Durchbruch kam, zum anderen deswegen, weil dieser sein Durchbruch nicht unabhängig war von der Spätphilosophie Wittgensteins, von der wir erst noch zu reden haben (auf diese Weise ging Wittgenstein also in den beiden grundsätzlich möglichen Varianten von Wissenschaftsphilosophie oder Wissenschaftstheorie als Impulsgeber ein). Vor dieser neuerlichen Begegnung mit Wittgenstein haben wir uns allerdings noch etwas dem Logischen Empirismus und seiner Wirkungsgeschichte zu widmen. Denn unbeschadet der Problematik in seinen Basisannahmen hat sich das Prinzip, Philosophie radikal empirisch zu orientieren, weiträumig durchsetzen können und ist sozusagen zu einer Hintergrundannahme des öffentlichen Diskurses im westlichen Denken geworden. Doch ebendiese Selbstverständlichkeit hat zu einer kritischen Revision geführt, die ihrerseits eine äußerst einflussreiche Form analytischen Philosophierens hervortrieb – doch damit stecken wir schon mitten in der Wirkungsgeschichte des Logischen Empirismus. Ich muss wenigstens bei ihrem markantesten Einsatzpunkt anfangen.

R. Carnap. Der Name dieses Einsatzpunktes ist schon mehrfach gefallen: Rudolf Carnap. Er war wohl der einflussreichste Vertreter des Logischen Empirismus – und auch der strengste; viele seiner Werke lassen sich nur unter Kenntnis formallogischer Notation verstehen. Die beiden wichtigsten heißen *Der logische Aufbau der Welt* (1928) und *Logische Syntax der Sprache* (1934). Die Titel stehen für das Programm. Im ersten Werk geht es Carnap darum, wie aus einigen Grundbegriffen sämtliche mögliche Begriffe und Wissenschaften entfaltet werden könnten. Interessant ist, dass Carnap in dieser Phase Phänomenalist ist, d.h.: Die Grundbausteine der „Welt“ sind meine psychischen Elementarerlebnisse und die Relation der Ähnlichkeit zwischen solchen Erlebnissen. Einige Jahre später revidiert Carnap diese Position radikal und entwickelt einen Physikalismus, das meint: Alle Grundbegriffe einer Sprache beziehen sich quantifizierend auf Physikalisches. Auch Psychisches fällt darunter: „Anna ist aufgeregt“ bedeutet nichts anderes als z.B. „In Annas Hirn sind bestimmte C-Fiber-Partien hochaktiv und Anna hat kalte Hände und rote Ohren“ – eine Position, der in unvergleichlich subtileren Varianten als bei Carnap selbst bis heute höchste Aktualität eignet. Neben diesem Projekt einer physikalistischen Einheitswissenschaft war Carnap in dieser Phase seines Schaffens auch bemüht, zahlreiche philosophische Fragestellungen als Scheinprobleme zu entlarven.

Im zweiten der genannten Werke – *Logische Syntax der Sprache* – sucht Carnap die logischen Begriffe völlig exakt zu definieren und herauszuarbeiten, wie mit Hilfe eines solchen präzisierten Begriffsinstrumentars Klarheit in wissenschaftliche Diskurse gebracht und in der Philosophie das wissenschaftlich Relevante vom Unsinn geschieden werden kann. Im Rahmen der dazu gehörigen Bemühungen um Formalsprachen hat Carnap mehrere begriffliche Unterscheidungen formuliert, ohne die die zeitgenössische Logik, Sprachphilosophie und Wissenschaftstheorie nicht denkbar sind. Es sind zwei: (a) Carnap unterscheidet die inhaltliche Redeweise von der formalen, die Objektsprache von der Metasprache. Letztere dient dazu, über erste Aussagen zu machen. Die Differenzierung lässt sich vor allem in philosophischer Hinsicht als Instrument einsetzen: Alle Sätze müssen entweder Sätze über Objekte oder syntaktische Sätze sein. Zeigt sich ein philosophischer Satz als keiner der beiden Gruppen zugehörig, kann es sich entweder um einen syntaktischen Satz handeln, der als Objektsatz formuliert wurde (und das lässt sich kraft dieser Einsicht beheben) oder es handelt sich um Unsinn. (b) Auch die Unterscheidung zwischen Extension und Intension eines Ausdrucks geht auf Carnap zurück. Die Extension eines Ausdrucks wird durch die Aufzählung oder Angabe der Objekte bestimmt, die unter ihn fallen. Die Intension eines Ausdrucks (nicht zu verwechseln mit „Intention“) ergibt sich aus den Eigenschaften, die zu dem durch den Ausdruck bezeichneten Begriff gehören.

In der dritten Phase seines Schaffens – d.h. in den 50er Jahren – hat Carnap Beiträge zum Problem der Induktion und zu dem der Wahrscheinlichkeit vorgelegt, die große Aufmerksamkeit fanden. Seinen eigentlichen Einfluss aber gewann er auf andere – und durchaus indirekte Weise: nämlich dadurch, dass derjenige seiner Schüler, der sich besonders kritisch mit dem Logischen Empirismus und auch speziell mit Carnaps Denken auseinandersetzte, die Leitfigur der amerikanischen Analytischen Philosophie für Jahrzehnte und fast bis heute wurde. Ich spreche von Willard Van Orman Quine.

W. V. O. Quine. Zunächst kam Quine mit den Gründervätern der idealsprachlichen Analytik in Kontakt; er stieß auf Russells Werke, war von ihnen genauso fasziniert wie später von der Person. Whitehead wurde sein Doktorvater. Während eines Europaaufenthalts traf er mit etlichen Leuten aus dem „Wiener Kreis" zusammen, in Prag schließlich auch mit dem damals dort tätigen Carnap. Der machte auf Quine den mit Abstand größten Eindruck. Dennoch übte Quine eine Kritik am Logischen Empirismus, die diesen auf eine Weise radikalisierte, dass er gewissermaßen in eine Selbstaufhebung mündete (übrigens ein Vorgang, der sich gar nicht so selten dort beobachten lässt, wo philosophisch grundsätzliche Weichenstellungen erfolgen: Selbstvollendung als Selbstüberwindung). Verdichtet wird das innerhalb des außerordentlich umfangreichen Werkes Quines in den Publikationen greifbar, die als seine einflussreichsten Werke gelten müssen: An erster Stelle steht dabei *Word and Objekt* von 1960, ein Buch, das man mit gewissem Recht eine Metaphysik nennen könnte, deren Ziel darin besteht, metaphysischen Gedanken im traditionellen Sinn jeglichen Weg zu verlegen. An zweiter Stelle muss das Buch *The Roots of Reference* von 1974 genannt werden: *Die Wurzeln der Referenz*. Der Ausdruck „Referenz" oder „Referenzialität" bezeichnet eine Zentralthematik der Analytischen Philosophie. Referenz ist das, was Wörter mit der Welt der Objekte verbindet und an dessen Bedingung die Wahrheit von Sätzen hängt. Anders gewendet: Referenz bezeichnet die Beziehung zwischen Wort und Gegenstand bzw. allgemeiner zwischen Denken, Sprache und Welt. Eine der großen Thesen Quines behauptet nichts Geringeres als die Unerforschlichkeit der Referenz. Zwei Aufsätze muss ich noch erwähnen, die fast so etwas wie philosophische Klassiker geworden sind und Titel tragen, die die systematische Stoßrichtung von Quines Denken zumindest anzeigen: Der eine heißt *Two Dogmas of Empiricism* und ist Teil einer Aufsatzsammlung von 1953. Der zweite ist überschrieben mit *Epistemology Naturalized* und findet sich in einer Essay-Sammlung von 1969.

Dogmen-Kritik. Wenn ein Philosoph von „Dogma" spricht, geht es grundsätzlich darum, dass eine Annahme unbegründet ist und deswegen zertrümmert werden muss. Im traditionellen Empirismus, wie er klassisch auf John Locke zurückgeht, aber auch im Logischen Empirismus à la Carnap sieht Quine zwei solcher Annahmen gegeben, die eliminiert werden müssen, damit sich eine konsequent empiristische Position ergibt. Anders gesagt: Er entdeckte im herkömmlichen Empirismus Begriffe oder Gedanken, die nicht wirklich empirisch fundiert sind.

(a) Mentalismus. Zum einen gehört zum klassischen Empirismus eine mentalistische Dimension, d.h.: Locke etwa kennt zwei Erkenntnisquellen für den Menschen: Sinneserfahrung und „reflection“, also eine innere Erfahrung. Genau diese lehnt Quine ab, weil sie nicht intersubjektiv zugänglich ist. Er besteht darauf, dass alles, was für Erkenntnis und für sprachliche Bedeutung von Belang sein soll, durch Beobachtung begründet und in Beobachtungsbegriffe fassbar sein muss, d.h. er vertritt einen Empirismus, der auf Behaviorismus basiert.

(b) „analytisch“ – „synthetisch“. Das zweite Dogma des Empirismus, das Quine kippt, hatte vor allem Carnap hochgehalten: die Unterscheidung zwischen analytischen und synthetischen Sätzen. Diese Differenzierung zweier Arten von Wahrheiten macht er dafür verantwortlich, eine falsche Vorstellung von der Verfassung wissenschaftlicher Theorien und ihrer Fundierung in der Erfahrung heraufzubeschwören. Durch Kant war diese Differenz philosophisches Allgemeingut geworden. Von ihr her hatte er seine Untersuchung der Möglichkeit einer wissenschaftlichen Metaphysik in der *Kritik der reinen Vernunft* aufgezogen. Kant hatte behauptet: Analytische Urteile sind Erkenntnisse a priori, also solche, die ohne Rekurs auf Erfahrung zustande kommen; synthetische Urteile verdanken sich meist unserer Erfahrung – aber gibt es möglicherweise auch synthetische Urteile a priori? Und Kants Antwort hatte „ja“ gelautet: Synthetische Urteile a priori liegen vor bei mathematischen Urteilen, rein synthetischen Urteilen a priori (z.B. die Unveränderbarkeit der Quantität bei allen materiellen Veränderungen in der Welt) und metaphysischen Urteile (z.B. dass die Welt einen Anfang gehabt haben muss). Der klassische Empirismus hat das natürlich von sich gewiesen und apriorische Wahrheiten nur anerkannt, sofern sich die Apriorität aus ihrer Analytizität ergab. Genau diese klare Scheidung entlarvt Quine als eine nur scheinbare: Er weist nach, dass auch die Gruppe der als analytisch geltenden Wahrheiten ihrerseits in zwei Untergruppen zerfällt: Einige von ihnen sind wahr oder falsch völlig unabhängig von den Bedeutungen der in ihnen vorkommenden nicht-logischen Ausdrücke, also der beschreibenden Ausdrücke. Die Wahrheit solcher Sätze hängt einzig an den logischen Partikeln des Satzes. Jedenfalls kann Quine zeigen, dass der Begriff der Analytizität im Grunde unklar ist und sich häufig nicht entscheiden lässt, ob nun ein analytischer oder ein synthetischer Satz vorliegt. Welcher Gruppe sollte man etwa den Satz „Alles Grüne ist ausgedehnt" zuweisen? Das eigentlich Aufregende an diesem Problem mit den analytischen Sätzen betrifft aber gar nicht diese selbst, sondern die synthetischen. Denn aus der Schwierigkeit der Zuweisung folgt ja, dass die Vorstellung, jeder sinnvolle Ausdruck müsse in einen Ausdruck über unmittelbare Erfahrung übersetzbar sein, zu einfach angelegt ist. Sinnvolle Aussagen stehen offenkundig nicht in einem Eins-zu-Eins-Verhältnis zu bestimmten Sets von Sinnesreizungen und zu ihrer Abwesenheit. Quine wörtlich:

> „Die Gesamtheit unseres sogenannten Wissens bzw. unserer Überzeugungen – von den beiläufigsten Dingen der Geographie und Geschichte bis hin zu den grundlegendsten Gesetzen der Atomphysik oder sogar der reinen Mathematik und Logik – ist ein von Menschen gewirkter Stoff, welcher nur an seinen Rändern auf die Erfahrung trifft. Oder – um das Bild zu wechseln: die Gesamtheit Wissenschaft ist wie ein Kraftfeld, dessen Randbedingungen Erfahrungen sind."[19]

Holismus. Daraus folgt: Es gibt im Bestand unseres Wissens keinen unhintergehbaren Satz, nicht einmal einen mathematischen oder logischen. Wir haben auf der einen Seite Sinnesreizungen und auf der anderen Theorien über die Welt, diese bilden ein Ganzes. In diesem holistischen System (vom griechischen „holos", „ganz") ist prinzipiell jeder Satz revidierbar. Wie lange sich ein Satz halten kann, hängt davon ab, was er für unsere Weltbeschreibung und Weltbewältigung leistet. Dass Sätze, die als Grund-Sätze auftreten – etwa der Nicht-Widerspruchssatz – so unanfechtbar erscheinen, rührt nicht daher, dass sie unumstößliche Wahrheiten artikulieren, sondern lediglich daher, dass wir anstrengende Änderungen im Gesamtsystem unserer Weltsicht vornehmen müssten, wenn wir sie aufgäben.

Naturalisierung. In diesen Konsequenzen beginnt sich nun unmittelbar abzuzeichnen, was ich gemeint hatte, als ich vorwegnehmend davon sprach, Quine radikalisiere den Empirismus auf eine Weise, die in so etwas wie seine Selbstaufhebung umschlage. Denn natürlich ist es Quine darum zu tun, die philosophische Welt- und Selbstbeschreibung so weit als irgend möglich wissenschaftsförmig, genauer naturwissenschaftsförmig zu machen. Genau dabei aber stellt sich heraus, dass es sich mit Wissenschaft keineswegs so verhält, wie wir durchschnittlich unterstellen – dass sich über unerschütterlichen Fundamenten Theoriendome erheben, bei denen ein Element unersetzlich ins andere greift. Die Wissenschaft vom Wissen, die Erkenntnistheorie, besteht selbst aus nichts anderem als aus Psychologie, ist also eine empirische Wissenschaft, und deren Sätze wiederum können auf physikalische Aussagen zurückgeführt werden, mit allen Konse-

[19] QUINE, Willard Van Orman: Von einem logischen Standpunkt. Neun logisch-philosophische Essays. Mit einem Nachw. v. Peter Bosch. Frankfurt a.M.; Berlin; Wien 1979. 47.

quenzen der Falsifizierbarkeit – „epistemology naturalized“. Daraus resultiert eine grundlegend gewandelte Form der Welt- wie der Selbstbeschreibung. (↖ Bd. 1, Kap. 3.2) Es lohnt sich, auf beides etwas näher einzugehen, weil so der durchaus überraschende Fortgang der analytischen Form philosophischen Denkens markant fassbar wird.

(a) Übersetzungsunbestimmtheit. Was die Weltbeschreibung betrifft, so ist Quine regelrecht berühmt geworden – und zwar durch ein Kaninchen, genauer durch die Rolle, die ein solches in einem der für Analytische Philosophie typischen Gedankenexperimente spielt. Quine hat nämlich an diesem guten Tier seine berühmte – vielleicht sollte ich sagen: berüchtigte – These von der Übersetzungsunbestimmtheit demonstriert. (↖ Bd. 1, Kap. 5.2) Am Fall möglicher Verstehens- und Missverstehensweisen, wenn sich zwei Menschen völlig fremder Sprache auf ein und dieselbe Beobachtung beziehen, macht Quine klar, dass sprachliche Bedeutungen zwar in Beobachtungen verankert, aber nicht einfach auf diese rückführbar sind. Es gibt überhaupt keine fest vorliegenden Bedeutungen. Und dieser Fall der Übersetzung ist dabei nichts anderes als das Paradigma alltäglichen Sprachgebrauchs. Auch dieser arbeitet nicht mit festen Bedeutungen und Beziehungen zwischen Wort und Gegenstand. Wenn ich andere verstehen möchte, muss ich gemäß dem „principle of charity“ (Prinzip der Nachsicht) nur unterstellen, dass deren Äußerungen nicht prinzipiell dumm oder gezielt regelwidrig sind, um zu einer gewissen Verlässlichkeit zu kommen – oder an Missverständnissen zu merken, dass der kommunikative Akt ein Fehlschlag war.

(b) Subjekt-Elimination. Die These von der Übersetzungsunbestimmtheit hat viel Wirbel gemacht. Trotzdem lag der Punkt, an dem Quines Denken angegriffen – und ich meine sagen zu können: ausgehebelt – wurde, anderswo. Quines Konzept implizierte ja von seinen empiristischen wie von seinen naturalistischen Ambitionen her, dass der Begriff des Subjekts eine unaufgeklärte Chiffre sei. Drastischsten Ausdruck findet das darin, dass Quine in *Word and Object* unter anderem daran geht, die Indexicals – also Ausdrücke wie „dies“, „jenes“, „hier“, „jetzt“ – und vor allem deren Zentrum, das Personalpronomen der ersten Person Singular, das „ich“, zu eliminieren. Dem aber vermochten bereits einige der eigenen Schüler Quines nicht mehr zu folgen. Quine passierte seinerseits, was er Carnap gegenüber getan hatte. Der mit Abstand prominenteste Quine-Schüler, Hilary Putnam, hat darauf aufmerksam gemacht, dass die Preisgabe jedweden Begriffs der Richtigkeit von Aussagen dazu führen müsse, dass es sich bei unseren Aussagen nur noch um Geräusche und bei unseren Gedanken um innere Geräusche handle – aber gleichzeitig um so gebieterischer die Frage aufkomme, wo wir denn in diesen ganzen Vorgängen eigentlich auftauchen. Man kann das auch anders formulieren:

Wenn wir eine Begründung formulieren, dann tun wir das ohne Zweifel in einem „Hier und Jetzt“, aber wir tun es nicht nur für hier und jetzt. Wo aber machen wir dieses die Situation Übergreifende fest? Die Antwort drängt sich nachgerade auf: am Subjekt der Erkenntnis natürlich. Sollte also auch analytisch ein Subjektgedanke möglich, gar nötig sein? Innerhalb der idealsprachlichen Linie der Analytik, in die alle gehören, die ich bislang erwähnte, hat das keiner bislang so wirklich ausgesprochen. In der normalsprachlichen Abteilung (wenn ich so sagen darf) ist genau dieser Gedanke auf eine Weise zentral geworden, die zu einer großräumigen Umorientierung analytischen Philosophierens als solchem zu führen scheint. (⇖ Bd. 1, Kap. 7.7) Um diese spektakuläre Verlagerung nachvollziehen zu können, müssen wir natürlich zumindest dorthin zurückgehen, wo die Analytische Philosophie der normalen Sprache anfing, ein eigenes Profil zu entwickeln. Das aber geschah genau dadurch, dass Wittgenstein sich nach Jahren der Zurückgezogenheit nochmals der Philosophie zuwandte.

2.5 Wittgenstein II und die Philosophischen Untersuchungen

Retractationes. Den Anlass für Wittgensteins Rückkehr zur Philosophie, die zugleich eine Rückkehr nach Cambridge war, muss man durchaus in der Philosophie des frühen Wittgenstein oder ganz einfach im *Tractatus* suchen – und nicht etwa darin, dass sich nun endlich für diesen Querdenker und Seiteneinsteiger ein Karrieretraum erfüllte. Dass Wittgenstein 1929 mit dem *Tractatus* promoviert wurde, von 1930-1939 Fellow, also Dozent für Philosophie und schließlich von 1939-1947 als Lehrstuhlinhaber Nachfolger Moores war, scheint für ihn eher mit Unbehagen verbunden gewesen zu sein. Entscheidend war, dass ihm im Lauf der Zeit und durch anhaltende Diskussionen mit anderen einige Annahmen aus dem *Tractatus* immer unhaltbarer erschienen. Ich betone das „einige“. Man darf über allen Unterschieden zwischen „Wittgenstein I“ und „Wittgenstein II“ nicht die Kontinuität zwischen beiden Phasen übersehen. Noch im Vorwort zu den *Philosophische[n] Untersuchungen* meint er selbst, am besten wäre es, dieses neue Werk würde zusammen mit dem *Tractatus* publiziert, weil es nur auf dem Hintergrund von diesem und durch seinen Gegensatz zu diesem ins Licht des Verstehens kommen könne.

Seine letzten Jahre bis zum Tod 1951 verbrachte er im Wesentlichen damit, Manuskripte, die in dieser zweiten Phase entstanden sind, immer wieder zu überarbeiten. Erschienen ist zu seinen Lebzeiten keines von ihnen; zwischen Entstehung und Publikation liegen oft dreißig und mehr Jahre. Die wichtigsten dieser – man muss wohl sagen – Gedankensammlungen tragen die Titel *Philosophische Bemerkungen*, *Philosophische Grammatik*, *Das blaue Buch* und *Das braune Buch* (Letztere benannt nach der Umschlagfarbe zweier Hefte, die Wittgenstein einigen Schülern diktierte). Das Hauptwerk dieser zweiten Phase sind die eben vorhin erwähnten *Philosophische[n] Untersuchungen*. Mit der Arbeit an ihnen begann Wittgenstein 1936/37 während eines neuerlichen Aufenthalts in seiner Norweger Hütte. Erschienen ist das Buch 1953, ohne dass es vollendet gewesen wäre. Man kann es als die „Magna Charta“ der normalsprachlichen Philosophie betrachten, obwohl es später erschien als ein anderer Klassiker dieser Richtung, von dem wir noch eigens zu sprechen haben, Gilbert Ryle's *The Concept of Mind* (erschienen 1949). Wittgensteins Gedanken waren auch ohne Publikation längst breiteren Kreisen bekannt geworden, weil die genannten Manuskripte und Aufzeichnungen aus privaten Lehrveranstaltungen vielfach abgeschrieben und kopiert wurden – was unter anderem zur Folge hatte, dass sich in solche Abschriften nicht selten auch Missverständnisse einschlichen.

Philosophische Untersuchungen. Zwar verfügen die *Philosophische[n] Untersuchungen* durchaus über so etwas wie eine innere

Gliederung[20], systematisches Werk sind sie aber keines. Wittgenstein selbst charakterisiert das Buch gleich im Vorwort auf eine Weise, die einen unmittelbaren Eindruck seines spezifischen Charakters vermittelt:

> „Die philosophischen Bemerkungen dieses Buches sind gleichsam eine Menge von Landschaftsskizzen, die auf [...] langen und verwickelten Fahrten entstanden sind.
> Die gleichen Punkte, oder beinahe die gleichen, wurden stets von neuem von verschiedenen Richtungen her berührt und immer neue Bilder entworfen. Eine Unzahl dieser waren verzeichnet, oder uncharakteristisch, mit allen Mängeln eines schwachen Zeichners behaftet. Und wenn man diese ausschied, blieb eine Anzahl halbwegser übrig, die nun so angeordnet, oftmals beschnitten, werden mußten, daß sie dem Betrachter ein Bild der Landschaft geben konnten. – So ist also dieses Buch eigentlich nur ein Album."[21]

Und in der Tat vermeidet Wittgenstein so gut wie ganz den Idiolekt der philosophischen Fachsprache, operiert dafür umso mehr mit Beispielen und Bildsprache, also Metaphorik. Zur Natur von Metaphern gehört, ihre Adressaten nicht informieren, sondern treffen zu wollen. (⇖ Bd. 1, Kap. 4.7) Genau das wiederum deckt sich mit Wittgensteins ausdrücklich benanntem Ziel, mit den *Philosophische[n] Untersuchungen* anderen nicht das Denken ersparen, sondern sie vielmehr zu eigenen Gedanken anregen zu wollen.[22] Dass sich auch aus diesem Verfahren systematische Konsequenzen ergeben, wird von selbst klar, wenn man die meiner Ansicht nach zentralen Gedanken – vielleicht sollte ich sagen: Intuitionen – der *Philosophische[n] Untersuchungen* näher in Betracht nimmt.

Dialogizität. Wittgenstein hat in seinem Spätwerk nicht nur die Überzeugung aus dem *Tractatus* beibehalten, dass es sich bei Philosophie nicht um eine Lehre, sondern um eine Tätigkeit handelt – daher rührt der eigenartige Stil der *Philosophische[n] Untersuchungen*, der sich in den zahlreichen dialogischen Passagen geltend macht. Da werden wir als Leserinnen und Leser Zeugen eines eigenartigen Ringens. Wittgenstein zögert keinen Augenblick, Positionen, die er widerlegen möchte, so stark wie nur irgend möglich darzustellen (und nicht selten geht es dabei um Dinge, die er früher selbst vertreten hat) – übrigens eine der verblüffenden Parallelen zwischen Wittgenstein und Thomas von Aquin. Auch der war ein Meister darin, gemäß dem zu seiner Zeit üblichen Stil wissenschaftlichen Arbeitens am Anfang der Erwägung einer Frage, des so genannten Artikels, alles haarklein aufzuzählen, was gegen die dann von ihm vertretene Meinung sprechen konnte; es gibt keine differenziertere Weise des Argumentierens

20 HALLETT, Garth: A companion to Wittgenstein's 'Philosophical investigations'. Ithaca u.a. 1977.

21 WITTGENSTEIN, Ludwig: Philosophische Untersuchungen. Vorwort.

22 Vgl. WITTGENSTEIN, Ludwig: Philosophische Untersuchungen. Vorwort.

als diejenige, die Kraft des eigenen Arguments nicht aus der Schwäche der Gegenseite zu ziehen, sondern sie sich von deren Stärke gleichsam zuspielen zu lassen, indem man zeigt, dass ihr doch noch nicht das letzte Wort bleibt.

„Lebensform“. Neben dieser frühen operativen Überzeugung hat Wittgenstein auch daran festgehalten, dass es genuine Aufgabe des Philosophierens sei, zwischen wahr und falsch und Sinn und Unsinn (im schon erläuterten Sinn) zu unterscheiden. Nur distanziert er sich jetzt von den – man könnte sagen – Schwarz-Weiß-Urteilen des *Tractatus*, dass ein Satz eindeutig und sofort der einen oder anderen Kategorie zugeordnet werden könne. D.h. er differenziert, was natürlich auch das methodische Vorgehen seiner Untersuchungen komplizierter macht. Vor allem geht ihm auf, dass es häufig nicht reicht, den sprachlichen Kontext einer Äußerung für deren Klärung zu beachten, sondern dass auch nichtsprachliche Bedingungen dieser Äußerung dafür eine Rolle spielen. Für diesen Zusammenhang zwischen sprachlichen und nichtsprachlichen Elementen hat Wittgenstein jenen Namen geprägt, der längst nicht nur zu den Basics des zeitgenössischen Philosophierens gehört, sondern in gewissem Sinn in die allgemeine Bildungssprache Eingang gefunden hat: den Begriff des „Sprachspiels“. Eng mit ihm verbunden sind die weiteren Grundbegriffe der „Lebensform“ und der „Familienähnlichkeit“ (↸ Bd. 1, Kap. 4.4) – Letzterem eignet zudem ein bemerkenswertes Potenzial für die Bearbeitung des klassischen theologischen Problems der Analogie, das um das Ineinander von Ähnlichkeit und Unähnlichkeit sprachlicher Ausdrücke beim Gebrauch in der Rede von Gott und von kreatürlichen Dingen zentriert ist. (↸ Bd. 1, Kap. 4.6)

Privatsprachen-Argument. Ein weiterer – und wohl noch mehr als die genannten anderen – folgenreicher Grundgedanke der *Philosophische[n] Untersuchungen* ergibt sich daraus, dass der genannte Spielcharakter des Wortgebrauchs und seine Regelgeleitetheit natürlich implizieren, dass es sich bei allem Sprechen konstitutiv um einen öffentlichen, also intersubjektiven oder sozialen Vorgang handelt. Das scheint im ersten Moment trivial, ist aber philosophisch ausgesprochen folgenreich – und zwar deswegen, weil auf diese Weise der ganze Bereich unserer Innenwelt – Empfinden, Bewusstsein, Gedanken usw. und damit die ganze Philosophie des Geistes – auf völlig neue Weise zur Diskussion gestellt wird.

Wittgenstein hat damit eine Diskussion angestoßen, die zum Mühseligsten gehört, was die zeitgenössische Philosophie zu bieten hat. Es ist die so genannte „Privatsprachen-Debatte“. Schon Wittgenstein selbst hat sich in den *Philosophische[n] Untersuchungen* damit auffällig lang herumgeschlagen, 68 Abschnitte lang. Am besten kommt man an das Problem heran, wenn man von folgender Beobachtung Wittgensteins ausgeht: Wenn wir über Empfindungen oder innere Zustände etc. sprechen, besteht ein grundlegender Unterschied zwischen einschlägigen Sätzen in der ersten Person Singular und Sätzen mit den anderen Personalpronomina. Wenn ich von einem anderen sage „Er hat Schmerzen“, dann muss ich dazu sein sprachliches und nichtsprachliches Verhalten beobachten, d.h. ich muss meine Aussage an Kriterien orientieren. Sage ich dagegen „Ich habe Schmerzen“, muss ich nichts beobachten und brauche auch keine Kriterien dafür, ob ich Schmerzen habe oder nicht. Ich habe sie – und basta. Während sich im Blick auf andere die epistemischen Ausdrücke wie „wissen“, „vermuten“, „bezweifeln“ etc. sinnvoll anwenden lassen – „Ich vermute, dass er Schmerzen hat“ – ist das im Fall der Erste-Person-Sätze sinnlos. Ich vermute nicht, dass ich Schmerzen habe, sondern ich habe sie. Man kann nicht einmal sagen „Ich weiß, dass ich Schmerzen habe“, weil dieses Wissen in nichts anderem besteht, als eben Schmerzen zu haben, ich muss mich ihrer nicht erst vergewissern. Wir haben zu unseren eigenen Empfindungen einen anderen Zugang als zu denjenigen anderer und damit auch einen anderen, als die anderen zu unseren Empfindungen haben. In Bezug auf die eigenen Empfindungen sind wir in gewissem Sinn privilegiert: Wir sind die höchste Autorität in der Frage, ob wir Schmerzen haben oder nicht. Nur darf man daraus nicht falsche Schlüsse ziehen, vor allem – so Wittgenstein – nicht den, es gäbe darum so etwas wie eine den anderen verborgene Innenwelt, über die wir mit einer wiederum nur uns bekannten Sprache sprächen. Eine solche Sprache kann es nicht geben – und zwar aus folgendem Grund: Wenn jemand z.B. eine bestimmte Empfindung „E“ nennen würde – und nur er allein weiß, was er damit meint, dann hätte er sich damit in keiner Weise hinsichtlich seines künftigen „E“-Gebrauchs festgelegt. Denn immer, wenn er „E“ verwendet, tut er das, indem er glaubt, die gleiche Empfindung zu haben, wie damals, als er erstmals „E“ verwendete. Aber was gibt ihm die Gewähr, dass er sich richtig erinnert? Genau besehen weiß ja der Betreffende selbst nicht, was „E“ bedeutet. Wenn er sich fragte, ob er für seine momentane Empfindung „E“ verwenden soll oder nicht oder ob er sich bei einem früheren „E“-Gebrauch vielleicht geirrt hat, hat er keine Möglichkeiten, das zu entscheiden oder zu überprüfen, weil er über keine Kriterien dazu verfügt. D.h. es besteht überhaupt keine Verwendungsregel – und also kann man nicht von Sprache sprechen. Ohne die Dimension der Öffentlichkeit und ohne Kriterien gibt es keine.

Philosophie des Geistes. Wittgenstein hat mehrfach ausdrücklich darauf hingewiesen, dass aus der Unmöglichkeit einer Privatsprache für ihn nicht folgt, dass so genannte innere Zustände oder Schmerzen nichts anderes sind als das entsprechende Benehmen und die Ausdrücke des Betroffenen – er weist den Behaviorismus ausdrücklich zurück.[23] Das hat eine Vielzahl von Interpreten dennoch nicht gehindert, aus Wittgensteins Äußerungen mehr oder weniger direkt behavioristische Konsequenzen zu ziehen (und der Fragment-Charakter seiner Werke macht das auch unschwer möglich). Nicht zuletzt hatte das zur Folge, dass bis heute nur unzureichend wahrgenommen wird, dass kein anderer als Wittgenstein – und zwar der frühe wie der späte – in Wahrheit der heimliche Stammvater jener Wiederentdeckung der Philosophie des Geistes ist, die sich seit Mitte der 60er Jahre in der Analytik vollzieht – und zwar gegen eine schiere Übermacht behavioristischer, dann auch informationstheoretischer und neurophysiologisch-philosophischer Positionen. (↖ Bd. 1, Kap. 7.7) Eine besondere Pointe dieser Rehabilitierung der Philosophie des Geistes macht aus, dass sie mittlerweile von beiden Strängen her erfolgt, in die sich die Wirkungsgeschichte des späten Wittgenstein ausgefaltet hatte, nämlich die so genannte „Sprechakttheorie“ und den Anti-Cartesianismus, also die Destruktion aller Bewusstseinsphilosophie, wie sie Gilbert Ryle initiierte und für Jahrzehnte zu einer Grundposition der Analytischen Philosophie machte. Aufgrund ihrer Wirksamkeit bis heute muss ich auf beide Stränge etwas näher eingehen.

[23] Vgl. WITTGENSTEIN, Ludwig: Philosophische Untersuchungen. §§ 281, 307, 308.

2.6 Die Sprechakttheorie

Sprachhandeln. Die Entdeckung und systematische Ausfaltung der Tatsache, dass wir mit Sprache nicht nur sprechen, sondern auch handeln, ist das vermutlich erfolgreichste Theoriestück der Analytischen Philosophie geworden. (↖ Bd. 1, Kap. 4.4) Nicht nur in nichtanalytischen Philosophien wurde es rezipiert. Genauso fand es durch seine Erklärungsleistung Eingang in moralische, theoretische und juristische Diskurse, in die Sprachwissenschaften natürlich und auch in die Theologie, speziell in die Gleichnisforschung.[24] Sprechakttheoretisch lässt sich z.B. bündig erklären, warum man biblische Gleichnisse eigentlich nicht erklären muss oder gar nicht kann: Weil sie nicht über etwas informieren oder etwas beschreiben, sondern weil sie die Adressaten treffen wollen: Tatort Wort – Sprache als Handlung.

„konstativ" – „performativ". Auf die enge Verflechtung von Sprechen und Handeln hatte – wie ausgeführt – schon Wittgenstein hingewiesen. Die Existenz von wohlbestimmbaren Sprechakten hat ab 1946 John Langshaw Austin nachgewiesen. Ähnliche Gedanken und übrigens sogar der Ausdruck „Sprechakt" waren schon lange vorher auch in der Dialogphilosophie, näherhin bei ihrem Stammvater Hermann Cohen aufgekommen, ohne dass es Querverbindungen zur Analytischen Philosophie gegeben hätte. (↖ Bd. 1, Kap. 4.2) Zunächst ging Austin davon aus, dass einige Äußerungen Handlungen sind: Obwohl von gleicher grammatischer Form, gibt es Äußerungen, die etwas feststellen, und solche, mit denen die Sprecher etwas tun: „Bayern ist ein Freistaat" z.B. gegenüber „Ich verspreche Dir, pünktlich zu sein." Die erstere Äußerung nennt Austin „konstativ", die zweite „performativ".

Ausdifferenzierung. In einer Vorlesungsreihe von 1955 hat Austin diese Position revidiert – und diese neue Version hat dann, posthum 1960 unter dem Titel *How to do things with words* veröffentlicht, Geschichte gemacht. Der Unterschied zu früher: Jetzt geht Austin davon aus, dass nicht nur einige, sondern alle sprachlichen Äußerungen Handlungen sind, auch Aussagen und Beschreibungen. Wie meist in der Analytischen Philosophie lässt sich der springende Punkt auch in diesem Fall am einfachsten durch konkrete Beispiele vermitteln: Wenn einer sagt „Ich habe keinen Hunger", dann kann das entgegen dem ersten Anschein ganz Verschiedenes besagen:

(a) Der Sprecher kann damit einen Sachverhalt beschreiben; er hat keinen Hunger, weil er gerade gegessen hat. Er ist satt.

(b) Der Sprecher kann mit dieser Äußerung versuchen, sich einer Einladung zu entwinden, weil er eine Stunde später jemand besuchen

[24] Vgl. MÜLLER, Klaus: Homiletik. Ein Handbuch für kritische Zeiten. Regensburg 1994. 90-94.

wird, der ihn zu einem Essen eingeladen hat, auf das er sich schon lange freut.

c) Der Sprecher benutzt die Äußerung, um das Zusammensein mit jemandem zu meiden, dessen Gerede ihn um den letzten Nerv bringt. Lieber hungert er den ganzen Abend.

Inhalt und Intention einer Äußerung können weit auseinanderklaffen, müssen miteinander überhaupt nichts zu tun haben. Die Intention kann darum auch gänzlich unausgesprochen bleiben.

„lokutionär“ – „illokutionär“ – „perlokutionär“. Nun ist freilich die Sache – wie könnte es in der Philosophie anders sein – nicht ganz so einfach, wie sie sich bislang darstellt. Der Eindimensionalität einer sprachlichen Äußerung auf der propositionalen Seite korrespondiert nämlich auf der performativen Seite über die mögliche Verschiedenheit der Performationen hinaus eine interne Differenz: Jemand sagt etwas, um mit diesem Satz etwas beim Hörer zu erreichen. Diese Intention des Sprechers ist dabei das eine; etwas ganz anderes aber ist, ob sich diese Intention erfüllt, also sich das gewünschte Resultat der Sprachhandlung einstellt. Wenn Peter zu Gottfried sagt: „Morgen komme ich“, dann kann das

(a) ein lokutionärer Akt sein, der besagt dass Peter morgen kommt;

(b) es kann ein Versprechen sein, dass Peter morgen kommt, um Gottfried beim Tapezieren zu helfen;

(c) es kann eine Drohung sein, dass Peter morgen kommt, um endlich die an Gottfried ausgeliehenen 500,- Euro einzutreiben;

(d) es kann eine Warnung sein, mit der der Steuerprüfer Peter, seinem Freund, dem Unternehmer Gottfried, einen heißen Tipp gibt, bestimmte Papiere verschwinden zu lassen; usw.

Wozu der Satz „Morgen komme ich“ im Mund des Sprechers wird, hängt von den jeweiligen Umständen ab, unter denen er gesprochen wird. All die Akte, die ich als Sprecher vollbringe, indem ich einen Satz äußere, mit dem ich grüße, mahne, warne, verspreche, tröste, drohe usw. nennt die Analytische Philosophie „illokutionäre Akte“. Ob aber mein Versprechen, meine Mahnung, Warnung, Drohung etc. als solche beim Adressaten ankommen, hängt, habe ich den illokutionären Akt regelkonform gesetzt, vom Adressaten ab: Er könnte meine Äußerung ja auch missverstehen; er könnte sie hinsichtlich ihres illokutionären Charakters nicht verstehen wollen, wenn ich z.B. meinem Bahnhofsbekannten auf sein „Gar net gut geht's mir!“ antwortete: „Ach das tut mir leid!“ oder „Dann müssen's halt zum Doktor gehen!“; oder einer könnte die Illokution nicht akzeptieren und auf meine Drohung „Morgen komme ich“ antworten „Dass ich nicht lache“, auf meine Warnung „Kümmere dich um deinen eigenen Krempel!“. Nimmt der Adressat wahr, was ich mit meiner Proposition für einen illokutionären Akt setzen wollte, und weist er ihn nicht ab, so ist der illokutionäre Akt ein „perlokutionärer" geworden: Es ist herübergekommen, was ich ihm bedeuten wollte.

„explizit performativ". Eine spezielle Gruppe illokutionärer Akte gibt es, die per se perlokutionär werden, ohne dass dieser Erfolg an die Gegebenheit bestimmter Umstände oder eine qualifizierte Reaktion des Adressaten gebunden wäre. Austin nennt diese Gruppe „explizit performative Äußerungen". Ihm fiel auf, dass es Äußerungen gibt, die weder unsinnig sind noch durch sprachliche Besonderheiten auffallen und trotzdem in keine der üblichen grammatischen Kategorien passen, so z.B. „Ich nehme die hier anwesende XY zur Frau" oder „Ich taufe dieses Schiff auf den Namen ‚Queen Elizabeth'". Austin kommentiert:

> „Jeder würde sagen, daß ich mit diesen Äußerungen etwas Bestimmtes tue (natürlich nur unter passenden Umständen); dabei ist klar, daß ich mit ihnen nicht beschreibe, was ich tue, oder feststelle, daß ich etwas tue; den Satz äußern heißt: es tun. Keine der angeführten Äußerungen ist wahr oder falsch; ich stelle das als offenkundig fest und begründe es nicht. Eine Begründung ist genauso unnötig wie dafür, daß ‚verflixt' weder wahr noch falsch ist. Möglicherweise dient die Äußerung jemandem zur Information; aber das ist etwas ganz anderes. Das Schiff taufen heißt (unter passenden Umständen) die Worte ‚Ich taufe' usw. äußern. Wenn ich vor dem Standesbeamten oder am Altar sage ‚Ja', dann berichte ich nicht, daß ich die Ehe schließe; ich schließe sie."[25]

Durch den Akt der Äußerung tritt als Realität ein, was die explizit performative Äußerung sagt: „Ich teile dir mit / ich verspreche dir / ich warne dich, dass ich morgen komme" sind keine Behauptungen, weil man auf sie z.B. nicht mit „Das ist nicht wahr!" reagieren kann, sondern diese Äußerungen sind Mitteilung, Warnung, Versprechen. Trotz gleicher Oberflächengrammatik sind z.B. „Ich lobe dich" oder „Ich liebe dich" explizit performativ; „ich beleidige dich" dagegen ist keine Beleidigung, dazu ist ein „Du Hirsch!" oder Einschlägigeres nötig. Zu welcher Sorte ein Ausdruck gehört, bestimmt die Konvention, die sich bezüglich seiner herausgebildet hat.

Konventionen. Durch Nicht-Einhaltung dieser Konvention kommt es zu denjenigen Fehlern in der Rede, die Sprechakte misslingen lassen: Bei dem „Ich beleidige dich hiermit" liegt eine leere Berufung auf Konvention vor, weil bezüglich dieses Ausdrucks keine besteht. Fehlanwendung einer Konvention liegt vor, wenn ich meinem Freund Peter verspreche, am 25.08. um halb fünf am Domplatz in Münster zu sein, während ich genau weiß, dass er an diesem Tag in Frankfurt zu sein hat. Wenn jemand bei seiner Eheschließung auf dem Standesamt oder anlässlich der Diakonenweihe beim Gehorsamsversprechen an den Bischof auf die Frage „Sind Sie bereit..." statt

25 AUSTIN, John L.: Zur Theorie der Sprechakte. (How to do things with Words). Deutsche Bearbeitung v. Eike v. Savigny. 2. Aufl. Stuttgart 1979. 29.

„Ja“ antwortet mit „Ich sage nicht nein“, dann liegt in analytischer Terminologie eine „Trübung“ des Verfahrens vor. Gerade in diesem Fall kommt die Konventionalität sehr gut zur Geltung, wenn man in Betracht zieht, dass die gleiche Äußerung „Ich sage nicht nein“ dem aufmerksamen Gastgeber gegenüber, der fragt, ob man noch an einem fünften Weißbier Freude hätten, ein höchst klares „Ja“ im starken Sinn von „Nur her damit!“ bedeutet. Eine so genannte „Lücke“ in der Prozedur tritt auf, wenn ein Element des Sprechakts ausfällt, z.B. bei der Wette, dass jemand auf das Wettangebot antwortet: „Gilt!“, ohne noch die genauen Bedingungen zu kennen.

Diese vier Fehler lassen einen bestimmten Sprechakt nicht zustande kommen. Weitere Beeinträchtigungen treten durch Unredlichkeit oder Inkonsequenz auf. In diesem Fall kommen die Sprechakte zwar zustande, aber als schlechte ihrer Art: Ich verspreche zu kommen, obwohl ich bereits weiß, dass ich nicht hingehen werde; trotzdem kommt natürlich das Versprechen zustande aber mit Folgen für den Sprecher, zumindest was seine Glaubwürdigkeit bei künftig von ihm gegebenen Versprechen betrifft; ähnlich, wenn ich verspreche, zu kommen, das auch ehrlich meine, dann aber mein Versprechen doch nicht erfülle.[26] An diesen Fehlermöglichkeiten, die sich dadurch auftun, dass – wie Austin sagt – Vorbereitungsbedingungen, Aufrichtigkeitsbedingungen oder essentielle Bedingungen des betreffenden Sprechakts nicht zureichend erfüllt sind, geht zweierlei auf: (a) in welchem hochkomplexen und empfindlichen Netzwerk von Regeln wir uns bewegen, wenn wir sprechen; und (b) dass wir sprechend weit mehr und anderes tun, als nur zu behaupten und zu beschreiben: Sprechend handeln wir regelgeleitet. Wir beherrschen den ganzen Codex im Normalfall aus dem „ff“ und ohne auch nur einen Augenblick daran zu denken, welcher Regel wir denn zu folgen haben, wenn wir einen bestimmten Sprechakt vollziehen. Insofern lässt sich durchaus nachvollziehen, dass und warum sich nach Austins frühem Tod sein Schüler John Rogers Searle gerade mit diesem Regelphänomen näher auseinandersetzte. Darauf wird zurückzukommen sein.

Biblisches und Theologisches. Zuvor aber bedarf es anlässlich des Blicks auf die Sprechakttheorie noch eines speziellen Blickes auf den religiös-theologischen Sprachraum, in dem wir uns durchschnittlich als Theologinnen und Theologen bewegen: Einer halbwegs sensiblen Lektüre geht ja unschwer auf, dass der überwältigende Teil biblischer Rede nicht lokutionär oder konstativ, sondern illokutionär verstanden sein und perlokutionär werden will. Es ist ja alles andere als ein Zufall, dass im Alten wie im Neuen Testament Begriffe, die für unser alltägliches Sprachgefühl ganz in den Kontext von Behauptungen gehören, strukturell als Beziehungsverhältnis definiert, ja zu ei-

[26] Vgl. dazu bes. die Einleitung von Eike von SAVIGNY in: AUSTIN: Theorie der Sprechakte (Anm. 25). 7-20.

nem Beziehungsverhältnis erklärt werden: Im Hebräischen steht für unser „Wahrheit" bekanntlich „emuna" oder „emet" vom Wortstamm „aman", „fest", „sicher", d.h. Wahrheit wird wesentlich als Treue gedacht. Die neutestamentliche „aletheia" wird nicht über Behauptungssätze definiert, sondern zu diesem Zweck unmittelbar an die Person Jesu Christi gebunden: Er ist die Wahrheit (Joh 14,6). Nicht anders Paulus, wenn er Glaube nicht als ein Für-wahr-Halten von Behauptungssätzen fasst, sondern als „Sein-in-Christus" (Gal 3,28), und Gemeinde nicht als wie auch immer reale oder ideale Kommunikationsgemeinschaft, die sich über ein Bündel von Sätzen geeinigt hat, sondern als „Leib Christi" (1 Kor 12,12-13) oder – sozusagen mit apostolischem Herzblut geschrieben – als „seinen Brief" (2 Kor 3,2). Die Beispiele ließen sich fortführen. In ihnen macht sich geltend, dass Sprache nicht einfach Aussage-, sondern ebenso Anredecharakter hat – und wenn man hinzunimmt, dass Letzterer gerade in elementaren und existenziellen (wie grüßen, fluchen, versprechen etc.) Sprechakten dominiert, darf von einem Primat der Anrededimension ausgegangen werden. Zwei theologische Sprachformen verdienen noch ausdrücklicher Erwähnung, weil sich, wenn man sie sprechakttheoretisch betrachtet, ihre besondere Struktur genauer angeben lässt als mit binnentheologischen Mitteln:

(a) Sakramente. Die Eigenart explizit performativer Äußerungen wie „Ich lobe dich" ergibt sich ja daraus, dass im Vollzug der Äußerung das sprachliche Geäußerte sich als Wirklichkeit einstellt. Eine solche Verfügung von Wort und Wirklichkeit fungiert auch als Dreh- und Angelpunkt jedes differenzierteren Verständnisses der Sakramente. Die Kategorie der Performativität macht auf einfache und zugleich überzeugende Weise die endlosen Spekulationen über das Zusammenspiel von res und signum überflüssig, mit denen sich die Tradition phasenweise abgequält hat. Austin selbst hat die baptismale Formel „Ich taufe dich..." zu seinem Standardbeispiel für explizit performative Sprechakte gewählt – zurecht: Das Zustandekommen der Taufe erfordert nichts anderes, als dass der Taufspender tut, „was die Kirche will"; darum vermag bekanntlich im Notfall auch ein Nichtchrist oder Ungläubiger gültig die Taufe zu spenden. Kraft der als Taufformel gesprochenen Taufformel stellt sich die Realität des Getauftseins ein. Als erstaunlich und lehrreich muss gelten, dass bereits Thomas von Aquin den traditionell kniffligsten Fall sakramentalen Zusammenspiels von Wort und Sache, denjenigen der Eucharistie, mit ausdrücklichem Rekurs auf die Performativität bestimmter Sprachhandlungen löst. In der *Summa Theologiae* sagt er über die so genannten Wandlungsworte „Hoc est corpus meum":

> „[...] diese Rede hat die Kraft, die Wandlung des Brotes in den Leib Christi zu wirken. Darum verhält sie sich zu den anderen Redeweisen, welche nur bezeichnende und nicht bewirkende Kraft haben, wie der Begriff des praktischen Verstandes, der das Ding bewirkt, zum Begriff unseres theoreti-

> schen Verstandes, der von den Dingen her gewonnen ist [...]. Wie darum der Begriff des praktischen Verstandes das begriffene Ding nicht voraussetzt, sondern es bewirkt, so setzt auch die Wahrheit dieser Redeweise das bezeichnete Ding nicht voraus, sondern bewirkt es.“[27]

Für sich genommen könnte „Hoc est corpus meum“ natürlich auch eine hinweisende Definition sein. Die „virtus factiva“ erhält der Ausdruck kraft der spezifischen Situation, in der er gesprochen wird. Das aber heißt dann auch: Das Eintreten des Ereignisses der Eucharistie hängt nicht an der Rezitation der Einsetzungsformeln, sondern an der Situation der Eucharistiefeier, also letztlich an der geistlichen Qualität der feiernden Gemeinde.

(b) Gleichnistheorie. Noch eine theologische Sprachform lässt sich sprechakttheoretisch unvergleichlich besser in ihrer Eigenart erfassen als mit anderen Mitteln. Sie ist dessen um so mehr wert, als wir in ihr die zentrale Sprachform der Predigt Jesu vor uns haben: die Rede in Gleichnissen. Anhand der sprechakttheoretischen Unterscheidung von lokutionären und illokutionären Akten wird spontan klar, was bei einem Gleichnis geschieht: Gleichnisse wollen nicht informieren, sondern sie wollen treffen. Das Gleichnis vom Unkraut unter dem Weizen (Mt 13,24-30) redet uns nicht von landwirtschaftlicher Schadensminimierung, sondern vermittelt dem Hörer Gottes Geduldhaben in einer bildhaften Eindringlichkeit, die nichts anderes will, als zu Herzen zu gehen, um die solcher Geduld einzig adäquate Antwort in Gestalt der Umkehr auszulösen. Oder das Gleichnis vom unbarmherzigen Gläubiger (Mt 18,23-35), der, obwohl selbst unermesslich beschenkt, seinem eigenen Schuldner gegenüber sich als üble Krämerseele gebärdet. Petrus hatte mit seiner Frage, wie man denn dem Bruder vergeben müsse, die Situation eröffnet. Und die reicht, dass das Gleichnis seine ganze illokutionäre Kraft entfalten kann mit dem Ziel, perlokutionär zu werden. Wie das eintritt, lässt sich an dem vielleicht klassischsten Gleichnis der ganzen Bibel ablesen, das uns bereits vorjesuanisch in 2 Sam 12 begegnet: David hatte eines Tages vom Dach seines Palastes aus eine wunderschöne Frau beim Bad beobachtet. Sofort erkundigt er sich nach ihr, erfährt, dass sie die Frau des Urija sei, eines Kriegers, der sich gerade für ihn auf Feldzug befindet. Trotzdem lässt er die Frau zu sich holen, schläft mit ihr und prompt wird sie schwanger. Um diese Folgen zu vertuschen, lässt David den Urija unter Vorwänden nach Hause rufen, versucht mit allen Finessen ein Treffen zwischen Urija und seiner Frau zu arrangieren, um die formelle Bedingung der Möglichkeit ihrer Schwangerschaft zu realisieren. Doch Urija verzichtet aus Solidarität mit seinen im Feld befindlichen Kameraden auf diese Vergünstigung eines intimen Heimaturlaubs. So bleibt David, um den von ihm begangenen Ehebruch zu kaschieren, nur noch, gezielt den Tod des Urija an der

27 THOMAS VON AQUIN: Summa Theologiae. III, q.78, a5 c.

Front zu inszenieren und dann nach dessen Beseitigung die Frau in seinen Harem einzugliedern. Was auch geschieht. Aber handelt so der gotterwählte Idealkönig? Nicht lange, und es kommt der Prophet Natan zu David und erzählt ihm eine Geschichte:

> „In einer Stadt lebten einst zwei Männer; der eine war reich, der andere arm. Der Reiche besaß sehr viele Schafe und Rinder, der Arme aber besaß nichts außer einem einzigen kleinen Lamm, das er gekauft hatte. Er zog es auf, und es wurde bei ihm zusammen mit seinen Kindern groß. Es aß von seinem Stück Brot, und es trank aus seinem Becher, in seinem Schoß lag es und war für ihn wie eine Tochter. Da kam ein Besucher zu dem reichen Mann, und er brachte es nicht über sich, eines von seinen Schafen oder Rindern zu nehmen, um es für den zuzubereiten, der zu ihm gekommen war. Darum nahm er dem Armen das Lamm weg und bereitete es für den Mann zu, der zu ihm gekommen war. Da geriet David in heftigen Zorn über den Mann und sagte zu Natan: So wahr der Herr lebt: Der Mann, der das getan hat, verdient den Tod. Das Lamm soll er vierfach ersetzen, weil er das getan und kein Mitleid gehabt hat. Da sagte Natan zu David: Du selber bist der Mann. Darauf sagte David zu Natan: Ich habe gegen den Herrn gesündigt. Natan antwortete David: der Herr hat dir deine Sünde vergeben“ (2 Sam 12,1-14).

Gleichnis ist Handlung, die treffen will. Natan tut nichts Geringeres, als ein Drama zu inszenieren: Exposition der Geschichte, die die Atmosphäre emotional bis zur Aufwühlung auflädt; man beachte, wie er von dem Lämmchen des Armen spricht: „es wurde bei ihm zusammen mit seinen Kindern groß. Es aß von seinem Stück Brot, und es trank aus seinem Becher, in seinem Schoß lag es“. Ein Inbild tiefster Innigkeit ohne jedes Arg. Und der Reiche tötet aus Habsucht das Lamm. Durch Davids Mund bricht diese Spannung ins Wort, sich nochmals dadurch steigernd, dass er, David es ist, der redet. An diesem Gipfelpunkt identifiziert Natan das Erzählte mit der Realität. Der königliche Richter ist der Verurteilte. Er selbst hat seine Schuld entlarvt. Da kann David gar nicht mehr anders, als seine absolute Betroffenheit zu bekennen. Natans Illokution wird Perlokution. Und noch ein Schritt: Weil David sich dem Prophetenwort und seinem Treffen nicht verschließt, darf er hören: Der Herr hat dir deine Sünde vergeben. Das Durchleben des Dramas geschieht um der Rettung aus der Sünde willen.

Schon an dieser kleinen Strukturrekonstruktion des Gleichnisses können Sie faktisch einen zentralen Grundsatz im Umgang mit der Sprachform der Gleichnisse ablesen: Man muss ein Gleichnis nicht erklären, wenn man es auslegt. Man darf es gar nicht erklären, auch wenn solche Erklärungen in Form von Allegoresen manchmal bereits innerbiblisch auftreten, so z.B. beim Sämann-Gleichnis Mt 13,18-23. In diesem Fall fungiert die Gleichniserklärung als Antwort auf die die junge Gemeinde quälende Erfahrung, dass ihre Missionsbemühungen nur sehr begrenzten Erfolg zeitigten. Das Originalgleichnis freilich kann gleichermaßen statt auf die gemeindliche und die Missionssituation auf die Begegnung des einzelnen mit dem Wort Gottes bezogen gelesen werden. Wird ein Gleichnis erklärt, so wird es in seiner performativen Kraft beschnitten, weil es fest mit einem bestimmten Problemfall oder nur einem Segment des Situationstyps verkoppelt wird, auf den es eigentlich angelegt ist. Statt zu erklären, darf man Gleichnisse eigentlich nur nacherzählen. Oder auch: in neuer Situation neu inszenieren, wie man ein gutes Theaterstück immer wieder auf eine die Zuschauer in Bann schlagende Weise neu inszenieren, eine Komposition neu aufführen kann.

Verdichtung – Verfremdung. Eines der elementarsten Mittel dafür haben wir vorhin durch den Propheten Natan kennen gelernt. Er hat die Szene mit dem Lämmchen so versprachlicht, ja ausgemalt, dass die sprachliche Gestalt seines Gleichnisses der Empfindsamkeit entsprach, die er bei David wecken wollte, damit der überhaupt das Ausmaß seiner Schuldigkeit wahrzunehmen vermochte. Er hat das Problem, den Sachverhalt sprachlich so verdichtet, dass das Drama von Schuldeinsicht, Bekenntnis und Vergebung überhaupt in Gang kommen konnte. Das komplementäre sprachliche Mittel, das genau andersherum ansetzt, aber auf die gleiche Wirkung zielt, hat für unser Jahrhundert in Bert Brecht seinen Meister gefunden, begegnet uns aber ganz folgerichtig auch bereits in der biblischen, zumal jesuanischen Gleichnisrede: die Verfremdung. Die nachhaltige Irritation, die Brecht dadurch zu erzeugen vermochte, dass er in dem gängigen Sprichwort „Der Mensch denkt, Gott lenkt“ einzig das Komma gegen einen Doppelpunkt auswechselte „Der Mensch denkt: Gott lenkt“ –, sie hat ihr neutestamentliches Pendant in den Gleichnissen Jesu, die zur Peinlichkeit der Ausleger seit alters her offenkundig Züge von List, Betrug oder Ungerechtigkeit, also von Amoralität implizieren. Lk 16,1-8 ist wohl der Paradefall: Jesus lobt den untreuen Verwalter, der aus Sorge um seine Zukunft jetzt auch noch die Schuldner seines Herrn zum Betrug anstiftet, für seine Klugheit. Den nach einer besonders kostbaren Perle suchenden Kaufmann, der für seinen Fund schlechthin alles drangibt, leitet schlichtweg die Habgier (Mt 13,45-46). Und was ist es um jenen Arbeitgeber, der denen, die sich nur eine Stunde mühen, den gleichen Lohn zahlt wie denen, die den ganzen Tag schuften, und dann auch noch deren Beschwerde abschmettert (Mt 20,1-16)? Über diese Irritation wird der Hörer des Gleichnisses aus seinem beruhigten religiösen Bescheidwissen herausgerissen, in emotionale Beteiligung hineingezogen und zwar nicht in moralischer Abscheu, sondern, wenn er sich vom Gleichnis fesseln lässt, in Zustimmung, weil er in den skandalösen Akteuren seine eigenen vitalen Lebenstendenzen wiedererkennt. „Recht hat der betrügerische Verwalter, der raffinierte Hund, ich tät’s genauso wenn ich könnte!“ Oder beim ungerechten Arbeitgeber: „Wenn ich doch auch einmal zu denen gehörte, die so billig wegkommen, dass sie für eine lächerliche Stunde Arbeit den ganzen Tageslohn kassieren!“ Und Jesu

„So ist es mit dem Himmelreich“ macht mir schlagartig klar, dass ich, sofern ich Gott traue, längst schon zu denen gehöre, die solch unverschämtes Massel haben; „massel“ ist jiddisch für „Glück“. Oder Jesu Gerichtsgleichnisse (etwa Mt 24,45-51; Lk 12,42-46) machen Angst und wollen Angst machen bis zu dem kritischen Steigerungspunkt hin, an dem ich aus meinem eigenen Angsterleben heraus mir gar nichts Erlösenderes, Befreienderes, Begnadigenderes mehr vorstellen kann als Jesu Predigt von einem Gott, der so Richter ist, dass in seinem Richten seine Barmherzigkeit immer wieder noch einmal seine Gerechtigkeit überwältigt. Der Gottesschrecken scheucht die Hörer aus ihrer Lethargie auf, dass sie zu erahnen beginnen, was sie verspielen, wenn sie der Einladung des Evangeliums nicht folgen. Der Hörer wird jedes Mal bis an die Grenze endlicher Vollzugsweisen geführt, um ihm kraft dieser Grenzerfahrung ganz andere Vollzugserfahrungen seiner selbst regelrecht erlebbar zu machen. So wird etwa in den Gerichtsgleichnissen die Logik der Angst bis dahin gesteigert, dass sie gegen die Angst ausschlägt und also für ihr Gegenteil – das Vertrauen – Platz wird. Das ist eine spezielle Version dessen, was Hans Blumenberg schon vor langen Jahren das Phänomen der „Sprengmetaphorik“ genannt hat.[28] (↖ Bd. 1, Kap. 4.7) So wird die Logik der Endlichkeit durch das Gleichnis zur metaphorischen Logik des Ewigen: So ist es mit dem Himmelreich...

Damit haben wir die sensible Ausmalung einerseits und die Verfremdung andererseits als die zwei Grundweisen kennen gelernt, in denen vor allem Gleichnisse, aber auch ganze Geschichten den Hörer engagieren, in sich verstricken, an ihrem „Gegenstand“ real partizipieren lassen. Technische, kommunikative, rhetorische Finessen führen dabei keinen Schritt weiter. Die für den Umgang mit so intensiven Sprachhandlungen wie etwa Gleichnissen nötige Sprachkompetenz wurzelt in etwas anderem. Das entscheidende Stichwort ist vorhin bereits gefallen, als ich davon sprach, in Natans ausmalendem, emotional in Anspruch nehmendem Gleichnis werde sprachlich verdichtet; natürlich auch in der Verfremdung. In „verdichten“ hat „Dichtung“ ihre Wurzeln und ihren Sinn. Gehört also auch das Poetische integral zur Grundverfassung von Sprache?

Poesie. Bis die Poesie in dieser ihrer elementaren Bedeutung auch philosophisch erkannt und anerkannt wurde, hat es gedauert. Bald 2000 Jahre haftete der Poesie das verheerende philosophische Image an, allenfalls drittrangige Abbilder zu bieten, die selbst Produkten von Handwerksmeistern unterlegen seien, weil die wenigstens

[28] Vgl. BLUMENBERG, Hans: Paradigmen zu einer Metaphorologie. In: Archiv für Begriffsgeschichte 6 (1960). 7-142. 301-305. Hier 132-133. – Vgl. auch SECKLER, Max/PETUCHOWSKI, Jakob/RICŒUR, Paul/BRINKMANN, Richard: Literarische und religiöse Sprache. In: Christlicher Glaube in moderner Gesellschaft. Enzyklopädische Bibliothek. Hg. v. F. Böckle u.a. Freiburg 1981. 71-130. Hier 101-103.

ihre Sache verstünden, während die Dichter mit wohlklingenden Worten nur so tun, als verstünden sie etwas von dem, was sie beschreiben. Dieses harsche Verdikt steht in Platons *Politeia* und gipfelt in dem Vorwurf, dass die Dichtkunst ihren Ruhm gewinne, indem sie an die unstete und gereizte Emotionalität ihrer Adressaten appelliere, sodass

> „[...] die Nachbildnerei überhaupt, wie sie in großer Ferne von der Wahrheit ihr Werk zustande bringt, so auch mit dem von der Vernunft Fernen in uns ihren Verkehr hat und sich mit diesem zu nichts Gesundem und Wahrem befreundet“[29],

weshalb die Poeten bis zum Erweis eines wirklichen Nutzens der Polis zu verweisen seien. Noch Thomas von Aquin tradiert in der Wirkungsgeschichte dieses platonischen Urteils in seinem Kommentar zu Aristoteles' Metaphysik den als „verbreitetes Sprichwort“ bezeichneten Satz, dass die Dichter durch die Bank Lügner seien.[30]

Ein grundlegender Wandel in der Einschätzung der Poesie beginnt sich eigentlich erst ab J. G. Hamann und J. G. Herder, also im 18. Jahrhundert, abzuzeichnen. Beiden gilt Dichtung als so etwas wie die Ursprache der Menschheit. Interessanterweise ausgerechnet mit dem als strohtrocken verschrieenen Kant rückt die Poesie in den Rang eines neben der Philosophie durchaus bestehen könnenden anderen Modus von Erkenntnis. In der Kritik der Urteilskraft heißt es:

> „Der Dichter kündigt bloß ein unterhaltendes Spiel mit Ideen an, und es kommt doch so viel für den Verstand heraus, als ob er bloß dessen Geschäft zu treiben die Absicht gehabt hätte. Die Verbindung und Harmonie beider Erkenntnisvermögen, der Sinnlichkeit und des Verstandes, die einander zwar nicht entbehren, aber doch auch ohne Zwang und wechselseitigen Abbruch sich nicht wohl vereinigen lassen, muß unabsichtlich sein, und sich von selbst so zu fügen scheinen; sonst ist es nicht schöne Kunst.“[31]

Von dieser Grundlinie her, die etwa auch ein Schiller teilt, formulieren andere, so etwa Hölderlin und Schelling, einen Vorrang der Poesie vor der Philosophie. Im Falle Hölderlins muss man wohl noch genauer sagen: Er hat beides weitgehend ineinandergeschoben. Obwohl von ihm nur wenige Zeilen im üblichen Sinn philosophischen Textes überliefert sind und er wohl auch nichts anderes in dieser Gattung verfasst hat, gilt er heute als gleichrangige philosophische Instanz neben Fichte, Schelling und Hegel, nur dass eben seine Philosophie poetischen Niederschlag fand. Auch Hegel verteidigt den ästhetischen Schein als etwas, was Wahrheit nicht verstellt, sondern zu ihrem Wesen gehört und ihr somit als ihr selbst zu Geltung verhilft. Auch das uns schon bekannte Denken des späten Heidegger von der Sprache als demjenigen, worin Sein ankommt und sich zeigt, schreibt sich dieser Perspektive ein. Freilich ist uns gerade auch durch Heidegger die Grenze dieses Ansatzes bewusst geworden.

[29] PLATON: Politeia. 603a-b. Vgl. 598d-608b.

[30] THOMAS VON AQUIN: In Met. L. I, l. 1. Nr. 63.

[31] KANT, Immanuel: Kritik der Urteilskraft. In: DERS.: Kant's gesammelte Schriften. Hg. v. der Königlich Preußischen Akademie der Wissenschaften. Bd. V. Berlin 1913. 165-485. Hier 321.

Und das Ganze auf den Nenner zu bringen: Poesie als Grundzug der Sprache verweist den platonisch-aristotelischen Ansatz bei der Konventionalität und dem arbiträren Charakter der sprachlichen Ausdrücke so in Grenzen, wie das Poetische seinerseits durch den Handlungscharakter von Sprache – also durch ihr menschliches Gemachtsein – in Grenzen gewiesen wird. Sowenig Sprache ohne das Poetische verstanden werden kann, so wenig lässt sie sich allein durch es erfassen. Und das Gleiche gilt umgekehrt für die Konventionalität: nicht ohne, aber auch nicht allein durch sie.

Regularität. Damit sind wir aber zugleich zu der Dimension der Regularität von Sprechakten zurückgekehrt, der sich – wie schon erwähnt – besonders Austins Schüler J.R. Searle widmete. Er entdeckte zwei verschiedene Gruppen von Regeln: Es gibt Regeln, die regeln Dinge, die unabhängig von ihnen existieren, z.B. Verkehrsregeln. Auch ohne sie gibt es Verkehr, bloß tut dem aller Wahrscheinlichkeit nach gut, dass Regeln eingeführt sind. Daneben gibt es aber auch Regeln, die schaffen oder definieren erst das durch sie Geregelte – so etwa beim Fußball. Ohne Regeln könnte es ein Fußballspiel überhaupt nicht geben, jedenfalls nichts, was von einer völlig willkürlichen Bolzerei verschieden wäre (völlig regellosen Verkehr dagegen gibt es schon; zum Beweis brauchen Sie nur nach Kairo zu fahren und die dortige Melange aus Taxis, Lastern, Bussen und Kamelen auf sich wirken zu lassen). Diese Differenz hält Searle dadurch fest, dass er die einen Regeln (nicht sehr kreativ) „regulativ“ nennt, die anderen „konstitutiv“. Sprechakte – so Searle – werden durch konstitutive Regeln gesteuert, die seitens der Gemeinschaft definiert sind, die sich in der gegebenen Sprache verständigt. Sieht man näher zu, dann stellt sich heraus, dass selbst für relativ einfache Sprechakte wie etwa das Versprechen-Geben ein ganzes Set von Regeln unterstellt werden muss (Searle nennt vier). Und die präzise Fassung dieser Regeln entpuppt sich als ausgesprochen kompliziert. Aber weil wir offenkundig verstehen, was „versprechen“, „behaupten“ etc. bedeutet, kennen wir diese Regeln. Darum setzt Searle die semantischen Regeln für diese Ausdrücke mit den die Sprechakte ermöglichenden konstitutiven Regeln ineins. Das ist durchaus umstritten. Andere wichtige Analytiker wie H. Paul Grice und Peter F. Strawson haben beide Perspektiven als einander ergänzend auseinandergehalten.

Wiederentdeckung des Geistes. Unabhängig von dieser Streitfrage gebührt Searle unzweifelhaft das Verdienst, der Sprechakttheorie eine einigermaßen systematische Fassung gegeben zu haben. Trotzdem müsste ich auf Letzteres gar nicht ausführlicher eingehen, wenn Searle im Gang seiner semantischen Untersuchungen nicht gleichzeitig zum Repräsentanten einer inneranalytischen Bewegung geworden wäre, die nach einer längeren Phase der Strittigkeit längst als eine der zeitgenössischen analytischen Stränge etabliert ist. Einer der Werktitel Searles bringt auf den Punkt, worum es geht: *Die Wiederentdeckung des Geistes.*[32] Gegen Projekte, Geist und Bewusstsein auf informationsaustauschende und neurophysiologische Prozesse zurückzuführen, führt er folgendes Argument an, das – wie so oft in der Analytik – die Gestalt eines Beispiels hat: Da ist jemand in einem Raum, in den etwas hineingereicht und aus dem etwas herausgereicht werden kann. Hineingereicht werden chinesische Schriftzeichen. Drinnen sitzt jemand, der nicht chinesisch kann, der aber ein in seiner Muttersprache verfasstes Regelbuch besitzt, welche Schriftzeichen er als Reaktion auf die hereingereichten auf der anderen Seite seines Käfigs hinausreichen muss. Außerhalb des Käfigs befinden sich Chinesen. Die Regeln in dem Regelbuch sind so, dass sie das, was der, der drinnen hockt, herausreicht, als sinnvolle Antwort auf die hineingereichten Schriftzeichen empfinden müssen oder als treffende Kommentare oder Nachfragen. Damit wäre perfekt die Fähigkeit simuliert, die wir normalerweise „Verstehen“ nennen, ohne dass Verstehen gegeben wäre. Anders gesagt: Eine informationstechnisch perfekte Reproduktion bestimmter epistemischer Leistungen ist noch kein Beweis dafür, dass diese Leistungen tatsächlich erbracht sind. Die Konklusionen, die Searle daraus zieht, sind heftig umstritten und brauchen uns hier auch nicht weiter zu beschäftigen. Festhalten möchte ich für unseren Zusammenhang nur, dass mit Searle von der Diskussionslinie der Sprechakttheorie her ausgesprochen überraschend eine Rehabilitierung der Dimension des Mentalen in Gang gekommen ist. Ungleich überraschender jedoch nimmt sich aus, dass genau das Gleiche auch im zweiten Strang der Wirkungsgeschichte des „ordinary-language“-Ansatzes geschehen ist, von dem man das am allerwenigsten erwartet hätte. Ich stelle dieses Phänomen unter die Überschrift

[32] SEARLE, John R.: The rediscovery of the mind. Cambridge, MA u.a. 1992. – DERS.: Die Wiederentdeckung des Geistes. München 1993.

2.7 Eine Gespenster-Debatte

Anti-Dualismus. Dieser Titel bedarf natürlich der Erklärung, aber diese lässt sich unschwer geben. 1949 erschien ein Buch mit dem Titel *The Concept of Mind* (Der Begriff des Geistes) – das von solchem Einfluss war, dass es für fast zwei Jahrzehnte weitere Publikationen zur Philosophie des Geistes verhinderte. Eigentlich darf ich gar nicht sagen „weitere Publikationen". Denn *The Concept of Mind* war keine Philosophie des Geistes, sondern deren Entlarvung als eine einzige Illusion. Dem Verfasser, Gilbert Ryle, einem eher konservativen Oxforder Philosophen, war darum zu tun, die herkömmlichen und speziell neuzeitlichen Gedanken über Geist, Bewusstsein und Seele zu entzaubern. Alle Rede über die Innenwelt unterstellt seiner Ansicht nach einen unbegründeten Dualismus und operiert deshalb mit einem cartesianischen „Gespenst in der Maschine", einem geheimnisvollen Etwas im Körper, dem dessen Vollzüge ursächlich zugeschrieben werden. Genau dieses Dogma zu zertrümmern, ist das erste, was Ryle sich mit seinem Buch vornimmt. Und dieser Absicht war so durchschlagender Erfolg beschieden, dass nach *The Concept of Mind* für mehr als eineinhalb Jahrzehnte so gut wie nichts mehr zur Philosophie des Geistes publiziert wurde. Das muss insofern zumindest frappieren, als schon bald Einwände gegen grundlegende Operationen Ryles auftauchten und mittlerweile über weite Strecken Einigkeit besteht, dass im Grunde keines seiner Argumente gegen die traditionellen Begriffe „Geist", „Bewusstsein" etc. wirklich durch und durch konsistent ist. Dennoch konnte Ryle mit *The Concept of Mind* die ganze Diskussion so sehr in Bann schlagen, weil er den Eindruck erweckte, kategorische Sätze über geistige Ereignisse ließen sich unschwer in hypothetische Sätze über Ereignisse der Alltagswelt umformulieren – und das befreite natürlich mit einem Schlag von einem ganzen Wust philosophischer Probleme. Die Wirkung von Ryles Attacke kann man sich gut an dem Leitgedanken klarmachen, der als Vorzeichen die Vielzahl konkreter Analysen geistiger und seelischer Phänomene einleitet.

Descartes-Kritik. Das cartesianische Dogma, so Ryle, behauptet, dass es neben der Körperwelt auch die Wirklichkeit „Geist" gibt; jeder hat zu seinem Geist durch Introspektion unmittelbar Zugang, zu dem anderer nicht. Und der Geist als ein Ensemble innerer Zustände und Vorgänge beeinflusst seinerseits körperliche Zustände und Vorgänge. Dem hält er entgegen:

(a) Wie soll denn diese angebliche nicht-körperliche Wirklichkeit gedacht werden? Der Tradition wirft er vor, einfach Beschreibungsmittel aus der Körperwelt völlig ungenau auf den geistigen Bereich zu übertragen.

(b) Wie soll die Wechselwirkung beider Bereiche aufeinander näherhin möglich und verfasst sein?

(c) Wie kann jemand in der Lage sein, etwas über das Innere anderer zu wissen, ja: Wie komme ich überhaupt dazu, zu unterstellen, dass auch andere ein dem meinen vergleichbares Seelenleben besitzen, wenn dieses mir doch auf keine Weise zugänglich ist?

„Kategorienfehler“. Diese Fragen treffen so zielgenau offene Flanken der klassischen Geisttheorie seit Descartes, dass sie noch heute in Ryle weit hinter sich lassenden Formen die einschlägigen Diskussionen im Wesentlichen steuern. Ryles eigene Antworten allerdings fielen auf eine seltsame Weise radikal und halbherzig zugleich aus. Den Part der Radikalität erledigt er mit dem Instrument des so genannten „Kategorienfehlers“. Am Beispiel wird sofort klar, was Ryle damit meint: Angenommen, ein Student aus einem anderen Kulturkreis kommt an eine deutsche Universität zum Studium. Ein kundiger Führer zeigt ihm alles: das Rektorat, die Verwaltung, die Mensa, die Universitätsbibliothek, die Katholisch-Theologische Fakultät usw; es kommt zu Begegnungen mit der Fachschaft, der Studienberatung und dem Dekan – und dann fragt der Neuankömmling: „Und wo ist nun die Universität?“ – Genauso, wenn einer ein Fußballspiel beobachtete, alle Regel kennt, die einzelnen Spielzüge genau zu klassifizieren weiß und dann fragte: „Und wo war jetzt der Mannschaftsgeist, von dem die Reporter so schwärmten?“ Der Kategorienfehler besteht darin, dass einem bestimmten Sachverhalt eine unzutreffende Wirklichkeitsform unterstellt wird. Genauso – so Ryle – im Fall der traditionellen Philosophie des Geistes: Aus der Beobachtung, dass naturwissenschaftliche Beschreibungen für Gedanken, Empfindungen, Absichten etc. nicht ausreichen, werde fälschlicherweise geschlossen, diese inneren Vorgänge müssten als eine nicht-materielle Wirklichkeit aufgefasst werden, die im Vergleich zur mechanischen Struktur der empirischen Welt quasi-mechanisch funktioniere.

Dispositionen. Ryles Alternative besteht darin, den ganzen Innenbereich als ein komplexes Netz von Dispositionen aufzufassen. Was wir als Zustand, Empfindung, Bewusstsein etc. titulieren, ist nichts anderes als die Aktuierung einer bestimmten Fertigkeit oder eines Charakterzugs unter bestimmten Bedingungen. Das ist seine Antwort auf die Frage (a) nach der Verfassung von „Geist“. Die Fragen (b) und (c) sind natürlich zugleich miterledigt: Es handelt sich ja um Dispositionen des empirischen Wesens „Mensch“, und das Seelenleben der anderen ist mir, sofern es sich in der Aktuierung von Dispositionen manifestiert, unmittelbar zugänglich – mein eigenes spielt dabei gar keine besondere Rolle mehr: Selbsterfahrung ist von Fremderfahrung auf keine relevante Weise mehr verschieden. In *The Concept of Mind* ging Ryle so weit zu behaupten, ich versicherte mich einer Stimmung, in der ich mich gerade befinde, dadurch, dass ich sie sprachlich äußere.[33] Davon ist Ryle später selbst wieder abgerückt, ohne allerdings eine überzeugende Alternative aufzubieten. Obwohl er ausdrücklich betonte, nicht die Existenz seelisch-geistiger Zustände bestreiten zu wollen, muss Ryles Position insgesamt als der Substanz nach behavioristisch klassifiziert werden (das macht die Halbherzigkeit aus, von der ich vorhin schon sprach). Weitgehende Einigkeit besteht heute darin, dass sich gerade elementare Bewusstseinsformen wie Schmerzempfindungen, Wahrnehmungen, Vorstellungen und auch Selbstbewusstsein auf behavioristischem Weg nicht zureichend fassen lassen. Oder können etwa Schmerzgefühle wirklich mit instantanen Berichterstattungen über wiedergabefähige Hirntätigkeiten ineinsgesetzt werden? Ich werde den Verdacht nicht los: Das von ihm attackierte cartesianische Gespenst in der Maschine mutiert bei Ryle zum Gespenst im Diskurs: zu etwas was in psychologischer Rede irgendwie involviert ist, ohne dass man auch nur von ferne sagen könnte, worum es sich eigentlich handelt.

Wirkungsgeschichte. Die eigentliche Wirkungsgeschichte Ryles besteht darum bezeichnenderweise auch nicht darin, sich mit seiner Konzeption durchgesetzt zu haben. Vielmehr hat er durch seine Verwischung der Differenz zwischen Fremd- und Selbsterfahrung das Feld für all die Positionen eröffnet, die bis heute unter den Titel „Identitätstheorie“, „Eliminativer Materialismus“ und „Funktionalismus“ in vielfachen und zum Teil hochsubtilen Varianten diskutiert werden. Grundformen dieser Theorien sind mittlerweile tief in intellektuell anspruchsvollere Alltagsdiskurse und die in ihnen gepflegte menschliche Selbstbeschreibung eingelassen. (↸ Bd. 1, Kap. 7.2 u. 7.3) Vertiefend soll an dieser Stelle nur in kurzen Skizzen ein Eindruck dessen gegeben werden, wie nach Ryle die von ihm angestoßenen Diskussionen kritisch weitergeführt wurden.

(a) Materialistische Identitätstheorie. Verbreitung fand die Theorie anfangs besonders durch die einschlägigen Werke der beiden Australier J.J.C. Smart und D.M. Armstrong. Sie geht nicht – wie der strenge Behaviorismus – davon aus, dass Aussagen über innere Zustände vollständig in Aussagen übersetzt werden können, die ausschließlich physikalische Ausdrücke enthalten. Vielmehr nimmt sie an, dass es sich bei dem, was mit mentalem Vokabular beschrieben wird, um naturwissenschaftlich beschreibbare Sachverhalte handelt, ohne sich hinsichtlich deren naturwissenschaftlicher Verfasstheit aber festzulegen. Empfindungen oder Vorstellungen seien also nicht oder nicht ausschließlich Angaben von Dispositionen, sondern echte Berichte, aber diese seien themenneutral formuliert. „Themenneutral“ meint: Es wird offengelassen, ob es sich um einen materiellen oder nichtmateriellen Vorgang handelt – ähnlich wie in dem Satz „Irgend

[33] Vgl. RYLE, Gilbert: Der Begriff des Geistes. Stuttgart 1973. 134.

jemand hat angerufen“ das Vorkommnis eines Anrufs von X.Y. konstatiert wird, ohne dass in dem Bericht mitgesagt wird, dass X.Y. angerufen habe. Die Identität zwischen Empfindung und physiologischem Vorgang müsse so gedacht werden wie diejenige von Wasser und H_2O.

Die triftigsten Kritiken der Identitätstheorie setzen bei dem von ihr in Anspruch genommenen Identitätsbegriff an: Es handelt sich um die so genannte „Leibniz'sche Identität“, und gemäß der müssen zwei als identisch behauptete Entitäten alle Merkmale teilen. Demgemäß müssten Hitzeempfindungen mit heißen neuronalen Prozessen einhergehen, stechende Schmerzen mit stechenden – und wie schauen scharfsinnige Hirnprozesse aus, da es doch unzweifelhaft scharfsinnige Gedanken gibt? Die Verteidiger der Identitätstheorie bedienen sich meist zweier Strategien: entweder sie suchen ihre Position so zu formulieren, dass sie dieser Anfrage ausweichen kann oder – und das ist eine Radikallösung, die sich heute zunehmend durchsetzt –, sie führen die Identitätstheorie über in die nächste zu benennende Position:

(b) Eliminativer Materialismus. Der Grundgedanke dieses Ansatzes speist sich aus einer Prognose über künftig zu erwartende Fortschritte der Neuro-Wissenschaften. Kurz gesagt: Es ist nur noch eine Frage der Zeit, bis unser vertrautes mentales Vokabular verschwinden wird, weil wir gelernt haben werden, am Leitfaden besserer Theorien über das, was heute noch „Seele“, Zustände“, „Bewusstsein“ etc. heißt, auf nicht-psychologische Weise zu sprechen. Psychologische Ausdrücke werden einstweilen als Bezeichnungen für so genannte „kausale Rollen“ interpretiert, das meint z.B.: Wer das Wort „meinen“ versteht, weiß, dass Meinungen Zustände sind, die Personen durch Nachdenken, Lesen, Diskutieren etc. erwerben, ändern oder wieder aufgeben und die in Verbindung mit anderen Meinungen und mit Wünschen Handlungen auslösen können. Und irgendwann werden die Trägerinstanzen dieser kausalen Rollen wissenschaftlich identifiziert werden. Das Manko dabei: Als Teil von Empfindungen können Merkmale auftreten, die nicht in kausalen Funktionen aufgehen, z.B. Qualitäten der Empfindungen, die bewusstseinsmäßig unmittelbar zugänglich sind wie etwa die Empfindung von „süß“ und „sauer“ und ihre Differenz. Daran hat sich das so genannte „Qualia“-Problem entzündet, eine Diskussion, wie sie einerseits typischer für die neuere Analytik nicht sein könnte und zugleich zum Feld grundsätzlicher Einwände gegen jeglichen Materialismus geworden ist. Ähnlich prekär nimmt sich das Phänomen der so genannten intentionalen Zustände aus, z.B. etwas zu wollen. Physische Relationen setzen immer zwei Sachverhalte voraus, intentionale nicht: Der Geist kann sich auf etwas richten, was es nicht gibt.

Die mit Abstand spektakulärsten, gleichwohl mittlerweile breit rezipierten Thesen im Sinne eines Antimaterialismus hat Saul Kripke vorgetragen. Ähnliche Resonanz fand von einer anderen Warte her

Thomas Nagel. Beiden geht es um den Nachweis der Unhintergehbarkeit, also Nicht-Auflösbarkeit der subjektiven Perspektive von Empfindungen und Zuständen. Sofern vor allem Nagel in die Reihe derer gehört, die eine regelrechte analytische Rehabilitierung der Subjektthematik eingeleitet haben, komme ich gleich noch auf diesen Vorgang selbst zurück. Zuvor muss noch von einem zweiten, ebenso einflussreichen Kritikstrang die Rede sein, der sich gegen das rylesche Konzept wie gegen die Identitätstheorie gleichermaßen richtet.

(c) Funktionalismus. Begründet wurde der Funktionalismus ab 1960 von Hilary Putnam, ein weiterer wichtiger Vertreter heute ist Jerry A. Fodor. Am bündigsten kann man die Position im Ausgang von einer einfachen empirischen Beobachtung charakterisieren: Es ist allgemein erwiesen, dass bei Schädigung bestimmter Hirnpartien mit entsprechenden Ausfällen im Denken, Sprechen und Handeln der Betroffenen andere Hirnpartien die Leistungen der zerstörten Bereiche übernehmen können – was ja unter anderem auch heißt, dass die Annahme der Identitätstheorie mit ihrer strikten Identität von Gehirnvorgang und Empfindung nicht zutreffen kann. Funktionalisten generalisieren gleichsam diese Konstellation und kommen so zu der These, dass sich mentale Prozesse in durchaus verschiedenen materiellen Substraten realisieren lassen – so ähnlich wie Computer-Software durchaus in verschiedener Hardware, verschiedenen Rechnern laufen kann. Unterstellt wird, dass sich alle mentalen Prozesse funktional analysieren und dabei in eine Vielzahl kleinerer und einfacherer Einheiten zerlegen lässt, die ihrerseits nicht mehr mentalen oder personalen Charakters sind, sondern dass dieses Phänomen aus deren komplexen Zusammenwirken hervorgehe. Diese Analyse, so die Unterstellung weiter, lasse sich als Computerprogramm festhalten und dann mechanisch realisieren. Das ist ja das große Thema der heute mit unglaublichem Aufwand getrieben A(rtificial) I(ntelligence)-Forschung. Der kritische Punkt kommt für den Funktionalismus natürlich auch in der Begegnung mit dem Qualia-Problem und den intentionalen Zuständen. Aufgeklärt werden muss, wie Letztere einerseits von kausaler Relevanz sein und zugleich mit semantischen Kategorien, also bedeutungsmäßig fassbar sein sollen. Diese Doppelung treibt ja in folgendes Dilemma: Zum einen können wir Systeme beschreiben oder konstruieren, die kausal verschiedene Zustände verknüpfen und die wir durchaus intentional interpretieren, ohne dass diese Zustände für die Systeme selbst bedeutungsmäßig von Belang wären. Zum anderen kommen uns genuin intentionale Systeme unter – nämlich wir selbst und unseresgleichen –, also verstehende Systeme, die aber so gut wie keine Ahnung haben, wie es denn aus ihrem materialem Substrat heraus zu eben jenen intentionalen Leistungen kommen kann.

Brachiallösung: D.C. Dennett. Wer in solchen Dilemmata nicht stecken bleiben will, muss so etwas wie einen radikalen Schnitt wagen und mindestens eine der Grundannahmen, die das Dilemma erzeugen, aufgeben. Für eine solche Möglichkeit steht der bereits erwähnt John R. Searle, der angesichts des durch den Funktionalismus markierten (aber nicht gelösten) Problems auf das Mentale als Dimension sui generis zurückkommt. Man kann freilich auch den gegenteiligen Weg eingehen und die Intentionalität als etwas der Kausalität substantiell Entgegengesetztes abstoßen. Diesen Weg hat Daniel C. Dennett eingeschlagen. Er vertritt ihn nach wie vor und gerade gegenwärtig mit dem Anspruch, die Philosophie des Geistes endgültig naturalisierend in eine Theorieform der Selbstbeschreibung im Sinne Darwins überführt zu haben. In gewissem Sinn kann man damit sagen, Dennett habe wie kein anderer Ryles Intention (wenn man noch von „Intention“ sprechen darf) weiterfolgt und systematisch ausgefaltet.

Strategie der Begriffsweitung. Die Weise, wie sich Dennett dem streng funktionalistischen Dilemma entzieht, ist typisch für die Theoriestrategien, die in Naturalisierungsdebatten bevorzugt verfolgt werden: Einer der Grundbegriffe des Problems wird dermaßen erweitert, dass er auch noch das zu umgreifen vermag, was in der dilemmatischen Form der Theorie durch den Gegenbegriff bestimmt war. Dennett tut genau das mit dem Begriff des Intentionalen. Wir können, sagt er, das Verhalten von Systemen auf dreifache Weise betrachten:

(a) In physikalischer Einstellung – dann interessieren uns die materiellen Komponenten des Systems einschließlich der sie steuernden Naturgesetze.

(b) In funktionaler Einstellung – dann interessiert uns das Programm, dem das System folgt und das es realisiert.

(c) In intentionaler Einstellung – dann charakterisieren wir das Verhalten etwa auch einer Maschine, z.B. eines Schachcomputers mit psychologischen Ausdrücken und machen Voraussagen über seine weiteren Züge.

Das nimmt Dennett zum Anlass, alle Systeme, egal ob lebendige oder mechanische, die sich mit Erfolg anhand dieses psychologischen Beschreibungsinstrumentars erklären lassen, als „intentional“ zu titulieren – darin besteht die strategische Sprachgebrauchserweiterung, von der ich vorhin sprach. Weil man ohne weiteres von ganz verschieden aufgebauten Systemen – Menschen, Tieren, Maschinen – intentional reden kann, muss die intentionale Hinsicht so abstrakt sein, dass sie den spezifischen Charakter, die Wirklichkeitsverfassung dieser Systeme überhaupt nicht tangiert. Auch wenn wir von den in einem System ablaufenden Prozessen überhaupt nichts wissen, können wir sein Verhalten intentional charakterisieren – woraus für Dennett folgt, dass genuine Intentionalität eine Illusion ist, eine wirkliche Erklärung der Systeme einzig physikalistisch geleistet werden könne. Diese These hat auch eine Art rationalistischen Unterbau: Wenn ein System funktioniert oder wir es als rational betrachten, weil es von einem Sachverhalt auf erwartete Weise zum anderen übergeht, greifen alle drei Hinsichtsweisen. Funktioniert es aber nicht oder verhält es sich irrational, bleibt allein noch der physikalische Hinblick – also kommt diesem basaler Charakter zu. Unter dem Strich heißt das: Dem intentionalistischen Diskurs bleibt die Funktion eines manchmal nützlichen Instrumentars von Alltagspsychologie.

Radikalisierung: P. u. P. Churchland. Dennetts Position dürfte heute in Sachen einer „Philosophy of Mind" die verbreitetste sein; die radikalste innerhalb seiner theoretischen Perspektive ist es nicht. Diese ergibt sich dadurch, dass der Alltagspsychologie nicht einfach eine begrenzte pragmatische Erklärungsleistung zugeschrieben, sondern ihrerseits als empirische Theorie eingestuft wird – und darum ihre Daten aus der Sicht verschiedener Disziplinen der Prüfung unterworfen werden müssen. Diese Forderung erheben etwa besonders nachdrücklich Paul M. und Patricia M. Churchland und reden damit einer so genannten Neurophilosophie das Wort, einer komplexen Integration neurobiologischer, informationstheoretischer und psychologischer Forschungsprogramme. Eine Vielzahl von Phänomen wie etwa das Wiedererkennen von Gesichtern oder auch das Blindsehen – also dass Patienten mit Hirnschädigungen sagen, einen Gegenstand nicht zu sehen, aber zielsicher nach ihm greifen oder mit ihm umgehen können –, oder die Ungenauigkeit in der Wiedergabe der Bewusstheit bei Entscheidungen etc. –, solche Phänomene finden durch die Alltagspsychologie nicht die geringste Erklärung, sodass von entsprechenden explanatorischen Strategien weitreichende Aufklärung bisher als nicht weiter analysierbarer Kategorien erwartet werden darf. Auf diese Weise mündet auch die Kritik an der funktionalistischen Theorieschiene – und damit in gewissem Sinn auch diese selbst – in die Perspektive des „eliminativen Materialismus".

An diesem Punkt scheint mir sinnvoll, nochmals daran zu erinnern, unter welcher Hauptüberschrift ich all diese Konzeptionen und Zugriffe auf das Problem der Philosophie des Geistes vorgestellt habe. Sie hieß: „Philosophieren aus der Vernunftform der Wissenschaft". Gerade im Gang unserer Analyse der Wirkungsgeschichte Ryles ist aber immer deutlicher geworden, dass ein Gutteil der einschlägigen Konzepte mehr oder weniger deutlich auf eine Auflösung von Philosophie in Hypothesen empirischer Forschungsprogramme zuläuft. Jedenfalls kann das sagen, wer unter „Philosophie" eine sinnvolle Form der Selbstbeschreibung und der Weltbeschreibung versteht, die nicht von vornherein davon ausgeht, dass es nur Materielles gibt. Und diese Diagnose entspringt keineswegs einer Art Trotzreaktion, sondern der Überlegung, dass ebenjene Position des Materialismus mit den ihr eigenen Mitteln genau diese ihre eigene Fundamentalannahme nicht auszuweisen vermag – und also im Grunde selbst eine Metaphysik repräsentiert, also Gedanken darüber, was sein muss, dass sich das, was ist, so darstellt, wie es der Materialismus interpretiert. Und insofern nimmt sich eine grundsätzlich alternative Metaphysik in keiner Weise als abwegig aus.

Analytische Subjekt-Rehabilitierung. Genau dieser allgemeine nicht-materialistische Grundgedanke findet nun schon seit etlicher Zeit seinerseits innerhalb der Analytischen Philosophie des Geistes und mit deren Theorieform und -sprache einen erstaunlichen, ja verblüffenden Widerhall. Man kann das am besten an dem Phänomen zeigen, dass es seit ca. Mitte der 60er Jahre des 20. Jahrhunderts eine analytische Rehabilitierung des Subjekt- und Selbstbewusstseinsgedankens gibt – also dessen, was bei den Analytikern und dann auch vielen kontinentalen Philosophien als die schlimmste Erbschaft der Philosophie der Moderne galt. Diese Rehabilitierung wird in der Regel durch Analysen des Gebrauchs des Personalpronomens der ersten Person Singular, also des „ich“-Gebrauchs und dann auch der andern personalen, der lokalen und temporalen Indexicals („du“, „er“, „hier“, „dort“ usw.) durchgeführt. Ihr Resultat: Das grammatische „ich“ lässt sich auf andere Indexicals oder Informationsprozesse nicht zurückführen und nicht aus ihnen herleiten; und ebenso wenig lassen sich ohne es grundlegende Weisen unserer Welt- und Selbstbeschreibung, speziell unserer epistemischen, also erkenntnismäßigen Ansprüche und Leistungen verstehen. Also muss das kleine grammatische „ich“ mit etwas zu tun haben, was seinerseits nicht mehr hintergehbar ist, ohne dass dafür ein großgeschriebenes Ich irgendwelcher Substantialität angenommen werden müsste. (↸ Bd. 1, Kap. 7.7) Die folgenden Namen stehen dabei für die wohl bahnbrechendsten Beiträge zu dieser Rehabilitierung.

S. Shoemaker. Gleich der erste Name ist insofern von besonderem Belang, weil er es war, der den Bann brach, in den Ryle die Philosophie des Geistes mit seiner Austreibung des Gespensts aus der Maschine geschlagen hatte. Sydney Shoemakers *Self-knowledge and Self-identity* war 1966 – knapp 17 Jahre nach *The Concept of Mind* die erste Wiederaufnahme des Themas „Geist“ in der Analytischen Philosophie.

H.-N. Castañeda. Weit komplexer als Shoemakers einschlägige Beiträge nimmt sich aus, was der Guatemalteke Hector-Neri Castañeda im Rahmen seines Ansatzes einer Ontologie, also Beschreibung der Weltverfassung, über das Subjekt zu sagen wusste. Castañeda entdeckte nicht nur die Quasi-Indikation – dass also die Pronomina der indirekten Rede genauso wenig eliminierbar sind, wie das „ich“

der direkten Rede. Er skizzierte darüber hinaus auch die so genannte „Theorie der Gestaltungen" – das ist eine Beschreibung der Realität so, dass die Subjektivität der die Wirklichkeit Erkennenden konstitutiv in diese Beschreibung bereits eingebaut ist. (↖ Bd. 1, Kap. 7.7)

Th. Nagel. Ich nenne des weiteren Thomas Nagel, der unmittelbar aus Lücken in der Theorie des Physikalismus auf die Unhintergehbarkeit der Subjektperspektive stieß und unter anderem berühmt wurde durch den Titel eines Aufsatzes, welcher lautete *What is it Like to Be a Bat? – Wie ist es, eine Fledermaus zu sein*?

R. Nozick. Aus einer ganz anderen Ecke, nämlich der der politischen Philosophie, stieß Robert Nozick zur Gruppe neuer analytischer Subjektphilosophen. Nozick galt als einer der einflussreichen Repräsentanten des amerikanischen Liberalismus und entwickelt den Umriss einer Subjekt- und Identitätstheorie, die in manchen an Fichte erinnert.

R. Chisholm. Eine vergleichbare Parallele lässt sich auch dem attestieren, den ich als letzten der einschlägigen Autoren noch nenne: Roderick Chisholm. Ich hatte ihn schon einmal erwähnt als den, der aus der gegenwärtigen Analytik die Brücke zurück zu deren Ursprungskontexten in der österreichischen Philosophie, namentlich zu Brentano und Meinong geschlagen hat. Man kann sagen, dass Chisholm eine neo-cartesianische Position vertritt und die Basis aller referenziellen Akte in einem Akt der Selbstreferenz, also der Selbstbezüglichkeit festmacht.

Von anderen Autoren, die keine ausgreifenderen Subjekttheorien vorlegen, sondern eher zur Klärung von Teilproblemen beitragen – wie etwa Harald Delius, Colin McGinn, der jung verstorbene Gareth Evans und dann auch David Chalmers – seien wenigstens die Namen genannt. Was all ihren Konzeptionen über ihren inneranalytischen Widerstand gegen den Mainstream Brisanz verleiht, ist ein Doppeltes: Zum einen sind die in ihnen angebahnten Revisionen nicht durch Einwände von außen erzwungen worden, sondern aus dem Eigensten der analytischen Diskussionen aufgekommen. Zum anderen bewegen sie sich recht unmittelbar in Bahnen, die mit heutigen Interpretationen der modernen Klassiker wie Fichte, Hegel und Hölderlin nicht nur konvergieren, sondern sich überdies auf für beide Seiten fruchtbare Weise verknüpfen lassen.

Rezeptionsbarriere. Und dennoch: Trotz des Gewichts ihrer Argumente hat es diese Rehabilitierung der Subjektthematik und allgemeiner noch der Philosophie des Geistes schwer, sich das Gehör zu verschaffen, das ihr der Sache nach gebührte. Das aber hat, wenn ich recht sehe, damit zu tun, dass nicht nur der spezifisch wissenschaftliche, sondern der öffentliche Diskurs generell von einer Theorieform durchherrscht wird, in der so etwas wie ein unhintergehbarer Gedanke vom Ansatz her gar nicht vorkommen kann. Es handelt sich dabei um ein Programm, das sich zumindest der Sache nach wie die soeben durchgearbeiteten „Philosophy of Mind“-Debatten vom späten Wittgenstein herleitet, jedoch ein anderes Grundmotiv verfolgt. Ich spreche von dem, was heute oft – sehr undifferenziert – mit dem Namen „Wissenschaftstheorie“ etikettiert wird. Darum möchte ich unsere nächste Überschrift zumindest ein wenig verfremden und nenne sie darum

2.8 Wissenschaftstheorie & Co – ein Dreh und seine Folgen

Das „Dreh“ soeben ist buchstäblich gemeint. Die Neo-Positivisten hatten aus dem frühen Wittgenstein (durchaus gegen dessen Absicht, wie erläutert) das Verifikationskriterium als Destillat gezogen: Wahr können nur Sätze rein logischer Ableitung oder empirisch ausweisbare Behauptungen sein – der Rest ist sinnlos, allenfalls eine emotionale Kundgabe. Schon beim späten Wittgenstein finden sich genügend Indizien dafür, dass er dieses Instrument des Verifikationismus grundsätzlich für zu grob und damit für untauglich hielt. Wer diese Einschätzung teilt, kann eigentlich nur die kontradiktorische Position besetzen – also das Falsifikationsprinzip propagieren. Dieses heißt bündig: Wahr ist, was noch nicht widerlegt wurde. Oder noch bündiger: Wahr ist nur, was auch falsch sein kann.

K. Popper. Auf eminent folgenreiche Weise hat ebendiese Überzeugung seit Ende der 30er Jahre des 20. Jahrhunderts der 1965 zum Sir geadelte Karl Raimund Popper vertreten. Es hat lange gedauert, bis seine Opposition gegen den Logischen Positivismus Fuß fassen konnte – das geschah erst Ende der 50er und dann in den 60er Jahren. Dafür fiel er umso wirkmächtiger aus. Die heutige Wissenschaftstheorie, von der gleich noch die Rede sein wird, besteht aus Fortschreibungen, wenn nicht nur aus Fußnoten zu Popper. Überdies haben sich seine Grundgedanken in der westlichen Hemisphäre tief in die Strukturen des öffentlichen Bewusstseins und seiner Diskurse eingegraben. Phasenweise war Popper so etwas wie der Hausphilosoph der bundesrepublikanischen Politik. Ähnlich wie Russell hat sich auch Popper in ethischen, gesellschaftlichen und politischen Fragen zu Wort gemeldet. In seinem 1945 erschienenen Werk *Die offene Gesellschaft und ihre Feinde* verteidigt er fulminant die freiheitliche Demokratie in einer harten Abrechnung mit dem Diktatur-Modell in Platons *Politeia* wie mit Hegel und Marx. In seinen späten Jahren hat er zusammen mit dem Neurophysiologen John C. Eccles in der neu aufgebrochenen „mind and brain“-Diskussion pointiert Stellung bezogen. Hier beschränke ich mich jedoch auf die wissenschaftstheoretische Perspektive Poppers, wie er sie in dem mit der Jahresangabe 1935, in Wahrheit aber 1934 erschienenen Buch *Logik der Forschung* grundgelegt und dann in ergänzenden Arbeiten ausgefaltet hat.

Falsifizierbarkeit. Poppers Grundoperation nimmt sich durchaus einfach aus: Der Verifikationismus lässt sich nicht halten. Weder über empirische Daten noch über logische Ableitungen noch über den Common Sense lässt sich der Erkenntnis als solcher ein krisensicheres Fundament geben. Die Grundüberzeugung des Logischen Empirismus oder – mit anderem Namen – des Neopositivismus fällt ja selbst unter keine dieser Sparten, wie schon ausgeführt. (→ Bd. 2, Teil

A, Kap. 2.4) Daraus folgert Popper: Ein solches Fundament gibt es überhaupt nicht – und braucht es auch nicht. Denn Wissenschaft besteht nicht darin, sicheres Wissen zu produzieren, sondern darin, empirische Hypothesen zu prüfen. Damit konzipiert Popper ein neues Verständnis von Wissenschaft überhaupt. Als Wissen gilt, was jederzeit widerlegbar ist. Der Verifikationismus müsste z.B. für den Satz „Alle Schwäne sind weiß“ alle existierenden Schwäne durchmustern, um zu einer Rechtfertigung zu kommen – und woher um alles in der Welt kann er wissen, dass er wirklich alle existierenden Schwäne einbezogen hat? Falsifikatorisch gilt der Satz einfach solange, bis möglicherweise ein andersfarbiger Schwan auftaucht – was ja auch einmal geschehen ist: In abgelegenen Gegenden Australiens wurden schwarze Schwäne entdeckt. So gilt jetzt der Satz „Es gibt weiße und schwarze Schwäne“ solange, bis möglicherweise grüne oder blaue entdeckt werden – oder solche aufgrund bestimmter Umweltbelastungen auftreten. Entscheidend für den Wissenscharakter eines Satzes oder einer Theorie ist dabei nicht, dass sie falsifiziert werden, sondern ihre Falsifizier*barkeit*. Wissen ist sozusagen nach vorne offen. Wissenschaft besteht in nichts anderem als der systematischen Anwendung der Methode von trial and error – Versuch und Irrtum. Als besondere Pointe kommt hinzu, dass Popper dem wissenschaftlichen Diskurs damit eine Verlaufsform zuschreibt, die ihm zugleich als Strukturprinzip allen Lebens und Lernens gilt. „Alles Leben ist Problemlösen“ heißt ein Aufsatzband, den Popper kurz vor seinem Tod noch fertig stellte.[34] Zumal Theorien sind dazu da, Probleme zu lösen, wobei diese selbst von einer fehlerhaften Theorie aufgeworfen werden. Falsifikation muss dabei nicht immer gleich zu grundstürzenden Veränderungen führen. Manchmal genügt eine Einschränkung der Reichweite einer Theorie oder die Anpassung einer Teilhypothese des betroffenen Theoriegebildes, um dieses in Geltung halten zu können. Allerdings dürfen daraus nicht konventionalistische Strategien einer Immunisierung gegen Falsifikation werden, wie Popper nachdrücklich betont. Solche Kritik-Immunisierung geschähe etwa, wenn in eine falsifizierte Theorie ad hoc neue Hilfshypothesen eingeführt, grundlegende Definitionen abgeändert oder Zuverlässigkeit und Scharfsinn des Kritikers in Zweifel gezogen würden. Anpassungen oder Einfügungen in eine falsifizierte Theorie sind dann gerechtfertigt, so Popper, wenn sie den Falsifikationsgrad der Theorie erhöhen. Für dieses Verständnis von Wissen und Wissenschaft hat sich der Name „Kritischer Rationalismus“ eingebürgert.

Münchhausen-Trilemma. Mehr noch als durch Popper selbst hat diese Position in Deutschland durch den von Popper beeinflussten Hans Albert Echo gefunden, der von 1963 bis 1989 an der Universität

[34] POPPER, Karl R.: Alles Leben ist Problemlösen. Über Erkenntnis, Geschichte und Politik. München 1994.

Mannheim Soziologie und Wissenschaftslehre dozierte. Albert, ein gelernter Betriebswirtschaftler und Diplomkaufmann, dehnte das poppersche Wissens- und Wissenschaftsverständnis über den Bereich der Forschungslogik auf alle Bereiche rationaler Praxis aus. Darum widmete er einen Gutteil seines Werkes der Kritik anderer wissenschaftlicher Disziplinen und ihrer Begründungspraxis. Wer Theologie treibt, muss über Alberts Position aus zwei Gründen wenigstens im Umriss informiert sein: Zum einen hat Albert vor allem die Theologie ins Visier genommen. 1973 legte er sich mit einem evangelischen Theologen an in dem Buch *Theologische Holzwege. Gerhard Ebeling und der rechte Gebrauch der Vernunft*.[35] Sechs Jahre später – ich muss es so sagen – haute er den damals populärsten katholischen Theologen in die Pfanne: *Das Elend der Theologie. Kritische Auseinandersetzung mit Hans Küng*.[36] Ich will gar nicht behaupten, dass Albert in diesen Attacken nicht Schwachpunkte theologischer Denkfiguren träfe. Aber die Weise, wie er das versucht, hat die wissenschaftstheoretische Diskussion in der Theologie und um die Theologie nicht weitergebracht. Dafür war sie von umso größerer Breitenwirkung. Wer heute auf sich hält und meint, im öffentlichen Diskurs mitreden zu können, spult mehr oder weniger ausgedünnte Albert-Phrasen über die Haltlosigkeit theologischer Geltungsansprüche ab. Ähnlich im Fall aller philosophischen Konzepte, die den Gedanken letzter Möglichkeitsbedingungen des Erkennens und Handelns zu fassen wagen. Schon 1975 traf Alberts Bannstrahl die Transzendentalpragmatik, die davon ausgeht, dass in jedem argumentativen Diskurs Voraussetzungen im Spiel sind, die ihrerseits nicht noch einmal hintergangen werden können. Alberts Titel: *Transzendentale Träumereien. Karl-Otto Apels Sprachspiele und sein hermeneutischer Gott*.[37] Und danach bekam der kurzzeitige Star am deutschen Philosophenhimmel, Vittorio Hösle, sein Fett ab, weil er einer Rückkehr zu hegelianischen Grundgedanken das Wort redete. In dieser Wortmeldung hatte Albert die Grenze zur persönlichen Infamie überschritten. Hat das eine philosophische Kritik nötig, die sich ihrer Sache gewiss ist? Oder kommt das daher, dass eben darin ihr Dogma besteht, dass es absolut nichts Gewisses gibt und darum die Durchsetzungskraft der These durch polemische Rhetorik gesichert werden muss? Wie dem auch sei: Der Kritische Rationalismus in albertscher Version hat in das öffentliche intellektuelle Bewusstsein Eingang gefunden. Das von Albert so genannte „Münchhausen-Trilemma" ist stehende Redewendung der Insider geworden und fehlt in keinem neueren Philosophielexikon. „Münchhausen-Trilemma" ist der suggestive Name für Alberts Überzeugung, dass

[35] Vgl. ALBERT, Hans: Theologische Holzwege. Gerhard Ebeling und der rechte Gebrauch der Vernunft. Tübingen 1973.

[36] Vgl. ALBERT, Hans: Das Elend der Theologie. Kritische Auseinandersetzung mit Hans Küng. Hamburg 1979.

[37] Vgl. ALBERT, Hans: Transzendentale Träumereien. Karl-Otto Apels Sprachspiele und sein hermeneutischer Gott. Hamburg 1975.

Rationalität nichts mit einem gesicherten Fundament von Wissen zu tun hat. Wer das behaupte, gleiche dem berühmten Lügenbaron von Münchhausen, der behauptete, sich am eigenen Schopf aus dem Sumpf gezogen zu haben, in den er gesunken war. Jeder Begründungsdiskurs, der auf ein letztes Fundament abzielt, kommt nämlich – so Albert – unweigerlich vor folgende drei Alternativen, die jede für sich seine Absicht zunichte machen (daher „Trilemma“): Wer eine These zweifelsfrei begründen, also gegen vernünftige Kritik abschotten wolle, gerate entweder in einen infiniten Regress, weil er für seinen Grund wieder einen Grund und für diesen wieder einen und wiederum für diesen einen benenne usw. Oder er verfange sich in einem Zirkel, indem er im Gang der Begründung voraussetze, was erst erwiesen werden soll. Oder er breche die ganze Begründerei an irgendeinem Punkt einfach ab, und das wäre eine dogmatische Setzung.

Dezision. Natürlich handelt es sich für Albert auch beim „Münchhausen-Trilemma“ um eine falsifizierbare Hypothese. Der Vorwurf, dass ihre Aufstellung einen Selbstwiderspruch impliziere, ist zwar formal korrekt, richtet damit aber nicht viel aus – und auch ein Heidegger oder Gadamer etwa zeigen sich von dem alten antiskeptischen Argument unbeeindruckt, dass eine Wahrheitsbehauptung aufstelle, wer sage, dass es keine Wahrheit gebe.[38] Während Heidegger und Gadamer damit den Zugang zu nicht-diskursiven Wahrheits-Ressourcen zu öffnen trachteten, bleibt Albert mit seinem Votum ganz in der Perspektive der Rationalität – und stuft diese damit sozusagen als ganze in ihrer Relevanz herab. Vernünftigkeit durchgreift unsere Lebenswelt nicht, sondern ist eher – ich sage es einmal so drastisch – so etwas wie ein paar Fettaugen auf der Suppe der gelebten Wirklichkeit. Etwas seriöser ausgedrückt: Rationale Praxis hängt unweigerlich von Entscheidungen ab – und wie vernünftig die sind, ergibt sich aus dem situativen Ermessen derer, die da entscheiden. So weist Albert nicht nur der Theologie und der Transzendentalphilosophie die Tür, sondern nimmt zugleich dem Begriff des Wissens und dem der Wissenschaft den Nimbus des Objektiven und der Gewissheit. Wiederum also ein ähnliches Fazit wie vorhin am Ende unserer Analysen zur neuen „Philosophy of Mind“-Debatte: Das Philosophieren aus der Vernunftform der Wissenschaft tendiert auf eine Selbstrelativierung. Aber wo kommt diese an ihre Grenze? Oder verhält es sich so, dass aus ihr irgendwann mehr oder weniger direkt eine Selbstzersetzung wissenschaftlicher Rationalität und damit der elementaren Vernunftform unserer Epoche folgen muss?

[38] Vgl. HEIDEGGER, Martin: Sein und Zeit. Unv. Text mit Randbemerkungen des Autors aus dem „Hüttenexemplar“. Hg. v. Friedrich-Wilhelm von Herrmann. Frankfurt a.M. 1977. (Gesamtausgabe; 2). 303. – Vgl. GADAMER, Hans-Georg: Hermeneutik I. Wahrheit und Methode. Grundzüge einer philosophischen Hermeneutik. 6. durchges. Aufl. Tübingen 1990. (Gesammelte Werke; 1). 350.

Wissenschaftshistorik. Dass ich mit dieser Anfrage nicht übertreibe, belegt der Fortgang der wissenschaftstheoretischen Diskussion, näherhin die Kritik, die nun seinerseits der Kritische Rationalismus erfuhr. De facto gehört zu diesem ja die Hintergrundannahme, dass der Gang der Forschungsprozesse und selbst die Entscheidungsketten der Praxis dem Kriterium der Rationalität folgen, dass also die Übergänge von einem Satz oder einem Sachverhalt zum anderen rational motiviert seien. Genau diese Annahme aber wird seitens der Wissenschaftshistoriker unter Zweifel gestellt. Drei Namen nenne ich in diesem Zusammenhang: Imre Lakatos, Thomas S. Kuhn und Paul Feyerabend.

Epistemische Produktivität. Der Ungar Lakatos ging dabei noch nachgerade behutsam vor. Ihm fiel zunächst auf, dass es nicht einmal in der Mathematik einen geradlinigen Erkenntnisfortschritt gibt, der sich logisch von einer Position zur anderen bewegt. Trotzdem hält Lakatos an einer gewissen Rationalität im Gang der Wissenschaft fest. Beides bringt er dadurch zusammen, dass er nicht Einzeltheorien zum Gegenstand seiner Untersuchung macht, sondern Forschungsprogramme. Ein solches Forschungsprogramm kippt genau dann, wenn für dasselbe Problemfeld ein alternatives Programm zur Verfügung steht, das sich produktiver als sein Vorgänger erweist, d.h. wenn es Neuentdeckungen ermöglicht, die mit dem alten Programm nicht möglich gewesen wären. Allerdings lässt sich genau diese Fruchtbarkeit nicht sofort und auf der Stelle bemessen. Welches Programm ergiebiger ist, stellt sich in der Regel erst nach etlicher Zeit heraus. Darum können verschiedene Programme für einige Zeit auch durchaus nebeneinander herlaufen. Auf diese Weise historisiert Lakatos die Falsifikation und mindert ihre Schärfe: Wissenschaftlicher Fortschritt setzt nicht mehr die unmittelbare Widerlegung eines Theoriegebildes voraus. Kurz gesagt: Wissen ist rational, aber untersteht einem funktionalem Parameter (nämlich dem der epistemischen Produktivität).

„Paradigmenwechsel“. Nicht nur diesen, sondern eine ganze Reihe solcher Parameter bezüglich der Wissenschaften im Spiel zu sehen, und damit das Kriterium der Rationalität noch weiter auszudünnen, macht das Charakteristikum jener wissenschaftstheoretischen Konzeption aus, der ein Erfolg von solchem Ausmaß beschieden war, dass ihr Urheber ab einem gewissen Punkt Anlass sah, in partielle Distanz zu seinen eigenen Gedanken zu gehen. Thomas S. Kuhn brachte mit seinem wichtigsten Buch, betitelt *Die Struktur wissenschaftlicher Revolutionen*[39] den Ausdruck „Paradigmenwechsel“ in Umlauf. Das Wort kam in erstaunlicher Geschwindigkeit auch für Zusammenhänge in Gebrauch, an die Kuhn nie gedacht hatte. Ihm

[39] Vgl. KUHN, Thomas S.: Die Struktur wissenschaftlicher Revolutionen. Frankfurt a.M. 1967.

war es von Anfang an um die Geschichte naturwissenschaftlichen Denkens gegangen – und das, was aus ihr wissenschaftstheoretisch resultiert. Vertreter etlicher Geisteswissenschaften jedoch stürzten sich geradezu auf diesen Gedanken, weil sie hofften, über diese Parallele zu den Naturwissenschaften der eigenen Disziplin wieder mehr wissenschaftliche Reputation zuspielen zu können. Später hat Kuhn statt von „Paradigma“ lieber von „sozialer Matrix“ gesprochen; darunter verstand er die Menge der sozialen Determinanten, die die Wissenschaftler eine Theorie akzeptieren lassen.

Was steckt nun der Sache nach hinter „Paradigma“ und „Paradigmenwechsel“? Bündig gesagt: Aus wissenschaftshistorischen Analysen zieht Kuhn den Schluss, dass der Gang der Wissenschaften in keiner Weise als logische Kette auseinander folgender Explikationen oder Deduktionen rekonstruiert werden kann, sondern von einer Reihe außerwissenschaftlicher Faktoren gesteuert wird. Da gibt es, so Kuhn, Phasen normaler Wissenschaft. In ihnen ist sich die jeweilige Forschergemeinschaft über die Grundlagen ihres Tuns und die Spielregeln einig. Akzeptierte Theorien werden auf immer neue Phänomene angewandt. Ein gemeinsames Leitbild – das Paradigma – dirigiert sie. Was sich dieser Sicht nicht einfügt, wird als Anomalie abgedrängt – eine ziemlich konservative Angelegenheit also. Je länger, je mehr aber wächst nicht nur das Wissen über einen bestimmten Bereich, sondern nimmt auch die Zahl dieser Anomalien zu. Das beschwört eine Krise der etablierten Theorie herauf. Hält diese an, werden die bisherigen Spielregeln zur Disposition gestellt. Die Verschiebungen in der Ansicht, was als ein Problem oder dessen Lösung gilt, folgen gewissen Werten, etwa der Exaktheit von Messungen oder der Reichweite der Erklärungskraft einer Theorie. Genau über diese der jeweiligen Theorie äußerlichen Kriterien aber kommen soziale, politische, ideologische und ähnliche Faktoren ins Spiel – alles eben, was in den jeweiligen Konsens einer bestimmten Forschergemeinschaft eingehen kann, z.B. die Berufungspolitik bei der Neubesetzung von Lehrstühlen. In diesem Sinn ist für Kuhn alle unsere Erkenntnis theorienabhängig. Mit einem Paradigmenwechsel ändert sich auch unsere Welt, die Gegenstand der jeweiligen Wissenschaft ist. Eingetreten ist ein solcher Paradigmenwechsel dort, wo zwei Theorien nicht in eine gemeinsame Sprache übersetzt werden können. Diese Inkommensurabilität markiert den etwaigen Erkenntnisfortschritt. Freilich kann der nur innerhalb einer Theorie zur Geltung kommen, z.B. als gesteigertes Problemlösungspotenzial oder als Erweiterung des Erklärungsbereichs der Theorie. Mit so etwas wie einer fortschreitenden Annäherung an Wirklichkeit haben Paradigmenwechsel nichts zu tun. Wissen und Wirklichkeit werden voneinander abgekoppelt.

„Anarchistische Erkenntnistheorie“. Eben diesen Schritt in letzter Radikalität durchgeführt zu haben, macht das Spezifikum der

Position Paul K. Feyerabends aus. „Anything goes“ heißt die Parole, unter die der gebürtige Wiener selbst seine wissenschaftstheoretischen Überlegungen gestellt hat. Ein bisschen aufschlussreicher nehmen sich die Titel seiner beiden wichtigsten Werke aus: *Wider den Methodenzwang. Skizze einer anarchistischen Erkenntnistheorie*“ (englisch 1975; deutsch 1976) und *Erkenntnis für freie Menschen* (engl. 1978; deutsch 1979). Hinter dem rhetorischen Gestus dieser Formulierungen (und ihrer wohlkalkulierten Schockwirkung) stehen durchaus ernst zu nehmende Beobachtungen, im Übrigen auch solche, die alles andere als umstürzlerisch, eher konservativ sind. Feyerabend fiel bei seiner Durcharbeitung bestimmter Segmente der Wissenschaftsgeschichte auf, dass ganz viele der als avanciert geltenden wissenschaftlichen Theorien nur dadurch Fuß fassen konnten, dass ihre Vertreterinnen und Vertreter gegen den geltenden Common Sense der Praxis in ihrer Disziplin verstießen. Und dass das nicht – zumindest nicht allein – anhand besserer Argumente, sondern auch unter Einsatz psychologischer Strategien, ja selbst von Propaganda und Zwang geschah und geschieht (übrigens ein Vorgang, der sich exemplarisch auch am II. Vatikanischen Konzil und genauso an der darauffolgenden Publikationspolitik großer katholischer Verlage studieren ließe). Feyerabend zieht daraus die Konsequenz, dass Philosophie nicht so tun solle, als folge sie einzig und allein den Normen logisch-argumentativer Kohärenz und Explikation. Vielmehr solle sie den Methodenpluralismus eingestehen, dem sie de facto ohnehin folge. Dies vorausgesetzt – und hier kommt das konservative Moment zum Tragen –, können neben neueren und neuesten Konzepten auch alte Theorien in Geltung gelassen und als Ergänzung der neuen aufgefasst werden: z.B. die Heilkunde des alten China oder bestimmter Urvölker neben der ausgeklügeltsten westlichen Geräte-Medizin. Wissenschaftlicher Fortschritt – und man muss hier natürlich Fortschritt in Anführungszeichen setzen –, Fortschritt verdankt sich nicht nur rationalen Prozessen, sondern genauso irrationalen Mechanismen. Welche Paradigmen die Praxis und Weltbeschreibung einer bestimmten Gesellschaft leiten, sollen deren Glieder selbst bestimmen, nicht nur die, die als Experten gelten. „Bürgerinitiativen statt Erkenntnistheorie“ lautet darum Feyerabends praktisch-politische Version des wissenschaftsgeschichtlich fundierten „Anything goes“. Dahinter steht nicht zuletzt auch – nach einer andern Formulierung Feyerabends – die Erfahrung, „wie leicht es ist, Menschen im Namen der Vernunft an der Nase herumzuführen.“[40]

Hintergrundkriterium „Subjekt“? Und hat Feyerabend damit nicht mehr als recht? Sein „Anything goes“ bringt alles andere

[40] Zit. nach LAUENBURG, J.: Art. Paul K. Feyerabend. In: NIDA-RÜMELIN, Julian (Hg.): Philosophie der Gegenwart. In Einzeldarstellungen. Von Adorno bis v. Wright. Stuttgart 1991. 153.

als einen kruden Relativismus zur Geltung, sondern verweist – in einem dem Schlusssatz von Wittgensteins *Tractatus* vergleichbaren Zeigegestus – auf jenes Jenseits des wissenschaftlichen Diskurses, wo die wirklichen Aufgaben der Welt- und Selbstbeschreibung allererst beginnen. Nicht zu Unrecht (wenn auch ein bisschen süffisant) betitelte einer der Kritiker Feyerabends einen Aufsatz mit *How far does Anything go?*[41] Er hat damit zumindest angedeutet: Auch noch die radikalste Einschränkung der Rationalität untersteht so etwas wie Hintergrundkriterien – im Fall von Feyerabend unschwer als die Ideale der Freiheit, der Aufklärung und Mündigkeit zu entziffern. Mir will scheinen, dass im Fall von Feyerabend eben das eingetreten ist, was ich gern „Selbstvollendung als Selbstüberwindung“ nenne. Die kategorische Durchführung der Grundoperation der späten Wissenschaftstheorie deckt auf, dass diese im allerletzten genauso auf den Subjektgedanken zurückgezwungen wird wie die „mind and brain“-Diskussion, mit der wir uns bereits auseinandergesetzt haben. Denn wer oder was könnte denn frei oder mündig oder aufgeklärt sein als eben ein Subjekt? Nur unter Inanspruchnahme des Subjektgedankens lässt sich bewahren, was ein Popper, ein Albert, ein Lakatos und ein Feyerabend (und natürlich noch andere) an Rationalitätskritik aus guten Gründen vorzutragen wussten bzw. wissen.

Historisch gesehen mündet das Philosophieren aus der Vernunftform der Wissenschaft also in ein bis ans Fundament gehendes Hinterfragen der Rationalität – und macht hinter all den übrig gebliebenen Trümmern den Subjektgedanken als eine Idee sichtbar, die sich partout nicht austreiben lässt. Das ist natürlich nach wie vor eine verwegene These. Substanz wüchse ihr freilich zu, wenn sich Ähnliches auch aus den anderen Strängen des für die Gegenwart relevanten philosophischen Denkens ergäbe. Das wird dort zu prüfen sein, wo diese Stränge nachfolgend in Funktion erneuter historischer Tiefenschärfung systematischer Fragebereiche zu expliziten Themen der Analyse aufrücken werden. Dies wird im Raum der Hermeneutik und der Ethik unter den Titeln „Philosophieren aus der Vernunftform des Vernehmens“ bzw. „Philosophieren aus der Vernunftform der Kritik“ geschehen. (→ Bd. 2, Teil B, Kap. 2 u. Kap. 7)

Reizwort „Letztbegründung“. Zuvor aber ist von dieser Analyse der modernen Erkenntnis- und Wissenschaftstheorie her in systematischer Perspektive noch eine Aufgabe zu übernehmen, die sich aus dem Vorausgehenden ganz unmittelbar aufdrängt: eine genauere Prüfung, woran denn Rationalität genau hängt. Kein Zweifel besteht, dass diese Frage eng mit dem Begriff der Begründung verbunden ist. Die Bandbreite der einschlägigen Debatte lässt sich direkt unter Bezug auf diesen Begriff abstecken: Während der Trend der neueren

[41] KULKA, T.: How far does anything go? Comments on Feyerabends Epistemological Anarchism. In: Philosophy of the Social Sciences 7 (1977). 277-287.

Erkenntnis- und Wissenschaftstheorie auf eine Abschwächung, wenn nicht Verabschiedung von Begründungsverfahren tendiert – bestes Beispiel: das vorausgehend erwogene Münchhausen-Trilemma des Kritischen Rationalismus –, kennt die Philosophie aller Epochen auch Letztbegründungsfiguren, die auf nicht noch einmal hintergehbare, einer weiteren Begründung weder bedürftige noch fähige Gedanken ausgreifen. Zugleich wird gerade in der systematischen Theologie diese Debatte besonders heftig zum Austrag gebracht, sofern ein Teil der zeitgenössischen Fundamentaltheologie solchen Denkfiguren der Letztbegründung für ihr eigenes Geschäft eine konstitutive Relevanz zuerkennt, während gegensätzliche Positionen ein solches Projekt theologisch ausschließen und philosophisch für unmöglich erklären möchten. Der scharfe binnenphilosophische wie -theologische Dissens in der Sache verlangt deren gründliche Aufklärung im Dienst beider Disziplinen.

3. Gründespiel

Wer nach Gründen fragt oder Begründung verlangt, wo es um die Grundlagen des christlichen Glaubens geht, um Gottes Dasein und Handeln und den Sinn dessen, was Christen bekennen, findet sich derzeit schnell zwischen allen Stühlen wieder. *Religion darf Unsinn sein*, betitelte einmal eine Wochenzeitschrift das Dossier eines Religionswissenschaftlers über die Frage, ob „Scientology" eine Kirche sei, weil es – so das Beispiel – ja wohl nicht weniger unvernünftig sei, ein scientologischer „clear" (d.h. von allen seelischen Verletzungen rein) werden zu wollen, als an die Auferstehung zu glauben; genauso wie Scientology-Kurse strukturell den katholischen Sakramenten gleichkämen, sofern beides Aktionen zur Erreichung eines bestimmten religiösen Zieles repräsentierte. Als Minimalbestimmung von Religion wurde vorgeschlagen, nur Glaubenssysteme, die dem kritischen Geist unsinnig erscheinende Sätze enthalten, als religiös zu qualifizieren.[1] Einer breiteren Öffentlichkeit dürfte diese epistemische Beschreibung von Religion durchaus als zustimmungsfähig gelten.

Zudem kann sich dieses Votum über Religion auf ein ausgesprochen populäres philosophisches Fundament stützen[2]: Im angelsächsischen, also weitgehend sprachanalytisch dominierten Bereich hat sich schon lange eingebürgert, alle Konzepte, die erkenntnistheoretisch mit einem einigermaßen starken Begriff von Begründung operieren, als fundamentalistisch zu etikettieren, d.h.: Profilierte Begründungsprogramme werden ihres Anspruchs wegen mit eben dem Prädikat ausgezeichnet, das im theologischen Diskursbereich vernunftfernen, meist militant fideistischen Optionen zugeschrieben wird. Für nicht wenige spiegelt diese Sprachregelung sozusagen im Verhältnis eins zu eins die Sache selbst: Wer sich starke Begründungsansprüche zu eigen macht, verrate dadurch nur, dass er sich seiner Sache gar nicht sicher ist – und insofern falle die Forderung nach Gründen, gar letzten Gründen, mit der Position derer de facto zusammen, die unter erklärtem Verzicht auf Gründe dogmatisch-fideistisch ihr Beharren auf einer bestimmten Position bekunden. Selbst katholische Fundamentaltheologen neigen bisweilen dieser Sicht zu.[3] Das verrät, wie prekär der Begründungsbegriff in der Theologie offenkundig geworden ist. Darum bedarf es zunächst einer Übersicht zur theologischen Rationalitätsdebatte.

1 Vgl. KEHRER, Günter: Religion darf Unsinn sein. In: Die Zeit. Nr. 7; 07.02.1997. 11.

2 Vgl. zum Folgenden auch die Beiträge in: Philosophie und Begründung. Hg. v. Forum für Philosophie Bad Homburg. Frankfurt a.M. 1987.

3 Vgl. ARENS, Edmund: Im Fegefeuer der Fundamentaltheologie. In: Orientierung 61 (1997). 152-156.

3.1 Rationalität im Streit der Theologien

Strittige Voraussetzungen. Wer sich heute an einer Rationalitätsdebatte in der Theologie[4] beteiligt, unterstellt zwei Voraussetzungen, die nicht oder nicht mehr selbstverständlich sind:

(1) Geltungsreflexion. Die eine Voraussetzung macht aus, dass es zu den Aufgaben der Theologie gehört, auch und überhaupt eine solche Debatte um die Vernünftigkeit ihrer Geltungsansprüche zu führen. Der Abgang der Theologie vom Forum der Vernunft, weil es sinnlos sei, über den Glauben nach außertheologischen Kriterien Rechenschaft abzulegen, zählt zu den gegenwärtig ernsthaft vertretenen Optionen theologischer Selbstverständigung. Das kann sehr dezent etwa dergestalt geschehen, dass jemand unter ausdrücklicher Ausklammerung einer eigenständigen und erstpersönlich verantworteten denkerischen Verortung systematisches Theologietreiben auf das Arrangement von Traditionen und anderweitig entwickelten Positionen beschränkt und insbesondere philosophisch verankerte Begründungsansprüche zurückweist, weil sie

> „[…] die Gefahr einer (neuen) Gettoisierung der Theologie […]"[5]

heraufbeschwörten, so Harald Wagner in seiner „Dogmatik". Ungleich markanter kommt diese Option etwa in jüngeren Veröffentlichungen Thomas Rusters zur Geltung.

> „[…] ich (sehe) keinen Sinn mehr in dem Versuch, den christlichen Glauben vor dem Forum der allgemeinen Vernunft bzw. dem Begriff letztgültigen Sinns zu verteidigen"[6],

kann man bei ihm etwa lesen. Die gesamte neuzeitliche Vernunft sei für ihn ohnehin kein ernsthafter Gesprächspartner.[7] Das ist die verschärfte Variante der These von Johann Baptist Metz, dass es sich bei der philosophisch-kritischen Frage nach der kognitiven Verbindlichkeit der Geltungsansprüche etwa auch der angeblich exklusiv biblisch-jüdischen anamnetischen Vernunft nur um „ein ‚typisch deutsches'

4 Vgl. dazu auch MÜLLER, Klaus: Begründungslogische Implikationen der christlichen Gottrede. In: NEUNER, Peter (Hg.): Glaubenswissenschaft? Theologie im Spannungsfeld von Glaube, Rationalität und Öffentlichkeit. Freiburg; Basel; Wien 2002. 33-56. – DERS.: Der Streit um Begründungsfiguren. In: VALENTIN, Joachim/WENDEL, Saskia (Hgg.): Unbedingtes Verstehen?! Fundamentaltheologie zwischen Erstphilosophie und Hermeneutik. Regensburg 2001. 9-22.

5 WAGNER, Harald: Dogmatik. Stuttgart 2003. 46.

6 Vgl. RUSTER, Thomas: Der verwechselbare Gott. Theologie nach der Entflechtung von Christentum und Religion. Freiburg; Basel; Wien 2000. 17. – Vgl. dazu kritisch BONGARDT, Michael: Unverwechselbares Christsein? Zum Stand der Diskussion über die Religionskritik Thomas Rusters. In: Herder Korrespondenz 55 (2001). 316-319.

7 So RUSTER wörtlich bei seinem Gastvortrag: „Der verwechselbare Gott auf dem Forum der Vernunft" am 02.12.2003 an der Universität Münster. Was er daraus an theologiedidaktischen Konsequenzen zieht, exemplifiziert etwa der Vorlesungstext „Glaube und Vernunft. Ist Vernunft vernünftig?" Universität Dortmund. SoSe 2002. http://eldorado.unidortmund.de:8080/FB14/seminarserver/ruster/ruster;internal&action=buildframes.action [13.01.2004].

Problem"[8] handle, dem der angelsächsische Wissenschaftsbegriff vorzuziehen sei, der kraft seiner engen Fassung neben sich auch nichtwissenschaftliche Formen kognitiver Verbindlichkeit kenne. Dass die Ersetzung solcher universal orientierter Rechenschaftsablage bei Ruster durch die semiotische Rekonstruktion einer biblischen Binnenwelt[9] dabei auch noch ausdrücklich mit möglichen Erfahrungen in medial erzeugten Science-Fiction-Welten verglichen wird, ohne die epistemische Konsequenz dieser Parallelisierung auch nur wahrzunehmen – ganz zu schweigen von den daraus gezogenen Konsequenzen für die Religionspädagogik[10] –, verrät nichts Gutes über den wissenschaftstheoretischen Zustand gegenwärtiger systematischer Theologie. Und es kann auch gar nicht überraschen, dass in das Vakuum, das durch die Verabschiedung vom Forum der Vernunft entsteht, anderweitige Instanzen verbürgender Autorität eintreten. Bei Ruster selbst ist das sozusagen eine Autorität „von oben" in Gestalt eines früh-barthianischen Links-Biblizismus. Demgegenüber kulminiert das im Wesentlichen auf Michel Foucault und vergleichbare Quellen gestützte Konzept eines Johannes Hoff[11] in der These, dass das Ernstnehmen der Gnadentheologie alles philosophisch-theologische Fragen nach Fundamenten des Glaubens in Sprachlosigkeit treibe. Dieser ortlose Diskurs finde darum seinen in einem mystischen Grund verankerten Platzhalter im apostolischen Amt – also statt Autorität „von oben" wie bei Ruster Autorität „von unten" als verbürgende Instanz theologischer Wahrheit.[12] Oder aber es wird eine Art Autorität „von innen", d.h. aus dem Fundus der theologischen Tradition, ins Feld geführt, wie das der Ruster-Schüler David Berger in Gestalt einer ziemlich aggressiven Wiederauflage neothomistischer Denkfiguren

8 METZ, Johann B.: Athen versus Jerusalem? In: Orientierung 60 (1996). 59-60. Hier 60. – Vgl. zur diesbezüglichen Debatte zwischen Metz und Habermas auch MÜLLER, Klaus: Vernunft und Glaube: Eine Zwischenbilanz zu laufenden Debatten. Münster 2005. 161-172.

9 Das Spezifikum von G. Theißens Vorschlag, die christliche Religion als einen „semiotischen Dom" aufzufassen, besteht genau darin, sich eben nicht auf die Binnenperspektive zu beschränken und der Frage nach der Plausibilität und dem Wirklichkeitsgehalt der semiotischen Konstruktion nicht auszuweichen. Vgl. THEIßEN, Gerd: Die Religion der ersten Christen. Eine Theorie des Urchristentums. 2., durchges. Aufl. Gütersloh 2001. Hier bes. die rahmenden Teile 17-44. 385-411.

10 Vgl. RUSTER: Gott (Anm. 6). 200. – Vgl. DERS.: Die Welt verstehen „gemäß den Schriften". Religionsunterricht als Einführung in das biblische Wirklichkeitsverständnis. In: Religionsunterricht an höheren Schulen 43 (2000). 189-203. – Kritisch dazu vgl. BAUDLER, Georg: Einführung in eine biblische Science-Fiction-Welt? Zur gegenwärtigen Infragestellung des erfahrungsorientierten Religionsunterrichts. In: Katechetische Blätter 125 (2000). 426-431.

11 Vgl. HOFF, Johannes: Spiritualität und Sprachverlust. Theologie nach Foucault und Derrida. Paderborn u.a. 1999. – Vgl. auch DERS.: Das Verschwinden des Körpers. Eine Kritik an der „Wut des Verstehens" in der Liturgie. In: Herder Korrespondenz 54 (2000). 149-155.

12 Vgl. HOFF: Spiritualität (Anm. 11). 19. 279. – Zu Hoff vgl. auch MÜLLER: Streit um Begründungsfiguren (Anm. 4). 17-19.

versucht, die er mit dem Prädikat „Thomismus ‚strikter Observanz'"[13] siegelt und die ihr Zentrum in einer zumeist recht hemdsärmelig vorgetragenen Kritik des Transzendentalthomismus von Maréchal bis Rahner generell und dessen angeblichen gnadentheologischen Defekt speziell findet.[14] Dass linker Biblizismus und rechtsgewickelter Theologierevisionismus bestens zusammengehen, führt derzeit ja nicht zuletzt die in den USA aufkommende Bewegung der „Radical Orthodoxy" vor, die unter Berufung auf Augustinus und Thomas von Aquin die gesamte Vernunftgeschichte seit Descartes und Kant philosophisch als Sackgasse und theologisch als Sündenfall brandmarkt.[15] Ernst Jandls „Nicht-Velwechserbarkeits-Syndrom" von „rinks" und „lechts" hat an Aktualität nichts eingebüßt.[16]

(2) Transzendentaler Ansatz. Die letzten der eben genannten kritischen Volten tangieren dabei bereits zugleich die zweite Voraussetzung, von der gegenwärtiges Theologietreiben nicht mehr unbesehen ausgehen kann: dass es legitim, sinnvoll und angemessen ist, auch in der Theologie transzendental anzusetzen. Im Gegenteil: Wer das tut, wirkt im durchschnittlichen theologischen Debattenszenario derart fremd, dass er ohne weiteres für sich selbst jenen Alteritätsbonus beanspruchen dürfte, den die auf Levinas' Schoß groß gewordenen Theologien der Andersheit ansonsten für ihre besondere Stärke halten. Stattdessen ziehen transzendentale Ansätze schwerwiegenden Verdacht auf sich, besonders dann, wenn mit ihnen auch die Entwicklung eines Begriffs letztgültigen Sinnes aus der Instanz der autonomen Vernunft verbunden ist, sofern nur so über die Gegebenheit und Gültigkeit als unbedingt begegnender Sinnansprüche befunden werden könne. Dann lautet der notorische Vorwurf auf theologischen Ra-

[13] Vgl. diese Selbstbezeichnung bei BERGER, David: Thomismus. Große Leitmotive der thomistischen Synthese und ihre Aktualität für die Gegenwart. Köln 2001. 4. Umschlagseite. – Vgl. dazu auch zahlreiche Texte auf www.doctor-angelicus.de, der Online-Version des seit 2001 erscheinenden Jahrbuchs *Doctor Angelicus*. – Vgl. auch BERGER, David: Natur und Gnade. In systematischer Theologie und Religionspädagogik von der Mitte des 19. Jahrhunderts bis zur Gegenwart. Regensburg 1998. – DERS.: Zum gegenwärtigen Geisteszustand der deutschen Religionspädagogik. In: Theologisches 28 (1998). Sp. 427-430. – DERS.: Die postkonziliare Religionspädagogik in Deutschland. In: Theologisches 29 (1999). Sp. 343-357. – Vgl. dazu auch MÜLLER, Klaus: Theologiestudium unter Reformdruck. Ein wissenschaftstheoretischer Zwischenruf. In: Stimmen der Zeit 128 (2003). 463-472. – Als überarb. und stark erweit. Fassung vgl. DERS.: Kompetenzbildung im theologischen Lehramtsstudium. Ein wissenschaftstheoretischer Zwischenruf. In: HUNZE, Guido/MÜLLER, Klaus (Hgg.): TheoLiteracy. Impulse zu Studienreform – Fachdidaktik – Lehramt in der Theologie. Münster 2003. 31-50.

[14] Vgl. bes. BERGER: Natur und Gnade (Anm. 13). – DERS.: Geisteszustand der deutschen Religionspädagogik (Anm. 13). – DERS.: Die postkonziliare Religionspädagogik (Anm. 13).

[15] Vgl. dazu FLIETHMANN, Thomas: Radical Orthodoxy. Zu einer neuen Bewegung in der anglo-amerikanischen Theologie. In: Herder Korrespondenz 56 (2002). 407-411.

[16] Vgl. JANDL, Ernst: lichtung. In: DERS.: lechts und rinks. gedichte – statements – peppermints. München 1995. 74.

tionalismus, dessen spekulativ verhängtem Frageverbot angesichts der Theodizeefrage nur eine „Zuletztbegründung“[17] wehre, wie Johann Baptist Metz selbst ironisierend formuliert.

Gegenmodell „Narrative Theologie“. Aus der Sicht eines narrativ-handlungstheoretischen Ansatzes wie demjenigen Edmund Arens' ziehen sich erstphilosophisch verankerte Ansätze gar den Verdacht eines impliziten Fundamentalismus zu, übrigens eine mittlerweile epidemisch gewordene Strategie, Überzeugungen, die nicht Gegenstand konsensueller Entscheidungsfindung sein können, als politisch inkorrekt zu diskreditieren[18] – als ob, wer Theologie auf starke Begründungsleistungen verpflichtet, im Schilde führte, gläubige Seelen zu „Reflexionsgangster[n]“[19] zu trimmen. Treuherzig versichert Arens, Begründungsfragen seien in der Philosophie längst erledigt[20], als seien die einschlägigen Wortmeldungen jüngerer und jüngster Zeit von Hilary Putnam[21], Gianni Vattimo[22], Thomas Nagel[23] und Robert B. Brandom[24] an ihm vorbeigegangen. Wer diese ganze Debatte als irrelevant abkoppelt, täte wohl gut daran, dann auch Ernst Tugendhats Rat zu folgen, man solle

> „wenn man nicht mehr von Gründen spricht, auch das Wort ‚Wahrheit' fallen lassen.“[25]

Arens hält es für ausreichend, die jüdisch-christlichen Gottesgeschichten in reflexiver Narrativität ins „Erzählwerk menschlichen Zusammenlebens“[26] zu vermitteln und Fundamentaltheologie als „theologische Theorie des Erzählens“[27] zu verstehen. Auch kritische Rückfragen haben zu keiner Vertiefung oder Erweiterung des Konzepts, nur zur

17 METZ, Johann B.: Auf dem Weg zur „geschuldeten Christologie“. In: MANEMANN, Jürgen/METZ, Johann B. (Hgg.): Christologie nach Auschwitz. Stellungnahmen im Anschluß an Thesen von Tiemo Rainer Peters. Münster 1998. 99-103. Hier 100.

18 Vgl. dazu kritisch JESSEN, Jens: Grenzschützer des Westens. In: Die Zeit. Nr. 40; 20.09.2002. 41-42. Hier 42.

19 HUIZING, Klaas: Die Rückkehr der Heiligen ist unübersehbar: im Flimmern der Kinofilme und im Glanz der Kataloge. In: Chrismo Nr. 12. 2002. 46-47. Hier 46.

20 Vgl. ARENS: Fegefeuer (Anm. 3). – Vgl. dazu MÜLLER, Klaus: Fegefeuer oder Feuerchen? Eine kleine Polemik. In: Orientierung 61 (1997). 239-241.

21 Vgl. PUTNAM, Hilary: Für eine Erneuerung der Philosophie. Aus d. Engl. übersetzt v. Joachim Schulte. Stuttgart 1997.

22 Vgl. VATTIMO, Gianni: Glauben – Philosophieren. Aus dem Ital. v. Christiane Schultz. Stuttgart 1997. – Vgl. dazu auch MÜLLER, Klaus: Herbst der Hermeneutik? Eine philosophische Debatte von theologischer Brisanz. In: GARHAMMER, Erich/SCHÖTTLER, Heinz-Günther (Hgg.): Predigt als offenes Kunstwerk. Homiletik und Rezeptionsästhetik. München 1998. 137-148. – DERS.: Cristianesimo e Occidente. Quale universalismo? In: Il regno-attualita 6/2004. Supplemento. 6-12.

23 Vgl. NAGEL, Thomas: Das letzte Wort. Aus d. Engl. übersetzt v. Joachim Schulte. Stuttgart 1999.

24 Vgl. BRANDOM, Robert B.: Begründen und Begreifen. Eine Einführung in den Inferentialismus. Frankfurt a.M. 2001.

25 TUGENDHAT, Ernst: Egozentrizität und Mystik. Eine anthropologische Studie. München 2003. 169. Vgl. auch 17-19.

26 ARENS: Fegefeuer (Anm. 3). 156.

27 ARENS: Fegefeuer (Anm. 3). 156.

angeschärften Wiederholung der alten Thesen geführt.[28] Wie Arens auf dieser Basis den von ihm zu Recht gegen ekklesiale und theologische Kommunitarismen eingeforderten Öffentlichkeitscharakter der christlichen Gottrede kritisch zur Geltung bringen will[29], bleibt unklar. Mit einer „Kritik von innen"[30] – bezeichnender Weise das Kennwort der kommunitaristischen Position Michael Walzers[31] – wird es dafür kaum sein Bewenden haben können. Arens bleibt darum hinter Helmut Peukerts Pragmatik-Konzeption von 1977[32], auf die er sich intensiv beruft[33], dadurch zurück, dass er den Theoriebegriff unter Rekurs auf Charles S. Peirce, Jürgen Habermas und Richard Rorty pragmatizistisch verschmiert[34] – erneut eine Fortschreibungsvariante des Klischees von der geschichtslosen Identitätsmetaphysik, das sich eigentlich schon von Hegel darüber belehrt sehen müsste, dass und wie gerade der moderne Erkenntnisbegriff mit seiner Dynamik erst durch einen Zusammenschluss mit dem Gedanken höchstmöglichen theoretischen Tuns, also der Kontemplation, zu einem wirklich wach in seiner Zeit stehenden Philosophieren führt und dies natürlich einen wohlbestimmten Begriff selbstbewusster Subjektivität impliziert.[35] Gerade an Arens' Umriss einer Fundamentaltheologie tritt unübersehbar hervor, woran das Theoriedesign kommunikativer Vernunft krankt. Es sind vor allem drei kritische Punkte:

(a) Die philosophischen Außenbedingungen, von denen her seine Konzeption ihr Selbstverständnis entwickelt, sind nicht zureichend zur Kenntnis genommen;

(b) das (zustimmungsfähige!) Programm einer der Universalität wie gleichermaßen der Partikularität der christlichen Wahrheit gerecht werdenden Theorie lässt nicht erkennen, woraus die dafür nötigen Gültigkeitserwägungen ihre Kriterien schöpfen – Arens' Forderung nach einer theologischen Fundamentalpragmatik löst das Problem ja nicht, sondern verschiebt es nur auf die Schiene des

[28] Vgl. ARENS, Edmund: Fundamentale Theologie im Anspruch kommunikativer Rationalität. In: NEUNER: Glaubenswissenschaft (Anm. 4). 57-75.

[29] Vgl. ARENS, Edmund: Ist Theologie Luxus? Ein Plädoyer für die öffentliche Gottrede. In: DERS./HOPING, Helmut (Hgg.): Wieviel Theologie verträgt die Öffentlichkeit? Freiburg; Basel; Wien 2000. 171-194.

[30] ARENS: Luxus (Anm. 29). 193.

[31] Vgl. WALZER, Michael: Kritik und Gemeinsinn. Drei Wege der Gesellschaftskritik. Aus d. Amerikan. u. mit einem neuen Nachw. vers. v. Otto Kallscheuer. Frankfurt a.M. 1993.

[32] Vgl. PEUKERT, Helmut: Wissenschaftstheorie – Handlungstheorie – Fundamentale Theologie. Analysen zu Ansatz und Status theologischer Theoriebildung. Düsseldorf 1976. Neuausg. Frankfurt a.M. 1978.

[33] Vgl. bes. ARENS, Edmund: Feuerprobe auf das Tun des Glaubens. Zum Ansatz einer theologischen Handlungstheorie. In: MÜLLER, Klaus (Hg.): Fundamentaltheologie. Fluchtlinien und gegenwärtige Herausforderungen. In konzeptioneller Zusammenarbeit mit Gerhard Larcher. Regensburg 1998. 59-76.

[34] Vgl. ARENS: Feuerprobe (Anm. 33). 70.

[35] Vgl. HENRICH, Dieter: Kontemplation und Erkenntnis. Dankesrede, gehalten anlässlich der Verleihung des Hegel-Preises der Stadt Stuttgart. In: Frankfurter Allgemeine Zeitung. Nr. 276; 27.11.2003. 41.

pragmatischen Prinzips des „in the long run“ (Ch. S. Peirce), bis es im „Gemurmel der Gemeinde“[36] verschwindet;

(c) die bei ihm am Ende für die Jesus-„story“ behauptete Normativität wird eingeführt, ohne dass auch nur ein Wink hinsichtlich ihrer Herkunft erfolgte, die doch nur dann aufgeklärt werden könnte, wenn die Substanz der Jesus-Überlieferung am Maßstab eines Begriffs unbedingter Verbindlichkeit als verbindliche identifiziert würde.

Fundamentalismusfalle. Gleichwohl scheinen mir das alles Defizite zu sein, die sich beheben lassen, wenn dem Theoriekonstrukt eine wohlbestimmte Begründungsdimension implementiert würde. Problematisch wird die Lage freilich dann, wenn ein solcher Begründungsdiskurs aus Gründen seiner prinzipiellen Fundamentalismus-Verdächtigkeit a priori ausgeschlossen wird. Dann verkehrt sich nämlich genau diese Position selbst strukturell in eine fundamentalisierende Attitüde, tut also genau das, was sie den auf Begründung beharrenden Fundamentaltheologien vorwirft. Was aber taugt ein Etikett, das sich so leicht replizieren lässt? Denn das habe ich ja soeben getan, indem ich gerade die arensche Absage an Begründungsfiguren als heimlichen Fundamentalismus entlarvte. Und wie ließe sich dieses Patt anders als durch Gründe sprengen?

Gegenmodell „Postmoderne“. Die Reihe der Infragestellungen von Begründungsgedanken ist damit längst nicht abgeschlossen: Im französischsprachigen Bereich der Philosophie bzw. dem von ihm beeinflussten Sphären orientiert man sich – was das Fragen nach Gründen betrifft, das ja logisch zwingend auf einen letzten Grund führen muss, weil es sonst in einem infiniten Regress verpuffte – gern an Friedrich Nietzsche. Im Aphorismus Nr. 154 aus *Jenseits von Gut und Böse* schrieb er 1886:

> „Der Einwand, der Seitensprung, das fröhliche Mißtrauen, die Spottlust sind Anzeichen der Gesundheit: alles Unbedingte gehört in die Pathologie.“[37]

Das Buch trägt den Untertitel *Vorspiel einer Philosophie der Zukunft*. Die darin implizierte Prognose hat sich auf frappante Weise bewahrheitet. Hobby-Nietzscheaner bevölkern Lehrstühle und Feuilletons und belächeln die Letztbegründler, die bisweilen mit Blick auf Aristoteles' Sprachregelung auch „Erstphilosophen“ heißen[38], mitleidig als Nachhut der im Aussterben begriffenen Spezies des „Ontosaurier philosophicus“. Dabei gibt es durchaus Grund, die einschlägigen Origi-

[36] So eine spitze Formulierung Hogrebes im Blick auf die Transzendentalpragmatik. Vgl. HOGREBE, Wolfram: Das Gemurmel der Gemeinde: Aus der Schule Karl-Otto Apels. In: Allgemeine Zeitschrift für Philosophie 11.2 (1986). 59-66.

[37] NIETZSCHE, Friedrich: Jenseits von Gut und Böse. In: DERS.: Sämtliche Werke. Kritische Studienausgabe. Hg. v. Giorgio Colli u. Mazzino Montinari. Bd. 5. 2. Aufl. München; Berlin; New York 1988. 9-243. Hier 100.

[38] Vgl. ARISTOTELES: Metaphysik. 993a.

nalautoren – nicht sehr glücklich unter dem Obertitel „Postmoderne“ zusammengefasst – aufmerksam zu hören. Sie alle treibt – zwar nicht nur, aber doch zentral – ein ethisches Motiv um: Sie haben Sorge, dass dort, wo Vernunft Sinn, gar unbedingten Sinn konstituiert – also z.B. letzte Gründe zu benennen wagt, das von dieser Vernunft Gedachte und Gedeutete als es selbst – in seiner Andersheit gegenüber der Vernunftinstanz – sozusagen unter die Räder kommt. Selbst das Konzept der Hermeneutik Gadamers, für die Verstehen sich nur als ein Immer-anders-Verstehen (und nicht als ein Immer-besser-Verstehen) vollzieht, verfällt diesem Verdikt: Hinter dem Willen zu Verstehen und Verständigung, der Gadamers Hermeneutik als letztes Fundament trägt, argwöhnen Vertreter postmodernen Denkens immer noch die alte Einheitsideologie mit ihrer Gewaltstruktur am Werk – nur dass deren Zwangscharakter jetzt in der Maske des Dialogs daherkomme. Die Individualität des anderen, den ich zu verstehen suche, und seine Andersheit werde ja in einer Hermeneutik à la Gadamer als eine anzueignende in Blick genommen, also gar nicht als sie selbst wirklich anerkannt. Gerade der gadamersche Zentralbegriff der „Horizontverschmelzung“ sei da verräterisch. Wer Horizonte verschmelze, der reduziere ja die Vielheit der Überlieferungen und Stimmen doch auf eine – und zwar auf diejenige, die er bevorzuge.[39] Insofern reiche es nicht, wie Gadamer davon auszugehen, dass der andere Recht haben könnte. Das Rechthaben müsse vielmehr als ein approximativ zu erreichendes Resultat kommunikativer Prozesse erachtet werden.[40] Aber „approximativ“ heißt in diesem Zusammenhang immer soviel wie „faktisch nie“. Was wird aber dann erreicht? Der indische Philosoph Ram Adhar Mall sucht sich so aus der Schlinge zu ziehen:

> „Eine postmoderne Hermeneutik hat der Versuchung zu widerstehen, aus vielen Sinnen einen Sinn, aus vielen Kulturen eine Kultur, aus vielen Religionen eine Religion, aus vielen Wahrheiten eine Wahrheit herstellen zu wollen. Sie will nicht den anderen die eine Vernunft erschließen, sondern selbst der Vernunft der anderen gegenüber aufgeschlossen sein.“[41]

Das ist gewiss eine ehrenwerte Absicht – nur: Woher weiß ich, dass ich in etwas zu Verstehendem der Vernunft des anderen begegne (und nicht völlig zufälligen, willkürlichen Äußerungen)? Muss also nicht doch noch einmal gerade um des Verstehens des Individuellen willen ein Gemeinsames vorausgesetzt werden?

Hermeneutische Dekonstruktion. Ein anderer Klassiker der Postmoderne – Jacques Derrida – hatte ebendies schon früh vehement bestritten. In keinem Jahrhundert wurde so intensiv an der Sprache und über sie geforscht wie im letzten. Bis weit in die 60er Jahre galt als wissenschaftlich-gesellschaftlicher Konsens: Je tiefer

[39] Vgl. MALL, Ram A.: Philosophie im Vergleich der Kulturen. Interkulturelle Philosophie – eine neue Orientierung. Darmstadt 1995. 90.

[40] Vgl. MALL: Philosophie (Anm. 39). 86.

[41] MALL: Philosophie (Anm. 39). 92.

man in die Struktur der Sprache eindringen werde, desto eher werde man den in der Sprache bewahrten Sinn und die Wahrheit entziffern können. Diese Hoffnung wurde enttäuscht. Und auf diesem Hintergrund formulierte Derrida die radikale These, dass es gar keinen Sinn zu finden und nichts zu verstehen gebe. Sondern Worte verwiesen nur weiter auf Worte und Zeichen auf Zeichen, jedes auf jedes, also alles auf nichts und nichts auf alles. Wohl mag der oder die Zeichenbenutzende etwas meinen oder sagen wollen, aber was – das lasse sich nicht feststellen. Das, was traditionell „Wahrheit“ oder „Sinn“ genannt worden sei, verliere sich im undurchdringlichen Gestrüpp dieses Verweisungskosmos.[42]

Selbstwiderspruch. Nicht zuletzt Habermas hat den Selbstwiderspruch dieser Position entlarvt: Derrida tue ja mit seinem Verdikt gegen alle kommunikative Vernunft nichts anderes als auf Verständigung zu zielen.[43] Also setze er de facto doch wieder jenes Gemeinsame voraus, das er dem Wortlaut nach bestreite. Freilich dürfte sich dieser Einwand aus Derridas Perspektive als ebenjener Argumenttyp darstellen, der – wie die alte Skeptiker-Widerlegung, dass etwas als wahr behaupte, wer die Existenz von Wahrheit bestreite – seinen Adressaten nicht erreicht. Habermas seinerseits macht jenes gegen die postmoderne Kritik notwendig vorauszusetzende Gemeinsame am Konsens über bestimmte Diskursbedingungen fest, der gegeben sein muss, wenn Kommunikation gelingen soll. Gerade wenn es viele Stimmen der Vernunft geben, wenn also dem Individuellen Raum belassen werden solle, müssten die vielen Stimmen der Vernunft von deren eigener Einheit zusammengehalten werden.

Gadamer selbst hat – von den postmodernen Einwürfen provoziert – auf deren Folie nochmals den Anspruch seines Konzepts herausgearbeitet. Vor allem hat er betont, dass es ihm mit der Applikation, also der Aneignung im hermeneutischen Prozess nicht um Besitzergreifung zu tun sei, die sich über den anderen als anderen hinwegsetze. Vielmehr sei Verstehen auf den beständigen Dialog angewiesen. Es vermöge immer nur eine Teilhabewahrheit zu gewinnen. Ein letztgültiges Wort oder Zeichen gebe es nicht. Das Verlangen nach Wahrheit ist also im Letzten unerfüllbar. Das heißt aber auch: Wahrheit wird auf den Status eines Verlangens zurückgenommen. Damit kam Gadamer Derrida einerseits weit entgegen. Ein triftiges Argument gegen dessen eigentliche Stoßrichtung hat er nicht formuliert. Begriffe wie etwa derjenige der Teilhabewahrheit bleiben zu unscharf, um diese Funktion erfüllen zu können.

42 Vgl. DERRIDA, Jacques: Die Stimme und das Phänomen. Frankfurt a.M. 1979.

43 Vgl. HABERMAS, Jürgen: Der philosophische Diskurs der Moderne. Zwölf Vorlesungen. Frankfurt a.M. 1985. 191-247.

Lücke in der Alterität. Unterm Strich wird man sagen müssen, dass die Wirkungsgeschichte von Michel Foucault, Jacques Derrida, Jean-François Lyotard, Jacques Lacan – um die Wichtigsten zu nennen –, unbeschadet ihres ethischen Ausgangsimpulses, die Andersheit des Anderen radikal ernst zunehmen, auch aus der internen Drift dieser Ansätze zu jener Vergleichgültigung von Geltungsansprüchen geführt hat, jenem bequemen Oberflächenpluralismus, der so kennzeichnend für die feuilletonistische Variante der Postmoderne geworden ist. Bei keiner der einschlägigen Positionen kommt nämlich hinreichend zur Geltung, dass sich radikale Andersheit als sie selbst nur im Horizont des Gedankens eines Unbedingten wirklich fassen lässt, obwohl das transzendentallogisch geradezu auf der Hand liegt: Anderes kann Anderes nur in der Entgegensetzung zu mir als der Instanz sein, dem dieses Andere als Anderes begegnet. Aber um diese Entgegensetzung als solche zu gewahren, bedarf es gleichsam einer nicht nochmals hintergehbaren Folie, auf der ich und dieses Andere, die wir ja durch diese Entgegensetzung zugleich eng verbunden sind, in unserer Zusammengehörigkeit zur Geltung kommen. Sofern diese alle Entgegensetzung erst ermöglichende Folie unmittelbar zugänglich sein muss, kann sie nur in der Dimension der das Andere als Anderes gewahrenden Instanz – also im Ich – liegen. Das ist nichts anderes als das gefürchtete, in Wirklichkeit völlig harmlose „absolute Ich" Fichtes. Im postmodernen Diskurs taucht es in Gestalt der Entdeckung auf, dass auf ein letztes Einheits- oder Identitätsmoment doch nicht verzichtet werden kann. Am drastischsten wird das daran greifbar, dass sich mittlerweile ein als Repräsentant der Postmoderne prominent gewordener Autor zu einer erstphilosophischen, also letztbegründenden Verankerung seines Konzepts durchgekämpft hat, ohne dabei auch nur eine Handbreit seines Votums für das Andere preiszugeben: Gianni Vattimo, der italienische Vorzeige-Postmoderne. Wir kommen darauf zurück und werden in diesem Zusammenhang dann auch von Emmanuel Levinas zu handeln haben, den man gewiss keinen Postmodernen nennen kann, obwohl er deren Kritik an einem vom Vernunftsubjekt ausgehenden Begründungsdenken teilt – aber nur, um seinerseits eine ganz andere Art „Erster Philosophie" zu präsentieren; auch dazu, wie gesagt, später mehr. Zuvor ist noch von einer ganz anderen Infragestellung begründungsgestützten Theologietreibens zu reden.

Irritierende Koalition. Verblüffen muss nämlich, dass die religionswissenschaftlichen und philosophischen Vorbehalte gegen Begründungsgedanken längst Verstärkung aus dem Lager der Theologie selbst erhalten – und zwar nicht nur seitens des einen oder anderen Theologen, der meint, um der Sache willen sein Konzept von Begründungsaufgaben abkoppeln zu sollen, wie das exemplarisch in den

Fundamentaltheologien von Francis Schüssler-Fiorenza[44] und David Tracy[45] oder – um auch einen evangelischen Repräsentanten zu nennen – von George A. Lindbeck[46] geschieht. Ungleich brisanter nimmt sich aus, dass strukturell parallele Vorbehalte eine Weile auch auf hochkarätiger katholischer Ebene formuliert wurden. Schon in den 80er Jahren hatte der damalige Joseph Kardinal Ratzinger zu erkennen gegeben, dass er für bestimmte postmoderne Intuitionen ausgesprochene Sympathie hegte, zumal für diejenigen, die den Zentralgedanken der neuzeitlichen Philosophie – den des autonomen Subjekts – in die Schranken weisen. So gilt für ihn als ausgemacht, dass es ein autonomes Subjekt gar nicht gibt, sondern dass im Menschen viele Kräfte ein- und ausgehen und er darum, um wirklich zu sich zu kommen, sich selbst entrissen und – paulinisch gesprochen – in den Leib der Kirche eingefügt werden müsse.[47] Doch woher steht fest, dass dieser Prozess wirklich in einer Identitätsfindung kulminiert und nicht in einer völligen Selbstentfremdung der betroffenen Person? 1996 lieferte Ratzinger so etwas wie eine systematische Rechtfertigung dieser Option nach – eine Rechtfertigung freilich, die man aus mehrfachem Grund ohne Übertreibung als aufsehenerregend bezeichnen musste: (a) Eingelassen ist diese Rechtfertigung in einen Kontext, der den amtlichen Instanzen – durchaus zu Recht – als eine damals unmittelbar anstehende und wohl für lange präsent bleibende Herausforderung galt: das Thema der Theologie der Religionen. (b) In diesem Kontext zieh Ratzinger die herrschende Philosophie – wiederum weitgehend zu Recht – des Relativismus, eine Einschätzung, die er bis in die Predigt zur Eröffnung jenes Konklaves durchhielt, aus dem er selbst als Benedikt XVI. hervorgehen sollte. Und (c) reitet er in diesem Zusammenhang eine heftige Attacke gegen Theologen, die einen starken Begründungsgedanken im Fundament der Theologie für unverzichtbar halten. Das fordert genaueres Zusehen.

Relativismus-Problem. 1996 erschien mehrfach die schriftliche Version eines Vortrags, den Ratzinger als Chef der Glaubenskongregation vor den Präsidenten der Glaubenskommissionen der

[44] SCHÜSSLER-FIORENZA, Francis: Fundamentale Theologie. Zur Kritik theologischer Begründungsverfahren. Mainz 1992.

[45] TRACY, David: Theologie als Gespräch. Eine postmoderne Hermeneutik. Mit einer Einführung von Werner G. Jeanrod. Mainz 1993.

[46] Vgl. LINDBECK, George A.: Christliche Lehre als Grammatik des Glaubens. Religion und Theologie im postliberalen Zeitalter. Mit einer Einl. v. H. G. Ulrich u. R. Hütter. Gütersloh 1994.

[47] Vgl. RATZINGER, Joseph Kardinal: Zur Gemeinschaft gerufen. Kirche heute verstehen. Freiburg 1991. Hier 32-33. Vgl. in diesem Zusammenhang auch Ratzingers auffallende Sympathie für G.A. Lindbecks Konzept in: RATZINGER, Joseph Kardinal: Schriftauslegung im Widerstreit. Zur Frage nach Grundlagen und Weg der Exegese heute. In: DERS. (Hg.): Schriftauslegung im Widerstreit. Freiburg 1989. 15-44.

Bischofskonferenzen Lateinamerikas gehalten hatte.[48] Leitende Hintergrundthese dieses unter dem Allerweltstitel *Zur Lage von Glaube und Theologie heute* firmierenden brisanten Textes: Nach dem Zusammenbruch der marxistischen Ideologie als wissenschaftliche Theorie von der besseren Welt kann nur ein radikaler Relativismus Platz greifen, der sich – philosophisch fundiert – theologisch in einer explosiven Mischung von westlicher Beliebigkeit und Intuitionen östlicher, zumal indischer Religiosität zur Geltung bringe und zwangsläufig in einer reduktiven Christologie ende. Insofern nehme nunmehr die so genannte „Pluralistische Theologie der Religionen" die bislang von der Theologie der Befreiung besetzte Position ein. Auch wer diese Diagnose nicht in allen ihren Facetten teilt, wird Ratzinger darin zustimmen, dass sich auf den Schultern einer in ihrer Substanz relativistischen, weil allen Begründungen ausgesprochen abholden Philosophie theologisch ein religiöser Pluralismus flächendeckend auf dem Vormarsch findet, der meint, sich selbst nur dann treu zu bleiben, wenn er seine Verpflichtung auf das Toleranzprinzip material gesehen in ein Votum für die Gleichrangigkeit aller – zumindest der weltgeschichtlich großen – religiösen Optionen ummünzt. Jedenfalls tragen die Kriterien, die die Vertreter der pluralistischen Religionstheologie – zumal Paul F. Knitter und John Hick als deren prominenteste Repräsentanten[49] – zur Definition des als authentisch religiös zu Akzeptierenden aufbieten, für die Sache selbst nichts aus: Hick zieht sich dabei auf einen Gedanken zurück, der seinen Kern in dem moralischen Appell hat, gegen eine egoistische Drift gelebten Lebens dem Altruismus Priorität einzuräumen[50]; Knitter bricht diese eher bürgerliche Option dadurch auf, dass er unter befreiungstheologischem Vorzeichen einen Vorrang der Orthopraxie – des rechten Tuns – gegenüber der Orthodoxie – dem rechten Glauben – einklagt.

Fideistischer Zirkel. Das Verblüffende freilich an dieser Gemengelage macht aus, dass die Kritisierten und ihr Kritiker unbeschadet der soeben rekapitulierten Differenzen und entgegen dem äußeren Anschein eines unüberbrückbaren Hiats im Blick auf die Begründungspflichtigkeit und auch nur -möglichkeit dennoch strukturell weitgehend übereinkommen. Anders wäre es nicht möglich gewe-

[48] Vgl. RATZINGER, Joseph Kardinal: Zur Lage von Glaube und Theologie heute. In: Internationale Katholische Zeitschrift 25 (1996). 359-372. Vgl. auch die an prominenter Stelle erfolgende Publikation des Textes mit dem Untertitel „Vortrag beim Treffen zwischen der Glaubenskongregation und den Präsidenten der Glaubenskommissionen der Bischofskonferenzen Lateinamerikas in Guadalajara/Mexiko im Mai 1996". In: L' Osservatore Romano. Wochenausgabe in deutscher Sprache. Nr. 47; 22.11.1996. 8-10. Nachfolgend beziehe ich mich auf den Text in: Internationale Kirchliche Zeitschrift.

[49] KNITTER, Paul F.: Ein Gott, viele Religionen. Gegen den Absolutheitsanspruch des Christentums. München 1988. Vgl. auch HICK, John: Religion. Die menschlichen Antworten auf die Frage nach Leben und Tod. München 1996.

[50] HICK: Religion (Anm. 49). 322-339.

sen, dass sich Ratzinger gegen Ende seiner Erwägungen mit auffälliger Vehemenz gegen philosophisch angesetzte Begründungsprogramme ausspricht, die das begriffliche Potenzial bereitstellen, den soeben nachgezeichneten Pluralismus im Ansatz zu unterlaufen. Ratzinger beschreibt die von seinem Verdikt betroffenen Positionen folgendermaßen:

> „[...] der Versuch mit einer streng autonomen Vernunft, die vom Glauben nichts wissen will, sich sozusagen selbst an den Haaren aus dem Sumpf der Ungewißheiten herausziehen zu wollen, wird letztlich kaum gelingen. Denn die menschliche Vernunft ist gar nicht autonom. Sie lebt immer in geschichtlichen Zusammenhängen. Geschichtliche Zusammenhänge verstellen ihr den Blick (wir sehen es); darum braucht sie auch geschichtliche Hilfe, um über ihre geschichtlichen Sperren hinwegzukommen.“[51]

In diesen wenigen Zeilen, steckt dreifach Brisantes: (a) Die Intervention spielt mit dem Rekurs auf Sich-an-den-eigenen-Haaren-aus-dem-Sumpf-Ziehen unübersehbar auf das albertsche Münchhausen-Trilemma (→ Bd. 2, Teil A, Kap. 2.8) an – was nur heißen kann: Ratzinger schließt aus, dass Begründungsgedanken theologisch wirklich von Belang sein können. Das konvergiert ersichtlich mit (b): Ohne Zweifel tritt Vernunft allemal geschichtlich auf. Und ebenso wenig steht in Frage, dass diese elementare Auftrittsbedingung die Vernunft fallibel macht. In keiner Weise aber ist von daher vorgegeben, dass von vornherein und prinzipiell alle Äußerungsformen von Vernunft fallibel sein müssten: Auch geschichtlich aufgekommene Gedanken können – einmal aufgekommen – zumindest in dem Sinn unhintergehbar sein, dass das Denken die durch sie ergehende Herausforderung nicht mehr los wird: Das gilt so gut von Augustinus' „Si enim fallor, sum“[52] (Wenn ich mich täusche, bin ich.) und Descartes' „Je pense, donc je suis“[53] (Ich denke, also bin ich.) wie von Immanuel Kants kopernikanischer Wende in der Erkenntnistheorie[54] oder – paradox geradezu – auch noch von Friedrich Nietzsche, der jegliche Artikulation eines Geltungsanspruchs zu einer Metapher erklärt, von der vergessen worden sei, dass es sich um eine solche handle.[55] (↖ Bd. 1, Kap. 1.2) Auch nur der Verdacht, dass das so sein könnte, verändert das Problem der Erkenntnis radikal. Denn wenn es so ist – wenn alles Gültigsein seine Bindekraft nur aus der Vergessenheit seines ursprünglichen metaphorischen Charakters zöge –, vermöchte sich die Vernunft genau darüber ja auch nicht mehr aufzuklären, d.h. sie versackte sozusagen in einem nicht mehr endenden Strudel des Selbst-

[51] RATZINGER: Lage (Anm. 48). 369.

[52] AUGUSTINUS: De civitate Dei. XI, 26.

[53] DESCARTES, René : Discours de la méthode. IV, 1.

[54] Vgl. KANT, Immanuel: Kritik der reinen Vernunft (2. Aufl.). In: DERS.: Kant's gesammelte Schriften. Hg. v. der Königlich Preußischen Akademie der Wissenschaften. Bd. III. Berlin 1911. 12.

[55] Vgl. NIETZSCHE, Friedrich: Ueber Wahrheit und Lüge im aussermoralischen Sinne. In: DERS.: Sämtliche Werke. Kritische Studienausgabe. Hg. v. Giorgio Colli u. Mazzino Montinari. Bd. 1. 2. Aufl. München; Berlin; New York 1988. 873-890. Hier 880f.

zweifels. Und (c): Wenn Vernunft tatsächlich nicht aus eigener Kraft auf die Beine kommt, sondern – wie Ratzinger formuliert – geschichtlicher Hilfe bedarf, um aus ihren geschichtlich bedingten Verblendungen freizukommen: Woran wird dann auf überprüfbare – also begründete – Weise ersichtlich, dass durch die christliche oder gar katholische Option (wie von Ratzinger zweifelsfrei unterstellt) der Vernunft jene Freiheit vermittelt wird, die diese wirklich zu sich selbst kommen lässt? Das könnte sich ja auch ganz anders verhalten – und wird im Übrigen von einem erheblichen Teil der Zeitgenossinnen und Zeitgenossen auch ganz anders unterstellt. Konstativ gewendet: Der vernunftkritisch motivierte Vorbehalt gegen einen starken Begründungsgedanken im theologischen Diskurs mündet in einen subtilen fideistischen Zirkel[56], wenn die Vernunftkritik selbst nicht nochmals der Vernunft zugetraut wird. Genau an diesem Punkt findet aber selbst das starke Votum Benedikts XVI. für den Logos und die Vernunft in der legendären Regensburger Vorlesung vom September 2006 seine Grenze, wie an deren auffällig opaken Kant-Paraphrase greifbar wird.[57] Die eigenartige partielle Postmoderne-Koalition J. Ratzingers/Benedikt XVI. wurzelt im Letzten in seinem nie aufgegebenen Vorbehalt gegen die philosophische Moderne und der aus ihm folgenden Verhältnislosigkeit zu deren intellektuellen Ressourcen.

Angesichts dieser geballten Vorbehalte philosophischer wie theologischer Provenienz wagt sich mithin an kein sonderlich attraktives Geschäft, wer als Theologin oder Theologe meint, für die angemessene Durchführung des eigenen Auftrags auf Gründe rekurrieren zu sollen. Der klassische Weg scheint prinzipiell dadurch verbaut, dass ein Begründungsprogramm, wenn es einmal in Gang gesetzt ist, logisch notwendig auf letzte Gründe führen muss. Weil solche aber nach breitester Überzeugung überhaupt nicht zu benennen seien, schnappe unausweichlich die Falle des Münchhausen-Trilemmas zu. Von Gründen kann dann aber sinnvollerweise nur noch die Rede sein, wenn sich eine grundsätzlich alternative Begründungsfigur denken lässt. Gibt es die?

[56] Ich halte es für ein Missverständnis Ratzingers, bei Verweyens Konzeption handle es sich um „[...] eine vermeintlich völlig glaubensunabhängige rationale Grundlegung des Glaubens [...] (die dann doch in der puren abstrakten Rationalität nicht überzeugen kann) [...] [und damit um einen; K. M.] wesentliche[n] philosophische[n] Irrtum [...]“ [RATZINGER: Lage (Anm. 48). 372]. Das „vermeintlich“ in dem vorstehenden Zitat weiß ich beim besten Willen nicht einzuordnen, sofern die Pointe von Verweyens Ansatz gerade dies ausmacht, einen Begriff konstitutiv glaubensbezogener autonomer Vernunft zu entwickeln. – Die umfängliche Fußnote mit dieser Kritik Ratzingers fehlt kommentarlos in dem Wiederabdruck des Textes in: RATZINGER, Joseph Kardinal: Glaube – Wahrheit – Toleranz. Das Christentum und die Weltreligionen. 2. Aufl. Freiburg; Basel; Wien 2003.

[57] Vgl. die offizielle Druckversion in: BENEDIKT XVI.: Glaube und Vernunft. Die Regensburger Vorlesung. Kommentiert v. Gesine Schwan, Adel Theodor Khoury, Karl Kardinal Lehmann. Freiburg; Basel; Wien 2006.

Alternative zum Begründungsdiskurs. Die gesuchte Alternative gibt es in der Tat – und sie erfüllt eine philosophische und eine theologische Aufgabe zugleich: die philosophische hinsichtlich der Frage nach dem prinzipiellen Sinn der Frage nach Gründen, die theologische in Gestalt einer Entlastung von der Hypothek des Themas „Gottesbeweise", das ja unerachtet des fortwährenden philosophischen Interesses an den einschlägigen Argumentfiguren theologisch regelrecht mit einem Tabu belegt worden ist. In allen Gottesbeweis-Projekten geht es der Sache nach um den Nachweis der Rationalität des Glaubens an einen Gott. (↸ Bd. 1, Kap. 10) Ausnahmslos alle Gottesbeweise, die bekannt sind, lassen sich, sofern sie als zwingende Argumente verstanden werden, auf irgendeine Weise aushebeln oder – im Fall von Wahrscheinlichkeitsüberlegungen – auf starke Weise strittig machen. Daraus lassen sich nur zwei alternative Konsequenzen ziehen[58]: (a) Entweder wird der Rationalitätsanspruch für den Glauben an einen Gott aufgegeben. Oder (b): Der Begriff der Rationalität wird von demjenigen der Beweisbarkeit abgekoppelt. Option (a) bedeutete die völlige Abmeldung theologischer Einlassungen aus dem intellektuellen Diskurs. Gar nicht so wenige – bis weit in großkirchliche Kreise hinein – wählen heute diesen Weg. Ihre Wahl bedeutet in der Regel auch den Abschied von einem einheitlichen Lebenskonzept. Denn diese Ausblendung der Vernunft aus dem Bereich des Religiösen kann ohne weiteres mit hoch differenziertem praktischem und theoretischem Vernunftgebrauch in den anderen Daseinsdimensionen einhergehen.

„Reformed Epistemology". Option (b) operiert mit der Lockerung oder Auflösung des Junktims zwischen Rationalität und Beweisbarkeit. Zu diesen Weisen theologischer Rationalität, die ihre Bindekraft nicht aus Begründungen beziehen möchten, zählen auch bestimmte Varianten methodisch am analytischen Philosophieren orientierter Theologie, die unter dem Label „Reformed Epistemology"[59] firmieren und die man am besten als Inversionsmodell theologischer Rationalität charakterisiert.[60] Für einen solchen Ansatz scheint vor

58 Vgl. zum Folgenden auch KREINER, Armin: Demonstratio religiosa. In: DÖRING, Heinrich/KREINER, Armin/SCHMIDT-LEUKEL, Perry: Den Glauben denken. Neue Wege der Fundamentaltheologie. Freiburg 1993. 9-48.

59 Vgl. dazu KREINER: Demonstratio (Anm. 58). – A. Plantingas Programm religiöser Epistemologie hat sich mittlerweile in einer Komplexität entwickelt, dass es einer eigenen differenzierten Rekonstruktion bedürfte. Vgl. PLANTINGA, Alvin: Warrant and proper Function. New York; Oxford 1993. – DERS.: Warrant: The Current Debate. New York; Oxford 1993. – DERS.: Warranted Christian Belief. New York; Oxford 2000. – Vgl. auch SCHÄRTL, Thomas: Der religiöse Glaube im Windschatten des Wissensbegriffs? Anfragen an den Entwurf Alvin Plantingas. In: KAMPMANN, Tobias/SCHÄRTL, Thomas (Hgg.): Der christliche Glaube vor dem Anspruch des Wissens. Münster 2006. 87-146.

60 Zu anderen, ebenfalls analytisch imprägnierten theologischen Konzepten, die ebenso ausdrücklich mit der Begründungsthematik befasst sind vgl. DEEKEN, Andreas: Glaube ohne Begründung? Zum Rationalitätskonzept in George Lindbecks Entwurf

allem zu sprechen, dass ein Gutteil unserer praktischen Alltagsüberzeugungen normalerweise als irrational zu gelten hätte, weil sie sich nicht beweisen lassen. Daraus kann unter der Voraussetzung, dass Rationalität als solche anerkannt bleibt, nur eine Umkehr der epistemischen Beweislast resultieren. Das ist theologisch ausgesprochen attraktiv, denn ohne Zweifel werden normalerweise – d.h. in unserem alltäglichen Leben – Annahmen oder Überzeugungen dann als rational betrachtet, wenn sie auf Gründe zurückgeführt werden können. Überzeugungen, für die sich keine zureichenden Gründe aufbieten lassen, gelten demgemäß als irrational. Im Fall der Gottesfrage sind diejenigen, die an Gott glauben, damit gehalten, zureichende Gründe für ihre Überzeugung zu nennen. Gelingt das nicht – und so sieht es nach der Durchmusterung der einschlägigen Argumentationen namens „Gottesbeweise" aus –, hat der Glaube an Gott als irrational zu gelten und ist damit auch nicht mehr zu verantworten (es sei denn, man teilt die vorausgehend zitierte religionswissenschaftliche Minimaldefinition von Religion als einer notwendig vernunftwidrige Sätze einschließenden Überzeugungsform). Wem immer Vernunft noch etwas bedeutet, muss dann freilich den Atheismus als intellektuelle Pflicht auffassen. Genau das macht die Lockerung oder gar Auflösung des Zusammenhangs von Rationalität und Beweisbarkeit nicht nur attraktiv, sondern nachgerade unvermeidlich für jede und jeden, die diese Konsequenz nicht ziehen wollen oder können.

Nur – und das ist die unvermeidliche Konsequenz – stellt diese Lösung so etwas wie einen Dammbruch dar. Ist das Band zwischen Rationalität und Beweisbarkeit durch Begründung gelöst, dann werden religiöse Behauptungen als plausibel oder hinsichtlich ihrer Gültigkeit als unentscheidbar oder als wahrscheinlich etc. qualifiziert. Ein solchermaßen epistemologisch weich gemachtes Kriterium kann dann unschwer auch etwa von esoterischen Positionen in Anspruch genommen werden, wie sie heute beinahe inflationär unter dem Titel „New Age" vertreten werden und wie es sie in Gestalt von Astrologie und Magie etc. immer schon gab. Systematisch gewendet: Die Abkoppelung der Begründungsdimension von der Rationalität relativiert jedweden Vernunftanspruch bis zur Beliebigkeit und führt im Fall religiöser Behauptungen geradlinig in den Fideismus. D.h. Option (a) und (b) fallen im letzten Ergebnis zusammen.

Rationalität ohne Begründung. Dieser Aporie ist nur dann zu entkommen, wenn sich ein Begriff von Rationalität denken lässt, dessen Bindekraft prinzipiell nicht an Begründungen hängt. Das Problem selbst wurde bereits in der antiken Skepsis gesehen, seine grundsätzliche und am bekanntesten gewordene Lösung geht auf Pop-

einer postliberalen Theologie. Münster 1998. – WIERTZ, Oliver J.: Begründeter Glaube? Rationale Glaubensverantwortung auf der Basis der Analytischen Theologie und Erkenntnistheorie. Mainz 2003.

per zurück. Der Grundgedanke lautet: Jeder Versuch eines Beweises erfahrungswissenschaftlicher Theorien führt in den infiniten Regress, weil jeder Beweis aus Konklusion und Prämissen besteht, erstere aber erst bewiesen ist, wenn die Prämissen bewiesen sind, der Prämissenbeweis besteht wiederum aus Konklusion und Prämissen, welche erst als ihrerseits bewiesene die Konklusion beweisen und so in infinitum. Beweis durch Begründung funktionierte also nur, wenn zumindest an einem gewissen Punkt Aussagen dafür in Anspruch genommen werden könnten, die ihrerseits nicht nochmals der Begründung bedürftig oder auch nur fähig sind. Das trifft nur für empirisch evidente, selbstevidente oder irrtumsimmune Sätze zu. Alvin Plantinga nennt solche Sätze „properly basic“[61], wirklich oder im eigentlichen Sinn basal. Selbst wenn es Sätze gibt, die eine der drei genannten Bedingungen erfüllen, tritt aber ein Problem auf: Man kann nämlich fragen, ob denn nun der Grundsatz, dass nur diese drei Satztypen properly basic sind, auch properly basic ist. Zwei Antworten sind möglich: (a) Wenn die Antwort „nein“ heißt, muss der Grundsatz durch Rekurs auf properly-basic-Sätze begründet werden. Gemäß gängiger Überzeugung ist das bislang nicht geschehen. (b): Heißt die Antwort „ja“, dann muss der Grundsatz als solcher empirisch evident, selbstevident oder irrtumsimmun sein. Das ist in keiner Weise der Fall. Folge: Die Koppelung von Rationalität an Begründung genügt selbst nicht den Anforderungen, die durch sie aufgestellt werden, d.h. sie muss als inkonsistent und irrational gelten, solange das properly-basic-Prinzip als solches nicht durch einen properly-basic-Satz fundiert ist. Freilich ist diese Möglichkeit nicht prinzipiell verschlossen. Folgerichtig laufen alle Programme, für die Rationalität irgendwie mit Begründung zu tun haben muss, formal gesehen auf eine Rückleitung des properly-basic-Grundsatzes auf einen properly-basic-Satz hinaus. Zum derzeitigen Mainstream kann sich zählen, wer stattdessen mehr oder weniger direkt unter popperschem Vorzeichen allem Begründungsbemühen den Laufpass gibt. Mehr als alles andere scheint dafür zu sprechen, dass – gemessen an diesem auf Gründe bezogenen Maßstab von Rationalität – ein Gutteil unserer praktischen Alltagsüberzeugungen als irrational zu gelten hätte, weil sie sich nicht beweisen lassen. Daraus kann unter der Voraussetzung, dass Rationalität als solche anerkannt bleibt, nur so etwas wie ein Inversionsprogramm resultieren. Vorgelegt hat es in ebendieser klassischen Form Nicholas Wolterstorff.[62]

Beweislastumkehr. Wolterstorffs basale Operation nimmt sich fast trivial aus (und ist in Wahrheit das Gegenteil): Er plädiert

[61] Vgl. PLANTINGA, Alvin: Reason and Belief in God. In: DERS./WOLTERSTORFF, Nicholas (Hgg): Faith and Rationality: Reason and Belief in God. Notre Dame; London 1983. 16-93. Hier 55.

[62] Vgl. WOLTERSTORFF, Nicholas: Can Belief in God Be rational If It Has No Foundations? In: PLANTINGA/WOLTERSTORFF: Faith and Rationality (Anm. 61). 135-186.

dafür, die Rationalität einer Überzeugung nicht daran festzumachen, welche Gründe für sie sprechen, sondern daran, dass es keine angemessenen Einwände gegen diese Überzeugung gibt. Daraus lässt sich umstandslos ein relativ präzises Kriterium gewinnen. Mit Wolterstorffs eigenen Worten:

> „If a person has *adequate reason* to cease from some one of his beliefs, then he is rationally unjustified in holding it even if it was produced in him by a reliable process. And if a person *lacks adequate* reason to cease from some one of his beliefs, the he is rationally justified in holding it even if it was produced in him by an unreliable process [...] A person is rationally justified in believing a certain proposition which he does believe unless he has adequate reason to cease from believing it. Our beliefs are rational unless we have reason for refraining; they are not nonrational unless we have reason *for* believing. They are innocent until proved guilty, not guilty until proved innocent.“[63]
>
> [Wenn eine Person *angemessene Gründe* hat, von einer ihrer Überzeugungen abzulassen, ist sie rational nicht gerechtfertigt, an dieser festzuhalten, selbst wenn sie in ihr durch einen zuverlässigen Prozeß zustande gekommen ist. Und wenn einer Person *angemessene* Gründe *fehlen*, von einer ihrer Überzeugungen abzulassen, dann ist sie rational gerechtfertigt, an dieser festzuhalten, selbst wenn sie in ihr durch einen unzuverlässigen Prozeß zustande gekommen ist. [...]
>
> Eine Person ist rational gerechtfertigt, eine bestimmte Behauptung zu glauben, welche sie glaubt, bis sie angemessene Gründe hat, diesen Glauben aufzugeben. Unsere Überzeugungen sind rational, bis wir Gründe haben, sie zurückzuweisen; sie sind nicht nicht-rational, bis wir Gründe haben, sie zu glauben. Sie sind unschuldig, bis sie sich als schuldig erweisen, nicht schuldig, bis sie sich als unschuldig erweisen.“][64]

Das heißt: Keinen positiven Grund für eine Annahme zu haben, ist noch kein Grund, diese Annahme aufzugeben. Sie kann solange als gerechtfertigt gelten, als keine stichhaltigen Gründe gegen sie ins Feld geführt werden. Rationalität besteht demgemäß darin, Annahmen kritischer Prüfung auszusetzen. Das hat ohne Zweifel viel für sich. Nur muss dieses kritische Prüfen seinerseits irgendwie einem Maßstab folgen, sonst führt es unausweichlich in ein skeptisches Endlosverfahren. Und woher kommt dann dieser Maßstab?

Weiche Rationalität. Die einschlägigen Protagonisten der zur Debatte stehenden Inversion benennen einen solchen nicht. Sie berufen sich lediglich auf pragmatische Effizienz[65] und theoretische Konsistenz bzw. Kohärenz. Der Effizienzgedanke ist für unseren Zusammenhang schlichtweg irrelevant, weil die Entsprechung zwischen religiösen Annahmen und menschlichen Bedürfnissen die ersteren so wenig diskreditiert als sie sie rechtfertigt. Konsistenz und Kohärenz geben eine gewisse Auskunft: Sind sie gegeben, ist damit für die

[63] WOLTERSTORFF: Belief (Anm. 62). 162-163.
[64] WOLTERSTORFF: Belief (Anm. 62). 162-163.
[65] Vgl. dazu paradigmatisch die Position von Peter Janich in: DERS.: Was ist Wahrheit? Eine philosophische Einführung. München 2000.

Wahrheit der betroffenen Überzeugung noch immer nichts gewonnen. Jedoch muss ihr Fehlen als starkes Indiz für die Falschheit der in Frage stehenden Überzeugung gelten. Denn Inkonsistenz heißt soviel wie: In den begrifflichen Zusammenhängen einer Annahme treten interne Widersprüche auf. Und Inkohärenz ist dann gegeben, wenn die betreffende religiöse Annahme beim besten Willen nicht mit nichtreligiösen, also alltäglichen, wissenschaftlichen oder philosophischen Annahmen zu verbinden ist. Die jenseits aller Begründungsansprüche konzipierte Rationalität präsentiert sich damit – vorsichtig ausgedrückt – als ausgesprochen weich.

Offene Flanken. Dieser Eindruck steigert sich zur Gewissheit, wenn man das leitende Prinzip von Wolterstorffs Konzeption näher betrachtet. Das Prinzip, das als Rationalitätskriterium fungiert, lautet (um es nochmals in Anlehnung an die vorhin zitierte Passage in Erinnerung zu rufen): „innocent until proved guilty, not guilty until proved innocent" – unschuldig bis zum Schulderweis, nicht schuldig bis zum Unschuldserweis. Gemeint ist: Überzeugungen oder Behauptungen haben als rational zu gelten bis zum Erweis ihrer Irrationalität, und nicht als irrational bis zum Erweis ihrer Rationalität. Ebendieses Prinzip belasten jedoch zwei auf den ersten Blick gar nicht so leicht zu entdeckende offene Flanken: (a) In keiner Weise ist mit ihm die Verpflichtung verbunden, widersprechende Behauptungen überhaupt zu registrieren. Und (b): Nichts steht entgegen, bereits eingetretene Widersprüche durch epistemische Strategien wieder aus der Welt zu schaffen. Wie Letzteres geht, führt auf klassische Weise W.V.O. Quine vor[66]: Jeder unserer Sätze über die Welt kann beliebig verändert werden, solange wir nur die mit ihm zusammenhängenden Sätze – und gegebenenfalls sogar fundamentale Sätze – entsprechend anpassen. (↖ Bd. 1, Kap 3.2) Sollten die Strategien (a) und (b) greifen, erledigen sie das alternative, durch einen Verzicht auf Begründungen ausgezeichnete Rationalitätskonzept.

Normatives Fangnetz. Vertreter des begründungsfreien Rationalitätskonzepts suchen – wenn sie denn das Problem überhaupt wahrnehmen – die beiden Fluchtwege folgendermaßen zu verschließen: Strategie (a) wird als ethisches Problem qualifiziert und die Wahrnehmung, also Nicht-Ausblendung, argumentativer Einsprüche zur Konsequenz einer epistemologischen Verpflichtung auf Wahrheit erklärt. Praktisch gesehen heißt das: Als rational kann nur gelten, wer in Anbetracht seiner unbestreitbaren konstitutiven Irrtumsanfälligkeit kritische Einsprüche nicht übergeht, sondern als eine Art Katalysator in die progressive Wahrheitssuche einbezieht. Nicht alle unsere Überzeugungen können immer auf den Prüfstand zitiert werden,

66 Vgl. QUINE, Willard Van Orman: Two Dogmas of Empiricism. In: DERS.: From a Logical Point of View. New York 1963. 20-46. Hier 43.

wohl aber die wichtigen, deren wichtigste die religiösen sind, sofern an ihnen für einen religiösen Menschen das definitive Geschick seiner Existenz hängt. Sie sind darum die Erstkandidaten kritischer Reflexion, also auch für Verfahren, die gefestigte Überzeugungen je neuer Hinterfragung aussetzen. Nur: Woher rührt die normativ dahinterstehende epistemologische Verpflichtung auf Wahrheit? Und auf welcher Basis könnte sie gar eingeklagt werden?

Rationalitätskriterium? Exakt die gleiche Frage stellt sich strukturell gesehen in Bezug auf die für die begründungsfreie Rationalität notwendige Unterbindung der Strategie (b), also der Kritikimmunisierung durch systematische Satzanpassung. Natürlich liegt auf der Hand, dass solche Anpassungen nur bis zu einem bestimmten Grad möglich sind, wenn der, der sie vornimmt, das kommunikative Netz nicht verlassen, d.h. sich nicht jeglicher Kritik entziehen und damit alle Verständigungskompetenz einbüßen will. Etwas ganz anderes ist freilich, einigermaßen handhabbare Kriterien für die Differenz von „rational“ und „irrational“ anzugeben. Der Holismus Quines sollte eigentlich Warnung genug sein, diesbezüglich auf einfache Diskriminationsverfahren wie etwa die Überprüfbarkeit von Erfahrungsdaten etc. zu setzen. Denn für Quine stehen selbst in der Regel für elementar, ja unhintergehbar gehaltene Sätze wie etwa das Nicht-Widerspruchs-Prinzip prinzipiell zur Disposition: Die scheinbare Unhintergehbarkeit resultiert für ihn ja lediglich daraus, dass wir die Mühe der umfänglichen Anpassungsarbeit scheuen, wenn wir solche basalen Sätze revidieren würden. Dennoch halten die Vertreter des begründungsfreien – oder wie sie es nennen: kritizistischen – Rationalitätskonzepts eine grundsätzliche Unterscheidung zwischen rational und irrational ohne das Instrument logischen Zwanges und definitiver Entscheidungsverfahren für möglich. Dass die Differenz in zahlreichen Einzelfällen nur schwer festzumachen ist, beirrt sie nicht, sofern das auch im Rahmen der sittlichen Qualifikation von Handlungen als gut oder böse der Fall sei und trotzdem die prinzipielle Unterscheidung zwischen beidem nicht aufgegeben werde. Ohne Zweifel spricht viel dafür, im Horizont dieser Analogie die Rationalitätstheorie als „Ethik unserer intellektuellen Überzeugungen“[67] zu bestimmen. Ebenso steht außer Zweifel, dass es sich dabei um eine normative Ethik handeln muss. Nur – und also wieder die gleiche Frage wie im Zusammenhang der Strategie (a): Woher kommt diese Normativität?

Theopragmatik? Formal-systematisch gesehen klinkt sich exakt an dieser Stelle mittlerweile auch Clemens Sedmak in die Debatte ein. Seine ziemlich redundant über mehrere Monographien hin-

67 KREINER: Demonstratio (Anm. 58). 23.

weg[68] formulierte Selbstverständigung von Theologie sieht deren akademisch-wissenschaftliche Zukunft vom „[...] Beitrag der Theologie zur Wissenschaftsethik [...]"[69] abhängen, macht also genau das zum Zentrum, worüber die „Reformed Epistemology" eine zureichende Auskunft schuldig bleibt. Kraft ihrer strukturellen Verfassung und ihres materialen Gehaltes schreibt er christlicher Theologie „erkenntnistheoretische Vorteile"[70] zu, die sie anderen Disziplinen gegenüber zur Rolle einer „Kontrastwissenschaft"[71] befähigt, sofern sie als eine Art Hofnarr „eine Sicht von Anderswo"[72] einspiele, in theoretischen und praktischen Präferenzen und Propensitäten verborgene „‚stumme Theologien'" entziffere und schließlich auch eine epistemologische Option für Ausgegrenzte forciere.[73] So stehe Theologie unmittelbar kraft ihres Gehaltes für eine „Ethik des Erkennens"[74] ein. Uneingeschränkt teile ich Sedmaks These, Theologie als notwendig zu qualifizieren, weil alle Religion kontingent sei[75], und dass nur mit theologischen Instrumentarien das religiöse Imaginationspotenzial gegenwärtiger Gesellschaften und sein Sprengstoff zu moderieren sei.[76] Hoffnungslos überfordert aber scheint mir von dieser Aufgabe die Methodik zu sein, die er dafür vorschlägt: die Entwicklung einer auf Anwendungsfälle hin konzipierten Theopragmatik, die sich – mit Claude Levi-Strauss gesprochen – als „‚bricolage'"[77] in Gestalt einer „Theologie in Heften"[78] artikuliert. Kein Wunder, dass er von diesem ausgesprochen schwachen Anspruch aus nur dadurch überhaupt in die Dimension der Universalität gelangt, dass er seine situative Pragmatik mit der materialen Praxis Jesu kurzschließt.[79] Das gibt seinem ganzen Konzept einen ausgesprochen biblizistischen Touch, der über den wittgensteinschen Gedanken der Vernetztheit von Sprache bzw. Erkenntnis und Lebensform und einer Parallelisierung solcher „Kleiner Theologien" mit Wittgensteins *Philosophischen Untersuchungen* und in gewissem Sinn auch mit Rahners *Schriften zur Theologie* (deren englische Übersetzung mit *Theological Investigations*

68 Vgl. SEDMAK, Clemens: Lokale Theologien und globale Kirche. Eine erkenntnistheoretische Grundlegung in praktischer Absicht. Freiburg i.Br. 2000. – DERS.: Theologie in nachtheologischer Zeit. Mainz 2003. – DERS.: Katholisches Lehramt und Philosophie. Eine Verhältnisbestimmung. Freiburg; Basel; Wien 2003.

69 SEDMAK: Theologie in nachtheologischer Zeit (Anm. 68). 10.

70 SEDMAK: Theologie in nachtheologischer Zeit (Anm. 68). 47.

71 SEDMAK: Theologie in nachtheologischer Zeit (Anm. 68). 47.

72 SEDMAK: Theologie in nachtheologischer Zeit (Anm. 68). 53.

73 Vgl. SEDMAK: Theologie in nachtheologischer Zeit (Anm. 68). 52-59.

74 SEDMAK: Theologie in nachtheologischer Zeit (Anm. 68). 82.

75 Vgl. SEDMAK: Theologie in nachtheologischer Zeit (Anm. 68). 39.

76 Vgl. dazu: MÜLLER: Cristianesimo e Occidente (Anm. 22). – DERS.: Genauer hinschauen. Das Christentum, der Westen und die Wahrheit. In: Herder Korrespondenz 58 (2004). 235-240.

77 SEDMAK: Theologie in nachtheologischer Zeit (Anm. 68). 119.

78 SEDMAK: Theologie in nachtheologischer Zeit (Anm. 68). 90.

79 Vgl. SEDMAK: Theologie in nachtheologischer Zeit (Anm. 68). 120-126.

betitelt ist[80]) systematische Dignität gewinnen soll.[81] Wenn Sedmak strukturell analog zu dieser Verhältnisbestimmung zwischen Ethik und jesuanischer Praxis dann auch noch die Beziehung zwischen Philosophie und katholischem Lehramt konstruiert[82], wird schlagartig die Achillesverse des ganzen Ansatzes sichtbar: dass Theologisches so auftritt, als hätte es das ganze Geschäft der Hermeneutik immer schon hinter sich – als ob der gewiss geschuldeten Hermeneutik des Einverständnisses nicht namentlich aus religionskritischen Gründen bleibend – auch für die Jesus-Traditionen[83] – eine Hermeneutik des Verdachts zugeordnet bleiben müsste[84] – was übrigens seinerseits bester biblischer Tradition entspricht.[85] Allerdings ist das um Welten verschieden von dem, womit sich Sedmak zufrieden gibt:

> „Dass diese Praxis [Jesu; K. M.] auch über eine binnenreligiöse Gemeinschaft hinaus relevant werden kann, zeigt der Gedanke, dass das Leben eine Kunst ist und dass diese Kunst anhand von Beispielen gelernt und eingeübt werden kann."[86]

Ob sich davon auch andere real-existierende Subjekte als nur animae candidae werden beeindrucken lassen, bleibe dahingestellt – oder nein: ich bezweifle es. Und überdies hängen Kunst und Leben ungleich komplexer, metaphysischer und eine Glaubensverantwortung betreffend epistemischer zusammen, als Sedmak da unterstellt, nämlich als Entdeckungs- und Begründungszusammenhang bewusst geführter Existenz.[87]

80 Den Hinweis verdanke ich Prof. Dr. Thomas Schärtl, Washington D.C., bis vor kurzem mein Assistent in Münster.

81 Vgl. SEDMAK: Theologie in nachtheologischer Zeit (Anm. 68). 10. 90. – Dass Wittgenstein gerade mit Bezug auf die Begründungsproblematik auch noch sehr viel anders als nach Maßgabe des derzeitigen Mainstream der Interpretation seiner Einlassungen zur religiösen Epistemologie gelesen werden kann, hat herausgearbeitet STOSCH, Klaus v.: Glaubensverantwortung in doppelter Kontingenz. Untersuchungen zur Verortung fundamentaler Theologie nach Wittgenstein. Regensburg 2001.

82 Vgl. dazu SEDMAK: Theologie in nachtheologischer Zeit (Anm. 68).

83 Anders ließe sich der philosophischen Jesus-Kritik beispielsweise von KELSOS *Gegen die Christen,* über den anonymen Traktat *Über die drei Betrüger* (mit einer Einleitung kritisch hg. übers. u. komm. v. Winfried Schröder. Hamburg 1994.) und E. CIORAN (Die verfehlte Schöpfung. Frankfurt a.M. 1979.) bis H.C. ZANDER (Warum ich Jesus nicht leiden kann: ein Anschlag gegen den neuen religiösen Kitsch. Reinbek b. Hamburg 1994.) und F. BUGGLE (Denn sie wissen nicht, was sie glauben. Oder warum man redlicherweise nicht mehr Christ sein kann. Eine Streitschrift. Reinbek b. Hamburg 1992.) nichts entgegen halten.

84 Vgl. dazu auch MÜLLER, Klaus: Einsatz für Minervas Eulen. Einmal mehr zum Verhältnis von Philosophie und Theologie. In: Theologische Revue 98 (2002). Sp. 391-398. Hier 393-395.

85 Vgl. dazu MÜLLER, Klaus: Philosophische Grundfragen der Theologie. Eine Enzyklopädie mit Quellentexten. Unter Mitarbeit v. Saskia Wendel. Münster 2000. 242-248.

86 SEDMAK: Theologie in nachtheologischer Zeit (Anm. 68). 211.

87 Vgl. dazu bahnbrechend HENRICH, Dieter: Versuch über Kunst und Leben. Subjektivität – Weltverstehen – Kunst. München; Wien 2001. – Vgl. dazu auch MÜLLER, Klaus: Aufgaben eines bewusst geführten Lebens. Zu Dieter Henrichs Projekt einer metaphysischen Existenzdeutung. In: (Beograd) Philotheos 4 (2004). 82-97.

Unhintergehbarer Überschuss. Die entscheidende Lücke, die die „Reformed Epistemology“ wie das Konzept Sedmaks lassen: Sie übergehen, dass jeder Normgedanke ausgesprochen oder unausgesprochen logisch von einer letzten, nicht mehr hintergehbaren – wenigstens im Modus eines Horizonts oder performativ präsenten – Begründung lebt. Selbst so unverdächtige philosophische Gewährsleute wie Peter Strasser oder Christoph Türcke insistieren darauf, dass beim Fragen nach der Wahrheit und dem Guten über alle Momente von Korrespondenz, Kohärenz und Konsens noch eine Art Überschussmoment ins Spiel kommen muss. Strasser nennt es Wahrheitsidee, erkennt in ihm einen Absolutheitscharakter, durch den Wahrheit zu den Vollkommenheitsidealen des guten Lebens zählt.[88] Und Türcke meint, wer vom Ganzen nicht reden wolle, sollte auch von den Teilen schweigen und auf jegliche Wahrheit verzichten.[89] Der Clou dabei, wenn ich so salopp sagen darf: Dieses Mehr tritt schon im Fall der kleinsten Alltagswahrheiten auf und ist kein Spezialimplikat religiöser Geltungsansprüche.

Damit ist der Fall religiöser Wahrheit sozusagen naturwüchsig im Feld der philosophischen Wahrheitsfrage verankert. Der Verdacht, Wahrheit sei grundsätzlich totalitär und es sei dem gemäß toleranter, nicht nur eine Wahrheit anzunehmen, ist logischer Widersinn. Zwei Wahrheiten oder noch mehr sind gar keine. Das heißt noch lange nicht, dass jemand, die oder der sagt „Das ist wahr“ in der Wahrheit ist, also sich nicht irren könnte, oder die Wahrheit besitzt oder dass nicht jemand anders sie besser sagen könnte. Es heißt nur, dass wir nicht *nicht* zu Wahrheit unterwegs sein können, wenn wir uns mehr zuschreiben, als Organismen zu sein, die nach dem Reiz-Reaktions-Schema funktionieren. Strasser bezeichnet ein solches plurales oder relatives Verständnis – auch im Fall religiöser Wahrheit – pointiert als unbegründet und inhuman, Letzteres vor allem deshalb, weil es jedwede intersubjektive Kommunikation, die über das Absondern von Geräuschen hinausginge, unmöglich machte. Wir setzen eine Intuition, vielleicht sogar einen Gedanken unbedingter Gültigkeit voraus, von dem her wir im Fall konkreter Urteile wissen, was wir meinen, wenn wir etwas als wahr oder falsch behaupten. Türcke bringt das Gleiche mit der Denkfigur Teil-Ganzes zur Geltung. Wo nach Wahrheit überhaupt gefragt wird, kommt die Dynamik dieser Frage erst bei der Idee einer Ganzheit des Wahren zum Halten und sucht von diesem her den alltäglichen Wahrheitsansprüchen Halt zu geben. Aber dieses Ganze hat unsere Vernunft nicht. Machte sie sich ein Ganzes zurecht, über das sie verfügte, wäre es schon wieder ein Unwahres. Alle Wahr-

[88] Vgl. STRASSER, Peter: Theorie der Erlösung. Eine Einführung in die Religionsphilosophie. München 2006. 9-10. 51-52. – DERS.: Gut in allen möglichen Welten. Der ethische Horizont. Paderborn u.a. 2004. 14.

[89] So auf dem Symposion der Initiative Pro Geisteswissenschaften „Wiederkehr der Religionen?“ Münster, Oktober 2006, in der Arbeitsgruppe „Die Debatte um den Wahrheitsanspruch der Religionen als Herausforderung an die Religionsphilosophie“.

heit, die wir erreichen, ist Vorgriff auf ein Maximum, das wir nie erreichen. Das sind Gedanken, die sich nahezu wörtlich in den Anfängen moderner und zeitgenössischer Fundamentaltheologie wiederfinden, etwa bei Karl Rahner – und ich stimme dem philosophisch und theologisch zu.

Wirklichkeitsbewährung. Was aber bedeutet das nun für religiöse Wahrheitsansprüche? Genau das, was es für die anderen, nicht-religiösen, alltäglichen Wahrheitsansprüche auch bedeutet: Auch religiöse Wahrheit haben wir nicht. Nur im Fragment, wie in einem Spiegel (Paulus, 1 Kor 13,12) blitzt etwas auf, wenn ein Wahrheitsanspruch seitens der Wirklichkeit, auf die er sich bezieht, eine Bewährung erfährt, „Fürsprache“[90] bekommt, wie Türcke das nennt. Die christliche, namentlich die wissensfreudige und vernunftoptimistische katholische Tradition hat das immer gewusst: Sie kennt seit je das Prinzip der Analogie, demgemäß jeder Ähnlichkeit zwischen Gott und Geschöpf, die sich aussagen lässt, eine umso größere Unähnlichkeit eingestiftet ist, so dass wir unterm Strich von Gott nicht wissen, wie er ist, sondern vielmehr, wie er nicht ist. Und Dogmen sind im Übrigen auch nicht Ausdruck unüberbietbaren Wissens (Gott bewahre!), sondern sozusagen notdürftige Sicherungsanlagen, die einen Diskursstand markieren, hinter den eine Tradition nicht mehr zurückfallen darf. Aber nirgends ist gesagt, dass das Gemeinte nicht sehr viel besser – vielleicht auch sehr viel einfacher – und darum bewährungsfähiger gesagt werden kann als bisher.

Vernunftautonomie und Kommunikation. Auch religiöse Wahrheitsansprüche haben darum das Geschäft der Hermeneutik, also des Auslegens und Verstehen Stiftens nie hinter, sondern immer vor sich – buchstäblich bis zum jüngsten Tag. Aber gerade deswegen haben sie eine Dimension letzter Gültigkeit zu ihrer Ermöglichungsbedingung. Ohne eine solche muss jeder Vernunftanspruch relativ sein in dem Sinn, dass er je dem, worauf er sich bezieht, ausgeliefert bleibt und damit durch seinen Referenten, seinen Bezugsgegenstand schlichtweg manipuliert werden kann. Und was die kommunikative Dimension betrifft, kann ich kritische Einwürfe anderer erst dann wirklich als sie selbst wahrnehmen, wenn ich unzweideutig weiß, wo ich stehe und dies dem Gegenüber auch angeben kann, sodass der oder die wissen, wo sie mich sozusagen packen können. Mit Vernunftautonomie und echter Kommunikation aber steht und fällt das begründungsfreie Rationalitätskonzept. Das aber bedeutet, dass es in Wahrheit doch nochmals die Begründungsdimension heimlich voraussetzt, die es hinter sich zu lassen behauptet. Natürlich muss es sich dabei um eine Begründungsfigur handeln, die keinen Rückfall in das verifikationistische Rationalitätskonzept impliziert oder gar repräsen-

[90] Vgl. Anm. 89.

tiert. In welche alternative Richtung dabei zu denken ist, habe ich vorausgehend bereits angedeutet, indem ich den Begründungsgedanken als Möglichkeitsbedingung qualifizierte, also als transzendentale Funktion. D.h. der Begründungsgedanke, ohne den offenkundig auch ein nicht-verifikationistisches Rationalitätskonzept nicht auskommt, wenn es bestimmte Standards nicht unterschreiten und bestimmte Themen nicht a priori ausklammern soll, bewegt sich auf der rein begrifflichen Ebene, ohne ein ontologisches Präjudiz zu treffen. Und genau in dieser Form erhebe ich unter ausdrücklicher Anerkennung dessen, was das Inversionsverfahren in der Gottesfrage leistet, Einspruch gegen den vom nicht-verifikationistischen Rationalitätskonzept favorisierten Abschied vom Begründungsdiskurs in der Theologie und behaupte, dass diese ohne Rekurs auf die Denkfigur einer erstphilosophischen Letztbegründung auf dem Forum der Vernunft eine definitive Auskunft über ihre Vernünftigkeit schuldig bleibt.

Stachel Verdachtshermeneutik. Nochmals anders freilich nimmt sich die Sache aus, wenn der Frage der Glaubensverantwortung in kontinuierlichem und konstitutivem Bezug gerade auf eine Hermeneutik des Verdachts nachgegangen wird. Dann stellt sich eine fundamentale Theologie selbst, wenn sie – Sedmak nicht ganz unähnlich – eher der situativen Intervention zuneigt, ausdrücklich und in aller Schärfe die Frage nach kontextübergreifenden Rationalitätskriterien. Genau das ist bei Jürgen Werbick der Fall: Gerade weil er sein Konzept von Glaubensverantwortung in durchgängiger Tuchfühlung mit einer Verdachtshermeneutik par excellence, nämlich mit derjenigen Nietzsches entwickelt, sucht er in vorsichtiger, aber gesprächsbereiter Skepsis auch die Auseinandersetzung mit transzendentalphilosophisch angelegten Begründungsprogrammen.[91] Zu klären ist dann aber, wie solche transkontextuellen Kriterien einem „Ad-hoc-Verfahren"[92] implementiert werden können, das sich bescheidet, konkrete Bestreitungen christlicher Überzeugung ebenso konkret-situativ zu widerlegen und nicht den Anspruch auf positive Darstellung der „eigene[n] Position mit *besseren* Gründen"[93] zu erheben. Werbick stellt sich ausdrücklich die Frage, ob das wirklich reicht und ob nicht zumindest transzendentallogisch – wie von H. Verweyen gefordert – auch für das Ad-hoc-Verfahren

[91] Vgl. WERBICK, Jürgen: Den Glauben verantworten. Eine Fundamentaltheologie. Freiburg i. Br. 2000. 185-224. – Vgl. DERS.: Fundamentaltheologie als Glaubens-Apologetik. In: Theologische Revue 98 (2002). Sp. 399-408. – Zu WERBICK: Glauben vgl. als erste kleine Replik das Ende von MÜLLER: Einsatz für Minervas Eulen (Anm. 84).

[92] WERBICK: Fundamentaltheologie (Anm. 91). 401.

[93] WERBICK: Fundamentaltheologie (Anm. 91). 401.

„eine systematisch kohärente Begründungsfähigkeit angenommen werden [müsse; K. M.], die die durchgehende Konsistenz dieser sporadischen ‚Repliken' ermöglicht“[94].

Er sucht darum die Lösung auf einem Mittelweg, der die Kriterienfrage der Rationalität nicht unterschlägt, aber dennoch weniger stark ausfällt als transzendentale Argumentationsverfahren und findet dafür sozusagen als metaphorisches Schibbolet den an W. Dilthey[95] gemahnenden Terminus der „Würdigung“. Er bezeichnet für ihn

„die ursprünglichste Herausforderung der menschlichen Vernunft. [Diese] zielt auf jene schöpferische Entsprechung, in der die Würde der mir Begegnenden als um ihrer selbst willen Seiende und Sein-Sollende zur Geltung kommt und ich mich meinerseits zum Selbstsein herausgefordert erfahre: mich als einen Menschen wertschätzen kann, dessen Würde darin liegt, die mir begegnenden Anderen in ihrem Für-sich-selbst-Sein zu würdigen.“[96]

Ich gehe an dieser Stelle nicht weiter darauf ein, ob dieser Begriff der Würdigung wirklich von dem bei Verweyen unterstellten Begriff der Identität als der letzten Sinnbestimmung von Vernunft so verschieden ist, wie Werbick annimmt; desgleichen zeichne ich nicht die spannende Frage weiter nach, inwiefern sich die konzeptionellen Differenzen zwischen Werbick und Verweyen daraus ergeben, dass Ersterer einem sozusagen akustischen Paradigma folgt, sofern er die Wahrheitsgerichtetheit der Vernunft als hervorgerufene versteht[97], Letzterer dagegen einem optischen Paradigma, weil Vernunft nichts anderes wollen kann, als dass alles – und so auch sie selbst – Bild des Absoluten werde.[98] (⇖ Bd. 1, Kap. 3.1) Ich frage hier nur, wie tragfähig „[d]ie unabweisbare Intuition des ‚Um seiner selbst willen'“[99], die im Akt der Würdigung zur Geltung gebracht werden soll, wirklich ist. Die Frage scheint mir unausweichlich. Werbick selbst hält ja fest:

„Die Metapher der Würdigung kann einen Prozeß kennzeichnen, der auf Unbedingtheit abzielt und als Prozeß der Würdigung dem Begriff *unbedingt* seinen hermeneutischen Ort gibt: den Ort, von woher er verstanden werden darf; einen prozessualen Ort gewissermaßen, da Unbedingtheit

94 VERWEYEN, Hansjürgen: Gottes letztes Wort. Grundriß der Fundamentaltheologie. 3. vollst. überarb. Aufl. Regensburg 2000. 65.

95 Vgl. DILTHEY, Wilhelm: Das Wesen der Philosophie. In: Die Kultur der Gegenwart I, 4. Berlin; Leipzig 1907. 38. – Vgl. zu Diltheys Begriff der Würdigung auch HEIDEGGER, Martin: Einleitung in die Philosophie. 2., durchges. Aufl. Frankfurt a.M. 2001. 347-348.

96 WERBICK: Fundamentaltheologie (Anm. 91). 403.

97 Vgl. WERBICK: Fundamentaltheologie (Anm. 91). 403-405.

98 Zum Bildbegriff bei Verweyen vgl. DERS.: Gottes letztes Wort (Anm. 94). 154-155. WENDEL, Saskia: Bild des Absoluten werden – Geisel des anderen sein. Zum Freiheitsverständnis bei Fichte und Levinas. In: LARCHER, Gerhard/MÜLLER, Klaus/PRÖPPER, Thomas (Hgg.): Hoffnung, die Gründe nennt. Zu Hansjürgen Verweyens Projekt einer erstphilosophischen Glaubensverantwortung. Regensburg 1996. 164-173. – HÜBERS-VAN DE LOO, Dirk: Erstphilosophische Glaubensverantwortung als Bilderstreit. Medienkritische Überlegungen zu Hansjürgen Verweyens Interpretation des Bilderverbots als „Ikonoklasmus, worüber hinaus kein größerer gedacht werden kann" (unveröffentl. Diplomarbeit, Münster 2001).

99 WERBICK: Fundamentaltheologie (Anm. 91). 403.

menschlich immer eine Prozeß- und keine Zustandskategorie ist: Kennzeichen dessen, was sein soll, nicht Beschreibung dessen, was ist."[100]

„Würdigung". Anders gesagt: Bei „Würdigung" handelt es sich um eine elementare Kategorie der praktischen Vernunft. Aber eben darum stellt sich jene Frage nach der argumentativen Tragfähigkeit verschärft (und das Gleiche wäre gegenüber Sedmaks Verständnis von Theologie als Theopragmatik a fortiori geltend zu machen). Dieter Henrich hat das präzise auf den Punkt gebracht, als er in einem Interview sagte:

> „Die Erkenntnis der Geltung eines Imperativs oder Wertes kann unterlaufen und ins Schwanken gebracht werden, wenn diese Erkenntnis nicht von einer Weltbeschreibung komplettiert werden kann, innerhalb deren verständlich wird, daß etwas unbedingte Geltung, und zwar für mich, haben kann. Diese Weltbeschreibung kann auch nicht einfach nur um der Norm willen angenommen werden. Sie muß schon für sich einleuchten können."[101]

Transzendentale Argumente. Eben solche Weltbeschreibung, in der ein Begriff des Unbedingten schon vor seiner Ingebrauchnahme für die Bestimmung des Grundaktes praktischer Vernunft vorkommt, leisten transzendentale Argumentationsverfahren. Sie schützen damit auch eine basale Intuition wie die Würdigung des „Um seiner selbst willen" schon im Ansatz gegen eben jenen nietzscheanischen Verdacht auf physiologische, also nur dem Überlebenstrieb verdankte Genese, im konstanten Gegenzug, gegen den Werbick seine Überlegungen entfaltet. Das ist auch mein wichtigster Grund, unerachtet der damit einzugehenden größeren epistemischen Verpflichtungen in der Frage der Verankerung einer fundamentalen Theologie auf transzendentale Argumentationen zu setzen. Sofern das Auftreten von Weltbeschreibungen transzendentallogisch untrennbar an dasjenige von Selbstbeschreibungen als Bedingung ihrer Möglichkeit gebunden ist, eignet solchen Argumentationsformen a priori eine subjekttheoretische Kontur, und man wird nicht fehlgehen, die Wurzeln für eine Erschließung der für die Weltbeschreibung so elementaren Kategorie wie der des Unbedingten in diesem Quellkontext von Weltbeschreibung selbst aufzusuchen – woraus sich übrigens nochmals eine Berührung mit Werbicks Konzeption ergibt, sofern er das erwähnte Hervorgerufensein des Wahrheitstriebes philosophisch als Ursprünglichkeit des Ich-Subjekts in seinem spezifischen Geistsein reformuliert.[102]

100 WERBICK: Fundamentaltheologie (Anm. 91). 407.

101 HENRICH, Dieter: Bewußtes Leben und Metaphysik. In: DERS.: Bewußtes Leben. Untersuchungen zum Verhältnis von Subjektivität und Metaphysik. Stuttgart 1999. 194-216. Hier 213.

102 Vgl. WERBICK: Fundamentaltheologie (Anm. 91). 405.

Selbstgegenwart von Vernunft. Unbeschadet dieser weiträumigen Übereinstimmungen liegt hier aber auch der Dissenspunkt zwischen J. Werbick und mir: Werbick verankert den für christliche Theologie konstitutiven Unbedingtheitsanspruch in einer unbedingt beanspruchenden Intuition der praktischen Vernunft, namentlich in der Intuition, dass „gut" und „nützlich" nicht dasselbe sein können. Dem stimme ich völlig zu, nur stelle ich zusätzlich die Frage, wie ein solcher unbedingter Anspruch in die Vernunft kommt und ob die Vernunft sich darüber aufklären kann, dass es sich dabei nicht um einen ihr aus welchen Gründen auch immer unterlaufenen Denkfehler oder eine ihr selbst inhärierende Täuschungsquelle handelt. Anders gesagt: Unbedingtheit gibt es nur, wenn diese in einer nicht nochmals zu hintergehenden Selbstdurchsichtigkeit der Vernunft als vernünftig ausgewiesen werden kann. Genau das ist die Absicht erstphilosophischer Letztbegründung. Wie ist dieses Projekt näher zu bestimmen?

3.2 Klassische Paradigmata erstphilosophischer Letztbegründung

Namenskunde. Der Name „Letztbegründung" ist, gemessen an der philosophischen Tradition, noch gar nicht alt. Vermutlich kommt er (als Adjektiv) erstmals in Husserls *Cartesianische[n] Meditationen* vor, die 1931 französisch und 1950 deutsch zur Erstveröffentlichung kamen, wohl aber schon 1929 niedergeschrieben wurden. In dem Nachwort, das Husserl für die englische Ausgabe seines Werkes *Ideen zu einer reinen Phänomenologie und phänomenologischen Philosophie* verfasste, heißt es:

> „Philosophie gilt mir, der Idee nach, als die universale und im radikalen Sinne ‚strenge' Wissenschaft. Als das ist sie Wissenschaft aus letzter Begründung, oder, was gleich gilt, aus letzter Selbstverantwortung, in der also keine prädikative oder vorprädikative Selbstverständlichkeit als unbefragter Erkenntnisboden fungiert."[103]

Philosophie, meint Husserl damit, ist erst sie selbst, wenn und indem sie letzte denkmögliche Erkenntnisvoraussetzungen aufweist. Auf diese Weise werden dann auch die Wahrheitsansprüche eingelöst, die die Einzelwissenschaften erheben, ohne sie in letzter Radikalität zu ihrem Thema machen zu können. Durch Letztbegründung bringt Philosophie alle Behauptungen auf einen Boden der Gewissheit und verantwortet sie aus ihrem Eigenen heraus die Wahrheit, für die sie eintritt.

Ideelle Wurzel. Diese Idee selbst, alle Orientierung in Denken und Handeln in Gestalt von Argumentation aus einem letztgültigen Grund herzuleiten, stammt von demjenigen, dem Husserl schon durch den Titel seiner *Cartesianische[n] Meditationen* Referenz erweist. Descartes war es ja darum zu tun gewesen, seinem Philosophieren ein unerschütterliches Fundament zu geben:

> „[...] ich will so lange weiter vordringen, bis ich irgend etwas gewisses, oder, wenn nichts anderes, so doch wenigstens das für gewiß erkenne, daß es nichts Gewisses gibt. Nichts als einen festen und unbeweglichen Punkt verlangte Archimedes, um die ganze Erde von ihrer Stelle zu bewegen, und so darf auch ich Großes hoffen, wenn ich nur das geringste finde, das sicher und unerschütterlich ist."[104]

Diese Stelle ist der Quellort des sprichwörtlich gewordenen „fundamentum inconcussum", des unerschütterlichen Fundaments, das gemeinhin als Kennmal cartesianischen Philosophierens bis heute gilt. Im angelsächsischen Bereich spricht man heute auch vom „epistemological fundamentalism" oder „fundamentalistic epistemology", also

[103] HUSSERL, Edmund: Ideen zu einer reinen Phänomenologie und phänomenologischen Philosophie. In DERS.: Gesammelte Werke. Husserliana. Bd. V. Haag 1952. 138-162. Hier 139.

[104] DESCARTES, René: Meditationes de prima philosophia. II, 1.

„fundamentalistischer Erkenntnistheorie", um einen Ansatz zu bezeichnen, der mit einem unhintergehbaren Grund allen Erkennens rechnet; ein typischer Vertreter einer solchen neo-cartesianischen Philosophie ist etwa Roderick M. Chisholm.

Die vorhin zitierten Sätze Descartes, die ersichtlich von einem Erkenntnisproblem handeln, stehen ihrerseits in einem Werk, dessen Titel uns nochmals weiter verweist und an die eigentlichen Wurzeln der Letztbegründungsthematik führt. Descartes nannte die Schrift, in der die eben zitierte Passage steht, *Meditationes de prima philosophia in quibus Dei existentia, et animae humanae a corpore distinctio, demonstrantur*, (Meditationen über die Erste Philosophie, in denen das Dasein Gottes und die Verschiedenheit der menschlichen Seele vom Körper bewiesen werden).

„Prima philosophia". Mit dem Ausdruck „prima philosophia" greift er dabei einen Namen auf, den schon Aristoteles geprägt hatte, um das zu bezeichnen, was er gleichermaßen einfach „sophia", Weisheit, oder „episteme theologika", theologische Wissenschaft, zu nennen pflegte: die Wissenschaft vom Sein als solchen, also die Metaphysik: Erste Philosophie handelt vom Seienden als solchen und fragt darum auch nach dem letzten Grund dessen, was ist. Das verrät natürlich spontan, dass der Terminus „prima philosophia" bei Descartes eine deutlich andere Bedeutung gewonnen hat als das „prote philosophia" bei Aristoteles. Bei Aristoteles geht es um Seinsgründe, bei Descartes um Erkenntnisgründe. Das macht notwendig, dass wir diesem doppelnamigen Projekt „Erstphilosophische Letztbegründung" hinsichtlich seiner Inhalte ein wenig nachgehen. Zugleich stellt sich natürlich aus der Verwandlung der Gestalt Erster Philosophie von Aristoteles zu Descartes dann auch die Folgefrage, ob es möglicherweise noch weitere Formen letztbegründender Erstphilosophie gibt.

Wollte man eine kleine Geschichte der Letztbegründung skizzieren, wären weit mehr Namen zu nennen als die bisher genannten eines Aristoteles, Descartes und Husserl.[105] Auch lassen sich die bisher im Gang der Philosophie aufgetretenen Letztbegründungsgedanken nicht linear den einander folgenden Epochen der Philosophiegeschichte zuweisen. Wie etwa Husserl sein Verständnis von Erster Philosophie in kritischem Rückgriff auf Descartes ausarbeitete, so muss Augustinus als derjenige gelten, der so etwas wie die Urform des cartesianischen Arguments formulierte, obwohl er epochal gesehen in eine Zeit gehörte, in der eine ganz andere Gestalt Erster Philosophie tonangebend war. Darum ist es sinnvoller, nicht historisch, sondern systematisch vorzugehen und epochenübergreifend die Grundformen

[105] Vgl. dazu KUHLMANN, Wolfgang: Reflexive Letztbegründung. Untersuchungen zur Transzendentalpragmatik. Freiburg; München 1985. 254-329.

Erster Philosophie an exemplarischen Texten herauszuarbeiten. Eine erste Gestalt repräsentiert die

3.21 Metaphysische Letztbegründung

Nicht-Widerspruchs-Prinzip. Wie schon erwähnt, stammt der Name „Erste Philosophie" für einen letztgültigen, nicht mehr hintergehbaren Begründungsgedanken von Aristoteles. Aristoteles ist es auch, der als erster einen Letztbegründungsgedanken in seiner vollen Struktur entfaltet, seine Funktion beschreibt und ihn zur Grundlegung eines wichtigen Teils seiner Philosophie heranzieht. Es handelt sich um die Passage in Buch IV seiner *Metaphysik*, in der er das Nicht-Widerspruchs-Prinzip entfaltet. Aristoteles wörtlich:

> „Daß nämlich dasselbe demselben in derselben Beziehung [...] unmöglich zugleich zukommen und nicht zukommen kann, das ist das sicherste unter allen Prinzipien; denn es paßt darauf die angegebene Bestimmung, da es unmöglich ist, daß jemand annehme, dasselbe sei und sei nicht."[106]

Das ist die Urformulierung des Prinzips vom ausgeschlossenen Widerspruch oder auch kurz das Nicht-Widerspruchs-Prinzip. Etwas kann nicht zugleich und unter derselben Rücksicht sein und nichtsein. Etwas ist oder es ist nicht. Das leuchtet auch spontan ein. Gilt das Prinzip aber für alle Seinsweisen, also nicht nur für die Substanz, sondern auch für die anderen neun Kategorien? Für diese steht das „in derselben Beziehung" in der aristotelischen Formel des Prinzips: Selbstverständlich kann etwas zugleich klein oder groß, leicht oder schwer, bitter oder süß, gesund oder schädlich sein – aber wenn, dann je für den einen schwer, weil er ein Schwächling, für den anderen leicht, weil Gewichtheber ist usw. Innerhalb der jeweils in Blick genommenen Beziehung bleibt das Nicht-Widerspruchs-Prinzip gültig.

Bestreitungen. Trotzdem gab es schon zu Aristoteles' Zeit Bestreitungen des Nicht-Widerspruchs-Prinzips, aber genau die hat er direkt aufgegriffen, um die unbedingte Geltung des Prinzips vom ausgeschlossenen Widerspruch darzutun. Eine solche Forderung aber, so Aristoteles, könne nur aus Bildungsmangel erhoben werden, denn einer solcher liege vor, wenn jemand nicht wisse, wofür er einen Beweis verlangen dürfe und wofür nicht (so bissig ist Aristoteles sonst kaum in seinen Werken; das verrät, wie viel bei der ganzen Frage auf dem Spiel steht). Wenn das Nicht-Widerspruchs-Prinzip nämlich das sicherste Prinzip sein soll, um von Seienden überhaupt etwas Bestimmtes sagen zu können, dann braucht es seinerseits keinen weiteren Beweis, weil es gar nicht bewiesen werden kann:

[106] ARISTOTELES: Metaphysik. 1005b.

> „Denn daß es überhaupt für alles einen Beweis gebe, ist unmöglich, sonst würde ja ein Fortschritt ins Unendliche eintreten und auch so kein Beweis stattfinden."[107]

Müsste oder könnte für jeden möglichen Beweis ein weiterer Beweis des Beweises verlangt werden, entstünde ein Regressus in infinitum und käme folglich überhaupt niemals ein Beweis zustande – der gesuchte Geltungsanspruch würde regelrecht zerdacht. Darum ist es nicht nur keine Schwäche eines wirklichen Fundamentalprinzips, sondern sein notwendiges Kennzeichen, dass es seinerseits keines Beweises mehr bedürftig oder auch nur fähig ist.

Indirekter Beweis. Genau diese Beweisunbedürftigkeit bzw. Beweisunfähigkeit aber lässt sich ihrerseits sehr wohl in einem gewissen Sinn beweisen – und das ist eine geniale Entdeckung des Stagiriten. Er selbst spricht von „widerlegendem Beweis" gegenüber dem „eigentlichen Beweis", um das Neue dieses Begründungsganges noch einigermaßen unbeholfen zu fixieren. Die Pointe dabei: Diese Begründung des Prinzips in Gestalt der Widerlegung seiner Bestreitung leistet nicht der Verteidiger des Widerspruchssatzes, sondern sein Bestreiter selbst. Und er tut das nicht in Form eines Argumentationsfehlers, sondern schlicht und einfach durch die Bestreitung selbst:

> „[...] ein widerlegender Beweis für die Unmöglichkeit der Behauptung [sc. die Bestreitung des Prinzips; K. M.] läßt sich führen, sobald der dagegen Streitende nur überhaupt redet; wo aber nicht, so wäre es ja lächerlich, gegen den reden zu wollen, der über nichts Rede steht, gerade insofern er nicht Rede steht; denn ein solcher ist als solcher einer Pflanze gleich [...] Der Ausgangspunkt bei allen derartigen Diskussionen ist nicht, daß man vom Gegner verlangt, er solle erklären, daß etwas sei oder nicht sei (denn dies würde man schon für eine Annahme des zu Beweisenden ansehen), sondern daß er im Reden etwas bezeichne für sich wie für einen anderen; denn das ist ja notwendig, sofern er überhaupt etwas reden will."[108]

Retorsion. Allein schon das Faktum, sich überhaupt zu artikulieren, ist ja bereits etwas Bestimmtes, jedenfalls etwas völlig anderes als sich nicht zu artikulieren, womit bewiesen wäre, dass der, der das Nicht-Widerspruchs-Prinzip bestreitet, zu eben diesem Zweck die Geltung dieses Prinzips voraussetzt und in Anspruch nimmt. Dieser widerlegende Beweis kommt dabei dadurch zustande, dass in der Auseinandersetzung nicht nur der Sachgehalt der konkurrierenden Thesen, sondern zugleich die kommunikative Situation berücksichtigt wird, in der der Streit erfolgt. In der metaphysischen Tradition hat sich für diese Gedankenfigur der Name „Retorsion" eingebürgert, zu Deutsch Rückdrehung, Rückbiegung – nämlich der Aufmerksamkeit vom Inhalt einer Behauptung auf den Vorgang der Behauptung selbst.

[107] ARISTOTELES: Metaphysik. 1006a.
[108] ARISTOTELES: Metaphysik. 1006a.

Eine der heutigen Positionen, die von diesem Instrument Gebrauch macht, die Transzendentalpragmatik, spricht vom „performativen Widerspruch“, der dadurch eintritt, dass jemand im Vorgang einer Argumentation, die Voraussetzungen bestreitet, die anerkannt sein müssen, dass überhaupt ein kommunikativer Austausch – wie eben z.B. die Bestreitung einer These – in Gang kommen kann.

Fortschreibungen. Obwohl Aristoteles diesen Letztbegründungsgedanken aus der Reflexion des Seienden als Seienden, also in metaphysischer Perspektive, gewinnt, fällt der Dimension der Sprache dabei eine konstitutive Rolle zu. Man kann diesen Gedanken wie große Teile der aristotelischen Philosophie überhaupt mit gutem Grund als „onto-semantisch“ bezeichnen, also als ein Denken, für das das Seiende als solches untrennbar mit der Sprache verquickt ist, mit der über es gesprochen wird. In sehr viel späteren Letztbegründungsgängen, die auch metaphysisch ansetzen, tritt die Sprachdimension dagegen nahezu gänzlich zurück. Und man muss nicht lange suchen, um eben darin den Grund für das Unbefriedigende, zum Teil auch Unstimmige an diesen Konzepten zu finden. Den wohl bekanntesten erstphilosophischen Gedanken dieser Art legte Karl Rahner in seinem frühen Werk *Hörer des Wortes* (↗ Bd. 3, Teil B, Kap. 6.1) vor. Später hat ihn Rahners Ordensmitbruder Emerich Coreth in größter Ausführlichkeit zum Ausgangspunkt seiner *Metaphysik* gemacht.[109] Ungeachtet dieses Defizits gehört freilich zu Rahners Erster Philosophie ein Zug, der in seiner Bedeutung gar nicht überschätzt werden kann. Rahner war einer der wenigen katholischen Denker dieses Jahrhunderts, die vehement forderten, dass das Denken und die Theologie auch des Katholizismus endlich in eine nicht polemische, sondern produktive Auseinandersetzung mit dem Denken der Neuzeit – also grob gesprochen: mit dem Denken seit Descartes – treten müsse. Jedenfalls hat Rahner aus seinem traditionsgeprägten Ansatz einen systematischen Brückenschlag zum Zentralbegriff der neuzeitlichen Philosophie hergestellt – und der heißt: Selbstbewusstsein. Dieses bildet zugleich den Dreh- und Angelpunkt eines zweiten Paradigmas von Erster Philosophie.

3.22 Bewusstseinsphilosophische Letztbegründung

Avantgardist Augustinus. Ich habe bereits kurz darauf hingewiesen, dass der eigentliche Stammvater der für die Neuzeit charakteristischen bewusstseinsphilosophischen Letztbegründungsfigur gleichwohl kein Moderner, sondern ein Zeitgenosse der Spätantike

[109] Vgl. CORETH, Emerich: Metaphysik. Eine methodisch-systematische Grundlegung. 3. Aufl. Innsbruck; Wien; München 1980.

war. In verschiedensten Variationen hat Augustinus jenen Gedanken vorweggenommen und formuliert, der über ein Jahrtausend später ausgehend von Descartes eine ungeheure Wirkungsgeschichte entfalten sollte. Die kürzeste Formel für diesen Gedanken heißt – wie auch schon erwähnt (↖ Bd. 1, Kap. 1.2):

> „Si enim fallor, sum." [Wenn ich mich täusche bzw. wenn ich getäuscht werde, bin ich; Übersetzung K. M.] [110]

Anders gewendet: In dem Moment, in dem einem alles unsicher wird, wird dem, dem das widerfährt, eines gewiss: dass da einer ist – nämlich er selbst –, dem alles unsicher wird. Augustinus hat auch so zum Ausdruck gebracht:

> „[Augustinus:] Damit wir nun vom Handgreiflichsten unseren Ausgang nehmen, frage ich dich zuerst, ob du selbst bist. Daß du bei dieser Frage einer Täuschung erliegen könntest, dürfte von dir wohl kaum befürchtet werden, denn selbst getäuscht kannst du nur werden, wenn du bist.
> Evodius: Allerdings, sprich also weiter.
> [Augustinus:] Es ist daher sicher, daß du bist, aber diese Sicherheit hast du nur, wenn du lebst. Verstehst du, daß diese zwei Behauptungen unwidersprechliche Wahrheiten sind?
> Evodius: Das verstehe ich vollkommen.
> [Augustinus:] Dann ist auch die dritte Behauptung klar: daß du verstehst.
> Evodius: Offenbar."[111]

Damit ist die Selbstgewissheit des reflektierenden Subjekts für unhintergehbar erklärt. Die Weise, wie dieser Gedanke dann bei Descartes wiederkehrt, unterscheidet sich nicht nur hinsichtlich der Rahmenbedingungen, innerhalb deren er jeweils auftritt (diese Rahmenbedingungen sind ein Kapitel für sich und brauchen uns hier nicht weiter zu beschäftigen). Die entscheidende Differenz ergibt sich dadurch, dass der Rekurs auf die Selbstgewissheit des Subjekts bei Descartes erstmals zum Konstruktionspunkt einer ganzen Philosophie avanciert. Das entscheidende Argument lautet so:

> „Indem wir so alles nur irgend Zweifelhafte zurückweisen und es selbst als falsch gelten lassen, können wir leicht annehmen, daß es keinen Gott, keinen Himmel, keine Körper gibt, daß wir selbst weder Hände noch Füße, überhaupt keinen Körper haben, aber wir können nicht annehmen, daß wir, die wir solches denken, nichts sind, denn es ist ein Widerspruch, daß das, was denkt, zu dem Zeitpunkt, wo es denkt, nicht existiert. Demnach ist der Satz:
> Ich denke, also bin ich, die allererste und gewisseste aller Erkenntnisse, die sich jedem ordnungsgemäß Philosophierenden darbietet."[112]

Hypothek. Diese Zentralstellung des Rückgangs auf den nackten Punkt des Selbstbewusstseins hat natürlich zur Folge, dass Descartes alle Erkenntnisinhalte, die über die Selbstgewissheit des Sub-

110 AUGUSTINUS: De civitate Dei. XI, 26.
111 AUGUSTINUS: De libero arbitrio. II, VII.
112 DESCARTES, René: Die Prinzipien der Philosophie. I, 7.

jekts hinausgehen, abstößt. Um zu anderen Inhalten als dem Wissen um sich selbst zu kommen, muss Descartes in der Folge dann einige ziemlich problematische, weil ihrerseits nicht wirklich ausgewiesene Annahmen einführen, allem voran die Idee eines vollkommensten Wesens, das kraft dieser seiner Qualität notwendig existiert und zugleich wahrhaftig ist, also den Menschen nicht so geschaffen hat, dass er sich unausweichlich im Irrtum verrennt (auch davon war schon die Rede).

Kants „Ich denke". Von solchem Ballast kommt die bewusstseinsphilosophisch ansetzende Letztbegründung erst durch Kant frei, um sich dabei allerdings ganz neue Hypotheken einzuhandeln. Die einschlägigen Überlegungen Kants finden sich in dem Abschnitt der *Kritik der reinen Vernunft*, der mit „Transzendentale Deduktion der reinen Verstandesbegriffe" überschrieben ist. Es handelt sich dabei um einen der kniffligsten Texte der gesamten bisherigen philosophischen Tradition. Kant selbst schon hatte mit ihm seine liebe Not; in der zweiten Auflage des Buches hat er den Text in einem Maß und auf eine Weise verändert, die sich mit dem der ersten Auflage auf keinen gemeinsamen Nenner bringen lässt. (So etwas ist übrigens typisches Indiz dafür, dass ein Autor etwas völlig Neues zu sehen beginnt, ohne dieses Neue selbst schon auf befriedigende Weise zum Ausdruck bringen zu können). Descartes hatte einen bewusstseinsphilosophisch ansetzenden Letztbegründungsgedanken zum Zentrum seines Philosophierens gemacht, aber nur durch Einsatz etlicher Annahmen von diesem Punkt aus wieder zu Erkenntnisinhalten jenseits des puren Selbstbewusstseins gefunden. Bei Kant nun sind alle wichtigen Teile seiner theoretischen Philosophie auf unmittelbare Weise in letztbegründender Absicht auf den Selbstbewusstseinsgedanken rückbezogen. Kants „Transzendentale Deduktion" ist die erste konsequente Erkenntnissicherung durch Reflexion auf das, was für das Zustandekommen von Erkenntnis überhaupt immer schon vorausgesetzt werden muss. Die Probleme, die dieses Unterfangen in den beiden von Kant gebotenen Versionen aufwirft, reichten locker aus, um ein paar Semester lang darüber zu lesen. Ich zitiere nachfolgend lediglich die wohl aufschlussreichste Passage aus der „Transzendentalen Deduktion":

> „Das: Ich denke, muß alle meine Vorstellungen begleiten können; denn sonst würde etwas in mir vorgestellt werden, was gar nicht gedacht werden könnte, welches eben so viel heißt, als die Vorstellung würde entweder unmöglich, oder wenigstens für mich nichts sein. Diejenige Vorstellung, die vor allem Denken gegeben sein kann, heißt Anschauung. Also hat alles Mannigfaltige der Anschauung eine notwendige Beziehung auf das: Ich denke, in demselben Subjekt, darin dieses Mannigfaltige angetroffen wird. Diese Vorstellung aber ist ein Actus der Spontaneität, d.i. sie kann nicht als zur Sinnlichkeit gehörig angesehen werden. Ich nenne sie die reine Apperzeption, um sie von der empirischen zu unterscheiden, oder auch die ursprüngliche Apperzeption, weil sie dasjenige Selbstbewußtsein ist, was, in-

dem es die Vorstellung Ich denke hervorbringt, die alle andere muß begleiten können, und in allem Bewußtsein ein und dasselbe ist, von keiner weiter begleitet werden kann. Ich nenne auch die Einheit derselben die transzendentale Einheit des Selbstbewußtseins, um die Möglichkeit der Erkenntnis a priori aus ihr zu bezeichnen. Denn die mannigfaltigen Vorstellungen, die in einer gewissen Vorstellung gegeben werden, würden nicht insgesamt meine Vorstellungen sein, wenn sie nicht insgesamt zu einem Selbstbewußtsein gehörten, d.i. als meine Vorstellungen (ob ich mich ihrer gleich nicht als solcher bewußt bin) müssen sie doch der Bedingung notwendig gemäß sein, unter der sie allein in einem allgemeinen Selbstbewußtsein zusammenstehen können, weil sie sonst nicht durchgängig mir angehören würden. Aus dieser ursprünglichen Verbindung läßt sich vieles folgern."[113]

Ohne ebendieses Viele auch nur ansatzweise in Blick zu nehmen, lässt sich dieser Passage ohne weiteres die ihr von Kant zugedachte letztbegründende Intention ablesen: Das Selbstverhältnis, wie es im Begriff des Selbstbewusstseins zu fassen gesucht wird, hat nicht nur die mit ihm selbst verbundenen Erkenntnisansprüche einzulösen, sondern auch die, die mit jedem Weltverhältnis, also mit Beziehungen des Subjekts auf anderes seiner selbst, verbunden sind.

Sackgasse Reflexionstheorie. Nun stellt aber die Instanz, der letztgültige Begründungsleistungen abverlangt werden, ihrerseits vor gelinde gesagt beträchtliche Herausforderungen. Jeder mehr oder weniger intuitive oder spontane Beschreibungsversuch erweist sich auf meist kürzestem Weg als Sackgasse. Um nur an den gängigsten zu erinnern(↖ Bd. 1, Kap. 7.7; ↗ Bd. 3, Teil A, Kap. 5.1 u. 5.2): Mit Vorliebe wird Selbstbewusstsein als Produkt oder zumindest Ausdruck der Reflexion eines Subjekts auf sich selbst gefasst. Geschieht dies, wird aber vorausgesetzt, was erst durch Selbstbewusstsein konstituiert werden soll: ein Subjekt. Wird zum Schutz dagegen ein Nicht-Subjekt als Ausgangsinstanz gesetzt, kann auch durch Reflexion – wörtlich: Rückbiegung dieser Instanz auf sich selbst – kein Subjekt werden. Ein zweites Problem der reflexionstheoretischen Auffassung von Selbstbewusstsein besteht darin, dass ihr gemäß ein Subjekt immer schon wissen muss, dass es sich meint, wenn es „ich" sagt. Aber woher weiß es das, wenn Selbstbewusstsein erst reflexiv zustande kommen soll? Das sind deutliche Indizien dafür, mit welchen Schwierigkeiten bei einer angemessenen begrifflichen Fassung von Selbstbewusstsein zu rechnen ist. Der Streit darum wurde auf ungeheuer intensive Weise hauptsächlich in dem knappen Jahrzehnt zwischen 1799 und 1807 ausgetragen – umgriffen übrigens von zwei aufregenden Streitigkeiten von höchster theologischer Bedeutung, wobei ein dritter Streit ähnlichen Charakters, der dem noch vorauslag, auch noch mit hineinwirkte: der Pantheismusstreit, der Atheismusstreit

[113] KANT: Kritik der reinen Vernunft (Anm. 54). 108-109.

und der „Streit um die göttlichen Dinge". (↖ Bd. 1, Kap. 8.1 u. 8.3; ↗ Bd. 3, Teil B, Kap. 3) Beteiligt an diesen Disputen war alles, was damals philosophisch Rang und Namen hatte, also allen anderen voran Fichte, Schelling, Hegel, Hölderlin, um nur einmal die Koryphäen zu nennen.

Subjektivität unter Verdacht. Trotzdem mündeten diese geballten Bemühungen höchsten Niveaus in kein stabiles Resultat. Im Gegenteil: Nach Hegels Tod 1831 brach der so genannte Idealismus regelrecht zusammen. Seine spekulativen Ansprüche ließen sich mit der Realität einfach nicht zusammenhalten. Auf der einen Seite beanspruchte eine Philosophie wie diejenige Hegels, das Ganze der Wirklichkeit zu umgreifen, auf nicht mehr überbietbare Weise als Einheit aus einem Grund zu verstehen und als vernünftig durchsichtig zu machen. Auf der anderen Seite beginnen der technische Fortschritt und die wirtschaftliche Entwicklung allmählich ihr Doppelgesicht zu zeigen. Das Proletariat entsteht, politische und gesellschaftliche Umbrüche setzen ein. Traditionen, Werte, Normen werden fraglich. Was ist überhaupt noch verlässlich?

Sprache und Gesellschaft. Menschliche Existenz in ihren Widersprüchen, Gesellschaft und Sprache rücken jetzt in den Rang der philosophischen Grundbegriffe ein. (→ Bd. 2, Teil A, Kap. 1) Sie bieten gegenüber den verdunsteten Subtilitäten der spekulativen Philosophie greifbare und griffige Ansatzpunkte. Wiederum nenne ich nur ein paar Namen: Jetzt brach die Epoche von Marx, Nietzsche, Schopenhauer und schließlich diejenige von Wittgenstein und Heidegger an. Und nichts wäre ihnen allen fremder als so etwas wie das Projekt einer philosophischen Letztbegründung. Trotzdem ist es vor gar nicht so langer Zeit zu einem neuerlichen Unternehmen dieser Art gekommen, das sich wesentlich aus Motiven der Gesellschafts- wie der Sprachphilosophie speist und das einzige gegenwärtige Programm einer Erstphilosophie repräsentiert:

3.23 Transzendentalpragmatik

Diskurstheorie. Bei der Transzendentalpragmatik handelt es sich um ein Paradigma diskurstheoretischer Letztbegründung. Diese Gestalt Erster Philosophie hat ein einzelner Autor grundgelegt und publik gemacht: der mittlerweile emeritierte Frankfurter Philosoph Karl-Otto Apel. Von ihm stammt auch der Name für das philosophische Gesamtprojekt, das er seit Jahrzehnten verfolgt. Der Name lautet „Transzendentalpragmatik" und ist natürlich programmatisch gemeint. Um dieses Programm bündig zu charakterisieren, kann man sagen: Apel geht es um eine Verbindung der grundlegenden Einsichten Kants – dem Repräsentanten transzendentalen Denkens – mit den

Einsichten des „linguistic turn“, also der mit der letzten Jahrhundertwende vehement und vielschichtig einsetzenden Hinwendung der Philosophie zur Sprache. Auf diese Weise sucht Apel, die durch Kants Denken markierte und systematisch erschlossene Dimension von Unhintergehbarkeit mit derjenigen der Intersubjektivität und des Handelns zusammenzuschließen („Pragmatik“ ist dabei wie bereits erläutert der Name für die engstmögliche Verbindung von Intersubjektivität und Handeln, nämlich für Sprachhandeln). Gelingt dieser Zusammenschluss von Unhintergehbarkeit und praktischer Intersubjektivität, dann lassen sich universale, also unhintergehbare Normen menschlichen Handelns formulieren. Das Medium, in dem Apel nach einer solchermaßen folgenreichen Verbindung von Transzendentalität und Pragmatik sucht, ist der Vorgang der Argumentation. Es geht ihm darum, nachzuweisen, dass in jeder Situation sinnvollen Argumentierens von den jeweiligen Gesprächspartnern bestimmte Normen von vornherein vorausgesetzt und anerkannt werden. Und im Horizont dieser Normen sprachlichen Handelns sollen dann weitere Normen menschlichen Handelns formulierbar sein. Darum hat die Transzendentalpragmatik ihr inhaltliches Zentrum in einer so genannten Diskursethik, also in der Formulierung von Handlungsorientierungen, die aus der Situation des Argumentierens gewonnen werden. Damit bewegt sich Apel in enger Nähe zur „Theorie des kommunikativen Handelns“ seines Frankfurter Kollegen und Freundes Jürgen Habermas. Habermas’ Gedanken sind in der interessierten Öffentlichkeit ungleich präsenter geworden. Das hat seinen zwar nicht einzigen, wohl aber wesentlichen Grund darin, dass Apel es sich bis heute nicht verkneifen kann, in einem Fachjargon zu schreiben, der selbst Sympathisanten seines Konzepts relativ schnell an die Grenze des Überdrusses führt. Außerdem pflegt Apel den Grundgedanken der Transzendentalpragmatik in nachgerade zahllosen Varianten je nach thematischem Kontext vorzutragen, was der Klarheit des Gedankens selbst nicht sonderlich zuträgt. Auch die behutsamen Systematisierungen von Apels Meisterschüler Wolfgang Kuhlmann ändern daran wenig.

Argumentationsvoraussetzungen. Ausdrücklich versteht Apel sein Konzept als drittes Paradigma Erster Philosophie nach denjenigen, die am Sein und am Bewusstsein orientiert sind. In dieser Perspektive kann man durchaus sagen, dass die Transzendentalpragmatik die sprachliche Seite der aristotelischen Onto-Semantik gewissermaßen verselbstständigt und zu einer eigenständigen Letztbegründungsstrategie ausbaut. Formal gefasst lautet der transzendentalpragmatische Letztbegründungsgedanke idealtypisch so, dass diejenigen Argumentationsvoraussetzungen als letztbegründet gelten können, die sich nicht ohne Selbstwiderspruch bestreiten und darum auch nicht ohne Zirkel logisch begründen lassen.[114] Die Präsuppositionen (Voraussetzungen), die das Zentrum dieses Arguments ausmachen, sind an sich sehr einfach. Sie bestehen im Grund darin, dass die Diskurspartner rational argumentieren wollen und dass sie davon ausgehen, dass das jeweilige Gegenüber Argumente als bindend akzeptiert. (↖ Bd. 1, Kap. 6.3) Der gegenteilige Fall träte ein, wenn jemand sagte: „Deine Behauptung trifft zu, aber ich kümmere mich nicht darum." (Nebenbei gesagt: Dieser Fall markiert gleichzeitig einen der gravierendsten Schwachpunkte der Transzendentalpragmatik: Wenn Menschen sprechen, argumentieren sie nämlich nicht nur. Auch Äußerungen, die dem Maßstab rationaler Argumentation nicht entsprechen, müssen nicht unsinnig sein. Ein Gutteil der Poesie etwa lebt von dieser sprachlichen Möglichkeit).

Performativität. Trete ich ernsthaft in eine Argumentationssituation ein, greifen von vornherein und ohne jedes weitere Wort bestimmte Normen als gültig: Ich muss mich in meinen Reaktionen rational verhalten, muss unterstellen, dass mein Gegenüber mir das zutraut, und muss umgekehrt unterstellen, dass auch dieses mein Gegenüber rationaler Reaktionen fähig ist und argumentieren will. Selbst wenn ich eine oder mehrere dieser Voraussetzungen bestreite, kann ich das nicht anders als dadurch, dass ich mich der bestrittenen Voraussetzungen notwendig bediene und bedienen muss, weshalb diese als letztbegründet zu gelten haben. Denn ich kann die Voraussetzungen rationaler Argumentation nicht anders bestreiten als dadurch, dass ich rational argumentiere, es sei denn, ich verabschiedete mich aus der Diskurssituation durch das Ausstoßen nicht interpretierbarer Laute. Aber selbst Kommunikationsabbruch auf diese oder andere Weise gibt meinem Gegenüber noch keineswegs das Recht, mich ins Irrenhaus einweisen zu lassen. Vielleicht will ich mit diesem Gegenüber einfach nicht in eine argumentative Auseinandersetzung treten. Wo etwas gewollt oder nicht gewollt wird, muss jemand sein, der dieses Etwas will oder nicht will, also ein Subjekt. Ebendies kommt in der Transzendentalpragmatik aufgrund ihrer ausschließlichen Orientierung auf argumentative Kommunikation entschieden zu kurz. Das macht auch ihre Schwäche aus. Anders gesagt: Es gibt einen diskurstheoretisch angelegten Letztbegründungsgedanken. Aber dieser verweist aus sich zurück auf den Subjektbegriff und zehrt von dessen erstphilosophischer Qualität.

Zwischenbilanz. Um die ganze Thematik der Letztbegründung in ihren klassischen Varianten auf einen kurzen Nenner zu

[114] Vgl. APEL, Karl-Otto: Die Herausforderung der totalen Vernunftkritik und das Programm einer philosophischen Theorie der Rationalitätstypen. In: Concord 11 (1987). 2-23. Hier 6.

bringen: So etwas wie Unhintergehbarkeit gibt es philosophisch tatsächlich. Es handelt sich dabei aber nicht um ein absolutes Wissen, sondern um unbedingte Verbindlichkeit bestimmter Gedanken in Abhängigkeit von ganz bestimmten systematischen Ambitionen. Nur so lässt sich verstehen, dass erstphilosophische Ansprüche in jüngerer und jüngster Zeit in Kontexten aufkommen, wo man das am allerwenigsten erwarten würde, weil die einschlägigen Ansätze mit radikalen Kritiken der Ontologie, der Bewusstseinstheorie und der Sprache bzw. Hermeneutik einhergehen, also mit einer Kritik genau der Dimensionen, in denen die vorausgehend durchgearbeiteten klassischen Letztbegründungsfiguren verankert sind. Drei solche andere Letztbegründungen oder Erstphilosophien möchte ich vorstellen, nicht zuletzt auch deswegen, weil sie von höchstem theologischen Belang sind.

3.3 Kontrafaktische Erstphilosophien

Ich nenne die nachfolgend zu behandelnden Konzeptionen kontrafaktische Erstphilosophien, weil sie eigentlich mit dem erklärten Anspruch einhergehen, Kontrastprogramme zu dem zu sein, was traditionell Erstphilosophie oder Letztbegründung heißt, gleichwohl aber einer Denkform folgen, die sie strukturell zu Erstphilosophien macht.

3.31 Bedingungslose Nächstheit

Manche wird es überraschen, wenn sie den ersten der einschlägigen Namen hören: Emmanuel Levinas, in weiten – zumal katholischen Kreisen – als der Hyperkritiker des abendländischen Philosophierens generell und des neuzeitlichen Denkens speziell gehandelt, konzipierte eine Erstphilosophie mit letztgültigen Ansprüchen, was so gut wie alle der theologischen Rezipienten übersehen. Natürlich handelt es sich um eine Erstphilosophie ganz eigenen Zuschnitts[115]: eine Ontotheologie in Gestalt einer letztbegründenden Ethik, und zwar aus folgendem Grund:

Herrscher-Subjekt. Im Zentrum der philosophischen Moderne steht für Levinas – mit sehr weit zurück reichenden Wurzeln – der Gedanke eines sich als Herr und Alleinherrscher verstehenden Subjekts, dem einzig daran gelegen ist, alles – gegebenenfalls mit Gewalt – in seine Verfügung zu nehmen, was nicht es selbst ist. Die Stimmigkeit dieser Diagnose ist für sich zu prüfen. (↸ Bd. 1, Kap. 7.9) Aus Levinas' Sicht der abendländischen Philosophie resultiert jedenfalls logisch zwingend der Ausgangspunkt für ein alternatives Denken, das gegen die Konsequenzen des Subjektdenkens, die für ihn in der Shoah aufgipfeln, von seinem Ansatz her gefeit ist: Es kann sich nur um ein Denken handeln, das von der uneinholbaren Andersheit des Anderen, also einer fundamentalen Alterität ausgeht, die in einem unbedingten Primat des Du gegenüber dem Ich verwurzelt ist. Nur in Anerkenntnis dieser Asymmetrie ist moralisches Handeln möglich – und nur durch dieses Nadelöhr hindurch gewinnt Vernunft einen Boden, der sie trägt.

Zeit und Tod. Was das konkret bedeutet, hat Levinas schon in einer frühen Schrift eindrücklich – und wohl luzider als später – zur Geltung gebracht, in *Die Zeit und der Andere*, das 1948 im Original erschien und dem Vorlesungen aus den unmittelbar vorhergehenden Jahren zugrunde liegen. Es lohnt sich, auf dieses schmale Werk einen

[115] Vgl. dazu auch VATTIMO, Gianni: Jenseits des Christentums. Gibt es eine Welt ohne Gott? Aus d. Ital. v. Martin Pfeiffer. München u.a. 2004. 57.

Blick zu werfen, weil in ihm Levinas' Rückbindung an das Denken Husserls und Heideggers in eins mit seiner biblisch-jüdischen Inspiration in unmittelbar ethischer Hinsicht zum Ausdruck kommt. Ziel von Levinas' phänomenologischen Überlegungen ist der Nachweis, dass Zeit nicht etwas ist, was das einzelne Subjekt betrifft oder worüber dieses verfügt, sondern dass Zeit „[...] das Verhältnis des Subjektes zum anderen ist."[116] Was bedeutet das näherhin? Levinas geht von der Beobachtung aus, dass wir die Zeit zwar als ein Kontinuum auffassen, eine Kette von Augenblicken, die wir als unsere Zeit zu einer Einheit schließen, dass aber der Augenblick als solcher, bevor er Glied der Kette wird, Ereignis einer Unterbrechung ist. Levinas verdeutlicht das am Phänomen des Todes als einem singulären Verhältnis zur Zukunft. Der alte Sinnspruch epikureischer Herkunft, dass man sich vor dem Tod nicht fürchten müsse – weil, wenn ich bin, er nicht ist, und wenn er ist, ich nicht bin – scheint ihm das eher zu verdecken. Levinas hält dagegen:

> „Die Tatsache, daß er [sc. der Tod; K. M.] jede Gegenwart flieht, rührt nicht von unserer Flucht vor dem Tode und von einer unverzeihlichen Ablenkung in der letzten Stunde her, sondern von der Tatsache, daß der Tod unergreifbar ist, daß er das Ende der Mannhaftigkeit und des Heroismus des Subjekts markiert. Das Jetzt, das ist der Sachverhalt, daß ich Herr bin, Herr des Möglichen. Herr, das Mögliche zu ergreifen. Der Tod ist niemals jetzt. Wenn der Tod da ist, bin ich nicht mehr da, nicht weil ich nichts bin, sondern weil ich nicht imstande bin zu ergreifen."[117]

Unterbrechung. Am Phänomen des Todes wird also evident, dass es grundsätzlich absolut Unergreifbares für mich geben kann. Täuschung ist ausgeschlossen, weil es unbeschadet der Unsicherheit des konkreten Augenblicks das absolut Sicherste für mich ist, dass ich sterben werde. Weil die Möglichkeit solcher Unterbrechung meines Zeitkontinuums mit Notwendigkeit einmal Wirklichkeit werden wird, ist damit offengelegt, dass wir grundsätzlich und von Wesen auf eine Weise existieren, die dem Unterbrochenwerden ausgesetzt ist. Nochmals Levinas wörtlich:

> „Was entscheidend ist im Nahen des Todes, ist dies, daß wir von einem bestimmten Moment an nicht mehr können können; genau darin verliert das Subjekt seine eigentliche Herrschaft als Subjekt.
> Dieses Ende der Herrschaft zeigt an, daß wir das Sein auf eine solche Weise übernommen haben, daß uns ein Ereignis zustoßen kann, das wir nicht mehr übernehmen, nicht einmal auf die Weise, wie wir es, ständig durch die empirische Welt überflutet, durch das Sehen übernehmen."[118]

[116] LEVINAS, Emmanuel: Die Zeit und der Andere. Übers. u. mit einem Nachwort vers. v. Ludwig Wenzler. Hamburg 1984. 17.
[117] LEVINAS: Zeit (Anm. 116). 44-45.
[118] LEVINAS: Zeit (Anm. 116). 47.

Durch das absolut unverfügliche Sterbenmüssen ist also eine Bresche in den Panzer der Autonomie des Subjekts geschlagen, durch die dieses von unbedingt, jeglichem Zugriff entzogenem Anderen in Anspruch genommen werden kann. Und nicht nur in Anspruch genommen, sondern auf radikale Weise überwältigt, sodass dieses Andere total über das Subjekt und sein Sein verfügt.

Den Tod übernehmen. Die Weise, wie ebendies durch den Tod geschieht, wirft freilich eine Frage auf: Wenn das Subjekt so entmächtigt wird wie durch den Augenblick des Todes, erfüllt sich dann nicht doch jener schon erwähnte Sinnspruch Epikurs von der Unberührbarkeit des Subjekts durch den Tod? Kann er, wenn er denn kommt, überhaupt noch „mein" Tod genannt werden, da er mich doch übermächtigt in Gestalt der Auslöschung? Gibt es für das Subjekt eine Möglichkeit, den Tod zu übernehmen, ohne ihn dann aber schon wieder als eine seiner vielen Möglichkeiten in seiner Verfügung zu erfahren? Levinas' kühne Antwort heißt: Ja. Diese Möglichkeit gibt es. Denn:

> „Diese Situation, in der das Ereignis einem Subjekt widerfährt, das es nicht übernimmt. Einem Subjekt, das hinsichtlich dieses Ereignisses nichts können kann, in der es jedoch gleichwohl auf eine bestimmte Weise diesem Ereignis gegenübersteht, diese Situation ist das Verhältnis zu *dem* anderen, das Von-Angesicht-zu-Angesicht mit dem anderen, die Begegnung mit dem Antlitz, das zugleich den anderen gibt und entzieht. Das ‚übernommene' andere – das ist *der* andere."[119]

Diese Wendung in Levinas' Gedanken ist so komplex, dass sie der schrittweisen Entfaltung bedarf:

(a) Selbstverlust. Der Augenblick des Todes ist dermaßen radikal anders im Vergleich zu dem, was das Subjekt und sein verfügendes Zusammenziehen der Augenblicke zu einem kontinuierlichen Zeitstrom betrifft, dass das Subjekt im unterbrechenden Eintritt des Todes sich selbst verloren geht.

(b) Antizipation. Dieser Selbstverlust kann nur dadurch vermieden werden, dass das Subjekt den Gehalt der Todeserfahrung seinem faktischen Sterben vorwegnimmt, d.h. dass es sich zu Lebzeiten anderem unbedingt ausliefert. In letzter Strenge kann das nur dort geschehen, wo solche Auslieferung nicht aus sachlicher Notwendigkeit passiert, sondern im Gegenüber mit etwas, wessen sich das Subjekt eigentlich bemächtigen könnte – aber es eben nicht tut. Genau das geschieht – nach Levinas – in der Begegnung mit *dem* Anderen. Indem ich mich seiner nicht bemächtige, also auf jegliche Gewalt verzichte und ihn buchstäblich sein lasse, auch und gerade um den Preis meiner

[119] LEVINAS: Zeit (Anm. 116). 50.

einordnenden und damit verfügenden Kategorien, erlebe ich als ich selbst etwas von dem unbedingten Verfügtwerden über mich, das mich im Augenblick meines Todes ergreifen wird.

(c) Zuwendung. Anders gewendet heißt das: In der vorbehaltlosen Zuwendung zum anderen als anderen werde ich meiner Vernichtung im Tode entrissen. Alle Augenblicke, die ich für einen anderen und eine andere als ihn oder sie selbst darangebe – das alte Wort dafür heißt „opfern" –, alle diese Augenblicke entheben mich buchstäblich meiner selbst. In ihnen bin ich beim Anderen. Darum kann mein Tod, der mich betrifft, ebendiese Augenblicke von mir, die jenseits meiner selbst sich befinden, nicht treffen.

(d) Beziehung zum Unbedingten. Indem ich mich vom Anderssein des anderen unbedingt beanspruchen lasse, trete ich ein in eine Beziehung zu Unbedingtem. Genau dadurch, dass ich das tue, werde ich zugleich der Vernichtungsmacht meines eigenen Sterbens entrissen. Konkret gewendet: Indem ich den anderen nicht vernichte, sondern sein lasse, wie er ist, entgehe ich auch selbst der Vernichtung. In dem Maß, in dem ich mich dem anderen vorbehaltlos aussetze, rette ich mich vor der absoluten Andersheit meines Untergangs im Tod. Das, was mir bleibt, wie man so sagt, oder pointierter noch: das, was von mir bleibt, ist die Zeit, die ich dem anderen schenke, sind die Augenblicke, durch die ich mich vom anderen unterbrechen lasse. So löst Levinas seine Ausgangsthese ein, Zeit als solche sei nichts anderes als das Verhältnis des Subjekts zum anderen. Indem ich mich unterbrechen lasse, werde ich unbedingt in Anspruch genommen und leiste ich diesem Anspruch Folge, d.h. handle ich moralisch. Zugleich hebt mich meine Moralität in eine Dimension der Unbedingtheit auf, die kraft ihrer Unbedingtheit selbst gegen die Vernichtungsmacht des Todes resistent ist. Die Andersheit des Anderen, die mich buchstäblich an-geht und mein Verfügenwollen fesselt, erweist sich so als Befreiung des Subjekts aus der Endlichkeit.

Stärken und Anfragen. Diese Gedankenfolge reißt eine neue Dimension auf. Man kann Levinas auch nicht vorwerfen, seine Konzeption bleibe auf die Figur der Zweierbeziehung beschränkt und erstrecke sich nur ins Metaphysische, erreiche also gar nicht die Ebene der Sozialethik. In späteren Arbeiten führt er nämlich zusätzlich die Gestalt des „Dritten" ein. Seine Gegenwart nötigt mich – so Levinas –, in meinem Verhalten dem Maßstab der Gerechtigkeit zu folgen. Er dient dazu, mein unbedingtes In-Verantwortung-genommen-Sein für den anderen zu übersetzen in die begrenzten Möglichkeiten meines Handeln-Könnens. Genauso schützen die staatliche Gesetzgebung und die gesellschaftliche Ordnung den einzelnen vor einer Überforderung durch den absoluten Primat des anderen. Trotzdem bleiben mindestens zwei Anfragen zu stellen: (↖ Bd. 1, Kap. 7.9)

(a) Subjektbegriff? Gibt Levinas' Beschreibung des Subjekts wirklich korrekt den vollständigen Subjektbegriff der abendländischen Philosophie wieder? Für Levinas ist das Subjekt substantiell auf Herrschaft und Macht orientiert, egozentrisch und selbstherrlich auf sich konzentriert, allein um sich besorgt, ohne Rücksicht auf den anderen. Auch Heidegger hat das Subjekt so aufgefasst. Beide Diagnosen übersehen aber, dass um sich besorgt ein Wesen nur sein muss, wenn es nicht aus sich über sein Auftreten und Bestehen verfügt, wenn es also um seine Selbsterhaltung bekümmert sein muss. Gerade im Gang der neuzeitlichen Vertiefung des Subjektbegriffs ist deutlicher als je vorher zutage getreten, dass Selbstbewusstsein und Selbsterhaltung untrennbar zusammengehören. Genau dies fällt bei Levinas aus. Etwas ganz anderes ist, dass diese notwendige Selbsterhaltung unter bestimmten Bedingungen in die Bahnen einer Praxis geraten kann, die den anderen unterdrückt und zum Opfer macht. Das geschieht – kurz gesagt – dann, wenn es dem Subjekt nicht gelingt, die eigene Unbedingtheit, die es erfährt, mit seiner gleichzeitigen Endlichkeit zu vermitteln. Diese Klischierung des Subjektbegriffs bei Levinas erstaunt umso mehr, als dieser Begriff seine zwar nicht alleinigen, aber doch elementarsten Wurzeln nicht in der griechischen Ontologie, sondern in der biblischen Tradition hat. Ohne diese hätte der philosophische Subjektbegriff mit seiner Hochschätzung des einzelnen als einzelnen überhaupt nicht ausgebildet werden können. Im Übrigen hat gerade wohl auch diese Verzeichnung des Subjekts dazu geführt, dass Levinas in den letzten Jahren vor allem für katholische Theologen ausgesprochen attraktiv wurde. Man sieht in ihm einen Kronzeugen gegen das Subjekt und seine Ansprüche und erhält so ein weiteres Alibi an die Hand, sich vor der nach wie vor im Wesentlichen ausstehenden Diskussion um die Moderne zu drücken, genauer sie zu überspringen. Zugleich schreiben nicht wenige Theologen Levinas' These vom unbedingten Primat des anderen linear und auf kurzem Weg fort zu einer theologischen Theorie von der direkten Verwiesenheit des Menschen auf den anderen schlechthin, auf Gott. Im Verbund des Gedankens der Alterität und der Subjektkritik ist es in den vergangenen Jahren zu einer regelrechten Levinas-Ausbeutung seitens der Theologie gekommen.

(b) Quelle der Normativität? Neben diesem Vorbehalt gegen Levinas' Subjektbegriff ist in ethischer Perspektive auf eine Lücke hinzuweisen. Ohne Zweifel hat Levinas überzeugend dargetan, dass es zwischen Menschen so etwas wie unbedingte Verpflichtung und Verantwortung gibt. Es bleibt aber die Frage: Wie ergibt sich aus dem Anblick des Antlitzes des anderen die moralische Verpflichtung, die Levinas wahrnimmt? Die Antwort, die darauf ergehen müsste, verschwindet hinter den Sprachformen, deren sich Levinas umso mehr bedient, je näher er dem Zentrum seiner Überlegungen kommt. Die Fremdheit seiner ethischen Sprache vergegenwärtigt dabei sozusagen performativ genau jene unverfügliche Andersheit des anderen, von der die Rede ist.

Intuitionismus der Alterität. Ein Doppeltes tritt hinzu: Levinas rechnet nicht nur nicht damit, dass ich den anderen verzerrt wahrnehmen könnte. Ebenso wenig sieht sein Konzept vor, dass der andere von sich aus nicht als er selbst begegnet, sondern verstellt. Doch selbst dann, wenn diese beiden Faktoren nicht greifen, bleibt als entscheidende Frage: Wie und wodurch resultiert aus dem Sein des anderen jenes Sollen, kraft dessen mich der Blick in das Antlitz des anderen haftbar macht? Nach einer schlüssigen Antwort auf diese Frage sucht man in Levinas' Werk vergebens. Er geht von der als solchen unbefragten Voraussetzung aus:

> „Die Epiphanie des Anderen trägt ein eigenes Bedeuten bei sich [...]. Der Andere [...] bedeutet durch sich selbst."[120]

Wo etwas aus sich bedeutet, gibt es nichts mehr zu deuten und also auch nichts mehr zu fragen. Klarer Fall eines erstphilosophischen Anspruchs, der in diesem Fall exklusiv in der Instanz der phänomenologischen Perspektive erhoben wird. Und genau das ist natürlich das Problem: Levinas bleibt jede Auskunft darüber schuldig, wie ein freies, autonomes Subjekt von einem geschichtlichen Geschehen wie der Begegnung mit dem anderen unbedingt in Anspruch genommen werden kann. Die damit gestellte Doppelaufgabe – eine transzendentalgenetische hinsichtlich der Geschichtlichkeit des Geschehens, eine transzendentallogische hinsichtlich seiner Unbedingtheit – wird nicht eingelöst. Damit bleibt sein letztes Wort der Intuitionismus einer fundamentalisierten Alterität. Ein strukturell ähnlicher Prozess ist seit längerem auch noch in einem ganz anderen Bereich der Philosophie zu beobachten, nämlich dem der Ästhetik. Über diese als philosophische Aufgabe und Disziplin ist ausführlich an anderer Stelle zu handeln. (→ Bd. 2, Teil B, Kap. 9) Im hier gegebenen Zusammenhang der Begründungsproblematik reicht zunächst der Hinweis, dass unter diesem Titel der philosophische Rang des Sinnenhaften und von dorther dann speziell derjenige des Schönen reflektiert wird.

3.32 Protoästhetik

Kleine Umdatierung. Unter dem Titel „Protoästhetik" ist der Tatsache Rechnung zu tagen, dass seit einiger Zeit auch die Äs-

[120] LEVINAS, Emmanuel: Die Spur des Anderen. In: DERS.: Die Spur des Anderen. Freiburg; München 1983. 209-235. Hier 220-221.

thetik zu einem erstphilosophischen Paradigma erklärt wird. Wer das für den neuesten Schrei der Gegenwartsphilosophie hielte, hätte sich freilich um gut 100 Jahre vergriffen. Insofern muss man sagen, dass es diese Funktionszuschreibung an die Ästhetik schon längst vor der Transzendentalpragmatik gab und – wenn die These stimmte – eigentlich der Ästhetik der Rang des dritten erstphilosophischen Paradigmas zukäme.

Kant- und Nietzsche-Motive. Der erste, der ihr – der Ästhetik – de facto diese Funktion zuschrieb, war nämlich Friedrich Nietzsche. Zwar war es Kant gewesen, der nicht erst im Rahmen der *Kritik der Urteilskraft*, sondern bereits in der *Kritik der reinen Vernunft* die ästhetischen, also in der Sinneswahrnehmung liegenden Wurzeln des Erkennens und damit von Wissen und Wahrheit thematisiert hatte. (→ Bd. 2, Teil B, Kap. 9) Nietzsche nun tat nichts anderes, als diesen Zug des kantischen Denkens zu radikalisieren im buchstäblichen Sinn des Wortes – und übrigens nicht nur diesen kantischen Gedanken: Das Gleiche gilt auch für die Funktion des Subjektgedankens und den Subjektbegriff als den Dreh- und Angelpunkt der kantischen Philosophie. Zwar setzt mit Nietzsche die radikale philosophische Bestreitung selbstbestimmter Subjektivität ein, die mittlerweile beinahe philosophischer Mainstream geworden ist; (↸ Bd. 1, Kap. 2.5) aber das geschieht bei Nietzsche selbst (anders als bei den meisten seiner Epigonen) nicht in Gestalt planer Opposition, sondern durch eine beeindruckende und in Teilen auch berechtigte Radikalisierung des kantischen Kritik-Programms, also desjenigen Unternehmens, durch das die selbstbestimmte Subjektivität überhaupt erst systematisch zum Zentrum philosophischer Selbstverständigung geworden ist – womit die Frage im Raum steht, ob nicht die konsequente Durchführung des Kritizismus die Gestalt einer Selbstvollendung qua Selbstaufhebung gewinnen muss; genau von dieser Annahme her, dass die Vernunft dermaßen von Täuschungsquellen durchherrscht ist, dass sie sich darüber mit ihren Mitteln nicht mehr aufklären kann, formuliert Nietzsche seinen generellen Anthropomorphismusverdacht gegen jedweden Erkenntnisanspruch.[121] „Anthropomorphismusverdacht" meint dabei: Wahrheit ist nicht ein Wissen um das An-sich-Sein der Dinge, das durch die Dinge gegeben oder an ihnen gewonnen wäre, oder auch nur nach transzendentalen Regeln das Auftreten der Dinge ermöglicht. Was wir Wahrheit nennen, ist – so Nietzsche – stattdessen lediglich ein völlig subjektiver, willkürlicher physiologischer Reflex auf ein sinnliches Erleben, von dem wir allerdings vergessen haben, dass er dies ist: ein ästhetischer Vorgang, und nichts

[121] Vgl. dazu STRIET, Magnus: Das Ich im Sturz der Realität. Philosophisch-theologische Studien zu einer Theorie des Subjekts in Auseinandersetzung mit der Spätphilosophie Friedrich Nietzsches. Regensburg 1998.

anderes. (↸ Bd. 1, Kap. 3.1) Zur Konfliktmilderung im sozialen Raum einigen wir uns auf allgemeine Bezeichnungen der Dinge – und darin wurzle dann auch jenseits aller moralischen Frage der Unterschied von Wahrheit und Lüge.[122] Wahrheit entstehe so schlicht durch Übertragungen von einem Nervenreiz auf ein Bild und von diesem auf einen Laut, jedoch hätten die dabei in Gebrauch genommenen sprachlichen Instrumente nichts mit den durch sie bezeichneten Dingen zu tun. Begriffsbildung gehe schlicht aus dem Vergessen dieser ästhetischen Genese der im buchstäblichen Sinn metaphorischen Dingbenennungen hervor. Auf den systematischen Nenner gebracht heißt dies: Wahrheit und Wirklichkeit als solche – und im Sinne unseres alltäglichen Gebrauchs dieser Ausdrücke – gibt es nicht. Wahrheit und Wirklichkeit sind ihrerseits ästhetische Produkte, genauso fragil und wenig fassbar wie ein poetisches Werk.

Natürlich kann man an dieser Stelle sofort fragen, wie es denn dann um die Geltungsansprüche des nietzscheanischen Denkens selbst steht – ob nicht seine Überdrehung des kantischen Ansatzes ihrerseits in eine Überdrehung der eigenen Position zurückschlage, was zur Folge hätte, dass ihr wirkliche philosophische Relevanz aberkannt werden müsse und es sich bei Nietzsches Wortmeldung um so etwas wie einen furiosen Abgang unter Zuhilfenahme einer Zertrümmerungsrhetorik handle. Näheres Zusehen hätte dabei zu entdecken, dass es sich bei Nietzsches Werk in der Tat um ein Grenzphänomen handelt, das tatsächlich der abendländischen Philosophie vor ihm einen Schlusspunkt zu setzen sucht, gleichzeitig aber nochmals substantiell von dem zehrt, was es zu erledigen trachtet.

Ich denke, es hat mit dieser eigenartigen Zwitternatur der radikalisierten Ästhetik zu tun – das Überkommene zu demaskieren und doch seinerseits Philosophie zu sein –, dass der Gestus solcher Ästhetisierung philosophischer Grundfragen offenkundig auch in die Diskussionslagen zeitgenössischen Philosophierens Eingang gefunden hat und heute als deren selbstverständliches Konstitutivum betrachtet wird – übrigens auch und gerade dort, wo man das auf den ersten Blick nicht erwarten würde (wie wir gleich zur Kenntnis zu nehmen haben werden). Ganz überraschend freilich ist das nicht, wenn man in Rechnung stellt, dass das Gesamt der Philosophie des 20. Jahrhunderts unbeschadet der fundamentalen internen Differenzen einheitlich das Ziel einer dringlich gewordenen Erneuerung der Philosophie verfolgt und Nietzsches Werk sozusagen genau an der Demarkationslinie zwischen dem zu überwindenden Alten – nämlich Hegel und den Folgen bis hin zum Neokantianismus – und dem zu suchenden Neuen steht und zugleich ein treffliches Instrumentar zur Destruktion des Überkommenen bietet.

[122] Vgl. NIETZSCHE: Ueber Wahrheit und Lüge (Anm. 55). 877.

Ästhetik und Wissenschaftstheorie. Jedenfalls lässt sich auf dem Hintergrund der soeben gegebenen Hinweise begreifen, dass sich der Zug zur Ästhetisierung des philosophischen Denkens selbst in der frühen Wissenschaftstheorie dieses Jahrhunderts findet. (→ Bd. 2, Teil A, Kap. 2) Das mag dennoch insofern geradezu verblüffend sein, als es dem Strang des Philosophierens, dem die frühe Wissenschaftstheorie dieses Jahrhunderts angehört – nämlich der Analytischen Philosophie – an allererster Stelle um Exaktheit, Überprüfbarkeit und Eindeutigkeit zu tun war. Und trotzdem tauchen in ihrer Grundlagenbesinnung von Anfang an Wendungen auf, die mehr oder weniger direkt an Nietzsche erinnern, obwohl gewiss keiner der einschlägigen Repräsentanten der Wissenschaftstheorie zu einem Nietzscheanismus neigte. Otto Neurath etwa meinte, wir seien – was Erkenntnis betrifft – wie Schiffer, die auf hoher See ihr Schiff umbauen müssten, ohne je ein festes Dock anlaufen zu können.[123] W.V.O. Quine nimmt die Metapher zum Motto seines Hauptwerks *Word and Object*, in dem er ein radikal holistisches Konzept entfaltet, also eines, in dem es keinerlei festen Satz mehr gibt, sondern nur noch mehr oder weniger tiefgreifende Satzanpassungen. (↖ Bd. 1, Kap. 3.2) Quines Schüler Hilary Putnam wiederum spinnt in einer seiner früheren Phasen Neuraths Bild fort zu dem von einer ganzen Flotte von Booten, die miteinander unterwegs sind und von denen die Passagiere manchmal auf ein benachbartes umsteigen müssen, weil das eigene untergehe oder aufgegeben werde.[124] Und auch Sir Karl Popper, der wohl einflussreichste Wissenschaftstheoretiker der letzten Jahrzehnte, ist überzeugt, dass es im Erkennen keinen sicheren Boden gebe und sich alles im Schwanken befinde. (→ Bd. 2, Teil A, Kap. 2)[125]

Ästhetik und Hermeneutik. Weniger überraschend als im Fall der Wissenschaftstheorie, aber dafür umso markanter kommt der ästhetisierende Zug in der großen Alternative zeitgenössischen Philosophierens zur Wissenschaftstheorie zur Geltung: in der Hermeneutik – und vor allem in deren bis heute so tonangebenden Variante gadamerscher Provenienz. (↖ Bd. 1, Kap. 5.3) Denn Gadamer hat sein Verständnis von Verstehen ganz und gar vom Paradigma des ästhetischen Ereignisses, namentlich der Begegnung mit dem Kunstwerk her gewonnen.

123 Vgl. NEURATH, Otto: Protokollsätze. In: Erkenntnis 3 (1932/33). 204-214. Hier 206.

124 Vgl. PUTNAM, Hilary: Philosophers and human understanding. In: DERS.: Realism and reason. Philosophical papers. Vol. 3. 3. Aufl. Cambridge, MA u.a. 1986. 108-204. Hier 204.

125 Vgl. POPPER, Karl: Die Logik der Sozialwissenschaften. In: ADORNO, Theodor W. u.a. (Hgg.): Der Positivismusstreit in der deutschen Soziologie. Neuwied; Berlin 1969. 103-123. Hier 103.

Ästhetik und Paradigmenwechsel. In einer Art Verknüpfung wissenschaftstheoretischer und hermeneutischer Motive kommen auch die neuere Wissenschaftstheorie und die Wissenschaftspraxis zu ästhetisierenden Intuitionen. Erstere ist damit vor allem in Gestalt der Arbeiten Thomas S. Kuhns zur Wissenschaftsgeschichte ungeheuer einflussreich und populär geworden. (→ Bd. 2, Teil A, Kap. 1) In wissenschaftshistorischen Analysen rekonstruiert Kuhn, wie stark Wissenschaft durch nicht- und außerwissenschaftliche Faktoren – etwa politische Interessen, ideologische Präferenzen oder soziale Gemengelagen – dirigiert werden. Das schlägt sich nieder im Ringen um Leitbilder, die zwar immer eine gewisse Beharrungskraft zu entfalten suchen, aber ab einem gewissen kritischen Punkt durch das Gewicht auftretender Anomalien gekippt werden können. Durch den dann eintretenden Paradigmenwechsel ändert sich, was bislang als „Welt" und „Wissenschaft" galt. Es geht nicht um eine progressive Annäherung an die Wirklichkeit, vielmehr wird die Bindung zwischen dieser und dem Wissen über sie gleichsam elastischer aufgefasst. Nichts als diese letzte Beobachtung könnte klarer machen, dass auch hinter Kuhns wissenschaftsgeschichtlicher Konzeption ästhetisierende Motive wirksam sind. Kuhn bestätigt das ausdrücklich und sagt, er habe eigentlich nur eine im Ästhetischen bewährte Perspektive in den Bereich der Naturwissenschaften übertragen.[126] Neuere Ansätze radikalisieren das und interpretieren die kuhnsche Analogie zwischen Ästhetik und Wissenschaft kausal, d.h. wissenschaftliche Revolutionen werden ursächlich auf Umorientierungen im ästhetischen Kanon zurückgeführt, d.h. konkret als metaphorische Neubeschreibungen von Natur begriffen.[127]

Genau dieser Zug der Ästhetisierung macht seit einiger Zeit in der Wissenschaftspraxis Furore. Schon länger haben gerade herausragende Naturwissenschaftler zu erkennen gegeben, dass für einige ihrer besonders bahnbrechenden Entdeckungen ein ästhetisch-poetisch-imaginatives Potential mindestens ebenso wichtig war wie das Experimentieren, Messen und Rechnen – so etwa Niels Bohr, Albert Einstein, Werner Heisenberg. In jüngerer Zeit hat James Watson bekannt, er wäre ohne die Überzeugung, dass die Entzifferung der DNS-Struktur irgendwie auch besonders elegant sein müsse, nie auf die Doppel-Helix gestoßen.[128] Neueste Publikationen dehnen diese Ästhetisierung buchstäblich bis zum Urknall aus: Die Struktur des Univer-

[126] Vgl. KUHN, Thomas S.: Bemerkungen zum Verhältnis von Wissenschaft und Kunst. In DERS.: Die Entstehung des Neuen. Studien zur Struktur der Wissenschaftsgeschichte. Übers. v. Hermann Vetter. Frankfurt a.M. 1977. 446-460. Hier 449-450.

[127] Vgl. HESSE, Mary: The Explanatory Function of Metaphor. In: Revolutions and Reconstructions in the Philosophy of Science. Bloomington, Ind. 1980. 111-124. Hier 111.

[128] Vgl. WATSON, James D.: Die Doppel-Helix. Ein persönlicher Bericht über die Entdeckung der DNS-Struktur. Reinbek b. Hamburg. 1969.

sums sei unserem ästhetischen Empfinden eingeschrieben, meint etwa John D. Barrow.[129] Ein Beobachter der Szene resümiert:

> „Der Unterschied zwischen Wissenschaft und Dichtung ist dabei, zu verschwinden. Ins Positive gewendet: Was ein Theoretiker über das Universum der Welt sagt, könnte vom Publikum nach denselben Kriterien beurteilt werden wie das, was ein Schriftsteller ersinnt.“[130]

Ästhetisierung des Philosophierens. Was damit für die (gemeinhin als „hart“ eingestuften) Naturwissenschaften als naheliegende Option empfohlen wird, ist in der Philosophie längst eingetreten, und zwar als programmatische Ästhetisierung der Philosophie im Sinne ihrer Ersetzung durch Kulturwissenschaften im Werk Richard Rortys. Insofern liegt in der Tat nahe, mit Bezug auf Rorty nicht mehr von Analytischer Philosophie zu sprechen, obwohl er aus deren Terrain kommt, sondern die Titulierung „postanalytisch“ vorzuziehen. Sprachen, Theorien, Wissenschaften bilden für Rorty nichts ab und objektivieren nichts. Sie bilden lediglich kulturelle Artefakte – wie Romane, Gedichte, Opern und Skulpturen auch –, die nur ins Verhältnis zu anderen kulturellen Artefakten gesetzt werden können, nie zu „der Wirklichkeit an sich“ – denn die gibt es überhaupt nicht. Dieser Gedanke – so Rorty – ist nämlich sinnlos, weil es Wirklichkeit immer nur als „Wirklichkeit-unter-einer-Beschreibung“[131] gebe. Philosophie bestehe deshalb darin, den Dialog über die diversen Beschreibungen und ihre Interaktionen in Gang zu halten, und das gebe der Philosophie gegen die Hypertrophie, irgendwelche letzten Gründe nennen zu wollen, ihren eigentlichen sapientialen (weisheitlichen) Charakter wieder zurück.

Nun gibt es Autoren, die diese Tendenzen zur Ästhetisierung der Philosophie – und gerade auch die Position Rortys – auf eine derart treuherzige und (vielleicht muss man auch sagen: naive) Weise fortschreiben, dass sie zum einen das innere Gefüge dieser Denkform freilegen und dabei zugleich deren Achillesverse aufdecken. So spricht etwa Wolfgang Welsch mit Bezug auf die ästhetische Basis-Schicht theoretischer wie praktischer Philosophie von einer „Protoästhetik“ und erkennt in der seit Kant zunehmend ins Bewusstsein gehobenen Dimension einen „aesthetic turn“.[132] Dabei handelt es sich nicht nur um einen Namen, der der längst kanonisch gewordenen Rede vom „linguistic turn“ als dem vielleicht maßgebendsten Konstruktionspunkt zeitgenössischer Philosophie nachgebildet ist. Weit darüber

[129] Vgl. BARROW, John D.: Der kosmische Schnitt. Die Naturgesetze des Ästhetischen. Aus d. Engl. v. Anita Ehlers. Heidelberg 1997.

[130] FISCHER, Ernst P.: Das Schöne und das Biest. Ästhetische Momente in der Wissenschaft. München 1997. 267-268.

[131] RORTY, Richard: Der Spiegel der Natur. Eine Kritik der Philosophie. Übers. v. Michael Gebauer. Frankfurt a.M. 2. Aufl. 1984. 409.

[132] WELSCH, Wolfgang: Grenzgänge der Ästhetik. Stuttgart 1996. 94.

hinaus beansprucht Welsch für diese seine These des „aesthetic turn" als Gewährsinstanz einen, der zugleich zu den großen Repräsentanten des „linguistic turn" gehört, nämlich keinen geringeren als Ludwig Wittgenstein. Ob die Vergleiche, die Wittgenstein selbst in der Tat zwischen philosophischem und ästhetischem Tun zieht, gleich für die These eines „aesthetic turn" reichen, mag an dieser Stelle dahingestellt bleiben.

Ästhetische Erstphilosophie. Systematisch gesehen nimmt sich weit bemerkenswerter aus, dass die unzweifelhaft seit Kant gegebene Ästhetisierung mittlerweile auch als neues erstphilosophisches Paradigma behauptet wird – und das ist insofern brisant, als ja an sich das Wesen des Ästhetischen jene Fragilität, Flüssigkeit und Nicht-Fundamentalität ausmacht, von der vorhin im Zusammenhang mit Nietzsche schon die Rede war. Wenn aber in der Rückfrage nach dem letzten Grund von Wissen, Wahrheit und Wirklichkeit immer unübersehbarer ästhetische Denkfiguren auftauchen, was bedeutet dann die Rede von „Protoästhetik" und ästhetischer Erstphilosophie? Der schon einmal erwähnte Wolfgang Welsch meint:

> „Man wird dies nicht mit einem ‚ästhetischen Fundamentalismus' verwechseln wollen. Es handelt sich offenbar um dessen Gegenteil: um die Verabschiedung eines jeglichen Fundamentalismus. Denn eine ästhetisch konturierte ‚Erste Philosophie' verabschiedet nicht nur die traditionelle Besetzung, sondern sie durchstößt zugleich die Form einer ‚Ersten Philosophie'. Wenn sie ‚Erste Philosophie' ist – dann nicht mehr in der Weise einer ‚Ersten Philosophie'. Sie hat nicht mehr den Status einer Grundwissenschaft, die man autonom entwickeln kann, um aus ihr Antworten auf alle nachfolgenden Fragen abzuleiten. Die Ästhetik bildet keinen Fundus und stellt kein Fundament bereit. Gerade das kennzeichnet diesen Paradigmenwechsel, diesen *aesthetic turn*."[133]

„Schwebend". Trifft dies zu, dann folgt daraus – wie Welsch auch selbst eigens hinzufügt –, dass die elementaren Strukturen der Welt- und Selbstbeschreibung dann ab einem gewissen Punkt ihrer Befragung nicht mehr begründbar sind, sondern einfach grundlos dastehen, in „schwebende(r) Verfassung."[134] „Schwebend" meine dabei einen Status jenseits von rational und irrational. Deswegen stelle er solche Konzeptionen auch unter den Titel „kontrafaktische Erstphilosophien". Auf solchermaßen verfassten Grundlagen baue dann das auf, was die Auszeichnung „rational" trage. Dafür stützt sich Welsch nochmals auf Wittgenstein. In dessen Aphorismen-Sammlung mit dem Titel *Über Gewißheit* heißt es:

[133] WELSCH: Grenzgänge (Anm. 132). 97.
[134] WELSCH: Grenzgänge (Anm. 132). 99.

> „341. [...] die *Fragen*, die wir stellen, und unsere *Zweifel* beruhen darauf, daß gewisse Sätze vom Zweifel ausgenommen sind, gleichsam die Angeln, in welchen jene sich bewegen.
> 342. D.h. es gehört zur Logik unserer wissenschaftlichen Untersuchungen, daß Gewisses *in der Tat* nicht angezweifelt wird.
> 343. Es ist aber damit nicht so, daß wir eben nicht alles untersuchen *können* und uns daher notgedrungen mit der Annahme zufriedenstellen müssen. Wenn ich will, daß die Türe sich drehe, müssen die Angeln feststehen.
> 344. Mein *Leben* besteht darin, daß ich mich mit manchem zufriedengebe."[135]

Welschs Kommentar dazu: Da die Angeln nicht wesensnotwendig Angel seien, sondern – um im Bild zu bleiben – selber zur Türe werden könnten, die sich in neuen, als solchen gesetzten Angeln drehe, könnten alle Begründungsoperationen nur relativ, fragil und schwankend ausfallen, eben abhängig von dem, was jeweils als Angel, als Festes gesetzt worden ist. Und eine rationale Entscheidung für die eine oder die andere Angel gebe es nicht, sondern lediglich eine ästhetische Operation. Oder um es nochmals mit Wittgenstein zu sagen:

> „Auf Kausalitätsgesetze beziehen sich die Physiker im Vorwort, später ist von ihnen nie wieder die Rede. Aus der Kausalität können die Physiker ihre Axiome nicht ableiten, aber sie glauben, daß es irgendwann vielleicht möglich ist. Daran ist zwar nichts Besonderes, aber in Wirklichkeit vertreten sie diese Auffassung der Kausalität nicht einmal im Traum. In einer anderen Weise jedoch ist die Kausalität die Grundlage ihres Tuns. Sie ist eigentlich eine Beschreibung ihres Untersuchungsstils. Für den Physiker steht die Kausalität für einen Denkstil. Man vergleiche damit das Postulat eines Schöpfers in der Religion. In einem gewissen Sinne scheint es eine Erklärung zu sein, doch in einem anderen Sinne erklärt es gar nichts. Denken wir zum Vergleich an einen Handwerker, der einem Stück mit einer spindelförmigen Verzierung den letzten Schliff gibt, wobei er der Spindel entweder einen Knauf aufsetzen oder sie spitz zulaufen lassen kann. So steht es auch mit der Schöpfung: Gott, das ist der eine Stil, der Nebelfleck ist der andere. Der Stil schafft uns Befriedigung, aber der eine Stil ist nicht rationaler als der andere. Was man so über die Wissenschaft sagt, hat mit dem Fortschritt der Wissenschaft nichts zu tun, sondern es bildet einen Stil, und der verschafft Befriedigung. Mit dem Gebrauch des Wortes ‚rational' steht es ähnlich."[136]

Wortmeldungen wie diese werden heute von Theologen wie Philosophen heiß geliebt: von Ersteren, weil ihnen damit durch eine Autorität wie Wittgenstein so etwas wie ein naturwüchsiges Recht im Chor der Weltbeschreibungen eingeräumt wird – als eben ein Stil neben anderen; und die Philosophen sehen sich lizensiert, tieferreichenden Begründungsfragen den Laufpass zu geben. Nur: Welchen Preis kostet das? Und: Ist das konsistent?

[135] WITTGENSTEIN, Ludwig: Über Gewißheit. Nr. 341-344.
[136] WITTGENSTEIN, Ludwig: Vorlesungen 1930-1935. Frankfurt a.M. 1984. 123-124.

Preis. Die Frage nach dem Preis ist schnell beantwortet: Das Niveau einer philosophisch für erreichbar gehaltenen Rationalität wird schlichtweg abgesenkt. Die Ästhetisierung der Epistemologie lässt diese – um es etwas drastisch zu sagen – zusammenschnurren. Strukturell gesehen wirkt sie sich ähnlich aus wie die Strategie des Kritischen Rationalismus eines Sir Karl Popper (dessen Name also im vorausgehenden nicht zufällig bereits zu nennen war) und seiner speziell deutschsprachigen Version, wie sie Hans Albert erfolgreich propagiert: Alberts Münchhausen-Trilemma ist längst eine stehende Redewendung im öffentlichen Diskurs geworden. (→ Bd. 2, Teil A, Kap. 2) Als selbstverständlich gilt, dass rationale Praxis Entscheidungsprozessen folgt, die in situativem Ermessen wurzeln. Damit wird aber nicht nur der Objektivitäts- und Gewissheitsnimbus der Wissenschaften entzaubert. Es geschieht mehr: Denn Rationalität also solche wird dabei relativiert, und so stellt sich die Frage: Woran kommt dieser Prozess an seine Grenze? Oder kann er – einmal in Gang gekommen – überhaupt nicht mehr gestoppt werden, sodass er notwendig in der Preisgabe dieses Konzepts endet?

Konsistenz. Soll Letzteres nicht der Fall sein, dann muss für die Frage der Rationalität logischerweise ein rationales Kriterium in Anspruch genommen werden – was soviel heißt wie: Das Ausgangsproblem steht von neuem auf der Tagesordnung. Anders gewendet: So richtig die Beobachtung ist, dass es für uns immer nur Wirklichkeit-unter-Beschreibung gibt, so wenig folgt daraus, dass es deswegen nur Beschreibungen gibt. Der schon einmal in ganz anderem Zusammenhang erwähnte Hilary Putnam meint dazu etwas spitz:

> „[...] warum sollte die Tatsache, daß eine beschreibungsunabhängige Beschreibung der Realität nicht möglich ist, zu der Annahme führen, es gebe nichts außer Beschreibungen? Schließlich gilt auch nach unseren eigenen Beschreibungen, daß das Wort ‚Quark' etwas völlig anderes ist als ein Quark."[137]

Auf unseren Zusammenhang übertragen heißt das: Die radikale Durchästhetisierung der Epistemologie führt in einen philosophisch inkonsistenten Irrealismus. Die an sich triviale Tatsache, dass man die Welt nicht beschreiben kann, ohne sie zu beschreiben, hat in keiner Weise zur Konsequenz, dass wir uns mit unseren Beschreibungen nicht auf etwas beziehen, was wir nicht selbst produziert haben. Umgekehrt heißt das aber auch nicht, dass wir deswegen bewusstseinsunabhängige Fakten einerseits und ästhetische bzw. begriffliche Operationen andererseits auseinanderhalten müssten. Wir können das nicht einmal. Was aber folgt daraus? Putnam:

[137] PUTNAM, Hilary: Für eine Erneuerung der Philosophie. Übers. aus d. Engl. v. Joachim Schulte. Stuttgart 1997. 158.

> „Was wir über die Welt sagen, reflektiert unsere begrifflichen Entscheidungen und unsere Interessen, aber die Wahrheit oder Falschheit unserer Äußerungen wird nicht einfach durch unsere begrifflichen Unterscheidungen und unsere Interessen bestimmt.“[138]

Vernünftigkeit von Präferenzen. Wovon aber dann? Davon – antwortet Putnam –, dass unsere Interessen und (ich ergänze) damit auch unsere ästhetischen Stilpräferenzen nicht alle im gleichem Maß vernünftig sind; manche sind vernünftiger als andere. Welche vernünftiger sind und welche weniger, steht dabei durchaus nicht von vornherein und erfahrungsunabhängig – kantisch gesagt: a priori – fest. Die Vernünftigkeit eines Interesses oder einer Entscheidung hängt vom jeweiligen Zusammenhang und den durch ihn festgelegten Bedingungen ab. Putnam macht das gern am Fall des kontrafaktischen Konditionalsatzes klar (eines jener herrlichen Denkexperimente, wie sie typisch sind für analytisches Philosophieren). Nehmen wir folgendes Beispiel: Jemand hat Frühstücksdienst in seiner WG. Die Truppe sitzt bereits um den Tisch und kaut mit mühselig hochgehaltenen Augenlidern an den Brötchen von vorgestern. Alle warten auf den belebenden Kaffee. Da man nicht – wie sonst – die Kaffeemaschine rumoren hört, geht einer schauen und ruft dem Verantwortlichen zu: „Wenn du Dummkopf nicht vergessen hättest, die Maschine einzuschalten, dann hätten wir jetzt Kaffee!“ (das ist ein kontrafaktischer Konditionalsatz). Das Statement kann durchaus vernünftig sein, wenn der Betroffene tatsächlich vergessen hat, die Maschine einzuschalten. Es könnte aber auch relativ unvernünftig sein – in dem Fall nämlich, dass die Maschine sehr wohl eingeschaltet wurde, diese aber unerwarteterweise ihren Geist aufgab (ohne dass jemand es merkte) oder im ganzen Stadtviertel momentan Stromausfall herrscht. Dann lautete das vernünftigere Statement z.B.: „Wenn wir – wie besprochen – schon eine neue Maschine gekauft hätten, dann hätten wir jetzt auch Kaffee.“ Oder: „Wenn die Stadtwerke rechtzeitig über die Stromabschaltung informiert hätten, dann säßen wir jetzt nicht hier auf dem Trockenen herum.“ Es könnte natürlich auch noch etwas ganz anderes eingetreten sein: Vielleicht sind in der Nacht grüne Männchen gelandet und haben als erstes einige grundlegende physikalische Gesetze, z.B. das physikalische Wirken von elektrischem Strom, außer Kraft gesetzt, weswegen die Kaffeemaschine keinen Pieps tut, obwohl sie eingeschaltet ist. Das in diesem Fall vernünftigere Statement – also eines über die nächtliche Landung von grünen Männchen – setzt natürlich für seine Vernünftigkeit ausgesprochen extravagante Bedingungen voraus; schlichtweg ausgeschlossen ist es nicht.

[138] PUTNAM: Erneuerung (Anm. 137). 81.

Stimmigkeit. Für die Stimmigkeit des jeweiligen Urteils ist einfach die Situation relevant, in der es ergeht.[139] Diese Relevanz steht natürlich in einem engen Zusammenhang mit der uns vertrauten Alltagswelt, in der wir uns selbstverständlich bewegen. Je weiter sich die für die Vernünftigkeit des Urteils relevante Situation von diesem Alltag entfernt, desto extravaganter werden natürlich die Vernünftigkeitsbedingungen. Jedoch (und das sagt auch Putnam nicht so deutlich, wie man es sich wünschen würde): Das entscheidende Wort in diesem Resultat heißt nicht Situation, sondern „Stimmigkeit". Es verweist darauf, dass wir mit unseren Interessen und Entscheidungen unter Einschluss eines normativen Moments umgehen – also anders, als vorhin Welsch mit Berufung auf Wittgenstein insinuierte; ich sagte soeben „mit Berufung auf Wittgenstein", weil mich manche Stellen im Opus Wittgensteins – und zwar vornehmlich solche, die Religiöses betreffen – ziemlich sicher machen, dass für ihn die Wahl von Stilen mit Normativität zu tun hat, so etwa wenn er am Ende seines Vortrags über „Ethik" eigens betont, ethische bzw. religiöse Einstellungen seien für ihn unbeschadet der Rede von ihrer wissenschaftlich-diskursiven „Unsinnigkeit" etwas, worüber er in keiner Weise sich lustig zu machen die Absicht habe.[140] (→ Bd. 2, Teil A, Kap. 2.3) Woher aber rührt diese in unsere Lebenswelt eingewebte Normativität, die sich in der Bewertung von Situationen als mehr oder weniger vernünftig, als stimmig oder eben nicht stimmig geltend macht? Meine Antwort: Sie kann nur aus einem Wissen der Vernunft um das, was Vernünftigkeit oder Stimmigsein heißt, rühren, dass mit dem Auftreten von so etwas Vernunft immer schon mitgegeben, also vorab zu allen möglichen Erfahrungen ihr immer schon präreflexiv offensteht.

Derrida-Kritik. Ich denke auch, dass nur unter Voraussetzung dieses oder eines ähnlichen Gedankens die scharfe Kritik Putnams an postmodernen Positionen wie derjenigen Jacques Derridas nachvollziehbar wird. Putnam stimmt Derrida durchaus zu, dass die Annahmen herkömmlicher philosophischer Welt- und Selbstbeschreibung mit ihrem Reden von „*der* Welt", „*dem* Sein", „*dem* Menschen" usw., das fraglose Klarheit insinuiert, der Kritik bedarf. Derrida formuliert diese Kritik vor allem unter dem Stichwort des „Logozentrismus", will sagen: Das philosophische Denken herkömmlicher Art folge Formen wie denjenigen der Begründung, des Gerechtfertigtseins und der logischen Folge, die allesamt als nichts anderes denn Symptome von Repression zu gelten hätten – jedenfalls interpretieren nicht wenige auf diese Weise Derridas Einlassungen. Er selbst hat sich einmal gefragt, wie es denn möglich war, dass einer seiner Hauptgewährsleu-

[139] Vgl. PUTNAM: Erneuerung (Anm. 137). 86.
[140] Vgl. WITTGENSTEIN, Ludwig: Vortrag über Ethik. Und andere kleine Schriften. Hg. u. übers. v. Joachim Schulte. Frankfurt a.M. 1989. 19.

te – nämlich Nietzsche – so missbraucht und verfälscht werden konnte, wie es vor allem durch die Nationalsozialisten geschah, denn – so Derrida –, man könne doch nicht alles Beliebige verfälschen.[141] Genau diesen Gedanken wendet der „Post-Analytiker“ Richard Bernstein gegen Derrida selbst:

> „[...] ich stelle die Frage, ob der Unterzeichner dieser Texte [sc. J. Derrida; K. M.] eine gewisse Verantwortung dafür trägt, wie sie aufgenommen werden. Sofern der Wunsch zu schreiben ‚der Wunsch ist, ein Programm oder eine Matrix mit der größten potentiellen Mannigfaltigkeit, Unentscheidbarkeit, Mehrstimmigkeit usw. zu vervollkommnen, so daß etwas jedesmal, wenn es wiederkehrt, so verschieden sein wird wie möglich', fragt es sich, ob der Unterzeichner nicht eine gewisse ‚Verantwortung' trägt für die divergierenden und unvereinbaren Weisen, in denen die Texte gelesen und gehört werden. Man mag sich fragen, ‚wie und warum' es so ist, daß die von J.D. unterzeichneten Texte als nihilistische, obskurantistische, zügellose Logorrhö gelesen (oder gehört) werden können und (wie ich geltend gemacht habe) zugleich als leidenschaftliche, politische, subversive und engagierte Texte, die für die Differánce und das unumstößlich Andere Platz schaffen wollen. Was haben die Texte Derridas an sich, das diese doppelte Lesart gestattet, ja geradezu herausfordert?“[142]

Wider die Denunziation der Rationalität. Die Antwort ist einfach: Diese Ambivalenz folgt zwangsläufig aus Denuntiation der Rationalität als Repression. Wo wahr und falsch aus diesem Grund nicht mehr unterschieden werden dürfen, sind – politisch gesprochen – auch Links und Rechts nicht mehr auseinanderzuhalten (auch wenn speziell dies Derrida selbst fern liegt). Das ist der Terminus ad quem einer durchgängigen Ästhetisierung der theoretischen Vernunft. Entgehen kann dieser Drift nur, wer bei gleichzeitiger Wahrung der ästhetischen Dimension allen Erkennens das logisch notwendige normative Implikat dieser Vernunftleistung nicht übersieht.

Lyotard-Kritik. Das strukturell Gleiche gilt für die praktische Vernunft – besonders eindrücklich etwa auszumachen an der Position Jean-François Lyotards.[143] Sein Projekt einer nichtmetaphysischen postmodernen Ethik betont zum einen den Unterschied zwischen Ästhetik und Ethik. Gleichzeitig setzt Lyotard beide ins Verhältnis einer Analogie im Sinne Kants, gemäß der eine Vernunftidee durch eine intuitive Vorstellungsart negativ bzw. indirekt zur Darstellung gebracht werden soll. Konkret: Das Ethische soll im Ästhetischen und durch dieses symbolisiert werden. Als Analogans in

[141] Vgl. DERRIDA, Jacques: The Ear of the Other. Transl. by Christie McDonald. New York 1985. 23-24.

[142] BERNSTEIN, Richard: Serious Play: The Ethical-Political Horizon of Jacques Derrida. The Journal of Speculative Philosophy 1 (1987). Heft 2. 93-117. Hier 111.

[143] Vgl. dazu ausführlich WENDEL, Saskia: Jean-François Lyotard. Aisthetisches Ethos. München 1997.

diesem Sinn beansprucht Lyotard das ästhetische Gefühl des Erhabenen. Saskia Wendel reformuliert den entscheidenden Gedanken so:

> „Das ästhetische Gefühl des Erhabenen macht den Anspruch des Gesetzes sinnlich vernehmbar und ist deshalb ein Zeichen, das im Bereich des Ästhetischen auf das Ethische hinweist."[144]

Zwar lässt sich Lyotard bei seiner Bestimmung des Erhabenen zunächst von derjenigen Kants leiten, löst den Begriff aber aus dem bei Kant gegebenen Zusammenhang mit der Autonomie des Subjekts heraus und stellt ihn auf die undarstellbare Präsenz des so genannten „Ereignisses" ab, das sich im Gefühl des Erhabenen als ein Ruf zur Geltung bringt, der die ästhetische Empfänglichkeit des Menschen gebieterisch beansprucht. Nochmals Saskia Wendel:

> „In der Präsenz des Ereignisses zerbricht der Wille, die Autonomie; das Gefühl des Erhabenen ist die Vorbedingung einer Freiheit, die gleichbedeutend ist mit der Zerstörung des ästhetischen Ich durch den von der Einbildungskraft empfundenen Schmerz, damit die Präsenz des Ereignisses sich manifestieren kann."[145]

Asymmetrie von Ästhetik und Ethik. Trifft das zu, dann kommt es aber bei Lyotard sozusagen unter dem Deckmantel des Analogiegedankens zu einer Asymmetrie im Verhältnis von Ästhetik und Ethik, die sich als eine Ästhetisierung der Ethik strukturell genauso auswirkt, wie vorhin die radikale Ästhetisierung der Epistemologie: Das, was seit Kant in Orientierung an den Begriffen Freiheit, Pflicht und Sollen Ethik heißt, wird zugunsten einer Heteronomie, eines Unterworfenseins des Subjekts unter etwas von außen Kommendes, ausgehöhlt. Bezeichnenderweise stellt Lyotard dem Begriff des autonomen Subjekts den der „infantia", also einer Kindheit qua unbedingter Empfänglichkeit entgegen.[146] Und damit fällt Lyotards Ethik-Konzept der Sache nach genau in jene Figur einer metaphysischen Ethik zurück, gegen die es dem Anspruch nach konzipiert ist. Überdies beschreibt Lyotard das Aufkommen des Gefühls des Erhabenen auf eine Weise, die – vorsichtig gesagt – mehr als zu denken gibt:

> „In dem Stammbaum der sogenannten ‚Gemütsvermögen' ist die Erzeugerin – ebenso wie der Erzeuger – eine ‚Empfindung', ein Zustand des Gefühls der Lust und Unlust. Doch der Vater ist zufrieden und die Mutter unglücklich. Das erhabene Kind wird gefühlsmäßig widersprüchlich, kontradiktorisch sein: Schmerz und Wohlgefallen. Denn in der Genealogie der sogenannten ‚Erkenntnis'-Vermögen [...] kommen die Erzeuger aus zwei fremden Familien. Sie ist ‚Urteilskraft', er ‚Vernunft'. Sie ist Künstlerin, er Moralist. Sie ‚reflektiert', er ‚bestimmt'. Das (väterliche) Moralgesetz entschließt sich [...] und bestimmt [...] das Handeln des Geistes. Die Vernunft will gute Kinder, fordert die Erzeugung gerechter Moralmaximen. Doch die Mutter – die freie, reflektierende Einbildungskraft – kann nur Formen ent-

[144] WENDEL: Jean-François Lyotard (Anm. 143). 69.
[145] WENDEL: Jean-François Lyotard (Anm. 143). 73.
[146] Vgl. WENDEL: Jean-François Lyotard (Anm. 143). 54-63.

> falten, ohne vorherige Regel und ohne bekanntes oder erkennbares Ziel [...]. Das Erhabene ist das Kind der unglückseligen Begegnung von Idee und Form. Unglückselig, weil sich diese Idee so wenig konzessionsbereit, das Gesetz (der Vater) so autoritär, so bedingungslos, die Rücksicht, die es fordert, so ausschließlich zeigt, daß es diesem Vater egal ist, ob er mit der Einbildungskraft zu irgendeiner Übereinkunft kommt, und sei es durch eine köstliche Rivalität. Er treibt die Formen auseinander, bzw. die Formen spreizen sich, zerreißen sich, werden übermäßig in seiner Gegenwart. Er befruchtet die den Formen hingegebene Jungfrau, ohne Rücksicht auf ihre Gunst. Er fordert nur Rücksicht für sich selbst, für das Gesetz und seine Realisierung. Er braucht keine schöne Natur. Er benötigt unbedingt eine vergewaltigte, überwundene, erschöpfte Einbildungskraft. Sie stirbt bei der Geburt des Erhabenen. Sie glaubt zu sterben [...]. Das Erhabne benötigt die Gewalt, das ‚Wackere' [...]. Die Einbildungskraft muß vergewaltigt werden, weil die Freude, das Gesetz zu sehen, oder beinahe zu sehen, nur durch ihren Schmerz, vermittelst ihrer Vergewaltigung erlangt wird."[147]

Ich kommentiere die Passage an dieser Stelle weder hinsichtlich ihrer Gewaltsemantik noch hinsichtlich dessen, wie sie zwangsläufig bei Leserinnen oder Hörerinnen ankommen muss. Ich erinnere nur daran, dass sich mit diesen Worten – ausgerechnet im Zusammenhang der „Ethik" – jemand zu Wort meldet, der sich bei anderer Gelegenheit nicht genug tun kann, das Zerbrechen der einen Wahrheit in die vielen Wahrheiten, der einen Geschichte in viele Geschichten, der Identität in die pluralistische Heterogenität radikaler Andersheiten zu proklamieren, um so – Achtung! – das Gewaltpotenzial der betroffenen Grundbegriffe überkommenen Philosophierens zu brechen. Ich kann mir einen solchen Widerspruch nur noch dadurch erklären, dass das Ästhetische, wird es radikalisiert, trotz seiner in den Formstrukturen wirksamen Vernunftdimension gegen die Vernunft in Stellung geht und dabei eine Verblendungskraft entfaltet, die eine reflexive Selbstaufklärung verbaut.

3.33 Kenosis und Caritas

Radikalisierung der Hermeneutik. Noch von einer dritten Weise kontrafaktischer Erstphilosophie ist zu handeln, von einer, die wegen ihres Urhebers gewöhnlich auch mit dem Etikett „postmodern" kategorisiert wird, aber eine ganz andere Wendung nimmt als die als Erstphilosophie verstandene Protoästhetik. Es handelt sich um die philosophische Standortbestimmung, zu der Gianni Vattimo mittlerweile in seinem denkerischen Fortgang gekommen ist: Vattimo, Schüler des christlichen Existenzialisten Luigi Pareyson und vor allem durch sein Konzept des „pensiero debole" (schwaches Denken)

[147] LYOTARD, Jean-François: Das Interesse des Erhabenen. In: PRIES, Christine (Hg.): Das Erhabene. Zwischen Grenzerfahrung und Größenwahn. Weinheim 1989. 91-118. Hier 108-109.

prominent geworden, fordert eine Radikalisierung des hermeneutischen Denkens, wie es vor allem durch Heidegger und Gadamer prominent geworden ist. (↸ Bd. 1, Kap. 5.5) Er hegt nämlich den Verdacht, dass dieses Konzept dadurch, dass es auf ein Endlosverfahren festgelegt und damit in eine relativistisch-skeptische Drift gebracht ist, zu einem Allerweltsdenken herabsinken könnte. Vattimo bietet dafür keine einfache Gegenindikation, fordert stattdessen eine Radikalisierung der internen Dynamik des hermeneutischen Denkens. Diese Radikalisierung besteht darin, dass die Hermeneutik ihrer „nihilistische[n] Berufung“[148] nachkommt, wie Vattimo in Anlehnung an Nietzsche und Heidegger formuliert. Gemeint ist folgendes: Begnügte sich Hermeneutik mit dem Befund, dass es verschiedene Hinsichten auf die Welt gibt, bliebe sie bei ihrem Abschied von der Metaphysik dadurch auf halbem Wege stehen, dass sie deren objektivistisches Wahrheitsideal reproduzierte. Neuzeitliche Hermeneutik (qua Philosophie der Moderne par excellence) muss sich dagegen als ihrerseits so radikal geschichtlich verstehen, dass nur noch „eine Geschichte, sowohl im Sinne von *res gestae* als auch in dem von *historia rerum gestarum*, und vielleicht sogar auch im Sinne einer ‚Fabel' oder eines Mythos“[149] als Beweisinstanz für ihren eigenen Anspruch in Frage kommt und sie sich folgerichtig selbst nur als eine Interpretation präsentieren kann. Hermeneutik kann als konsequent gedachte nur eine philosophische Interpretation der Interpretationsphilosophie sein.

Dennoch resultiert für Vattimo aus dieser Konsequenz kein alles verschlingender historistischer Strudel, sondern – das Gegenteil: die Wiederentdeckung eines allen hermeneutischen Prozessen eingestifteten normativen und unhintergehbaren Moments, das im Letzten dafür aufkommt, dass Hermeneutik als Kunst der Auslegung im Multiversum einander begegnender und konkurrierender Sinnansprüche überhaupt möglich ist. Formal gefasst: Vattimo macht die Bedingung der Möglichkeit von Hermeneutik an einem nicht-hermeneutischen, d.h. nicht aus den zu deutenden Zeichen selbst zu gewinnenden kriteriellen und nicht noch einmal begründungsbedürftigen Faktor fest[150] – also dem, was der Sache nach Thema der Erstphilosophie bzw. philosophischen Letztbegründung ist.[151]

Treibsatz Kenosis. Noch aufregender als die Tatsache, dass das der Fall ist, nimmt sich dabei aus, dass Vattimo zu dieser Über-

148 VATTIMO: Jenseits des Christentums (Anm. 115). 13.
149 VATTIMO: Jenseits des Christentums (Anm. 115). 25.
150 Vgl. VATTIMO: Glauben (Anm. 22). 114.
151 Vgl. dazu MÜLLER, Klaus: Subjektprofile. Philosophische Einsprüche in eine theologisch überfällige Debatte. In: Theologie der Gegenwart 40 (1997). 172-180. – DERS.: Fegefeuer (Anm. 20). 239-241. – DERS.: Wieviel Vernunft braucht der Glaube? Erwägungen zur Begründungsproblematik. In: DERS.: Fundamentaltheologie (Anm. 33). 77-100.

zeugung auf einem Weg kommt, der mit einer philosophischen Wiederentdeckung des Christentums koinzidiert. Im bisherigen Gang des okzidentalen Denkens, der in die Hermeneutik mündet, meldet sich offenkundig ein Trend zur Abschwächung starker Geltungsansprüche, und zwar nicht nur der einer auf objektive und letztgültige Gegebenheiten rekurrierenden Metaphysik, sondern nicht minder ein Zerfall derjenigen Ansprüche, die sich mit dem Begriff der Wissenschaft und dem der Geschichte verbinden:

> „Die Wissenschaft spricht von Objekten, die immer weniger mit denen der Alltagserfahrung in Beziehung gesetzt werden können, weshalb ich nicht recht weiß, was ich ‚Wirklichkeit' nennen soll – das, was ich sehe und fühle, oder das, was ich in den Büchern über Physik und Astrophysik beschrieben finde; die Technik und die Warenproduktion formen meine Welt immer mehr als eine künstliche Welt, in der auch die ‚natürlichen', die wesentlichen Bedürfnisse sich nicht von den durch die Werbung ausgelösten und manipulierten Bedürfnissen unterscheiden, so daß ich auch hier kein Kriterium zur Unterscheidung des Wirklichen vom ‚Erfundenen' mehr habe; auch die Geschichte hat nach dem Ende des Kolonialismus und nach der Auflösung der eurozentrischen Vorurteile keinen einheitlichen Sinn mehr, sie ist in eine Vielzahl von Geschichten zerfallen, die kein einheitlicher roter Faden mehr zusammenhält."[152]

Aus diesem Befund resultiert für Vattimo eine doppelte religionsphilosophische Pointe (wenn man denn überhaupt so harmlos sagen darf) mit einer hochbrisanten hermeneutischen Konsequenz: Zum einen sieht Vattimo durch die (im eben beschriebenen Sinn geschehende) Abschwächung szientistischer wie historistischer Einstellungen jedem atheistischen Rationalismus den Boden entzogen[153] und damit einer Wiederkehr der Religion den Boden bereitet. Zum anderen – und das ist ungleich aufregender – steht für ihn die genannte Abschwächung starker Geltungsansprüche in ursächlichem Zusammenhang mit eben der Religion, die entgegen verbreiteter Prognosen sich genau heute im Horizont postmodernen Denkens vital zurückmeldet. Vattimo erblickt nämlich die letztendliche Ermöglichungsbedingung jener philosophischen Abschwächungstendenzen objektivistischer Ansprüche im christlichen Basisgedanken der Inkarnation, also der Selbstentäußerung Gottes in Menschengestalt. Es fällt Vattimo selbst nicht leicht, den kausalen Zusammenhang zwischen radikal zu sich selbst gebrachter Hermeneutik und Inkarnation zur Geltung zu bringen. Er spricht von „Transkription"[154] und später von „Verwandtschaft"[155] zwischen dem Kern der christlichen Botschaft – der Menschwerdung Gottes –, den die Theologie „kenosis" (Entäußerung) Gottes nennt, und dem Gang des okzidentalen philosophischen Denkens. Der genaue Status

152 VATTIMO: Glauben (Anm. 22). 23.
153 Vgl. VATTIMO: Glauben (Anm. 22). 18-19.
154 VATTIMO: Glauben (Anm. 22). 30.
155 VATTIMO: Jenseits des Christentums (Anm. 115). 37.

dieses Gedankens ist nur näherungsweise formulierbar (aber darin selbst ein hermeneutischer Vorgang par excellence). Vattimo wörtlich:

> „Die Anerkennung der ‚Verwandtschaft' ist kein Übergang, der sich ‚logisch', irgendeiner begrifflichen Notwendigkeit folgend, realisiert. Sie ist, wie dies bei den Ausgangspunkten der philosophischen Reflexion oft der Fall ist, etwas Unreines, das sich aber aufgrund von Bedeutungen, von Verbindungen, von der umfassenden Überzeugungskraft, die es in seiner Entwicklung zu entfalten vermag, von einem rationalen Standpunkt aus legitimieren lässt."[156]

Er denkt also an eine Strukturparallele zwischen christlicher Botschaft und Gang des philosophischen Denkens mit kausalem Hintergrund in dem Sinn, dass alle entscheidenden Merkmale der westlichen Kultur vom Grundtext der Bibel her begriffen werden müssten und das heute verbreitete nachchristliche Verständnis des Christentums als Produkt der im Inkarnationsgedanken angelegten Säkularisierungslogik (Göttliches wird menschlich) zu begreifen sei.[157]

Caritas. Im Gefälle dieser kenotischen Denkform seien – so Vattimo – sowohl die Dogmen wie die Moral im Sinn einer Herabstufung ihrer traditionell starken Ansprüche zu entmythologisieren.[158] Weil Gott sich in der Inkarnation jeglichen Gottseins begibt und sich buchstäblich klein macht, zwinge die Religion des menschgewordenen Gottes nachgerade dazu, ihre eigenen Ligaturen (also Bindungskräfte) kenotisch – also als schwache – zu präsentieren. Doch gerade in dieser (erst „nachchristlich" möglichen) kompromisslosen Verpflichtung auf den eigenen Ursprung führt die christliche Gottrede für Vattimo zur verblüffenden Entdeckung eines limitativen Faktors. Die in ihrer eigenen Logik angelegte Entäußerung versinkt für ihn nicht in einem Abgrund der Selbstdestruktion, sondern führt auf einen letzten Boden, der so verfasst ist, dass er in einem Dementi jeglicher metaphysisch verstandenen Letztheit als unhintergehbare und insofern „letzte" Bedingung der Möglichkeit eines (kenotischen) „pensiero debole" sich zur Geltung bringt. Jede Paraphrase müsste hinter dem zurückbleiben, wie Vattimo selbst diese Wiederentdeckung eines letztbegründenden Gedankens zu formulieren weiß:

> „Die Interpretation, die Jesus Christus von den Prophezeiungen des Alten Testaments gibt, ja: die Interpretation dieser Prophezeiungen, die er selbst *ist*, enthüllt deren wahren Sinn, der am Ende nur einer ist: die Liebe Gottes zu seinen Geschöpfen. Und dieser ‚letzte' Sinn ist eben dadurch, daß er die *caritas* ist, niemals der wahrhaft ‚letzte', hat nicht die Letztgültigkeit des metaphysischen Prinzips, über das man nicht hinausgeht und vor dem jedes Fragen aufhört."[159]

[156] VATTIMO: Jenseits des Christentums (Anm. 115). 37.
[157] Vgl. VATTIMO: Glauben (Anm. 22). 39.
[158] Vgl. VATTIMO: Glauben (Anm. 22). 57-65.
[159] VATTIMO: Glauben (Anm. 22). 69.

So wird die Liebe als ein „letztes“ Prinzip entdeckt, das seinem Wesen gemäß „nicht-letzt“ ist, weil es gerade darin besteht, das ihm je Angesonnene als es selbst gelten zu lassen – und also zugleich in dem Sinn letztlich und also letztbegründend ist, dass es als Bedingung der Möglichkeit aller je konkret auftretenden pluralen Geltungsansprüche fungiert. Nochmals systematisch gewendet: Wenn die Macht des denkbar Mächtigsten in der Preisgabe der Macht zugunsten von anderem besteht und sich darin das wahre Mächtigsein dessen zeigt, worüber hinaus Mächtigeres nicht gedacht werden kann, kann es in der Welt nichts Mächtiges mehr geben – keine Moral, kein Dogma, keine Autorität –, das sich diesem Kriterium des Seins-für-Anderes zu entziehen vermöchte. Die Hohlform dieser Macht, die sich im buchstäblichen Seinlassen von anderem vergegenwärtigt, füllt Vattimo mit dem Begriff der „caritas“, übrigens in bemerkenswerter Nähe zu Augustinus und dem ihm mit Blick auf eine Sentenz in seinem Johannesbriefkommentar zugeschriebenen Diktum, jemandem bekennen „Ich liebe dich“, heiße ihm oder ihr zu sagen „Ich will, dass Du bist“.[160] Auf diesem Weg gewinnt Vattimo so etwas wie ein unhintergehbares Prinzip für die von seiner radikalisierten Hermeneutik intendierte Pluralität von Sinnansprüchen. Obwohl er jegliche metaphysische Letztbegründung ausdrücklich ablehnt[161], nimmt er die Caritas qua Seinlassen performativ als formale letzte Bedingung der Möglichkeit aller Pluralität in Anspruch. Das Begründende an ihr besteht im Offenhalten des Interpretationsprozesses gegen jedwede inhaltlich geschlossene Letztheit, sofern Caritas nicht als Inhalt, sondern als Ethos begriffen wird.[162] Und damit ist eine Idee von Universalität gewonnen, deren Spezifikum genau darin besteht, dem Differenten Raum zu geben und es gerade so zusammen zu halten.

Theologische Querverbindungen. Vattimo hat diese Idee nicht einfach neu erfunden, ganz abgesehen davon, dass ihm entsprechende Intuitionen schon in der Begegnung mit der überragenden Schelling-Interpretation seines Lehrers Luigi Pareyson zugewachsen sein dürften. Die Idee eines kenotischen Gottesgedankens lässt sich mindestens bis in die Kabbala, die mittelalterliche jüdische Mystik mit ihrem Lehrstück des „Zimzum“ zurückverfolgen, eines Sich-in-sich-Zurückziehens des Absoluten, damit Raum für Endliches in ihm werde.[163] In geradezu aufregender trinitarischer Wendung taucht dann der Gedanke in Johann Georg Hamanns Kondeszendenztheolo-

160 Vgl. AUGUSTINUS: Ioan. Ep tr. VIII,10.

161 Vgl. VATTIMO, Gianni: Etica dell' interpretazione. Torino 1989. 126.

162 Vgl. Die Stärken des schwachen Denkens. Ein Gespräch mit Gianni Vattimo. In: WEIß, Martin: Gianni Vattimo. Einführung. Wien 2003. 171-182. Hier 175.

163 Vgl. SCHOLEM, Gershom: Von der mystischen Gestalt der Gottheit. Studien zu Grundbegriffen der Kabbala. Frankfurt a.M. 1977. 77. 80-81.

gie auf, der gemäß der Vater, als großer Poet im genus humile redend, sich durch das Schaffen klein macht, der Sohn durch das Menschwerden und Sterben, der Geist durch sein Dienen als Inspirator der biblischen Autoren, um so den Reichtum der göttlichen Liebe kundzutun.[164] Heute stellt sich selbst der protestantische Theologe Eberhard Jüngel ohne Vorbehalt in diese Tradition, wenn er in einem Disput – ausgerechnet mit Sloterdijk – bemerkt, Gott habe sich gerade in der Entäußerung als Überschwängliches offenbart.[165]

Philosophische Parallelen. Auch philosophisch steht Vattimos Entdeckung bzw. Wiederentdeckung gegenwärtig nicht allein. Jean-Luc Nancy etwa sieht im Christentum kraft der inkarnatorischen Kenosis einen Exodus, also einen Herausgang aus der Religion im Sinn von Bindung impliziert und über die Figur des Exodus eine Idee der Befreiung und Freiheit, die gleichwohl in einem letzten normativen Fundament verwurzelt sei.[166] Rene Girard erkennt in der aus jüdisch-christlicher Motivationskraft zur okzidentalen Universalnorm gewordenen Sorge um die Opfer eine säkulare Einkleidung der Caritas, deren geschichtliche Durchsetzung mit einer scheinbaren Schwächung des Christentums koinzidiere, um sich aber gerade so als „unser Absolutes“[167] und damit unhintergehbar zu erweisen.
Und fast zeitgleich zu Vattimos Traktat über die Caritas meinte Umberto Eco in seinen legendären Dialogen mit Carlo Kardinal Martini: Käme er – Eco – von einem fremden Stern auf die Erde, würde er die ausweislich ihrer Taten so niederträchtige Spezies Mensch allein deswegen als erlöst betrachten, weil sie zu wünschen und zu glauben vermöge, dass das Modell Christi als des Inbegriffs der Liebe Wahrheit sei.[168] Anders gesagt: Bereits im Kerygma, der narrativen Vergegenwärtigung der christologischen Kenose, also der in der Christusgestalt ausgedachten Idee des Kleinwerdens Gottes, liegt für Eco ein Verständigungspotenzial beschlossen, das ein Verbindendes selbst zwischen philosophischer Ethik und religiösem Glauben noch diesseits der Wahrheitsfrage freizusetzen vermag. Ich möchte das mit einem

[164] Vgl. BAYER, Oskar: Vernunft ist Sprache. Hamanns Metakritik Kants. Unter Mitarbeit v. Benjamin Gleede u. Ulrich Moustakas. Stuttgart; Bad Canstatt 2002. 18-20.

[165] Vgl. JÜNGEL, Eberhard/SLOTERDIJK, Peter: Disput über die Schöpfung. In: Verein Ausstellungshaus für christliche Kunst. München – Jahrbuch 2001. 23-37. Hier 36.

[166] Vgl. NANCY, Jean-Luc: Entzug der Göttlichkeit. Zur Dekonstruktion und Selbstüberschreitung des Christentums. Im Gespräch mit Sergio Benvenuto. In: Lettre international 59. (2002). Heft IV. 76-80.

[167] Vgl. GIRARD, René: Ich sah den Satan vom Himmel fallen wie einen Blitz. Eine kritische Apologie des Christentums. Mit einem Nachwort v. Peter Sloterdijk. Aus dem Franz. v. Elisabeth Mainberger-Ruh. München; Wien 2002. 221. Vgl. 213-226.

[168] MARTINI, Carlo Maria/ECO, Umberto: Woran glaubt, wer nicht glaubt? Mit einem Vorwort v. Kardinal Franz König u. Beiträgen v. Emmanuele Severino, Manlio Sgalambro, Eugenio Scalfari, Indro Montanelli, Vittorio Foa u. Claudio Martelli. Aus d. Ital. v. Burkhart Kroeber u. Karl Pichler. Wien 1998. 92.

Term Paul Ricœurs Letztbegründung der „zweiten Naivität“[169] nennen. Das meint: Es handelt sich um eine Letztbegründung, die sich jederzeit ihrer Geschichtlichkeit bewusst ist und darum auch um ihre Kontingenz weiß. Theologisch mit Bezug auf 1 Kor 7,29-31 gesagt: Konsistente Letztbegründung oder Erstphilosophie ist unter der Bedingung radikaler Selbstkritik der Vernunft immer eine solche „hos me“, eine solche des „als ob nicht“. Natürlich zieht das dann auch die aufregende Frage nach sich, ob und in welchem Sinn solchen Als-ob-Ansprüchen, also Fiktionen, Wahrheit zugeschrieben werden darf. Das ist eine Debatte, die schon durch Kant aufgeworfen und für die Theologie bis dato im Wesentlichen unbearbeitet im Raum steht – darauf wird bald zurück zu kommen sein. (→ Bd. 2, Teil A, Kap. 3.43)

„ancilla hermeneuticae“. Vorerst reicht es, zur Kenntnis zu nehmen, dass gerade die vom postmodernen Denken eingeforderte Anerkennung des Anderen als solchen von einer ihrerseits nicht nochmals zu hintergehenden – also erstphilosophischen – Bedingung ihrer Möglichkeit zehrt und damit auch kontrafaktische Erstphilosophien, werden sie nur radikal genau ausgedacht, auf das zurück kommen, was sie literaliter verabschieden. Genau das bringt Hansjürgen Verweyen auf den Punkt, wenn er philosophische Letztbegründung in Anlehnung an das alte Wort von der Philosophie als „ancilla theologiae“ als „ancilla hermeneuticae“[170] – also Magd der Hermeneutik – tituliert. Buchstabiert man diese Verhältnisbestimmung von Hermeneutik und Erster Philosophie konkret im Raum der Theologie durch, so entpuppt sie sich dabei als verblüffend direkte Einlösung dessen, was Kant insinuierte, als er in ironischer Zurückweisung des alten „ancilla theologiae“-Titels für die Philosophie meinte, diese sei wohl dafür bestimmt, ihrer Herrin die Leuchte voran- statt ihr die Schleppe nachzutragen.[171] Denn in der Tat ist es so, dass sich die Angewiesenheit von Hermeneutik auf Erstphilosophie mit ihren Letztbegründungsgedanken aufs Unmittelbarste am Selbstverständnis christlicher Theologie aufklären lässt[172]:

[169] RICŒUR, Paul: Die Interpretation. Ein Versuch über Freud. Frankfurt a.M. 1974. 506.

[170] Diese Etikettierung geht zurück auf VERWEYEN: Gottes letztes Wort (Anm. 94). 71. – DERS.: Botschaft eines Toten? Den Glauben rational verantworten. Regensburg 1997. 115.

[171] Vgl. KANT, Immanuel: Streit der Fakultäten. Anthropologie in pragmatischer Einsicht. In: DERS.: Kant's gesammelte Schriften. Hg. v. der Königlich Preußischen Akademie der Wissenschaften. Bd. VII. Berlin 1917. 28.

[172] Vgl. dazu ausführlicher MÜLLER: Wieviel Vernunft braucht der Glaube? (Anm. 151).

3.4 Theologie und Letztbegründung

Bestimmtheit der Theologie. Christliche Theologie redet davon, dass Gott geredet und was er geredet hat. Sie sucht das, was sie als Rede Gottes glaubt, je und je in Horizonte zu übersetzen, unter denen mögliche Adressaten der Gottrede stehen, damit diese Adressaten – also prinzipiell alle Menschen aller Kulturen – verstehen können, was Gott geredet hat. Formal gefasst: Theologie ist durch und durch Kunst der Verständnisweckung, also Hermeneutik. Aber sie ist nicht nur Hermeneutik und kann es auch nicht ausschließlich sein und zwar (a) aus einem rein formalen und (b) aus einem inhaltlichen Grund.

(a) Zeichen und Kriterium. Wer hermeneutisch tätig ist, also zu verstehen sucht oder deutet, um anderen zu verstehen zu helfen, greift vorgegebene Zeichen auf, um sie mit anderen Zeichen in Verbindung zu bringen, wobei das Produkt dieser Verbindung, nämlich neue Zeichen, seinerseits wieder mit anderen Zeichen in Verbindung gebracht werden kann usw. Verstehen und Deuten ereignen sich in einem Kosmos von Zeichen, in dem jedes Zeichen mit jedem anderen in Verbindung gebracht werden kann, so dass es prinzipiell eine unabschließbare Zahl möglicher Deutungen und Verstehensweisen gibt. Hermeneutik – auch davon war schon die Rede und wird wieder die Rede sein – ist von Wesen ein auf Endlosigkeit angelegter Prozess (wobei dies – nebenbei bemerkt – kein Manko der Sprache ausmacht, sondern seinen Grund in der Freiheit der Zeichenbenutzer hat).

Sinnbedingung. Sofern das so ist, muss aber in den hermeneutischen Prozess ein ganz anderes Moment eintreten, weil sich Hermeneutik sonst als ausschließliches Zusammen-, Auseinander- und wieder Zusammentreten von Zeichen selbst aufhöbe. Wenn prinzipiell alles mit allem zusammengebracht, also alles auf alle mögliche Weise gedeutet und verstanden werden kann, gibt es im Grunde gar nichts mehr zu verstehen. Wo alles möglich ist, ist auch alles gleich. Darum ist Hermeneutik als Kunst des Verstehens um ihrer selbst willen auf Kriterien angewiesen, genauer auf Kriterien dafür, ob die Deutung eines Zeichens sinnvoll oder sinnlos ist. Solche Kriterien können freilich nun nicht ihrerseits wiederum einfach der Zeichenwelt entnommen werden, in der ich mich verstehend bewege. D.h. sie können nur in der Instanz gesucht werden, die deutend mit den Zeichen umgeht, also in der Vernunft des Verstehenden. Nur wenn ich der Vernunft zutraue, Letztgültiges denken zu können, kann ich auch mit Überzeugung bestimmte Deutungen vertreten und bestimmte ablehnen, weil nur im Horizont solcher Letztgültigkeit sinnvoll von etwas gesagt werden kann, dass es sinnvoll oder sinnlos sei.

Gäbe es kein solches Kriterium, bin ich schutzlos allem ausgeliefert, was an Zeichen auf mich zukommt und gegen mich Autorität erhebt. Bedenken Sie: Vor jedem Wort, jedem Satz, jedem Zeichen, die Sie wahrnehmen, steht ja im Grunde ein „Es gilt, dass..." Aber wie oft haben wir uns nicht nur geirrt, sondern sind wir auch möglicherweise gezielt getäuscht worden! Ohne Sinnkriterium wäre ich all dem völlig schutzlos ausgesetzt, könnte allenfalls nur völlig willkürlich reagieren und einfach dies für sinnvoll und jenes für sinnlos erklären.

Kommunikation. Auch auf der Ebene der Intersubjektivität und Kommunikation bliebe der Ausfall eines Sinnkriteriums nicht folgenlos. Ohne ein solches Kriterium kann ich einem anderen gegenüber von nichts wirklich durch und durch überzeugt sein. Er oder sie kann dann aber auch aus Prinzip nie mehr wissen, wie er mit mir genau daran ist. Beide können einander nicht mehr wirklich ernstnehmen. Folge: Kommunikation kann nicht mehr Teilhabe an und Austausch von Persönlichem sein, sondern verkommt zum Wortgeplänkel.

Kurz gesagt: Soll Verstehen (bei allen Grenzen, die es auch zeichnen) nicht im Prinzip eine Illusion sein, muss Hermeneutik um ihrer selbst willen mit Erster Philosophie als dem Ort letztgültiger Gedanken in Beziehung gesetzt werden. Erst recht gilt dies von der Theologie, sofern es in ihrem hermeneutischen Geschäft um Dinge geht, die denkbar größte Autorität beanspruchen und das Persönlichste ihrer Adressaten betreffen.

Verhältnisumkehr. Im Zusammenhang dieser rein formalen Verwiesenheit von Theologie qua Hermeneutik auf Letztbegründung muss ich noch etwas erwähnen, was der Sache nach in den Bereich der Fundamentaltheologie gehört, aber trotzdem gerade von einer Philosophie zur Kenntnis genommen werden muss und wird, die sich als kritisch versteht und darum auch ihr Instrumentar, die Vernunft, selbstkritisch reflektiert. Einer solchermaßen sensiblen Vernunft begegnet nämlich in der Tradition der christlichen Verkündigung eine beunruhigende These. Diese lautet, sehr verkürzt gesagt: Die Vernünftigkeit der Vernunft ist substantiell angeschlagen und verstellt durch das, was theologisch „Sünde" heißt. Diesen Defekt kann die Vernunft, sollte sie ihn überhaupt entdecken, nicht von sich aus beheben. Sie hat darum nötig, erst wieder in ihrer Vollgestalt zu sich gebracht zu werden. Und das so die christliche Behauptung geschehe durch den Glauben an den Menschen Jesus von Nazaret, der kraft seines Wirkens, Lebens und Sterbens als Gleichnis des unbegreiflichen Gottes geglaubt wird. Genau in dem Sinn nennt das Johannesevangelium diesen Jesus gleich in seinem ersten Satz „logos", bezeichnet ihn also mit dem Wort, das nicht nur „Wort" heißt, wie unsere Übersetzungen insinuieren, sondern genauso „Vernunft". Selbstkritische Vernunft – und nur solche Vernunft ist philosophisch, also der Weisheit befreundet – wird nicht von vornherein ausschließen, dass an dieser christlichen These etwas dran ist. Bestimmte Erfahrungen der Vernunft mit sich selbst weisen ja mehr als nachhaltig in eine ähnliche Richtung, die Erfahrung etwa, dass sich Vernunft missbrauchen lässt, um Unvernünftiges als vernünftig auszugeben. Oder die Erfahrung, dass Wahrheit, also das, was Vernunft eigentlich anstrebt, ebendieser Vernunft oft sozusagen zu wenig, dass sie ihr zu banal ist.

> „Ich lüg' gans gern, wenn ich Zeit hab': die Wahrheit iss so was Gewöhnliches, nich?"[173]

heißt es einmal bei Arno Schmidt. Das Wissen um solche Erfahrungen wird eine radikale Vernunft antreiben, jener christlichen These kritisch nachzugehen. Tut sie das, dann setzt sie sich einschließlich ihrer Spitze, der Fähigkeit zu Letztbegründungsgedanken, in kritischer Absicht etwas aus, was von außen an sie herangetragen wird. Natürlich ist das nichts anderes als ein hermeneutischer Prozess. Und möglicherweise sieht sich die Vernunft im Verlauf dieses Prozesses unumgänglich vor die Pflicht gestellt, der christlichen These zuzustimmen, möglicherweise, wie gesagt, weil sich der in diesen Vorgang implizierte Glaubensakt nicht überspringen und nicht nochmals in Argumente überführen lässt (auch wenn für ihn Glaubwürdigkeitsgründe aufgeboten werden können). Nicht bestreiten dagegen lässt sich, dass im Horizont der Theologie der Angewiesenheit von Hermeneutik auf Erstphilosophie eine Angewiesenheit von Erstphilosophie auf Hermeneutik korrespondiert.

(b) Materiale Begründungspflicht. Damit kommen wir zu der inhaltlich begründeten Verpflichtung der Theologie auf einen Letztbegründungsgedanken. Das, was diese Verpflichtung begründet, ist so einfach, wie die Einlösung dieser Verpflichtung sich aufwendig gestaltet. Der Reihe nach: Gemäß christlicher Überzeugung hat sich Gott letztgültig und also auf nicht mehr überbietbare Weise in Jesus Christus geoffenbart. Wie immer auf diesen Anspruch reagiert wird, ob bestätigend oder bestreitend, beide Varianten erfordern zur Bedingung ihrer Möglichkeit einen präzisen Begriff letztgültigen Sinnes bzw. den Nachweis seiner Unmöglichkeit. Ob ein faktisch auftretender Sinnanspruch letzte Gültigkeit für sich einfordern kann, lässt sich ja nur entscheiden, wenn zuvor rein mit dem Instrumentar philosophischer Vernunft der Begriff solch letztgültigen Sinnes ausgearbeitet worden ist. Damit wird Erstphilosophie notwendig auch zum inhaltlichen Implikat christlicher Theologie. Die Aufwendigkeit, die das, wie schon erwähnt, nach sich zieht, hat ihrerseits wiederum einen ziemlich einfachen, allerdings doppelten Grund: Christliche Theologie

[173] SCHMIDT, Arno: Kaff auch Mare Crisium. Zürich 1985. 56.

muss von ihrem prinzipiellen Anspruch her auch erläutern, (1) wie ein letztgültiger Anspruch geschichtlich ergehen kann, denn das alles bestimmende Zentrum des Christlichen ist ein geschichtliches Ereignis, nämlich das Auftreten des Jesus von Nazaret, und (2) muss sie dann auch noch glaubwürdig machen, dass in ebendiesem geschichtlichen Ereignis (und in keinem anderen) tatsächlich die letztgültige Offenbarung Gottes sich ereignet hat.

Begriff letztgültigen Sinnes. Mit den beiden letztgenannten Aufgaben hat sich auch die Fundamentaltheologie herumzuschlagen. Die erstgenannte Aufgabe dagegen, einen *Begriff* letztgültigen Sinnes aufzubieten, ist eine genuin philosophische. Nun kann es freilich geschehen, dass sich die Philosophie einer Epoche nicht in der Lage sieht, dieser ihr angesonnenen Aufgabe nachzukommen. Das ist heute in erheblichem Ausmaß der Fall. Dass das einzige zeitgenössisch seitens der Philosophie aufgebotene Letztbegründungsprogramm – die Transzendentalpragmatik – ziemlich schnell an Grenzen stößt, habe ich bereits angedeutet. Die Erstphilosophie Levinas' und die Protoästhetik bleiben aus erläuterten Gründen in einer prekären Schwebe, was ihre Fundierung betrifft. Vattimos Wortmeldung ist für unsere Belange von höchster Brisanz, wirft aber nochmals ganz neue epistemische Fragen auf, von deren Beantwortung systematische Theologie nicht absehen kann.

Theologinnen und Theologen, die für ihre Konzeption eine erstphilosophische Reflexion für unabdingbar halten, müssen diese darum auf eine Weise leisten, die die mit den vorausgehend analysierten Konzepten markierten Niveaus nicht unterbietet und zugleich die Frageüberhänge abarbeitet. Das geschieht auch auf mehreren, untereinander durchaus verschiedenen Wegen. Vorkämpfer in der Sache war und ist Hansjürgen Verweyen. Mit einem Ansatz ganz eigenen Zuschnitts hat sich einige Zeit später Thomas Pröpper in die Diskussion eingeklinkt. Von nochmals ganz anderem – vor allem philosophisch anderem – Hintergrund her bin ich selbst mit einem Vorschlag dazu gestoßen. Mit allen drei Konzeptionen gibt es nun schon länger anhaltend eine kritische Auseinandersetzung, die allerdings nicht frei von Missverständnissen und Verzeichnungen geblieben ist.[174] Ich denke, der Sache am meisten zu dienen, wenn ich an dieser Stelle abseits der Verzweigungen des Disputs kurz die Konzepte von Hansjürgen Ver-

[174] Die umfänglichsten Auseinandersetzungen vgl. in FÖßEL, Thomas: Gott – Begriff und Geheimnis. Hansjürgen Verweyens Fundamentaltheologie und die ihr inhärente Kritik an der Philosophie und Theologie Karl Rahners. Innsbruck 2004. – Vgl. OBENAUER, Klaus: Rückgang auf die Evidenz. Eine Reflexion zur Grundlegung und Bedeutung einer thomistisch orientierten Metaphysik im Kontext der systematisch-theologischen Letztbegründungsdebatte. Würzburg 2006. – Vgl. LOO, Dirk van de: Hölzerne Eisen? Brückenschläge zwischen poetischer Dogmatik und erstphilosophischer Glaubensverantwortung. Regensburg 2007.

weyen und Thomas Pröpper vorstelle, die meine kritische Sympathie besitzen, und mich dann auf das eigene Projekt konzentriere und es in einer Form darlege, die über das bisher in Publikationen Vorgelegte hinausgeht. Zunächst also zu den benachbarten Konzepten:

3.41 Begründung aus der Elementarstruktur der Vernunft

Subjekt-Objekt-Struktur. Hansjürgen Verweyen[175] steuert seinen Begriff von letztgültigem Sinn im Ausgang von der Elementarstruktur erkennender Vernunft an. Diese Elementarstruktur ergibt sich daraus, dass Vernunft einerseits unausweichlich in die Subjekt-Objekt-Struktur verfügt ist. Erkennen ist immer Erkenntnis eines Subjekts von etwas, untrennbar verbunden mit einem Mitwissen des Subjekts um sich selbst als Erkennendem. Andererseits geht das Bemühen des erkennenden Subjekts in seinem Erkennen einzig auf Einheit. Vernunft kann gar nicht anders, als bestimmt von der Kategorie der Einheit zu denken: Sie erkennt ja das zu Erkennende als etwas, das sie als erkennende erkennt, so dass Erkenntnis im Kern engste Zusammengehörigkeit – also Einheit – von erkennender Vernunft und Erkanntem ist. Aber Vernunft tut das genauso unausweichlich, indem sie sich dem jeweiligen Erkenntnisgegenstand entgegensetzt, also Zweiheit produziert:

> „Einheit ist der Differenz vorgängig. Nur aufgrund der unbedingten Einheit des Ich kann anderes *als* anderes überhaupt erkannt werden. Aber das Ich ist der Differenz nicht *mächtig*. Ich vermag das andere nicht wegzuschaffen (nicht einmal aus dem Akt der Reflexion, in dem ich mich meiner selbst vergewissere) und habe das unausweichliche Verhältnis von Ich und Nicht-Ich sicher nicht aus mir hervorgebracht."[176]

Wenn das nicht eine letzte Absurdität von Vernunft überhaupt bedeuten soll, kann es auf letztgültige Weise Sinn überhaupt nur geben, wenn sich dieser Widerspruch einer Einheitssuche, die notwendig in ihr Gegenteil treibt, in eine Vermittlung bringen lässt. Das ist nur dann möglich – so Verweyens These –,

> „[...] wenn man diese Situation als aus einer unbedingten Einheit hervorgehend annimmt, die *der Differenz mächtig* ist. Mit dieser Behauptung setze ich die Existenz eines schlechthin unbedingten Seins (in religiöser Sprache: Gottes), die im Raum der traditionellen Metaphysik und beim späten Fichte als evident oder philosophisch erweisbar angenommen wird, als bloße Arbeitshypothese voraus, um transzendentallogisch zu prüfen, ob sie bei der Frage nach einer wenigstens von ihrem innersten Grund her widerspruchsfrei und sinnvoll zu denkenden Vernunft weiterhilft."[177]

[175] Vgl. VERWEYEN: Gottes letztes Wort (Anm. 94). 196-203. 233-255.

[176] VERWEYEN, Hansjürgen: Gibt es einen philosophisch stringenten Begriff von Inkarnation? In: OLIVETTI, Marco M. (Hg.): Incarnation. Padova 1999. (Biblioteca dell ‚Archivio di Filosofia'). 481-489. Hier 485.

[177] VERWEYEN: Inkarnation (Anm. 176). 485.

Transzendentaler Bildbegriff. Das ist – so Verweyen in Orientierung an Anselm von Canterbury und vor allem Fichte – der Fall, und zwar auf folgende Weise: Neben oder außerhalb eines unbedingten Seins kann es widerspruchsfrei nichts geben – außer ein Bild dieser Unbedingtheit. „Bild“ muss dabei begrifflich in strengster Form gedacht werden (und genau das ist auch die Hürde, die genommen werden muss, um in den Kern von Verweyens Konzept hineinzukommen; danach geht alles fast wie von selbst). Mit „begrifflich in strengster Form“ meine ich folgendes: Was ist das Wesen eines Bildes? Etwas darzustellen. Wann tut das ein Bild am allermeisten? Wenn es in keiner Weise mehr durch sich selbst vom Dargestellten ablenkt? Wann ist das am meisten Fall? Wenn das Bild für sich selbst überhaupt nichts mehr ist. Ein materielles Bild kann das natürlich nur bedingt, weil es notwendig aus Papier oder Leinwand und Farbe besteht und damit zwangsläufig vom Dargestellten abzulenken vermag (ich kann mich eben, wenn ich vor der Mona Lisa stehe, nicht nur für die Dargestellte und ihr Lächeln interessieren, sondern genauso für die Struktur des Bildhintergrunds und die Zusammensetzung der Farben). Anders freilich, wenn das Bild – und jetzt muss ich „Bild“ wegen unseres normalen Sprachgebrauchs zunächst in Anführungszeichen setzen – ein freies Subjekt ist, d.h.: Wenn sich jemand frei dafür hergibt, Bild des Absoluten zu sein, also absolut nichts mehr für sich sein will, stellt er oder sie wirklich das Absolute dar, neben oder außerhalb dem es ja nichts geben kann. Was natürlich zur Folge hat, dass dieses Absolute selbst natürlich von Wesen nichts anderes als unbedingte Hingabe sein kann – biblisch gesprochen: unbedingte Liebe, wie das 1 Joh 4,8 so lapidar mit dem Satz sagt:

> „Wer nicht liebt, hat Gott nicht erkannt, denn Gott ist die Liebe.“

Sinnbegriff und Gottesgedanke. Doch genau dann, wenn „Bild“ in diesem Sinn einer nichts mehr für sich sein wollenden Freiheit verstanden wird, ist der Begriff des Bildes – nämlich etwas anderes darzustellen und nichts anderes als eben dieses Darstellen zu sein – wirklich erfüllt. In diesem transzendentalen Bildbegriff ist in der Tat der Grundaporie der Vernunft, in ihrem Streben nach Einheit Zweiheit zu setzen, prinzipiell überwunden und damit Vernunft ebenso prinzipiell als sinnvoll erwiesen. Oder anders gesagt: Über den Einbezug eines Begriffs – ich betone: eines Begriffs – unbedingten Seins in die Analyse der Vernunft, lässt sich ein Begriff letztgültigen Sinnes gewinnen. Oder nochmals anders gewendet: Wenn es überhaupt Sinn soll geben können, muss der Gottesgedanke gefasst werden. Denn nur in seiner Instanz lässt sich unter Rekurs auf den transzendentalen Bildgedanken die Grundspannung der Vernunft als solcher – Einheit in Differenz – konsistent aufklären. Auf die außerordentlich weitreichenden theologischen Konsequenzen, die sich für Verweyen daraus ergeben, ist an dieser Stelle nicht einzugehen.

Darum hier nur der beiläufige Hinweis, dass die Denkfigur des Bildwerdens vom Endlichen für das Unbedingte natürlich einer philosophischen Einholung des christlichen Basisgedankens der Inkarnation aufs direkteste zuarbeitet. Heimliches Zentrum des verweyenschen Konzepts war ersichtlich der Begriff der Freiheit und der der Liebe gewesen, obwohl er sein Letztbegründungsprogramm gnoseologisch, also in der Perspektive der Erkenntnistheorie ansiedelt.

3.42 Begründung aus transzendentaler Freiheitsanalyse

Theologische Sinnvorgabe. Bei dem zweiten hier vorzustellenden Konzept rückt das bei Verweyen heimlich Leitende thematisch in den Vordergrund: Der erstphilosophische Ansatz von Thomas Pröpper hat die Gestalt einer transzendentalen Freiheitsanalyse[178] und geht – ganz entsprechend der von Pröpper vertretenen Disziplin der Dogmatik – von einer theologischen Sinnvorgabe aus. Diese heißt: Gott hat sich selbst als unbedingt für die Menschen entschiedene Liebe offenbart und dies in der Geschichte Jesu von Nazaret als Selbstmitteilung kundgetan.[179] Gleichwohl ist Pröpper von der Notwendigkeit überzeugt, philosophisch rekonstruieren zu müssen, dass diese Vorgabe sinnvoll ist, um sie hinsichtlich ihres Unbedingtheitsanspruchs einsichtig zu machen. Ebendies tut er am Leitfaden des Begriffs der Freiheit. Diesen Begriff der Freiheit fasst er folgendermaßen:

> „[Freiheit; K. M.] ist [...] zu denken als unbedingtes Sichverhalten, grenzenloses Sichöffnen und ursprüngliches Sichentschließen: als *Fähigkeit der Selbstbestimmung* also, bei der sie 1. das durch sich Bestimmbare, 2. das (durch die Affirmation eines Inhalts) sich Bestimmende und 3. in ihrer formalen Unbedingtheit auch der Maßstab der wirklichen Selbstbestimmung ist. Die Verpflichtung auf diesen ihr wesenseigenen Maßstab verbürgt ihre *Autonomie*: Freiheit ist sich selber Gesetz, ist als existierende sich selbst als Aufgabe gegeben. Da ihrem unbedingten Sichöffnen aber nur ein seinerseits durch Unbedingtheit sich auszeichnender Inhalt gemäß ist, ergibt sich die *unbedingte Anerkennung anderer Freiheit* als oberste ethische Norm. Zugleich zeigt sich, daß die unbedingte Bejahung und das in ihr intendierte Seinsollen des anderen der Vermittlung durch endliche Gehalte bedürfen und deshalb nur *symbolisch*, bedingt und vorläufig realisiert werden können."[180]

[178] Vgl. PRÖPPER, Thomas: Freiheit als philosophisches Prinzip der Dogmatik. Systematische Reflexionen im Anschluß an Walter Kaspers Konzeption der Dogmatik. In: Dogma und Glaube. Bausteine für eine theologische Erkenntnislehre. (FS Walter Kasper). Hg. v. Eberhard Schockenhoff u. Peter Walter. Mainz 1993. 165-192. – Vgl. DERS.: Freiheit als philosophisches Prinzip theologischer Hermeneutik. In: Bijdragen 59 (1998). 20-40. Vgl. auch DERS.: Evangelium und freie Vernunft. Konturen einer theologischen Hermeneutik. Freiburg; Basel; Wien 2001. 5-22.

[179] Vgl. PRÖPPER: Hermeneutik (Anm. 178). 21.

[180] PRÖPPER: Hermeneutik (Anm. 178). 31.

Diese Definition von Freiheit ist zugegebenermaßen komplex auf eine Weise, dass man sie beim ersten Lesen oder Hören mit ihren Implikationen nicht gleich auf die Reihe kriegt. Darum nachfolgend eine kleine Aufgliederung ihrer wichtigsten Schritte:

Formal unbedingt – real bedingt. Freiheit wird bestimmt als etwas formal Unbedingtes, das gleichzeitig real bedingt, also begrenzt ist. Und nur so erfahren wir unsere Freiheit: Als ein Vermögen, etwas zu wollen, also zu bejahen, ohne das unbedingt zu können, z.B. das Gewollte aus dem Nichts ins Dasein zu rufen und ihm sein definitives Im-Dasein-Bleiben zu garantieren. Damit ist, ähnlich wie bei Verweyen, ersichtlich wiederum eine Vermittlungsaufgabe gestellt, deren Nicht-Einlösung eine letzte Aporie aller Vernunft bedeutete. Die Vermittlungsaufgabe lautet: Wie kann Freiheit in Entsprechung zu ihrer Wesensverfassung der Unbedingtheit, die aus ihrem Bestimmtwerden durch sich selbst resultiert, unbeschadet ihrer realen Bedingtheit verwirklicht werden? Antwort: Freiheit muss rein philosophisch ihrem Wesen nach als unbedingte Fähigkeit zur Selbstbestimmung gedacht werden. Sie bestimmt sich selbst dadurch, dass sie einen Inhalt affirmiert, also bejaht und sich durch ihn bestimmen lässt. Weil sie selbst aber unbedingt ist, kommt es zu wirklicher Selbstbestimmung erst dadurch, dass ein Inhalt, den Freiheit affirmiert, seinerseits unbedingt ist. Solcherart aber kann kein Gegenstand, kein Ding, sondern nur andere Freiheit sein. Da aber menschliche Freiheit unbeschadet ihrer Unbedingtheit ihre Inhalte – und selbst unbedingte – nur bedingt bejahen kann, kann sie auch andere Freiheit als unbedingten Inhalt ihrer Affirmation nur bedingt oder anders gesagt symbolisch bejahen. Freiheit ist ganz und gar darauf gerichtet, anderes als sie selbst als unbedingt sein sollend zu nehmen, ohne diese Absicht real einlösen zu können.

Liebe und Allmacht. Daraus muss nur dann keine endgültige Aporie der Vermittlung von Unbedingtheit und Bedingtheit der Freiheit gefolgert werden, wenn sich Freiheit auch so denken lässt, dass sie die unbedingte Bejahung ihres Inhalts auch unbedingt realisieren kann. Das geschähe, wenn die Freiheit mit unbedingtem Sichbestimmen-lassen, also mit unbedingtem Geöffnetsein und damit Wollen ihres Inhalts – oder anders gesagt mit unbedingter Liebe – die Kraft verbindet, das unbedingte Seinsollen des Inhalts auch durchzusetzen. Menschliche Freiheit vermag das trotz ihrer Unbedingtheit nicht. Auch wenn sie mit unbedingter Liebe einen anderen bejaht, kann sie diesem anderen kein unbedingtes Sein verbürgen. Das setzte voraus, dass sich mit unbedingter Liebe Allmacht verbindet. Und damit ist aus der Logik des Freiheitsbegriffs eine Gottesidee gewonnen nicht als Gottesbeweis, sondern als begriffliche Bedingung der Möglichkeit dafür, dass Freiheit nicht absurd ist, dass sie also auf letztgültige Weise als sinnvoll gedacht werden kann. Auch hier breche ich an dieser Stelle wieder ab, obwohl die theologisch aufregenden Konsequenzen dieses erstphilosophischen Gedankens natürlich jetzt erst kämen. Für unsere Belange reicht die Markierung des erstphilosophischen Konstruktionspunkts.

3.43 Begründung aus Selbstbewusstsein

Meinen eigenen Vorschlag in Sachen Letztbegründung[181] mache ich fürs Erste nur an seinen meiner Ansicht nach zwei griffigsten Zügen fest: der Unhintergehbarkeit von Selbstbewusstsein und der gleichzeitigen Unverfüglichkeit seines eigenen Auftretens für es selbst.

(1) Unterhintergehbares „ich". Die Unhintergehbarkeit schlägt sich im Gebrauch des Pronomens der ersten Person Singular, also des grammatischen „ich" als einem so genannten Indexical sowie der korrespondierenden so genannten Quasi-Indexicals, d.h. den Ersetzungen des „ich" in der indirekten Rede nieder. Die indexikalischen Ausdrücke oder „Indexicals" werden nicht als Terme im eigentlichen Sinn aufgefasst, also wie generelle oder singuläre Terme. Trotzdem wird wie mit letzteren auch durch die Indexicals referiert. Unter „Referenz", einem der Grundbegriffe der Analytischen Sprachphilosophie, versteht man den sprachlichen Mechanismus, durch den Sprechende mittels eines Ausdrucks etwas aus ihrer Welt herausgreifen und sich darauf beziehen. Das Besondere ihrer Referentialität macht das zentrale Spezifikum der Indexicals aus: Sie können im konkreten Gebrauch für ganz verschiedene referentielle Aufgaben eingesetzt werden, haben aber als Typen nichts vorgegeben, worauf sie sich beziehen. Anders gesagt: Sie können wie ein genereller Term, z.B. „Hund", auf viele und verschiedene Objekte bezogen werden, ohne dass aber festgelegt wäre, welche Gruppe von Objekten dafür allein in Frage kommt (bei „Hund" ist das ja gattungsmäßig vorentschieden).

Indexicals. Von dieser Funktionsbeschreibung her können Sie von selbst schlussfolgern, welche sprachlichen Ausdrücke zur Gruppe der Indexicals gehören müssen: Die Bedingung, auf Vieles beziehbar zu sein, ohne von vornherein bestimmten Grenzen unterworfen zu sein und doch nicht zu sprachlicher Willkür und Missverständnissen zu führen, erfüllen Demonstrativpronomina und Perso-

[181] Vgl. MÜLLER, Klaus: Wenn ich „ich" sage. Studien zur fundamentaltheologischen Relevanz selbstbewußter Subjektivität. Frankfurt a.M. u.a. 1994. – DERS.: Subjektivität und Theologie. Eine hartnäckige Rückfrage. In: Theologie und Philosophie 70 (1995). 161-186. – DERS.: Anerkennung und Ich-Apriori. Eine Asymmetrie in Hansjürgen Verweyens erstphilosophischem Ansatz. In: LARCHER/MÜLLER/PRÖPPER: Hoffnung, die Gründe nennt (Anm. 98). 49-62.

nalpronomina, also „dies“, „jenes“, „hier“, „dort“, „jetzt“, „dann“, „damals“ und „ich“, „du“ „er-sie-es“ sowie ihre Ableitungen wie „mein“, „dein“, „sein-ihr“ usw. Aus der Weise, wie Indexicals funktionieren, lassen sich mehrere Grundzüge ihrer Verfassung erschließen:

(a) Kontextualität. Um Indexicals korrekt zu verstehen, ist unabdingbar notwendig, den konkreten Kontext ihres jeweiligen Auftretens zu berücksichtigen. Von spezieller Bedeutung ist dabei, wer von einem Indexical Gebrauch macht. Beispiele: Ich rufe jemanden an; der meldet sich mit „Ja, wer ist da?“ (das tun übrigens sehr viel mehr Leute, als man denkt) und ich antworte mit „ich“. Der andere wird sofort zurückfragen „Wer???“ (mit mindestens drei Fragezeichen in der Stimme). Er kann sich unter dem Anrufer „ich“ nichts vorstellen – es sei denn, Folgendes wäre beispielsweise dem Anruf vorausgegangen. Ich, jemand mit besten Kontakten zur Unterwelt von Münster, hätte dem Angerufenen, einem „BILD“-Reporter, zwei Tage vor dem Anruf eine Notiz zukommen lassen, aus der hervorgeht, dass er zwei Tage später, genau um 23.50 Uhr einen Anruf erhält, der ihn ziemlich interessieren dürfte. Damit ist ein Identifizierungskontext geschaffen. Der Angerufene weiß von mir überhaupt nichts; trotzdem kann er das „ich“, mit dem ich mich am Telefon zu erkennen gebe, recht genau zuordnen.

Etwas Vergleichbares, um noch ein zweites Beispiel aufzubieten, geschieht ziemlich alltäglich: Wenn Sie Ihren Schatz anrufen und sich mit „Hallo Baby, ich bin's“ melden. Sie brauchen dazu überhaupt nicht vorher vereinbart zu haben, dass und zu welchem Zeitpunkt sie anrufen werden. Ihr Gegenüber erkennt Sie nämlich an der Stimme. Im Kontext der gegenseitigen Vertrautheit hat das Indexical „ich“ ab einem gewissen Zeitpunkt und damit ab einer gewissen Intensität des Vertrautseins begonnen, ein deskriptives Moment zu implizieren.

Die konstitutive Kontextabhängigkeit der Indexicals zeigt sich auch sehr schön an den Demonstrativpronomina. Wenn ich sage „Ich bin hier“, dann bedeutet „hier“ etwas anderes, als wenn ich vor die Tür gehe und sage „Ich bin hier“. Oder: Ich gerate bei einer Bergtour in dichten Nebel. Ich verliere meinen Begleiter aus dem Blick. Ich schreie „Wo bist du?“ Er kann mich hören und antwortet „Hier bin ich!“ Genauer kann er seinen Standort momentan nicht angeben, weil er selber nichts sieht. Und ich werde wahrscheinlich mit Hilfe neuerlicher Zurufe zu orten suchen, aus welcher Richtung sein „Hier bin ich!“ gekommen ist. Die kontextuelle Verortung des „hier“ kann dabei sehr feinmaschig oder sehr grob gefasst sein: Ich gehe wegen Beschwerden zum Arzt, der tastet mich ab und fordert mich auf: Sagen Sie, wo Sie etwas Unangenehmes spüren: Und ich darauf: „Hier nicht, hier auch nicht, auch nicht. Halt, hier, hier tut's weh. Zwischen den verschiedenen „hier“ werden in diesem Fall nur Zentimeter liegen. Anders, wenn mich mein Freund Peter zum ersten Mal in Münster besucht. Ich hole ihn vom Bahnhof ab, gehe mit ihm zum Domplatz, und dann sage ich: „Du, ich muss jetzt zur Vorlesung. Schau dich ein bisschen um! Danach gehen wir zum Mittagessen. Halt' Dich hier auf!" Dann meint „hier" mehr oder weniger den ganzen Domplatz.

(b) Asymmetrische Verknüpfung. Mit dieser Kontextbezogenheit der Bedeutung von Indexicals hängt auch zusammen, dass diese Ausdrücke auf enge Weise und durchaus nicht symmetrisch miteinander verknüpft sind. Das wird sofort klar, wenn ich meinem eben erwähnten Freund noch dazusage: „Halte dich hier auf! Wir gehen gleich dort drüben zum Essen." Das „dort", mit dem ich auf ein Restaurant referiere, bezieht seine Bedeutung offenkundig in Abhängigkeit von dem „hier", von dem aus es gesprochen ist. Sitzen wir dann beim Essen, kann ich sagen: „Dort auf dem Domplatz habe ich neulich den X getroffen, den Du meines Wissens auch kennst." Dann ist das frühere „hier" zum „dort", das frühere „dort" zum (als solchen aber gar nicht ausgesprochenen) „hier" geworden. Geblieben aber ist, dass wir „dort" nur mit Bezug auf ein „hier" verwenden. Genauso verhält sich in der zeitlichen Dimension: „dann" und „damals" referieren in Abhängigkeit von einem „jetzt". Trotzdem kommt dem „hier" und dem „jetzt" indexikalisch kein Elementarcharakter zu. Denn „hier" und „jetzt" gebrauchen ein Sprecher und eine Sprecherin korrekt nur unter Voraussetzung eines Wissens um seine oder ihre räumliche wie zeitliche Situation, also unter Voraussetzung eines Wissens um sich.

Dieses Wissen wiederum ist untrennbar verbunden mit dem korrekten Gebrauch des Pronomens der grammatischen ersten Person Singular, also des „ich". Von selbst versteht sich, dass ebenso auch die anderen Personalpronomina wie „du" und „er, sie" usw. auf die gleiche Weise wie die Demonstrativa dem „ich" zugeordnet sind. Bereits Bertrand Russell nannte die Indexicals aus diesem Grunde „egozentrisch" (natürlich in einem völlig nicht-moralischen Sinn). Und Hector-Neri Castañeda hat in akribischen Verfahren am Fall der so genannten „Quasi-Indexicals", d. h. den Personalpronomina in der indirekten Rede über den „ich"-Gebrauch anderer Sprecher, die Unhintergehbarkeit der Erste-Person-Perspektive herausgearbeitet. (⇖ Bd. 1, Kap. 7.7) Genau diese philosophischen Analysen aber führen an die Schwelle zu einer weit über das Sprachliche hinausreichenden philosophischen Relevanz der Indexicals. Denn aus dieser Zentralität des „ich"-Gebrauchs eröffnen sich Perspektiven des Subjektgedankens, die zum Koordinatensystem einer philosophischen Letztbegründung taugen. Das bedarf näherer Erläuterung:

Eliminierung. Zunächst zur direkten philosophischen Relevanz des „ich"-Indexicals. Analytische Philosophen der idealsprachlichen Richtung haben versucht, die Indexicals aus der Sprache zu eliminieren, weil sie logischerweise so genannte „Wahrheitswertschwankungen“ erzeugen: Jede und jeder von uns sagt „ich“, wenn er sich meint, und jedes Mal ist natürlich mit „ich“ jemand anderer gemeint. Um eindeutige Wahrheitsbedingungen für alle Sätze einer Sprache zu erhalten, muss die Kontext- und Sprecherabhängigkeit von Sätzen – und eben auch derjenigen mit Indexicals – ausgeschaltet werden. Im Umkreis des Großmeisters dieser analytischen Richtung, Willard Van Orman Quine, gilt die Ich-Rede nachgerade als so etwas wie ein Sündenfall der Sprache. (↖ Bd.1, Kap. 7.7.) Um diesem radikal beizukommen, müsste natürlich letztendlich das Personalpronomen der ersten grammatischen Person eliminiert werden. Das aber ist trotz aufwendigster Eliminierungsprogramme bis heute nicht gelungen. Im Gegenteil kamen bereits in Quines eigenem Schülerkreis Zweifel an der Sinnhaftigkeit und an der Möglichkeit eines solchen Unterfangens auf.

Parallelisierung. Da die Eliminierung des „ich“-Indexicals nicht gelang, suchte man, die „ich“-Rede mit der „er“-Rede wenigstens zu parallelisieren und auf diese zurückzuführen. Anstelle einer Objektivierung ist es dieser Strategie um eine Intersubjektivierung des „ich“-Gebrauchs zu tun. Was mit dem Indexical gemeint ist, soll als Produkt kommunikativer Prozesse erklärt werden. Eines der prominentesten der diesbezüglich einschlägigen Programme hat vor Jahren ein deutscher Philosoph vorgelegt, der mit mehr Recht als so mancher Angelsachse als „Analytiker“ apostrophiert wird: Ernst Tugendhat mit seinem Buch *Selbstbewußtsein und Selbstbestimmung* von 1979. Ohne Zweifel trifft zu, dass der „ich“-Gebrauch auf komplexe Weise am intersubjektiven Grundsubstrat von Sprache partizipiert. Trotzdem erweist er sich näherem Zusehen nicht als auf dieses Substrat reduzierbar, also der „ich“-Gebrauch der Erste-Person-Perspektive nicht als vom „er“-Gebrauch der Dritte-Person-Perspektive her erklärbar (was Tugendhat intendiert hatte). Das lässt sich vor allem durch folgende zwei Argumente ausweisen: (1) Wer mit „er“ auf einen „ich“-Gebrauch zurückkommt, identifiziert den „ich“-Sagenden (zumindest auch) als kompetenten Sprecher, also als jemanden, der um die Aufnehmbarkeit seines „ich“ durch das „er“ eines anderen weiß. Dieses Wissen hat der „ich“-Sprecher aber nicht nur, es wird ihm seitens des „er“-Sprechers auch zugeschrieben. Das geschieht als

> „[…] Zuschreibung aus der Perspektive des ‚er'-Sprechers *innerhalb* [Herv. K. M.] des Wissens […], das gerade der ‚ich'-Sprecher hat, *bevor* irgendeine Aufnahme seines ‚ich-Gebrauchs' durch einen anderen etwa wirklich erfolgt.“[182]

[182] HENRICH, Dieter: Noch einmal in Zirkeln. Eine Kritik von Ernst Tugendhats semantischer Erklärung von Selbstbewußtsein. In: BELLUT, Clemens/MÜLLER-SCHÖLL, Ulrich (Hgg.): Mensch und Moderne. Beiträge zur philosophischen Anthropologie und Gesellschaftskritik. Würzburg 1989. 93-132. Hier 104.

So steht der „ich"-Sprecher kraft des im kompetenten „ich"-Gebrauch implizierten Wissens um das ihm vom „er"-Sprecher zuzuschreibende Wissen um die Aufnehmbarkeit des „ich" durch ein „er" in einem Selbstverhältnis, nämlich dem

> „[…] eine[r] Selbstzuschreibung von Wissen: der ‚ich'-Sprecher hat ein Wissen kraft dessen gewusst wird, das er ein solches Wissen hat."[183]

(2) Außer Zweifel steht, dass auch der „ich"-Gebrauch von anderen gelernt und übernommen wird. Gleichwohl schließt der kompetente Gebrauch dieses Spracherwerbs ein, dass der/die Sprechende

> „[…] sich selbst bereits als das eine, das durchgängige und das aktive Subjekt im Sprechen seiner Sprache verstehen kann. Dem korrespondiert die einleuchtende These, dass sinnvoll sprachliche Ausdrücke zu gebrauchen nichts anderes heißt, als sie mit der Intention zu gebrauchen, anderen etwas zu verstehen zu geben. Ebendas setzt nun aber die Konstitution des Sprechers als Subjekt voraus."[184]

Die Subjektwerdung kann sich dabei durchaus in eins mit dem Spracherwerb vollziehen, gibt aber keinen Anhalt, das Für-sich-Sein, besser: das Je-für-mich-Sein, das die Subjektivität des Subjekts als eines Wissens von sich als sich ausmacht, aus der Sprachdimension herzuleiten.[185] Auch hier gilt die Regel: „Nicht ohne, aber auch nicht allein durch." Auch die Bedeutung des Personalpronomens der ersten Person Singular erklärt sich nicht ohne Rekurs auf intersubjektive Vernetzungen dessen, der es gebraucht, aber genauso wenig allein durch diese. Alle Konzeptionen, die den Ansatz beim Subjekt als „monologisch[]"[186] zu desavouieren suchen, sind genau auf diesem Auge systematisch blind und kommen trotz aufwändiger Anleihen bei Fichte, Hegel und der jüngeren kritischen Theorie nicht über einen etwas sozialphilosophisch aufgebrezelten Behaviorismus hinaus.

(2) Unverfügliches Aufkommen. Der zweite Zug an Selbstbewusstsein, durch den sich die Dimension Erster Philosophie und letzter Gründe auftut, ist derjenige seines ihm selbst unverfüglichen Aufkommens, um dessentwillen es sich einen ihn selbst zureichend begründenden und aus sich hervorgehen lassenden Grund voraussetzen muss, der natürlich nicht nochmals eines weiteren Grundes bedürfen darf – was nicht zuletzt auch heißt, dass die Verfasstheit dieses Grundes eine sehr viel andere als diejenige von Selbstbewusstsein sein muss, sofern andernfalls sogleich ein infiniter Regress in

183 HENRICH: Noch einmal in Zirkeln (Anm. 182). 108.

184 HENRICH, Dieter: Der Mensch als Subjekt in den Weisen seines Mitseins. In: HÜGLI, Anton/KAEGI, Dominic/WIEHL, Reiner (Hgg.): Einsamkeit – Kommunikation – Öffentlichkeit. Internationaler Jaspers-Kongress Basel 2002. Basel 2004. 27-50. Hier 34.

185 Vgl. HENRICH: Der Mensch als Subjekt (Anm. 184). 32-40.

186 So KNAPP, Markus: Verantwortetes Christsein heute. Theologie zwischen Metaphysik und Postmoderne. Freiburg; Basel; Wien 2006. 205.

Gang gesetzt wäre.[187] Die Verwiesenheit auf einen solchen Grund ist in sich bereits mehrfältig: Sie ergibt sich zum einen aus der Verknüpfung des von cartesianischer Gewissheit geprägten Wissens von Selbstbewusstsein um sein Wirklichsein und die gleichzeitige Entzogenheit seines Auftretens für sich selbst. Zum anderen drängt sich dieser Grund-Gedanke dadurch auf, dass sich Selbstbewusstsein in seiner eigenen Verfassung als von einer Komplexität und letztlichen Rätselhaftigkeit gewahrt, die die Möglichkeiten seiner Aufklärung über sich offenkundig überschreiten.

> „Wo immer Subjekte wirklich sind, geht dem ein Grund voraus, und zwar in einem doppelten Sinn: als Grund dafür, dass überhaupt Subjekte wirklich sind, und als der Grund, der im je einzelnen Subjekt die unhintergehbare Tatsache seines jeweiligen Für-sich-Seins ermöglicht und der sie eintreten und sich kontinuieren lässt."[188]

Grund-Gedanke. Die innere, auf einen Grundgedanken im eben erläuterten Sinn hindrängende Komplexität von Selbstbewusstsein lässt sich – in Orientierung an der analytischen Methode[189] – etwa folgendermaßen aus dem Zusammenhang zwischen dem Gebrauch von Subjekt-Prädikat-Sätzen als elementarer Verstehensform und der Möglichkeit von Selbstbewusstsein, wie ihn Kant seiner Philosophie als ganzer zugrunde gelegt hatte, explizieren: (a) Als Aussage über Dinge oder Ereignisse setzt der Gebrauch des Subjekt-Prädikat-Satzes einen Indikationsapparat voraus. Die Dinge stehen an der Subjekt-Stelle als bestimmte Einzelne, werden von anderen Einzelnen kraft ihrer Identität unterschieden, und diese wiederum bleibt im Fall mehrerer Einzelner der gleichen Art nur über die Indikatoren „dies", „hier", „jetzt" zugänglich, deren individuierende Leistung ihrerseits wieder von Kenntnis und Gebrauch des Indikators „ich" abhängt. (b) Als Aussage über Nicht-Einzelnes, also etwa abstrakte Sachverhalte, kann der Subjekt-Prädikat-Satz qua Behauptung fungieren, die sich begründen oder revozieren lässt. Beides impliziert, dass der Sprecher des Satzes dessen Inhalt auch als seinen Meinungszustand auffasst, von dem ihm scheint, dass er begründbar ist, oder schien, dass er begründbar wäre, jetzt aber zurückgenommen werden muss. Wenn ich weiß, dass mir etwas scheint, habe ich Selbstbewusstsein, weil ich von

[187] Vgl. dazu mit Blick auf Hölderlin HENRICH, Dieter: Hölderlins Philosophische Grundlehre. In der Begründung, in der Forschung, im Gedicht. In: GRUNDMANN, Thomas u.a. (Hgg.): Anatomie der Subjektivität. Bewusstsein, Selbstbewusstsein und Selbstgefühl. Frankfurt a.M. 2005. 300-324. Hier 305.

[188] HENRICH: Der Mensch als Subjekt (Anm. 184). 37. – Vgl. auch DERS.: Menschsein – Bildung – Erkenntnis. Eine Variation von Schleiermachers Grundgedanken in Beziehung auf seine Gedanken zur Begründung der Universität. In: DERS.: Die Philosophie im Prozeß der Kultur. Frankfurt a.M. 2006. 156-182. Hier 171-175.

[189] In den ersten Zügen folge ich primär HENRICH, Dieter: Selbstbewußtsein und spekulatives Denken. In: DERS.: Fluchtlinien. Philosophische Essays. Frankfurt a.M. 1982. 125-181.

mir weiß.[190] Die doppelte – aber gegeneinander gänzlich verschiedene – Evidenz für Selbstbewusstsein, wie sie aus der Analyse der elementaren Satzform in Gestalt der Notwendigkeit des „ich"-Indikators und der Möglichkeit der „Es scheint"-Sätze gewonnen werden kann, begründet, dass und wie das eine selbstbewusste Wesen in und gegenüber der Welt steht: Über das Indikatorensystem ist die raumzeitliche Weltstelle festgelegt, die es als identisches Einzelnes unter vielen anderen Einzelnen besetzt. Die im „Es-scheint"-Satz realisierte Möglichkeit, eigene Meinungszustände zu kennen und sich ihnen gegenüber affirmierend oder negierend zu verhalten, nötigt zur Annahme einer zweiten Weise der Identität, die von der raumzeitlich konstituierten gänzlich unabhängig ist: Der, dem etwas wahr schien, das jetzt aber unhaltbar scheint (und umgekehrt) – und der jetzt darum ganz anderer Meinung ist –, muss derselbe sein über die Sequenz seiner Meinungszustände hinweg.[191] Diese doppelte Identität begründet die Notwendigkeit, dass wir uns auch doppelt beschreiben: als Person (qua einer unter vielen) und als Subjekt (qua einer gegenüber der Welt).[192] (↸ Bd. 1, Kap. 7.8) Das ist nichts anderes als die analytische Reformulierung des für Hölderlin als Philosophen wie als Dichter schlechthin zentralen Themas, dass sich bewusstes menschliches Leben durch konfligierende Tendenzen der eigenen Orientierung hindurch bilde und bleibend herausgefordert finde.[193] Nun kommt aber den beiden Weisen von Identität keineswegs gleiches Gewicht zu. Gerät die indikatorische Selbstbeschreibung in Verdacht, nicht zuzutreffen und also der Rechtfertigung zu bedürfen, so geschieht dies mit Rekurs auf die Selbstbeschreibung als Subjekt (in obigem Sinn), also mit Bezug auf die Zuschreibung von Meinungszuständen (etwa: „Es scheint, dass..."), die keine Überprüfung von außen brauchen noch ihrer überhaupt fähig, also irrtumsimmun sind hinsichtlich dessen, der diese Zustände hat. Erst im Licht dieser Selbstbeschreibung wird intersubjektiv überprüfbar, ob die beobachtungsabhängigen indikatorischen Akte – und damit die über diese gewinnbare Selbstbeschreibung als Person – treffen oder fehlschlagen. Dieser Vorrang der Subjektidentität gilt nun nicht nur für den Fall der personalen Selbstbeschreibung, sondern für Zuschreibung überhaupt in dem Sinn, dass zu der einen Welt gehört, was dem Subjekt irrtumsimmun als sein Zustand zugeschrieben werden kann. Zwar hat die Subjektidentität ihren wohlbestimmten Sinn nur im Gegenüber zu der über die Identität der Weltdinge zustande kommenden Welt(-einheit), ist aber dennoch

[190] Vgl. HENRICH: Spekulatives Denken (Anm. 189). 135-136.

[191] Vgl. HENRICH: Bewußtes Leben. Einleitung. In: DERS.: Bewußtes Leben (Anm. 101). 16.

[192] Vgl. HENRICH: Spekulatives Denken (Anm. 189). 137-138.

[193] Vgl. HENRICH, Dieter: Der Grund im Bewußtsein. Untersuchungen zu Hölderlins Denken (1794-1795). Stuttgart 1992. 122. 191-197. 201. 210-213. 225. 505. 510-514. 602.

der entscheidende Punkt, in Bezug auf den dieser Prozess überhaupt in Gang kommen kann. Dass in diesem Sinn Selbstbewusstsein unbeschadet seines Primats nur zusammen mit Weltbewusstsein auftreten kann, macht ein idealistisches wie ein immanentistisches Konzept von Welt und Leben gleichermaßen inkonsistent.[194]

Cartesianischer Status. An der Differenz von Subjektidentität und Personidentität hängt in Henrichs Konzept aber nicht nur der Sinn von Weltbegriffen; aus ihr wird ebenso der cartesianische Status von Selbstbewusstsein verständlich. Prinzipiell ist möglich, dass einer sich fragt (bzw. fragen muss), ob er in einer wirklichen Welt mit der und der wirklichen Person wirklich auch selbst diese Person ist, die er zu sein meint. Hinsichtlich von Selbstzuschreibungen in Gestalt egologischer Sätze ist ein solches Auseinandertreten von Wissen und Realität ausgeschlossen. Selbstbewusstsein ist Wissen um sich, das weiß, dass es um sich weiß, und ist darin Wirklichkeitswissen. Erst von dieser Realitätsgewissheit her kann ich mich (gleichgültig, ob richtig oder falsch) als Person in der wirklichen Welt beschreiben. Das aber heißt: Hinsichtlich ihrer Wirklichkeit (gegenüber von Möglichkeiten) ist die Welt nur im Ausgang von der Subjektidentität qua egologischer Selbstbeschreibung aus zugänglich, sofern dieses Wissen einer Wirklichkeit (weiß) und darin selbst Wirklichkeit ist. Über das selbstbewusste Subjekt ist damit keinerlei Erkenntnis gewonnen, die darüber hinausginge, dass es infallibel um sich weiß; dennoch gründet in ihm auf exklusive Weise die Möglichkeit zu unterscheiden, was wirklich und nicht-wirklich ist in der Welt.[195] Gerade wegen der Vernetzung des sich im „ich"-Gebrauch äußernden unhintergehbaren Subjektgedankens mit dem Wirklichkeitsbezug kann sich Henrich keine wirkliche Alternative zu diesem Gedanken vorstellen, weil damit der diesem Subjektgedanken korrelative Gedanke, auf eine wirkliche Welt bezogen zu sein, in einer Weise gefasst werden müsste, die einer Selbstaufhebung gleichkäme.[196] Die Fundamentalität von Selbstbewusstsein in Beziehung auf Wissen wie Wirklichkeit des Gewussten, die sich so im Ausgang von der elementaren Satzform im Medium einer Evidenzdualität ganz mit analytisch unterfassten kantischen Mitteln entwickelt lässt, zieht von selbst die Frage nach sich, wie die Binnenstruktur von Selbstbewusstsein verfasst ist, das – obwohl ein Nicht-Hintergehbares – allein schon deswegen nicht unstrukturiert sein kann, weil sich das, was zugeschrieben wird, der Adressat der Zuschreibung und der Akteur, der wiederum mit dem Adressaten i-

[194] Vgl. HENRICH: Spekulatives Denken (Anm. 189). 138-141. – DERS.: Versuch (Anm. 87). 190-192.

[195] Vgl. HENRICH: Spekulatives Denken (Anm. 189). 141-144.

[196] Vgl. HENRICH: Spekulatives Denken (Anm. 189). 144-145.

dentisch ist, unterscheiden lassen.[197] Kraft der Unhintergehbarkeit von Selbstbewusstsein aber unterstellt eine solche Strukturbestimmung ein ausgesprochen intrikates Kriterium: Sie kann kein Element von Selbstzuschreibung benennen, das nicht schon dadurch ausgezeichnet wäre, dass es Element einer Selbstzuschreibung ist. Gäbe es im Selbstbewusstsein Elemente, die nicht so charakterisiert sind, also Elemente einer Zuschreibung wären, müsste auch ein weiteres Element auftreten, das jene Zuschreibungselemente zu solchen einer Selbstzuschreibung machte – und darum seinerseits das „Selbst" der Letzteren ausmachte. Sofern ein solches „Selbst"-Element aber nicht von der Selbstzuschreibung unabhängig auftreten kann, koinzidierte es mit der Selbstzuschreibung als ganzer, deren Element es doch sein soll.[198] Dem entspricht auch, dass Selbstbewusstsein niemals aus dem Beobachten von und dem Wissen um Selbstbeziehungen hervorgehen kann; nicht einmal, wenn es – von der Warte eines anderen her gesehen – meine Selbstbeziehung wäre, wüsste ich mich als in ihr stehend, wenn ich nicht bereits in dem Verhältnis zu mir stünde, das im Gebrauch von „ich" artikuliert wird, also Subjekt wäre. Überdies macht die bereits erörterte asymmetrische Interdependenz von Selbstbewusstsein und Weltbewusstsein unmöglich, von einem Welt-Element – wie eben etwa einer Selbstbeziehung – erst zu sich gebracht zu werden, woraus zu schließen ist, dass Selbstbewusstsein nur spontan aufkommen kann.[199] Jedes für Selbstbewusstsein als Strukturmoment Aufweisbare muss als durch die Bedeutung von „selbst" bestimmt gedacht werden: Zu Selbstbewusstsein gehört Prädikation, aber im irreduziblen Modus der Selbstprädikation; der Adressat der Selbstzuschreibung wird nicht erst durch diese Subjekt, sondern tritt nicht anders auf als wissend um sich. Das bedeutet: Selbstbewusstsein ist komplex verfasst; die Komplexität aber des Zusammenspiels epistemischer Leistungen, welche Selbstbewusstsein ausmachen, ist umgriffen und in ihren einzelnen Elementen durchwirkt von einem nicht weiter aufklärbaren Faktum, das sich im Subjektgebrauch des „ich" zur Geltung bringt und kraft seiner Verfasstheit und Funktion eine Auflösung der Komplexität von Selbstbewusstsein unmöglich macht.[200]

Komplexere Begründungsinstanz. Es ist eben genau diese Komplexheit seiner Verfassung, die Selbstbewusstsein nicht aus sich selbst begreifbar sein und dadurch – wie schon angedeutet – auf nicht mehr abzudrängende Weise die Frage nach einem Grund der wissen-

[197] Vgl. HENRICH: Spekulatives Denken (Anm. 189). 145-146.
[198] Vgl. HENRICH: Spekulatives Denken (Anm. 189). 146-148.
[199] Vgl. HENRICH: Spekulatives Denken (Anm. 189). 148-149.
[200] Vgl. HENRICH: Spekulatives Denken (Anm. 189). 149-151. – DERS.: Grund im Bewußtsein (Anm. 193). 539-540.

den Selbstbeziehung aufkommen lässt. Die Tatsache, dass sich das Ganze von Selbstbewusstsein nicht von einer Analyse seiner Teilmomente her rekonstruieren lässt und auch die etwaige Annahme eines Schöpfungsaktes durch die Unterstellung eines schaffenden Subjektes von grundsätzlich derselben Wissensart unterstellte und das Problem damit nur verschieben würde, legt nahe, Selbstbewusstsein auf eine gründende Instanz noch komplexerer Verfassung als die eigene, zu erklärende Subjektivität zurückzuleiten. Unter dieser Voraussetzung gilt:

> „Wir können in der deskriptiven Einstellung nicht über die Grenzen dessen hinauskommen, was uns durch die Verfassung unseres Wissens vorgegeben ist. In ihr ist aber die wissende Selbstbeziehung von prominenter Bedeutung, [... aber; K. M.] wir können nicht erwarten, daß sie uns dazu instand setzt, sie aus dem Grunde, den wir ihr voraussetzen, Schritt um Schritt herzuleiten. Können wir sie doch, wie sich erwies, schon ihrer Verfassung nach nur annäherungsweise beschreiben. Ein Grund des Wissens von mir, wie immer er zu fassen ist, läßt sich überhaupt nur als eine Hypothese denken, die aber in keiner Verifikation zur erwiesenen Erkenntnis zu wandeln ist."[201]

Ungegenständlichkeit. Einerseits muss der dem Selbstbewusstsein vorauszusetzende Grund einem gegenständlichen Erkennen entzogen sein, weil sein Auftreten in Gestalt einer Präsenz ein Hintergangen-werden-Können der wissenden Selbstbeziehung implizierte, also eine Art eben jener adäquaten Aufklärung, die sich ja gerade kraft der Gestalt des Aufkommens und Zusammenspiels der Momente von Selbstbewusstsein als undurchführbar erwiesen hatte.[202] Das ist die eine Seite einer Art Grenz-Logik, die übrigens an das erinnert, was Kant unter „transzendentaler Theologie" verstand.[203] Zu ihr gehört aber genauso, dass durch den Gedanken vom gründenden Grund der wissenden Selbstbeziehung

> „[...] eine weitere Klasse von Wirklichem definiert [ist; K. M.], und zwar eine solche, zu der sich das seiner selbst bewußte Leben allein aufgrund dessen in ein Verhältnis setzen kann, daß es sich als nicht seiner selbst schlechthin mächtig versteht."[204]

Wirklichkeitsgehalt. Unbeschadet seiner vorhin erläuterten Hypothetizität erweist sich der Gedanke vom Grund kraft der Verfasstheit des ihn notwendig auf sich ziehenden Selbstbewusstseins aufs engste mit dem Wirklichkeitswissen verfugt, das es selbst cha-

201 HENRICH: Subjektivität als Prinzip. In: DERS.: Bewußtes Leben (Anm. 101). 49-73. Hier 65.
202 HENRICH: Versuch (Anm. 87). 56. Vgl. 148.
203 Vgl. KANT, Immanuel: Opus Postumum. In : DERS.: Kant's gesammelte Schriften. Hg. v. der Preußischen Akademie der Wissenschaften. Bd. XXII. Berlin; Leipzig 1938. 63.
204 HENRICH: Subjektivität als Prinzip (Anm. 201). 69.

rakterisiert. Kraft dessen, dass es uns als Subjekte überhaupt nur dadurch gibt,

„daß wir in unseren Gedanken und kraft ihrer für uns wirklich sind“[205],

gehört die wissende Selbstbeziehung inklusive ihres Gedankens vom Grund, der – wie erläutert – nur ein „Grund im Bewußtsein“[206] sein kann, zu jenen Denkbewegungen, die – wie nach einem Diktum Theodor W. Adornos wohl alles Philosophieren, das wirklich ein solches ist – um den ontologischen Gottesbeweis kreisen.[207] Denn gewiss kann der Grund, den wir uns als in einem bewussten Leben stehend um dessen Ganzheit als durchgängigen zuschreiben müssen, nur ein *gedachter* sein,

„wenngleich das Denken, in dem er vorausgesetzt ist, nicht allein der philosophischen Reflexion entstammt, sondern im bewussten Leben selbst aufkommt und es darum auch ständig begleitet.“[208]

„als ob“. Henrich selbst erinnert daran, dass er mit seinen Erwägungen zum Grund von Selbstbewusstsein, die nicht einfach die Frage nach der Realität dieses Grundes beantworten, wohl aber ein Nachdenken implizieren, „von woher diese Frage erwogen und beantwortet werden mag“[209], an eine Debatte anschließt, die schon Kantianer zu Zeiten ihres Namensgebers umtrieb: Es ging um die Frage, ob Kants These, dass wir unbeschadet des Ausschlusses gegenständlicher Erkenntnis des Absoluten und entsprechender Beweise zu notwendigen Annahmen über es kommen müssen, nach sich zieht, dass diese Annahmen unter ein „als ob“ zu stellen und mithin als

„[...] unausweichliche und zugleich lebensspendende und nur als solche wohlmotivierte *Fiktionen*“[210]

zu behandeln seien. Oder ob – etwa mit Fichte – dafür zu votieren sei, dass Überzeugungen so tiefreichender Lebensbedeutung, durch die sich überdies alle anderen Überzeugungen zu einem Ganzen fügen, gegen einen solchen Vorbehalt Wahrheit zugesprochen werden müsse.

Fiktion und Wahrheit. Diese Debatte, die ihre wohl zugespitztesten Ausprägungen in der *Philosophie des Als Ob* des großen Kant-

205 HENRICH: Versuch (Anm. 87). 36.
206 Vgl. HENRICH: Grund im Bewußtsein (Anm. 193). – DERS.: Versuch (Anm. 87). 272-273.
207 Vgl. ADORNO, Theodor W.: Negative Dialektik. Darmstadt 1998. 378. – Vgl. die Aufnahme dieses Topos in HENRICH: Bewußtes Leben und Metaphysik (Anm. 101). 205.
208 HENRICH, Dieter: Hölderlins Philosophische Grundlehre (Anm. 187). 304-305.
209 HENRICH, Dieter: Eine philosophische Begründung für die Rede von Gott in der Moderne. Sechzehn Thesen. In: DERS./METZ, Johann B./HILBERATH, Bernd J./WERBLOWSKY, Zwi (Hgg.): Die Gottrede von Juden und Christen unter den Herausforderungen der säkularen Welt. Symposion des Gesprächskreises „Juden und Christen“ beim ZDK am 22./23.11.1995 in der Katholischen Akademie in Berlin. Münster 1997. 10-20. Hier 12.
210 HENRICH: Versuch (Anm. 87). 60.

forschers Hans Vaihinger[211] und ganz anders in Franz Rosenzweigs Pamphlet mit dem Titel *Das Büchlein vom gesunden und kranken Menschenverstand*[212] fand, ist der Sache nach nicht nur nicht beendet. Sie steht heute unter dem Vorzeichen des „iconic turn", dem dritten Paradigmenwechsel nach Kants eigener Kopernikanischer Wendung und dem „linguistic turn" Anfang des 20. Jahrhunderts unter verschärften Bedingungen von neuem an. Die Verschärfung rührt daher, dass dabei medientheoretisch im Gedanken der Virtualität die Differenz zwischen Sein und Schein ausdrücklich eingezogen und einer Unentscheidbarkeit überantwortet wird.[213] (↸ Bd. 1, Kap. 3.3) Es macht die Stärke des transzendentalen Ansatzes bei der selbstbewussten Subjektivität aus, vor der Kategorie des Fiktionalen genauso wenig wie gegenüber den semantischen Dekonstruktionsprogrammen des „linguistic turn" sprachlos zu werden, sondern erneut aus den eigenen Ressourcen das Recht der Wahrheitsfrage als legitim aufrecht zu erhalten. Das geschieht in Gestalt der Frage, ob und inwiefern nicht auch Fiktionen so etwas wie ein Wahrheitssinn zuzusprechen oder – je nachdem – abzuringen sei. Die Frage legt sich dadurch nahe, dass selbst noch den entschiedensten Distanzierungen von einem letzten gründenden Wirklichkeitsgehalt Auskunft darüber abverlangt ist,

> „aus welchem Leben sie hervorgehen und was es heißen würde, in ihrem Sinne ein Leben zu *führen*"[214],

weil das Leben, auf das solche Distanzierungen bezogen sind und aus dem die daran anschließenden Fragen aufkommen, kraft seiner Bewusstheit um sich und darin auch um sein Wirklichsein weiß. Wenn es sich bei der Fiktion nicht einfach um eine Funktion im Dienst eines bestimmten Zwecks handelt, sondern um so etwas wie einen Abschlussgedanken, in dem sich sammelt, was ein bewusstes Leben als solches bewegt, dann kommt es, wenn Subjektivität sich nicht selbst dementiert[215], zu einer Wirklichkeitskontinuierung zwischen dem, was ist und wahr ist, und dem, was um dieses Wahr- und Wirklichseins

[211] Vgl. VAIHINGER, Hans: Die Philosophie des Als Ob. System der theoretischen, praktischen und religiösen Fiktionen der Menschheit auf Grund eines idealistischen Positivismus. Mit einem Anhang über Kant und Nietzsche. 3. durchges. Aufl. Leipzig 1918. – DERS.: Kommentar zu Kants Kritik der reinen Vernunft. 2 Bde. 2. Aufl. Stuttgart 1922.

[212] Vgl. ROSENZWEIG, Franz: Das Büchlein vom gesunden und kranken Menschenverstand. Königstein/Ts. 1984.

[213] Vgl. dazu einführend MÜLLER, Klaus: Verdoppelte Realität – virtuelle Wahrheit. Philosophische Erwägungen zu den neuen Medien. In: Die politische Meinung 43 (1998). 59-70. – DERS.: Computer machen Leute. Philosophie, Neue Medien und Cyber-Religion. In: Renovatio 54 (1998). 149-162. – DERS.: Philosophisches über die Veränderung von Kommunikation durch Telemediatisierung. In: Jahrbuch für christliche Sozialwissenschaften 41 (2000). 160-178.

[214] HENRICH: Bewußtes Leben. Einleitung (Anm. 191). 43.

[215] Vgl. HENRICH: Versuch (Anm. 87). 61.

willen angenommen wird. Natürlich ist damit keine metaphysische oder gar religiöse Einsicht erschlichen, denn:

> „Ein solcher Wahrheitsbezug, in den sich das bewußte Leben als solches einfügt, kann nur dadurch eintreten, daß es die Synthesis aller seiner Lebenstendenzen, die es zunächst als eigene Leistung zu vollziehen hat und erfährt, zuletzt als Vollzug eines Geschehens begreift und neu orientiert, in das alle seine eigenen Vollzüge einbegriffen sind.“[216]

Holistische Denkform. Das besagt: Wahrheit kann Fiktionen im Horizont einer holistischen Denkform zugesprochen werden, einer also, die alle theoretischen und praktischen epistemischen Leistungen und damit alle Weisen von Wissen im Letzten in einer Ganzheit von Verstehen zusammenführt.[217] Es kann nicht überraschen, dass eine solche Form der Selbstverständigung bewussten Lebens dazu hinleitet, den gründenden Grund von Subjektivität in Gestalt eines wirklichkeitsverbürgenden Gedankens monistischer All-Einheit zu fassen. Jedenfalls ist das die Option von Dieter Henrich, dem ich in den vorausgehenden Überlegungen in wesentlichen Hinsichten gefolgt bin. Dass Kant, der große Theoretiker der Freiheit, der diese als den Schlussstein seines Denkerischen Gewölbes zur Geltung zu bringen wusste, dieses Denken inklusive seiner moraltheologisch-existenzphilosophischen Implikationen vom kosmologischen Frühwerk bis in das *Opus postumum* hinein gegen einen monistischen Tiefenstrom zu erringen sich genötigt sah und das zur Textur seiner Theologien gehört[218], erwähne ich hier nur mit Blick darauf, dass seine Postulatenlehre zu den prominentesten Zeugnissen dafür zählt, dass, was als irreal zu beschreiben ist, deswegen nicht einfach als wahrheitsunfähig zu gelten hat.

Resümee. Natürlich muss ich einräumen, dass der vorausgehend durchmessene Gang einer Letztbegründung trotz der anfänglichen Nähe durch den gemeinsamen Einsatz bei einer Elementarstruktur der Vernunft von den benachbarten Konzeptionen Verweyens und Pröppers relativ weit weg führt. Er riskiert mehr an ontological commitments als beide – was zwangsläufig seinen Preis in der dafür dann nur möglichen Ontologie hat. Aber innerhalb dieser Kautele scheint mir der Ansatz bei einem sprachphilosophisch und medientheoretisch geschärften Selbstbewusstseinsgedanken unter kantischem Richtmaß der elastischeren Anschließbarkeit an religionsphilosophische und namentlich religionstheologische und anthropologische Diskurszu-

216 HENRICH: Versuch über Fiktion und Wahrheit. In: DERS.: Bewußtes Leben (Anm. 101). 139-151. Hier 148.

217 Vgl. HENRICH: Versuch (Anm. 87). 61-62.

218 Vgl. dazu die wichtigen Hinweise bei RICŒUR, Paul: Religion, Atheismus und Glaube. In: MACINTYRE, Alasdair/ RICŒUR, Paul: Die religiöse Kraft des Atheismus. Aus d. Amerikan. v. Reiner Ansén. Freiburg; München 2002. 65-102.

sammenhänge fähig, denen eine systematische Theologie heute nicht mehr ausweichen kann.

Überleitung. Die vielleicht härteste Bewährungsprobe ist, den Ansatz gleich dem Fragehorizont auszusetzen, der als die derzeit jüngste Herausforderung der Philosophie gelten kann und deren theologische Konsequenzen noch kaum abzusehen sind: die Veränderung so gut aller systematisch-philosophischen Frageperspektiven durch die Telematisierung, also die Transformationen der bisherigen Lebenswelten durch das technische Equipment der Neuen Medien und den mit ihm einhergehenden „iconic turn“. Die daraus resultierende Aufgabe einer philosophischen Kritik der digitalen Cyberworld und die mit ihr verbundene Erkundung der Umrisse einer Technotheologie ist der letzte Hauptschritt dieses Teils unserer Erwägungen gewidmet.

4. Cyberworld und Technotheologie

Kants kopernikanische Wendung. Es ist immer vernünftig, mit Superlativen sparsam umzugehen; zu oft entpuppen sie sich, kaum ausgesprochen, als eher bescheidener Komparativ. Anders im Fall dessen, was uns in diesem Abschnitt zu beschäftigen hat. Die Aufgabe, um die es geht, besteht in einer völlig neuen Herausforderung der Philosophie. Um die Dimension etwas zu verdeutlichen, habe ich für diese Aufgabe einen Namen gewählt, der mit Absicht an zwei andere vergleichbar fundamentale Herausforderungen erinnert: Das Spezifikum der Philosophie der Neuzeit macht aus, sich substanziell als eine Kritik der Erkenntnis zu verstehen. Exemplarisch verdichtet begegnet diese Form von Philosophie in den drei Büchern Kants, in deren Titel bereits das Wort „Kritik" vorkommt: *Kritik der reinen Vernunft*, *Kritik der praktischen Vernunft*, *Kritik der Urteilskraft*. Geleistet werden soll eine strenge, wissenschaftlichen Ansprüchen genügende Bestimmung der Leistungsfähigkeit und der Grenzen menschlicher Vernunft – mit dem Ziel, darüber Rechenschaft zu geben, was von der Welt- und Selbstbeschreibung des Menschen, welche Philosophie heißt, erwartet werden darf (und was nicht). Dieses Projekt setzt kurz vor der Wende vom 18. zum 19. Jahrhundert ein und kann – einmal in Gang gesetzt – nicht mehr hintergangen werden: Steht die Frage nach der Vernünftigkeit der Vernunft im Raum, nötigt sie dieser um ihrer selbst willen eine Antwort ab.

Linguistic turn. Ungefähr 100 Jahre später kommt es zu einer vergleichbar fundamentalen und wiederum irreversiblen Wendung in der Philosophie: Auf dem Hintergrund wichtiger Vorarbeiten wird die konstitutive Verknüpfung aller Denk- und Erkenntnisprozesse mit der Sprache entdeckt und systematisch entfaltet: Der Kritik der Vernunft folgt eine Kritik der Sprache. Philosophie wandelt sich im „linguistic turn" von einer Auseinandersetzung mit Phänomenen zu einer solchen mit den Sätzen, die über Phänomene formuliert werden. Dabei geht es aber eben nicht um das Problem der Bezeichnung oder Beschreibung von etwas, zu dem wir sozusagen an der Sprache vorbei auch noch Zugang hätten. Wirklichkeit ist nicht anders als durch Sprache zugänglich. Selbst ein so komplexes Phänomen wie Selbstbewusstsein wird auf informationsverarbeitende Prozesse zurückzuführen gesucht. (↸ Bd. 1, Kap. 7.3 u. 7.7) Der Nestor der hermeneutischen Sprachphilosophie dieses Jahrhunderts, Gadamer, kann bündig sagen:

> „Sein, das verstanden werden kann, ist Sprache."[1]

Diese neuerliche Umorientierung der Philosophie unter dem Vorzeichen der Sprachkritik hat den Großteil der philosophischen Arbeit im 20. Jahrhundert durch und durch bestimmt.

[1] GADAMER, Hans-Georg: Hermeneutik I. Wahrheit und Methode. Grundzüge einer philosophischen Hermeneutik. 6. Aufl. Tübingen 1990. (Gesammelte Werke; 1). 478.

Telematisierung. Und jetzt, etwa seit den Jahren um die letzte Jahrhundertwende, sind wir Zeitzeugen einer neuerlichen grundstürzenden Veränderung. Ausgelöst ist sie durch die mittlerweile für viele zugänglich gewordenen Möglichkeiten, die die so genannten Neuen Medien bieten: Unter Neuen Medien werden in der Regel alle elektronisch und auf digitaler Basis funktionierenden audiovisuellen Medien verstanden, die die Eigenschaft besitzen, seitens des Rezipienten wie des Kommunikators jederzeit aktualisierbar sowie hochselektiv zu sein, d.h. hinsichtlich Inhalt wie Form auf maximale Rezeption angelegt werden zu können.[2] Ihre Zusammenführung mit den klassischen elektronischen Medien hat im Prozess der Telematisierung längst stattgefunden. (↖ Bd. 1, Kap. 3.3)

Das philosophisch Brisante am Aufkommen der Neuen Medien besteht nun aber darin, dass sich durch sie die Phänomene der Sprache, des Textes, der Information und der Kommunikation in ihrer bisher für konstitutiv gehaltenen Grundstruktur verändern – und das heißt unter der Voraussetzung der Unhintergehbarkeit des „linguistic turn" und der von ihm entdeckten konstitutiven Sprachlichkeit aller Realität eben auch, dass sich durch die Neuen Medien Wirklichkeit als solche verändert. Wie radikal, also bis an die Wurzeln gehend das in der Tat der Fall ist, werden wir bald daran ermessen können, dass wir im Unternehmen einer philosophischen Datenkritik nachfolgend so gut wie alle klassischen Felder der Philosophie einbeziehen müssen. Zunächst aber – gleichsam einführend – ein kurzes Protokoll der Transformationsprozesse, denen in den Neuen Medien all das unterliegt, was wir bislang sehr selbstverständlich als Sprache, Text, Information und Kommunikation zu kennen meinen.

4.1 Protokoll eines radikalen Begriffswandels

Text und Hypertext. Dass sich Sprache wandelt, ist seit je bekannt und insofern trivial: Wortbedeutungen verschieben sich, Redewendungen veralten und verschwinden, neue bilden sich aus usw. In all dem aber blieb Sprache an ein lineares oder serielles Schema gebunden. Einen Text hatte man dann erfasst, wenn man ihn Wort für Wort, Satz für Satz, Absatz für Absatz gelesen hatte. Ist mein PC online geschaltet, also in das World Wide Web eingeklinkt, begegnen mir dort umfänglichst Hypertexte, erstellt mit der einfach zu handhabenden Programmiersprache HTML (Hyper Text Markup Language): Mit ihr lassen sich beliebige Textbaustein-Konstrukte erstellen; die Textbausteine bestehen aus Stichworten, Bildern, Symbolen oder Piktogrammen, die als „Links" fungieren, also als Verbindungselemente zu anderen Informationseinheiten. Der Leser und die Leserin eines Hy-

[2] Vgl. WESSELY, Christian: Fundamentaltheologie und Neue Medien. In: MÜLLER, Klaus (Hg.): Fundamentaltheologie. Fluchtlinien und gegenwärtige Herausforderungen. Regensburg 1998. 281-298.

pertextes sind also nicht mit einem statischen, fertigen Text konfrontiert, sondern schaffen erst im Akt des Lesens und Mouse-Klickens den Text, den sie wirklich lesen. Lesen ist nicht mehr Textrezeption, auf deren Basis der Leser dann hermeneutisch kreativ wird (weil er ja auch beim Lesen etwa eines traditionellen Romans die Story durch sein Verstehen letztendlich als konkrete in seinem Kopf erst schafft).[3] Beim Hypertext setzt die Kreativität bereits bei der Komposition der empirischen Lesevorlage ein, es ereignet sich ein interaktiver Vorgang zwischen Leser, Text und dessen Autor – wobei ich beim Zusammenbau des von mir faktisch Gelesenen nie weiß, was ich gegebenenfalls alles in dem Hypertext sonst noch Steckende nicht gelesen habe, weil mich die Verfolgung des von mir gegangenen „Klick"-Pfads soundsoviele Alternativen unbeachtet zu lassen nötigt. Die Vorgänge des Schreibens und Lesens verändern sich unter Hypertextbedingungen fundamentaler als nur im Sinn einer technischen Intensivierung des alten Fußnoten-Prinzips.

Schrift und Bild. Dieses Neue an den Neuen Medien lässt sich noch in mehreren anderen wichtigen Hinsichten verdeutlichen: Durch Hypertextualität verschwimmt die Grenze zwischen Schrift und Bild. Wenn man sagen kann, dass die Schrift kulturgeschichtlich der Bilddimension abgerungen wurde, so läuft in den Neuen Medien zumindest partiell so etwas wie die Rücknahme der Schrift ins Bildmedium ab – nicht zuletzt übrigens dadurch, dass sich durch Bilder und Piktogramme Speicherplatz und, notabene, Zeit sparen lässt. Ein Gutteil der Arbeits- und Suchanleitungen im Internet ergehen nicht nur im Abkürzungskauderwelsch der Computersprache, sondern zunehmend in der ganzen Grammatik der Icons, der stilisierten Bilder, die mich auf einen Blick erfassen lassen, was ich tun soll oder was mir angeboten wird: Ein kleiner roter Kussmund im Herz-Rahmen ist genauso eindeutig wie ein Icon aus Kreuz und Weihrauchfass. Ich will nun an dieser Stelle nicht gleich in den Chor der kulturpessimistischen Untergangspropheten einstimmen, aber zu fragen bleibt durchaus, ob und in welchem Sinn diese Tendenz auf Verbilderung von Kommunikation zu einem Verlust von Sprach- und Differenzierungskompetenz führt. Eine inflationierte Bilderflut bleibt für den Rezipienten bzw. Konsumenten nämlich alles andere als folgenlos: Sie verdrängt, überlagert die Bilder der eigenen Träume und Phantasien; dies wiederum beeinträchtigt die Sprachfähigkeit eines Menschen – bis dahin, dass einer sich gar nicht mehr richtig artikulieren kann, d.h. von seinen eigenen Geschichten abgeschnitten wird. Einen „sekundären Analphabeten" nennt Hans Magnus Enzensberger so jemanden:

[3] Zu diesem Zug der Rezeptionshermeneutik vgl. MÜLLER, Klaus: Homiletik. Ein Handbuch für kritische Zeiten. In konzeptioneller Zusammenarbeit mit Gerhard Larcher. Regensburg 1994. 114-115.

„Er hat es gut; denn er leidet nicht an dem Gedächtnisschwund, an dem er leidet; daß er über keinen Eigensinn verfügt, erleichtert ihn; daß er sich auf nichts konzentrieren kann, weiß er zu schätzen; daß er nicht weiß und nicht versteht, was mit ihm geschieht, hält er für einen Vorzug. Er ist mobil. Er ist anpassungsfähig. Er verfügt über ein beträchtliches Durchsetzungsvermögen. [...] Zu seinem Wohlbefinden trägt bei, daß der sekundäre Analphabet keine Ahnung davon hat, daß er ein sekundärer Analphabet ist. Er hält sich für wohlinformiert, kann Gebrauchsanweisungen, Piktogramme und Schecks entziffern und bewegt sich in einer Umwelt, die ihn hermetisch gegen jede Anfechtung seines Bewußtseins abschottet. Daß er an seiner Umgebung scheitert, ist undenkbar. Sie hat ihn ja hervorgebracht und ausgebildet, um ihren störungsfreien Fortbestand zu garantieren. Der sekundäre Analphabet ist das Produkt einer neuen Phase der Industrialisierung."[4]

Textverflüssigung. Das Kommunikationsmedium „Text" verflüssigt sich aber im eben beschriebenen Sinn nicht nur für den Rezipienten durch die Möglichkeit, dass dieser sich aktiv an der Konstitution eines Textes beteiligt. Eine strukturell analoge Elastizität kann ein Text durch die Neuen Medien auch für den Autor oder die Autorin erhalten. Wenn ich bisher ein Buch oder einen Aufsatz geschrieben habe, dann wurden die Überlegungen zuerst grob skizziert, dann ausgearbeitet, dann korrigiert und überarbeitet, schließlich publiziert. Nicht so, wenn ich im Internet publiziere. Ich gebe den Text genauso wie für die Druckvorbereitung ein, kann ihn aber zu jeder beliebigen Zeit verändern (und muss das nicht einmal kennzeichnen), kann also ohne weiteres an einem Punkt morgen das Gegenteil von heute hineinschreiben. Das hat unbestreitbare Vorteile: Wenn mir ein Fehler unterlaufen ist, mir das nachträglich auffällt oder mich jemand darauf aufmerksam macht (und es wird kaum einen Text geben, in dem kein Fehler steckt), kann ich ohne großen Aufwand den Schaden beheben. Es könnte aber auch sein, dass mich jemand überredet, meine „ezine-publication"[5] schnell zu ändern, weil darin etwas über ihn Nachteiliges steht – und ich mache das ihm zuliebe oder weil er sich dann auch mir bei Gelegenheit erkenntlich zeigen wird usw. Man mache sich keine Illusionen über jetzt schon bestehende entsprechende Connections in allen Disziplinen: von Zitationskartellen über gegenseitiges Rezensieren bis zur Fälscherseilschaft – um von Manipulationen im Polit- und Boulevardpresse-Sektor ganz zu schweigen.

Produktion – Rezeption. Im eben beschriebenen Fall geht also die Verflüssigung des Textes mit der Möglichkeit erhöhter Einflussnahme des Autors und einer solchen auf den Autor einher, wobei

[4] ENZENSBERGER, Hans Magnus. Zit. nach KAUFMANN, Franz-Xaver/METZ, Johann B.: Zukunftsfähigkeit. Suchbewegungen im Christentum. Freiburg; Basel; Wien 1987. 132-133. – Vgl. auch MÜLLER: Homiletik (Anm. 3). 38-39.

[5] „Ezine"-Publikation ist ein neues Kunstwort und meint einfach „electronic magazine", also konkret: Veröffentlichung im Internet.

diese durchaus bewusst und erkennbar erfolgt. Nun gibt es aber in den Neuen Medien schon längst eine neue Form von Textproduktion, in der Einflüsse auf den Autor weit weniger greifbar, aber in keiner Weise weniger effektiv zur Geltung kommen: Es gibt Autoren und Autorinnen, die schreiben ihre Publikationen nicht mehr im stillen Kämmerlein und sprechen höchstens mit dem einen oder der anderen Vertrauten darüber, sondern sie tun das sozusagen vor den Augen der im Netz präsenten Weltöffentlichkeit. Ihr „work in progress" kann in jeder Phase seines Entstehens von anderen in Augenschein genommen, kommentiert, kritisiert und ergänzt werden, und der Autor kann dann entsprechend reagieren. Und wie wird er oder sie reagieren? Ich kenne keine bessere Situationsprognose als die Beschreibung, mit der Cicero in seinem Werk *De oratore* sein Verhalten als Anwalt vor Gericht schildert:

> „[... S]o richte auch ich, wenn ich darangehe, bei einem ungewissen, problematischen Fall auf die Richter einzuwirken, mein ganzes Sinnen und Trachten auf das Ziel, daß ich mit möglichst feiner Witterung erspüre, was sie denken, was sie glauben, was sie erwarten, was sie wünschen und in welche Richtung sie wohl durch die Rede am leichtesten zu lenken sind. Wenn sie mir nun entgegenkommen und, wie ich vorhin sagte, schon von sich aus dazu neigen und tendieren, wozu ich sie bewegen will, ja dann ergreife ich die Chance und setze mein Segel in der Richtung, aus der sich eine Brise zeigt."[6]

Wer wollte das auch einem Autor, einer Autorin verdenken, die sich – jung vielleicht noch dazu – mit einer ersten Publikation ins Netz wagen?! Es gehört keine Prophetengabe dazu, vorauszusehen, dass im Maß der Verbreitung dieser Publikationsform die Wissenschaften noch konservativer werden, als sie es ohnehin schon sind. Wer soll denn die Energie aufbringen, unter kritischem Dauerbeschuss eine ganze Weile an einer Außenseitermeinung festzuhalten und sie reifen zu lassen? Die Möglichkeit sofortiger kritischer Intervention, die als der große Vorteil gegenüber dem bisherigen Publikationsbetrieb gilt, bringt sich zugleich um die Chance der Distanznahme zur eigenen Position. Diese wiederum dient zu deren Klärung, Präzisierung, Vertiefung und öffnet überhaupt erst jenen Raum der Reflexivität, durch den gegangen zu sein, jeder ernsthaften wissenschaftlichen Wortmeldung normalerweise unterstellt wird. Längst steht auch in einer weiteren Hinsicht die gut begründete Vermutung im Raum, dass sich im Gang des Siegeszuges der Neuen Medien auch der Wissenschaftsbegriff markant verschiebt: Online-Datenbanken bieten heute zu jedem beliebigen Suchbegriff eine solche Masse von Quellenangaben, dass man längst dazu übergeht, auch die Nutzung dieser Ressourcen selbst an den Rechner zu delegieren: So entstehen gleichsam technische Assistenten, die per Software ein Sucherprofil ihres Nutzers erstellen und dann sozusagen selbständig zusammentragen, was wir – ihrer „Meinung" nach (um so anthropomorph zu sprechen) – suchen. Auf diese Weise beginnen die

6 CICERO: De oratore. II, 186-187.

Suchmaschinen, nicht nur Antworten zu geben, sondern selbst auch bereits die Fragen zu formulieren. Was bedeutet es aber für die Konzepte „Wissen", „Wissenschaft" und „Wirklichkeit", wenn sich ihre Verknüpfung mit der Autonomie der Forschersubjekte auf diese Weise lockert?

> „Ganz sicher sind wir uns [...] nicht, ob die Informationsassistenten, obgleich von uns geschaffen, wirklich die Assistenten bleiben werden. Medien sind eben mehr als nur Mittel, sondern Umgebungen, die selbständig dominant werden können."[7]

Quantitätsprobleme. Ein Drittes kommt hinzu: Aufgrund der explosionsartigen Zunahme von Webseiten vermögen selbst beste Suchmaschinen nur einen Bruchteil der über sie abgefragten Informationen aufzufinden. Selbst als besonders hochstehend geltende, weil auf Begutachtung durch Experten basierende, Web-Indices liefern derzeit auf ein eingegebenes Stichwort etwa gut 7 % der für das Stichwort relevanten Webseiten. Eine Untersuchung von elf großen Suchmaschinen durch das NEC Research Institute (Princeton) verzeichnete als Gesamtleistung dieser Indices eine Abdeckung von ca. 42% aller Webseiten. Das hat zum einen damit zu tun, dass die Größe der Indices nicht mit den durch sie erzielbaren Einnahmen für Anzeigen korreliert, zum anderen damit, dass Angebote, die auf möglichst vielen anderen Seiten per Link verankert sind, ungleich schneller als andere in ein Verzeichnis aufgenommen werden (ganz zu schweigen davon, dass Webseiten auch gegen finanzielle Leistungen attraktive Platzierungen auf den Trefferlisten erhalten). Ein Problem ganz eigener Art entsteht dabei zugleich dadurch, dass neue Seiten in der Regel nach sechs Monaten von Suchmaschinen erfasst werden, ihr Durchschnittsalter aber unter zwei Monaten liegt. Die Brisanz hinter dieser Unvollständigkeit bzw. Manipulierbarkeit und Langsamkeit der Indizierung liegt auf der Hand, wenn man deren Konsequenz für ein per Internet ergehendes Waren- oder Dienstleistungsangebot („e-commerce") oder für öffentliche Meinungsbildungsprozesse in Betracht zieht.[8] Hinsichtlich abrufbarer Informationsbestände kommt durch die Veraltungsgeschwindigkeit der Webseiten das Problem hinzu, dass einmal entdeckte Datenressourcen bei einem neuen Aufruf erheblich verändert bzw. überhaupt nicht mehr auffindbar sein können. Die für wissenschaftliches Arbeiten konstitutive Angabe verlässlicher Quellen steht durch die Telematisierung zur Disposition. Wissen und Information beginnen aufgrund der Quantität und Genese der Letzteren auseinanderzuklaffen.

[7] KUHLEN, Rainer: Zuckerguß von Multimedia. Die Bedeutung der Telemediatisierung für die Wissenschaft. In: Forschung und Lehre 3 (1998). 119-121. Hier 121.

[8] Vgl. dazu „Dunkel, aber sauber". In: http://www.spiegel.de/netzwelt/technologie/nf/0,1518,30678,00.html [23.09.1990]. – ILLINGER, Patrick: Wer sucht, erblindet. Die Mehrzahl der Webseiten im Internet ist unauffindbar. In: Süddeutsche Zeitung. Nr. 158; 13.07.1999. V2/12.

Information. Ähnlichen Wandlungen wie der Sprach-, der Text- und der Wissensbegriff unterliegen auch die Konzepte der Information und der Kommunikation.[9] Relativ einfach lässt sich das im Zusammenhang des Begriffs der Information exemplifizieren. Information ist weit weniger statisch und harmlos, als gemeinhin angenommen. Nicht nur, dass der soeben vermerkte temporale Faktor sich bei Information unmittelbar ökonomisch zur Geltung bringt, sofern nichts älter ist als die Information von gestern. Neben diesem temporalen Charakteristikum prägt Information fundamental eine soziale Komponente: Der Wert einer Information bemisst sich daran, wer zu ihr Zugang hat. Oder anders gewendet: Wer rechtzeitig – das heißt im Wesentlichen: vor anderen – in den Besitz von Informationen gelangt, die diese anderen interessieren oder betreffen, kann dadurch seine soziale Stellung begründen oder sichern. Es versteht sich von selbst, dass auch der Informationszugang dabei primär über ökonomische Mechanismen geregelt wird: Das Exklusiv-Interview mit dem einzigen Augenzeugen eines Skandals oder einer Tragödie bekommt der Sender, der am meisten bietet. Die Umlaufgeschwindigkeit, die Informationen im Netz gewinnen, lässt diesen sozialen und ökonomischen Faktor exponentiell steigen. Informationen werden längst wie an einer Börse gehandelt.

Eine weitere Veränderung des Informationsbegriffs kommt hinzu. Die technische Basis der Neuen Medien erlaubt problemlos die Speicherung beliebiger Mengen von Information. Ist die Festplatte groß genug, spielt keine Rolle, ob ich 3000 oder 30 000 Dateien auf ihr ablege. Dieses technische Gedächtnis unterscheidet sich aber dezidiert vom menschlichen Gedächtnis: Dieses pflegt Informationen zur besseren Handhabung gewissermaßen zu verdichten und dann sowohl individuell psychisch wie auch kollektiv sprachlich zu sedimentieren. Wir alle wissen, welche Schnippchen uns unsere Erinnerung schlagen kann und dass wir das Vergangene grundsätzlich verklären. Das gilt auch im großen Rahmen etwa sprachlicher und kultureller Kollektive. Die Festplatte tut das nicht. Durch die Neuen Medien kommt es im Datenuniversum zu einer neuen Form von Traditionsbildung.[10] Sie holt als Realität das satirische Diktum Karl Valentins ein, der einmal meinte, die Vergangenheit sei auch nicht mehr das, was sie früher einmal war. In einem Punkt freilich scheinen sich menschliches Gedächtnis und digitale Datenspeicher einigermaßen ähnlich zu bleiben: Dem menschlichen Vergessen[11] dürfte quantitativ gesehen mehr oder weniger entsprechen, was im Netzwerk durch technische Defekte oder

9 Vgl. dazu auch JOHNSON, Steven: Interface Culture. Wie neue Technologien Kreativität und Kommunikation verändern. Stuttgart 1999.

10 Vgl. WINKLER, Hartmut: Docuverse. Zur Medientheorie der Computer. Mit einem Interview von Geert Lovink. München 1997. 183-184.

11 Vgl. dazu die Studie von WEINRICH, Harald: Lethe. Kunst und Kritik des Vergessens. 2. durchges. Aufl. München 1997.

gezielte Sabotage („Viren") – an Daten unwiederbringlich verloren geht.

Kommunikation I. Ähnlich grundlegende Veränderungen betreffen schließlich den Kommunikationsbegriff. Um den Vorgang exakt zu erfassen, ist es hilfreich, mit in Betracht zu ziehen, dass der Kommunikationsbegriff in der Neuzeit schon einmal eine radikale Umorientierung erfahren hat. In der Philosophie der Antike wie des Mittelalters spielte Kommunikation eine hochbedeutsame Rolle. Griechisch hieß sie „methexis", lateinisch „participatio". Diese war auch der Leitfaden einer primär metaphysisch verstandenen Analogie-Theorie, also desjenigen Reflexionsstücks, das von Aristoteles bis Thomas von Aquin samt Epigonen spezielle Probleme des Sprachgebrauchs – und vor allem theologische – zu seinem Anlass wie zu seiner heimlichen Mitte hatte. (↖ Bd. 1, Kap. 4.6) Durch Richard von St. Viktor und Thomas von Aquin gewann aber auch die „communis"-Wortfamilie – und innerhalb ihrer der Term „communicatio" – den Rang, zum theologischen Grundwortschatz zu gehören.[12] „Methexis", „participatio" oder „communicatio" bezeichnen Teilhabe-Verhältnisse. Oder in verbaler Version: Verschiedene Instanzen teilen ein Gemeinsames. Einige theologische Fragestellungen illustrieren das besonders aufschlussreich: Einmal die „communio sanctorum", die sich von einer „communicatio in sanctis" her versteht, also nicht auf die „Gemeinschaft der Heiligen" abhebt, wie gern falsch übersetzt wird, sondern die Teilhabe an den „sanctis" im Blick hat – und das heißt sehr konkret: die Teilnahme an den heiligen Gaben der Eucharistie. Und das zweite Thema war das der „communicatio idiomatum", der Frage also, ob und wie und – wenn ja – warum bestimmte Prädikate der einen trinitarischen Person auch der anderen zukommen.

Das hinter all diesen Theoriezusammenhängen wirksame Verständnis von Kommunikation tritt überdeutlich in Augustinus' diesbezüglich einschlägigem Traktat, dem Dialog *De magistro*, hervor. Wenn der Lehrer dem Schüler etwas mitteilt, dann trägt er – so Augustinus – nicht etwas Neues in seine Seele hinein, sondern weckt die bereits im Schüler liegende Wahrheit nur als eine Art Maieut[13], als Geburtshelfer auf. Exakt so versteht Augustinus auch das Verhältnis von Glaubenswahrheit und Verkündigungswort. Wohnt doch im Innern des Hörers bereits der „magister interior", also Christus, sodass die gesamte Glaubenswahrheit nur noch in jenem Innern des Menschen gesucht und gefunden werden müsse – was Augustinus übrigens die kritische Frage einträgt, ob er damit nicht die Geschichtlichkeit der Offenbarung, speziell den Inkarnationsgedanken, problematisch her-

12 Vgl. HENRICI, Peter: Überlegungen zu einer Theologie der Kommunikation. In: Seminarium 38 (1986). 791-804. Hier 793.

13 Vgl. PLATON: Theaitetos. 149a-151d.

abgestuft habe.[14] Kommunikation setzt – das steht logisch notwendig dahinter – das Haben eines Gemeinsamen voraus. Mitteilung im transitiven Sinn kann nur noch in Motivationen zur Bewusstwerdung des bereits Geteilten oder in Differenzierungsoperationen bestehen.

Kommunikation II. Der entscheidende Unterschied zwischen dem antiken und mittelalterlichen Kommunikationsbegriff einerseits[15] und dem modernen andererseits besteht darin, dass gemäß Letzterem Kommunikation nicht mehr ein Gemeinsames voraussetzt, sondern es erst herstellt. Hochspekulative Ansätze zu diesem Verständnis von Kommunikation und den in es involvierten Problemlagen finden sich bei Leibniz: Seine Monadenlehre und die Konzeption der prästabilierten Harmonie haben damit zu tun. Im Grunde hatte Leibniz eine radikale Philosophie der Inkommunikabilität konzipiert, gegen Ende seines Lebens jedoch erkannt, dass sie sich nicht konsistent durchhalten lässt. Für den Fall bestimmter existenzieller Wahrheiten hat Leibnizens Theorie der Inkommunikabilität eine gewisse Renaissance durch Sören Kierkegaard erlebt: Für ihn gibt es Unsagbares, das sich zumindest nicht nach dem Modell wissenschaftlicher Wahrheiten kommunizieren lässt.[16] Georg Büchner fragte sich, ob Menschen, wollten sie wirklich kommunizieren, nicht einander die Hirnfasern aus dem Schädel reißen müssten, um sicher zu sein, was der andere gemeint habe. Gilbert Keith Chesterton, der so streitlustige wie hellsichtige Zeitdiagnostiker und Autor der Father-Brown-Geschichten, bekämpfte es als modernen Aberglauben, die neuen Kommunikationsmittel (seiner Epoche schon) führten die Menschen der ganzen Welt zusammen, weil er registrierte, wie parallel zum Prozess der globalen Verbindung ein Zerfall der Ideen in Gang kam. Vor einiger Zeit hat der italienische Philosoph Giorgio Agamben unter scharfer Kritik der zeitgenössischen Diskurs-, also Kommunikationsethiken (↖ Bd. 1, Kap. 6.3; → Bd. 2, Teil B, Kap. 7.3) die Konturen einer Ethik des Zeugnisses skizziert: Sie geht der Frage nach, wie die Geretteten überhaupt für die Untergegangenen von Auschwitz, also von nicht selbst bis zum Letzten gemachten Erfahrungen, sprechen können. Und der größte Inkommunikator des 20. Jahrhunderts war Samuel Beckett. Während seiner Deutschlandreise im Winter und Frühjahr 1936/37 schrieb er über die Plage, die ihm der Versuch, Deutsch zu lernen, eintrug, in sein Tagebuch:

[14] Vgl. etwa VERWEYEN, Hansjürgen: Gottes letztes Wort. Grundriß der Fundamentaltheologie. 3. vollst. überarb. Aufl. Regensburg 2000. 215.

[15] Dieses Zusammenrücken des antiken und mittelalterlichen Kommunikationsbegriffs darf freilich nicht die epistemologischen Differenzen unterschlagen, die gerade in der Kommunikationstheorie zwischen Augustinus und Thomas von Aquin bestehen, sofern Letzterer – im Übrigen singulär für seine Zeit – in einer ebenfalls *De magistro* betitelten *Quaestio disputata*, q.11 gegen Augustinus auf das aktive Beteiligtsein des Erkennenden am Erkennen insistiert.

[16] Vgl. dazu HENRICI: Überlegungen (Anm. 12). 799-801.

„How absurd, the struggle to learn to be silent in another language."[17]

In Gestalt immer radikalerer sprachlicher Verknappung im Gang seines Werkes hat er Ernst gemacht mit der Überzeugung, dass der Verlust des Dialogs das Subjekt nicht in die Einsamkeit führt. Er misstraute der Sprache als Medium der Vergegenwärtigung und Verständigung. Stattdessen suchte er,

> „ihr etwas abzuringen, was sie von sich aus verstellt, wenn es auch nur dadurch herauszubringen ist, dass die Sprache gegen die Routinen ihres Alltagsgebrauchs angespannt und gegen ihre Tendenzen zu vielsagender Geschäftigkeit und leer laufendem Aufwand in die Vorhöfe des Verstummens gesteuert wird."[18]

So kann Sprache dazu gebracht werden, das in ihr kauernde eigentlich Wirkliche – ein nach alltäglichem Maßstab Inkommensurables – aufscheinen zu lassen. In dieser Absicht ging Beckett mit vielen Mystikern, mit Spinoza, mit Hölderlin und Schopenhauer konform.

Neue Medien-Kommunikation. Von solchen Einsichten in Grenzen ist heutiges Kommunikationsdenken meilenweit entfernt. Das hat nicht zuletzt damit zu tun, dass sich das moderne Verständnis von Kommunikation als Herstellung von Gemeinsamkeit durch die Neuen Medien erneut zu ändern scheint – und zwar zurück in Richtung des alten Verständnisses von Kommunikation qua Teilhabe an einem Gemeinsamen. Man kann ja das ganze World Wide Web als einen einzigen riesigen Hypertext auffassen, der alle zu seinen Autoren hat, die sich in ihn einklinken und ihn – egal, ob durch eigenen Input oder lediglich individuelle Selektion – generieren. Wer sich einloggt, partizipiert an etwas allen Beteiligten gleichermaßen Gemeinsamem. Kleine, aber aufschlussreiche terminologische Nebenbemerkung: Der gleiche Terminus „einloggen" meint in der Computerszene auch die sexuelle Begegnung im „rl" („rl" steht für „real life")[19] – d.h. er erfüllt in etwa die Funktion des hebräischen „jdh", das in den Bibelübersetzungen mit „erkennen" wiedergegeben wird („Adam erkannte Eva"; Gen 4,1), also die bis in die Intimität reichende Gemeinsamkeit bezeichnet.

„Web 2.0". Zugleich wird auf diesem Hintergrund das Inkommensurable des Kommunikationsbegriffs der Neuen Medien gut fassbar. Ursprünglich ist Kommunikation streng kontextualisiert. Der Austausch zwischen den Kommunizierenden setzt räumliche und zeitliche Kopräsenz voraus – und er ist wechselseitig: Sender und Emp-

17 Interview mit Samuel Beckett: Alles kommt auf so viel an. In: taz. 11.11.2006. Hier zitiert nach http://www.taz.de/index.php?id=archivseite&dig=2006/11/11/a0338 [01.08.2007].

18 HENRICH, Dieter: Philosophie in und vor Beckett. In: DERS.: Fixpunkte. Abhandlungen und Essays zur Theorie der Kunst. Frankfurt a.M. 2003. 249-262. Hier 250.

19 Vgl. FREYERMUTH, Gundolf S.: Cyberland. Eine Führung durch den High-Tech-Underground. Berlin 1996. 113.

fänger der kommunizierten Botschaft (in Wort oder Geste) können blitzschnell die Rollen tauschen – meist, um auf eine soeben ergangene Botschaft zu reagieren. Kommunikation ist vollständig in einen Raum personaler Begegnung eingebettet. Der erste Schub der Technifizierung von Kommunikation – vom Telefon über den Rundfunk und das Fernsehen bis zum Videorecorder – zerbricht Stück um Stück diesen Zusammenhang. Wer telefoniert, braucht temporale, aber gerade eben keine lokale Kopräsenz mehr; auch einander Unbekannte können miteinander telefonieren, setzen aber über Stimme, Sprache, Reaktion einander ein Stück von sich aus. Hörfunk und Fernsehen machen dann Kommunikation im Grunde zur uneigentlichen, nämlich zur Einbahnstraße – und verleihen damit einigen wenigen Macht über viele. Genau das hat 1932 einem nicht gepasst, sodass er die Aufhebung dieser Einbahnstraße forderte – und damit (ohne das ahnen zu können) zum Propheten des Internet geworden ist. Man glaubt es kaum. Es ist Bert Brecht:

> „Durch immer fortgesetzte, nie aufhörende Vorschläge zur besseren Verwendung der Apparate im Interesse der Allgemeinheit haben wir die gesellschaftliche Basis dieser Apparate zu erschüttern, ihre Verwendung im Interesse der Wenigen zu diskutieren."[20]

Und dann schlägt er in diesem Sinne vor:

> „Der Rundfunk wäre der denkbar großartigste Kommunikationsapparat des öffentlichen Lebens, ein ungeheures Kanalsystem, das heißt, er wäre es, wenn er es verstünde, nicht nur auszusenden, sondern auch zu empfangen, also den Zuhörer nicht nur hören, sondern auch sprechen zu machen und ihn nicht zu isolieren, sondern ihn in Beziehung zu setzen. Der Rundfunk müßte demnach aus dem Lieferantentum herausgehen und den Hörer als Lieferanten organisieren."[21]

Genau das tut das World Wide Web heute. Aber die Rückkehr zum alten Kommunikationsbegriff ist nur eine vermeintliche. In Wirklichkeit handelt es sich um das Aufkommen eines ganz neuen Begriffs: Teilhabe an einem Gemeinsamen (alter Begriff) und Herstellung des Gemeinsamen (neuzeitlicher Begriff) fallen zusammen. Räumliche Kopräsenz entfällt, zeitliche ist nur zu bestimmten Zwecken nötig, etwa zur Teilnahme an einem Chat (von „channel"). Ein weiteres kommt hinzu: Selbst dann, wenn eine Dimension von Kopräsenz gegeben ist, bleibt Kommunikation über die Neuen Medien völlig anonym. Die durch PC und Internet ermöglichte Kommunikationsform vereinigt Züge aus dem alten wie dem neuzeitlichen Kommunikationsparadigma, die sich innerhalb des Rahmens ihrer Herkunft ausschließen.

Schriftlichkeit. Man kann das Inkompatible der durch PC und Internet ermöglichten Kommunikationsform auch durch zwei

[20] BRECHT, Bertolt: Der Rundfunk als Kommunikationsapparat. In: PROKOP, Dieter (Hg.): Massenkommunikationsforschung. Bd. 1: Produktion. Frankfurt a.M. 1972. 31-35. Hier 35.

[21] BRECHT: Rundfunk (Anm. 20). 32.

Ausgrenzungsoperationen zur Geltung bringen: So wenig sich die telematische Kommunikation mit dem Modell der Interaktion raumzeitlich Anwesender erfassen lässt, so wenig folgt sie dem Muster der durch Schriftlichkeit ermöglichten Unterbrechung interaktiver Prozesse. Im World Wide Web dient Schrift zum einen der Interaktion temporal-kopräsenter Individuen, ohne dass diese als solche identifizierbar wären, zum anderen entbehrt die verschriftlichte Information jener Persistenz, die herkömmlichen Texten eignet. Dieses bisher nicht da gewesene Ineinander von Schriftlichkeit und Mündlichkeit gewinnt markant philosophisches Kolorit dadurch, dass es eine philosophische Diskussion tangiert, die schon von Platon angestoßen wurde. Platon war Schrift-Skeptiker, weil seiner Überzeugung nach durch die Schriftzeichen das Gedächtnis vernachlässigt und damit die Vergessenheit gefördert wird. Im *Phaidros* schreibt er:

> [Sokrates:] „Ich habe also gehört, zu Naukratis in Ägypten sei einer von den dortigen alten Göttern gewesen, dem auch der Vogel, welcher Ibis heißt, geheiligt war, er selbst aber, der Gott, habe Theuth geheißen. Dieser habe zuerst Zahl und Rechnung erfunden, dann die Meßkunst und die Sternkunde, ferner das Brett- und Würfelspiel, und so auch die Buchstaben. Als König von ganz Ägypten habe damals Thamus geherrscht in der großen Stadt des oberen Landes, welche die Hellenen das ägyptische Theben nennen, den Gott aber selbst Ammon. Zu dem sei Theuth gegangen, habe ihm seine Künste gewiesen und begehrt, sie möchten den anderen Ägyptern mitgeteilt werden. Jener fragte, was doch eine jede für Nutzen gewähre, und je nachdem ihm, was Theuth darüber vorbrachte, richtig oder wichtig dünkte, tadelte er oder lobte. Viel nun soll Thamus dem Theuth über jede Kunst dafür und dawider gesagt haben, was weitläufig wäre alles anzuführen. Als er aber an die Buchstaben gekommen, habe Theuth gesagt: ‚Diese Kunst, o König, wird die Ägypter weiser machen und gedächtnisreicher, denn als ein Mittel für den Verstand und das Gedächtnis ist sie erfunden!' Jener aber habe erwidert: ‚O kunstreicher Theuth, einer versteht, was zu den Künsten gehört, ans Licht zu gebären; ein anderer zu beurteilen, wieviel Schaden und Vorteil sie denen bringt, die sie gebrauchen werden. So hast jetzt du auch als Vater der Buchstaben aus Liebe das Gegenteil dessen gesagt, was sie bewirken. Denn diese Erfindung wird den Lernenden [...] vielmehr Vergessenheit einflößen aus Vernachlässigung des Gedächtnisses, weil sie im Vertrauen auf die Schrift sich nur von außen vermittels fremder Zeichen, nicht aber innerlich von selbst und unmittelbar erinnern werden. Nicht also für das Gedächtnis, sondern nur für die Erinnerung hast du ein Mittel erfunden. Und von der Weisheit bringst du deinen Lehrlingen nur den Schein bei, nicht die Sache selbst.'"[22]

Die mündliche Schriftlichkeit oder schriftliche Mündlichkeit der Neuen Medien verschärft das von Platon gesehene Problem, sofern sie einer fundamentalen Exteriorisierung des Subjekts Vorschub leistet, einer Veräußerung und Veräußerlichung, die scheinbar risikolos geschieht, weil der Agent, die Agentin dabei gänzlich anonym bleiben kann. Ich spreche dabei von „Exteriorisierung" gänzlich wertfrei, mei-

[22] PLATON: Phaidros. 274c-275a.

ne aber, dass das damit verbundene Risiko legitimerweise einer näheren Analyse unterzogen werden kann.

Tiefenwirkungen. Damit ist der Punkt erreicht, von dem aus der Versuch gemacht werden kann, nach etwaigen philosophischen Tiefenwirkungen der Neuen Medien zu fragen. Wir sind mit einer technisch produzierten dritten medialen Dimension konfrontiert. Wenn sich Sprache, Text, Information und Kommunikation in der geschilderten Weise umformen und zugleich die Einsichten der Vernunft- wie der Sprachkritik in Geltung bleiben, muss sich zwangsläufig auch das ändern, was als Gegenstand philosophischer Welt- und Selbstbeschreibung überhaupt auftreten kann. Diesem Transformationsprozess suchen wir nachfolgend in einigen elementaren Hinsichten nachzugehen. Besonders verdichtet artikuliert sich das Problem in der Debatte um den Begriff der Virtualität.

4.2 Hintergründe der Virtualität

Faktum versus Fiktum. Zum Zentrum der derzeit laufenden medialen Durchformung der Lebenswelten gehört der Begriff der Virtualität längst mit einer Selbstverständlichkeit, die nicht mehr lange nach seinem genauen Gehalt fragen muss. Dass medial vorgegebene Bilder bearbeitet oder hochkomplexe Bildwelten, in denen durchaus auch deren Schöpfer selbst nochmals in einer Selbstrepräsentation auftreten kann, neu geschaffen werden können, dass die Demarkationslinie zwischen Sein und Schein, Faktum und Fiktum fließend wird, bildet in etwa den Kernbegriff des Virtuellen. Fragen der Anthropologie, speziell diejenige nach menschlicher Identität, die in der medialen Selbstdarstellung Gegenstand eines Spiels mit Möglichkeiten werden kann, schließen sich an. Dass eine solche Veränderung – vielleicht kann man sagen: Verflüssigung des Wirklichkeitsbegriffs – auch die Ethik und die Metaphysik nicht unberührt lässt, liegt auf der Hand. (↖ Bd. 1, Kap. 3.3) Der Terminus „Virtualität“ selbst scheint mittellateinischer Provenienz (12. Jahrhundert) zu sein[23]; in der Folgezeit hat er nicht zuletzt etwa auch für die Differenzierung theologisch-symbolischer Präsenzweisen Verwendung gefunden (im Gnadenbild ist die/der Heilige virtualiter gegenwärtig, der eucharistische Christus im Altarsakrament dagegen realiter).[24] Gleichwohl reichen seine religiös-theologischen Wurzeln ungleich tiefer.

Spirituelle Schrifthermeneutik. Auf eine fundamentale Schicht des Spirituellen im Begriff der Virtualität hat Gianni Vattimo im Zuge seiner religionsphilosophischen Wiederentdeckung des Christentums aufmerksam gemacht. Die wissenschaftlich-objektivistische Wahrheitsform besitze, so Vattimo, ausweislich ihrer eigenen Geschichtlichkeit ihr Monopol nur als Vermeintliches. Und damit öffne sich überhaupt erst wieder der Raum für die so offenkundige Wiederkehr des Religiösen.[25] Geschichtlich gesehen stehe dieses Geschick der Metaphysik und der Ethik in Verwandtschaft mit der biblisch-christlichen Tradition der Inkarnation, des Sich-klein-Machens Gottes, der „kenosis“, wie Vattimo gern paulinisch sagt: dass das, worüber hinaus Größeres nicht gedacht werden kann, seine größte Größe im Verzichten auf diese Größe und so in der Preisgabe seiner Transzendenz erweise. (→ Bd. 2, Teil A, Kap. 3.33) Zur Ausfaltung dieses geschichtsphilosophisch aufgeladenen Brückenschlags verweist Vattimo

[23] Vgl. dazu ROTH, Peter/SCHREIBER, Stefan/SIEMONS, Stefan (Hgg).: Die Anwesenheit des Abwesenden. Theologische Annäherungen an Begriff und Phänomene von Virtualität. Augsburg 2000.

[24] Vgl. dazu HENKEL, Georg: Rhetorik und Inszenierung des Heiligen. Eine kulturgeschichtliche Untersuchung zu barocken Gnadenbildern in Predigt und Festkultur des 18. Jahrhunderts. Weimar 2004. Hier 78-94. Bes. 78-86.

[25] Vgl. VATTIMO, Gianni: Jenseits des Christentums. Gibt es eine Welt ohne Gott? Aus d. Ital. v. Martin Pfeiffer. München u.a. 2004. 21-36.

auf den mittelalterlichen Abt und Theologen Joachim von Fiore. Für Joachim war nach dem Reich des Vaters (Altes Testament) und des Sohnes (Neues Testament) mit dem Auftreten des benediktinischen Mönchtums ein „drittes Zeitalter“ angebrochen, das Reich des Geistes, das alte Regeln und Grenzen hinter sich lässt, durch nichts aufzuhalten ist und eine ins Hier und Heute gezogene Erlösung gewährt. Übrigens beziehen sich auch viele maßgebliche Programmschriften über die Chancen der informationstechnischen Kulturrevolution von heute auf dieses Denkmuster und namentlich auch auf Joachim. Die einschlägigen Schriften von Yoneji Masuda, von Edward Feigenbaum und Pamela McCorduck, K. Erik Drexler, Frank Ogden und Nicholas Negroponte, Hans Moravec und Ray Kurzweil etwa folgen diesem Motiv exemplarisch;[26] was sie über alle Differenzen hinweg verbindet, ist der „apokalyptische Ernst“[27] dieser Programme, der zugleich den ungeheuren – auch finanziellen – Aufwand entsprechender technischer Projekte legitimiert und allein schon deshalb nicht als überdrehte Spekulation mit ungedeckten Verheißungen abgetan werden kann.

Geist der Freiheit. Für Vattimo repräsentiert der millenaristische Abt Joachim par excellence die Grundfigur einer nach vorne offenen Heilsgeschichte inklusive einer prospektiven Prophetie und Hermeneutik, deren Charakteristikum eben darum ausmacht, nicht mehr am festen Buchstaben zu kleben, sondern im Geist der Freiheit die Zeichen der Zeit zu deuten.[28] Spiritualisierung generiert verflüssigten Sinn und nimmt so

> „[…] die Bedeutung jener Schwächung der starken Strukturen des Seins an, die das Resultat des Triumphs der Technik in unserer Welt zu sein scheint […]; heute ist sie vor allem Informationstechnologie, welche die Wirklichkeit schwächt, indem sie sie immer expliziter als Spiel von Interpretationen zeigt.“[29]

Auch schon in der Lektüre des mehrfachen Schriftsinnes, wie ihn der größte Theologe der frühen griechischen Kirche, Origenes, bereits theoretisch grundgelegt hat[30] und Joachim in besonders konsequenter Weise praktiziert, vollzieht sich das von Vattimo so genannte „pensie-

26 Vgl. MASUSA, Yoneji: The Information Society. Washington 1980. – FEIGENBAUM, Edward A./MCCORDUCK, Pamela: The Fifth Generation. Artificial intelligence and Japan's computer challenge to the world. Reading, MA. u.a. 1983. – DREXLER, K. Eric: Engines of Creation. Garden City 1986. – MORAVEC, Hans: Mindchildren. Der Wettlauf zwischen menschlicher und künstlicher Intelligenz. Hamburg 1990. – NEGROPONTE, Nicholas: Being digital. Reading MA. u.a. 1995. – OGDEN, Frank: Navigating in Cyberspace. A Guide to the Next Millennium. Toronto 1995. – KURZWEIL, Raymond: Homo s@piens. Leben im 21. Jahrhundert – was bleibt vom Menschen? 3. Aufl. München 2001.

27 JOCHUM, Uwe: Kritik der Neuen Medien. Ein eschatologischer Essay. München 2003. 17.

28 Vgl. VATTIMO: Jenseits des Christentums (Anm. 25). 40-58. Hier bes. 45-46.

29 VATTIMO: Jenseits des Christentums (Anm. 25). 71.

30 Vgl. REVENTLOW, Henning Graf: Epochen der Bibelauslegung. Bd. 1: Vom Alten Testament bis Origenes. München 1990. 170-193. – MÜLLER: Homiletik (Anm. 3). 59-67.

ro debole“ (schwaches Denken): eine Absenkung von Geltungsansprüchen kraft der Mehrheit möglicher Sinne in dem *einen* Buchstaben. Gemeint ist: Früh anhebend und dann bis zur Reformation sich durchhaltend, bestand darüber Konsens, dass der Wortlaut der Heiligen Schrift neben dem buchstäblichen auch einen oder mehrere geistige, spirituelle, übertragene, also nicht einfach objektive Sinne umgreife. Um es an einem Beispiel zu verdeutlichen: Wenn in der Bibel der Name „Jerusalem“ fällt, kann er bedeuten (a) die Stadt in Judäa als historisch-geographischer Ort – buchstäblicher Sinn; (b) die Kirche als Ort der Glaubensvermittlung und Gottespräsenz – allegorischer Sinn; (c) die Seele des einzelnen Menschen als der Ort des Gewissensrufes – moralischer Sinn; (d) das himmlische Jerusalem als der Ort eschatologischer Herrlichkeit, zu dem hin die Glaubenden unterwegs sind – anagogischer Sinn (vom griechischen „anagein“, „hinaufführen zu einer hochgelegenen Stätte“ und „heimkehren“).

Spiel der Interpretationen. Konsequent durchgeführt aber mündet dieses hermeneutische Programm für Vattimo in die Perspektive der Virtualität, sofern heute an erster Stelle die Informationstechnologie dadurch einem „pensiero debole“, einem schwachen Denken Vorschub leiste, dass sie die Wirklichkeit immer ausdrücklicher als ein „Spiel von Interpretationen“[31] zur Geltung bringe.

> „Die Schwächung des Seins, auf die hin meiner Hypothese zufolge die Geschichte unserer Zivilisation ausgerichtet ist, lässt sich anscheinend als Heilsgeschichte vorstellen, insofern sie ein Geschehen ist, das die Verschiebung des Realen auf die Ebene der sekundären Qualitäten, des geistigen, des ornamentalen – wir könnten vielleicht sogar hinzufügen, des Virtuellen – vorbereitet.“[32]

Noch weit über Vattimos Gewährsinstanzen hinaus ließe sich übrigens zeigen, dass die geistliche Schriftauslegung schon im Mittelalter in weiten Bereichen – namentlich der Spiritualität und Mystik – den Charakter einer Art heiligen Spiels mit Bedeutungen angenommen hatte – etwa in den so genannten Abecedarien, Litaneien von Gottes- oder Christus-Anrufungen, die für jeden Buchstaben des Alphabets einen Namen finden, oder in graphisch kunstvollen Namensteppichen, die man von diversen Richtungen aus lesen kann.[33] Dabei gerät die Frage der so genannten Referenz der Signifikanten, also ob den sprachlichen Ausdrücken auch eine Wirklichkeit korrespondierte, auf die sie sich beziehen, wie von selbst an den Rand.[34] Auf diese Weise kommt freilich eine höchst knifflige Frage auf: Könnte es sein, dass auf diese Weise die ganze Rede von Gott und alles, was dazu gehört,

31 VATTIMO: Jenseits des Christentums (Anm. 25). 71.
32 VATTIMO: Jenseits des Christentums (Anm. 25). 74.
33 Vgl. STOCK, Alex: Poetische Dogmatik. Christologie. Bd. 1: Namen. Paderborn; München; Wien; Zürich 1995.
34 Vgl. MÜLLER, Klaus: Philosophische Grundfragen der Theologie. Eine propädeutische Enzyklopädie mit Quellentexten. Unter Mitarbeit v. Saskia Wendel. Münster 2000. 88.

zu Dichtung, schärfer noch: zu Erdichtung und damit zu Fiktion wird? Was ist – gesetzt, es verhalte sich so – mit der Frage der Wahrheit? Und – noch brisanter – liegen die Wurzeln einer Dynamik aufs Virtuelle in der biblisch-christlichen Hermeneutik? Es gibt aber noch eine zweite, nicht minder bedeutsame Motivquelle für die religiöse Aufladung des Virtualitätsgedankens.

Auratische Technik. Wo immer technische Errungenschaften verändernd in Lebenswelten einzugreifen beginnen, wächst ihnen rasch eine Art religiöser Aura zu. Kein Wunder: Das Verblüffende wie gleichermaßen Irritierende, ja Beängstigende, das von ihnen ausgeht, erfüllt von selbst die Basiskriterien religiöser Phänomenologie: Es wirkt als Fascinosum und Tremendum. In den Reaktionen derer, die grundstürzende technische Innovationen als erste Generation erleben, überwiegt teils das eine, teils das andere: Beim Aufkommen der motorisierten Fortbewegung mit Eisenbahn und Automobil etwa gab es ernsthafte Warnungen, die rasante Geschwindigkeit bringe die Fahrgäste der Vehikel buchstäblich um den Verstand. Andere priesen enthusiastisch die nunmehr erschlossenen Mobilitätspotenziale als Quantensprung der Lebensqualität.

Techno-Enthusiasmus. Vielleicht aber war noch keine Technik von einem derartig erwartungsgesättigten Überschwang begleitet wie das Aufkommen der Neuen Medien und speziell der telematischen Kommunikation. Diese Vermutung findet ihr wichtigstes Widerlager in der Tatsache, dass bald nach der physikalischen Entdeckung der elektromagnetischen Wellen gerade im literarischen und philosophischen Feld prognostische Stimmen laut werden, die unschwer die Grenze zur Heilsprophetie überschreiten und sich dabei bereits einer Semantik bedienen, die verblüffend dem Duktus heutiger cyberphilosophischer Traktate ähnelt. Eines der frühen einschlägigen Zeugnisse findet sich in dem Roman *The House of the Seven Gables* (*Das Haus mit den sieben Giebeln*) von Nathaniel Hawthorne[35], einem der Klassiker der amerikanischen Literatur des 19. Jahrhunderts neben Ralph W. Emerson, Henry James, Herman Melville und Mark Twain, erschienen 1851 – ein Buch übrigens ansonsten von seiner literarischen Konstruktion her zutiefst legendär und durchherrscht von einem puritanisch-calvinistisch aufgeladenen Schuldmotiv. Mitten in diesem poetisch-metaphysischen Kontext lässt der Dichter einen seiner Protagonisten nach einer Eloge auf andere Techniken, unter anderem auf die Fortbewegung mit der Eisenbahn, folgendermaßen schwärmen:

> „Dann die Elektrizität – der Dämon und Engel [!; K. M.], die mächtige physikalische Kraft, der alles durchdringende Impuls! […] Ist es Tatsache –

[35] Vgl. HAWTHORNE, Nathaniel: Das Haus mit den sieben Giebeln. Roman. Aus d. Engl. übers. v. Irma Wehrli. Nachwort v. Hajo Kesting. Zürich 2004.

> oder nur ein Traum –, dass die Elektrizität die Materie in einen einzigen großen Nerv verwandelte, der Tausende von Meilen atemberaubend schnell durchzuckt? Nein, der ganze Erdball ist ein Kopf, ein Riesenhirn, Instinkt, gepaart mit Intelligenz! Oder sollen wir sagen, er ist selber nur Idee, reine Idee, und nicht mehr Substanz, für die wir ihn hielten!“[36]

Und dann schwelgt der Sprecher darin, wie Liebende einander in diesem Medium über Distanzen hin nahe sein können – und dass der Einsatz eines solchen fast „geistliche[n] Medium[s]“[37] wie des Telegraphen etwa für die Verfolgung von Verbrechern geradezu einen Missbrauch[38] dieser „wundertätige[n] Kraft“[39] darstelle.[40]

Spekulative Einholung. Wenige Jahrzehnte später feierte das, was Hawthorne da literarisch skizziert hatte, eine wissenschaftlich-spekulative Konjunktur, die aus einer Verknüpfung von Philosophie, Theologie und Evolutionstheorie hervorging. Dafür steht wie kein anderer der katholische Theologe und Paläontologe Teilhard de Chardin, der – kirchenamtlich argwöhnisch beäugt – in der ersten Hälfte des 20. Jahrhunderts mit seiner naturwissenschaftlich-philosophisch-theologischen Hypothese von der Noosphäre, einer immer intensiver werdenden, den Globus umspannenden Vernetzung menschlicher Intelligenz, Furore machte und zu einer Art Kultautor der Cyberszene avancierte – in diese übrigens eingeführt von dem gewöhnlich als Medienpapst des 20. Jahrhunderts bezeichneten Marshall McLuhan, der seinerseits bekennender Katholik war.[41] Teilhard hatte sich – kurz gesagt – die Aufgabe gestellt, christliches Denken und Evolutionstheorie zu vermitteln. Er kam dabei zu der Überzeugung, dass Materie, weil sie offenkundig in der Lage ist, Geist bis hin zu Selbstbewusstsein hervorzubringen, von Anfang an nicht einfach tote Materie sein kann. Die Urmaterie müsse konstitutiv beseelt sein, ohne dass das an ihr bereits zur Geltung komme. Je komplexer ihre Außenstruktur aber werde, desto mehr trete auch jene Innenseite an ihr hervor, um schließlich im Auftreten des Menschen ihrer selbst bewusst zu werden. Ab diesem qualitativen Sprung werde der Mensch inklusive seiner kulturellen und technischen Leistungen zum Träger des Geschehens, das seinerseits teleologisch strukturiert sei und auf den so genannten Omega-Punkt zulaufe, einer Einheit aller Kultur und Wirklichkeit, die Teilhard im Letzten christologisch interpretiert, d.h. als Epiphanie des verherrlichten Christus, in dem und auf den hin alles geschaffen ist, wie es in der paulinischen Tradition des Neuen Testaments heißt (vgl. Röm 11,36; 1 Kor 8,6; Kol 1,16).

36 HAWTHORNE: Haus (Anm. 35). 392-393.
37 HAWTHORNE: Haus (Anm. 35). 393.
38 Vgl. HAWTHORNE: Haus (Anm. 35). 394.
39 HAWTHORNE: Haus (Anm. 35). 394.
40 Vgl. dazu die ganze Passage HAWTHORNE: Haus (Anm. 35). 385-395.
41 Zu Teilhard und seiner Wirkungsgeschichte in der Cyberphilosophy vgl. auch DAVIS, Erik: Techgnosis. Myth, Magic and Mysticism in the Age of Information. New York 1998. 289-318.

Biologisch-naturalistische Perspektive. Diese Zusammenführung von Natur-, Bewusstseins- und Technikgeschichte setzt weder philosophiehistorisch noch naturwissenschaftlich im luftleeren Raum an, wie Uwe Jochum rekonstruiert hat.[42] Zum einen steht für Teilhard Blaise Pascal mit der Idee eines medial (nämlich durch das Buch) getragenen Fortschritts der universalen Menschheit im Hintergrund. Noch mehr aber tut das die Fortschreibung dieses Motivs in Gestalt einer Auffassung der Menschheit als eines auf seine empirischen Gesetzmäßigkeiten hin analysierbaren realen Organismus durch Auguste Comte, eines Zeitgenossen Hawthornes mithin, der als Begründer der modernen Soziologie zu gelten hat und dem philosophischen Positivismus zugerechnet wird – dass sich Comtes Positivismus je später, je mehr zu einer nach heutigen Maßstäben geradezu krud esoterischen Quasireligion transformierte, kam dessen Anschlussfähigkeit durch Teilhard durchaus entgegen. Und nicht unerwähnt bleiben sollte in diesem Zusammenhang, dass es auch starke Parallelen zwischen Teilhard und der Naturphilosophie Schellings gibt, die wenig geklärt sind. In Schellings Identitäts- und Naturphilosophie macht sich dessen Leidenschaft für das Universum in einer Alleinheits-Metaphysik geltend.[43] Teilhard nimmt diesen Impuls auf und konzipiert, indem er ungleich stärker als Schelling auf Naturwissenschaftliches rekurriert, einen Evolutionsgedanken, der einen Übergang zwischen Natur und Technik einbegreift, sofern die Entdeckung der elektromagnetischen Wellen ein biologisches Ereignis sei, das

> „[…] von nun an jedes Individuum (aktiv und passiv) auf allen Meeren und Kontinenten gleichzeitig gegenwärtig […]“[44]

sein lasse. Sofern das einen Prozess zunehmender Vergeistigung darstelle, führe er zu einer Purifikation des Geistes und erlaube über den instrumentellen Einsatz des Computers (an den Teilhard selbst wohl bereits dachte) eine Evolutionsplanung und -steuerung in Absicht einer „Auto-Cerebralisation der Menschheit“.[45] Ohne Übertreibung kann man sagen:

> „Mit Teilhard de Chardin ist im Grunde der Stand der modernen Theorien des Cyberspace erreicht […]: dass dank des Computers der technisch mögliche und historisch notwendige Übergang von der leibgebundenen zu einer gänzlichen geistigen Existenz auf planetarer Ebene vollzogen werden kann und soll.“[46]

Aus einer Legierung der vorausgehend beschriebenen Driften auf Spiritualisierung geht im Raum der Neuen Medien ein Virtualitätsbegriff hervor, dem die Annahme einer eigentlichen Wirklichkeit so falsch gilt wie die Gegenthese, dass es überhaupt nur noch Schein gebe und Rea-

[42] Vgl. zum Folgenden JOCHUM: Kritik (Anm. 27). 92-99.

[43] Vgl. TILLIETTE, Xavier: Schelling. Biographie. Aus d. Franz. v. Susanne Schaper. Stuttgart 2004. 177.

[44] TEILHARD DE CHARDIN, Pierre: Der Mensch im Kosmos. München 1959. 232.

[45] TEILHARD DE CHARDIN, Pierre: Die Entstehung des Menschen. 3. Aufl. München 1963. 118.

[46] JOCHUM: Kritik (Anm. 27). 99-100.

lität als solche ausgelöscht sei und der Metamorphose das letzte Wort gebühre – eine Position, die etwa in Jean Baudrillard[47] und nochmals erkenntnistheoretisch wie religionsphilosophisch (nämlich anti-monotheistisch) zugespitzt in Peter Sloterdijk[48] entschiedene Befürworter findet. (↖ Bd. 1, Kap. 3.3)

Historisch-politische Hoffnung. Neben dem biologisch-naturalistischen Strang von Technotheologie gibt es aber auch noch einen anderen, den man historisch-politisch nennen kann. Er lässt sich im Letzten auf Hegels Idee eines geschichtlich sich in den Einzelnen und ihren Vergesellschaftungen verwirklichenden objektiven Geistes zurückführen, die auf ein Reich der Freiheit zielt. Das ist genau die Perspektive, in der sich auch das erwähnte Votum Brechts für einen interaktiv anzulegenden Hörfunk einschreibt, dessen Umsetzung seit 2005 unter dem auf Tim O'Reilly zurückgehenden Label „Web. 2.0“[49] zu den Megaprojekten der Cyberkultur und -ökonomie gehört. Sehr viel größere Hoffnungen – natur- und geschichtsphilosophische – lassen sich ja mit einer neuen Technologie kaum mehr verbinden. Wie aber sieht es mit der Einlösung dieser Visionen aus?

47 BAUDRILLARD, Jean: Illusion, Desillusion, Ästhetik. In: IGELHAUT, Stefan/RÖTZER, Florian/SCHWEEGER, Elisabeth (Hgg.): Illusion und Simulation. Begegnung mit der Realität. Ostfildern 1995. 90-101. – Vgl. auch DERS.: Das perfekte Verbrechen. München 1996.

48 SLOTERDIJK, Peter: Tau von den Bermudas. Über einige Regime der Einbildungskraft. Frankfurt a.M. 2001.

49 Vgl. http://www.oreillynet.com/pub [11.12.2006].

4.3 Realisierungen und ihre ethische Ambivalenz

Politische Idealbedingungen? Auch jenseits der enthusiastischen Utopien, im Praktischen, waren das Erste die Hoffnungen.[50] Netz-Begeisterte sahen mit der technischen Basis des Internets endlich die Bedingungen einer wirklichen – und das meint nicht zuletzt auch: nicht nur repräsentativen – Demokratie gegeben. Wirklich alle können sich real an politischen Meinungsbildungs- und Entscheidungsprozessen beteiligen. Der frühere amerikanische Vizepräsident Al Gore pries die so genannte „Datenautobahn" als „Metapher für Demokratie" und Anfang eines „neuen athenischen Zeitalters". Politische Belange sollen unmittelbarer als bislang durch die Betroffenen für Lösungen vorbereitet und dann nach Information über das Netz per Feedback entschieden werden. Seit Jahren geistert durch amerikanische Wahlkämpfe das Versprechen des elektronischen Rathauses. Auf der Hand liegt, dass solche Optionen unschwer dem mehr oder weniger unmittelbaren Durchgriff von Emotionen, Klischees oder starken Gruppeninteressen ausgeliefert sind. Das bewegt andere – weniger optimistisch Gestimmte –, nach Wegen zu suchen, das Internet auf demokratieverträgliche Weise mit der Öffentlichkeit zu verflechten. Und Dritte sehen selbst unter diesen Voraussetzungen noch Veränderungen sich anbahnen, die das Demokratieverständnis und den politischen Diskurs in ihrer Qualität mindern. Es lohnt, wenigstens einige der wichtigen Argumente aus dieser Debatte zur Kenntnis zu nehmen, weil sich in ihnen unmittelbar auch die sozialphilosophische und ethische Problematik diesseits von Fragen des Rechts und der Kriminalität der Neuen Medien reflektiert.

Realisierte Öffentlichkeit. Was der ganzen Idee einer Cyber-Demokratie den Drive verleiht, mit dem sie auftritt, ist, dass durch die Neuen Medien erstmals das als umfassend realisierbar scheint, was in einem ersten Entwurf im griechischen Denken und viel später dann unter aufklärerischem Vorzeichen als Öffentlichkeit gedacht wird. Das mehr oder weniger maßgebende Modell für die Sozialphilosophie unserer Epoche hat Jürgen Habermas in seinem 1962 erschienenen Buch *Strukturwandel der Öffentlichkeit*[51] skizziert. Habermas hatte dort drei elementare Merkmale von „Öffentlichkeit" benannt: (a) die Gleichheit der am Diskurs sich Beteiligenden, (b) dass prinzipiell alles Gegenstand des Diskurses werden kann, (c) die Unabgeschlossenheit des Systems. Alle drei Voraussetzungen scheinen durch das Internet auf geradezu ideale (und vorher noch nie da gewesene) Weise erfüllt: (a') Mit einem PC, einem Netzanschluss und ein

[50] Vgl. dazu bes. BUCHSTEIN, Hubert: Bittere Bytes. Cyberbürger und Demokratietheorie. In: Deutsche Zeitschrift für Philosophie 44 (1996). 583-607.

[51] HABERMAS, Jürgen: Strukturwandel der Öffentlichkeit. Untersuchungen zu einer Kategorie der bürgerlichen Gesellschaft. Neuwied am Rhein u.a. 1962.

bisschen Software gehört man dazu, kein Mensch fragt danach, wer man sonst ist. Geschlecht, Rasse, Nation und Stand sind ohne Belang – jedenfalls im Prinzip. (b') Dass prinzipiell alles Thema werden kann, belegt das Netz im Übermaß. Fehlt einem etwas, kann er dem sofort durch Gründung einer neuen „news-group" oder einen eigenen Netzauftritt abhelfen. Und (c'): Unabgeschlossen ist das Netz wahrlich: Eigentlich ist das Netz ja gar kein Netz, sondern ein Netz aus zahllosen Netzen; dauernd verschwinden welche, neue kommen hinzu, und es gibt keinerlei Schranke, die den Zugang verhinderte, sobald die technischen Voraussetzungen geschaffen sind. Der Zugang zum Netz ist leicht, nicht teuer, universell, unterläuft problemlos autoritäre Kontrollmechanismen und vermag ebenso leicht Gegenöffentlichkeiten zu installieren, also öffentlich wirksame Proteste oder Boykotts gegen von den offiziellen Administrationen Verfügtes (etwa im Fall von „amnesty international"). Haben wir also durch das Internet das ideale Instrument wirklicher Öffentlichkeit und damit Demokratie in der Hand? Weit gefehlt! Denn:

(a) Gleichheit. Von Gleichheit aller kann auf keiner einzigen soziologischen Ebene die Rede sein. Weltweit hat gerade mal ein Fünftel der Bevölkerung überhaupt Zugang zu einem Telefon, innerhalb eines einzigen selbst westlichen Industrielandes können gravierendste Infrastruktur-Differenzen herrschen, die den einen den Netzzugang sozusagen in die Schultüte installieren, für andere die Teilnahme fast unmöglich machen – man nehme etwa das Gefälle zwischen Norditalien und dem südlichen Kalabrien. Oder – anderes Beispiel: In Tokio gibt es mehr Telefonanschlüsse als in ganz Schwarzafrika. Außerdem setzt der Netzeintritt nicht nur eine Grundausstattung voraus, sondern permanent weitere Mittel, um einigermaßen mit den technischen Weiterentwicklungen und den Software-Fortschreibungen Schritt halten zu können, sonst sitzt man – schneller als gedacht – vor einem PC, den das Netz technisch abgehängt hat. Ein weiterer Ungleichheitsfaktor kommt hinzu: Wer sich im Netz halbwegs aktiv beteiligen will, braucht einigermaßen gute, besser überdurchschnittliche Englischkenntnisse, sonst haben Wortmeldungen kaum eine Chance, wahrgenommen zu werden; aus dem gleichen Grund bedarf es eines kompetenten und vor allem eines schnellen Umgangs mit der PC-Tastatur. Überdies wird die behauptete Gleichheit dadurch radikal eingeschränkt, dass die einen zum Programmieren fähig sind, die andern nicht, was natürlich zur Folge hat, dass die in diesem Punkt Überlegenen eine Art pragmatischer Zugangszensur auszuüben vermögen (und das auch kräftig tun). Wer nicht zu programmieren vermag, kann auch keine Alternativen zum bisherigen Angebot eröffnen. Bündig gesagt: „Computer machen Leute"[52]. Verschärft wird dieser ganze Trend zu einer Klassenbildung zwischen

[52] BUCHSTEIN: Cyberbürger (Anm. 50). 590.

Netz-Nutzern und Nicht-Nutzern sowie nochmals innerhalb der Netz-Nutzer durch die von nichts aufzuhaltende Kommerzialisierung des World Wide Web. Schon längst gibt es das so genannte „Kogitariat“ – das ist der in Anlehnung an den Terminus „Proletariat“ gebildete Name für finanziell gut ausgestattete Kopfarbeiter. Und die oberste Schicht dieser Klasse wiederum macht unter sich aus, wer wie viel von dem lukrativen Kuchen der ökonomischen Seite des Netzes beanspruchen kann. Gleichheit?

(b-c) Themenfreiheit und Unabgeschlossenheit. Das Problem, inwiefern im Netz wirklich alles Thema werden kann, überschneidet sich so weitgehend mit der obigen Beobachtung (c') der Unabgeschlossenheit des Netzes, dass beides in einem Zug in Erwägung genommen werden kann. Zunächst ist einfach festzuhalten, dass auch außerhalb des Netzes – also in anderen Medien – heute so gut wie alles Thema werden kann: Die unüberschaubare Flut spezifisch orientierter Zeitschriften und Magazine einerseits, die Talkshows im Fernsehen andererseits belegen das. Solange eine gewisse Zurückhaltung mit Bildmaterial gepflegt wird, kann dort schier über alles gesprochen werden. Insofern kann das Netz nur außerhalb des legalen Rahmens über das hinausgehen, was andere Medien auch schon bieten.

Demokratische Zensur. Genau diese Möglichkeit, den Legalitätsvorbehalt zu unterlaufen, beschwört aber notwendigerweise die Debatte um eine „demokratische Zensur“ herauf. Im Grunde handelt es sich dabei um ein klassisches Hase-Igel-Spiel. In seinem Zentrum steht das Problem der Verschlüsselung von ins Netz eingespeisten Informationen. Soll eine relative Sicherheit gegen die Verbreitung diskriminierender, also etwa rassistischer oder sexistischer sowie krimineller Botschaften gewährleistet sein, geht das notwendig zu Lasten eines Schutzes der Privatsphäre. Oder aber der gesamte Informationsfluss im Netz wird als Ganzer für privat erklärt – und man nimmt die logischen Folgen dieses Schritts für eine Gesellschaft und ein Staatswesen in Kauf. Man muss sich dabei nur darüber klar sein, dass so subtile Kulturinstrumente wie das Recht auf Widerruf und Gegendarstellung den Möglichkeiten der Neuen Medien einfach nicht gewachsen sind. Der Verzicht auf die Möglichkeit staatlicher Sanktion, der die Privatsphäre wirklich respektierte, unterminierte dabei nicht nur die Grundlagen demokratischer Gesellschaften einschließlich des staatlichen Gewaltmonopols. Genauso wäre damit im Prinzip die Möglichkeit eröffnet, die Unabgeschlossenheit des Netzes mit Netz-Mitteln je nach Bedarf aufzuheben: Ohne normativen Rahmen wäre ohne weiteres denkbar, dass sich eine Interessengruppe, die kritisiert wird und entsprechende finanzielle Mittel hat, Spezialisten least, die binnen weniger Stunden die Daten-Emissionsquellen der Kritiker lahm legt, indem sie sie mit unsinnigen Botschaften „zumüllt". Die idealiter konzipierte Offenheit des Netzes lässt sich im Handumdrehen gezielt für bestimmte User in Isolationshaft verkehren. Das ganze Dilemma wurzelt letztlich darin, dass im Netz die Differenz zwischen privater und öffentlicher Kommunikation verschwimmt – und genau dieser Situation ist das Instrument der Zensur (unabhängig von Formen technischer Außerkraftsetzung) prinzipiell nicht mehr gewachsen.

Panoptifizierung. Die unbeschränkte Offenheit der Senderposition im Netz hat im Übrigen ein höchst folgenreiches Pendant auf der Empfängerseite: Man spricht davon, dass die rezeptiven Nutzer von Netzdaten einer Panoptifizierung unterliegen: Wer sich ins Web einklinkt, da und dort Informationen abruft, sich über dies oder jenes informiert, gegebenenfalls auch über die Dinge, die er sich im Zeitschriftenkiosk verkneifen würde, bleibt ja in keiner Weise anonym. Wer im Netz surft, hinterlässt so genannte Schatten oder Spuren, aus denen auf den User geschlossen werden kann: auf seine ideologischen, politischen, religiösen, sexuellen u.a. Präferenzen. Nun lassen sich diese Spuren freilich ohne jedes Problem – sie sind ja quasi öffentlich – sammeln, systematisieren, austauschen, verkaufen. Es gibt Schatten-Sammelfirmen, die die Herkunftsadressen von Netz-Nutzern gemäß bestimmter Propensitäten – also Neigungen – an entsprechende Unternehmen verkaufen. Und warum nicht auch an Behörden, die Polizei, den Staat? Zur Unabgeschlossenheit des Netzes gehört als dessen Rückseite der gläserne Nutzer. Unterm Strich wird man jetzt schon sagen müssen: Die Versprechungen auf mehr Demokratie, die zur Standardwerbung für die Neuen Medien gehören, erweisen sich als teils hohl, teils zweischneidig. Um diese Diagnose gegen den etwaigen Verdacht der Technikfeindlichkeit abzuschützen, möchte ich sie an wenigstens einem Punkt exemplarisch ins Prinzipielle vertiefen:

Aufhebung der Öffentlichkeit. An den Anfang stelle ich die These: Die Neuen Medien heben die Öffentlichkeit, als deren Garanten sie gepriesen werden, in Wahrheit auf. Wie kommt es dazu? Unbestritten ist: Öffentlichkeit, speziell eine solche demokratischen Zuschnitts, lebt von Information. Unbestritten ist auch, dass die Neuen Medien Information in Überfülle bereithalten. Aber genau das ist bereits das erste Problem. Wie gehe ich angesichts meiner begrenzten Möglichkeiten mit dieser Überfülle um? Drei Möglichkeiten gibt es: (a) Ich versuche mich anzupassen, (b) ich resigniere, (c) ich bediene mich bestimmter Filter, die die Datenmassen auf ein handhabbares Maß reduzieren. Verfahren (a) bestünde im Kontext des World Wide Web primär in einer Scheidung zwischen authentischen und unseriösen Datenquellen. Das zentrale Problem dabei werfen aber nicht einmal die energetisch wie temporal nur begrenzt realisierbaren Prüfungsverfahren auf. Weit gravierender nimmt sich aus, dass die Rezipienten sich hinsichtlich ihres kritischen Urteilsvermögens relativ schnell einem neuen Medium anzupassen scheinen, dass also etwa in der Pionierzeit des Hörfunks ausgesprochen schlechte Tonqualität eben als mit dem Medium unumgänglich verbundene hingenommen wurde. Im Fall der Neuen Medien äußert sich dieser rezipientenseitige Anpassungsfaktor primär im Belangloswerden der Differenz von Realität und Fiktion (es kostet einfach zu viel Aufwand, dem näher nachzugehen, und in vielen Fällen käme man zu keinerlei Ergebnis).

Insofern legt sich Reaktion (b) – das Resignieren – fast wie von selbst nahe. Aber genau das zeitigt fatale Folgen gerade für den gesellschaftlich-politischen Bereich. Wer in dieser Einstellung Daten-Input rezipiert, dem kann alles, was daherkommt, nur mehr oder weniger gleich-gültig dünken. Folglich werden sich Profile am ehesten nicht durch inhaltliche, sondern durch formale Auffälligkeiten ausbilden, etwa durch die knalligeren Werbegags im Vergleich zu anderen ähnlichen Produkten. Folge unter anderem: Speziell im gesellschaftlich-politischen Bereich können extreme, sogar paranoide Positionen – z.B. Verschwörungstheorien – ungleich leichter verbreitet werden als bislang.

Pfingstlich oder diabolisch? Sind also angesichts des Informationsüberflusses Reaktion (a) illusionär und Reaktion (b) fatal reaktionär, dann bleibt nur, (c) in den Neuen Medien eine Art Filter oder Selektionsmechanismus zu installieren, der den ganzen Datenfluss unter bewusst vorgegebenen Parametern auf ein menschenmögliches Maß bringt. Sofern die dafür nötigen Informationsknoten ihrerseits längst telematisch verfasst sind und autoreferenziell funktionieren, melden sich an dieser Stelle ganz konkret all die Fragen nach der Autonomie des Forschersubjekts sowie nach dem Begriff von Wissen, Wissenschaft und Wirklichkeit, die bereits eingangs im Blick auf die Veränderung des Textbegriffs zu stellen waren. (→ Bd. 2, Teil A, Kap. 4.1) Wenn Wissen und Information auf diese Weise durch Quantität und Genese der Letzteren auseinander zu treten beginnen, werden die Signifikanten von Kommunikation banal. Und man muss die Neuen Medien in keiner Weise moralisierend verteufeln, um ihnen gleichwohl einen Trend zum Diabolischen zu attestieren, wenn man sich nur an die Grundbedeutung des hinter dem Terminus stehenden Verbs erinnert: „Diabolik" kommt von „diabolein" und das heißt wörtlich: durcheinander werfen. Oder um es in einer religiösen Semantik zu sagen, auf die sich Cybertheoretiker selbst gerne berufen: Unbeschadet der Zunahme von Mitteilungsprozessen tendiert die Netzkommunikation nicht zu einem digital gestützten globalen Pfingsten, wie etwa McLuhan das nennt[53], sondern zu dessen biblischen Antitypos

[53] Vgl. MCLUHAN, Marshall: Die magischen Kanäle. Understanding Media. 2., erw. Aufl. Dresden; Basel 1995. 15-19. – Vgl. RÖTZER, Florian: Cyberspace als Heilserwar-

einer „Babel-Infocalypse“[54], einem kommunikativen Wirrwarr, dessen Diabolik darin besteht, im banalen Gewand einer an sich harmlosen Alltags- und Unterhaltungselektronik daher zu kommen.

Wenn damit im Gang einer ethischen Reflexion auf die Cyberkultur religiös-spirituell besetzte Termini wie „Pfingsten“ und „Babel“ ins Spiel kommen, ist das weder Zufall noch eine rhetorische Marginalität. Im Gegenteil: Die ganze Cyberphilosophy und das Selbstverständnis der digitalen Kultur ist tief durchherrscht von religiöser Semantik und theologischen Kategorien. Dieses Ineinander von Technologie und Theologie lässt keine der beiden beteiligten Größen unverändert und bedarf darum intensiver Analyse.

tung? Über das globale Gehirn oder den virtuellen Leviathan. In: BOLZ, Norbert/REIJEN, Willem van (Hgg.): Heilsversprechen. München 1998. 159-175. Hier 165.

54 STEPHENSON, Neal: Snow Crash. Aus d. Amerikan. v. Joachim Körber. München 1995. 85.

4.4 Die Technik und das Religiöse

Mystifikationen. In der Regel fällt es kaum auf, so selbstverständlich nimmt es sich aus: Technische Errungenschaften waren seit je und sind bis heute von religiöser Mystifikation begleitet – und am meisten dort, wo technische Rationalität sich mit dem Anspruch verbindet, Mythisches oder Religiöses überwunden zu haben. Dann tritt das Technische in eine Platzhalterfunktion für es ein. Nur die Metaphern und Ikonen wechseln von Epoche zu Epoche. Bleibt diese Dialektik der instrumentellen Vernunft unreflektiert, lädt diese sich im Handumdrehen mit mythisch-religiösen Potenzialen und Erwartungen auf, gegen die klassischen religiösen Traditionen zumindest im Bereich der großen Monotheismen nachgerade der Charakter von Aufklärungsprozessen eignet.[55]

Beobachten lässt sich dieses Phänomen einer Art Umbesetzung zwischen Technischem und Theologischem vielgestaltig, paradigmatisch etwa bei der Inszenierung der Neuheiten auf Autosalons oder anlässlich der Übergabe von Neuwagen bei Nobelmarken – solche Veranstaltungen folgen einer liturgischen Choreographie, der die Adressaten mit hoher Andacht beiwohnen. Die Architektur zeitgenössischer Flughafen-Terminals, an sich technische Zweckbauten, bringt Berichterstatter beinahe automatisch dazu, von „Kathedralen" zu sprechen. Aber kaum ein anderes Feld der Technokultur ist davon intensiver geprägt als dasjenige, das die heute wirtschaftlich tonangebenden Weltgegenden durchherrscht und ihr Emblem – ihr Totem – im Computer gefunden hat: die postindustrielle Informationstechnik in Gestalt der Telematik. Religiöse Semantik, meist aus dem jüdisch-christlichen Traditionsstrom geschöpft, und der Rekurs auf einschlägige philosophisch-theologische Theoriestücke bestimmen in einem Maß die Selbstbeschreibung und Selbsttheoretisierung der Cyberwelt, dass es in einer Öffentlichkeit, die wie die derzeitige westeuropäische in Richtung eines religiösen Analphabetentums unterwegs ist, unschwer zu Verwechslungen zwischen technisch Projektiertem und religiöser Rhetorik kommt.[56]

Vorläufer „Golem". Diese Kategorienverwechslung selbst ist dabei gar nichts Neues. Sie ist so alt, dass ihr Motiv in Gestalt einer mythischen Erzählung selbst schon lange, vermutlich seit dem 12. Jahrhundert, Teil der religiösen Tradition, namentlich in der Kabbala, also der Erzähltradition jüdischer Mystik, ist: Ich meine die Erzählung vom Golem, dem künstlichen Helfer, den sich ein kluger Rabbi aus Lehm geschaffen hat und den er durch ein magisches Ritual aus Zahlen und Buchstaben zu Leben erweckt, der dann eines Tages außer

[55] Vgl. STAHL, William A.: God and the Chip. Religion and the Culture of Technology. 3. Aufl. Waterloo 2001. 13. 102-108.

[56] Vgl. JOCHUM: Kritik (Anm. 27). 48.

Kontrolle gerät, zur übermenschlichen Schreckensgestalt wird und in letzter Sekunde an der Zerstörung der Welt gehindert werden kann, die er schon begonnen hat. In einem Roman über Baruch de Spinoza aus dem Jahr 1837[57] wird die Golem-Erzählung erstmals mit der Überlieferung vom berühmten Prager Rabbi Löw verbunden und damit in ihre bis heute klassische Variante gebracht. Der Autor, der populäre jüdische Schriftsteller Berthold Auerbach, erzählt die Geschichte dabei auf eine Weise, als hätte ihm die Vision eines chipgesteuerten Roboters unserer Tage vor Augen gestanden – knapp 130 Jahre später wird Gershom Scholem ausdrücklich den Golem mit dem Computer parallelisieren und einen Fortschritt darin erblicken, dass dieser mit dem binären System von 0 und 1 auskomme, jener dagegen von Kombinationen der 22 Buchstaben des hebräischen Alphabets dirigiert werde.[58] Im Rahmen eines Gesprächs über die Philosophie Descartes' lässt Auerbach Spinoza die Golem-Geschichte so erzählen, wie er sie von einer alten Magd im Haus seines Vaters gehört hat:

> „Es lebte vorzeiten in Prag ein großer Kabbalist, der hohe Rabbi Löw genannt; dieser formte aus Lehm eine menschliche Gestalt, hinten am kleinen Gehirn ließ er eine Öffnung, in welche er ein Pergament legte, darauf der unaussprechliche Name Gottes geschrieben war. Sogleich erhob sich der Klotz und ward ein Mensch; er verrichtete seinem Schöpfer alle Dienste eines Knechtes, er holte Wasser, spaltete Holz und dergleichen mehr; man kannte ihn in der ganzen Judengasse unter dem Namen: der Golem des hohen Rabbi Löw. Jedesmal am Freitag abend nahm ihm sein Herr das Pergament aus dem Kopfe, dann war er wieder Lehm bis Sonntag Morgens. Einst hatte der Rabbi diese Verrichtung vergessen, alles war in der Synagoge, man hatte soeben das sabbatliche Minnelied begonnen; da stürzten Frauen und Kinder in die Versammlung und schrieen: der Golem, der Golem zerstört alles. [… Der Rabbi; K. M.] eilte nach Hause und sah, wie der Golem eben die Pfosten seines Hauses erfaßt hatte, um das ganze Gebäude einzureißen; er sprang hinzu, nahm ihm das Pergament und toter Lehm lag wieder vor seinen Füßen."[59]

Da hantiert der fromme Rabbi offenkundig mit einem „Gottesprogramm"[60], sozusagen mit einer Steckkarte, der bezeichnenderweise der Gottesname eingeschrieben ist. Doch selbst für ihn, der kraft seiner Kompetenz und Autorität respektvoll „der Hohe" genannt wird, liegt

[57] Vgl. AUERBACH, Berthold: Spinoza. Ein Denkerleben. Stuttgart; Berlin 1837. 2. (veränd.) Aufl. 1854. Ich zitiere nach der 2. Aufl. – Zu dem Roman vgl. auch GLASENAPP, Gabriele von: Spielarten jüdischer Identitätsbestimmung im frühen 19. Jahrhundert. In: DELF, Hanna/SCHOEPS, Julius H./WALTHER, Manfred (Hgg.): Spinoza in der europäischen Geistesgeschichte. Berlin 1994. 289-304.

[58] Vgl. SCHOLEM, Gershom: Der Golem von Prag und der Golem von Rehovot. In: DERS.: Judaica II. Frankfurt a.M. 1970. 77-86. Hier 83. Den Text trug Scholem am 17.06.1965 bei der Einweihung des neuen Computers des Weizmann-Instituts in Rehovot (Israel) vor. – Vgl. auch DEPPNER, Martin R.: 400+40+1. Der Golem in digitaler Zeit. In: TYRADELLIS, Daniel/FRIEDLANDER, Michal S.: 10+5=Gott. Die Macht der Zeichen. Hg. im Auftrag des Jüdischen Museums Berlin. Berlin 2004. 177.

[59] AUERBACH: Spinoza (Anm. 57). 138-139.

[60] So der Titel eines Romans von UPDIKE, John: Das Gottesprogramm. Reinbek b. Hamburg 1988.

die Risikoschwelle niedrig, die ihm sein Werk aufhalst: ein Moment der Unaufmerksamkeit – und das Chaos, das Gegenteil von Schöpfung, bricht an. Man könnte aus der kleinen Episode eine ganze Technik-Theologie entwickeln. Ich belasse es hier bei dem Verweis auf den zentralen Gedanken der Ambivalenz des technischen Menschenwerks – und dass diese nur beherrschbar bleibt, wenn Technisches und Theologisches getrennt werden (indem der Rabbi in der Geschichte die Software-Karte zieht) und der technische Prozess damit unterbrochen ist. Liefe er ununterbrochen weiter, würde der Golem zum Chaotiker, zum Gegenschöpfer und Widergott. Und es sind genau dies – die Entdifferenzierung von Technik und Theologie samt den zwangsläufigen Folgen – die Koordinaten, an denen entlang sich die religiöse Semantik und Theoriebildung der Cyberwelt entwickelt.

Transformationen und Revisionen. Das lässt sich gut an der Weise verfolgen, wie dazu biblische Motive aufgegriffen und geweitet, dann aber auch sozusagen revisionär in Gegengeschichten transformiert werden, die ausdrücklich dem biblischen Sinngehalt widersprechen. Prinzipiell lässt sich sagen, dass die kulturelle Selbstbeschreibung der Computerwelten das Gesamtrepertoire der jüdisch-christlichen Erzählung von Heilsgeschichte in Anspruch nimmt, angefangen vom Schöpfungsgedanken der Genesis bis zur Apokalypse, also dem letzten, so visionären Buch der Bibel, das in einer Geschichtstheologie aufgipfelt, die beansprucht, den letzten Sinn und das Ziel von allem offen zu legen. Genau diese eschatologisch-apokalyptische Ambition ist der gesamten Cybertheorie als strukturelles Grundmuster eingeschrieben: Sie wird von einem rapiden Zug in Richtung Zukunft bestimmt, der beansprucht, das Bisherige nicht irgendwann als Besseres zu erhoffen, sondern jetzt besser zu machen, also das unaufgeklärt theologische Jenseits in ein technisch generiertes immanentes Diesseits zu übersetzen.[61] Die Cyberphilosophy ist ein einziges glühendes Versprechen der unmittelbar bevorstehenden Heraufkunft eines Reiches des Geistes und nimmt folgerichtig auch intensiv Bezug auf den, der wie kein anderer in der geschichtsphilosophisch-theologischen Tradition für diese Denkfigur steht: der mittelalterliche Abt Joachim von Fiore[62], von dem schon im Zusammenhang des Virtualitätsbegriffs die Rede war. Gewiss haben die Techno-Manifeste, die sich an Joachims Gedanken und ähnlichen Traditionen inspirieren, vielfältige Kritik erfahren, nicht zuletzt dergestalt, dass sie eigentlich nur Visionen ohne Vision dahinter[63] böten, weil sie lediglich bereits Bestehendes linear extrapolierten. Gleichwohl definiert solche Imma-

61 Vgl. JOCHUM: Kritik (Anm. 27). 19-39. 108. – In diese Richtung deutet auch das – bislang unzugängliche – Werk von Vilém Flusser, der sich vom radikalen Medienkritiker zum Medienutopisten wandelte. Vgl. dazu als erste Studie NESWALD, Elisabeth: Medien-Theologie. Das Werk Vilém Flussers. Köln; Weimar; Wien 1998.

62 Vgl. DAVIS: Techgnosis (Anm. 41). 256-258. – STAHL: God (Anm. 55). 43-48.

63 Vgl. STAHL: God (Anm. 55). 48. Vgl. insgesamt 35-51.

nenz-Eschatologie die Grammatik, der gemäß unter Verwendung weitgehend klassisch religiösen Vokabulars Basiselemente der okzidentalen Form von Selbst- und Weltbeschreibung umgeschrieben werden. Unter welchen komplexen Voraussetzungen das geschieht, kann gut an der cyberianischen Neufassung des Eröffnungsgedankens der biblischen Tradition zur Geltung gebracht werden: am theologischen Theorem der Schöpfung.

4.41 Verbesserungsbedürftige Schöpfung

Krisenreaktion. Der Schöpfungsgedanke – so poetisch er auf den ersten Seiten der Bibel und in einigen Psalmen begegnen mag (vgl. Gen 1,1-25; Ps 8; 104; 148) – ist ja systematisch gesehen ein relativ spätes Krisenprodukt, nämlich Reaktion auf die Katastrophe des babylonischen Exils. Israel hatte Land und Zukunft verspielt und kann an seinem Gottvertrauen in der Fremde nur noch dadurch festhalten, dass es diesen Gott souveräner als alles andere denkt, als einen, der auch noch die mächtigen Gegner in seinen Händen hält und zu seinem Werkzeug macht. Das ist dann gewährleistet, wenn er über schlichtweg alles gebietet, vom Sandkorn bis zu den Gestirnen hinauf. Ungleich prägnanter als die meisten Exegeten bringt das ein theologisch nun wahrlich unverdächtiger Zeitgenosse wie Peter Sloterdijk auf den Punkt, wenn er sagt:

> „dass ein so schwer angeschlagenes Volk wie das jüdische in der babylonischen Gefangenschaft überhaupt hat überleben können, hängt sicher damit zusammen, dass es seinen damaligen religiösen Führern gelungen ist, einen Gottesbegriff zu formulieren, in dem der Sieg des Volksgottes über den imperialen Gott des babylonischen Reichs vorweg genommen wurde. So beginnt die theologische Auktion, die im Monotheismus endet. [...] Der Demiurgismus der Genesis ist eine antibabylonische Eskalation. Es ist eine theotechnische Attacke größten Ausmaßes, der Versuch also, Gott als Macher überhaupt, als Macher von allem vorzustellen.“[64]

Der Schöpfungsgedanke entwächst einer „offensive[n] Überbietungstheologie“[65] – und das ist insofern von höchster Brisanz, als schon innerbiblisch und dann erst recht in der theologischen Tradition dem Menschen eine Mitbeteiligung an Gottes Schöpfungshandeln zugeschrieben wird. Besonders markant geschieht dies etwa durch Nikolaus von Kues, wenn er den im Mittelalter Gott allein vorbehaltenen Titel „creator“ in der Zusammenstellung von „creator artium“ (Schöpfer der Künste) auch dem Menschen zuschreibt oder die Seele „notionalium creatrix“ (Schöpferin der Gedankendinge) nennt und schließlich vom Menschen als einem „secundus Deus“ sprechen kann, um

[64] JÜNGEL, Eberhard/SLOTERDIJK, Peter: Disput über die Schöpfung. In: Verein Ausstellungshaus für christliche Kunst. München – Jahrbuch 2001. 23-37. Hier 28.
[65] JÜNGEL/SLOTERDIJK: Disput (Anm. 64). 28.

seine schöpferische Berufung zum Ausdruck zu bringen.[66] Und Pico della Mirandola eine Generation später sieht die Würde des Menschen gerade darin begründet, dass Gott ihn nicht wie alles andere fertig schafft, sondern unterbestimmt ins Dasein setzt, damit er selbst sich in Freiheit zu seiner Vollgestalt – sei es nach unten, sei es nach oben – fortbestimme.[67] (↖ Bd. 1, Kap. 7.5)

Optimierungsbedarf. Jedenfalls ist der Gedanke, dass an der erfahrenen Welt noch etwas zu machen, ja zu verbessern sei, theologisch nichts Fremdes. Dafür steht innerbiblisch bereits ja drastisch die Sintflutgeschichte. Und im 2. und 3. nachchristlichen Jahrhundert meldet der Gedanke sich radikal und gebieterisch, die frühe kirchliche Überlieferung bedrängend, in den Bewegungen der Gnosis. Für die Mehrheit ihrer Varianten ist das Schöpfungswerk solcher Pfusch, dass man es einem anderen Gott als dem des Evangeliums anlasten müsse, und Letzterem komme die Aufgabe zu, da grundlegend nachzubessern.[68] Eben dies aber ist ein Motiv, das sozusagen eins zu eins in die Cyberphilosophy eingeht.[69] Bestens vorbereitet ist diese Rezeption durch eine theologiesensible philosophische Maschinentheorie, wie sie sie in bestechender Weise Gotthard Günther seit den 40er Jahren des 20. Jahrhunderts konzipierte, ohne dass sich die Theologie auch nur von ferne für sie interessiert hätte[70] – erst in jüngerer Zeit wird das Thema auch systematisch-theologisch durchgearbeitet.[71] Für Günther hatten wir längst ein technisches Niveau betreten, das uns erlaubt, Züge menschlicher Subjektivität als Funktionen physisch-technischer Arrangements zu reproduzieren und rückkoppelnd auf uns selbst zu beziehen. Sofern maschinelle Intelligenz dabei menschlichem Be-

66 Vgl. dazu VELTHOVEN, Theo van: Gottesschau und menschliche Kreativität. Studien zur Erkenntnislehre des Nikolaus von Kues. Leiden 1977. 98-99.

67 Vgl. PICO DELLA MIRANDOLA, Giovanni: De hominis dignitate. Über die Würde des Menschen. Lat.-dt. Übers. v. Norbert Baumgarten. Hg. u. eingel. v. August Buck. Hamburg 1990. 5-7.

68 Vgl. DAVIS: Techgnosis (Anm. 41). 76-101. – JÜNGEL/SLOTERDIJK: Disput (Anm. 64). 25-26. – Weitausgreifend zum Phänomen der Gnosis vgl. auch die Textsammlung von SLOTERDIJK, Peter/MACHO, Thomas (Hgg.): Weltrevolution der Seele. Ein Lese- und Arbeitsbuch der Gnosis von der Spätantike bis zur Gegenwart. 2 Bde. München 1991. – Klassisch zum Thema vgl. jetzt HARNACK, Adolf: Marcion. Der moderne Gläubige des 2. Jahrhunderts, der erste Reformator. Die Dorpater Preisschrift (1870). Kritische Edition des handschriftlichen Exemplars mit einem Anhang. Hg. v. Friedemann Steck. Berlin; New York 2003.

69 Vgl. dazu MÜLLER, Klaus: Die Religion des Homo Cyber. In: SORGO, Gabriele (Hg.): Askese und Konsum. Wien 2002. 246-268. Hier 258-264.

70 Vgl. bes. GÜNTHER, Gotthard: Das Bewusstsein der Maschinen. Eine Metaphysik der Kybernetik. 3., erw. Aufl. mit einem Beitrag aus dem Nachlass: „Erkennen und Wollen“ hg. u. eingel. v. Eberhard von Goldammer u. Joachim Paul. Baden-Baden 2002. – DERS.: Die amerikanische Apokalypse. Aus dem Nachlass hg. u. eingel. v. Kurt Klagenfurt. München; Wien 2000.

71 Vgl. exemplarisch PUDDEFOOT, John: God and the Mind Machine. Computers, Artificial Intelligence and the Human Soul. Foreword by John Polkinghorne. London 1996. Hier bes. 76-123.

wusstsein überlegen sein kann, werden die Schemata klassischer Logik einschließlich der Dialektik spekulativen Denkens in enge Grenzen verwiesen, jenseits derer mit höherstufigen Formen von Intelligenz zu rechnen ist. Das wirft zum einen das Problem der Verantwortung des Menschen für solche Maschinenintelligenz und ihre Konsequenzen auf und zum anderen die eminent philosophische Frage, ob nicht eine adäquate Welt- und Selbstbeschreibung eine Synthese nicht nur von Natur- und Geistesgeschichte, sondern auch beider mit Maschinengeschichte erforderlich mache. Ganz zu schweigen davon, dass dann auch zu überlegen wäre, was in einem solchen Prozess mit dem Gottesbegriff geschieht (und ob sich dabei nicht der theistische eines personalen Gottes endgültig als zu eng gefasst entpuppte).[72]

Zeitgenössische Cyberphilosophien übersetzen diese komplexe Schöpfungsmotivik zumeist sehr direkt in Optionen, die sie durch die Dimension der Virtualität eröffnet sehen. (↖ Bd. 1, Kap. 3.3) Dieser Titel bezeichnet dabei so etwas wie eine

„quasi göttliche Macht, die Welt zu konstruieren"[73],

die sich aus der dezidiert angestrebten Entdifferenzierung von Schein und Sein, Wirklichkeit und Fiktion speist. Auch bestimmte interne Grenzen der Verschleifung zwischen Faktum und Fiktum, etwa durch die Widerständigkeit des sinnlich-materiellen Rezeptionsapparats menschlicher Wahrnehmung[74], verhindert nicht die Verflüssigung ontologischer Strukturen im Strom permanent sich verschiebender Überblendungen von Welt- und Selbstkonstrukten.

Dass die Attraktivität des Virtualitätsgedankens ontologisch gesehen in unmittelbarem Zusammenhang mit dem poststrukturalistisch promulgierten Ende der „großen Erzählungen" (Jean-Francois Lyotard) sowie der „starken Strukturen" der Metaphysik und „Ligaturen" der Ethik (Gianni Vattimo) steht, war schon zu vermerken gewesen (→ Bd. 2, Teil A, Kap. 3.33), ebenso die Fortführung und Interpretation, die Vattimo diesem Konnex – unter Rekurs auf Joachim von Fiore – als Etappe der Wirkungsgeschichte spiritueller Schrifthermeneutik gibt. (→ Bd. 2, Teil A, Kap. 4.2) Trifft das zu, dann handelt es sich bei der vom Schöpfungsgedanken ausgehend verfolgten telematischen Technotheologie um keine äußerliche Usurpation des Religiösen durch die digitale Apparatewelt, sondern eine der gegenwärtigen epochalen Ausbuchstabierungen des okzidentalen religiösen Potenzials.

Diese Denkfigur, in durch nichts begrenzter Freiheit zu wissen, zu tun und zu sein, was immer sich der Geist vorstellen kann, hat dabei nicht nur ein Vorausbild in dem mittelalterlichen Theologumenon, dass Gott dadurch etwas erschaffe, dass er es erkenne. Weit dahinter zurück beziehen sich einschlägige Cyber-Autoren und -Kritiker höchst

72 Vgl. dazu auch JÜNGEL/SLOTERDIJK: Disput (Anm. 64). 31-34.

73 BARLOEWEN, Constantin von: Der Mensch im Cybersp@ce. Vom Verlust der Metaphysik und dem Aufbruch in den virtuellen Raum. München 1998. 84.

74 Dies gegen den diesbezüglichen Optimismus bei JOCHUM: Kritik (Anm. 27). 80-86.

komplex auf diejenige biblische Erzähltradition, mit der die so genannte Urgeschichte im Buch Genesis endet und die bereits innerbiblisch und dann in der theologischen Tradition exzessiv mit dem medialen Spitzenereignis des Neuen Testaments verknüpft ist.

4.42 Von Pfingstträumen zur Apokalyptik

Kommunikationsdesaster. Die Erzählung des Turmbaus von Babel bildet das so furiose wie desaströse Finale der ersten zwölf Kapitel der Bibel, die allem anderen, was noch kommt, vorgeschaltet sind: Anhebend mit der Erzählung vom Sündenfall in Gen 3 kommt eine regelrechte Lawine des Unheils und des Bösen in Gang, von Kains Brudermord und den Gewaltexzessen in den nachfolgenden Generationen, die auch das Ritardando der Sintflut nicht aus der Welt zu schaffen vermag, bis hin zu jenem Entschluss der Menschheit, sich durch die Errichtung eines himmelragenden Bauwerks einen Namen – und also sich selbst zu etwas – zu machen. Im cybertheoretischen Rekurs auf diesen Topos[75] spielt Gen 11,6 eine zentrale Rolle. Der Vers – Gott anlässlich der Inspektion des menschlichen Turmbauwerks in den Mund gelegt – lautet wörtlich:

> „Und Jahwe sprach: Siehe, sie sind *ein* Volk und sprechen alle *eine* Sprache. Das ist erst der Anfang ihres Tuns. Fortan wird für sie nichts mehr unausführbar sein, was immer sie zu tun ersinnen.“[76]

Wechsel der Stoßrichtung. Die Pointe sehen die einschlägigen Autoren dabei immer im zweiten Teil des Verses: dass unter dem Vorzeichen der Virtualität Imagination und Tun koinzidieren.[77] Die biblisch-theologische Stoßrichtung der Passage ist freilich eine ganz andere: dass die menschliche Selbstermächtigung zu gottgleichem Ineinsfall von Ersinnen und Ausführen den Schöpfer veranlasst, die Sprache der Menschen zu verwirren (vgl. Gen 11,7-9). Das cybertheoretische Selbstverständnis geht im Windschatten einer viel längeren okzidentalen Traumtradition vollkommener Kommunikation, das eng mit dem christlichen Motiv der Kommunion (im Sinn der gemeinsamen Teilhabe an den eucharistischen Gaben) verwebt ist[78], in die genau entgegengesetzte Richtung: Der babylonischen „Infokalypse“[79] im Sinn einer Explosion von Sprachen und Informationssystemen in eine reziproke Unbegreifbarkeit soll – wenigstens der Intention nach –

[75] Vgl. etwa: BROOKS, Alexander: The Faustian Bargain. Computers and Human Potential. In: BROOKE, Tal (Hg.): Virtual Gods. Eugene 1997. 71-104. Hier 99. – BROOKE, Tal: Virtual Gods, Designer Universes. In: DERS. (Hg.): Virtual Gods. Eugene 1997. 107-127. Hier 113.

[76] Übersetzung nach „Jerusalemer Bibel“.

[77] Vgl. BROOKE: Virtual Gods (Anm. 75). 113. – BROOKS: Faustian Bargain (Anm. 75). 99.

[78] Vgl. DAVIS: Techgnosis (Anm. 41). 265-266.

[79] STEPHENSON: Snow (Anm. 54). 85. – Vgl. dazu auch DAVIS: Techgnosis (Anm. 41). 253-288.

mit einem Gegenprojekt widerstanden werden: nämlich durch die Verknüpfung aller mit allen und die Verbreitung eines für alle verständlichen Codes, der mehr mit Icons als mit Wörtern arbeitet, alle Kommunikationsbarrieren aufhebt und so linguistisch gesehen in einen präbabylonischen, also adamitischen Status zurückführt. Dass dabei keineswegs oberflächlich mit nahe liegenden Assoziationen herumgespielt wird, wird daran ersichtlich, dass der Cyberpunk-Kultautor Neal Stephenson, aus dessen Klassiker *Snow Crash* der Terminus „Babel-Infocalypse"[80] stammt, warnend daran erinnert, dass eine solche Rückkehr in die adamitische Lingua franca und ihre Kollektivität nur um den Preis von Selbstbewusstsein und Selbststand zu haben sei, sofern diese nur durch das befreiende Zerbrechen der vorbabylonischen Einheitssemantik hätte aufkommen können – und Erik Davis versteht dies als aktuellen Hinweis auf die anthropologische Ambivalenz eines globalen medialen Einheitscodes, wie ihn die Cyberworld anstrebt.[81]

Antitypos „Pfingsten". Zumindest einigen Cybertheoretikern ist dabei klar, dass sie auch mit einer solchen Revision Babels nochmals ein jüdisch-christliches Grundmotiv aufnehmen. Schon Theologen in der Frühzeit der Kirche hatten vom Buch Genesis einen kühnen Bogen in die neutestamentliche Apostelgeschichte geschlagen und das dort erzählte Pfingstereignis als Antitypos – d.h. als Aufhebung und Heilung – des Kommunikationsdesasters von Babel gelesen. Die Sendung des Heiligen Geistes – so Apg 2,1-13 – bewirkt, dass die Anwesenden über alle ethnischen und kulturellen Grenzen hinweg Jesu Apostel – die von Herkunft ungebildete Fischer vom See Genesaret sind – in ihrer jeweiligen Muttersprache reden hören.

Genau diese Hoffnung, dass die ganze Menschheit einmal durch die elektronischen Medien verbunden werde und damit soziale Brüche und Spezialwissen (das immer auch Herrschaftswissen ist) verschwänden, hatte schon Marshall McLuhan – der im Übrigen gläubiger Katholik war – formuliert.[82] In Fortsetzung dieses Gedankens kann Florian Rötzer heute schreiben:

> „Der Glaube an ein solches Pfingstfest der Vereinigung der Menschheit durch das Wegfallen aller Trennungen, in der Romantik noch von einer neuen Religion oder Mythologie, danach als Folge der gesellschaftlichen Revolution und der Auflösung des Eigentums an Produktionsmitteln erwartet, stellt sich für die Cyberkultur, kämpft man nur gegen etwaige staatliche oder kommerzielle Beeinflussungen, durch die Technik des anarchistischen, dezentralen Netzes von selbst her."[83]

[80] STEPHENSON: Snow (Anm. 54). 85.
[81] Vgl. DAVIS: Techgnosis (Anm. 41). 273-274.
[82] Vgl. MCLUHAN: Kanäle (Anm. 53). 15-19.
[83] RÖTZER: Heilserwartung (Anm. 53). 165. Rötzers Erinnerung an eine neue Religion oder Mythologie in der Romantik bezieht sich auf das allumgreifende Einheitspathos des so genannten „Ältesten Systemprogrammes des deutschen Idealismus". – Vgl. dazu MÜLLER: Philosophische Grundfragen (Anm. 34). 154-155.

Tatsächlich lassen sich zumindest anfänglich und bereichsweise im Netz Phänomene beobachten, die in gewisser Analogie zu Selbstbeschreibungen der an Pfingsten entstandenen jungen Kirche stehen: Heißt es in der Apostelgeschichte, dass in der jungen Gemeinde eine bestimmte Form von egalisierender Gütergemeinschaft gepflegt wurde (vgl. Apg 4,32-34), so gibt es bis heute trotz der exorbitanten Kommerzialisierung des Internets immer wieder Non-Profit-Engagements, die Wissen und Software frei zur Verfügung stellen.[84] Zu beobachten ist aber genauso – wiederum in Analogie zu Prozessen in der Konstitutionsphase der Kirche – eine relativ schnell einsetzende Hierarchisierung, die sich im Netz vorwiegend über Zugangs- und Programmierungskompetenzen definiert, die die einfache rezeptive Nutzung der Angebote überschreiten. Das Bewusstsein, eine neue Gemeinschaft zu bilden, kennzeichnet die Partizipanten der Cyberworld, die sich gern als „Netizen" (Assoziation zu „citizen") bezeichnen, ähnlich, wie das bei der frühen Christengemeinde in der Selbstbezeichnung „kaine hodos" („neuer Weg"; Apg 24,14) zur Geltung kommt. Auch McLuhan war übrigens schon ähnlich wie Stephenson in der Bewertung der neuen Medienwirklichkeit hin und her gerissen, weil er zum einen in der pfingstlichen Interpretationsperspektive eine medial vermittelte epochale Neugestalt des mystischen Leibes Christi oder – anderes Bild – das „Neue Jerusalem" emporsteigen sah[85], andererseits das trügerische Double des wiederkommenden Christus, das im Neuen Testament die Namen „Fürst dieser Welt" (Joh 12,31; 16,11) und „Antichrist" (1Joh 2,18; 2,22; 4,3; 2Joh 1,7) trägt.[86] In diesem Schwanken, scheint mir, meldet sich das intuitive Unbehagen, das eine Art semantischer Unisex-Code weckt, der alle Individualitäten einebnet – die originale Pfingstgeschichte wird dem anders als ihr mediales Upgrade dadurch gerecht, dass sie eigens festhält, alle hätten die Jünger in ihrer – der Hörer! – eigenen Muttersprache reden hören – ein schieres Wunder an Kommunikation, dem der binäre Code der medialen Universalsprache uneinholbar unterlegen ist:

> „A chaos of noise comes bearing the ecstatic tongues of the Spirit, which transmit the Word to a global public in all frequencies of human speech."[87]

Wird dem Durcheinander, also der Diabolik von Babel in pfingstlicher Symbolik – also dem Zusammenhalten dessen, was zusammengehört – widerstanden, so verbinden sich damit wie von selbst sozialutopische Potenziale, hinter denen im Letzten so etwas wie eine mosaische Geste[88] steht, die zum Aufbruch in ein neues Leben der Freiheit winkt und

[84] Vgl. RÖTZER: Heilserwartung (Anm. 53). 165.
[85] So in einem Playboy-Interview von 1969. Vgl. DAVIS: Techgnosis (Anm. 41). 254-255.
[86] So in einem Brief an den thomistischen Philosophen Jacques Maritain. Vgl. MOLINARO, Matie/MCLUHAN, Corinne/TOYE, William (Hgg.): Letters of Marshall McLuhan. Toronto; Oxford; New York 1987. 370.
[87] DAVIS: Techgnosis (Anm. 41). 268.
[88] Ich lehne mich damit an den Ausdruck „Geste des Mose" an, der sich findet in SERVIER, Jean: Der Traum von der großen Harmonie. Eine Geschichte der Utopie. München 1971. 323. – Vgl. dazu auch JOCHUM: Kritik (Anm. 27). 48.

als letztes Ziel das Wohnen in der „Himmlischen Stadt" verheißt. Allerdings ist mit dieser politischen Dimension die telematisch fundierte Technotheologie noch nicht ausgeschöpft. Sie hat nämlich so etwas wie eine kosmotheologisch-naturphilosophische Kehrseite höchster Brisanz. Die wird am direktesten darin greifbar, dass die Symbolik des Neuen Jerusalems – das ist ja eine Orts-Kategorie – zugleich als erstrangige Bedeutungsquelle für das wohl zentralste, in jedem Fall populärste Bild der Telematik fungiert: den Cyberspace. Ohne die explosive Mythologie[89] dieses Konzepts an dieser Stelle auch nur im Elementaren ausloten zu können, soll nachfolgend lediglich der wohl frappierendste Zug von Technospiritualität am Cyberspace-Konzept beleuchtet werden, der die gesuchte naturphilosophische Dimension der Telematik grundlegt:

4.43 Kritik des Fleisches und das postbiologische Projekt

Motivverschränkungen. Eine bündige Definition von „Cyberspace", die konsensfähig wäre, gibt es nicht mehr (wenn es sie je gegeben hat). Nur um ihrer Prominenz und ihrer Suggestivität willen sei diejenige zitiert, die in William Gibsons *Neuromancer* von 1984 – wieder einem der einschlägigen Kultbücher – begegnet:

> „Cyberspace. Eine Konsens-Halluzination, tagtäglich erlebt von Milliarden zugriffsberechtigter Nutzer in allen Ländern, von Kindern, denen man mathematische Begriffe erklärt […]. Eine grafische Wiedergabe von Daten aus den Banken sämtlicher Computer im menschlichen System. Unvorstellbare Komplexität. Lichtzeilen im Nicht-Raum des Verstands, Datencluster und -konstellationen. Wie die zurückweichenden Lichter einer Stadt […]."[90]

Jede Auseinandersetzung mit dem Begriff muss gewärtigen, dass einschlägige Beschreibungen problemlos in einem typisch postmodernen „crossover" etwa jüdisch-christliche, fernöstliche oder naturreligiöse (manche Theologen würden sagen: neuheidnische)[91] Elemente verschmelzen. Letzteres geschieht etwa, wenn der Cyberspace-Gedanke mit der vor allem auf James Lovelock zurückgehenden Gaia-Hypothese zusammengeführt wird, der gemäß das Ökosystem „Erde" in seiner Ganzheit einen lebendigen Organismus repräsentiert, der durch die progressive telematische Vernetzung Stück für Stück – und jetzt bereits inchoativ – ein globales Nervensystem und Gehirn erhalte.[92] Das unübersehbar Esoterische an diesen Hypothesen hat nicht

89 Vgl. DAVIS: Techgnosis (Anm. 41). 195.

90 GIBSON, William: Die Neuromancer-Trilogie: Neuromancer – Biochips – Mona Lisa Overdrive. Mit einem Vorwort v. Jack Womack. Bearb. Neuausgabe. 2. Aufl. München 2000. 87. – Zum Cyberspace-Begriff vgl. auch exemplarisch DAVIS: Techgnosis (Anm. 41). 190-224. 261-262. 277. – WERTHEIM, Margaret: Die Himmelstür zum Cyberspace. Eine Geschichte des Raumes von Dante zum Internet. Zürich 2000.

91 Vgl. dazu die Bewegung des sich selbst so bezeichnenden Technopaganismus, beschrieben etwa von DAVIS: Techgnosis (Anm. 41). 179-189.

92 Vgl. MÜLLER, Klaus: Das 21. Jahrhundert hat längst begonnen. Philosophisch-theologische Beobachtungen zur Cyber-Kultur. In: EBERTZ, Michael N./ZWICK, Rein-

verhindert, dass sie – weit bis in christlich-theologische Kontexte hinein – Verbreitung fanden und finden.[93] In den Fundus der Cyberspace-Idee gehört aber gleichermaßen (und mit ungleich mehr Geltungsanspruch) die Verschränkung von Naturphilosophie, Evolutionstheorie und Theologie, die – wie bereits erwähnt – auf Teilhard de Chardin zurückgeht. (→ Bd. 2, Teil A, Kap. 4.2)

Ärgernis „Physis". In den damit von Teilhard eröffneten Raum einer Überschreitbarkeit des Biologischen schießen im Gang der Cyberphilsophy ganze Bündel von Theoremen und Programmen ein, die darauf abzielen, den Menschen und seine intellektuellen Kapazitäten von biologischen Hemmschuhen zu befreien und damit neben dem politischen Reich der Freiheit auch die Befreiung von der Physis verheißen.[94] Das sind all die Projekte, die an einer postbiologischen Menschheit laborieren, häufig wie mehr oder weniger gute Science Fiction auftreten – und sich trotzdem auf oft verblüffende Weise als Hintergrundannahmen wissenschaftlicher Projekte, politischer Initiativen und/oder philosophischer Optionen wiederfinden.[95] Bezeichnend ist, dass in der Welt der Cyborgs (von „Cyber-Organisms") eine zum Teil drastische, beinahe manichäistische Abwertung des Leibes verbreitet ist: Er wird häufig einfach als „Stück Fleisch" oder „wetware" (Feucht-Ausstattung) gegenüber der PC Hard- und Software bezeichnet und gilt als eine ausgesprochen stümperhafte Konstruktion, die dringend der Verbesserung bedarf, sofern die menschliche Physis sich der menschlichen Intelligenz und des von ihr technisch zu Realisierenden als hoffnungslos unterlegen zeige. Im Originalton klingt das dann etwa so:

> „Dieser Primatenkörper, der sich in den letzten vier Millionen Jahren nicht verändert hat, kann mit den Visionen unseres Geistes nicht Schritt halten. Unser Geist ist draußen im Universum, greift nach den Sternen und nach der Unsterblichkeit, und diese armseligen, schlampigen Körper fesseln uns hier unten an den Dschungel"[96]

– so ein Autor, der unter dem Pseudonym Futurist FM-2030 an diesem Projekt beteiligt ist. Was diesbezüglich an Ideen, Visionen, Programmen und Experimenten umläuft, mutet einen normalerweise eher als Science Fiction an, hat aber einen gigantischen technischen wie ökonomischen Apparat hinter sich. Avancierte medizin- und nanotechni-

hold (Hgg.): Jüngste Tage. Die Gegenwart der Apokalyptik. Freiburg; Basel; Wien 1999. 379-401. Hier 386-389. – Vgl. auch RÖTZER: Heilserwartung (Anm. 53). 164-173.

93 So etwa durch den evangelischen Theologen MOLTMANN, Jürgen: Die Erde und die Menschen. Zum theologischen Verständnis der Gaia-Hypothese. In: Evangelische Theologie 53 (1993). 420-438.

94 Vgl. JOCHUM: Kritik (Anm. 27). 104.

95 Die fortgeschrittenste dieser Optionen verfolgt die sich selbst so bezeichnende Extropy-Gemeinschaft. – Vgl. dazu http://www.extropy.com [01.08.2007]. – DAVIS: Techgnosis (Anm. 41). 117-128.

96 Futurist FM 2030. Zit. nach FREYERMUTH: Cyberland (Anm. 19). 212.

sche Projekte am Mensch-Maschinen-Schnittpunkt verflechten sich dabei mit philosophischen Hintergrundannahmen, die sich gern an Friedrich Nietzsche inspirieren. In seinem Werk *Also sprach Zarathustra* steht ein Satz, der dafür als Motto dienen könnte:

> „Alle Wesen bisher schufen Etwas über sich hinaus: und ihr wollt die Ebbe dieser grossen Fluth sein und lieber noch zum Thiere zurückgehn, als den Menschen überwinden?"[97]

Nietzsches Patenschaft. Wer Nietzsche auch nur ein wenig kennt, ahnt, dass sich an dieser Stelle eine Konfliktlinie zwischen den klassischen Hochreligionen und der Cyberworld aufbaut: Nietzsche hatte ja den Religionen, namentlich dem Buddhismus und dem Christentum vorgeworfen, ihr Gedanke des Mitleids, ihr Eintreten für die Schwachen und Kleinen sei ein aus dem Ressentiment der Zu-kurz-Gekommenen geborenes Verbrechen an der Höherentwicklung der Menschheit, weil durch das Erhaltenwerden der Schwachen die Stärke der Starken kontaminiert werde. (↖ Bd. 1, Kap. 9.3) Die Cyborg-Propheten teilen genau diese Sicht: Religion sei eine entropische Kraft, die der posthumanen Gesellschaft entgegenstehe. Das Prädikat „entropisch" leitet sich dabei vom Entropiebegriff im Sinn des zweiten Hauptsatzes der Thermodynamik her, demgemäß ein geschlossenes physikalisches System einem irreversiblen Ausgleich aller Energiedifferenzen zustrebt, weshalb das Universum notwendig einem Kältetod entgegengeht. Religion trage dazu insofern bei, als sie sich radikalen Veränderungen in den Weg stelle – wie etwa denen der Cyber-Protagonisten, die sich darum selbst als Extropianer bezeichnen. Im Praktisch-Gesellschaftlichen gehen diese Programme mit einem ungeschminkten Sozialdarwinismus einher: Wer sich in die „neue Welt" einklinkt, wer sich kompetent und kundig macht, der ist mit dabei – wer nicht, verschwindet sowieso bald von der Bildfläche. Es geht darum, den zum Signum des 20. Jahrhunderts gewordenen „Sturz der Materie" – so im berühmten „Cyber-Manifesto"[98] – konsequent fortzusetzen. Die darin implizierte Revision des Christlichen bringt der Netzwelt-Vordenker John Perry Barlow auf den bündigen Nenner:

> „Heute wird das Fleisch so gewissermaßen Wort."[99]

„Homo perfectus". Diese Depotenzierung der konkret-leiblichen Realität gründet dabei nicht in einer prinzipiellen Leib-

[97] NIETZSCHE, Friedrich: Also sprach Zarathustra. In: DERS.: Sämtliche Werke. Kritische Studienausgabe. Hg. v. Giorgio Colli u. Mazzino Montinari. Bd. 4. 2. Aufl. Berlin; New York 1988. 14.

[98] Erstveröffentlichung am 22.08.1994 durch die Progress and Freedom Foundation. Das Manifest stammt von A. Tofler, A. Keyworth und G. Gilder. – Deutsch in: Frankfurter Allgemeine Zeitung. Nr. 198; 16.08.1995. 30. – Vgl. dazu auch JOCHUM: Kritik (Anm. 28). 45-47.

[99] Zit. nach FREYERMUTH: Cyberland (Anm. 19). 134. – Vgl. dazu auch MÜLLER: 21. Jahrhundert (Anm. 92). 397-401. – DERS.: Religion des Homo Cyber (Anm. 69). 257-264.

feindlichkeit oder Misanthropie. Sie hat ihre treibende Intention vielmehr in der Vervollkommnung bzw. Vollkommenheit des Menschen. Dieses Motiv aber macht seinerseits auf eine wenig bekannte Vorgeschichte des postbiologischen Humanprojekts aufmerksam[100], obwohl das entscheidende Stichwort in zeitgenössischen Texten auftaucht. Das Stichwort lautet „homo perfectus" und steht für ein wichtiges Theoriestück der Renaissance, das sich seinerseits komplex aus Traditionen des jüdischen und vor allem des arabischen Mittelalters speiste. Unabhängig davon, dass dabei auch christologische Motive mitspielten (der Gottessohn als vollkommener Mensch), verlief wohl der primäre Vermittlungsweg über die Astrologie, die arabische Medizin und die Alchemie.[101] Systematisch gesehen kennt die Renaissance den homo perfectus durch naturale Vervollkommnung gleichermaßen wie durch Ausstattung mit etwas seine Natur Übersteigendem, also Göttlichem. Man kann darin in der Tat – wie Martin Mulsow das tut[102] – eine verblüffende Vorzeichnung der beiden heute urgierten Varianten des postbiologischen Humanprojekts entdecken: in der naturalen Linie die Idee der humangenetischen Züchtungsoptimierung, wie sie etwa Peter Sloterdijk mit seinen *Regeln für den Menschenpark* propagandistisch ins Spiel gebracht hat[103]; in der auf Übernatürliches oder Naturtranszendentes gerichteten Variante die Experimente, die auf die Implantationstechnik und damit die telematische Aufrüstung des Menschen setzen.[104] Beide Perspektiven überlagern sich bisweilen auch – besonders frappierend bei Giordano Bruno.[105] (↗ Bd. 3, Teil A, Kap. 6.2) Und dieser Bruno, Dominikanermönch, Grenzgänger an der Schwelle zur Moderne, rastlos unterwegs durch ganz Europa, am En-

[100] Vgl. dazu MULSOW, Martin: Der vollkommene Mensch. Zur Prähistorie des Posthumanen. In: Deutsche Zeitschrift für Philosophie 51 (2003). 739-760.

[101] Vgl. MULSOW: Mensch (Anm. 100). 743-753.

[102] Vgl. MULSOW: Mensch (Anm. 100). 759-760.

[103] Vgl. SLOTERDIJK, Peter: Regeln für den Menschenpark. In: DERS.: Nicht gerettet. Frankfurt a.M. 2001. 302-337. – DERS.: Der operable Mensch. Anmerkungen zur ethischen Situation der Gen-Technologie. In: Der [im-]perfekte Mensch. Vom Recht auf Unvollkommenheit. Begleitbuch zur Ausstellung im Deutschen Hygiene-Museum 20. Dezember 2000 – 12. August 2001. Hg. v. Stiftung Deutsches Hygiene-Museum und deutsche Behindertenhilfe – Aktion Mensch e.V. Ostfildern-Ruit 2000. 97-114. Dort 107 auch der Hinweis auf einen Beitrag Karl Rahners, in dem die Selbstmanipulierbarkeit des Menschen auf die christliche Befreiung vom Zwang der Natur zurückgeführt wird. So in RAHNER, Karl: Experiment Mensch. Theologisches über die Selbstmanipulation des Menschen. In: DERS.: Sämtliche Werke. Bd. 15: Verantwortung der Theologie. Im Dialog mit Naturwissenschaften und Gesellschaftstheorie. Bearb. v. Hans-Dieter Mutschler. Freiburg; Basel; Wien 2002. 437-455. – MACHO, Thomas/SLOTERDIJK, Peter: Den Kopf heben. Über Räume der Verwöhnung und das Driften in der Zeit. Ein Gespräch. In: LUTZ, Petra u.a. (Hgg.): Der [im-]perfekte Mensch. Metamorphosen von Normalität und Abweichung. Köln 2003. 379-405.

[104] Vgl. zu diesem Programm bes. LEVY, Steven: Artificial Life. The Quest for a New Creation. London 1992. – DERY, Mark: Cyber. Die Kultur der Zukunft. Berlin 1996. – KURZWEIL: Homo (Anm. 26).

[105] Vgl. dazu BRUNO, Giordano: De gli eroici furori. (Original Paris 1585). In: DERS.: Opere italiane II. Dialoghi morali. Con note da Giovanni Gentile. Bari 1908. 285-488. – Vgl. dazu MULSOW: Mensch (Anm. 100). 754. 760.

de in Rom als Ketzer verbrannt, – dieser Bruno steht wie kein anderer für einen Bereich, der auch integral in das Homo-Perfectus-Theorem der Renaissance hineinwirkt und gleichzeitig die Cyberphilosophie der Gegenwart aufs Intensivste mitprägt: die Magie.

4.44 Techno-Magie?

Transitivität von Geist und Materie. Dass ein so durch und durch technisches Phänomen wie die Telematik in ihrer Theorie von Magie mitbestimmt sein soll, würde man vorderhand gewiss nicht erwarten, gleichwohl lässt es sich leicht erklären: Zum einen ist bekannt, dass technische Errungenschaften in der Phase ihres Aufkommens – gerade wegen des Unerklärlichen an ihnen – bevorzugt mit alchimistischem bzw. animistischem Vokabular beschrieben werden – das war bei der Entdeckung der Elektrizität so[106], und heute beim Computer ist es nicht anders (etwa wenn wir davon sprechen, dass unser Notebook von einem Virus „befallen" sei). Zum anderen muss man sich davor hüten, den oberflächlichen Begriff von Magie zu unterstellen, der diese mit Esoterik assoziiert. Für Leute wie Bruno handelte es sich bei Magie um einen elementaren Wissenschaftszweig[107], der sich damit beschäftigt, wie Dinge auf Menschen wirken und wie in Folge davon bestimmte Wirkungen systematisch verstärkt oder erzeugt – oder aber vermieden werden können. Magie befasst sich mit der systematischen Rekonstruktion der Transitivität von Geist und Materie inklusive der affektiven Besetzungen, die dabei mitwirken. Als sprechende Wesen werden wir gleichwohl dauernd „besprochen" (wie ein Grundwort der Magie lautet). Wahrnehmungsgehalte sind durch ihre jeweilige affektive Besetzung in ihrer Inhaltlichkeit mitgeprägt. Wenn etwas überhaupt wahrgenommen wird und wie es wahrgenommen wird, bleibt nicht folgenlos für das, was wir vom Wahrgenommenen wahrnehmen. Die jeweiligen Wahrnehmungen unterstehen dabei den Gesetzen der imaginativen Logik, hängen also damit zusammen, wie das Bild des jeweils wahrgenommenen Gegenübers innerhalb kombinatorischer Zusammenhänge mit anderen Bildern zur Geltung kommt. Magie besteht nicht in Zauberei, sondern einzig darin, die Eindrücklichkeit von etwas systematisch herbeizuführen oder zu steigern, so dass sich das rezeptive Medium in gewünschter Weise durch diesen starken Eindruck verändert. Und Bruno sieht dieses Geschäft den Rhetor betreiben! Im Blick auf die derzeit laufende Ersetzung von Wörtern durch Bilder wird man ergänzen müssen: Der Designer und das Internet tun nichts anderes – und außerdem, dass Magie mitnichten mehr eine Sache erlesener Zirkel ist, sondern ihre

[106] Vgl. DAVIS: Techgnosis (Anm. 41). 33-75. Hier bes. 41-42. – Vgl. auch ROSEN, Jonathan: Talmud und Internet. Eine Geschichte von zwei Welten. Aus d. Amerikan. v. Christian Wiese. Frankfurt a. M. 2002. 65-70.

[107] Vgl. dazu MÜLLER: 21. Jahrhundert (Anm. 92). 392-397.

Adressaten in der Masse hat. Denn was tun Mode und Werbung anderes als eben das, was gerade über Magie zu sagen war? Der Insiderbericht Douglas Rushkoffs über die Cyberszene bestätigt dies Satz um Satz. Seine diesbezüglichen Recherchen gipfeln in folgendem Zitat aus einem von Terence McKenna stammenden szeneeinschlägigen Kulttext:

> „In diesem Reich haben Sprache, Ideen und Bedeutung eine größere Macht als Ursache und Wirkung. Sympathien, Resonanzen, Absichten und der persönliche Wille werden durch eine poetische Rhetorik verstärkt. Die Einbildungskraft wird angesprochen, und manchmal werden ihre sichtbaren Formen wahrgenommen."[108]

Zeichen-Alchemie. Wenn sich Magie in diesem Sinn wesentlich als Sprachhandeln vollzieht, als Beeinflussen und Beeinflusstwerden von Wirklichkeit durch Zeichen, gehört in ihren Bereich natürlich auch die wirkmächtigste Form solcher Zeichen-Magie, wie sie in den Traditionen des Talmuds und der Kabbala lebendig ist.[109] Man kann diesbezüglich geradezu von einer „Alchemie des Alphabets […]"[110] sprechen. „Talmud" (wörtlich übersetzt „Studium", „Lehre", „Belehrung") ist der Name für das grundlegende Werk des Judentums, in dem Gesetzesauslegungen von Schriftgelehrten festgehalten wurden. Im Jahre 70 n. Chr. wurde auch der Zweite Jerusalemer Tempel zerstört. Um in dieser neuerlichen und verschärften Diasporasituation die mittlerweile zu beträchtlichem Ausmaß angewachsene mündliche Tora nicht einzubüßen und sie gleichzeitig in den Dienst der Identitätsstiftung nehmen zu können, kam es zwischen dem Ende des 1. und dem Anfang des 6. Jahrhunderts n. Chr. zu denjenigen Sammlungen, Systematisierungen und Ergänzungen der mündlichen Tora, die Talmud heißen. Dieser entstammt also

> „[…] dem ethischen Imperativ des jüdischen Gesetzes, dem freien Spiel großer Denker, den Bedrängnissen des Exils, der reflektierten Notwendigkeit, eine Kultur zu bewahren, und dem brennenden Verlangen, das sich entfaltende Wort Gottes zu erkennen und ihm zu folgen."[111]

Die Nähe nun zwischen Talmud und Internet besteht darin, dass es sich beide Male um ein Meer von Botschaften und Gegenbotschaften, Argumenten und Gegenargumenten handelt, die sich letztendlich nicht ordnen und kategorisieren lassen und so in ihrer Chaotik zu einem Ausdruck unendlicher, also göttlicher Kreativität werden – als der große Philosoph Maimonides das Ganze etwas ordnen wollte, wur-

[108] MCKENNA, Terence: Food of the Gods. The Search for the Original Tree of Knowledge. A radical History of Plants, Drugs and the Human Evolution. New York 1992. 6.

[109] Vgl. DAVIS: Techgnosis (Anm. 41). 23-33. – ROSEN, Jonathan: Der Talmud und das Internet. Eine Reise zwischen Welten. In: Neue Rundschau 111 (2000). 11-20. – DERS.: Talmud und Internet (Anm. 106).

[110] So KILCHER, Andreas: Die Sefirot. In: TYRADELLIS/FRIEDLANDER: 10+5=Gott (Anm. 58). 83-90. Hier 84.

[111] ROSEN: Talmud und Internet (Anm. 106). 15.

de er deswegen als Ketzer desavouiert.[112] In der Tat ist die Ähnlichkeit zwischen dem graphischen Aufbau einer Talmud-Seite (der auszulegende Schriftvers umgeben von einer Corona von Kommentaren und Kommentar-Kommentaren) und einer Webpage mit ihren Links verblüffend.

> „Drehe es und wende es, denn es ist alles darin“[113],

lautet eine Selbstbeschreibung des Talmud, die in ihm selbst fixiert ist. Rabbinen nennen den Talmud gern „jam“ (Meer), und die Unterkategorien der Mischna heißen „masechet“ – wörtlich zu übersetzen mit „Gewebe“.[114]

> „Wie beim World Wide Web fängt nur die uralte, alles einschließende Metapher des Webens die Reichweite und Willkürlichkeit, das endlose Miteinanderverbundensein der Worte ein.“[115]

Theotechnische Kabbala. Die endlos neue und überraschende Kombinierbarkeit und die damit einhergehende Relativierung der Demarkationslinie zwischen Realität und Symbol erzeugt die Koinzidenz von Telematik und Magie:

> „Die Befehle, die man in den Computer tippt, sind eine Form des Sprechens, die weniger eine kommunikative Funktion hat als die, unmittelbar oder mittelbar ein Geschehen zu veranlassen. [...] Anders gesagt, diese [Befehle; K. M.] sind Beschwörungsformeln, und alle, die sich auf der Höhe der technosozialen Megatrends befinden [...], wissen, daß die Logik solcher Beschwörungsformeln schnell unser Leben bestimmen wird.“[116]

Eine solchermaßen verstandene Magie der Zeichen ist eines der Hauptcharakteristika der mittelalterlichen jüdischen Mystikform der Kabbala.[117] Cyberianisches Denken geht ganz ähnlich mit den Zeichen um (z. B. „Hypertext“, „assoziatives Kombinieren“ etc.)[118]; die bislang als stabil geltenden Verbindungen von Wahrnehmung, Zeichen, Ding und Sinn werden verflüssigt und dem freien Spiel überlassen[119] – was nicht zuletzt auch an den systematischen Konnex zwischen Cyberszene und Postmoderne erinnert, speziell an die von Vattimo hergestellte Verbindung von Spiritualisierung und Virtualität. Der jüdische Autor Jonathan Rosen charakterisiert die darin kumulierende Dynamik des Talmud übrigens mit nahezu der gleichen Sentenz, in die Barlow – wie ausgeführt – das Programm der postbiologischen Cyberanthropologie

[112] Vgl. ROSEN: Talmud und Internet (Anm. 106). 13.

[113] Zit. nach: ROSEN: Der Talmud und das Internet (Anm. 109). 13.

[114] Vgl. ROSEN: Der Talmud und das Internet (Anm. 109). 14.

[115] ROSEN: Der Talmud und das Internet (Anm. 109). 14.

[116] DIBBELL, Julian: A Rape in Cyberspace. In: Village Voice. 21.12.1993. 42. – Vgl. auch DERY: Cyber (Anm. 104). 77-78.

[117] Vgl. zur Kabbala die klassischen Beiträge von Gershom Scholem in DERS.: Judaica III: Studien zur jüdischen Mystik. Frankfurt a.M. 1973. – DERS.: Judaica IV. Frankfurt a.M. 1984. (Beiträge 1 und 2).

[118] Vgl. BÖHMISCH, Franz: Die Gottesbilder der digitalen Noosphäre. Die religiöse Sprache des Internet. In: http://www.animabit.de/quarterly/noosphere.htm [01.08.2007]

[119] Vgl. LÉVY, Pierre: Die kollektive Intelligenz. Für eine Anthropologie des Cyberspace. Mannheim 1997. 174.

fasste: dass – in einer Inversion des christlichen Inkarnationsgedankens – aus Fleisch wieder Wort werde und das eine Form von Befreiung bedeute.[120]

Gottesmetapher. Der kabbalistische Charakter vernetzten Denkens vollendet sich schließlich dort, wo das Internet als Metapher Gottes bzw. sogar als Personifikation Gottes gefasst wird.[121] Aus cybertheoretischer Binnenperspektive nimmt sich selbst ein solcher Gedanke plausibel aus. Schon 1968 sagte Arthur C. Clarke (in einem Playboy-Interview), möglicherweise bestehe die künftige Aufgabe des Menschen nicht darin, Gott zu preisen, sondern ihn zu erschaffen.[122] Dass elementare Züge des Cyberspace mit klassischen Gottesprädikaten überhanglos koinzidieren, kann solchen Auffassungen nur Vorschub leisten:

> „Was sind Gottes Eigenschaften? – Gott ist ubiquitär, also ortsunabhängig; er ist instantiell, also zeitüberspringend gegenwärtig; er ist ‚antigrav' (Kleist) und nicht materiell, sondern reiner Geist, aber doch motil; er ist kein Fleisch und Blut, damit nicht sterblich, dennoch lebendig und wirkend – er ist mithin unendliches Leben. Er bildet eine Sphäre des Immateriellen jenseits der Welt der Körper, doch so, dass [sic!; K. M.] er immer in sie einwirken, in ihr erscheinen oder sich aus ihr zurückziehen kann. Er ist alles, das sich darin zugleich entzieht. So ist er *deus absconditus*, anwesende Abwesenheit. Gott ist das Nicht-Andere (Non-Aliud), eben das, wodurch alles ‚nichts anderes' ist als es ist (Nikolaus von Kues). Gott spielt den ‚ludus globi', er ist die Form, die alle Möglichkeiten enthält und durchspielt."[123]

Diese Entgrenzungs- und Verschmelzungssemantik zieht die ganze Technotheologie beinahe zwangsläufig in den boomenden Bereich spiritueller Wellness-Suche hinein. Hinlänglich bekannt ist, dass einschlägige Suchbewegungen meist jenseits der Traditionen okzidentaler Religiosität verlaufen und eher mit Varianten westlicher Adaption fernöstlicher Religiosität konvergieren. Insofern intensiviert der Eingang von techno-spirituellen Motiven mit ihren meist jüdisch-christlichen, bisweilen auch islamischen Hintergrundressourcen in die Suche nach Seelenheil im digitalen Zeitalter synkretistische Tendenzen. Noch kaum bedacht aber ist bisher, dass die beschriebene Techno-Spiritualität mit ihrer offenkundig monistischen, also von einem All-

120 Vgl. ROSEN: Talmud und Internet (Anm. 106). 48. 71-72.

121 Vgl. RUSHKOFF, Douglas: Cyberia. Von Hackern, Technoschamanen und Cyberpunks. Aus d. Amerikan. v. Johannes Schwab. München 1995. 49. – DERY: Cyber (Anm. 104). 76. 350. – CHISLENKO, Alexander: Vernetzung im Zeitalter des Geistes. In: http://www.heise.de/bin/tp/issue/tp.htm?artikelnr=6054&mode=html [30.08.2000]: „Zur Spiritualität neigende Rationalisten werden den stattfindenden Evolutionsprozeß als *Theogenese* betrachten." – BARLOEWEN: Mensch (Anm. 73). 61. – JOCHUM: Kritik (Anm. 27). 45. – Die Grenzlinie, die BÖHMISCH: Gottesbilder (Anm. 118). 6 diesbezüglich noch wahrnimmt (sofern die Kabbala im Unterschied zum Internet auf Gott ausgerichtet bleibe), dürfte bereits gefallen sein.

122 Vgl. DERY: Cyber (Anm. 104). 37.

123 BÖHME, Hartmut: Die technische Form Gottes. Über die theologischen Implikationen von Cyberspace. In: Neue Zürcher Zeitung. Nr. 86; 13./14.04.1996. 69. – Vgl. dazu auch MÜLLER: 21. Jahrhundert (Anm. 92). 389-397.

Einheitsgedanken dirigierten Drift auch – und vermutlich sehr tiefreichend – in längst laufende kulturkritische Debatten um die monotheistischen Religionen eingreift. Cybertheoretiker selbst wissen das sehr wohl, wenn sie ihre Intentionen ausdrücklich als Revolte gegen die „monotheistische Tyrannei“[124] qualifizieren.

4.45 Cyber-Theologie?

Anthropologische Wende. Das alles zusammengenommen bildet nun den Hintergrund dessen, was man Cyber-Theologie nennen könnte. Diese entspringt also einer seltsam leib- und materiekritischen Anthropologie, bewegt sich damit aber gleichwohl strukturell im Horizont dessen, was in der christlichen Theologie der Gegenwart „anthropologische Wende“ heißt, also dem vor allem durch Karl Rahner ausgearbeiteten und propagierten Prinzip, dass man von Gott nur dadurch reden könne, dass man von der Verfassung des Menschen spricht.

Entgrenzungen. Die Cyber-Propheten betrachten freilich das Netz und seine technischen Möglichkeiten als singuläre Chance, aus den Beengungen alles Materiellen freizukommen. Im Netz kann Geist mit Geist über prinzipiell unendliche Distanzen in unmittelbaren Kontakt treten – was manche veranlasst, durch das Netz eine Art übermenschlichen Kollektiv-Intellekt oder -seele entstehen zu sehen, ein Gedanke weit weniger exotisch als vielmehr dramatisch und übrigens alles andere als neu: Die großen arabischen Aristoteles-Kommentatoren des Mittelalters, allen voran ein Averroes, hatten Thesen vertreten, die zumindest in ihrer Wirkungsgeschichte so verstanden wurden, dass es sich beim intellectus agens, also dem tätigen Verstand, dem sich alles Erkennen im Letzten verdankt, um eine transhumane Instanz handle, und alles menschliche Erkennen sei nur Partizipation an dieser – mit weitreichenden Folgen für den Begriff des Individuums, weshalb sich etwa schon ein Thomas von Aquin intensiv mit Averroes auseinandersetzt.[125]

Kollektiv-Intellekt. Einige der einschlägigen Cyber-Autoren beziehen sich auch ausdrücklich auf das mittelalterliche Theorem[126] und nehmen es instrumentell in Anspruch: „Was theologisch war, wird technologisch.“[127] In der Sache geht es den mittelalterlichen Autoren um das Problem, das individuelle Auftreten von Vernunft mit ihrem Anspruch auf Allgemeingültigkeit zu vermitteln, also die gnoseologi-

[124] RUSHKOFF: Cyberia (Anm. 121). 206.

[125] Vgl. dazu auch FLASCH, Kurt: Meister Eckhart. Die Geburt der „Deutschen Mystik“ aus dem Geist der arabischen Philosophie. München 2006. 46-66.

[126] Vgl. vor allem LÉVY: Intelligenz (Anm. 119). 100-123. – BARLOEWEN: Mensch (Anm. 73). 44.

[127] LÉVY: Intelligenz (Anm. 119). 100.

sche Seite des Universalienproblems. Da der Intellekt wesentlich immateriell ist, gibt es für ihn kein Individuationsprinzip, sofern Materie systematisch gefasst genau diese Funktion erfüllt, Seinsgrund der Vielheit zu sein. Konsequenz: Der intellectus agens, der tätige Verstand als das alles Erkennen Grundlegende – sozusagen als das lichtende Prinzip –, ist notwendig ein Einziger und damit eine überpersönliche geistige Energie-Instanz, die im je einzelnen Erkennenden wirkt. Erkennend realisieren die menschlichen Subjekte kein ihnen innewohnendes Vermögen, sondern partizipieren lediglich an jener Instanz. Thomas von Aquin hält das in gewissem Sinne für denkbar, bietet aber eine ganze Reihe von Argumenten auf, die einen als überindividuell, von der Seele getrennt existierenden intellectus agens ausschließen; deren einfachste lauten, es sei der je konkrete Mensch, der Verstandenes aufnehme, (von den Vorstellungsbildern) abstrahiere und das Abstrahierte verstehe[128], oder: es gäbe keinen Grund, dass der Vorgang der Abstraktion manchmal geschieht und manchmal nicht geschieht, wie es den Anschein hat, wenn der intellectus agens eine abgetrennte Substanz wäre, will heißen: Der Mensch könne das Allgemeine vom Besonderen abstrahieren, wann immer er es wolle, so dass es sich beim Erkennen um ein ihm zur Verfügung stehendes Vermögen handeln müsse und nicht um etwas heteronom in ihm Wirkendes.[129]

Einem zeitgenössischen Cyber-Autor wie Pierre Lévy ist natürlich genau umgekehrt am Kollektivismus-Zug der jüdisch-muslimischen „intellectus agens"-Interpretationen gelegen.[130] In einer immanentistischen Reformulierung des überlieferten Theorems im Sinn einer in Anthropologie rückverwandelten Theologie sucht er eine „Atheologie der kollektiven Intelligenz"[131] zu konzipieren. Aus einer Kombination feuerbachscher Motive[132] und Intuitionen griechischen Denkens[133] kommt er zu der Überzeugung:

> „Gott ist nicht unendlich mehr als wir (mächtiger, weiser, gerechter...), sondern radikal verschieden: eine absolute Einheit des Denkens, das sich selbst denkt. Da diese ‚andere' Göttlichkeit quantitativ endlich ist, könnten wir es erwägen, sie in die Endlichkeit einer Menschheit zu integrieren, die nie aufhört, selbst eine andere zu werden."[134]

Cybertheoretisch gewendet: Die vormals transzendent gedachte Instanz des intellectus agens als Ermöglichungsbedingung von Erkennt-

[128] Vgl. THOMAS VON AQUIN: Compendium theologiae. 86.

[129] Vgl. THOMAS VON AQUIN: De anima. a5, sc2. Zu den anderen Argumenten vgl. DERS.: De intellectu et intelligibili. 4, Nr. 236. – DERS.: Summa contra gentiles. II, 76-78. – DERS.: Summa Theologiae. I, q.79, a5.

[130] Vgl. zum Folgenden LÉVY: Intelligenz (Anm. 119). 100-123.

[131] LÉVY: Intelligenz (Anm. 119). 100.

[132] Vgl. LÉVY: Intelligenz (Anm. 119). 111.

[133] Vgl. dazu etwa GUARDINI, Romano: Das Ende der Neuzeit. Ein Versuch zur Orientierung. 10. Aufl. unv. Nachdr. der 9. Aufl. Würzburg 1965. Mainz; Paderborn 1986. 11-15. – GADAMER, Hans-Georg: Der Anfang der Philosophie. Stuttgart 1996. 95-96.

[134] LÉVY: Intelligenz (Anm. 119). 102.

nis überhaupt transskribiert Lévy in ein technisch, semiotisch und soziologisch generiertes Dispositiv, das es in seinem Vollsinn erst noch zu realisieren gilt.

> „Der tätige Intellekt wird zum Ausdruck, zum Raum der Navigation, Kommunikation und Auseinandersetzung zwischen den Mitgliedern einer kollektiven Intelligenz."[135]

Dadurch, dass sich eine Vielzahl von Individuen digital vernetzt, entsteht – sozusagen von unten – eine Geistsphäre, aus der heraus sich die einzelnen über sich selbst verständigen und zu der sie umgekehrt dadurch, dass sie sich in sie einklinken, auch generativ beitragen und durch ihren Input in die Selbstverständigung anderer konstitutiv eingehen. Und Klarheit über sich wird das Individuum umso mehr gewinnen, je mehr Kontakte es in diesem virtuellen Raum aufnimmt. Insofern charakterisiert Lévy den als virtuelle Kollektiv-Intelligenz reformulierten intellectus agens treffend mit dem systemtheoretischen Schlüsselprädikat der Autopoiese.[136]

Hyperkortex. Es ist dies aber zugleich der Punkt, an dem diese informationslogische Relecture eines uralten gnoseologischen Problems beinahe unmerklich qualitativ umkippt: Unbeschadet der wiederholten Versicherung Lévys, es handle sich um ein rein immanentes Phänomen, zwingen sich ihm – je später, je mehr – Formulierungen auf, die eine Überschreitung ebendieser Immanenzebene zumindest insinuieren, so etwa, wenn es vom intelligenten Kollektiv vernetzter Intelligenzen heißt:

> „Dieses transpersonale Subjekt begnügt sich nicht damit, individuelle Intelligenzen zu addieren, sondern will eine qualitativ neue Form der Intelligenz hervorbringen, die zur persönlichen Intelligenz hinzukommt, eine Art kollektives Gehirn oder Hyperkortex."[137]

Technische Teleologie. Zur Cyber-Theologie im strengen Sinn kommt es durch den nächsten Schritt auf der Basis der soeben beschriebenen Transformation von Materiellem in Immaterielles und der Unmittelbarkeit von Geist zu Geist. Es ist ein relativ einfacher Schritt: Er besteht darin, dass sich für diesen ganzen Prozess der Übersetzung von Realität in prinzipiell universal zugängliche Daten ein Ziel formulieren lässt: nämlich jede und jeden mit jeder und jedem und damit alles mit allem zu verbinden. So entstehe eine spirituelle Realität, mit der es erstmals ein wirkliches Gegenüber für Gott gebe oder – so andere – die mehr oder weniger mit dem Reich Gottes ineins falle, einschließlich einer – wohlgemerkt! – linearen Todesüberwindung, also einem ewigen Leben, das in der digitalen Prolongation und Konservation meiner bisherigen mentalen Existenz besteht:

[135] LÉVY: Intelligenz (Anm. 119). 106.
[136] Vgl. LÉVY: Intelligenz (Anm. 119). 106.
[137] LÉVY: Intelligenz (Anm. 119). 114.

> „Die Essenz einer Person, mein Selbst, ist das Muster und der Prozeß, der in meinem Gehirn und Körper abläuft, nicht die Maschinerie, die diesen Prozeß ermöglicht. Wenn der Prozeß erhalten wird, werde ich erhalten. Der Rest ist einfach Brei“[138],

sagt einer der Großen der Szene, Hans Moravec. Auf der Hand liegt, wie unschwer sich solche Überlegungen erneut mit Passagen aus Teilhard de Chardin verbinden lassen. (→ Bd. 2, Teil A, Kap. 4.2) Man braucht nur einmal etwas in eines seiner Hauptwerke hineinzuhören. Ich zitiere aus *Die Zukunft des Menschen* (wobei dem Titel bereits Signifikanz eignet):

> „Um den inneren Konflikt zu lösen, der die angeborene Hinfälligkeit der Planeten dem auf ihrer Oberfläche durch das planetisierte Leben entwickelten Irreversibilitätsbedürfnis entgegenstellt, genügt es nicht, das Gespenst des Todes zu verhüllen oder zurückzuschieben, es geht vielmehr darum, es von der Wurzel her aus unserem Gesichtsfeld zu vertreiben.
> Wird uns nicht gerade das durch die Idee ermöglicht [...], daß es nach vorn oder, genauer, im Herzen des entlang seiner Achse der Komplexität verlängerten Universums ein göttliches Zentrum der Konvergenz gibt: bezeichnen wir es, um nichts zu präjudizieren und um seine synthetisierende und personalisierende Funktion zu betonen, als den Punkt Omega. Nehmen wir an, daß von diesem universellen Zentrum, von diesem *Punkt Omega*, dauernd Strahlen ausgehen, die bisher nur von denen wahrgenommen wurden, die wir die mystischen Menschen nennen. Stellen wir uns nun vor: da die mystische Empfänglichkeit oder Durchlässigkeit der menschlichen Schicht mit der Planetisation zunimmt, werde die Wahrnehmung des Punktes Omega allgemein, so daß sie die Erde zur selben Zeit psychisch erwärmt wie letztere physisch erkaltet. Wird es so nicht denkbar, daß die Menschheit am Zielpunkt ihrer Zusammenziehung und Totalisation in sich selbst einen kritischen Punkt der Reifung erreicht, an deren Ende sie, während sie die Erde und die Sterne langsam zu der verblassenden Masse der ursprünglichen Energie zurückkehren läßt, sich psychisch von dem Planeten löst, um sich mit dem Punkt Omega, der einzigen irreversiblen Essenz der Dinge, zu verbinden. Ein äußerlich einem Tod gleichendes Phänomen, vielleicht: in Wirklichkeit aber eine einfache Metamorphose und Zugang zur höchsten Synthese.“[139]

Wüsste man nicht, dass das Teilhard geschrieben hat, man müsste den Autor – lässt man den weiteren Kontext beiseite – in der Tat für einen der avantgardistischen Extropianer halten. Dass deren durch die Neuen Medien ermöglichte Denkform, die doch – wie gezeigt – ausgesprochen nietzscheanisch ansetzt, die problemlose Rezeption einer ihrerseits christozentrischen Konzeption erlaubt, verrät einmal mehr die postmoderne Tiefenstruktur der Cyber-Philosophy.

Religionsphilosophische Gegenprobe. Aber selbst damit ist das Thema Cyber-Philosophy noch nicht ausgeschöpft – was als

[138] MORAVEC, Hans. Zit. nach MERKLE, Ralph D.: The Molecular Repair of the Brain. In: Cryonics 1 (1994).

[139] TEILHARD DE CHARDIN, Pierre: Die Zukunft des Menschen. 2. Aufl. Olten; Freiburg i.Br. 1966. 163-164.

eine Art Gegenprobe dafür genommen werden kann, dass es sich nicht um ein exotisches Nischenthema, sondern um eine bis an die Wurzeln reichende, relativ neue Herausforderung der Philosophie handelt. Einer der Vordenker der Cyber-World, Jaron Lanier, der mittlerweile deren Entwicklung äußerst kritisch beobachtet, kommt zu dem Ergebnis:

> „Es ist im Grunde eine neue Religion."[140]

Für diese Interpretation der Cyber-Welt als einer Religion lassen sich überdies einigermaßen verblüffende religionsphilosophische Indizien aufbieten: Im Zusammenhang der Religionsphilosophie wird von den beiden Grundformen von Hochreligion und ihrem Aufkommen die Rede sein, vom personalistisch-pluralontologischen Modell der westlichen Offenbarungsreligionen Judentum, Christentum und Islam einerseits, von der apersonal-monistischen Grundstruktur der östlichen Hochreligionen Hinduismus und Buddhismus andererseits. (↗ Bd. 3, Teil B, Kap. 7) Der Extropianismus schreibt sich klar einem der beiden Grundmodelle ein, nämlich dem östlichen monistischen, die Einzelperson überschreitenden und auf Alleinheit gehenden Streben, verfolgt dieses Ziel aber nicht mit den klassischen östlichen Mitteln wie etwa der Meditation, sondern mit der bis auf die Spitze getriebenen typisch westlichen instrumentellen Rationalität, weshalb das Alleine nichts Statisches sein kann, sondern durch und durch Bewegung. Und das Verrückte daran: Einschlägige Extropianer wissen um diesen religionsphilosophischen Zusammenhang und sprechen ihn mehr oder weniger direkt sogar aus. Jedenfalls setzt einer von ihnen, Max More, sein Ideal einerseits kategorisch dem Christentum entgegen, bezeichnet es aber im gleichen Atemzug als eine dem östlichen Denken kontradiktorische „westliche Idee".[141]

Ausblick auf Alternativen. Nun ist freilich die Idee einer solchen West-Ost-Synthese des Denkens genau besehen gar nichts Neues. Zweimal gab es nämlich bereits in der westlichen Philosophie der Neuzeit den Versuch, mit spekulativ erweiterten „westlichen" Mitteln eine monistische Form der Welt- und Selbstbeschreibung zu entwickeln: Es handelt sich zum einen um Hegels, zum anderen um Whiteheads Metaphysik. (→ Bd. 2, Teil C, Kap. 6; ↗ Bd. 3, Teil C, Kap. 10) Insofern kann gar nicht überraschen, dass die Cyber-Szene schon längst einen einschlägigen Anspruch erhebt:

> „Extropianismus ist die erste neue Philosophie nach dem Scheitern der traditionellen Denksysteme am Ende dieses Jahrhunderts. Wir entwickeln die erste systematische Philosophie für das nächste Millennium. Wir sind die neue Aufklärung."[142]

[140] LANIER, Jaron: Eine grausame Welt. In: http://www.spiegel.de/spiegel/0,1518,448818,00.html [17.11.2006].
[141] FREYERMUTH: Cyberland (Anm. 19). 221.
[142] Max More im Gespräch, wiedergegeben in: FREYERMUTH: Cyberland (Anm. 19). 253.

Das freilich wird sich zeigen müssen. Außer Frage aber – meine ich – steht jetzt bereits, dass Philosophie künftig ohne eine Dimension von Cyber-Kritik genauso wenig betrieben werden kann wie ohne Vernunft- und Sprachkritik. Und die unmittelbaren Bezüge der Fragedimension zu den Bereichen der Hermeneutik als der Kunst des Verstehens, der Ethik und der Ästhetik liegen ohnehin auf der Hand. Um diese Teildisziplinen hat es im nachfolgenden Großschritt zu gehen.

Teil B:

Verstehen, Handeln und die Einheit der Vernunft

0. Hinführung

Geschäft des Deutens. Christliche Theologie kann man bündig so definieren: Sie ist Rede davon, dass Gott geredet hat, und Rede von dem, was er geredet hat. Bereits mit dieser Kurzdefinition sind wir zutiefst in eine philosophische Fragestellung verstrickt. Denn wenn Theologie davon redet, dass Gott geredet hat, muss sie ja nicht zuletzt und am besten möglichst rasch klarmachen, was denn jener ihr Ausgangspunkt – dieses Reden Gottes – noch ganz unabhängig von den Inhalten dieser Rede bedeutet. Damit ist bereits das entscheidende Stichwort für den ersten Schritt der folgenden Überlegungen gefallen: Bedeutung. Bedeutung kommt durch Deutung zustande. Theologie muss allem anderen voran verständlich machen, also deuten oder auslegen, in welchem Sinn denn von Gott gesagt werden könne, er rede oder habe geredet. Und Deutung tut da wahrlich not. Denn von „reden" sprechen wir im Normalfall, wenn jemand Wörter einer bestimmten Sprache gemäß den Regeln dieser Sprache mittels seiner Stimme verlautbart. Wenn auch Gott redet: Was für eine Sprache spricht er – und wie muss man sich seinen Mund und seine Stimme vorstellen? (Die Frage ist alles andere als gekünstelt: In der Bibel ist an Dutzenden von Stellen von Gottes Mund, seiner Stimme und davon die Rede, dass er gesprochen habe). Eine verblüffende Antwort auf diese Frage im vollen Bewusstsein ihrer Herausforderung begegnet in der jüdischen Tradition. Diese setzt sich mit Problemen der Deutung in der Regel nicht in Gestalt von Argumenten, sondern narrativ – also mittels der Erzählung von Geschichten – auseinander. Eine dieser Geschichten weiß, dass der Wortlaut des Tenach, also der Bibel, wie das Judentum sie liest, mit dem Buchstaben „beth" – B, aus „bereshit", zu Deutsch: „im Anfang" – beginne, also mit dem zweiten Buchstaben des hebräischen Alphabets, weil der erste, das „aleph" – A – Gott vorbehalten sei. Aber nicht einmal das habe er eigentlich ausgesprochen, sondern lediglich ein „eh", also den Stimmansatz zum „aleph". Der Rest der Offenbarung, also alles in Menschenworte Gefasste, sei nur Echo dieses Urlauts Gottes in der Welt.[1] Eine phänomenale Weise, die Notwendigkeit, ein Reden Gottes völlig anders als menschliches Reden zu bestimmen, damit zusammenzubringen, dass dieses Reden trotzdem in menschlichen Worten erfolgen muss, weil es sonst nicht verständlich wäre!

Theologie als Hermeneutik. Die Bemühung, etwas verständlich zu machen, was sich nicht so einfachhin von selbst versteht, trägt den Titel „Hermeneutik"; der Name selbst wird uns gleich noch

[1] Erzählt nach SALMANN, Elmar: Der geteilte Logos. Zum offenen Prozeß von neuzeitlichem Denken und Theologie. Rom 1992. 481.

ausführlicher beschäftigen, weil er Wichtiges über die Sache selbst birgt. Für jetzt reicht es, den Namen „Hermeneutik" einfach mit „Kunst der Auslegung" oder „Kunst der Deutung" wiederzugeben. Dass Theologie allein schon von ihrem Ausgangspunkt her elementar an Hermeneutik gebunden ist, ja im Grunde Hermeneutik ist, liegt nach dem soeben über das Reden Gottes Gesagten unmittelbar auf der Hand. Wenn aber bereits das reine Ausgangsfaktum der Theologie – Gottes Reden – einer das Verstehen ermöglichenden Deutung bedarf, kann kaum überraschen, dass dies nicht minder auch für die Inhalte jener Gottesrede gilt. Kurz gesagt: Theologie erweist sich als durch und durch hermeneutische Disziplin. Ob Theologie ausschließlich Hermeneutik darstellt oder darstellen kann (wie heute viele Theologietreibende voraussetzen), wird eine wichtige Frage sein, der wir aber erst nachgehen werden, nachdem wir uns über Hermeneutik als solche systematisch Klarheit verschafft haben.

Hermeneutik und Ethik. Der dann folgende Schritt der Überlegungen steht mit dem ersten – der Hermeneutik – in engster Verbindung. Das wird erst in neuerer Zeit wieder in der Philosophie ausdrücklich zur Kenntnis genommen, obwohl gerade der Stammvater der modernen Hermeneutik diesen Zusammenhang herausgestellt hatte. Bei diesem Stammvater handelt es sich um Friedrich Daniel Ernst Schleiermacher, dessen Hermeneutik uns noch ausführlich beschäftigen wird. Schon Schleiermacher hatte nämlich die Hermeneutik – die Lehre von der Kunst des Verstehens – in der Ethik verankert, also in der Lehre vom rechten Handeln.[2] In welchem Sinn Schleiermacher beide Dimensionen verknüpft hat, brauchen wir an dieser Stelle noch nicht eingehender zu untersuchen. Der entscheidende Gedanke, der dem Verstehen und Auslegen sittliche Qualität verleiht und es damit in den Horizont der Ethik zieht, lautet für Schleiermacher: Ich habe beim Auslegen der Äußerung einer oder eines anderen bis zum Erweis des Gegenteils die sprachliche Äußerung meines Gegenübers als vernünftig (und nicht von vornherein als sinnleeres Geräusch) zu unterstellen. Das schließt zwei ihrerseits wiederum ethisch nicht neutrale Momente ein: (a) Ich werde im Rahmen meiner Vernünftigkeitsunterstellung in erheblichem Rahmen Eigenheiten, also die Individualität meines Gegenübers in Rechnung stellen müssen. Und (b): Indem ich der zu verstehenden Äußerung einen Vertrauensvorschuss in der Währung der Vernünftigkeit entgegenbringe, schaffe ich Gemeinschaft, sofern ich mich mit der oder dem sich Äußernden auf eine Ebene stelle.

Schleiermachers Rückbindung der Hermeneutik an die Ethik hängt dabei an bestimmten Momenten seiner philosophischen Ge-

[2] Vgl. zum Folgenden SCHOLTZ, Gunter: Ethik und Hermeneutik. Schleiermachers Grundlegung der Geisteswissenschaften. Frankfurt a.M. 1995. 126-146.

samtkonzeption. Die Zusammengehörigkeit beider Dimensionen lässt sich aber auch ganz unabhängig von solchen Vorgaben noch auf andere Weise einsichtig machen. Man muss sich ja nur fragen, warum man überhaupt etwas zu verstehen sucht. Natürlich wird es Fälle geben, wo reiner Wissensdrang oder einfach die Neugier dazu antreiben. Gelingt in solchen Fällen Verstehen nicht, wird die Bemühung um es entweder aufgegeben oder vertagt. Weit interessanter freilich ist die Beobachtung, dass wir in anderen Fällen dieses Bemühen um keinen Preis einstellen oder dass wir verzweifelt reagieren, wenn trotz aller Mühe kein Verstehen gelingt. Angenommen, jemand fährt mit dem Zug nach München, weil er dort ein Gespräch zu führen hat, an dessen Ausgang hängt, ob er ein phantastisches Auslandsstipendium erhält oder nicht. Zu diesem Zweck muss er einen Gutachter aufsuchen, der in einem Vorort Münchens wohnt. Zu ihm kommt man ausschließlich mit dreimaligem Umsteigen aus der U-Bahn in die S-Bahn und dann in den Bus. Nun darf sich die Stadt München rühmen, im Nahverkehr das deutschlandweit komplizierteste Tarifsystem eingeführt zu haben (eines jedenfalls, das selbst Einheimische nur in begrenzter Zahl souverän durchschauen). Der Betroffene wird also – sofern möglich – eine ganze Weile vor der Tariftafel verbringen, um herauszubekommen, wie viele Abschnitte er denn nun für das Fahrtziel auf der Streifenkarte entwerten muss. Weil das selbst unter Aufwendung der ihm zu Gebote stehenden Fähigkeiten im Fach Logik kaum in einer erträglichen Zeit gelingt, wird er irgendwann entnervt zum nächsten Taxistand starten, um statt für die Streifenkarte im Wert von 9,80 Euro für 56,30 Euro rechtzeitig zum vereinbarten Gespräch zu erscheinen (oder er fährt schwarz mit dem durchaus realistischen Risiko, 80 Euro zu verlieren). Wie auch immer: Das nicht-alltägliche Verhalten resultiert aus mangelndem Verstehen-Können. Genauer: Es resultiert daraus, dass der Betroffene nicht in dem Maß Verstehen gewinnen konnte, das nötig wäre, um auf normale Weise und vor allem richtig zu handeln (nämlich die günstigste Transportmöglichkeit zum angepeilten Ziel auszuwählen und dabei die gesellschaftlich geltenden Regeln einzuhalten). Formal gefasst: Damit ich mich im gelebten Leben zurechtfinde, muss ich in einem bestimmten Maß verstanden haben, wie sich die Dinge verhalten und welche Regeln in meiner Lebenswelt gelten. Gelingende Lebensführung hat konstitutiv mit Verstehen zu tun. Ein Grundsatz der Scholastik lautete: „agere sequitur esse“ – „Das Handeln folgt dem Sein“. Der Grundsatz gilt zumindest insofern, als ein Handeln, das sich um das Sein, also die Wesensverfassung von Dingen und Ereignissen mehr oder weniger nichts schert, auf kürzestem Weg scheitern wird. Richtiges Handeln setzt richtiges Verstehen voraus. In diesem Sinn ist auch die zeitgenössische Philosophie wieder auf den Zusammenhang von Hermeneutik und Ethik aufmerksam geworden. Schleiermacher hatte umgekehrt die Hermeneutik in der

Ethik fundiert. Beide Perspektiven haben ihr Recht. Für unsere Belange reicht es vorerst aus, zu wissen, dass sich die eine Seite mit der anderen, Hermeneutik und Ethik, auf engstmögliche Weise verknüpft zeigt.

Praktische Philosophie. Man darf wohl sagen: So wie eine Ellipse zwei Konstruktionspunkte besitzt, so konstituiert sich von der Hermeneutik und der Ethik her der Gesamtbereich der so genannten Praktischen Philosophie. Richtiges Verstehen und richtiges Handeln bilden ihr doppelt-eines Ziel. Bisweilen fallen beide Seiten regelrecht zusammen: Erst durch jemandes Handeln erweist sich, ob sie oder er richtig verstanden hat. Und – noch dramatischer: Manchmal besteht richtiges Handeln einzig darin, jemandem Verständnis entgegenzubringen, also sie oder ihn zu verstehen, und selbst dann nicht zu widerstehen, wenn das Gegenüber etwas tut, dem ich selbst auf keine Weise zustimmen kann (daraus besteht nicht selten das ausgesprochen harte Brot derer, die in Beratungsberufen oder in Beichtzimmern tätig sind).

Einheit der Vernunft: Ästhetik. Wenn man hinzu nimmt, dass es in der Theologie um Dinge geht, die man unbedingt um jeden Preis richtig verstehen muss, weil buchstäblich alles – theologisch gesprochen: die Ewigkeit – daran hängt und dass bestimmtes Handeln als unbedingt notwendig eingefordert wird, weil sich daran erweist, ob jemand die Botschaft seines Glaubens richtig verstanden hat, dann liegt auf der Hand, welches Gewicht der Hermeneutik wie der Ethik theologisch zukommt. Um in diese Zusammenhänge tragfähige Einsicht zu gewinnen, tut Not, beide Dimensionen hinsichtlich ihrer Voraussetzungen, ihrer Strukturen und ihrer Konsequenzen aufzuklären. Dem wird dann aber auch noch die Aufgabe anzuschließen sein, diesen ganzen Bereich der praktischen Vernunft ins Verhältnis zu setzen zu den Frageperspektiven der theoretischen Vernunft, die wir unter dem Titel „Wissen und Wahrnehmen" behandelt haben. (→ Bd. 2, Teil A) Denn es handelt sich doch dabei um die *eine* Vernunft, zu der die theoretische wie die praktische Einstellung gehört. Deren Einheit ist aber von solcher Art, dass sie sich nicht nur als eine Addition beider Perspektiven erweist, sondern ihrerseits sich in ganz eigenständiger Weise zur Geltung bringt. Ihren besonderen Niederschlag findet der Zusammenhang und Zusammenklang von theoretischer und praktischer Vernunft im Phänomen des Schönen und der Kunst. Reflektiert wird diese Einheit darum unter dem Titel der Ästhetik, wobei aber zu dieser aus Gründen ihrer eigentlichen Wurzeln weit mehr gehört als nur eine Theorie des Schönen und der Künste. Diesen drei philosophischen Aufgaben haben wir uns nachfolgend zu widmen. Wir beginnen mit den Grundfragen der Hermeneutik.

1. Gänge hermeneutischen Denkens

Grundvollzug „Verstehen". Hermeneutik, am besten zu übersetzen als „Kunst des Verstehens" (↖ Bd. 1, Kap. 5), hat ihre tiefsten Wurzeln in dem spontanen menschlichen Bestreben, sich in der Welt auszukennen. Dann erst fühlen wir uns in unserer Welt daheim. Dass sich ein solches Bedürfnis überhaupt als elementares meldet, verrät, dass wir in unserer Welt nicht von selbst geborgen sind, dass sie sich uns nicht wie von selbst öffnet, sondern dass wir sie uns erschließen müssen.[1] Solche Elementarhermeneutik gehört lange vor allem etwaigen Versuchen, größere oder ganz große Sinnzusammenhänge im Weltgeschehen zu entdecken, zu den Grundvollzügen gelebten Lebens. Einer der ganz großen aus der Tradition der Hermeneutik – Martin Heidegger – spricht in diesem Sinn von Verstehen als Existenzial. Zu einer differenzierten Aufklärung der Hermeneutik kann man diese in eine Art historisch-systematisches Koordinatensystem eintragen: Zum einen lässt sich eine Skala für die Art der Begegnung dessen, der Verstehen sucht und darum seine Welt deutet, und für die Tiefe seines Eingriffs in das zu Verstehende zeichnen: Diese Skala beginnt mit einem aufmerksamen Sich-einlassen-Auf und Sich-bestimmen-Lassen von Vorgegebenem, Zugesagtem, so etwa im Fall von normativen Texten, denen jemand begegnet – Hermeneutik als Sinnvernehmen. Sie führt weiter zu einem aktiven und konstruktiven Gestalten des zu Verstehenden, was voraussetzt, dass diesem kein bereits feststehender Sinn zugeschrieben wird, sondern dass dieser erst im Akt des Interpretierens erzeugt wird. Und sie reicht schließlich bis zu der Überzeugung, dass an dem zu Deutendem Verhärtungen und Verformungen aufgebrochen werden müssen, dass Unterdrücktes und Verdecktes freizuschürfen ist, um an den wirklichen Sinn des zu Verstehenden heranzukommen. Man kann mit E. Angehrn diese Skala bündig auf die drei Begriffe „Rezeption" – „Produktion" – „Dekonstruktion" bringen.[2] Schon lange vorher hatte P. Ricœur – ein anderer der Großen der Hermeneutik – in ähnlicher Hinsicht vom „Konflikt der Interpretationen"[3] gesprochen. Das verweist zugleich darauf, dass die drei Weisen des Verstehens und Deutens nicht einfach historisch nacheinander auftreten, sondern meist synchron in gestufter Dichte, sodass Verstehen von einem buchstäblichen „ganz Ohr Sein" für etwas Zugesagtes bis hin zu einer Hermeneutik des Verdachts gleichzeitig reicht und die Verstehensweisen sozusagen miteinander ringen.

1 Vgl. ANGEHRN, Emil: Interpretation und Dekonstruktion. Untersuchungen zur Hermeneutik. Weilerswist 2003. 156-157.
2 Vgl. ANGEHRN: Interpretation (Anm. 1). 136. 332-333.
3 RICŒUR, Paul: Le conflict des interprétations. Essais d'herméneutique. Paris 1969.

Historische Konstellationen. Gleichwohl – und da kommt die zweite Koordinate zur Beschreibung der Hermeneutik ins Spiel – werden die genannten drei Grundformen von Hermeneutik ihrerseits in bestimmten historischen Konstellationen entbunden. In diesem Sinn kann – wiederum bündig und auf die jeweilige Elementargestalt verkürzt – gesagt werden: Die rezeptive Hermeneutik repräsentiert idealtypisch der hermeneutische Umgang mit autoritativen, meist heiligen Texten vom Anfang der Philosophie bis zur Entwicklung der Hermeneutik zu einer allgemeinen Theorie der Auslegung nach der Wende vom 18. zum 19. Jahrhundert; die produktive Hermeneutik, die sich später auch als Interpretationsphilosophie bezeichnet, hat ihren Übervater in Friedrich Nietzsche; und an deren Rändern bereits beginnt sich auszubilden, was sich, aufgeladen aus den Ressourcen anderer Quellen von Verdacht gegen Etabliertes, im 20. Jahrhundert in den Programmen der Dekonstruktion Ausdruck verschafft, die mit den Namen J. Derrida, M. Foucault, F. Lyotard, J. Lacan, aber auch R. Rorty verbunden sind. Wohl aber hätte sich bei allen Entgegensetzungen das Ineinandergreifen dieser drei Typen von Hermeneutik nicht so entwickelt, wie es heute das Philosophieren bestimmt, wenn es nicht durch F.D.E. Schleiermacher, M. Heidegger und H.-G. Gadamer epochale Durchbestimmungen erfahren hätte. Damit ist auch schon der Takt für die weitere Entfaltung des hermeneutischen Problems angegeben: Die historischen Durchbruchsgestalten werden so nachzuzeichnen sein, dass ihr bleibender systematischer Ertrag dabei angemessen zur Geltung kommt. Darum muss es zuerst um diejenige Form der Kunst des Verstehens gehen, die vom Anfang der Philosophie an präsent ist und die geschichtlich zugleich durch das Auftreten des Christentums den Schub erfahren hat, der sie über fast eineinhalb Jahrtausende zu einem Erfolgsmodell gemacht hat.

1.1 Wurzel und Symptomatik

Anfang „Hermes". Um einen Sachverhalt aufzuklären, muss man nicht immer und unbedingt bis zu Adam und Eva zurückgehen, wie man so sagt. Im Fall der Hermeneutik jedoch lohnt sich ein solcher Rückgang bis in die ersten Anfänge, näherhin zum Ursprung des Namens der Auslegungskunst und zu dem, wofür er in diesem Ursprung stand.

Der Ausdruck „Hermeneutik" stammt vom Namen des griechischen Gottes Hermes ab. (↖ Bd. 1, Kap. 5 Einleitung) Allein damit schon ist ein erster Hinweis auf einen ursprünglichen Zusammenhang zwischen Hermeneutik und dem Bereich des Religiös-Sakralen gegeben. Richtig aufschlussreich wird dieser Zusammenhang aber erst, wenn man ihm auch inhaltlich nachgeht, d.h., wenn man in Erwägung zieht, wer denn dieser Hermes war und welche Funktion er im Horizont griechischen Denkens erfüllte.[4] Hermes war der Götterbote. Er brachte Botschaften vom Olymp, dem Sitz der Unsterblichen, zu den Menschen – und umgekehrt deren Gebete und Opfer zu den Göttern. Aber er tat Ersteres nicht im Sinn einfacher Übermittlung – wie ein Postzusteller –, sondern er dolmetschte den Adressaten den Götterwillen, übersetzte also deren Botschaft in eine für die Sterblichen verständliche Sprache. Das macht spontan verständlich, dass die Griechen dem Hermes auch die Erfindung von Sprache und Dichtung zuschrieben. Gleichwohl machte die sprachliche Kommunikation nur einen Teilbereich von Hermes Zuständigkeit aus. In diese fiel darüber hinaus im Grunde alles, was mit einem Hinüber und Herüber zu tun hatte. Hermes war darum auch der Gott der Wege und Tore, des Aus- und Eingehens. Und zwar nicht nur des täglichen Weggehens und Ankommens, sondern auch des Kommens in die Welt und des Gehens aus der Welt: Hermes geleitet die Kinder ins Leben und die Toten ins Schattenreich.

Aber auch noch eine andere menschlich elementare Variante des Hinüber und Herüber steht unter dem Patronat des Hermes: der Tausch von Dingen, also der Handel. Weil ein Handel aber sowohl ehrlich wie unehrlich vor sich gehen kann, zählen sich nicht nur die ehrbaren Kaufleute zur Klientel des Hermes, sondern auch die Betrüger und Diebe. Im christlichen Bereich gibt es übrigens etwas Analoges: In Süditalien wird bis heute „Il Santo", also der Hl. Antonius von Padua, unter vielem anderen auch als Patron der Taschendiebe verehrt; sein historisch belegtes soziales Engagement lässt beim jüngsten Gericht auf ihn als Verbündeten hoffen, wenn der eigene Lebensunterhalt nicht anders als durch einen Griff in fremde Taschen zu sichern war – weshalb es angebracht ist, ihm schon zu Lebzeiten hier und da eine Kerze zu stiften. Das ist ein ausgesprochen hermeneutischer Akt, sofern er darauf zielt beim ewigen Richter Verständnis für die ethisch nicht so ganz astreine Lebensführung zu wecken.

Mit diesem kurzen Blick auf den Hl. Antonius und seine spezifischen Verehrer haben wir uns übrigens in keiner Weise von Hermes entfernt. Wenn einer Il Santo aus genanntem Grund Referenz erweist, dann hat das ja auf engste Weise damit zu tun, dass sich der Betroffene in einer kritischen Situation befindet, was sein Auskommen und seine Lebensführung betrifft. Er weiß nicht recht, wohin er sich wenden und wie es weitergehen soll. Eben darin aber, Orientierung zu geben und so zu Hilfe zu kommen, besteht jene Funktion des Hermes, die dieser schon erfüllte, als er noch gar nicht dem Olymp zugerechnet wurde (Hermes gehört zu jenen uralten griechischen Gottheiten, die schon eine Rolle spielen, bevor der Olymp zum Sitz der Götter wird). Buchstäblich rückübersetzt bedeutet Hermes nämlich „Der von den

[4] Vgl. zum Folgenden NETHÖFEL, Wolfgang: Theologische Hermeneutik. Vom Mythos zu den Medien. Mit einem Anhang v. Michael Biehl. Neukirchen-Vluyn 1992. 2-9. – MÜLLER, Klaus: Homiletik. Ein Handbuch für kritische Zeiten. Regensburg 1994. 109-110.

Hermen". „Hermai" – Hermen – waren Steinhaufen, in deren Mitte ein Stein deutlich sichtbar aufgerichtet war. Diese Hermen dienten faktisch als Wegweiser, spielten aber auch eine Rolle als Erinnerungszeichen an die Toten. Zugleich gehört der besonders aufgerichtete Stein der Hermen in den Bereich der Phallus-Symbolik, die kulturübergreifend als Sinnbild für Schöpferkraft, also für Dasein statt Nichtsein steht. Hermes als „Der von den Hermen" hat also einerseits mit praktischer Wegweisung zu tun; er zeigt, „wo's langgeht". Andererseits weitet sich diese Funktion bruchlos ins Metaphysisch-Religiöse: Hermes steht dafür, dass das Leben stärker als der Tod, das Sein stärker als das Nichtsein, Ordnung mächtiger als Nicht-Ordnung, also Chaos ist. Wenn man an einer Herme vorbeiging, legte man einen Stein zu ihr hinzu. So bestätigte man die Ordnung, die sie durch ihre Orientierungsgabe aufrichtete, und sorgte zugleich dafür, dass sie nicht von ihrer Umwelt ununterscheidbar wurde. Hermes also als der Gott des Ans-Ziel-Kommens und so auch glückenden Lebens und Überlebens. Dass das manchmal nur in Form des Kompromisses mit der geltenden Ordnung möglich zu sein scheint, kommt darin zum Ausdruck, dass Hermes – in gewisser Ähnlichkeit mit unserem Hl. Antonius – eine Art Schelmhaftigkeit zugeschrieben wird, wenn es ums Durchkommen geht. Sogar Verwandlungen und Täuschungen gehören zu seinem religionsgeschichtlichen Erscheinungsbild.

Als weit aufregender aber muss eine ikonographische Beobachtung gelten. Jüngere antike Darstellungen zeigen Hermes als jungen Mann, der ein Schaf auf seinen Schultern trägt – ein Bild, das Christinnen und Christen wohlvertraut ist. Hermes repräsentiert nichts Geringeres als das Urbild des Guten Hirten, derjenigen Darstellung Jesu mithin, die als das am häufigsten auftretende Christusbild der frühen Kirche gelten muss. Ein Gutteil dessen, was Hermes an Prädikaten und Funktionen zugeschrieben wurde, ließ sich im Rahmen dieser ikonographischen Rezeption mit übernehmen und zur Auslegung (!) des Christusereignisses in Anspruch nehmen.

Hermeneutik und Religion. Ich bin auf diese scheinbar etwas abliegenden Wurzeln der Hermeneutik nicht aus historischem Interesse näher eingegangen. Der Grund ist ein anderer, und zwar ein doppelter: (a) Schon in der vorgenommenen Nachzeichnung der Ursprünge des Namens deutet sich eine tiefreichende und konstitutive Verbindung von Hermeneutik und Religion bzw. Theologie an. Und (b): In der Beschreibung der uralten Gestalt des Hermes und seiner Funktionen wie auch in ihrer Ikonographie und schließlich sogar deren christlicher Rezeption wird bereits ein Moment greifbar, durch das das Phänomen der Hermeneutik als Kunst der Auslegung in das Gefälle einer bis heute anhaltenden geschichtlichen Dynamik hineingezogen wird. Diesem innersten Treibsatz in der Entfaltung der Hermeneutik haben wir im Folgenden zunächst nachzugehen, um dann zu prüfen, was im Zug dieser Dynamik aus der Kunst der Auslegung wird und welche Konsequenzen sie speziell für Theologie zeitigt.

Geschichtliche Dynamik. Man kommt diesem Treibsatz am einfachsten dadurch auf die Spur, dass man einmal beobachtet, unter welchen geschichtlichen Bedingungen die Bemühung um Verstehen signifikant zur Geltung kommt. In durchaus waghalsiger, aber für unseren Zweck akzeptabler, Vereinfachung kann man sagen: Hermeneutische Bemühungen treten pointiert (1) in der griechischen Klassik, also zur Zeit eines Sokrates und Platon hervor, desgleichen (2) im Frühjudentum, (3) im aufkommenden Christentum, überlappend damit (4) in der Spätantike, (5) im Zusammenhang der Wende vom Mittelalter zur Neuzeit, (6) während des Umbruchs von den großen philosophischen Systemen der Deutschen Klassik – also von Fichte, Schelling, Hegel und Hölderlin – zum Denken des 19. Jahrhunderts, (7) in der Grundlagenkrise der Philosophie in den jeweils 30 Jahren vor und nach der Wende vom 19. zum 20. Jahrhundert und (8) schließlich in der zweiten Hälfte des 20. Jahrhunderts im Zusammenhang der Programme, die zumeist unter dem Etikett „Postmoderne" firmieren. Besser als irgendwo sonst lässt sich die Hermeneutik-Konjunktur des 20. Jahrhunderts an der Theologie der Epoche beobachten – und das überdies in einer aufschlussreichen konfessionellen Differenzierung: Bald nach dem Zweiten Weltkrieg entwickelte sich in der evangelischen Theologie eine Richtung, für die sich ausdrücklich der Name „Hermeneutische Theologie" eingebürgert hat. Und im katholischen Raum kam es unmittelbar nach dem II. Vaticanum zu einer regelrechten Flut von Veröffentlichungen, die der Hermeneutik gewidmet waren. Das Konzil selbst hatte dabei im Grunde mit einem seiner wichtigsten Texte, der Dogmatischen Konstitution über die göttliche Offenbarung *Dei verbum*[5], eine Vorreiterrolle übernommen.

In der jüngeren Gegenwart nimmt sich die katholische Lage etwas unübersichtlich aus. Zum einen gibt es massive Versuche, die hermeneutischen Weichenstellungen des Konzils wenigstens zum Teil rückgängig zu machen. Der *Katechismus der Katholischen Kirche* von 1993 spielt dabei in wichtigen Kapiteln eine ganz eigenartige Rolle.[6] Nahezu gleichzeitig erschien jedoch ein lehramtlich gesehen hochrangiges Dokument: ein Schreiben der Päpstlichen Bibelkommission mit dem

5 Vgl. Dogmatische Konstitution über die Göttliche Offenbarung (Dei Verbum). In: Herders Theologischer Kommentar zum Zweiten Vatikanischen Konzil. Hg. v. Peter Hünermann u. Bernd Jochen Hilberath. Bd. 1: Die Dokumente des Zweiten Vatikanischen Konzils. Konstitutionen, Dekrete, Erklärungen. Lateinisch-deutsche Studienausgabe. Freiburg i.Br. 2004. – Vgl. HOPING, Helmut: Theologischer Kommentar zur Dogmatischen Konstitution über die göttliche Offenbarung. Dei Verbum. In: Herders Theologischer Kommentar zum Zweiten Vatikanischen Konzil. Hg. v. Peter Hünermann und Bernd Jochen Hilberath. Bd. 3. Freiburg i.Br. 2005. 695-831.

6 Vgl. dazu VERWEYEN, Hansjürgen: Der Weltkatechismus. Therapie oder Symptom einer kranken Kirche? Düsseldorf 1993. 26-52.

Titel *Die Interpretation der Bibel in der Kirche*, das dazu auffordert, die zeitgenössische Hermeneutik in ihrer gesamten Bandbreite für die Auslegung der Heiligen Schrift heranzuziehen.[7] Zugleich gab es aber relativ parallel dazu seitens des damaligen Kardinals Ratzinger fundamentale Anfragen an die historisch-kritische Methode in der Schriftauslegung.[8] Diese aber gehört zum Zentrum der modernen Hermeneutik, die das Dokument der Bibelkommission doch allen ans Herz legt, die mit Schriftauslegung zu tun haben.

Krisensymptom. Diese offenkundige Nervosität im katholischen Bereich was Hermeneutik betrifft, verrät exemplarisch, was als Motiv hinter all den genannten Fällen auffälliger Bemühung um Hermeneutik steht: immer eine Krise des bisher mehr oder weniger fraglos Geltenden in Religion, Philosophie und Gesellschaft. Die Frage, wie man etwas richtig oder wie man es überhaupt verstehen kann, wird genau in dem Augenblick wichtig, da etwas seine Selbstverständlichkeit verloren hat. Hermeneutik ist von ihrem Ursprung her ein Krisen-Phänomen. Das ist der Treibsatz in der geschichtlichen Dynamik, in der sich die Gestalten der Hermeneutik bis zu ihrer heutigen Gestalt entwickelt haben. Was hinter der so bündig formulierbaren These von der Hermeneutik als Krisen-Phänomen inhaltlich steckt, lässt sich nur ermessen, wenn man sich die Mühe macht, einigen dieser Krisen nachzugehen. Nachdem es sich dabei nur um solche mit einer theologischen Dimension, wenn nicht überhaupt um genuin theologische Krisen handelt, haben wir philosophisch wie theologisch guten Grund, die wichtigsten dieser Zusammenhänge etwas näher in Blick zu nehmen.

Methodisch möchte ich folgendermaßen vorgehen: (a) Zunächst analysiere ich ein oder mehrere Krisenszenarien hinsichtlich ihrer auslösenden Motive, ihres philosophischen Profils und ihrer Konsequenzen auf der Ebene der Hermeneutik. (b) Jedes Mal dann, wenn sich das in den Krisen angesammelte kritische Potenzial gewissermaßen in einer grundstürzenden Neubestimmung von Hermeneutik entlädt, unterbreche ich die Rekonstruktion der geschichtlichen Dynamik der hermeneutischen Frage und leuchte in Grundzügen die systematische Innenstruktur des jeweils hervorgetriebenen hermeneutischen Paradigmas kritisch aus.

7 Päpstliche Bibelkommission: Die Interpretation der Bibel in der Kirche. 23. April 1993. Bonn 1993.

8 Vgl. RATZINGER, Joseph Kardinal: Schriftauslegung im Widerstreit. Zur Frage nach Grundlagen und Weg der Exegese heute. In: DERS. (Hg.): Schriftauslegung im Widerstreit. Freiburg; Basel; Wien 1989. 15-44.

1.2 Wege zur Allegorie – und in ihren Kollaps

Sophistische Krise. Zur ersten der im erläuterten Sinn für Hermeneutik relevanten Krisen kommt es in der Zeit der Sophistik, also der zweiten Hälfte des fünften und der ersten Hälfte des vierten vorchristlichen Jahrhunderts. Die Werte, die die Epen Homers propagierten und die für eine adelige Gesellschaft konzipiert waren, beginnen zu zerfallen. Das ging einher mit dem Aufkommen der Demokratie in der Polis. Politik wurde nicht mehr von einer institutionalisierten Autorität betrieben, sondern durch Mehrheitsbeschlüsse der Volksversammlung gestaltet, bei denen alle Stimmen – ob arm oder reich – gleichviel zählten. Politisch Erfolg haben konnte nur, wer die Leute von seinem Vorschlag zu überzeugen vermochte. Dazu musste man die Kunst öffentlich wirksamer Rede beherrschen. Zur Unterweisung in diese Kunst boten sich die Sophisten an. (→ Bd. 2, Teil C, Kap. 3.1)

Freilich war das nur die Außenseite. Ungleich bedeutsamer nimmt sich aus, dass es im Rahmen dieser gesellschaftlich-kulturellen Umschichtung in den Zentralbegriffen der bisherigen Welt- und Lebensbeschreibung zu Bedeutungsverschiebungen kommt und dass sich Normen – ehedem für unveränderlich und ewig gehalten – ändern. Was an beiden Vorgängen hängt und wie tief sie ins Theologische hineinreichen, machen spontan einige Konkretisierungen klar:

Beispiel „Logos". Eines der Grundworte der abendländischen Philosophie schlechthin heißt „logos". Heraklit hat es eingeführt. Mit logos meint er diejenige Instanz, die als einendes Prinzip hinter allem Wandel wirkt, der durch den unablässigen Kampf einander entgegengesetzter Kräfte erzeugt wird. Diesen logos versteht Heraklit als göttlich. Außerdem sieht er die Mehrheit der Menschen in einer Unwissenheit bezüglich dieses universalen Prinzips befangen. Genau gegen diesen elitären Gedanken löcken die Sophisten den Stachel, und sie verstehen logos gegen Heraklit genau so, wie wir diesen Ausdruck heute in der Regel übersetzen: als das, was ein Individuum sagt: als „Wort", mit dem es seine Meinung zum Ausdruck bringt. Zu einer Meinung freilich kann es allemal eine Gegenmeinung geben. Von Protagoras, dem wohl berühmtesten Sophisten, wird der Ausspruch überliefert:

> „Über jede Sache gibt es zwei einander entgegengesetzte Aussagen (Meinungen) [logoi; K.M.]."[9]

Dieser neu verstandene logos wirkt dann aber natürlich nicht mehr als einendes Prinzip, sondern motiviert im Gegenteil zum Kampf. Protagoras unverblümt:

> „Es gilt die schwächere Meinung [logos; K.M.] zur stärkeren zu machen."[10]

9 DIELS/KRANZ 80 B 6a.
10 DIELS/KRANZ 80 B 6b.

Beispiel „Physis". Eine ähnlich radikale Bedeutungsveränderung erfährt ein anderes Grundwort frühen Philosophierens: „physis". Wir übersetzen das Wort heute in der Regel mit „Natur". Das deckt sich nur sehr bedingt mit seinem ursprünglichen Sinn. Vermutlich meinte es einfach die faktische Beschaffenheit der Welt. Die Sophisten dagegen verstehen unter „physis" das Gegenteil von „nomos". „nomos" ist das von Menschen aufgestellte Gesetz, „physis" dagegen folglich das, was von Natur aus in der Welt gilt.

Beispiel „Nomos". Das schließt zugleich eine ebenso radikale Bedeutungsverschiebung beim Wort „nomos" ein. In der vorsophistischen Philosophie, namentlich bei Heraklit fungiert „nomos" als Äquivalent zu „logos", meint also etwas Universales, Unverfügliches. Die Sophisten dagegen verstehen unter „nomos" die Vorschriften, die die bestimmenden Kräfte einer Gesellschaft erlassen; „nomos" geht für sie aus Konvention hervor.

Exemplarischer Normenwandel. Neben dieser Uminterpretation noch wenigstens ein Beispiel für den Normenwandel. Homer, die überkommene Autorität schlechthin, singt das Hohelied der Ehe; Sie brauchen nur an Odysseus und seine gegen alle Freier treu über Jahre wartende Gattin Penelope zu denken. Der Sophist Antiphon sieht die Sache ganz anders. Ihm gilt die Ehe als gewagtes Spiel, weil – wenn sich die Frau als ungeeignet erweise – die Scheidung nur Unannehmlichkeiten eintrage. Zwar gesteht er zu, dass es für den Menschen (so steht es im Original; er setzt „Mensch" für „Mann") nichts Angenehmeres gebe als eine Frau nach seinem Herzen. Aber diesen Genuss konterkariert ihm, dass er – verheiratet – für den Unterhalt, die Ehrbarkeit und den guten Namen gleichsam eines zweiten Leibes zu sorgen hätte, ganz zu schweigen von der Plage, die durch Kinder noch hinzukäme. Darum lieber solo bleiben! Wohl bemäntelt Antiphon seine Position mit dem Ideal der Selbstgenügsamkeit; de facto aber denkt er nicht anders als der Durchschnitts-Yuppie von heute.

Therapie „Allegorie". Das waren vier Beispiele – drei theoretische und ein praktisches – für Umorientierungen in einer Krisensituation. Bewerkstelligt werden aber konnten diese Veränderungen nur mit Hilfe einer hermeneutischen Technik. Denn solche Verschiebungen wie die genannten lassen sich nur dadurch durchsetzen, dass sie irgendwie in einen Zusammenhang mit der bisher geltenden Tradition gestellt werden. Genau zu diesem Zweck wird in der Zeit der Sophistik die allegorische Lektüre der Klassiker, also besonders der Werke Homers und des Bauern Hesiod, entwickelt (Hesiod ist der Verfasser einer uns erhaltenen, ungefähr um 700 v. Chr. entstandenen *Theogonia*, also eines Buches über die Entstehung der Götter und mit ihnen des Kosmos).

Allegorie, so kann man zunächst einmal sagen, ist eine rhetorische Figur, die durch Bedeutungsveränderung das Eine sagt, aber ein Anderes meint. Um zu verstehen, muss man also einen Gedankensprung vollziehen. Allegorisch gelesen wird dann, wenn ein gegebener Text aus bestimmtem Grund nicht mehr dem Buchstaben gemäß, also literaliter, sondern irgendwie anders verstanden werden soll. So werden z.B. die Kämpfe zwischen den Göttern, von denen Homer erzählt, als Sinnbild für den Widerstreit kosmischer Elemente oder moralischer Prinzipien interpretiert. Auch anthropologische Allegorese kommt vor, d.h. ein äußeres Geschehen wird als Sinnbild eines dem Menschen innerlichen Vorgangs gelesen. Platon, Aristoteles und die Epikureer waren gegenüber dieser Hermeneutik ausgesprochen zurückhaltend. In der Stoa, also der tonangebenden Philosophie der hellenistischen Zeit, kam die allegorische Homer-Interpretation zu ihrer vollen Blüte.

Jüdische Krise. Die zweite Krise, von der die Rede sein muss, trieb eine ganz andere Form von Hermeneutik hervor. Es handelt sich um jüdische, näherhin um die talmudische Schriftinterpretation. „Talmud" (wörtlich übersetzt „Studium", „Lehre", „Belehrung") ist der Name für das grundlegende Werk des Judentums, in dem Gesetzesauslegungen von Schriftgelehrten festgehalten wurden. Man unterscheidet dabei den Jerusalemer Talmud und den etwas jüngeren Babylonischen Talmud. Beide Versionen setzen sich aus zwei Schichten zusammen: zum einen der „Mischna" (wörtlich „Wiederholung", „Lehre") und der „Gemara" („Vervollständigung"). Die Entstehung des Talmud hat auf eminente Weise mit Krise zu tun. Die Exegese weiß seit langem, dass den in der schriftlichen Tora festgehaltenen Überlieferungen über lange Zeit mündliche Varianten vorausgingen, ebenso, dass es nach der Verschriftlichung neben dieser weiterhin auch mündliche Traditionen gab. Mit der Zerstörung des Jerusalemer Tempels 587 vor Chr. rückte die schriftliche Tora in eine ganz neue Funktion ein: Sie garantierte die Einheit und Identität des in Verbannung und Diaspora lebenden Volkes Israel. Entsprechend intensiv wurde sie gepflegt. Diese Pflege manifestierte sich vor allem im Bemühen, nichts, was die Tora zu sagen hatte, unbeachtet zu lassen und die Gesetze auf die Lebenssituation der Glaubenden zu beziehen. Was daraus resultierte, wurde in mündlicher Überlieferung weitergegeben. Man sprach von „mündlicher Tora" neben der schriftlichen. Schon ab dem 2. vorchristlichen Jahrhundert wurden aber auch solche Traditionen ihrerseits wieder aufgezeichnet, um sie vor dem Vergessen zu bewahren. Allerdings war das nicht unumstritten. Es gab ein regelrechtes Schriftverbot. Allerdings wurde dieses hinfällig, als sich das Krisenszenario, das das mündliche Gesetz letztlich hervorgebracht hatte, durch die Zerstörung auch des zweiten Jerusalemer Tempels 70

n. Chr. wiederholte: Jetzt entstand über die folgenden ca. fünf Jahrhunderte hin in Funktion der kulturellen und religiösen Identitätssicherung der Talmud. (↖ Bd. 1, Kap. 7.4)

Literale Strategien. In der sophistischen Krise führte der Weg der Hermeneutik, wie geschildert, in die Allegorese. Ihr Weg im Raum des jüdischen Denkens verlief zunächst völlig anders. Der jüdisch-talmudischen Hermeneutik bleibt so etwas wie Allegorie völlig fremd. Sie hat sie gar nicht nötig. Der Charakter der hebräischen Sprache eröffnet nämlich völlig andere Weisen der Deutung. Ich nenne nur die beiden für unser Verständnis von Sprache und Interpretation vielleicht verblüffendsten[11]:

(1) Interpretationsmöglichkeiten ergeben sich bereits auf der Ebene der Phonetik: Das Hebräische kennt keine Vokale. Darum kann man viele Wörter nicht sofort eindeutig identifizieren. Der Sinn von Ausdrücken mit gleichem Konsonantenbestand kann je nach Lesart ganz verschieden ausfallen.

(2) Der hebräische Text der Bibel kennt keine Interpunktion. Wo ein Satz aufhört und der nächste anfängt, kann durchaus strittig sein. Anders gesagt bedeutet das: Der Text wird zunächst als ein Buchstabenkonglomerat gesehen, aus dem eine Leserin oder ein Leser Sätze und Wörter erst schafft. Dann aber präsentiert ein Text nicht nur ein Buch, sondern Bücher. In dem einen Text steckt eine Vielzahl von Geschichten, je nachdem die Lesenden Sätze und Wörter bestimmen. Ähnlich stecken in einem gegebenen Textwort mehrere Wörter, was die Bedeutung betrifft.

Gematrie. Diese Varianz ergibt sich dabei nicht nur aus den verschiedenen Vokalisierungsmöglichkeiten einer Konsonantenkomposition. Im Hebräischen entspricht nämlich jedem Buchstaben ein Zahlenwert. Darauf basiert die so genannte „Gematrie“: Der Zahlenwert eines Wortes wird entweder in Zusammenhang mit einem Sachverhalt gebracht, der von der gleichen Zahl geprägt wird. Oder zwei Ausdrücke, die miteinander auf den ersten Blick nichts zu tun haben, rücken aufgrund des gleichen Zahlenwerts ihrer Buchstabenkombination zusammen. Gematrie gibt es übrigens auch christlich gar nicht selten. Das berühmteste Beispiel steht wohl im Neuen Testament, genauer gesagt: Es bildet den Anfang des Matthäus-Evangeliums. Dort findet sich nämlich ein Stammbaum Jesu, bestehend aus dreimal 14 Namen. Diese Namenslitanei wird sogar in der Eucharistiefeier des 17. Dezember als Evangelium gelesen. Sie schließt mit dem Vers:

> „Im ganzen sind es also von Abraham bis David vierzehn Generationen, von David bis zur Babylonischen Gefangenschaft vierzehn Generationen

11 Vgl. zum Folgenden OUAKNIN, Marc-Alain: Das verbrannte Buch. Den Talmud lesen. Aus d. Franz. v. Dagmar Jacobsen u. Lutz Mai. Weinheim; Berlin 1990. 26-28. 92-125.

und von der Babylonischen Gefangenschaft bis zu Christus vierzehn Generationen." (Mt 1,17)

Der Zelebrant, der das vorliest, fügt dem regelkonform ein „Evangelium unseres Herrn Jesus Christus" an. Nur: Wie um alles in der Welt soll die Aufzählung von dreimal 14 Namen Evangelium – Frohbotschaft – sein? Die Antwort ist einfach, aber gematrisch: 14 ist der Zahlenwert des David-Namens „DVD". David gilt als der Ideal-König Israels. Drei ist gematrisch Sinnbild der Vollkommenheit. Der Überkönig Israels, der, der alle Verheißungen Gottes endlich einlöst, kann darum nur dreimal 14 Generationen hinter sich haben.

Notarikon. Eine ganz andere Variante talmudischer Hermeneutik repräsentiert der „Notarikon". Diese hermeneutische Methode besteht darin, gegebene Worte in Teile aufzuspalten. Das erste Wort der Tora „bereschith" (im Anfang) etwa kann man zerlegen in „berith-esch"; „esch" heißt übersetzt „Feuer", „berith" „Bund". So kommt man von „Im Anfang" zu „Feuerbund", ein Ausdruck, der sich seinerseits freilich ausgesprochen verständlich für jede oder jeden ausnimmt, die oder der auch zumindest das Buch „Exodus" kennt mit der Geschichte vom Bundesschluss zwischen Gott und Israel, bei dem Feuer eine große Rolle spielt (um von anderen möglichen Ankerpunkten zu schweigen).

Anagrammatik. Eine weitere Variante begegnet in der anagrammatischen Lektüre. Dabei werden entweder die Buchstaben eines Wortes zu den Anfangs- oder Endbuchstaben der Wörter eines ganzen Satzes. Oder es ergibt sich aus den Anfangs- bzw. Endbuchstaben eines Satzes die Konsonantenkomposition eines Wortes, wobei die Buchstabenreihenfolge vom Ausgangswort bzw. -satz nicht festgelegt sein muss. Auf diese Weise ergibt sich aus den Anfangsbuchstaben des Satzes „Divre elohim hajim" (Sätze des lebendigen Gottes) das Wort „ehad" – der „Eine". Aus den Endbuchstaben der ersten drei Worte der Bibel „Bereschith bara elohim" lässt sich aus Aleph, Mem und Taw „emeth" bilden. „Emeth" heißt „Wahrheit".

Zeruf. Eine letzte Variante talmudischer Hermeneutik: der Zeruf. Dabei werden die einzelnen Buchstaben eines Wortes umgestellt. Auf diese Weise kann „rechem" „Gebärmutter" in „machar" – morgen – umgewandelt werden. Wenn Sie dazunehmen, dass von „rechem" „rechamim" kommt, also „Erbarmen", dann wird spontan klar, dass dieser Zeruf theologisch keineswegs eine triviale Buchstabenspielerei darstellt. Ähnlich tiefgründig fällt aus, was der Zeruf von „ani" ergibt. „Ani" heißt „ich"; stellt man die Konsonanten um auf „ajin" (das ist im Hebräischen möglich), so kommt man zu „nichts".

Subjektphilosophie. Es gibt noch weit kompliziertere Formen talmudischer Hermeneutik als die genannten. Allen aber ist dreierlei gemeinsam: (a) Sie haben ausschließlich die Absicht, zu denken zu geben, also die oder den Lesende(n) zu Reflexionen über den gebotenen Wortlaut hinaus zu provozieren. (b): Sie halten sich alle auf der literalen Ebene (das ist die entscheidende Differenz zur Allegorese). Und (c): Die Verfahren der talmudischen Interpretation belegen offenkundig den zentralen philosophischen Anspruch, den das Selbstverständnis dieser Hermeneutik impliziert: nämlich eine Philosophie der Subjektivität zu sein. Dem lesenden Subjekt fällt ja auch unübersehbar die entscheidende Rolle im Deutungsprozess zu, wenn die oder der einzelne Lesende sogar die Sätze und Worte aus dem Buchstabenmaterial gleichsam erst herausmodellieren muss. In einer späteren Phase der rabbinischen und dann vor allem kabbalistischen – also in der mittelalterlichen jüdischen Mystik gepflegten – Hermeneutik hat sich unter dem seinerseits anagrammatischen Titel „PaRDeS" ein der christlichen Praxis des vierfachen Schriftsinns (↖ Bd. 1, Kap. 5.1) strukturell ähnliches Verfahren herausgebildet, von dem gleich noch zu sprechen sein wird. Dieser PaRDeS (wörtlich: „Lustgarten") wird aber dezidiert nicht (wie im christlichen Fall) als so etwas wie ein gepflegter und überschaubarer Park, sondern eher als [...] Schriftlabyrinth [und] reißende[r] Strom von Assoziationen"[12] zur Multiplikation von Erzählvarianten und Denkalternativen verstanden.

Christliche Parallelen. Nicht vergessen sei aber auch, dass es mittelalterlich im christlichen Bereich spirituelle Äußerungsformen gab, die den Verfahren der talmudischen Hermeneutik formal verblüffend nahe kommen.[13] Zum einen gab es so genannte „Abecedarien". Das sind eine Art Litaneien von Christus-Bezeichnungen, die für jeden Buchstaben des Alphabets biblische oder wenigstens biblisch begründete Namen Jesu Christi aufführen. Dem Talmud am nächsten kommt aber, wenn aus Christus-Prädikationen gleichsam ein Teppich gewebt wird dergestalt, dass dabei aus den Anfangs- oder Endbuchstaben der nebeneinander geschriebenen Namen an allen vier Seiten des äußeren Randes und in der Mitte des Gesamttextes (in Kreuzform) nochmals Namen entstehen. Eines der faszinierendsten dieser Werke stammt von dem irischen Mönch Josephus, der mit Karl d. Großen in Verbindung kam. Unschwer lassen sich solche sprachlichen Produkte in Zusammenhang bringen mit einer Gestalt dichterischer Formgabe, die erst seit einigen Jahrzehnten von sich reden macht und ihre Verbreitung zu erheblichem Teil dem Österreicher Ernst Jandl verdankt: Man spricht vom Genus „Konkrete Poesie". Freilich operieren die christlichen Namensteppiche und Abecedarien exzessiv auf der

12 Vgl. dazu Krochmalnik, Daniel: Im Garten der Schrift. Wie Juden die Bibel lesen. Ausgburg 2006. Hier bes. 7-26. – „PaRDeS" ergibt sich aus Pschat (einfacher Sinn), Remes (angedeuteter Sinn), Drasch (belehrender Sinn), Sod (geheimer Sinn).

13 Vgl. dazu STOCK, Alex: Poetische Dogmatik. Christologie. Bd. 1: Namen. Paderborn; München; Wien; Zürich 1995. 173-175.

Ebene der Allegorie; anders kämen sie gar nicht zu der unglaublichen Vielzahl von Christusnamen, die sie brauchen. Wie auch käme man sonst darauf, dass man Jesus als „auserlesenen Pfeil“, als „Einhorn“, „armes Kind“, „Panther“, „Wolke“ und „Apfelbaum“ titulieren kann? Ein Florilegium (zu deutsch: „Blütenlese“) des Mönches Anastasios Sinaites, der um 700 Abt auf dem Berg Sinai war, tut das. Zwar verfügen alle diese Namen über einen biblischen Anhalt. Aber ihre Übertragung auf Jesus setzt ebenjenen Gedankensprung voraus, der die Allegorie charakterisiert, so wenn der Titel „auserlesener Pfeil“ von Apg 1,37 her gewonnen wird, wo es heißt, die Pfingstpredigt des Petrus habe seine Hörerschaft „mitten ins Herz“ getroffen.

Freilich verdankt sich diese Verknüpfung von literaler und allegorischer Auslegung nicht erst mittelalterlichen Frommen. An ihrem Anfang steht lange vorher vielmehr einer, der auf intensivste Weise an der Bewältigung der Krisen des Judentums beteiligt war und damit gleichzeitig denen den Weg wies, die sich als erste aus christlicher Warte ausdrücklich dem hermeneutischen Problem stellten – und stellen mussten, weil es gerade durch das Aufkommen des Christentums verschärft gestellt war. Das ist der Grund, warum ich die Hinweise auf die dritte für Hermeneutik relevante Krise mit Philon von Alexandrien beginnen möchte.

Christliche Krise. Philon lebte, wie sein Beiname verrät, in der Diaspora, näherhin in dem – so muss man es wohl sagen – intellektuellen Zentrum seiner Zeit, in Alexandria, der Stadt mit der berühmten Bibliothek. Ihm war um einen Brückenschlag zwischen jüdischer Tradition und der Philosophie seiner Zeit, besonders der Stoa und dem Platonismus zu tun. Ebendies schien ihm nur am Leitfaden der Allegorie möglich. Dem gab er dadurch Ausdruck, dass er neben historisch-exegetischen Schriften einen allegorischen Genesis-Kommentar verfasste. Philons Motive für dieses Vermittlungsprojekt brauchen uns an dieser Stelle nicht eigens zu beschäftigen. Von überragender Bedeutung aber ist, dass er mit seiner Zusammenführung des literalen und des allegorischen Stranges der Hermeneutik das Instrumentar vorbereitete, das bei der nächsten großen Krise zu deren Bewältigung herangezogen wurde. Diese Krise löste das Aufkommen des Christentums aus.

Die kritische Herausforderung stellte sich dabei keineswegs der überkommenen Tradition, sondern denen, die theologisch diesen „neuen Weg“ gingen („der Weg“ im Sinn von „neuer Weg“ war laut sechsfachen Beleges aus der Apg eine ganz frühe Selbstbezeichnung der christlichen Gemeinde). Die junge Glaubensgemeinschaft stand von zwei Seiten unter Druck. Zum einen seitens ihrer Herkunft aus dem Judentum: Ihm gegenüber musste ja gerechtfertigt werden, wie aus einer Botschaft, die an ein auserwähltes Volk gerichtet ist, eine Botschaft herauswachsen kann, die sich universal, als an alle Menschen gerichtet versteht. Zum anderen sieht sich das junge Christentum dem kritischen Blick der Philosophie seiner Zeit ausgesetzt. Seine literarischen Dokumente gelten als sprachlich minderwertig, seine Anziehungskraft für die Unterschicht macht es suspekt. Nicht nachvollziehbar aber empfinden die griechisch geprägten Intellektuellen noch etwas ganz anderes: Im Horizont ihres Denkens zählt das Allgemeine; das Einzelne – auch der oder die Einzelne – ist kaum der Aufmerksamkeit wert. Alles Einzelne wird mit pejorativen Ausdrücken assoziiert.[14] (↸ Bd. 1, Kap. 7.4)

In völligem Gegensatz dazu denkt das Christentum vom Einzelnen. So wichtig die Dimension der Gemeinde sein mag – dem Einzelnen in seiner faktischen Verfasstheit wird ein Rang zuerkannt, ohne den der spätere Subjektbegriff der abendländischen Philosophie, wenn überhaupt, dann zumindest nicht so hätte aufkommen können, wie er wirkmächtig geworden ist. Noch ein Friedrich Nietzsche wütet geradezu mit Schaum vor dem Mund über diese philosophische Folge des Christentums:

> „Dass Jeder als ‚unsterbliche Seele' mit Jedem gleichen Rang hat, dass in der Gesammtheit aller Wesen das ‚Heil' jedes Einzelnen eine ewige Wichtigkeit in Anspruch nehmen darf, daß kleine Mucker und dreiviertels-Verrückte sich einbilden dürfen, daß um ihretwillen die Gesetze der Natur beständig durchbrochen weden – eine solche Steigerung jeder Art Selbstsucht ins Unendliche, ins Unverschämte kann man nicht mit genug Verachtung brandmarken. Und doch verdankt das Christenthum dieser erbarmungswürdigen Schmeichelei vor der Personal-Eitelkeit seinen Sieg, – gerade alles Missrathene, Aufständisch-Gesinnte, Schlechtweggekommene, den ganzen Auswurf und Aushub der Menschheit hat es damit zu sich überredet."[15]

Der christliche Rang des Einzelnen bildet im Grunde den Dreh- und Angelpunkt seiner gesamten Religionskritik (wir werden darauf in anderem Zusammenhang zurückkommen). Und selbst bis in die unmittelbare Gegenwart verstummt diese Kritik an der christlichen Gewichtung des Einzelnen nicht. Der 1995 verstorbene rumänische Philosoph Emile M. Cioran meinte einmal:

> „Die Inkarnation ist die gefährlichste Schmeichelei, die uns zuteil wurde. Sie hat uns ein maßloses Statut verliehen, das in keinem Verhältnis zu dem steht, was wir sind. Indem es die menschliche Anekdote zur Würde des kosmischen Dramas erhebt, hat es uns über unsere Bedeutungslosigkeit hinweggetäuscht, hat es uns in die Illusion, in einen krankhaften Optimismus gestürzt [...]."[16]

Das zieht in Worten von heute die eigentliche Demarkationslinie nach, an der das Christentum von dem Augenblick an zu kämpfen hatte, in

[14] Vgl. FRANK, Manfred: Die Unhintergehbarkeit von Individualität. Reflexionen über Subjekt, Person und Individualität aus Anlaß ihrer „postmodernen" Toterklärung. Frankfurt a.M. 1986. 8-20.

[15] NIETZSCHE, Friedrich: Der Antichrist. In: DERS.: Sämtliche Werke. Kritische Studienausgabe. Hg. v. Giorgio Colli u. Mazzino Montinari. Bd. 6. 2. Aufl. München; Berlin; New York 1988. 165-253. Hier 217.

[16] CIORAN, Emile M.: Die verfehlte Schöpfung. 2. Aufl. Frankfurt a.M. 1981. 33.

dem es in den Raum kultureller Öffentlichkeit trat. Bei Ciorans wie Nietzsches Kritik handelt es sich aber letztlich nur um das remake eines Einwurfs, der unmittelbar in jener Zeit erfolgte, da das Christentum öffentlich Anspruch zu machen begann. Es war der Philosoph Kelsos, der erbittert mit dieser neuen Religion Abrechnung hielt, freilich in der Folgezeit seinerseits dermaßen erbitterten Widerspruch erfuhr, dass von seinem gegen die Christen gerichteten Werk *Wahres Wort* nur noch das übrig blieb, was sich aus einer Gegenschrift einigermaßen rekonstruieren lässt. Unter den Fragmenten, die sich auf diesem Weg sichern lassen, befindet sich eine Passage, die zum einen etwas von der Schärfe des damaligen Konflikts ahnen lässt und zum anderen geradezu antizipatorisch auf den gemünzt scheint, der die Gegenschrift verfasst hat. Wörtlich heißt es bei Kelsos:

> „Anführer der Entstehung der Christen aber ist Jesus gewesen; er hat vor ganz wenigen Jahren diese Lehre eingeführt, von den Christen angesehen als der Gottessohn. Sein verderbliches Wort hat diese Menschen betrogen, freilich bei seinem [Achtung! K.M.] idiotischen Charakter und seinem Mangel an Vernunftgründen fast nur unter Unwissenden Macht gewonnen, wenn es schon immer auch etliche masvolle (sic!), fromme, verständige und zu allegorischen Deutungen geschickte Leute unter ihnen gibt.“[17]

Hermeneutiker Origenes. Zu ebendiesen letztgenannten Leuten mit Verstand und allegorischen, also hermeneutischen Fähigkeiten, gehört auch Origenes. Seinem Werk *Contra Celsum* verdanken wir die Kenntnis wenigstens einiger Ausschnitte aus Kelsos' Opus. Aber das ist nur Nebensache. Mit seinem Gebrauch der Allegorie leistet er nämlich ungleich mehr als nur eine leidliche Anpassung der christlichen Tradition an den Standard eines Kelsos. Zum einen sichert er mit ihr den Zusammenhang von Altem und Neuem Testament; zum anderen formuliert er mit ihrer Hilfe nichts Geringeres als eine Erkenntnistheorie, die zugleich eine hermeneutische Position repräsentiert. (↖ Bd. 1, Kap. 5.1) Im Anschluss an Philon ist Origenes überzeugt, dass, wenn es überhaupt so etwas wie Wahrheit gibt, nur *eine* Wahrheit sein kann. Da ihm zugleich die Bibel als *das* Buch der Wahrheit gilt, muss folglich diese eine Wahrheit als ganze in der Bibel auffindbar sein. Nun steht aber vieles, was wahr ist, in der Bibel, Vieles aber auch nicht. Aber – so Origenes – das scheint nur so. Die fehlenden Wahrheiten sind aus verschiedenen, z.B. pädagogischen, Gründen hinter denjenigen Sätzen der Bibel verborgen, die nur Zufälliges und Äußerliches zu artikulieren scheinen. In allegorischer Lektüre können auch diese Wahrheiten zur Geltung gebracht werden. Dass sich auf diesem Weg allegorischer Bibelexegese auch Anstößiges und Widersprüche innerhalb der biblischen Tradition selbst recht gut in Griff bekommen lassen, ist ein willkommenes Nebenprodukt dieser hermeneutischen Strategie (eines im Übrigen, das auch Jahrhunderte

[17] CELSUS: Gegen die Christen. Aus d. Griech. v. Th. Keim. Mit Beiträgen v. F.W. Korff u. Ernst Fuhrmann. Illustrationen v. Carl Apfelschnitt. München 1991. 70-71.

vorher schon diejenigen ausmünzten, die denen Widerpart zu bieten suchten, denen – wie manchen Vorsokratikern – skandalöse Vorgänge in der homerischen Götterwelt Anlass zu scharfer Religionskritik boten).

Erste Systematik. In jedem Fall erachtet Origenes die hermeneutische Herausforderung der gegebenen Situation als dermaßen wichtig, dass er im Rahmen der von ihm verfassten ersten christlichen systematischen Theologie oder Dogmatik mit dem Titel *Über die Prinzipien* auch erstmals formale Grundsätze einer christlichen Hermeneutik formuliert. Anhand zahlreicher Beispiele macht Origenes klar, dass es Stellen in der Bibel gibt, die – würde man sie dem Literalsinn nach interpretieren – dunkel blieben und sogar Unwahres, Unvernünftiges und Unmögliches behaupteten.[18] So erzähle etwa die Geschichte von der Versuchung Jesu in Mt 4,8, dass Jesus vom Teufel auf einen hohen Berg geführt worden sei, um ihm von dort alle Königreiche der Welt zu zeigen; aber jeder sorgfältige Leser wisse, dass es auf der ganzen Welt keinen Punkt gebe, von dem aus mit den leiblichen Augen die Königreiche der Welt zu überschauen wären. Also kann es nicht um leibliches, sondern muss es um ein anderes, ein geistliches Sehen gehen.[19] Um warum steht das dann nicht gleich selbst im Text? Origenes sieht im wesentlichen zwei Gründe: Der göttliche Logos habe in den Gang der Texte – der Gebote wie der Geschichten – eine Art hermeneutischer Stolpersteine eingebaut. Die schützten zum einen davor, dass wir uns von der Plausibilität der Gesetze oder der Folgerichtigkeit einer Erzählung dazu verführen lassen, uns mit einem Zuwenig an Einsicht in die göttlichen Geheimnisse zufriedenzugeben. Und zum zweiten verhinderten sie, dass wir uns von der Schönheit des Wortlauts mitreißen lassen. Wer sich solchermaßen auf das Ästhetische beschränkte, erführe gar nichts mehr von Gott und fiele vom Glauben ab oder verfinge sich im Gefängnis des Buchstabens.[20] Grundsätzlich – so Origenes – sei davon auszugehen, dass die Bibel an vielen, aber längst nicht allen Stellen buchstäblich zu verstehen, an ausnahmslos allen aber geistlich zu lesen sei[21] – was auch heißt: Häufig liegt ein doppelter Schriftsinn vor. Dem entspricht auch weitestgehend Origenes' eigene Auslegungspraxis: Er unterscheidet einen buchstäblichen und einen geistlichen Sinn.

Mit seiner hermeneutischen Theorie aber deckt sich das nicht. In ihr unterscheidet er nämlich drei Schriftsinne:

> „Der uns richtig erscheinende Weg zum Umgang mit den Schriften und zum Verständnis ihres Sinnes ist folgender; er läßt sich in den Schriftworten selber aufspüren. Bei Salomo finden wir in den Sprüchen folgende Anordnung über die aufgezeichneten göttlichen Lehren: ‚Und du schreibe sie

[18] Vgl. ORIGENES: Peri Archon. IV, 3, 4.
[19] Vgl. ORIGENES: Peri Archon. IV, 3, 1.
[20] Vgl. ORIGENES: Peri Archon. IV, 2. 9.
[21] Vgl. ORIGENES: Peri Archon. IV, 3, 5.

dreifach in deinen Rat und deine Erkenntnis, damit du denen, die dich fragen, Worte der Wahrheit antworten kannst.' [Spr 22, 20f. LXX] Dreifach also muß man sich die Sinne der heiligen Schriften in die Seele schreiben: Der Einfältige soll von dem ‚Fleisch' der Schrift erbaut werden – so nennen wir die auf der Hand liegende Auffassung –, der ein Stück weit Fortgeschrittene von ihrer ‚Seele', und der Vollkommene – der denen gleicht, von denen der Apostel sagt: ‚Weisheit aber reden wir unter den Vollkommenen, aber nicht die Weisheit dieser Weltzeit und nicht die der vergänglichen Herrscher dieser Weltzeit, sondern wir reden Gottes Weisheit im Geheimnis, die verborgene, die Gott vor den Weltzeiten zu unserer Herrlichkeit vorherbestimmt hat' [1 Kor 2,6f.] – erbaut sich aus ‚dem geistlichen Gesetz', ‚das den Schatten der zukünftigen Güter enthält' [vgl. Röm 7,14; Hebr 10,1]. Wie nämlich der Mensch aus Leib, Seele und Geist besteht, ebenso auch die Schrift, die Gott nach seinem Plan zur Rettung der Menschen gegeben hat."[22]

Dieses Theorem vom dreifachen Schriftsinn wurzelt dabei übrigens seinerseits in einem brisanten hermeneutischen Vorgang. Origenes leitet die Dreizahl ja ausdrücklich aus der Schrift selbst ab: aus Spr 20,22 – aber in der LXX-Version, also der griechischen Übersetzung des Alten Testaments. In einer nach heutigem Maßstab korrekten Übersetzung aus dem Hebräischen kommt das Wort „dreifach" jedoch überhaupt nicht vor. Der Sache nach dürfte im Übrigen auch die Analogie zur anthropologischen Dreiheit von Leib, Seele und Geist der eigentlich die Lehre vom dreifachen Schriftsinn motivierende Gedanke gewesen sein. Solcherart Ähnlichkeiten haben im antiken wie mittelalterlichen Denken eine ungleich größere Bedeutung gehabt, als wir es heute ermessen können.

Augustinus' Beitrag. Unbeschadet dieser durchaus prosaischen Grundlegung hat die Lehre vom mehrfachen Schriftsinn nach Origenes über mehr als ein Jahrtausend eine Karriere durchlaufen, an die kein anderes hermeneutisches Paradigma nach ihr heranreicht. Das verdankt sie der Promotion, die sie im lateinischen Bereich erhielt. Als einer der Hauptverantwortlichen dafür muss Augustinus gelten. Um das Jahr 390 herum hatte ein gewisser Tyconius ein Werk mit dem Titel *Liber regularum* (Regel-Buch) veröffentlicht, in dem er sieben Regeln zur rechten Schriftinterpretation aufstellte und erläuterte. Das Buch ist uns erhalten; es ist die erste lateinische Hermeneutik. Augustinus hatte Respekt vor der Geistesschärfe und Redegabe des Tyconius, sah sich aber gezwungen, dessen Hermeneutik ein entsprechendes eigenes Werk entgegenzusetzen. Dies nicht, weil Tyconius' diesbezügliche Positionen falsch wären; Augustinus betrachtet sie lediglich als unzureichend und unvollständig. Den Grund zum Widerspruch lieferte vielmehr die Tatsache, dass Tyconius Donatist war und blieb, obwohl er gegen Donatisten schrieb und von einer donatistischen Synode sogar exkommuniziert wurde. (Donatismus war

22 ORIGENES: Peri Archon. IV, 2, 4.

eine ziemlich radikale Richtung in der frühen afrikanischen Theologie, die unter anderem die Wiedertaufe praktizierte, also die Verlierbarkeit der Zugehörigkeit zu Christus durch Sünde voraussetzte, und die Gültigkeit von Sakramenten an die Heiligkeit ihrer Spender geknüpft sah). Aber immer, wenn es um das Katholischsein ging, war Augustinus empfindlich (typisch für jemanden, der selber schon einmal auf der aus seiner späteren Sicht „falschen Seite" stand). Darum schrieb Augustinus eine eigene Hermeneutik, die bis ins späte Mittelalter hinein maßgebend war. Sie steht im wesentlichen im dritten Buch seines Werkes *De doctrina christiana* (*Über die christliche Lehre*) und umfasst eine ausdrückliche Auseinandersetzung mit den sieben Regeln des Tyconius (im vierten Buch findet sich übrigens die erste Homiletik, also systematische Predigtlehre, die es gibt. Das ist auch durchaus folgerichtig: Nach der Klärung des rechten Verstehens der Schrift stellt sich die Frage, wie ihre Botschaft denn auf rechte Weise weitergegeben werde).

Augustinus' Hermeneutik setzt dabei nicht systematisch, sondern ganz und gar pragmatisch an[23]: Sie geht aus vom Problem der Zweideutigkeiten sprachlicher und bildlicher Zeichen. Die Abklärung der korrekten sprachlichen Gestalt eines Textes, die Erhellung dunkler Stellen durch klarere und die christliche Glaubensregel helfen bei der Klärung solcher Zweideutigkeiten. Rein rationale Erklärungen akzeptiert Augustinus nur im Notfall. Wie Origenes ist auch er überzeugt, dass viele Stellen des biblischen Textes bildlich und nicht wörtlich verstanden werden müssen, soll die Leserschaft nicht in eine noch schlimmere Knechtschaft als die Engherzigkeit des Buchstabendienstes geraten, der den Juden nachgesagt wird. Eigentliche Redeweise liegt immer dort vor, wo es um Glaubens- und Sittenlehre geht. Bildliche Redeweise liegt vor, wenn Gott etwa als grausam geschildert wird; das kann nur Ausdruck seiner Gerechtigkeit sein. Oder wenn von Heiligen Schandtaten erzählt werden, z.B. die Polygamie eines Abraham, um von einem David oder Salomo ganz zu schweigen. Solche Vorkommnisse können aber auch aus den Zeitumständen heraus gerechtfertigt sein und in diesem Fall auch wörtlich genommen werden. Generell gilt: Alles, was die Liebe – das Ziel aller Schriftauslegung – propagiert, und alle Gebote, die Gutes vorschreiben, sind im eigentlichen Sinn gemeint. Alles, was sich mit unserem sittlichen Bewusstsein nicht vereinbaren lässt, muss bildlich verstanden werden.

Kriterienproblem. Ersichtlich geht es in Augustinus' hermeneutischen Anweisungen um das Bemühen, die Bibel als göttliches, heiliges Wort zu rechtfertigen, indem sozusagen alles entschärft wird, was im Widerspruch zu dem zu stehen scheint, wie der Glaubende von

[23] Vgl. zum Folgenden die Inhaltsübersicht über den nicht sonderlich stringent gegliederten Originaltext in: Aurelius Augustinus: Ausgewählte praktische Schriften homiletischen und katechetischen Inhalts. Ed. Mitterer. (BKV 49). 108-109.

Gott denkt oder zumindest zu denken hat. Vor allem die letztgenannte Regel, dass die Vereinbarkeit oder Nichtvereinbarkeit einer Aussage mit unserem sittlichen Bewusstsein über deren wörtliches oder bildliches Verständnis entscheidet, wirft ein Problem auf, das heutigem Bewusstsein spontan auffällt, sich für Augustinus aber überhaupt nicht stellte. Das Problem besteht darin, dass wir unser sittliches Bewusstsein von heute als hermeneutischen Maßstab anlegen, um über die richtige Auslegung eines Textes zu entscheiden, der Jahrhunderte vorher unter vielleicht ganz anderen kulturellen Rahmenbedingungen entstanden ist. Die Frage nach der Richtigkeit kann nämlich nicht bloß in Bezug auf das Verstehen der Überlieferung gestellt werden, sondern auch genauso hinsichtlich des Maßstabes, den wir ins Spiel bringen. Brauchen wir also nicht auch einen Maßstab für den Maßstab, und dann einen für den Maßstab des Maßstabs usw.? Kurz gesagt: Ein einziger Gedankenschritt über Augustinus hinaus führt uns bereits mitten in neue fundamentale hermeneutische Probleme. Wirklich diskutiert wurden diese im Grunde erst eineinhalb Jahrtausende später, d.h. in unserer Zeit. In der Zwischenzeit aber gab Augustinus' Hermeneutik den Ton an. Nach ihrer radikalen Infragestellung in der Neuzeit und durch die historisch-kritische Methode erlebt sie seit kürzerem in mehrfacher Hinsicht eine gewisse Renaissance, die sich nicht nur auf eine bilder- und traumnahe, etwa von der Tiefenpsychologie, geleitete praktische Schriftauslegung bezieht, sondern auch in Teilen der wissenschaftlichen Exegese (unter dem Titel des „canonical approach") geltend macht. (↖ Bd. 1, Kap. 5.1)

Hermeneutischer Kollaps. Probleme mit der Hermeneutik des mehrfachen Schriftsinns begegnen von dem Augenblick an, da diese Weise der Schriftauslegung schematisch angewandt, ja geradezu mechanisch eingesetzt wird, um bestimmte amtlichen oder dogmatischen Positionen durchzusetzen. Dieser strategische Gebrauch des mehrfachen Schriftsinnes war es am Ende auch, der der Siegergeschichte dieses Paradigmas ein – im Übrigen schlimmes – Ende setzte. Bevor wir davon handeln, lohnt es sich, anhand einiger Beispiele den Grenzen dieser Hermeneutik auch systematisch etwas nachzugehen; auf diese Weise gewinnen wir nämlich zugleich ein Stück philosophischer Aufklärung über Sprache und Hermeneutik.

Beispiel Kirchenbilder. Vorexerzieren möchte ich das an dem Thema, zu dessen Durcharbeitung von der Frühzeit der christlichen Tradition bis heute wohl mehr als bei allen anderen auf Sprachbilder, Metaphern und Allegorien zurückgegriffen wurde und wird. Schon im Neuen Testament begegnen nicht weniger als 80 Bilder für Kirche. In der Zeit der Kirchenväter gerät aber selbst dieser Reichtum in den Schatten einer regelrechten Bilder- und Allegorien-Explosion, die besonders auch aus dem Fundus der antiken Kosmologie und Psychologie und den mythischen Überlieferungen schöpfte.

Nautische Symbolik. Eines dieser Bilder sieht die Kirche als „Schiff".[24] Um dieses Bild hat sich im Lauf der Zeit ein ganzer Kranz mit ihm verwandter anderer Bilder angelagert. Uns heute fällt dazu spontan höchstens nur noch das „Schifflein Petri" ein oder der architektonische Terminus „Kirchenschiff" – wobei auch Letzterer gar nicht so danebenliegt. Es gibt Indizien dafür, dass das Kirchen-Bild „Schiff" bei der Transformation der römischen Basilika, die ja ursprünglich Markthalle war, zum christlichen Versammlungsraum, mitgewirkt hat.[25] Was die Metapher „Schiff" für unsere Ahnen im Glauben wachrief, war ungleich differenzierter. Schiffe waren zu jener Zeit der frühen Kirche aus Holz. Holz erinnerte an Baum, Baum an Kreuz. Folgerichtig fungiert das Kreuz als sachliche Mitte der nautischen Symbolik für Kirche: Das Schiff der Kirche, gemacht aus Kreuzesholz unterwegs auf dem Meer der Welt, das als bitter oder böse gilt. Die Funktionstüchtigkeit eines Schiffes fiel mit seinem Mast, gekreuzt von der Rahe für das Segel oder Hauptsegel. Der Mast hieß lateinisch oft „arbor" – Baum –, die Rahe „antemnae", später verschliffen zu „antenna". Die Ähnlichkeit zum Kreuz liegt auf der Hand. In engster Nachbarschaft zur „antenna crucis", so der Fachausdruck der Väter, bewegt sich die Meditation des mystischen „τ", jenes griechischen Buchstabens, der aus dem senkrechten Jota und dem darüber liegenden Querstrich gebildet wird und seinerseits von selbst ans Kreuz erinnert.

Mit dem Mastbaum verbindet sich des Weiteren eine der kühnsten Begegnungen von Christentum und Antike: Der Grundtext der abendländischen Kultur, Homers *Odyssee*, erzählt bekanntlich unter anderem jene Episode, da Odysseus sich an den Mast seines Schiffes binden ließ, um nicht dem todgefährlichen Lockgesängen der Sirenen zu erliegen. Die Väter hat dieses Bild ungeheuer fasziniert, weil sie darin ein Vorausbild des an den Baum des Kreuzes gebundenen Siegers über die Verlockung der Sünde, also ein Symbol Christi erblickten – und zugleich ein Inbild des Christen, der durch Versuchungen hindurch seine Reise über das gefährliche Meer in die himmlische Heimat zu bestehen hatte. An dieser Stelle kommt hinzu, dass die Väter Realisten waren. Im Klartext: Sie wussten um die Möglichkeit und vielfältige Realität von Schiffbruch auf dieser Reise zur Seligkeit. Im Blick auf sie entsteht die Rede von der Buße als „dem zweiten Brett nach dem Schiffbruch", von der Planke des Heiles. Von diesem Stück Holz, das über den Abgrund des Untergangs hinwegrettet, ist es freilich nur noch ein winziger Schritt zu einer der beeindruckendsten Geschichten

24 Vgl. zum Folgenden VOGT, Hermann-Josef: Bilder der frühen Kirche. Bildworte der Bibel bei den Kirchenvätern. München 1993. 9-59.

25 Vgl. VOGT: Bilder (Anm. 24). 24-27.

der Genesis: der Arche Noachs – klar, dass auch und gerade sie zum Vorausbild der Kirche werden musste. Solcher Art assoziativen Denkens verbindet sich schließlich unschwer ein weiteres Symbol nautischer und zugleich neutestamentlicher Herkunft: das Netz. Der erste große Netz-Theologe war der uns schon hinlänglich bekannte Origenes. Er erblickte im Netz die Offenbarung als ganze, in der jeder biblische Schriftsteller sozusagen einen Knoten repräsentiert. Wer ins Netz schwimmt, wird von irgendeiner Masche – „Masche"! – gehalten, der eine mehr von dieser Schriftstelle, die andere mehr von jener.[26]

Schiff aus Holz, also dem Kreuz, fahrend auf dem Meer der Welt, ausgestattet mit der antenna crucis, an die man sich binden muss, wenn es gefährlich wird, rettend selbst dort noch, wo es zum Schiffbruch kommt – als Planke des Heils, als solche an Noachs Arche erinnernd. Und das Netz. In solchen Bildern nautischer Mystik umkreisen die frühen Christen meditativ die Wirklichkeit Kirche, die sie sind. Man kann ohne Zweifel konstatieren: Diese Bildrede ist nicht nur dicht und stimmig. Die integrativen Rekurse von Noachs Arche bis Homers Odysseus sind eine hermeneutische Meisterleistung.

Ideologie-Gefahr. Dessen völlig unbeschadet, kann die gleiche Bildrede in einen ausgesprochen ideologischen Gebrauch genommen werden, der sie selbst letztendlich ins Lächerliche zieht und ihr Sinnpotenzial zerstört. Das geschieht, wenn versucht wird, durch Allegorese entweder faktische (und nicht selten problematische) Züge am real existierenden Phänomen Kirche zu legitimieren oder als normativ einzufordern. Solcher Allegorie befleißigte sich bereits Hippolyts Werk *De Antichristo*: Da wird Christus als der Steuermann beschrieben, die Mitte des Schiffes bildet das Siegeszeichen gegen den Tod, also der Mast als Kreuz, der Osten ist der Bug, der Westen das Heck, der Schiffsbauch der Süden. Die beiden Ruder – denn antike Schiffe hatten zwei davon – sind die beiden Testamente. Zusammengehalten werden die Schiffe von starken Tauen – und so die Kirche von der Liebe Christi. Der Süßwasserbehälter im Bauch des Schiffes verweist auf die Taufe, die eisernen Anker auf die Gebote Christi, als Matrosen zur Rechten und Linken fungieren Engel – um nur einige Züge solcher Allegorese aufzurufen. Von Passagieren des Schiffes ist nicht die Rede. Es geht ausschließlich um die geistliche Struktur von Kirche.

Anders in den so genannten „Pseudo-Klementinen", Schriften, die von den Wanderungen des Apostels Petrus in Palästina und Syrien und dabei stattfindenden Auseinandersetzungen erzählen. Der zu ihnen gehörende – natürlich fiktive – Brief des Petrus an Jakobus vergleicht das Kirchenwesen mit einem Schiff, dessen Herr Gott selbst ist, der Steuermann Christus, der Buglotse der Bischof, die Matrosen sind die Presbyter, die Diakone Aufseher über die Ruderer, die Katecheten fungieren als Anwerber für die Ruderer und die Fahrgäste

[26] Vgl. VOGT: Bilder (Anm. 24). 52-53.

entsprechen der Menge der Brüder (von Schwestern ist nicht die Rede). Den Fahrgästen wird überdies eine aufschlussreiche Verhaltensmaßregel anempfohlen:

> „Die Fahrgäste sollen [...] wohlgeordnet und ruhig auf ihren Plätzen sitzen, damit sie nicht durch Herumlaufen Erschütterung oder Schlagseite verursachen.“[27]

Was solchermaßen Mitte des 2. Jahrhunderts propagiert wird, findet in den „Apostolischen Konstitutionen“ vom Ende des 4. Jahrhunderts eine weitere Zuspitzung auf hierarchische Strukturen: Jetzt wird der Bischof zum Steuermann, die Diakone als Matrosen haben den Gläubigen die Plätze anzuweisen und

> „[...] aufgrund ihrer Vorsorge sollen (bezogen auf das Presbyterium des Kirchenschiffes) im andern Teil (des Baues) die Laien sitzen, in aller Ruhe und Ordnung, und die Frauen sollen getrennt davon sitzen, und auch sie Schweigen bewahren.“[28]

Exegese vs. Eisegese. Hippolyt war es noch um eine Versinnbildung der geistlichen Realität von Kirche gegangen, die „Pseudo-Klementinen“ und die „Apostolischen Konstitutionen“ betreiben nichts anderes mehr als Legitimation des Status quo durch Allegorese – und machen das führende Bild dabei zur Ideologie. Interessant und tröstlich zugleich: Spätere Gebrauchsweisen der Schiffsmetapher – etwa durch Pseudo-Chrysostomus und im Mittelalter – erblicken den Steuermann wieder im österlich verherrlichten Christus. Formal gesagt: Allegorische Verhärtungen von Bildworten lassen sich wieder auflösen. Gleichwohl verrät das geschilderte Schicksal der Bildrede vom Kirchen-Schiff überdeutlich, die systematischen Grenzen allegorischer Hermeneutik. Sie verfügt aus sich über keinerlei Schutz- und Kontrollfunktion für mehr oder weniger beliebige Indienstnahme zu von ihrer Ursprungsbedeutung unabhängigen Funktionen. Allzu leicht kann Allegorie von Exegese in Eisegese – Hineinlegung statt Auslegung – umkippen. Aus diesem Grund leidet Allegorie auch unüberwindbar an Ideologieanfälligkeit und kollabiert im Fall der Überschreitung an der ihr inhärenten Grenzen. (↖ Bd. 1, Kap. 5.1 Ende) Geschieht dies aber, dann in Gestalt konfliktträchtiger Umorientierung.

[27] Zit. nach VOGT: Bilder (Anm. 24). 30.
[28] Zit. nach VOGT: Bilder (Anm. 24). 30.

1.3 Die Rehabilitierung des Buchstabens

Krise „Reformation“. Geistesgeschichtliche Umbrüche darf man sich nicht zu einfach vorstellen. Der Vorgang, dass ein eingespieltes Paradigma einem neuen weichen muss, lässt sich nicht einfach auf einen oder wenige Faktoren zurückführen. Schon gar nicht dann, wenn sich ein solcher Paradigmenwechsel nicht langsam anbahnt und durch die allmähliche Vernutzung des alten Platz für das neue Denken wird, sondern das neue Paradigma durch gewaltsame Zerstörung des alten zur Durchsetzung kommt. Genau das geschah, als die über so lange Zeit selbstverständliche allegorische Hermeneutik zertrümmert wurde, um Platz zu schaffen für ein neues Konzept für das Verstehen und die Auslegung der Schrift. Der Vorgang selbst lässt sich fürs erste mit einem einzigen Stichwort markieren: Es heißt „Reformation“. Der Sache nach besteht der Perspektivenwechsel darin, dass auf einen Schlag dem Buchstaben, also dem Literalsinn, gegen die Allegorie, also die Lehre vom mehrfachen Schriftsinn, ein unbedingter Primat zugesprochen wird. (↸ Bd. 1, Kap. 5.2)

Zurück zum Buchstaben. Eine völlige Neuentdeckung war das aber keineswegs. Denn zum einen gab es auch im mittelalterlichen Denken neben aller Typologie klare Ausprägungen literarischer Hermeneutik. Paradigmatisch kann dafür etwa das berühmte Werk *Sic et Non* von Abaelard stehen. Schon dieser Titel (*Ja und Nein*) ist so pointiert, wie die Struktur der Schrift aus dem Rahmen üblicher Publikationen fällt. *Sic et Non* besteht nämlich aus 158 Quaestiones, also Problemstellungen, die aus mehr als 1800 Väter-, also autoritativen Zitaten zusammengesetzt sind, und zwar so, dass die Zitationen widersprechende Antworten auf die gestellten Fragen zu geben scheinen. Dabei stellt Abaelard die Meinungen der Alten kommentarlos zusammen. Im Prolog zu diesem Buch erläutert Abaelard, wie mit solchen Befunden umzugehen ist. Weitab jeglicher Intention, die auctoritates gewissermaßen durch sie selbst zu relativieren, indem er Widersprüche zwischen den „Sancti“ wie etwa biblischen Autoren, Kirchenvätern und Konzilien aufdeckt, die sich doch theologisch gesehen als inspirierte Instanzen nicht irren können, macht sich Abaelard an die Aufgabe, Kriterien für die argumentative Valenz der Väterzitate zu entwickeln. Das gelingt freilich nur in Gestalt eines logisch-hermeneutischen Doppelprojekts: Wo je für sich genommene stimmige Argumente autoritativer Provenienz aufeinanderprallen, bedarf es deutender Vermittlung. Für die stellt Abaelard so genannte Konkordanzregeln auf, und die wiederum werden aus einer Analyse der Ursache von Widersprüchen gewonnen.

Abaelards Regeln. Natürlich ist es kein Zufall, sondern ein kräftiger Wink mit dem Zaunpfahl der „artes liberales“, dass Abaelard genau sieben Konkordanzregeln unterscheidet, wobei der Zusammenhang der ersten drei mit dem trivium unübersehbar ist. Konkret:

(1) Widersprüche können sich durch mangelnde Fähigkeiten des Rezipienten ergeben, sodass die erste Regel zum „intelligere" auffordert, also zu vermehrtem logischem Bemühen.

(2) Es könnte auch sein, dass sich der Widerspruch aus ungebräuchlicher Wortverwendung erklärt; bei Übersetzungen oder Kommentaren kann Ausdrücken eine falsche Bedeutung zugeordnet worden sein. Darum gilt: „fideliter interpretari" – getreulich übersetzen! Das hat die Rhetorik zu prüfen.

(3) Die Textüberlieferung kann verderbt sein, sogar im Fall biblischer Bücher. Auch mit falschen Autoren- und Titelangaben muss gerechnet werden – eine Angelegenheit der Grammatik, sofern unter sie auch die Literaturwissenschaft fällt.

Noch mehr als die ersten drei lassen sich die Konkordanzregeln vier bis sieben als Vorform der historisch-kritischen Methode lesen, als deren Stammvater gewöhnlich erst Baruch de Spinoza firmiert (vgl. unten).

(4) Ändern Autoritäten ihre Ansicht, dann handelt es sich bei den chronologisch früheren Äußerungen um Meinungen – und niemand wird selbst einer auctoritas versagen, an Einsicht zuzunehmen – Abaelard fügt seinem *Sic et non* mit Bedacht Augustinus' *Retractationes* bei, die schriftliche Selbstkorrektur des westlich-lateinischen Meisterdenkers par excellence.

(5) Häufig führen die Sancti auch die Meinungen anderer in enzyklopädischer Absicht an, ohne sie sich selbst zu eigen zu machen – was für die Frage des argumentativen Gewichts bedeutet: Man muss auf den spezifischen literarischen Charakter des jeweiligen Werkes achten.

(6) Bis in die Bibel hinein muss die geschichtlich-gesellschaftliche Bedingtheit der jeweiligen Äußerung mitberücksichtigt werden (eine Regel, die etwa für die neutestamentliche Rede von Jesus als dem Sohn Josefs und von Jesu Brüdern in Anspruch genommen wird, was ja beide Male mit dogmatischen Überzeugungen kollidiert.)

(7) Viele Urteile orientieren sich in ihrer Formulierung am Augenschein, nicht am wahren Sachverhalt. Das gilt für heutiges Sprechen genauso: Ist z.B. von „brennenden Christbäumen" die Rede, müsste sofort die Feuerwehr alarmiert werden. Gemeint sind aber durch brennende Kerzen illuminierte Christbäume, die keinerlei Löscheinsatz nötig machen.

Dieser Rekurs auf kontextuelle und pragmatische Gesichtspunkte entspringt dabei keineswegs einem relativistisch-frivolen Herumspielen mit Traditionsbeständen. Vielmehr ist er eingebettet in eine doppelte weitreichende erkenntnistheoretische Annahme Abaelards. (a) Zum einen geht er davon aus, dass wir Menschen – anders als Gott – nur sprachvermittelt Zugang zur Wahrheit haben, wegen der Sprache qua menschlich-geschichtlichen Phänomens nie die umfassende Wahrheit gewinnen, darum auch die Sprachlogik als Grund- und die Hermeneutik als Ziel- und Leitwissenschaft anzusetzen sei. (b) Zum anderen hat das ganze Programm von *Sic et non* auch einen spekulativen philosophisch-theologischen Hintergrund, den Abaelard im Prolog von *Sic et non* auch skizziert: Die Widersprüche der autoritativen Vorgaben, sagt er, wecken Zweifel, diese wiederum treiben zum Fragen und zur Suche nach der Wahrheit an. Gerade die Dissonanz der Meinungen wecke diese Intention, schärfe den Blick und lasse ein Gespür für Distinktionen gewinnen. Insofern sei die Frage, die quaestio, der Schlüssel zur Weisheit. Im Übrigen – so Abaelard weiter – lehre auch die Heilige Schrift die Dignität des quaerere, des Fragens, und zwar ausdrücklich durch den Vers Mt 7,7 – „Suchet, und ihr werdet finden!" – wie überdies durch das Beispiel des jungen Jesus, den die ihn vermissenden Eltern im Tempel wiederfinden, wo er den Gelehrten Fragen stellte (vgl. Lk 2,41-52). Getragen wird dieser Rang der Wahrheitssuche dabei von einer auf das Erkenntnisproblem bezogenen geschichtstheologischen Hintergrundannahme: Durch das Pfingstereignis, so Abaelard, also die Geistsendung, wurde alle Unklarheit vertrieben, sodass ab diesem Datum genau genommen erst wirkliche Weisheit möglich ist und die Christen berufen sind, Meister dieser Weisheit zu sein. Das pfingstliche Aufgetanwerden aller Wahrheit begründet und legitimiert alle weitere menschliche Bemühung um das Erkennen, nicht nur binnenchristlich, sondern auch im Dialog mit Nichtchristen, sofern diese kraft der Universalität der Vernunft nach derselben Wahrheit suchen. Dieser Erkenntnisoptimismus im Sinn einer auf Wahrheit bezogenen Fortschrittsidee muss als eine der fundamentalen Voraussetzungen für den wissenschaftsorientierten Fortgang des okzidentalen Denkens gelten.

Thomas' Mahnung. Ein Zweites kommt – was den kritischen Rekurs auf den Literalsinn durch Reformation betrifft – hinzu: Es war keineswegs so gewesen, dass niemand von Augustinus bis Luther die möglichen Problemquellen des mehrfachen Schriftsinnes gesehen und reflektiert hätte. Kein Geringerer als Thomas von Aquin hat ein Kriterium aufgestellt, anhand dessen eine geistliche Auslegung in einer Art Gegenprobe auf ihre Tragfähigkeit hin geprüft werden kann. Dieses Kriterium findet Thomas nirgends anders als unmittelbar im buchstäblichen Sinn des biblischen Wortes. Gleich in der ersten Quaestio seiner *Summa theologiae* schreibt er: Der mehrfache Schriftsinn entstehe

> „nicht dadurch, daß dasselbe Wort die verschiedensten Bedeutungen hat, sondern dadurch, daß die durch dieses Wort bezeichneten Dinge selbst wieder Zeichen und Sinnbilder sein können für andere Dinge. Also kann daraus gar keine Verwirrung folgen, da jeder mögliche Sinn in einem einzigen gründet, nämlich im Wortsinn. Und nur der Wortsinn kann zur Grundlage des Beweises genommen werden, nicht aber etwa der allegori-

sche [...]. Das tut der Heiligen Schrift in keiner Weise Eintrag, weil unter dem geistigen Sinn keine einzige glaubensnotwendige Wahrheit enthalten ist, die nicht anderswo in der Heiligen Schrift im Wortsinn klar und deutlich überliefert würde."[29]

Alle anderen als der buchstäbliche Sinn liegen also ausschließlich innerhalb von dessen Reichweite. Die nicht-buchstäblichen Schriftsinne vermitteln keine andere und weitere Wahrheit neben der des buchstäblichen. Folglich können sie nur im Dienst von deren Aneignung stehen. So differenziert und schlüssig diese Position des Aquinaten ist – durchgesetzt hat sie sich nicht. Darum musste es unter bestimmten Voraussetzungen eines Tages zum hermeneutischen Crash kommen.

Sola scriptura. Die Heftigkeit, mit der sich dieser Zusammenprall in der Hermeneutik vollzieht, hat wesentlich damit zu tun, dass es im Rahmen der Reformation zu einer neuen Hermeneutik nicht nur als einem typischen Krisenphänomen kommt. Vielmehr bildet das Problem des rechten Verstehens (der Heiligen Schrift) selbst eine der entscheidenden Quellen des reformatorischen Protests – Hermeneutik nicht als Lösung, sondern als Teil des Problems. Die kirchlichen Traditionen mit der allegorischen Schriftauslegung als ihrem operativen Zentrum wurden als einzige Entstellung und manipulatorische Verdrehung des biblischen Wortlauts empfunden. Die Auslegungen hatten sich gleichsam selbständig gemacht und als gleichrangige Norm neben die Bibel gestellt. Darum musste dieser in ihrer korrekten Sprachgestalt wieder Geltung verschafft werden. Und vor allem musste klargelegt werden, dass die Schrift für ihr rechtes Verstehen sich selbst genügt und nicht auf von außen herangetragene Instanzen angewiesen ist: Sola scriptura – Die Schrift allein!

Das war freilich zunächst keine Hermeneutik, sondern nur ein polemisches Programmwort. Die neue Hermeneutik, die den Buchstaben gegen die Hintersinne rehabilitierte, entstand erst in der zweiten Welle des Konflikts, genauer: Sie ging aus den Reaktionen auf die Position der Väter des Konzils von Trient (1545-1563) hervor, die in gegenreformatorischem Furor gnadenlos das bisher Geltende verteidigten. Nach heftigem Streit, aus dem die antiprotestantische Gruppe der Konzilsteilnehmer siegreich hervorging, wurde am 8. April 1546 folgender Text verabschiedet:

„Das hochheilige ökumenische und allgemeine Konzil von Trient, im heiligen Geiste rechtmäßig versammelt, [...] sich immerdar das Ziel vor Augen haltend, daß nach Aufhebung der Irrtümer des Evangeliums Reinheit selbst in der Kirche bewahrt werde, das, einst durch die Propheten in den heiligen Schriften verheißen, unser Herr Jesus Christus, der Sohn Gottes, zuerst mit eigenem Munde verkündete und danach durch seine Apostel als Quelle aller heilsamen Wahrheit und Sittenlehre jedem Geschöpf predigen ließ; und erkennend, daß diese Wahrheit und Lehre in geschriebenen Büchern und ungeschriebenen Überlieferungen enthalten sind, die, von den

[29] THOMAS VON AQUIN: Summa Theologiae. I, q.1, a10 ad1.

> Aposteln aus dem Munde Christi selbst empfangen oder von den Aposteln selbst auf Diktat des Heiligen Geistes gleichsam von Hand zu Hand weitergegeben, bis auf uns gekommen sind, folgt dem Beispiel der rechtgläubigen Väter und nimmt an und verehrt mit dem gleichen Gefühl der Dankbarkeit und der gleichen Ehrfurcht alle Bücher sowohl des Alten als auch des Neuen Testaments, da der eine Gott Urheber von beidem ist, sowie die Überlieferungen, welche zum Glauben, als auch die, welche zu den Sitten gehören – als entweder wörtlich von Christus oder vom Heiligen Geiste diktiert und in beständiger Folge in der katholischen Kirche bewahrt."[30]

Unmittelbar anschließend werden die biblischen Bücher aufgezählt, die das Konzil als kanonisch anerkennt, um dann noch eins draufzusetzen:

> „Wer aber diese Bücher nicht vollständig mit allen ihren Teilen, wie sie in der katholischen Kirche gelesen zu werden pflegen und in der alten lateinischen Vulgata-Ausgabe enthalten sind, als heilig und kanonisch anerkennt und die vorher erwähnten Überlieferungen wissentlich und absichtlich verachtet: der sei mit dem Anathema [wörtlich: mit der Verfluchung; K.M.] belegt."[31]

Polemiken. Eine ganze Reihe von Theologen – an erster Stelle Kardinal Roberto Bellarmin – treten auch da noch buchstäblich nach.[32] Sie räsonieren über die Unsicherheit der hebräischen Textbasis, die Differenzen zwischen neutestamentlichen Handschriften, beklagen den seit der Frühzeit eingetretenen Mangel an hebräischer und griechischer Sprachkenntnis – alles mit dem einen Ziel, die Unzuverlässigkeit des biblischen Wortlauts so herauszustellen, dass jeder, dem um rechtes Verstehen zu tun ist, nur noch mit Erleichterung nach einem hermeneutischen Maßstab greifen kann, der in all diesen Unsicherheiten Klarheit schafft. Und das ist die bisherige kirchliche Tradition, versteht sich.

Dass diejenigen, die ebendaran ihre allzu berechtigten Zweifel haben, sich gegen diese Präpotenz zunächst einmal mit Polemik wehren, kann man ihnen wohl kaum verdenken. Daher in ihren Wortmeldungen der scharfe Ton, obwohl sie – genau besehen – den Grundbestand der alten Hermeneutik keineswegs in Bausch und Bogen verwerfen. Gleichwohl wird die Auslegung der Schrift – was das streng Systematische betrifft – an einer gänzlich neuen Hermeneutik orientiert. Als der erste bedeutende Träger dieses neuen Paradigmas muss Matthias Flacius gelten (weil er aus Istrien stammte, wird er oft mit dem Beinamen „Illyricus" betitelt).

1567 veröffentlicht Flacius ein Werk mit dem Titel *Clavis Scripturae sacrae* (*Schlüssel der Heiligen Schrift*), das seinen Rang und Ein-

30 DENZINGER/HÜNERMANN 1501.

31 DENZINGER/HÜNERMANN 1504.

32 Vgl. zum Folgenden DILTHEY, Wilhelm: Das natürliche System der Geisteswissenschaften im 17. Jahrhundert. In: DERS.: Gesammelte Schriften. Bd. II: Weltanschauung und Analyse des Menschen seit Renaissance und Reformation. 11. unveränd. Aufl. Göttingen 1991. 90-245. Hier 115-124.

fluss als allererster Hermeneutiker im neuzeitlichen Sinn begründet. Wer dieses Buch zur Hand nimmt, wird zunächst einmal erstaunt sein, wie viel sie oder er darin aus Augustinus' *De doctrina christiana* und überhaupt aus der allegorischen Tradition wiederfindet. Aber dieser Rezeption der Überlieferung stellt er ein doppeltes Gegengewicht an die Seite: (a) Zum einen bringt er Regeln der philologischen Interpretation zur Geltung. Wenn wir diese heute lesen, muten sie uns – aus unserer Verstehensperspektive – mehr oder weniger trivial an. Für Flacius erlaubt – im Grunde gar nicht weit weg von Thomas' oben skizzierten Verständnis – der Rückgriff auf den philologisch gesicherten Literalsinn eine erste Korrektur willkürlicher Ausbeutung der Schrift im Dienst dogmatisch-kirchlicher Interessen. Neben dieser primär praktischen Dimension bringt Flacius aber auch noch ein systematisches Moment ins Spiel: Er bestimmt (b) die Schrift als den Zusammenhang eines Ganzen, und jede einzelne Stelle muss einzig aus dieser Totalität und ihren Parallelen innerhalb dieser Totalität ausgelegt werden. Wird dieses Prinzip eingehalten, so gewinnt die Schrift logischerweise eine hermeneutische Selbständigkeit, weil zu ihrer Auslegung ausschließlich aus ihr selbst und nicht mehr aus außerbiblischen Vorgaben geschöpft wird: „Sacra scriptura sui ipsius interpres" – die Schrift ist ihre eigene Auslegerin. Dass die konsequente Einhaltung dieses Gesichtspunktes dann ihrerseits dazu tendiert, Einzelstellen mit einer gewissen Gewaltsamkeit auf das Ganze der Schrift oder auf vermeintliche Parallelen zu beziehen, zwingt freilich diese reformatorische Wende der Hermeneutik auf Bahnen, die in gefährliche Nähe zu der katholischen Auslegungspraxis führen, als deren Kritik sie doch konzipiert ist. Auch das mag untergründig ein Motiv für die Polemik sein, die dem Flacius bisweilen inmitten nachgerade ergriffen frommer Passagen seiner Hermeneutik aus der Feder fließt (polemisch abgegrenzt muss ja immer dann werden, wenn ein kritischer Gegenentwurf letztlich dem Objekt seiner Kritik recht nahbeleibt). So meint Flacius an einer Stelle seiner *Clavis* etwa, „die Päpstlichen und die Sophisten" (man beachte diese Zusammenstellung im Blick auf unsere Überlegungen zur Wurzel der Allegorese!), – also „die Päpstlichen und die Sophisten" hätten dadurch schwere Schuld auf sich geladen, dass sie nicht auf den Zusammenhang von Ganzem und Teilen achteten. Wörtlich:

> „Diese haben die Heilige Schrift nämlich sehr selten gelesen, und auch wenn sie sie gelesen haben, so haben sie nur Sinngehalte nach ihrem Gutdünken herausgepflückt und diese außerdem nach ihrem Belieben miteinander in Verbindung gebracht. Nicht anders pflücken auch spielende Mädchen nach ihrem Gefallen Blumen auf den Wiesen, und dann flechten sie daraus Kränze oder irgendetwas anderes nach ihrem Geschmack. So haben auch jene es also nach ihrem Belieben dahin gebracht, indem sie mit der Heiligen Schrift ihr Spiel trieben, daß sie, wenn auch mit den puren Worten der Schrift, doch ihre eigenen, nicht die Sinngehalte der Schrift, zu einem Flickwerk machten. Diesen traurigsten und verderblichsten Schaden

muß man unter dem unzähligen anderen Unheil, was dort noch gewütet hat, sehr sorgfältig beobachten."[33]

Bemühen um ein rechtes Verstehen ist das eine, den hermeneutischen Kontrahenten zu unterstellen, sie würden die Bibel zum Zweck der Bekämpfung der Wahrheit lesen, wie Flacius das den Anhängern des Papstes gleich in einer seiner ersten hermeneutischen Regeln unterstellt, ist ein anderes. Wird beides ineinander geschoben, entsteht aus Hermeneutik – Sprengstoff. Der hat sich in den Religionskriegen entladen. Der Preis dieses Manövers – gewiss von beiden Seiten in die Höhe getrieben – war der großflächige Zusammenbruch der Glaubwürdigkeit der christlichen Tradition und ihrer Träger. Wie auch soll eine Botschaft der Liebe noch glaubhaft sein, deren Anhänger im Streit um ihr rechtes Verstehen einander niedermetzeln?

Spinozas Problementschärfung. Diese Folge der reformatorischen Neuorientierung der Hermeneutik treibt ihrerseits wieder deren geschichtliche Dynamik um eine Drehung weiter. Es melden sich Leute zu Wort, die sich aus Entsetzen über solche Vorgänge – noch dazu im Namen Gottes und seiner Wahrheit – an die Konzeption einer Hermeneutik machen, die einerseits die reformatorische Rehabilitierung des Buchstabens bewahrt, sie aber andererseits in einen philosophischen Rahmen einbettet, der sie davor bewahrt, sozialer und politischer Konfliktstoff zu werden. Der entscheidende Anstoß dazu kommt von Baruch de Spinoza. Spinoza war in Amsterdam Rabbinen-Schüler gewesen, aber schnell in der jüdischen Gemeinde zu einem Außenseiter und dann ausgestoßen worden. Einer christlichen Konfession oder Denomination schloss er sich aber nicht an. Beruflich arbeitete er als Linsenschleifer, also Optiker, schlug die Berufung auf einen Lehrstuhl in Heidelberg aus, um frei und unabhängig zu bleiben. In beiden praktischen Entscheidungen spiegelt sich geradezu das Grundprinzip seines Philosophierens insgesamt wie seines neuen hermeneutischen Ansatzes im Besonderen wieder. (↗ Bd. 3, Teil C, Kap. 9)

Anfang 1670 erschien Spinozas Buch *Tractatus theologico-politicus* – und zwar anonym und mit falschen Angaben zum Verlagsort. Autor und Verleger wussten warum. Es gab heftige Proteste seitens kirchlicher Kreise gegen das „gotteslästerliche" Buch, wie es hieß. Prompt wurde es 1674 verboten, der Verkauf ging aber in Gestalt eines Verwirrspiels mit vertuschten Neuauflagen und sogar falschen Titeln noch ein paar Jahre weiter; erst 1678, als Spinozas *Opera posthuma* erschienen, begannen die Zensoren, das Verbot durchzusetzen. Anlass zu diesem ganzen Theater – wenn ich einmal so salopp sagen darf – waren nicht einzelne Aussagen in diesem Werk, sondern ebenjene

[33] MATTHIAS FLACIUS ILLYRICUS: De ratione cognoscendi sacras literas. Lateinisch-deutsche Parallelausgabe übers., eingel. u. mit Anmerkungen versehen v. Lutz Geldsetzer. Düsseldorf 1968. 107-108.

neue Hermeneutik, die es propagierte. Sie ist vor allem in der Vorrede und im siebten Kapitel des *Tractatus theologico-politicus* festgehalten.

Allerdings verrät schon der in seiner vollständigen Fassung ausgesprochen umständliche Titel des Werkes, dass Spinoza seinerseits gewissermaßen kontrolliert mit Sprengstoff zu hantieren gedenkt, um die unkontrollierten Entladungen zu verhindern, die der Zusammenprall der überkommenen allegorischen mit der neuen reformatorischen Hermeneutik auszulösen vermag. Der volle Titel lautet:

> „Theologisch-Politischer Traktat. Enthaltend einige Abhandlungen, in denen gezeigt wird, daß die Freiheit zu philosophieren nicht nur unbeschadet der Frömmigkeit und des Friedens im Staat zugestanden werden kann, sondern daß sie nur zugleich mit dem Frieden im Staat und mit der Frömmigkeit selbst aufgehoben werden kann."[34]

Freier Vernunftgebrauch also nicht als Zugeständnis innerhalb eines bereits religiös und politisch geordneten Sozialwesens, sondern umgekehrt als dessen Voraussetzung. Auf dem Hintergrund der Glaubenskriege wird spontan einsichtig, warum Spinoza die drei Momente Freiheit, Frieden und Frömmigkeit auf diese Weise zueinander ins Verhältnis setzt. Wenn eine Seite die andere Seite unter den Zwang von nicht akzeptablen Gedanken setzt, kann zweierlei passieren: Die Bedrängten wehren sich mit nicht-gedanklichen Mitteln oder die Bedränger suchen mit ebensolchen Mitteln ihren Denkzwang durchzusetzen. Beide Male ist der Friede dahin. Geht es – wie eben in den Religionskriegen – inhaltlich um Glaubensdinge („Frömmigkeit" sagt Spinoza), werden diese zumindest aus jüdisch-christlicher Sicht pervertiert. Damit ist erwiesen: Friede und Frömmigkeit leben von der Freiheit des Denkens. Eine Einsicht, sowohl innerkatholisch als auch interreligiös derzeit von einer Aktualität, dass man eigentlich gar nicht mehr glauben kann, sie sei schon vor mehr als bald dreieinhalb Jahrhunderten ausgesprochen worden, aber das nur nebenher.

Freiheit. Diese Einsicht in die Fundamentalität der Freiheit für rechte Politik und rechte Religionsausübung muss und kann nun nirgends anders in Wirklichkeit übersetzt werden als auf dem Feld der Hermeneutik (hier macht sich der eingangs bereits erwähnte Zusammenhang zwischen Hermeneutik und Ethik geltend). Und schon die Weise, wie Spinoza in der Vorrede zum *Tractatus* das Krisenszenario beschreibt, das ihn zu seiner Wortmeldung veranlasst, verrät etwas von dem Geist dieser neuen Hermeneutik.

> „Ich habe mich oft darüber gewundert, daß Leute, die sich rühmen, die christliche Religion zu bekennen, also Liebe, Freude, Frieden, Mäßigung und Treue gegen jedermann, dennoch in der feindseligsten Weise miteinander streiten und täglich den bittersten Haß gegeneinander auslassen, so daß man ihren Glauben leichter hieran als an jenen Tugenden erkennt. Schon lange ist es so weit gekommen, daß man jeden, ob Christ, Türke, Ju-

[34] SPINOZA, Baruch de: Theologisch-politischer Traktat. Auf der Grundlage der Übers. v. Carl Gebhardt. Neu bearb., eingel. u. hg. v. Günter Gawlick. Hamburg 1994. 2.

de oder Heide, nur an seiner äußeren Erscheinung und an seinem Kult erkennen kann [...]. Im übrigen ist der Lebenswandel bei allen der gleiche. [...] Hätten sie auch nur ein Fünkchen göttlichen Lichtes, so wären sie nicht so unsinnig vor Hochmut, sondern würden Gott verständiger zu verehren lernen und sich anstatt wie jetzt durch Haß vielmehr durch Liebe vor den anderen auszeichnen; auch würden sie die Andersdenkenden nicht so feindselig verfolgen, sondern sie bemitleiden, wenn ihnen wirklich um deren Heil und nicht um ihr eigenes Glück zu tun wäre."[35]

Wer seinem Kontrahenten die Wahrheit, die er zu besitzen meint, wie einen nassen Putzlappen um die Ohren haut oder sie gar zum Prügel macht, verrät damit, dass es ihm gar nicht um die Wahrheit geht, sondern darum, dass er recht hat und sich durchsetzt. Und mehr noch: Wer Hermeneutik solchermaßen instrumentalisiert, hat im Grunde noch überhaupt kein wirkliches Verhältnis zu dem gefunden, über dessen rechtes Verständnis der Streit geht. Die Ursache dafür sieht Spinoza in einem verkehrten Ursache-Folge-Zusammenhang gegeben: Die meisten Ausleger der Schrift, sagt er, stellen als Grundsatz voraus, die Schrift sei an sämtlichen ihrer Stellen wahr und göttlich, und dann legen sie die Texte von diesem Grundsatz her aus. In Wirklichkeit muss es umgekehrt gehen: Die Wahrheit und Göttlichkeit muss sich aus dem Verstehen und Prüfen der Schrift ergeben.[36] Genau an diesem Punkt bereits beginnt sich das Profil von Spinozas neuer Hermeneutik abzuzeichnen: Die Dignität der Schrift erweist sich selbst in der Begegnung ihrer Aussagen mit der Vernunft: von „prüfen" war die Rede. Spinoza wörtlich:

„Da ich bei mir bedachte, daß das natürliche Licht nicht bloß geringgeschätzt, sondern von vielen geradezu als Quelle der Gottlosigkeit verdammt wird, daß menschliche Erdichtung für göttliche Lehre gehalten, Leichtgläubigkeit als Glaube geschätzt wird, dass die Streitigkeiten der Philosophen in Kirche und Staat mit aller Leidenschaftlichkeit geführt werden und dass wütender Haß und Zwist, durch welche die Menschen leicht zu Empörungen verleitet werden, und noch vieles andere, dessen Aufzählung hier zu weit führen würde, davon die Folge ist, so habe ich mir fest vorgenommen, die Schrift [Achtung! K.M.] von neuem mit unbefangenem und freiem Geist zu prüfen und nichts von ihr anzunehmen oder als ihre Lehre gelten zu lassen, was ich nicht mit voller Klarheit ihr selbst entnehmen könnte."[37]

Rationalität. Spinoza teilt durch und durch das Votum der reformatorischen Hermeneutik gegen die prinzipiell mögliche und faktisch auch weitreichend praktizierte Aushöhlung des Buchstabens durch die allegorische Schriftauslegung. Aber ebenso wenig akzeptiert er die reformatorische These von der hermeneutischen Autonomie der Schrift (im Sinn ihrer Selbstauslegungsfähigkeit). Vielmehr implantiert er der Rehabilitierung des Buchstabens zusätzlich das Kriterium

35 SPINOZA: Theologisch-politischer Traktat (Anm. 34). 7-8.
36 Vgl. SPINOZA: Theologisch-politischer Traktat (Anm. 34). 8-9.
37 SPINOZA: Theologisch-politischer Traktat (Anm. 34). 8-9.

der Rationalität. Folge: Göttliche Ratschlüsse, Weisungen und Wunderberichte, wie sie die Bibel überliefert, werden damit auf sehr Menschlich-Natürliches reduziert: Nur ein Beispiel: Die Auserwählung Israels entpuppt sich in dieser aufklärerischen Optik als das schlichte Faktum, dass Gott diesem Volk eine bestimmte Region für ein gesichertes Überleben zuweist, und dementsprechend haben die göttlichen Gebote als nichts anderes als die Rechtsordnung dieses Sozialgebildes zu gelten – mit der Folge, dass niemand außer den Mitgliedern dieser Vergesellschaftung diese Vorschriften anzunehmen brauche, ja Israel selbst nur solange an sie gebunden sei, wie dieser Staat bestehe.[38]

Spinoza fängt diesen radikalen Reduktionismus dadurch auf, dass er eigens hinzufügt, er habe unter dem, was die Schrift ausdrücklich lehre, nichts gefunden, was mit der Vernunft in Widerspruch stünde.[39] Im ersten Moment scheint damit die Substanz der biblischen Überlieferung materialiter gesichert. In Wahrheit freilich geschieht etwas ganz anderes. Die Übereinstimmung zwischen biblischer Tradition und Vernunft bedeutet nämlich gleichzeitig: Die Heiligen Bücher bringen nichts, was über die Vernunft hinausginge. Insofern sind sie hinsichtlich ihres konkreten Inhalts eigentlich überflüssig. Was sie an Spezifischem hinzufügen, beschränkt sich auf einen formalen Aspekt. Sie stellen alle Gehalte in die Perspektive des Gehorsams gegen Gott. Ob freilich eine oder einer diese Perspektive teilt, ist dann nochmals eine ganz andere Frage. Spinoza wörtlich:

> „Weil ferner die Sinnesart der Menschen sehr verschieden ist und dem einen diese, dem anderen jene Ansicht mehr zusagt und diesen zur Andacht stimmt, was jenen zum Lachen bringt, so schließe ich daraus in Verbindung mit dem oben Gesagten [über Vernunft und Offenbarung; K.M.], daß jedem die Freiheit des Urteils und die Möglichkeit, die Grundlagen seines Glaubens nach seinem Sinne auszulegen, gelassen werden muß und dass der Glaube eines jeden, ob er fromm oder gottlos, einzig nach seinen Werken zu beurteilen ist. Nur so werden alle von ganzem Herzen und freien Sinnes Gott gehorchen können, und nur so werden Gerechtigkeit und Liebe von allen hochgehalten werden."[40]

Bedeutung statt Wahrheit. Das nun konfrontiert uns allererst mit dem wirklich heißen Kern der Hermeneutik Spinozas. Vorhin schon das Kriterium der Rationalität war natürlich nicht von Pappe gewesen, zumal wenn man dazunimmt, dass Spinoza ihm dadurch Geltung verschafft, dass er eine konsequent philologisch-historische Behandlung des biblischen Wortlauts einfordert. Mit diesem Projekt einer Sprachgeschichte – also dem Einbezug der Situation der Verfasser und der Situativität ihrer Äußerungen – stellt Spinoza die Hermeneutik nicht nur erstmals in die Perspektive historischen Denkens,

[38] Vgl. SPINOZA: Theologisch-politischer Traktat (Anm. 34). 9.
[39] Vgl. SPINOZA: Theologisch-politischer Traktat (Anm. 34). 9-10.
[40] SPINOZA: Theologisch-politischer Traktat (Anm. 34). 10-11.

sondern rückt sie zugleich ausdrücklich methodisch der Naturerklärung an die Seite.[41] Aber selbst diese beiden Züge zusammen kommen noch nicht für das Bahnbrechende an Spinozas Konzept auf. In der eben zitierten Passage aus der Vorrede hatte es sich schon angedeutet mit der Wendung, einem jedem sei die Freiheit bei der Auslegung der Glaubensgrundlagen zuzugestehen. Ausgesprochen wird es im Rahmen der näheren Erläuterung der Regeln der Schriftinterpretation, näherhin im Zusammenhang einer Anweisung für den Umgang mit zweideutigen oder dunklen Stellen. Da definiert Spinoza:

> „Dunkel oder klar nenne ich Aussprüche, je nachdem ihr Sinn aus dem Zusammenhang leicht oder schwer zu ermitteln ist, aber nicht insofern ihre Wahrheit leicht oder schwer mit der Vernunft zu erfassen ist; denn bloß um den Sinn der Rede, nicht um ihre Wahrheit handelt es sich. Ja, man muß sich vor allem hüten, solange der Sinn der Schrift in Frage steht, daß man sich nicht durch eigene Erwägungen, soweit sie auf den Prinzipien natürlicher Erkenntnis beruhen (ganz zu schweigen von den Vorurteilen), dazu verleiten läßt, den wahren Sinn einer Stelle mit der Wahrheit ihres Inhalts zu verwechseln. Der Sinn ist bloß aus dem Sprachgebrauch zu ermitteln oder aus solchen Erwägungen, die nur die Schrift als Grundlage anerkennen."[42]

Skepsis. Bündig gesagt: Beim Verstehen geht es nur noch um die aus einem gegebenen Sprachgebrauch resultierende Bedeutung von Ausdrücken, aber nicht mehr darum, ob denn die mit diesen Ausdrücken formulierte Aussage auch wahr ist. Die Wahrheitsfrage dahingestellt sein lassen aber heißt nichts anderes als eine skeptische Position einzunehmen. Konsequent beschließt Spinoza seine Erwägungen zur Schriftauslegung auch mit der These, oberste Norm für die Interpretation seien weder eine göttliche Erleuchtung noch eine äußere Autorität, sondern jeder einzelne für sich. Die moderne Hermeneutik ist von Wesen skeptisch. Im Blick auf das Motiv, das Spinoza bewegte, eine Hermeneutik zu konzipieren, leuchtet diese Wendung auch sofort ein: Er suchte ja nach einem Ausweg aus dem desaströsen Zusammenprall zwischen Hermeneutiken und den durch sie vertretenen Bedeutungen bestimmter Aussagen. Dieser Ausweg eröffnet sich dadurch, dass Hermeneutik systematisch nicht mehr als Ausfaltung der im Buchstaben verborgenen möglichen Sinne begriffen wird, sondern genau umgekehrt als eine Strategie, verschiedene Sinne in dem einen Buchstaben unterzubringen. Das aber schließt notwendig die Wahrheitsfrage aus. Eine solche Hermeneutik vermag dann auch hinzuwirken auf die Beendigung des „Bürgerkrieg[s] um den absoluten Text"[43], wie Odo Marquardt die nachreformatorischen Glaubenskriege charakterisiert – und das ist, wie gezeigt, die entscheidende Absicht Spinozas im *Tractatus theologico-politicus*. Unter dieser Vorausset-

41 Vgl. SPINOZA: Theologisch-politischer Traktat (Anm. 34). 114.

42 SPINOZA: Theologisch-politischer Traktat (Anm. 34). 116-117.

43 MARQUARD, Odo: Frage nach der Frage, auf die Hermeneutik die Antwort ist. In: Philosophisches Jahrbuch 88 (1981). 1-19. Hier 9.

zung kann dann auch gar nicht mehr überraschen, dass Spinoza ohne große Umstände eingesteht, große Teile auch noch der Bedeutungsklärung fielen unter den skeptischen Vorbehalt. Seine Überlegungen zu den Schwierigkeiten der von ihm favorisierten Hermeneutik bringt er nämlich auf den Nenner:

> „Ich halte diese Schwierigkeiten für so groß, daß ich kein Bedenken trage zu behaupten: bei den meisten Stellen kennen wir den Sinn der Schrift entweder gar nicht oder vermuten nur aufs Geratewohl, ohne Gewißheit."[44]

Beunruhigen kann dieser Tatbestand Spinoza freilich auf keine Weise. Zum einen eignet – wie schon erwähnt – dem materialen Wortlaut der biblischen Bücher ohnehin nur ein sekundärer Rang hinter dem Gesichtspunkt des Gottesgehorsams, der durch die Schrift zur Geltung gebracht werden soll. Und zum anderen findet sich alles, was dem Menschen zum Heil notwendig ist, in eine allgemein verständliche Sprache gekleidet, weil es seinerseits einfach und klar erkennbar ist.[45]

Reaktion „Herzenshermeneutik". Rationalität und Skepsis – das sind die beiden systematischen Parameter der Hermeneutik Spinozas. Und beide Züge haben eine je ganz verschiedene Folgegeschichte erlebt. Der skeptische Grundzug hat sich bis heute durchgehalten. Besonders markant tritt er gerade an derjenigen Hermeneutik hervor, die derzeit als die tonangebende gelten kann und zugleich einen nicht zu überschätzenden Einfluss gerade auf die katholische Theologie gewinnen konnte: die Hermeneutik Hans-Georg Gadamers. (⇖ Bd. 1, Kap. 5.3) Der zweite Grundzug der Hermeneutik Spinozas – die Rationalität – hat ihrerseits in begrenztem Umfang die geschichtliche Dynamik der hermeneutischen Frage weitergetrieben. In welchem Sinn das geschah, versteht man sofort, wenn man die Zuschreibung von Rationalität in einer gewissen Zuspitzung attributiv wendet und von einer „rationalistischen Hermeneutik" Spinozas spricht. Seine kühle Reduktion des Übernatürlichen provoziert geradezu zwangsläufig eine – ich möchte es so nennen – Hermeneutik des Herzens. Und diese gewinnt Gestalt in der pietistischen Schriftauslegung, in deren Zentrum die engstmögliche Verbindung von Auslegung und erbaulicher Anwendung steht. Die einschlägigen Autoren haben diesen Zusammenhang gern in Form einer Lehre von den Affekten erörtert. Diese ging von zweierlei aus:

(a) Affektive Situation. Zum einen bildet sich die Überzeugung aus, dass man die Äußerung eines anderen nur dann richtig verstehen kann, wenn man hinzunimmt, in welcher affektiven und emotionalen Situation die oder der Sprechende sich bei dieser Äußerung befand oder befindet. Der wichtigste dieser pietistischen Autoren, Johann Jacob Rambach, bietet ein sehr schönes Beispiel für die

[44] SPINOZA: Theologisch-politischer Traktat (Anm. 34). 129.
[45] Vgl. SPINOZA: Theologisch-politischer Traktat (Anm. 34). 130.

affektive Dimension im Verstehensprozess: Er verweist darauf, wie im Buch Rut 2,2 Boas zu seinen Feldarbeitern kommt und sie mit „Der Herr sei mit euch" grüßt – als dem Ausdruck eines herzlichen Segenswunsches über ihr Tun. Die exakt gleichen Worte finden sich Ex 10,10 auch im Mund des Pharao gegenüber Mose und Aaron, als die ihn bitten, mit Kind und Kegel zur Verehrung JHWHs zum Gottesberg ziehen zu dürfen – aber diesmal nicht als Segenswunsch, sondern – wie aus dem Kontext gut erschließbar – als Verhöhnung. Rambach paraphrasiert so:

> „[...] affectus ironicus, ja, ja, Glück auf den Weg, der Herr sei mit euch, ihr sollt lange warten, bis ich mit diesen conditionibus in euren discessum willigen und euch dimittieren werde. Da flossen die Worte aus einem affectu ironico, und haben also einen ganz anderen sensum."[46]

Gerade bei alten schriftlichen Zeugnissen kann diese affektive Dimension im Lauf des Überlieferungsprozesses verloren gehen. Nur intensive Vertrautheit mit dem Text und seinen Protagonisten kann sie in der Regel rekonstruieren. Aus diesem Grund findet sich übrigens in unserer „Einheitsübersetzung" das „Der Herr sei mit euch" des Pharao aus Ex 10,10 wiedergegeben als „Jahwe sei ebenso wenig mit euch, wie ich euch und eure Kinder ziehen lasse." Die Sinnrichtung stimmt natürlich, aber das Dramatische dieses Wortes ist völlig verblasst. Während das ironisch verstandene „Der Herr sei mit euch!" im Ohr der Adressaten regelrecht als Fluch ankommt, wirkt die Lösung der Einheitsübersetzung wie der Versuch, jemanden mit dem Ausdruck zu beleidigen „Hiermit beleidige ich Sie!" Im Übrigen gebrauchen wir bestimmte Redeweisen heute genauso affektdifferenziert, z.B. kann „Ich werd' dir helfen" eine Solidaritätszusage oder eine Drohung sein, je nach Situation, Stimmung und Stimme, wie das besonders in der Sprechakttheorie reflektiert wird. (↸ Bd. 1, Kap. 4.4)

(b) Affekte als Thema. Ein zweiter wichtiger Zug der Lehre von den Affekten tritt hinzu: Die pietistischen Hermeneutiker sind überzeugt, dass nicht zufällig so häufig in der Schrift die Affekte der Verfasser oder Protagonisten der Erzählung ausdrücklich thematisiert sind. Vielmehr gehören auch sie zur Botschaft und verlangen danach, Gegenstand der Betrachtung zu werden. Rambach wörtlich:

> „Denn wir müssen nicht nur von den Worten, sondern auch von den Affekten der heiligen Männer zu profitieren suchen [die Frauen vergißt auch er; K.M.], und müssen daher die Schrift um deswillen lesen, damit unsere unordentlichen und bösen Affekte emendiert und unser Herz mit guten und heiligen Affekten erfüllt werde."[47]

Mit beiden Zügen (a) und (b) der pietistischen Hermeneutik kommt erstmals ausdrücklich auch der psychologische Gesichtspunkt ins

[46] RAMBACH, Johann Jacob: Erläuterung über seine eigenen Institutiones Hermeneuticae Sacrae (1723). Zit. nach GADAMER, Hans-Georg/BOEHM, Gottfried: Seminar: Philosophische Hermeneutik. Frankfurt a.M. 1976. 62-68. Hier 63.

[47] RAMBACH: Erläuterung (Anm. 46). 66.

Spiel. Auch diese Dimension ist bis heute gegenwärtig geblieben, allerdings auf in der Regel ziemlich ausgedünnte Weise. Das Problem der Anwendung – lateinisch der „applicatio" – kennt ja zumindest jede und jeder, der schon einmal an einem Bibelgespräch geistlicher Gruppen oder Bewegungen teilgenommen hat. Es verdichtet sich in der Frage: „Was bedeutet dieses oder jenes Schriftwort für mich bzw. für uns?" Man darf sich vom erbaulichen Ton dieser Frage nicht täuschen lassen. Das Problem der Applikation ist komplex; und kein anderer als der vorhin schon erwähnte Hans-Georg Gadamer hat es als das eigentliche Grundproblem von Hermeneutik überhaupt identifiziert.

Spannungspotenzial. Für die unmittelbare Folgezeit nach Spinoza gilt, dass die rationalistisch-skeptische und die pietistische Hermeneutik mehr oder weniger nebeneinander herliefen. Im praktisch-theologischen Bereich fiel Letzterer ein Vorrang zu, Erstere wurde zur faktischen Norm moderner wissenschaftlicher, also historisch-kritischer Exegese. Dieses Nebeneinander führte wie von selbst zu Reibungen. Reibung – um im Bild zu bleiben – erzeugt Spannung. Und die kann sich eruptiv entladen oder den Fortgang der geschichtlichen Dynamik in der Ausfaltung der Hermeneutik antreiben. Einer der jüngeren Paradefälle für die eruptive Entladung erreichte seinen Höhepunkt während der 1990er Jahre in dem Konflikt um Eugen Drewermann. Seine Schriftauslegung leitet ein unbedingter Primat der Applikation, gepaart mit dem Vorwurf, die historisch-kritische Exegese produziere eben ihres Rationalismus wegen nur sterile Plattitüden.[48] Richtiges gesehen hat Drewermann dabei ohne Zweifel. Nur stellt sich die Frage, ob er nicht gleichzeitig das Applikationsproblem zu eng fasst, indem er das Bedeutenkönnen von Schriftworten „für mich" nahezu ausschließlich auf das Problem menschlicher Selbstfindung orientiert. Daher die Einseitigkeit, die ihm viele seiner Kritiker – gerade auch wohlwollende – vorhielten.

Dass die Spannungspotenziale, die aus dem Nebeneinander von rationalistisch-skeptischer und erbaulicher Hermeneutik hervorgehen, auch ein gänzlich anderes Resultat erzeugen können, ist bereits vor knapp zweihundert Jahren offenkundig geworden – und zwar in derjenigen Wendung der geschichtlichen Dynamik, durch die die erste wirklich universale Hermeneutik im modernen und wissenschaftlichen Sinn entstand. Mit dieser haben wir uns im Folgenden auseinanderzusetzen.

[48] Vgl. DREWERMANN, Eugen: Tiefenpsychologie und Exegese. 2 Bde. Bd. 1: Traum, Mythos, Märchen, Sage und Legende. Bd. 2: Wunder, Visionen, Weissagungen, Apokalypse, Geschichte, Gleichnis. Düsseldorf 1985.

1.4 Hermeneutik als allgemeine Theorie des Verstehens

Schleiermachers Quantensprung. Aus dem spannungsgeladenen Nebeneinander von rationalistisch-skeptischer und pietistischer Schriftauslegung geht ein Paradigma von Hermeneutik hervor, das nach Gestalt, Anspruch und Selbstverständnis im Vergleich zum Bisherigen eine völlig neue Dimension eröffnet. Zwar gab es – wie bei allen Wendungen solcher Art – gewisse Vorstufen und Vorläufer. Aber für diesen Durchbruch der reflexiven Klärung hermeneutischer Probleme steht wie kein anderer der Name Schleiermachers; ich hatte ihn schon einmal im Zuge der einleitenden Überlegungen zum Zusammenhang von Hermeneutik und Ethik erwähnt. (↖ Bd. 1, Kap. 5.2)

Gelegentlich wird Schleiermacher der „Thomas von Aquin" der evangelischen Theologie genannt. Das mag ein wenig überzogen sein. Einen Charakterzug Schleiermachers trifft diese Betitelung gleichwohl: seine umfassende – um nicht zu sagen – universale wissenschaftliche Wirksamkeit und Kompetenz. Schleiermacher war Theologe, Philosoph – zumal theologischer und philosophischer Ethiker[49] – und Pädagoge, aber ebenso ein hochkarätiger Philologe, auf dessen Konto u.a. eine nahezu vollständige Platon-Übersetzung geht, eine gewiss, die – wie jede – ihre Schwächen hat, aber auch über Stärken verfügt, an die spätere und heutige Übersetzungen kaum heranreichen. Ja, und dann heißt dieser Schleiermacher oftmals auch noch „Vater der modernen Hermeneutik". Ob das ganz zu Recht geschieht, darüber wird heute trefflich gestritten. Nicht bestreiten aber lässt sich, dass es Schleiermacher war, der die hermeneutische Frage von ihrer spezifisch theologischen Funktion der rechten Auslegung abkoppelte und die Idee einer allgemeinen Auslegungslehre ins Auge fasste. Freilich tat er das aus nochmals theologischem Grund: Es ging ihm darum, die Wissenschaftlichkeit der Theologie und speziell der Bibelauslegung dadurch sicherzustellen, dass er die theologische Hermeneutik als Unterfall einer allgemeinen Theorie des Verstehens ausweist.

Vermittlungsprogramm. Dieses Projekt einer wissenschaftlichen Hermeneutik als einer für alle Geisteswissenschaften gültigen Auslegungstheorie sucht Schleiermacher nun dadurch zu realisieren, dass er die beiden nebeneinander herlaufenden Stränge der historisch-kritischen und der pietistischen Hermeneutik zusammenführt, genauer gesagt: einander durchdringen lässt.

> „Wie jede Rede eine zwiefache Beziehung hat, auf die Gesamtheit der Sprache und auf das gesamte Denken ihres Urhebers: so besteht auch alles Verstehen aus den zwei Momenten, die Rede zu verstehen als herausge-

49 Vgl. SCHOLTZ, Gunter: Ethik und Hermeneutik. Schleiermachers Grundlegung der Geisteswissenschaften. Frankfurt a.M. 1995.

nommen aus der Sprache, und sie zu verstehen als Tatsache im Denkenden."[50]

„Grammatisch – psychologisch". So ergeben sich als die beiden Basis-Parameter der schleiermacherschen Hermeneutik: die „grammatische" und die „psychologische" Auslegung – aber eben nun als Grundzüge eines einheitlichen Begriffs von Auslegung. Aber auch das ist noch nicht alles am Spezifischen des schleiermacherschen Neuansatzes. Wiederum sind es zwei genuin philosophische Weichenstellungen, die für die eigentliche Tiefenstruktur der Hermeneutik Schleiermachers aufkommen:

(a) Fortschreibung Kants. Schleiermachers Denken bewegt sich – epochal gesehen – in jenem komplexen Grenzbereich, in dem zum einen die Grenzen der Aufklärung sichtbar zur werden beginnen, zum anderen aber die dadurch aufgeworfenen Probleme auch schon wieder tiefgreifenden Antworten zugeführt werden. Einigermaßen pauschal wird diese Phase einer Aufklärung der Aufklärung gewöhnlich als „Romantik" bezeichnet. Die Philosophie dieser Epoche trägt den Namen „Idealismus". Als der philosophische Protagonist schlechthin hat dabei Johann Gottlieb Fichte zu gelten. Schon Immanuel Kant hatte das Projekt „Aufklärung" einerseits mitgetragen, dies aber andererseits ausgesprochen kritisch getan. Fichte nun leistete mit seinem Werk „Grundlage der gesamten Wissenschaftslehre" von 1794 (übrigens ein anderer Titel für „Erkenntnistheorie") nach allgemeiner Überzeugung die konsequente Durchführung und auch Vollendung der kantischen Grundidee. Diese Grundidee ihrerseits trägt einen eigenen Namen. Er heißt „transzendentaler Gedanke". Ich möchte ihn vorläufig und für unseren Zweck so wiedergeben: Kant kommt auf der Suche nach einer als Wissenschaft zu verantwortenden Metaphysik zu der Überzeugung: Alle für Menschen zugängliche Erkenntnis untersteht Bedingungen der Möglichkeit – und diese sind durch die Struktur des Erkenntnisapparats, also der menschlichen Vernunft vorgegeben. Die große philosophische Herausforderung besteht darin, ebendiese alle Erkenntnis bedingenden Vernunftstrukturen mittels der Analyse von Vernunftleistungen herauszuarbeiten. Das Interesse an dieser transzendentalen Analyse teilt Schleiermacher ganz.

(b) Radikalisierter Spinoza. Zugleich geht er aber sozusagen auf eigene Rechnung über Kant und Fichte hinaus. Genauerhin tut er dies – sachlich gesehen – in Aufnahme eines Motivs aus dem spinozistischen Strang der Hermeneutik. Spinoza hatte – wie erwähnt –

[50] SCHLEIERMACHER, Friedrich D.E.: Hermeneutik und Kritik. Mit einem Anhang sprachphilosophischer Texte Schleiermachers. Hg. u. eingel. v. Manfred Frank. Frankfurt a.M. 1977. 77.

mit der Forderung nach einer Sprachgeschichte als Grundlage der Schriftauslegung die historische Perspektive ins Geschäft der Hermeneutik eingeführt. Schleiermacher nun vertieft diesen Ansatz dahingehend, dass er das ebenfalls von Spinoza ins Spiel gebrachte Kriterium der Rationalität seinerseits vergeschichtlicht. Was vernünftig ist, geht nicht aus unvordenklichen und auf ewig unveränderbaren Urteilen hervor, sondern bildet sich seinerseits in geschichtlichen Prozessen aus. Aus der systematischen Zusammenführung des transzendentalen Interesses mit der Radikalisierung der Position Spinozas ergibt sich wie von selbst das Projekt, die transzendentalen Erkenntnisbedingungen als geschichtlich zu fassen. Damit bekommt dann aber auch das Problem des Verstehens erstmals systematisch eine Wendung ins Geschichtliche.

Sprache und Gespräch. Den Raum, in dem diese Geschichtsbedingtheit der Vernunft und ihrer Verstehensleistung materialiter fassbar wird, erblickt Schleiermacher in der Sprache, näherhin im Vorgang des Gesprächs. Dieses bildet so etwas wie den Leitfaden seiner ganzen Hermeneutik. Und von beiden Begriffen – dem der Sprache und dem des Gesprächs – her lassen sich dann auch relativ einfach die Eckdaten der schleiermacherschen Hermeneutik benennen und begreifen; ohne Kenntnis dieses theoretischen Hintergrunds können sie nur fremd und mehr oder weniger willkürlich erscheinen.

Systematische Eckdaten. Bevor ich diese Eckdaten benenne und kurz charakterisiere, muss ich allerdings noch eine Besonderheit der Texte erwähnen, auf die ich mich berufe. Es gibt zwar ein Werk mit dem Titel *Hermeneutik und Kritik*, das unter Schleiermachers Namen erstmals 1838 veröffentlicht wurde. Aber dabei handelt es sich nicht um ein Buch im üblichen Sinn. Dieser Band besteht aus einer mehr oder weniger künstlichen Zusammenstellung von kurzen Notizen Schleiermachers mit Teilen aus mehreren Vorlesungsmitschriften, die einer seiner Hörer angefertigt hat. Schleiermacher passte seine Praxis dem an, was er theoretisch als das Medium des hermeneutischen Prozesses erachtete: das lebendige Ereignen von Sprache. Insofern muss, wer Schleiermachers Hermeneutik im Detail kennenlernen möchte, im Grunde den Wortlaut seines Gesamtwerkes aufsuchen, und an erster Stelle seine Platon-Übersetzung, weil Übersetzen mehr als alles andere sprachliche Geschehen hermeneutische Kompetenz erfordert. Unter dem Vorzeichen dieser Einschränkung lassen sich aus der unter dem Titel „Hermeneutik“ stehenden Text-Konstruktion folgende Momente als systematische Eckwerte der schleiermacherschen Hermeneutik benennen:

(a) Sprach-Holismus. Schleiermacher geht aus von der Sprache als einem Universum, zu dem der oder die individuell Sprechende in einem Verhältnis steht. Genauer: Die Sprecher bewegen sich innerhalb dieses Universums und verleihen damit ihren sprachlichen Äußerungen Bedeutung. Umgekehrt nimmt aber auch das konkrete Sprechen der Individuen Einfluss auf die Sprache als solche:

> „Hiernach ist jeder Mensch auf der einen Seite ein Ort, in welchem sich eine gegebene Sprache auf eine eigentümliche Weise gestaltet, und seine Rede ist nur zu verstehen aus der Totalität der Sprache. Dann aber ist er auch ein sich stetig entwickelnder Geist, und seine Rede ist nur als eine Tatsache von diesem im Zusammenhang mit den übrigen."[51]

Die vorgegebene Sprache normiert also einerseits die Artikulationen der Sprechenden, zugleich trägt die konkrete Verwendung der Vorgaben zur Entwicklung des Vorgegebenen bei. Verstehen ereignet sich darum als ein Ineinander-Spiel des Sprachsystems als solchen mit dem jeweils individuellen Sprecher oder der Sprecherin, des grammatischen und des psychologischen Moments, um es in der Diktion Schleiermachers zu sagen, und beide Seiten gelten ihm ausdrücklich als gleichwertig. Dabei darf man sich die Dimensionen dieses Zusammenspiels nicht zu klein denken. Im Gegenteil: Beide sind „unendlich": das Universum der Sprache, weil jedes einzelne Sprachzeichen auf besondere Weise durch sämtliche anderen bestimmbar ist. Um sich vorzustellen, was das bedeutet, braucht man sich das nur einmal am Fall des von einem durchschnittlichen Sprecher der deutschen Sprache beherrschten Wortschatz verdeutlichen: Dieser umfasst ca. 3000 Ausdrücke (Goethe, sagt man, operierte mit knapp 15000). Und jeder Ausdruck kann durch jeden anderen hinsichtlich seiner Bedeutung Bestimmungen erfahren. Genauso aber ist auch die psychologische Seite im Verstehensprozess als unendlich zu fassen. Denn überall, wo ein Individuum ins Spiel kommt, gibt es so viele Weisen etwas zu erfassen oder zu meinen, wie es Individuen gibt – und ebenso viele Weisen wie Situationen, in denen ein einzelnes Individuum hermeneutisch tätig wird. Da man aber weder alle diese Situationen der Individuen noch die gesamte Totalität der Sprache kennen kann, muss man – sagt Schleiermacher – beim Verstehen von einer zur anderen Seite übergehen, ohne dass sich dafür feste Regeln angeben ließen. Schon an dieser Stelle lässt sich spontan verstehen, warum Schleiermacher Hermeneutik als „Kunst der Auslegung" bestimmt. Daraus ergibt sich unmittelbar ein zweites Basisdatum der schleiermacherschen Hermeneutik:

(b) Divinatorischer Akt. „Divination" lässt sich am einfachsten wiedergeben mit „Hineinversetzung" dessen, der Verstehen sucht, in den Urheber oder die Urheberin einer Äußerung. Allerdings bedarf diese Wiedergabe sofort einer gewissen Absicherung gegen Missverständnisse. Denn der divinatorische Akt hat gar nichts mit Verpsychologisierung zu tun, wie man vielleicht im ersten Moment

[51] SCHLEIERMACHER: Hermeneutik (Anm. 50). 78.

denken könnte. Dem widersteht von vorneherein der Zusammenhang, in dem Schleiermacher die Divination einführt. Die Auslegungskunst könne ihre Regeln nur aus einer positiven Formel gewinnen,

> „und diese ist ‚das geschichtliche und divinatorische (profetische) objektive und subjektive Nachkonstruieren der gegebenen Rede.'
> Objektiv geschichtlich heißt einsehen, wie sich die Rede in der Gesamtheit der Sprache und das in ihr eingeschlossene Wissen als ein Erzeugnis der Sprache verhält. Objektiv divinatorisch heißt ahnden, wie die Rede selbst ein Entwicklungspunkt für die Sprache werden wird [...].
> Subjektiv geschichtlich heißt wissen, wie die Rede als Tatsache im Gemüt gegeben ist, subjektiv divinatorisch heißt ahnden, wie die darin enthaltenen Gedanken noch weiter in dem Redenden und auf ihn fortwirken werden [...]."

[Und dann folgt noch ein Satz, der später zum Kennmal der schleiermacherschen Hermeneutik wie zum zentralen Ansatzpunkt späterer Kritiker avancierte:]

> „Die Aufgabe ist auch so auszudrücken, ‚die Rede zuerst ebensogut und dann besser zu verstehen als ihr Urheber'."[52]

Der divinatorische Akt besteht also darin, dass ich aus eigener Sprachkompetenz nachkonstruiere, was die Urheberin oder der Urheber bestimmter Äußerungen mit seinen/ihren Worten gemeint hat. Das ist weit weniger dramatisch, als es klingt. Innerhalb des Universums der Sprache entwirft jeder Sprecher, jede Sprecherin spontan ihren Sinn, kann also den Sinn ihrer/seiner Prädikate – wie vorhin schon angedeutet – verschieben, neu festsetzen, von einem Gebrauchsfall zum anderen unkontrollierbar modifizieren.[53] Man kann sich das selbst experimentell vergegenwärtigen, indem man sich bewusst macht, wie sich der Gehalt eines bestimmten Ausdrucks für einen von einem auf den anderen Tag verändern kann: So meint der Terminus „Arbeit" für einen heute z.B. Plage und Frust, weil im Fach Philosophie Ausführungen über Hermeneutik anstehen, und morgen impliziert der gleiche Ausdruck Spannung und Interesse, weil jemandes ganze Hingabe – sagen wir – dem Job als Barkeeper in der Julischka-Bar gilt. Dass ein anderer trotz dieser Verschiebungen versteht, verlangt von diesem lediglich eine schritthaltende Spontaneität des Verstehens – dass er oder sie z.B. aus den Umständen, der Mimik, dem Kontext des Satzes „Heute ist Arbeit angesagt" die rechten Schlüsse zieht, also versteht. Hält die Nachkonstruktion der Adressatin oder des Adressaten der Äußerung nicht Schritt, merkt man das in Gestalt eines Missverständnisses: Das Gegenüber antwortet im Gedenken an des Sprechers Passion für den Job an der Bar und an eigene unmittelbar bevorstehende unangenehme Pflichten: „Ach, du hast's gut!" – Und dieser antwortet mit sarkastischem Unterton: „Sehr witzig!", weil er soeben an Philosophie und nicht, wie sein Gegenüber, an die Bar

52 SCHLEIERMACHER: Hermeneutik (Anm. 50). 93-94.
53 Vgl. dazu MÜLLER, Klaus: Wenn ich „ich" sage. Studien zur fundamentaltheologischen Relevanz selbstbewußter Subjektivität. Frankfurt a.M. u.a. 1994. Kap. 7.8.3.

gedacht hat. Auf der Basis der romantischen Überzeugung vom unbewussten Schaffen eines Autors ergibt sich aus dem Konzept des divinatorischen Akts wie von selbst dann jene These, dass der Hörer oder Leser einer Äußerung diese so gut und besser verstehen könne als der oder die diese Äußerung Hervorbringende. Damit die divinatorische Methode ihr Ziel – das Verstehen – erreichen kann, findet sie sich unumgänglich zugleich auf ein weiteres Moment verwiesen:

(c) Komparative Methode. Die Komparative Methode darf von der Divination nicht abgetrennt werden.

> „Die divinatorische ist die, welche, indem man sich selbst gleichsam in den andern verwandelt, das Individuelle unmittelbar aufzufassen sucht. Die komparative setzt erst den zu Verstehenden als ein Allgemeines und findet dann das Eigentümliche, indem mit andern unter demselben Allgemeinen Befaßten verglichen wird."[54]

Beide methodischen Hinsichten müssen zusammengehalten werden, denn: Die divinatorische Methode allein stünde in Gefahr, sich ohne Einbezug des Allgemeinen mittels von Vergleichen in willkürlicher Phantasterei zu verlieren. Auf der anderen Seite aber brächte auch reines Vergleichen allein nicht weiter, weil aus ihm nur eine Anhäufung von Einzelfällen resultierte und also die Dimension des Individuellen, Besonderen verloren ginge. Verstehen aber geht nur aus der wechselseitigen Durchdringung von Allgemeinem und Besonderem hervor. Die Komparation übergreift dabei mehrere Ebenen: Sie besteht (1) darin, ganz allgemein die konkrete Bedeutung des Gebrauchs eines Ausdrucks über den Vergleich mit anderweitigen Gebräuchen zu erschließen. Sie kommt aber auch darin zur Geltung, dass (2) innerhalb eines Werkes das Einzelne aus dem Ganzen verstanden wird und dass (3) die Schriften eines Verfassers wiederum vom Ganzen des Sprachschatzes und der geschichtlichen Epoche des Autors her ausgelegt werden.[55] Gerade bei der Lektüre philosophischer Werke lassen sich die hermeneutischen Regeln Schleiermachers nachgerade experimentell überprüfen; im Rahmen der zweiten Dimension der komparativen Methode – Einzelnes innerhalb eines Werkes aus dessen Ganzen verstehen – fügt Schleiermacher den Rat an, der genaueren Auslegung eine kursorische Lektüre des ganzen Werkes vorzuschalten, um einen Überblick zu erhalten. Schleiermacher warnt aber gleich vor folgender Erfahrung, die sich dabei einstellt: dass nämlich die kursorische Lektüre wenig zu helfen scheint. Er nennt dies ein charakteristisches Merkmal schwerer Werke, weshalb aber dieser Zwischenschritt umso unverzichtbarer sei.

Bezug zur Religionsphilosophie. Damit sind die Eckdaten von Schleiermachers Hermeneutik benannt. In ihrer systematischen

[54] SCHLEIERMACHER: Hermeneutik (Anm. 50). 169.
[55] Vgl. SCHLEIERMACHER: Hermeneutik (Anm. 50). 95. 97. 169-170.

Verknüpfung steckt allerdings philosophisch noch weit mehr als eben ein ganz entscheidender Durchbruch im Gang der geschichtlichen Dynamik des hermeneutischen Problems. Die Gedanken Ganzes – Teil, Universum – Einzelner und Einfühlung bilden in ihrer Verknüpfung nämlich den Hintergrund für Schleiermachers Auffassungen von Religion. Mit gewissem Recht kann man sogar sagen, dass Schleiermachers eigentlichen philosophischen Leistungen auf dem Gebiet der Religionsphilosophie – und in Verbindung damit – auf demjenigen der Ethik liegen. Gleichzeitig heißt das dann natürlich aber auch: Obwohl Schleiermacher eine allgemeine Auslegungslehre zu konzipieren unternimmt, innerhalb deren die theologische Hermeneutik als ein Teilgebiet auftritt, steht seine allgemeine Hermeneutik trotzdem immer noch in engster Beziehung zur religiösen Dimension.

Dritte Vernunftdimension. Das geht bereits unmittelbar daraus hervor, dass Schleiermacher Religion der Metaphysik und der Moral als eine dritte Grunddimension von Vernunft gegenüberstellt. In seinem Werk *Über die Religion. Reden an die Gebildeten unter ihren Verächtern* von 1799 kommt er dabei zu dem Ergebnis: Religion hat wohl den gleichen Gegenstand wie Metaphysik – also theoretische Vernunft – und wie Moral – also praktische Vernunft –, nämlich das Universum und das Verhältnis des Menschen zu diesem. Doch befasst sich Religion mit diesem ihrem Gegenstand weder in der Perspektive des Denkens noch des Handelns, sondern in derjenigen der Anschauung und des Gefühls. Religion ist ihm „Sinn und Geschmack fürs Unendliche."[56] Erst wenn solchermaßen verstandene Religion zu Theorie und Praxis hinzutritt, gilt menschliche Natur als vollendet. „Anschauung des Universums" bedeutet dabei, das Einzelne als Teil des Ganzen zu begreifen, das Beschränkte als Darstellung des Universums, das sich kontinuierlich offenbart. Die Stärke dieser Auffassung macht aus, dass sie Religion nicht ins Verhältnis setzt zu etwas, was zur Wirklichkeit hinzukommt, sondern als Erfassung des Wirklichen bestimmt. Weil der Übergang von der einen zur anderen Sehweise nicht aus dem seinerseits endlichen Bewusstsein erklärt werden könne, so Schleiermacher, müsse das Aufscheinen des Unendlichen im Endlichen einer Initiative des Unendlichen selbst zugeschrieben werden. Gegenstand der Religion sind dabei aber nicht die äußeren Dinge, sondern das Gemüt, in dem sich das Universum abbildet. Religion ist darum unmittelbare Antwort des Menschen auf einen Anstoß des Unendlichen. Die Unmittelbarkeit ergibt sich dabei daraus, dass als Receptorium – als Empfangsmedium – dieses Anstoßes weder theoretische noch praktische Vernunft fungieren, sondern eben Anschauung und Gefühl. Und in beiden Perspektiven kommt es zu einem Aufgehen des menschlichen Bewusstseins in seinem Gegenstand.

[56] SCHLEIERMACHER, Friedrich D.E.: Über die Religion. Reden an die Gebildeten unter ihren Verächtern. Hg. v. G. Meckenstock. Berlin; New York 2001. 80.

Sehweise. Die spezifisch religionsphilosophischen Konsequenzen, die Schleiermacher aus all dem zieht, werden uns noch in anderem Zusammenhang eingehend zu beschäftigen haben. (↗ Bd. 3, Teil B, Kap. 5.2) An dieser Stelle steht nur die intensive Verknüpfung der Religionsthematik mit derjenigen der Hermeneutik im Vordergrund – und die geht ja mit aller Deutlichkeit schon aus den paar Stichworten hervor, die ich soeben aufgerufen habe. Das Zentrum dieses Zusammenhangs bildet dabei der Begriff der Sehweise. Wenn Religion nicht mit etwas zu tun hat, das zusätzlich zur gegebenen Realität hinzutritt, sondern damit, dass etwas Gegebenes als etwas über dieses Gegebene Hinausreichendes zu verstehen ist, dann handelt es sich bei Religion um ein genuin hermeneutisches Phänomen. Das so genannte hermeneutische „als" – etwas „als" etwas verstehen – steht dafür ein.

Präzedenzfall „Symbol". Am greifbarsten wird diese innere Verknüpfung von Religion und Hermeneutik an dem wohl zentralsten Vollzug von Religion überhaupt, dem Gebrauch von Symbolen. Es lohnt sich, dem etwas intensiver nachzuspüren, weil sich gerade am Symbolbegriff die Leistungsfähigkeit der hermeneutischen Überlegungen Schleiermachers gut überprüfen lässt. Seine doppeldimensional angelegte Hermeneutik aus grammatischer und psychologischer Auslegung lässt sich nämlich auf verblüffende Weise als Vorwegnahme eines Konzepts von Symbolinterpretation lesen, wie es in etwa heutigem hermeneutischen Standard entspricht. Das möchte ich nachfolgend in den Grundzügen vorführen:

Terminologisches. Der Gebrauch des Wortes „Symbol" ist in der jüngeren Vergangenheit und Gegenwart inflationär und entsprechend verwaschen geworden. Man beruft sich darum zur Klärung gern auf die Etymologie: Symbol kommt von „symballein": In der vorschriftlichen Phase des Rechts werden die zwei zueinander passenden Teile eines zerbrochenen Ringes, Stabes oder Täfelchens zum Erkennungszeichen für Gastfreunde, Boten oder Vertragspartner. Die Bruchlinie des einen Teils verweist auf ein und verlangt nach einem entsprechenden Gegenstück, das da sein muss, wenn das zuhandene Teilstück soll gelten können. Das ist mittlerweile fast ein Gemeinplatz.

So gut wie nie folgt der Hinweis, dass „Symbol" gleichursprünglich von „symballesthai" abzuleiten ist, was soviel heißt wie: im Geist zusammenbringen, zusammenreimen, erschließen, erraten, verstehen, deuten.[57] Die Differenz zwischen beiden Dimensionen ist erheblich: Erstere wird von der intersubjektiven, gesellschaftlichen Konvention getragen. Die zweite verwirklicht sich als subjektiv zu erbringende hermeneutische Arbeit, d.h.: Wer etwas als Symbol gebraucht oder

57 Vgl. WAHL, Heribert: Glaube und symbolische Erfahrung. Eine praktisch-theologische Symboltheorie. Freiburg; Basel; Wien 1994. 45.

versteht, muss dem Symbol-Ding eine Bedeutung geben, die nicht schon durch die Konvention erbracht ist. Diese Bedeutungsstiftung geschieht entweder durch Worte oder dadurch, dass dem Symbol-Ding eine Form gegeben wird, die sozusagen für sich spricht. Beispiel: Wurde der Stab über einem gebrochen, war evident, was das für den bedeutet, dem das Symbol galt. Das Symbol der Taufe dagegen kommt erst dadurch zustande, dass der Taufspender den sichtbaren Ritus mit den Worten – und nur mit den Worten – „Ich taufe dich" begleitet, und nicht etwa mit „Ich mache dich sauber". Nur beide Dimensionen zusammen – die Konvention und die hermeneutische Sinngabe – vermitteln in etwa, was ein Symbol ist. Konvention und Sinngabe stehen ersichtlich in engster Nähe zu dem, was bei Schleiermacher „grammatische" und „psychologische" Dimension heißt.

Nähern wir uns noch von einer anderen Seite an: Symbol ist ein Zeichen, das Nichtanschauliches angemessen anschaulich zur Geltung bringt. Der springende Punkt steckt dabei in diesem „zur Geltung bringen". Zeichen ist etwas, was auf etwas anderes verweist – wie ein Verkehrszeichen z.B. Symbol dagegen ist etwas, was auch auf etwas verweist, aber (a) auf etwas, das sich nicht auf gleiche Weise wahrnehmen lässt wie das Zeichen selbst, und (b) es verweist so, dass im Verweisenden das, worauf verwiesen wird, sozusagen gegenwärtig ist. Paul Ricœur spricht deshalb vom „Zwischen" als dem Raum des Symbols.

Noch eine Annäherung: Oft hört man sagen: Diese Redeweise ist „bloß" symbolisch. Dahinter steht die Ansicht, symbolischer Ausdruck bleibe hinter dem, was Begriffe leisten, zurück, sei also ein Notbehelf und mehr oder weniger unscharf. Ich verzichte an dieser Stelle auf die systematischen Argumente gegen diese These, sondern verweise nur auf einen erstaunlichen zeitdiagnostischen Befund: Obwohl mit Worten so viel kommuniziert wird wie noch nie, hat das Bedürfnis nach symbolischer Mitteilung nicht ab-, sondern zugenommen: Demonstrationen, Sitzblockaden, Sticker, Logos erleben seit Jahren eine regelrechte Inflation. Nur so kann gegen den Schwall der alles erklärenden Wörter zur Geltung gebracht werden, was sich mit Wörtern nur umständlich oder gar nicht sagen lässt. Das bedeutet: Symbole sind eine Äußerungs- und Mitteilungsform sui generis, die darum hinsichtlich ihrer Verständigungsleistung gar nicht an verbaler Kommunikation gemessen oder mit dieser verglichen werden kann.

Symbol-Metaphysik. Geht man von der oben bereits eingeführten Bestimmung aus, dass Symbole Unanschauliches adäquat veranschaulichen, so liegt auf der Hand, dass Symbolen in allem, was zu Religion gehört, eine zentrale Funktion eignet. Wie auch anders als symbolisch sollte ein Reflex von Transzendentem im Horizont der Weltwirklichkeit denkbar sein? Das gilt selbstredend auch für die jüdisch-christliche Tradition. In der ganzen Bibel – AT wie NT – wird symbolisch gedacht und gesprochen, ohne dass dies eigens reflektiert wurde. Letzteres ändert sich ab dem Zeitpunkt, da die biblisch-christliche Überlieferung mit Zügen griechischer, speziell neoplatonischer Philosophie zusammentritt. Deren Grundgedanke eines Urbild-Abbild-Verhältnisses als Strukturmuster der ganzen Wirklichkeit gibt die Grundlage für eine Metaphysik des Symbols ab. Diese war natürlich ihrerseits eine ganz spezielle Symbol-Hermeneutik. Zu seiner Blüte kommt dieses Denken im 11./12. Jahrhundert. Diese Epoche prägt regelrecht eine symbolische Mentalität. Jedes innerweltliche Ding ist nichts anderes als ein sichtbarer Gedanke Gottes. Dass dieser Gedanke ziemlich umstandslos zu Einseitigkeiten führen kann in dem Sinn, dass Sichtbares als Ort geradezu magischer Präsenz des Göttlichen verstanden wird, kann nicht überraschen. Die Streitigkeiten um das Sakrament der Eucharistie vom frühen Mittelalter bis zur Reformation haben eben daran ihren Anlass und ihr Thema. Am einfachsten kommt man wohl ans Zentrum dieses (manchmal bis heute aufflackernden) Konflikts heran, wenn man sich fragt, ob auf Dauer gut gehen kann, dass Menschen es als symbolische Teilhabe am Kreuztragen des Herrn verstanden, wenn sie ein Bündel Brennholz vom Hof zum Küchenherd trugen. Je geschlossener, um nicht zu sagen: totalitärer eine solche symbolische Mentalität das Denken einer Epoche bestimmt, desto mehr gerät die innere Differenz der Symbole aus dem Blick – dass sie eben etwas Gebrochenes sind und das Zuhandene nur einen Bruchteil der gemeinten Wirklichkeit repräsentiert. Folge: Das sichtbare Fragment wird mit dem Ganzen identifiziert. Die Differenz zwischen Immanenz und Transzendenz verschwindet, was z.B. bedeutet: Mit Notwendigkeit begeht eine Todsünde, wer die konsekrierte Hostie mit den Zähnen berührt, weil er logischerweise den Herrn Jesus Christus gebissen hat.

Kritik und Konjunktur. Solchermaßen überzogenes Symboldenken kollabiert mit Notwendigkeit in sein krasses Gegenteil: Der mittelalterliche Symbolismus wurde vom so genannten Nominalismus (→ Bd. 2, Teil C, Kap. 4.7) und der Reformation weggefegt. Erst als die Grenzen des Rationalismus kantscher Prägung sichtbar zu werden begannen, gab es eine Renaissance symbolischen Denkens in der Romantik, also der Epoche Schleiermachers. Diese Renaissance wiederum musste dem Druck der universell werdenden szientifischen und instrumentellen Vernunft weichen. Mittlerweile ist wiederum dieses Paradigma bekanntlich aufgrund der eigenen Dynamik in die Krise geraten. Folge: Eine neuerliche Symbol-Konjunktur, allerdings mit einem speziellen Zug, den es vorher nie gab: Auch die Symbole stehen so gut wie ganz unter den Gesetzen des Marktes und des Konsums: Wenn heute eine bestimmte gesellschaftliche Gruppe – meist Jugendliche – ein neues Symbol stiftet, um ihr Befinden, ihre Identität auszudrücken und auch zu sichern – meist geschieht das durch Kleidung

–, findet sich dieses Symbol verblüffend schnell im Quelle-Katalog oder im Kaufhof-Schaufenster als Mode wieder. Vor einiger Zeit begannen amerikanische Jugendliche klobige Turnschuhe mit demonstrativ offenen Schuhbändern zu tragen. Nicht viel später schlurften auch Bayerische Bauernbuben mit solchen Latschen über den Dorfplatz. Zur Zeit trägt man die Baseball-Kappe mit dem Schild nach rückwärts; das Zeichen kommt aus der Bronx.

Diese Kommerzialisierung hat natürlich auch zur Folge, dass Symbole sehr schnell veralten – nicht weil sie ausgehöhlt wären. Sie müssen veralten, weil der Markt um seines Funktionierens willen neue Symbole anbieten muss. Soll das gelingen, müssen die neuen Symbole, um die alten verdrängen zu können, relativ überraschend und spektakulär sein. Schock und Gag werden zu Bedingungen der Symbolproduktion – wieder eine ausgesprochen pointierte Symbol-Hermeneutik. Dass dabei das Symbolempfinden abgestumpft wird, liegt auf der Hand. Darin hat seinen Grund, dass trotz der öffentlichen Allgegenwart von Symbolen im religiös-kirchlichen Bereich zu Recht von einer Symbol- oder Liturgie-Unfähigkeit heutiger Menschen gesprochen werden kann. Die religiösen Symbole gehorchen ganz anderen Gesetzen als denen des Marktes. Gleichzeitig ist heute – notabene: via Fernsehen – global, also bis in die Eingeborenendörfer Zentralafrikas hinein – für viele der Markt selbst das einzige Symbol im ursprünglichen Sinn: Verheißung und bruchstückhafte, vorwegnehmende Teilgabe an einem Zustand ohne Mangel und des Überflusses: also Erlösung aus der Not und Paradies.

Exempel „Schlange". Echte Symbole haben immer mit solchen elementaren Dimensionen menschlicher Existenz zu tun, genauer: Sie dienen ihrer Auslegung. Wenigstens an einem konkreten Beispiel möchte ich das so herausarbeiten, dass dabei gleichzeitig die Grundoperationen des schleiermacherschen Konzepts zur Geltung kommen. Ich wähle dafür ein Beispiel, das der Theologie wohlvertraut ist, ohne dass sie – zumindest in der Regel – die Komplexität seiner Bedeutung ausschöpfte.

Biblische Nacherzählung. Es geht um das Symbol der biblischen Schlange. Sie taucht in Gen 3,1 auf wie aus dem Nichts. Und sie ist schlauer als alle anderen Tiere des Feldes, heißt es von ihr. Damit gibt uns die Bibel einen Wink, dass wir die Schlange als Sinnbild für eine besonders tiefe, freilich – dem natürlichen Wesen der Schlangen ähnlich – auch unheimlichen Einsicht zu verstehen haben. Worum es in dieser Einsicht geht, lassen viele außerbiblische Mythen von der Schlange erkennen: Die mittelamerikanischen Indios erzählen sich, dass die Welt über dem Cipactli-Ungeheuer gelagert ist, das jederzeit seinen Rachen aufreißen und die Welt zerdrücken könnte. Unsere fernen Vorfahren, die Germanen, wussten von der Mitgard-

Schlange, die die Erde mit ihrem riesigen Leib umringelt und, wenn sie ihn zusammenzieht, es dem Menschen eng, d.h. ihm Angst macht. D.h.: Die Schlange symbolisiert die erschreckende Einsicht in die Endlichkeit und Vergänglichkeit dieser Welt und unser selbst. Sie ist eine Ikone der Kontingenz. Ausnahmslos jeden Menschen überfällt diese Erkenntnis einmal auf dem Weg seiner Reifung: Er selber und alle und alles, was ihm lieb und kostbar ist, wird einmal nicht mehr sein. Irgendwann tritt ihm diese beklemmende Wahrheit wie aus dem Nichts entgegen – genauso wie die Schlange in Gen 3,1.

Von daher kann nun auch erst das nachfolgende Gespräch zwischen der Schlange und der Frau in seiner ganzen Ungeheuerlichkeit ermessen werden: Die Schlange fragt: Hat denn Gott wirklich gesagt: Ihr dürft von keinem Baum des Gartens essen? Was wie eine harmlose Erkundigung klingt, ist in Wirklichkeit ein perfider Anschlag auf das Gottesbild des Menschen. Gott hat ja gar nicht so gesagt, wie die Schlange fragt. Er hat im Gegenteil alle Bäume des Gartens freigegeben, dass der Mensch sie genieße. Nur ein einziger ist ausgenommen, ein einziger, damit er ihm auf andere Weise diene, nämlich ihn erinnere, nicht alles in totaler Verfügung zu haben. Wie könnte dann der Mensch ein anderes Bildnis von Gott in der Seele tragen als das eines grenzenlos Gütigen, der sich liebevoll kümmert um sein Geschöpf und es überreich beschenkt? Mit ihrer Frage aber hat die Schlange ein bitterböses Gegenbild heraufbeschworen, wie Gott ja auch sein könnte: Ein grausamer Despot, der einen köstlichen Garten anlegt, den Menschen hineinsetzt und ihm dann – die ganze Wonne des Lebens vor Augen – verbietet, sich daran zu freuen (übrigens das typische Gottesbild ekklesiogener Neurotiker katholischer und calvinistischer Provenienz, also von Menschen, die durch die Begegnung mit Formen einer angstmachenden Verkündigung das Gefühl bekommen haben, eigentlich gar nicht da sein zu dürfen).

Die Schlange hat nicht behauptet, dass Gott so sei. Sie hat nur gefragt. Aber das hat gereicht, um der Eva dieses Zerrbild von Gott dermaßen ins Herz fahren zu lassen, dass ihr eigenes Gottesbild – das vom gütigen Gönner des Lebens – eine winzige, gleichwohl katastrophale Veränderung erfährt. Denn Eva antwortet jetzt der Schlange auf deren Frage von vorhin: Von den Früchten der Bäume im Garten dürfen wir essen; nur von den Früchten des Baumes, der in der Mitte des Gartens steht, hat Gott gesagt: Davon dürft ihr nicht essen und daran dürft ihr nicht rühren, sonst werdet ihr sterben (Gen 3,2-3). Das aber hat Gott eben nicht gesagt. Davon dürft ihr nicht essen, hat er gemahnt; vom Nicht-berühren-Dürfen des Baumes war mit keinem Wort die Rede. Dass die Frau aber eben das behauptet, verrät, dass es der Schlange mit ihrer hinterhältigen Frage gelungen ist, ihrem Gegenüber den Bazillus der Angst zu injizieren. Denn an etwas nicht rühren heißt nichts anderes als: Angst haben. Nicht Angst haben vor dem Baum, sondern Angst haben um das eigene Leben und im tiefsten

Winkel dieser Angst den Argwohn hegen, der Geber des Lebens habe es vielleicht doch nicht so gut gemeint, wie bisher gedacht.

Damit ist das Entscheidende des Unheils bereits geschehen. Das Gottesbild beginnt zweideutig zu werden. Vorwegnehmend und systematisch gesagt: Der Fall des Menschen, seine Sünde besteht darin, aus der Entdeckung seiner Kontingenz heraus, der ihm an sich gleichermaßen offenständigen Lebenserfahrung zu misstrauen, dass Gott ihm Leben gönnt, soviel er braucht, und dass der Mensch anfängt, mit der Möglichkeit zu spielen, es gäbe vielleicht doch noch etwas mehr, das ihm der nur scheinbar gütige Schöpfer vorenthält. Genau bei diesem hauchdünnen Haarriss im Gottesbild setzt die Schlange an, um jetzt in wenigen Zügen das grelle Portrait eines zwielichtigen Schöpfergottes hinzuwerfen. Ihr werdet nicht sterben, antwortet die Schlange der Frau. Gott weiß vielmehr: Sobald ihr davon esst, werden euch die Augen aufgehen; ihr werdet sein wie Gott– was soviel heißt wie: Gott hat euch den Baum verboten, weil er – er! – Angst hat vor euch, ihr könntet ihm Konkurrenten werden. So schwach ist er, darum wacht er neidisch über die Mitte des Lebens, über seinen Vorsprung. Die Logik der Schlange besticht. Es könnte ja tatsächlich so sein. Und ist es angesichts dieser Möglichkeit nicht doch sicherer, alles selbst in die Hand zu nehmen, als von der Gönnerlaune eines solchen Gottes abzuhängen? Wie magisch zieht jetzt der Baum die Frau in seinen Bann – Verheißung rauschhafter Steigerung an Leben, weil ich mit ihm alles in der Hand habe. Das von der Schlange initiierte Gedankenspiel hat es geschafft, das Gottesbild mit den Mitteln der Angst radikal zu pervertieren.

Ikone der Kontingenz. Das Symbol der Schlange fungiert – offenkundig kulturübergreifend – als Schlüssel zum Austrag dieses Existenzdramas zwischen Gottesvertrauen und Misstrauen, zwischen Glaube und Sünde. Dass den meisten Schlangenmythen – und übrigens spürbar ja auch der biblischen Szene – eine sexuelle Dimension zugehört, die Schlange dabei oft phallische Bedeutung bekommt, erklärt sich aus ihrer Grundfunktion als Kontingenz-Ikone her von selbst: Das Erlebnis von Zeugung und Geburt zieht notwendig auch die Erfahrung des Todes, des Endens von Leben nach sich. Vergänglichkeit und Neubeginn müssen in engstem Zusammenhang stehen (und tun es ja auch). Aber wohlgemerkt: Der Zusammenhang zwischen Gottesthematik und Sexualität ist kein moralischer, wie in der verhängnisvollen Tradition von Augustinus bis zu Teilen des heutigen Katholizismus insinuiert, sondern ein religiöser: Wer das Vertrauen in Gott verloren hat, kann gar nicht anderes, als in der Aufbietung seiner eigenen lebensschaffenden Kräfte sich dem Sog des Nichts entgegenzustemmen.

Biblische Erweiterungen. Dass die Interpretation der Schlange als Kontingenz-Ikone nicht willkürlich einen Zug dieses Symbols verabsolutiert, lässt sich nicht nur durch den interkulturellen Vergleich belegen. Das Thema bleibt von der Genesis an die ganze Bibel hindurch bis ins Neue Testament hinein präsent. Nur dass sich die Schlange in weniger archaischen Figuren, in Abstrakta sogar verkleidet – was mit entmythisierenden Tendenzen bestimmter biblischer Schichten zu tun hat. So begegnet uns dieses Kontingenz-Symbol wieder im Untier Behemot, von dem das Buch Ijob 40,15-24 erzählt, und gegen das der Mensch machtlos ist. Gar nicht so weit entfernt von unserer Deutung der Schlange verstehen Kirchenväter wie Hieronymus, Theodoret, Augustinus oder Gregor d. Gr. Behemot als Symbol Satans, dessen also, der versucht, den Menschen mit allen Mitteln von Gott abzubringen. Auch beim Leviatan, in der Regel als Seeungeheuer wiedergegeben, handelt es sich um eine Manifestation der alten Schlange, wie Jes 27,1 den kanaanäisch-phönizischen Namen korrekt übersetzt: „die schnelle, gewundene Schlange". Als Ungeheuer in der Tiefe des Meeres verkörpert er die Tiefe, den Abgrund, also das Chaos selbst. Er ist das Nichts, das allein schon durch seine Präsenz den Menschen Entsetzen einflößt oder – in der Situation unerträglichen Leids herbeigewünscht wird: Ijob 3,8 schreit, dass jene die Nacht seiner Geburt verfluchen sollen, „die es verstehen, den Leviatan zu wecken"; er will, dass alles aus ist. Auch Ps 74,14 erwähnt den Leviatan, ebenso Ps 104,26. Dort wird das Meer als Werk Gottes besungen, das Meer, „so groß und weit", auf dem „die Schiffe dahinziehen" und „auch der Leviatan, den du geformt hast, um mit ihm zu spielen." Letzteres eine Proklamation der absoluten Souveränität Gottes – sogar noch über das Nichts –, wie sie Israel erst nach dem babylonischen Exil gewagt hat und eigentlich wagen musste: Nach dem Totalverlust von Land und Zukunft konnte der Glaube nur bewahrt werden, wenn Gott nicht nur der Gott Israels, sondern der aller Völker, der ganzen Schöpfung und eben auch noch Herr des Nichts war. Sehr nahe, nur ins Persönliche gewendet, steht dem der Auftritt der Schlange als großer Fisch, der den Propheten Jona verschluckt. Der personifizierte Chaosrachen, der den Propheten auf den Abgrund des Meeres zieht, dient Gott und muss den Jona auf Gottes Geheiß wieder freigeben. Darum liegt in dem in Jona 2 festgehaltenen Gebet eine vorjesuanische Ostergeschichte vor: „Du holtest mich lebendig aus dem Grab herauf, Herr mein Gott" (Jona 2,7b). Schon dies lässt erkennen, dass frühchristlich das Jona-Symbol nicht zufällig oder aufgrund einer äußeren Stichwortverbindung zum verbreitetsten Osterbild geworden ist, wie die Ikonographie der Katakomben belegt. Im Gegenteil drückten die frühen Christen damit aus, dass sie Ostern und die Auferweckung nicht wie manche Theologen und viele Christen bis heute als spektakulären Eingriff Gottes und Wunder aller Wunder begriffen, sondern als definitiven Austrag des Dramas zwischen Vertrauen und Angst:

Wer selbst im unmittelbaren Angesicht des Todesabgrunds so unbeirrbar an Gott festhält wie Jesus, der hat Gott so unbedingt für sich, dass er niemals verloren gehen kann. Und Gottes Freude über diese im radikalen Sinn unbedingte Treue verherrlicht Jesus und macht ihn (in den Ostererscheinungen) zum einmaligen Zeugen seiner – Gottes – Treue für alle.

An einer Stelle des NT, bei Johannes, dem spekulativen Theologen, blitzt an einer Stelle dieser Zusammenhang zwischen dem Urdrama mit der Angst und dem Ostergeschehen wörtlich auf: Im Gespräch mit Nikodemus umreißt der johanneische Jesus das Ziel seiner Sendung mit dem Satz: „Und wie Mose die Schlange in der Wüste erhöht hat, so muss der Menschensohn erhöht werden, damit jeder der (an ihn) glaubt, in ihm das ewige Leben hat" (Joh 3, 14). Der Vers schlägt dabei den Bogen zurück zu der Exodus-Episode, die in Num 21,1-9 erzählt wird: Israel hatte wieder einmal den Mut verloren und lehnte sich gegen Gott und Mose auf: Warum habt ihr uns aus Ägypten herausgeführt? Anders gesagt: Wozu die ganze Plage mit der verfluchten Freiheit? Sterben hätten wir in Ägypten genauso gut können! – Da schickte, heißt es, Gott Giftschlangen unters Volk. Klar: Die Angst, das Misstrauen gegen Gott, vergiftete ihnen das Leben. Zur Rettung derer, die bereuen, fertigt Mose auf Gottes Befehl eine kupferne Schlange und hängt sie an einer Signalstange auf. Jeder, der gebissen wird und zu dieser Schlange aufschaut, also der Angst buchstäblich ins Gesicht schaut, wird gerettet, d.h. dem lähmenden Sog der Angst entrissen, und kann den Exodus ins gelobte Land der Freiheit fortsetzen. Für Johannes ist das ein Vorausbild der Erlösung durch das Kommen Jesu: Jeder, der zum Gekreuzigten aufschaut und an seiner Treue zu Gott sozusagen Maß nimmt, gewinnt eine Freiheit zum Leben, die an diesem Leben nichts ängstigt, nicht einmal das Ende, und darum dieses Leben in der Bewegung führen kann, die Gott entspricht: dem Gestus der schenkenden Liebe.

Von der Genesis bis zu den Ostergeschichten also ein Thema. Um das zu entdecken, muss man sich – wie skizziert – in hermeneutischer Sensibilität, also divinatorisch und komparativ, vom Symbol der Schlange führen lassen. Das setzt voraus, dass das Symbol selbst noch vor dem Blick auf seine theologische Funktion in seiner Eigenbedeutung erhellt und ernstgenommen wird. Den Königsweg dazu eröffnen die außerbiblischen Verwandten des betreffenden Symbols. Erkenntnistheoretisch gewendet: Die Schlange samt Verwandtschaft kann als der imaginative Reflex unserer transzendentalen Kontingenz gelten.

Moderne Karriere. Auf keinen Fall möchte ich zu erwähnen versäumen, dass die Karriere der Schlange samt Anhang natürlich mit ihren biblischen Auftritten längst nicht abgeschlossen ist. Im Gegenteil. Der Märchen und Legenden, in denen Schlangen vorkommen, ist bis in die Gegenwart Legion. Ein Beispiel ganz anderer Herkunft möchte ich noch aufrufen, weil es zeigt, dass sich der Grundsinn des Symbols bis in die Gegenwart durchgehalten hat. Das Beispiel stammt aus dem Traditionsstrang, der anders als das Neue Testament in einer wirklichen Kontinuität mit dem Alten Testament steht und gleichzeitig mit einer ungeheuren Flexibilität und einem unvergleichlichen Formenreichtum gegen eine blutige Verdrängungsgeschichte bis heute lebendig ist: die Überlieferungen des Talmuds einschließlich seiner jiddischen Fortschreibungen. Es gibt ein Lied der Hoffnung auf das Kommen des Messias, das der Rabbi im Frage-Antwort-Spiel mit den Kindern inmitten der bittersten Not im Stetl sang und das bis heute erhalten blieb: „Sug schoin Rebbenju“:

„Sag, lieber Rebbe, was wird sein, wenn der Messias kommt?
Wenn der Messias kommt, werden wir ein großes Fest feiern.
Sag, Rebbe, wer wird für uns Musik machen bei dem Fest?
Mose wird für uns singen und spielen!
Sag, Rebbe, wer wird für uns tanzen bei dem Fest?
Mirjam wird für uns tanzen!
Sag, Rebbe, was werden wir trinken bei dem Fest?
Wein werden wir trinken!
Sag, Rebbe, was werden wir essen bei dem Fest?
Den Behemot werden wir essen.“[58]

Wenn der Messias kommt, wird das Untier der Angst verspeist. In Anspielung auf den Titel eines berühmten Films von Rainer Werner Fassbinder gesagt: Die Gegenbewegung zum „Angst essen Seele auf“ setzt ein. Es versteht sich von selbst, dass wir mit diesem Gedanken auch am Eingangstor zum Geheimnis des christlichen Symbols der Eucharistie stehen. Dies übrigens in voller Übereinstimmung mit zahlreichen Kirchenvätern, die die Eucharistie, das Essen von der Frucht des Kreuzbaumes, als Antitypos zum Essen vom Paradiesbaum verstanden, d.h. als Lösung des dort aufgebrochenen Konflikts. In die Tiefe dieser Symbolik führte natürlich eine Beschäftigung mit den Geschichten und Riten heiliger Mähler, die sich in der Menschheitsgeschichte ungefähr so zahlreich – also zahllos – finden wie die Schlangen-Mythen.

Damit haben wir die Tragfähigkeit der schleiermacherschen Hermeneutik in ihren wichtigsten Hinsichten exemplarisch am Symbolbegriff erprobt. Die beiden basalen methodischen Zugriffe – der divinatorische und der komparative – haben sich an unserem Beispiel tatsächlich als konstitutiv erwiesen: Wir haben uns soeben den Sinn des Symbols der Schlange einfühlend und vergleichend vergegenwärtigt.

Überschreitung der Textualität. Zugleich muss ich an dieser Stelle aber darauf hinweisen, dass wir anhand dieser Erwägungen gleichzeitig auch noch zumindest einen halben weiteren Schritt im

[58] Collegium musicum judaicum: Chaim storosum. Jewish Chamber Music. Audio CD. 1989. Track 20: Sug schoin Rebbenju. [Übersetzung K. M.].

Gefälle der geschichtlichen Dynamik der hermeneutischen Frage getan haben. Im Rahmen ihrer antiken wie ihrer reformatorischen Version begegnete uns Hermeneutik fraglos als Kunst der Auslegung von Texten. Wenn wir uns vorausgehend vom Symbolbegriff leiten ließen, haben wir jedoch etwas anderes als Buchstaben ausgelegt, nämlich Konfigurationen von Gegenständen oder solche, in denen sich Gegenstände, Handlungen und Worte verbinden. Wir haben also wie von selbst die Ebene reiner Textualität überschritten. Freilich geschah dies nicht gegen Schleiermacher oder in Überschreitung einer von ihm gezogenen Grenze. Vielmehr halten sich unsere Überlegungen in einer Perspektive, die Schleiermacher selbst ausdrücklich eröffnet, wenn auch dann nicht konsequent expliziert hat. Gegen zwei Autoren, die das hermeneutische Problem auf ausdrücklich Verstehen suchende oder gar nur auf fremdsprachig verfasste Werke beschränken wollen, hält Schleiermacher daran fest, dass auch alltägliche kommunikative Akte, ja selbst banale sprachliche Äußerungen hermeneutische Herausforderungen zu stellen vermögen. Wenn aber dies zutrifft, dann legt sich das Gleiche wie von selbst auch für bestimmte Momente nahe, die gleichsam „zwischen den Zeilen" mitschwingen – in Gestalt von Andeutungen etwa, sofern darin nur eine gewisse Vertrautheit mit einer gewissen Fremdheit zusammentritt:

> „Ja, ich muß noch einmal darauf zurückkommen, daß die Hermeneutik auch nicht lediglich auf schriftstellerische Produktionen zu beschränken ist; denn ich ergreife mich sehr oft mitten im vertraulichen Gespräch auf hermeneutischen Operationen, wenn ich mich mit einem gewöhnlichen Grade des Verstehens nicht begnüge, sondern zu erforschen suche, wie sich wohl in dem Freunde der Übergang von einem Gedanken zum andern gemacht habe, oder wenn ich nachspüre, mit welchen Ansichten, Urteilen und Bestrebungen es wohl zusammenhängt, daß er sich über einen besprochenen Gegenstand grade so und nicht anders ausdrückt."[59]

Konsequent ausgezogen haben die Fluchtlinien der damit eröffneten Perspektive nach Schleiermacher, Johann Gustav Droysen und im besonderen Wilhelm Dilthey. Natürlich bleibt das sprachlich bzw. schriftlich Gefasste von Überlieferung der zentrale Gegenstand der Hermeneutik, aber dem Historiker geht es nicht – wie dem Philologen – um den Text als Text, sondern um die historische Wirklichkeit, die sich aus dem Text als einer Quelle erschließen lässt. Überdies wird die Gesamtheit des Sinns auch von Spuren vergangenen Lebens mitbestimmt, von denen nichts in Texte eingegangen ist.

Modell Autobiographie. Dilthey schließlich beabsichtigte, eine Kritik der historischen Vernunft zu leisten in ebendem Sinne, in dem Kant das für die reine d.h. theoretische Vernunft getan hatte, um eine erkenntnistheoretische Grundlegung der Naturwissenschaften zu

59 SCHLEIERMACHER, Friedrich D.E.: Über den Begriff der Hermeneutik mit Bezug auf F.A. Wolfs Andeutungen und Asts Lehrbuch. In: DERS.: Sämmtliche Werke. III. Abt. 3. Bd. Hg. v. L. Jonas. Berlin 1835. 344-386. Hier 351.

leisten. Dilthey mit seinem Projekt war es um die philosophische Grundlegung der Geisteswissenschaften zu tun. Zwar hat Dilthey dieses Projekt nur fragmentarisch realisieren können. Aber in diesem begrenzten Rahmen hat er eine Konzeption von Hermeneutik entfaltet, deren Gegenstand systematisch alles sein kann, was in geschichtlichem Zusammenhang als Bedeutungsträger zu fungieren vermag. Dilthey orientiert sich dabei am Modell der Autobiographie als der sprachgewordenen Gestalt des erlebten Zusammenhangs eines konkreten Lebens:

> „Die Selbstbiographie ist die höchste und am meisten instruktive Form, in welcher uns das Verstehen des Lebens entgegentritt. Hier ist ein Lebenslauf auf das Äußere, sinnlich Erscheinende, von welchem aus das Verstehen zu dem vorandringt, was diesen Lebenslauf innerhalb eines bestimmten Milieus hervorgebracht hat [...]. Derselbe Mensch, der den Zusammenhang in der Geschichte seines Lebens sucht, hat in all dem, was er als Werte seines Lebens gefühlt, als Zwecke desselben realisiert, als Lebensplan entworfen hat, was er rückblickend als seine Entwicklung, vorwärtsblickend als die Gestaltung seines Lebens und dessen höchstes Gut erfaßt hat – in alldem hat er schon einen Zusammenhang seines Lebens unter verschiedenen Gesichtspunkten gebildet, der nun jetzt ausgesprochen werden soll. Er hat in der Erinnerung die Momente seines Lebens, die er als bedeutsam erfuhr, herausgehoben und akzentuiert und die anderen in Vergessenheit versinken lassen. Die Täuschungen des Momentes über dessen Bedeutung hat dann die Zukunft ihm berichtigt.“[60]

Deutend schafft der Autobiograph seinen Lebenslauf, indem er Erlebnissen Bedeutung verleiht oder sie ihnen abspricht. Bisweilen wird er dabei durch den Gang des eigenen Lebens korrigiert – wenn spätere Erlebnisse die bereits früheren Erlebnissen zugeschriebene Bedeutung dementieren. Aber innerhalb der Bandbreite solcher möglichen Korrekturen ist eine Autobiographie das hermeneutische Produkt – man kann auch sagen: Konstrukt – ihres Subjekts, das sich selbst zu seinem Objekt macht. Das Verstehen anderer Personen geschieht in einer der Autobiographie analogen Interpretation ihrer Lebensäußerungen in ihrem jeweiligen geschichtlichen Zusammenhang – auch hier also ein erhebliches Maß an produktivem Eingriff seitens des oder der Auslegenden. Mit der Ausweitung der Auslegung auf das Gesamt möglicher Lebensäußerungen und damit zu einer allgemeinen Verstehenslehre hat sich freilich der für die philologische, juristische und theologische Texthermeneutik charakteristische normative Zug – eine Äußerung richtig zu verstehen – verflüchtigt. Wenn Interpretation aber nicht in einen geschichtlichen Relativismus oder gar in pure Willkür münden soll, muss anstelle der alten Normen auf irgendeine Weise ein Moment von Objektivität ins Spiel kommen. Beim späteren Dilthey ist zumindest ein Bemühen darum erkennbar. Die Sache selbst hat er allerdings nur äußerst bruchstückhaft zur Geltung zu bringen ver-

60 DILTHEY, Wilhelm: Entwürfe zur Kritik der historischen Vernunft. In: DERS.: Gesammelte Schriften. 3. unv. Aufl. Bd. VII: Der Aufbau der geschichtlichen Welt in den Geisteswissenschaften. Stuttgart 1958. 191-245. Hier 199-200.

mocht: Der logisch-systematische Zusammenhang der Dinge und Ereignisse der realen Welt etwa soll dafür aufkommen oder die Zusammenhänge zwischen einzelnen Subjekten, zwischen diesen und größeren Gemeinschaften und wiederum zwischen diesen und der Menschheit als ganzer. Die Kategorie der Bedeutung strukturiert das geschichtlich Erinnerte und die Kategorie der Kraft bestimmt das künftig zu Realisierende, und beide zusammen begreifen das ein, was bei Hegel „objektiver Geist" heißt, also Vernunftsinn, der überindividuell in Medien wie Kultur, Kunst, Religion usw. Niederschlag findet und mit Bezug auf den allein ein Subjekt verstehend – sich und andere verstehend – tätig zu werden vermag.

Leben als Verstehen. Allein schon diese kurze Skizze lässt etwas ahnbar werden von dem Unbefriedigenden, dem Diltheys Konzept verhaftet bleibt. Insofern kann gar nicht überraschen, dass gerade von ihm her die geschichtliche Dynamik der hermeneutischen Frage besonders weiterdrängt. Schleiermacher hatte zumindest die Perspektive für den Schritt eröffnet, in dem Droysen und besonders Dilthey diese Dynamik in Gestalt einer Ausweitung der Hermeneutik weit über die Textebene hinaus auf die geschichtliche Wirklichkeit realisierten. Aber das Offene an diesem Konzept treibt nun seinerseits noch einmal das hermeneutische Problem in eine ganz neue Dimension fort. Bei Dilthey selbst findet sich ein Satz, der dieses Neue schon anklingen lässt, ohne freilich etwas von der Radikalität zur Geltung zu bringen, mit der dieses Neue binnen Kurzem die Sache der Hermeneutik wie die philosophische Situation als ganze verändern sollte. Dilthey schrieb:

> „Wir verhalten uns gegenüber dem Leben, dem eigenen so gut als dem fremden, verstehend."[61]

Im Fall des Verhaltens zum eigenen Leben bedarf es ersichtlich nur noch einer kleinen Drehung im Sinn einer Vertiefung – und Verstehen *als solches* wird begriffen als Vollzug von Leben oder umgekehrt: Leben erweist sich konstitutiv als Verstehensvorgang. Der spektakuläre Auftritt dieses Gedankens ist niemandem anderen geschuldet als Martin Heidegger. Er ist so grundstürzend und hat philosophisch wie theologisch derart tiefreichend Einfluss ausgeübt, dass geboten ist, ihn bis in seine Wurzeln einerseits und hinsichtlich seiner Wirkungsgeschichte andererseits detailliert in Blick zu nehmen.

[61] DILTHEY: Entwürfe (Anm. 60). 195.

2. Philosophieren aus der Vernunftform des Vernehmens

Alternativer Name. Der Titel ist erläuterungsbedürftig. Das kann durch eine Alternative geschehen, die der Sache nach auch möglich wäre, sich aber noch weitaus befremdlicher ausnimmt. Statt „Philosophieren aus der Vernunftform des Vernehmens“ könnte man auch von einem „Philosophieren aus der Vernunftform des Gehorsams“ sprechen. Das geschähe mit um so mehr Recht, als ich Ihnen damit zugleich eine der charakteristischen Operationen dieser Form von Philosophie hätte vorführen können. Diese Operation besteht – kurz gesagt – in dem, was man seit einiger Zeit in der politischen Rhetorik „offensive Begriffsbesetzung“ nennt. Im Klartext: Gerade negativ besetzte sprachliche Ausdrücke werden aufgegriffen, um dann – gewissermaßen im Windschatten der Verblüffung seitens der Hörer- oder Leserschaft – den Bedeutungsgehalt des Ausdrucks und damit des durch ihn bezeichneten Begriffs hartnäckig einhämmernd umzuprägen, also ins Positive umzubiegen. Etymologische Überlegungen spielen dabei in der Regel keine geringe Rolle. Die Protagonisten dieser Philosophieform haben sich gern auf diese Weise in den philosophischen Diskurs eingemischt und ihre Stimme damit regelmäßig unüberhörbar gemacht (an gebotener Stelle werde ich auf einschlägige Beispiele verweisen).

Ich mache an dieser Stelle zum Zweck der Illustration in wenigen Zügen von dieser Strategie Gebrauch. „Gehorsam“ – natürlich liegt auf der Hand, dass dieses Wort außerhalb von Militär-Szenarien einen schlechten Beigeschmack hat: den von Anmaßung, Unterwerfung, Freiheitsverachtung, „Gleichschritt-Marsch“ – kurz: von autoritärer Gebärde. Allerdings kann man das unschwer als bereits degeneriertes Verständnis von Gehorsam auffassen. Buchstäblich genommen kommt dieser Ausdruck „Gehorsam“ ja von „Ganz-Ohr-Sein“, also der vernehmenden Haltung unverstellter Aufgeschlossenheit für das andere meiner selbst – das, was mir begegnet, sich mir nahelegt oder sich aufdrängt. In enger Verwandtschaft damit steht sprachlich gesehen das „gehören“. Ich „gehöre“ dem, wovon ich mich beeindrucken, bestimmen lasse. Beeindrucken und bestimmen aber kann mich nur etwas oder jemand, von dem ich glaube, dass es oder sie bzw. er mir etwas zu sagen hat, worauf ich von mir aus gar nicht käme. Genau in diesem Sinn könnte ich in den Namen der dritten Grundform gegenwärtigen Philosophierens den Terminus „Gehorsam“ gesetzt haben. Er stünde für die grundsätzliche Einstellung, Vorgegebenem, Überliefertem kraft seines Vorgegebenseins, seiner diesbezüglichen Geschichte und seiner Herkunft einen Vorrang einzuräumen vor dem, was man selbst denkt und ist. Wenn ich trotzdem primär von der „Vernunftform des Vernehmens“ spreche, dann deshalb, um Missverständnisse im Umfeld des Wortes „Gehorsam“ zu vermeiden – was mich allerdings nicht der Aufgabe enthebt, darauf hinzuweisen, dass philosophische Ansätze dieses Typs in der Tat zu ausgesprochen autoritären Konzeptionen führen können, nicht zuletzt deshalb, weil sie dagegen in keiner Weise strukturell gesichert sind.

Theologisches Doppelmotiv. Die grundstürzende Verwandlung, die die hermeneutische Frage im Fortgang ihrer Dynamik in Richtung eines solchen Denkens aus der Vernunftform des Vernehmens erfährt, hat Martin Heidegger ins Werk gesetzt. Heidegger hatte seine akademische Ausbildung als katholischer Theologe begonnen. Der maßgebende Philosoph für die damalige katholische Theologie war Aristoteles gewesen, genauer ein Aristoteles, der durch die Brille des Thomas von Aquin gelesen wurde, noch genauer: ein Aristoteles, der durch die Brille dessen gelesen wurde, was damals als das Denken des Thomas ausgegeben wurde (und das war nicht immer identisch mit dem, was Thomas wirklich geschrieben hatte). Heidegger suchte von Anfang an gleichsam unter dieser hermeneutischen Weichenstellung hindurch die Begegnung mit der Originalgestalt der aristotelischen Philosophie – und dabei machte er eine doppelte Entdeckung: Zum einen merkte er, dass er auf die Fragen, die sich ihm als christlichem Theologen stellten, aus der Metaphysik des Aristoteles keine Antwort fand. Umgekehrt stießen ihn christliche Überlegungen – etwa solche des jungen Luther – vehement auf Probleme und Grenzen des griechischen Denkens. In einem erst 1989 veröffentlichten, ganz frühen Aufsatz bringt Heidegger die Überzeugung zum Ausdruck, dass die christliche Theologie wie überhaupt die ganze neuere Philosophie mit aus dem griechischen Denken geborgten Mitteln hantiert habe. Und weil diese von Wesen den christlichen Grundgedanken unangemessen seien, hätten Theologie und moderne Philosophie es auch nicht geschafft, das religiöse Bewusstsein wie das Lebensbewusstsein eines heutigen Menschen angemessen verständlich zu machen.[1] Im Verbund mit durchaus prosaisch-biographischen Motiven mündete diese Entdeckung schließlich in Heideggers Abkehr von der Theologie wie vom Katholizismus insgesamt.

Lebensthema „Sinn von Sein". Den radikalen Neueinsatz, der sich damit als Aufgabe stellte, setzte Heidegger dadurch ins Werk, dass er die Grundfrage der abendländischen Philosophie nach dem Sinn von Sein nochmals von vorne aufwarf. Den epochalen Durchbruch dieser Form philosophischen Denkens markiert ein ganz bestimmtes Werk, nämlich Martin Heideggers *Sein und Zeit* von 1927.

1 Vgl. HEIDEGGER, Martin: Phänomenologische Interpretationen zu Aristoteles. (Anzeige der hermeneutischen Situation). In: Dilthey-Jahrbuch für Philosophie und Geschichte der Geisteswissenschaften 6 (1989). 235-274. – Vgl. dazu MÜLLER, Klaus: Wenn ich „ich" sage. Studien zur fundamentaltheologischen Relevanz selbstbewußter Subjektivität. Frankfurt a.M. u.a. 1994. 41.

Aber dieser Durchbruch speist sich aus Quellen, die für sich genommen zumindest zum Teil von größter Bedeutung sind, aber trotzdem nicht selbst zum Ausgangspunkt eines eigenständigen Strangs der Gegenwartsphilosophie haben werden können. Im Fall von *Sein und Zeit* handelt es sich dabei um drei ganz verschiedene Hin-Sichten im buchstäblichen Sinn, die sich dann trotzdem zu einem einheitlichen Ganzen fügen: die Phänomenologie, das Denken der Vorsokratiker und urchristliche Motive. Allen drei Quellen ist etwas nachzugehen:

2.1 Motivquelle I: Phänomenologie

Gründerfigur Husserl. Die Phänomenologie wurde durch Edmund Husserl begründet. Mit ihm begegnet uns einmal mehr eine jener Gründergestalten der Philosophie des 20. Jahrhunderts, die als sie selbst und samt ihrem Werk mehr oder weniger hinter der Wirkungsgeschichte dessen verschwinden, was ohne sie überhaupt nicht zur Form eines Gedankens gekommen wäre. Hinzu kommt, dass sich in Husserl bisher völlig Ungehörtes mit uns bereits Wohlvertrautem unauflöslich verbindet. Wie den Stammvätern der analytischen Philosophie und ihren Wegbereitern geht es dem frühen Husserl um die Wiedergewinnung einer Wissenschaftlichkeit der Philosophie. (→ Bd. 2, Teil A, Kap. 2) Wie die meisten aus jenem Kreis kommt auch er von der Mathematik her, studiert aber ebenso Philosophie, von 1884-86 bei dem uns schon bekannten Franz Brentano. Die mathematische Habilitationsschrift *Philosophie der Arithmetik* erfährt ziemlich massive Kritik von Seiten Gottlob Freges. Hier tauchen massiert Namen auf, die uns bereits im Zusammenhang der modernen Erkenntnis- und Sprachphilosophie als eines Philosophierens aus der Vernunftform der Wissenschaft begegnet sind.

Durchbruch. Nicht ohne Einfluss der gerade erwähnten Frege-Rezension erscheint genau zur vorletzten Jahrhundertwende ein philosophisches Werk Husserls, durch das dieser schlagartig bekannt und aus heutiger Sicht ein Klassiker wird: die *Logische[n] Untersuchungen*, herausgekommen 1900/1901. Das 1000-Seiten-Opus öffnet ihm auch die Tür zur Welt der akademischen Philosophie: Er bekommt 1901 einen Ruf nach Göttingen, wird dort 1906 Ordinarius, zehn Jahre später wechselt er nach Freiburg über. 1933 wird er, weil gebürtiger Jude, trotz seiner 1886 erfolgten Konversion zum Protestantismus zwangsbeurlaubt, 1937 verbietet man ihm das Betreten der Universität. Ein junger belgischer Student, der spätere Pater Van Breda, rettet unter abenteuerlichen Umständen die Aufzeichnungen Husserls im Umfang von 45000 stenographierten Seiten vor der Vernichtung durch die Nazis in sein Heimatland, wo später das Husserl-Archiv entsteht, das seither um eine Publikation des Nachlasses Sorge trägt. Schon in Göttingen und dann auch in Freiburg sammelte sich um Husserl ein Schülerkreis, aus dem Berühmtheiten hervorgingen; manche Namen blieben im zweiten Glied, vielleicht zurecht, andere mit Sicherheit zu Unrecht. Der berühmteste von allen, Heidegger, war von 1919-1923 Husserls Assistent und wurde 1928 sein Nachfolger. Husserl-Schülerinnen und -Schüler waren außerdem – ich nenne nur wenige Namen – Max Scheler, Hedwig (Conrad)-Martius, Alexander Pfänder, Adolf Reinach, Theodor Lipps und Edith Stein. Der Grad ihrer jeweiligen Bekanntheit oder ihres Vergessenseins hat nur bedingt mit ihrer philosophischen Leistung zu tun. Sonst dürfte ein Pfänder heute nicht restlos vergessen sein. Andererseits erklärt sich die heutige Prominenz etwa Edith Steins natürlich primär aus ihrer Biographie, die ihr 1998 die Ehre der kirchenamtlichen Heiligsprechung eingebracht hat. Das steht nicht im Widerspruch dazu, dass sie für ihre Zeit philosophisch Bedeutsames und auch Brisantes (z.B. zur Frauenfrage) zu Papier gebracht hat. Andererseits kennzeichnen ihre Schriften Grenzen, die enger gezogen sind als diejenigen anderer aus der Husserl-Schule.

Denkweg. Husserl selbst hat sich auch nach den *Logische[n] Untersuchungen* noch mehrmals mit aufsehenerregenden Publikationen zu Wort gemeldet. Dazu gehören die *Ideen zu einer reinen Phänomenologie und phänomenologischen Philosophie* von 1913, die ein Umdenken Husserls dokumentieren, das einen Teil seiner Schüler – unter anderem auch Scheler – von ihm Abstand nehmen ließ. 1928 gaben Edith Stein und Martin Heidegger Husserls *Vorlesungen zur Phänomenologie des inneren Zeitbewußtseins* heraus. Aus Vorträgen in Paris gehen die *Cartesianischen Meditationen* hervor (frz. 1931; dtsch. 1950). Und unerachtet der Last durch die Nazi-Schikanen bringt Husserl 1936 nochmals ein Werk heraus, das ohne Abstrich das Siegel „klassisch" verdient: Es trägt den Titel *Die Krisis der europäischen Wissenschaften und die transzendentale Phänomenologie*. Darin fasst Husserl Gedanken über die entfremdende Wirkung des neuzeitlichen Wissenschaftsbetriebes, die sich umstandslos in Beziehung bringen ließe zu Grundgedanken aus einem nochmals anderen Strang der jüngeren Philosophie, von dem noch ausführlich zu reden sein wird und der exemplarisch etwa von Horkheimer/Adornos Werk *Dialektik der Aufklärung* repräsentiert wird. In seiner *Krisis*-Schrift prägt Husserl unter anderem auch den Begriff der „Lebenswelt", der zunächst in die so genannte „Wissenssoziologie" Eingang fand und mittlerweile zum Bestandteil des allgemeinen philosophischen Diskurses geworden ist. Soviel zur Außenseite der Phänomenologie Husserls, genauer müsste ich wohl sagen: zur Außenseite der phänomenologischen Bewegung – denn um eine solche handelte es sich in der Tat. Zentren kristallisierten sich nicht nur an den Aufenthaltsorten Husserls, also Göttingen und Freiburg heraus, sondern gleichermaßen in Marburg und München. Die Differenzen zwischen den Gliedern dieser Bewegung waren in methodischer wie inhaltlicher Hinsicht beträchtlich. Verbunden hat sie in erster Linie so etwas wie das Grundgefühl, dass es mit der Philosophie so wie bisher nicht weitergehen könne. Das bedeutete konkret: Philosophie kann nicht einfach mit Philosophiegeschichte gleichgesetzt werden; naturalistische Konzepte sind unzureichend; und der Neukantianismus bleibt in einer formalistischen Enge gefangen, weil er nur die Analyse des Erkenntnisinstrumentars zu verfeinern sucht, ohne „zu den Sachen selbst" vorzustoßen.

Kritisches Programm. Diese Charakterisierung soeben war zugleich Zitat und steht für ein vernunftkritisches Programm. Das „zu den Sachen selbst" gilt bis heute als das Kennmal der Phänomenologie von Anfang an. Inhaltlich geht es dabei darum, die universale Geltung von Vernunftansprüchen unbeschadet ihrer kontingenten, also relativen Genesis herauszuarbeiten. Oder anders gesagt: Philosophie muss endlich zu strenger Wissenschaft werden (so heißt auch eine kleine Programmschrift Husserls aus den Jahren 1910/11). In der Philosophie seiner Zeit gilt ein Gesichtspunkt so gut wie der andere. Philosophie scheint es nur im Plural zu geben, was zugleich bedeutet, dass es sich bei ihr um eine der Kunst oder der Religion vergleichbare Weltanschauung handelt.

Das Bedürfnis, Philosophie auf ein streng wissenschaftliches Niveau zu heben, gab es auch bei anderen schon vor und zeitgleich zu Husserl. Nur sahen die, die diese Forderung erhoben, den einzigen Weg zur Einlösung ihrer Überzeugung darin, Philosophie so weit als irgend möglich empirischen Wissenschaften anzunähern oder sie auf eine solche mehr oder weniger direkt zu reduzieren. Die einflussreichste Antwort hieß: Philosophie, namentlich Logik und Erkenntnistheorie, müsste als Teilbereich einer empirischen Psychologie konzipiert werden. Ist diese Perspektive einmal eröffnet, so bleibt nur noch ein kleiner Schritt zu tun, um auf die Verbindung mentaler Ereignisse mit Prozessen im Gehirn zu verweisen und von dort dann ziemlich schnell zu einer mehr oder weniger strengen Identität von Psychologischem und Physiologischem fortzuschreiten. Insofern müssen die brandneuesten Thesen der Neurophilosophy de facto als ziemlich kalter Kaffee gelten: Schon in der zweiten Hälfte des 19. Jahrhunderts wurde das Verhältnis mentaler Vorgänge zum Gehirn mit demjenigen der Galle zur Leber oder des Urins zu den Nieren verglichen. Wie verbreitet diese Ansichten waren, lässt sich daran ablesen, dass eines der bekanntesten einschlägigen Werke, Ludwig Büchners Buch *Kraft und Stoff*, zwischen 1855 und 1904 nicht weniger als 21 Auflagen erlebte.

Erst daran kann man auch ermessen, welch kühnen Vorstoß Husserl mit den *Logische[n] Untersuchungen* wagte. Er bestritt dabei keineswegs, dass Erkenntnisprozesse mit psychischen und physiologischen Vorgängen einhergehen – nur dass sie in solchen aufgehen oder mit ihnen identisch sind, das hat er auf eine Weise zu widerlegen gewusst, der sich die weitere Diskussion nicht entziehen konnte und bis heute nicht entziehen kann. Insofern scheint mir auch angemessen, speziell die *Logische[n] Untersuchungen* eingehender aufzugreifen.

Anti-Psychologismus. Dieses Werk ist – um es drastisch zu sagen – eine einzige Brandrede gegen alles, was relativistisch, positivistisch oder lebensphilosophisch, also irrational daherkommt. Der ganze erste Band ist darum einer Widerlegung des Psychologismus gewidmet, also der These, dass logische Gesetze aus psychologischen Prozessen hervorgehen. Der Widerspruchssatz beispielsweise, dass etwas nicht zugleich und unter derselben Rücksicht sein und nicht sein kann, gilt den Psychologisten als empirisch gewonnener und dann verallgemeinerter Satz. Husserl wendet dagegen ein, dass empirische Sätze nur wahrscheinlich sind, logische Gesetze aber notwendig gültig. Darum kann aus einem empirischen Satz niemals eine logische Norm gefolgert werden. Oder umgekehrt gesagt: Logische Regeln haben nichts mit Tatsachen zu tun und brauchen deshalb keine empirische Fundierung. Wäre es anders, dann würde z.B. der Widerspruchssatz durch jemanden, der von etwas glaubt, dass es zugleich und unter derselben Rücksicht ist und nicht ist, außer Kraft gesetzt, weil falsifiziert. Ein Fehlschluss oder etwa ein verändertes Denken nach einer Gehirnoperation würden dafür reichen; typisches Beispiel: das „Blindsehen". Es gibt Leute, die aufgrund einer Hirnschädigung in bestimmten Bereichen ihres Gesichtsfeldes nichts mehr wahrnehmen. Werden sie aufgefordert, nach einem bestimmten Gegenstand in diesem Bereich zu greifen, behaupten sie, dass es keinen solchen Gegenstand gibt, greifen aber treffsicher danach. Ist damit der Widerspruchssatz erledigt? Eine empirische Fundierung von Logik und Erkenntnistheorie führt notwendig in Relativismus und Skeptizismus. Vermieden kann das nur werden, wenn es sich bei den logischen Normen um allgemeingültige ideelle Gesetze handelt. Nur so kann Philosophie Anspruch auf strenge Geltung ihrer Aussagen erheben.

Neubegründung der Philosophie. Diese Psychologismuskritik bildet aber nur die Basislinie für Husserls eigentliche Absicht, nämlich einer Neubegründung des philosophischen Denkens überhaupt. Husserl ist nämlich überzeugt, dass es solche reinen, apriorischen Wesensgesetze nicht nur in der Logik gibt, sondern in allen Bereichen unseres Verhältnisses zu der Welt und zu uns selbst. Diese freizulegen und also alles, was es für uns gibt, in seiner Wesensverfassung zu beschreiben, macht die Aufgabe der Philosophie aus, die er darum als Phänomenologie, wörtlich: als Lehre von dem, was sich zeigt, konzipiert. Sie soll eine voraussetzungslose Grundlage unseres gesamten Wissens liefern. In dieser kurzen Charakteristik der Funktion einer als Phänomenologie konzipierten Philosophie sind bereits der methodische wie der inhaltliche Dreh- und Angelpunkt des husserlschen Denkens angesprochen, ohne dass das auf den ersten Blick erkennbar wäre – jedenfalls solange man über keine Vorkenntnisse zu Husserl verfügt. Soeben war davon die Rede, Phänomenologie mühe sich um eine voraussetzungslose Grundlage allen Wissens. Wie soll das gehen? Husserls Antwort: Indem wir alles, was wir bisher über etwas Bestimmtes gemeint, gedacht und bezüglich seiner mehr oder weniger selbstverständlich vorausgesetzt haben, einklammern. Jede Theorie, jede wissenschaftliche Hypothese, ja selbst die Annahme, dass etwas ein uns als Subjekt gegenüber unabhängiges Objekt ist, das in einer Welt existiert, und selbst die Annahme meines eigenen Existierens – all das bringt Vorverständnisse ins Spiel, die an dem, worum es geht, schon manipulieren, es vereinseitigen und damit in seiner eigentlichen Verfasstheit verstellen. Phänomenologie, die Beschreibung, wie etwas von Wesen ist, setzt darum die so genannte „Epoché" voraus, die Enthaltung von all diesen Setzungen und Annahmen (der spätere Husserl hat diese Operation der „Epoché" zweistufig ausdifferenziert; aber das braucht uns hier nicht weiter zu beschäftigen).

Wird diese methodische Operation realisiert, kommt unmittelbar zur Geltung, was ich den inhaltlichen Dreh- und Angelpunkt des husserlschen Denkens nenne. Ich hatte vorhin gesagt, Phänomenologie mache sich zur Aufgabe, alles, was es für uns gibt, in seinem Wesen zu beschreiben. Der heiße Kern dieser Bestimmung steckt dabei in dem „für uns". Die Einstellung der Epoché deckt nämlich auf, dass es überhaupt nichts gibt, was nicht „für uns" gegeben wäre – und umgekehrt, dass es ein „für uns" nur dadurch gibt, dass es etwas gibt. Anders gesagt: Die Aufteilung in wahrnehmendes Subjekt und wahrgenommenes Objekt ist bereits ein Modus der Verstelltheit. Bewusstsein ist notwendig immer Bewusstsein von etwas, und das Erleben von Bewusstsein stellt sich für uns einzig dann ein, wenn uns etwas bewusst ist. Selbst wenn uns bewusst ist, dass uns nichts bewusst ist – z.B. im Fall von „Ich bin mir keiner Schuld bewusst", ist uns bewusst, dass uns nichts bewusst ist – ist uns also etwas bewusst. Damit sind Welt und Bewusstsein in einer gemeinsamen Grundstruktur untrennbar ineinandergefügt. Husserl nennt diese Elementarstruktur in Anlehnung an seinen Lehrer Franz Brentano „Intentionalität" (vom lateinischen „intendere" = sich auf etwas richten). Bewusstsein gibt es ausschließlich als Gerichtetsein auf etwas, und etwas geben kann es nur, sofern es im Richtstrahl eines Bewusstseins auftaucht. Ob ein Gegenstand realiter existiert oder nicht, ist dabei völlig unerheblich. Auch wenn mir schiene, dass da hinten auf dem Projektor ein Kanarienvogel sitzt, sich aber herausstellen sollte, dass das nur ein vergessener gelber Handschuh ist oder ich halluziniert hätte, wäre meine Noesis, mein Bewusstseinsakt, auf das Noema, den Bewusstseinsgegenstand „Kanarienvogel" bezogen. Intentionalität ist dabei für Husserl etwas durch und durch Dynamisches: Indem sich unsere Aufmerksamkeit auf etwas richtet, sehen wir ja nur immer ganz bestimmte Ausschnitte oder Seiten oder Züge von etwas, z.B. von Gegenständen immer nur die uns zugewandte Seite. Indem wir aber um den Gegenstand etwa herumgehen, treten seine anderen Seiten in den Lichtkegel unserer Aufmerksamkeit und werden im Akt der Intentionalität als Erlebnisse desselben Gegenstandes synthetisiert. In diesem Zusammenhang entwickelt Husserl auch den Begriff des Horizonts. Je strenger die Epoché stattfindet, desto mehr Aufmerksamkeit ist für das Bewusste frei, desto differenzierter kann es sich an ihm selbst zeigen. Selbst scheinbar Alltägliches, ja Triviales entpuppt sich dabei Stück für Stück als von unerhört komplexer Verfassung mit Zusammenhängen, die notwendig so sind, wie sie sind und niemals anders sein können, also mit apriorischen Wesenszügen. Husserls Schüler Adolf Reinach hielt einmal ein ganzes Semester lang eine Vorlesung über einen Briefkasten. Was dabei im ersten Augenblick abstrus anmutet, war in Wirklichkeit eine Radikalanalyse der Konstitution, also des Zustandekommens dessen, was wir so leichthin „Ding“ nennen. Husserls weitere Entwicklung, die – wie schon kurz erwähnt – die Abwendung einiger seiner Schüler nach sich zog – führte in Richtung einer weiteren Radikalisierung der Frage nach der letzten Quelle der Intentionalität und dem letzten Horizont aller Horizonte. Ich gehe darauf nicht weiter ein, sondern breche die Erwägungen zu Husserl an dieser Stelle ab, weil mit dem bisher Ausgeführten die erste Motivquelle für jenes Philosophieren aus der Vernunftform des Vernehmens hinreichend herausgearbeitet ist, das durch Heidegger zu epochaler Bestimmungskraft gelangen sollte. Um den entscheidenden Punkt nochmals systematisch zu verdeutlichen: Philosophie wird dadurch Philosophie mit dem Anspruch strenger Wissenschaftlichkeit, dass sie unter Absehen von allen Vormeinungen von „den Sachen selbst“ sich sagen lässt, wie es sich mit ihnen verhält und dem genauestens Ausdruck verleiht. Epoché könnte man wiedergeben mit radikaler Bereitschaft, sich von den Sachen etwas zeigen oder sagen zu lassen (das hatte ich im Blick, als ich anfangs das wohl befremdliche Wort „Gehorsam“ im Sinn von „Ganz-Ohr-Sein“ ins Spiel brachte). Aus der Göttinger Zeit ist von Husserl der Ausspruch überliefert: „Wer mehr sieht, hat recht.“[2] Für Heidegger verbinden sich mit diesem husserlschen Ideal und seiner grundlegenden Erneuerung der Philosophie jedoch noch zwei weitere Quellen, die den Grundzug jenes vernehmenden Denkens verstärken. Eine der beiden zeigt sich zumindest in Spuren auch schon bei Husserl, kommt aber erst bei Heidegger wirklich zur Geltung, nämlich:

[2] Zit. nach RENTSCH, Thomas: Art. Husserl, Edmund. In: LUTZ, Bernd (Hg.): Metzler Philosophen Lexikon. Von den Vorsokratikern bis zu den Neuen Philosophen. 2. Aufl. Stuttgart 1995. 412-419. Hier 417.

2.2 Motivquelle II: Rückbesinnung auf die Anfänge

Vorsokratiker. Mit „Anfänge" sind diejenigen der abendländischen Philosophie gemeint, speziell das Denken der Vorsokratiker. Der späte Husserl sprach hinsichtlich des Aufkommens der europäischen Rationalität von einer im antiken Griechenland geschehenen „Urstiftung"[3], die von nichts anderem abgeleitet werden könne und die er durch den Gang der jüngeren und jüngsten Geschichte höchst gefährdet sah. Mit der Neuzeit, so Husserl, habe sich eine Verobjektivierung der Welt durchgesetzt, die diese dem Menschen entfremdet und ihn damit auch in Selbstentfremdung bannt. Dem Vergessen müsse entrissen werden, dass auch noch strengstes wissenschaftliches Verobjektivieren seinen letzten Grund in einem vortheoretischen Erkennen und Handeln des Menschen in seiner Welt, der „Lebenswelt" wurzelt. Heidegger hat diese Überlegungen sozusagen nach rückwärts ausgedehnt und radikalisiert: Ihm gilt die abendländische Philosophie, genauer die Metaphysik bereits von Platon an als eine Verfallsgeschichte. Sie sei nämlich durch und durch von der „Seinsvergessenheit" geprägt. Seinsvergessenheit meint: Von Platon an sei Sein als Anwesendsein, also als – wenn auch besonderes, höchstes oder tiefstes – Seiendes verstanden worden. Und anwesendes Seiendes ist das, was dem Menschen zuhanden ist, worüber er rechnend, handelnd und herrschend verfügen kann. Erneuerung der Philosophie heißt darum für Heidegger: die Differenz von Sein und Seiendem wieder aufreißen, um so der Vergessenheit des Ersteren zu wehren. Und genau dazu sucht er vor allem anderen Anhalt bei den anfänglichen Denkern der abendländischen Philosophie noch vor Platon, d.h. den Vorsokratikern.

Hin-Hören. Diese Rückbesinnung auf die Tradition betreibt Heidegger dabei dergestalt, dass er nicht nur die Gedanken der Alten der Anfangszeit aufgreift, sondern diese überhaupt erst einmal durch strenge philologische Arbeit, also Textsicherung und angemessene Übersetzung, freizulegen trachtet. Unverkennbar leitet ihn dabei die husserlsche Phänomenologie mit ihrer Forderung nach Genauigkeit und ihrem Bemühen, das Eigentliche und Wesentliche aus der Verborgenheit zu holen. Das schlägt sich in eigenwilligen Übersetzungen nieder, die bisweilen verblüffende Perspektiven öffnen, zum Teil aber seitens professioneller Altphilologen heftigen Widerspruch provozierten. Jedenfalls bekommt diese Rückbesinnung auf die Anfänge bei Heidegger die Gestalt eines strengen Hin-Hörens auf die authentische

[3] HUSSERL, Edmund: Die Krisis der europäischen Wissenschaften und die transzendentale Phänomenologie. Hamburg 1982. § 5.

Stimme des Anfangs, die allein kraft ihrer Herkunft schon das Recht hat, autoritativ gehört zu werden – das war mein zweites Motiv, von „Ge-Horsam“ zu sprechen.

2.3 Motivquelle III: Urchristliches

Paulinischer Originalton. Ein Drittes kommt hinzu: Es hat einen Hintergrund, der durchaus schon lange bekannt, jedoch in Textgestalt erst 1995 zugänglich geworden ist, nämlich die Auseinandersetzung des frühen Heidegger mit der Religionsphilosophie, speziell mit urchristlichen Grundgedanken. Heidegger hat nämlich 1920/21 Vorlesungen über den Ersten Thessalonicherbrief und über ein Buch der *Confessiones* des Augustinus gehalten. Das hatte gar nichts damit zu tun, dass da ein Philosoph herumzutheologisieren versuchte. Heidegger hatte nach dem Abitur zunächst ein Theologiestudium begonnen, dieses aber nach vier Semestern abgebrochen, weil er immer mehr zu der Überzeugung gelangte, dass die katholische Theologie seiner Zeit mit ihrem neu-scholastischen Begriffsapparat das nicht zu erfassen vermochte, was in den Worten des Neuen Testaments als urchristliche Lebenserfahrung festgehalten ist und: dass das faktische Leben (Phänomenologie!), das Leben, so wie es wirklich und eigentlich ist, nicht im Horizont der platonischen Philosophie, sondern der urchristlichen Erfahrung entdeckt worden sei: die Einmaligkeit seiner Situation, in die es durch das Kommen Christi gestellt ist, sein Gefährdetsein, sein Ausgerichtetsein auf die Zukunft, nämlich das Wiederkommen Christi usw. – 1 Thessalonicher ist übrigens die älteste erhaltene Schrift des Urchristentums, das älteste Stück des Neuen Testaments, sodass dort unmittelbarer als in den anderen Schriften der Originalton des ursprünglichen Glaubensbewusstseins laut wird (man merkt das übrigens auch an der Fremdheit, die für Leserinnen und Leser von heute nicht wenige Passagen dieses Paulusbriefs durchzieht).

Freilegen der ursprünglichen Wahrheit. Aber weil die Theologie mit erborgten Mitteln, mit platonischen und aristotelischen Kategorien an die ihr aufgegebene Sache herangeht, verfehlt sie das, was sie eigentlich weitersagen sollte. Und darum muss sich die Philosophie als Phänomenologie an die Aufgabe machen, jene ursprüngliche Wahrheit über den Menschen und das Leben authentisch zu Gehör zu bringen. Über das schwierige Verhältnis, das sich daraus für Heidegger im Blick auf eine Beziehung zwischen Philosophie und Theologie ergibt, ist an dieser Stelle nicht zu handeln. Unberührt davon aber bleibt, dass Heidegger gerade in dieser frühen Auseinandersetzung mit der urchristlichen Lebenserfahrung die Bahnen ausgelotet hat, auf denen später die Grundgedanken von *Sein und Zeit* zur Entfaltung kommen sollten. Damit stehen wir nun vor der Auseinandersetzung mit der dritten philosophischen Initialschrift des 20. Jahrhunderts, die gespeist aus den genannten drei Quellen – und, wie zu Anfang schon angedeutet, auch befördert durch epochale Voraussetzungen – das Philosophieren aus der Vernunftform des Vernehmens für Jahrzehnte zu dem bestimmenden philosophischen Paradigma des 20. Jahrhunderts gemacht hat. Dieser Prozess allerdings ist in sich selbst wiederum alles andere als linear verlaufen. Ich stelle seine Nachzeichnung darum unter den Titel:

2.4 Frage – Abbruch – Kehre: Heidegger und das „Sein"

Biographie und Denken. Ich habe vorausgehend schon einiges aus der Biographie Heideggers zur Sprache gebracht und müsste dem eigentlich noch eine ganze Menge anderes anfügen: nicht nur seine Verstrickung in den Nationalsozialismus, namentlich die berüchtigte Rede, die er am 27. Mai 1933 anlässlich der Übernahme des Rektorats der Universität Freiburg hielt. Nicht weniger müsste die Rede sein von der völlig unveränderten und auch unkommentierten Wiederveröffentlichung der Vorlesungen mit dem Titel *Einleitung in die Metaphysik* aus dem Jahr 1935, zu der es 1953 kam, und denen man nachsagt, bis ins Stilistische hinein faschistische Züge zu verraten. Oder aber auf Heideggers Beziehung zu Karl Jaspers wäre zu kommen, desgleichen auf diejenige zu Theodor W. Adorno. Erstere hatte seltsame Wandlungen erlitten, Letztere gewann im Wesentlichen die Figur eines verweigerten Dialogs. Auch das – durchaus buchstäblich zu verstehende – Verhältnis zwischen dem verheirateten Heidegger und seiner jungen Schülerin Hannah Arendt gehörte hierher, desgleichen Heideggers bis in die Kleidergewohnheiten hineinreichende Selbststilisierung als bodenständig vormoderner und somit kultur- und technikkritischer Schwarzwaldbewohner, der den Bezirk seines Herkommens nur ungern verlässt. Dementsprechend war auch ein demokratisch-liberal verfasstes Gemeinwesen (wie die Weimarer Republik) seine Sache nicht. Ich stimme denen zu, die behaupten, dass sich gerade bei Heidegger Biographie und Werk nicht einfach trennen lassen, weil Biographisch-Epochales in seinem Philosophieren nicht nur gestreift, sondern regelrecht in es hineingearbeitet ist. Nicht ohne diese biographische Dimension auskommen zu können, heißt aber darum noch lange nicht, allein durch sie sei Einsicht zu gewinnen in das, worauf Heideggers Denken gerichtet war. Dazu ist nötig, dem zugänglich gemachten Werk selbst Rederecht zu geben. Wer dabei genau genug hinhört und sich zuvor im Biographischen etwas kundig gemacht hat, wird kaum überhören, wo sich jene biographisch-subjektive Perspektive zur Geltung bringt.

„Sein und Zeit". Dennoch muss ich mit eben diesem Biographischen beginnen, um den spezifischen Charakter von *Sein und Zeit* hinsichtlich seiner literarischen Gestalt zu kennzeichnen. Das Buch erschien nämlich durch äußeren Druck. Heidegger hatte einen Wink bekommen, dass ihn die Marburger Fakultät gerne als Nachfolger Nicolai Hartmanns berufen würde. Aber es gebe seitens der zuständigen politischen Stellen Probleme, weil er seit seiner Habilitationsschrift von 1916, also praktisch zehn Jahre lang, nichts mehr veröffentlicht hatte (diese Arbeit war übrigens dem großen Scholastiker Duns Scotus gewidmet). Da Heidegger seinerseits die Marburger Stelle gerne wollte, schrieb er ziemlich rasch *Sein und Zeit* nieder. Aus mittlerweile zugänglich gewordenen Nachlasspapieren weiß man, dass er dazu auf umfängliche Vorarbeiten zurückgreifen konnte. Die Keimzelle des Ganzen galt lange als verschollen, wurde aber vor einigen Jahren wiederentdeckt und 1989 veröffentlicht. Es handelt sich um die Einleitung zu einer Skizze für ein Aristotelesbuch, das ab 1923 hätte erscheinen sollen, aber in der ursprünglich geplanten Form nicht zustande kam. Insofern kann man sagen, dass Heidegger seit ca. 1923 an dem Buch arbeitete. Die zentralen Gedanken waren alle schon vor der Veröffentlichung 1927 in Vorlesungen vorgetragen worden.

Dennoch hatten diese Umstände der Entstehung von *Sein und Zeit* zwei auch inhaltlich tiefreichende Konsequenzen. Das Buch ist, obwohl es wie ein umfänglicher Traktat anmutet, ein „patchwork", also eine Montage vieler Einzelstücke, die nicht über einen völlig stringenten inneren Zusammenhang verfügt, obwohl das nicht überall sofort zu erkennen ist. Um so offenkundiger nimmt sich die zweite Konsequenz aus: *Sein und Zeit* ist ein Torso geblieben. Von den ursprünglich geplanten zwei Bänden mit je drei Teilen erschienen nur die beiden ersten Teile des ersten Bandes. Teile dessen, was noch hätte folgen sollen, hat Heidegger vernichtet. Einen gewissen Eindruck von dem, was darin vorgesehen war, vermittelt die – nicht zufällig als erster Band der Gesamtausgabe herausgekommene – Vorlesung Heideggers über *Die Grundprobleme der Phänomenologie*, ursprünglich gehalten in Marburg 1927, also dem Erscheinungsjahr von *Sein und Zeit*. Ob dieser Abbruch des Unternehmens mit der inneren Logik des in ihm verhandelten in Zusammenhang steht, wird zu erwägen sein.

Thema „Seinsfrage". Worum geht es in *Sein und Zeit*? Die gängige Antwort lautet: Heidegger habe die Seinsfrage, besser: die Frage nach dem „Sinn" von Sein neu gestellt. Das Buch beginnt mit einem Zitat aus Platons *Sophistes*, in dem einer der Dialogpartner gesteht, einst zu wissen geglaubt zu haben, was das Wort „seiend" meine, jetzt aber in Verlegenheit geraten zu sein. Heidegger selbst fährt fort mit den Worten:

> „Haben wir heute eine Antwort auf die Frage nach dem, was wir mit dem Wort ‚seiend' eigentlich meinen? Keineswegs. Und so gilt es denn, *die Frage nach dem Sinn von Sein* erneut zu stellen. Sind wir denn heute auch nur in der Verlegenheit, den Ausdruck ‚Sein' nicht zu verstehen? Keineswegs. Und so gilt es denn vordem, allererst wieder ein Verständnis für den Sinn dieser Frage zu wecken. Die konkrete Ausarbeitung der Frage nach dem Sinn von *‚Sein'* ist die Absicht der folgenden Abhandlung. Die Interpretation der *Zeit* als des möglichen Horizontes eines jeden Seinsverständnisses überhaupt ist ihr vorläufiges Ziel."[4]

[4] HEIDEGGER, Martin: Sein und Zeit. Unv. Text mit Randbemerkungen des Autors aus dem „Hüttenexemplar". Hg. v. Friedrich-Wilhelm von Herrmann. Frankfurt a.M. 1977. (Gesamtausgabe; 2). 1.

Nur: (a) Was ist das, die Seinsfrage oder die Frage nach dem Sinn von Sein? Und (b): Warum muss sie neu gestellt, ja – bescheidener noch – überhaupt erst wieder ein Verständnis für sie geweckt werden?

Wonach wird gefragt? Zu (a): Heidegger greift mit der Frage nach dem Sein genau das Problem auf, das ihn nach eigenem Zeugnis zur Philosophie gebracht hatte. Noch während seiner Schulzeit war ihm durch einen seiner Lehrer Franz Brentanos (→ Bd. 2, Teil A, Kap. 2.1) Dissertation in die Hände gekommen und hatte größte Faszination auf ihn ausgeübt hatte. Das Buch hieß: *Von der mannigfachen Bedeutung des Seienden nach Aristoteles*.[5] Aristoteles verweist in seinen Werken mehrfach darauf, dass vom Seienden „pollachos legetai“, also auf vielfältige Weise gesprochen werde und wirft damit natürlich auch die Frage nach einem einheitlichen Grund des vielfachen Auftretens von Seiendem auf. (→ Bd. 2, Teil C, Kap. 1.2) In der Theologie bis zum Beginn der Neuzeit und nach den konfessionellen Trennungen dann speziell im katholischen Bereich gehörte und gehört diese Thematik bis heute zu den Zentralthemen der Fundamentaltheologie – und zwar unter dem Namen der Analogie bzw. analogia entis. Gefragt wird dabei, wie denn mit ein und demselben Ausdruck über die Welt und über Gott gesprochen werden könne, ohne die Differenz zwischen beiden einzuebnen. Was geschieht etwa sprachlich, wenn ich Gott „gut“ nenne, aber gleichzeitig eine Tasse Kaffee mit diesem Prädikat kennzeichne? Kommt es zu Bedeutungsverschiebungen? Wenn ja: Welchen Regeln folgen diese? Gibt es zwischen den verschiedenen Gebrauchsweisen auch ontologische Zusammenhänge derart, dass z.B. etwas Endliches, das „gut“ genannt wird, nur deswegen so heißen kann, weil es hinsichtlich seiner Gutheit von dem herkommt, was unbedingt und einschränkungslos „gut“ ist – usw. (↖ Bd. 1, Kap. 4.6) Heidegger kannte natürlich diese innertheologische Problemstellung und ihre Relevanz. Sie bestimmt ersichtlich nicht nur das Koordinatennetz der Fragestellung von *Sein und Zeit* mit, sondern lässt sich auch in späten Beiträgen, z.B. in den beiden Aufsätzen mit dem gemeinsamen Titel *Identität und Differenz*, nachweisen. In Heideggers Terminologie stellt er sich also in *Sein und Zeit* die Aufgabe, eine Fundamentalontologie als Basis der Regionalontologien zu konzipieren, also jenen einheitlichen Begriff grundlegenden Seins auszuarbeiten, von dem her überhaupt eine Vielzahl verschieden verfasster Seiender auftreten kann.

Warum Wiederentdeckung? Zu (b): Neu gestellt muss diese Frage nach Heidegger deswegen werden, weil die gesamte abendländische Tradition, angefangen von Platon bis zu Nietzsche (dem letzten großen Philosophen, der in Heideggers Lebenszeit hineinragt), die Seinsfrage auf eine Weise beantwortet habe, die nicht nur unzurei-

[5] Vgl. BRENTANO, Franz: Von der mannigfachen Bedeutung des Seienden nach Aristoteles. Hildesheim 1960.

chend gewesen sei, sondern selbst schon den Sinn dieser Frage verstellt habe. Deshalb müsse zunächst einmal erst wieder Verständnis für sie geweckt werden. Die ganze Tradition habe nämlich jenes Fundament alles Seienden, das Sein, als ein höchstes Seiendes gedacht, von dem her dann alle Bereiche des Seienden abgeleitet wurden, um sie unbeschadet ihrer Verschiedenheit in einem einheitlichen Grund zu verankern. Darum sei die gesamte abendländische Metaphysik als „Ontotheologie" zu kennzeichnen: Das Sein trete in ihr als „summum ens", als höchstes Seiendes auf, das alles andere Seiende unter ihm begründet, jedoch selbst keines Grundes bedarf und darum „causa sui", „Grund seiner selbst" ist. Genau damit aber, dass damit das Sein seinerseits als ein Seiendes bestimmt ist, sieht Heidegger die Frage nach dem Sein als dem Fundament der vielfältigen Seienden so verstellt, dass er der Tradition schiere Seinsvergessenheit vorwirft. Das Sein könne nie und nimmer seinerseits ein Seiendes sein.

Entdeckungszusammenhang. Zu dieser These kommt er im Ausgang von einer Beobachtung an der Konzeption Husserls, die Heidegger höchst unbefriedigt lässt und schließlich für ihn zum Anlass wird, sich von Husserl und seiner Methode abzuwenden und die für ihn charakteristische eigene Form von Phänomenologie auszubilden. In Heidegger reift nämlich die Überzeugung, dass Husserls Methode an einem zentralen Punkt versage: Husserl setzt voraus, dass sich bei entsprechender phänomenologischer Einstellung, allem voran der „Epoché", also der methodischen Einklammerung alles Individuellen und Zufälligen, alle Dinge in ihrer Wesentlichkeit zeigen – in dem, was an ihnen von allgemeiner Gültigkeit ist. Genau das aber – so Heidegger – ist im Fall des Ichs nicht möglich. Die Instanz, die phänomenologisch das Wesen der Sachen aufdecke, kann ebendies in Bezug auf sich selbst nicht. Heidegger begründet das so: Zur husserlschen „Epoché" gehört ja in besonderer Weise auch, von der Existenz oder Nicht-Existenz der betroffenen Sache abzusehen, um sich seines Wesens zu vergewissern. Eben das aber geht im Fall des Ichs überhaupt nicht. Wie soll es denn sinnvollerweise um mein Wesen gehen können, wenn es mich gar nicht gäbe? Anders gewendet: Mag es bei noch so vielen Gegenständen möglich sein, die Frage nach dem Wesen, also den notwendigen Eigenschaften von der nach der Existenz dieser Gegenstände getrennt zu halten – im Fall des Ichs ist dies nicht möglich: Es gibt keine Eigenschaften eines Ichs unabhängig davon, dass es dieses Ich gibt. Was für mich wesentlich ist, ergibt sich aus dem, wozu ich mich verhalte, was ich als das für mich Zutreffende ergreife. Und ergreifen kann ich etwas als für mich bedeutsam nur, wenn ich existiere. Also gibt es zumindest einen Fall, in dem Wesen und Existenz nicht getrennt werden können (wie Husserl grundsätzlich unterstellt hatte). Um die damit in die Phänomenologie geschlagene Bresche auch terminologisch festzuhalten und den trügerischen Schein der Verobjektivierbarkeit abzuwenden, spricht Heidegger in der Folge statt vom „Ich“ oder vom „Subjekt“ von „Dasein“. Alle Wesenszüge von Dasein wurzeln darin, dass dieses sich zu seiner Existenz verhält. Anders gesagt: Im Fall des Ichs sind die Eigenschaften und das Existieren untrennbar ineinander geschoben. Das hat weitreichende Folgen für das betroffene Seiende, das Dasein, gleichermaßen wie – in engster Verbindung mit Ersterem – für die hinter allem stehende Seinsfrage.

Sonderfall „Ich“. Zum einen: Heideggers Verknüpfung von Existieren und Wesensverfassung im Fall des Ichs setzt die herkömmliche Differenz von Subjekt und Objekt, von Ich und Welt bis zum Grunde außer Kraft: Dasein gibt es ja nur dadurch, dass es sich je und je jetzt zu sich verhält, indem es Möglichkeiten, die ihm offenstehen, für sich als die seinen ergreift. Und umgekehrt gibt es diese Möglichkeiten nur dadurch, dass ein Dasein sie ergreifen oder verwerfen oder verfehlen kann. Damit ist in radikalem Gegenzug zu Husserl das Faktische und Historische philosophisch konstitutiv gemacht. Nicht mehr in zeitüberhobener Wesensschau kann Phänomenologie damit ihr Ziel finden, sondern in der Analyse erlebten Lebens, zumal in Konstellationen, die dieses Lebens als eines ganzen ansichtig werden lassen. Das geschieht am meisten dort, wo es dem Dasein um sein Sein zu tun ist. Schon in der vorhin als Keimzelle von *Sein und Zeit* bezeichneten frühen Programmskizze von 1923 heißt es:

> „Der Gegenstand der philosophischen Forschung ist das menschliche Dasein als von ihr befragt auf seinen Seinscharakter. Diese Grundrichtung des philosophischen Fragens ist dem befragten Gegenstand, dem faktischen Leben, nicht von außen angesetzt und aufgeschraubt, sondern ist zu verstehen als das explizite Ergreifen einer Grundbewegtheit des faktischen Lebens, das in der Weise ist, daß es in der konkreten Zeitigung seines Seins um sein Sein besorgt ist, und das auch dort, wo es sich selbst aus dem Wege geht. Das faktische Leben hat den Seinscharakter, daß es an sich schwer trägt. Die untrüglichste Bekundung davon ist die Tendenz des faktischen Lebens zum Sichsleichtmachen. In diesem an sich selbst schwer Tragen ist das Leben dem Grundsinne seines Seins nach, nicht im Sinne einer zufälligen Eigenschaft, schwierig. Wenn es eigentlich ist, was es ist, in diesem Schwer- und Schwierigsein, dann wird die genuin angemessene Zugangsweise zu ihm und die Verwahrungsweise seiner nur in einem Schwermachen bestehen können. Philosophische Forschung kann nur, wenn anders sie nicht von Grund aus ihren Gegenstand verfehlen will, an die Pflicht gehalten sein.“[6]

Missverständlichkeit. Diese Bestimmung von Existenz vermag ohne Zweifel zu beeindrucken – und erwies sich zugleich als ausgesprochen missverständlich. In Passagen wie der eben zitierten gründen die Heidegger-Bilder, die in dem Schwarzwälder Hüttenschrat einen sybillinischen Künder heroisch auf sich geworfenen

6 HEIDEGGER: Phänomenologische Interpretationen zu Aristoteles (Anm. 1). 238.

Menschseins vernahmen und dazu verleiteten, *Sein und Zeit* statt als Fundamentalontologie als Fundamentalanthropologie zu lesen. Ebendies aber muss vermeiden, wer Heidegger in seinem Anspruch ernst nehmen will. Er hat – notabene: von der Ich-Analyse her – der husserlschen Wesenswissenschaft mit ihrer konstitutiven Zeitlosigkeit ein durch und durch von der Faktizität und damit im tiefsten von der Zeitlichkeit durchherrschtes Denken entgegengestellt und von diesem her nichts Geringeres als eine Neubegründung der gesamten Philosophie ins Auge gefasst.

Urchristlicher Subtext. Dass Heidegger den Gedanken des Ek-sistierens im Horizont der Zeitlichkeit im Wesentlichen von der urchristlichen Lebenserfahrung her gewonnen hat, steht heute außer Zweifel. Für die ersten Christen war das Leben zwischen zwei Zeitangaben buchstäblich eingespannt: zwischen dem „kairos", d.h. dem Zeitpunkt der Erfüllung des Planes Gottes, der das Kommen Jesu Christi markiert und der dem Jetzt des gelebten Lebens Gewicht gibt, und der „parousia", die endzeitliche Wiederkunft des Herrn, auf die alles Leben ausgerichtet ist. Faktizität und Ausgriff nach vorne sind dementsprechend die beiden Koordinaten, innerhalb deren Heidegger die denkerischen Grundfiguren von *Sein und Zeit* entfaltet, Figuren – ich erinnere nochmals daran –, die wegen der besonderen Verfassung des Menschen als desjenigen Seienden, dem es um sein Sein geht und das nur eben dadurch überhaupt existiert, bereits im Ansatz die Differenz von Subjekt und Objekt, von Ich und Welt unterlaufen. Die Namen, die Heidegger den basalen Zügen des Daseins vor dem Hintergrund dieser doppelten Voraussetzung gibt, profilieren das in seinem Denken angebahnte Neue gekonnt.

Wenn die Vormacht des verblendenden Vorhandenheitsdenkens vom Selbstverständnis des bei sich selbst seienden, sich präsenten Subjekts ihren Ausgang nimmt, dann muss Heideggers Alternative ein Moment menschlichen Selbstverständnisses namhaft machen können, von dem her sich das Seinsverständnis im Horizont der Zeit gewinnen lässt. Diesen Einsatzpunkt nun erblickt Heidegger darin, dass der Mensch, um zu sein, sich selbst auf die Möglichkeiten hin entwerfen muss, die ihm im zeitlichen Gang seiner Existenz geschichtlich zugespielt werden. Ich habe soeben nicht zufällig eine Passiv-Wendung gebraucht: Heidegger bestimmt den Menschen als ein Wesen, das nicht verfügend den Mittelpunkt seiner Welt bildet, sondern sich in der Welt vorfindet, ja geradezu in die Welt geworfen ist:

> „Diesen [...] Seinscharakter des Daseins, dieses ‚Daß es ist' nennen wir die *Geworfenheit* dieses Seienden in sein Da, so zwar, daß es als In-der-Welt-Sein das Da ist. Der Ausdruck Geworfenheit soll die *Faktizität der Überantwortung* andeuten."[7]

[7] HEIDEGGER: Sein und Zeit (Anm. 4). 180.

„Existenziale“. Diese Bestimmungen wie In-der-Welt-Sein oder Geworfenheit und andere mit ihnen zusammenhängende machen die Wesenszüge des Menschen aus, die Heidegger (in heraushebender Schreibung) „Existenziale“ nennt. Existenziale sind aber nicht einfach Eigenschaften an etwas Vorhandenem, die unter Umständen auch fehlen könnten, sondern wesenhafte, konstitutive Seinsweisen des Daseins. Heidegger spricht auch nicht mehr von „Subjekt“, sondern von „Dasein“. Und dessen Sein, also dessen eigentliche Wirklichkeit, sagt Heidegger, ist die „Sorge“. Sorge steht bei Heidegger an der Stelle, an der in der neuzeitlichen Philosophie seit Descartes von „Bewusstsein“ die Rede ist. Auf diese Weise wird das Subjekt in seinem bisherigen – jedenfalls von Heidegger unterstellten – philosophischen Zentralanspruch entmachtet und seiner Verfügtheit überführt; heute spricht man bisweilen von Subjekt-Dezentrierung. Mit dieser Umorientierung ist *Sein und Zeit* auf vielschichtige Weise – und übrigens mehr als einmal auch gegen seine eigentliche Absicht – zu einem Grundbuch der Philosophie des 20. Jahrhunderts geworden.

Was Heidegger mit *Sein und Zeit* eigentlich will, lässt sich am besten durch eine Analyse der wichtigsten dieser Existenzialien und einiger Ableitungen von ihnen erläutern. Zugleich kommen wir dabei direkt zurück in das Zentrum unseres leitenden Themas, der Hermeneutik. Ich beginne mit dem Existenzial, das auch der Sache nach das fundamentalste ist.

In-der-Welt-Sein. Vermutlich gibt es keinen treffenderen Namen für das Dasein jenseits aller Subjekt-Objekt-Differenz: In-der-Welt-Sein. Ich bin, indem und dadurch dass ich in der Welt mich befinde und bewege, die die meine ist. Und dieses Befinden und Bewegen ist immer schon gerichtet auf etwas. Nur indem ich in Beziehungen zu Seiendem, das zu meiner Welt gehört, stehe, bin ich: Ich ek-sistiere, stehe auf sie hinaus. Nur durch diese Beziehentlichkeit gibt es mich überhaupt, wie umgekehrt mein Dasein notwendig kraft seiner schieren Faktizität auf anderes Seiendes verweist. Das In-der-Welt-Sein

> „[...] ist [...] keine ‚Eigenschaft‘, die das Dasein zuweilen hat, zuweilen auch nicht, *ohne* die es *sein* könnte so gut wie mit ihr. Der Mensch ‚ist‘ nicht und hat überdies noch ein Seinsverhältnis zur ‚Welt‘, die er sich gelegentlich zulegt. Dasein ist nie ‚zunächst‘ ein gleichsam in-sein-freies Seiendes, das zuweilen die Laune hat, eine ‚Beziehung‘ zur Welt aufzunehmen. Solches Aufnehmen von Beziehungen zur Welt ist nur möglich, *weil* Dasein als In-der-Welt-Sein ist, wie es ist. Diese Seinsverfassung entsteht nicht erst dadurch, daß außer dem Seienden vom Charakter des Daseins noch anderes Seiendes vorhanden ist und mit diesem zusammentrifft. ‚Zusammentreffen‘ kann dieses andere Seiende ‚mit‘ dem Dasein nur, sofern es überhaupt innerhalb einer *Welt* sich von ihm selbst her zu zeigen vermag.“[8]

Heidegger gliedert diese komplexe Struktur noch weiter auf und analysiert sie auf das Moment des In-Seins einerseits und das Moment

8 HEIDEGGER: Sein und Zeit (Anm. 4). 77.

der Weltlichkeit andererseits – wobei Letzteres auch in sich nochmals ausdifferenziert wird: Welt ist für das Dasein immer Umwelt, aber deswegen auch Mitwelt, und beides mit theoretischen wie praktischen Folgen. Gerade diese Kapitel aus *Sein und Zeit* geben exemplarisch etwas von der Präzisionsschärfe der Phänomenologie des frühen Heidegger zu erkennen. So vermag er etwa deutlich zu machen, dass das In-Sein des In-der-Welt-Seins des Daseins mit dem „Sein von etwas in etwas" überhaupt nichts zu tun hat. Wasser ist in einem Glas oder Bier im Kühlschrank im Sinne eines Ortsverhältnisses. Völlig anders das In-Sein des Daseins in der Welt:

> „Das In-Sein meint so wenig ein räumliches ‚Ineinander' Vorhandener, als ‚in' ursprünglich gar nicht eine räumliche Beziehung der genannten Art bedeutet; ‚in' stammt von innan-, wohnen, habitare, sich aufhalten; ‚an' bedeutet: ich bin gewohnt, vertraut mit, ich pflege etwas; es hat die Bedeutung von colo im Sinne von habito und diligo. Dieses Seiende, dem das In-Sein in dieser Bedeutung zugehört, kennzeichneten wir als das Seiende, das je ich selbst bin. Der Ausdruck ‚bin' hängt zusammen mit ‚bei'; ‚ich bin' besagt wiederum: ich wohne, halte mich auf bei... der Welt, als dem so und so Vertrauten. Sein als Infinitiv des ‚ich bin', d.h. als existenzial verstanden, bedeutet wohnen bei..., vertraut sein mit... *In-Sein ist demnach der formale existenziale Ausdruck des Seins des Daseins, das die wesenhafte Verfassung des In-der-Welt-seins hat.*"[9]

Paradigmatisch für Heideggers Denkstil ist diese Passage nicht zuletzt auch wegen der etymologischen Hinweise. Von dieser Methode hat Heidegger intensiv und extensiv Gebrauch gemacht, manchmal bis an den Rand der Marotte (und Sprachwissenschaftler haben nicht selten Heideggers Herleitungen als wissenschaftlich unhaltbar entzaubert). Dabei rührt dieser Hang zum Etymologischen keineswegs nur daher, dass es nicht selten poetische Pointen in einen Sachdiskurs einspielt. Für Heidegger fungiert die Etymologie stattdessen als einer der Zugänge zum Ursprung des in Sprache aufbewahrten Sinnes, also zur Autorität der Tradition, die es zu vernehmen gilt.

Was die verhandelte Sache selbst betrifft: Von einem solchermaßen verstandenen In-Sein des Daseins her lässt sich gut begreifen, warum dem Dasein Welt immer als Umwelt und Mitwelt begegnet. In dem Vertrautheitsraum, den das inseiende Dasein und seine Welt bilden, ist das Seiende nicht einfach auf neutrale Weise vorhanden, sondern ist es dem Dasein zuhanden. Es zeigt sich als Zeug, mit dem ich umgehe, wozu es auch meiner Umsicht bedarf. Sofern aber das mir begegnende und von mir zu Händen genommene Zeug immer auch Zeug von jemandem ist, begegnet mir in den Seienden der Welt diese auch als Mitwelt:

> „Das Feld zum Beispiel, an dem wir ‚draußen' entlanggehen, zeigt sich als dem und dem gehörig, von ihm ordentlich instand gehalten, das benutzte Buch ist gekauft bei..., geschenkt von... und dergleichen. Das verankerte Boot am Strand verweist in seinem An-sich-sein auf einen Bekannten, der

9 HEIDEGGER: Sein und Zeit (Anm. 4). 73.

damit seine Fahrten unternimmt, aber auch als ‚fremdes Boot' zeigt es Andere.“[10]

Anderes Dasein kommt allein kraft des Zeugcharakters des Seienden in Spiel. Dasein, dem es um sein Sein geht, ist darum untrennbar und gleichzeitig auch Sein mit anderen.

Nun können allerdings Umweltlichkeit und Mitweltlichkeit in ihrem alltäglichen, durchschnittlichen Vollzug gewissermaßen degeneriert ausfallen. Dann wird das Zuhandene und kraft seiner Zuhandenheit Bedeutsame zum lediglich Vorhandenen, für das es keiner Umsicht mehr bedarf. Und das Mitsein mit anderen, in seiner Vollform von Rücksicht und Nachsicht begleitet, verkommt zu einem Nebeneinander zwischen mir und ihnen. Dabei handelt es sich um eine alles andere als harmlose Konstellation: Denn dieses Nebeneinander unterhalb des Niveaus des konstitutiven Mitseins des Daseins ist innerlich geprägt von der Suche nach Abstand von den anderen, und zwar entweder, um ihnen endlich gleichzukommen, oder sie niederzuhalten. Aber gerade durch solche Distanzierung werden die anderen zu einem Faktor, der mich bestimmt. Dabei sind die anderen gar keine konkreten anderen, sondern eine mehr oder weniger amorphe Instanz.

„Die ‚Anderen', die man so nennt, um die eigene wesenhafte Zugehörigkeit zu ihnen zu verdecken, sind die, die im alltäglichen Miteinandersein zunächst und zumeist *‚da sind'*. Das Wer ist nicht dieser und nicht jener, nicht man selbst und nicht einige und nicht die Summe Aller. Das ‚Wer' ist das Neutrum, *das Man*.“[11]

Verfallenheit. Unter dem subtil-anonymen Druck des Man wird – so Heidegger – das eigene Dasein in die Seinsart der anderen aufgelöst, ohne dass das eigens auffiele. So nimmt das Man dem Dasein Entscheidungen ab, entlastet es und kommt damit dessen Hang zum Leichtnehmen entgegen. Genau dadurch bringt es das Man zu einer regelrechten Diktatur über das Dasein. Darum rechnet Heidegger diese degenerative Vollzugsform des Daseins unter dem Titel „Verfallenheit“ zu den Existenzialien, also den Grundformen des Eksistierens desjenigen Seienden, dem es – anders als den anderen Seienden – um sein Sein zu tun ist.

Befindlichkeit – Verstehen – Rede. Diese Entdeckung, dass sogar noch das alltägliche Miteinandersein des Daseins mit den anderen unvergleichlich mehr impliziert als ein Vorhandensein, lässt Heidegger schließen, dass dasselbe erst recht für die Vollgestalt von Dasein, für das – wie er es durchaus traditionell nennt – „eigentliche Selbst“ gelten müsse. Alles andere als traditionell freilich sind die Begriffe, auf die er die Phänomenologie, also das Sich-zeigen des eigentlichen Selbsts bringt: Es sind die Existenzialien der Befindlichkeit, des Verstehens und der Rede – und mit ihnen bewegen wir uns so

10 HEIDEGGER: Sein und Zeit (Anm. 4). 157.
11 HEIDEGGER: Sein und Zeit (Anm. 4). 168-169.

sehr im Zentrum der Hermeneutik, dass diese von diesem Zugang über die Existenzialien her eine fundamentale Transformation erfährt. Sofern und indem ein Dasein „da" ist, befindet es sich in einer Stimmung. Es gibt kein stimmungsfreies Dasein, sonst könnte es für uns weder eine Hochstimmung noch eine Missstimmung noch eine Verstimmung geben. Selbst die Ungestimmtheit, in der sich so etwas wie ein Überdruss an uns selber äußert, kommt allein deswegen zur Geltung, weil wir von Wesen auf Gestimmtheit angelegt sind. In der Stimmung ist einerseits das Dasein ihm selbst vor allem Erkennen und Wollen noch erschlossen, andererseits erschließt sich ihm kraft der Gestimmtheit erst die Welt wirklich. Reines Anschauen, so Heideggers Beispiel, würde, selbst wenn es noch so genau wahrnähme, die Bedrohlichkeit von etwas nie wahrnehmen. Die entscheidende Entdeckung, die das Sensorium der Stimmung erlaubt, ist die so genannte „Geworfenheit" des Daseins – ein Grundbegriff heideggerschen Denkens schlechthin. In die Faktizität seines Da geworfen, ist das Dasein aber zugleich Entwurf, weil es sich in den Dimensionen der ihm offenen Möglichkeiten zu sich selbst verhalten muss. Dasein ist geworfener Entwurf. Zu diesem Zweck muss das Dasein eine Sicht gewinnen und diese resultiert aus dem „Verstehen". Darum konstituiert das Verstehen gleichursprünglich mit der Befindlichkeit das Dasein und ist eines seiner Existenziale.

Verstehen und Auslegung. Wenn Dasein Sorge ist, trägt es diese Sorge um sich, indem es sich auf seine Zukunft hin entwirft, auf seine ureigenen Möglichkeiten. Genau diesen Entwurfscharakter konkretisiert Heidegger durch die hermeneutischen Grundbegriffe des Verstehens und der Auslegung. Dasein als Sorge ist Verstehen, ist Auslegung. Darum ist Verstehen ein Existenzial. Und Hermeneutik geht es nicht mehr darum, den Sinn von etwas zu verstehen, sondern es geht um die Selbstauslegung des Daseins. Ein näherer Blick in die entscheidenden Abschnitte von *Sein und Zeit*, besonders in die §§ 31-33, zeigt, was Heidegger mit Verstehen als Existenzial meint.

Heidegger erinnert hier daran, dass wir bisweilen sagen „Jemand versteht etwas", wenn wir zum Ausdruck bringen möchten, dass sie oder er „etwas kann", also einer Sache „gewachsen ist" und ihr (hier der typische Etymologie-Schlenker) auch „vorzustehen" vermag. Und was kann der Verstehende?

> „Das im Verstehen als Existenzial Gekonnte ist kein Was, sondern das Sein als Existieren. Im Verstehen liegt existenzial die Seinsart des Daseins als Sein-können. Dasein ist nicht ein Vorhandenes, das als Zugabe noch besitzt, etwas zu können, sondern es ist primär Möglichsein. Dasein ist je das, was es sein kann und wie es seine Möglichkeit ist."[12]

Dieser Möglichkeitscharakter des Daseins erschöpft sich in keiner Weise darin, dass ihm – dem Dasein, dem Menschen – eben bestimmte

[12] HEIDEGGER: Sein und Zeit (Anm. 4). 190-191.

Möglichkeiten offen stehen, die er wählt oder eben nicht wählt. Möglichkeit ist vielmehr das ursprünglichste Existenzial des Daseins. Dasein besteht wesentlich darin, Möglichkeit zu sein. Und genau das wird sichtbar gemacht durch das Existenzial des Verstehens, kraft dessen sich das Dasein auf das Existieren versteht. Verstehen erschließt dem Dasein, dass es von Wesen Seinkönnen ist – und zwar als eines, das ihm selbst überantwortet ist, also als geworfene Möglichkeit. Verstehen ist Wissen des Daseins, woran es mit sich ist, aber eben nicht als Wissen, das aus Selbstwahrnehmung oder Selbstbeobachtung hervorgeht, sondern als Existenzial wesentlich zum Dasein gehört. Nur weil Dasein konstitutiv von erschließendem Seinkönnen bestimmt ist, kann es sich verkennen. Und weil es sich geworfen findet, so Heidegger, hat es sich immer schon verkannt. Aber in seiner existenzialen Verfassung als Möglichsein kann es sich aus seinen Möglichkeiten als es selbst finden. Die Möglichkeiten des Daseins im existenzialen Sinn sind das Thema des Verstehens, weil dieses selbst den existenzialen Charakter des Entwurfs hat.

> „Das Verstehen ist, als Entwerfen, die Seinsart des Daseins, in der es seine Möglichkeiten als Möglichkeiten *ist*."[13]

Das Verstehen darf dabei nicht als statisches Instrument zur Erschließung von Möglichkeiten gedacht werden. Als Existenzial, also konstitutiver Wesenszug von Dasein partizipiert es ja auch selbst an dessen existenzialer Verfassung als Möglichkeit. Insofern wird Verstehen selbst durch die von ihm erschlossenen Möglichkeiten sozusagen durch deren Rückwirkung auf es als Seinkönnen bestimmt. Diesen Vorgang der Ausbildung von Verstehen nennt Heidegger – mit einem zweiten Grundbegriff hermeneutischer Provenienz – „Auslegung".[14] In ihr geschieht Aneignung des Verstandenen durch das Verstehen.

> „In der Auslegung wird das Verstehen nicht etwas anderes, sondern es selbst. Auslegung gründet existenzial im Verstehen, und nicht entsteht dieses durch jene. Die Auslegung ist nicht die Kenntnisnahme des Verstandenen, sondern die Ausarbeitung der im Verstehen entworfenen Möglichkeiten."[15]

Bereits am Fall der Auslegung von Vorhandenem – Heidegger spricht gern von „Zuhandenem", um damit an jene verfügende Zugriffsperspektive zu erinnern, die ihm als defiziente Weise des Weltbezugs gilt –, wird aber offenkundig, dass Auslegung keineswegs darin besteht, einen vorhandenen Gegenstand – Heidegger: „zuhandenes Zeug" – als vorhanden wahrzunehmen und ihm dann ein Etikett zu verpassen, auf dass er über eine Bedeutung verfüge. Vielmehr begegnet alles – sogar in dieser uneigentlichen Perspektive – immer schon und von vorneherein als etwas. Diese immer schon im Spiel befindliche Bedeutung wächst dem Ding (im weitesten Sinn des Wortes) aus der Be-

13 HEIDEGGER: Sein und Zeit (Anm. 4). 193.
14 HEIDEGGER: Sein und Zeit (Anm. 4). 197.
15 HEIDEGGER: Sein und Zeit (Anm. 4). 197.

wandtnis zu, die es mit ihm innerhalb der durch das Verstehen geleisteten Welterschlossenheit hat. Die Auslegung legt diese immer schon gegebene Bedeutung „her-aus".

> „Das umsichtig auf sein Um-zu Auseinandergelegte als solches, das *ausdrücklich* Verstandene, hat die Struktur des *Etwas als Etwas*."[16]

Vorhabe – Vorsicht – Vorgriff. Man spricht mit Bezug auf diese Formel Heideggers – „Etwas als Etwas" – gern vom hermeneutischen „Als". Der Vorgang der Auslegung, der von diesem „Als" gesteuert wird, verfügt über eine gestufte Struktur, die Heidegger mit überraschenden Namen kennzeichnet, die aber gleichwohl die Tiefenstruktur des Verstehens und der Auslegung als Existenzial auf hilfreiche Weise durchsichtig machen. Auslegung von etwas als etwas vollzieht sich – so Heidegger – in „Vorhabe", „Vorsicht" und „Vorgriff". Auslegung geschieht immer bereits in einer gewissen Hinsicht; sie hat vor, etwas als etwas auszulegen und es so als etwas – und nicht als etwas anderes – an den Tag zu bringen. Dieses Vorhaben muss dabei mit einer Vorsicht im buchstäblichen Sinn des Wortes einhergehen. Diese Vorsicht hat die Aufgabe – so Heidegger in meisterlicher Begriffsarbeit –

> „[...] das in Vorhabe Genommene auf eine bestimmte Auslegbarkeit hin ‚an[zu]schneid[en]'."[17]

Dass wir etwas anschneiden – ein Thema z.B. – sagen wir, wenn wir etwas oder jemanden nicht überrumpeln, überwältigen wollen, sondern „vorsichtig" sein wollen oder müssen, um etwas nicht zu zerstören oder jemanden zu verprellen. Genau das gilt auch im Fall der verstehenden Auslegung qua Existenzial: Die Auslegung macht ja Verstandenes begreiflich, fasst es also in Begriffe. Angemessene Auslegung, also „vorsichtige", wird das so tun, dass sie die dazu aufgegriffene Begrifflichkeit aus dem Auszulegenden selbst schöpft; Auslegung, die es an Vorsicht fehlen lässt, zwingt das Auszulegende in eine ihm fremde Begriffsform und Begriffswelt. Aber weil die begriffliche Auslegung notwendig auf eine dieser beiden Weisen geschehen muss, gehört zur Auslegung als drittes Moment ebenso notwendig ein Vorgriff. Daraus folgt aber:

> „Auslegung ist nie ein voraussetzungsloses Erfassen eines Vorgegebenen."[18]

Was das formal bedeutet, macht Heidegger – durchaus mit einer gewissen Spitze – am Fall der Textauslegung deutlich. Wenn Interpreten auf das pochen, was im Text „dastehe", pochen sie lediglich auf ihre für selbstverständlich gehaltene und völlig undiskutierte Vormeinung über den Text, die unentrinnbar durch ihre Vorhabe, ihre Vorsicht und ihren Vorgriff ins Spiel gebracht wird. Dies wiederum aber ist keine Falle im Auslegungsprozess, sondern notwendig. Jede Auslegung, die zu Verständnis beitragen will, muss das, was ausgelegt wird,

16 HEIDEGGER: Sein und Zeit (Anm. 4). 198.
17 HEIDEGGER: Sein und Zeit (Anm. 4). 199-200.
18 HEIDEGGER: Sein und Zeit (Anm. 4). 200.

bereits verstanden haben. Insofern liegt ein Zirkel vor, jene logische Grundfigur also, die allem wissenschaftlichen Bemühen als vitiös, als Teufelskreis gilt, denn: Jeder Beweis, der in seinem Vollzug voraussetzt, was erst sein Ergebnis sein soll, ist wertlos. Weil die Zirkelstruktur konstitutiv zur Auslegung gehört, wird dieser – so Heidegger – der Anspruch auf strenge Erkenntnis abgesprochen. Und selbst viele, die das Geschäft der Auslegung betreiben, etwa Historiker, sehen das genauso und operieren auch gern mit jener Objektivität, die sie im Fall der naturwissenschaftlichen Erkenntnis aufgrund des unabhängigen Standpunktes des Betrachters gegeben sehen. Dem aber widerspricht Heidegger frontal:

> „[...] *in diesem Zirkel ein vitiosum sehen und nach Wegen Ausschau halten, ihn zu vermeiden, ja ihn auch nur als unvermeidliche Unvollkommenheit ‚empfinden', heißt das Verstehen von Grund auf mißverstehen.*“[19]

Hermeneutischer Zirkel. Weil der Zirkel in der Auslegung als Ausdruck der existenzialen Vor-Struktur des Daseins selbst begriffen werden müsse, kann die angemessene Voraussetzung von Auslegung nicht darin bestehen, so Heidegger,

> „aus dem Zirkel heraus-, sondern in ihn nach der rechten Weise hineinzukommen.“[20]

Statt Teufelskreis zu sein, sichert der Zirkel als Struktur existenzialer Auslegung die Möglichkeit ursprünglichsten Erkennens. Daraus folgt natürlich, dass die Differenz zwischen strenger (natur)wissenschaftlicher und etwa historischer, durch Auslegung gewonnener Erkenntnis nur eine vermeintliche ist. Sofern es sich bei Verstehen und Auslegung um ein Existenzial des Daseins handelt, liegt auch die strengste Erkenntnisbemühung und ihr Resultat nicht jenseits, sondern innerhalb des Horizonts jener Erschlossenheit von Welt, die das Existenzial des Verstehens erbringt. Auch wissenschaftliche Resultate kennzeichnen darum eine existenzielle Dimension.

Kritik von Wissenschaft und Kultur. Heidegger selbst hat von dieser Einsicht her in späteren Jahren eine beinahe gnadenlose Wissenschafts- und Kulturkritik der Gegenwart betrieben. Die Errungenschaften von Technik und Forschung bezeichnete er als Ge-Stell, welches den Sinn von Sein verstellt und das Dasein seiner selbst entfremdet. Er selbst schrieb sich mehr und mehr die Rolle eines Sehers zu, dem die Vorbereitung des „Ereignisses“ aufgetragen ist, eines künftigen Geschehens, in dem nicht mehr Dasein qua Verstehen den Sinn von Sein erschließt, sondern das Sein selbst sich in einer Lichtung zuschickt. In diesen Zusammenhang gehört auch das berühmte SPIEGEL-Interview von 1966, das gemäß Heideggers Verfügung erst nach seinem Tod 1976 unter dem Titel *Nur noch ein Gott kann uns*

[19] HEIDEGGER: Sein und Zeit (Anm. 4). 203.
[20] HEIDEGGER: Sein und Zeit (Anm. 4). 203.

retten erschien.[21] Über Recht und Fraglichkeit dieser Wendung in Heideggers Denken wäre an anderer Stelle zu befinden. Unberührt davon bleibt jedoch, dass Heidegger mit seiner Bestimmung des Verstehens als Existenzial dem Verstehen selbst eine ganz neue Tiefendimension verleiht und die glatte Differenz zwischen wissenschaftlich-objektivem und auslegendem Erkennen niederlegt. Genau das bildet den Ausgangspunkt für den nächsten Schritt in der Dynamik der hermeneutischen Frage. In ihm hört Hermeneutik vollends auf, Methodenlehre des Verstehens und Auslegens zu sein. Die Transformation, die die Hermeneutik dabei auf der Basis ihrer existenzialen Interpretation durch Heidegger erfährt, wird uns bald beschäftigen. Zuvor sind noch die Überlegungen zu den Existenzialien ein wenig weiterzuführen.

Hören – Schweigen – Gerede. Die Weise, in der die Verständlichkeit des „Da" artikuliert wird, ist die Rede. Darum ist auch sie gleichursprünglich mit Befindlichkeit und Verstehen ein Existenzial. Sie ermöglicht „die bedeutungsmäßige Gliederung der befindlichen Verständlichkeit des In-der-Welt-seins."[22] Als Möglichkeiten gehören zu ihr das Hören und das Schweigen. Ersteres bestimmt Heidegger dabei als primär:

> „Das Hören ist für das Reden konstitutiv. [...] Das Hören auf... ist das existenziale Offensein des Daseins für sein eigenstes Seinkönnen, als Hören der Stimme des Freundes, den jedes Dasein bei sich trägt. Das Dasein hört, weil es versteht. Als verstehendes In-der-Welt-sein mit den Anderen ist es dem Mitdasein und ihm selbst ‚hörig' und in dieser Hörigkeit zugehörig."[23]

Im alltäglichen In-der-Welt-Sein realisieren sich die Existenzialien in Weisen von Verfallenheit, so etwa die Rede als Gerede, das Hören als Herumhorchen, das verstehende Entdecken als Neugier usw. – wobei, und das ist zu beachten, alle diese Bezeichnungen einschließlich des „Verfallens" für Heidegger keinerlei wertenden, abwertenden oder gar moralisierenden Charakter besitzen. Sie sind, wie er ausdrücklich betont, positive, also faktische Beschreibungen dessen, wie das Dasein faktisch in der Welt ist. Indem das Dasein faktisch an die Welt und das Mitsein verfallen ist, fällt es von seinem eigentlichen Sein-Können ab und ergreift das Uneigentlich-Sein als diejenige Möglichkeit, in der es sich zumeist aufhält.

> „Das Gerede erschließt dem Dasein das verstehende Sein zu seiner Welt, zu Anderen und zu ihm selbst, doch so, daß dieses Sein zu... den Modus eines bodenlosen Schwebens hat. Die Neugier erschließt alles und jedes, so jedoch, daß das In-Sein überall und nirgends ist. Die Zweideutigkeit ver-

[21] „Nur noch ein Gott kann uns retten." In: Der Spiegel. Nr. 23; 31.05.1976. Der Wortlaut dieses Interviews weicht zum Teil von demjenigen ab, den Heidegger autorisiert hatte. Diesen Text vgl. in: NESKE, Günther/KETTERING, Emil: Antwort. Martin Heidegger im Gespräch. Pfullingen 1988. 81-111.

[22] HEIDEGGER: Sein und Zeit (Anm. 4). 216.

[23] HEIDEGGER: Sein und Zeit (Anm. 4). 217.

> birgt dem Daseinsverständnis nichts, aber nur, um das In-der-Welt-sein in dem entwurzelten Überall-und-nirgends niederzuhalten.“[24]

Und diese Möglichkeit des Verfallens eröffnet dem Dasein sein In-der-Welt-sein als solches. Darum nennt Heidegger Letzteres „an ihm selbst versucherisch.“[25] Zugleich beruhigt das Eintauchen in die Verfallenheit des Man auch. Aber eben dadurch wirkt es auf das Dasein entfremdend und lässt es sich in sich selbst verfangen.

Dasein als Sorge. Das macht für Heidegger die alltägliche existenziale Verfassung des Daseins aus. Die Vielheit der genannten Einzelzüge kann aber auch noch in eine Einheit zusammengeführt werden: Als Ganzes ist, so Heidegger, das Dasein, weil es so ist, wie es ist, „Sorge“. Sie macht das Sein des Daseins aus. Dasein ist dasjenige Seiende, dem es um sein Sein geht. Dieses „gehen um“ macht die Seinsart der Sorge aus. Damit lässt sich auch deren innere Struktur benennen: „Es geht dem Dasein um...“ bedeutet ja:

> „das Dasein ist ihm selbst in seinem Sein je schon *vorweg*. Dasein ist immer schon ‚über sich hinaus‘, nicht als verhalten zu anderem Seienden, das es *nicht* ist, sondern als Sein zum Seinkönnen, das es selbst ist. Diese Seinsstruktur des wesenhaften ‚es geht um...‘ fassen wir als das *Sich-vorweg-sein* des Daseins.“[26]

Zeitlichkeit. Genau in diesem Satz ist der entscheidende Punkt von *Sein und Zeit* erreicht, ohne dass das unmittelbar an einem bestimmten Wort greifbar würde: Durch die Auslegung der Sorge, also der zusammenfassenden Wesensbestimmung des Daseins, als Sich-vorweg-sein ist Heidegger aus der Analyse des Daseins wie von selbst in die Dimension der Zeitlichkeit gelangt: Denn „sich vorweg sein“ heißt ja, in Künftiges ausgreifen. Die Verfassung des Daseins als Sorge verlangt geradezu danach, das Sein des Daseins temporal zu interpretieren, also die Zeit als den Sinn von Sein zu begreifen und in ihr den Einheitsgrund für die komplexe Strukturvielfalt des Daseins zu suchen.

Sein zum Tode. Unter Auslassung wichtiger Paragraphen, unter anderem die über Begriffe der Realität und der Wahrheit, gehe ich gleich über zu dem Zentralgedanken, der sich im Rahmen dieser temporalen Interpretation für Heidegger aus dem Sich-vorweg-sein des Daseins ergibt: Die Sorge des Daseins um sein Sein geht ja nicht endlos weiter, sondern kommt an ein Ende: den Tod des Menschen. Dasein ist Sein zum Tode. Natürlich weicht das Dasein auch dem aus, wie es allem ausweichen kann, von dem es umweltlich oder mitweltlich angegangen wird. Durch solches Ausweichen kommt ja die ganze Dimension der Uneigentlichkeit, des Verfallens überhaupt zustande.

24 HEIDEGGER: Sein und Zeit (Anm. 4). 234-235.
25 HEIDEGGER: Sein und Zeit (Anm. 4). 235.
26 HEIDEGGER: Sein und Zeit (Anm. 4). 254-255.

Von dem Tod, von dem man gewiss weiß, dass er kommt, sagt das Man, dass er aber vorläufig noch nicht kommt. Durch dieses Vertagen wird das Spezifische der Todesgewissheit verdeckt, nämlich dass der Tod jeden Augenblick kommen kann. Dabei begegnet dem Dasein in seinem Tod als seinem Ende seine

> „[...] eigenste, unbezügliche, *gewisse* und als solche unbestimmte, unüberholbare Möglichkeit [...]“.[27]

Ergreift das Dasein in einem Vorlaufen zum Tode diese Möglichkeit als die seine, so gewinnt es ein eigentliches Sein zum Tode, das sich für Heidegger so darstellt:

> *„Das Vorlaufen enthüllt dem Dasein die Verlorenheit in das Manselbst und bringt es vor die Möglichkeit, auf die besorgende Fürsorge primär ungestützt, es selbst zu sein, selbst aber in der leidenschaftlichen, von den Illusionen des Man gelösten, faktischen, ihrer selbst gewissen und sich ängstigenden F r e i h e i t z u m T o d e.“*[28]

Vermutlich war es gar nicht zu vermeiden, dass Passagen wie diese existenzialistisch, ja gerade zu als pathossatte Appelle zum Eigentlichwerden, verstanden wurden. Dass in der weiteren Ausfaltung dieses Seins zum Tode auch noch Begriffe wie die des Gewissens und der Schuld auftauchen, konnten das nur noch fördern. Und trotzdem ist diese existenzialistische Lesart des Seins zum Tode genauso ein Missverständnis wie ein moralisch bewertendes Verständnis der Verfallenheit und ihrer strukturellen Ausdrucksgestalten.

Temporalität des Daseins. Heidegger geht es einzig darum, so deutlich wie möglich die konstitutive Zeitlichkeit des Daseins herauszuarbeiten und von ihr her dann die Zeitlichkeit des Seins selbst auszuweisen. Und wo manifestierte sich in der Tat diese temporale Verfassung des Daseins elementarer als im Ereignis des Todes! Darum werden in den letzten Kapiteln von *Sein und Zeit* die Existenzialien und die Sorge als Form ihres inneren Zusammenhanges gleichsam wiederholt in einer temporalen Interpretation. Auf diese Weise sollen die zuvor nur aufgezeigten Strukturen auf die Zeitlichkeit als ihren Grund zurückgeführt und die Voraussetzung dafür geschaffen werden, im dritten Teil des Werks auf radikal neue Weise die Frage nach dem Sinn von Sein zu stellen und zu beantworten.

Dieser dritte Teil, der – wie schon erwähnt – nie erschienen ist, hätte den Titel *Zeit und Sein* tragen sollen. In ihm wollte Heidegger die Zeit als das herausarbeiten, wodurch die verschiedenen Seinsbereiche ihre unterschiedliche Struktur gewinnen. Das hätte zunächst systematisch geschehen sollen, dann in einem zweiten Abschnitt in Gestalt einer Auseinandersetzung mit der Philosophiegeschichte: Aus Vorblicken im veröffentlichten Teil sowie aus mittlerweile publizierten Vorlesungen kann man erkennen, dass Heidegger geplant hatte, mit Aristoteles, Descartes und Kant in Auseinandersetzung zu treten und

27 HEIDEGGER: Sein und Zeit (Anm. 4). 343.
28 HEIDEGGER: Sein und Zeit (Anm. 4). 353.

dabei eine „Destruktion“ der abendländischen Ontologie zu unternehmen. So hätte Raum werden sollen für ein im Horizont der Zeit gedachtes Sein. Der unvermittelte Abbruch des Unternehmens dürfte nicht bloß damit zu tun haben, dass Heidegger mit dem, was er dazu noch hatte zu Papier bringen können, nicht zufrieden war, sodass er Aufzeichnungen zu diesem dritten Teil verbrannt haben soll. Mindestens hypothetisch kann man nämlich auch ein im Gedankengang des veröffentlichten Teils selbst angelegtes Motiv für den Abbruch von *Sein und Zeit* erwägen:

Hat Sein Geschichte? Je radikaler Heidegger die temporale Verfasstheit von Dasein herausarbeitete, seine Faktizität und Geschichtlichkeit im Sinne seines ihm selbst nicht verfüglichen je einmaligen Auftretens, desto dringlicher musste sich ihm ja auch die Frage aufdrängen, ob nicht nur das Dasein geschichtlich zu verstehen sei, sondern auch das Sein selbst, dessen Sinn von diesem Dasein her hätte erschlossen werden sollen. Jedenfalls gibt es Indizien dafür, dass bestimmte Gegebenheitsweisen von Sein, etwa Zuhandenheit oder Vorhandenheit, nur in bestimmten Epochen auftreten und in anderen nicht. Hat also möglicherweise das Sein selbst Geschichte? Genau diese Frage begann Heidegger nach eigenem Zeugnis schon wenige Jahre nach dem Erscheinen von *Sein und Zeit* umzutreiben, etwa ab 1930. Rückschauend nannte er die damit einsetzende Umorientierung seines Denkens „Kehre“: nicht Neuanfang oder Widerruf des Vorausgehenden, aber doch eine Wendung, die nicht einfach aus dem Vorhergehenden erklärt oder auf es zurückgeführt werden kann. Hatte er zunächst von einer Analyse des Daseins her die Frage nach dem Sinn von Sein gestellt, so drehte Heidegger mit der Kehre gewissermaßen die Blickrichtung um: Von einem nicht weiter befragbar epochal sich lichtenden Sein her denkt er auf das Dasein hin, das sich als Hüter des sich ihm zuschickenden Seins zu verstehen hat, wenn es sich nicht verfehlen will. Dasein ist es selbst, wenn und indem es sich in das Geschick des Seins schickt. Dasein steht ganz im Bann dessen, was Heidegger „Ereignis“ nennt. Das ist das Grundwort seines Denkens nach der Kehre. Es meint: Ek-sistieren vollzieht sich als gehorsames, also ganz Ohr seiendes Erwarten dessen, was sich ihm als Seinssinn zueignet. Das macht das Schickliche seines Wesens, also das ihm Entsprechende und es zu sich Führende aus.[29] In den erst 1989 veröffentlichten, aber schon 1936-38, also den Jahren nach der Kehre, niedergeschriebenen *Beiträge[n] zur Philosophie* schlägt Heidegger selbst den Bogen zwischen den beiden Bewegungen seines Denkens so:

> „Die ‚Zeit‘ sollte erfahrbar werden als der ‚ekstatische‘ Spielraum der Wahrheit des Seyns. Die Entrückung in das Gelichtete sollte die Lichtung

[29] Vgl. HEIDEGGER, Martin: Brief über den Humanismus (1949). In: DERS.: Wegmarken. Frankfurt a.M. 1976. (Gesamtausgabe; 9). 313-364. 330-331.

selbst gründen als das Offene, in dem das Seyn sich in sein Wesen sammelt. Solches Wesen kann nicht wie ein Vorhandenes nachgewiesen werden, seine Wesung muß wie ein Stoß erwartet werden. Das Erste und Lange bleibt: in dieser Lichtung warten zu können, bis die Winke kommen. [...] Um den Vollzug dieses Vorbereitenden unserer Geschichte handelt es sich allein in der Seinsfrage. Alle ‚Inhalte' und ‚Meinungen' und ‚Wege' im Besonderen des ersten Versuchs von ‚Sein und Zeit' sind zufällig und können verschwinden. [...] ‚Sein und Zeit' ist daher kein ‚Ideal' und kein ‚Programm', sondern der sich vorbereitende Anfang der Wesung des Seyns selbst, nicht was wir erdenken, sondern was uns, gesetzt, daß wir dafür reif geworden, in ein Denken zwingt, das weder eine Lehre gibt noch ein ‚moralisches Handeln' veranlaßt, noch die ‚Existenz' sichert, das vielmehr ‚nur' die Wahrheit gründet als den Zeit-Spiel-Raum, in dem das Seiende wieder seiend, d.h. zur Verwahrung des Seyns werden kann."[30]

Wendung ins Gott-Denken. Spätere Einlassungen dazu nehmen sich noch rätselhafter aus: Seien es die Erwägungen in *Identität und Differenz*, zwei ursprünglich eigenständigen Beiträgen aus dem Jahr 1957, in denen es unter anderem heißt,

„in die Nähe des Geschicklichen gelangen wir nur durch Jähe des Augenblicks eines Andenkens."[31]

Sei es das erst zu postumer Publikation freigegebene, legendäre Spiegelinterview *Nur ein Gott kann uns retten*, in dem Heidegger die schon in *Identität und Differenz* unübersehbar gewordene Wendung zu einer nachreligiösen wie gleichermaßen nachmetaphysischen philosophischen Theologie – einer solchen namentlich, die alles Christliche hinter sich gelassen hat – besiegelt. (⇖ Bd. 1, Kap. 2.2; ⇗ Bd. 3, Teil C, Kap. 1)

Manche haben aus dieser Wendung im Denken des späten Heidegger Verbindungslinien zu dessen Sympathie für gewisse nationalsozialistische Intuitionen gezogen. Und in der Tat kann das im religiösmetaphysischen Sinn gottlose Denken eines göttlichen Gottes ja wie von selbst mehr oder weniger beliebige Gehalte unbedingten Anspruchs aufsaugen – und warum dann nicht die national-völkischen, für die sich Heidegger in seiner Rektoratsrede stark machte? Dann freilich muss hellhörig machen, dass sich die Redeform vom „Ereignis" oder von einem „Ruf", der keinen Urheber hat, sondern rein darin besteht, dass „es ruft", auch heute als zustimmungsfähig erweist – und zwar in Kreisen derer, die unter dem Etikett der Postmoderne rangieren – darauf ist zurückzukommen. Dabei handelt es sich keineswegs um die einzige wirkungsgeschichtliche Linie, die von Heidegger ausgeht. Von weiteren drei wird in ganz anderem Zusammenhang, nämlich dem der Anthropologie, die Rede sein, auch wenn sich herausstellen wird, dass es sich bei diesen Aufnahmen heideggerscher

[30] HEIDEGGER, Martin: Beiträge zur Philosophie. (Vom Ereignis). Frankfurt a.M. 1989. (Gesamtausgabe; 65). 242-243.

[31] HEIDEGGER, Martin: Identität und Differenz. (Gesamtausgabe; 11). Frankfurt a.M. 2006. 73.

Motive – gemessen am Selbstverständnis ihres Urhebers – mehr oder weniger um Missverständnisse handelt. (↗ Bd. 3, Teil A, Kap. 3) Zuvor aber ist natürlich auf jene unmittelbare Fortsetzung des heideggerschen Projekts einer radikalen Neubegründung der Philosophie einzugehen, die Hans-Georg Gadamer in Gestalt einer hermeneutischen Philosophie unternahm.

2.5 Von der philosophischen Hermeneutik zur hermeneutischen Philosophie

Mehr als Objektivität. In der Einleitung zu einer Sammlung wichtiger Texte zur Hermeneutik situiert Gadamer selbst sein Projekt exakt an dem Punkt, auf den unsere Überlegungen zu Heidegger hinführten. Wenn Verstehen ein Existenzial sei und darum auch wissenschaftliche Erkenntnis eine existenzielle Seite besitze, sei dessen objektivierbarer Gehalt nicht alles an ihm, schreibt er. Und wörtlich weiter:

> „Es ist ein Geschehen und hat die geschichtliche Bedingtheit eines solchen Geschehens, die es selber niemals voll zu objektivieren vermag. Wer das realisiert, erkennt eine neue philosophische Aufgabe, die die Fragestellung der traditionellen Methodenlehre der Geisteswissenschaften überschreitet. Es geht nicht um eine neue Methodenlehre, sondern um eine Einfügung der wissenschaftlichen Verfahren in den fortgehenden Prozeß der Verständigung der Menschheit mit sich selbst. Das ist die Aufgabe, die in ‚Wahrheit und Methode' in Angriff genommen worden ist."[32]

Mit dem letzten Satz hat Gadamer bescheiden auf sein Hauptwerk hingewiesen, ein Buch, das in der zeitgenössischen Philosophie weltweit einen nahezu unglaublichen Einfluss ausgeübt hat. Auch der Titel des Buches *Wahrheit und Methode* nimmt sich bescheiden aus – aber nur für die, die um den systematischen Ort des Werkes nicht wissen. Er ist ja nichts Geringeres als eine Kampfansage an die Vorstellung, Wahrheit könne einzig kraft methodischer Verfahren, also durch Rechnen, Wiegen, Messen gewonnen werden. Gadamer setzt dagegen: Wahrheit erschließt sich genauso im Prozess des auslegenden Verstehens – und dieser repräsentiert sogar die ursprüngliche Weise von Wahrheitsgewinn. Damit folgt Gadamer ersichtlich der von Heidegger gelegten Spur. Aber anders als bei Heidegger resultiert daraus bei Gadamer keine pessimistische Absage an die Wissenschaften, sondern die Absicht, die Wahrheitsleistungen der Wissenschaften auf neue Weise einzuholen und zu integrieren. Gleichzeitig findet Gadamer für dieses Vorhaben aber gerade beim späteren Heidegger, nach dessen so genannter Kehre, einen Anhalt. In *Sein und Zeit* fungiert menschliches Selbstverständnis als die richtungsgebende Perspektive, in der Heidegger seine Existenzial-Analytik entwickelt. Erstmals kenntlich gemacht in einem Vortrag von 1930 spürt er dann der Lichtung des Seins in Phänomenen nach, die aus dem Selbstverständnis qua Seinsverständnis in einer gewissen Objektivität heraustreten und von ihnen her das Sein sich zuschicken lassen. Das Dasein erschließt den Sinn von Sein nicht mehr im Verstehen, sondern vernimmt nur mehr noch, was sich ihm zeigt (das versteht man unter „Kehre"). Das geschieht am Ding, das im Lebenszusammenhang steht, sowie am Kunstwerk und an der Sprache. Von den beiden letzteren

[32] GADAMER, Hans-Georg: Einführung. In: DERS./BOEHM, Gottfried: Seminar: Philosophische Hermeneutik. Frankfurt a.M. 1976. 7-40. Hier 39.

Phänomenen her entwickelt Gadamer seine hermeneutische Philosophie. Anders gesagt: Auslegung verläuft analog zu dem, was bei der Begegnung mit einem Kunstwerk geschieht, und sie ist nichts anderes als ein ausdrücklich gemachter Fall dessen, was – und das sage ich bewusst so eigenartig – die Sprache mit uns macht, wenn wir sie gebrauchen.

„Wahrheit und Methode“. Was das genauerhin bedeutet, haben wir aus Gadamers Werk selbst zu erschließen. Dem muss ich aber zuvor ein paar Bemerkungen über die durchaus ungewöhnliche Geschichte dieses philosophischen Klassikers vorausschicken[33] – dies umso mehr, als diese Geschichte in ihrer Eigenart wie beiläufig erst anlässlich der Neuauflage von *Wahrheit und Methode* im Rahmen einer Ausgabe der *Gesammelte[n] Werke* Gadamers greifbar wurde.

Gadamer legte sein Hauptwerk in einem Alter vor, in dem sich andere auf ihre Emeritierung vorbereiten. *Wahrheit und Methode* erschien 1960, also in Gadamers 60. Lebensjahr. Ursprünglich war geplant, dass das Buch den Titel *Grundzüge einer philosophischen Hermeneutik* erhält. Aufgrund von Einwänden seitens des Verlegers – der wollte nichts von „Hermeneutik“ hören – fasste Gadamer zunächst als Titel *Geschehen und Verstehen* ins Auge, entschied sich aber dann für *Wahrheit und Methode*. Die Anspielung auf Goethes *Dichtung und Wahrheit* dürfte gewollt gewesen sein. (In dieser Autobiographie Goethes – wenn man überhaupt so sagen darf – geht es ja genau darum, dass Wahrheit längst nicht nur durch historische Nachzeichnung offengelegt wird, sondern gleichermaßen durch Poesie). Der Urtitel *Grundzüge einer philosophischen Hermeneutik* erschien als Untertitel. Mit diesen Überschriften erschien das Buch von 1960 bis 1975 in vier Auflagen.

Zur fünften Auflage kam es, als die Edition der *Gesammelte[n] Werke* Gadamers 1986 mit *Wahrheit und Methode* begonnen wurde. Dabei aber kam es zu einer verwickelten Verschiebung in der Betitelung: Denn jetzt tragen auf einmal zwei Bände auf dem Umschlag den Haupttitel *Wahrheit und Methode*. Aber nur der erste enthält den revidierten und ergänzten Text der bisherigen vier Auflagen und trägt den Untertitel *Grundzüge einer philosophischen Hermeneutik*. Der zweite Band mit dem Haupttitel *Wahrheit und Methode* – übrigens um fast 40 Seiten umfangreicher als der 494 Seiten starke erste Band – heißt im Untertitel *Ergänzungen – Register*, enthält aber auch das Vorwort zur zweiten und das Nachwort zur dritten Auflage des ursprünglichen Druckwerkes. Außerdem umfasst dieser zweite Band nicht nur Aufsätze, die nach Erscheinen der Erstauflage von *Wahrheit und Methode* erschienen sind, sondern auch etliche, die deutlich vorher geschrieben wurden. Im dritten Teil des ursprünglichen Textes

[33] Näheres vgl. dazu bei GRONDIN, Jean: Zur Komposition von „Wahrheit und Methode“. In: DERS.: Der Sinn für Hermeneutik. Darmstadt 1994. 1-23.

von *Wahrheit und Methode* hat Gadamer überdies mehrfach auf Ergänzungen verwiesen, die im nunmehrigen zweiten Band nachzulesen seien – unzweideutige Hinweise auf die systematische Zusammengehörigkeit der Texte. Das wird zudem bestätigt, wenn man die beiden Bände aufschlägt. Auf der Titelei – also der ersten Druckseite eines Buches, die nochmals den Titel wiedergibt – bekommen die beiden Bände nämlich abweichend vom Umschlag nochmals einen Übertitel, nämlich *Hermeneutik I* bzw. *Hermeneutik II*. Für den ersten Band lautet damit der volle Titel: *Hermeneutik I. Wahrheit und Methode. Grundzüge einer philosophischen Hermeneutik*. Für den zweiten Band lautet er: *Hermeneutik II. Wahrheit und Methode. Ergänzungen, Register*. Das heißt: Der Text der ersten vier Auflagen von *Wahrheit und Methode* trägt jetzt als spezifischen Titel wieder die Formulierung, die ganz zu Anfang vorgesehen gewesen war. Die anderen Verknüpfungen verweisen darauf, dass die als *Ergänzungen* titulierten Beiträge aus der Zeit vor und nach 1960 mit zu Gadamers Hauptwerk gehören. Und das alles zusammen verdankt sich ersichtlich weder editorischen Launen noch Zufällen. Vielmehr hat Gadamer sein Hauptwerk durch diese Verschiebungen im Titel und die Verweise selber zu einem Paradigma dessen gemacht, wovon es handelt, nämlich: Wie Verstehen im Gang geschichtlichen Geschehens zustande kommt. *Wahrheit und Methode* ist ein „work in progress“.

Erweiterung nach rückwärts. Damit zu den systematischen Kraftlinien dieses Konzepts einer philosophischen Hermeneutik, die sich der Sache nach als hermeneutische Philosophie versteht: Letzteres hatte Gadamer in dem von mir eingangs zitierten Essay unzweideutig offengelegt, indem er sein Bemühen um Hermeneutik in den universalen Zusammenhang der Verständigung der Menschheit mit sich selbst gestellt wissen wollte. Dazu musste er aber Heideggers Ansatz an einem Punkt fundamental erweitern. Wie erläutert, hatte Heidegger in *Sein und Zeit* Verstehen und Auslegung als durch „Vorhabe“, „Vorsicht“ und „Vorgriff“ bestimmt charakterisiert. Gadamer hat dieses Ek-sistieren des Daseins auf Zukunft in Gestalt von Vorverständnis um sein Ek-sistieren hinaus auf Vergangenheit zurück ergänzt. Kraft solcher Abkünftigkeit des Daseins muss das Vorverständnis, wie es sich in Vorhabe, Vorsicht und Vorgriff artikuliert, als notwendig von Überlieferungen bestimmtes begriffen werden. Gadamer bringt das in starken Wendungen zur Geltung: Die Geschichte gehört nicht uns, sondern wir gehören ihr. Oder: Verstehen sei nicht ein Handeln, sondern vielmehr ein „Einrücken in ein Überlieferungsgeschehen“[34]. (⇖ Bd. 1, Kap. 5.3) Sich an Überlieferungen orientieren heißt für durchschnittliches neuzeitliches Bewusstsein: Vorurteilen unterliegen. Genau das behauptet auch Gadamer, und gleichzeitig

[34] GADAMER, Hans-Georg: Hermeneutik I. Wahrheit und Methode. Grundzüge einer philosophischen Hermeneutik. 6. Aufl. Tübingen 1990. (Gesammelte Werke; 1). 295.

bestreitet er, dass dies – unter Vorurteilen zu stehen – automatisch eine Behinderung der Wahrheitsfindung bedeute. Im Gegenteil käme ohne Vorurteile überhaupt kein Wahrheitsfindungsprozess, kein Verstehen in Gang. Darauf zielt – in einer sprachlich durchaus kühnen Neubesetzung eines diskreditierten und diskreditierenden Ausdrucks – Gadamers Rede vom hermeneutischen Vorurteil, dem sich als weitere Grundbegriffe seiner Konzeption der „hermeneutische Zirkel“, der „Zeitenabstand“, die (in den Alltagswortschatz eingegangene) „Wirkungsgeschichte“ und die „Horizontverschmelzung“ anschließen. (↖ Bd. 1, Kap. 5.3) Hinter letzterem Begriff steht das, was Gadamer als das eigentliche Problem der Hermeneutik gilt: die applicatio, also die Interpretationspraxis, die Neues und Vertrautes so verschränkt, dass daraus ein Verstehensgewinn resultiert.

Verstrickung. Vielleicht noch präziser, auf alle Fälle suggestiver als Gadamer hat diese Grunddimension von Verstehen ein Hermeneutiker beschrieben, der von Herkunft Jurist war und heute völlig zu Unrecht vergessen ist. Wilhelm Schapp sprach in einem Buch von 1953 davon, Verstehen ereigne sich dadurch, dass der Leser oder Hörer sich in Geschichten verstrickt. Die Metapher der Verstrickung hebt darauf ab, dass wirkliches Verstehen ein Eingehen des Hörers oder Lesers auf das bzw. in das Erzählte impliziert, dergestalt, dass die Differenz zwischen Eigenem und Erzähltem unwichtig wird, im Grunde verschwindet. Das hat seine ganz prosaischen Grundlagen darin, dass wir uns apriori in einem holistischen System von Eigen- und Fremdgeschichten bewegen und dass Menschsein äquivalent ist mit „in Geschichten verstrickt sein“.[35] Alles, was wir von Menschen – uns selbst und anderen – wissen, ist in Geschichten, ihren Geschichten und den Geschichten um sie sedimentiert. Der Schriftsteller Ludwig Harig hat das so gesagt:

> „[...] der Mensch ist nicht nur ein erzählendes Wesen, sondern der Mensch ist auch ein erzähltes Wesen: Indem von ihm erzählt wird, wird er eigentlich erst Mensch. Wenn man vom Menschen und seinen Bedingungen [...] in dieser Welt nicht erzählt, dann existiert er gar nicht. Er erscheint erst, wenn jemand kommt und seine Geschichte erzählt.“[36]

Die von der gadamerschen Horizontverschmelzung anvisierte Gleichzeitigkeit, die gleichwohl den Zeitenabstand nicht unterschlägt, stellt sich also in der Dimension der Narrativität gleichsam von selber ein.[37]

Gadamer-Rezeption und -Kritik. Blieb Schapps Hermeneutik trotz der Luzidität seiner Werke bis heute mehr oder weniger

[35] SCHAPP, Wilhelm: In Geschichten verstrickt. Zum Sein von Mensch und Ding. Mit einem Vorwort zur Neuaufl. v. Hermann Lübbe. 2. Aufl. Wiesbaden 1976. 187.

[36] Zit. nach Süddeutsche Zeitung. Nr. 199; 29./30.8.1992. 131.

[37] Vgl. zu Schapps Hermeneutik POHLMEYER-JÖCKEL, Markus: Geschichten-Hermeneutik. Philosophische, literarische und theologische Provokationen im Denken von Wilhelm Schapp. Münster 2003.

ein Geheimtipp, so hat Gadamer zum einen überwältigenden Zuspruch erfahren – und zwar gerade auch seitens der Theologie und da nochmals unter ganz speziellem Vorzeichen in deren katholischer Denomination. Zum anderen hat ein bestimmter Zug an Gadamers Konzeption relativ bald eine intensive kritische Debatte ausgelöst: Seine Hermeneutik eines tiefen und grundsätzlichen Einverständnisses mit Überliefertem provoziert die Frage nach der Glaubwürdigkeit von Traditionen sowie der Rolle von Aufklärung und Autonomie gegenüber einem solchen vernehmenden Denken. Diese Anfrage verdichtete sich in der Forderung, der Hermeneutik des Einverständnisses in ideologiekritischer Funktion eine Hermeneutik des Verdachts an die Seite zu stellen.

Es legt sich aus mehrfachem Grund nahe, diese beiden Hinsichten auf Gadamer – die rezeptionsgeschichtliche und die kritische – eng zusammen zu halten: (1) Die Weise, wie Heideggers und vor allem Gadamers Hermeneutik seitens der evangelischen wie der katholischen Theologie rezipiert wurde, hat nicht nur immensen Einfluss auf das Selbstverständnis von Theologie ausüben können, sondern gehört selber in den Duktus der geschichtlichen Dynamik der hermeneutischen Frage hinein. (2) Die lebhafte Rezeption von Heidegger und Gadamer seitens der Theologie ist nicht zuletzt ursächlich bedingt durch ebenjene Züge dieser Hermeneutik, die sich philosophisch als kritikbedürftig herausstellen. Sobald wir diesen Zusammenhang etwas in den Blick bekommen haben, kann ich (3) die Notwendigkeit der kritischen Ergänzung wie der Korrektur an konkreten theologischen Beispielen vorführen; das macht die Sache weit durchsichtiger als eine nur systematische Herleitung.

2.6 Hermeneutik und Theologie

Konfessionelle Differenz. Auf den ersten Blick scheinen sich eigene Überlegungen unter dem vorstehenden Titel schlicht als überflüssig auszunehmen. Wozu über das Verhältnis von „Hermeneutik und Theologie" eigens Worte verlieren, wo doch der Anstoß zur modernen Hermeneutik und selbst ihre Grundlegung sich der Substanz nach aus theologischen Wurzeln speisen? Bemerkenswertes bleibt gleichwohl zu notieren, und dies wiederum muss in konfessioneller Differenz geschehen. Auf protestantischer Seite kam es nämlich zu einer lebhaften und mehrschichtigen Heidegger-Rezeption. Die katholische Theologie öffnete sich erst Jahrzehnte später einer Hermeneutik-Diskussion. Deren epochale Umstände konnten dabei gar nicht anders, als daraus eine ausgesprochen unkritische Gadamer-Rezeption werden zu lassen. Nehmen wir beide Vorgänge in näheren Augenschein[38]:

(a) Protestantische Theologie. Ich habe es bislang nicht eigens herausgestellt, aber vermutlich ist es von selbst aufgefallen: Bei der Mehrheit der für das Aufkommen der neuzeitlichen Hermeneutik relevanten Autoren handelte es sich der Herkunft nach um protestantische Theologen. Trotzdem taucht Hermeneutik als systematisches Thema der Theologie im strengen Sinn sehr spät auf. Verlässliche Anzeigen für das Fehlen oder Aufkommen eines bestimmten Problembewusstseins bieten zumeist einschlägige Lexika. Das evangelische Standardwerk des 20. Jahrhunderts heißt *Religion in Geschichte und Gegenwart*. In seiner ersten Auflage von 1910 und der zweiten Auflage 1928 taucht das Stichwort „Hermeneutik" überhaupt nicht auf. Die dritte von 1959 bietet einen umfänglichen Beitrag, der es zu einer eigenen Wirkungsgeschichte brachte.[39] Dieser Artikel stammt von Gerhard Ebeling. Durch ihn ist erst eigentlich so richtig bekannt geworden, dass einige Zeit nach Erscheinen von Heideggers *Sein und Zeit* in der protestantischen Theologie eine ganz eigene Richtung entstanden war, für die sich der Name „Die neue Hermeneutik" einbürgerte. Selbstbewusst – aber zu Recht – nimmt dieser Titel die vorausgehende Hermeneutikdiskussion als eigene Vorgeschichte in Anspruch.

„Neue Hermeneutik". Am Ursprung der „Neuen Hermeneutik" steht der Lehrer Ebelings, Rudolf Bultmann. Bultmann griff als erster Theologe wichtige Überlegungen Schleiermachers, Diltheys und besonders Heideggers zur Hermeneutik auf und leitete daraus das

[38] Vgl. zum Folgenden auch GIBELLINI, Rosino: Handbuch der Theologie im 20. Jahrhundert. Regensburg 1995. 55-77.

[39] Vgl. EBELING, Gerhard: Art. Hermeneutik. In: Religion in Geschichte und Gegenwart II. 3. Aufl. Tübingen 1959. Sp. 242-262.

theologisch-exegetische Konzept einer existenzialen Hermeneutik ab. Es wird bis heute unter dem nicht sonderlich glücklichen Namen „Entmythologisierungsprogramm" diskutiert.[40] Den Ausgangspunkt von Bultmanns Überlegungen bildet die Zirkelstruktur des Verstehensvorgangs, wie sie schon Schleiermacher und Dilthey, dann aber besonders Heidegger herausgearbeitet hatten. Bultmann hält es aber für notwendig, das im Zirkel wirksame und alles Verstehen erst ermöglichende Vorverständnis genauer zu bestimmen. Vorverständnis basiert ja auf einer je schon gegebenen Gemeinsamkeit zwischen Ausleger und Auszulegendem. Schleiermacher und Dilthey hatten diese Gemeinsamkeit auf der Subjektebene des Autors eines Werkes wie seines Interpreten festgemacht: Das eine Mal kommt der divinatorische Akt für die Gemeinsamkeit auf, das andere Mal die allgemeine Menschennatur, kraft deren im Autor wie im Interpreten sich dasselbe geistige Leben vollzieht, also der Geist des Auslegenden im Auszulegenden nicht auf Fremdes stößt, sondern gleichsam sich selbst begegnet.

Lebensinteresse. Genau an dieser Perspektivierung des Verstehens auf die Subjektebene nun nimmt Bultmann eine kritische Präzisierung vor, zu deren begrifflicher Klärung er auf Heideggers Terminologie auf §§ 31-32 aus *Sein und Zeit* zurückgreift: Man kann, sagt sich Bultmann, natürlich einen Text im Sinne Schleiermachers und Diltheys lesen und ihn so als Lebensäußerung eines anderen Geistes oder als Ausdruck des Lebensgefühls einer bestimmten Epoche verstehen. Man kann aber das Interesse auch ganz und gar der in diesem Text verhandelten Sache widmen. Ein Text mit Ausführungen über mathematische Erkenntnisse etwa lässt sich (1) lesen, um mit mathematischen Problemen und ihrer Lösung vertraut zu werden. Freilich lässt er sich (b) auch so lesen, dass ich ihn zum Beleg des mathematischen Niveaus einer längst vergangenen Epoche oder der jugendlichen Genialität eines bestimmten Mathematikers heranziehe. Dann ist der Text nicht mehr geschichtliches Medium für eine bestimmte Sache, sondern selbst Objekt geschichtlicher Betrachtung geworden. Beide Perspektiven bringen ein Vorverständnis ins Spiel. Sie unterscheiden sich durch die Fragestellung, mit der jemand an den Text herangeht, durch das „Woraufhin" der Interpretation. Aber würde ich mich für das Niveau der Mathematik in einer bestimmten Epoche oder die Biographie eines Mathematikers wirklich interessieren, wenn dahinter nicht zuvor schon das Interesse an der Mathematik wirksam wäre? In diesem Sinn schreibt Bultmann der auf die Sache orientierten Fragestellung einen Vorrang zu:

[40] Vgl. zum Folgenden BULTMANN, Rudolf: Das Problem der Hermeneutik. In: DERS.: Glauben und Verstehen. Bd. 2. 6. Aufl. unv. Nachdr. der 5. Aufl. Tübingen 1993. 211-235.

„Die Fragestellung aber erwächst aus einem Interesse, das im Leben des Fragenden begründet ist, und es ist die Voraussetzung aller verstehenden Interpretation, daß dieses Interesse auch in irgendeiner Weise in den zu interpretierenden Texten lebendig ist und die Kommunikation zwischen Text und Ausleger stiftet. [Daraus folgt kritisch gegen Schleiermacher und Dilthey; K. M.]
Statt der Reflexion auf die Individualität von Autor und Ausleger, auf ihre Seelenvorgänge und auf die Genialität oder Kongenialität des Auslegers bedarf es der Besinnung auf die einfache Tatsache, daß Voraussetzung des Verstehens das Lebensverhältnis des Interpreten zur Sache ist, die im Text – direkt oder indirekt – zu Worte kommt."[41]

Bultmann macht also das Verstehen nicht mehr an der Universalität der Vernunft und auch nicht an der gemeinsamen Menschennatur fest, sondern am Interesse an derselben Sache. In der Begegnung mit einem Text, der mit mir ein solches gemeinsames Interesse teilt, kann mein Vorverständnis – mein „Lebensverhältnis" –, geklärt oder überhaupt erst zu Bewusstsein gebracht werden, wenn es etwa noch ganz naiv und ungeklärt war; oder es kann vertieft und korrigiert werden. Diese Sachperspektive darf man freilich nicht objektivistisch missverstehen. Erst in der Begegnung mit philosophischen, religiösen oder literarischen Texten kommt in seiner eigentlichen Dimension zur Geltung, was mit „Interesse" gemeint ist. Wenn ich etwa einen Roman lese, tue ich das ja nicht nur mit Neugier auf das, was als Geschehen erzählt wird, sondern mit persönlicher Anteilnahme. Das Werk ergreift mich. Das ist auch der Grund, warum wir literarische Klassiker oder etwa Gedichte häufig nicht nur einmal, sondern mehrfach oder – im Fall unserer Lieblingswerke – immer wieder lesen. An ihrer Wirkung auf uns ist uns gelegen – und nicht an Informationen über etwas oder gar am vermutlichen Seelenzustand des Autors zur Abfassungszeit. Das bringt Bultmann auf den formalen Nenner: Die Werke echter Dichtung

„[...] erschließen solchem teilnehmenden Verstehen das menschliche Sein in seinen Möglichkeiten als den eigenen Möglichkeiten des Verstehenden."[42]

Ebendies charakterisiert für Bultmann auch philosophische und religiöse Texte einschließlich der Bibel. Sie vermögen das – so Bultmann –, weil gerade sie mehr als alle anderen Texte um „[...] die Frage nach dem menschlichen als dem eigenen Sein"[43] kreisen. Solches Fragen kann auch zumindest nachträglich vom Glauben an die Offenbarung Gottes her als „Gottesfrage" bezeichnet werden. Gefragt wird nach Glück, Heil und Sinn des je eigenen Lebens wie der Geschichte. Das ist die „Sache" dieser Texte. Habe ich ein Lebensverhältnis zu dieser durch sie zur Sprache gebrachten „Sache" – und wäre es überhaupt möglich, keines zum eigenen Sein zu haben –, so stellen mir solche Texte eine Frage. Auf diesen ihren Anspruch zu hören, darin geschieht

41 BULTMANN: Problem der Hermeneutik (Anm. 40). 217.
42 BULTMANN: Problem der Hermeneutik (Anm. 40). 221.
43 BULTMANN: Problem der Hermeneutik (Anm. 40). 228.

Verstehen. Indem ich von meinem Existenzverständnis her die Texte befrage, stellen sie mir Fragen – oder auch: stellen sie mich in Frage. Dieses hermeneutische Hin und Her wechselseitiger Befragung kann dabei durchaus unreflektiert geschehen. Man braucht nicht Existenzialanalytiker oder Hermeneutiker zu sein, um etwa von einem Gedicht oder einer Bibelstelle existenziell getroffen oder verändert zu werden.

Existenzverständnis „Eigentlichkeit". Solche reflexive Ausdrücklichkeit muss aber gegeben sein, wenn es etwa um das Geschäft der Theologie geht, wenn also die Begegnung mit einem Text zu wissenschaftlich gesicherter Auslegung führen soll. Auch hier bleibt die Grundnorm allen Verstehens – das Lebensverhältnis zur Sache – in Geltung. Wenn es sich bei diesem Gemeinsamen um die Möglichkeiten menschlichen Seins, um das eigentliche Verfasstsein des Menschen handelt, dann muss dem biblischen Text mit einer angemessen ausgearbeiteten Frage des Menschen nach sich selbst begegnet werden. Denn nur dann kann er seinerseits fragend angemessen jenen Anspruch an mich stellen, der in ihm aufbewahrt liegt. Die wissenschaftliche Auslegung der Schrift

> „[...] findet ihr Woraufhin in der Frage nach dem in der Schrift zum Ausdruck kommenden Verständnis der menschlichen Existenz."[44]

Freigesetzt werden kann dieser Anspruch der Schrift nur im Horizont eines angemessenen Begriffs menschlichen Daseins. Bultmann sah einen solchen mit der heideggerschen Existenzialanalyse und ihrem Ziel, die Eigentlichkeit des Daseins sichtbar zu machen, gegeben.

Heidegger selbst ist nach Auskunft Hans-Georg Gadamers über Bultmanns Rekurs auf seine Fassung der Verstehensproblematik alles andere als glücklich gewesen. Aber auch von außen gesehen lassen sich mindestens zwei prinzipielle Anfragen an Bultmann richten. (a) Wodurch ist die so ungeheuer enge Verknüpfung einer bestimmten philosophischen Konzeption mit den Grundlagenproblemen der Auslegung gerechtfertigt? Es geht dabei nicht um die Zirkelstruktur des Verstehens und die Bedeutsamkeit des Vorverständnisses; beides darf als philosophisch gesichert gelten – und auch Bultmanns diesbezügliche kritische Differenzierung zwischen „Lebensäußerung" und „Sache" verdient festgehalten zu werden. Problematisch ist nur der Rekurs auf eine bestimmte Form von Daseinsanalytik. Es gab damals – zu Bultmanns Zeiten – und gibt erst recht heute ganz andere Weisen philosophischer Beschreibung menschlichen Selbstverständnisses – und möglicherweise auch solche, die der heideggerschen überlegen sind. Und (b): Ebenso wenig ist ausgemacht, dass sich die „Sache", die die biblischen Texte mit ihren Interpreten teilen, auf die Eigentlichkeit menschlichen Seins in seinen Möglichkeiten beschränken lässt. Könnte es nicht auch sein, dass durch den Anspruch biblischer Texte Möglichkeiten vorgezeichnet werden, die sich existenzialanalytisch nicht

[44] BULTMANN: Problem der Hermeneutik (Anm. 40). 232.

haben vorweg erschließen lassen und die möglicherweise die erschlossenen durchkreuzen? Das zentrale Thema, an dem diese Problematik (bis heute) immer wieder aufbricht, sind natürlich Tod und Auferstehung Jesu.

Kritische Anfragen. Schärfer als alle anderen hat Karl Barth diesbezüglich Anfragen an Bultmann gerichtet. Die umfängliche Fortschreibung der durch Bultmann begründeten „Neuen Hermeneutik" durch seine beiden Schüler Ernst Fuchs und Gerhard Ebeling in den folgenden Jahrzehnten leistete weniger eine Fortführung der ihr zugrunde liegenden philosophischen Diskussion. Vielmehr diente sie primär dem Versuch, die Spannung innerhalb der evangelischen Theologie zu beherrschen, die durch diese Konfrontation zwischen Bultmann und Barth aufgebrochen war. Zugespitzt kann man sagen: Für Barth war Hermeneutik kein sonderliches Problem: Von sich aus verstehen kann der Mensch die Schrift als Wort Gottes sowieso nicht; also kann man ihm ohnehin nur gehorchen oder es verwerfen. Umgekehrt stand Bultmann in der Gefahr, die historische Dimension der biblischen Überlieferung im Horizont seiner existenzialen Auslegung zum Verschwinden zu bringen. Das ist auch der heiße Kern der ganzen Entmythologisierungsdebatte: Für Bultmann hatte sich durch seine wichtige Unterscheidung zwischen dem Text als individueller Lebensäußerung bzw. Lebensgefühl und Medium einer gemeinsamen Sache systematisch eine ganz neue Möglichkeit eröffnet: Er konnte an ein und demselben Text kraft dieser Differenz nun auch voneinander abheben, worum es diesem Text der Sache nach geht und in welcher Form diese Sache – z.B. zeit- und kulturbedingt – zur Sprache gebracht wird. Auf diese Weise können Überlieferungen, die zum Selbst- und Weltverständnis der Gegenwart querstehen, auf ihren existenzialen Sinn befragt, hinsichtlich dessen auch bewahrt, hinsichtlich ihrer Darstellungsform aber abgestoßen – eben: „entmythologisiert" – werden; und darunter fällt gerade im Neuen Testament nicht wenig: Wundererzählungen, Auftritte von Engeln und Dämonen, Vorstellungen von einem stockwerkartig gegliederten Kosmos – aber auch die Auferstehung Jesu. In ihrem Zusammenhang fiel auch jener Satz, der Bultmanns Gegner regelrecht auf die Palme brachte: „Jesus ist ins Kerygma hinein auferstanden."[45] Formal gewendet: Alles Historische am Jesus-Geschehen ist im Letzten belanglos. Entscheidend ist die Botschaft (das „Kerygma") als der Reflex dessen, was Jesus in Menschen ausgelöst hat, die in ihm die Antwort auf die Frage nach der Eigentlichkeit ihres Daseins fanden. (Was natürlich auch bedeutet: Das Kerygma selbst steht nicht im Neuen Testament; wir finden es nur zwischen den Zeilen, mit deren Worten das Beantwortetsein der existenzialen Grundfrage zum Ausdruck gebracht wird.)

45 Vgl. BULTMANN, Rudolf: Das Verhältnis der urchristlichen Christusbotschaft zum historischen Jesus. 4. Aufl. Heidelberg. 1965. 27.

Diese Entmythologisierungsdebatte ist auch auf die katholische Theologie übergesprungen und hat mit großer Sicherheit erheblichen Einfluss auf den Verlauf der Auseinandersetzung mit der hermeneutischen Frage im katholischen Raum genommen. In welchem Sinn dies geschah, lässt sich nur verstehen, wenn man sich kurz die Voraussetzungen klarmacht, unter denen die katholische Hermeneutikdiskussion geführt werden musste.

(b) Katholische Theologie. Bereits vorhin habe ich darauf aufmerksam gemacht, dass es sich bei den meisten der Autoren, die ich im Zusammenhang der neuzeitlichen Hermeneutik genannt habe, um protestantische Theologen handelt, und nach Schleiermacher wussten sich die nicht-theologischen, also dezidiert philosophischen Hermeneutiker wenn überhaupt einem christlichen Traditionsstrang, dann dem protestantischen nahe. Warum tauchen nicht auch einschlägige katholische Autoren auf? Das hat wesentlich damit zu tun, dass es von Anfang an einen weitreichenden katholischen Boykott gegen neuzeitliches Denken gab – und ich muss im Grunde sagen: gibt. Und Hermeneutik im modernen Sinn war ja – wie geschildert – Resultat der Wende zur Neuzeit.

Sensibilität und Defizit. Das heißt nicht, dass es katholischerseits keinerlei hermeneutische Besinnungen gegeben hätte. Die vielen – wenn auch meist überaus problematischen – Bemerkungen zur Bibelauslegung, die im „Enchiridion Biblicum“ festgehalten sind, die Entscheidungen der Bibelkommission – meist gegen historisch-kritische Thesen gerichtet –, die bis ins 20. Jahrhundert den katholischen Exegeten das Leben schwermachten und sie bei manchen Themen den evangelischen Kollegen zweihundert Jahre nachhinken ließen, erst recht die dogmatische Konstitution *Dei Filius* des I. Vaticanum, die großen Bibelenzykliken *Providentissimus Deus* Leos XIII., *Spiritus Paraclitus* Benedikts XV. und *Divino afflante Spiritu* Pius' XII., durch die für katholische Theologen – 270 Jahre nach Spinoza – die historisch-kritische Methode lehramtlich freigegeben wurde, schließlich die Konstitution *Dei Verbum* des II. Vatikanischen Konzils und neuestens ein Dokument der Päpstlichen Bibelkommission mit dem Titel *Die Interpretation der Bibel in der Kirche* von 1993 legen Zeugnis ab für katholisches Problembewusstsein in Sachen Hermeneutik – übrigens tun das auch hier die Unterschiede zwischen den verschiedenen Auflagen des Standard-Nachschlagewerks: Die erste Auflage des *Lexikon für Theologie und Kirche*, erschienen 1930-1938 enthält zwar einen Artikel über „Biblische Hermeneutik“ mit einer kurzen Bestandsaufnahme zu Auslegungsregeln, nicht aber das Stichwort „Hermeneutik“. In der zweiten Auflage von 1957-1963 taucht das Lemma dann auf, aber mit ganzen sieben Zeilen. Die dritte Auflage von 1993ff. hält die Sache eines mehrteiligen Artikels in etlichen Spalten für wert. Trotzdem bleibt zu konstatieren: Auch durch das II. Vaticanum und in der Zeit nach diesem Konzil ist aus diesen Ansätzen kein kohärentes Projekt einer katholisch-theologischen Hermeneutik geworden, das mit den entsprechenden Bemühungen im protestantischen Bereich vergleichbar wäre. Das hat natürlich seine Gründe:

„Aggiornamento“. Die Atmosphäre, die durch das Konzil innerkirchlich Platz greifen konnte, charakterisiert man gern mit dem Titel „aggiornamento“ – wörtlich übersetzt „Verheutigung“. Gemeint ist nichts Geringeres als die ernsthafte und mutige Bereitschaft des Katholizismus, mit der modernen Welt in einen gewiss kritischen, aber produktiven Dialog zu treten. Das schloss natürlich besondere Hinwendung auch zu zeitgenössischer Philosophie ein. In diesem Zusammenhang ereignete sich auch ein höchst brisanter und – ich wage zu behaupten – folgenreicher Brückenschlag zur zeitgenössischen philosophischen Hermeneutik: 1960, also unmittelbar vor Konzilsbeginn, erschien Hans-Georg Gadamers *Wahrheit und Methode*. Bereits 1964 – also verblüffend schnell für katholische Verhältnisse – zitiert der erste Theologe aus diesem Buch. Es war der deutsche Neutestamentler Rudolf Schnackenburg.[46] Aber er verweist nicht auf Gadamers Konzept generell und auch nicht auf einen der bereits genannten fünf Grundbegriffe, an denen dieses Konzept hängt. Sondern Schnackenburg verweist auf eine Passage, in der Gadamer eine beeindruckende Rehabilitierung der Begriffe „Autorität“ und „Tradition“ vornimmt. Man kann Schnackenburg gut verstehen: Mitten in der heißesten Umbruchsphase der Theologie seit mehr als hundert Jahren arbeitet ein zeitgenössischer, nicht-katholischer Philosoph die Bedeutung dessen heraus, was für katholische Theologie seit je und bis heute so etwas wie das faktische Rückgrat bildet. Ein Zweites tritt dem an die Seite: Rechnet man zum Erscheinungstermin für eine breitere Rezeption etwa eine Zeit von acht bis zehn Jahren hinzu, dann muss man sich die verblüffende Situation vorstellen, dass katholische Theologen ziemlich genau zeitgleich zum Ausbruch der 68er-Revolten – „unter den Talaren Muff von 1000 Jahren“ – in *Wahrheit und Methode* eine von außen kommende Verteidigung dessen zu lesen bekommen, was sie so hochhalten, aber eben kulturell aufs Höchste gefährdet sehen. Insofern kann eigentlich kaum überraschen, dass der gebürtige Protestant und spätere erklärte Agnostiker Gadamer zu einer Art katholischen Hausphilosophen avancierte.

Gadamers Attraktivität. Dass Gadamer die Begriffe der Autorität und Tradition verteidigte, hat mit seinem Konzept von Verstehen zu tun, wie ich bereits erläutert habe. Die Art, wie er dieses

[46] Vgl. SCHNACKENBURG, Rudolf: Zur Auslegung der Schrift in unserer Zeit. In: Bibel und Leben 5 (1964). 220-236.

Plädoyer führt, macht ihn meiner Überzeugung nach für katholische Theologie so attraktiv. Man muss sich nur nochmals einige Spitzensätze der einschlägigen Passagen in Erinnerung rufen. Schon im Vorwort merkt Gadamer an, es gehe weder um ein System von Auslegungsregeln noch um eine Grundlegung der Geisteswissenschaften, sondern:

> „Mein eigentlicher Anspruch aber war und ist ein philosophischer: Nicht was wir tun, nicht, was wir tun sollten, sondern was über unser Wollen und Tun hinaus mit uns geschieht, steht in Frage."[47]

Anders gewendet: Gadamers Hermeneutik reduziert die Bedeutung der Subjekt-Instanz im Verstehensprozess im Grunde auf ein Randphänomen. Und das konnte der katholischen Tradition mit ihren Abwehrkämpfen gegen den Subjektgedanken seit Anbruch der Neuzeit nur gelegen kommen: Wenn die „Selbstbesinnung des Individuums [...] [tatsächlich nur; K. M.] ein Flackern im geschlossenen Stromkreis des geschichtlichen Lebens" darstellt[48], dann bekommt die katholische Theologie ein gewichtiges Alibi in die Hand, sich den schwierigen Herausforderungen einer nachzuholenden Moderne-Diskussion erst gar nicht mehr zu stellen. Daher gibt es heute die verblüffende Koalition so genannter progressiver und so genannter konservativer katholischer Theologen mit postmodernen Autoren im Abschiedsgesang auf den Subjektgedanken. Ich halte Gadamer bezüglich dieser Entwicklung philosophisch für eine Art Avantgardist und gleichzeitig für das entscheidende Verbindungsglied zur Theologie. (↸ Bd. 1, Kap. 5.3)

Ich hatte eine solche doch eigentlich mehr als wünschenswerte Aufnahme eines Dialoges zwischen Theologie und zeitgenössischer Philosophie vorausgehend dennoch als folgenreich bezeichnet – und zwar deswegen, weil die Orientierung an Gadamer nicht nur den Nutzen hermeneutischer Klärungen und den Effekt einer fundamentalen Subjektkritik, sondern gleichermaßen erhebliche Kosten einträgt. Um welche Kosten es sich dabei handelt und wie diese vermieden werden können, ist in einem nächsten Schritt zu prüfen. Methodisch soll das so geschehen, dass ich zunächst den Ursprung des Defizits an Gadamers Konzept kurz markiere und es dann um der Konkretheit willen wieder direkt theologisch illustriere. Für die Korrektur des Defizits berufe ich mich auf diejenigen Kritiker Gadamers, die mit ihren eigenen einschlägigen Konzeptionen den Fortgang der geschichtlichen Dynamik der hermeneutischen Frage getragen haben.

[47] GADAMER, Hans-Georg: Hermeneutik II. Wahrheit und Methode. Ergänzungen und Register. 2. Aufl. Tübingen 1993. 438.

[48] Vgl. GADAMER: Hermeneutik I (Anm. 34). 281.

3. Verdacht – Dekonstruktion – Rekonfiguration

Gadamer hatte die Scheidung wahrer von falschen Vorurteilen der Instanz des Zeitenabstands zugeschrieben. Die nachweisbare Tatsache großräumiger Durchsetzung falscher Vorurteile im Verlauf der Wirkungsgeschichte überführt diese Lösung aber eines unberechtigten Geschichtsoptimismus. Dass sich hermeneutische Vorurteile solchermaßen offenkundig nicht automatisch kraft ihres Wahrheitsgehaltes durchsetzen, verrät, dass – zumindest auch – andere Kräfte bei der Konstitution und Etablierung von Vorurteilen mitwirken, Kräfte, die nicht unbedingt der Wahrheit verpflichtet sind. Solche Kräfte nennt man am besten zunächst einmal sehr neutral: Interessen. Geltungsansprüche, die als Wahrheit auftreten, in Wirklichkeit aber Funktionen von Interessen sind, heißen Ideologien. Von daher leuchtet von selbst ein, dass Hermeneutik im gadamerschen Sinn grundsätzlich einer Ergänzung durch Ideologiekritik bedarf. Denn diese eröffnet wenigstens prinzipiell die Möglichkeit, mit der Tatsache umzugehen, dass Traditionen im Gang der Wirkungsgeschichte nicht unbeschädigt weitergegeben, gegebenenfalls bewusst verzerrt worden sind; letzterer Fall ließe sich auch als ein Umkippen von Autorität in eine autoritäre Einstellung beschreiben.

3.1 Hermeneutik und Ideologiekritik

Verdeckte Interessen. Einer, der sehr bald nach dem Erscheinen von *Wahrheit und Methode* auf diese eklatante Schwäche von Gadamers Hermeneutik verwies und darum als Gegengewicht zu dessen Hermeneutik des Einverständnisses eine Hermeneutik des Verdachts einklagte, war Jürgen Habermas. Methodisch schien ihm dafür eine Ideologiekritik geeignet, die sich am Modell der Psychoanalyse orientierte, die also verdrängte Motive und Antriebe hinter dem Umgang mit Traditionen aufdecken sollte. Wie sich Habermas diese kritische Differenzierung des hermeneutischen Geschäfts näherhin dachte, wird gleich noch zur Sprache kommen. Zuvor muss ich einfügen, dass es neuerdings Stimmen gibt, die Habermas' Kritik im Wesentlichen als Resultat eines Missverständnisses interpretieren und damit natürlich weitgehend relativieren. Habermas habe – wohl verführt durch provozierende Formulierungen Gadamers – dessen Rehabilitierung von Autorität: als Frontalangriff auf die Aufklärung gelesen. Der Gang der Debatte zwischen Hermeneutik und Ideologiekritik, eine differenziertere Lektüre von *Wahrheit und Methode* sowie spätere Ergänzungstexte hätten aber offengelegt, dass Gadamer von vornherein vorausgesetzt habe,

„daß Autorität, um als legitim zu gelten, auf einem Akt der Anerkennung und insofern auf einer Handlung der Vernunft beruhen muß.“[1]

Das mag sich durchaus so verhalten. Trotzdem muss an dieser Stelle gegen Gadamers Bestimmung von Autorität und Tradition einer seiner eigenen hermeneutischen Grundbegriffe kritisch ins Spiel gebracht werden: derjenige der Wirkungsgeschichte. Denn auch die Möglichkeit und das Faktum der Missverstehbarkeit gehört diesem Grundbegriff gemäß in die Bedeutung eines Sachverhalts und seiner sprachlichen Artikulation hinein. Ungleich schwerer aber wiegt noch eine andere Seite der Wirkungsgeschichte. Gerade im Bereich der intensivsten Rezeption von Gadamers Traditions- und Autoritätsbegriffs, also innerhalb der katholischen Theologie, hat sich das Problem der Legitimation von Autorität und der kritischen Rezeption von Traditionen nie wirklich und umfassend zur Geltung gebracht. Das bedeutet: Gerade im Horizont der Theologie stellt sich das Problem einer ideologiekritischen Ergänzung von Hermeneutik nach wie vor und in aller Schärfe. Wie diese auszusehen hätte, wird am besten klar werden, wenn wir uns zunächst wenigstens ein paar Beispiele beschädigter oder verzerrter theologischer Traditionen vor Augen bringen:

Beispiel (1): Judentum-Christentum. Das Problem einer adäquaten Bestimmung des Verhältnisses zwischen Judentum und Christentum. Ich erinnere nur an zwei besonders krasse Fälle von nahezu bis heute ungebrochener Verzerrung:

- Vor allem seit der einschlägigen Untersuchung Joachim Jeremias' von 1966[2] gilt unter Theologen als Common Sense, dass Jesu Gebetsanrede „Abba“ nicht nur dem Wort, sondern auch der Sache nach etwas Neues und Unerhörtes gewesen sei und von ihr aus die christliche Gotteslehre und dann auch die Christologie zu formulieren sei. Dabei gibt es im Alten Testament (z.B. Sir 51,10) und vor allem in außerkanonischen Schriften des Frühjudentum eine ganze Reihe von Zeugnissen für die Gottesanrede „(Mein) Vater“. Doch die christliche „'Abba'-Ideologie“[3] hält sich bis heute.

- In Röm 11,29 sagt Paulus ausdrücklich, dass auch nach dem Kommen der Kirche Israel im nie gekündigten Gottesbund bewahrt bleibt: „Denn unwiderruflich sind Gnade und Berufung, die Gott gewährt.“ Und trotzdem läuft seit mehr als eineinhalb Jahrtausenden so etwas wie eine Substitutionstheorie um, dass in der Heilsgeschichte die Kirche an die Stelle Israels getreten sei. Ungeniert wird die Kirche „Das neue Volk Gottes genannt“, als ob es ein solches überhaupt geben

1 GRONDIN, Jean: Einführung in die philosophische Hermeneutik. Darmstadt 1991. 168.

2 Vgl. JEREMIAS, Joachim: Abba. Studien zur neutestamentlichen Theologie und Zeitgeschichte. Göttingen 1966. 15-67.

3 ZENGER, Erich: Das erste Testament. Die jüdische Bibel und die Christen. Düsseldorf 1991. 34.

könne, wenn doch das ursprünglich so bezeichnete Volk trotz aller Pogrome und Vernichtungswellen immer noch da ist.

- Eine andere Ideologie, die folgenreich als falsches Vorurteil bei vielen Theologen und Christen im Schwange steht, nenne ich bloß noch: Die Behauptung, der Gott des Alten Testaments sei der Gott des Gerichts und des Zornes, der Gott des Neuen Testaments dagegen der Gott der Liebe. Allein ein bisschen mehr aufmerksame Schriftlesung würde in Fällen wie diesen Abhilfe schaffen: An zahllosen Stellen redet das „Alte Testament“ vom liebenden Gott, wie umgekehrt im „Neuen Testament“ stellen begegnen, die in einer Schärfe und Härte Gott als Richtenden verkünden, die die einschlägigen Passagen des Alten Testaments bei weitem überbieten.

Ob solche Fehlleistungen nur Produkt theologischer Bequemlichkeit oder Schlampigkeit sind? Ihre Stabilität über so lange Zeit hin – bis heute – lässt ziemlich umstandslos an Absicht, an Interesse denken, an christliches Interesse, seine eigene Sache zur Geltung zu bringen – und sei es auf Kosten der eigenen Wurzeln, die im Judentum liegen. Eine ideologiekritische Bereinigung der diesbezüglichen hermeneutischen Vorurteile, der für jede Theologie, gerade auch die praktische Theologie in Gestalt der Verkündigung allergrößte Relevanz zukommt, kann wohl nur durch den systematischen Einbezug der jüdischen Exegese geschehen.

Beispiel (2): Frauen in der Schriftauslegung. Es gibt in der Christentumsgeschichte neben den Juden noch einen Bereich, der gerade mit dem Instrumentar ideologischer Schriftauslegung an den Rand gedrängt, durch falsche hermeneutische Vorurteile zum Verstummen gebracht wurde: Das waren und sind bis heute die Frauen. Der große Unterschied: Im diesem Fall gibt es bereits ein ziemlich differenziertes Instrumentar der Ideologiekritik – das ist die Feministische Theologie. Diese seit einigen Jahrzehnten sich in großer thematischer Bandbreite entfaltende Bewegung hatte sich von Anfang an in der kritischen Revision gängiger Schriftauslegung bezüglich ihrer Behandlung von und ihren Folgen für Frauen einen Schwerpunkt gesetzt. Im ersten Aufschwung der Bewegung wurden manche Kinder gleich mit dem Bade ausgeschüttet – aber wen wollte dies nach einer 19 Jahrhunderte lang dauernden Marginalisierungsgeschichte auch überraschen! Wiederum nenne ich nur wenige, aber besonders einschlägige theologische Fälle, wo Hermeneutik einer Ergänzung durch Ideologiekritik bedarf:

Das gilt auf fundamentale Weise vom biblisch-chistlichen Gottesbild. Zwar weiß seit Johannes Paul I. eine größere kirchliche Öffentlichkeit, dass man – mit Blick auf Jes 66,13 – Gott, der gewöhnlich

„Vater“ heißt, auch „Mutter“ nennen darf.[4] Unvergleichlich weniger herumgesprochen hat sich auch unter Theologen bis heute, dass die trinitarische Rede, die im Deutschen und Lateinischen vollständig, im Griechischen vorwiegend männlich geprägt ist, biblisch so etwas wie eine mitwandernde weibliche Seite hat. Die kommt dadurch zustande, dass alttestamentlich ein wichtiges Synonym für Gott, besser eine seiner Manifestationsweisen „Schekinah“ heißt, Herrlichkeit, bei Johannes später spielt das eine große Rolle; für Geist – das ist bekannter – steht das Femininum „Ruach“, die Geistin, die über der Urflut des Schöpfungsmorgens wie eine Glucke brütet; und dann tritt da auch noch die „Chokma“ auf, die eigenartig präexistente Gestalt der Weisheit Gottes (Spr 8,22-31):

> „[...] als er die Fundamente der Erde abmaß, da war ich als geliebtes Kind bei ihm. Ich war seine Freude Tag für Tag und spielte vor ihm allezeit. Ich spielte auf dem Erdenrund, und meine Freude war es, bei den Menschen zu sein.“

Und prompt begegnet uns die „Chokma“, griechisch „Sophia“, neutestamentlich wieder als eine der ältesten Christusprädikationen der Urgemeinde:

> „Und doch hat die Weisheit durch alle ihre Kinder recht bekommen.“ (Lk 7,35)
>
> „Deshalb hat auch die Weisheit Gottes gesagt: Ich werde Propheten und Apostel zu ihnen senden, und sie werden einige von ihnen töten und andere verfolgen [...].“ (Lk 11,49)

In der Wahrnehmung solcher faszinierender Züge am biblischen Gottesbild waren die Künstler den Theologenköpfen immer schon weit voraus: Gegen Ende des 14. Jahrhunderts hat ein Künstler in der Kirche von Urschalling im Chiemgau die Trinität mit einer Geistfigur in Gestalt einer jungen Frau gemalt – „Ruach“.[5] Und man denke an das ungleich bekanntere Deckenfresko in der Sixtina, wo uns Michelangelo im Arm des Schöpfergottes eine bezaubernde junge Dame zeigt, die „Chokma“, deren Freude es einmal sein wird, bei den Menschen zu sein. – Es geht mit all dem keineswegs um die Proklamation einer Gegen-Trinität oder um eine These im Gefolge des Schlachtrufs amerikanischer Feministinnen „Oh God, She is black!“ Wohl aber bewahren uns solche Wahrnehmungen, wenn wir sie denn auch ernstnehmen, davor, von Gott in zu kleinen Bildern zu denken. Solche Traditionen spielen uns genuin biblische Mittel gegen die „Petrifizierung“ unseres trinitarischen Bekenntnisses zu (und die haben wir fürwahr nötig). Steht doch unser Reden vom Vater, Sohn und Hl. Geist durch Glätte und Gewohnheit seines Gebrauchs beständig in der Gefahr, in

[4] Vgl. dazu aber die Differenz zwischen Bild und Titel Gottes, die Benedikt XVI. zieht in: DERS.: Jesus von Nazareth. Erster Teil von der Taufe im Jordan bis zur Verklärung. Freiburg; Basel; Wien 2007. 174.

[5] Vgl. SUDBRACK, Josef: Der göttliche Abgrund. Bilder vom dreifaltigen Leben Gottes. Würzburg 1991. 22-24.

einen häretischen – und selbstverständlich maskulinen! – Tritheismus abzustürzen.

Als zweiten Fall für die Notwendigkeit von Ideologiekritik nenne ich in diesem Zusammenhang noch die semantische Marginalisierung der Frauen in der Schriftauslegung. Die konnte und kann ganz subtile Formen haben dadurch, dass z.B. überall dort, wo von „Brüdern", „Heiligen" oder „Mitbürgern" die Rede ist, diese Titel inklusiv verstanden werden, also der Bedeutung nach als „Brüder und Schwestern", als „Mitbürgerinnen und Mitbürger" usw., während alle Amtsbezeichnungen wie „Episkopus", Bischof, „Presbyter" oder „Diakon" exklusiv, also die Frauen ausschließend gelesen werden. Das läuft dann so, dass z.B. im Fall des Stephanus der Titel „diakonos" selbstverständlich mit „Diakon" wiedergegeben wird, im Fall der Phöbe von Röm 16,1 jedoch als „Dienerin der Gemeinde von Kenchreä"; so in der Einheitsübersetzung.

Weitaus handgreiflicher wird das ideologisch gefällige hermeneutische Vorurteil in Röm 16,7 hergestellt: „Grüßt Andronikus und Junias, die zu meinem Volk gehören und mit mir zusammen im Gefängnis waren; sie sind angesehene Apostel und haben sich schon vor mir zu Christus bekannt", schreibt Paulus da laut Einheitsübersetzung. Nur: einen Junias hat es nie gegeben. Es handelt sich um eine Junia „apostolae", eine Apostelin; aber weil nicht sein kann, was nicht sein darf, hat man – allerdings erst – ab dem 13. Jahrhundert ihren Namen in Junias verfälscht. Nebenher bemerkt: Ein Thomas von Aquin etwa hatte mit dem Ausdruck „Apostelin" keinerlei Probleme: Er nennt Maria von Magdala aufgrund ihrer Funktion in der Ostergeschichte von Joh 20 geradewegs „Apostolorum Apostola"[6] – „Apostelin der Apostel" –, weil sie ja den Aposteln Kunde bringt vom leeren Grab und erst auf ihr Wort hin Petrus und Johannes jenen berühmten Wettlauf zum Grab unternehmen.

Damit habe ich nur eine kleine Zahl von theologischen Traditionen namhaft gemacht, bei denen ein wenig näherem Zusehen spontan die Notwendigkeit einer ideologiekritischen Differenzierung im hermeneutischen Prozess einleuchtet. Vergegenwärtigen wir uns vor diesem Hintergrund jetzt auch systematisch, was Ideologiekritik im Zusammenhang der Hermeneutik eigentlich will und ist:

Leistung der Ideologiekritik. Im Zentrum ihres Interesses steht die angemessene Bestimmung des Verhältnisses von Tradition und Vernunft.[7] Habermas hatte von Anfang an den Eindruck gewonnen, Gadamer habe die Tradition gleichsam als etwas Naturwüchsiges, als etwas dem Auslegenden von vornherein Überlegenes in Geltung gesetzt. Dem hält er aber entgegen, dass bei jeder Aneignung von

[6] THOMAS VON AQUIN: In Ioh. cXX, l. III, VI.

[7] Vgl. zum Folgenden HABERMAS, Jürgen: Zu Gadamers „Wahrheit und Methode". In: APEL, Karl-Otto (Hg.): Hermeneutik und Ideologiekritik. Frankfurt a.M. 47-56.

Tradition notwendig Reflexion ins Spiel komme – und die breche diesen Vorrang der Überlieferung. Aneignung von Tradition geschehe ja immer als Applikation, d.h. als Umsetzung von Überkommenem in neue Situationen und Kontexte. Ebendies setze Klugheit voraus, und methodisch ausgeprägte Klugheit, wie sie in den hermeneutischen Wissenschaften gepflegt werde, verleihe der Vernunft gegenüber der Tradition ein größeres Eigengewicht, als Gadamer ihr zuerkennen wolle. Zwar sei Verstehen durch die von Gadamer herausgearbeitete Vorurteilsstruktur bestimmt. Aber die Aufdeckung dieser Struktur impliziere notwendig mehr als die Rehabilitierung des Vorurteils als solchen. Es ist ja als solches durchsichtig geworden und verlange demgemäß nach Reflexion, die nicht nur zu seiner Anerkennung, sondern genauso zu seiner Abweisung führen könne:

> „Autorität und Erkenntnis konvergieren nicht. Gewiß ist Erkenntnis in faktischer Überlieferung verwurzelt; sie bleibt an kontingente Bedingungen gebunden. Aber Reflexion arbeitet sich an der Faktizität der überlieferten Normen nicht spurlos ab. Sie ist zur Nachträglichkeit verurteilt, aber im Rückblick entfaltet sie rückwirkende Kraft. Wir können uns auf die verinnerlichten Normen erst zurückbeugen, nachdem wir unter äußerlich imponierter Gewalt zunächst blind ihnen zu folgen gelernt haben.“[8]

Diese Leistung der reflexiven Vernunft – und damit die Aufklärung – aufgegeben zu haben, lautet Habermas’ Hauptvorwurf an Gadamers Adresse. Reflexion schrumpfe bei ihm auf das schiere Bewusstsein zusammen, einem Geschehen ausgeliefert zu seinem – dem des Stromes der Sprache und der Überlieferung –, innerhalb dessen sich epochal ändere, was als vernünftig gelte. Gleichzeitig fallen in der soeben zitierten Passage zwei Stichworte, die zum einen das entscheidende Ziel der Ideologiekritik, zum anderen ihre methodische Ausrichtung angeben. Das erste dieser beiden Stichworte hieß „Gewalt“. Was hat Gewalt mit Hermeneutik zu tun? Sehr viel: Denn Sprache dient nicht nur einfach dem Gespräch, der Information oder der Bezeichnung. Vielmehr ist sie in allen ihren Funktionen auch von gesellschaftlichen Faktoren abhängig. Über bestimmte Dinge darf man nur so und so und nicht anders reden. Andere Dinge darf man überhaupt nicht sagen. Tut man es trotzdem, wird man dafür bestraft (etwa im Fall bestimmter symbolischer Bezeichnungsgebräuche im Straßenverkehr). Formal gewendet: In Sprache und Sprachgebrauch gehen auch soziale Macht und Gewalt ein. Wird Sprache einfach gesprochen oder werden Traditionen einfach anerkannt, so geschieht damit zugleich Legitimation der Macht- und Gewaltstrukturen, die sich in der betreffenden Sprache abgelagert haben. Ähnlich wie die Gewalt wirkt auch die gesellschaftliche Arbeit in die Sprache hinein. Es ist bekannt, dass Änderungen im praktischen Handeln, z.B. bei der Produktion von Gütern, zu Veränderungen der Weise führen, wie Menschen von ihrer Welt sprechen. Da es der Hermeneutik doch aber um wirkliche Kom-

[8] HABERMAS: Zu Gadamer (Anm. 7). 50.

munikation, um wirkliches Verstehen und gelingende Verständigung geht, muss sie gerade um ihrer selbst willen das Anliegen der Ideologiekritik in sich aufnehmen, die alle diese die Sprache mitprägenden Faktoren aufdeckt, um ihnen gegebenenfalls zu widerstehen.

Orientierung an Psychoanalyse. Mit dem soeben von mir gebrauchten Ausdruck „aufdecken" haben wir bereits den Zusammenhang erreicht, in den uns das zweite Stichwort aus der Habermas-Passage von vorhin einweist. Es geht um die methodische Orientierung der Ideologiekritik. Habermas hatte von der kritischen Aufdeckung verinnerlichter Normen gesprochen. „Verinnerlichen" – auch „Aufdeckung" natürlich – ist ein typischer Term der Psychoanalyse. Dieser geht es – so kurz wie möglich gesagt – darum, verborgene Antriebe ans Licht zu heben, die abgedrängt wurden und sich dann in seelischen Störungen, also Neurosen äußern. Verdrängungen selbst sind nichts anderes als abgebrochene Reifungsprozesse. Psychoanalyse sucht diese Prozesse therapeutisch wieder in Gang zu bringen, weiterzuführen und vielleicht sogar zu vollenden. Insofern verfolgt sie ein emanzipatorisches Ziel. Nach diesem Modell konzipiert Habermas die Ideologiekritik. Unter metaphorischem Gebrauch psychoanalytischer Termini entwirft er das Programm einer Gesellschaft, deren emanzipatorischer Charakter in der herrschaftsfreien Kommunikation, also Verständigung ihrer Glieder greifbar wird.

Kritische Replik. Gadamer hat auf die kritischen Anfragen an sein Konzept, besonders diejenigen Habermas', mehrfach und ausführlich geantwortet.[9] Die methodische Orientierung an der Psychoanalyse hat er dabei durchaus als hilfreich anerkannt, in dieser erklärenden Funktion allerdings zugleich auch eingeschränkt – und zwar mit überzeugenden Gründen. In einer Therapie – so Gadamer – gibt es einen Patienten und einen kompetenten Arzt. Beide treten nach genau geregelten Rollen in ein Verhältnis zueinander. Und dieses therapeutische Verhältnis besteht nur während der Therapie-Sitzungen. Es wäre eine Unverschämtheit und führte vermutlich zu umgehendem Abbruch der Beziehung, wenn sich die beiden auf einer Party träfen und der Therapeut würde sofort wieder mit dem Analysieren anfangen – oder der Klient behelligte den Therapeuten umgehend mit seinen jüngsten Träumen. Genau diese wohlbestimmte Umgrenztheit – so Gadamer – fehlt bei der Übertragung dieses Modells auf die Gesellschaft in ideologiekritischer Absicht. Denn dabei müssen ja bestimmte Glieder oder ganze Gruppen der Gesellschaft für therapiebedürftig erklärt werden. Ihnen muss unterstellt werden, durch Herrschaftsstrukturen oder Produktionseinflüsse in Verblendungszusammenhängen befangen zu sein. Aber wenn sie selbst das gar nicht so empfin-

[9] Vgl. zum Folgenden GADAMER, Hans-Georg: Hermeneutik II. Wahrheit und Methode. Ergänzungen und Register. 2. Aufl. Tübingen 1993. 232-275.

den? Wer darf sie dann zu Patienten erklären und sie therapieren. Wo liegt die Grenze, an der ein solches Verfahren seinerseits in Gewaltausübung umkippt (nach dem Motto: „Und willst du nicht erlöset sein, dann schlag' ich dir den Schädel ein")?

> „Gegenüber welcher Selbstinterpretation des gesellschaftlichen Bewußtseins – und alle Sitte ist eine solche – ist das Hinterfragen und Hintergehen am Platze, etwa im revolutionären Veränderungswillen, und gegenüber welcher nicht?"[10],

fragt Gadamer. Habermas' gesellschaftskritische Totalisierung des psychoanalytischen Modells kann darauf keine Antwort mehr geben. Der Hermeneutik im gadamerschen Sinn stellt sich dieses Problem überhaupt nicht. Sie denkt Verständigtsein und – praktisch gewendet – gesellschaftliche Solidarität unter der Voraussetzung, dass man immer mit der Möglichkeit rechnen müsse, dass der andere (individuell gesehen) oder dass – gesellschaftlich – die anderen Recht haben könnten. In der durchschnittlichen hermeneutischen Praxis erweist sich eine solche prinzipielle Pluralität ohne Zweifel als Stärke. Im Kontext letzter Fragen wie etwa derjenigen der Theologie wird sie freilich ihrerseits nochmals zu einem Problem. (→ Bd. 2, Teil A, Kap. 3.1) Dessen ungeachtet bleibt der von dieser Pluralität des Vernunftgebrauchs her gewonnene Einwand gegen eine Überdehnung des psychoanalytischen Modells bei Habermas gültig. Es dürfte auch kein Zufall sein, dass Habermas nach den beiden einschlägigsten Repliken Gadamers in dieser Sache die methodische Orientierung der kritischen Sozialwissenschaft am Paradigma der Psychoanalyse erkennbar zurückzustufen begann.[11]

Hermeneutik und Psychologie. Ganz unabhängig von dieser wissenschaftstheoretischen Funktion hat der Einbezug von Psychologie als solcher in die Hermeneutik innerhalb dieser aber auch noch eine ganz eigene Wirkungsgeschichte ausgelöst, eine zumal, der gerade theologisch eine ausgesprochen komplexe Relevanz eignet. Durch Habermas' Gadamer-Kritik ist ja erstmals der Blick dafür geschärft worden, dass Psychologie hermeneutisch auch noch auf ganz andere Weise zur Geltung kommen kann als in derjenigen, die schon Schleiermacher unter dem Titel der Divination herausgearbeitet hatte – und zwar deswegen, weil es sich bei der Psychologie und speziell bei der Psychoanalyse selbst um ein ausgesprochen hermeneutisches Verfahren handelt. Inwiefern Hermeneutik um ihrer selbst willen auf eine Ergänzung um bestimmte psychologische Dimensionen angewiesen ist, lässt sich wiederum besonders gut im Medium theologischer Problemvorgaben herausarbeiten.

Seinen Ausgang nimmt dieser Zusammenhang von Hermeneutik und Psychologie im modernen, also im Wesentlichen auf Sigmund

[10] GADAMER: Hermeneutik II (Anm. 9). 269.
[11] Vgl. GRONDIN: Einführung (Anm. 1). 169.

Freud zurückgehenden Sinn, bei der Entdeckung, dass nicht nur bewusste Weichenstellungen unser Vorverständnis in der Auslegung einer Überlieferung bestimmen, sondern mindestens ebenso sehr und oft weit mehr noch unsere psychische Verfasstheit, also Faktoren, die uns zum Gutteil gar nicht bewusst sind. Freud sprach von „Es", „Ich" und „Überich". Er meinte damit: Es gibt Motive und Antriebe, die wir uns nicht eingestehen, für die wir uns geradezu schämen – und die doch und eben gerade deswegen auf uns Einfluss ausüben. Sie werden ein Stück weit abgedrängt – und melden darum umso gebieterischer ihre Ansprüche an, z.B. in Ticks oder darin, dass ich dauernd unkontrolliert Dinge tue, die ich gar nicht tun möchte. „Wo Es war, soll Ich werden"[12], formulierte Freud sein therapeutisches Programm gegen solche Entfremdungen. Ähnlich sah er die Notwendigkeit, Ansprüche des Überichs, also verinnerlichte Normsetzungen anderer, besonders der Eltern, kritisch einzuholen und zu relativieren und so selbst in erster Person ein normatives Profil zu entwickeln, also das zu formulieren und für das einzustehen, woran ich mich in meinem Verhalten binde. (↸ Bd. 1, Kap. 9.4)

Beide Instanzen – die Überich-Funktionen nicht anders als Es-Bestände aus der Sphäre des Unbewussten – sowie außerdem sozial- und entwicklungspsychologische Determinanten bestimmen darüber mit, wie wir etwas verstehen. Kein Akt der Verkündigung z.B. bleibt von der inneren Biographie der oder des Predigenden unberührt: In der Predigt bekämpft jemand, was sie oder ihn irgendwann – möglicherweise bis zum Trauma hin – verletzt hat, und sie geben mit Emphase weiter, was ihnen wichtig geworden ist. Und gar nicht so selten passiert, dass jemand in öffentlicher Rede unter Chiffren, religiösen oder moralischen, eigene unaufgearbeitete Konflikte und Ressentiments verhandelt.

Damit habe ich die Psychologie in theologischem Zusammenhang auf eine Weise thematisiert, die gegen einen heute ganz anders verlaufenden Trend ausdrücklich zur Geltung gebracht werden muss. Bekannt ist: Psychologische Bibelinterpretation hat seit einiger Zeit Konjunktur wie noch niemals vorher. Populärpsychologen und -theologen bringen es zuweilen zu Bestsellern – an die Folgen solcher Elaborate für die Allgemeinbildung in Sachen christlicher Tradition denkt man besser nicht. Was gerade solche populistischen Schriftdeutungen über alle Unterschiede des Niveaus und des Interesses hinweg verbindet, ist dies, dass sie biblische Gestalten psychologisch analysieren: Solche bisweilen ans Peinliche rührende Indiskretheit zögert nicht, etwa dem Jakob anlässlich seines Ringkampfes am Jabbok einen Ödipuskomplex zu verpassen – nach Bedarf aber auch der guten Sara.

12 FREUD, Sigmund: Neue Folge der Vorlesungen zur Einführung in die Psychoanalyse. In: DERS.: Vorlesungen zur Einführung in die Psychoanalyse und Neue Folge. 9., korr. Aufl. Frankfurt a.M. 1980. 447-608. Hier 516.

„Folk Psychology". Gegen diese und ähnliche Zumutungen ist zunächst festzuhalten, dass sich Psychologie in Bezug auf Schriftauslegung zuerst mit der Psyche des Auslegenden, des Hörers oder Lesers zu befassen hat. Solche Bemühungen gehören in den größeren Rahmen der „folk psychology", die sich mit den Alltagstheorien des Menschen befasst. Praktisch gewendet: Es ist theologisch höchst aufschlussreich zuzuhören, wie Menschen etwa die Bibel auslegen, um daraus zu lernen, unter welchen psychischen Voraussetzungen das Wort Gottes zum Verstehen kommt oder nicht kommt bzw. von Verkündigenden zu Verstehen gebracht oder eben nicht gebracht werden kann. Solche Feldforschung im Rahmen biblischen Geschichtenerzählens in Kinder- und Jugendgruppen, im Unterricht, in der Bibelarbeit mit Erwachsenen oder auch im katholisch leider so wenig gepflegten Predigtgespräch ist eine erste und erstrangige Quelle hermeneutisch relevanter psychologischer Einsichten. Die in der Literaturwissenschaft entwickelte Rezeptionsästhetik hat darüber belehrt, dass Texte, als gehörte und verstandene immer so etwas wie Aktualisierungen bzw. Realisationen durch aktive konkrete Subjekte sind. D.h.: Der Leser oder Hörer schafft im Akt seiner Kenntnisnahme eines Textes in Abhängigkeit vom Geflecht seines bereits bestehenden Weltwissens und von begrifflichen Strukturen – den so genannten „Skripts" – die Bedeutung des Textes sozusagen neu, für sich. Dass einige Psychologen diese Verstehensvoraussetzungen „Netzwerk" nennen, mag spontan an die schon erläuterte Hermeneutik der Verstrickung von Schapp erinnern (→ Bd. 2, Teil B, Kap. 2.5): Indem sich meine Geschichten mit der gehörten Geschichte verweben, indem gleichsam Elemente der einen in die Leerstellen der anderen einhaken, erschließt sich mir die neue Geschichte durch die schon meinigen und modifizieren sich meine durch die neue usw. Die Art, wie das geschieht, bildet sich ab in der Weise, wie Menschen eben z.B. biblische Geschichten sich auslegen. Und dies aufmerksam beobachten heißt: Etwas von den psychischen Bestandteilen der Hermeneutik begreifen.

Referenztheorien. Psychologischen Einsichten, die sich daraus ergeben, kommt natürlich sehr zustatten, wenn sie wenigstens in gewissem Umfang auf psychologische Referenztheorien bezogen werden, d.h. konkret: wenn Beobachtungen aus subjektiven Schriftauslegungen ins Verhältnis zu Grundkenntnissen etwa der Entwicklungspsychologie gesetzt werden können.

Neben der Entwicklungspsychologie ist wenigstens noch ein weiterer Sektor der Seelenkunde von unmittelbarem theologischen Belang: die Psychopathologie. Obwohl diese Disziplin schon psychologieintern große Probleme macht, weil es oft ungeheuer schwierig ist, abzugrenzen, was „normal" und was „krank" ist, begegnen gerade im Umgang mit der Bibel gar nicht so selten Menschen, die – vorsichtig gesagt – seelisch angeschlagen sind. Trotz aller Sorgfalt wird es immer Leute geben, die für sich die Offenbarung des Johannes als Tatsachenreport auslegen. Und andere, denen durch individualbiographisch und – leider gar nicht so selten – durch ekklesiogen bedingte Neurosen die Frohbotschaft zur Drohbotschaft geworden ist. Ihr Zentrum haben die Auslöser solcher Verwerfungen nach wie vor in der Sexualmoral. Ps 139 „Herr, du erforschest und du kennst mich, ob ich sitze oder stehe, du weißt von mir. Von ferne erkennst du meine Gedanken" – ein Trostwort, das so viel Weh in einer Menschenseele besänftigen kann, dass es einer wieder aushält mit sich für eine Zeit. Einen Jugendlichen, der sich – etwas ängstlich von Wesen – schon länger in einem mehr oder weniger zwanghaften Abwehrkampf gegen erotische Fantasien und ihre masturbatorische Abfuhr befindet, kann das gleiche Wort in den Abgrund des Selbstekels stürzen. Und bei allernächster Gelegenheit wird er diesem Schnüffler- und Polizistengott hassvoll den Laufpass geben. Ein elementares Basiswissen um diese Möglichkeiten macht unser theologisches Sprechen behutsamer. Und nicht zuletzt, sondern zuerst, haben wir mit dem, was wir in der beschriebenen Weise aus dem hermeneutischen Umgang von Menschen mit der Bibel zu lernen haben, bei uns selbst zu rechnen – einschließlich möglicher Pathologien und Neurosen, zumal ekklesiogener.

Historische Psychologie. Das ist aber noch nicht alles, was in der psychologischen Dimension der Hermeneutik berücksichtigt werden muss. Sämtliche der heute umlaufenden psychologischen Bibelinterpretationen operieren bezüglich biblischer Texte mit psychologischen Kategorien wie „bewusst-unbewusst", „Leib-Seele", „innen-außen", „Identität", „Person" usw. Sie setzen beim Gebrauch dieser Ausdrücke wie selbstverständlich diejenigen Bedeutungen voraus, die wir heute mit diesen Termen verbinden. Genau diese Selbstverständlichkeit aber muss bezweifelt werden.

Das tut an erster Stelle die so genannte „Historische Psychologie". Bedeuten die Ausdrücke für Seelisch-Personales in der Bibel das Gleiche, was sie für uns heute meinen? Ist, was biblische Autoren oder Gestalten als Erleben schildern, identisch mit unserem Erleben unter gleichen Außenbedingungen? Es gibt eine solche Menge von Indizien dafür, dass das nicht der Fall ist, dass die historische Psychologie von der Grundthese ausgeht, dass man mit keiner zu allen Zeiten mehr oder weniger gleichartigen Anthropologie inklusive Psychologie rechnen darf. Um der diese These belegenden Differenzen ansichtig zu werden, muss methodisch so vorgegangen werden: Es ist

> „[…] zu fragen nach all den Selbstverständlichkeiten, die wir voraussetzen, die aber in den […] [biblischen; K. M.] Texten fehlen. Jeder Text ist daher

so zu befragen: Was fehlt gegenüber unserer ‚normalen' Erfahrung? Was ist offenkundig anders gegenüber dem, wie wir es sagen würden?"[13]

Eine spannende Durchführung dieses Programms hat der evangelische Exeget Klaus Berger vorgelegt. Mit Bezug auf ihn möchte ich ein paar paradigmatische Fälle so verstandener historischer Psychologie vorführen:

Beispiel (1): bewusst – unbewusst. Die Differenz „bewusst-unbewusst" gehört heute zum allgemeinen Bildungsgut und Sprachschatz. Kennen sie biblische Autoren auch? Gerd Theißen möchte sie in der biblischen Rede vom „Herz" wiederfinden. Dagegen spricht, dass „Herz" biblisch die vergangenen Taten eines Menschen oder das meint, was andere nicht wissen, weil es Gedanken sind, die ihnen verborgen bleiben. Nirgends deutet „Herz" auf etwas, das dem Besitzer dieses „Herzens" verborgen wäre.

„Es steht [...] für die Summe der mit einer Person verbundenen Unsichtbaren, nicht für Stockwerke in der Seele."[14]

Im Übrigen muss beachtet werden, dass die gesamte Antike menschliches Seelenleben nicht mit Bewusstheit verbindet, sodass das Korrelat „unbewusst" gar nicht ins Spiel kommen kann.

Beispiel (2): Identität. Wir fassen einen Menschen als Person, Subjekt und Individuum auf (ohne meist auf die tiefgreifenden Differenzen zwischen diesen Termen zu achten), jedenfalls als etwas klar Umgrenztes. Für das Neue Testament ist das nicht so; es kennt auch keinen definierten Personbegriff. Man achte nur einmal darauf, wie fraglos nach dem Zeugnis der Evangelien Johannes der Täufer für den wiedergekommenen Elija, Jesus wiederum für den wiedergekommenen Täufer oder Elija oder einen anderen der Propheten gehalten werden kann (vgl. Mk 8,27-28 parr.). Die in seiner Kraft oder Macht sich manifestierende Substanz eines Menschen kann geschichtsimmanent wandern.

„Gerade eine absolut wichtige Person ist nicht sie selbst (aber auch nicht Gott), sondern ein anderer wichtiger Mensch der Vergangenheit [...]. Je wichtiger [...] [einer; K. M.] ist, um so intensiver wird er als ein anderer erfahren, und zwar als einer, in dem die Substanz einer vergangenen prophetischen Figur lebendig ist."[15]

Für uns heute drückt sich Bedeutsamkeit genau umgekehrt durch biographische Singularität aus.

Beispiel (3): Leib. Wenn wir heute – zumal theologisch – von „Leib" sprechen, impliziert das im Regelfall eine Differenz „Leib-

[13] BERGER, Klaus: Historische Psychologie des Neuen Testaments. 2. Aufl. Stuttgart 1991. 24. – Vgl. jüngst auch THEIẞEN, Gerd: Erleben und Verhalten der ersten Christen. Eine Psychologie des Urchristentums. Gütersloh 2007.

[14] BERGER: Psychologie (Anm. 13). 39.

[15] BERGER: Psychologie (Anm. 13). 51.

Seele". Und wenn einer die Sache anthropologisch noch etwas vertiefen will, sagt er dazu, dass der Menschen keinen Leib habe, sondern Leib sei. Beide Doppelkategorien aber sind dem Neuen Testament vollständig fremd. „Leib" meint hier vielmehr das ganz und gar weltabhängige Beziehungsgeflecht, in dem der wohnt, dessen Handeln mit dem Instrument dieser Beziehungen erfolgt. Beziehungen und Handeln erfolgen nach Regeln. Darum hat Leiblichkeit konstitutiv mit Ordnung zu tun. Und Heil hat eine leibliche Dimension: Es besteht darin, dass der nominelle Besitzer eines Leibes den Hl. Geist willentlich als Mitbewohner seines Leibes akzeptiert, als das Gesamt seines Beziehungsgeflechts bestimmend.

> „Mein Leib ist ganz und gar Ausgerichtetsein-auf. Er ist die Richtung, in der ich auf etwas hin lebe, wem ich auch zur Verfügung stehe. Wie ein Schwamm, der aufnimmt, wohinein man ihn legt. So wird der Leib erfüllt durch das, worauf man ihn richtet"[16],

schreibt Berger. Völlige Ausrichtung des Leibes in diesem Sinn auf Gott, Erfüllung der Beziehungsverhältnisse meiner Existenz durch ihn bedeutet darum „leiblich unverlierbar werden", also „Auferstehung" – eine Wirklichkeit, die kraft ihrer Beziehungsdimension sensuell bleibt, ohne einerseits im Sinnlichen aufzugehen noch andererseits das Sinnliche zu spiritualisieren.

Beispiel (4): Faktum. Selbst ein scheinbar so trivialer Vorgang wie das Wahrnehmen von Fakten wird konstitutiv von historisch-psycho-logischen Faktoren mitbestimmt. Zur Zeit des Neuen Testaments heißt „höchster oder einziger Machtträger sein" soviel wie: Unumschränkt alles können, was in diesen Machtbereich fällt. Darum konnten von römischen Kaisern ernsthaft Wundertaten erzählt werden. Weil die Taten nur Zeichen für das sind, was sozusagen in ihm steckt, liegt die Schwelle zwischen Tunkönnen und Getanhaben – anders als für uns heute – sehr tief. Das ist übrigens die entscheidende hermeneutische Maxime für den Umgang mit Wunderperikopen. Nicht das Faktum der Wundertat ist neutestamentlich das Wichtige, sondern das Charisma, das Wunderbare des Täters. Vergleichbares gilt im Übrigen für das Problem der Visionen, speziell für die Ostererscheinungen. Visionen sind metaphernnahe, extreme Erfahrungskonzentrate auf Sinnenbasis, die ein nicht primär rational-abstraktiv geprägtes Wahrnehmen als solche rezipiert, unserem durchschnittlichen Wahrnehmen nur in einem Nacheinander zugänglich sind. Unter der Voraussetzung, dass – wiederum anders als für uns Kleinfamilienabkömmlinge heute – neutestamentlich „Tod" nicht als Verabsentierung empfunden wurde, werden die Ostererscheinungen begreiflich als geballte Zusammenfassungen dessen, was Jesus bedeutet. Folglich haben sie sozusagen „sachlich" gerade sein Sterben und Gerettetwer-

[16] BERGER: Psychologie (Anm. 13). 92. Vgl. auch Theißen (Anm. 13). 49-109.

den in Gott hinein (die „Erhöhung“) zum „heißen Kern“, der sich als erlösendes „Mit-Sein“ und „Bleiben bei den Seinen“ visionär überträgt.

Das waren jetzt nur einige wenige Beispiele dafür, warum eine kritische Hermeneutik neben einer synchronen psychologischen Dimension auch eine diachrone in Gestalt historischer Psychologie einschließen muss. Mit ihnen beende ich auch die Erwägungen, die sich an Habermas' Rekurs auf die Psychoanalyse gegenüber Gadamers Hermeneutik anschlossen.

Versuchte retractatio. So ersichtlich sich Habermas von den Einsprüchen Gadamers in dieser Sache beeindrucken ließ, so sehr hat umgekehrt Gadamer aus Habermas' Kritik an seinem ungebrochenen Vertrauen auf Tradition, wie es *Wahrheit und Methode* zweifellos dokumentiert, Konsequenzen gezogen. In Nachträgen zu seinem Hauptwerk hat er klarzumachen versucht, dass es ihm absolut nicht darum zu tun ist, die Einsichten der Aufklärung abzustoßen und dass er den hermeneutischen Wahrheitsgewinn keineswegs als frontales Gegenmodell zu demjenigen verstanden wissen will, der aus methodischen Operationen hervorgeht. Intensiv suchte Gadamer herauszuarbeiten, dass seine Hermeneutik von Wesen ein kritisches Reflexionswissen impliziert. Obwohl sie das ohne Zweifel tut, erreicht sie darin aber nicht das Maß, das nötig wäre, um zu begründen, dass wirkliche Autorität tatsächlich im Letzten nicht verliehen, sondern erworben ist und darum auf Anerkennung seitens anderer Anspruch erheben kann. Solche Anerkennung – so Gadamer – sei ein Akt einer Vernunft, die ihrer Endlichkeit inne wird und darum anderen eine Überlegenheit zutraut. Aber wie soll das genügen? Selbst in den Nachträgen heißt es:

> „Zugegeben, daß Autorität in unzähligen Formen von Herrschaftsordnungen dogmatische Gewalt ausübt, von der Ordnung der Erziehung über die Befehlsordnung von Heer und Verwaltung bis zu der Machthierarchie politischer Gewalten oder von Heilsträgern. Aber dies Bild des der Autorität erwiesenen Gehorsams kann niemals zeigen, warum das alles Ordnungen sind, und nicht die Unordnung handfester Gewaltausübung. Es scheint mir zwingend, wenn ich für die wirklichen Autoritätsverhältnisse Anerkennung bestimmend finde [...]. Was aber soll dogmatische Anerkennung sein, wenn nicht dies, daß der Autorität eine Überlegenheit an Erkenntnis zugebilligt wird und daß man deshalb glaubt, daß sie recht hat. Nur darauf ‚beruht' sie. Sie herrscht also, weil sie ‚frei' anerkannt wird. Es ist kein blinder Gehorsam, der auf sie hört.“[17]

Es wird kaum Zufall sein, dass in dieser Passage die beiden Worte „beruht“ und „frei“ in Anführungszeichen gesetzt sind. So werden in der Regel Ausdrücke gekennzeichnet, die im gegebenen Zusammenhang nicht für das aufzukommen vermögen, wofür sie ihrer gewöhnlichen Bedeutung nach stehen. Systematisch gewendet: Habermas' Frage an das Traditions- und Autoritätsverständnis Gadamers bleibt

[17] GADAMER: Hermeneutik II (Anm. 9). 244.

im Recht. Die herangezogenen theologischen Beispiele sprechen diesbezüglich eine unzweideutige Sprache.

Hermeneutik und Postmoderne. Jenseits dieser ideologiekritischen Anfrage an eine Hermeneutik aus der Vernunftform des Vernehmens kommt es aber noch zu einer ganz anderen Problematisierung der gadamerschen Hermeneutik, die eine gewisse Schnittmenge an Motiven mit dieser teilt, dann aber durch die Aufladung aus ganz anderen Ressourcen zu einem Kontrastprogramm zu Gadamer wird. Aus Gründen der partiellen Gemeinsamkeit ist es Gadamer auch nie gelungen, der einschlägigen Kritik in harten Argumenten Paroli zu bieten: Es handelt sich um die Konfrontation mit der so genannten postmodernen Hermeneutik. In wiederum kritischen Bezug auch auf diese muss dann auch von derjenigen Hermeneutik der Gegenwart die Rede sein, die eigentlich als die große Alternative zu Gadamer gelten muss, ohne dass sie in dieser Rolle wirklich präsent, zumal binnentheologisch, präsent wäre.

3.2 Konstruktivität und Dekonstruktion

Wider die „Einheit“. Man kann in letzter Verknappung, aber nicht unzutreffend das, was gemeinhin unter dem so gängigen wie unscharfen Titel der „Postmoderne“ firmiert, als einen praktischen Paradigmenwechsel beschreiben, der gegen alle ontologischen, d.h. klassifizierenden, verfügenden Denkformen auf eine grundsätzliche Pluralität und Mehrdimensionalität in allem zu Verstehenden zielt. (⇖ Bd. 1, Kap. 5.4)

> „Primärer Gegenstand der kritischen Auflösung sind Einheit und Identität.“[18]

Das gilt natürlich auch für dieses Paradigma selbst, sodass es sich wegen der Zurückweisung alles Methodischen, Metareflexiven und Systematischen nur schwer fassen lässt. Als *der* Repräsentant dieser Form von Hermeneutik schlechthin gilt J. Derrida mit seiner Praxis der Dekonstruktion. Allerdings muss dazu gesagt werden, dass in die Dekonstruktion Elemente eingehen, die auch schon zuvor und anderswo im Gang des hermeneutischen Denkens bedeutsam waren: So hat der Gedanke der Pluralität von Deutungen etc. seine Parallele in dem, was P. Ricœur in einem Buchtitel *Konflikt der Interpretationen*[19] genannt hatte. Genauso hängt die Dekonstruktion mit der vorhin beschriebenen ideologiekritischen Verdachtshermeneutik zusammen. Und obwohl Dekonstruktion stark davon geprägt ist, wie die Hermeneutik des Vernehmens von Vorgegebenen auszugehen, um dann an diesem selbst Spuren des Ungesagten und Verborgenen aufzusuchen, geht in sie doch ein manifester Zug von Konstruktivität ein, der seinerseits bei Nietzsche bereits in einem Generalverdacht gegen alle Wahrheits- und Wirklichkeitsansprüche wurzelt. (⇖ Bd. 1, Kap. 1.2, 2.5, 3.1 u. 7.7) Mir scheint für eine Orientierung in dieser komplexen Gemengelage hilfreich, zunächst einen Blick auf die unmittelbaren Auftrittsbedingungen der Hermeneutik der Dekonstruktion und auf diese selbst zu werfen, dann die Kontrastposition Ricœurs einzuspielen und von dorther dann Programme postmoderner Theologie in Blick zu nehmen und auf ihre philosophische Tragfähigkeit zu prüfen.

Feindbild Identitätsphilosophie. Ein Gutteil der heute unter dem Titel „postmodern“ zusammengefassten philosophischen Konzeptionen entsteht letztlich dadurch, dass ab Ende der 60er, Anfang der 70er Jahre im frankophonen Raum indirekt die Schlachten von anno dazumal nochmals geschlagen werden. Der Wendung weg vom Allgemeinen und Absoluten hin zum Konkreten, wie sie in der Phänomenologie und der Existenzphilosophie geschah, wird vorgehal-

[18] ANGEHRN, Emil: Interpretation und Dekonstruktion. Untersuchungen zur Hermeneutik. Weilerswist 2003. 246.

[19] RICŒUR, Paul: Der Konflikt der Interpretationen. Aus d. Franz. übersetzt. Erschienen in 2 Bänden. München 1974.

ten, der Sache nach dennoch ein heimlicher Hegelianismus zu bleiben, vor allem Sartre verfiel dieser Kritik. Dialektik, wie sie bei ihm und in seinem Umkreis gefasst sei, repräsentiere immer noch Geschichts-, ja sogar Identitätsphilosophie.

Strukturalismus. Dem wird – wie eine Epoche zuvor, also typischerweise – eine radikalisierte Fassung sprach- und gesellschaftsgeleiteten Denkens entgegengestellt. Das ist zum einen die strukturalistische Auffassung von Sprache, wie sie der Schweizer Linguist Ferdinand de Saussure begründet hat, zum anderen die strukturale Anthropologie Claude Levi-Strauss'. Bei Letzterer handelt es sich um die Übertragung der Methode der Strukturanalyse von der Linguistik auf die Ethnologie (später wurden auch andere Geisteswissenschaften in diesen Prozess einbezogen). Linguistisch bedeutet Strukturalismus: Sprache ist ein Zeichensystem, das aus Beziehungen und damit Differenzen zwischen seinen einzelnen Elementen aufgebaut ist (nur was verschieden ist von anderem, kann zu anderem in Beziehung treten). Das einzelne Zeichen wird zu dem, was es an sich ist, durch seine Differenzen im Vergleich zu anderen Zeichen. Aktuiert wird dieses System im konkreten Sprachgebrauch, der seinerseits nur dadurch funktioniert, dass er den Gesetzen des Systems folgt.

Levi-Strauss hat diese Überlegung in die Ethnologie übertragen, d.h. er hat das soziale Profil menschlichen Daseins ebenfalls als ein System aus Differenzen und Beziehungen beschrieben. Genauer noch gesagt: Er hat das Verwandtschaftssystem einer Gesellschaft als eine Art Sprache verstanden, wobei diese jedoch unbewusst bleibe. Gesellschaftliche Phänomene werden von diesen differentiellen Mechanismen gesteuert, d.h. natürlich: So etwas wie Geschichte im durchschnittlichen Verständnis gibt es überhaupt nicht. An diesem Gedanken festzuhalten, sei nur der Versuch, die Illusion namens „Freiheit" zu retten. Das Ziel der Wissenschaften vom Menschen bestehe darum auch nicht darin, ihn zu konstituieren, sondern – so wörtlich – ihn „aufzulösen".[20] Insgesamt werde dadurch eine Zurücknahme dieser Wissenschaften in eine holistische Perspektive möglich, um – so nochmals wörtlich –

> „die Kultur in die Natur und schließlich das Leben in die Ganzheit seiner physikochemischen Bedingungen zu reintegrieren."[21]

Hier begegnet wieder eine jener verblüffenden Gemeinsamkeiten zwischen den auf den ersten Blick so verschiedenen Strängen der Philosophie des 20. Jahrhunderts, sofern ja die ganzen Naturalisierungsprogramme innerhalb der Philosophie aus der Vernunftform der Wissenschaft, wie sie unter der Ägide der frühen Sprachanalyse entwickelt (→ Bd. 2, Teil A, Kap. 2.1 u. 2.2) vom gleichen Motiv dirigiert werden.

20 LEVI-STRAUSS, Claude: Das wilde Denken. Frankfurt a.M. 1968. 284.
21 LEVI-STRAUSS: Denken (Anm. 20). 284.

Zielscheibe „Subjekt". Das alles geht natürlich nicht einfach nur gegen die Präsenz hegelianisierender Operationen in Sartres Konzeption, mit der sich Levi-Strauss konkret auseinandersetzt, sondern generell gegen die abendländische Subjektphilosophie überhaupt und gegen die von ihr dem Bewusstsein zugeschriebenen Rang. Wenn dagegen anonyme, unbewusste Strukturen das Formgebende menschlichen Daseins sind, dann ist klar, dass – wie Levi-Strauss in einem anderen Werk pointiert bemerkt – die Aufgabe der Ethnologie hinsichtlich der Mythen nicht darin besteht zu zeigen,

> „wie die Menschen in Mythen denken, sondern wie sich die Mythen in den Menschen ohne deren Wissen denken."[22]

Ganz unwillkürlich erinnern einen solche Wendungen an Sentenzen Gadamers wie jene, dass nicht uns die Geschichte gehöre, sondern wir ihr und dass die Welt- und Selbstbeschreibung an dem zu orientieren sei, was die Sprache mit uns mache.

Säuberung von innen. Unbeschadet der weiten Verbreitung, die der strukturalistische Ansatz zunächst fand, verfiel er jedoch überraschend schnell der Kritik. Die von außen erhobene, die ihm Geschichtsvergessenheit oder die Preisgabe des Begriffs eines für sich verantwortlichen Subjekts vorhielt, war dabei nicht sonderlich von Belang, weil sie ja nur auf dem beharrte, was die Strukturalisten ausdrücklich abzustoßen erklärten. Brisanterweise kam die Kritik, die den Erfolg des Strukturalismus abrupt beendete, aus dem Innenbereich seiner eigenen Vertreter. Der Hauptvorwurf lautete: Die geschlossene Struktur, die überzeitlich und überindividuell gleichsam hinter dem Rücken der so genannten „Subjekte" deren Wirklichkeit bestimmt, ist selber nichts anderes als das alte Subjekt, nur in neuer Maske. Also muss der Strukturalismus selbst nochmals gesäubert werden, bis auch die in ihm noch versteckte Bewusstseins- und Identitätsphilosophie ausgetrieben ist. Das soll unter weitgehender Beibehaltung des strukturalistischen Instrumentars geschehen, aber eben so, dass die Denkfigur einer Einheit und Identität und damit auch eines Zentrums der Strukturmomente nicht mehr auftritt.

Poststrukturalismus. Und genau jetzt setzt ein, was heute durchschnittlich als Postmoderne bezeichnet wird, aber viel exakter „Neostrukturalismus" oder „Poststrukturalismus" hieße, Namen, die es von Anfang an gab, die sich aber nicht so recht durchgesetzt haben. Zu den wichtigsten seiner Repräsentanten zählen Michel Foucault, Jaques Derrida, der Psychoanalytiker Jaques Lacan, Jean-François Lyotard, übrigens der einzige von allen, der sich ausdrücklich als „postmodern" bezeichnet und de facto mit seinem Buch *Das postmoderne Wissen* den Terminus „Postmoderne" (gegen seine eigenen Ab-

[22] LEVI-STRAUSS, Claude: Mythologica I. Das Rohe und das Gekochte. Frankfurt a.M. 1971. 26.

sichten) zum Schlagwort zu machen half, sodann Francis Jacques, Cornelius Castoriadis – und der Sache nach arbeitete, freilich von nochmals ganz anderen Vorrausetzungen her, auch Emmanuel Levinas in diese Richtung. (↖ Bd. 1, Kap. 7.9) Noch immer sind Sprache und Gesellschaft das Thema, aber eben als diejenigen, die durch vom Subjekt installierte Machtstrukturen durchherrscht Wahrheit verfälschen, Wirklichkeit verstellen, Menschlichkeit verweigern. Darum kommen all diese Autoren unbeschadet der Verschiedenheit ihrer Diskurse in einer Radikalkritik des neuzeitlichen Subjekts überein.

Zeichen und Differenz. Wie aus einer Kritik des Strukturalismus mit strukturalistischen Mitteln eine poststrukturalistische Zersetzung von Sprache und Subjektivität resultieren kann, lässt sich besser wohl als bei allen anderen am Ansatz Jacques Derridas' vorführen. Derrida denkt – wie viele andere und durchaus zu Recht – Subjektivität als sprachvermittelt. In Orientierung an de Saussure geht Derrida dabei nicht von Aussagesätzen, sondern von einzelnen Sprachzeichen aus. Die Bedeutung eines Zeichens steht und besteht dabei nicht in sich und für sich, sondern sie resultiert aus der Differenzbeziehung, in der das Zeichen einer Sprache zu all den anderen Zeichen dieser Sprache fungiert. Ein Zeichen gewinnt also dadurch Bedeutung, dass es von anderen Zeichen abgegrenzt wird, oder anders gesagt: Bedeutsam ist ein Zeichen, indem es auf Zeichen verweist, die auf Zeichen verweisen, die auf Zeichen verweisen – und so in infinitum, weil die Kette der Differenzierungen durch nichts apriori eingeschränkt, also endlos ist. Kein Zeichen verfügt damit über eine geschlossene, identische Bedeutung. Genau das aber hat weitreichende Folgen für das Subjekt, sofern es seinerseits zeichenvermittelt ist. Denn das bedeutet ja: Das Subjekt ist nur bei sich, indem es von sich weggeht zu Zeichen und von diesen auf sich zurückkommt. Dass es bei diesem Vermittlungsvorgang tatsächlich zu sich (und nicht anderswohin) kommt, setzte aber einen wohlbestimmten Sinn des betroffenen Zeichens voraus. Weil der aber aus der Differenzbeziehung des Zeichens zu allen anderen Zeichen resultieren soll, das Gesamt dieser Beziehungen aber nicht a priori feststeht oder überschaubar ist, rutscht das Subjekt bei seiner Selbstvermittlung gewissermaßen an dem Zeichen ab, gerät damit in das unübersehbar Offene des Zeichen-Universums und kann dann, wenn es auf etwas zurückkommt, nicht mehr gewiss sein, dass es bei sich angekommen ist. Das ist – nach einem Gleichnis Derridas – so, wie wenn ich in einen Spiegel schaue, aber nicht mehr sicher sein kann, dass ich darin mein Spiegelbild sehe, weil der Spiegel selbst durch nichts garantiert, dass ich mich sehe, wenn ich hineinschaue. Es gibt ja kein Identifikationskriterium, das mich der Identität meiner, der ich in den Spiegel schaue, und dessen, der da zurückblickt, vergewissern könnte. Es könnte ja sein, dass mich da ein eineiiger Zwilling oder eine klonierte Kopie meiner selbst aus einer Hinter-Spiegel-Welt anschaut und mich zum Narren hält, indem sie alle meine Bewegungen spiegelverkehrt mit vollzieht. Das lässt sich nur ausschließen, wenn meine subjektive Identität nicht durch Reflexion, wörtlich genommen: durch Rückbiegung des auf den Spiegel treffenden Blickstrahls konstituiert werden soll, sondern ich auf eine präreflexive Weise jeder möglichen Reflexion vorweg schon mit mir vertraut bin.

Derridas Lücke. Dieser Gedanke aber ist Derrida völlig fremd. Damit vertritt er eine Reflexionstheorie von Subjektivität und Selbstbewusstsein, deren Unhaltbarkeit bereits bei Fichte diagnostiziert ist und später vor allem durch Dieter Henrich systematisch ausgearbeitet wurde. (⇖ Bd. 1, Kap. 7.7; ⇗ Bd. 3, Teil A, Kap. 5.2) Jedoch nimmt Derrida das von seinem Ansatz her und reflexionstheoretisch gesehen triftige Resultat seiner Subjektanalyse nicht zum Anlass, nach einer alternativen Phänomenbeschreibung zu suchen, sondern den Subjektgedanken als solchen ganz aufzugeben. Gewiss kann man von niemandem Theorie-Alternativen erzwingen, sodass die grundsätzliche alternative Reflexionstheorie der Subjektivität versus Präreflexivität an dieser Stelle nicht weiter systematisch verfolgt werden muss. Wohl aber lässt zeigen, dass Derridas Option intern eine Konsequenz zeitigt, für die sein eigener Ansatz nicht mehr aufzukommen vermag: Die Verschiebung von Zeichen-Sinnen, auf die Derrida sich beruft, impliziert ja zumindest ein Moment von Identität, um überhaupt als Verschiebung wahrgenommen werden zu können – genauso wie Identifizierungen ein Moment von Unterschiedenheit einschließen. Verschiedenheit gibt es nur auf der Folie von Identität, Gleichheit nur auf derjenigen von Differenz. In der Antwort auf eine Kritik von John Searle räumte Derrida auch ein, dass in den Differenz-Prozessen den Zeichen und ihrem Sinn ein Zug von Konstanz eigen bleiben müsse, wenn die ihm so wichtige Flüssigkeit der Bedeutungen überhaupt denkbar sein soll. Nur lässt sich nach dem radikalen Kehraus aller Identität im Ansatz dieses Moment der Selbigkeit von diesem Ansatz aus nicht mehr einholen, nur noch postulieren (andere lange vor Derrida, am ausdrücklichsten Schleiermacher, wussten dem Recht der Differenz wie dem der Identität hinsichtlich des Zeichensinnes gleichzeitig Geltung zu verschaffen). Freilich repräsentiert diese Kritik an Derrida – vorgetragen z.B. von Manfred Frank[23] – strukturell eine Variante des Anti-Skepsis-Arguments:

Einmal mehr wird einer überführt, notwendig auf das rekurrieren zu müssen, was von seinem theoretischen Ansatz her dem Verdikt verfällt. Natürlich ist dieses Argument gültig. Manche halten es für trivial, weil es so einfach ist. Diese Ansicht teile ich nicht. Auch das von Aristoteles entdeckte Nicht-Widerspruchs-Prinzip ist einfach – aber an der Evidenz, dass etwas nicht zugleich und unter derselben

[23] FRANK, Manfred: Was ist Neostrukturalismus? Frankfurt a.M. 1984. 356-375.

Rücksicht sein und nicht sein kann, hängt die Möglichkeit von so etwas wie Erkenntnis überhaupt. Trotzdem hat das Anti-Skepsis-Argument von Anfang an diejenigen, gegen die es formuliert war, kaum oder gar nicht beeindruckt. Das geschah in der Regel nicht aus Renitenz gegen das Denken, sondern aus der Überzeugung, dass ein formal stimmiges Argument nicht reicht, um die Bahnen des komplexen Phänomens Vernunft auf den Nenner zu bringen. Seit je hat man skeptischen Einstellungen, die nicht so radikal – heute würde man sagen: nicht so fundamentalistisch – waren, dass sie auf Kommunikationsabbruch hinausliefen, zugestanden, zur Erkenntniserweiterung und zur Bestimmung der Grenzen der Vernunft Wichtiges beizutragen. Folgerichtig finden sich auch bei einem der Stammväter der Postmoderne und in seinem Umkreis die pointiertesten Stellungnahmen zum Geltungsanspruch des Anti-Skepsis-Arguments. Heidegger brandmarkt in *Sein und Zeit*

> „[...] die Harmlosigkeit der formaldialektischen Überrumpelungsversuche gegenüber dem Skeptizismus[...]"[24]

Und sein Meisterschüler Hans-Georg Gadamer sekundiert:

> „So überzeugend sie [sc. die antiskeptischen Argumentationen; K. M.] scheinen, so sehr verfehlen sie doch die eigentliche Sache. Man behält recht, wenn man sich ihrer bedient, und doch sprechen sie keine überlegene Einsicht aus, die fruchtbar wäre. Daß die These der Skepsis oder des Relativismus selber wahr sein will und sich insofern selber aufhebt, ist ein unwiderlegliches Argument. Aber wird damit irgend etwas geleistet? Das Reflexionsargument, das sich derart als siegreich erweist, schlägt vielmehr auf den Argumentierenden zurück, indem es den Wahrheitswert der Reflexion suspekt macht. Nicht die Realität der Skepsis oder des alle Wahrheit auflösenden Relativismus wird dadurch getroffen, sondern der Wahrheitsanspruch des formalen Argumentierens überhaupt."[25]

Jenseits des Formalen. Anders gesagt: Formale Argumentation taugt nicht, um den Fundus möglicher Wahrheit auszuschöpfen. So wird die Tür aufgestoßen für die Frage nach einem Wahrheitsgewinn jenseits aller methodischen Zugriffe, die sich am Ideal der Exaktheit orientieren – Thema von Gadamers Klassiker *Wahrheit und Methode*. Nicht die ganze, aber ein Gutteil der postmodernen Vernunftkritik kann dieser Idee subsummiert werden. Dort, wo sie sich nicht in einem trivialen Oberflächenpluralismus verfängt, ist die Postmoderne weit davon entfernt, Vernunft als solche als Illusion zu denunzieren. Stattdessen geht es ihr um die Bestimmung der Grenzen der Vernunft – also ein genuin kantisches Motiv –, aber darüber hinaus auch um das Recht dessen, was in einer von Rationalität durchherrschten philosophischen Diskursform verschattet, verdrängt, ver-

[24] HEIDEGGER, Martin: Sein und Zeit. Unv. Text mit Randbemerkungen des Autors aus dem „Hüttenexemplar". Hg. v. Friedrich-Wilhelm von Herrmann. Frankfurt a.M. 1997. (Gesamtausgabe; 2). 303.

[25] GADAMER, Hans-Georg: Hermeneutik I. Wahrheit und Methode. Grundzüge einer philosophischen Hermeneutik. 6., durchges. Aufl. Tübingen 1990. 350.

schwiegen bleibt. Und auch dieses Motiv hat für eine radikal selbstkritische Vernunft ein unbestreitbares Recht.

Das Ungedachte der Postmoderne. In Frage steht nur der Preis, der dabei zu zahlen ist. Ausnahmslos alle so genannten postmodernen Ansätze entrichten ihn in Gestalt der (buchstäblich zu verstehenden) Preis-Gabe des Subjektbegriffs. Und sie zahlen ihn unbeschwert in der Überzeugung, damit zugleich einen ganzen Problemkomplex aufzulösen – all das eben, was der einschlägigen Überzeugung gemäß das neuzeitliche, auf Herrschaft, Macht und Unterwerfung angelegte Subjekt anrichtet und zu verantworten hat. Was aber, wenn dieses Bild vom Subjekt – von Nietzsche und Heidegger kräftig ausgemalt, von den Postmodernen dankbar aufgegriffen – gar nicht zutrifft? Eine systematische Betrachtung des Subjektgedankens, wie sie nicht zuletzt seine sprachanalytische Wiederentdeckung nahe legt, zwingt nämlich zu einer auch inhaltlichen Überprüfung der eingespielten Bestimmungen, weil sich dabei herausstellt, dass das Bild vom Herrscher-Subjekt ein extrem eng geführtes Klischee ist, das für den gerade neuzeitlich konstitutiven Gedanken der Selbsterhaltung des Subjekts und seine ganz affektiv-pathische Dimension überhaupt keinen Platz mehr lässt. (↖ Bd. 1, Kap. 7.6 u. 7.9) Bernhard Waldenfels, einer der besten Kenner der aus dem frankophonen Bereich vorgetragenen Vernunftkritik meinte einmal:

> „Sollte es […] etwas geben, das die Aufklärung retten könnte, dann sind es wohl die Schatten des Ungedachten und des Unvordenklichen, die der Aufklärung selbst anhaften und sich niemals völlig tilgen lassen“[26]

und als deren Anwälte ihm die einschlägigen Stimmen von Lacan bis Lyotard gelten. Meine These: Für eine sachgemäße Postmoderne-Kritik und also gleichzeitige Subjekt-Rehabilitierung muss eben dieser Grundsatz Waldensfels' gleichsam umgekehrt angewendet werden: Was die postmoderne Kritik am Vernunftsubjekt philosophisch rettet, ist das von ihr selbst Ungedachte und Unvordenkliche, das sie als ihren eigenen Ermöglichungsgrund mit sich führt, ohne es als es selbst irgend zur Geltung zu bringen. Um dasselbe polemisch und in – zugegeben – strategischer Absicht zu wiederholen: Die postmoderne Subjektkritik stößt sich von einem Subjektbegriff ab, der im Grunde ein Feindbild repräsentiert. Ist ein solches als Ausgangspunkt etabliert, kann die so genannte Pappkameraden-Strategie greifen: Der Widerpart wird so dargestellt, dass seine Zurückweisung wenn nicht Elimination nur noch als eine schiere Frage der Logik, im Extremfall der Moral erscheinen kann. Genau das ist meiner Ansicht nach dem philosophischen Subjektbegriff auf eine Weise widerfahren, die seine Ächtung für weite Kreise zu einer Frage der diskursiven „correctness“ hat werden lassen. Auch Theologenstimmen haben in nicht geringem

[26] WALDENFELS, Bernhard: Deutsch-Französische Gedankengänge. Frankfurt a.M. 1995. 30.

Umfang den Chor der Abgesänge auf das Subjekt verstärkt, obwohl der Subjektgedanke und alles, was an ihm hängt, wesentlich auch aus christlich-theologischen Wurzeln hervorgegangen ist. (⇖ Bd. 1, Kap. 7.4 u. 7.5.)

Prekäre Subjektivität. Hinzu kommt, dass die postmoderne Dezentrierung des Subjekts bis hin zur Proklamation seines Todes längst nicht so originell ist, wie sie sich geriert. Denn das Wissen um etwas Prekäres, Fragiles an der Subjektivität, auch darum, dass mit ihr Unverfügliches und Verschattetes verbunden ist, gehörte von Anbeginn in den Umkreis dieser Denkfigur.

Beispiel Augustinus. Besonders gut kommt das beim ersten Subjekt-Theologen überhaupt, bei Augustinus zur Geltung. Seine Wendung in die Innenwelt und damit zum Subjekt erstreckt sich in eine theoretische und praktische Dimension: Zum einen nimmt er gleichsam ein typisch neuzeitliches transzendentallogisches Argument vorweg[27], wenn er formuliert: „Si enim fallor, sum"[28] (Wenn ich mich täusche, bin ich), womit er meint: In allen meinen Erkenntnissen mag ich mich täuschen, aber auch dann kann ich mich nicht darin täuschen, dass ich es bin, der sich täuscht. (⇖ Bd. 1, Kap. 1.2 u. 7.5) So gibt er seiner Suche nach Gotteserkenntnis einen Ausgangspunkt im Subjekt, das seinerseits damit aber in keiner Weise über diesen Gott zu verfügen beginnt, sondern uneinholbar ihm selbst transzendent weiß. Er bleibt „interior intimo meo" und „superior summo meo"[29], wie es in den *Confessiones* heißt – innerlicher als mein Innerstes und höher als mein Höchstes. In praktischer Hinsicht hat Augustinus durch seine Hinwendung zum Subjekt wesentlich die Entwicklung der typisch christlichen Kultur der Innerlichkeit ermöglicht. Nur unter ihrer Voraussetzung konnten die Technik der Gewissenserforschung und Selbsterkenntnis und in ihrem Gefolge wiederum die Bekenntnis- und Beichtpraxis aufkommen. Übrigens hat gerade Michel Foucault eben darauf mehrfach aufmerksam gemacht.[30] Das freilich heißt auch: In praktischer Hinsicht steht Subjektivität von Anfang an im Zusammenhang mit der Sündenthematik. Von einer konstitutiven Bemächtigungs- und Herrschaftsattitüde im Subjekt und einer von ihm für sich reklamierten geschlossenen Identität kann keine Rede sein. In einer Auslegung zu Ps 122 hat Augustinus das auf eine verblüffend moderne Weise zum Ausdruck gebracht. Ausgehend von den Versen 27 und 28 aus Ps 102, wo es heißt, die Himmel würden vergehen, Gott, ihr Schöpfer, aber werde bleiben, macht er sich Gedanken, was denn

27 Vgl. VERWEYEN, Hansjürgen: Gottes letztes Wort. Grundriß der Fundamentaltheologie. 3. Aufl. Regenburg 2000. 96.

28 AUGUSTINUS: De civitate Dei. XI, 26.

29 AUGUSTINUS: Confessiones. 3, 6, 11.

30 Vgl. FOUCAULT, Michel: Sexualität und Wahrheit. 3. Bde. Frankfurt a.M. 1979.

eigentlich „Dasselbe-Sein" bedeute und wem es zukomme. Dabei fasst er Selbigkeit temporal: Bei Gott, sagt er, kommen und vergehen die Jahre nicht, sondern sie stehen. Dann aber sind sie in Wirklichkeit ein einziges Jahr und dieses wieder ein einziger Tag, der weder Anfang noch Ende kennt. Jetzt wörtlich:

> „Willst auch du stehen und nicht vergehen? Eile dorthin! Niemand hat das ‚Dasselbe-Sein' von sich aus [...]. Alles, was einen Leib hat, ist nicht das ‚Dasselbe-Sein', weil es nicht in sich steht [...].
>
> Auch die Himmelskörper stehen nicht in sich [...].
>
> Auch die menschliche Seele steht nicht. Wie viele Wandlungen gehen in ihr vor, und wie wechseln die Gedanken! In wie vielen Freuden wandelt sie sich! Durch wie viele Begierden werden die Seelen hin und her gezerrt! Selbst der Geist des Menschen, der doch vernünftig genannt wird, ist wandelbar und somit nicht ‚Dasselbe-Sein'. Eben will er noch, und nun schon nicht mehr. Eben weiß er etwas noch, und schon weiß er es nicht mehr. Eben erinnert er sich noch, und schon vergißt er. So hat niemand aus sich selber das ‚Dasselbe-Sein'. Der es aus eigener Kraft haben wollte, um gleichsam für sich selbst das ‚Dasselbe-Sein' zu sein, der ist gestürzt. Der Engel ist gefallen und ein Teufel geworden.
>
> Wie mit einem Trinkspruch hat er den Menschen zum Stolz verleitet. Der Mensch stand, aber der Teufel zog ihn aus Neid in seinen Sturz hinein. Die Menschen wollten sich selbst das ‚Dasselbe-Sein' sein, ihre eigenen Fürsten und Herrn. Sie wollten den wahren Herrn nicht, ihn, der wirklich der ‚Dasselbe-sein' ist [...].
>
> So kehre denn die Seele des Menschen nach soviel Leid und Krankheit, nach so vielen Schwierigkeiten und Mühen zurück zum ewigen ‚Dasselbe-Sein'."[31]

Ersichtlich nicht um totalitäre Selbstermächtigung geht es dem Subjekt, das nach Identität sucht, sondern um das moralisch-spirituelle Durchkommen. Genau dieser Zusammenhang von Gefährdungswissen und Suche nach einer nicht aus eigenem Vermögen stiftbaren Identität hält sich von Augustinus an bis in die Moderne im Subjektdenken durch. Wenigstens auf zwei weitere Kontrastspuren zum postmodernen Subjektmythos möchte ich – in zwei Zeitsprüngen verweisen:

Beispiel Cyprian de Rore. Bei der ersten handelt es sich um die frühmoderne Stimme Cyprian de Rores; er hat für den liturgischen Gebrauch ein Responsorium mit folgendem Text vertont:

> „Nulla scientia melior, nulla doctrina salubrior qua quis se ipsum cognoscit:
> considerat se de limo formatum, in culpa conceptum et ad poenam natum.
> O quam necessaria discussio, o quam utilis speculatio:
> nihil recte existimat qui se ipsum ignorat."[32]

Ich übersetze so:

[31] AUGUSTINUS: Enar. in Ps. 122 (121), 6. (CCL 40). 1806-1807.

[32] Im Rahmen eines Konzerts mit dem Titel „Officium de cruce. Ein imaginäres Nachtgebet aus der ersten Hälfte des XVI. Jahrhunderts" gesungen vom Vokalsextett „Voces Aequales", Budapest am 15.03.1996 in St. Jakob, Regensburg.

Es gibt kein besseres Wissen, keine heilbringendere Lehre, als dass einer sich selbst erkennt:
Er überlegt, dass er aus Lehm geformt, in Schuld empfangen und zur Strafe geboren ist.
Wie notwendig ist die Untersuchung, wie nützlich die Überlegung:
Nichts beurteilt richtig, wer sich selbst nicht kennt.

Beispiel Hölderlin. Und noch eine – diesmal moderne (oder frühidealistische) Stimme gibt es, die mich an der poststrukturalen Subjektinterpretation vehement zweifeln lässt. Sie gehört jemandem, dessen Name im philosophischen Umkreis eher selten fällt: Friedrich Hölderlin. Gewiss hat er verglichen mit den anderen nur wenige Zeilen philosophischen Textes zu Papier gebracht. Seine Philosophie findet sich nahezu ausschließlich in die Gedichte und den „Hyperion"-Roman eingelassen. Das macht eine Erschließung nicht einfach. Möglich ist sie gleichwohl; Dieter Henrich hat einen umfänglichen Beweis geliefert.[33]

Das treibende Motiv hinter Hölderlins Dichten und Denken kommt prägnanter als je sonst in der Einleitung zum „Fragment von Hyperion" zur Geltung, wo Hölderlin mit Rekurs auf eine von einem anonymen Jesuiten stammenden Gedenktext über Ignatius von Loyola schreibt:

„Der Mensch möchte gern *in* allem und *über* allem sein, und die Sentenz in der Grabschrift des Loyola:
non coerceri maximo, contineri tamen a minimo
kann eben so die alles begehrende, alles unterjochende gefährliche Seite des Menschen, als den höchsten und schönsten ihm erreichbaren Zustand bezeichnen. In welchem Sinne sie für jeden gelten soll, muß sein freier Wille entscheiden."[34]

Diskursiv gewendet: Bewusstes menschliches Leben bildet sich für Hölderlin durch konfligierende Tendenzen der eigenen Orientierung hindurch aus, und das Subjekt findet sich bleibend durch diese seine Grundverfassung herausgefordert: Vom Größten nicht bezwungen werden, dennoch vom Kleinsten sich einnehmen zu lassen.

„Oft ist uns, als wäre die Welt Alles und wir Nichts, oft aber auch, als wären wir Alles und die Welt nichts"[35],

heißt es an anderer Stelle. Gelungene Subjektivität kann nur aus der Versöhnung beider Tendenzen hervorgehen. Hölderlin weiß dabei nicht nur um die doppelte Gefahr einer Indifferenz gegenüber aller Welt („über allem") wie einem Verfallen an die Welt („in allem"). Er

[33] Vgl. HENRICH, Dieter: Der Grund im Bewußtsein. Untersuchungen zu Hölderlins Denken (1794-1795). Stuttgart 1992. Vgl. zum Folgenden bes. 185-221. 225. 505. 510-514. 602.

[34] Zit. nach Fragment von Hyperion. In: HÖLDERLIN, Friedrich: Werke und Briefe. Hg. v. Friedrich Beißner u. Jochen Schmidt. Bd. 1: Gedichte – Hyperion. Frankfurt a.M. 1969. 439-460. Hier 440. – Vgl. dazu auch die interessanten Klärungen von RAHNER, Hugo: Die Grabschrift des Loyola. In: Stimmen der Zeit 139 (1946/47). 321-337.

[35] HÖLDERLIN, Friedrich: Sämtliche Werke. Hg. v. Friedrich Beißner. Große Stuttgarter Ausgabe. Bd. III: Hyperion. Stuttgart 1969. 236.

deutet auch den Weg an, auf dem das Subjekt der Versöhnung entgegengehen kann. In *Hyperions Jugend* nennt er die Tendenz des „über allem" „frei", die des „in allem", also des Eingenommensein selbst vom Kleinsten, „froh".[36] In dem allerersten Gedicht, das Hölderlin drucken ließ, stehen beide Worte durch ein „und" verbunden, also versöhnt, in explikativer Funktion:

„Jedes Wesen soll der Liebe
frei und froh, wie wir, sich freu'n."[37]

Subjektivität steht und fällt ihrem Begriff nach mit einem konstitutiven Bezug zu demjenigen der Liebe. Alle Gefährdung durch ein monopolisiertes „über allem" oder „in allem", wie sie sich gleichermaßen geschichtlich in dem geltend macht, was die Subjektkritik von Nietzsche bis heute ins Feld führt, kann ja überhaupt erst aufkommen, wenn es an der Liebe fehlt. Subjektivität und Liebe – im Sinn von Hingabe – lassen sich nicht trennen. Man könnte es auch so sagen: Subjektsein und Ethik sind zutiefst ineinander verschränkt und werden – folgt man den aufgerufenen Zeugnissen – am dichtesten greifbar in hochkomplexen poetischen, narrativen und reflexiven Prozessen. Deren Freilegung und Analyse kann eigentlich nur eine Hermeneutik leisten, die – anders als diejenige der Poststrukturalisten und auch diejenige Gadamers – am Subjektgedanken festhält und zugleich in ihn das aufzunehmen vermag, was die modernen Subjektkritiken zu Recht einfordern. Genau diesem Projekt hatte sich Paul Ricœur verschrieben, sodass er als die eigentliche Alternative zu beiden vorausgehend genannten Konzeptionen zu gelten hat.

[36] HÖLDERLIN: Sämtliche Werke. Bd. III: Hyperion (Anm. 35). 205.
[37] HÖLDERLIN, Friedrich: Sämtliche Werke. Hg. v. Friedrich Beißner. Große Stuttgarter Ausgabe. Bd. I: Text. Stuttgart 1946. 166.

3.3 Vom Symbol zum Text zur Handlung

Subjekt in Zeichen. Die vorausgehenden postmoderne-kritischen Zeugnisse für das verletzliche, fallible, sündige, erlösungsbedürftige Subjekt von Augustinus bis Hölderlin waren nicht zufällig ausgewählt. Vielmehr intonierten sie bereits die Tonarten und Motivbögen, über die sich das außerordentlich vielschichtige, verzweigte und auch Entwicklungen unterliegende Oeuvre Ricœurs einigermaßen nachzeichnen lässt. Ricœur hat in über Jahrzehnte sich erstreckender Arbeit eine philosophische Konzeption entfaltet, die so vielschichtig verfasst ist, dass ich sie an dieser Stelle nicht einmal in allen ihren Hauptzügen zur Darstellung bringen kann.[38] Ich greife nur die in dieses philosophische Massiv unabtrennbar eingelassene Hermeneutik und ihre Gelenkstücke zu anderen philosophischen Perspektiven heraus. Vor dem Hintergrund der soeben unternommenen Charakterisierung und Kritik des Poststrukturalismus bzw. der Postmoderne kann man bündig sagen: Ricœur hat sich zur Aufgabe gestellt, an der Idee einer autonomen Vernunft und der damit verbundenen Subjektinstanz inklusive eines ethischen Universalismus und einer kritisch verfassten Intersubjektivität (gegen die Postmoderne) festzuhalten, zugleich aber (mit der Postmoderne) deren gesellschaftliche, sprachliche und geschichtliche Bedingtheit und Kontingenz unverkürzt zu integrieren[39] und so all dem Rechnung zu tragen, was die vorhin aufgerufenen Stimmen eines nicht selbstmächtigen Denkens vom Subjekt zur Geltung bringen. Das zieht für ihn zum einen die Konsequenz nach sich, gegen die von Descartes, Fichte und Husserl unterstellte Selbstdurchsichtigkeit des Cogito das Subjekt als durch die kulturell in Geschichten und Imaginationen sedimentierten Zeichen zu begreifen.[40] Zum anderen sind damit auch schon die materialen Felder markiert, über die diese vermittelte Selbstverständigung des Subjekts bevorzugt geführt und die eben dadurch zum Vollzugsraum von Ricœurs Hermeneutik werden. Viele Titel ricœurscher Werke spiegeln das unmittelbar wider, so sein Buch über Gabriel Marcel und Karl Jaspers mit dem Untertitel *Philosophie du mysterère et philosophie du paradoxe* von 1947, dann 1950 *Le volontaire et l' involontaire* und besonders markant die beiden Bände von *Finitude et culpabilité* aus dem Jahr 1960, Band I mit dem Titel *L' homme faillible* und Band II *La symbolique du mal*. Auch das 1965 folgende Freud-Buch *De l' interpretation. Essai sur Freud* und schließlich *Le conflict des interprétations. Essais d' herméneutique* von 1969 gehören in diese Reihe. Insofern wird spontan klar, was gemeint ist, wenn Ricœur von sich selbst sagt, seine Herme-

[38] Vgl. dazu als bes. aufschlussreich RICŒUR, Paul: Eine intellektuelle Autobiographie. In: DERS.: Vom Text zur Person. Hermeneutische Aufsätze (1970-1999). Übers. u. eingel. v. Peter Welsen. Hamburg 2005. 3-78.

[39] Vgl. dazu MATTERN, Jens: Paul Ricœur zur Einführung. Hamburg 1996. 12.

[40] Vgl. RICŒUR: Autobiographie (Anm. 38). 23.

neutik habe als ein Programm der Entzifferung von Symbolen eingesetzt, das sich dann in der berühmten Formel „Das Symbol gibt zu denken"[41] verdichtet habe.

Zeichen-Transzendenz. Dort ist diese Hermeneutik aber nicht stehen geblieben. Gerade in der Auseinandersetzung mit den strukturalistischen Konzeptionen wurde Ricœur klar, dass die Instanz des Zeichens, die für ihn so zentral geworden war, gleichsam über sich selbst hinausdrängt. Im sprachlichen Zeichengebrauch sagt „[…] jemand […] jemandem etwas über etwas"[42], sodass nicht nur das Subjekt, sondern auch das Angeredet Werden und die Referenz, also der Wirklichkeitsbezug der Sprache mit in den Blick treten. Über den gleichzeitigen Einbezug des „linguistic turn" in sein Denken wird Ricœur auch die Bedeutung des analytischen Satzzusammenhangsprinzips (→ Bd. 2, Teil A, Kap. 2.1) klar – und darüber hinaus, dass nicht nur das Wort im Satz, sondern der Satz im Text seine Bedeutung voll entfaltet. So kommt es zu der für ihn zentralen „[…] Verschiebung von der Hermeneutik des Symbols zur Hermeneutik des Textes"[43]. Dieser wird dann auch noch eine „[…] Verschiebung von der Hermeneutik des Textes zur Hermeneutik des menschlichen Handelns"[44] folgen, die sich besonders in seinem späten Opus *Soi-même comme un autre* von 1990 niederschlägt. Dessen Zentrum aber bahnte sich schon Mitte der 70er Jahre in Ricœurs Absicht an,

> „[…] das Ich, das Herr seiner selbst ist, durch das Selbst aus[zutauschen], das Schüler des Textes ist."[45]

Primat des Textes. Was aber lässt Ricœur den Text derart ins Zentrum rücken?[46] Man kann das gut über die Differenz zu Gadamer fassen: Dieser besteht darin, dass Ricœur die Orientierung von Hermeneutik am Modell des lebendig geführten Dialogs – also Gadamers Leitgedanken – für ausgesprochen einseitig hält. Er setzt dem als Paradigma den geschriebenen Text entgegen – und das verändert die hermeneutische Situation weitreichend. Ricœur nennt vier Momente:

(a) Objektivierung. Wenn ein Dialog geführt wird, geschieht dies immer zu einer bestimmten Zeit unter bestimmten örtlichen Gegebenheiten, die die Präsenz derer, die den Dialog führen implizieren. Charakteristisch für dieses Diskursereignis ist, dass es fließt, oder

[41] RICŒUR: Autobiographie (Anm. 38). 24.
[42] RICŒUR: Autobiographie (Anm. 38). 34.
[43] RICŒUR: Autobiographie (Anm. 38). 55.
[44] RICŒUR: Autobiographie (Anm. 38). 55.
[45] RICŒUR: Autobiographie (Anm. 38). 51.
[46] Im Folgenden stütze ich mich auf RICŒUR, Paul: Der Text als Modell: hermeneutisches Verstehen. In: GADAMER, Hans-Georg/BOEHM, Gottfried (Hgg.): Seminar: Die Hermeneutik und die Wissenschaften. Frankfurt a.M. 1978. 83-117.

anders: der Diskurs entschwindet. Soll das nicht geschehen, muss er festgehalten werden – durch Verschriftlichung. Schon Platon bemerkte in seinem Dialog *Phaidon*, die Schriftzeichen seien dem Menschen gegeben worden, um der Schwäche des gesprochenen Diskursereignisses abzuhelfen. Wenn nun der Diskurs aber festgehalten wird, erfasst die Fixierung aber nicht das Diskursereignis als solches, sondern das, was im Sprechakt ausgesagt worden ist – also sein Bedeutungsgehalt, wie er in Worten zum Ausdruck gekommen ist.

(b) Erklärung. Im gesprochenen Diskurs gibt der Satz durch Indikatoren der Subjektivität und Personalität Hinweise auf den Sprecher. Es entsteht eine zumindest weitreichende Koinzidenz zwischen der Absicht des Sprechenden und der Bedeutung seines Diskurses. Im Fall des geschriebenen Diskurses tritt beides auseinander. Wenn wir einen Text lesen, wird der Rückschluss vom Geschriebenen auf die Intention des Autors nie problemlos. Der ganze Bereich der Ektosemantik, der uns im gesprochenen Fall zu Hilfe kommt, entfällt ja beim Lesen eines Textes. Genau das aber macht für Ricœur die Geistigkeit eines Diskurses aus – alle physischen und psychischen Momente der Präsenz des Diskurspartners sind im Textfall ausgeschieden. Für Gadamer resultiert als logische Folge seines Ansatzes beim Dialog aus der Schriftlichkeit eine fundamentale Entfremdung des Sinnes, die im Verstehen mehr oder weniger mühsam erst wieder aufgehoben werden müsse.[47] Für Ricœur gewinnt der Diskurs in dieser Form erst seine eigentliche Gestalt. Er ist unabhängig geworden von seinem Urheber, und Probleme, „Schwächen" des Diskurses können nur dadurch behoben werden, dass der zu verstehen Suchende unklare Bedeutungen zu klaren macht. Hier merkt man besonders deutlich den Unterschied zu Gadamer: Statt dessen Inanspruchnahme des Verstehenden durch die Autorität des Textes, der noch dazu ein Erkenntnisvorrang eingeräumt wird, tritt hier bei Ricœur der Verstehende als aktives Subjekt des hermeneutischen Prozesses auf. Und zwar nicht als eines, das irgendwie das Seelenleben des Autors zu erkunden sucht, sondern auf der Ebene des Textes selbst – ja man muss sagen – konstruktiv tätig wird. Willkür ist dabei ausgeschlossen, denn: Die „Heilung" angeschlagener Bedeutungen muss sich ja in Übereinstimmung mit den komplexen sprachlichen Binnengesetzen des Textes vollziehen.

(c) Freisetzung des Diskurses. Der gesprochene Diskurs bezieht sich auf die mit dem Dialogpartner gemeinsame Situation. Diese wird etwa durch hinweisende Gesten oder Indikatoren vergegenwärtigt und dabei auch in ihren Grenzen sichtbar gemacht. Durch Verschriftlichung wird ein Diskurs von dieser Situativität entbunden.

[47] Vgl. GADAMER, HANS-Georg/BOEHM, Gottfried (Hgg.): Seminar: Philosophische Hermeneutik. Frankfurt a.M. 1976. 22.

So tritt er in Beziehung zur Welt oder noch besser: Losgelöst von seiner Umwelt erschließt er Welt. Ricœurs eingängiges Beispiel: Wir sprechen z.B. nicht von der „Welt der alten Griechen", um zu bezeichnen, wo und wann Leute wie Platon, Perikles und Sophokles lebten, sondern wir meinen damit das, was an Sichtweisen auf die Wirklichkeit und damit an Seinsweisen zu den Weisen unserer eigenen möglichen Welt- und Selbstbeschreibung gehört. Ricœur wörtlich:

> „Nur im Schreiben, in der Befreiung des Geschriebenen nicht nur von seinem Autor, sondern auch von der Enge der dialogischen Situation, enthüllt sich die Bedeutung des Diskurses als eines Entwurfs der Welt."[48]

Diese Freisetzung des Diskurses hat aber noch eine andere Seite:

(d) Universalität. Der Diskurs qua Text hat keinen bestimmten Adressaten mehr, sondern richtet sich faktisch an jede und jeden des Lesens Kundigen. Das bedeutet, dass Schreiben und Lesen niemals als eine Spezialform von Sprechen und Hören begriffen werden kann. Über die Verschriftlichung gewinnt der Diskurs jene Universalität, die ihn – so Ricœur – überhaupt zu ihm selbst macht. Der Adressat wird austauschbar.

Integrativität. Durch die vier Momente (a) – (d) gewinnt der Text eine Objektivität und kann darum Gegenstand von Erklärungen werden, von solchen wohlgemerkt, die nicht von einem anderen Bereich, etwa dem Seelenleben des Autors her erfolgen, sondern auf der Ebene des Textes selbst, seiner Zeichen und Strukturen. Damit bezieht Ricœur deutlich Position gegen Dilthey, der mit dem Begriffsdoppel „Erklären und Verstehen" einen Ausgangspunkt für die Differenz von Natur- und Geisteswissenschaften zu markieren trachtete. Ricœur relativiert den scharf geschnittenen Unterschied und sieht im hermeneutischen Geschehen beide Operationen impliziert. Zugleich ergibt sich in dieser Perspektive natürlich auch eine Kritik an Gadamers Gegenüberstellung von *Wahrheit und Methode*. Ihm war es darum zu tun gewesen, Möglichkeit und Form einer Wahrheit auszuweisen, die nicht methodisch gewonnen werden. Zwar hatte Gadamer selbst „Wahrheit" nie radikal gegen „Methode" gesetzt. Aber dennoch war durch die Form seiner Differenzierung zwischen beiden eine Art Kluft entstanden, in der innerhalb seiner Konzeption die Einzelwissenschaften sozusagen verschwanden – mit der Folge, dass sich in seine Hermeneutik etwa unter dem Begriff der Wirkungsgeschichte und des Zeitenabstands ein ausgesprochen intensiver Optimismus einmischt, wenn man denn nicht gar von Zügen einer gewissen Naivität sprechen muss. (↖ Bd. 1, Kap. 5.3) Ricœur kann durch die Orientierung seiner Hermeneutik am Text und der ihm eigenen Objektivität den Einzelwissenschaften – Linguistik, Psychoanalyse, Sozialwissenschaften, speziell auch Ideologiekritik – den ihnen gebührenden Rang

48 RICŒUR: Text (Anm. 46). 91.

einräumen.[49] Intensiv und extensiv durchgearbeitet werden diese Zusammenhänge von *La métaphore vive* (1975) über *Temps et récit I-III* (1983, 1984, 1985) bis im Alterswerk *La mémoire, l'histoire, l'oubli* (2000), ab 1986 – mit *Du texte à l'action* – bereits überlagert von der ethischen Thematik des Handelns. Innerhalb dieses Explikationsprozesses prägt Ricœur gleich eingangs zu *Temps et récit III* auch den für seine Hermeneutik charakteristischen Begriff der „Refiguration", der in einer Überbietung und Art Verflüssigung des Begriffs der Referenz besagen will,

> „dass die von der Lektüre aufgegriffenen metaphorischen und narrativen Aussagen darauf abzielen, die Wirklichkeit im doppelten Sinn einer *Entdeckung* der verborgenen Dimensionen der menschlichen Erfahrung und einer *Veränderung* unserer Weltsicht zu refigurieren. [...] Die Refiguration schien mir [...] eine aktive Reorganisation unseres In-der-Welt-Seins darzustellen, die vom Leser geleitet wird, der selbst – nach einem Wort von Proust, das ich so gerne zitiere, Leser seiner selbst zu werden."[50]

Bleibendes Subjekt. Seinen letzten Grund hat dies alles darin, dass Ricœur – anders als Gadamer – die Rolle des verstehenden Subjekts im hermeneutischen Prozess verwandelt, aber unverkürzt festgehalten hat. Er ist überzeugt,

> „dass trotz der idealistischen These der letzten Selbstverantwortung des nachdenkenden Subjekts die Subjektivität nicht die erste Kategorie einer Theorie des Verstehens darstellt, dass sie als Ursprung aufgegeben werden muss, wenn sie in einer bescheideneren Rolle als der des radikalen Ursprungs wiedergefunden werden soll. *Freilich* [Herv. K. M.] bedarf es noch eines sprechenden Subjekts, um die Sache des Textes zu erfassen, um sie zur seinigen zu machen, sie sich anzueignen, um das Moment der Distanzierung zu kompensieren, das der Textualisierung der Erfahrung entspricht."[51]

Schon im Zusammenhang der Überlegung zur eigentlichen Geistigkeit des Diskurses waren wir auf die aktive Funktion des Interpreten aufmerksam geworden: Bedeutungsprobleme müssen durch Bedeutungen gelöst werden, die der oder die Interpretierende dazu ins Spiel bringt. Das hat aber grundsätzliche Folgen. Denn das bedeutet ja, dass die Bedeutung eines Textes durch Rekonstruktion seitens des Interpreten entsteht – und also selbst Konstruktion darstellt. Der Text selbst ist ein offenes Werk. Daraus folgt:

> „Wenn wir [...] die Sprache der romantizistischen Hermeneutik, die von der Überwindung der Distanz, vom Zu-eigen-Machen, von der Annäherung des Entfernten, Fremden spricht, beibehalten wollen, kann das nur möglich sein, wenn wir ein wichtiges Korrektiv einführen. das, was wir uns zu eigen machen – was wir uns aneignen [ein Grundwort Gadamers!; K. M.] – ist nicht eine fremde Erfahrung, sondern es ist ein Ergebnis unserer Be-

49 Vgl. dazu auch INEICHEN, Hans: Philosophische Hermeneutik. Freiburg; München 1991. 228-232. – MATTERN: Ricœur (Anm. 39). 35-37.

50 RICŒUR: Autobiographie (Anm. 38). 69.

51 RICŒUR: Autobiographie (Anm. 38). 51.

mühung, eine in den Bezügen des Textes angedeutete Welt ins Bewußtsein zu heben."[52]

So bleibt zum einen der Rang des Subjekts und die Kraft seiner kritischen Reflexion gewahrt. Umgekehrt verhindert die Beteiligung der Einzelwissenschaften ein Abdriften in den Subjektivismus; der hermeneutische Prozess bleibt ja kraft des Methodencharakters der beteiligten Disziplinen überprüfbar und kritisierbar. Aufspaltungen in zwei Wahrheiten, eine methodisch und eine hermeneutisch gewonnene, werden nicht nötig. Ein weiteres tritt hinzu: Der Vorwurf, den Gadamer vonseiten postmoderner Autoren auf sich zog, das Fremde in seiner Fremdheit im Letzten doch der subtilen Gewalttätigkeit seines Verständigungswillens zu unterwerfen, kann gegen Ricœurs Konzept nicht aufkommen: Er eignet überhaupt nichts Fremdes an, und zugleich bringt gerade das Maß der interpretierenden Aktivität den Grad der Fremdheit des Fremden eines Textes zur Geltung. Der Deutende muss dabei seine Deutung auf die eigene Kappe nehmen, muss auch von vorneherein in Rechnung stellen, dass es immer mehr als nur eine bzw. seine Rekonstruktion und Konstruktion eines Textes gibt – und dass über Stimmigkeit oder Unstimmigkeit von Interpretationen argumentativ gehandelt werden kann – der Titel *Konflikt der Interpretationen* ist kein Zufall, sondern so etwas wie die Kennmelodie der ricœurschen Hermeneutik. Auf einen Nenner gebracht: Im Grunde alles, was im Konzept der gadamerschen Hermeneutik mehr oder weniger mühselig nachgetragen werden muss, um sie gegen bestimmte kritische Einwände stabil zu machen, ergibt sich bei Ricœur aus der Logik seiner Orientierung am Paradigma des Textes als von vornherein konstitutiv.

Rezeptionsästhetik. Im Gefälle dieses Ansatzes hat Ricœur seine Hermeneutik deutlich in die Perspektive der bereits kurz erwähnten „Rezeptionsästhetik" gerückt. Darunter versteht man die vor allem innerhalb der Literaturwissenschaft entwickelte und durch die Konstanzer Schule weltweit bekannt gewordene Theorie, derzufolge die Geschichte der Literatur und der Künste als ästhetischer Kommunikationsprozess aufzufassen ist, an dem drei Instanzen gleichermaßen beteiligt sind: Autor, Werk und Rezipient. Natürlich war auch bei Gadamer das Beteiligtsein dessen, der Verstehen sucht, bereits bedacht, aber eben unter dem Vorzeichen der Prärogative des Werkes. Erst wenn die Gleichrangigkeit der Instanzen wirklich ernstgenommen wird, tritt hervor, dass Verstehen konstitutiv nicht nur durch Vernehmen oder Hinnehmen von Vorgegebenen geschieht, sondern genauso konstitutiv durch rekonstruierendes und konstruierendes Handeln.

[52] RICŒUR: Text (Anm. 46). 113.

Übergang zur Ethik. Durch Texte, die ich verstehen möchte, provoziert, handle ich. Und das Ziel meines Handelns ist der Entwurf bzw. die Entdeckung von Welten, die meine Welt bilden. Wie diese Welt aus Welten aussieht, ist alles andere als gleichgültig, weil – so hatte Ricœur ausdrücklich betont – nicht alle Weltentwürfe gleich gut sind. Damit rückt die hermeneutische Frage aus ihrem eigenen Duktus heraus in eine normative Perspektive. Verstehendes Handeln muss Welten entwerfen, die richtig sind für den Handelnden selbst und für andere, die von diesem Handeln mitbetroffen sind. Formal gefasst: Hermeneutik mündet in individueller wie in sozialer Hinsicht in die Fragestellung nach dem rechten Leben und Handeln, also in die Ethik. Genauer gesagt: Diese entpuppt sich als das eigentliche Fundament der Hermeneutik. Denn fasst man Verstehen im beschriebenen Sinn als Handeln auf, so stellt sich Verstehen als eine Weise der Besonnenheit dar. Besonnenheit – griechisch „phronaesis" – ist das Grundwort bereits der aristotelischen Ethik: Und bei ihr einsetzend entfaltet Ricœur darum in den Abhandlungen 7-9 seines *Soi-même comme un autre* seine „kleine Ethik"[53] als das normative Zentrum seiner Hermeneutik im Dienst einer Philosophie des gebrochenen, vermittelten Subjekts, dessen Selbstsein gleichwohl von dem Gefordertsein durch die Andersheit des Anderen und der anderen nicht absorbiert wird (was für Ricœur auch eine entsprechende Levinas-Kritik einschließt).[54]

Damit sind wir von der internen Dynamik unserer Untersuchungen zur Hermeneutik unmittelbar an die Schwelle zum nächsten Großsegment der Philosophischen Grundfragen der Theologie geführt worden: der Ethik. Bevor wir zu dieser übergehen, bedarf es aber noch einer abschließenden Bemerkung zu Ricœur und eines zusätzlichen systematischen Zwischenschritts, die gleichwohl einerseits untereinander wieder zusammenhängen und zusammen dann auch nochmals als Moment in die Weise unseres Fragens nach der philosophischen Ethik und ihres Bezuges zur Theologie eingehen werden.

Vernunft-Glaube-Spannung. Was Ricœur betrifft, so hat er Zeit seines Lebens kein Hehl daraus gemacht, in der Tradition des protestantischen Christentums groß geworden und beheimatet zu sein. Das hat ihn schon als Studierenden genötigt, den

> „[…] Bürgerkrieg zwischen […] dem Glauben und der Vernunft von einem Waffenstillstand zum anderen zu führen"[55],

wie er am Anfang seiner *Intellektuelle[n] Biographie* schreibt. Dazu gehörte für ihn, in einer agnostischen Grundhaltung auf eine „Philosophie ohne Absolutes" auszugreifen und sie „konfliktuell-konsensuell" mit dem biblischen Glauben zusammenzuhalten, dessen reflexive Ges-

[53] RICŒUR: Autobiographie (Anm. 38). 73.
[54] Vgl. RICŒUR, Paul: Das Selbst als ein Anderer. München 1996. 359-426.
[55] RICŒUR: Autobiographie (Anm. 38). 7.

talt für ihn nicht die systematische Theologie, sondern – im Blick auf das narrative Substrat seiner Hermeneutik nicht überraschend – die Exegese repräsentiert.[56] Gleichwohl erinnert Ricœur genau an den beiden Stellen seines Werkes, wo er seine agnostische Entflechtung von Vernunft und Glaube begründet, an einen Satz aus Georges Bernanos' *Tagebuch eines Landpfarrers*, der ihm so wichtig geworden ist, dass er sich von ihm sogar zum Titel von *Soi-même comme un autre* motivieren ließ. Der Satz lautet:

> „Es ist leichter, als man glaubt, sich zu hassen. Die Gnade besteht darin, sich zu vergessen. Aber wenn jeder Stolz in uns abgestorben wäre, dann wäre es die Gnade der Gnaden, sich selbst demütig zu lieben als eines der leidenden Glieder Jesu Christi."[57]

Man wird diese Referenz auf keinen Fall in einer kryptotheologischen Usurpierung überdehnen dürfen. Und doch ist sie – rezeptionsästhetisch gesprochen – gerade durch ihre Wiederholung in der *Intellektuelle[n] Autobiographie* so etwas wie ein dezenter Akt der Leserlenkung. Mir scheint, er deutet darauf, dass das gebrochene Subjekt das Abenteuer, von sich weg zu gehen, sich zu verlieren an das Andere, um aus ihm verwandelt und refiguriert trotzdem als es selbst geworden zurückzukehren, wohl nur unter dem Schirm wenigstens eines Gottes*gedankens* wirklich wagen kann. Und vielleicht sogar nur unter dem Schirm des Gedankens von einem Gott, der einen solchen Weg selbst gegangen ist – wie das die christliche Kerngeschichte erzählt.

Die Spannung des Vernunft-Glaube-Verhältnisses, die offenkundig zur inneren Architektonik der ricœurschen Hermeneutik gehört, markiert zusammen mit der Instanz des allen Sinn als *seinen* aneignenden Subjekts auch das Niveau, das dezidiert hermeneutische Theologien nicht unterbieten können, wollen sie ihren Anspruch Theo-Logie zu sein, nicht beschädigen. Eben daran müssen sich darum gerade auch Projekte postmoderner Theologie messen lassen.

[56] Vgl. RICŒUR: Autobiographie (Anm. 38). 78. – Vgl. auch DERS.: Das Selbst (Anm. 54). 35-36.

[57] RICŒUR: Das Selbst (Anm. 54). 36. 41. – Vgl. in leichter Veränderung der Übers. DERS.: Biographie (Anm. 38). 73.

3.4 Das Projekt postmoderner Theologien

Ähnlichkeiten und Adaptionen. Seit von „Postmoderne" die Rede geht, surfen natürlich auch etliche in der Theologie auf dieser Welle mit und geben sich so einen etwas modischen Anstrich. Viel Überzeugendes ist dabei nicht herausgekommen. Ungleich anders verhält es sich mit zwei weiteren Varianten der Rezeption postmoderner Grundüberzeugungen. Zum einen gibt es Theologen, denen die postmoderne Auflösung des Subjektbegriffs Anlass gibt, auch ihrerseits diesem Grundgedanken aller neuzeitlichen Philosophie den Abschied zu geben, um so die lästige Herausforderung, theologischerseits die noch immer ausstehende wirkliche Diskussion mit der ganzen Moderne nachzuholen. In diesem Sinne hat der ehemalige Joseph Kardinal Ratzinger zumindest phasenweise auch postmoderne Teilpositionen als Elemente seiner prinzipiellen Neuzeitkritik vertreten.[58] Andere kündigen den Disput mit der neuzeitlichen Vernunft gleich ganz auf und ziehen sich in die Binnensemantik eines angeblich biblischen Weltbilds zurück.[59] Die andere Variante systematischer Verknüpfung von Theologie und Postmoderne stellt sich die Aufgabe, das Problem Hermeneutik innertheologisch konsequent postmodern im beschriebenen Sinn durchzubuchstabieren, also *die* Geschichte als viele Geschichten, *die* Wahrheit als viele Wahrheiten usw. durchzubuchstabieren. Was daraus resultiert und welche Probleme ein solches Projekt einträgt, möchte ich Ihnen kurz am Beispiel eines der einschlägigsten Beiträge dazu vorführen. Es handelt sich um ein Werk des katholischen Theologen David Tracy, der in Chicago lehrt. Das Buch erschien im Original 1987 unter dem Titel *Plurality and Ambiguity*; die gekürzte deutsche Übersetzung von 1993 heißt – aufschlussreicher als der Urtitel – *Theologie als Gespräch. Eine postmoderne Hermeneutik.*[60]

Beispiel D. Tracy. Wie das Stichwort „Gespräch" im Titel bereits verrät, setzt Tracy grundsätzlich Gadamers Auffassung von Hermeneutik voraus. Das Buch selbst entfaltet dann die notwendigen Ergänzungen von Gadamers Hermeneutik des Einverständnisses um die Hermeneutik des Verdachts. Nachdem das angeblich alles beherrschende und vereinheitlichende neuzeitliche Subjekt dezentriert, also

58 Vgl. RATZINGER, Joseph Kardinal: Zur Gemeinschaft gerufen. Kirche heute verstehen. Freiburg u.a. 1991.

59 Vgl. etwa RUSTER, Thomas: Die Welt verstehen „gemäß den Schriften". Religionsunterricht als Einführung in das biblische Wirklichkeitsverständnis. In: Religionsunterricht an höheren Schulen 43 (2000). 189-203. – Kritisch dazu vgl. BAUDLER, Georg: Einführung in eine biblische Science-Fiction-Welt? Zur gegenwärtigen Infragestellung des erfahrungsorientierten Religionsunterrichts. In: Katechetische Blätter 125 (2000). 426-431.

60 Vgl. TRACY, David: Theologie als Gespräch. Eine postmoderne Hermeneutik. Mit einer Einführung v. Werner G. Jeanrond. Mainz 1993.

aus seiner angemaßten Zentralstellung vertrieben ist, lässt sich – so Tracy – diese Erfordernis des Verdachts folgendermaßen einlösen: Alles, was aus unserer bisherigen Perspektive durchrationalisierter Bewusstheit und Einheitlichkeit der Welt- und Lebensauffassung als irgendwie „anders“ und „fremd“ erschien und darum abgedrängt wurde, muss als gleichberechtigt zugelassen werden. Die Diskurse der Hysterischen, der Wahnsinnigen, der Kriminellen, der so genannten „Primitiven“, der Opfer und Verlierer der Geschichte müssen anerkannt werden. Sie brechen den rationalistischen und egozentrischen Herrschaftsdiskurs auf, entlarven die Verzerrungen der Wirklichkeit, die er anrichtet. Und sie lassen uns erahnen, wie fragil alles ist, was wir selbstverständlich für wahr, richtig und gut halten. Theologisch bedeutet solche Anerkennung von Andersheit natürlich an erster Stelle: die Stimmen der anderen Religionen gleichermaßen zuzulassen und ernst zu nehmen wie die der eigenen Glaubensüberlieferungen. Diese Forderung nach Zulassung des „anderen“ und nach seiner Anerkennung als „anderem“, durch welches das Selbstverständliche und das Eigene in Frage gestellt wird, besteht völlig zu Recht – inwieweit für die Ausgrenzungen des Fremden die okzidentale Rationalität und die Subjektzentriertheit ihres Denkens verantwortlich zu machen sind, wie Tracy mit vielen anderen behauptet, wird in anderem Zusammenhang noch zu verhandeln sein. (↗ Bd. 3, Teil A, Kap. 5.3) Wie aber verhält es sich mit der Konsequenz, die Tracy aus seiner Anerkennungsforderung ableitet. In wünschenswerter Klarheit folgt für ihn daraus nämlich:

> „Theologen können niemals Anspruch auf Gewißheit erheben, sondern bestenfalls auf eine nur versuchte relative Angemessenheit. Denn sie können eben nicht jener Pluralität und Ambiguität, von denen jeglicher Diskurs betroffen ist, entrinnen. Sie versuchen sich ein Bild von einer glaubhaften Hoffnung zu machen, indem sie kritisch alle religiösen Ansprüche auf letzte Hoffnung prüfen. Wie die Werdegänge von Mahatma Gandhi und Martin Luther King jr. zeigen, können Theologen bestenfalls uns allen helfen, neue Aktionsformen zu entdecken, die in ethischer, politischer und religiöser Hinsicht Widerstandshandlungen gegen den Status quo sind. Sie glauben, daß Hoffnung von der einen Wirklichkeit zugesprochen wird, die als letzte von Grund auf anders und verschieden sein muß, wie auch immer man diese Wirklichkeit nennt – Leere, der Eine, Gott, Sosein.“[61]

Solche Bescheidenheit wirkt ohne Zweifel sympathisch. Und ebenso bringt Tracy an dieser Stelle zur Geltung, dass und wie die Ethik des Verstehens – realisiert als Anerkennung des anderen – aus sich heraus zu einem Verstehen der Ethik, also einem In-Anspruch-genommen-Werden durch sie führt. Und trotzdem bleibt Tracy auf diesem Weg zur Ethik auf halber Strecke stehen.

Ethik und Kommunikation. Jede und jeder, der religiöse Texte zu verstehen sucht, kann – so Tracy – bestenfalls darauf hoffen,

[61] TRACY: Theologie (Anm. 60). 124.

zu relativ angemessenen Interpretationen zu kommen, die sich im Fortgang weiterer Fragen und Einsichten als relativ unangemessen herausstellen werden. Die eigentliche Leistung einer postmodernen Hermeneutik bestehe darum darin, sich der Herausforderung eines prinzipiell nach vorne offenen, also auf Revisionen gefassten Gesprächs zu stellen.[62] Wer auch immer verstehen wolle, müsse sich dem Konflikt der Interpretationen stellen, schreibt Tracy in Anlehnung an Ricœur auf der letzten Seite seines Buches.[63] Und das alles stimmt ja auch. Trotzdem fehlt ein, vielleicht *das* entscheidende Moment.[64]

Die Flüssigkeit von Dialogen sagt nämlich noch gar nichts darüber, dass dies oder jenes, ja dass überhaupt etwas mitgeteilt worden ist im eigentlichen Sinn dieses Wortes. Wirkliche Kommunikation schließt nämlich ein, dass ich meinem Gegenüber zu erkennen gebe, wo ich tatsächlich stehe. Das setzt aber voraus, dass ich meinen Standort verbindlich einnehme, also von dem, was diesen Standort ausmacht, durch und durch überzeugt bin. Im Konkretfall der religiösen Glaubensüberzeugung und ihrer begrifflichen Fassung als Theologie heißt das: Ich muss meine Position als ganze mit dem Instrumentar autonomer Vernunft nachvollzogen haben und sie als nicht der Vernunft widersprechend ausweisen. Sofern es bei religiösen Überzeugungen immer um letztgültige Sinnoptionen geht, muss diese Reflexion auch die Entfaltung eines Begriffs letztgültigen Sinnes umfassen, weil nur so auch einsichtig gemacht werden kann, ob und wie meine Glaubensüberzeugung den ihr inhärenten Anspruch auf Letztgültigkeit erfüllt oder nicht. Unbeschadet der von Tracy eingeklagten Bereitschaft, sich durch Fremdes auf Neues (auch am scheinbar schon Vertrauten) verweisen zu lassen, setzt also ein wirkliches Offensein für anderes gerade nicht eine prinzipielle Einschätzung des Eigenen als bedingt und vorläufig voraus, sondern ein von der Vernunft getragenes unbedingtes Überzeugtsein von ihm. Nur dann werde ich mich der Herausforderung durch Fremdes in wirklichem Freimut stellen. Andernfalls müsste ich möglicherweise bestimmte Stücke meiner Überzeugung vor etwaiger Infragestellung durch das Fremde schützen, indem ich sie verberge oder – elegantere Möglichkeit – indem ich sie dem Fremden elastisch anpasse. Und damit steht die ethische Frage in Gestalt meiner Verpflichtung auf Wahrhaftigkeit im Raum, und zwar nicht nur als allgemeine soziale Bringschuld, sondern sehr spezifisch als eine der Bedingungen der Möglichkeit von Kommunikation überhaupt.[65] Wir können ja überhaupt nur ernsthaft in Kommunikation treten,

[62] Vgl. TRACY: Theologie (Anm. 60). 144.

[63] Vgl. TRACY: Theologie (Anm. 60). 162.

[64] Vgl. kritisch zu Tracy auch WENDEL, Saskia: Postmoderne Theologie? In: MÜLLER, Klaus (Hg.): Fundamentaltheologie. Fluchtlinien und gegenwärtige Herausforderungen. In konzeptioneller Zusammenarbeit mit Gerhard Larcher. Regensburg 1998. 193-214. Hier 211-214.

[65] Vgl. dazu auch sehr prägnant VERWEYEN, Hansjürgen: Joseph Ratzinger – Benedikt XVI. Die Entwicklung seines Denkens. Darmstadt 2007. 134.

wenn wir unter anderem gegenseitig voraussetzen, zueinander wahrhaftig zu sein.

Die ethische Frage kommt aber über das Moment der Unbedingtheit meiner eigenen Überzeugung auch noch auf eine zweite Weise ins Spiel: Bestimme ich meine Position prinzipiell als eine offene Frage, so findet der Anspruch des Fremden keinen wirklichen Widerpart mehr. Der Ernst des Anspruchs läuft gleichsam ins Leere. Ineins damit kann mich der andere eigentlich auch gar nicht mehr überzeugen, sondern nur noch überreden. Das kommunikative Geschehen gleitet auf eine Ebene ab, auf der es der Manipulation ausgeliefert ist. Ich ziehe den anderen in dieses Gefälle hinein und bleibe ihm zugleich die Anerkennung schuldig, auf die er allein dadurch schon ein Recht hat, dass er sich an mich wendet oder ich mich an ihn – wieder die ethische Frage.

Implikat des Unbedingten. Formal gewendet: Hermeneutisches Sinnverstehen ist gerade um seiner radikalen Offenheit willen auf das Moment der Unbedingtheit in der je eigenen Überzeugung der in den Diskurs Tretenden angewiesen, für das allein die autonome Vernunft durch einen Begriff letztgültigen Sinnes aufzukommen vermag – wie gebrochen dieser Sinn auch dann materialiter vermittelt und formuliert sein mag. Die erkenntnistheoretischen Implikationen gelingenden Verstehens und echter Kommunikation lenken aus sich heraus den Blick darauf, dass Hermeneutik von Ethik getragen wird. Wie ethische Forderungen ihrerseits zustande kommen, was ihr spezifisches Wesen ausmacht und wie sie ihre normative Kraft gewinnen, gehört zu den Fragen, die wir im nächsten Gang zu untersuchen haben.

4. Ethik – Spurensuche und Vorabklärungen

Robert Musil erzählt in seinem Roman *Der Mann ohne Eigenschaften*, wie eines Tages ein General namens Stumm in die Staatsbibliothek kommt, um in den Büchern nach einem würdigen Ziel für eine große Staatsaktion zu suchen, die er mit vorbereiten soll. Beim Abschreiten der Regale fängt er auf einmal an, zu rechnen, wie lange er denn brauchen würde, um alle diese Bücher zu lesen, damit er den geeignetsten Gedanken auch wirklich fände. Auf die Auskunft des Bibliothekars hin, es seien dreieinhalb Millionen Bände vorrätig, kommt er auf etwa 10 000 Jahre nötiger Lektürezeit. Schwindel erfasst ihn. Darum denkt er sich: Der Bibliothekar lebt doch zwischen all diesen Folianten und findet jeden gewünschten. Also muss er das Geheimnis wissen, wie man so viele Bücher kennen kann!

Auf die unverfängliche Frage, ob es denn so etwas wie die Zusammenstellung aller großen Menschheitsgedanken gäbe oder ein Buch über die Verwirklichung des Wichtigsten, gibt der Bibliothekar prompt zur Antwort: „Also eine theologische Ethik?" Weil sich General Stumm damit nicht ganz zufrieden zeigt, schießt der Bibliothekar auf einmal eine Leiter empor, schnappt sich einen Band aus dem Regal und drückt ihn dem Besucher in die Hand. Es ist eine Bibliographie der Bibliographien aller Arbeiten der letzten fünf Jahre über die Fortschritte in der ethischen Frage. Den General ergreift Panik. Noch bevor der Bibliothekar verschwinden kann, packt er ihn am Jackett und will nun endlich wissen, wie der sich in diesem „Tollhaus" der Bücher zurechtfindet:

> „Wie ich ihn nicht gleich loslasse, richtete er sich plötzlich auf, er ist förmlich aus seinen schwankenden Hosen herausgewachsen, und sagt mit einer Stimme, die jedes Wort bedeutungsvoll gedehnt hat, als ob er jetzt das Geheimnis dieser Wände aussprechen müßte: ‚Herr General', sagt er, ‚Sie wollen wissen, wieso ich jedes Buch kenne? Das kann ich Ihnen nun allerdings sagen: Weil ich keines lese!'"[1]

Wie dem General Stumm möchte es einem gehen, wenn man sich heute mit Ethik befasst. Hoffnungslos, in dem Wust der Traktate und Traktätchen den wichtigsten oder schönsten Gedanken finden zu wollen, um dem Handeln das würdigste Ziel zu geben! Allenfalls Verwaltungsprofis wissen noch zu ordnen und zu kategorisieren und schaffen damit Übersicht. Aber Einsicht?

4.1 Vermessung des Geländes

Systemdenken. Dass es im Bereich der Ethik zu einer solchen Unübersichtlichkeit gekommen ist, hat seine guten Gründe: An sich lässt sich das Problem der Ethik auf den Nenner einer einzigen

[1] MUSIL, Robert: Der Mann ohne Eigenschaften. Roman. Hg. v. Adolf Frisé. Neu durchges. u. verb. Aufl. Reinbek b. Hamburg 1981. Bd. 1. Kap. 100.

kurzen Frage bringen. Kein Geringerer als Immanuel Kant hat das auch wörtlich getan. In seiner *Logik* von 1800, einem *Handbuch zu Vorlesungen*, umreißt er den gesamten Gegenstandsbereich der Philosophie mit den Worten:

> „1) Was kann ich wissen? –
> 2) Was soll ich tun?
> 3) Was darf ich hoffen?
> 4) Was ist der Mensch?
> Die erste Frage beantwortet die Metaphysik, die zweite die Moral, die dritte die Religion, und die vierte die Anthropologie. Im Grunde könnte man aber alles dieses zur Anthropologie rechnen, weil sich die drei ersten Fragen auf die letzte beziehen."[2]

„Was soll ich tun?" Das zu beantworten, darin besteht das ethische Problem. Kants Bemerkung, die ersten drei seiner Fragen bezögen sich auf die letzte, könnten also der Anthropologie, der Lehre vom Menschen zugerechnet werden, erinnert daran, dass ethisch gefragt wird, seit es Menschen gibt, und entsprechend viele Weisen des Handelns und Lehren vom Handeln – also Ethiken – sind ausgebildet worden.

Über viele Epochen gab es Ethiken als religiös-theologische Handlungsanweisung – man denke etwa an den Dekalog –, daneben und/oder in Spannung bzw. Konkurrenz zu solchen in einen Gottesglauben eingebetteten Optionen traten aber auch von Anbeginn des abendländischen Denkens philosophische, also aus der Autonomie der Vernunft geschöpfte Überlegungen zum richtigen Handeln. Als im Zuge der neuzeitlichen Aufklärung die Autorität religiöser Vorgaben zerfiel, setzte die Bemühung ein, die Autorität philosophischer Ethik umfassend zu entfalten und vor allem zu begründen. Das konnte am besten dadurch geschehen, dass der Gesamtbestand dessen, was zu Ethik gehört, eben nicht einfach empirisch erfasst und zusammengestellt, sondern möglichst aus einem einzigen Dreh- und Angelpunkt unter Einsatz weniger methodischer Operationen systematisch gewonnen wurde. Das ist das Kennzeichen der Philosophie generell und der Ethik speziell im 19. Jahrhundert. Das wohl kühnste und anspruchsvollste Unterfangen dieser Art repräsentiert Johann Gottlieb Fichtes *Das System der Sittenlehre nach den Prinzipien der Wissenschaftslehre* von 1798.[3]

Zerfall. Jedoch war diesem auf Systeme orientierten Denken keine allzu lange Karriere beschieden.[4] Vor allem der Erste Weltkrieg

[2] KANT, Immanuel: Logik. Ein Handbuch zu Vorlesungen. In: DERS.: Kant's gesammelte Schriften. Hg. v. der Königlich Preußischen Akademie der Wissenschaften. Bd. IX. Berlin; Leipzig 1923. 1-150. Hier 25.

[3] Vgl. FICHTE Johann G.: System der Sittenlehre nach den Principien der Wissenschaftslehre (1798). In: DERS.: Fichtes Werke. Hg. v. Immanuel Hermann Fichte. Bd. IV. Berlin 1971. 1-365.

[4] Vgl. zum Folgenden auch RESCHER, Nicholas: Philosophie am Ende des Jahrhunderts. In: Deutsche Zeitschrift für Philosophie 43 (1995). 775-787.

brachte einen gravierenden Einschnitt. Der Zerfall der bisherigen politischen Systeme riss auch kulturelle Systembildungen in seinen Strudel, und so eben auch die systematische Philosophie mitsamt der Ethik. Systematisch-deduktives Denken galt mehr oder weniger pauschal als verblendet und im Resultat als sinnlos. Exakte Wissenschaften in Gestalt des logischen Positivismus und sprachlicher Analyse – so folgerten viele – haben an seine Stelle zu treten.

Im Bereich der Ethik schlägt sich das dergestalt nieder, dass nicht mehr nach dem richtigen Handeln gefragt wird. Stattdessen wird (a) in empirischer Feldforschung erkundet, welche Einstellungen Menschen zu bestimmten Sachverhalten oder Situationen einnehmen; Ethik als Theorie der Moral wird ersetzt durch eine Analyse der Sitten, dessen, was man in einer bestimmten Kultur unter bestimmten Voraussetzungen eben tut oder nicht tut. Oder (b) die ethischen Fragen nach dem richtigen Handeln werden umgestellt auf eine Analyse, wie Sprache und ihre einschlägigen Ausdrücke in den Zusammenhängen, die als ethisch bezeichnet werden, funktioniert; diese Ausrichtung trägt den Namen „Metaethik". Auch dieser kommt ohne Zweifel häufig eine wichtige Funktion zu (wie wir noch mehrfach sehen werden). Aber für sich allein vermag sie die Herausforderung der ethischen Frage ebenso wenig zu tragen, wie dies die empirische oder deskriptive Ethik vermag. Warum dieses Handeln richtig und jenes falsch ist, lässt sich nicht damit begründen, dass man eben das tut oder nicht tut, auch nicht damit, dass bestimmte Ausdrücke in bestimmten Situationen auf bestimmte Weise gebraucht werden. Trotzdem beschränkte sich die Beschäftigung mit Ethik in der Zeit nach 1920 im Wesentlichen auf diese beiden Varianten.

Krise. Jedoch blieb dieser skeptischen Rückstufung der Philosophie wie speziell der Ethik nur eine noch kürzere Konjunktur beschieden als dem von ihr zurückgewiesenen Systemdenken. Die Katastrophe des Zweiten Weltkriegs und die Konfrontation mit der bislang noch nicht da gewesenen Bestialität von Menschen im Umgang mit ihresgleichen – Stichwort „Shoah" – nötigten wie von selbst zu einem neuerlichen und ernsthaften Stellen der Grundfragen nach „richtig" und „falsch", „erlaubt" und „verboten", „gerecht" und „ungerecht". Wenn es nicht gleichgültig ist, ob ich mit anderen in einer Konfliktlage den Ausgleich suche oder ob ich Menschen um ihr Hab und Gut bringe, vertreibe und in Gaskammern ermorde, – worin wurzelt diese Nicht-Gleichgültigkeit und wie und warum vermag sie mich in Anspruch zu nehmen?

Viele suchten – enttäuscht von der philosophischen Diskussionslage der unmittelbaren Vorkriegszeit – jenseits der Philosophie Halt: in fernöstlicher Religiosität etwa, in kulturellen Leistungen, in den Traditionen westlicher Religion oder im Atheismus. Viele aber wandten sich von neuem dem zu, was in der Tradition der Philosophie an ethischen Positionen bereits erarbeitet war. Man suchte diese Leistungen zu rehabilitieren und für die Herausforderungen der eigenen Zeit und Situation fruchtbar zu machen. Von daher rührt die breit angelegte Renaissance, die die so genannte „Praktische Philosophie" in der zweiten Hälfte dieses Jahrhunderts erlebte. Neben die klassischen Themen der Ethik, z.B. Tugend, Gerechtigkeit, Verantwortung und Glück, treten nun auch die vielen Bereiche so genannter „angewandter Ethik". Fragestellungen der Wirtschaft, der Medizin, der Informationstechnik, der Ökologie, der Politik, speziell der Friedens- und Rüstungspolitik werden in ethischer Perspektive durchdekliniert: Wann darf wer unter welchen Voraussetzungen die Geräte in der Intensivstation abschalten? Unter welchen Kriterien sind Gewinnstreben und Sozialverpflichtungen von Eigentum einander zuzuordnen? Welche Verpflichtungen hinsichtlich unseres Lebensstils ergeben sich allein bereits daraus, dass es auch nach uns Erdenbewohner geben wird und diese die gleichen Ansprüche auf natürliche Ressourcen erheben dürfen wie wir?

Ausdifferenzierungen. Fragen über Fragen. So wie bei den alten Griechen ethische Fragen aufbrachen, als das überkommene System des Zusammenlebens in der Polis in die Krise geriet, so verrät die regelrechte Flut ethischer Fragen heute etwas über die kritische Lage der Gegenwart. Verschärft wird diese aber außerdem dadurch, dass ein einfacher Rückgriff auf früher entwickelte ethische Konzepte den Herausforderungen der Gegenwart in keiner Weise gewachsen ist. Dafür ist – um es pointiert zu sagen – die Welt längst viel zu kompliziert geworden. Die einschneidendsten Faktoren, die unser Dasein heute bestimmen, dürften im Wesentlichen folgende sein:

- Die explosionsartige Zunahme von Wissen und Forschung: Man geht heute davon aus, dass sich unser Wissen ca. alle zehn Jahre verdoppelt. Gegenwärtig gibt es mehr Wissenschaftler und Forscher als in der gesamten Zeit von den Vorsokratikern bis zu Beginn dieses Jahrhunderts.

- Die Pluralität von Systemen im Bereich der formalen Wissenschaften: Es gibt nicht mehr nur die Mathematik, die Geometrie, die Logik. Sondern Logiker operieren neben der aristotelischen Logik mit so genannten Non-Standard-Systemen, etwa der modalen, der mehrwertigen und der fuzzy Logik; in der Geometrie gibt es neben der euklidischen auch nicht-euklidische Konzeptionen, ähnlich in der Mathematik.

- Die Komplexitätszunahme: Entdeckungen der Astronomie und Kosmologie sprengen bisherige Forschungskonsense, die Dimensionen des Kosmos entpuppen sich als noch viel ungeheuerer, als bisher die kühnsten Annahmen unterstellten. Vergleichbares geschieht auch sozusagen in der Gegenrichtung bei der Erforschung des Aufbaus der Materie. Soeben tauchten erste Indizien auf, dass wohl auch die

Quarks – wie bisher angenommen – nicht die letzten Bausteine des Alls sind.

- Die Entdeckung, dass Erkenntnis endlich bleibt – nicht nur, weil wir unendlich viele Dinge faktisch nie wissen werden, sondern weil es prinzipiell Grenzen gibt, etwa diejenigen, die der Logiker und Mathematiker Kurt Gödel mit seinem berühmten Unvollständigkeitssatz 1931 bewiesen hat, der besagt: Jedes formale System, das für die Darstellung der elementaren Zahlentheorie ausreicht und widerspruchsfrei angewandt werden kann, ist unvollständig, und seine Widerspruchsfreiheit kann mit seinen eigenen formalen Mitteln nicht bewiesen werden.

- Als Folge der genannten Faktoren kommt hinzu eine noch nie da gewesene Ausdifferenzierung der Wissenschaften in Spezialdisziplinen. So wurde von einer maßgeblichen Wissenschaftsinstitution die Physik im Jahr 1954 in 12 Teilbereiche mit insgesamt 90 Spezialgebieten gegliedert; 16 Jahre später, 1970, waren daraus 16 Teilbereiche und 210 Spezialgebiete geworden. Gewissermaßen gegenläufig zu dieser Ausdifferenzierung entstehen aber auch immer mehr interdisziplinäre Brückenschläge, z.B. die ganzen Bio-Wissenschaften oder die Verbindungen von Informatik und Medizin in der Hirnphysiologie oder der AI- oder Künstliche-Intelligenz-Forschung.

Und hinter jeder Ecke einer neuen Hypothese oder auch nur eines neuen Experiments können ethische Fragen stecken und tun das meistens auch: „Dürfen wir das tun? Dürfen wir tun, was wir können? Was passiert, wenn wir es nicht tun, aber andere unsere Bedenken nicht teilen?" Weil diese und andere ethische Fragen sich unabweisbar stellen, mit den herkömmlichen Antworten der Philosophie trotz deren neuerlichen Anerkennung aber nicht mehr zureichend erledigt werden können, musste zwangsläufig ein neuer Typ philosophischer Ethik entstehen. Nicholas Rescher nennt ihn sehr treffend „Partikularismus". Gemeint ist: Anstelle der allgemeinen Frage nach Wesen, Recht und Grund von etwas rücken Einzelfälle und Beispiele in den Vordergrund. Die charakteristische Darstellungsform werden die Fallstudie oder Überlegungen zur Methodologie eines eng umgrenzten Sachverhalts. Immer größere Theoriegebilde werden gegen immer kleinere Sachprobleme in Anschlag gebracht. Dass man es mit einem partikularistischen Diskurs zu tun hat, merkt man meist daran, dass man sich ziemlich schnell fragt, inwiefern denn ein philosophisches oder überhaupt ein Problem vorliegt, das diesen Namen verdient. Wie geht es Ihnen, wenn Sie als Vortragsthema bei einem Philosophen-Kongress angekündigt lesen: „Tierrechts-Theorie und die Abwertung von Säuglingen", „Über die ökologischen Konsequenzen der Alphabetisierung" oder „Planetarische Projektion des multiplen Selbst in Filmen"[5] – alles authentische Titel!?

[5] Zit. nach RESCHER: Philosophie (Anm. 4). 781.

Rückkehr der Frage nach dem Ganzen. Natürlich ließ dieser partikularistische Zerfall nicht lange auf einen gegenwendigen Pendelausschlag warten. Schon längst ist klar geworden, dass die Philosophie, wenn sie etwas zu sagen haben will, nicht darauf verzichten kann, sich auch die großen Zusammenhänge und in der Ethik den Gesamtbereich der Frage nach dem richtigen Handeln zum Thema zu machen. Sofern gleichwohl ein gewisses Recht der partikulären Hinsichten in Geltung bleibt, kann die Thematisierung des Ganzen freilich nicht mehr so geschehen wie in den monolithischen Systemen eines Fichte etwa oder anderer. Vielmehr vollzieht sie sich in einem meist gar nicht sonderlich koordinierten Zusammenspiel individueller Anstrengungen, die sich überlappen und vernetzen und dann oft recht unerwartet einen Blick auf das größere Ganze freigeben. Der bereits erwähnte Nicholas Rescher meint dazu:

> „[...] so zeigt sich die Philosophie am Ende des Jahrhunderts in einem ganz anderen Gewand. Einmal mehr sind ihre Interessen und Bestrebungen traditionalistisch und systematisch: wieder ist sie damit beschäftigt, die klassischen großen Fragen der traditionellen Philosophie in einer detaillierten, umfassenden und systematischen Art und Weise zu untersuchen. Sie ist jedoch nicht länger ein intellektuelles Unterfangen vom Typus ‚großer Denker, großes System', wie es uns aus der klassischen Tradition geläufig ist. Auf der Tagesordnung steht nun die spontane und lokale Zusammenarbeit Vieler, die sich distributiv großen und komplexen Projekten zuwenden. Und in jedem Bereich der Philosophie ist eine Literatur von unermeßlichem Ausmaß und unermeßlicher Komplexität entstanden, deren Beherrschung jenseits der Auffassungsgabe eines einzelnen liegt."[6]

Deutlicher als anderswo lässt sich Reschers Resümee im Bereich der Ethik verifizieren. Will man nicht resignieren, bleibt nur übrig, sich von dem Standort aus, an dem man sich selbst befindet, in die für einen erreichbaren Denkbewegungen sozusagen einzuklinken, sich mitnehmen zu lassen, indem man mitdenkt, und dann, wenn man einen eigenen Gedanken beizutragen hat, diesen ins Spiel zu bringen. Tut man das eine Zeit lang, dann macht man eine verblüffende Erfahrung: So verschieden nach Ansatz und Absicht ethische Position vorgetragen werden, bei näherem Zusehen entdeckt man, dass sie sich an ihren entscheidenden Punkten an wenigen, zum Teil uralten Gedanken orientieren und dass die ethische Frage, wann immer sie gestellt wird, bestimmte Entscheidungen erzwingt. Ein jüngerer Autor brachte diesen Befund auf die These:

> „In der Ethik gibt es, abgesehen von Verbesserungen in der Darstellung, keinen Fortschritt – es sei denn eine wachsende Anerkennung der Pluralität von Grundhaltungen."[7]

[6] RESCHER: Philosophie (Anm. 4). 787.

[7] WOLF, Jean-Claude: Grundpositionen der neuzeitlichen Ethik. In: HASTEDT, Heiner/MARTENS, Ekkehard (Hgg.): Ethik. Ein Grundkurs. Reinbek b. Hamburg 1994. 82-113. Hier 82.

Konstanten. Das ist reißerisch formuliert, einfach falsch ist es nicht. Diese Konstanten in der Ethik lassen sich zudem noch direkt an Namen festmachen: Sie heißen Aristoteles und Kant. Gewöhnlich sagt man, beider Ethik repräsentiere die großen Alternativen und Gegenmodelle. Näherer Analyse freilich zeigt sich, dass es bei Aristoteles kantianische und bei Kant aristotelische Momente gibt und dies nicht nur am Rand. Wenn das zutrifft, besteht freilich guter Grund, auch diejenigen Konzepte näher in Augenschein zu nehmen, die die Zusammengehörigkeit wichtiger aristotelischer und wichtiger kantischer Gedanken als solche zur Geltung bringen oder sich gar ausdrücklich als Vermittlungsprojekt verstehen.

Damit ist auch schon der Leitfaden für den weiteren Gang dieses Kollegs gewonnen: Wir werden zunächst ausführlich auf Aristoteles eingehen, dann auf die kantische Ethik und auf diesem Hintergrund die schon erwähnte Sittenlehre Fichtes sowie wenigstens kurz die aus unseren Tagen stammende „Integrative Ethik" von Hans Krämer als zwei Varianten systematischer Vermittlung von Kant und Aristoteles in Blick nehmen. Systematisch verklammert damit gehe ich dabei auch auf Positionsbestimmungen ein, die in der unmittelbaren Gegenwart den Gang der ethischen Diskussion im Wesentlichen bestimmen: Ich meine damit zum einen die Rehabilitierung klassischer Grundgedanken unter zeitgenössischen Rahmenbedingungen, wie sie in der Debatte „Kommunitarismus versus Liberalismus" diskutiert werden; zum anderen das Postulat einer radikalen Korrektur der abendländischen Tradition, wie es vor allem Emmanuel Levinas erhoben hat. Um diesen komplexen Schritt zu erleichtern, schalte ich diesem Programm noch ein Zwischenstück vor, in dem die wichtigsten Grundbegriffe des ethischen Diskurses vorgestellt und kurz erläutert werden.

4.2 Elementares Instrumentarium

Ich gehe bei dieser Abklärung der wichtigsten Instrumente des ethischen Diskurses gleich vom Namen „Ethik" selbst aus.

Ethik. Ethik kommt vom griechischen „ethos", zu übersetzen mit „gewohnter Ort des Wohnens, Gewohnheit, Sitte, Brauch". Aristoteles hat als Erster diesen Ausdruck auf das Problem der Legitimation der überkommenen Sitten und Einrichtungen der Polis bezogen. Ethik bezeichnet häufig zum einen das Gesamt dessen, was das Handeln und Verhalten von Menschen leitet, zum anderen die Wissenschaft, die sich mit den Prinzipien des Handelns und Verhaltens beschäftigt. Um Verwechslungen zu vermeiden, ist es sinnvoll, den Ausdruck „Ethik" für die Bezeichnung dieser Disziplin zu reservieren und mit „Moral" die Regeln und Prinzipien zu bezeichnen, die die „Sitten" oder „Sittlichkeit" einer Gemeinschaft bestimmen. Adjektivisch gewendet: Im ethischen Diskurs werden sittliche Phänomene und moralische Regelungen reflektiert.

Im Rahmen der Ethik als wissenschaftlicher Disziplin lassen sich dann diejenigen drei Hinsichten unterscheiden, die uns bereits im Rahmen unserer ersten Orientierung begegnet sind:

Deskriptive/empirische Ethik. Die deskriptive oder empirische Ethik sucht, Moral und Sitten in ihrem vielfältigen Auftreten zu beschreiben, zu erklären und – soweit möglich – eine Theorie menschlichen Verhaltens zu formulieren. Sofern dabei zahlreiche Disziplinen beteiligt sind – etwa die Ethnologie, die Psychologie, die Soziologie usw., handelt es sich bei der deskriptiven Ethik um keine genuin philosophische Aufgabe, wenngleich ethische Reflexion immer wieder auf empirische Sittlichkeit rekurrieren wird.

Normative Ethik. Die philosophische Ethik im strengen Sinn heißt „normative Ethik". In ihr geht es um die kritische Prüfung praktizierter Sitten und die Begründung der Normen, die in einer Moral formuliert werden. Weil solche Normenfindung und Normenbegründung natürlich nicht im luftleeren Raum geschieht, sondern immer in einem bestimmten Kontext und in einer bestimmten Sprache nach bestimmten Regeln, gehen mit der normativen Ethik nach heutigem Standard immer auch Bemühungen auf einer weiteren Reflexionsebene einher:

Metaethik. Die Metaethik analysiert die moralischen und ethischen Diskurse auf ihre spezifischen Sprachen und Sprachformen hin, beschäftigt sich aber noch mehr mit der Rechtfertigung ethischer Theorien. An diesen beiden Leistungen hängt im Wesentlichen die Wissenschaftlichkeit der Ethik; denn Wissenschaftlichkeit resultiert aus hinreichender Präzision und Begründung der Aussagen einer Disziplin; man spricht in diesem Zusammenhang zum einen hinsichtlich der Präzision vom Sinnproblem und zum anderen vom Begründungsproblem der Ethik. Die Bedeutung des Begründungsproblems ist uns ziemlich unmittelbar vertraut: Wenn wir überlegen, für welche von zwei möglichen Handlungsweisen wir uns entscheiden sollen, suchen wir in der Regel nach Gründen und entscheiden uns dann für diejenige Alternative, für die die besseren Gründe sprechen. Oder im Fall des moralischen Konflikts, wenn wir etwas, was wir meinen, tun zu müssen, nur unter Inkaufnahme von etwas tun können, was wir eigentlich nicht tun dürften, weil es verboten ist, z.B. ein Versprechen zu brechen, um nicht eine notwendige Hilfeleistung schuldig zu bleiben (wenn ich etwa auf dem Weg zu einem schwerkranken Verwandten bin, dem ich versprochen habe, so schnell als möglich zu kommen, auf dem Weg aber einen verunglückten Radfahrer finde, der sofortiger Hilfe bedarf). In diesem Fall suchen wir nach Gründen, um vor uns selbst oder anderen unser Verhalten zu rechtfertigen.

In diesen wenigen Sätzen soeben habe ich – ohne dass das weiter groß aufgefallen wäre – mehrfach Ausdrücke gebraucht, die uns in der Regel im ethischen Diskurs problemlos über die Lippen kommen: „sollen“, „müssen“, „verboten“. Und doch: Gerade in Situationen der Rechtfertigung bedürfen auch solche scheinbar geläufigen Ausdrücke der näheren Präzisierung; auf jemandes Rechtfertigung mit den Worten „Ich konnte nicht anders“, um zu sagen, er habe nicht anders handeln können, kann jemand durchaus entgegnen: „Was heißt: Ich konnte nicht anders!“ Es lohnt sich darum, am Leitfaden eines elementaren Beispiels sich auch die Leistung der Metaethik hinsichtlich des Sinnproblems zu vergegenwärtigen. Nehmen wir dafür einen Ausdruck, der einerseits im außermoralischen Kontext vorkommt, zugleich aber als ein Grundwort der Ethik fungiert – „gut“[8]:

Beispiel „gut“. „Gut“ nennen wir ganz Verschiedenes, z.B.

- Dinge, die einen Nutzen für einen bestimmten Zweck haben (eine gute Software für Diplom-Arbeiten);
- Dinge, die als Mittel zu etwas Gutem gut sind (obwohl sie für sich genommen ganz und gar nicht gut sein müssen, z.B. der Zahnarztbesuch);
- Dinge, deren Erleben wir als gut oder lohnend empfinden (die kühle Maß Bier nach der 100km-Radtour: „Das tut gut!“);

[8] Vgl. zum Folgenden auch FRANKENA, William K.: Analytische Ethik. Eine Einführung. 3. Aufl. München 1981. 98-102. – RICKEN, Friedo: Allgemeine Ethik. Stuttgart u.a. 1983. 54-66. – Historisches Wörterbuch der Philosophie. Bd. 3. Basel 1974. Sp. 970-972. – HOFMANN-RIEDINGER, Monika: Metaethik. In: PIEPER, Annemarie (Hg.): Geschichte der neueren Ethik. Bd. 2: Gegenwart. Tübingen; Basel 1992. 55-81.

- Dinge, die in sich selbst aufgrund ihrer Eigenschaften gut sind (Erkenntnis z.B. kann nicht nur zu einem Zweck, sondern um ihrer selbst willen angestrebt werden);
- Dinge, die dazu beitragen, dass ich ein in sich gutes, glückliches Leben führe;
- Dinge, die aus moralischen Gründen gut sind;
- Dinge, die gut sind auf eine alle die vorangehenden Weisen von Gutsein implizierende Weise.

Angestoßen hatte die ganze Untersuchung des Ausdrucks „gut" George E. Moore im Jahre 1903 mit der These, „gut" sei undefinierbar und ein einfacher Begriff wie „gelb". Werde von etwas gesagt, es sei gut, dann müsse das damit ausgedrückte Urteil einfach angenommen oder abgelehnt werden. Spätere radikalisieren diesen Ausgangspunkt in dem Sinn, dass von „gut" im moralischen Sinn ausschließlich ein emotiver Gebrauch gemacht werden könne, d.h.: In dem Satz „Dies ist gut" fügt das „gut" dem „dies" überhaupt nichts hinzu, sondern wir bringen damit nur unsere Einstellung zu dem „dies" zum Ausdruck (während „Dies ist grün" ja deskriptiv ein inhaltliches Moment des „dies" zur Geltung bringt). Unbeschadet einer starken Wirkungsgeschichte dieser Position hat vor allem Richard M. Hare die Bedeutsamkeit von „gut" im Rahmen einer Analyse der so genannten „Wert-Sprache" rehabilitiert.[9] Der Grundzug der Wertsprache – so Hare – ist präskriptiv im Gegensatz zum indikativen Charakter desjenigen Sprechens, mit dem wir Sachverhalte zum Ausdruck bringen. Formal:

> „Moralische Sätze weisen nicht die semantische Struktur '-p*' assertorischer Sätze, sondern die Form '!*p*' präskriptiver Äußerungen auf."[10]

Die logische Syntax, also das System der logischen Symbole wird eigens um dieses Zeichen „!", das Aufforderungszeichen ergänzt, um die Fundamentalität des Präskriptiven zum Ausdruck zu bringen. Innerhalb der Wertsprache fungiert „gut" als sprachlicher Akt des Empfehlens und bildet so das Grundelement solchen Werturteile ausdrückenden Sprechens. Gleichzeitig erfüllt „gut" aber auch beschreibende Funktionen. Wir bezeichnen etwas als „gut", wenn dieses Etwas bestimmte Kriterien erfüllt. Von einem „guten Fahrrad" sprechen wir dann, wenn unser Drahtesel seine Funktion – nämlich die Ermöglichung einer geräuscharmen, abgasfreien und parkplatzirrelevanten Fortbewegung – zu unserer Zufriedenheit erfüllt, weil er z.B. kaum pannenanfällig ist, über eine gute Gangschaltung und einen anständigen Gepäckträger verfügt. Wenn ich jemandem sage „XY ist eine gute Fahrradmarke", und er schaut sich dann das empfohlene Rad beim Händler an, entdeckt aber, dass der Gepäckträger nur zwei Kilo aushält, die Gangschaltung schon bei der Probefahrt blockiert und kurz vor der Rückkehr zum Händler die Lenkstange bricht, dann wird er sich über mich ärgern, weil er sich von mir getäuscht fühlt: Meine

[9] Vgl. HARE, Richard M.: Die Sprache der Moral. Frankfurt a.M. 1972. 107-188.
[10] HOFMANN-RIEDINGER: Metaethik (Anm. 8). 59.

Informationen, die ich mit „gut“ gegeben hatte, waren nicht zutreffend. Insofern funktioniert „gut“ in der Tat wie ein beliebiges anderes Adjektiv. Bereits damit ist die These von der Bedeutungslosigkeit von „gut“ widerlegt.

Von dieser beschreibenden Funktion ist nun die empfehlende zu unterscheiden, obwohl sie eng mit der beschreibenden verknüpft ist. Angenommen, Ihr Kommilitone bittet Sie um Hilfe bei der Vorbereitung der Philosophieprüfung und Sie sagen ihm: „Meine Freundin kommt demnächst für ein paar Tage zu Besuch. Sie ist sehr gut in Philosophie, sie wird mit dir ein paar Tage pauken“, dann impliziert das „gut“ natürlich auch eine Beschreibungsdimension (dass die Betroffene z.B. etwas mit Wahrheitstheorien, Hermeneutik und Platon anfangen kann), aber die primäre Funktion des „gut“ in diesem Fall ist eine Empfehlung; man könnte sie umschreiben mit „Vertraue Dich den Kenntnissen und didaktischen Fähigkeiten der Betroffenen an!“ Zur Gegenprobe können Sie den Fall dergestalt fortspinnen, dass Sie, wenn Ihre Freundin kommt, verhindert sind, sie am Bahnhof abzuholen. Darum bitten Sie Ihren ebenjenen in philosophischen Nöten befindlichen Kommilitonen, das an Ihrer Stelle zu tun. Und Sie beschreiben die Erwartete mit: „Du wirst sie gleich erkennen. Sie hat lange rote Haare und eine gute Figur.“ Ich brauche nicht weiter zu erläutern, dass in diesem Fall das „gut“ keinen Schimmer von Empfehlung impliziert, sondern einzig beschreibend gemeint ist – und nur dies.

Eine besondere Pointe gewinnt Hares Analyse von „gut“ dadurch, dass er der bewertenden Bedeutung gegenüber der beschreibenden sogar Priorität zumisst, und zwar aus zwei Gründen: Zum einen, weil im bewertenden, empfehlenden Gebrauch die Bedeutung über verschiedene Objekte und selbst über Kulturgrenzen hinweg konstant bleibe und damit eine Verständigung zwischen denen ermögliche, die verschiedene Dinge für gut erachten. Zum anderen resultiere diese Priorität daraus, dass sie die deskriptive Bedeutung in Bezug auf ein bestimmtes Objekt zu verändern vermag. Dies ist in den vergangenen Jahren z.B. offenkundig im Zusammenhang seines Gebrauchs für Autos geschehen. Vor noch gar nicht so langer Zeit galt dasjenige Auto als gut – wurde also empfohlen –, das über den größeren Hubraum, die kürzere Beschleunigung und das protzigere Outfit verfügte, ohne Rücksicht auf Energieverbrauch, Abgasmenge und Platzbedarf. Heute beginnt das Auto als „gut“ im Sinn von empfohlen zu gelten, bei dem die drei letztgenannten Faktoren minimiert auftreten, auch um den Preis des Outfits und des gesellschaftlichen Symbolwerts großer Ausmaße und hoher Beschleunigungswerte. Mit der Aufdeckung einer wertsprachlichen Dimension von „gut“, die nicht auf die deskriptive Funktion des Ausdrucks zurückgeführt werden kann, ist so zugleich auch gezeigt, dass unsere normale Sprache durch bestimmte ihrer

Momente über die Kraft verfügt, Wirklichkeit zu verändern – und das ist ein ethisch hochrelevanter Vorgang.

Der Gebrauch von „gut“ in moralischen Zusammenhängen impliziert – so Hare – genauso wie der nicht-moralische Gebrauch die beiden Dimensionen des Beschreibens und Empfehlens, unterscheidet sich also von letzterem nicht. Das gilt auch für die Fälle, in denen wir etwas oder jemanden nicht wegen der Leistung in der Erfüllung seiner Funktion, sondern als an sich „gut“ bezeichnen. Natürlich umfasst die beschreibende Dimension im Fall von „ein gutes Fahrrad“ ganz andere Bestimmungen als im Fall von „ein guter Mensch“ (wobei übrigens in beiden Fällen die Liste der Bestimmungen recht unscharf und ungenau angegeben sein kann). Aber die empfehlende Funktion bleibt gleich. Der Eindruck des Besonderen beim moralischen Gebrauch von „gut“ rührt daher, dass wir dabei Personen empfehlen, und das verhält sich nicht gleichgültig zu uns selbst:

> „Wir erregen uns über die Frage der Güte von Menschen, weil wir Menschen sind; wenn wir also ein Urteil akzeptieren, daß jemandes Handlung gut unter Umständen von einer bestimmten Art ist, dann akzeptieren wir damit das Urteil, daß es gut wäre, wenn wir – unter ähnlichen Umständen – ähnlich handeln würden. Und da wir uns in einer ähnlichen Lage befinden könnten, liegt uns die Frage am Herzen.“[11]

Das moralische Urteil über eine Person konstituiert sich also aus der Wahrnehmung seiner Eigenschaften in Verbindung mit der Angabe des Maßstabes, gemäß dem der Urteilende sein Urteil fällt. Die Kenntnis der beschreibenden Bedeutung von „gut“ in „Er oder sie ist ein guter Mensch“ legt den Maßstab dessen offen, der dieses Urteil fällt und mit ihm eine Empfehlung abgibt.

So weit dieses etwas ausführlichere Beispiel für die Relevanz von Metaethik. In seinem Verlauf war zugleich von derjenigen Position die Rede, die dem Ausdruck „gut“ jegliche Bedeutung abspricht und lediglich die Funktion einer emotiven Kundgabe seitens des Gebrauchenden zuschreibt. Damit ist bereits die erste all der ethischen Positionen ins Spiel gebracht, die ich Ihnen im Rahmen dieser begrifflichen Klärung ganz kurz noch vorstellen muss. Alle Begriffe, die jetzt folgen, gehören ihrerseits der Metaethik an, weil sie Klassifizierungen innerhalb des ethischen und des moralischen Diskurses vornehmen.[12]

Nichtkognitivistische Theorien. Für diesen ersten hier zu nennenden, nichtkognitivistisch oder nonkognitiv genannten Theorietyp stellen normative Aussagen keine Behauptungssätze dar. Diese Position tritt in erheblicher Varianzbreite auf. Normative Aussagen gelten ihr etwa als Befehl, Wunsch oder – wie vorhin gesehen – als emotive oder evokative Expression. „Emotiv“ meint: Wer eine normative Aussage macht, bringt damit zum Ausdruck, dass er oder sie das

[11] HARE: Sprache der Moral (Anm. 9). 177.

[12] Vgl. zum Folgenden KUTSCHERA, Franz von: Grundlagen der Ethik. Berlin; New York 1982. 47-86.

Ausgedrückte billige; „evokativ" meint, dass er oder sie das Ausgedrückte empfiehlt, indem an die Adressaten appelliert wird, das Ausgedrückte zu billigen und eventuell entsprechend zu handeln (d.h. auch Hare ist, trotz seiner Betonung des deskriptiven Moments von Wertausdrücken, systematisch gesehen Nonkognitivist). Eine nicht-kognitivistische Theorie ist dann gegeben, wenn behauptet wird, keine typische Form normativer Äußerung enthalte deskriptive Momente oder aber diese seien – falls gegeben – für die Analyse der normativen Sprache von geringer Bedeutung (im Falle Hares z.B. dadurch, dass der deskriptive Gehalt völlig von der empfehlenden Dimension der präskriptiven Rede abhängig gemacht wird). Der wohl einflussreichste Nicht-Kognitivist ist wohl Alfred J. Ayer gewesen. In seinem Buch *Wahrheit, Sprache, Logik* (1936) schrieb er:

> „Das Vorhandensein eines ethischen Symbols in einer Proposition fügt ihrem tatsächlichen Inhalt nichts hinzu. Wenn ich daher zu jemand sage ‚Du tatest Unrecht, als du das Geld stahlst', dann sage ich nicht mehr aus, als ob ich einfach gesagt hätte, ‚Du stahlst das Geld'. Indem ich hinzufüge, daß diese Handlung unrecht war, mache ich über sie keine weitere Aussage. Ich zeige damit nur meine moralische Mißbilligung dieser Handlung. Es ist so, als ob ich ‚Du stahlst das Geld' in einem besonderen Tonfall des Entsetzens gesagt, oder unter Hinzufügung einiger besonderer Ausrufezeichen geschrieben hätte. Der Tonfall oder die Ausrufezeichen fügen der Bedeutung des Satzes nichts hinzu. Sie dienen nur dem Hinweis, daß sein Ausdruck von gewissen Gefühlen des Sprechers begleitet wird."[13]

Wie es schon längst vor Ayer Züge non-kognitiver Ethik gab, erstmals wohl bei David Hume, so wurden nach Ayer weit komplexere und differenziertere Konzeptionen dieses Ansatzes formuliert, etwa von Charles L. Stevenson oder Patrick H. Nowell-Smith. Dennoch bleibt für sie alle als entscheidender Einwand gültig: Wenn normative Aussagen keine Behauptungssätze darstellen oder nicht wenigstens ein deskriptives Moment konstitutiv einschließen, können sie weder wahr noch falsch sein, weil nur Behauptungssätze wahr oder falsch sein können. Sind normative Aussagen aber weder wahr noch falsch, dann kann es keine normative Ethik geben und normative Aussagen sind nicht begründbar (denn Begründbarkeit besteht im Nachweis der Wahrheit). In diesem Fall fiele Ethik als solche mit dem metaethischen Befund zusammen, dass normative Aussagen non-kognitiv sind. In praktischer Hinsicht, also für jemanden, der oder die sich über ein moralisches Leben Gedanken macht, folgt daraus, dass diese Bemühung sinnlos ist, sofern sie oder er in allen moralischen Urteilen ausschließlich ihre oder seine Einstellung zur Geltung bringt. Diese Konsequenz gilt nicht nur für den Non-Kognitivismus der emotiven Variante, sondern genauso für den der dezisionistischen Version: Für sie wurzeln moralische Urteile letztendlich in Entscheidungen, die einer rationalen Kritik nur bedingt zugänglich sind. In diesem Sinn haben Hare, aber etwa auch die deutschsprachigen Autoren Max Weber oder

13 AYER, Alfred J.: Wahrheit, Sprache und Logik. Stuttgart 1970. 141.

Hans Albert als Non-Kognitivisten zu gelten. Für Weber können Wertungen nicht Gegenstand wissenschaftlicher Erkenntnis sein; und diese These wird in einem durchaus starken Sinn vertreten:

> „Je nach der letzten Stellungnahme ist für den einzelnen das eine der Teufel und das andere der Gott, und der einzelne hat sich zu entscheiden, welches für ihn der Gott und welches der Teufel ist."[14]

Albert operiert anstelle von Webers Entscheidung für oberste Werte mit als hypothetisch angenommenen Normen. Diese müssen sich bewähren, können also kritisiert werden. Das setzt jedoch Kriterien voraus, die ihrerseits wieder dezisionistisch eingeführt sind. Wären sie es nicht, weil dabei auf Wertungen zurückgegriffen wird, die ihrerseits nicht als hypothetisch gelten – z.B. „Vermeide alles unnötige Leid für Menschen!" –, dann wären die unmittelbar handlungsleitenden Normen nicht mehr hypothetisch (aber genau darauf kommt es Albert an, weil er so etwas wie eine Letztbegründbarkeit aus Gründen der Rationalität ausschließt).

Kognitivistische Theorien. Vieles von dem, was die nichtkognitivistischen Positionen implizieren, wird von den kognitivistischen Theorien durchaus anerkannt: Sie stimmen zu, dass der normative Satz „Diese Tat ist gut" gar nicht selten im Sinn von „Ich billige diese Tat" oder „Ich appelliere, diese Tat zu billigen und gegebenenfalls ebenso zu handeln" gebraucht wird. Und sie teilen auch die Ansicht, dass Sätze, die wie Behauptungssätze aussehen, als Appelle oder Befehle fungieren können, z.B. „Es regnet", um jemanden zu veranlassen, nicht ohne Schirm aus dem Haus zu gehen. Aber ebenso bestehen sie – gegen die Non-Kognitivisten – darauf, dass der Satz „Diese Tat ist gut" auch als „Ich behaupte, dass diese Tat gut ist" verstanden werden kann – und dass eben diese Klasse normativer Aussagen die eigentlich interessanten Fälle für die ethische Reflexion repräsentieren (weil – wie schon erläutert – nur sie die Begründungsproblematik aufwerfen). Dieser grundsätzlichen Differenz zwischen nichtkognitivistischen und kognitivistischen Theorien treten weitere – ebenso tiefreichende – Alternativen an die Seite, wobei es sich in allen Fällen um Varianten von Kognitivismus handelt.

Naturalistische Theorien. Die erste dieser Alternativen wird gebildet zum einen von den naturalistischen Theorien. Diese behaupten, dass sich das Phänomen des Moralischen auf andere Phänomene zurückführen lässt. Diese Reduzierbarkeit kann auf Sprachen oder auf Theorien bezogen sein. Im Fall der Ethik geht es naturalistischen Theorien um Reduktion von normativen Sätzen auf nichtnormative. Sprache 1 auf Sprache 2 reduzieren bedeutet, alle Sätze der einen

[14] WEBER, Max: Wissenschaft als Beruf. In: DERS.: Gesammelte Aufsätze zur Wissenschaftslehre. Hg. v. Johannes Winckelmann. 4. Aufl. Tübingen 1973. 582-613. Hier 604.

lassen sich in Sätze der anderen übersetzen, sodass Synonymität entsteht. Das tritt dann ein, wenn man alle Terme der Sprache 1, die in der Sprache 2 nicht vorkommen, durch Terme der Sprache 2 definieren kann. Konkret müssen also normative Grundterme wie „gut", „verboten", „gesollt" usw. durch nicht-normative Terme definiert werden. Inwieweit solche naturalistischen Übersetzungsvarianten äquivalent sind, ist gar nicht so einfach zu sagen, weil die Naturalisierungsstrategien ihr Definitionsinstrumentar aus ganz verschiedenen wissenschaftlichen Herkunftsbereichen gewinnen, z.B. aus der Biologie, der Soziologie, der Psychologie, aber auch der Theologie. Eine biologische Naturalisierung operierte etwa mit „Moralisch ist, was der Erhaltung der menschlichen Spezies dient"; eine soziologische mit „Moralisch ist, was das Funktionieren der Gesellschaft fördert"; eine theologische Naturalisierung wäre die Übersetzung von „gut" als „dem Wesen Gottes entsprechend" oder „Gott will, dass...".

Naturalistischer Fehlschluss. Gegen Naturalismen wird an erster Stelle immer der Vorwurf des naturalistischen Fehlschlusses ins Feld geführt. Dieses Argument geht auf George E. Moore zurück, ist aber von ihm alles andere als klar formuliert worden, sodass in der Folgezeit Versionen des naturalistischen Fehlschlusses formuliert wurden, die sich gegen Moore selbst richten (das ist etwa bei der von Hare formulierten Variante der Fall). Ohne jetzt auf die Interpretationsmöglichkeiten von Moores „Argument" näher einzugehen, kann man sagen: Sie laufen alle (a) darauf hinaus, dass es zwischen normativen und nichtnormativen Sätzen keine analytischen Äquivalenzen gibt, weil es nach dem so genannten „Humeschen Gesetz" zwischen ihnen keine analytischen Beziehungen gibt. Dieses Humesche Gesetz geht auf folgende Passage in Humes Buch *A Treatise of Human Nature* zurück:

> „In jedem Moralsystem, das mir bisher vorkam, habe ich immer bemerkt, daß der Verfasser eine Zeitlang in der gewöhnlichen Betrachtungsweise vorgeht, das Dasein Gottes feststellt oder Beobachtungen über menschliche Dinge vorbringt. Plötzlich werde ich damit überrascht, daß mir anstatt der üblichen Verbindungen von Worten mit *‚ist'* und *‚ist nicht'* kein Satz mehr begegnet, in dem nicht ein *‚sollte'* oder *‚sollte nicht'* sich fände. Dieser Wechsel vollzieht sich unmerklich; aber er ist von größter Wichtigkeit. Dies *sollte* oder *sollte nicht* drückt eine neue Beziehung oder Behauptung aus, muß also notwendigerweise beachtet und erklärt werden. Gleichzeitig muß ein Grund angegeben werden für etwas, das sonst ganz unbegreiflich scheint, nämlich dafür, wie diese neue Beziehung zurückgeführt werden kann auf andere, die von ihr ganz verschieden sind."[15]

Das wird gewöhnlich so verstanden: Von einer „ist"-Aussage zu einer „soll"-Aussage kann nicht mittels eines logischen Schlusses übergegangen werden; keine normative Aussage kann aus einer Menge von Prämissen gefolgert werden, die nicht wenigstens eine normative Aus-

[15] HUME, David: Ein Traktat über die menschliche Natur. III, 1, 1.

sage enthält. Das ist freilich insofern ungenau, als aus nichtnormativen Sätzen sehr wohl normative Sätze folgen können, allerdings nur solche, die logisch wahr sind, d.h. auch ohne die nicht-normativen Prämissen bewiesen werden können.

Eine zweite Möglichkeit, Moores Fehlschlussthese zu verstehen, geht dahin, (b) die Problemstellung der Naturalisten als trivial aufzufassen, weil sie letztendlich empirisch zu entscheiden sei. Oder (c) – dritte Möglichkeit – moralische Begriffe seien undefinierbar (und die Naturalisten unterstellen doch eine Definierbarkeit normativer Terme durch nichtnormative). Und schließlich (d) vierte Möglichkeit: Moralische Eigenschaften sind irgendwie von „anderer Art" als nichtmoralische, sodass Erstere durch Letztere nicht definierbar seien. Keine dieser Argument-Varianten trifft.

Argumentative Behandlung. Will man Naturalismen widerlegen – und ich sage hinzu: das ist in jedem bislang aufgetretenen Fall möglich –, so muss man sich mit jeder einzelnen Variante befassen. Um es ganz kurz am Fall des theologischen Naturalismus vorzuexerzieren[16]: Gegen die Übersetzung von „Person P soll Handlung H vollbringen" in „Gott will, dass P H vollbringt" lässt sich ein Dreifaches einwenden:

(1) Die Übersetzung ist nur für jemanden akzeptabel, der an Gott glaubt, weil „Gott" im Definiens dieser Übersetzung auftaucht (vergleichbare Voraussetzungen machen auch die anderen Naturalismen, z.B. der biologische, indem er eine Zielrichtung der biologischen Entwicklung auf Höherwertigkeit hin unterstellt).

(2) Normative Bindekraft für prinzipiell alle Gebote aus dem Willen Gottes gewinnen zu wollen, nimmt sich weder vernünftig noch überzeugend aus; ich muss ja in diesem Fall auch die Normativität etwa von Verkehrsvorschriften und Fußballregeln auf den göttlichen Willen zurückführen (wobei durchaus zu bedenken steht, dass die Normativität der Fußballregeln alles andere als moralisch trivial ist, wenn Sie bedenken, was im Stadion passieren kann, wenn es zu groben Regelverletzungen kommt).

(3) Vor allem aber: Die Übersetzung impliziert die Überzeugung, dass Gott ein guter Gott ist, der nur moralisch Richtiges befiehlt. Dies aber ergibt sich nicht analytisch aus dem Gottesbegriff, ist also nicht notwendig inneres Moment seines Gehalts (wie etwa das Nicht-Verheiratet-Sein eines Junggesellen). Würde – um dem Problem zu entgehen – Gott als nur Richtiges vorschreibender definiert, dann wäre die Übersetzung nichts anderes als ein normativer Satz (weil „richtig" ein normativer Term ist). Folglich läge überhaupt keine Naturalisierung vor. (Auf dem gleichen Weg lässt sich auch die Definition des Moralischen durch Rekurs auf beliebige andere, also auch weltliche Autoritäten abweisen).

[16] Vgl. dazu auch KUTSCHERA: Ethik (Anm. 12). 184-187.

Nichtnaturalistische Theorien. Ihr Pendant haben die naturalistischen Theorien in nichtnaturalistischen Positionen. Diese werden auch „intuitionistisch“ genannt. Dieses Prädikat meint: Es wird ein genuines Werterleben angenommen, das nicht auf andere Vollzüge zurückgeführt werden kann. Unter dem Vorzeichen dieser Annahme begegnet eine interessante Koalition von Ethikern. Ich erwähne nur drei Varianten:

(a) Beispiel G. E. Moore. Zu den Intuitionisten zählt der uns schon hinlänglich bekannte George E. Moore. Er verleiht der Unableitbarkeit des Moralischen geradezu drastisch Ausdruck:

> „Wenn ich gefragt werde, ‚Was ist gut?‘, so lautet meine Antwort, daß gut gut ist, und damit ist die Sache erledigt. Oder wenn man mich fragt, ‚Wie ist gut zu definieren?‘, so ist meine Antwort, daß es nicht definiert werden kann, und mehr ist darüber nicht zu sagen.“[17]

Anders gewendet: der Ausdruck „gut“ fungiert als Name für einen Gegenstand sui generis, und mit ihm kann auf diesen Gegenstand Bezug genommen werden.

(b) Beispiel M. Scheler. Enge Nähe zu diesem Verständnis prägt die in der ersten Hälfte des 20. Jahrhunderts im deutschsprachigen Raum vieldiskutierte materiale Wertethik, deren alle anderen überragender Repräsentant Max Scheler gewesen ist. Auch für ihn beziehen sich Ausdrücke, mit denen wir Werte bezeichnen, auf Dinge im Sinn von idealen Gegenständen, die ihrerseits untereinander in einer unwandelbaren Ordnung stehen. Wahrgenommen werden können die Werte nur kraft des Wertfühlens, eines Vollzugs, der vom Wahrnehmen wie vom Denken vollständig verschieden ist. Der Bereich der Werte und derjenige der Wirklichkeit sind vollständig voneinander getrennt. Freilich ergibt sich eine solche Dichotomie keineswegs als logisch notwendige Folge eines intuitionistischen Ansatzes. Ein solcher lässt sich nämlich auch so formulieren, dass Wirklichkeitssegmente als Wertträger erfahren werden.

(c) Beispiel F. v. Kutschera. Der zuletzt genannte Gedanke wurde ausführlich von F. v. Kutschera entfaltet.[18] Sind so geartete Werterfahrungen möglich, ist für ihn das Problem von wie auch immer näher zu bestimmenden Objekten als Werte bereits im Ansatz ausgeschaltet. Kutscheras Ausgangspunkt lautet:

> „Werterfahrungen sind Erfahrungen des Inhalts, daß Dinge schön oder daß Handlungen gut sind.“[19]

Diesen Werterfahrungen eignet dabei überhaupt nichts Außerordentliches. Es verhält sich ähnlich, wie wenn jemand einen Gegenstand als rot wahrnimmt. Kein Mensch wundert sich in diesem Fall, dass neben

17 MOORE, George E.: Principia Ethica. § 6.

18 Vgl. zum Folgenden KUTSCHERA: Ethik (Anm. 12). 227-296.

19 KUTSCHERA: Ethik (Anm. 12). 228.

dem Gegenstand als solchem nicht auch noch seine Röte als eigener Gegenstand beobachtet werden kann. Ebenso wird etwas als wertvoll erfahren, ohne dass der Wert als eigene Größe zu dem betroffenen Objekt hinzukommen müsste.

Werterfahrung. Dass es solche Werterfahrungen gibt, lässt sich – so von Kutschera – ebenso wenig bestreiten wie die Tatsache, dass wir überhaupt Erfahrungen machen. Es gehört zu unserem alltäglichen Gewahren, Dinge als hässlich oder schön, als angenehm oder widerlich usw. zu erfahren. Und auf diese Erfahrungen stützen wir unsere Werturteile. Freilich legt sich hier sofort die Frage nahe, ob das nicht dazu führe, dass das ganze Werterleben rein subjektiven Charakter besitzt, ich also lediglich als wertvoll behaupte, was mir als angenehm, schön usw. erscheint. Ein Teil der Ethiker hält tatsächlich auf der Basis von Werterleben nur subjektive, aber nicht objektive Werturteile für möglich. Selbstverständlich ist ein Teil unserer Werturteile tatsächlich in diesem Sinne subjektiv. Menschen sind Wesen mit Bedürfnissen, auf Selbsterhaltung angewiesen und auch von Interessen geleitet. Sie werden darum in ihrem Verhalten auf vielfache Weise motiviert.

Propensitäten. Um diesen Zusammenhang nicht zu eng zu fassen, etwa nur eingeschränkt auf biologische oder psychologische elementare Bedürfnisse, spricht man von so genannten „Propensitäten" (vom lateinischen „pro-pendere", zu deutsch „Übergewicht haben", „sich hinneigen"); sie umfassen durchaus auch das, was man gewöhnlich etwas salopp einen „Tick" nennt (wenn jemand z.B. sich zum Hobby wählt, in der Freizeit einen rosaroten BMW zu fahren und in einem rosarot tapezierten Zimmer ausschließlich rosarote Teddybären zu sammeln).

Genau diese Propensitäten aber, die auf den ersten Blick total willkürlich wirken, implizieren eine innere Differenzierung, die einen ersten Wink gibt, dass auf der Basis von Werterleben nicht nur subjektive Werturteile möglich sind.

(a) Propensitäten lassen sich nämlich einerseits ganz unabhängig von Gegenstandserfahrungen erleben, als Stimmung z.B., als Drang oder Affekt. Andererseits gewahren wir Propensitäten häufig anlässlich der Begegnung mit bestimmten Dingen oder Situationen, sodass die Propensität erst anlässlich dieser Objekte bemerkbar wird, sich also gleichsam in den Gegenständen oder Situationen spiegelt. Man muss sogar noch weitergehen: Etliche Propensitäten bilden sich überhaupt erst im Gang bestimmter Erfahrungen aus. Das aber kann nur geschehen, wenn Dinge oder Situationen von sich aus wertbesetzt sind. Und das ist ein erster Hinweis in Richtung der Möglichkeit objektiver Werturteile auf der Basis von Werterleben.

Man kann diese Differenz auch sprachlich ganz gut fassen: Man kann unterscheiden zwischen

- Jemand erlebt positiv, dass p – und
- Jemand erlebt, dass p positiv ist.

Beide Sätze haben verschiedenen Sinn. Das zeigt sich vor allem daran, dass jemand, der positiv erlebt, dass p, zugleich erleben kann, dass p nicht positiv ist. Es gibt noch einige weitere Indizien, dass unser Werterleben nicht ausschließlich aus subjektivem Wertempfinden hervorgeht:

(b) Man kann etwa den eigenen Tod bewerten – z.B. bedauern oder herbeiwünschen –, ohne ihn erleben zu können. In dieser Hinsicht ist durchaus dem berühmten Aphorismus Epikurs zuzustimmen:

> „Der Tod ist für uns ein Nichts, denn was der Auflösung verfiel, besitzt keine Empfindung mehr. Was aber keine Empfindung mehr hat, das kümmert uns nicht."[20]

Wenn man also Ereignisse als wertbesetzt und unwertig klassifizieren kann, ohne sie erleben zu können, muss sich das Werturteil auf etwas mit dem Ereignis als solchem Verbundenes stützen, weil die unmittelbare Erfahrungssphäre gar nicht ins Spiel kommt.

(c) Ob wir eine Tat oder ein Ereignis als Wert oder Unwert beurteilen, hängt auch von den jeweiligen Folgen ab, welche Tat oder Ereignis zeitigen. Auch Folgen sind aber etwas, das nicht – zumindest nicht notwendig – im Bereich der unmittelbaren Erfahrung derer liegt, die ein Werturteil fällen.

Dimension der Objektivität. Schon die subjektiven Werturteile gehen also nicht ausschließlich aus unmittelbarem Wertempfinden hervor. Unsere Präferenzen basieren wohl auf Werterlebnissen, stellen aber so etwas wie eine Konstruktion aus verschiedenen Momenten in teilweiser Unabhängigkeit vom aktuellen Erleben dar. Insofern wirft die Frage nach objektiven Werturteilen gar kein völlig neues Problem auf. Ist innerhalb von Werturteilen ein Moment der Unabhängigkeit vom aktuellen Wertempfinden prinzipiell denkbar, dann ist damit auch die Möglichkeit gegeben, dass die Wertqualität eines Objekts oder Ereignisses nicht durch Propensitäten, sondern durch das Objekt oder Ereignis als solches konstituiert wird, dass zumindest die Propensität durch Erfahrungen mit einer bestimmten Situation oder einem bestimmten Gegenstand überhaupt erst zustande kommt. Auch dafür lassen sich Indizien namhaft machen:

(a) Wer ein großartiges Kunstwerk betrachtet, wird durchaus positiv empfinden. Aber diese Erlebnisweise ist nicht identisch mit dem Erlebnisinhalt, der das Werterleben bestimmt. Diesen Erlebnisinhalt vermittelt das Bild dabei nicht mit seinem Material, dem Format und dem Farbauftrag, sondern kraft seiner ästhetischen Qualität. Ähnlich,

[20] EPIKUR: Philosophie der Freude. Eine Auswahl aus seinen Schriften. Übers., erl. u. eingel. v. Johannes Mewaldt. Stuttgart 1973. 51.

wenn wir Augenzeugen werden, wenn jemand aus Lebensgefahr gerettet wird: Wir empfinden subjektiv Erleichterung, objektiv erleben wir die moralische Qualität der Rettungstat.

(b) Schließlich spricht gegen eine subjektive Interpretation aller Wertaussagen, dass es viele Prädikate gibt, die gleichzeitig Wert-Eigenschaften und natürliche Eigenschaften bezeichnen. Außerdem implizieren viele natürliche Prädikate Wertmomente, z.B. ist für uns in aller Regel „sonnig" positiver gefärbt als „regnerisch", ähnlich verhält es sich zwischen „warm" und „kalt". Allgemein ist davon auszugehen, dass Werterfahrungen und natürliche Erfahrungen inhaltlich eine ursprüngliche Einheit bilden und erst abstraktiv auseinandergelegt werden. Trifft dies zu, können wertende und natürliche Ausdrücke nicht auf gänzlich verschiedene Dimensionen bezogen sein. Das wird eindrücklich von Befunden bestätigt, die sich hinsichtlich einiger Grundwörter der griechischen Ethik ausmachen lassen: „agaton" – gut – hat ursprünglich subjektive wie objektive Bedeutung, bezeichnet also weder moralisch Gutes noch subjektiv Nützliches, sondern meint das, was man allgemein für tauglich hält. Ähnlich verhält es sich bei „aretae": Die Regelübersetzung mit „Tugend" im moralischen Sinn ist viel zu enggefasst; genauso gehören in den Bedeutungsbereich des Ausdrucks Dinge wie Leistung, Geschick, Erfolg und Adel hinein. Der gleiche Sachverhalt macht es auch so schwierig, eines der Grundworte der aristotelischen Ethik angemessen wiederzugeben: „eudaimonia" – das Glück – gilt dem Stagiriten nicht nur als subjektiv höchstes Gut, es ist dies auch objektiv (aber wir heute wissen nicht einmal ein angemessenes Wort für objektives Glück).

(c) Aus der Annahme möglicher Wertqualität von Dingen oder Ereignissen erklärt sich auch problemlos, warum und wie es intersubjektive Übereinstimmung in Werturteilen geben kann. Anders gewendet kann solcher Konsens natürlich auch als Indiz für die Objektivität von Werten gelesen werden.

(d) Ähnlich wie im Fall der subjektiven Werturteile sind auch objektive Werturteile nicht an die Unmittelbarkeit eines Werterlebens gebunden. Nicht nur, dass wir selbst etwas nicht als unmittelbar positiv erleben müssen, um ihm dennoch Wert zuzuschreiben (z.B. einer medizinischen Untersuchung). Die Verknüpfung von Wertigkeiten mit natürlichen Sachverhalten vernetzt Erstere mit den Beziehungen zwischen Letzteren, also kohärenten Gegenstandsbereichen. Auf deren Basis vermögen wir auch objektive Werturteile unabhängig vom direkten Erleben objektiver Werte zu fällen: Wenn aus dem Zusammentreffen der Sachverhalte A und B ein Sachverhalt C folgt, der eng mit dem Wert W verknüpft ist, lässt sich anlässlich von A&B in Kenntnis der Folge C dieser Konjunktion bereits ein Werturteil abgeben.

Genau dieser zweimal auftretende Zug der Unabhängigkeit subjektiver wie objektiver Werturteile von unmittelbarem Werterleben macht die eigentliche Stärke der intuitionistischen Konzeption von

Kutschera aus. Er fundiert normative Aussagen ganz und gar in der Erfahrung, tut dies aber so, dass die Wertqualität dabei weder ausschließlich subjektiv – also subjektivistisch – noch ausschließlich objektiv – also objektivistisch – festgemacht wird. Das „Zwischen", das die subjektiven wie die objektiven Werturteile gleichermaßen zu tragen hat, sichert er durch phänomenologische Beschreibung und sprachliche Analyse. So unterläuft er Moores sprachphilosophisch und Schelers phänomenologisch motivierten Idealismus – man kann auch sagen Platonismus – gleichermaßen. Dass das Phänomen des Wertempfindens der Aufmerksamkeit wert ist, lässt sich nicht bezweifeln. Aber reicht dieser Ansatz, um die Unbedingtheit, mit der moralische Verpflichtungen auftreten, hinreichend einsichtig zu machen und zu begründen? Oder muss sie dieser Aufgabe gar nicht unterzogen werden? Wir haben darauf zurückzukommen.

Die relative Ausführlichkeit, mit der wir soeben die Alternative von Naturalismus und Intuitionismus durchgearbeitet haben, erlaubt, die nun noch ausstehenden Theorieformen sowie einige weitere Grundbegriffe bündig abzuhandeln. Auf ein weiteres Theorie-Doppel hat uns soeben von Kutscheras Ansatz wie von selbst gestoßen:

Subjektivistische Theorien. Die subjektivistischen Theorien bilden die wichtigste Untergruppe naturalistischer Ansätze. Ihnen gemäß gibt es Werturteile ausschließlich auf der Basis der subjektiven Einstellung einzelner. Diese Einstellung kann dabei egoistisch oder altruistisch sein. Egoistisch ist sie, wenn sie nur auf den Eigennutz abgestellt ist, altruistisch, wenn sie sich ausschließlich an den Interessen anderer orientiert – wobei Altruismus ohne weiteres egoistisch sein kann, wenn jemand z.B. hilfsbereit ist, um vor anderen gut dazustehen oder, weit schlimmer, die Hilfsbedürftigen in eine Abhängigkeit von sich zu bringen. Naturalistisch sind diese Theorien insofern, als sie normative Ausdrücke durch solche für subjektive Präferenzen zu definieren behaupten.

Objektivistische Theorien. Das exakt andere Extrem gegenüber den subjektivistischen Theorien unterstellen die objektivistischen Positionen. Für sie sind Handlungen und Situationen völlig unabhängig von subjektiven Empfindungen und Einstellungen als moralisch oder nicht-moralisch zu qualifizieren. Objektivistische Theorien können sowohl naturalistisch als auch intuitionistisch perspektiviert sein. Eine objektivistische Theorie par excellence wird uns noch eingehend beschäftigen, wenn wir uns der Ethik Immanuel Kants zuwenden.

Deontologische Theorien. Betrachtet man das eben erwähnte kantische Leitkonzept von Ethik hinsichtlich der Weise, in der es Handlungen und Handlungsweisen thematisiert, so repräsentiert es eine deontologische Theorie. Der Name kommt vom griechischen „to deon", das Erforderliche, die Pflicht. Deontologisch gesehen gilt eine Handlung dann als sittlich geboten, wenn sie in sich gut ist – unabhängig von ihren Resultaten. Deontologische Theorien kommen gesellschaftstheoretischen Bedürfnissen sehr entgegen. Das Zusammenleben von Menschen ist, soll es gelingen, auf allgemeine Verbindlichkeiten angewiesen, von denen sich niemand dispensieren kann. Dazu müssen diese Verbindlichkeiten in Regeln gefasst sein, die in einem ausreichenden Maß konkret und praktizierbar sind. Wäre etwa das Lügen nicht ohne jede Ausnahme moralisch geächtet, hätte das – aus deontologischer Sicht – zur Folge, dass im Letzten niemand der Behauptung einer oder eines anderen trauen kann, sodass Kommunikation als solche zusammenbräche. Jegliche Rechtfertigung für eine Abweichung von der Norm führt aus deontologischer Perspektive zur generellen Zerstörung von Moral. Das wird deutlich am so genannten „Schwarzfahrerproblem", in dem sich für Deontologen alle verfangen, die nicht die kategorische Verbindlichkeit der Qualität einer Handlung zum Kriterium der Ethik machen. Nehmen wir ein Beispiel:

> „In einer Stadt sei nach einer längeren Dürreperiode das Wasser knapp geworden. Damit die Wasserversorgung nicht zusammenbricht, kommen die Einwohner überein, Wasser ausschließlich zum Trinken, Kochen und Waschen zu verwenden. Würde sich nun ein Einwohner bei seinem Handeln nur an dessen Konsequenzen orientieren, so könnte er wie folgt argumentieren: Sparen die anderen mit Wasser, so entsteht keine Gefahr für die Wasserversorgung, wenn ich meinen Rasen sprenge, der es dringend nötig hat. Sparen die anderen dagegen nicht, so nützt es auch nichts, wenn ich spare. Es ist also erlaubt, daß ich meinen Rasen sprenge."[21]

Gegen solche Finessen führen deontologische Ansätze vor allem das Generalisierungspostulat ins Feld. Dieses besagt: In einer bestimmten Situation wird von jemandem das verlangt, was in der gleichen Situation auch von allen anderen verlangt wird. Unabhängig von logischen Problemen, die dabei heraufbeschworen werden, scheitert dieses Generalisierungspostulat bereits rein inhaltlich: Wenn in der gleichen Situation von allen das Gleiche verlangt wird – wie verhält es sich dann z.B. im Fall eines Brandes? Deontologisch gesehen müssen sofort alle, die in den Bannkreis der Situation geraten, Löscharbeiten aufnehmen – die Feuerwehr wird verständlicherweise dankend ablehnen. Weite Teile des gesellschaftlichen Lebens funktionieren nur, weil bestimmte Gruppen bestimmte Sonderrechte und Sonderpflichten haben. Welche Gruppen das unter welcher Hinsicht betrifft, kann aber nicht seinerseits nochmals formal, sondern nur material festgelegt werden. Mit einem Satz gesagt: Das Generalisierungspostulat führt – obwohl auf den ersten Blick gesehen so stark – in keiner Weise weiter.

Eine zweite Schwäche der deontologischen Theorien kommt hinzu: Sie bieten keinerlei Platz für das Problem der Pflichtenkollision. Was ist, wenn ich durch eine Lüge ein Menschenleben retten kann? Wo

21 KUTSCHERA: Ethik (Anm. 12). 69.

immer überhaupt Güter gegeneinander abgewogen werden, ist der deontologische Ansatz bereits unterlaufen. Weil diese Situation in der Erfahrung häufig auftritt, finden deontologische Theorien intuitiv wenig Zustimmung (gleichwohl hat etwa Kant diese Position bis in letzte Konsequenz vertreten; auch in dem Fall Lüge versus Menschenleben[22]).

Teleologische Theorien. Genau dieses Problem der Pflichtenkollision bildet das systematische Rückgrat der zu den deontologischen Theorien alternativen teleologischen Theorien. Ihnen gemäß ergibt sich der Wert einer Handlung aus dem Wert ihrer Ziele. Daher der Name vom griechischen „telos", Ziel. Teleologisch gesehen kann etwa eine Lüge gerechtfertigt sein, weil sie positive Konsequenzen zeitigt, z.B. wenn ein Arzt einen Patienten über dessen wahren Zustand belügt, aber eben damit zu dessen späterer Genesung beiträgt. Vertreter der deontologischen Position verwahren sich dagegen mit Vehemenz. So heißt es etwa einmal bei Fichte:

> „Wer Böses thun will, damit Gutes daraus komme, ist ein Gottloser. In einer moralischen Weltregierung kann aus dem Bösen nie Gutes folgen, und so gewiss du an die erstere glaubst, ist es dir unmöglich, das letztere zu denken. – Du darfst nicht lügen, und wenn die Welt darüber in Trümmer zerfallen sollte."[23]

Für teleologische Ansätze ist der Wert entscheidend, für deontologische die Pflicht als solche. Es gibt aber noch einen weiteren Ansatz, und zwar von der Erfahrung her, dass Handlungsfolgen oft recht schnell der Kontrolle des oder der Handelnden entgleiten.

Intentionalistische Theorien. Dieser Befund nicht beherrschbarer Handlungsfolgen findet seinen ethischen Reflex in Gestalt intentionalistischer Theorien. Sie besagen nichts anderes, als dass für die moralische Bewertung einer Handlung nicht das realisierte Ergebnis aufkommen muss, sondern die Absicht, die den Handelnden geleitet hat. Freilich liegen die Schwächen dieser Position unmittelbar auf der Hand:

(a) Eine gute Absicht gehabt zu haben, taugt eigentlich nur zu einer Entschuldigung, wenn jemand besten Wissens und Gewissens gehandelt hat, ohne zu dem intendierten Resultat gekommen zu sein. Moralisches Lob aber lässt sich damit noch nicht gewinnen. Das verrät, dass gute Folgen nicht einfach durch gute Absichten ersetzt werden können.

[22] Vgl. KANT, Immanuel: Über ein vermeintes Recht aus Menschenliebe zu lügen. In: DERS.: Kant's gesammelte Schriften. Hg. v. der Königlich Preußischen Akademie der Wissenschaften. Bd. VIII. Berlin; Leipzig 1923. 423-430.

[23] FICHTE, Johann G.: Über den Grund unseres Glaubens an eine göttliche Weltregierung (1798). In: DERS.: Fichtes Werke. Hg. v. Immanuel Hermann Fichte. Bd. V. Zur Religionsphilosophie. Berlin 1971. 177-189. Hier 185-186.

(b) Würden Normen nur im Sinn von Absichten, die jemand haben soll, bestimmt, fehlte ihnen wirkliche Verbindlichkeit und wären sie auch nicht einklagbar. Wer immer eine Normerfüllung schuldig bliebe, könnte sich jenseits jeder weiteren Kontrollierbarkeit darauf berufen, die besten Absichten gehabt zu haben, aber leider damit nicht ans Ziel gekommen zu sein.

Damit sind die wichtigsten Unterscheidungen im ethischen Diskurs und einige begriffliche Klärungen vorgenommen. Sie werden uns sehr hilfreich sein, wenn wir uns jetzt näher mit den leitenden Paradigmen der Ethik und einigen ihrer Abkömmlinge befassen, um so die Voraussetzungen einer eigenen systematischen Standortbestimmung vorzubereiten. Beginnen soll diese kritische Auseinandersetzung mit demjenigen, der die philosophische Ethik als Disziplin begründet hat, also mit Aristoteles.

5. Das aristotelische Paradigma

Aristoteles hat die philosophische Ethik als Disziplin gegründet. Das heißt aber nicht, er hätte im Alleingang aus dem Nichts dieses Projekt ins Dasein gebracht. Im Gegenteil stützt er sich vielfältig auf sittliche Traditionen und ethische Reflexionen aus der Zeit vorher und gibt darüber auch Rechenschaft.[1] Wie kaum ein anderer referiert gerade Aristoteles die Meinungen früherer Philosophen mit Sorgfalt und ohne Klischee, also nicht so, dass er sich einen gegnerischen Pappkameraden aufbaut, der sich trefflich niedermachen lässt, um die eigene Position um so eindrucksvoller zur Geltung zu bringen. Freilich schreibt Aristoteles für die Grundlegung der philosophischen Ethik dem Sokrates eine zentrale Rolle zu auf eine Weise, die andere einschlägige Bemühungen, ohne die die Sokratik eigentlich nicht verständlich ist, überblendet. In der *Metaphysik* schreibt er:

> „Sokrates war der erste, der auf dem Gebiete der ethischen Tugenden seine Betrachtungen anstellte und für sie die Allgemeinbegriffe suchte. Im Bereiche der Natur nämlich hatte Demokrit nur ein wenig davon erfaßt und die Begriffe ‚warm' und ‚kalt' einigermaßen bestimmt; noch früher hatten die Pythagoräer einige wenige Begriffe bestimmt, soweit sie sie mit den Zahlen in Verbindung bringen konnten, z.B. den Begriff ‚rechtzeitig' oder ‚gerecht' oder ‚Hochzeit'. Sokrates aber machte sich mit vollem Bewußtsein daran, das Wesen zu suchen."[2]

Indem er so den Sokrates ganz in den Vordergrund rückt und an einschlägige Vorüberlegungen Demokrits und der Pythagoräer erinnert, verschweigt er freilich, dass auch andere Vorsokratiker ethische Reflexionen angestellt haben – und vor allem: dass eine umfängliche reflexive Auseinandersetzung mit den überkommenen Sitten durch die Sophisten einsetzte. Damit ist schon gesagt, dass es natürlich auch schon vor den Vorsokratikern und der Sophistik ausdrückliche Überlegungen gab, die in den Bereich der Ethik fallen (sonst hätten ja nicht Begriffsbestimmungen und kritische Infragestellungen vorgenommen werden können). Diesen ganzen voraristotelischen Bemühungen um Ethik etwas nachzugehen ist nötig, um die Leistung des Stagiriten und deren Profil angemessen in Blick zu bekommen.

5.1 Aristoteles im Kontext

Ethica perennis. Ohne zu stark zu verallgemeinern, kann man sagen: Fixierungen von Lebensregeln, Erfahrungen und praktische Weisheiten sowie Gedanken über sie gibt es seit Menschen leben und wo überall sie ein bewusstes Leben führen. Insofern kann man

[1] Vgl. zum Folgenden GIGON, Olof: Einleitung zu Aristoteles. Nikomachische Ethik. 4. Aufl. München 1981. 7-51. – BIEN, Günther: Grundpositionen der antiken Ethik. In: HASTEDT, Heiner/MARTENS, Ekkehard (Hgg.): Ethik. Ein Grundkurs. Reinbek b. Hamburg 1994. 50-81.

[2] ARISTOTELES: Metaphysik. 1078b, 17-24.

von „ethica perennis" sprechen. Denn zum elementaren Selbstverständnis des Menschen gehört die Erfahrung, um sich selbst Sorge tragen zu müssen, damit sein Leben gelinge, weil es in seinem Gang nicht so determinert ist, dass es sich aus sich heraus von selbst vollendete.

Vorphilosophische Lebensweisheit. Den Vorsokratikern, den Sophisten, Sokrates/Platon und Aristoteles begegnen Stücke einer solchen vor-philosophischen Ethik in den Traditionen, die sich von Homer und Hesiod und den Orphikern herleiten. Dort wird vielfach festgehalten, was es – wie man so sagt – im Leben gibt, dass jeder für den Gang seines Daseins – unbeschadet des Wirkens der Götter – Mitverantwortung trägt und dass dabei dem einen dies und dem anderen das als wichtig gilt. Archilochos prägt dafür die bündige Formel:

„Das Herz eines jeden erwärmt sich an anderem."[3]

Besonders prägnant werden diese lebensweisheitlichen Traditionen fassbar in den Ratschlägen, die den so genannten „Sieben Weisen" als Frucht ihrer Erfahrungen zugeschrieben werden. Sie lauten:

- Thales: „Erkenne dich selbst!"
- Solon: „Nichts zu sehr!"
- Pittakos: „Erkenne den passenden Augenblick!"
- Kleobulos: „Maß ist das Beste."
- Periander: „Alles ist Übung."
- Chilon: „Zu den Festen der Freunde geh langsam, zu ihrem Unglück schnell!"
- Bias: „Höre viel. Rede zur rechten Zeit!"[4]

Schon diese wenigen Beispiele bringen die charakteristischen formalen Züge der vorphilosophischen Ethik klar zur Geltung: Zum einen handelt es sich um konkrete, aus bestimmten Lebenssituationen gewonnene Einsichten oder Anweisungen ohne jeden systematischen Anspruch, zum anderen hängt die Autorität solcher Sentenzen ganz und gar am Alter, der öffentlichen Stellung und der persönlichen Integrität ihrer Urheber – und nicht daran, dass sie aus Prinzipien geschöpft wären, die von der Vernunft aufgedeckt und verantwortet werden. In dem Augenblick, in dem im sechsten vorchristlichen Jahrhundert die alte Homerische Ständegesellschaft und ihre Ideale in die Krise geraten, verlieren natürlich auch die in sie eingebetteten sittlichen Traditionen ihre Bindekraft, weil sie an keine prinzipielle Verbindlichkeit rückgekoppelt sind. Das heißt konkret: Die alten Regeln für das, was man tut, stehen jetzt als willkürliche Imperative da, und die alte Erfahrung der Vielfältigkeit menschlicher Strebekräfte, wie sie uns vorhin in Archilochos begegnet ist, schlägt um in einen sehr pragmatischen Relativismus.

[3] ARCHILOCHOS: Fragment 41d.
[4] SNELL, Bruno (Hg.): Leben und Meinungen der Sieben Weisen. Griech. u. lat. Quellen. 4. Aufl. München 1971. 13. 101. 103.

Sophistik. Solchen Relativismus in aller Ausdrücklichkeit zum Thema gemacht und bisweilen bis ins Zynische verlängert zu haben, geht auf das Konto der Sophisten. Einer der berühmtesten, Protagoras, sagt das so:

> „Und so schillert das Gute und wandelt sich immer wieder. Anderes ist für des Baumes Wurzeln gut, für die Zweige aber schädlich, sowie auch der Mist bei allen Pflanzen für die Wurzeln gut ist, wenn er beigegeben wird, wolltest du ihn aber auf die Schößlinge und die jungen Triebe geben, so verdirbt er alles.“[5]

Solche Relativität dessen, was sich schickt, heißt nicht gleich, dass alles gleichgültig sei. Sie bedeutet nur, dass hier bald dies, dort bald jenes als verbindlich gilt, und dass, was der eine zu tun habe, deswegen nicht auch für den anderen gelten müsse. Norm ist, was an einem bestimmten Ort in einem bestimmten Zusammenhang als geltend gesetzt ist; die Begegnung der Griechen mit fremden Sitten und Gebräuchen auf ihren ausgedehnten Handels- aber auch Studienreisen hat diesem Relativismus selbstredend Vorschub geleistet.

Freilich kann diese pragmatische Einstellung ohne Probleme in eine strategische Position umgemünzt werden, die die Sittlichkeit für die Durchsetzung eigener Interessen einspannt – und sich ansonsten kühl über sie hinwegsetzt. Der Sophist Antiphon hat das klipp und klar ausgesprochen (und damit auch empfohlen):

> „Die Gerechtigkeit besteht darin, daß man Gesetz und Brauch in dem Staat, in dem man als Bürger lebt, nicht übertritt. Am vorteilhaftesten wird sich dabei der einzelne Mensch zur Gerechtigkeit stellen, wenn er in Anwesenheit von Zeugen Gesetz und Brauch hochhält, ohne solche dagegen die Gebote der Natur. Denn die Forderungen von Gesetz und Brauch sind willkürlich auferlegt, die Gebote der Natur dagegen beruhen auf Notwendigkeit. Die Forderungen von Gesetz und Brauch sind vereinbart, nicht natürlich geworden, die Gebote der Natur aber sind natürlich geworden, nicht vereinbart. Wenn man nun bei der Übertretung von Gesetz und Brauch von denen, welche die Vereinbarung getroffen haben, unbemerkt bleibt, ist man von Schande und Strafe frei, andernfalls nicht. Vergewaltigt man dagegen die mit der Natur gewachsenen Gesetze über das mögliche Maß hinaus, so ist das Unheil um nichts geringer, wenn es auch kein Mensch merkt, und um nichts größer, auch wenn es alle Welt sieht. Denn der Schaden erwächst nicht aus der Meinung, sondern aus der Wirklichkeit [...]. Das Nützliche, das Gesetz und Brauch als solches bestimmt haben, ist eine Fessel der Natur, dasjenige aber, das aus der Natur kommt, beruht auf Freiheit [...]. Es ist das, was der Natur zuträglich ist, lustvoll; was aber Gesetz und Brauch bestimmt, ist, sofern es Unlust erregt, wider die Natur und also schädlich.“[6]

Transformationen. Diese Stellungnahme, die man selbst nach heutigen Maßstäben salopp gesagt als „Hammer“ bezeichnen

5 PLATON: Protagoras. 334a.

6 ANTIPHON: Über die Wahrheit. III, Fragment. A Col 1, 2 und 4. In: Antiphon – Kritias – Anonymus Iamblichi. Studienausgabe ausgewählter Texte. Hg. v. Basilius Kyrkos. Ioannina 1988. 46-48. Dt.: BIEN: Grundpositionen (Anm. 1). 56-57.

muss, ist in doppelter Hinsicht aufschlussreich: Sie verrät zum einen, durch welche Faktoren die vorphilosophische Ethik zur philosophischen wird; zum anderen kommen in ihr die Leitbegriffe der beiden Ethiken zur Geltung, die als die beiden ersten Ethiken im philosophischen Sinn gelten können.

Rationalität. Antiphon stützt sich inhaltlich gesehen eigentlich auf nichts Neues gegenüber der vorphilosophischen Ethik: Er reflektiert nur auf die Situationsgebundenheit, also Konventionalität und Relativität von Geboten, um die auch die Früheren schon wussten. Aber er faltet dieses Moment systematisch aus: Er differenziert zwischen willkürlicher Setzung und natürlicher Norm, erwägt die Folgen von Übertretung in beiden Fällen nach einer Nutzen-Schaden-Bilanz und zeigt, was man im Fall der Konventionen aus diesen für sich machen kann. Mit dieser rationalen Durcharbeitung radikalisiert Antiphon die alte Erfahrung bis zum Zynismus (wer sich nicht erwischen lässt, entgeht der Schande und der Strafe). Das ist das erste Konstruktionsprinzip der philosophischen Ethik: die Rationalität.

Natur. Richtig zur Durchführung kommen konnte dieser Zug aber nur dadurch, dass dieses formale Programm mit einem inhaltlichen Moment zusammentritt, das aus anderen Wissensbereichen in die Ethik hineinkommt: der Begriff der Natur. Grundgelegt und entwickelt wurde dieser in der Medizin und in der Naturphilosophie, wobei diese auch das umfasst, was wir heute Ethnologie nennen. In der Beschreibung fremder Völker und in Erwägung hinsichtlich der gesundheitlichen Zuträglichkeit wird der Begriff der Natur als eines sich über alle Unterschiede und Zustände hinweg Durchhaltenden ausgebildet. Erst gegen einen solchen Naturbegriff kann präzise zur Geltung gebracht werden, was Konvention meint. So bedenkenlos diese übertreten oder in strategischen Gebrauch genommen werden kann, um gut dazustehen, so wenig duldet die Natur einen übermäßigen Verstoß (einen mäßigen also schon!) gegen die durch sie festgeschriebenen Gesetze. Daraus ergibt sich für Antiphon die klare A-symmetrie in der Bindekraft beider Normbereiche. Interessant ist, dass von Anfang an Versuche auftauchen, an die reine, durch nichts Konventionelles und Kulturelles überformte Natur des Menschen dadurch heranzukommen, dass auf die Verfasstheit von Kleinkindern – also noch nicht von Erziehung geprägten – und auf diejenigen von Tieren – als von menschlichen Normen nicht tangierten Wesen – rekurriert wird. Schon Herodot erzählt vom ägyptischen König Psammetichos, wie dieser die Ursache der Menschheit dadurch aufzudecken versuchte, dass er zwei Säuglinge von jeglichem menschlichen Kontakt isoliert, um zu sehen, welcher Sprache die Laute angehören würden, die sie zuerst artikulieren. Ein Experiment im Übrigen, das laut der Chronik des Salimbene von Parma später der Staufer-Kaiser

Friedrich II. auf der Suche nach der von Gott in den Menschen gelegten Ursprache wiederholen ließ – mit dem fatalen Ergebnis, dass die Versuchspersonen trotz perfekter Versorgung nach relativ kurzer Zeit starben (weil es ihnen an emotionaler Zuwendung mangelte, wie sie sprachlich wie nicht-sprachlich vermittelt wird).[7]

Ziel. In enger Verbindung mit diesem Begriff einer Natur steht ein anderer, ebenfalls ursprünglich naturphilosophischer Begriff, der für die Ethik bis heute eine nicht zu überschätzende Bedeutung besitzt: „telos", der Begriff des Zieles. Später – schon bei Aristoteles – bezeichnet er das, dem alle Zwecke und Absichten im Letzten untergeordnet sind und steuert so strukturell gesehen die Ausfaltung von Ethik zu einer umfassenden systematischen Reflexion. Aber schon bei Antiphon war ein Ziel im Spiel, ohne dass er von „telos" spricht: Zum einen geht es ihm um einen vorteilhaften Umgang mit gesellschaftlichen Normen; und der Vorteil ist ein formales Ziel. Inhaltlich gefüllt ist dieses Ziel damit, sich möglichst wenig von dem zu versagen, was einem die eigene Natur nahe legt, weil diese lustvoll sei. Und das begründet die Normativität dessen, was einem die Natur vorschreibt.

Lust. Damit aber ist auch bereits der Leitbegriff eines ersten wirkmächtigen Ethik-Konzepts im eigentlichen Sinn unmittelbar ins Spiel gekommen: „hedone" die Lust. Die Lustethik findet ihre klassische Ausprägung erst nach Aristoteles bei Epikur. Ihre gelegentliche polemische Reduktion auf Sätze wie „Gut ist, was Spaß macht", verzerrt sie zum üblen Klischee.[8] Epikurs höchstes Ideal bildete vielmehr die Meeresstille der Seele, die sich durch Abwesenheit von leiblichem Schmerz und seelischem Kummer einstellt. Anders gewendet: Epikurs „hedone" ist von Schmerz her definiert. Dieser Definitionszusammenhang lässt aber keine Vielgestaltigkeit der Lust zu, kann Differenzen also nur im Quantitativen suchen und zielt folgerichtig auf das Je-Mehr von Lust. Weil mit unbegrenzter Steigerung aber die Gefahr des Umschlags in das Gegenteil aufkommt, muss Epikur diese Bedürfnislust einem Maß unterstellen. Er tut dies in Gestalt einer Taxonomie der Bedürfnisse: Von den natürlichen und notwendigen Bedürfnissen unterscheidet er die natürlichen, aber nicht notwendigen sowie die weder natürlich noch notwendigen – und empfiehlt aus genannten Gründen nur die Befriedigung der ersteren. Der durch Tradition zum Lusttheoretiker gestempelte Epikur ist in Wahrheit Prediger des kühl und vernünftig geplanten Verzichts. Sein Ansatz öffnet nicht das Tor in das Paradies rauschhaften Lusterlebens, sondern endet in ausge-

[7] Vgl. dazu: Chronik des Salimbene von Parma. Deutsche Edition Leipzig 1914. Zit. nach GRAF, Lore u.a. (Hg.): Die Blumen des Blinden. Kurze Geschichten zum Nachdenken. München 1983. 129.

[8] Vgl. zum Folgenden MÜLLER, Klaus: Rez. von ENGELHARDT, Paulus (Hg.): Glück und geglücktes Leben. Philosophische und theologische Untersuchungen zur Bestimmung des Lebensziels. In: Theologische Revue 85 (1989). Sp. 497-499.

sprochen kleinlicher Genügsamkeit. Im Brief an seinen Freund Menoikeus schreibt er:

> „[...] eine von Irrtum sich freihaltende Betrachtung dieser Dinge weiß jedes Wählen und jedes Meiden in die richtige Beziehung zu setzen zu unserer körperlichen Gesundheit und zur ungestörten Seelenruhe; denn das ist das Ziel des glückseligen Lebens. Liegt doch allen unseren Handlungen die Absicht zugrunde, weder Schmerz zu empfinden noch außer Fassung zu geraten. Haben wir es einmal dahin gebracht, dann glätten sich die Wogen; es legt sich jeder Seelensturm, denn der Mensch braucht sich dann nicht mehr umzusehen nach etwas, was ihm noch mangelt, braucht nicht mehr zu suchen nach etwas anderem, das dem Wohlbefinden seiner Seele und seines Körpers zur Vollendung verhilft."[9]

So systematisch Epikur diese Option auf „ataraxia", die Freiheit von Unruhe, ausfaltet – angelegt ist sie bereits in den sophistischen Diskussionen.

Ungleichheit und Macht. Eine zweite ethische Option steckt in der Antiphon-Passage zumindest indirekt. Indem er frank und frei rät, das Einhalten gesellschaftlicher Normen auf Situationen zu beschränken, in denen Zeugen anwesend sind, setzt er das Prinzip der Gleichheit aller vor dem Gesetz außer Kraft. Tritt die damit sanktionierte formelle Ungleichheit mit dem inhaltlichen Moment der Natur zusammen, so bringt sie sich in den Kategorien der Stärke und Schwäche zur Geltung, denn darin besteht der natürliche Unterschied zwischen Menschen in gesellschaftlicher Perspektive. Entscheiden Stärke oder Schwäche, was ich mir erlauben kann oder zu tun habe, so entsteht eine Ethik der Macht. Sofern die Suche nach der ursprünglichen Natur des Menschen das Tierreich in Blick nahm, wurde dieser Option natürlich durch entsprechende Beobachtungen fragloser Durchsetzung der Stärkeren bei gleichzeitiger Anerkennung seitens der Schwächeren Plausibilität zugespielt. Spuren in einigen platonischen Dialogen (*Gorgias, Trasymachos*) verraten, dass es ein Werk sophistischer Herkunft gegeben haben muss, das einer solchen Machtethik als einzig naturgemäßer das Wort redete.

Gegenmodell „Gleichheit". Erst nach-aristotelisch erwuchs dieser Konzeption der Machtethik ein systematischer Widerpart, nämlich in der Stoa, der neben dem Epikureismus zweiten hellenistischen Ethik. Die Stoiker heben ab auf die Gleichheit der Menschen durch ihr Begabtsein mit Vernunft und auf die – von ihm selbst gewusste – Stellung des Menschen im Ganzen der Naturordnung. Das Gewicht des Individuellen, wie es die Machtethik impliziert, wird also außer Kraft gesetzt. Dem entspricht auch als Ideal der stoischen Ethik, die „apathia", die Leidenschaftslosigkeit der Seele im Sinne einer Indifferenz gegen individuelle Emotionen.

[9] DIOGENES LAERTIUS: Leben und Meinungen berühmter Philosophen. 3. Aufl. Mit einem neuen Vorwort v. H.G. Zekl. Hamburg 1990. X, 128.

Platonischer Objektivismus. Ganz anders freilich hat derjenige reagiert, der am unmittelbarsten mit den sophistischen Optionen in Auseinandersetzung trat: Platon. Gegen deren prinzipiellen Relativismus und seine Folgen setzt er frontal die These einer Objektivität der ethischen Erkenntnis. Diese sucht Platon in einer universalen Theorie des Guten zu fundieren. Die Idee des Guten ist der Erkenntnis zugänglich, und folglich handelt es sich beim richtigen Handeln um eine Sache des Wissens und der Wissenschaft – und zwar der für Platon der Wahrheit am nächsten stehenden, der Mathematik. Wie kommt er zu diesem doch mehr als steilem Konzept? Die Entwicklung der einschlägigen Gedankenfolgen ist in den Dialog *Protagoras* eingebettet.[10] Sie findet also in Auseinandersetzung mit dem bekanntesten Sophisten, mit Protagoras, und weiteren Prominenten dieses philosophischen Lager, mit Hippias und Prodikos, statt. Den roten Faden des ganzen Disputs bildet die Frage, ob Tugend („arete") lehrbar sei. Sollte sie das sein – und das ist Sokrates'/Platons schließliche Position der Sache –, dann muss Tugend bzw. müssen die Tugenden, die die Tugend im Sinn von Fähigkeit, Tüchtigkeit zu einer gelungenen Lebensführung ausmachen, den Charakter von Wissen haben.

Voraussetzungen. Um diesen Wissenscharakter nachzuweisen, geht Sokrates von zwei Voraussetzungen aus, in denen er mit seinem Gegenüber – in diesem Fall Protagoras – übereinstimmt: (a) Beide einigen sich darauf, genauso wie die Mehrheitsmeinung unter den Leuten es tut, das Angenehme oder Lustbringende als gut zu bezeichnen (die typisch hedonistische Einstellung) – und auch, dass man bisweilen einiges angenehme Böse (wegen der negativen Folgen, z.B. beim Weinrausch) und etwas Peinliches, Schmerzendes gut nennt (wegen seiner positiven, also angenehmen, Lust bereitenden Folgen, z. B. eine Operation, die mich wieder völlig fit macht). Die zweite Voraussetzung, über die ebenfalls Konsens besteht, betrifft (b) das Gewicht, also die Verbindlichkeit, die dem Erkennen als solchem zuerkannt wird: Sokrates und Protagoras sind sich einig (diesmal gegen die verbreitete Meinung), dass Erkenntnis mit einer bestimmenden Macht einhergeht, sodass eine richtige Einsicht stark genug ist, „dem Menschen durchzuhelfen"[11], d. h. ihn in seinem Verhalten gemäß der erlangten Erkenntnis auch praktisch zu bestimmen. Auf der Basis dieses doppelten Konsenses analysiert Sokrates nun eine unter den Leuten verbreitete Redeweise. Sokrates zu Protagoras:

> „Du weißt aber doch, daß die meisten Menschen mir und dir nicht glauben, sondern sie sagen, daß viele, welche das Bessere sehr gut erkennen, es doch nicht tun wollen, obgleich sie könnten, sondern etwas anderes tun. Und so viele ich gefragt habe, was doch Ursache wäre hiervon, haben mir alle gesagt [jetzt kommt die Redeweise; K. M.], von der Lust überwunden

[10] Vgl. zum Folgenden PLATON: Protagoras. 351 b-357e.
[11] PLATON: Protagoras. 352c.

oder der Unlust oder von irgendeinem unter den Dingen, deren ich vorhin erwähnte, bezwungen, taten die das, die es tun."[12]

Diese Redeweise, „von der Lust überwunden werden", um einen Grund dafür anzugeben, Böses getan oder Unangenehmes erlitten zu haben, erachtet Sokrates als Widersinn – und zwar aus folgendem Grund: Von der Lust bezwungen zu werden, sagt jemand, der etwas tut, was momentan angenehm ist (z.B. kräftig einen heben), obwohl er weiß, dass ihm daraus ein Übel entsteht. Darum nennen die Leute auch das, was ihnen zunächst Lustgewinn bringt, auch schlecht – eben der Folgen wegen, die ja das Gegenteil von Lust sind und zugleich auch anderer Lust berauben (wer einen Kater kurieren muss, hat kaum Lust auf Kino, Theater oder eine Grillparty). Dem fügt Sokrates nun auch den umgekehrten Zusammenhang an: Dinge, die zunächst peinlich und unangenehm sind wie Behandlungen, bittere Pillen oder Ähnliches, nennen die Leute durchaus gut – wiederum der Folgen wegen, die darin bestehen, Lust zu erzeugen oder Unlust abzuwenden. Also wird selbst das Angenehmfühlen böse genannt, wenn es größerer Lust beraubt oder größere Lust bereitet, als es selbst an Lust gewährt. Und das Unangenehme wird gut genannt, wenn es größere Unlust, als es selbst verursacht, beseitigt oder Lust ermöglicht, die größer ist als es selbst, Lust also, die diesen Preis wert ist („vale la pena" sagen Italiener: es wiegt die Strafe auf).

Geradezu entschuldigend bittet Sokrates an dieser Stelle um Nachsicht für seine scheinbar so umständliche Begriffskrämerei, aber das sei nötig, weil gerade hierauf der ganze Beweis beruhe.[13] Und das trifft auch durchaus zu. Denn von diesem Punkt an bereits treibt die ganze Gedankenfolge notwendig auf den Wissenscharakter des Richtigtuns, also der Tugend, zu. Wer nämlich dem bisher Erläuterten zustimmt, entdeckt an der Redeweise des Überwundenwerdens von der Lust einen seltsamen Widerspruch. Wenn nämlich der Mensch böse handelt, obwohl er erkennt, dass sein Handeln böse ist, sofern es ihm Unlust bereitet – wovon wird er dann dabei überwunden? Doch von der Lust und also – nach vereinbarter Sprachregelung – vom Guten, sofern „angenehm" und „gut" sich decken. Böses tut also, wer vom Guten überwunden wird. Purer Unsinn ist das nur dann nicht, wenn diesen Zusammenhang gleichzeitig Größenverhältnisse bestimmen. Überwundenwerden kann also nur heißen: Ich tausche durch mein Handeln für ein kleineres Gutes ein größeres Böses ein, für ein Angenehmes ein größeres Unangenehmes. Das aber widerspricht völlig der notwendigen Logik einer auf Lust ausgerichteten Einstellung:

> „[...] welche andere Schätzung gibt es denn für Lust gegen Unlust als den Überschuß oder das Untermaß der einen gegen die andere [...]. Denn wenn du Angenehmes gegen Angenehmes wägst, mußt du immer das mehrere und größere nehmen, wenn Unangenehmes gegen Unangenehmes, das kleinere und geringere; wenn aber Angenehmes gegen Unangenehmes,

[12] PLATON: Protagoras. 352d-e.

[13] Vgl. PLATON: Protagoras. 354e.

mußt du, wenn das Unangenehme vom Angenehmen übertroffen wird, sei es nun das nähere vom entfernteren oder das entferntere vom näheren, die Handlung verrichten, darin sich dieses Verhältnis findet; wird aber in einer das Angenehme vom Unangenehmen übertroffen, die mußt du nicht verrichten.“[14]

Wissenscharakter. Weil Lust und Unlust in Verhältnissen stehen müssen, die messbar sind, bewegen sich selbst die Hedonisten auf der Ebene des Wissens – denn was wäre mehr von der Art verlässlichen, ja wissenschaftlichen Wissens als der mathematische Vorgang des Messens! Hinge – so Sokrates in einem suggestiven Vergleich – unser Wohlbefinden davon ab, lange Linien zu ziehen und nicht kurze: Was wäre dann entscheidend für uns? Das Nachmessen oder etwa der Schein, der aus der Entfernung eine lange Linie als kurz erscheinen lässt und damit trügt? Genauso erweist sich die richtige Auswahl von Lust und Unlust als eine Angelegenheit der Messkunst, sofern es um Überschuss, Untermaß und Gleichheit geht. Richtiges Handeln geht also aus Erkenntnis hervor, und zwar nicht Erkenntnis so einfachhin, sondern aus messender, wie Sokrates eigens hervorhebt – will sagen: aus der Mathematik zugehörenden Operationen, wodurch die Sicherheit und Objektivität dieser Erkenntnis verbürgt ist. Tugend als Kompetenz zur privaten wie politischen Lebensgestaltung besitzt damit Wissenscharakter im strengen Sinn. Verfehlte Handlungen können darum nur durch fehlendes Wissen verursacht sein. Und in diesem Sinne muss jenes so gern als Alibi bemühte „Überwundenwerden von der Lust“ als der „größte Unverstand“ erbracht werden.

Tugend als Erkenntnis. Auf diese Weise unternimmt es Platon, dem Relativismus der Sophisten – wohlgemerkt: mit deren Instrumentar des Kosten-Nutzen Kalküls (man denke an Antiphon!) – und im Medium der verbreiteten Lustethik eine objektive Ethik entgegenzustellen, die vom Begriff einer als Erkenntnis bestimmten Tugend gesteuert wird. Im Gang dieses kühnen – man muss fast sagen – Kommandos zeichnet Platon im Übrigen den Sokrates keineswegs als den großen Widersacher der Sophisten, sondern weit mehr als der größten einen ihrer Zunft. Das gehört zur unglaublichen Komplexität des Platonischen Werkes, von der an anderer Stelle die Rede zu sein haben wird. In unserem Zusammenhang dürfte diesem Zug die Funktion zukommen, unbeschadet des Platonischen Anspruchs auf die Objektivität ethischen Wissens subtil einen Vorbehalt gegen die vollständige begriffliche Beherrschung der Materie zur Geltung zu bringen. Damit sind die Horizonte nachgezeichnet, innerhalb deren Aristoteles seine Ethik situiert.

[14] PLATON: Protagoras. 356a-c.

5.2 Umriss der aristotelischen Ethik

Vermittlungsprogramm. Die Position, die Aristoteles selbst bezieht, ergibt sich, indem er die sophistische und die platonische „Lösung" gegeneinander abwägt:

> „Das Wollen [...] geht auf das Ziel, wie wir sagten; die einen meinen, es ginge auf das Gute, die andern, es ginge auf das scheinbar Gute. Jene nun, die sagen, daß das Gewollte das Gute sei, kommen dazu anzunehmen, daß dasjenige gar nicht gewollt sei, was einer auf Grund einer unrichtigen Wahl will; denn wenn es gewollt wäre, wäre es auch gut; es traf sich aber, daß es schlecht war. Wer aber wiederum sagt, daß das jeweils erscheinende Gute das Gewollte sei, der sagt, daß das Gewollte nicht ein von Natur Gewolltes sei, sondern nur für jeden Einzelnen, was ihm so scheint. Jedem scheint wieder anderes gut zu sein, und je nachdem sogar Entgegengesetztes."[15]

Weil beides nicht einfach nebeneinander stehen kann, plädiert Aristoteles für eine Vermittlung zwischen Sokrates/Platon und Protagoras: Einerseits, sagt Aristoteles, sucht das Wollen in der Tat das wirklich Gute, andererseits ist für den einzelnen das gut, was ihm gut erscheint. Aber diese Differenzen sind nicht einfach gleichgültig, zwischen ihnen bestehen Wertunterschiede. Oder anders gesagt: Aristoteles zieht die platonische Objektivität in die Skala der subjektiven Befindlichkeit hinein, löst damit aber zugleich die radikale Einheit *der* (platonischen) Tugend in eine Pluralität auf – und genau das macht das Spezifische und Eigenständige seiner Person aus. Die entscheidende Passage lautet:

> „Für den Tugendhaften ist das Gute das in Wahrheit Gute, für den Schlechten das Zufällige, so wie auch bei Körpern für die gut disponierten dasjenige gesund ist, was es in Wahrheit ist [hier kommt die Objektivität ins Spiel; K. M.], für die kränklichen dagegen anderes, und ebenso auch beim Bitteren, Süßen, Warmen, Schweren usw. Denn der Tugendhafte beurteilt jedes Einzelne richtig, und in jedem einzelnen erscheint ihm die Wahrheit. Denn für jede Verfassung gibt es ein eigenes Schönes und Angenehmes, und vielleicht zeichnet sich der Tugendhafte gerade dadurch am meisten aus, daß er in jedem Einzelnen die Wahrheit erkennt. Da er gewissermaßen Richtschnur und Maß dafür ist. Die Leute dagegen scheinen sich durch die Lust täuschen zu lassen. Denn sie ist nicht gut und scheint doch so."[16]

Testfall „schwer". Vergleicht man eines der von Aristoteles genannten Beispiele in je sophistischer, platonischer und aristotelischer Perspektive, dann kommt die Position des Stagiriten pointiert zur Geltung. Nehmen wir das Beispiel „schwer". Der Sophist sagt: Ob es schwer oder leicht ist, hängt einzig und allein von den Körperkräften dessen ab, der den betreffenden Gegenstand zu heben sucht. Der Platoniker weist das kategorisch zurück und hält dagegen: Ob etwas schwer oder leicht ist, entscheidet sich auf der Waage, mit der der

[15] ARISTOTELES: Nikomachische Ethik. 1113a, 16-25.
[16] ARISTOTELES: Nikomachische Ethik. 1113a, 25a-25b.

Gegenstand gewogen wird. Und der Aristoteliker antwortet: Ich stimme zu, dass die Waage objektive Gewichtsangaben liefert. Aber schwer bedeutet für den Gewichtsheber etwas anderes als für die Balletttänzerin – freilich etwas objektiv anders: Denn bestimmte Gewichte sind für den Gewichtheber im Wettkampf zu leicht und andere zu schwer. Welche, das hängt davon ab, dass er die ideale Kondition für seine Gewichtsklasse erreicht, und zwar auf legalem Weg. Kurz gesagt: Er muss ein edler, tugendhafter Wettkämpfer sein, dann bestimmt sich das weder zu leichte noch zu schwere Gewicht nach dem Maß, das er verkörpert. Und genauso bei der Tänzerin: Ist sie zu schwer, bringt sie ihren Tanzpartner, der sie heben muss, in die Bredouille, ist sie zu leicht, wird sie anorektisch werden, also völlig ungeeignet für ihren Beruf.

Nikomachische Ethik. Diese systematische Position zwischen den Sophisten und Platon, die gleichzeitig weit mehr ist als nur ein Kompromiss, hat Aristoteles in seiner Ethik breit ausgefaltet, aber nicht formal, sondern inhaltlich konkretisiert. Wie, das möchte ich Ihnen anhand der prominentesten einschlägigen Publikation des Stagiriten vorführen, der *Nikomachische[n] Ethik*. Wenn ich dieses soeben Aristoteles' prominentestes Dokument in Sachen Ethik nannte, schließt das ein, dass es auch noch andere solche Dokumente gibt – und dies nicht zu knapp. Aristoteles hat eine ganze Reihe von Schriften zur Ethik selbst publiziert. Keine einzige davon blieb erhalten. Wir wissen heute nur ihre Titel und besitzen einige Fragmente aus ihnen. Die erhaltenen ethischen Traktate sind Zusammenstellungen von Vorlesungsnotizen oder -mitschriften. Die verschollenen Publikationen bilden aber erkennbar ihren Hintergrund. Darum ist es sinnvoll, kurz aufzurufen, was in diesen Büchern – soweit durch Anspielungen oder erhalten gebliebene Zitate in Werken anderer Autoren – verhandelt wurde. Wenigstens Reste haben sich von dem für Ethik wohl einschlägigsten Werk erhalten, dem *Protreptikos Logos*, in dem es um die reine Erkenntnis als das Ziel menschlichen Lebens geht. Außerdem hatte Aristoteles Bücher veröffentlicht mit den Titeln *Über den Reichtum*, *Über die Lust*, *Über die Freundschaft*, *Über die Leidenschaften und den Zorn*, *Über die Freiwilligkeit*, *Über das Schöne*, zwei Sammlungen mit Thesen über Liebe und Freundschaft, ein Buch mit dem Namen *Nerinthos* sowie einen Dialog, aus dem nur noch eine Szene bekannt ist. Außerdem gab es ein Buch *Über die Erziehung* sowie einen Dialog namens *Politikos*. Vier Werke sind noch etwas deutlicher in ihren Spuren fassbar: Ein Dialog *Über die Gerechtigkeit*, einer *Über die Adligkeit* (von ihm sind drei Fragmente erhalten), ein Werk namens *Symposion*, ein auch von Platon verwendeter Allerweltstitel, unter dem alles Mögliche verhandelt werden konnte, sowie eine Problemsammlung, welche Fragen des Eros gewidmet war. Außerdem gibt es noch einige Bruchstücke, die keinem Werk zugeordnet werden können, aber Ethisches thematisieren.

Vieles, was in den Fragmenten und Titeln anklingt, taucht in den erhaltenen Ethik-Traktaten in umfänglicher Behandlung auf. Die zum Teil unsystematische Weise, in der das geschieht, lässt sich recht gut dadurch erklären, dass Aristoteles bei seinen Vorlesungen auf die Publikationen verweisen oder ihre Kenntnis voraussetzen konnte. Von den auf uns gekommenen Vorlesungsaufzeichnungen, sind die der *Nikomachische[n] Ethik* die umfangreichsten. Warum sie so heißen, weiß man nicht genau. Ebenso verhält es sich bei dem zweiten Skriptum, der so genannten *Eudemische[n] Ethik,* wobei es zwischen dieser und der *Nikomachische[n] Ethik* textliche Überschneidungen gibt, die auch nicht geklärt sind. Der dritte erhaltene Traktat schließlich trägt den Titel *Magna Moralia*, also *Große Ethik*, obwohl es sich um das kleinste der drei Bücher handelt. Es kann also sinnvoller Weise nur deswegen so bezeichnet worden sein, weil es neben diesen drei noch eine vierte Ethik gegeben haben muss, die kleiner war als die kleinste erhaltene, die eben darum „Die Große" genannt wurde. Ich erwähne die traditionsgeschichtlichen Befunde an dieser Stelle nur aus exemplarischen Gründen einmal ausdrücklich, weil es sich im Grunde in vielen Fällen antiker Texte – auch der Klassiker – ähnlich verhält. Und weil das natürlich auch mitbedacht sein will, wenn diese Texte ausgelegt werden. Wir kommen – zumindest was die konkreten Formulierungen betrifft – nur in begrenztem Umfang an den Originalton heran. Auch die *Nikomachische Ethik*, wie wir sie heute vor Augen haben, wurde von anderen, späteren Redaktoren zusammengestellt, wichtige Versionen, die in dem relativ umfänglichen Traktat der *Nikomachische[n] Ethik* keinen Platz fanden, wurden zur *Eudemische[n] Ethik*, Teile nochmals anderer Fassungen der Ethik-Vorlesung des Stagiriten zuzüglich späterer, nicht aristotelischer Passagen bilden die *Magna Moralia*. Für unseren Zweck im Rahmen systematischer Erwägungen zur Ethik genügt es darum, näher auf die *Nikomachische Ethik* einzugehen. (⇖ Bd. 1, Kap. 6.1)

Inhaltliche Gliederung. Zunächst möchte ich die grobe inhaltliche Gliederung vorstellen, um dann auf ein paar hochrangige Begriffe und Bestimmungen der aristotelischen Ethik näher einzugehen, die wirkungsgeschichtlich relevant geworden sind. Die *Nikomachische Ethik* (nachfolgend nenne ich sie nur noch NE) besteht in der gültig gewordenen Einteilung aus zehn Büchern. Diese deckt sich aber nicht mit einer streng sachlichen Gliederung. Im Blick auf diese ergeben sich eher sieben Abschnitte. Allerdings gewinnen diese ihrerseits über gewisse Strecken hinweg den Charakter relativ eigenständiger Abhandlungen. Folgt man diesem Indiz, so ergeben sich schlussendlich wieder zehn Teile, die sich aber nicht mit den zehn Büchern der formalen Einteilung decken. Inhaltlich gesehen bietet die NE folgendes Profil:

- Im Buch I werden die Methode der Ethik, ihr wissenschaftstheoretischer Status und das Ziel einer moralischen Existenz verhandelt. Schon von dieser ersten Inhaltsangabe her ist klar, dass es sich bei der Ethik des Stagiriten um ein teleologisch ansetzendes Konzept handelt. Das Ziel seinerseits gibt Aristoteles mit dem Terminus „eudaimonia" an – Glück. Dazu kommt eine Kritik an der Weise, wie Platon die Idee des Guten bestimmt.

- In den Büchern II – V werden die so genannten ethischen Tugenden verhandelt; gemäß unserem präziserem Sprachgebrauch, den wir festgelegt haben, wären sie „moralische Tugenden" zu nennen. Das sind diejenigen, die Einstellungen, Affekte usw. betreffen und die sich laut Aristoteles aus der Gewohnheit ergeben (daher der Name von „ethos", Sitte, Gewöhnung).[17] Dazu zählen die Tapferkeit, die Besonnenheit, die Freigebigkeit, die Großartigkeit – darunter versteht Aristoteles den angemessenen finanziellen Aufwand in großen Angelegenheiten, wenn etwa jemand ein Kriegsschiff oder eine Festgesandtschaft ausstattet. Weiter kennt er als moralische Tugenden noch die Großgesinntheit als Einstellung dessen, der sich großer Dinge für würdig hält und es auch ist, sowie schließlich die Gerechtigkeit. Letzterer widmet Aristoteles Überlegungen von einem Umfang und einem Niveau, die von selbst gebieten, eigens auf sie einzugehen. Gleichzeitig umfasst dieser Teil der NE grundsätzliche Überlegungen zu den Problemen der Freiwilligkeit, Entscheidung und Verantwortlichkeit. Dem allen stellt Aristoteles Erwägungen zum Begriff der „mesotes", des Mittelmaßes, voraus – ein formaler Grundbegriff, weitab von dem, was heute durchschnittlich unter diesem Titel vorgestellt wird.

- In Buch VI werden die so genannten dianoetischen oder Verstandestugenden thematisiert (von „dianoia", Überlegungen). Sie ergeben sich aus einer Zweiteiligkeit des vernunftbegabten Teiles der Seele: Der eine von beiden ist mit der Erkenntnis des Notwendigen und Unwandelbaren befasst. Ihm ist die Tugend des Wissens zugeordnet in Gestalt von theoretischer Wissenschaft („episteme") und als deren Aufgipfelung als „sophia" (Weisheit) und Philosophie im Sinn der Erkenntnis der ersten Prinzipien von allem. Der zweite vernünftige Seelenteil hat mit den Dingen zu tun, die verändert sind, sich also so oder so verhalten können. Zu ihm gehören die Tugenden der „techne" im Sinn des Hervorbringen- und Verwaltenkönnens von Dingen und Angelegenheiten sowie die „phronesis", die Klugheit; bei ihr handelt es sich um die praktische Vernunft im engeren Sinn, die es mit derjenigen Wahrheit zu tun hat, die mit dem rechten Streben übereinstimmt.[18] „Zur Klugheit gehören Erfahrung, Treffsicherheit, Findigkeit, schnelle Erfassung einer Situation, überhaupt Situationsge-

[17] Vgl. ARISTOTELES: Nikomachische Ethik. 1103a, 17-19.

[18] Vgl. ARISTOTELES: Nikomachische Ethik. 1139a, 28-30.

schmack, Urteilsfähigkeit, auch gegenüber fremder Rede und fremdem Rat, Kenntnis von Lebensumständen und Vertrautheit mit mannigfachen Einzelheiten, auch ein Blick fürs Ganze, Verständigkeit und auch Verständnis, das heißt Billigkeit und Nachsicht mit anderen Menschen."[19] An dieser Tugend der Klugheit in ihrer praktisch orientierten Vieldimensionalität kommt wohl am deutlichsten die Differenz zwischen Aristoteles und der monolithisch als allgemeiner Theorie des Guten verfassten Ethik Platons zur Geltung.

- In Buch VII, Teil 1 (Nr. 1-11) behandelt Aristoteles das Problem der Willensschwäche; im zweiten Teil folgen Überlegungen zu Begriff und Wirklichkeit der Lust. Dieses Thema wird ein zweites Mal im ersten Teil des X. Buches aufgegriffen (Nr. 1-5).

- In den Büchern VIII und IX untersucht der Stagirite das Phänomen der Freundschaft. Diese zählt für ihn zum Notwendigsten, aber auch zum Schönsten im Leben. Freundschaft im eigentlichen Sinn besteht darin, dass tugendhafte Menschen sich wechselseitig um des anderen willen das Gute wünschen. Freilich ist Aristoteles Realist genug, um nicht zu verschweigen, dass solche von Tugend getragene gegenseitige Wohlgesinntheit eher selten begegnet.[20]

- Die NE endet schließlich im Buch X nach dem schon erwähnten zweiten Abschnitt über die Lust mit Erwägungen zum theoretischen, also wissenschaftlichen und politischen Leben sowie mit ein paar Hinweisen für die Erziehung zur Tugend und auf den Zusammenhang von Ethik und Politik.

Schon der geraffte Überblick zum Inhalt der NE verrät, dass in diesen Vorlesungsnotizen kein deduktiver systematischer Ethik-Traktat begegnet, sondern ein eher offenes, behutsames Erwägen dessen, was es im Leben so gibt. Aristoteles denkt buchstäblich dem nach, was gemeinhin als normativ gilt. Er wendet viel Mühe darauf, die Phänomene genau in Blick zu nehmen und zu beschreiben. Begriffliche Analyse einschließlich wissenschaftstheoretischer Überlegungen zum Status moralischen Wissens kommt darüber aber nicht kurz. Das wird vor allem dort spürbar, wo sich Aristoteles mit moralischen Grundbegriffen auseinandersetzt. Dem haben wir exemplarisch in wenigen Fällen noch etwas nachzugehen, weil man auf diese Weise unmittelbar an das systematische Profil dieses ethischen Paradigmas herankommt.

Methodologische Klärung. In dieser Hinsicht lohnt sich zunächst ein Blick gleich auf die ersten Seiten der NE. Aristoteles geht nüchtern von einer Beobachtung aus, auf die sich vor allem die Sophisten beriefen: Was als gerecht gilt, wird durch und durch unterschiedlich und unbeständig beurteilt und genauso, was als ein Gut zu gelten habe; oft genug kämen Menschen durch Güter sogar zu Schaden, etwa durch Reichtum oder Tapferkeit. Aus diesem Tatbestand

[19] BIEN: Grundpositionen (Anm. 1). 68.
[20] Vgl. ARISTOTELES: Nikomachische Ethik. 1156b, 24.

zieht er eine Konsequenz, die alles Weitere bestimmt und viel vom Duktus und Stil der NE verständlich macht:

> „Da wir nun über solche Dinge und unter solchen Voraussetzungen reden, müssen wir damit zufrieden sein, in groben Zügen das Richtige anzudeuten; und wenn wir bloß über das zumeist Vorkommende reden und von solchem ausgehen, so werden auch die Schlußfolgerungen dieser Art sein.
> Auf dieselbe Weise hat nun aber auch der Hörer alles, was wir sagen werden, aufzunehmen. Denn es kennzeichnet den gebildeten, in jedem einzelnen Gebiet nur so viel Präzision zu verlangen, als es die Natur des Gegenstandes zuläßt."[21]

Das in etwa Treffende macht den spezifischen Charakter moralischer und ethischer Diskurse aus; ihre Materie – das Praktische einer richtigen Lebensführung im umfassenden Sinn – lässt keinen höheren Grad von Präzision zu, also schon gar nicht einen mathematischen (denken Sie demgegenüber an Sokrates'/Platons Begründung des Wissenscharakters von Ethik mit dem mathematischen Moment der Messbarkeit).

Ziel „Eudaimonia". Nach dieser methodologischen Klärung kann Aristoteles nun sofort den inhaltlichen Dreh- und Angelpunkt seiner Ethik näher in Blick nehmen. Schon in den ersten Zeilen der NE hatte er vorläufig bestimmt: Alles Lehren, Handeln und Entschließen scheine ein Gut zu erstreben. Insofern gelte zurecht das Gute als das, wonach alles strebt. Dabei müsse ein Unterschied beachtet werden: Nach manchem streben wir um eines anderen willen (wir bemühen uns, den Zug noch zu erreichen, weil wir so schnell wie möglich bei jemandem an einem anderen Ort anzukommen trachten). Manches dagegen erstreben wir um seiner selbst willen. So etwas muss es geben, weil sonst unser Streben in den infiniten Regress – also ins Leere – geriete. Eben dieses um seiner selbst willen Erstrebte muss dann auch das Gute sein, auf das alles Streben zielt. Weil die Kenntnis dieses Zieles für das praktische Leben von größter Bedeutung ist, muss „wenigstens im Umriß"[22] geklärt werden, worin dieses Ziel besteht und welchem Wissensbereich es zuzuordnen ist. Sofern er sich aller anderen praktischen Wissenschaften und der angesehensten Fähigkeiten bedient und auch für das Normative zuständig ist, muss es sich bei diesem Wissensbereich für Aristoteles um die Politik handeln. Ihr Ziel umfasst die anderen Ziele mit, sodass sich von ihr her das Gute für den Menschen bestimmen lässt; Ethik ist ein Teil der Politik. Und wonach strebt diese dann als ihrem Ziel, das das oberste aller praktischen Güter ausmacht? Nach der „eudaimonia", in etwa zu übersetzen mit „Glück" oder „Glückseligkeit".[23] Was darunter verstanden wird, hängt je von den menschlichen Lebensformen ab. Gleichwohl ist die – von Tugend angeleitete – Ausübung der menschlichen

21 ARISTOTELES: Nikomachische Ethik. 1094b, 19-22.
22 ARISTOTELES: Nikomachische Ethik. 1094a, 25.
23 Vgl. ARISTOTELES: Nikomachische Ethik. 1095a, 17-20.

Verfasstheit als Vernunftwesen allein das um seiner selbst willen erstrebte Ziel, dem sich alles andere Streben einschreibt. Diese letztere Spezifizierung hält fest, dass Aristoteles nicht eine abgehobene, rein kontemplative Existenz im Blick hat, sondern zum Glücklichsein gehören, dass jemand gut lebe und sich gut verhalte im Sinn von sittlicher Lebensführung *und* savoir vivre als Genießen der schönen Dinge des Lebens.[24]

Tugend und „Mitte“. Das „gute Leben“, auf das hin er seine ganze Ethik justiert, bedarf – so hatte er geschrieben – der von der Tugend angeleiteten Verwirklichung des menschlichen Wesenszieles. Was er dabei unter „Tugend“ versteht, erläutert er noch vor der Analyse der konkreten Tugenden auf eine aufschlussreiche systematische Weise – und überdies so, dass er dabei seiner methodologischen Einsicht in den spezifischen Wissenscharakter des ethischen Diskurses Rechnung trägt.

Tugenden, so beobachtet Aristoteles, zeichnen sich meist dadurch aus, dass sie sowohl ein Zuviel als auch ein Zuwenig von dem vermeiden, womit sie zu tun haben. Sie sind ein Mittleres. Die Ausarbeitung dieses ethischen Begriffs der „Mitte“ – „mesotes“ – gehört zu Aristoteles' bleibenden Leistungen. Gleichwohl steht in nicht wenigen Veröffentlichungen zu lesen, bei der Mesotes-Lehre handle es sich um einen ziemlich dunklen und daher nicht hilfreichen, wenn nicht gleich um einen witzlosen Einfall; denn es sei ja wohl keine allzu mitreißende Einsicht, dass man im Leben nichts übertreiben soll. So einfach freilich lässt sich die Sache nicht abtun. Denn:

> „Da es nun drei Verhaltensweisen gibt, zwei Schlechtigkeiten je aus Übermaß oder Mangel und eine Tugend, die der Mitte, so stehen in gewisser Weise alle zu allen im Gegensatz. Denn die Extreme stehen zueinander und zur Mitte im Gegensatz und die Mitte zu den Extremen. Wie nämlich das Gleiche gegenüber dem Geringeren größer ist, gegenüber dem Größeren aber geringer, so haben auch die mittleren Haltungen gegenüber den mangelhaften ein Übermaß, und gegenüber den übermäßigen zeigen sie einen Mangel in den Leidenschaften und Handlungen. [...]
> So stoßen denn die Extreme jeweils die Mitte ab zum anderen Extrem, und den Tapferen nennt der Feige tollkühn, der Tollkühne feige und beim anderen dementsprechend.“[25]

Kein Wunder, dass Aristoteles angesichts solcher Spannungsverhältnisse eigens anmerkt, dass es anstrengend sei, tugendhaft zu sein, und mühsam, die Mitte zu treffen, sowie, dass es dafür des Einsatzes der Vernunft bedürfe.[26] Der Grund dafür liegt auf der Hand: Die „mesotes“ hat nicht das Geringste mit Mittelmaß im Sinn von Mittelmäßigkeit zu tun. Sie ist vielmehr für den um sie Bemühten – wenn er sie gewinnt – sozusagen ein Volltreffer, also

[24] Vgl. ARISTOTELES: Nikomachische Ethik. 1098b, 20-23.
[25] ARISTOTELES: Nikomachische Ethik. 1108b, 11-26.
[26] Vgl. ARISTOTELES: Nikomachische Ethik. 1109a, 24-25.

„nach der Vorzüglichkeit und Vollkommenheit [...] das Höchste.“[27]
Es ist bezeichnend für den humanen Charakter der aristotelischen Ethik, dass die Überlegungen zur „mesotes“ mit der Bemerkung schließen, jemand würde nur wenig getadelt, wenn er oder sie nur ein wenig daneben trifft, was die Mitte angeht, und grundsätzlich treffe man diese am ehesten, wenn man zuweilen in Richtung Übermaß, zuweilen in Richtung Mangel etwas abbiege.[28]

Neues zur Gerechtigkeit. Nun gibt es eine unter den von Aristoteles traktierten Tugenden, für die der Begriff der Mitte über die soeben beschriebene prinzipielle Funktion hinaus spezielle Relevanz gewinnt. Näherhin geschieht dies dadurch, dass der Stagirite – ohne dass er das ausdrücklich thematisierte – am Leitfaden des „mesotes“-Begriffs als erster innerhalb einer wohlbekannten Tugend einen völlig neuen Problembereich in Blick bekommt. Bestimmte Wendungen im Text verraten, dass sich Aristoteles dieser seiner Neuentdeckung durchaus bewusst ist. Auch eine gewisse Holprigkeit der Ausführungen verweist darauf (solche treten immer auf, wenn jemand etwas wirklich Neues in Worte zu fassen sucht). Am unmittelbarsten verrät sich das Neue aber daran, dass Aristoteles dafür nicht einmal einen Namen weiß. Es geht konkret um die Tugend der Gerechtigkeit, und das Neue, das der Stagirite innerhalb ihrer entdeckt, kann er darum nur so herausarbeiten, dass er auf – beinahe möchte man sagen – unbeholfene Weise zwei Gerechtigkeiten unterscheidet: Da gibt es – sagt er – eine Gerechtigkeit, die ist nicht nur ein Teil der Tugend, sondern die ganze Tugend. Aber daneben gibt es auch noch eine zweite Gerechtigkeit als Teil der Tugend (und das ist das neue Phänomen). Worin unterscheiden sich beide?

(a) „Gesetzliche Gerechtigkeit“. Die erste, die umfassende Gerechtigkeit nennt Aristoteles die „gesetzliche“.[29] Ihr gemäß ist der gerecht, der die rechtlich-politischen Normen und die Sitten seiner „polis“, seiner Bürgerschaft einhält. Freilich setzt das voraus, dass es sich bei diesem Gemeinwesen seinerseits um ein „gerechtes“ handelt, also um eines, dessen rechtliche Regelungen das Prädikat der Tugend verdienen. Wenn Aristoteles nun aber diese umfassende Gerechtigkeit auf spezifische Weise differenziert, bringt er zum Ausdruck, dass es nicht einfach deckungsgleich sein muss, ein guter Mensch und ein guter Bürger zu sein. Guter Bürger wäre ja auch jemand, der sich an Gesetze hält, die von der legitimen Autorität erlassen, aber schlecht sind. Was in einem Staat als gerecht gilt, hängt auf unmittelbare Weise davon ab, wer gerade die Autorität innehat. In dem Punkt gibt A-

27 ARISTOTELES: Nikomachische Ethik. 1107a, 6-8.

28 Vgl. ARISTOTELES: Nikomachische Ethik. 1109b, 17-27.

29 Vgl. zum Folgenden BIEN, Günther: Gerechtigkeit bei Aristoteles (V). In: HÖFFE, Otfried (Hg.): Aristoteles – Die Nikomachische Ethik. Berlin 1995. 136-164.

ristoteles den Sophisten völlig recht – und die hatten das auch drastisch ausgesprochen. Der Sophist Thrasymachos sagt in Platons *Politeia* ungeschminkt, „gerecht“ sei immer das, was dem Stärkeren nützt, dessen Interessen also die geltenden rechtlichen Regelungen prägen. Insofern komme der Gerechte prinzipiell immer schlechter weg als der Ungerechte (weil der sich ja kraft seines Gesetzesverstoßes den Interessen der Machthaber entziehe. Das habe auch zur Folge, dass niemand freiwillig gerecht sein wolle, sondern allenfalls aus Schwäche und Not.[30] Dieser Logik entgeht nur, wer genau jene aristotelische Auflösung der Identität zwischen Guter-Bürger-Sein und Guter-Mensch-Sein nachvollzieht. In moderne Diktion gewendet: Bloße Legalität reicht nicht, um ein guter Mensch zu sein. Aristoteles bringt zusätzlich die Dimension der persönlichen moralischen Verfassung des einzelnen ins Spiel; er rekurriert – nochmals modern gewendet – auf das einzelne Subjekt.[31] Das ist sozusagen der systematische Reflex von Aristoteles' Entdeckung jener speziellen Gerechtigkeit, die einen Teil der Tugend ausmacht.

(b) „Besondere Gerechtigkeit“. Worin nun aber besteht diese selbst und worauf bezieht sie sich? Aristoteles setzt zur Klärung beinahe ein wenig sprachanalytisch an: Zweierlei Leute würden – sagt er – ungerecht genannt: diejenigen, die sich nicht an die Gesetze halten, und diejenigen, die der „pleonexia“ verfallen sind; das ist – zunächst recht wörtlich übertragen – die Sucht, zuviel haben zu wollen, also mit einer Ungleichheit zu operieren. Hier wird unmittelbar der konstitutive Zusammenhang zwischen Aristoteles' neuer Entdeckung und dem „mesotes“-Begriff fassbar. Wer mehr haben will, als ihm zusteht, trachtet freilich auch danach, andere zu übervorteilen; von daher taucht der Ausdruck „pleoneksis“ nicht selten im Sinn von „Betrug“, „Eigennutz“, „Unterdrückung anderer“ usw. auf. Das lässt von selbst erwarten, dass es diese zweite Gerechtigkeit mit einer durchaus handfesten Materie zu tun haben wird. Und genauso führt Aristoteles sie auch ein:

> „Von der besonderen Gerechtigkeit nun und dem ihr entsprechenden Gerechten betrifft die eine Art die Zuteilung von Ehre, Geld und den anderen Dingen, die unter den Mitgliedern einer Gemeinschaft aufgeteilt werden können; denn hier kann der eine ungleich oder gleich viel erhalten wie der andere. Die andere Art ordnet den vertraglichen Verkehr. Diese hat wiederum zwei Teile. Denn von den Verkehrsformen sind die einen freiwillig, die anderen unfreiwillig.“[32]

Zu den freiwilligen zählt Aristoteles etwa Kauf, Verkauf und Bürgschaft. Zu den unfreiwilligen Verkehrsformen gehören zum einen verborgene wie Diebstahl und Ehebruch, zum anderen die gewaltsamen wie Beleidigung, Raub oder Totschlag.

30 Vgl. PLATON: Politeia. 343c. 360c.
31 Vgl. ARISTOTELES: Nikomachische Ethik. 1130b, 21-29.
32 ARISTOTELES: Nikomachische Ethik. 1130b-1131a.

Diese ganze Materie scheint nun auf den ersten Blick keine sonderlichen moralischen oder ethischen Herausforderungen zu bieten. Aber weit gefehlt: In Wirklichkeit geht es um komplexe und in ihrer Bedeutsamkeit überhaupt nicht zu überschätzende ökonomische, politische und juristische Problemstellungen. Aristoteles liefert in diesem Zusammenhang die erste europäische Geld- und Handelstheorie, desgleichen eine Theorie der Gerichtsbarkeit. Und das alles zusammen entwickelt er rein begrifflich-theoretisch im Ausgang von einem einzigen Begriff, den er aus seiner „mesotes"-Lehre gewinnt. Ich zitiere:

> „Da nun der Ungerechte und das Ungerechte ungleich sind, so gibt es offenbar ein Mittleres zwischen dem ungleichen. Dies ist das Gleiche. Denn wo immer beim Handeln es ein Mehr oder Weniger gibt, gibt es auch ein Gleiches. Ist nun das Ungerechte ungleich, so wird das Gerechte gleich sein. Davon sind auch ohne Beweis alle überzeugt.
> Wenn außerdem das Gleiche eine Mitte ist, so wird wohl auch das Gerechte eine Mitte sein. Das Gleiche befindet sich nun bei mindestens zwei Dingen. Also muß das Gerechte eine Mitte sein, ein Gleiches, bezogen auf etwas und für bestimmte Partner und, sofern es eine Mitte ist, zwischen bestimmten Dingen (d.h. dem Mehr oder Weniger), endlich, sofern es gleich ist, von zweien, und sofern gerecht, für bestimmte Menschen.
> Das Gerechte setzt also mindestens vier Elemente voraus: die Menschen, für die es gerecht ist, sind zwei, und die Sachen, auf die es sich bezieht, sind ebenfalls zwei. Und zwar ist die Gleichheit dieselbe, für die und in was sie vorhanden ist [...].
> Das Gerechte ist also etwas Proportionales [...]. Proportionalität ist eine Gleichheit der Verhältnisse und verlangt mindestens vier Glieder."[33]

Proportionalität. Mit diesem proportional verfassten Gerechtigkeitsbegriff kann Aristoteles nun relativ einfach formale Verfahren zur Lösung von Verteilungs- wie von Ausgleichsproblemen skizzieren, Verfahren wohlgemerkt, die über die Autorität vernünftiger Begründung verfügen:

- Was die Verteilung von Gütern und Ehren betrifft: Die so genannte distributive (= austeilende) Gerechtigkeit ist gegeben, wenn von einem vorhandenen Gut Gleiche Gleiches und Ungleiche Ungleiches erhalten – und zwar so, dass ihr Anteil im rechten, also die Mitte treffenden Verhältnis zu ihrem Anspruchsgrund (z.B. Würdigkeit oder Leistung) steht.
- Die Gerechtigkeit im Bereich der Verkehrsformen erstreckt sich, wie schon erwähnt, nach zwei Seiten hin. Zum einen geht es um freiwillige – man kann einfach sagen – Geschäftsbeziehungen. In diesem Fall geht es um kommutative (= austauschende) Gerechtigkeit. Geschäftsbeziehungen sind ja genauso besehen überhaupt erst durch Proportionalität möglich. Denn nur proportionaliter lassen sich Dinge vergleichen, die an sich nicht vergleichbar sind wie etwa Dienstleistungen und Nahrungsmittel. Die konkreten Maßeinheiten innerhalb

[33] ARISTOTELES: Nikomachische Ethik. 1131a, 10-33.

einer Proportionalität werden dabei – so Aristoteles – von einer anthropologischen Größe gesteuert, nämlich dem Bedürfnis, und dieses befindet sich lebenspraktisch in stetem Wandel: Darum hat man etwas erfunden, womit eine Dienstleistung oder eine Ware unabhängig vom aktuellen Bedürfnis des Gegenübers zur richtigen Zeit in Anspruch genommen werden kann:

> „So ist auf Grund einer Abmachung das Geld der Vertreter des Bedürfnisses geworden. Darum trägt es auch den Namen „nomisma“ [deutsch: Geld, von „nomos“, Gesetz, Festlegung; K. M.], weil es nicht von Natur, sondern durch das Herkommen gilt, und weil es bei uns liegt, es zu verändern und wertlos zu machen.“[34]

Damit markiert Aristoteles den Ausgangspunkt aller Theorien der Geldwertstabilität. In diesem Bereich wird die Denkfigur der Proportionalität präskriptiv eingesetzt.

- Man kann auf sie aber auch rekurrieren, wenn es darum geht, in Verkehrsformen, die zu Ungleichheiten geführt haben, therapeutisch wieder zur rechten Mitte zu kommen. Dem wird durch die regulative oder korrektive Gerechtigkeit Rechnung getragen. Sie herzustellen, ist Aufgabe des Richters. Er hat dann, wenn Verlust oder Gewinn unfreiwillig entstehen, für die Wiederherstellung der Mitte zu sorgen. Das kann er nur so tun, dass er dem, der sich zu viel angeeignet hat, soviel nimmt und es dem Übervorteilten zueignet, wie nötig, um wieder eine Mitte herzustellen.

> „Darum nimmt man auch beim Streite seine Zuflucht zum Richter. Zu ihm gehen, bedeutet zur Gerechtigkeit zu gehen. Denn der Richter soll so etwas wie eine beseelte Gerechtigkeit sein, und man sucht einen maßvollen Richter, und einige nennen sie ‚Mittelsmänner', als würden sie die Gerechtigkeit treffen, wenn sie die Mitte treffen. So ist also das Gerechte ein Mittleres wie auch der Richter. Der Richter stellt die Gleichheit her: wie wenn eine Linie in ungleiche Teile zerschnitten wäre, nimmt er vom größeren Teile dasjenige weg, was über die Hälfte hinausgeht, und fügt es dem kleineren Teile zu. Ist aber das Ganze in zwei gleiche Teile geteilt, so sagt man, jeder habe das Seinige, wenn sie beide die Hälfte erhalten haben.“[35]

Epikie. Es spricht einmal mehr für den phänomenologischen Scharfblick des Stagiriten, wenn er im unmittelbaren Zusammenhang seiner soeben umrissenen Theorie der Jurisprudenz wie selbstverständlich auf den vertrackten Fall zu sprechen kommt, dass sich nicht alle auftretenden Streitfälle am Leitfaden des kodifizierten Gesetzes entscheiden lassen. Wenn sich Recht und Gerechtigkeit nicht von vornherein decken (wie Aristoteles vom Ansatz seiner Gerechtigkeitstheorie her annimmt), kann es eben dazu kommen, dass nur noch eine Einzelentscheidung jenseits aller Gesetzlichkeit weiterhilft. Was in diesem speziellen Fall gefordert ist, heißt „Epikie“ – Billigkeit; weit verbreitet findet sich – besonders auch in der christlichen Sozialethik und Moraltheologie – der Name „Epikie“. Allerdings verfügt diese über

[34] ARISTOTELES: Nikomachische Ethik. 1133a, 29-30.
[35] ARISTOTELES: Nikomachische Ethik. 1032a, 19-28.

eine seltsame Charakteristik: Sie gilt für besser als das Gesetz, ohne dass aus ihr folgte, das Gesetz, gegen das auf sie Berufung erfolgt, sei einfachhin schlecht:

> „Die Schwierigkeit kommt daher, daß das Billige zwar ein Recht ist, aber nicht dem Gesetz nach, sondern als eine Korrektur des gesetzlich Gerechten. Die Ursache ist, daß jedes Gesetz allgemein ist, in einigen Dingen aber in allgemeiner Weise nicht korrekt gesprochen werden kann. Wo man allgemein reden muß, dies aber nicht angemessen tun kann, da berücksichtigt das Gesetz die Mehrzahl der Fälle, ohne über diesen Mangel im unklaren zu sein. Dennoch geht es richtig vor. Denn der Fehler liegt weder im Gesetz noch beim Gesetzgeber, sondern in der Natur der Sache. Die Materie des Handelns ist nämlich von vornherein von dieser Art [...].
>
> Daher ist das Billige ein Recht und besser als ein bestimmtes Recht, nicht als das Recht im allgemeinen, sondern als der Mangel, der entsteht, weil das Gesetz allgemein spricht."[36]

Wer dem anderen mit der Einstellung der Billigkeit begegnet, nimmt es also zugunsten des anderen mit dem Recht nicht übermäßig genau und wird ihr oder ihm auf diese Weise gerecht. Wessen Verhalten die Epikie bestimmt, der übt Gerechtigkeit, die besser ist als jede legal gesicherte. Folglich repräsentiert die Billigkeit die beste Gerechtigkeit, die es überhaupt geben kann.[37]

Aristotelischer Universalismus. An diesem Begriff der Epikie kommt nochmals geradezu verdichtet der Charakter der aristotelischen Ethik insgesamt zur Geltung. Diesseits einer allgemeinen Theorie des Guten ist dem Stagiriten darum zu tun, eine Praxis zu strukturieren und zu erhalten, die den Gliedern konkreter Vergemeinschaftungen ermöglicht, ein gutes Leben zu führen. Legalität und Sittlichkeit gehören zu dessen Basis, werden aber hinsichtlich ihrer Geltung und Reichweite kritisch reflektiert und damit relativiert. Aristoteles' Aufmerksamkeit für die Umstände von Handlungen (wer tut was wozu wann wo womit weshalb und mit welchem Engagement) hindert ihn nicht, seiner Ethik Grundzüge von situationsunabhängiger Allgemeingültigkeit einzureichen: So im Fall der Proportionalität der Gerechtigkeit und noch fundamentaler durch die Bestimmung des Glücks als des letzten Zieles von allem. Es gibt keinen Menschen, der nicht glücklich sein wollte. Und es gibt keine „polis", in der einzig positiv gesetztes, also vom Interesse der Machthabenden dirigiertes Recht herrschen könnte. Ein Teil der politischen Normen ist – so Aristoteles – natürlich, habe darum überall dieselbe Autorität und sei unabhängig von den Meinungen der Glieder des Gemeinwesens. Aristoteles hat seine Ethik grundsätzlich für alle „poleis" und alle Individuen gedacht, d.h.: Sie ist unbeschadet ihrer Bindung an die konkrete Lebenswelt – um es nun mit einem modernen Ausdruck zu sagen – universalistisch angelegt.

[36] ARISTOTELES: Nikomachische Ethik. 1037b, 11-25.

[37] Vgl. ARISTOTELES: Nikomachische Ethik. 1137b-1138a.

Re-Aristotelisierung. Mit der soeben geäußerten These von der universalistischen Dimension der aristotelischen Ethik habe ich in einen momentan laufenden Disput nicht nur das sprichwörtliche Öl, sondern eher Kerosin ins Feuer geschüttet. Es gibt nämlich seit etlichen Jahren Ansätze zu einer Re-Aristotelisierung der Ethik. Re-, also Wieder-Veraristotelisierung deswegen, weil diese Initiativen aus verschiedenen Gründen die Ethik der Moderne, die auf Kant zurückgeht und deren entscheidenden Zug angeblich die formale Universalität von Pflichten um ihrer selbst willen ausmacht, für gescheitert halten. So kamen schon in den 70er Jahren des 20. Jahrhunderts – nicht zuletzt im katholischen Raum – unter Berufung auf Aristoteles neue Verteidigungen des Überlieferten und Üblichen auf. Andere rekurrieren auf die Bedeutung des Tugendbegriffs im Sinn eines gefestigten Charakters (man spricht von „virtue ethics").

Die heftigste dieser Tendenzen hat sich vor etlichen Jahren in Nordamerika ausgebildet und dann nach Europa übergegriffen. Sie bezweifelt, dass sich eine Moral unabhängig von einer bestimmten Geschichte und Kultur überhaupt begründen lasse. Selbst was gerecht sei, könne nicht allgemein bestimmt werden, sondern bemesse sich nach der Lebensform einer bestimmten Gemeinschaft. Von dieser Angelpunkt-Funktion des Gemeinschaftsbegriffs leitet sich auch der Name dieser Richtung ab: Kommunitarismus (von „community"). Die Heftigkeit der Debatte rührt daher, dass die Diskussion um diesen Ansatz unmittelbar in gegenwärtige US-amerikanische Gemengelagen von ideologischen Kreuzzügen und sozialpolitischen Missständen (Beispiel: massenhaft fehlende Krankenversicherung) eingebettet ist.

Freilich handelt es sich dabei nur um die zum Teil bizzare Außensicht der Kommunitarismus-Debatte. Die Sache selbst reicht ungleich tiefer: In der Logik der Relativierung von Ethik auf umgrenzte Vergemeinschaftungen lassen sich unschwer neue Konzepte von Nationalismus ableiten; und weit brisanter trägt dieser Ansatz dazu bei, die Universalität der Menschenrechte zur Disposition zu stellen – ein Faktor, der nicht nur in den zum Teil spitzen Bemerkungen aus fernöstlichen Boom-Ländern gegen den Westen Gewicht zu bekommen beginnt. Genauso wirkt dieser Faktor im Untergrund unserer europäischen, speziell deutschen Diskussion um Asyl und Fremde mit. Sofern das alles unmittelbar an das Fundament des Selbstverständnisses christlicher Tradition rührt, haben wir allen Grund, dem näher nachzugehen, was Kommunitarismus bedeutet. Ein zweiter Grund ergibt sich daraus, dass dieser Ansatz zudem einerseits theologische Optionen impliziert wie andererseits von bestimmten Theologenkreisen als durchaus attraktiv erachtet wird. Zugleich bringt uns das, wogegen sich die Kommunitaristen richten, vor das zweite große Ethik-Paradigma der Philosophie: die Ethik Kants. So brandaktuell können philosophische Problemstellungen sein, die schon 200 Jahre oder auch 2200 Jahre auf dem Buckel haben.

5.3 Aristoteles-„relecture“: Der Kommunitarismus – und sein Widerpart

Wider den Liberalismus. Der Singular „Kommunitarismus“ darf nicht darüber hinwegtäuschen, dass unter diesem Etikett erheblich divergierende Konzepte und Positionen vereinigt sind.[38] Was sie verbindet, besteht nicht in einer gemeinsam geteilten Grundthese, sondern in einer mehr oder weniger weitreichenden Interessenüberlappung aus durchaus verschiedenen, vor allem politisch verschiedenen Perspektiven. Man könnte auch etwas spitzer sagen: Die Kommunitaristen verbindet ein gemeinsames philosophisches Feindbild, der Liberalismus, wobei ich für unser europäisches Verständnis hinzufügen muss: Liberalismus hat nichts mit Laxheit und Laisser-faire zu tun (und schon gar nichts mit der F.D.P.), sondern meint jene vor allem in den USA virulente politische Option des Rechts aller auf Freiheit und Gleichheit. Verkörpert wurde dieses Feindbild mehr als von allem anderen von John Rawls' *Theorie der Gerechtigkeit*.[39] In einem Buch gleichen Titels hatte Rawls 1971 die These aufgestellt, in einer modernen pluralistischen Gesellschaft könne nur das allgemeine Prinzip gleicher Rechte, gleicher Freiheit und gleicher Chancen als Maßstab für soziale Gerechtigkeit in Frage kommen. Es geht also im Streit zwischen Kommunitarismus und Liberalismus zentral um ebenjenes Thema, das uns vorausgehend ausführlich bei Aristoteles beschäftigt hat, die Gerechtigkeit.

Erzgegner J. Rawls. Rawls vertritt nun die Auffassung, von der faktischen sozialen und ökonomischen Stellung, von den persönlichen Eigenschaften sowie moralischen Vorstellungen des einzelnen müsse abgesehen werden, wenn es darum gehe, die Prinzipien von Gerechtigkeit zu bestimmen. Zu diesem Zweck entwirft Rawls folgendes fiktives Szenario: Eine Gruppe von Menschen kommt zusammen, um die Regeln ihres künftigen Zusammenlebens auszuhandeln. Es sind lauter Leute wie Sie und ich, nur mit einem einzigen Unterschied: Sie wissen selbst nicht, wer sie sind, d.h. ihre Stärken, Schwächen, Chancen und Bedürfnisse sind ihnen unbekannt. Rawls spricht von „Urzustand“. Durch diese Abblendung der Eigeninteressen soll Unparteilichkeit hergestellt werden; wenn ich überhaupt nichts über meinen künftigen gesellschaftlich bedingten Nutzen oder Schaden weiß, wird mir notwendig daran gelegen sein, dass alle gleichermaßen

[38] Vgl. zum Folgenden HONNETH, Axel (Hg.): Kommunitarismus. Eine Debatte über die moralischen Grundlagen moderner Gesellschaften. Frankfurt a.M.; New York 1993. – HASTEDT, Heiner: Gerechtigkeit. In: DERS./MARTENS (Hgg.): Ethik (Anm. 1). 198-214. – ARENS, Edmund: Der Sinn für Zugehörigkeit. Religion und Gesellschaft in kommunitaristischer Sicht. In: Orientierung 59 (1995). 154-159.

[39] Vgl. dazu STEFANSEN, Niels Ch.: Der moderne amerikanische Liberalismus. In: HÜGLI, Anton/LÜBCKE, Poul (Hgg.): Philosophie im 20. Jahrhundert. Bd. 2: Wissenschaftstheorie und Analytische Philosophie. Reinbek b. Hamburg 1993. 363-389.

berücksichtigt werden. Aus einem gesellschaftsordnenden Diskurs unter diesen experimentellen Bedingungen resultierten nun nach Rawls zwei Prinzipien der Gerechtigkeit:

(a) das Prinzip der Gleichheit, demgemäß

„jedermann [...] gleiches Recht auf das umfangreichste System gleicher Grundfreiheiten haben [soll], das mit dem gleichen System für alle anderen verträglich ist.“[40]

(b) Das Differenz- oder Unterschiedsprinzip. Dieses besagt, dass

„soziale und wirtschaftliche Ungleichheiten [...] so zu gestalten sind, daß (a) vernünftigerweise zu erwarten ist, daß sie zu jedermanns Vorteil dienen, und (b) sie mit Positionen und Ämtern verbunden sind, die jedem offen stehen.“[41]

Dieses Prinzip schließt also auch ein, dass soziale Unterschiede nur dann gerechtfertigt sind, wenn sie denen, die in der Gesellschaft am schlechtesten gestellt sind, den größten Nutzen davon haben. Damit trägt Rawls der Möglichkeit Rechnung, dass es den am schlechtesten Gestellten unter der Voraussetzung von sozialen Unterschieden besser ergehen kann als unter der Bedingung formaler völliger Gleichheit.

Zu diesen beiden Prinzipien kommt jene Diskursgruppe – so Rawls – unter Anwendung des so genannten Maximin-Kriteriums (von Maximum minimorum). Dieser Begriff stammt aus der Entscheidungstheorie und meint: Verschiedene Möglichkeiten werden hinsichtlich des denkbar größten mit ihnen verbundenen Misserfolgs durchgegangen, und dann wird diejenige mit dem kleinsten Maximalverlust ausgewählt. So kann Gerechtigkeit als Fairness gewonnen werden.

Streit um das Individuum. Gleich nach Erscheinen des Buches setzte in Amerika eine heftige Diskussion ein; das Werk gilt längst als Klassiker der politischen Philosophie. Womit Rawls Konzept am meisten kommunitaristische Einwände provoziert, ist das Gewicht, das es dem einzelnen Subjekt, dem Individuum zuschreibt. Klar auch: Wenn bei der Frage, was gerecht sei, alle faktischen, konkreten Momente an Existenz und Situation der oder des Betroffenen ausgeklammert werden und der formale Status der Freiheit und Gleichheit entscheidet, dann müssen sich gesellschaftliche und staatliche Institutionen mit ihren normativen Ansprüchen vor den Individuen rechtfertigen, nicht umgekehrt.[42] Die Einzelnen treten dabei als Subjekte ohne Eigenschaften und Beziehungen zueinander auf. Rawls selbst bezeichnet dieses Szenario ausdrücklich als fiktives. Trotzdem kann hier natürlich auch sofort Kritik einhaken mit der These, diese Fiktion entwerfe ein falsches Bild vom Menschen und dieses wiederum schlage auf die Verfassung der auf ihm aufruhenden Gerechtigkeitstheorie durch. Gerechtigkeit stelle sich eben erheblich anders dar, wenn berücksichtigt wird, dass der einzelne konstitutiv in intersubjektive und

[40] RAWLS, John: Eine Theorie der Gerechtigkeit. Frankfurt a.M. 1975. 81.

[41] RAWLS: Theorie (Anm. 40). 81.

[42] Vgl. HASTEDT/MARTENS (Hgg.): Ethik (Anm. 1). 201.

kommunikative Netzwerke eingebunden ist und innerhalb dieser immer schon auch von Wertsetzungen geprägt wird, also niemals ethisch neutral auftreten könne.

M. Sandel. Genau diesen Einwand mit seiner doppelten kritischen Stoßrichtung hat 1982 Michael Sandel vorgetragen und ist damit der erste geworden, der gewöhnlich in der Reihe der wichtigen Kommunitaristen genannt wird. Rawls hat diese Kritik abgewiesen mit dem Hinweis, dass es ihm nicht um eine der Theorie der Konstitution von Subjekten als solchen gehe und damit nicht um einen metaphysischen Personbegriff, sondern um einen politischen. Sein Konzept bewegt sich auf der Ebene der rechtlichen Pflichten und Ansprüche und sucht zu bestimmen, wie die rechtlich-normative Grundstruktur einer Gesellschaft verfasst sein muss, die gerecht genannt werden kann.

Trotzdem hat Rawls nachfolgend seine Voraussetzungen auf der Ebene seines Diskurses differenziert und modifiziert in Richtung dessen, was Sandel einklagte. Er kontextualisierte seinen universalistischen Ansatz, sofern er anerkannte, dass auch die Frage nach universaler Gerechtigkeit in einer ganz bestimmten historischen Situation aufgeworfen wird. Sandels Kritik am rawlschen Universalismus freilich zielte auf etwas anderes: Sie wollte zeigen, dass eine nun solchermaßen intersubjektiv rückgebundende Subjektivität nicht mehr erlaubte, Gerechtigkeit als rechtliche Sicherung der Entscheidungsfreiheit von einzelnen zu bestimmen. Sandel suchte diesen Beweis dadurch zu führen, dass er auf der Basis jener Rückgebundenheit das Selbstverständnis des einzelnen aus gemeinsamen Werten der jeweiligen Gemeinschaft hervorgehen sieht, die den individuellen Rechten notwendig vorausliegen. Der eigentliche Kern der Kritik Sandels hatte freilich nicht lange Bestand. Die von ihm behauptete systematische Verknüpfung von Person- und Gerechtigkeitsbegriff ist nämlich nicht nur nicht notwendig, sondern muss aus Gründen der heute gegebenen historischen Situation aufgegeben werden. Seiner Ausdifferenzierung des Personbegriffs muss ohne weiteres zugestimmt werden. Der von ihm als notwendig hergeleitete Rekurs auf gemeinsam geteilte Werte aber geht in der Allgemeinheit, in der ihn Sandel unterstellt, ins Leere. Denn übergreifende Werte gibt es nicht einmal mehr in konkreten Vergemeinschaftungen. Dem für sie heute prägenden Wertepluralismus kann gesellschaftlich nur noch eine Ermöglichung persönlicher Lebensgestaltung durch Freiheit und Gleichheit entsprechen, also mehr oder weniger direkt das Gerechtigkeitskonzept Rawls' – ergänzt um ebenjene Dimension geschichtlicher Situiertheit.

Sandels Haupt-Attacke war damit Paroli geboten. Gleichwohl hatte er mit seinem Vorstoß das Problem gemeinsamer Wertüberzeugungen als moralischer Grundlagen von Gemeinschaften neu auf die Tagesordnung gesetzt, also jene Ebene der Sittlichkeit dessen, was man –

wenn man gerecht und tugendhaft ist – tut und lässt. Aristoteles hatte diese Ebene nicht unkritisch, aber wie selbstverständlich vorausgesetzt. Genauso, aber mit weit ambitionierteren systematischen Ansprüchen verbunden, hielt es später Georg Wilhelm Friedrich Hegel. Kant und alle bis heute an ihm orientierten Ethiken verwahren sich gegen eine solche Normativität des Üblichen; steht sie doch, weil hier das eine und dort das andere üblich zu sein pflegt, allem entgegen, was im strengen Sinn normativ ist, weil es aus sich selbst verbindlich zu sein beansprucht.

Ch. Taylor. Die Sittlichkeit gegen diese ihre Zurücksetzung – die natürlich auch Rawls prägt – zu rehabilitieren, macht das zentrale Anliegen von Sandels Lehrer, dem Kanadier Charles Taylor aus. Diesem Projekt kann natürlich nur dadurch Bedeutung zuwachsen, dass die Üblichkeit des Sittlichen vom Eindruck situativer Willkürlichkeit freikommt. Zu diesem Ziel gibt es nur einen Weg: Die übergreifende Wertorientierung des Sittlichen muss so tief wie nur irgend möglich in der Welt- und Selbsterfahrung des Menschen verankert werden. Der Titel von Taylors einschlägigem Beitrag, einem monumentalen Werk, könnte genau das nicht präziser zum Ausdruck bringen: *Quellen des Selbst* heißt das Buch.[43] Drei Optionen sind es im wesentlichen, aus deren Niederschlag im öffentlichen Raum der Tradition das Subjekt für Taylor sein Selbstverständnis schöpfen muss, wenn es zu einem gelungenen Leben gelangen will: (a) Die Entdeckung und Kultur der Innerlichkeit, die Augustinus grundgelegt hat. (b) Die Wertschätzung des gewöhnlichen Lebens, wie sie in der biblischen Spiritualität verankert ist. Und (c) die Auffassung der Natur als Quelle der Moral. Im Gange ihrer Entfaltung hätten sich diese drei Motive von ihren geistigen Quellen emanzipiert und so das selbstverantwortliche, autonome Subjekt hervorgetrieben, das die Welt instrumentell beherrscht und aus freien Stücken mit anderen seinesgleichen eine Gesellschaft auf der Basis eines Vertragsschlusses bildet. Allerdings vertieft nach Taylors Ansicht die Epoche der Romantik jenes dritte Motiv – Natur als Moral-Quelle – auf eine Weise, die sich als Ansatzpunkt für eine grundlegende Korrektur des Projekts der modernen Ethik seit Kant in Anspruch nehmen lasse: Romantisches Denken sei nicht atomistisch verfasst, also von der Autonomie der einzelnen beherrscht. Vielmehr sei es holistisch geprägt, also auf Ganzheit hin angelegt. Vor allem in der Sprache begegneten schöpferische und gemeinschaftsstiftende Kräfte, aus denen sich ein gutes Leben speisen könne. Eine solche Sicherung der Dimension wirklicher Gemeinschaft sei es, was der Liberalismus rawlscher Provenienz genau nicht leisten könne. Taylors eigenes stark romantisch orientiertes Konzept sucht so etwas wie einen kommunitaristischen Liberalismus

[43] Vgl. TAYLOR, Charles: Quellen des Selbst. Die Entstehung der neuzeitlichen Identität. Frankfurt a.M. 1994.

zu etablieren: Universalismus soll so verfasst sein, dass innerhalb seiner kulturelle Differenzen – wie sie gerade etwa in Sprachen sedimentiert sind – Platz finden. Inhaltlich gewendet: Für Kommunitaristen wie Taylor kann eine moderne Gesellschaft wie die liberale Demokratie ohne eine gewisse Bindung an bestimmte gemeinsame Werte nicht funktionieren. Die Gegenpartei der Liberalen kann das in dem Maß unterschreiben, in dem sie Rawls' eigene Differenzierung ernstnimmt, dass auch die Frage nach der Gerechtigkeit historisch situiert aufgekommen ist. Insofern hat gerade Taylor dazu beigetragen, dass beide Seiten einander nähergekommen sind und in der neueren Phase der Diskussion nicht mehr die gegenseitige Ablehnung das eigentliche Zentrum bildet, sondern eher das Bewusstsein der gemeinsamen Aufgabe, nun noch näher bestimmen zu müssen, welcher Art denn gemeinsame Werte sein müssen, die als Bedingung der Möglichkeit von Freiheit und Gerechtigkeit im liberalen Sinn in Frage kommen. Zu dieser Vermittlungsposition passt auch gut, dass Taylor in seinen jüngsten Werken ausdrücklich in Richtung einer „katholischen Moderne“ unterwegs ist.[44] Im Blick hat er die Idee einer Religion, die eine integrative communio-Dimension unverkürzt mit individueller spiritueller Erfahrung zu verschränken vermag:

> „I want to take the original word *katholou* in two related senses, comprising both universality and wholeness; one might say universality through wholeness.“[45]

R. Bellah. Eine weitere kommunitaristische Wortmeldung kommt von dem Soziologen Robert Bellah. Um ihn hat sich eine Gruppe gebildet, die auf der Basis empirischer Sozialforschung in ähnliche Richtung arbeitet und überlegt, wie der Individualismus mit den Strukturen der Demokratie, die er eigentlich hervorgebracht hat, so vermittelt werden kann, dass diese Strukturen nicht Opfer ihres Urhebers werden. Dies sei nur möglich, wenn eine umfassende demokratische Teilhabe aller Bürger gewährleistet und Demokratie als von Achtung vor den anderen bestimmt gedacht werde. Berühmt geworden ist der durch Bellah in die Diskussion eingeführte Begriffe der „civil religion“ (Zivilreligion), der später wegen seiner Missverständlichkeit durch den der „Public philosophy“ ersetzt wurde.[46]

A. Etzioni. Ähnlich zu verorten sind die Überlegungen des in den USA weithin bekannten Amitai Etzioni, geboren als Werner Falk in Köln, der während seiner frühen Zeit nach der Einwanderung der Familie in Palästina stark von der Dialogphilosophie Martin Bubers

[44] Vgl. jüngst TAYLOR, Charles: A secular age. Cambridge, MA; London 2007.

[45] TAYLOR, Charles: A Catholic Modernity? In: LEFT, James L.: A Catholic Modernity? Charles Taylor's Marianist Award Lecture. Oxford 1999. 13-38. Hier 14.

[46] Vgl. BELLAH, Robert N.: Habits of the Heart: Individualism and Commitment in American Life. Berkeley 1985. –DERS./TIPTON, Steven M. (Hgg.): The Robert Bellah Reader. Durham; London 2006.

(↖ Bd. 1, Kap. 4.2) geprägt wurde. Im Zentrum seiner Konzeption steht die Idee einer Selbstregulierung der Gemeinschaft durch Responsivität einer sensiblen Reaktion der Gesellschaft auf die Belange ihrer Glieder.[47]

A. MacIntyre. Solche Vermittlungsformen von Kommunitarismus und Liberalismus dürfen freilich nicht darüber hinwegtäuschen, dass kommunitaristische Überzeugungen auch in Gestalt durchaus heftiger, zum Teil sogar aggressiver Kritik an der Moderne auftreten können. Exemplarisch geschieht dies in dem Werk *Der Verlust der Tugend*[48] aus der Feder des gebürtigen Iren Alasdair MacIntyre. Es kann nicht überraschen, dass es sich bei ihm um den prominentesten katholischen Philosophen der USA handelt. Ich sage das nicht ironisch, sondern erwähne das nur deswegen, weil sich MacIntyre mit seiner Streitschrift nahtlos in die nunmehr schon bald dreihundert Jahre währende katholische Aversion gegen die Moderne einreiht. Die ganze Moderne kann MacIntyre nur als Geschichte des Niedergangs verstehen. Der Pluralismus der neuzeitlichen Gesellschaften sei nichts anderes als das Symptom dafür, dass diese nach der Zerschlagung der Idee eines gemeinsamen Guten und der alles durchwaltenden Ordnung jegliche Orientierung verloren hätten. Der entscheidende Vorwurf an die Moderne und ihren Leitgedanken eines autonomen Subjekts: Was als allgemein und gleich gegen bisherige partikuläre Überlieferungen gestellt wird, ist in Wirklichkeit gar nicht gleich und allgemein, sondern seinerseits nur eine partikulare Tradition, die genauso wie die alten, abgelehnten ihre eigenen Herrschaftsträger – die Intellektuellen und die Experten – habe, und ebenso ihre Rituale und Überzeugungen, denen beinahe religiöse Qualität eigne. Nur dass diese neue Tradition zerstörerisch wirke, weil der Eigennutz, der Markt und die Macht ihre Gesetze seien. Diesem „Verlust der Tugend" im aristotelischen Sinn stellt MacIntyre die Forderung nach einem erneuerten, von Augustinus und Thomas von Aquin inspirierten Christentum entgegen.

M. Walzer. Genauso wie in einer solchen anti-pluralistischen, rechts-katholischen Variante kann die Grundidee des Kommunitarismus aber auch in einer den Grundstrukturen der Moderne weit entgegenkommenden Form auftreten. Dafür steht der aus dem Judentum kommende amerikanische Sozialphilosoph Michael Walzer. Letzteres muss deshalb erwähnt werden, weil Walzer seine Gesellschaftskritik und damit auch seinen Gerechtigkeitsbegriff vom Profil der biblischen Propheten her gewinnt. Was sie tun, nennt er „Kritik von innen", d.h.: Sie kritisieren ihre Gesellschaft nicht von oben und außen, sondern

47 Vgl. ETZIONI, Amitai: Der dritte Weg in eine gute Gesellschaft. Hamburg 2001.

48 Vgl. MACINTYRE, Alasdair: Der Verlust der Tugend. Zur moralischen Krise der Gegenwart. Frankfurt a.M.; New York 1987.

stehen selbst mitten in der Gesellschaft und üben ihre Kritik, indem sie an die alten Überlieferungen, wie man recht und gerecht handelt, nicht nur erinnern, sondern sie anhand konkreter Konfliktfälle und Auslegungsdispute präzisieren und fortschreiben (was übrigens auch Jesus getan hat, besonders intensiv etwa in den so genannten „Antithesen“ der Bergpredigt, die darum gar keine Antithesen sind, sondern produktive Fortführung und Vertiefung der Tora). Von diesem Paradigma her plädiert Walzer dafür, durch prinzipielle Rücksicht auf die konkrete Verortung der Gerechtigkeitsfrage den formalen Universalismus im Ansatz in Richtung Pluralismus aufzubrechen. Sofern Walzer in diesem Zusammenhang auch von komplexer Gleichheit (gegen eine statische, einsinnige) spricht, liegt auf der Hand, dass sein Konzept unerachtet seiner biblisch-prophetischen Inspiration auch Aristoteles Gedanken der durch Proportion bemessenen distributiven Gerechtigkeit nahe steht.

Vermittlung: M.C. Nussbaum. Zusammenfassend kann man sagen: Die Zeit der klaren Frontverläufe in der Diskussion zwischen Liberalen und Kommunitaristen gehört längst der Vergangenheit an. „Gesellschaft“ als Resultat des Vertragsschlusses freier und gleicher Einzelner bildet nicht mehr einfach den Gegenbegriff zu „Gemeinschaft“ als einem über gemeinsam geteilte Werte integrierten Sozialwesen. Rawls kam der Forderung der Kontextualisierung in einem Umfang nach und Walzer arbeitete in einer Weise auf Vermittlung hin, dass verschiedentlich die Frage gestellt worden ist, ob beide nicht eine Art Platztausch vorgenommen hätten. Im weiteren Gang der Diskussion ist im besonderen auch Martha C. Nussbaum als jemand hervorgetreten, die Rawls’ Konzeption als die stärkste politische Philosophie in der Tradition des Gesellschaftsvertrags-Denkens erachtet, in ihr jedoch mehrere ungelöste Probleme ausmacht, die – sind sie wahrgenommen – mit den Ressourcen der Theorie nicht mehr bewältigt werden können: die Behandlung Behinderter, der Spielraum der Gerechtigkeit jenseits der Nationalstaatlichkeit und unsere Verpflichtung gegenüber nicht-menschlichen Lebewesen.[49] Die Weise, wie sie die universale Dimension ihrer Ethik nicht metaphysisch oder transzendentalphilosophisch, sondern aus der Erfahrung und der vagen Vorstellung des Menschen von einem menschlich geführten Leben entwickelt, hat zu einem Standort geführt, den einer ihrer Buchtitel – *Für eine aristotelische Sozialdemokratie*[50] – griffig auf den Punkt bringt. In der Sache ist ihr darum zu tun, gegen das nur Formal-Prozedurale der Diskursethik und des Kontraktualismus durch den

[49] Vgl. zuletzt NUSSBAUM, Martha C.: Frontiers of Justice. Disability, Nationality, Species Membership. Cambridge; London 2006.

[50] Vgl. NUSSBAUM, Martha C.: Für eine aristotelische Sozialdemokratie. Essen 2002. – Vgl. auch die englische Version DIES.: Aristotelian Social Democracy. In: DOUGLASS, R. Bruce/MARA, Gerald M./RICHARDSON, Henry S. (Hgg.): Liberalism and the Good. New York; London 1990. 203-252.

von ihr so genannten Capabilities approach so etwas wie eine Wesensverfassung des Menschen zur Geltung zu bringen, die dennoch nicht einer erfahrungsunabhängigen Metaphysik entstammt. Über eine Liste von Grundfähigkeiten soll dazu ein internalistischer Essentialismus (gegenüber dem externalistischen Essentialismus der Metaphysik) in der Instanz „[…] of a looking at ourselves“[51] entwickelt werden. Freilich wird genau dieser Entdeckungszusammenhang kraft seines Rekurses auf das „ourselves“ wegen des darin implizierten Selbstbezugs im Letzten doch nochmals auch die Fragen einer Metaphysik bewussten Lebens nach sich ziehen. (↗ Bd. 3, Teil A, Kap. 5.2)

S. Hauerwas vs. J. Stout. Solche Fortschreibungen der Debatte bedeuten allerdings nicht, dass alle konfligierenden Tendenzen bereits aufgehoben wären: Die vor allem die christliche Sozialethik der USA seit langem durchherrschende Debatte zwischen dem kirchlichen Kommunitaristen[52] Stanley Hauerwas und dem Pragmatisten Jeffrey Stout, der für die plurale Demokratie einen ethisch nicht-relativistischen Mittelweg zwischen Liberalismus (Rawls und Rorty) und Traditionalismus (MacIntyre und Hauerwas) sucht, verrät, wie gesellschaftlich-geschichtliche Prozesse oder Gemengelagen die ethische Grundsatzdebatte immer wieder noch einmal in Gang setzen oder auf neue Weise zuspitzen.[53]

Asymmetrie. Systematisch gesehen stellt sich die Lage eher so dar, dass universalistische Positionen den berechtigten Forderungen seitens kommunitaristischer Einstellungen leichter nachkommen können als umgekehrt. Stärker kommunitaristische Konzeptionen tun sich offenkundig relativ schwer, den begrenzten Bereich der jeweiligen Gemeinschaft oder eines Netzwerks von Gemeinschaften in Richtung von für alle Verbindlichem zu überschreiten. Geschieht dies aber nicht oder nur unzureichend, dann fällt ein solcher Ansatz relativ leicht moralisch auf die Ebene des Stammesdenkens zurück – im Übrigen eine Einstellung, die sich heute in besorgniserregendem Umfang breitzumachen beginnt, etwa im Bereich der ehemaligen staatssozialistischen Länder, aber auch in den ethnischen Konflikten zwischen verschiedenen Populationen Amerikas. Kommunitaristen wie MacIntyre fordern ja nicht zufällig als übergreifende und integrierende Wertüberzeugung ein nicht zu knapp bestimmtes Maß von Patriotismus. Gegen das etwaige Abgleiten dieses Motivs ins Nationalistische sind dabei keinerlei Sicherungen eingebaut. Außerdem fällt auf, dass

[51] NUSSBAUM, Martha C.: Human functioning and Social Justice. In Defense of Aristotelian essentials. In: Political Theory 20 (1992). 202-246. Hier 208. Vgl. 206-208.

[52] Vgl. zu dieser Charakterisierung ARENS, Edmund: Kirchlicher Kommunitarismus. In: Theologische Revue 94 (1998). 488-500.

[53] Zur Hauerwas-Stout-Debatte vgl. zuletzt HAUERWAS, Stanley: With the Grain of the Universe. The Church's Witness and natural Theology. 2. Aufl. Grand Rapids 2002. – STOUT, Jeffrey: Democracy and Tradition. Princetown; Oxford; Cincinnati 2004.

kommunitaristische Ansätze relativ stark dazu tendieren, Religion funktionalistisch zur Stabilisierung von Gemeinschaft in Anspruch zu nehmen und damit nur verkürzt zur Geltung zu bringen. Religion ist mehr als gesellschaftlicher Zement, als den sie etwa die Gruppe um Bellah, aber genauso MacIntyre behandeln. Ich habe den Eindruck, dass dieser oft recht kurzgeschlossene Rekurs auf Religion irgendwie das mehr oder weniger uneingestandene Gefühl der Kommunitaristen kompensieren soll, ein Moment von Gemeinschaftstranszendierendem, also von Allgemeinverbindlichkeit aufbieten zu müssen, ohne sich auf den Gedanken der Universalität wirklich einzulassen.

Idee der Person. Die Ursache für die Stärke, die Rawls' Universalismus in seiner modifizierten Version trotz einiger Defizite für sich reklamieren kann, lässt sich erkennen, wenn man die Weise seiner Anerkennung der kommunitaristischen Forderung nach Kontextualisierung näher in Blick nimmt: Rawls hatte eingeräumt, dass es sich bei seinem Begriff der moralischen Person um eine in eine demokratische Kultur eingebettete intuitive Idee handle. Das heißt aber nicht, Person als von Vernünftigkeit und Rationalität bestimmte, wie sie im „Urzustand“-Experiment auftritt, sei eben für unseren westlichen Kulturkreis etwas Selbstverständliches (aber eben nicht für andere Kulturkreise, sodass Rawls mit dieser Differenzierung ein Kommunitarist geworden wäre, wie manche meinen). Die Idee der Person und des sozialen Zusammenarbeitens sowie die Prinzipien der Vernünftigkeit und Rationalität sind ja nicht deswegen von moralischem Belang, weil sie in einer demokratischen Gesellschaft gelten, weil sich eine Gemeinschaft also über sie geeinigt hätte. Sondern sie sind – so Rawls – Ideen und Prinzipien der praktischen Vernunft, also der Vernunft, sofern es ihr um das Handeln geht. Ideen und Prinzipien der praktischen Vernunft bilden so die Bedingung dafür, dass jemand überhaupt moralisch genannt werden kann. Rawls hält diese Ideen und Prinzipien für nicht schwächer begründet als die Prinzipien der Logik. Damit bleibt der universale Anspruch von Rawls' Theorie der Gerechtigkeit unbeschadet ihrer Kontextualisierung gewahrt. Dass ein Anspruch historisch-kontingent unter bestimmten Bedingungen aufkommt, sagt noch überhaupt nichts über seine Verbindlichkeit aus. Genesis und Geltung müssen auseinandergehalten werden. Inwiefern ein universaler Anspruch gerechtfertigt ist, kann nur eine Prüfung der Logik der Geltungsseite erweisen.

Mit der Etikettierung jener Ideen und Prinzipien als solchen der praktischen Vernunft gibt Rawls unmittelbar die Adresse an, unter der der Geltungsanspruch seines Universalismus geprüft werden kann. Praktische Vernunft ist ja nichts anderes als der Name der Perspektive, in der Kant seine Ethik entfaltet. Wir haben darum in Blick zu nehmen, wie diese Ethik angelegt ist und woraus sie ihre normative Kraft schöpft.

6. Kantisches Paradigma – und ein Widerpart

Kant geht es nicht besser als Aristoteles. Auch seine Ethik wird mit so vielen gängigen Etiketten beklebt, dass ihr eigentliches Profil mehr oder weniger darunter verschwindet. Beim Stagiriten hatten die einschlägigen Apostrophierungen „teleologisch“, „eudaimonistisch“, „Tugend-“, „Glücks-“ und „Strebensethik“ gelautet. Im Falle der kantischen Ethik heißen sie „deontologisch“, „Pflicht-“, „Sollens-“ und „Willensethik“. Gewiss treffen all diese Titel auch etwas Richtiges. Aber das Charakteristische der beiden Konzeptionen lässt sich mit ihnen nicht zureichend erfassen. Und vor allem verdecken sie, dass es bei Kant wichtige Züge gibt, die gemeinhin als aristotelisch gelten, und umgekehrt, dass bei Aristoteles Momente auftreten, die sich als typisch kantianisch im Umlauf befinden:

So spricht der Stagirite immer wieder vom „to deon“, dem Verpflichtenden, unter Glück versteht er – wie erläutert – etwas auch Objektives, ebenso impliziert die von der „mesotaes“ gesteuerte Gerechtigkeit eine Dimension der Universalität, gleichermaßen Aristoteles’ Hinweis, dass es in der Polis neben den politisch gesetzten auch natürliche Rechte gebe, die nicht von der Meinung der Leute abhängen und überall gelten.

Umgekehrt teilt Kant etwa Aristoteles’ wissenschaftstheoretische Bestimmung des ethischen Diskurses, dass man nur in etwa die Grundzüge normativen Wissens entfalten kann, die dann in der Praxis zu konkretisieren sind. Wie Aristoteles lehnt auch Kant eine theologische Begründung der Ethik ab. Beide kommen darin überein, dass nicht Emotionen und Affekte als letzte Antriebskräfte der Moral fungieren, sondern der Vernunft der Primat gebührt. Und – um noch eine Gemeinsamkeit zu benennen – auch Kant weiß sehr wohl um die Bedeutung verlässlicher Einstellungen, die „Tugend“ heißen.

Eine plane Gegenüberstellung – hier Kant, da Aristoteles –, bewehrt mit den genannten allzu praktischen Begriffspaaren, kommt allenfalls einem Schubladendenken entgegen – und verzerrt dabei das wirkliche Profil beider Konzeptionen. Dasjenige der aristotelischen Ethik kennen wir bereits. Nun gilt es dem der kantischen Ethik nachzugehen.[1] (↖ Bd. 1, Kap. 6.2)

6.1 Die kopernikanische Wende der praktischen Vernunft

Fortsetzung eines Programms. Mit seiner *Kritik der reinen Vernunft* von 1781 hatte Kant die Grenzen menschlichen Erkenntnis-

[1] Vgl. zum Folgenden HÖFFE, Otfried: Ethik des kategorischen Imperativs. In: PIEPER, Annemarie (Hg.): Geschichte der neueren Ethik. Bd. 1: Neuzeit. Tübingen; Basel. 1992. 124-150. – WOLF, Jean-Claude: Grundpositionen der neuzeitlichen Ethik. In: HASTEDT, Heiner/MARTENS, Ekkehard (Hgg.): Ethik. Ein Grundkurs. Reinbek b. Hamburg 1994. 82-113.

vermögens hinsichtlich des theoretischen Wissens zu bestimmen gesucht, um den seit Anfang der Philosophie anhaltenden Streit um die Metaphysik dadurch zu beenden, dass diese auf wissenschaftliches Niveau gehoben wird. (↗ Bd. 3, Teil C, Kap. 8) Dieses Programm setzt er in der Folgezeit im Blick auf die Moral fort. Sofern Moral allgemeine Verbindlichkeit impliziert, muss um dieses unbedingten Anspruchs willen – soll er Bestand haben – gezeigt werden, (a) dass es ihn wirklich gibt und (b) woraus er sich herleitet; Rekurse auf die Natur, ein moralisches Gefühl, das Glücksverlangen oder einen göttlichen Willen reichen nicht als Fundament allgemeiner Verbindlichkeit. Damit stellt sich Kant also eine doppelte Aufgabe: nämlich (a) den ethischen Skeptizismus und (b) den ethischen Empirismus aus den Angeln zu heben.

Werke zur Ethik. Niederschlag findet dieses Bemühen in einer ganzen Reihe kleinerer und größerer Untersuchungen. Die wichtigsten drei heißen *Grundlegung zur Metaphysik der Sitten* von 1785, *Kritik der praktischen Vernunft* von 1788 und *Metaphysik der Sitten*, erschienen 1797. Während Kant mit der *Kritik der reinen Vernunft* in Kollegenkreisen und der interessierten Öffentlichkeit – gelinde gesagt – Ratlosigkeit erzeugt hatte, schlugen seine Beiträge zur *Kritik der praktischen Vernunft* wie eine Bombe ein. Die mühselig in Gang kommende Auseinandersetzung mit seinem Konzept der Grenzen wissenschaftlich gesicherter Metaphysik wurde von der Rezeption seiner Moralphilosophie regelrecht überholt, beinahe muss man sagen: überrollt (u.a. mit der Folge, dass nicht unwichtige Beiträge zum Metaphysik-Problemkreis buchstäblich unter die Räder kamen und nicht mehr die ihnen gebührende Aufmerksamkeit finden konnten). Worin diese Faszination von Kants Ethik gründet, möchte ich – ähnlich wie bei Aristoteles anhand der *Nikomachische[n] Ethik* – nun im Fall des Königsbergers vor allem am Leitfaden der Programmschrift *Grundlegung der Metaphysik der Sitten* nachzeichnen.

„Grundlegungs"-Schrift. Die von Kant selbst so genannte „Kopernikanische Wende", die er in der Erkenntnistheorie eingeleitet hatte, besteht darin, die Objektivität von Erkenntnis nicht auf Seiten der Dinge, sondern des erkennenden Subjekts zu suchen und aus der Analyse von Erkenntnisresultaten das Vernunftinstrumentar zu rekonstruieren, das das Auftreten der Dinge für uns bestimmt.

Subjektverankerung. Genauso geht Kant nun bei der Frage nach der Universalität – und also Objektivität – moralischer Normen vor. Solche Normen können nur im Subjekt selbst verankert und müssen gänzlich frei sein von externen Determinanten wie etwa Belohnung und Bestrafung. Quelle einer philosophisch anerkennbaren Moral kann nur das Subjekt in seiner Autonomie sein, in der sich Vernunft auf ein in ihr selbst gelegenes Gesetz verpflichtet. Für eine

Begründung dieser autonomen Moral muss Kant (a) zeigen, dass das Subjekt wirklich frei ist, also etwa instinktive Motivationen und Triebe aus eigener Kraft zu überwinden vermag; und (b) muss dieses moralische Gesetz universal gültig und damit unabhängig von der subjektiven Willkür sein.

Erfahrung des Unbedingten. Für die Antwort auf diese Frage setzt Kant gleichsam empirisch-phänomenologisch an: Im faktischen Leben des Menschen treten Situationen auf, in denen ein Handeln, das den vitalen Interessen des Betroffenen widerstreitet, als unbedingt verpflichtend gilt. Kant selbst exemplifiziert das in der *Kritik der praktischen Vernunft* am berühmten „Galgenbeispiel“[2]. (↖ Bd. 1, Kap. 6.2) Nochmals zur Erinnerung: Der Anblick eines Galgens würde einen sofort auf einen möglichen Genuss verzichten lassen, wenn dieser mit der Hinrichtung des Betroffenen geahndet würdet. Zöge einer das Genießen vor, würde man ihn für verrückt erklären. Würde jedoch jemandem die Todesstrafe angedroht, wenn er sich weigert, einen anderen ungerecht zu verleumden, um dessen Untergang zu bewirken, so würde die konsequente Verweigerung dieses Unrechts auch um den Preis des eigenen Lebens als vernunftgemäß gelten und kein Abwägungsproblem aufkommen lassen. Letzteres aber kann nur begriffen werden, wenn sich in dieser Situation ein Unbedingtes geltend macht. Kant lässt unentschieden, wie einer sich im Ernstfall wirklich verhielte. Aber die Möglichkeit, der unbedingten Forderung nach Wahrhaftigkeit selbst auf Kosten der eigenen Existenz nachzukommen, ist für ihn fraglos als vernunftgemäß ausgezeichnet.

An diesem Exempel werden für Kant drei wesentliche Momente seiner Ethik-Konzeption greifbar: (a) Es gibt im faktischen Leben evidentermaßen die Erfahrung unbedingten Sollens; (b) am Phänomen dieses unbedingten Sollens erfahren wir gerade im Fall des Widerspruchs zu vitalen und elementaren Tendenzen des Lebens (wie etwa dem Überlebenswillen), dass es Freiheit gibt. Anders kann die Wirklichkeit der Freiheit philosophisch nicht gefasst werden. Und (c): Das unbedingte Sollen ist unabhängig von empirischen Determinanten und allein von Vernunft bestimmt. Darum spricht Kant diesbezüglich vom „Factum der Vernunft“[3]. Das Sollen ist deren eigenes Konstituens, ihre Kehrseite – die Freiheit – fungiert als der Schlussstein der ganzen kantischen Vernunftarchitektonik. In vernünftigem Handeln begegnet der Handelnde dem unbedingt Gesollten, dem Sittengesetz selbst.

[2] Vgl. KANT, Immanuel: Kritik der praktischen Vernunft. In: DERS.: Kant's gesammelte Schriften. Hg. v. der Königlich Preußischen Akademie der Wissenschaften. Bd. V. Berlin 1913. 1-163. Hier 30.

[3] KANT: Kritik der praktischen Vernunft (Anm. 2). 31.

Der gute Wille. Trifft das vorausgehend Erwogene zu, kann das Sollen in einer Analyse der Vernunft a priori aufgewiesen werden.[4] Dann aber ist auch das Problem der Allgemeingültigkeit mitgelöst. Freilich steht und fällt diese Lösung damit, dass sich Strukturen namhaft machen lassen, die der auf das Handeln bezogenen Vernunft apriorisch zugeschrieben werden können. Kant stellt sich dieser Herausforderung auf eine durchaus kühn zu nennende Weise. Er startet nämlich das Beweisprogramm, auf das er sich von seinem Ansatz her notwendig einlassen muss, mit einer nach heutigem Sprachgebrauch metaethisch zu nennenden definitorischen Operation, die als solche keinen anderen Zweck hat, als eine Identität zwischen Sittengesetz und Vernünftigkeit zu sichern. Schon zu Beginn von *Grundlegung zur Metaphysik der Sitten* heißt es:

> „Es ist überall nichts in der Welt, ja überhaupt auch außer derselben zu denken möglich, was ohne Einschränkung für gut könnte gehalten werden, als allein ein guter Wille.
>
> [...] Der gute Wille ist nicht durch das, was er bewirkt oder ausrichtet, nicht durch seine Tauglichkeit zu Erreichung irgend eines vorgesetzten Zweckes, sondern allein durch das Wollen, d.i. an sich gut, und, für sich selbst betrachtet, ohne Vergleich weit höher zu schätzen als alles, was durch ihn zu Gunsten irgend einer Neigung, ja wenn man will, der Summe aller Neigungen, nur immer zustande gebracht werden könnte."[5]

Unbedingt gut ist nur, was gut ist unabhängig von allen äußeren Einflüssen. Wäre etwas deswegen gut, weil es zur Erreichung eines guten Zieles geeignet ist oder weil es mit dem übereinstimmt, was gemäß den Sitten einer Gemeinschaft als gut gilt, dann wäre es gut nur in Abhängigkeit von diesem anderen – könnte also, wäre dieses schlecht, auch schlecht sein. Alles, was beansprucht, gut zu sein, auch das bedingte Gute, hat also notwenig sein Maß an dem, was unbedingt gut ist.

Dies – unbedingt gut zu sein – trifft, so Kant, einzig für einen guten Willen zu. Diese These kann zumindest für unser Verständnis heute im ersten Moment sehr fremd wirken. Assoziieren wir ja in der Regel sehr rasch den Terminus „Wille" mit „Willkür". Wille ist aber für Kant nichts Beliebiges, sondern nichts anderes als Vernunft, sofern sie auf das Handeln gerichtet ist. Natürlich gibt es auch Faktoren, die die praktische Vernunft, also unseren Willen, empirisch bestimmen, sei es von außerhalb unserer selbst, sei es aus dem Bereich unserer sinnlichen Verfasstheit. Aber es macht das Wesen des Menschen aus, solche Bestimmungen auch außer Kraft setzen zu können, d.h. er verfügt auch über eine nicht mehr empirisch bedingte, sondern reine praktische Vernunft. Sie ist es, was sich als unbedingt guter Wille manifestieren kann.

[4] Vgl. KANT, Immanuel: Grundlegung zur Metaphysik der Sitten. In: DERS.: Kant's gesammelte Schriften. Hg. v. der Königlich Preußischen Akademie der Wissenschaften. Bd. IV. Berlin 1911. 385-463. Hier 411-416.

[5] KANT: Grundlegung (Anm. 4). 393-394.

Pflicht. Was diesen guten Willen als das einzige unbedingte Gute näherhin ausmacht, erläutert Kant, indem er den Begriff einführt, der gemeinhin als das Kennzeichen der kantischen Ethik schlechthin gilt:

> „Um aber den Begriff eines an sich selbst hochzuschätzenden und ohne weitere Absicht guten Willens, so wie er schon dem natürlichen gesunden Verstande beiwohnt und nicht sowohl gelehrt als vielmehr nur aufgeklärt zu werden bedarf, [...] wollen wir den Begriff der Pflicht vor uns nehmen, der den eines guten Willens, obzwar unter gewissen subjectiven Einschränkungen und Hindernissen, enthält, die aber doch, weit gefehlt daß sie ihn verstecken und unkenntlich machen sollten, ihn vielmehr durch Abstechung heben und desto heller hervorscheinen lassen."[6]

Der Begriff der Pflicht kommt deswegen ins Spiel und kann systematisch fruchtbar gemacht werden, weil der Wille nicht notwendig nur gut ist. Sofern er gut ist, erfährt er sich als in die Pflicht genommen, gut zu sein. Aber die „subjektiven Einschränkungen und Hindernisse", die daher rühren, dass wir nicht nur reine praktische Vernunft, sondern auch empirisch bestimmte sind und die den guten Willen sein Gutsein als Verpflichtung erfahren lassen, bringen – so Kant – das Profil des guten Willens erst eigentlich zur Geltung.

Um der Pflicht willen. Pflicht besteht darin, das moralisch Gute als Gebot, als Imperativ zu erfahren. Allerdings kann jemand eine Pflicht aus verschiedenen Motiven erfüllen: (a) Jemand genügt einer Pflicht, um sich durch ihre Nicht-Erfüllung nicht Nachteile zuzuziehen – so wenn ein Kaufmann einen unerfahrenen Kunden nicht ausnutzt und einen höheren Preis verlangt, weil er, würde dieses Verhalten bekannt werden, auch andere Kunden einbüßte. Das wäre Pflichterfüllung aus purem Eigeninteresse. Oder (b) jemand erfüllt eine Pflicht, weil das, was diese ihm gebietet, mit einer Neigung von ihm zusammenfällt. Das wäre etwa der Fall, wenn jemand einem Notleidenden aus Mitgefühl zu Hilfe kommt. Für Kant hat dieses Motiv des Mitfühlens keinerlei sittlichen Wert. Aus Mitgefühl zu helfen, nennt er darum „pflichtmäßiges" Handeln, aber es ist kein Handeln aus Pflicht. Denn zu Hilfe zu kommen, wo immer man kann, ist aus sich schon Pflicht. Damit ist klar, welche Form der Pflichterfüllung allein als diejenige in Frage kommt, die den guten Willen als solchen zur Geltung bringt, nämlich (c): Jemand erfüllt eine Pflicht rein aus Anerkennung dieser Pflicht. Und nur in diesem Fall kann nach Kants Ansicht von Moralität gesprochen werden. Moralisch ist, wer das Rechte tut, weil es das Rechte ist:

> „Pflicht ist die Notwendigkeit einer Handlung aus Achtung fürs Gesetz. Zum Objekte als Wirkung meiner vorhabenden Handlung kann ich zwar Neigung haben, aber niemals Achtung, eben darum, weil sie bloß eine Wirkung und nicht Tätigkeit eines Willens ist... Nur das, was bloß als Grund, niemals aber als Wirkung mit meinem Willen verknüpft ist [...], mithin das

[6] KANT: Grundlegung (Anm. 4). 397.

bloße Gesetz für sich kann ein Gegenstand der Achtung und hiermit ein Gebot sein. Nun soll eine Handlung aus Pflicht den Einfluß der Neigung und mit ihr jeden Gegenstand des Willens ganz absondern, also bleibt nichts für den Willen übrig, was ihn bestimmen könne, als objektiv das Gesetz und subjektiv reine Achtung für dieses praktische Gesetz, mithin die Maxime, einem solchen Gesetze selbst mit Abbruch aller meiner Neigungen Folge zu leisten."[7]

Gesinnungsethik? An dieser konsequenten Verankerung der Moral am guten Willen wird in der Regel der Hauptvorwurf gegen Kants Ethik-Konzeption festgemacht. Es handle sich – so der gängige Name – um „Gesinnungsethik". Und diese sei unzureichend, weil es ihr (a) nur um das gute Gewissen gehe und sie damit einem durch und durch subjektiven Kriterium folge. Und auf der Kehrseite der Medaille ergebe sich daraus (b), dass der Gesinnungsethik die gelebte und erlebte Realität damit mehr oder weniger gleichgültig sei. Beidem muss widersprochen werden. Um mit letzterem Vorwurf zu beginnen:

(a) Mangelnder Realitätsbezug? Kant selbst hat gleich auf den ersten Seiten der *Grundlegung* eigens darauf hingewiesen, dass es sich beim guten Willen nicht einfach um einen bloßen Wunsch handelt, sondern dass dieser seinem Begriff nach einschließt, alle geeigneten Mittel, soweit sie in jemandes Verfügung stehen, zur Durchsetzung des als richtig Erkannten in Gebrauch zu nehmen.[8] Aber der empirische Erfolg moralischen Handelns gewährt nicht Aufschluss über die Moralität des Handelnden. Die Kontexte von Welt und Gesellschaft, innerhalb derer wir handeln, sind nun einmal so, dass sie durchaus häufig unser moralisches Handeln nur bedingt oder vielleicht gar nicht zulassen. Bin ich unmoralisch, wenn ich einem Verunglückten nicht helfen kann, weil ich um ein Weniges zu spät komme oder nicht über die für die Hilfeleistung nötigen Kräfte verfüge? Das diesbezügliche Kontrastkonzept zur Gesinnungsethik, die so genannte „Verantwortungsethik", steht immer etwas in Gefahr, dem Handelnden Verantwortungen zuzuschreiben, die über die Reichweite dessen, was er faktisch vermag, hinausgehen. Vor allem Max Scheler und Max Weber haben für diese Alternative plädiert. Die Weise, wie diese Option wirksam geworden ist, verdeckt, dass auch für Kant die Moralität nicht gegen ein nur pflichtmäßiges Handeln, also die äußere Befolgung eines Gebots – die so genannte „Legalität" – steht, sondern sie als ihre eigene Bedingung voraussetzt. Nur wird die Legalität durch die Moralität gesteigert, indem eine Pflicht nicht nur erfüllt wird, sondern als solche den Handelnden in seinem Handeln bestimmt.

(b) Subjektivismus? Dem Vorwurf des Subjektivismus – und das soll in diesem Zusammenhang soviel heißen wie der Willkür-

7 KANT: Grundlegung (Anm. 4). 400-401.
8 Vgl. KANT: Grundlegung (Anm. 4). 393-395.

lichkeit einer auf den guten Willen orientierten Moral – steht entgegen, dass Kant ein objektives Kriterium für das wirkliche Gutsein des guten Willens formuliert, das er rein aus diesem selbst entwickelt – und nicht etwa an Resultaten bestimmter moralischer Handlungen abliest. Der Name dieses Kriteriums gehört zu den philosophischen Grundworten, die in die allgemeine Bildungssprache Eingang gefunden haben. Er lautet „Kategorischer Imperativ“. (↖ Bd. 1, Kap. 6.2)

6.2 Das Zentrum: Der Kategorische Imperativ

Universalität. Mit diesem Terminus meint Kant ein Sollen, dessen sich die praktische Vernunft als guter Wille kraft ihrer selbst bewusst ist und hinsichtlich dessen sie – wenn sie sich selbst treu sein und trauen will – nicht *nicht* folgen kann, daher das „kategorisch“, d.h. Ausnahmen sind ausgeschlossen. Es geht um ein Sollen allgemeiner Gültigkeit. Wie kommt Kant auf diesen Gedanken und welchen Gehalt umfasst er? Der moralische Wert einer Handlung kommt – wie schon erläutert – nicht durch ihre Wirkung zustande; denn diese – etwa, dass anderen durch mich Gutes geschieht – könnte auch anderweitig verursacht sein. Also muss das, was den moralischen Wert der Handlung begründet, unmittelbar im Handelnden als Bestimmungsgrund seines Willens liegen und sich als unbedingt in Pflicht nehmendes Gesetz geltend machen. Nur so ist auch die Universalität des Sollens gesichert, mit der sich der Vorwurf des gewissensethischen Subjektivismus abwehren lässt. Kants Konsequenz aus diesen Voraussetzungen:

> „Da ich den Willen aller Antriebe beraubt habe, die ihm aus der Befolgung irgendeines Gesetzes entspringen könnten, so bleibt nichts als die allgemeine Gesetzmäßigkeit der Handlungen überhaupt übrig, welche allein dem Willen zum Prinzip dienen soll, d. i. ich soll niemals anders verfahren, als so, daß ich auch wollen könne, meine Maxime solle ein allgemeines Gesetz werden. Hier ist nun die bloße Gesetzmäßigkeit überhaupt (ohne irgend ein auf gewisse Handlungen bestimmtes Gesetz zum Grunde zu legen) das, was dem Willen zum Prinzip dient und ihm auch dazu dienen muß, wenn Pflicht nicht überall ein leerer Wahn und chimärischer Begriff sein soll; hiermit stimmt die gemeine Menschenvernunft in ihrer praktischen Beurteilung auch vollkommen überein und hat das gedachte Prinzip jederzeit vor Augen.“[9]

Zentral: „Maxime“. An dieser Stelle muss ich eine wichtige begriffliche Klärung einfügen. Die Verallgemeinerbarkeit fordert Kant von der „Maxime“ des Handelns. Unter „Maxime“ versteht er „[...] das subjective Princip des Wollens [...]“[10]; würden wir ausschließlich von der Vernunft und nicht auch von Sinnesregungen bestimmt, dann fiele dieses subjektive Prinzip mit dem objektiven, nämlich dem praktischen Gesetz, zusammen.[11] Maximen sind nicht konkrete moralische Regeln, sondern subjektive Grundsätze, die mehrere Regeln dirigieren. Oder anders gewendet: Eine Maxime leitet meine Lebensführung hinsichtlich elementarer Perspektiven und bringt dabei eine Vielzahl konkreter Verhaltensweisen oder Einstellungen auf einen gemeinsamen Nenner. Eine Maxime macht z.B. aus, wie ich grundsätzlich Not-

9 KANT: Grundlegung (Anm. 4). 402.
10 KANT: Grundlegung (Anm. 4). 400. Anm. *.
11 Vgl. KANT: Grundlegung (Anm. 4). 400. Anm. *.

leidenden begegne – ohne dass damit schon entschieden wäre, wie ich in jedem Einzelfall handeln werde.

Wollbarkeit. Von solchen Maximen – nicht konkreten Handlungsweisen – verlangt der Kategorische Imperativ, dass von ihnen müsse gewollt werden können, sie würden allgemeines Gesetz. Diese Wollbarkeit macht die moralische Qualität einer Maxime aus. Ob ich eine Maxime wollen kann, kann auf zweierlei Weise von ihrer Denkbarkeit als Maxime abhängen. Im Fall der vollkommenen moralischen Pflichten muss die widerspruchsfreie Denkbarkeit im strengen Sinn gegeben sein. Im Fall der unvollkommenen moralischen Pflichten ist die Denkbarkeit in das Wollenkönnen impliziert. Beispiele machen die Sache spontan klar. Kant exemplifiziert das Prinzip des Kategorischen Imperativs im Sinn der vollkommenen Pflicht unter anderem am Fall der Notlüge: Wenn ich in einer für mich prekären Situation zum Mittel der Lüge griffe und mir sagte: Wer immer in Verlegenheit oder Bedrängnis gerät, darf etwas versprechen, obwohl er das Versprechen entweder nicht halten will oder nicht halten kann – was folgte daraus? Dass ich gar kein Versprechen geben könnte, weil mir die anderen sowieso nicht glaubten oder – hätten sie es getan – beim nächsten Mal die Maxime der Erlaubtheit der Notlüge in prekären Fällen von sich aus aufstellten. Anders gewendet: Ich hätte mein Handeln an einer Maxime orientiert, die sich, sobald sie allgemeines Gesetz wird, selbst zerstört.[12] Eine Handlungsmaxime ist dann gerechtfertigt, wenn sie dazu taugt, innerhalb einer allgemeinen Gesetzgebung als Prinzip zu fungieren. Die Achtung, die eine Gesetzgebung von universalem Gültigkeitsanspruch der Vernunft abverlangt, verleiht einem in diese Gesetzgebung integrierbaren Prinzip jene Dignität, die sich als Kategorischer Imperativ Ausdruck verschafft.

Formulierungsvarianten. Der Kategorische Imperativ ist ein einziger – eben das Sollen uneingeschränkter Verallgemeinerbarkeit meiner je in Frage stehenden Maxime, in deren Licht dann über sittliche Qualität konkreter Handlungsnormen zu befinden ist. Dennoch lässt sich dieser singuläre Imperativ noch in drei weiteren Varianten reformulieren. Diese Versionen dienen dazu, dem Begriff der Pflicht noch etwas mehr Profil zu geben, ohne dazu auf den Bestand konkreter Pflichten rekurrieren zu müssen. Das Dasein der Dinge wird von allgemeinen Gesetzen bestimmt; darauf stützt sich der formale Begriff ihrer Natur. Von ihm her kann der Kategorische Imperativ hinsichtlich seiner Form so ausgedrückt werden:

> „[...] handle so, als ob die Maxime deiner Handlung durch deinen Willen zum allgemeinen Naturgesetze werden sollte.“[13]

[12] Vgl. KANT: Grundlegung (Anm. 4). 402-403.
[13] KANT: Grundlegung (Anm. 4). 421.

Dafür bietet Kant ein Beispiel, an dem der Kategorische Imperativ im Sinn der vorhin schon erwähnten unvollkommenen Pflicht gut sichtbar wird: Angenommen, einer verfügt über eine große Begabung, ist aber einfach zu bequem, sein Talent zu entfalten und legt sich – statt zu üben – auf die faule Haut. Deswegen geht natürlich die Welt nicht unter (auch wenn vielleicht wunderschöne Kunstwerke, die hätten entstehen können, niemals geschaffen werden). Auf keinen Fall aber kann der Betreffende wollen, dass seine Maxime allgemeines Naturgesetz werde. „Er kann es nicht wollen" heißt dabei, es ist unmöglich, dass er es will, weil er als Vernunftwesen qua Willen notwendig nicht nur durch die Antriebe seiner Sinnlichkeit bestimmt ist. Der entscheidende Punkt:

> „Man muß wollen können, daß eine Maxime unserer Handlung ein allgemeines Gesetz werde: dies ist der Kanon der moralischen Beurtheilung derselben überhaupt."[14]

Der formalen Version des Kategorischen Imperativs stellt Kant eine so genannte „materiale" an die Seite. Diese ergibt sich folgendermaßen: Wäre alles nur Mittel zu einem Zweck, gäbe es nichts von absolutem Wert; alles wäre bedingt wertvoll in Abhängigkeit von seinem jeweiligen Ziel (wobei dieses auch wieder nur Mittel zu einem anderen Zweck wäre). Weil auf diese Weise die Vernunft niemals zu einem obersten praktischen Prinzip käme, also Moral unmöglich wäre, muss es auch etwas geben, das nicht Mittel zu einem Zweck, sondern Zweck an sich selbst ist. Diese Auszeichnung der Selbstzwecklichkeit verleiht Kant dem vernünftigen Wesen, und von ihm her lautet dann der Kategorische Imperativ:

> „Handle so, daß du die Menschheit sowohl in deiner Person, als in der Person eines jeden andern jederzeit zugleich als Zweck, niemals bloß als Mittel brauchst."[15]

In dieser Perspektive bringt der Kategorische Imperativ die von ihm implizierte Intersubjektivität so zur Geltung, dass daraus noch eine dritte Variante hervorgeht: Sofern jede und jeder sowohl sich selbst als auch die anderen nicht als Mittel, sondern als Zweck betrachten soll, resultiert daraus eine wechselseitige gesetzliche Verbindung, die Kant „Reich der Zwecke" nennt. Kraft seiner Vernünftigkeit gehört der Mensch als gesetzgebend und dem Gesetz unterworfen dieser (idealen!) Gesellschaft an. Daraus ergibt sich

> „[...] eine vollständige Bestimmung aller Maximen durch jene Formel, nämlich: daß alle Maximen aus eigener Gesetzgebung zu einem möglichen Reiche der Zwecke, als einem Reiche der Natur, zusammenstimmen sollen."[16]

Rigorismus? Bisweilen wird Kants Ethik-Konzeption aufgrund ihrer Verankerung in der widerspruchslosen Denk- und Wollbarkeit der Maximen Rigorismus vorgeworfen, also die Einforderung

[14] KANT: Grundlegung (Anm. 4). 424.
[15] KANT: Grundlegung (Anm. 4). 429.
[16] KANT: Grundlegung (Anm. 4). 436.

der Normerfüllung um jeden Preis. Um ein Beispiel zu nennen: Darf ich aufgrund des Kategorischen Imperativs auch dann nicht lügen, wenn ich damit einen ungerecht Verfolgten vor seinen Häschern retten kann? Kant hat in der bereits einmal erwähnten Abhandlung *Über ein vermeintes Recht aus Menschenliebe zu lügen*[17] von 1797 mit „Nein“ geantwortet. Es gibt Passagen im Werk Kants, die etwas in Richtung Rigorismus tendieren. In Betracht muss aber bleiben, dass für Kant die der Praxis nächste Ebene des moralischen Diskurses die Maximen bilden, nicht konkrete Normen. Sofern es sich bei den Maximen um Lebensgrundsätze handelt, eröffnen diese einen gewissen Spielraum, um konfligierende Situationen abfedern zu können. Überdies muss gewärtig bleiben, dass Kant seine Konzeption radikal vom Blickpunkt des Subjekts her entfaltet und darum der Kategorische Imperativ primär Schlupflöcher des Egoismus verschließt und nicht dazu gedacht ist, andere zu Opfern der eigenen moralischen Überzeugungen zu machen.

Freiheit. Mit dem Begriff des Kategorischen Imperativs gibt Kant Antwort auf die Frage nach dem letzten Maßstab allen moralischen Handelns. Natürlich kann aber an diesem Punkt ethisch noch eine weitere Frage gestellt werden. Kant formuliert sie selbst als eine Zwischenüberschrift im letzten Teil der *Grundlegung zur Metaphysik der Sitten*. Die Frage lautet:

> „Wie ist ein kategorischer Imperativ möglich?“[18]

Die Frage richtet sich klassisch transzendentalphilosophisch auf die Bedingungen der Möglichkeit dafür, dass aus einem einzigen Gesetz, das der Vernunft aus ihr selbst zugänglich ist, wenn sie diesem Gesetz Folge leistet, bestimmt werden kann, was moralisches Handeln ausmacht. Die Voraussetzung dafür erblickt Kant in der Autonomie, der Selbstgesetzgebung der Vernunft (der Gegenbegriff heißt „Heteronomie“, also Bestimmung durch Fremdes). Diese Autonomie hat ihrerseits ihre Voraussetzung darin, dass es so etwas wie Freiheit gibt. Kants großes Problem in diesem Zusammenhang besteht darin, dass es, weil es Moral und Moralität gibt, Freiheit geben muss, obwohl sich deren Existenz auf keine Weise beweisen lässt. Das ist auch der Grund, dass er – wie schon erwähnt – das Bewusstsein des Sittengesetzes als „Factum der Vernunft“ bezeichnet, das zugleich als Indiz für die Existenz der Freiheit fungiert. Die Autonomie als letzten Grund für die Möglichkeit moralischen Handelns bestimmt er dabei so:

> „Autonomie des Willens ist die Beschaffenheit des Willens, dadurch derselbe ihm selbst (unabhängig von aller Beschaffenheit der Gegenstände des Wollens) ein Gesetz ist. Das Prinzip der Autonomie ist also: nicht anders zu

17 Vgl. KANT, Immanuel: Über ein vermeintes Recht aus Menschenliebe zu lügen. In: DERS.: Kant's gesammelte Schriften. Hg. v. der Königlich Preußischen Akademie der Wissenschaften. Bd. VIII. Berlin; Leipzig 1923. 423-430.

18 KANT: Grundlegung (Anm. 4). 453.

wählen als so, daß die Maximen seiner Wahl in demselben Wollen zugleich als allgemeines Gesetz mit begriffen sein.“[19]

Selbstbindung an Vernunft. Moralisch handelt also, wer unbeschadet der empirischen Kontexte seines Lebens und der sinnenhaften Bedingungen seiner Existenz in seinem Handeln diese Vorgaben auch überschreiten kann, indem er sie aus der Motivation seines Tuns ausschließt oder – positiv gewendet – sich selbst das objektive Sittengesetz vorschreibt. Beides zusammen macht Freiheit aus. Nur indem der Mensch dieser Vernünftigkeit im Handeln folgt, ist er, was er kraft seiner Verfasstheit sein kann: Wesen mit einem Willen, der nichts anderes ist als ins Praktische gewendete Vernunft. Nur in dieser Innenperspektive des handelnden Subjekts lassen sich für Kant moralische Verpflichtungen mit unbedingtem Anspruch wirklich rechtfertigen.

Es versteht sich von selbst, dass sich ein Ansatz solchen Anspruchs durch und durch kritischer Prüfung ausgesetzt sieht. Einige Einwände habe ich schon kurz genannt. Diejenigen des Subjektivismus und des leeren Formalismus haben sich gänzlich unbegründet erwiesen, der des Rigorismus weitgehend. Von einer besonders und bis heute virulenten Gegenposition zur kantischen Ethik muss noch eigens die Rede sein:

[19] KANT: Grundlegung (Anm. 4). 440.

6.3 Eine wirkmächtige Kant-Opposition: Der Utilitarismus

Praktische Attraktivität. Der „Utilitarismus" (vom Lateinischen „utilis", nützlich) wurde vor allem im angelsächsischen Bereich ausgebildet. Systematisch entfaltet haben diese Konzeption vor allem Jeremy Bentham, John Stuart Mill und Henry Sidgwick. Erfolgreich wurde der Utilitarismus vor allem dadurch, dass er sich relativ einfach für praktische Problemlösungen in politischen und gesellschaftlichen Belangen heranziehen lässt. Diese sozialtechnische Brauchbarkeit scheint ihn mir auch heute in jenem kulturellen Raum attraktiv zu machen, der wie kein anderer davon überzeugt ist, gesellschaftliche Herausforderungen durch Machen managen zu können, also in den USA.

Empirische Dimension. Nehmen wir den Utilitarismus kurz aus systematischer Sicht in Blick. Auch wenn der Name selbst leicht dazu verleitet, einem Klischee aufzusitzen – bloße Nützlichkeitsmoral eben! – markiert er präzis die entscheidende Differenz zu Kant: Für diesen sind die Folgen oder das Ziel einer Handlung für deren moralische Qualität ohne Belang. Auch dem Utilitarismus geht es – wie Kant – um rationale Normenbegründung, aber – gegen Kant – unter konstitutiver Einbeziehung einer empirischen Dimension. Konkret: Als verbindlich gilt, was aus dem Prinzip der Nützlichkeit folgt. Gemäß diesem Prinzip ist dasjenige sittlich geboten, dessen Folgen für das Glück aller Betroffenen optimal ist. Entscheidend aus utilitaristischer Perspektive sind also die Konsequenzen. Sittlich bemessen werden sie an ihrem Nutzen. Dieser kann nicht beliebigen Zielen zugeordnet werden, sondern einzig dem höchsten Gut, dem Glück. Was Glück ist, hängt dabei nicht von einzelnen ab, sondern davon, welches Maß an Freude eine Handlung (unter Rücksicht auf das mit ihr verbundene Maß an Schmerz) allen von dieser Handlung Betroffenen bringt.

Eingeschränktes Lösungspotenzial. Auch verfeinerte Konzeptionen des Utilitarismus erkaufen dabei aber ihre Stärken dadurch, dass sie gerade fundamentale Fragen der Ethik unbeantwortet lassen oder gar nicht erst stellen. Die spontane Attraktivität der Verbindung von rationaler und empirischer Perspektive wird ohne Zweifel noch dadurch gesteigert, dass sich utilitaristisch gewonnene Normen meist weitgehend mit durchschnittlichen sittlichen Überzeugungen decken. Genau dem aber steht entgegen, dass dieses Konzept z.B. keine Grundrechte kennt, auf die einzelne auch dann Anspruch haben, wenn sie in Konflikt zum Wohlergehen der anderen treten. D.h. formal: Die Frage der Gerechtigkeit kommt nur ausgesprochen defizient zur Geltung. Desgleichen kennt der Utilitarismus nur Pflichten von Menschen gegeneinander, jedoch keine Pflichten des einzelnen gegen sich selbst. Der Ansatz bei der Nützlichkeit und den Folgen der Handlung verfügt offenkundig gerade in elementaren Dimensionen der Ethik über eine ausgesprochen begrenzte Reichweite. Seine Universalität bleibt im Pragmatischen – und muss das auch kraft der Integration der empirischen Perspektive. In einer Hinsicht freilich kommen die Utilitaristen und Kant überein: Sie haben einen gemeinsamen Problemüberhang.

6.4 Prinzipielle Alternativen

Begründungsdefizit. Keine der beiden Ethik-Konzeptionen – Kant und der Utilitarismus – gelangt zu einer wirklich letzten Begründung. Hinsichtlich des Nützlichkeitsprinzips als des Leitgedankens des Utilitarismus wird das Problem im strengen Sinn gar nicht aufgeworfen. Kants diesbezügliches Bewusstsein dringt unvergleichlich weiter vor – und bleibt, wie bereits erwähnt, diese Leistung einer letzten Begründung der moralischen Evidenz trotzdem schuldig. Obwohl er der *Grundlegung zur Metaphysik der Sitten* ersichtlich aus Unzufriedenheit mit den dortigen Erwägungen zum Begründungsproblem wenige Jahre später die *Kritik der praktischen Vernunft* folgen ließ (und diese vielleicht sogar als Kants heimliches Hauptwerk zu gelten hat) – über die These vom Bewusstsein des Sittengesetzes als eines „Factums der Vernunft“ kommt er nicht hinaus. Über Kants Transformation von Metaphysik in Moraltheologie, seinen Umgang mit der philosophischen Gottesfrage, die natürlich die ganze Ethikkonzeption in ein nochmals neues Licht taucht, ist an entsprechend anderer Stelle zu befinden. (↖ Bd. 1, Kap. 10.6; ↗ Bd. 3, Teil C, Kap. 8)

Alternativer Ansatz. An den philosophischen Mitteln, die Kant zu handhaben weiß, kann es kaum gelegen haben – und das Ziel letzter Begründung hatte er sich ausdrücklich gestellt. Folglich bleibt angesichts des Befunds mangelnder Begründung nur noch der Schluss: Dieses Defizit der kantischen Konzeption hat mit der Logik zu tun, die in ihrem eigenen Ansatz steckt. Kant setzt in aller nur denkbaren Radikalität beim Subjekt an, um die Universalität moralischer Normen zu begründen. Könnte es also sein, dass ihn dieser Ansatz notwendig auf Bahnen zwingt, die ihn sein eigentliches Ziel ebenso notwendig nicht erreichen lassen? Antwort auf die hypothetische Frage können wir nur finden, wenn wir buchstäblich die Probe aufs Exempel machen. Im Klartext: Wenn Kants Defizit mit seinem radikalen Ansatz beim Subjekt zu tun hätte, dann müsste das Begründungsziel erreichbar sein, wenn man genauso radikal bei dem ansetzt, was in praktisch-moralischer Hinsicht das Gegenüber des Subjekts ausmacht: die anderen. Eine solche Alternativkonzeption muss nicht erst konstruiert werden. Sie liegt ausgearbeitet vor im Denken Emmanuel Levinas' in Gestalt einer Ethik der Nächstheit, die radikal von einem Primat des Anderen her konzipiert ist (↖ Bd. 1, Kap. 7.9) dabei aber zugleich durch ihr Selbstverständnis als Erstphilosophie über den Bereich der Ethik im disziplinären Sinn hinausreicht. (→ Bd. 2, Teil A, Kap. 3.31)

Ethik der Nächstheit. Ohne Zweifel hat Levinas überzeugend dargetan, dass es zwischen Menschen so etwas wie unbedingte Verpflichtung und Verantwortung gibt. Es bleibt aber die Frage: Wie ergibt sich aus dem Anblick des Antlitzes des anderen jene moralische Verpflichtung und ihre Unbedingtheit, die er in die Chiffre der „Geiselschaft"[20] fasst? Die Antwort, die darauf ergehen müsste, verschwindet hinter den Sprachformen, derer sich Levinas umso mehr bedient, je näher er dem Zentrum seiner Überlegungen kommt. Die Fremdheit seiner ethischen Sprache vergegenwärtigt dabei sozusagen performativ genau jene unverfügliche Andersheit des Anderen, von der die Rede ist.

Problemverdoppelung. Außer Frage steht die Unausweichlichkeit, mit der Levinas die Vernunft vor die Frage der Ethik stellt. Zugleich aber verrät seine Formulierung, der Andere bedeute dadurch, dass mir sein Antlitz in Blick kommt, durch sich selbst, sodass es gar nichts mehr zu deuten gebe[21], dass der radikale Ansatz beim anderen haargenau im gleichen Rekurs auf ein Faktum endet wie Kants Ethik im Ausgang vom Subjekt.

Damit hat sich unsere systematische Frage nach der Begründung der ohne Zweifel erfahrbaren sittlichen Verpflichtung nachgerade verdoppelt. Wir hatten zu konstatieren, dass Kant trotz seines argumentativen Aufwands im Ausgang vom Subjekt nicht in die von uns gesuchte Begründungsdimension vorstoßen konnte. Im Blick auf Levinas stellt sich heraus, dass der radikal umgekehrte Ansatz beim Anderen als dem Gegenüber des Subjekts dies ebenso wenig vermag. Was bleibt angesichts dieses Resultats? Eigentlich ganz einfach: Wenn wir weder beim Subjekt noch beim Gegenüber fündig werden, müssen wir prüfen, ob sich die gesuchte Begründung aus dem Raum des Zwischen gewinnen lässt, der die Subjekte zu wechselseitigen Gegenübern macht, indem er sie gleichzeitig verbindet und trennt. Dieser intersubjektive Raum wird philosophisch am besten fassbar in Gestalt der Sprache, die die Subjekte teilen. Auch diese Position müssen wir nicht erst experimentell konstruieren. Sie existiert bereits real und stellt die wohl im europäischen Raum derzeit verbreitetste Ethik-Konzeption dar. Ich spreche von der Diskursethik. (↖ Bd. 1, Kap. 6.3)

Diskursethik. Von Diskursethik reden, heißt – was ihre Grundlegung betrifft – zwei Namen nennen: Karl-Otto Apel und Jürgen Habermas. Bei Letzterem ist die Auseinandersetzung mit der Ethik eingebettet in das großräumige Unternehmen einer philosophischen Gesellschaftstheorie, die als solche keinen geringeren Anspruch erhebt, als das noch unvollendete Projekt der Moderne auf eine Weise fortzuführen, die sich den unübersehbaren Schattenseiten des neuzeit-

[20] LEVINAS, Emmanuel: Jenseits des Seins oder anders als Sein geschieht. Freiburg i.Br.; München 1992. 261.

[21] LEVINAS, Emmanuel: Die Spur des Anderen. In: DERS.: Die Spur des Anderen. Untersuchungen zur Phänomenologie und Sozialphilosophie. Freiburg; München 1983. 209-235. Hier 220-221.

lichen Denkens, namentlich der Aufklärung, zu entwinden vermag. Apel erhebt nicht minder weitreichende Ansprüche, allerdings greifen die in eine andere Richtung aus. Der ehemalige Frankfurter Philosoph nimmt für sich in Anspruch, mit der so genannten „Transzendentalpragmatik“ in der Geschichte der abendländischen Philosophie nach der antiken und mittelalterlichen Metaphysik und der Bewusstseinsphilosophie Kants ein drittes Paradigma Erster Philosophie formuliert zu haben. (→ Bd. 2, Teil A, Kap. 3.23) „Erste Philosophie“ meint: Aufdeckung nicht mehr hintergehbarer Prinzipien oder noch bündiger: unbedingter Wahrheiten, deren Unbedingtheit daherrührt, dass sie nicht nochmals bewiesen werden müssen oder auch nur können. Das erste Paradigma, begründet durch Aristoteles, sucht diese letzten Fundamente im Sein, das kantische Paradigma sucht sie im Bewusstsein des Subjekts, Apel ortet sie in einer bestimmten Form des intersubjektiven Sprachgebrauchs, nämlich im Vorgang des Argumentierens. Von dem, was er dabei als unhintergehbar aufdeckt, ist er zudem überzeugt, dass daraus unmittelbar die Grundzüge einer Ethik gewonnen werden können, die für die universale Geltung von Normen argumentativ aufzukommen vermag.

In Philosophie geht es für Apel nicht um Weltveränderung, sondern um konsensuelle Verständigung derer, die eine gemeinsame Welt bilden. Und wenn dieser Konsens nicht durch willkürliche Festlegungen erzeugt werden oder sich in einem infiniten Regress verlieren soll, dann muss er durch ein letztgültiges Vernunftkriterium abgestützt sein. So ergibt sich für Apel die Notwendigkeit eines Letztbegründungsgedankens, wie ihn eine Erstphilosophie zu leisten beansprucht.

Sprache – Gespräch – Konsens. Mit dieser Charakterisierung von Apels Verständnis von Philosophie habe ich beiläufig auch schon angegeben, von welchem Konstruktionspunkt her Apel sein ganzes Konzept entwirft: Ich habe soeben von Konsens gesprochen. Konsense werden im Gespräch, also sprachlich hergestellt. Sprache ist gewissermaßen der Elementarbegriff des apelschen Denkens. Darin begegnet uns wiederum eine Überkreuzung des sprachphilosophischen mit dem Strang des Philosophierens aus der Vernunftform der Kritik. Aber das geschieht – typisch für den apelschen Arbeitsstil – nicht primär in Orientierung an der analytischen Sprachphilosophie, sondern an der Weise, wie Heidegger – also der normgebende Ausgangspunkt unseres noch zu behandelnden dritten Strangs – das Phänomen Sprache in sein Denken einbezieht. Apel greift vor allem des späteren Heideggers Überlegung auf, dass menschliche Existenz nicht nur konstitutiv ein In-der-Welt-Sein und untrennbar davon ein Mit-sein-mit-Anderen bedeutet, das sprachlich strukturiert wird, sondern dass Sprache ihrerseits überhaupt erst den Raum des Daseins eröffnet. (→ Bd. 2, Teil B, Kap. 2.4) Für Apel werden auf diese Weise Sprache und

Welt unter dem Index der Intersubjektivät – oder apelsch gesprochen: der Kommunikationsgemeinschaft – sozusagen eins.

Pragmatismus-Rezeption. Damit war übrigens zugleich der Boden bereitet, dass Apel mehr oder weniger neben seinen systematischen Ambitionen her bei uns die Rezeption eines der wichtigsten amerikanischen Philosophen des letzten Jahrhunderts anstieß, der als Stammvater des so genannten Pragmatismus gilt und auf den sich zu berufen in bestimmten Zusammenhängen mittlerweile beinahe Mode geworden ist: Apel hat eine Auswahl aus dem riesigen, bis heute nicht einmal in der Originalsprache vollständig zugänglichem Werk von Charles Sanders Peirce herausgegeben und kommentiert. Peirce hat nie eine akademische Stelle bekleidet, die Gründe dafür sind bis heute unklar. Im Alter verlor er auch noch seinen Brotberuf als Vermessungsingenieur. Von der ursprünglich auf 30 Bände konzipierten Ausgabe seiner *Papers*, die seit 1982 erscheint, heißt es, dass wohl de facto mehr als 100 Bänden daraus werden würden. Peirce ist für Apel deshalb so wichtig geworden, weil er überzeugt ist, dass der ihm eine grundlegende Umstellung der Philosophie vorzeichnet, mit deren Hilfe sich vieles lösen lässt, was mit dem Instrumentar der Philosophie der Moderne nur unzureichend oder gar nicht bewältigt werden kann. Peirce hatte sich nämlich an eine dreifache Aufgabe gewagt: Er wollte (a) die Erkenntniskritik kantischen Zuschnitts als Zeichenkritik reformulieren, (b) die damit verbundene Zeichenlehre – später von Charles W. Morris „Semiotik“ genannt – in den Pragmatismus, also ein am Begriff des Handelns orientiertes Denken einbinden und auf diese Weise (c) die Erkenntnis- bzw. Zeichenproblematik als Thema sozialer Reflexion fassen. Apel hat im Gang seiner eigenen Entwicklung alle drei Motive in sein vor allem von Heidegger (aber auch anderen) inspiriertes Denken aufgenommen; vor allem das dritte Peirce-Motiv, Erkenntnis als soziale Problematik, macht dabei unmittelbar einsichtig, warum Apel – unbeschadet seiner Distanz zur Frankfurter Schule – dem Philosophieren aus der Vernunftform gesellschaftsorientierter Kritik zugerechnet werden muss.

Performativer Selbstwiderspruch. Apel hat seinen Grundgedanken mittlerweile in beinahe zahllosen Varianten – immer wieder in neue Themen eingebettet – vorgetragen und (auf bisweilen ans Penetrante grenzende Weise) beinahe schulmäßig publik gemacht.[22] Sein Schüler Wolfgang Kuhlmann hat das Konzept ein Stück weit

[22] Zum Folgenden vgl. REESE-SCHÄFER, Walter: Karl-Otto Apel zur Einführung. Mit einem Nachwort v. Jürgen Habermas. Hamburg 1990. – MÜLLER, Peter: Kommunikative Ethik. In: PIEPER, Annemarie (Hg.): Geschichte der neueren Ethik. Bd. 2: Gegenwart. Tübingen; Basel 1992. 235-259. – MÜLLER, Klaus: Wenn ich „ich“ sage. Studien zur fundamentaltheologischen Relevanz selbstbewußter Subjektivität. Frankfurt a.M. u.a. 1994. 407-456. – LESCH, Walter/BONDOLFI, Alberto (Hgg.): Theologische Ethik im Diskurs. Eine Einführung. Tübingen; Basel 1995.

systematisiert und formalisiert. Ihre spezifische Pointe gewinnt die Diskursethik aus der Einfachheit ihres Grundgedankens. Was zwischen Menschen als verbindlich gilt, lässt sich aus dem gewinnen, was jeder Akt der Argumentation als unhintergehbar gültig voraussetzt: Selbst der Akt der Bestreitung dieses Verbindlichen nähme es noch in Anspruch, was ein performativer Selbstwiderspruch wäre, und der Versuch seiner logischen Begründung führt in einen Zirkel, weil es keiner Begründung bedürftig ist.[23]

Dahinter steckt natürlich die performativ-propositionale Struktur der Sprache (↸ Bd. 1, Kap. 4.4), also jenes Phänomen, dass man, indem man mit etwas (nämlich einem Satz) etwas sagt, zugleich auch etwas tut, was möglicherweise zum Gesagten in Widerspruch steht. Konkret gewendet für den Fall der Argumentation als Ausgangspunkt der Diskursethik: Wer sich auf eine argumentative Situation einlässt, anerkennt bestimmte Voraussetzungen als unbedingt bindend. Andernfalls bricht eine kommunikative Beziehung ab. Ein solcher Abbruch muss nicht notwendig irrational sein, wie überdies Menschen mit der Sprache weitaus mehr tun, als nur zu argumentieren (dies nicht zu beachten, macht eine der großen Schwächen der Transzendentalpragmatik aus).

Argumentationsvoraussetzungen. Gleichwohl trifft zu, dass, wer argumentiert, tatsächlich weitreichende Voraussetzungen anerkennt, die unbedingt sind, weil sie sich nicht einschränken lassen. Der Geltungsanspruch auf Wahrheit, Wahrhaftigkeit, normative Richtigkeit und – die ersten drei unterfassend – derjenige auf Verständlichkeit der Aussage kann von Diskurspartnern nur gegeneinander erhoben werden, wenn folgende Voraussetzungen erfüllt sind:

(a) Diskurspartner müssen alle Ansprüche aller Glieder ihrer Kommunikationsgemeinschaft, die sich auf rationale Argumente stützen können, prinzipiell anerkennen. Darunter fallen auch mögliche Ansprüche künftiger Glieder der Kommunikationsgemeinschaft.

(b) Diskurspartner müssen sich wechselseitig unterstellen, argumentieren zu wollen, also wahrhaftig zu sein.

(c) Diskurspartner müssen Argumente ernst nehmen, d.h. nicht Machtverhältnisse entscheiden einen Diskurs, sondern einzig die Qualität der aufgebotenen Argumente.

(d) Die Qualität von Argumenten ist formal streng bestimmt: Das stärkere Argument zählt, nicht das Schwächere.

(e) Diskurspartner können eigene Ansprüche den anderen gegenüber ausschließlich durch Argumente rechtfertigen, denn nur im Raum von Vernunftgründen gibt es freie Zustimmung.

23 Vgl. als typische Formulierung etwa APEL, Karl-Otto: Die Herausforderung der totalen Vernunftkritik und das Programm einer philosophischen Theorie der Rationalitätstypen. In: Concord 11 (1987). 2-23. Hier 6.

Ideale Kommunikationsgemeinschaft. Ganz erfüllt sind diese Voraussetzungen freilich nur in einer idealen Kommunikationsgemeinschaft, wie Apel selbst einräumt. Die Lücke zwischen dieser und den realen Kommunikationssituationen sucht er darum mit einem Stück Verantwortungsethik – „Teil B" genannt (↖ Bd. 1, 6.3) – zu überbrücken. Solches Handeln unter Bedingungen nicht-idealer Kommunikation hat dem Kants Kategorischen Imperativ nahen Prinzip zu folgen, dass jeder, der in meine Lage geriete, prinzipiell meinem Handeln nachträglich zustimmen können muss.[24] Sofern Apel aber den Vorbehalt des Formalismus gegen Kant im Wesentlichen teilt, muss er versuchen, diesem Prinzip seines „Teils B" eine gewisse Inhaltlichkeit zu verschaffen. Eben das soll durch den Rückgriff auf den schon erwähnten Begriff der Kommunikationsgemeinschaft geleistet werden. Die reale Kommunikationsgemeinschaft setzt – so Apel – die ideale Kommunikationsgemeinschaft implizit als ihren Maßstab voraus. Alles Argumentieren zielt ja auf Wahrheit und Verstehen. Und diese Intention erfüllt sich im Prinzip vollständig und definitiv in einer idealen Kommunikationsgemeinschaft. Daraus folgert Apel die gleichsam geschichtsphilosophische Norm, alles Handeln müsse zum Ziel haben, die ideale Kommunikationsgemeinschaft in der realen zu verwirklichen; das impliziert aber, bereits im gegenwärtigen Handeln um das Überleben der Menschheit als realer Kommunikationsgemeinschaft Sorge zu tragen. Beides zusammen soll für das inhaltliche Profil des Handlungsprinzips im „B-Teil" der Diskursethik aufkommen. Heimliches Zentrum der ganzen Konzeption ist also die ideale Kommunikationsgemeinschaft. Sie ist das Regulativ, durch das sichergestellt werden soll, dass Menschen gegen die Vormacht der technisch-instrumentellen Vernunft und die mit ihr verbundene strategische Kommunikation, also solche, die um eines Vorteils willen auch etwa unwahrhaftig ist, gegen diesen Basistrend der Moderne emanzipiert und über sich selbst verständigt als vergesellschaftete Wesen zu leben vermögen. Anders gewendet: Die Diskursethik geht mit starken aufklärerischen Ansprüchen einher.

Quellen und Kritik. Apel selbst hat für seine Idee der idealen Kommunikationsgemeinschaft zwei Quellen benannt: Den sokratischen Dialog und die frühchristliche Gemeinde. Beide Motive verbindet er mit dem aus dem Pragmatismus Charles S. Peirce' stammenden Gedanken einer Verwirklichung „in the long run", d.h. dann, wenn für diese Verwirklichung unendlich viel Zeit zur Verfügung stünde, stellte sich diese tatsächlich ein. Dadurch gewinnt die Idee der idealen Kommunikationsgemeinschaft einen spezifisch utopischen Zug. Utopie – einfach übersetzt: Leben und Handeln auf etwas hin, was noch nicht ist – war anfangs der zweiten Hälfte des 20. Jahrhunderts der Leit-

[24] Vgl. APEL, Karl-Otto: Transformation der Philosophie. Bd. 2: Das Apriori der Kommunikationsgemeinschaft (1973). Frankfurt a.M. 1976. 428.

begriff der Linken gewesen. Das Umkippen utopischer Optionen in die Aktionen von Terroristen diskreditierte den Begriff spätestens ab Mitte der 70er Jahre gründlich. So geriet auch Apels Projekt, damals gerade einer größeren Öffentlichkeit bekannt werdend, in das Schussfeld ironisierender, zum Teil auch aggressiver Strategien von Anti-Utopisten, der ersten Welle eines deutlich ausgeprägten „Konservatismus" oder „Neokonservatismus".[25] Manche seiner Vertreter unterstellten, dass eine Ethik, die mit utopischen Zügen ausgestattet sei, ziemlich geradlinig in den Terror des Ideals münde und sahen ausgerechnet in Apels Bemühen um Letztbegründung, also die Unhintergehbarkeit der Diskursvoraussetzungen, ein Indiz dafür: Wo immer eine Gruppe ethisch-politisch Allgemeingültiges behaupte, stelle sie die, die anderer Meinung sind, unter grundsätzlichen Verdacht. Diese Argumentation, die im Übrigen nicht neu ist, sondern schon bei Hegel begegnet, verrät, dass es unangesehen der polemisch-politischen Außenseite in dem Disput um nichts anderes als um die Grundfrage der Begründbarkeit moralischer Normen geht. Bei der Debatte Kommunitaristen versus Liberale, die uns schon beschäftigt hat, handelt es sich im Grunde um eine partielle Neuauflage jenes Streits um die terroristischen Konsequenzen von Ideal und Utopie. Auch schon Apel musste den Rechtskonservativen entgegenhalten, dass ihr Konzept, das von einer realen Konsensbildung über bestimmte Leitwerte im Rahmen staatlicher Institutionen ausgeht, genauso gut wie für einen Rechtsstaat auch für einen Mafia-Clan funktioniere. Ohne die Dimension der Utopie in Gestalt der idealen Kommunikationssituation gebe es keine Universalität und verkomme Kommunikation letztendlich zu purer Strategie. Zwar anerkennt Apel, dass der nicht-strategische, also herrschaftsfreie Diskurs nach außen durch staatliche Kräfte und nach innen gegen die menschliche Selbstbehauptungstendenz durch Instanzen wie Diskursmoderatoren geschützt werden müsse. Gleichwohl hält er fest:

> „Politisch-historisch und juristisch [...] liegt ein revolutionärer Schritt mit langfristiger Wirkung darin, daß ein Rechtsstaat als Institution sich eine meta-institutionelle Instanz der diskursiven Legitimität und Kritik leistet und diese selbst schützt und garantiert."[26]

Eine partikulare Vergemeinschaftung bezieht eine universale Perspektive in ihre Selbstverständigung ein und schützt diese sogar mit Rechtsmitteln, obwohl sie ihr Herausforderungen eintragen kann, die gegen das momentane Interesse der betroffenen Gemeinschaft stehen. Aus der Realität dieses Spannungsgefüges zieht Apel die ambitionierten Hoffnungen, die er in die Diskursethik setzt.

25 Vgl. dazu HACKE, Jens: Philosophie der Bürgerlichkeit. Die liberalkonservative Begründung der Bundesrepublik. Göttingen 2006. 194-204.

26 APEL, Karl-Otto: Ist die Ethik der idealen Kommunikationsgemeinschaft eine Utopie? Zum Verhältnis von Ethik, Utopie und Utopiekritik. In: VOẞKAMP, Wilhelm (Hg.): Utopieforschung. Interdisziplinäre Studien zur neuzeitlichen Utopie. Bd. 1. Stuttgart 1982. 325-355. Hier 348.

Lücke im „Teil B". Doch gerade dort, wo es um verantwortliches Handeln unter noch nicht idealen Bedingungen geht, also im „B-Teil", hat jene politische Diskussion zwischen Rechts und Links eine empfindliche Lücke in Apels Konzeption aufgedeckt. Er musste einräumen, dass auf dem Weg zur idealen Kommunikationsgemeinschaft um dieses Ziels willen unter Umständen auch strategisches, also nicht herrschaftsfreies Handeln nötig sein könne. Die Opponenten warfen ihm sofort vor, dass er sich damit in einem Gefälle bewege, das nicht mehr dagegen abgesichert werden könne, auch den Terror als Mittel zur Errichtung der idealen Gesellschaft zu legitimieren, ja dass dieser nur die letzte Konsequenz dieser Theorie darstelle – siehe Lenin und Stalin. Apel wusste diesem Frontalangriff nicht mehr entgegenzusetzen als ein wiederum geschichtsphilosophisches Prinzip, das er geflissentlicher Beachtung anempfiehlt: Wenn eine Gesellschaft schon etwas errungen habe, was sie auf dem Weg zur idealen Kommunikationsgemeinschaft hält und weiterbringt, dürfe sie diese Errungenschaft nicht mehr aufgeben.[27] An dieser Stelle kommt deutlicher als sonstwo in Apels Konzept zum Vorschein, dass sich hinter seinem Rekurs auf unhintergehbare Diskursvoraussetzungen hinsichtlich der Begründungsstrategie für moralische Normen das verbirgt, was (mit begrenztem Recht) „naturalistischer Fehlschluss" heißt[28], sofern etwas, weil es gegeben ist, als gesollt behauptet wird.

Erneuter Begründungsdefekt. Es gibt Gesellschaftstheoretiker und Ethiker, die geben sich mit diesem ausgesprochen weichen Zusatzkriterium allen Ernstes zufrieden.[29] Es handelt sich bei dieser Lücke aber um nichts anderes als das Symptom eines fundamentalen Defekts in der Begründungsleistung der Diskursethik, also konkret am Begriff der idealen Kommunikationsgemeinschaft sowie an dem Gebrauch, den die Diskursethik von diesem Begriff macht. Vermutlich wurde das im Zuge des polemisch-politischen Gefechts um moralische Universalität weitgehend übersehen. Mir fällt dabei ein Doppeltes auf:

(a) Pathos der Versöhnung. Die Rede von der idealen Kommunikationsgemeinschaft durchzieht ja ein regelrechtes Pathos der Versöhnung. Die Verpflichtung auf dieses Ideal setzt dabei nicht nur voraus, dass Kommunikation tatsächlich von all den Verengungen freikommen kann, die sie in ihrer Realgestalt zeichnen. Es wird auch nicht mehr damit gerechnet, dass nicht zuletzt die durch nichts zu erklärende Schuld von Menschen und schließlich ihr Tod Kommunikation als ideale beeinträchtigen. In der normativen Orientierung am

[27] Vgl. den Ansatz von Apel in: OELMÜLLER, Willi: Transzendentalphilosophische Normenbegründungen. Bd. 1. Paderborn 1978. 160-203. Hier 178.

[28] Vgl. dazu VERWEYEN, Hansjürgen: Einleitung zu J. G. Fichte: Das System der Sittenlehre nach den Prinzipien der Wissenschaftslehre (1798). Hamburg 1995. (PhB; 485). XI-XLII. Hier XV.

[29] Vgl. etwa REESE-SCHÄFER: Karl-Otto Apel (Anm. 22). 81-83.

Ideal antizipieren sich die kommunizierenden Subjekte als Wesen, die davon eigentlich gar nicht betroffen sind. Formal gewendet frage ich aber: Liegt nicht genau darin die Ohnmächtigkeit der idealen Kommunikationsgemeinschaft gegenüber den realen nicht-idealen, also strategisches Handeln erfordernden, Situationen, dass es aufgrund der Verfasstheit des Menschen kommunikativ gesehen ausschließlich nicht-ideale Situationen geben kann? Das ist ein Einwand gegen den Begriff der idealen Kommunikationssituation als solchen.

(b) Idealität vs. Realität. Meinen zweiten Einwand fasse ich in die These, dass die Inanspruchnahme der Idee der idealen Kommunikationsgemeinschaft aus einem logischen Grund nicht leisten kann, was ihr im Rahmen des apelschen Letztbegründungsprogramms abverlangt wird. Die Antizipation bedient sich ja nicht einer wirklichen Zukunft, sondern nur einer vorgestellten. Für diese Vorstellung als solche aber, also die ideale Kommunikationsgemeinschaft, übt die reale Kommunikationsgemeinschaft so etwas wie die Funktion eines Modells aus. Das Verhältnis von idealer und realer Kommunikationsgemeinschaft kehrt sich also gewissermaßen um: Eine sinnvolle Antizipation ist nur möglich, wenn sich die reale Kommunikationsgemeinschaft vergewissern kann, dass sie bereits die Bedingungen ihrer realen Konsensbildung wahrheitsfähig sein lassen. Als wahr aber gilt etwas nicht, weil darüber ein Konsens zustande kommt. Konsense können ja durchaus auch über Unwahres zustande kommen – und sind es schon oft genug. Oder in Anlehnung an eine Denkfigur Descartes' gesagt: Keine Konsensgemeinschaft kann sich a priori dagegen versichert wissen, nicht von einem allmächtigen Lügengeist in all ihren Wahrheitsannahmen getäuscht zu werden. Konsense, die dem entgehen wollen, können darum nur über solches zustande kommen, was aus sich als wahr einsichtig gemacht werden kann. Trifft das zu, dann frage ich: Wozu brauche ich dann die ideale Kommunikationsgemeinschaft im Zusammenhang des Begründungsproblems? Nicht sie nämlich kann die Begründungsleistung tragen, die für die Normativität moralischer Sätze gefordert wird. Vielmehr muss dafür – gewiss im Rahmen des Diskurses – das unvertretbare Subjekt mit seinen Urteilen der praktischen Vernunft aufkommen.

Wink in eine andere Dimension? Damit stehen wir vor einem verblüffenden Resultat: Der radikale Weggang vom kantischen Ansatz beim Subjekt hinein in den Raum des anderen (Levinas) und den Raum der Intersubjektivität (Apel) führt uns geradewegs zum Subjekt zurück. Aber keine der drei Positionen für sich hat sich dabei als der geforderten Begründungsleistung für die unbedingte Verpflichtungskraft moralischer Normen fähig erwiesen. Könnte das ein Indiz sein, nach den Wurzeln des Ethischen nicht im Raum des Subjekts, des anderen und ihrer reziproken Beziehung in ihrer formalen Konstellation zu suchen, sondern von vorneherein den Blick auf die Ebene des konkret und materiell geschichtlich-gesellschaftlichen Geschehens zu richten? Diese Frage legt sich nicht nur nahe, sie drängt sich angesichts der Tatsache, dass die Diskursethik – wie gerade am Fall Apels gezeigt – gleichsam ins Sperrfeuer des politischen Links-Rechts-Konflikts geriet und dort ihre schärfste Kritik erfuhr, geradezu unabwendbar auf. Genau dort, wo dieser Ethiktypus sich am weitesten auf das konkrete Gelände der Intersubjektivität und Gesellschaft vorwagt, erweist er sich am schwächsten – das kann zumindest als orientierender Wink genommen werden. Will man diese Frage gründlich klären, so muss in Blick genommen werden, dass ein ganzer Hauptstrang der Gegenwartsphilosophie als ein Denken in der Vernunftform der Gesellschaftskritik zu apostrophieren ist, der gleichgewichtig neben dem Denken aus der Vernunftform der Wissenschaft und demjenigen aus der Vernunftform des Vernehmens steht. Dem gilt nachfolgend unser Interesse.

7. Philosophieren aus der Vernunftform der Kritik

Sprache und Gesellschaft. In historischer Perspektive kann man sagen: Nach dem Ende der großen Systemphilosophien des deutschen Idealismus und der nachfolgenden Epoche von Suchbewegungen konzentrierten sich die Bemühungen um eine Neubegründung der Philosophie auf wissenschaftlichem Niveau auf die beiden Momente, die am unmittelbarsten als etwas Allgemeines und das Denken Verbindendes noch zur Verfügung standen und auch auf der empirischen Ebene fassbar waren, die gleichzeitig als Maßstab wissenschaftlicher Erkenntnis galt: Und das waren Sprache und Gesellschaft. Deswegen vollziehen sich die epochalen Ansätze der Erneuerung der Philosophie in Gestalt von Sprachanalyse (→ Bd. 2, Teil A, Kap. 2) und Gesellschaftskritik.

Kritik von „links" und „rechts". Gesellschaft mit allem, was dazugehört – Rechte, Riten, Reformen, Revolutionen usw. – ist das Medium, in dem der zweite große Strang der Gegenwartsphilosophie zur Entfaltung kam und kommt. Gesellschaftskritik gibt es natürlich – um es gleich in politischer Diktion zu sagen – von links wie von rechts. In letztmöglicher Verkürzung kann man beide Varianten folgendermaßen charakterisieren: Gesellschaftskritik von „links" weiß sich zum einen den Idealen der Aufklärung und der Französischen Revolution verpflichtet – also rational begründete Freiheit, Gleichheit, Brüderlichkeit – und erblickt das für sie geeignete Operationsinstrumentar primär in zumindest indirekt auf Marx zurückleitbaren Analysen. Der Gesellschaftskritik von „rechts" gilt die freiheitliche Demokratie des heutigen Westens als Degenerationsphänomen – um von sozialistischen Vergesellschaftungsformen gleich zu schweigen. Sie findet ihre Leitbegriffe bevorzugt in dem der Autorität und in dem des Nationalen. Die Demarkationslinie zu nationalistischen Positionen kann dabei ziemlich schnell zum Verschwimmen kommen. Auf beide Seiten des am Leitfaden des Gedankens der Gesellschaft orientierten Philosophierens gehe ich nachfolgend ein. Es gibt gute Gründe, sich mit beiden Argumentationslinien vertraut zu machen, denn das Philosophieren aus der Vernunftform der Kritik an den gesellschaftlichen Verhältnissen umfasst – in beiden Varianten – so unmittelbar wie kein anderes Segment der Gegenwartsphilosophie auch eine theologische Dimension. Auf den ersten Blick würde man das ja gar nicht erwarten. Um so spannender nimmt sich aus, wie das dann tatsächlich vor sich geht. Die nachfolgende Behandlung beider Seiten muss notwendig asymmetrisch ausfallen. Denn die Gesellschaftskritik, die es zu einer differenzierten philosophischen Position und einer entsprechenden Wirkungsgeschichte gebracht hat, war diejenige, die von „links" kam. Die Kritik von „rechts" verharrte lange in einer Nischenexistenz, macht sich aber seit Ende des 20. Jahrhunderts zunehmend und bisweilen in subtil intellektuellen Formen hörbar. TheologInnen müssen die Implikationen auch dieser Denkform kennen, weil diese nicht selten in theologischen Intuitionen wurzeln oder gar selbst theologische Ansprüche erheben. Ich setze mit ein paar wenigen Hinweisen auf die Auftrittsbedingungen des bis heute vorherrschenden Philosophierens in Gestalt von Gesellschaftskritik ein, also derjenigen von „links". Unmittelbar zu tun haben diese Bedingungen mit dem philosophischen Werk, das man neben Wittgensteins *Tractatus* und Heideggers *Sein und Zeit* als Initialdokument der Philosophie des 20. Jahrhunderts bezeichnen kann: Georg Lukacs' *Geschichte und Klassenbewußtsein*.[1]

7.1 Ein Revolutionär wird salonfähig

„Geschichte und Klassenbewusstsein". Dieses Basis-Buch der Gegenwartsphilosophie wird heute so wenig gelesen, dass es derzeit nicht einmal im Buchhandel erhältlich ist. Schlägt man das Inhaltsverzeichnis auf, kann man sich tatsächlich fragen, was denn die Lektüre heute lohnen könnte. Das Werk besteht aus eher locker miteinander verbundenen Aufsätzen. Sie tragen Titel wie etwa *Was ist orthodoxer Marxismus?* oder *Rosa Luxemburg als Marxist* oder *Die Verdinglichung und das Bewusstsein des Proletariats* und sind – so Lukacs selbst im Vorwort – größtenteils während seines Engagements in der ungarischen kommunistischen Partei zum Zweck der Klärung theoretischer Fragen der Revolution entstanden.[2] Hatte einst Marx davor gewarnt, Hegel wie einen toten Hund zu behandeln, so dürfte heute – auch Jahre nach dem Zusammenbruch der staatssozialistischen Gebilde des Ostblocks – durchaus Anlass für die Warnung bestehen, nicht ebendies auch mit Marx zu tun. Dass man aber überhaupt nach Stalin und Co. legitimerweise philosophisch auf Ideen von Marx zurückkommen kann, dürfte im wesentlichen durch Lukacs' Buch ermöglicht worden sein. Daher muss von ihm in unserem Zusammenhang nicht primär wegen seines konkreten Inhalts, sondern seiner gewissermaßen atmosphärischen Wirkung die Rede sein.

Pathos der Erneuerung. Georg Lukacs bewegte nach eigenem Zeugnis schon als Schüler ein Interesse an Marx. Er nannte dieses Interesse methodologisch. Was er damit meint, kommt treffend im Vorwort zu *Geschichte und Klassenbewußtsein* – publiziert 1923 – zum Ausdruck: Seine hier vorgelegte Auslegung der marxschen Lehre wolle eine solche im Sinn von Marx sein und sei von der Anschauung bestimmt:

> „daß in der Lehre und der Methode von Marx die *richtige Methode* der Erkenntnis von Gesellschaft und Geschichte *endlich* gefunden worden ist.

[1] Vgl. LUKACS, Georg: Geschichte und Klassenbewußtsein. Neuwied; Berlin 1968.
[2] Vgl. LUKACS: Geschichte (Anm. 1). 161-517.

> Diese Methode ist in ihrem innersten Wesen historisch. Es versteht sich deshalb von selbst, daß sie ununterbrochen auf sich selbst angewendet werden muß, und dies bildet einen der wesentlichen Punkte dieser Aufsätze. Das schließt aber zugleich eine sachlich-inhaltliche Stellungnahme zu den aktuellen Problemen der Gegenwart ein, da infolge dieser Auffassung der marxistischen Methode ihr vornehmstes Ziel die *Erkenntnis der Gegenwart* ist."[3]

Nicht zufällig hat Lukacs in dieser Passage die Worte „richtige Methode", „endlich" und „Erkenntnis der Gegenwart" hervorgehoben. In den politischen, gesellschaftlichen, wirtschaftlichen und kulturellen Umbrüchen in den letzten Jahrzehnten des 19. und den ersten Jahrzehnten des 20. Jahrhunderts suchte Lukacs wie so viele andere auch neu Orientierung zu gewinnen, weil die alten Denk- und Ordnungsmuster – gerade auch die philosophischen nicht mehr trugen. Neue Klarheit über Leben, Geschichte und Welt gewinnen zu wollen, das ist der Intention nach gar nicht so weit weg von dem, was etwa Wittgenstein I antrieb, den *Tractatus* niederzuschreiben. Nur dass Lukacs diese Absicht in einer ganz anderen Perspektive umzusetzen trachtet.

Marxsche Dialektik. Nach anfänglichen Versuchen, marxistische Ideen mit Elementen neukantianischer Erkenntnistheorie zu verbinden, kommt er durch die Auseinandersetzung mit Hegel und die russische Revolution von 1917 zum politischen Marxismus. Dreh- und Angelpunkt seines weiteren theoretischen Schaffens wird dabei das, was er als „den Lebensnerv"[4] der marxistischen Methode bezeichnet: die Dialektik, wie sie Marx von Hegel her umdeutend aufnimmt und konzipiert. Hegel hatte die Geschichte als eine durch Entgegensetzungen hindurch sich vollziehende Selbstentfaltung des Geistes bestimmt und so zu einer philosophischen Erfassung des Ganzen der Wirklichkeit zu kommen gesucht, des Ganzen im strengen Sinn, also: von Subjekt und Objekt, von Gesetz und Freiheit, von Natur und Geschichte, von Materie und Geist zugleich und wechselseitig vermittelt. Marx wendet dieses Schema ins Materiale und interpretiert den Fortgang der Geschichte aus den Widersprüchen zwischen dem Bewusstsein von der gesellschaftlichen Wirklichkeit und dem Sein dieser Wirklichkeit. Konkret: Zwischen den Produktionsverhältnissen und denen, die mit ihrer Kraft produzieren, bestehen Widersprüche (z.B. durch Unterbezahlung der Arbeiter oder Kapitalakkumulation seitens der Unternehmer). Je schärfer solche Widersprüche werden, desto mehr tendieren sie auf eine Veränderung der Produktionsverhältnisse und des Bewusstseins vom Sein der gesellschaftlichen Wirklichkeit. Insgesamt geht es der marxistischen Dialektik um eine umfassende Versöhnung von Mensch, Gesellschaft und Wirklichkeit – ein durch und durch messianisches Motiv, wie sich gar nicht übersehen lässt. Und ich füge jetzt schon hinzu, dass ebendieses aus jüdisch-christlichen Wurzeln

3 LUKACS: Geschichte (Anm. 1). 165.
4 LUKACS: Geschichte (Anm. 1). 165.

stammende Motiv bis heute (wenn auch manchmal verborgen) in der linksorientierten Gesellschaftskritik als philosophischer Vernunftform lebendig geblieben ist (daher auch schon mein Hinweis auf die zumindest theologienahe Innenseite dieses ganzen Strangs zeitgenössischen Philosophierens).

Messianische Geschichtsphilosophie. Genau dieses Motiv durchherrscht auch Lukacs' Versuch, mit der marxistischen Dialektik eine Geschichtsphilosophie zu konzipieren. Lukacs wörtlich am Anfang des *Rosa Luxemburg als Marxist* betitelten Aufsatzes:

> „Nicht die Vorherrschaft der ökonomischen Motive in der Geschichtserklärung unterscheidet entscheidend den Marxismus von der bürgerlichen Wissenschaft, sondern der Gesichtspunkt der Totalität. Die Kategorie der Totalität, die allseitige, bestimmende Herrschaft des Ganzen über die Teile ist das Wesen der Methode, die Marx von Hegel übernommen und originell zur Grundlage einer ganz neuen Wissenschaft umgestaltet hat [...]. Die kapitalistische Trennung des Produzenten vom Gesamtprozeß der Produktion, die Zerstückelung des Arbeitsprozesses in Teile, die die menschliche Eigenart des Arbeiters unberücksichtigt lassen, die Atomisierung der Gesellschaft in planlos und zusammenhanglos drauflosproduzierende Individuen usw. mußte auch das Denken, die Wissenschaft und Philosophie des Kapitalismus tiefgehend beeinflussen. Und das gründlich Revolutionäre der proletarischen Wissenschaft besteht nicht bloß darin, daß sie der bürgerlichen Gesellschaft revolutionäre Inhalte gegenüberstellt, sondern in allererster Reihe in dem revolutionären Wesen der Methode selbst. *Die Herrschaft der Kategorie der Totalität ist der Träger des revolutionären Prinzips in der Wissenschaft.*"[5]

Ich habe diese für Lukacs' Konzept charakteristische Passage nicht zufällig dem Kapitel über Rosa Luxemburg entnommen. Denn diese jüdische Philosophin und Politikerin, 1871 geboren, 1919 von Freikorps-Mitgliedern in Berlin ermordet, galt in Lukacs' Augen als eine der ganz wenigen – wenn nicht die einzige –, die die Zentralität des Gedankens der Dialektik fortentwickelt und damit nicht wie so viele andere Marx vulgarisiert habe. Das hat auch zur Folge, dass Lukacs Luxemburgs Idee einer demokratischen Diktatur teilt. Der Sache nach ging es dabei um so etwas wie eine sozialistisch-demokratische Revolution, die sich nicht mit einem gedämpften, entschärften Kapitalismus zufrieden gibt, der der Arbeiterklasse ein paar Brosamen zur Besänftigung zukommen lässt, wie dies die deutsche Sozialdemokratie und die Gewerkschaften intendierten. Um zu solch wirklicher gesellschaftlicher Solidarität zu gelangen, bedarf es einer aktuellen sozialistischen Revolution. Getragen werden müsse diese von einer intellektuellen und moralischen Elite, die das Bewusstsein der Masse hebt. Das Spezifikum dieser Elite umschreibt Lukacs dabei nochmals mit einer Version der dialektischen Gedankenfigur, einer freilich, die jemandem, der mit der christlichen Tradition vertraut ist, frappierend

5 LUKACS: Geschichte (Anm. 1). 199.

bekannt vorkommen muss: Die Repräsentanten der Elite, so Lukacs, zeichne aus,

> „*sich selbst und den Augenblick ihres Handelns als Moment der Totalität, des Prozesses zu erblicken:* die ‚Niederlage' als notwendigen Weg zum Siege"[6] –

man kann fast nicht anders, als bei solchen Wendungen an Mt 16,25 erinnert zu werden, wo jenes befremdliche Jesuswort steht, dass sein Leben gewinne, wer es verliere.

Revisionen. Diese messianische Sicht der geschichtlichen Dialektik führte Lukacs zwangsläufig in den Konflikt mit seiner Partei, desgleichen widersetzte er sich schon seit den 30er Jahren dem, was unter Stalin aus den marxistischen Ideen wurde. Diesen Widerstand gegen einen verknöcherten, dogmatischen Staatssozialismus hat Lukacs bis zu seinem Lebensende weitergeführt. Als im August 1968, drei Jahre vor seinem Tod, die russischen Panzer in Prag einfuhren, um den Prager Frühling niederzuwalzen, also die legere tschechoslowakische Variante von Sozialismus wieder auf Linie zu bringen, nahm Lukacs mit dem Buch *Sozialismus und Demokratisierung* eine gnadenlose Abrechnung mit dem staatssozialistischen Bürokratismus und seiner Verabsolutierung des wirtschaftlichen Wachstumsgedankens vor. Unbeschadet der Tatsache, dass sich Lukacs später über erhebliche Strecken von *Geschichte und Klassenbewußtsein* distanzierte[7], auch von dem darin zur Geltung gebrachten „messianischen Utopismus", ist er gerade durch dieses Buch zu einem – im buchstäblichen Sinn – Vor-Denker des gesellschaftskritisch fundierten Philosophierens im 20. Jahrhundert und bis heute geworden. Auf den Nenner gebracht, wird man sagen dürfen: Ohne *Geschichte und Klassenbewußtsein* wäre es angesichts der staatssozialistischen Horrorexperimente dieses Jahrhunderts einfach nicht mehr möglich gewesen, auf marxsche Gedanken zu rekurrieren. Aber ohne einen solchen Rekurs wiederum hätte es keine Kritik an der Gesellschaftsform gegeben, die von den Faktoren Produktion, Konsum und Profit gesteuert wird. Die Grenzen dieser Vergesellschaftungsform sind uns heute weit drastischer präsent, als sie das zu Lukacs' Zeiten sein konnten. Gleichwohl präsentiert sie sich derzeit als die triumphale Siegerin der Geschichte. Weil das aber mit eklatanten gesellschaftlichen Verwerfungen oder klarer gesagt: mit dem Aufkommen inakzeptabler Ungerechtigkeitsstrukturen einhergeht, dürften Grundfragen gesellschaftskritischen Philosophierens von „links" in unmittelbarer Zukunft wieder verschärft auf der Tagesordnung stehen. Der schneidende Kontrast zwischen den in Deutschland von den beiden großen Kirchen, einigen Gewerkschaften und den Wohlfahrtsverbänden initiierten Sozialde-

[6] LUKACS: Geschichte (Anm. 1). 216.

[7] Vgl. LUKACS, Georg: Werke. Frühschriften II. Bd. 2: Geschichte und Klassenbewußtsein. Neuwied; Berlin 1968. 11-41.

batten einerseits und den Haushaltsplänen und Sparpaketen in Bund und Ländern andererseits kann als bezeichnender Indikator dafür gelten, dass die Problemlage tatsächlich schon bis auf die prinzipiell-philosophische Ebene durchgegriffen hat.

Wenn es zu einer solchen neuen Grundlagendebatte über den streng gesellschaftstheoretischen Bereich hinaus, also im Hinblick auf das Ganze einer vernünftigen Lebensführung, kommen sollte, dann bestehen für diese Debatte bereits bestimmte Niveau-Markierungen, unter die sie nicht mehr zurückfallen kann, solange sie ernsthaft betrieben wird. Für diese nicht mehr unterbietbare Niveauhöhe stehen die ein, die im Kielwasser der durch Lukacs offengehaltenen bzw. wiedereröffneten Möglichkeit des Rekurses auf die marxsche Konzeption dem Philosophieren aus der Vernunftform der Kritik in diesem Jahrhundert Profil und Breitenwirkung gegeben haben. Es handelt sich um die Repräsentanten der so genannten „Frankfurter Schule" erster und zweiter Generation sowie einige Stimmen, die sich der Schule nicht zuordnen lassen, aber dennoch in mehr oder weniger direktem Einklang mit ihr große öffentliche Wirksamkeit erlangten. Was sie alle – auf mitunter nicht gleich zu erkennende Weise – verbindet, suche ich mit folgender Überschrift zum Ausdruck zu bringen:

7.2 Aufklärung der Aufklärung

Ambivalenz der Rationalität. Mehr als alle Jahrhunderte zuvor hat wohl das 20. sichtbar werden lassen, dass die mit der Neuzeit anhebende Siegesgeschichte der Rationalität trotz allen Zugewinns an Freiheit und Erleichterung alles andere als nur ein Segen war. Die Verselbständigung der technisch-instrumentellen Rationalität etwa hat nicht nur mittlerweile zur ökologischen Krise geführt, sondern gleichermaßen von Anfang an neue Zwänge für die geschaffen, die sich ihrer bedienen – denken Sie etwa nur an die Mobilität, die heute Berufstätigen selbstverständlich abverlangt wird, oder die für viele mittlerweile notwendige Bereitschaft, im Lauf des Erwerbslebens aus Gründen wirtschaftlicher und technischer Veränderungen mehrere verschiedene Berufe erlernen zu müssen. Schon Goethe freilich sprach vom „velociferisch[en]“ Zug seiner Epoche, d.h. dem Diktat einer diabolischen Beschleunigung, die er für das größte Unheil unserer Zeit hielt,

> „die nichts reif werden läßt, [... so; K.M.] daß man im nächsten Augenblick den vorhergehenden verspeis't [...].“[8]

Und weit verstörender noch hat sich zudem herausgestellt, dass sich der technisch-wissenschaftliche Fortschritt selbstverständlich auch unmittelbar gegen die Vernunftsubjekte, also seine Initiatoren richten lässt: Der Horror der fabrikmäßigen Ermordung von sechs Millionen Juden durch Deutsche und der Einsatz von Atomwaffen sind zur grauenhaften Signatur der dunklen Rückseite der Epoche der aufgeklärten Vernunft geworden.

Bedingtheit der Vernunft. Diejenigen nun, die im Anschluss an Marx gesellschaftskritisch philosophieren, sind der Ansicht, dass diese Ambivalenz der Vernunftgeschichte eine genau zu benennende Ursache, näherhin eine eminent philosophische Ursache hat: nämlich, dass der Vernunftgebrauch zwar auf gesellschaftliche Gegebenheiten angewandt, aber seine eigene gesellschaftliche Bedingtheit übersehen wurde. Diese Selbstthematisierung der Vernunft hinsichtlich ihres gesellschaftlichen Charakters stellte und stellt sich die „Frankfurter Schule“ bis heute zur Aufgabe.

„Frankfurter Schule“. Dem Entstehen einer regelrechten Schule – mit allerdings durchaus sehr verschiedenen Konzeptionen unter ihrem Dach – kam entgegen, dass die Frankfurter auf eine regelrechte Infrastruktur für ihr Projekt zugreifen konnten. Schon 1923 hatte der Unternehmersohn Felix Weil aus Interesse an einem parteiunabhängigen Marxismus das „Institut für Sozialforschung“ gegrün-

[8] GOETHE, Johann W.: Maximen und Refelxionen. In: DERS.: Sämtliche Werke (Münchner Ausgabe). Hg. v. Karl Richter u.a. Bd. 17. München 2006. 715-953. Hier 807f. (Nr. 479).

det. Ökonomische Zusammenhänge, deren psychische Auswirkungen auf die Gesellschaft und ihre kulturellen Phänomene sollten interdisziplinär erforscht werden. Zweiter Direktor des Instituts wurde 1930 Max Horkheimer, den man als so etwas wie den Spiritus rector der „Frankfurter Schule" bezeichnen muss. Schon 1931 hatte Horkheimer eine Art Generalprogramm für das Institut entworfen, sodass philosophische Interessen stärker in den Vordergrund traten, auch wenn die „Frankfurter Schule" nicht einfach als Ausarbeitung des Horkheimer-Programms verstanden werden darf. Dazu waren andere Mitglieder des Kreises viel zu eigenständig, und auch Horkheimer seinerseits war offen genug, sich von anderen beeinflussen zu lassen. Auf diese Weise kam es nicht nur zu der in Philosophenkreisen eher ungewöhnlich engen Zusammenarbeit zwischen Horkheimer und Theodor W. Adorno, von der gleich noch ausführlicher die Rede sein wird. Gleichermaßen wurde für beide nach 1940 das Denken Walter Benjamins von Bedeutung (auch von ihm gleich noch mehr). 1933 stieß der ehemalige Heidegger-Assistent Herbert Marcuse dazu, der später für die so genannten „68"-Studenten zur politischen Leitfigur wurde. Zum Institut für Sozialforschung gehörten überdies auch Leute, die für das philosophische Anliegen der Frankfurter Schule ohne Belang blieben, jedoch in anderen Zusammenhängen Wichtiges schufen und bekannt wurden, so der Soziologe Leo Löwenthal und vor allem der später sehr bekannte Psychoanalytiker Erich Fromm; einige seiner Werke gehörten in den 70er und 80er Jahren des letzten Jahrhunderts zur Pflichtlektüre Studierender: *Zur Anatomie der menschlichen Destruktivität* und *Vom Haben zum Sein*. Weil jüdischer Herkunft, mussten die meisten Institutsmitglieder in der Zeit des Nationalsozialismus emigrieren. Da Horkheimer aber nicht nur Theoretiker, sondern auch umsichtiger Organisator war, hatte er rechtzeitig ausländische Zweigstellen ins Leben gerufen, sodass die Arbeit dort weitergehen konnte. Nach der Rückkehr von Horkheimer und Adorno nach Deutschland wurde das Institut 1951 wiedererrichtet. Seit Mitte der 60er wird die Frankfurter Schule durch eine zweite Generation von Mitgliedern repräsentiert, auf die ich hernach eigens eingehe.

7.21 Die Gründerväter

M. Horkheimer. Um an die Sache selbst heranzukommen, muss unser Interesse zunächst den ersten Impulsgebern gelten, eine Stimme von außen kommt hinzu. Beginnen wir mit Max Horkheimer. Seine philosophische Arbeit setzt ein mit einer Doktorarbeit über Kant (sein Lehrer Hans Cornelius war Neukantianer). Genauso wichtig wurden im Anschluss daran Schopenhauer und Marx. Horkheimer übernahm wohl von Marx die Gesellschaftsanalyse, speziell die der Produktionsverhältnisse. Jedoch hielt er die von Marx prognostizierte und beförderte Versöhnung der Verhältnisse durch Aufhebung der

Entfremdung der Arbeiter von ihren Produkten für eine Illusion. Diesbezüglich hat ihn vermutlich der sprichwörtliche Pessimismus Schopenhauers beeinflusst. In Folge dieser Überlegungen hat Horkheimer den Anspruch des durch Philosophie zu Erreichenden gegenüber Marx auch drastisch zurückgenommen. Hatte Marx in den *Thesen über Feuerbach* noch programmatisch gefordert, statt die Welt nur zu interpretieren, wie es die bisherigen Philosophen getan hätten, komme es darauf an, sie zu verändern,[9] so beschränkt Horkheimer die Aufgabe der Philosophie darauf, das natürliche Recht des Menschen auf Glück durch kritische Analyse und Benennung der Umstände, die es zu verdecken suchen, vor dem Vergessen zu bewahren. So wird der philosophischen Vernunft eine anamnetische – also erinnernde – Funktion zugeschrieben. Dies zu sagen, geht mit einer gewissen Brisanz einher. Johann Baptist Metz hat nämlich diesen Namen „anamnetische Vernunft" geprägt und damit zugleich die These verbunden, solche anamnetische Vernunft sei trotz ihrer jüdisch-biblischen Herkunft von der christlichen Theologie dem Abendland vorenthalten worden. Bei Metz' Emeritierung hat kein Geringerer als Jürgen Habermas daran erinnert, dass – selbst wenn das theologischerseits so gewesen sein sollte – wichtige jüdisch-christliche Motive von Anfang an auch in der Philosophie selbst lebendig geblieben seien – und unter gar so wenigen anderen eben auch die anamnetische Vernunft.[10] Gerade die Repräsentanten der Frankfurter Schule, von denen ich soeben spreche, belegen diese These zweifelsfrei.

„Kritische Theorie". Horkheimer hat dieser Funktionsbestimmung von Philosophie auch einen eigenen Namen gegeben, der so etwas wie das Kürzel für das Denken der Frankfurter Schule werden sollte: Er heißt „Kritische Theorie". Sieht man etwas näher zu, was damit gemeint ist, dann gewinnt zugleich auch die Rede von der anamnetischen Vernunft ein konkretes Profil. Was „kritisch" heißt, richtet sich logisch gegen etwas schon Vorliegendes und als selbstverständlich Geltendes. Genau in diesem Sinn spricht Horkheimer von „Kritischer Theorie": Sie stellt sich dem entgegen, was gemeinhin als Theorie gilt. Theorien, so Horkheimer, sind Systeme von Sätzen, in denen sich von sehr allgemeinen Sätzen weniger allgemeine ableiten lassen. Theorien trachten danach, Sätze zu erzeugen, die mit der Wirklichkeit überstimmen. Wenn eine Theorie ein System solcher Sätze ist, die mit den Tatsachen übereinstimmen, dann lässt sich durch sie der Zusammenhang der Tatsachen nicht nur erfassen, sondern sie erlaubt auch, mit diesem Zusammenhang der Tatsachen um-

9 Vgl. MARX, Karl: [Thesen über Feuerbach]. In: DERS./ENGELS, Friedrich: Studienausgabe. Hg. v. Iring Fetscher. Bd. I: Philosophie. Frankfurt a.M. 1971. 139-141. Hier 140.

10 Vgl. HABERMAS, Jürgen: Israel und Athen oder: Wem gehört die anamnetische Vernunft? Zur Einheit in der multikulturellen Vielfalt. In: Diagnosen zur Zeit. Mit Beiträgen von Johann Baptist Metz u.a. Düsseldorf 1994. 51-64.

zugehen, also etwa in ihn einzugreifen. Aber sogar mehr noch: Kraft ihrer Allgemeinheit taugen Theorien nicht nur zum Beschreiben gegebener Tatsachen und Zusammenhänge. Mit ihnen lassen sich auch Aussagen über mögliche ähnliche Tatsachen und Zusammenhänge machen, d.h. ihnen eignet eine prognostische Kraft. So funktionieren alle wissenschaftlichen Theorien, und so dienen sie der Problemlösung und dem planenden Zugriff.

Eines aber, so Horkheimer, lässt diese Theorieform völlig unbedacht: Dass sie nämlich nicht nur faktische oder mögliche Zusammenhänge aufdeckt oder operationalisiert, sondern dass sie ja auch selbst in Zusammenhängen steht. Anders wäre ja nicht denkbar, warum Theorien nicht nur verfeinert, sondern bisweilen auch durch radikal neue Theorien abgelöst werden. Was in einer jeweiligen Epoche gesellschaftlich geschieht, nimmt Einfluss darauf, welche Theorien formuliert, welche akzeptiert, welche ausgeschieden werden. Nur kann ebendies die traditionelle Theorie – so Horkheimers Name für diese Theorieform –, aufgrund ihrer prinzipiellen Einstellung überhaupt nicht in Blick bekommen. Sie nimmt die Herstellung von Tatsachen und Zusammenhängen als einfach vorgegeben hin, ohne zu sehen, dass dabei die jeweilige gesellschaftliche Praxis als Steuerungsgröße im Spiel ist. Damit kann sie aber auch nicht fragen, ob und inwiefern diese gleichsam hinter ihrem Rücken wirkende Praxis vernünftig oder unvernünftig ist.

Genau diese Frage stellt sich die Kritische Theorie. In ihr geht es also nicht einfach um eine Alternative zur traditionellen Theorie, sondern um die Offenlegung von deren gesellschaftlicher Bedingtheit. Das ist eine genuin philosophische Intention – Aufklärung im ursprünglichsten Sinn des Wortes. Den Schwerpunkt setzt die Kritische Theorie dabei auf den Einfluss, der von ökonomischer Seite her auf die Theoriebildung einer Gesellschaft einwirkt. Damit bekommt sie natürlich einen auf Zukunft gerichteten praktischen Zug. Kraft ihrer Kritik an unvernünftigen Produktionsverhältnissen zeichnet sie den Umriss einer besseren, weil vernünftigeren Zukunft der Gesellschaft vor. Allerdings gibt sie dazu keine konkreten politischen Ratschläge und benennt sie kein real zu erreichendes Ziel, weil sie sich damit ja wieder an das Bestehende ketten würde. Daher rührt der utopische Zug, der dem Denken der Frankfurter Schule von Anfang an eignet: „Utopisch" kommt vom griechischen „outopos" – wörtlich: „Nicht-Ort". Der Kritischen Theorie geht es um eine Veränderung des Ganzen der gesellschaftlichen Wirklichkeit. Darum kann sie innerhalb dieses Ganzen nicht wieder Position beziehen im buchstäblichen Sinn des Wortes, also einen Ort einnehmen. Sie muss wortlos, also utopisch bleiben. Utopien – dies hier nur nebenher – sind alles andere als überflüssige Illusionen. Ohne Utopie käme jedes suchende Ausgreifen nach vorne zum Erliegen. Auch das Grundwort der Verkündigung Jesu – die „basileia", das Reich der Himmel – hat viel mit Utopie zu tun (darum wirken viele Gleichnisse Jesu so wirklichkeitsfremd: Sie bestätigen das Bestehende nicht, sondern sprengen es). Allerdings belassen es Glaubende nicht bei der Utopie als der Quelle verändernder Energie; sie hoffen darauf, dass das Reich der Himmel nicht durch menschliche Tat, sondern durch Gottes Initiative endlich und endgültig in die Realität einbreche.

Theologische Drift. Ich erwähne diese Affinität deshalb, weil zumal Horkheimer im Gang seines weiteren Denkens in etwa die gleiche Richtung einschlug. Denn ihm war durchaus klar, dass, wenn das Kritische der Kritischen Theorie darin besteht, Theorien kritisch in Blick zu nehmen, sie auch sich selbst ins Visier geraten muss. Als Theorie ist sie ja auch ihrerseits gesellschaftlichen Bedingungen unterworfen. Wenn sich das aber so verhält: Wie kommt dann die Kritische Theorie zu den Kriterien dafür, was gesellschaftlich vernünftig oder unvernünftig ist? Die Kritische Theorie muss aus ihrer eigenen Logik heraus selbstkritisch werden.

Was daraus folgt, dem ist Horkheimer auf eine Weise nachgegangen, die sein Denken in die vorhin schon angedeutete theologische Drift gezogen hat. Weil er keinen festen Boden für die eine Antwort auf die Frage nach jenen Kriterien der Vernünftigkeit in Blick bringen konnte, begann ihm Vernunft als solche verdächtig zu werden. Vernunft, so sagt er jetzt, taugt dazu, die Verhältnisse zwischen Menschen zu regeln und das zu rechtfertigen, was von ihnen verlangt wird. So wird zwischen eigenem und gesellschaftlichem Nutzen vermittelt. Aber dabei handelt es sich um eine ambivalente Angelegenheit. Denn diese Vermittlung funktioniert nur, wenn sich der Einzelne bestimmten gesellschaftlichen Vorgaben unterwirft, also seine eigenen Interessen und Triebe zurückdrängt; auf der anderen Seite kann er sich einzig auf diese Weise selbst erhalten. Anders gesagt: In der Perspektive der Anwendung der Kritischen Theorie auf sich selbst erweist sich die bestehende Gesellschaft – anders in der früheren Sicht Horkheimers – durchaus als vernünftig. Doch gleichzeitig enthüllt sich dabei Vernunft in ihrer Gestalt als Selbsterhaltung als das, was sie im tiefsten ist: Sie wird sich um so mehr selbst erhalten, je mehr sie sich dem Gesellschaftlichen als allbestimmend, also als einer Totalität unterwirft – gegebenenfalls bis zur Selbstauslöschung. Anders gesagt: Die verfügende, planende, sich selbst erhaltende Vernunft entlarvt sich in ihrer Tiefenstruktur als faschistisch, also von der Idee beherrscht, dass der Einzelne um des gesellschaftlichen Ganzen willen, radikal zurückzutreten hat. Und nicht einmal das kritische Denken vermag aus eigenem Vermögen diesem Unheilszusammenhang zu entrinnen. Allenfalls bleiben ihm noch zwei Aufgaben: (a) Es kann daran erinnern, dass es gegenüber der instrumentellen, also auch selbsterhaltenden Vernunft so etwas wie objektive Vernunft gibt, die freilich nur noch im Blick auf die klassischen Philosophien der Antike, des Mittelalters und der Neuzeit als Anleitung glückenden Handelns erinnert wird – wieder der anamnetische Zug. Und (b): Das kritische Denken kann die Geschichte der instrumentellen Vernunft nacherzählen und verleiht dabei auch dem eine Stimme, dem durch diese Vernunft Gewalt widerfuhr. An diese Aufgabe macht sich Horkheimer wenigstens fragmentarisch in einem Buch, das er zusammen mit Adorno verfasst und dessen Titel sich bald zur Signatur unserer Epoche verselbständigen sollte. Das Werk heißt *Dialektik der Aufklärung*.

Dialektik der Aufklärung. Die Lektüre dieses Buches nimmt sich so mühselig wie spannend aus. Nicht einmal einem zweiten oder dritten Blick in das Inhaltsverzeichnis erschließt sich der innere Zusammenhang der einzelnen Teile. Der Untertitel *Philosophische Fragmente* ist kein understatement. Da wird in einem ersten Schritt der Begriff der Aufklärung reflektiert, und zwar vor allem in zwei Exkursen, deren einer von Odysseus, deren zweiter von Juliette, einer der Figuren im Werk des Erzpornographen Marquise de Sade handelt. Dem wiederum folgen ein Essay über die Kulturindustrie, also der Technik der Meinungsherstellung und des Verfügbarmachens der Kunst durch industrielle Replikation, sowie einer über *Elemente des Antisemitismus*. Am Ende stehen *Aufzeichnungen und Entwürfe*, d.h. das Buch endet offen. Trotzdem zieht sich durch alle seine Teile ein Grundgedanke als roter Faden: Vernunft, die meinte, durch Aufklärung den Menschen von allen durch die Natur auferlegten Zwängen zu emanzipieren, ihm die Furcht zu nehmen und ihn zum Herren seiner selbst zu machen, verstrickt sich im Gang ihres Fortschritts im Netz ihrer eigenen Erfindungskraft. Dort wo größte Freiheit errungen scheint, meldet sich völlig unerwartet das ungebrochene Recht der Natur zurück. In de Sades sexuellen Exzessen kippt die Überschreitung des Normalen und Normativen um in einen Durchbruch nur noch tierisch zu nennender Triebbefriedigung. Daher der Titel *Dialektik der Aufklärung* – Dialektik im Sinn von „Umschlag ins Gegenteil". Genauso bei Odysseus. Es handelt sich dabei um eine dermaßen luzide Interpretation eines Grundtextes des abendländischen Denkens, der *Odyssee*, dass ich sie wenigstens in Stichworten nachzeichnen möchte, weil auf diese Weise ein direkter Eindruck von Horkheimers und Adornos Vernunftkritik gewonnen werden kann.

Figur „Odysseus". Odysseus ist der große Abenteurer der griechischen Mythologie. Die Kirchenväter waren von dieser Figur fasziniert, weil sie in manchen Episoden der Odyssee Vorausbilder des Christus-Dramas erblickten, so den zum Heil Gekreuzigten in dem Odysseus, der sich gegen die betörenden Töne der Sirenen an den Mastbaum seines Schiffes binden lässt. (Hugo Rahner, der Bruder von Karl Rahner und Väter-Spezialist hat darüber einen wunderbaren

Aufsatz geschrieben.[11]) Die Faszination dieser Gestalt hielt über Jahrtausende an. Horkheimer und Adorno erkannten in Odysseus das Urbild des bürgerlichen Individuums, das an sich das ganze Drama der Aufklärung austrägt – dass diese im Gang ihrer Verwirklichung wieder in Mythos umschlägt. [12] Denn nur als Trickser und Lügner kann er, der Schwache, sich gegen die Übermacht natürlicher Gewalten behaupten – siehe exemplarisch die Polyphem-Passage: In die Gewalt dieses einäugigen Riesen gekommen und nach seinem Namen gefragt, antwortet Odysseus: Ich heiße „Niemand" – griechisch „oudeis", also dem Literalsinn nach gar nicht so weit weg von der Wahrheit, die sich „Odysseus" schreibt. Als es ihm gelingt, dem Riesen einen handfesten Weinrausch anzuhängen und ihm in dessen Verlauf das Auge auszustechen, da brüllt der nach dem Beistand seiner Artgenossen. Befragt, wer ihm denn etwas zuleide getan hätte, antwortet Polyphem seinem Wissensstand gemäß: „Niemand" hat mir das Auge geblendet. Was den Mit-Riesen verständlichen Anlass gibt, untätig zu bleiben und so des Odysseus' Flucht zu ermöglichen. Freilich hat dieser sein Überleben dadurch erwirkt, dass er sich verleugnete und ein „Nichts" nannte. „Odysseus, wie die Helden aller eigentlichen Romane nach ihm, wirft sich weg gleichsam, um sich zu gewinnen"[13], schreiben Horkheimer und Adorno. Und als Fazit:

> „Das Organ des Selbst, Abenteuer zu bestehen, sich wegzuwerfen, um sich zu behalten, ist die List."[14]

Dasein als Verhängnis. Selbst dort, wo der Mensch die übermächtigen Naturkräfte durch seine Raffinesse übertölpeln und in Schach zu halten vermag, bleibt er ihnen trotzdem unterworfen. Die Grundsituation der Vernunft heißt: Verhängnis. Aus diesem sieht Horkheimer nur einen einzigen Ausweg. Schon in der Dialektik der Aufklärung hatte er angedeutet, dass zumindest an einem Punkt der okzidentalen Vernunftgeschichte das Denken aus dieser Bindung an die Natur freigekommen sei, nämlich im Judentum, sofern dort an ihre Stelle die Bindung an den allem Natürlichen gegenüber ganz anderen Gott getreten sei. Der späte Horkheimer hat diese religiöse Sprengung der naturhaft verblendeten Vernunft im Einklang mit seinen frühen utopischen Gedanken auf eine Weise vertieft, die sich relativ leicht theologisch ausschlachten lässt, in Wahrheit aber an die Theologie einen gewaltigen Anspruch stellt. 1970 erschien ein Interview mit Horkheimer. Es trug den Titel *Die Sehnsucht nach dem ganz*

[11] Vgl. RAHNER, Hugo: Griechische Mythen in christlicher Deutung. Mit 11 Abb. u. einem Geleit- und Schlüsselwort v. Alfons Rosenberg. Freiburg; Basel; Wien 1992. Hier 281-328.

[12] Vgl. ADORNO, Theodor W./HORKHEIMER, Max: Dialektik der Aufklärung. Philosophische Fragmente. Frankfurt a.M. 1981. 42-73.

[13] ADORNO/HORKHEIMER: Dialektik (Anm. 12). 45-46.

[14] ADORNO/HORKHEIMER: Dialektik (Anm. 12). 46.

Anderen.[15] Befragt, was denn mit dem Satz aus der *Dialektik der Aufklärung* gemeint sei, dass Politik, die, sei es höchst unreflektiert, nicht Theologie in sich bewahre, im Letzten – bei aller Geschicklichkeit noch – Geschäft bleibe, antwortete Horkheimer:

> „Theologie bedeutet hier das Bewußtsein davon, daß die Welt Erscheinung ist, daß sie nicht die absolute Wahrheit, das Letzte ist. Theologie ist – ich drücke mich bewußt vorsichtig aus – die Hoffnung, daß es bei diesem Unrecht, durch das die Welt gekennzeichnet ist, nicht bleibe, daß das Unrecht nicht das letzte Wort sein möge."[16]

Sehnsucht. Als der Interviewer nachhakte, ob denn Theologie solchermaßen als Ausdruck einer Hoffnung zu verstehen sei, korrigierte ihn Horkheimer: Eher handle es sich um den Ausdruck einer Sehnsucht, der zumal, dass der Mörder nicht über das unschuldige Opfer triumphiere. – Übrigens hat Horkheimer zur allergrößten Irritation linker und liberaler Kräfte das von Papst Paul VI. in der Enzyklika „Humanae vitae" ausgesprochene Verdikt über künstliche Verhütungsmittel, zumal die Pille, uneingeschränkt geteilt. Mit der technischen Verfügbarkeit über Sexualität geht für ihn jene Sehnsucht der Geschlechter nacheinander verloren, auf deren Basis allein es das geben kann, was „Liebe" meint. Und zwischen den Zeilen klingt unüberhörbar mit, dass diese Sehnsucht im Medium menschlicher Intimität zuinnerst zu tun hat mit jener anderen Sehnsucht nach dem ganz Anderen. Das deckt sich mit dem, was die katholische Theologie meint, wenn sie sagt: Die Ehe ist ein Sakrament, also (wenn ich es so forsch übersetzen darf) eine sinnenfällige Gottesspur mitten im gelebten Leben. Horkheimer hatte dieses völlig unzeitgemäße ethische Votum aus der Mitte der selbstkritischen Kritischen Theorie abgegeben. Man sollte als Theologin und Theologe dies oder jenes von Horkheimer gelesen haben.

Th. W. Adorno. Der Mitautor von *Dialektik der Aufklärung*, Theodor W. Adorno, hat den theologischen Grundstrom dieses Werkes nicht minder weitergeführt als Horkheimer, nur geschah das bei ihm ungleich verdeckter. Adorno, sein voller Name lautet Wiesengrund-Adorno: das „W" steht also nicht für einen zweiten Vornamen, sondern kürzt den Familiennamen seines Vaters ab, – also Adorno hatte sich trotz umfänglicher anderer Interessen von Anfang an der Musik verschrieben. Vom gleichen Doktorvater wie Horkheimer, – von Hans Cornelius – wurde er mit einer Arbeit über Husserl zum Dr. phil. promoviert. Danach lernte er bei Alban Berg, Arnold Schönberg und Anton von Webern – Komponisten der ersten Garde des 20. Jahrhunderts also. Dementsprechend konnte er sich danach Philosophie nur noch als Philosophie der Kunst vorstellen. In diese Richtung drängte

[15] HORKHEIMER, Max: Die Sehnsucht nach dem ganz Anderen. Ein Interview mit Kommentar v. Helmut Gumnior. Hamburg 1970.
[16] HORKHEIMER: Sehnsucht (Anm. 15). 61.

ihn zugleich, was er von Walter Benjamin wahrnahm, von dem wir gleich noch zu sprechen haben. Adorno und Horkheimer hatten sich schon 1922 kennengelernt. Ihre Zusammenarbeit setzte erst wesentlich später ein. Nachdem Adorno als so genanntem „Halbjuden" in Deutschland alle Wege verbaut waren, ging er zunächst nach England. In Oxford versuchte er mit einer viel später veröffentlichten Arbeit „Doctor of Philosophy" zu werden; sein Supervisor in dieser Zeit war der uns schon hinlänglich bekannte Gilbert Ryle – manche Querverbindungen nehmen sich mehr als seltsam aus. (↖ Bd.1, Kap. 7.7, → Bd. 2, Teil A, Kap. 2.7) Von 1934 an arbeitete Adorno aber auch an einem der Publikationsorgane des Frankfurter Instituts für Sozialforschung mit. Im amerikanischen Exil wurde er 1938 reguläres Mitglied des Instituts.

Philosophie als Ästhetik. Die Philosophie der Kunst, also die Ästhetik, war dabei alles andere als eine Marotte Adornos. Vielmehr entdeckte er in ihr eine Weise von Naturbeherrschung, die so vor sich geht, dass sie sich in ihrem Vollzug selbst gleichsam durchstreicht, sodass in ihr das ursprünglich Natürliche, das Individuelle zum Vorschein kommen kann – und eben darin steckt eine strukturelle Parallele zu Horkheimer. Diesen Gedanken arbeitet Adorno in seiner (posthum 1970 erschienenen) *Ästhetischen Theorie* aus. Welcher Methodik dieses Konzept folgt, hatte Adorno zuvor schon in seinem einzigen im engeren Sinn fachphilosophischen Werk erläutert. Das Buch heißt *Negative Dialektik* und erschien 1966 – auf beide Werke wird in der Ästhetik näher einzugehen sein. (→ Bd. 2, Teil B, Kap. 9.22) Ich erwähne sie nur hier bereits, um historisch den engen Zusammenhang mit Horkheimers Denkbewegung und systematisch eine innere Zusammengehörigkeit von Ethik und Ästhetik zur Geltung zu bringen, die noch der eigenen Erwägung bedarf.

Im Vorgriff verweise ich schon an dieser Stelle darauf, dass die zweite Generation der Frankfurter Schule, namentlich Jürgen Habermas, mit dem Ausgang der adornoschen Denkbewegung Probleme hatte, und zwar aus doppeltem Grund: (a) Zum einen kam Habermas Adornos Rekurs auf ein Eingedenken der Natur und eine Wahrheit, die sich nicht-diskursiv zeigt, dem viel zu nahe, der ansonsten im Frankfurter Umkreis als Repräsentant des philosophischen Irrtums, weit mehr des gefährlichen philosophischen Irrtums gilt: Martin Heidegger. (→ Bd. 2, Teil B, Kap. 2.1 - 2.5) Und (b) besiegelt in Habermas' Augen gerade der späte Adorno die Abkehr von der ursprünglichen Intention der Kritischen Theorie, eine kritische Gesellschaftstheorie zu etablieren. Darum macht sich Habermas selbst an die Erledigung dieser „*liegengebliebenen* Aufgaben"[17], indem er an den frühen Horkheimer anschließt. Bevor davon die Rede ist, muss ich zunächst noch

[17] HABERMAS, Jürgen: Theorie des kommunikativen Handelns. Bd. 1: Handlungsrationalität und gesellschaftliche Rationalisierung. Frankfurt a.M. 1981. 517.

auf eine dritte Stimme aus der Grundlegungsphase der Frankfurter Schule sowie eine zu ihr von außen herantretende Wortmeldung zurückkommen.

W. Benjamin. Zunächst geht es um den wegen seines bedeutsamen Einflusses auf Horkheimer wie Adorno bereits erwähnten Walter Benjamin. Benjamin, geboren 1892, war von Anfang an das krasse Gegenbild zu einem akademischen Universitätsphilosophen. Eher einzelgängerisch lebte er mit Büchern und schrieb über sie. Promoviert wurde er im Fach Philosophie, die Habilitation gelang nicht, ab 1933 war er für das von Horkheimer geleitete Institut für Sozialforschung tätig. Bald darauf emigrierte er nach Frankreich. Dort traf er umfangreiche Vorbereitungen für ein Werk des Titels *Pariser Passagen*; selbst aus dessen Fragmenten, die viel später veröffentlicht wurden, lässt sich erahnen, dass das sein Hauptwerk geworden wäre, eine große Geschichtsphilosophie des 19. Jahrhunderts oder anders gesagt eine sozialgeschichtliche Darstellung der Kunst dieser Epoche und der ihr korrespondierenden Erfahrungsformen. Als für ihn auch in Frankreich der Boden heiß wurde, plante er die Auswanderung nach Amerika. Nach dem Einmarsch deutscher Truppen in Frankreich begab sich Benjamin zusammen mit anderen auf die Flucht nach Spanien. Wegen einer Grenzkontrolle und aus Angst, der Gestapo ausgeliefert zu werden, wählte Benjamin den Freitod.

Darstellung von Wahrheit. Allein schon von diesem Biogramm her versteht sich, dass es von Benjamin keine ausgearbeitete philosophische Konzeption gibt. Am ehesten wird der Umriss einer solchen in frühen sprachphilosophischen Bemerkungen und dann in der Vorrede der abgelehnten Habilitationsschrift greifbar, die den Titel *Ursprung des deutschen Trauerspiels* trägt und der Kunstform des barocken Dramas gewidmet war. Auch bei Benjamin also kommt philosophisches Denken primär in Gestalt von Kunstkritik zur Geltung, diesmal in der Kritik der Wortkunst. Systematisch gesehen dreht sich Benjamins Philosophie um den Begriff der Darstellung. Philosophie gilt ihm als Darstellung von Wahrheit. Dabei setzt er – für den ersten Augenblick verblüffend – Wahrheit und Erkenntnis nicht in eins, sondern gegeneinander. Erkennen charakterisiert er in etwa so wie Adorno das Begreifen, also als manipulierende Besitzergreifung. Gegenüber dieser setzenden Vereinheitlichung der Dinge im Erkennen heißt nur die Einheit der Dinge, wie sie sich selber zeigt, „wahr". Eine solche wahrheitsfähige Hinsicht auf die Dinge zu ermöglichen, macht die Aufgabe der Philosophie aus. Dabei fasst Benjamin das, was er unter Wahrheit versteht, im buchstäblichen Sinn radikal: Wenn es der Philosophie gelingt, die Dinge und ihren Zusammenhang mit ihren begrifflichen Mitteln auf überraschende Weise aufscheinen zu lassen, dann werden die Dinge in diesem Vorgang für ihn durchsichtig auf ihre Geschaffensein durch Gott. Die säkulare Struktur der Dinge wird diaphan auf ihre wahre göttliche Ordnung hin. Dieses epiphanische, also sichtbarmachende, Sie können auch sagen: offenbarende Geschehen lässt sich freilich seinerseits nicht begrifflich feststellen im buchstäblichen Sinn und so in Verfügung nehmen. Darum fasst Benjamin seine Gedanken häufig nicht in argumentative Folgen, sondern metaphorisch, oder gibt ihnen durch Zitat-Kombinationen aus literarischen Werken Ausdruck. So wird der nicht-begriffliche Charakter der Wahrheit praktisch gewahrt. Der große Unterschied zwischen Benjamin und Adorno besteht darin, dass für Ersteren Kunstwerke Wahrheit wohl zur Darstellung bringen, die Darstellung ihrerseits aber nochmals von der Wahrheit unterschieden werden muss. Und genau darin – so Benjamin – bestehe das genuine Geschäft der Philosophie: den Scheincharakter der Kunstwerke durchsichtig zu machen auf die Wahrheit selbst. Hinsichtlich der theologischen Dimension des gesellschaftskritisch angelegten Philosophierens kommt Benjamin Horkheimer ungleich näher als Adorno. Der hatte sich diesbezüglich mehr als bedeckt gehalten, hatte in der *Negative(n) Dialektik* den Theologen überdies eine böse Vorhaltung gemacht:

> „Von aller Schmach, die mit Grund der Theologie widerfuhr, ist die ärgste das Freudengeheul, in welches die positiven Religionen über die Verzweiflung der Ungläubigen ausbrechen. Nachgerade stimmen sie bei jeder Gottesleugnung ihr Tedeum an, weil sie wenigstens Gottes Namen gebraucht.“[18]

Theologie der Geschichte. Wenn es bei Adorno so etwas wie ein Absolutes gibt, dann ist es schwarz verhüllt.[19] Benjamin dagegen zögert nicht, den Umriss von so etwas wie einer Theologie der Geschichte zu skizzieren – aus überdies materialistischer Perspektive. Seine knappen Äußerungen in der Sache gehören ohne Zweifel zum Aufregendsten, was die Philosophie des 20. Jahrhunderts zum Thema „Geschichte“ zu sagen hat. (↗ Bd. 3, Teil A, Kap. 7.1) Der Kern von Benjamins *Geschichtsphilosophische(n) Thesen* – so heißt die einschlägige Publikation – besteht in einer Kritik, näherhin in der These, dass mit einem progressiven, nicht aufhaltbaren Fortschritt in der Geschichte überhaupt nichts gewonnen ist. Er würde nämlich die Opfer der Geschichte unberücksichtigt lassen. Dem hält Benjamin entgegen:

> „Es schwingt, mit andern Worten, in der Vorstellung des Glücks unveräußerlich die der Erlösung mit. Mit der Vorstellung von Vergangenheit, welche die Geschichte zu ihrer Sache macht, verhält es sich ebenso. Die Vergangenheit führt einen zeitlichen Index mit, durch den sie auf die Erlösung verwiesen wird. Es besteht eine geheime Verabredung zwischen den gewesenen Geschlechtern und unserem. Wir sind auf der Erde erwartet worden. Uns ist wie jedem Geschlecht, das vor uns war, eine *schwache* messiani-

18 ADORNO, Theodor W.: Negative Dialektik. Frankfurt a.M. 1966. 365.

19 Vgl. WELLMER, Albrecht: Ethik und Dialog. Elemente des moralischen Urteils bei Kant und in der Diskursethik. Frankfurt a.M. 1986. 84-94.

> sche Kraft mitgegeben, an welche die Vergangenheit Anspruch hat. Billig ist dieser Anspruch nicht abzufertigen. Der historische Materialist weiß darum."[20]

Nichts von dem, was je geschehen ist, soll verloren gegeben sein. Darin besteht für Benjamin Erlösung. Sie ist anamnetisch verfasst. Erinnerung kann deshalb das Geheimnis der Erlösung sein, wie ein jüdisches Sprichwort sagt, weil durch sie die Opfer der Geschichte vor dem Vergessen und Verschwiegenwerden bewahrt bleiben. Denn auch die Geschichte im Sinn der Historie wird ja von den Siegern geschrieben, sodass ohne Erinnerung den Opfern ein zweites Mal Unrecht zugefügt würde. Anamnetisch wird Vergangenes mit Gegenwärtigem zusammengebracht, sodass eine mit „Jetztzeit geladene Vergangenheit"[21] entsteht. Diese kann dann zum messianischen Augenblick werden. Die *Geschichtsphilosophische(n) Thesen* enden mit den Sätzen:

> „Bekanntlich war es den Juden untersagt, der Zukunft nachzuforschen. Die Thora und das Gebet unterweisen sie dagegen im Eingedenken. Dieses entzauberte ihnen die Zukunft, der die verfallen sind, die sich bei den Wahrsagern Auskunft holen. Den Juden wurde die Zukunft aber darum doch nicht zur homogenen und leeren Zeit. Denn in ihr war jede Sekunde die kleine Pforte, durch die der Messias treten konnte."[22]

Messianischer Augenblick. Vom Vorzeichen des historischen Materialismus her, unter dem Benjamin seine Überlegungen ansetzt, kann der messianische Augenblick innerhalb des Kontinuums der Geschichte nur in Gestalt der Revolution zur Geltung kommen. Revolution ist dabei nicht selbst messianische Zeit, sondern nur deren Erscheinung. Was umgekehrt auch heißt, dass mit einer Revolution nicht notwendig die messianische Zeit gekommen, sondern die Chance dazu eingetreten ist. Das authentisch Messianische muss und wird sich darum dadurch erweisen, dass es einen wirklichen Bruch mit der Geschichte zu erzeugen vermag, durch den allein deren Opfern Gerechtigkeit widerfahren kann. Es liegt geradezu auf der Hand, von diesen Denkfiguren her jenes theologische Datum her diskursiv zu reformulieren, das wie kein anderes als Bruch mit dem Kontinuum der Geschichte gelten muss: Die christliche Rede von der Auferstehung Jesu. Helmut Peukert hat sich in seinem Buch *Wissenschaftstheorie – Handlungstheorie – Fundamentale Theologie* von 1976[23] an diese

[20] BENJAMIN, Walter: Geschichtsphilosophische Thesen. In: DERS.: Zur Kritik der Gewalt und andere Aufsätze. Mit einem Nachwort versehen v. Herbert Marcuse. 3. Aufl. Frankfurt a.M. 1978. 78-94. Hier 79.

[21] Zit. nach EDEN, T.: Art. Walter Benjamin. In: NIDA-RÜMELIN, Julian (Hg.): Philosophie der Gegenwart. In Einzeldarstellungen. Von Adorno bis v. Wright. Stuttgart 1991. 66-71. 68.

[22] BENJAMIN: Thesen (Anm. 20). 94.

[23] Vgl. PEUKERT, Helmut: Wissenschaftstheorie – Handlungstheorie – Fundamentale Theologie. Analysen zu Ansatz und Status theologischer Theoriebildung. Frankfurt a.M. 1978.

Aufgabe gemacht auf eine Weise, die auch heute noch der Aufmerksamkeit wert ist.

Kann man Benjamin nur noch bedingt der Gründergeneration der Frankfurter Schule zurechnen, weil er dafür einfach zu unabhängig blieb, so gilt dies natürlich erst recht von den zwei Stimmen, die ich an dieser Stelle einzig um des mit den Frankfurtern geteilten systematischen Anliegens in der Sache wegen zu Wort kommen lassen möchte. Darum betitle ich unseren nächsten Schritt mit

7.22 Zwei Stimmen „ab extra"

E. Bloch. Auf vergleichbar differenzierte, also vor allem nicht ausbeutende Weise wie Benjamin hat auch derjenige eine Rezeption seitens der Theologie erfahren, auf den ich in diesem Zusammenhang als ersten zu sprechen kommen möchte: Ernst Bloch. Auch Bloch, geboren 1885 in Ludwigshafen, war jemand, der sich – wie Adorno und Benjamin – in dem Grenzbereich von Philosophie, Literatur und Kunst bewegte. Sein eigenes Philosophieren entwickelte wie andere gesellschaftskritisch Ansetzende und wie die Analytiker – im Gegenzug gegen den Neukantianismus. Schon in seiner Dissertation forderte er eine neue Metaphysik. 1918 legte er selbst in dem Buch *Geist der Utopie* den Umriss einer solchen vor. Wenige Jahre später brachte ein Werk mit dem Titel *Thomas Münzer als Theologe der Revolution* heraus. Schon diese beiden frühen Titel signalisieren, wie unmittelbar Bloch in den Strom des messianisch imprägnierten Philosophierens aus der Vernunftform der Gesellschaftskritik hineingehört. Kein anderer als Georg Lukacs hatte Bloch in Heidelberg mit Max Weber, dem Begründer der deutschen Soziologie, bekannt gemacht und so in philosophische Kreise eingeführt. Kontakte zum Frankfurter Institut für Sozialforschung gab es zunächst auch, jedoch kam es zum Bruch, weil Bloch die „Säuberungen" Stalins verteidigte. Blochs bekanntestes Werk entstand im amerikanischen Exil, in das er während der Nazizeit ging. Es ist das dreibändige *Prinzip Hoffnung*, das 1954-59 erschien. Nach seiner Rückkehr wurde Bloch auf einen Lehrstuhl in Leipzig berufen, jedoch kam es je länger, je mehr zu immer größeren Spannungen mit der SED, der Einheitspartei der ehemaligen DDR. Nach dem Mauerbau kehrte Bloch 1961 von einer Reise nach Westdeutschland nicht mehr zurück und nahm eine Gastprofessur in Tübingen an. In dieser Spätzeit entstanden wichtige Werke, u.a. das Buch *Atheismus im Christentum* (erschienen 1968). Bloch starb 1977.

Das Prinzip Hoffnung. Den Charakter von Blochs Denken kann man sich spontan vergegenwärtigen, wenn man seinen Satz ernst nimmt, die zwei wichtigsten von allen Autoren überhaupt seien für ihn Hegel und – lachen Sie nicht! – Karl May.[24] Steht dieser symbolisch dafür, dass sich Bloch in seinem Denken auf das noch Unbekannte ausstreckt, das Mögliche bis an den Rand des Fantastischen abenteuerhaft zu erkunden sucht, so ersterer – Hegel – dafür, dass ebendiese Denkbewegung mit dem durchaus dialektisch-spekulativen Anspruch einer allbefassenden Welt- und Selbstbeschreibung unternommen wird. Exemplarisch kommt dieses Doppelprofil des blochschen Philosophierens in *Das Prinzip Hoffnung* zur Geltung, drei Bände mit einer nachgerade barocken Überfülle von Beobachtungen, Themen, Assoziationen, die doch wiederum nur einem einzigen Motiv nachspüren: Was denn eigentlich den Menschen während seines Daseins am elementarsten an- und umtreibt und in welchen Gestalten sich dieses Motiv Ausdruck zu geben vermag: Es ist die Hoffnung.

Auf fast 1600 Seiten mustert Bloch in seinem Opus magnum je Gehofftes und Hoffbares durch. Gleichwohl erfüllt der Begriff der Hoffnung für Bloch eine systematische Funktion. Mit ihm setzt er zu der Antwort auf die Frage an, der er schon sein Erstlingswerk, den *Geist der Utopie*, gewidmet hatte und die ihn bis an sein Lebensende beschäftigen sollte. Es war die Frage, wer ich denn als Mensch eigentlich bin.

„Wer sind wir? Wo kommen wir her? Wohin gehen wir? Was erwarten wir? Was erwartet uns?“[25]

Selbstbegegnung. Mit diesen vier Fragen beginnt das *Prinzip Hoffnung* (nicht ganz unähnlich den berühmten drei Fragen Kants danach, was wir wissen können, tun sollen und hoffen dürfen, die sich ihm in der Frage schürzen, was der Mensch sei).[26] Bloch fasst den ganzen Komplex schon früh in die Chiffre „Selbstbegegnung“.[27] Wo steckt das Problem dabei? Zunächst darin, dass der gelebte Augenblick für uns dunkel ist, weil wir uns eigentlich – wie Bloch sagt – zu nahe sind. Wollen wir uns auf ein aktuelles Erleben beziehen, kommen wir immer zu spät, nur vergangene Erlebnisse sind uns wirklich bewusst. Also treffen wir uns niemals selbst an. Darum wissen wir gar nichts über uns als lebendige Wesen. Jede Suche nach Selbstgegenwart landet unentrinnbar in Vergangenem.

Anders jedoch, sobald sich die Perspektive umlegt auf die Zukunft. Natürlich ist uns das Künftige genauso wenig gegenwärtig, wie es das Vergangene sein kann. Trotzdem besteht ein grundlegender Unter-

24 Vgl. LANDMANN, Michael: Ernst Bloch im Gespräch. In: UNSELD, Siegfried (Hg.): Ernst Bloch zu Ehren. Beiträge zu seinem Werk. Frankfurt a.M. 1965. 345-371. Hier 358.

25 BLOCH, Ernst: Das Prinzip Hoffnung. Bd. 1. Frankfurt a.M. 1973. 1.

26 Vgl. KANT, Immanuel: Logik. Ein Handbuch zur Vorlesung. In: DERS.: Kant's gesammelte Schriften. Hg. v. der Königlich Preußischen Akademie der Wissenschaften. Bd. IX. Berlin; Leipzig 1923. 1-150. Hier 25.

27 Vgl. BLOCH, Ernst: Geist der Utopie. Gesamtausgabe Bd. 16. Frankfurt a.M. 1971. 11.

schied: Das Vergangene ist für sich bestehendes Faktum. Das Zukünftige steht uns bevor. Wer etwas zu verwirklichen sucht oder es einfach nur erwartet, ist in seinem Jetzt davon bestimmt – und zwar so bestimmt, dass dieses Künftige sie oder ihn nicht beherrscht, gar als ein Fremdes beherrscht, wie ein Vergangenes das vermag. Denn das, was ich mir zur Verwirklichung vornehme oder was ich erwarte, ist kraft meines freien Entschlusses mein Künftiges. Gehofftes kommt zum Ausdruck in Wachträumen. Hinsichtlich dieser kann ich nicht zu spät kommen, weil sie ja auf Zukunft bezogen sind, also vermag ich in ihnen wirklich mir selbst zu begegnen. An der Vielzahl, der Unzahl der Konfigurationen der Hoffnung jedweder Herkunft verrät sich der Mensch. Große Kunstwerke fallen nicht weniger darunter wie die Illusionen des Showbusiness, der Kinoleinwand und der Jahrmärkte (auch der Münsteraner „Send" verkörpert das Prinzip „Hoffnung"; sie brauchen nur einmal die Gesichter der unschwer zu identifizierenden, weil leicht alkoholisierten Dauer-Send-Besucher näher zu betrachten, um zu erahnen, welch unglaubliches Hoffnungspotenzial in Achterbahnen, Autoscootern und auch nur im schieren Eindruck einer Schlaraffenland-Warenwelt angelegt ist). Die literarische Abenteuerwelt eines Karl May nimmt sich demgegenüber bereits als subtile Kodifizierung des Weges zur Selbstbegegnung aus.

Religionen. All diese Artikulationen der Hoffnung freilich leiden für Bloch an einem Manko: Sie entspringen mehr oder weniger deutlicher Sehnsucht und vermögen darum nicht anzugeben, was sie denn eigentlich erhoffen. In durch nichts anderes überbotener Klarheit leisten für Bloch genau das die Religionen. Sie bestehen für ihn darum aus Tagtraumbildern, die präzis ihr Telos, ihre Zielrichtung angeben, ohne dass über dieses Ziel verfügt werden könnte. Darum hat Bloch auch mehr als jedes andere religiöse Dokument das letzte Buch des Neuen Testaments, die „Offenbarung des Johannes", fasziniert. Freilich ging diese Sensibilität für religiöse Ausdrucksformen bei Bloch notwendig einher mit der Kritik einer auf Orthodoxie bedachten theologischen Verwaltung dieser glühenden Hoffnungsbilder. Die ebnete ihm alles wieder auf das Plateau des Faktischen ein. Darum stellte er dem Buch *Atheismus im Christentum* die Sätze voran:

> „Denken ist Überschreiten.
>
> Es ist das beste an der Religion, daß
> sie Ketzer hervorruft.
>
> Religion ist Re-ligio, Rückverbindung,
> besonders mit einem mythischen Gott
> des Anfangs, der Weltschöpfung; daher
> ist das verstandene Exodus-Bekenntnis zu
> ‚Ich werde sein, der ich sein werde', gar
> zum Christentum des Menschensohns und
> Eschatons keine Religion mehr.

Nur ein Atheist kann ein guter Christ
sein, nur ein Christ kann ein guter
Atheist sein.

Entscheidend: Ein Transzendieren
ohne Transzendenz.
Dies septimus nos ipsi erimus. (Augustin)“[28]

So nimmt Bloch – wieder einmal mehr ein Philosoph – Mt 25 ernst, jene verstörende Jesus-Rede, dass, wer einen Hungrigen gespeist, einen Nackten bekleidet, einen Obdachlosen aufgenommen, einen Gefangenen besucht habe, ebendies dem Menschensohn, also dem zur Versöhnung von Himmel und Erde bevollmächtigten Gottesboten und damit Gott selbst als Dienst erwiesen habe. Diese Radikalität der Verweltlichung des christlichen Gottes duldet nicht mehr dessen Hypostasierung in ein Jenseits. Darauf zielt Bloch, wenn er seine Religionsphilosophie *Atheismus im Christentum* nennt.

Rezeption und Vorbehalt. Mehr als alle anderen Theologen hat der Tübinger evangelische Dogmatiker Jürgen Moltmann auf Bloch Bezug genommen und dessen „Transzendieren ohne Transzendenz“ binnentheologisch zu rezipieren und dabei natürlich nochmals aufzusprengen gesucht. Das Werk trägt den Titel *Theologie der Hoffnung*.[29] Der zweiten Generation der Frankfurter Schule freilich war diese Weise des Philosophierens nicht weniger suspekt als die des späten Adorno. Habermas vermochte Blochs Wortmeldungen nur noch als „bruststarkes Atemholen dithryambischer Klänge“[30] zu karikieren. Wasserdichtes Verdikt ist das noch keines. Auch Karl May (wenn dieser Vergleich gestattet ist) wird noch heute mit Begeisterung gelesen. Gleichwohl ist wahr, dass sich der Stil des Philosophierens in der Vernunftform der auf das Gesellschaftliche bezogenen Kritik gegenüber der Gründergeneration und einem Bloch grundlegend geändert hat. Bevor davon die Rede sein kann, muss ich aber noch auf eine zweite Stimme von außen eingehen, eine, die sich unbeschadet sachlicher Nähe so weit abseits der „Frankfurter“ zu Wort meldete, dass sie in die Rubrik geriet, der ich unter dem Titel „Verlierergeschichte“ zumindest ein wenig Gerechtigkeit verschaffen möchte.

H. Arendt. Es geht um Hannah Arendt. Erst anlässlich ihres 90. und dann 100. Geburtstags am 14.10.06 wurde anhand der Veröffentlichung mehrerer umfänglicher Briefwechsel nochmals in der Öf-

[28] BLOCH, Ernst: Atheismus im Christentum. Zur Religion des Exodus und des Reichs. Frankfurt a.M. 1973. 6.

[29] Vgl. MOLTMANN, Jürgen: Theologie der Hoffnung. Untersuchungen zur Begründung und zu den Konsequenzen einer christlichen Eschatologie. 9. Aufl. München 1973.

[30] HABERMAS, Jürgen: Philosophisch-politische Profile. 3. erw. Aufl. Frankfurt a.M. 1981. 147.

fentlichkeit nachdrücklich zur Geltung gebracht, welches philosophische Format dieser Frau eignete. Wissen konnte man das freilich schon vorher anhand der zu Lebzeiten publizierten Werke, zumal des Buches *Elemente und Ursprünge totalitärer Gewalt*, das als Hauptwerk geltende *Vita activa oder Vom tätigen Leben*, erschienen englisch 1958, deutsch 1960 und das unvollendet gebliebene *Vom Leben des Geistes*. Man muss aufpassen, dass bei Hannah Arendt hinter dem Biographischen nicht das Philosophische ins Hintertreffen gerät.

Das hat zwei Gründe: Hannah Arendt hatte in Marburg das Studium der Philosophie, der Theologie und der Altphilologie aufgenommen. Es war genau zu der Zeit, da Heidegger Furore zu machen begann. Arendts Begeisterung für ihn war nicht nur fachlicher, sondern auch persönlicher Art und wurde von Heidegger seinerseits erwidert. Obwohl lange verborgen, ist mittlerweile unstrittig, dass sie, die Jüdin, für gewisse Zeit Geliebte ihres verheirateten Lehrers Martin Heidegger war. Akademisch arriviert ist sie allerdings unter anderer Ägide: Durch Heidegger lernte sie Karl Jaspers kennen. Unter seiner Betreuung wurde sie mit einer Arbeit über den Liebesbegriff bei Augustinus promoviert. Mit ihrem späteren ersten Mann Günter Stern, besser bekannt unter dem literarischen Pseudonym Günter Anders, ging sie dann für einige Zeit nach Berlin, wo sie unter anderem den damals dort an dem einzigen katholischen Lehrstuhl der Berliner Universität lehrenden und dabei weitgehend isolierten Romano Guardini hörte. Weder die theologische Fakultät, die in Berlin natürlich protestantisch war, noch die philosophische Fakultät wollten mit diesem katholischen Propaganda-Lehrstuhl, wie manche sagten, etwas zu schaffen haben. Guardinis Lehrveranstaltungen standen im Vorlesungsverzeichnis hinter den Angeboten des Universitätsturnlehrers, die Pförtner pflegten auf die Frage, wo Professor Guardini lehre, zu antworten, einen Dozenten solchen Namens gebe es hier nicht.[31] Ich komme darauf nicht der Kuriosität halber zu sprechen – und Guardini wird uns noch eigens beschäftigen. (↗ Bd. 3, Teil A, Kap. 3.3)

„Paria“. Ich tue das vielmehr deshalb, weil sich in diesem kleinen Mosaikstein aus Hannah Arendts Leben ein Grundzug ihres philosophischen Profils verdichtet: Endgültig im Zuge der nationalsozialistischen Machtergreifung war sie zur Überzeugung gekommen, dass jedwede Form der Anpassung, der Assimilation, wie sie sie zunächst selbst als deutsche Jüdin gelebt hatte, in die Sackgasse führe. Das Individuum, so war sie überzeugt, könne in der modernen Gesellschaft nur bestehen, wenn es als Existenzbedingung ein Paria-Dasein, also die Position des Außenseiters und Ausgestoßenen akzeptiert. In ihrem ersten eigenständigen Buch, einer Biographie der jüdischen Philoso-

[31] Vgl. GUARDINI, Romano: Berichte über mein Leben. Autobiographische Aufzeichnungen. Aus d. Nachlaß hg. v. Franz Henrich. Düsseldorf 1984. 39-44.

phin Rahel Levin Varnhagen aus der Zeit der Romantik, schrieb Arendt später:

> „Es zeigt sich, daß der Paria nicht nur mehr Sinn für die ‚wahren Realitäten' sich zu bewahren vermag, sondern unter Umständen auch mehr Wirklichkeit besitzt als der Parvenu, der, ein Scheindasein zu führen verurteilt, von allen Gegenständen einer nicht für ihn eingerichteten Welt nur wie im Maskeradenspiel Besitz ergreift."[32]

Der in Berlin scheinbar von Gott und der Welt verlassene Guardini, der damals dennoch das grundlegte, was ihn zu einem der wichtigsten Theologen dieses Jahrhunderts werden ließ, dürfte für Hannah Arendt so etwas wie ein lebendiges Suchbild dieses Gedankens gewesen sein.

Dass sie auch in erster Person mit diesem Gedanken ernst machte, belegen zwei Vorgänge, die wiederum die Tendenz haben, das Biographische vor das Philosophische zu schieben, die ich meinerseits aber genau umgekehrt zum Anlass nehme, an dieser Stelle auf Hannah Arendt zu sprechen zu kommen und nicht im Anschluss an Jaspers, den ich dem dritten Basisstrang der Philosophie dieses Jahrhunderts zuordne. Ich tue das nämlich aus dem systematischen Grund, dass Arendt ganz und gar in den Gang des gesellschaftskritisch ansetzenden Philosophierens hineingehört – und dies um so mehr, als sie dabei eine ausgesprochen eigenwillige, man kann sagen: eben eine Paria-Position besetzt.

Tabubesetzter Vergleich. Mit 1933 und Heideggers (wenn auch kurzem) hochschulpolitischem Engagement im Sinn der Nationalsozialisten hatte Hannah Arendt das Denken des Meisters trotz fortbestehender Zuneigung kritischer zu sehen begonnen; vor allem ging ihr auf, dass sein Philosophieren vom Ansatz her unpolitisch ist. Was für sie selbst Anlass wurde, sich künftig nicht mehr als Philosophin, sondern als Theoretikerin des Politischen zu verstehen. Das haben nicht nur die Zeitumstände forciert, sondern wohl mehr noch die Verbindung mit ihrem zweiten Ehemann, dem Privatgelehrten Heinrich Blücher, der als Kommunist verfolgt wurde, mit dem sie darum 1941 nach Amerika emigrierte und von dem sie selbst sagte, sie habe durch ihn politisch denken und historisch sehen gelernt.

Das ist der geistig-konzeptionelle Hintergrund, vor dem Arendt das 1951 erschienene *The Origins of Totalitarism*, deutsch *Elemente und Ursprünge totalitärer Herrschaft* (1955) schrieb. Das Werk machte Skandal, weil es ein Tabu verletzte. Diese Tabuverletzung ist auch der Grund, warum Hannah Arendt in Deutschland, zumal im Einflussbereich der Frankfurter Schule, nur wenig rezipiert wurde. Arendt wagte es nämlich, Faschismus und Stalinismus nebeneinander zu analysieren und als vorher noch nie da gewesene Formen politischer Unterdrückung zu geißeln. Auschwitz und der Archipel Gulag sind sich

[32] ARENDT, Hannah: Rahel Varnhagen. Lebensgeschichte einer deutschen Jüdin aus der Romantik. Neuausg. München 1981. 209.

strukturell ähnlich, weil es nicht viel hermacht, ob lebensuntüchtige Rassen oder sterbende Klassen systematisch ausradiert werden. Was war daran skandalös? Nachvollziehbar wird das, wenn man sich an folgenden Vorgang zurückerinnert: den so genannten Historikerstreit von 1986. Der brach deswegen los, weil einige – unter Führung des deutschen Historikers Ernst Nolte – wieder einmal den Versuch machten, unter die jüngste deutsche Geschichte einen Schlussstrich zu ziehen. Methodisch sollte das dadurch geschehen, dass die Nazigreuel als im Letzten angstbesetzte Reaktion und Prävention angesichts der bolschewistischen Untaten im Osten erklärt wurden. Gelingt das, dann sind die Nazi-Verbrechen ins Verhältnis zu etwas anderem gesetzt, d.h. sie sind relativ. Und also gibt es für Deutschland, zumal das neue Deutschland, keinen Grund mehr, sich von seiner jüngsten Geschichte in besondere Verantwortung genommen zu wissen. Andere haben unter Anführung des derzeitigen Hauptrepräsentanten der Frankfurter Schule, Jürgen Habermas, gegen diesen revisionistischen Versuch heftigsten Widerstand geleistet. Übrigens ging es in der „Goldhagen"-Debatte des Jahres 1996 hinter dem Disput um die unbestreitbaren Schwächen einerseits und die Überzeugungskraft der Konkretheit des Buches *Hitlers willige Vollstrecker*[33] andererseits auch wieder um diese Grundsatzfrage, diesmal bloß mit umgekehrten Vorzeichen.

Ohne Umstände wird man sagen müssen: Die braune und die rote Diktatur vergleichend nebeneinander zu stellen, ohne zu relativieren und damit auch Entschuldungsmechanismen zu legitimieren, gleicht beinahe einer Quadratur des Kreises. Trotzdem ist dieses Unterfangen nötig. Hannah Arendt hat es gewagt – notwendigerweise ein Drahtseilakt über dem Abgrund. Das damals – 1951, dem Jahr der Neugründung des Frankfurter Instituts für Sozialforschung – noch junge Philosophieren aus der Vernunftform der Gesellschaftskritik war von seinen Anfängen wie erst recht von seinen Erfahrungen mit der Hitler-Zeit her „links"-geprägt. Überlegungen, die auch nur von ferne die eigenen Herkunftskontexte mit dem Nationalsozialismus in Zusammenhang brachten, mussten beinahe notgedrungen auf offenliegende Nerven prallen (später wurden daraus bei der Linken Züge ideologischer Blindheit dafür, dass auch die eigene Tradition der Dialektik nicht entzogen ist). Daher damals der Skandal um Arendt, der um der Wahrheit willen berechtigt war, wie spätestens 1989 mit dem Fall der Mauer unwiderruflich offenbar geworden ist.

Eichmann-Prozess. Zum zweiten Skandal, der sich mit Hannah Arendts Namen verbindet, kam es großräumig gesehen im gleichen Zusammenhang, in dem der erste aufgebrochen war – nur dass diesmal der Anlass kein theoretischer, sondern ein aufwühlend kon-

[33] GOLDHAGEN, Daniel J.: Hitlers willige Vollstrecker. Ganz gewöhnliche Deutsche und der Holocaust. Berlin 1996.

kreter war. Im Mai 1960 war es dem israelischen Geheimdienst gelungen, Adolf Eichmann, den Organisator der nazistischen Judenvernichtung, aus seinem Versteck in Argentinien nach Israel zu entführen, um ihn vor Gericht zu stellen. Hannah Arendt bot sich der renommierten Zeitung „New Yorker" als Prozessberichterstatterin an; sie wollte die letzte Gelegenheit ergreifen, mit denen in Tuchfühlung zu treten, die die Shoah zu verantworten hatten. Der Prozess dauerte von April bis Dezember 1961. 1963 erschien Arendts Buch *Eichmann in Jerusalem* in Englisch, 1964 auf Deutsch. Den Skandal löste sein Untertitel aus: Er lautete *Ein Bericht von der Banalität des Bösen*. Viele Kritiker fassten das als Bagatellisierung der Nazi-Verbrechen auf. Hannah Arendt war es um etwas gänzlich anderes zu tun gewesen. Sie hatte an diesem Schlächter ihres Volkes eine völlig neue Form sozialen Gebarens entdeckt. Da ist einer, der Menschen zu Hunderttausenden in den Tod schickt, aber dafür im Grunde kein Motiv hat. Einer, dem es eigentlich nur um sein persönliches Fortkommen, seine Karriere zu tun ist, der sich darum während des Verhörs noch beklagt, dass er es trotz seines Einsatzes nur zum Obersturmbandführer gebracht habe, obwohl er sehr genau wusste, worum es ging und auch nicht dumm war.

> „Es war gewissermaßen schiere Gedankenlosigkeit – etwas, was mit Dummheit keineswegs identisch ist –, die ihn dafür prädisponierte, zu einem der größten Verbrecher jener Zeit zu werden. Und wenn dies ‚banal' ist und sogar komisch, wenn man ihm nämlich beim besten Willen keine teuflisch-dämonische Tiefe abgewinnen kann, so ist es darum doch noch lange nicht alltäglich. Es dürfte gar nicht so oft vorkommen, daß einem Menschen im Angesicht des Todes und noch dazu unter dem Galgen nichts anderes einfällt, als was er bei Beerdigungen sein Leben lang zu hören bekommen hat, und daß er über diesen ‚erhebenden Worten' die Wirklichkeit des eigenen Todes unschwer vergessen kann. Daß eine solche Realitätsferne und Gedankenlosigkeit in einem mehr Unheil anrichten können als alle die dem Menschen vielleicht innewohnenden bösen Triebe zusammengenommen, das war in der Tat die Lektion, die man in Jerusalem lernen konnte. Aber es war eine Lektion und weder eine Erklärung des Phänomens noch eine Theorie darüber."[34]

In einer Fernsehsendung von 1964 präzisierte Hannah Arendt aufschlussreich, was sie mit „Banalität" gemeint hatte. Sie sagte unter anderem:

> „Man hat vielfach versucht, [...] den Nationalsozialismus in die Tiefen der deutschen oder sogar der allgemein europäischen geistigen Vergangenheit zu verfolgen. Ich halte diese Versuche für falsch und auch für verderblich, weil sie das eigentlich hervorstechende Merkmal des Phänomens, nämlich seine bodenlose Niveaulosigkeit wegdisputieren. Daß etwas gleichsam aus der Gosse geboren werden kann, ohne allen Tiefgang, und doch Macht über

[34] ARENDT, Hannah: Eichmann in Jerusalem. Ein Bericht von der Banalität des Bösen. Neuausg. München 1986. 16.

nahezu alle Menschen gewinnt, das ist doch gerade das Furchtbare an dem Phänomen."[35]

Das Böse. Das Problem des Bösen hat – nicht zuletzt bedingt durch die vielfache Kritik – Hannah Arendt bis hinein in das Fragment gebliebene letzte Werk *Vom Leben des Geistes* beschäftigt. Aber sie blieb dabei: Das Böse kann – unbeschadet seiner Entsetzlichkeit – wuchern, ohne je Tiefe zu erreichen. Das ist genau dann der Fall, wenn es ihm an einem Motiv fehlt. Hat es kein solches, so bleibt es für das Denken unerreichbar.

Vielleicht war es genau dieses Theorem, das zu der Fremdheit zwischen Hannah Arendt und der Frankfurter Schule, zumal deren zweiter Generation führte. Denn die, zumal ihr Hauptvertreter Jürgen Habermas, hatte sich von Anfang an nichts Geringeres vorgenommen, als das Projekt der Aufklärung und damit das der Moderne auf selbstkritische Weise fortzuschreiben. Mit einer solchen Intention freilich lässt sich das Resultat der politischen Theorie Hannah Arendts nur schwer versöhnen. Alles dem Denken prinzipiell Verschlossene kann einer aufklärerischen Vernunft nur Provokation bedeuten. Wie aber nimmt sich eine solche aufklärerische Vernunft nach Auschwitz und nach der *Dialektik der Aufklärung* überhaupt aus?

35 Zit. nach WIMMER, Reiner: Vier jüdische Philosophinnen. Rosa Luxemburg, Simone Weil, Edith Stein, Hannah Arendt. Leipzig 1996. 367.

7.3 Der Diskurs der Moderne unter den Bedingungen der Gegenwart

J. Habermas. Mit dem ersten Teil dieser Überschrift greife ich den Titel eines Buches von Jürgen Habermas auf. Es ist nicht sein wichtigstes, aber der Titel gibt sehr präzis die grundlegende Perspektive an, in der Habermas von Anfang an und in außerordentlicher Breite sein Denken entfaltet: *Der philosophische Diskurs der Moderne. Zwölf Vorlesungen* (1985). Das Projekt der Moderne, die Aufklärung, ist noch nicht vollendet. Es hat sich – zurecht – eine Aufklärung über sich selbst gefallen lassen müssen, weil es sich selbst als dialektisch entpuppte, wie Horkheimer und Adorno herausgearbeitet haben. Jedoch zieht Habermas aus der mit den beiden Alten geteilten Diagnose eine andere Konsequenz. Er lässt weder einem Vernunft-Pessimismus das Wort noch erhofft er aus einem Eingedenken der Natur Rettung. Sondern er hält eine differenzierte Fortführung der Aufklärung für möglich, die in der kritischen Bewusstmachung und gegebenenfalls Veränderung ihrer gesellschaftlichen Bedingungen der Falle dialektischer Selbstzerstörung entkommt. Und er hält eine solche Fortführung auch für nötig, weil andernfalls die kulturelle Verfassung der Gesellschaften mehr oder weniger global unter einer Flutwelle instrumentell-ökonomischer Rationalität begraben wird und sich dabei gleichzeitig ein geistiges Vakuum bildet, in das unschwer prä- oder antirationale Ideologien mit weitreichenden politischen Folgen einströmen. Darum setzt Habermas sein eigenes Philosophieren aus der Vernunftform gesellschaftsbezogener Kritik in etwa dort an, wo sich der frühe Horkheimer bewegte.

Biographische Mäander. Diese Lokalisierung, die ich schon einmal kurz erwähnte, als es darum ging, welche Wendung Horkheimers Denken nahm, hat etwas Brisantes an sich. Habermas, geboren 1929, ist seit langem der im In- und Ausland meistzitierte deutsche Philosoph und wegen seiner gesellschaftspolitischen Wortmeldungen von einer öffentlichen Bekanntheit, die kein anderer erreicht hat. Gekommen ist es dazu, ich sage etwas zugespitzt, unter anderem gegen den entschiedenen Widerstand Horkheimers. Promoviert wurde Habermas 1954 mit einer Arbeit über Schelling in Bonn. Von 1956-1959 arbeitete er am Frankfurter Institut für Sozialforschung und war er Assistent bei Adorno. Im Jahr 1958 schrieb Horkheimer an Adorno einen Brief, in dem er Habermas' Hinauswurf fordert. Konkreter Anlass: Habermas hatte einen Aufsatz *Zur philosophischen Diskussion um Marx und den Marxismus* veröffentlicht und darin – kurz gesagt – deutlich daran erinnert, dass es nach Marx kein aufklärendes Philosophieren ohne grundlegende gesellschaftliche Veränderungen geben kann. Das aber sei, so Horkheimer in dem Brief, „übersteigerter Idealismus" von jemandem, dem an gesellschaftlichem Verständnis mangele und der noch dazu eitel und unfähig zur Versöhnung mit sich selbst sei.[36] Der Grund für Horkheimers Unwillen, das kann man aus heutiger Distanz sagen, lag wohl darin, dass er seinerseits ein bisschen zu sehr mit sich und mit der realen Gesellschaft und ihren Machtfiguren versöhnt war – oder wie sollte man sonst interpretieren, dass unter Horkheimer 1954 am Institut für Sozialforschung eine Studie über das Betriebsklima der Firma Mannesmann angefertigt wurde, die so ausfiel, wie es der Unternehmensvorstand schon bei Auftragserteilung gefordert hatte? Und vor allem wollte der alte Horkheimer nicht mehr an das erinnert werden, was er als Junger in genau dem Sinn gesagt und geschrieben hatte, in dem sich nun der junge Habermas in die Debatte mischte. Adorno teilte Horkheimers Kritik weitgehend nicht. Doch Horkheimer vermochte trotzdem zu verhindern, dass Habermas in Frankfurt habilitiert wurde. Das geschah darum 1961 in Marburg. Und dann, nach einer kürzeren Zeit in Heidelberg, kehrte Habermas 1964 nach Frankfurt zurück – als Nachfolger Horkheimers. Jedoch auch in der Folgezeit erfuhr Habermas die Verflechtung von Philosophie und Gesellschaftskritik sozusagen am eigenen Leib. 1971 verließ er die Universität, der ewigen Attacken linker Kreise müde, die ihm vorwarfen, zu wenig revolutionär zu sein (während ihm und den Frankfurtern der ersten Generation etwa aus der Ecke der „Frankfurter Allgemeine(n) Zeitung" vorgeworfen wurde, zu den geistigen Wegbereitern des RAF-Terrorismus zu gehören). Zusammen mit Carl Friedrich von Weizsäcker übernahm Habermas nun die Leitung des neu geschaffenen „Max-Planck-Instituts zur Erforschung der Lebensbedingungen der wissenschaftlich-technischen Welt" in Starnberg. Die Bewerbung auf einen Lehrstuhl an der Münchener Ludwig-Maximilian-Universität scheiterte am Einspruch der Bayerischen Staatsregierung – nach dem Motto: Bitte keine rote Laus in unserem so wunderschön tiefschwarzen Pelz mit den kleinen braunen Sprenkeln. 1982 schließlich kehrte Habermas an die Universität Frankfurt zurück, 1994 wurde er emeritiert.

Großprojekt „Kommunikative Vernunft". Neben dieser biographischen Mäanderlinie fand sich Habermas zusätzlich mehrfach in teils lang anhaltende wissenschaftliche wie öffentliche Debatten verstrickt: zunächst in den so genannten Positivismusstreit in den Sozialwissenschaften, dann den Disput über Hermeneutik und Ideologiekritik (→ Bd. 2, Teil B, Kap. 3.1); den Historikerstreit schließlich habe ich auch bereits erwähnt. (→ Bd. 2, Teil B, Kap. 7.2) Unbeschadet der Breite seines Engagements hat Habermas jedoch beharrlich an einem Großprojekt gearbeitet. Ab Mitte der 60 Jahre, etwa besonders in dem bis heute lesenswertem Longseller *Erkenntnis und Interesse* (1968), beginnen erste Teile im Umriss sich literarisch niederzuschla-

[36] Vgl. HORKHEIMER, Max: Gesammelte Schriften. Bd. 18. Briefwechsel 1949-1973. Frankfurt a.M. 1996. 441.

gen. Hier bildet Habermas auch die alles Weitere grundlegende Unterscheidung zwischen „zweckrationalem und kommunikativem Handeln“ aus. In einem Aufsatz von 1971 gibt er den ersten Vorausblick auf das intendierte Ganze frei unter einem Titel, der dem des späteren Hauptwerks schon ziemlich nahe kommt. Der Beitrag heißt *Vorbereitende Bemerkungen zu einer Theorie der kommunikativen Kompetenz*. 1981 schließlich erscheint in zwei dicken Bänden die *Theorie des kommunikativen Handelns*. Die erste Auflage ist binnen weniger Wochen vergriffen, zusammen mit der zweiten sollen 20000 Exemplare verkauft worden sein – für ein Opus von 1167 Seiten, geschrieben in sperriger Sprache über komplexe Fragen ist das beachtlich (selbst wenn man das obligatorische Gefälle zwischen Käufer- und Leserzahl als wichtig geltender Bücher abzieht).

Die *Theorie kommunikativen Handelns* ist ein „Habermas“, wie er typischer nicht sein könnte. Charakteristischerweise pflegt dieser nämlich die eigenen Gedanken durch ein ausgreifendes, bohrendes Abarbeiten an parallelen oder entgegengesetzten Theorien zur Darstellung zu bringen (was der Leserschaft ziemlich viel an Vorwissen abverlangt). So besteht der erste Band des Werks weitgehend aus einer Auseinandersetzung mit Max Weber und seiner These einer unumkehrbar auf Rationalisierung zulaufenden Dynamik des okzidentalen Denkens – und dem, was daraus folgt, z.B. die Entzauberung allen mythischen und auch religiösen Denkens. (↸ Bd. 1, Kap. 9.5) Der Band trägt denn auch den Untertitel: *Handlungsrationalität und gesellschaftliche Rationalisierung*. Weil aber diese irreversible Dynamik gesellschaftlich auch in dialektischen Konsequenzen sich geltend macht, bedarf sie eines Gegengewichts in Gestalt einer *[Zur] Kritik der funktionalistischen Vernunft* – und so heißt der Untertitel des zweiten Bandes. Durch sie soll Platz geschaffen werden für das Konzept einer kommunikativen Vernunft, einer Rationalität also, die sich nicht nur an Zweck und Nutzen orientiert, sondern genauso der Dimension der Verständlichkeit, der der Wahrheit, derjenigen der Richtigkeit und der der Wahrhaftigkeit ihr genuines Recht belässt. Einer solchermaßen verfassten Vernunft spürt Habermas vor allem in der Auseinandersetzung mit den gesellschaftstheoretischen Ansätzen George H. Meads, Emile Durkheims und Talcott Parsons nach (andere Autoren, vor allem Niklas Luhmann mit seiner Systemtheorie, kommen unter bestimmter Hinsicht hinzu).

Sprachlichkeit. Kommunikative Vernunft ist natürlich per definitionem auf das Medium der Sprache angewiesen. So kommt es an diesem Punkt zwangsläufig zu einer Überkreuzung des ersten, sprachphilosophischen, und des zweiten, gesellschaftskritischen Basisstrangs der Gegenwartsphilosophie. Entsprechend intensiv greift Habermas auf die einschlägigen Autoren zurück; sein Vorhaben einer kritischen Sozialwissenschaft realisiert er über weite Strecken als

Sprachtheorie, der Sprechakttheorie fällt dabei eine nachgerade basale Rolle zu. Mit ihrer Hilfe lässt sich einsichtig machen, dass der Gedanke der Mündigkeit – der Grundgedanke der Aufklärung schlechthin – ein Implikat der Weise ist, wie Menschen Sprache gebrauchen, wenn sie kommunikativ miteinander umgehen. Das tue ich, wenn ich meinem Gegenüber unterstelle, genauso an der Wahrheit interessiert, genauso wahrhaftig, genauso vernunftfähig zu sein wie ich es (hoffentlich) bin (auch wenn sie oder er z.B. nicht in meiner akademisierten Sprache spricht). Jeder Sprechakt gibt mittelbar darüber Auskunft, welche Rolle der oder die Sprechende gerade einnimmt und welchen Regeln diese Rolle folgt. Gibt es darüber im Vorgang der Kommunikation Missverständnisse oder Konflikte, dann greift der so genannte Diskurs, also die ihrerseits wiederum durch Sprechakte erfolgende Klärung der Situation. Der Diskurs storniert die mit Sprechakten immer einhergehenden Handlungsfolgen. Am Beispiel konkret gemacht: Wenn einer einen andern schwer beleidigt, wird der Betroffene in der Regel schnell zum Mittel der Gegenbeleidigung (oder falls der Ort des Geschehens ein bayerisches Bierzelt ist, zum Messer, zumindest zum Maßkrug greifen). Kommunikativ handelte der Betroffene jedoch, wenn er statt Beleidigen, Messer oder Maßkrug nachfragte, warum sein Gegenüber sich auf die geschehene Weise äußere, dafür eine befriedigende Erklärung bekommt oder im gegenteiligen Fall sich rachefrei „Der spinnt" denkt und damit dem anderen begründet abspricht, einen vernünftigen Sprechakt gesetzt zu haben (weil ihn daran z.B. der vorausgehende Bierkonsum hindert). In der Nachfrage fände Verständigung darüber statt, welche Regeln sprachlichen Handelns gelten sollen, also wer was zu wem sagen darf. Diese Regeln, die hinter allen Sprechakten in Geltung sind, aber nur im Streitfall selbst Thema werden, nennt Habermas „pragmatische Universalien"[37]. Daher kommt die gelegentlich für sein Gesamtkonzept gebrauchte Charakteristik „Universalpragmatik".

Pragmatische Universalien. Diese pragmatischen Universalien sind zwar nun zum einen etwas, das alle, die im Rahmen einer Gesellschaft die sprachlichen Spielregeln teilen, etwas, das kommunikativ gleiche Rechte und Pflichten und Chancen gewährleistet – zumindest dem Prinzip nach oder gemäß der „idealen Sprechsituation", wie man sich im habermasschen Umfeld auszudrücken pflegt. Zum anderen treten da aber in der gelebten Wirklichkeit so gut wie immer Störungen auf, nämlich dadurch, dass eine oder einer strategisch handelt, also z.B. nur so tut, als sei sie oder er wahrhaftig, um das Gegenüber zu beeinflussen oder am besten gleich über den Tisch zu ziehen;

37 HABERMAS, Jürgen: Vorbereitende Bemerkungen zu einer Theorie der kommunikativen Kompetenz. In: HABERMAS, Jürgen/LUHMANN, Niklas (Hgg.): Theorie der Gesellschaft oder Sozialtechnologie – was leistet die Systemforschung? Frankfurt a.M. 1972. 101-141. Hier 109.

selbst die expressive Dimension, z.B. ein gezielter Tränensturzbach, kann dazu eingesetzt werden. Zum dritten – und das erweist sich als ungleich gravierender – handelt es sich bei diesen pragmatischen Universalien, also dem, was praktisch für alle Glieder einer bestimmten Gemeinschaft gilt, keineswegs um unveränderbare Konstanten. Die pragmatischen Universalien können sich historisch ändern, indem diskursiv neu verhandelt und ausgehandelt wird, was lebensweltlich gelten soll. „Lebenswelt" bezeichnet das Ensemble dessen, was man in einer bestimmten Gesellschaft legal und legitim durchschnittlich tut, das, was sich als akzeptiert oder toleriert einspielt, die Sitten eines Gemeinwesens kurz – und die Bedingungen, unter denen sie sich einpendeln. Dabei handelt es sich nicht um Dinge, die sich von heute auf morgen ändern, sondern langfristige Verschiebungen. Darunter fällt z.B. wie eine Gesellschaft mit bestimmten Phänomenen umgeht. Nehmen wir zwei Beispiele: das Sterben und die Erotik. Unbestritten ist, dass derzeit in den westlichen Vergesellschaftungsformen nichts so intensiv tabuisiert wird wie das natürliche Sterben. Moribunde werden in Heime und Krankenhäuser abgeschoben; der offene Sarg in einer Friedhofshalle ist die absolute Ausnahme. Gleichzeitig gewinnt das Sterben – nahezu ausschließlich das gewaltsame, wohlgemerkt! – medial nachgerade Omnipräsenz. Erotisches dagegen oder direkt Sexuelles ist mittlerweile in vielfacher Hinsicht ins Rampenlicht der Öffentlichkeit getreten, in den Talkshows, den Video-Shops, der Werbung, den Print-Medien. Wenn ein Buchhändler in den 60er Jahren die „Josefine Mutzenbacher" verkaufte, einen Softporno in Gestalt 1906 erstmals erschienener fiktiver Lebenserinnerungen einer Wiener Prostituierten aus der Feder eines gewissen Felix Salten, von dem auch das später durch Walt Disney verfilmte Märchenbuch „Bambi" stammt –, also wenn ein Buchhändler vor 30 Jahren die „Mutzenbacher" verkaufte, dann allenfalls unter dem Ladentisch, weil er ansonsten ein paar Jahre Gefängnis riskierte. Heute kriegen Sie das Ding als rororo-Taschenbuch für Euro 8,80 in jeder Buchhandlung mit einer Empfehlung aus „Christ und Welt" auf der letzten Umschlagseite. Da ist also offensichtlich in unserer Gesellschaft die Universalie, also die Allgemeingeltung dessen, was normativ richtig ist, neu ausgehandelt worden.

Gesellschaftliche Ausdifferenzierung. Nun müssen solche Neuaushandlungen nicht automatisch Fortschritt und Vernünftigkeit bedeuten – da greift wieder Habermas' Sensibilität für die Dialektik der Aufklärung. Denn sie können statt zu besserer Verständigung über die Lebenswelt genauso gut auch zu deren verschärfter Gefährdung, zum Abbau emanzipatorischer Strukturen, zur Benachteiligung bestimmter Gruppen führen (in den beiden genannten Beispielen dürfte das bezüglich unheilbar Kranker und bezüglich der Frauen in der Tat der Fall sein). Wo Lebenswelt eingespielte Selbstverständlichkeiten verliert, kommt natürlich der Zwang auf, auf neue Weise zu einer Verständigung zu kommen. Ab einem gewissen Komplexitätsniveau sind die einzelnen dazu aber nur mehr bedingt im Stande. Darum entstehen Organisationen innerhalb der Gesellschaft, die diese Aufgabe der Verständigungserzeugung übernehmen, z.B. Bürokratien, die Regeln aufstellen und durchsetzen, oder Interessenverbände wie Parteien, Gewerkschaften und Großkirchen. Nur prägt diese die Eigenschaft, sich ihrerseits gegenüber der Lebenswelt, aus der und für die sie eigentlich entstanden sind, zu verselbständigen. Die elementarsten dieser Organisationsformen, die die anderen mehr oder weniger unmittelbar dirigieren, erblickt Habermas in den Phänomenen des Geldes und der Macht – und wenn man sich auch nur ein wenig umsieht in der Gesellschaft und ihren Institutionen einschließlich der Kirchen: Wie recht oder unrecht hat dann Habermas? Wie immer die Antwort ausfallen mag – systematisch gesehen ist genauso wichtig, dass sich an diesem Punkt der Kreis gleichsam schließt. Denn mit der Identifikation von Macht und Geld als *den* Organisationsprinzipien sich ausdifferenzierender Gesellschaften schlechthin kommt Habermas im Rahmen seiner sprachphilosophisch grundgelegten Theorie des kommunikativen Handelns direkt auf die Grundlinien der marxistischen Gesellschaftsanalyse zurück und holt sie in ein substanziell demokratisch-prozedurales Gesellschaftsmodell ein.

Zerfall und Reintegration. Jetzt könnten Sie natürlich fragen: Und warum eigentlich ist das so schlimm, dass sich gesellschaftliche Organisationsstrukturen verselbständigen? Die Antwort (im Sinne Habermas') lautet: Weil dadurch dem Menschen seine Lebenswelt zerfällt. Wirtschaft, Politik, Moral, Wissenschaft, Bildung, Recht, Kunst werden zu autonomen Segmenten, die je ihrer eigenen Logik folgen, sich nichts mehr zu sagen haben und also auch nicht mehr wechselseitig befruchten oder korrigieren können, und die sich darum je für sich auch unschwer auf eine Weise zu entwickeln vermögen, die auf Kosten eines der anderen Segmente geht. Verschärft wird dieser Zerfall noch dadurch, dass selbst Belange, die den Einzelnen elementar betreffen – wie etwa seine Gesundheit, seine Rechtsansprüche – aufgrund der Ausdifferenzierung der jeweiligen Bereiche nur noch von Experten beurteilt werden können, denen sich der einzelne folglich auf Gedeih und Verderb ausliefern muss – von der medizinischen Vorsorge über die berufliche Eignung bis zum Kunstgeschmack. Den einzigen Widerhalt gegen diesen mit der unumkehrbaren Rationalisierung einhergehenden Zerfallsprozess sieht Habermas – nochmals – im Diskurs. So wie über strittig gewordene Sprachregeln durch argumentatives Reden neuer Konsens erzielt werden kann, genauso ließen sich – so seine Hoffnung – auch zwischen den autonom gewordenen Segmenten der Wirklichkeit im Raum der je zuständigen Wissenschaften diskursiv Brücken schlagen. An einer solchen kommunikativen Reintegration der plurivers gewordenen modernen Gesellschaft hängt seine Hoffnung auf eine selbstkritische Fortschreibung des Projekts Moderne. Exemplarisch verdichtet verleiht er dem in den Schlusssätzen der *Theorie des kommunikativen Handelns* Ausdruck:

„In modernen Gesellschaften erweitern sich die Kontingenzspielräume für die aus normativen Kontexten entbundenen Interaktionen so weit, daß der Eigensinn des kommunikativen Handelns sowohl in den entinstitutionalisierten Verkehrsformen der familiären Privatsphäre wie in der durch Massenmedien geprägten Öffentlichkeit ‚praktisch wahr wird'. Gleichzeitig dringen die Imperative verselbständigter Subsysteme in die Lebenswelt ein und erzwingen auf dem Wege der Monetarisierung und Bürokratisierung eine Angleichung des kommunikativen Handelns an formal organisierte Handlungsbereiche auch dort, wo der handlungskoordinierende Mechanismus der Verständigung funktional notwendig ist. Vielleicht kann diese provokative Bedrohung, eine Herausforderung, die die symbolischen Strukturen der Lebenswelt *im ganzen* in Frage stellt, plausibel machen, warum diese *für uns* zugänglich geworden sind."[38]

Subjekt-Kritik. Habermas' Sprache mag gewöhnungsbedürftig sein. Ungenau ist sie nicht. Darum macht selbst noch das an Kürze absolut nicht mehr zu unterbietende Resümee des Riesenwerks der *Theorie des kommunikativen Handelns* nicht nur die Stärken, sondern zugleich die innerste Schwäche dieses großen Entwurfs fassbar. Auf den letzten Seiten des ersten Bandes begründet Habermas systematisch, warum er sein Projekt wohl im Anschluss an die frühe Kritische Theorie entfaltet, wohl aber zu deren späterer Version Distanz sucht. Der Grund ist schlichtweg fundamental: Die Kritische Theorie horkheimerscher und adornoscher Prägung sei durch und durch der Bewusstseinsphilosophie, also der von Descartes und Kant herrührenden Denkfigur verhaftet geblieben. Und die habe sich mittlerweile so erschöpft, dass sie so etwas wie die Integrationsleistung der unter dem Vorzeichen der Instrumentalisierung auseinanderdriftenden Segmente der Rationalität nicht mehr zu leisten vermöge. Dafür müsse statt auf die Begriffe „Subjekt", „Bewusstsein" und „Selbstbewusstsein" auf solche aus dem Feld des Kommunikationsgedankens rekurriert werden. Mit einer solchen Wendung zum Paradigma der Kommunikationstheorie lasse sich dann auch wieder an die gesellschaftskritischen Aufgaben anschließen, die die Frankfurter Schule erster Generation nach der „Kritik der instrumentellen Vernunft" unerledigt liegengelassen habe.[39] Inwiefern dieses Ausspielen des Kommunikationsparadigmas gegen das Bewusstseinsparadigma systematisch gesehen überhaupt möglich ist, steht auf einem anderen Blatt.[40] An dieser Stel-

38 HABERMAS, Jürgen: Theorie des kommunikativen Handelns. Bd. 2: Zur Kritik der funktionalistischen Vernunft. Frankfurt a.M. 1981. 593.

39 Vgl. HABERMAS: Theorie. Bd. 1 (Anm. 17). 518-533.

40 Vgl. dazu kritisch MÖRES, Cornelia: Das kommunizierende Ich? Zum Kommunikationsbegriff in der Theologie mit Bezug auf die theologische Habermas-Rezeption.

le ist ein anderes Indiz interessant. Mehrfach betonte Habermas in Beiträgen nach der *Theorie des kommunikativen Handelns*, dass er einem Fortgang des Projekts Moderne nur noch dann eine Aussicht auf Gelingen zurechne, wenn es eine post-religiöse, also aufgeklärt-philosophische Aneignung bzw. Wiederaneignung des moralischen Gehalts der biblisch-jüdischen Tradition impliziere (↖ Bd. 1, Kap. 6.3) – gedanklicher Konstellationen im Übrigen, die seit ihrem Aufkommen nicht nur theologisch virulent gewesen seien, sondern immer auch schon eine genuin philosophische Wirkungsgeschichte gehabt hätten, also im Gegenzug zu der allseits bekannten (oder auch beklagten) Hellenisierung des Christentums einer Christianisierung des okzidentalen philosophischen Denkens zugearbeitet hätten. (→ Bd. 2, Teil C, Kap. 4.1) Keiner der darin grundgelegten Begriffe philosophischer Selbstbeschreibung wie etwa Subjekt, Person, Freiheit, Fehlbarkeit etc. aber lässt sich allein aus kommunikativen Vollzügen erklären oder gewinnen (was durchaus einschließt, dass das ohne einen Rekurs auf die kommunikative Dimension genauso wenig möglich ist, aber „nicht ohne" heißt eben noch lange nicht so viel wie „allein durch"). Das hat kein anderer umfänglicher belegt als derjenige, den sich Habermas selbst in dieser Sache zum Widerpart gewählt hat: sein Freund Dieter Henrich: In präziser Analyse kann dieser zeigen, wie alle Begriffe des Intersubjektivitätsgedankens sich selbst nochmals den Begriff der Selbstbeziehung voraussetzen. (→ Bd. 2, Teil A, Kap. 3.43) Trifft dessen Einspruch aber zu, den mittlerweile eine ganze Reihe analytischer Beiträge sekundieren, dann heißt das: Auch die *Theorie des kommunikativen Handelns* steht und fällt mit einem Begriff des Subjekts, den auszuarbeiten sie sich beharrlich weigert.

K.-O. Apels Parallelprojekt. Genau das Gleiche muss im Übrigen der Position attestiert werden, die zwar im Verhältnis zur genuinen Frankfurter Schule als Stimme von außen bezeichnet werden muss, jene aber der Sache nach so nahe steht, dass sie trotz eines prinzipiellen Unterschieds als ein Parallelprojekt zu Habermas gelten kann und bereits als eine der Fortschreibungen des kantischen Paradigmas zu behandeln war: die Diskursethik. [41] (↖ Bd. 1, Kap. 6.3; → Bd. 2, Teil A, Kap.3.23)

Münster 2006. – FRESACHER, Bernd: Kommunikation. Verheißung und Grenzen eines theologischen Leitbegriffs. Freiburg i.Br. 2006.

41 Zur Abblendung des Subjektgedankens in der Transzendentalpragmatik vgl. MÜLLER, Klaus: Wenn ich „ich" sage. Studien zur fundamentaltheologischen Relevanz selbstbewußter Subjektivität. Frankfurt a.M. 1994. Kap. 6. – DERS.: Subjektivität und communio. Philosophische Rückfrage an ein selbstverständlich gewordenes Theologoumenon. In: PROSTMEIER, Ferdinand R./WENZEL, Knut (Hgg.): Zukunft der Kirche – Kirche der Zukunft. Bestandsaufnahmen – Modelle – Perspektiven. Regensburg 2004. 121-144.

Kritik von „rechts". Noch ein Weiteres teilen Habermas und Apels Denken: Sie sind Gegenstand bis ins Aggressiv-Polemische reichender Einsprüche gesellschaftskritischen Philosophierens „von rechts". Schon Horkheimer und Adorno galten dieser Sicht als Einflüsterer der Anarchie und des Terrors – wie lächerlich das ist, haben die mittlerweile erfolgten Publikationen von Vorlesungen, Nachlasswerken und Briefwechseln mehr als deutlich gemacht. Habermas und selbst dem nach eigenem Verständnis eher unpolitischen Apel wurde von der rechten Fraktion gesellschaftskritischer Philosophen die Rolle von unmittelbaren RAF-Kumpanen zugewiesen. Das wirft natürlich die Frage auf, aus welchen Quellen solche Feindbilder geschöpft werden und was eigentlich diejenigen bewegt, die sie zeichnen. Es ist – um das gleich vorweg zu nehmen – die Frage, woraus Ethik ihre letzte Normativität bezieht. Dem ist im Folgenden nachzugehen.

7.4 Konservative Gesellschaftskritik

Wider die Revolutions-Ideale. Die Aufgabe, die sich damit stellt, ist nicht ganz einfach. Konservative Gesellschaftskritik lässt sich nämlich noch weniger als die bisher durchgearbeitete „linke" Version solchen Philosophierens irgendwie auf den Nenner einer oder mehrerer Schulen bringen. Gleichzeitig entwickeln die einschlägigen Positionen gänzlich verschiedene Stoßrichtungen. Konservative Gesellschaftskritik kann nämlich als eher praktische Skepsis gegen Fortschrittsideale auftreten, als prinzipielle Kritik der Moderne, aber genauso als Reserviertheit gegen die Staatsform der Demokratie oder aber als Rekurs auf die Kategorie des Nationalen mit einem Zungenschlag, der bei Bedarf unschwer ins Nationalistische abgleiten kann. Insofern kann man die konservative Gesellschaftskritik auch nicht einfach pauschal als „rechts" abtun, obwohl einige ihrer Vertreter ausgesprochen „rechts" tönen. Am ehesten verbindet diese verschiedenen Positionen eine mehr oder weniger ausdrückliche Zurückweisung jener Ideale der Französischen Revolution, von denen die „linke" Gesellschaftskritik im tiefsten, wenn auch keineswegs unkritisch, motiviert ist.

Heimliche Stammväter. Eine ungleich sachhaltigere Verbundenheit zwischen zumindest einem Gutteil der disparaten Stimmen konservativer Gesellschaftskritik freilich kommt zum Vorschein, wenn man fragt, ob es denn auch für diese Weise von Philosophie aus der Vernunftform der Kritik so etwas wie mehr oder weniger heimliche Stammväter gibt (danach hatten wir ja auch im Strang des sprachanalytischen wie des „linken" gesellschaftskritischen Philosophierens gefragt). Solche Stammväter gibt es tatsächlich; sie sind weitaus älter als die der anderen genannten Denkstile und sollten nicht ungenannt bleiben. Denn bestimmte Denkfiguren der Betroffenen feiern heute Renaissance, ohne dass das einer größeren Öffentlichkeit überhaupt bewusst wäre.

Es sind drei Namen, auf die ich kurz eingehen möchte, zwei französische und ein spanischer. Die Zahl derer, die in etwa so dachte wie sie, war natürlich größer. Doch die Genannten brachten es zu einer Wirkungsgeschichte, die bis in die Gegenwart reicht. Es gab in Frankreich nach 1789, also dem Stichjahr der Revolution, nicht nur eine politische, sonder auch eine philosophische Gegenrevolution. Ihre Vertreter machten für die durch die Revolution verursachten Übel das philosophische Denken der Epoche davor verantwortlich. Dieser Diagnose verbanden sie ein Therapieprogramm. Es bestand für sie in einer Wiederherstellung des neuzeitlich und vor allem durch die Revolution so geschmähten Katholizismus in seinem eigentlichen Sinn.

L. de Bonald. Regelrechte Symbolfigur dieser Überzeugung war Louis de Bonald. Ursprünglich durchaus politischen Reformen nicht abgeneigt, machten ihn seine – auch persönlichen – Erfahrungen mit der Revolution zu dem, was man heute einen Hardliner nennt. Ein Luther, ein Voltaire, ein Rousseau galten ihm als Teufelsbraten, weil sie dem Individualismus das Worten redeten, also die politische wie religiöse Rückgebundenheit des Menschen, konkret die Monarchie und den Katholizismus, in Frage gestellt und aufgebrochen hatten. Jedweder Veränderung des Denkens, des Verhaltens oder der Institutionen stand er völlig verständnislos gegenüber, er konnte sie nur als Perversion empfinden. Sein Rückgang auf das Christliche war kaum spirituell, dafür um so mehr gesellschaftlich-restaurativ bedingt. Die Statik seines Denkens geht so weit, dass er behauptet, die fertige Sprache sei dem Menschen angeboren, also direkt vom Schöpfer verliehen, damit er die notwendigen Wahrheiten von Generation zu Generation weitergeben könne – eine Sicht übrigens, die in säkularer Version später in den Linguistiken von Ferdinand de Saussure und Noam Chomsky ein erstaunliches Comeback erlebte (das nebenher). Überdies kategorisiert de Bonald unter dem Eindruck des christlichen Dreifaltigkeitsgedankens alles, was ihm unter die Augen kommt, trinitarisch. Bündig gesagt: Religiös gibt es Gott, den Gottmenschen Jesus Christus und den Menschen; kirchlich Gott, Priester und Gläubige; politisch König, Adel, Volk; bürgerlich Vater, Mutter, Kind; grammatisch „ich", „du", „er"; zeitlich Vergangenheit, Gegenwart, Zukunft; räumlich Höhe, Breite, Tiefe. Gesellschaftlich heißt die Trias „Leitlichter-Besitz-Arbeit", wobei die Leitlichter die religiösen Amtsträger sind, der Adel über den Besitz verfügt; die Bürger arbeiten – und die katholische Kirche sorgt dafür, so de Bonald, dass die Dreierkonstellation im Gleichgewicht bleibt. Formen der Bestreitung dieses Anspruchs gelten ihm als dessen bester Wahrheitsbeweis:

> „Ich sehe seit 18 Jahrhunderten, daß sie [sc. die Kirche; K.M.] immer bekämpft wird. Genau darin aber liegt das sicherste Merkmal für die Wahrheit, und genau dieses wurde ihr so oft und so feierlich prophezeit. Bekämpft in ihren Dogmen durch die Häresie, in ihren Geboten durch die Leidenschaften, in ihren Empfehlungen durch die Weichheit, bekämpft also zu jeder Zeit blieb sie dennoch immer siegreich[...]. Niemand von hohem moralischem Ansehen oder von allgemein anerkannter Genialität ist in die Schranken getreten, um sie anzugreifen."[42]

Dieser Gedanken, dass Wahrheit viel mit Martyrium zu tun habe und Sache einer Minderheit, allerdings einer elitären Minderheit sei, findet sich bis heute in katholischen Kreisen im Umlauf – ein Thomas von Aquin dagegen wäre einer solcher These völlig verständnislos gegenübergestanden; für ihn stand außer Zweifel, dass es auch außerchristlich Wahrheit gibt und dass diese Wahrheit genauso wie die

[42] BONALD, Loius de: Demonstration philosophique du principe constitutif de la societe. Paris 1830. 247.

binnenchristliche, weil sie Wahrheit ist, vom Heiligen Geist stamme.[43] Dieses blitzlichtartige Nebeneinander des Aquinaten und de Bonalds mag spontan einsichtig machen, warum man bezüglich des Denkens von Weite und Enge sprechen kann.

J. de Maistre. De Bonald hat im Zusammenhang der eben zitierten Passage auch Namen genannt, die er als Zeugen für seine These beansprucht, darunter nicht nur ausgerechnet den Aquinaten und andere Große der Theologiegeschichte, sondern auch Philosophen wie Descartes, Leibniz und Newton. In eine Reihe mit ihnen stellt er einen Namen, den eines Zeitgenossen, der heute völlig vergessen ist – und doch wegen seiner Rolle im Motivationsgeflecht der konservativen Gesellschaftskritik wahrgenommen sein sollte. Es geht um Joseph de Maistre. Einerseits aufgeschlossener als de Bonald, prägt ihn eine religiöse Kompromisslosigkeit, die ihresgleichen sucht. Das muss zwangsläufig in eine Schwarz-weiß-Sicht der Wirklichkeit münden. Folgerichtig erblickt de Maistre im Gang der Geschichte die im Kampf zwischen Gott und Teufel ausgefochtene zeitliche Verwirklichung der Pläne Gottes. Autonomes Denken, Forschung, Reformation, gar Revolution können dann nichts anders sein als die arrogante Einmischung des Menschen in Gottes Absicht. Und zu diesem ganzen Unglück, so de Maistre, wäre es nie gekommen, wenn der französische Klerus sich nicht kritisch gegen den Papst gestellt hätte.

> „Es ist unendlich nützlich, daß es in der Welt eine Macht gibt, die allen Neuerungen widersteht, die ihr zu voreilig scheinen. Irrt sie sich, so wird die unbesiegbare Wahrheit die Wolken bald verjagt haben. Im entgegengesetzten Fall jedoch, was unvergleichlich häufiger vorkommt, erweist sie den Menschen den größten Dienst dadurch, daß sie dem Neuerungsgeist, der eine der größten Geißeln der Welt ist, einen Zaum anlegt. Jede Autorität, vor allem aber die Kirche, soll sich den Neuerungen widersetzen und sich nicht von der Gefahr schrecken lassen, daß sie die Entdeckungen einzelner Wahrheiten versäumen könnte, da diese Gefahr ein vorübergehendes Hindernis ist und überhaupt nichts ist im Vergleich mit derjenigen, die Institutionen und überkommene Ansichten erschüttert."[44]

Das Christentum in seiner katholischen Ausprägung, besser: in der katholischen Ausprägung, die er sich in seiner Zeit wünscht, entspricht damit für de Maistre einem elementaren Menschheitsbedürfnis. Sein Konzept repräsentiert damit einerseits einen ausgesprochen modernen Versuch, durch anthropologische Rückverankerung die Hingeordnetheit des Menschen auf das Christentum, ja dessen Notwendigkeit zu erweisen – und das gegen die emphatische Zurückweisung aller konfessionellen Christentümer in seiner Zeit. Man muss ja bedenken, dass de Bonald und de Maistre Zeitgenossen eines Kant, eines Fichte, eines Hegel, also – zumindest zeitlich auch Zeugen des

[43] Vgl. THOMAS VON AQUIN: In 2 Tim, c. III, l. III.

[44] MAISTRE, Joseph de: Examen de la philosophie de Bacon. Lyon 1836. (Œuvres XI). 283.

verheerenden Niedergangs aller überkommenen Theologie und Metaphysik waren. Das macht auch spontan einsichtig, dass de Maistre ganz erheblich den Boden dafür bereitet hat, dass auf dem I. Vatikanischen Konzil das Dogma von der päpstlichen Unfehlbarkeit in der bis heute anstößigen und ausgesprochen problematischen Form definiert worden ist. Gerade diese Beobachtung erinnert gleichzeitig daran, dass uns in de Maistre ein Reaktionär reinsten Wassers begegnet. Über die mindestens heimliche (und manchmal schon nicht mehr heimliche) Präsenz seiner Grundüberzeugungen in einflussreichen katholischen Kreisen von heute dürfen wir uns keinerlei Illusion machen – und auch nicht über die in gegenwärtigen philosophischen Positionen.

J. Donoso Cortés. Noch direkter mag das von dem gelten, auf den ich noch als dritten entfernten Stammvater konservativer Gesellschaftskritik kommen möchte, den Spanier Juan Donoso Cortés. Dieser Journalist, Politiker, Diplomat, Philosoph und Theologe konnte sich zunächst durchaus mit den Ideen der Französischen Revolution identifizieren, mit zunehmendem Alter wird er jedoch immer skeptischer – und damit konservativer. Dieser Trend mündet schließlich in ein knallhartes, gleichwohl luzides Votum für einen geschlossenen, militanten Katholizismus. In ausgearbeiteter Form legt er dieses 1850 in seinem Hauptwerk *Esayo sobre el Catolicismo, el Liberalismo y el Socialismo* vor. Mindestens ebenso bedeutend wurde ein Brief von Cortés, in dem er auf indirektes Bitten von Papst Pius IX. eine Stellungnahme zu dem abgibt, was in seinen Augen die theologischen und philosophischen Irrtümer seiner Zeit ausmacht. Der Sache nach wurde dieses Schreiben zu einer, wohl zu einer der wichtigsten Quellen für den so genannten „Syllabus“ von 1864, die lehramtliche Auflistung von 80 Irrtümern zeitgenössischen Denkens, das de facto ein Bankrotterklärung des Katholizismus vor der Moderne darstellte.

Ohne Zweifel war Cortés ein scharfsichtiger Zeitdiagnostiker, der unerbittlich die Schwächen des Mainstream ans Tageslicht zerrte. Sein kritisches Bewusstsein reichte tiefer als dasjenige eines de Bonald und eines de Maistre, die er kannte und die ihn beeinflussten – weil er (anders als diese) auch historisch zu denken vermochte. Seine intellektuelle Stärke begleitete aber stetig ein Zug, der wie eine dunkle Kehrseite deren Schwäche ausmacht: Er, der Intellektuelle, gefiel sich immer wieder in heftigster Polemik gegen die menschliche Vernunft und – verbunden damit – in Thesen über den Katholizismus, die ob ihrer Übertriebenheit schon damals und erst recht heute bestenfalls Kopfschütteln erzeugen können. So kann er die Vernunft als das größte Unglück des Menschen desavourieren und nassforsch fragen, ob es denn überhaupt etwas Erbärmlicheres und Verachtenswerteres geben könne als Menschen außerhalb des katholischen Glaubens, so im erwähnten Hauptwerk *Esayo sobre el Catolicismo, el Liberalismo y el Socialismo.*[45] Zu solchen Ausfällen provozierten ihn in erster Linie jene Zeitgenossen, die – um es plakativ zu sagen – von „links" dachten, d.h. den Menschen im Prinzip für gut hielten und das Böse in der Welt primär sozialen Strukturen anlasteten. Dem schleudert er – buchstäblich – das Theorem von der Erbsünde entgegen, und Revolution gilt ihm in gesellschaftlicher Perspektive als das, was individuell gesehen Sünde, moralisches Verbrechen heißt. Die Moderne als ganze und ihren Ursprung in der Reformation speziell verachtet er als Aufspreizung menschlicher Anmaßung, aus deren Verworfenheit einzig noch die Gnade Gottes zu erlösen vermag. Nur so kann die Ordnung wiederhergestellt werden, in die alles von Anfang an verfügt ist und die aufrührerischen Sünder – also die Protestanten und die Sozialisten zumal – zu stören suchen.

> „Diese Ordnung besteht darin, daß in der Hierarchie der Glaube über der Vernunft, die Gnade über der freien Willensentscheidung, die göttliche Vorsehung über der menschlichen Freiheit und die Kirche über dem Staat steht; also kurz, in einem Satz gesagt: Sie besteht in der Überlegenheit Gottes über den Menschen [...]. Einzig und allein von der Wiederherstellung der ewigen Prinzipien der religiösen, politischen und sozialen Ordnung hängt die Rettung der menschlichen Gesellschaften ab [...]. Diese Prinzipien können nur von jemandem erneuert werden, der sie kennt, und außer der katholischen Kirche kennt sie niemand."[46]

Das lässt ihn auch überzeugt sein, dass die Rettung der Gesellschaftsordnung als eines Teils des göttlichen Planes buchstäblich jeden Preis wert ist – auch den der Preisgabe der Freiheit, also anders gesagt den der Diktatur. Und wenn denn das schon, dann ist ihm eine Diktatur „von oben", wie er sagt, also eine theokratisch-ekklesiale allemal lieber als eine „von unten". Donoso Cortés' Gesellschaftskritik hat unübersehbar religiös-metaphysische Wurzeln. Mehr als spezielle Einzelgedanken von ihm kommt genau das bei denen zur Geltung, die sich ausdrücklich in die Tradition einer solchermaßen fundierten Gesellschaftskritik stellen.

Vergegenwärtigung: C. Schmitt. An diesem Punkt legt sich nahe, einen Sieben-Meilen-Stiefel-Sprung aus der Epoche dieser Stichwortgeber zu dem zu machen, der auf erkennbarste und folgenreichste Weise in diesem Jahrhundert die Intention der Stammväter aufgenommen und in ein eigenes Konzept umgesetzt hat. Es geht um Carl Schmitt. Erst in den letzten Jahren wurde ihm die kritische Aufmerksamkeit zuteil, die zu ermessen vermochte, in welche Richtung das Denken dieses Mannes drängte und wie tief diese Bewegung ins Politische Eingang fand – und welche Gegenwärtigkeit sie derzeit für sich beanspruchen kann.

45 Vgl. DONOSO CORTES, Juan: Ensayo sobre el Catolicismo, el Liberalismo y el Socialismo. Madrid 1851. (Obras Completas; II).

46 DONOSO CORTES, Juan: Carta al Cardenal Fornari. In: Obras Completas II. 759-780.

Schmitt war von Herkunft Jurist, wollte das auch sein (und nicht Philosoph). Trotzdem wuchs seinem Denken eine philosophische Wirkungsgeschichte zu. Diese speist sich aus vielen und vielfältigen Beiträgen zur Staats- und Verfassungstheorie, zur Theorie des Rechts und der Politik. Negativer Abstoßpunkt war dabei in vielfacher Hinsicht die Weimarer Republik und ihr – ohne Zweifel – anfälliger Parlamentarismus. Kein Wunder, dass er in dieser Perspektive unschwer Anhalt bei denen finden konnte, die ich vorausgehend als Stammväter konservativer Gesellschaftskritik benannt habe. Schon in einem Werk von 1919 machte er neben Thomas Hobbes, dem ersten modernen Gesellschaftstheoretiker (↖ Bd. 1, Kap. 7.9; ↗ Bd. 3, Teil A, Kap. 5.3), als seine geistigen Väter de Bonald, de Maistre und Donoso Cortés geltend. An Letzterem beeindruckte Schmitt besonders, dass schon er als innere Schwäche aller liberalen Systeme deren Hang zum Alles-Zerreden diagnostiziert hatte[47] – das Parlament als Schwatzbude. Das nahm er zur Negativfolie für seinen Gegenentwurf einer antiliberalen Staatstheorie. Deren Dreh- und Angelpunkt bildet die Unterscheidung von Freund und Feind. Bürger eines gemeinsamen Staates – so Schmitt – werden Individuen kraft ihres gemeinsamen Bedrohtseins. Dementsprechend stellt sich Geschichte als Kampfgeschichte dar, binnenstaatlich als solche zwischen Machtgruppen, zwischenstaatlich als Konflikt zwischen Nationen, global als solcher zwischen Land- und Seemächten. Diese polemische Geschichtsschau im buchstäblichen Sinn – polemisch kommt vom griechischen „polemos“, Krieg – leistet für Schmitt zugleich Identitätsbildung: In dem anderen, den ich ausgrenze, begegnet mir die Frage, die ich mir selber bin, als Gestalt.

„Entscheidung“. Systematisch gesehen lässt sich Schmitts Denken mit dem Begriff der Entscheidung auf den Punkt bringen. Aber Achtung: So wie „Geschichte“ bei Schmitt soviel heißt wie „Kampfgeschichte“, so heißt „Entscheidung“ bei ihm „Entscheidungskampf“. In ihm zeigt sich Lebensstärke. Allgemeine Regeln oder so etwas wie der Gleichheitsgedanke können eine solche nicht erzeugen. Politik darf nicht der Moral untergeordnet sein. Sie verlangt existentiellen Ernst, gegebenenfalls unter Einsatz des eigenen Lebens für die Sache. Anti-intellektualistisch soll die Dynamik politischen Handelns aus Intuition und Instinkt geschöpft werden. Von daher kann natürlich nicht überraschen, dass Schmitt die Machtergreifung durch Hitler 1933 und den totalen Führerstaat als legalen und demokratisch legitimen Vorgang sah. Als NSDAP-Mitglied rechtfertigte er das Hitlerregime und vertrat heftigste antisemitische Thesen. Selbst nach Verlust vieler Ämter wegen interner Intrigen 1936 lehrte Schmitt bis 1945 in Berlin weiter und hieß selbst noch den nationalsozialistischen Vernichtungskrieg nach Osten und Westen als eine neue mitteleuropäi-

47 Vgl. SCHMITT, Carl: Donoso Cortés in gesamteuropäischer Interpretation. Vier Aufsätze. Köln 1950. 30.

sche Völkerrechtsordnung gut. Zwar nimmt Schmitt später unter dem Eindruck der deutschen Kriegsniederlage seinen emphatischen Gedanken des „Reiches" als einer Alternative zum neuzeitlichen Staat zurück, zu einer wirklichen Distanzierung vom Nationalsozialismus kommt es nach 1945 nicht.

„Politische Theologie". Noch irritierender als selbst dies schon freilich muss auf uns Heutige, zumindest auf Theologinnen und Theologen wirken, dass Schmitts Konzeption von Politik und Geschichte für ihn selbst – und auch nach dem Urteil anderer – in untrennbarer Verbindung mit seiner Zugehörigkeit zum Katholizismus standen. Er selbst begriff sich in seiner Arbeit als Staatsrechtler als – so wörtlich – „politischer Theologe". Diesen Namen kennen Sie wahrscheinlich aus völlig anderen Zusammenhängen, nämlich aus der Fundamentaltheologie Johann Baptist Metz', und zwar steht er hier für das Projekt, die christliche Botschaft kritisch auf ihre gesellschaftlich-geschichtlichen Kontexte zu beziehen, auch das Verflochtensein von Kirche und Theologie in diese selbst aufzudecken (ein Programm also, das ersichtlich der linksorientierten philosophischen Gesellschaftskritik ähnelt, die wir schon durchgearbeitet haben). Der Name „Politische Theologie" stammt demgegenüber mit seinem Urheber Schmitt aus einem geistigen Zusammenhang, der zu dem von Metz und anderen Intendierten wie Feuer zu Wasser sich verhält. Was meint nun „Politische Theologie" bei Schmitt? Bündig gesagt: Es geht ihm darum, eine politische Theorie oder Ortsbestimmung zu formulieren, deren Grundlage die Autorität der göttlichen Offenbarung bildet. „Politische Theologie. Vier Kapitel zur Lehre von der Souveränität" z.B. oder „Römischer Katholizismus und politische Form" lauten die Titel einschlägiger Arbeiten Schmitts. Bei den zentralen politischen Kategorien handelt es sich für ihn um säkularisierte theologische Begriffe. Im Mittelpunkt steht dabei immer die Frage, wer der Souverän ist, und das ist für Schmitt wiederum der, der über die Geltung von Rechtsnormen verfügt und dieser der Interpretation durch den einzelnen Ausleger entzieht. Formal gefasst:

> „Das metaphysische Bild, das sich ein bestimmtes Zeitalter von der Welt macht, hat dieselbe Struktur wie das, was ihr als Form ihrer politischen Organisation ohne weiteres einleuchtet."[48]

Die Struktur von Politik und Gesellschaft einer Epoche lässt sich demnach am Leitfaden ihrer jeweiligen Metaphysik aufklären, zugleich fällt dieser die Funktion einer Beglaubigung des geschichtlich je gegebenen Politischen zu. So geht für Schmitt der Theismus, besser noch der Monotheismus mit der an die Gestalt des Monarchen gebundenen Souveränität einher; mit dem Deismus, also jener metaphysisch-theologischen Denkbewegung, die ein weltjenseitiges, aber nicht

48 SCHMITT, Carl: Politische Theologie. Vier Kapitel zur Lehre von der Souveränität. München; Leipzig 1922. 59-60.

mehr in die Welt einwirkendes höchstes Wesen annimmt, – mit diesem Deismus also, sagt Schmitt, kommt der Rechtsstaat auf – und das ist eine Form der Souveränität, die nicht mehr (wie noch der Monarch) über den Ausnahmezustand verfügen kann. Sobald der Gedanke der Transzendenz sich auflöst, wird das Volk selbst zum Souverän, eine neue Form von Legitimität bildet sich heraus: die Bürger einer Gesellschaft vereinbaren untereinander ihre Rechte und Pflichten. Und diese Säkularisierung, so Schmitt weiter, münde zwangsläufig in den totalen Atheismus: Der Mensch stelle sich selbst an die Stelle Gottes, und anstelle staatlicher Einheit breche die Anarchie aus. Damit sei das Politische und mit ihm auch die Bereitschaft zum Kampf vernichtet.

Erbsündenlehre und Diktatur. Indem er diese Geschichtstheologie mit einer pessimistischen Anthropologie verknüpft, kommt Schmitt dann gleichsam mit einem Satz zum Zentrum seiner politischen Theologie (im erläuterten Sinn) – und zwar folgendermaßen: Der Mensch, sagt Schmitt, ist von Natur aus gefährlich, gleichzeitig ist er in diesem Zustand aber auch er selbst, weil er sich kampfbereit gibt. Würde eine Gesellschaft daraufhin angelegt, diese Gefährlichkeit durch Vermeidung von Konflikten zu mindern oder zu neutralisieren, so würde sie den Menschen in seinem Wesen korrumpieren, er würde nicht mehr zwischen Freund und Feind unterscheiden. Also muss die Kampfbereitschaft erhalten werden, indem ein Souverän kraft seiner Entscheidung den vergesellschafteten, aber naturhaft gefährlichen Individuen ein Kampfziel vorgibt, dabei freilich als Souverän metaphysische Geltung beanspruchen muss. Bündig gesagt: Das Politische lässt sich darum für Schmitt gegen alle liberalistischen Aufweichungen zwangsläufig nur durch eine Verbindung von Erbsündenlehre und unbedingter, nur sich selbst verpflichteter Autorität, politisch gesprochen also: von Erbsündenlehre und Diktatur wiederherstellen.

Widerpart E. Peterson. Auf die Vielzahl der politischen wie philosophischen Implikationen dieses Ansatzes kann ich an dieser Stelle nicht eingehen, ebenso wenig darauf, dass es über Schmitts Anspruch, „Politische Theologie“ zu treiben, zwischen ihm und dem heute wenig bekannten, aber gleichwohl einflussreichen Theologen Erik Peterson, zwei über viele Jahre zunächst engen Freunden, zu einem heftigen Konflikt kam (Peterson war ursprünglich evangelischer Theologe, konvertierte später zum Katholizismus, was nicht ganz ohne Einfluss von Schmitt geschehen sein dürfte. Was die Aktualität Petersons betrifft: z.B. Papst Benedikt XVI. verdankte ihm schon in den frühen Jahren seiner theologischen Lehrtätigkeit zentrale Grundfiguren seines Denkens, auch wenn das in Ratzingers Publikationen nur für Peterson-Kenner momenthaft aufblitzt). Zur Schmitt-Peterson-Kontroverse hier nur dies, dass Peterson in einer Abhandlung von 1935 mit dem Titel *Der Monotheismus als politisches Problem; ein Beitrag zur Geschichte der politischen Theologie im Imperium Romanum*[49] jede politische Theologie für erledigt erklärt. Schmitt widerspricht dem vehement und antwortet seinerseits mit einer Abhandlung des Titels *Politische Theologie II. Die Legende von der Erledigung jeder Politischen Theologie.*[50] Inhaltlich reicht die Kontroverse bis in die Kernmitte der christlichen Tradition. Peterson sieht jedwede im schmittschen Sinne Politische Theologie durch den Trinitätsgedanken aufgesprengt. Schmitt kann in dieser juristischen Konsequenz eines theologischen Theorems nur eine Kompetenzüberschreitung erkennen. Dem hält er entgegen:

> „Der Kompetenzkonflikt muß, wenn die beiden Konfliktspartner sich nicht über eine gegenseitige Mit-Bestimmung ‚konkordieren', so enden, wie ihn die konfessionellen Bürgerkriege des 16. und 17. Jahrhunderts beendet haben: *entweder* mit einer präzisen Antwort auf das große *Quis judicabit? oder* mit einer ebenso präzisen *Itio in Partes,* das heißt: mit einer raumhaft klaren territorialen oder regionalen Abgrenzung, einem *Cuius regio eius religio.* In der Zwischenzeit und im Zwischenzustand der ‚unsauberen Mischung' weisen sich die beiden Konfliktspartner unaufhörlich gegenseitig in die Schranken ihrer Fakultät und rufen einander zu: *Silete in munere alieno!* Damit beginnt eine neue Epoche der Wissenschaft des Völkerrechts, die rationale und humane Hegung des Staatenkrieges im Jus publicum Europaeum."[51]

Wirkungsgeschichte. Ich bekenne an dieser Stelle, dass mich Schmitts Konzeption, je mehr ich mich mit ihr auseinandersetze, nicht nur irritiert, sondern zunehmend auch verstört, gerade natürlich wegen des Anspruchs, aus katholischer Quelle geschöpfte „Politische Theologie" zu sein, ja mehr noch: eine – so Schmitt wörtlich – „eigentlich katholische Verschärfung"[52] zu repräsentieren. Dennoch oder besser: Gerade deswegen ist es in theologischer Hinsicht wichtig zu wissen, dass es solche Formen gesellschaftskritisch ansetzenden Philosophierens in unmittelbarer Vergangenheit gab. Ein zweites Motiv kommt hinzu, eines um dessentwegen ich soeben statt „gab" eigentlich hätte „gibt" sagen müssen. Schmitts Denken erlebt seit einiger Zeit eine ganz erstaunliche Rezeption, teils von politikwissenschaftlicher[53], teils von philosophischer Seite.

„Ritter-Schule". Nicht so selten wird dabei auch ein Zusammenhang hergestellt zu einer Gruppierung, die in der Öffentlichkeit

[49] PETERSON, Erik: Der Monotheismus als politisches Problem. Ein Beitrag zur Geschichte der politischen Theologie im Imperium Romanum. Leipzig 1935.

[50] SCHMITT, Carl: Politische Theologie. Bd. II: Die Legende von der Erledigung jeder Politischen Theologie. 3. Aufl. Berlin 1990.

[51] SCHMITT: Politische Theologie. Bd. II (Anm. 50). 106-107.

[52] SCHMITT, Carl: Glossarium Aufzeichnungen der Jahre 1947-1951. Hg. v. E. Freiherr v. Medem. Berlin 1991. Eintrag v. 16.6.1948. 165.

[53] Vgl. etwa Depenheuer, Otto: Selbstbehauptung des Rechtsstaats. Paderborn 2007.

als „neokonservativ“ apostrophiert wird. Das Verbindende zwischen denen, die zu dieser Gruppe gezählt werden, sind dabei nicht konkrete Konzepte, auch bilden sie keine Schule, obwohl sie alle Schüler eines gemeinsamen Lehrers sind. Gemeinsam ist ihnen vielmehr eine tiefreichende Skepsis gegen die Moderne und die Suche nach der Wiedergewinnung einer Selbst- und Weltbeschreibung unter ethischem und/oder metaphysischem Horizont – und dies unter Aufnahme von Elementen aus den Vorvätern von de Bonald und Donoso Cortés bis Schmitt. Mit der soeben markierten Einschränkung, was „Schule“ betrifft, kann man die Vertreter dieser neokonservativen Gesellschaftskritik unter dem Titel Joachim Ritter und sein Schülerkreis oder einfach unter dem philosophiehistorisch eingeführten Namen „Ritter-Schule“ subsumieren.[54]

J. Ritter. Die Pointe dabei: Die Charakterisierung als neokonservativ trifft dabei am allerwenigsten (und im Grunde gar nicht) für den Lehrer zu. Einmal mehr begegnet uns mit Ritter ein Münsteraner Philosoph. Joachim Ritter, zu Beginn seiner Tätigkeit, Schüler und Assistent von Ernst Cassirer, lehrte von 1947 bis zu seiner Emeritierung an unserer Universität. Obwohl er keine großen Klassiker schrieb, gewann er durch zahlreiche seiner Studien und vor allem auch durch die Herausgabe des erst 2004 abgeschlossenen *Historischen Wörterbuch(s) der Philosophie* breiten Einfluss auf die deutsche Philosophie in der zweiten Jahrhunderthälfte. Formal gefasst kann man sagen: Ritter ging es grundsätzlich um eine fruchtbare Aneignung und damit auch je zeitgemäße Fortschreibung der großen philosophischen Tradition. Das hatte zur systematischen Folge, dass er einerseits Kritik an der Moderne und ihren Ambivalenzen übte, sie zugleich aber anerkannte und auf eine Weise philosophisch arbeitete, die sich dem philosophischen Niveau der Moderne, zumal deren Freiheitsbegriff und dem Begriff der Subjektivität verpflichtet wusste. Da die moderne Freiheit nicht einfach besteht, sondern erhalten werden muss, dies aber aus sich selbst nicht kann, muss sie durch die Philosophie an die geschichtlichen Voraussetzungen rückgekoppelt werden, von denen sie zehrt. In diesem Sinne Freiheit und Subjektivität zu sichern, scheint Ritter am ehesten möglich im Rekurs auf die Sittlichkeit, wie sie zunächst Aristoteles und dann später Hegel aufgefasst haben: Sittlichkeit als Ausdruck des Vernünftigseins des Bestehenden – so bei Aristoteles – und dann bei Hegel als jenes Phänomen, das erlaubt, von der Vernunft zu erwarten, dass ihr Fortschritt das Gefährdetsein der modernen Freiheit ausgleichen könne.

Heterogener Schülerkreis. Genau diese austarierte Sicht zwischen Soll und Haben der Moderne weitgehend oder gänzlich auf-

[54] Vgl. zum Folgenden auch HACKE, Jens: Philosophie der Bürgerlichkeit. Die liberalkonservative Begründung der Bundesrepublik. Göttingen 2006.

gegeben zu haben, macht das Verbindende eines Gutteils der Ritter-Schüler aus und lässt sie aus radikalisierter, manchmal fundamentalisierter Modernitätskritik zu neo- bis rechtskonservativen Positionen kommen. Allerdings kommen Schüler hinzu, die für sich ganz andere Wege gefunden haben wie etwa Ernst Tugendhat, einer der wenigen deutschen Meister der sprachanalytischen Philosophie, der sich ethisch-politisch intensiv in die Friedensbewegung eingliederte. Von den anderen, neokonservativen nenne ich die wichtigsten Namen und gehe nur kurz auf die allerwichtigsten ein.

Zu Ritters Schülern, die die eben beschriebene Wendung gegangen sind, gehört Martin Kriele, einstmals SPD-Bundestagsabgeordneter, der ab einem gewissen Zeitpunkt heftigst gegen die lateinamerikanische Befreiungstheologie polemisierte und später sich an einer Verbindung von Christentum und Anthroposophie versuchte. Ernst-Wolfgang Böckenförde ist zu nennen, der durch das nach ihm benannte „Böckenförde-Diktum" (oder „Böckenförde-Dilemma") politische und theologische Prominenz gewann. Das Diktum lautet:

> „Der freiheitliche, säkularisierte Staat lebt von Voraussetzungen, die er selbst nicht garantieren kann. Das ist das große Wagnis, das er, um der Freiheit willen, eingegangen ist. Als freiheitlicher Staat kann er einerseits nur bestehen, wenn sich die Freiheit, die er seinen Bürgern gewährt, von innen her, aus der moralischen Substanz des einzelnen und der Homogenität der Gesellschaft, reguliert. Andererseits kann er diese inneren Regulierungskräfte nicht von sich aus, das heißt, mit den Mitteln des Rechtszwanges und autoritativen Gebots zu garantieren versuchen, ohne seine Freiheitlichkeit aufzugeben und – auf säkularisierter Ebene – in jenen Totalitätsanspruch zurückzufallen, aus dem er in den konfessionellen Bürgerkriegen herausgeführt hat."[55]

In dieser These verkörpert sich idealtypisch die Bedeutung vorpolitischer geistiger Ressourcen für die politische Philosophie der Ritter-Schule. Zu ihr gehört auch Günther Rohrmoser, lange Jahre eine Art Hausphilosoph der CSU, der ohne eine Rückkehr zu traditionellen Werten und zum Begriff des Nationalen die Republik dem Untergang entgegengleiten sah.[56]

H. Lübbe. Die Reihe der philosophisch einflussreichen neokonservativen Ritter-Schüler beginne ich mit Hermann Lübbe. Auch er hat auf dem Hintergrund dessen, was er bei Ritter gelernt hatte, vor allem Überlegungen zur politischen Philosophie angestellt. Im Kern rezipiert er seinen Lehrer und konservative Gedanken liberal und votiert für ein pragmatisches Konzept, das dem Gemeinsinn, also

55 BÖCKENFÖRDE, Ernst-Wolfgang: Staat, Gesellschaft, Freiheit. Frankfurt a.M. 1976. 60. – Vgl. dazu kritisch auch ESSEN, Georg: Der „Präambelgott" – „Verfassungsanker" oder „Verfassungstöter"? Theologische Anmerkungen zur verfassungsrechtlichen und rechtsphilosophischen Bedeutung der Nominatio Dei im Grundgesetz für die Bundesrepublik Deutschland. In: Kirche und Recht 7 (2001). 125-138.

56 Vgl. z. B. ROHRMOSER, Günther: Der Ernstfall. Die Krise unserer liberalen Republik. Berlin 1994.

der Sittlichkeit einigermaßen vertraut, darum für die Geltung von Normen nicht immer Begründungen, gar letzte Begründungen einklagt (das geht natürlich gegen die Diskursethiker). Ebenso schütze ein solcher Rekurs auf den Gemeinsinn vor zu großen Zukunftsängsten wie vor überzogenen Zukunftshoffnungen. Aufklärung sei gut, tauge aber nicht zur Weltverbesserung, weil sie dabei in Terror umschlage. Geschichte könne vom Menschen prinzipiell nicht in Verfügung genommen werden, weil zu ihr mehr gehöre als das, was einer will, nämlich auch das, was jemand überdies in Kauf nimmt oder einfach übersieht. Das schränkt die Planbarkeit von Geschichte – also auch die Möglichkeit wirklicher Reformen – erheblich ein. Mit dieser unhintergehbaren Zufälligkeit der Geschichte – so Lübbe – vermag der Mensch kraft der Religion fertigzuwerden. Er nennt diese darum „Kontingenzbewältigungspraxis"[57] – eine religionsphilosophisch durchaus umstrittene Bestimmung; umstritten, weil sie Religion natürlich strikt funktionalistisch als Faktor einer funktionierenden Gesellschaft ansetzt (ein Zug übrigens, den nicht nur Leute aus der Ritterschule, sondern auch andere neokonservative Konzeptionen, namentlich bestimmte kommunitaristische Ansätze teilen).

R. Spaemann. Nicht das Geringste mit einer funktionalistischen Behandlung von Religion hat Robert Spaemann zu tun, im Gegenteil war deren Kritik bereits Thema seiner Dissertation – über de Bonald. Spaemann, 1952 in Münster promoviert, lehrte nach Professuren in Stuttgart und Heidelberg von 1973 bis 1992 in München. Von Anfang an bildet die Teleologie, also die Zielgerichtetheit alles Seienden das Zentrum von Spaemanns Denken. Das macht Spaemann einerseits in durchaus zeitgenössischer Weise zu einer Stimme, die in ökologischen Diskussionen Gehör gewinnt. Denn der Teleologiegedanke als Postulat sinnverstehender Vernunft lässt sich als integrales Steuerungsinstrument menschlich verantworteten Umgangs mit der Welt einsetzen:

> „Entweder es gelingt, das Herrschaftsverhältnis über die Natur zu integrieren in ein neues, sich erst in vagen Zügen abzeichnendes Verhältnis von Mensch und Natur, oder der Mensch wird zu einem Opfer seiner eigenen Naturbeherrschung."[58]

Auf der anderen Seite betreibt Spaemann unter dem Vorzeichen des Teleologiegedankens eine radikale Kritik der Moderne, der er vorwirft durch die Aufgabe der Teleologie den Menschen und seine Moral zu funktionalisieren und damit zu unterhöhlen. Spaemann stellt dem eine Metaphysik entgegen, dergemäß alles Sein überhaupt nur vom Paradigma des Menschen her begriffen werden könne. Bezeichnend heißt das neueste Werk Spaemanns *Personen. Versuche über den Un-*

[57] LÜBBE, Hermann: Religion nach der Aufklärung. 2. Aufl. Graz; Wien; Köln 1990. 160.
[58] SPAEMANN, Robert/LÖW, Reinhard: Die Frage Wozu? Geschichte und Wiederentdeckung des teleologischen Denkens. München 1981. 288.

terschied zwischen ‚etwas' und ‚jemand'.[59] Den Menschen zeichne aus, nur im Austausch mit einem personalen Gegenüber Person zu werden und sich nur dann selbst wirklich zu verstehen, wenn er sich von Wesen auf ein Unbedingtes hingeordnet begreife. Ein Einwand heftigster Polemik gegen das Projekt eines von der Ökumene der Religionen getragenen Welt-Ethos, konkret gegen das gleichnamige Unterfangen Hans Küngs, verrät, dass für Spaemann die konkrete Gestalt dieser Hinordnung als im christlichen Sinn entschieden gilt:

> „Wenn sich alle Religionen zusammentun und gemeinsam das sagen, was bis jetzt jede einzelne sagt und was bis jetzt jedem Menschen seine Vernunft sagen kann, dann soll sich auf einmal die alte Kluft schließen zwischen dem, was die Menschen für gut halten und was sie tatsächlich tun. Warum eigentlich? Wenn es einem denkenden Menschen nicht genügt, daß die Vernunft etwas sagt, wenn es einem Christen nicht genügt, daß Jesus Christus dasselbe sagt, wieso sollte er plötzlich den Stimmen beider folgen, nur weil sich noch die Stimme Mohammeds hinzugesellt?"[60]

Insofern kommt Spaemann wie kein anderer der Neokonservativen jenem Philosophieren unter dem Anspruch der Offenbarung nahe, das Carl Schmitt – wie erläutert – für sich in Anspruch nahm (und übrigens auch dessen philosophische Inanspruchnahme des Begriffs der Erbsünde, denn die zeichnet sich laut Spaemann für den erwähnten Bruch zwischen dem Für-gut-Halten und dem Tun verantwortlich).[61]

O. Marquard. In welcher Bandbreite neokonservative Positionen auftreten können, wird spontan klar, wenn man unmittelbar nach Spaemann einen Blick auf den Ritter-Schüler Odo Marquard wirft. In Münster 1963 habilitiert, lehrte Marquard von 1965-1993 in Gießen. Marquards Denken durchzieht von seinem ersten Werk an ein skeptischer Grundton, was die Reichweite der menschlichen Vernunft betrifft: Alle charakteristischen philosophischen Theoreme der Neuzeit: die Theodizeeproblematik, die Geschichtsphilosophie, die Anthropologie, die Ästhetik, die Psychoanalyse und die nach Kants Kritik wieder zurückkehrende Metaphysik gelten Marquard als Kompensationsversuche, d.h. als Strategien des Menschen, mit der Erfahrung seiner Ohnmacht gegenüber der Wirklichkeit, dem Leben, der Geschichte einigermaßen fertigzuwerden. Der Mensch ist gewissermaßen inkompetent für das Ganze und für das Vollkommene, also die große theoretische und die große praktische Frage der Philosophie schlechthin. Der Philosophie eignet lediglich „Inkompetenzkompensationskompetenz"[62]. Sie hat keine Heilserwartungen zu nähren und keine letzten Gründe zu benennen. In einem *Abschied vom Prinzipiellen* – so der Titel einer

[59] SPAEMANN, Robert: Personen. Versuche über den Unterschied zwischen ‚etwas' und ‚jemand'. Stuttgart 1996.

[60] SPAEMANN, Robert: Weltethos als „Projekt". In: Merkur 9/10 (1996). 893-904. Hier 899.

[61] Vgl. SPAEMANN: Weltethos (Anm. 60). 899.

[62] MARQUARD, Odo: Abschied vom Prinzipiellen. Philosophische Studien. Stuttgart 1981. 23.

Aufsatzsammlung Marquards – hat sie sich mit dem Endlichen zu begnügen. Gegen heilserwartungsgesättigte Utopien, Reformprogramme und Revolution hält sie die Wirklichkeit, wie sie ist, im wesentlichen für zustimmungsfähig und orientiert sich praktisch am Üblichen und den Überlieferungen, in die das Leben eingelassen ist. In theoretischer Perspektive führt Marquards Plädoyer für eine Philosophie der Endlichkeit zu einem „Lob des Polytheismus"[63] – so ein Aufsatztitel. An die Stelle des Allgemeingültigen und des Alleingültigen soll und kann die Pluralität, die Polyphonie, also Vielstimmigkeit zurückkehren: also an die Stelle *der* Wahrheit die Wahrheiten, an die Stelle *der* Geschichte die Geschichten usw. (ein Zug, der uns in der Auseinandersetzung mit der Postmoderne bereits begegnet ist, obwohl Marquard dieser durchaus kritisch gegenübersteht). Dass Marquard in diesem Zusammenhang von „Polytheismus" spricht, ist keineswegs eine seiner zahllosen kecken Pointen und rhetorischen Gags, die die Lektüre seiner Beiträge zum Teil kurzweilig, zum Teil unergiebig werden lässt. Marquard macht nämlich für das Aufkommen des Gedankens einer unbedingten Wahrheit und einer einzigen Geschichte den Monotheismus namentlich in seiner jüdisch-christlichen Ausprägung verantwortlich – und damit natürlich auch für jene Gestalten des Politischen, die – mit Carl Schmitt gedacht – in der Metaphysik des Monotheismus ihre Beglaubigung fanden. Im Polytheismus, sagt Marquard, gibt es viele Geschichten, weil es viele Götter gibt. Geschichten, die sich ergänzen, überkreuzen, korrigieren, ersetzen usw. Geschichten aber sind für den Menschen unumgänglich. Auch dort, wo der Mensch zu Wissen und Wahrheit kommt, wird das Erzählen, werden die Geschichten nicht überflüssig, denn die „mythische Technik" des Erzählens sei

> „[...] die Kunst, die (nicht etwa fehlende, sondern) vorhandene Wahrheit in die Reichweite unserer Lebensbegabung zu bringen."[64]

Der Polytheismus, politisch gewendet die Gewaltenteilung, philosophisch gesagt die Vielfalt und Endlichkeit sind dem Wesen des Menschen adäquat. Genau diese Korrespondenz nun habe zunächst der theologische Monotheismus und nach dessen Ende der säkulare Monomythos der einen Geschichte des Fortschritts zerstört:

> „Im Monotheismus negiert der eine Gott – eben durch seine Einzigkeit – die vielen Götter. Damit liquidiert er zugleich die vielen Geschichten dieser vielen Götter zugunsten der einzigen Geschichte, die Not tut: der Heilsgeschichte; er entmythologisiert die Welt. Das geschieht epochal im Monotheismus der Bibel und des Christentums [...]. Der christliche Alleingott bringt das Heil, indem er die Geschichte exklusiv an sich reißt. Er verlangt das sacrificium mythorum schon bevor Gott innerhalb der Philosophiegeschichte des Christentums schließlich – zum Ausgang des Mittelalters – seiner heilsgeschichtlichen Macht das Image einer gegenweltlichen Will-

[63] MARQUARD, Odo: Lob des Polytheismus. Über Monomythie und Polymythie. In: DERS.: Abschied vom Prinzipiellen. Philosophische Studien. Stuttgart 1981. 91-116.
[64] MARQUARD: Lob des Polytheismus (Anm. 63). 94.

kürherrschaft gab. Wo dann diese – nominalistisch – von der Welt auch noch das sacrificium essentiae und vom Menschen auch noch das sacrificium intellectus verlangte, trieb dies Mensch und Welt in die Emanzipation: der Kopf optiert fürs Profane, wenn dem Menschen theologisch zugemutet wird, vor Gott auch den Kopf abzunehmen; und wo die Heilsgeschichte gegenweltlich wird, muß sich – schon aus Notwehr – die Welt gegengeschichtlich formieren: die Welt wird so – indirekt durch den Monotheismus selber – zur Geschichtslosigkeit gezwungen. Sie formiert sich neuzeitlich durch Absage auch noch an die letzte, die Heilsgeschichte, und also antigeschichtlich: als exakte Wissenschaftswelt und als System der Bedürfnisse; sie versachlicht sich zur Welt der bloßen Sachen."[65]

Auf den Nenner gebracht: Im Letzten ist die jüdisch-christliche Tradition verantwortlich für die Irrtümer und die Unwirklichkeit der neuzeitlichen Welt. Gegen beides fordert Marquard einen „aufgeklärten Polytheismus" und eine „aufgeklärte Polymythie". Darunter versteht er einfach das Wechselspiel der politischen Gewalten, der gesellschaftlichen Kräfte, der wissenschaftlichen Theorien, der Werte und Weltanschauungen, die voraufklärerisch in den vielen Göttergestalten repräsentiert gewesen seien. Und die Geschichtswissenschaft wie die moderne Literatur, speziell der Roman übernähmen mit ihrer Mischung aus Realität und Fiktion die Rolle der alten heiligen Geschichten. Auch für die Philosophie selbst bleibt das nicht folgenlos:

„Jede Philosophie ist eine traurige Wissenschaft, die es nicht vermag, über dieselbe Sache mal dies, mal das zu denken und jenen dieses und diesen jenes denken und weiterdenken zu lassen. In diesem Sinn ist selbst der Einfall suspekt: es lebe der Vielfall. Die Geschichten müssen wieder zugelassen werden: gut gedacht ist halb erzählt; wer noch besser denken will, sollte vielleicht ganz erzählen: die Philosophie muß wieder erzählen dürfen und dafür – natürlich – den Preis zahlen: das Anerkennen und Ertragen der eigenen Kontingenz."[66]

Marquards Plädoyer für den „Vielfall" ist natürlich zugleich ein Einverständnis mit dem Zerfall der Vernunft, die in der abendländischen Philosophie bis in dieses Jahrhundert immer als die eine gegolten hatte, an denen alle über alle Differenzen hinweg partizipierten, die sich ihrer bedienten. Ob dieser Gedanke so salopp preisgegeben werden kann, daran lässt mich heftigst zweifeln, wenn ich sehe, was die Ideologie der Vielfalt und der Unterschiede allein schon praktischpolitisch anrichten kann, etwa im ehemaligen Sowjet-Reich, im ehemaligen Jugoslawien z.B. oder in Ruanda.

Motiv-Verzweigung. Das nehme ich zugleich zum Anlass, noch etwas näher zuzusehen, ob sich denn hinter Marquards eher schnoddrigem Plädoyer für den Polytheismus auch philosophisch unter Umständen noch anderes verbergen kann, das sich nicht mehr so harmlos und gar menschenfreundlich ausnimmt, wie Marquards pragmati-

[65] MARQUARD: Lob des Polytheismus (Anm. 63). 100-101.
[66] MARQUARD: Lob des Polytheismus (Anm. 63). 110-111.

scher Relativismus.[67] Auf der einen Seite findet das Motiv seit Ende der 90 Jahre eine lebhafte Fortschreibung durch die Monotheismusdebatte, die der Ägyptologe Jan Assmann ausgelöst hat. (↗ Bd. 3, Teil B, Kap. 3.2) Und in einer zweiten Hinsicht wird man überraschend schnell fündig, wenn man aus Marquards Zielangabe „aufgeklärter Polytheismus" das Adjektiv streicht. Marquard selbst mag daran ja festhalten, tut es wohl auch. Aber schon längst gibt es mehr als genug Stimmen, die im Horizont einer Radikalkritik aller Aufklärung den Titel „Polytheismus" buchstäblich nehmen. Das geschieht in ganz erheblichem Ausmaß in den Kreisen derer, die schon seit Jahren in Frankreich und seit kürzerem auch in Deutschland als die „Neue Rechte" von sich reden macht.

Im Zusammenhang mit einer Rückkehr zum Begriff des Nationalen als dem Leitfaden politischen und gesellschaftlichen Denkens gibt es dort klare Tendenzen eines – jetzt aus christlicher Sicht gesprochen – Neuheidentums. Die Grenzen mancher philosophischen Neuen Rechten zu Gruppen, die vorchristliche Götter-Kulte erneuern, sind fließend, das lässt sich etwa am so genannten „Thule"-Seminar beobachten. Auf ungleich anderem, jedoch strukturell vergleichbarem Niveau erging die Forderung nach einer Rückbindung ins Mythische 1993 wie ein Paukenschlag durch Botho Strauss' Essay *Anschwellender Bocksgesang*. Dort definiert der Dichter, was „rechts" ist, wie folgt:

> „Rechts zu sein, nicht aus billiger Überzeugung, aus gemeinen Absichten, sondern von ganzem Wesen, das ist, die Übermacht einer Erinnerung zu erleben; die den *Menschen* ergreift, weniger den Staatsbürger, die ihn vereinsamt und erschüttert inmitten der modernen, aufgeklärten Verhältnisse, in denen er sein gewöhnliches Leben führt. Diese Durchdrungenheit bedarf nicht der abscheulichen und lächerlichen Maskerade einer hündischen Nachahmung, des Griffs in den Secondhandshop der Unheilsgeschichte. Es handelt sich um einen anderen Akt der Auflehnung: gegen die Totalherrschaft der Gegenwart, die dem Individuum jede *Anwesenheit* von unaufgeklärter Vergangenheit, von geschichtlichem Gewordensein, von mythischer Zeit rauben und ausmerzen will. Anders als die linke, Heilsgeschichte parodierende Phantasie malt sich die rechte kein künftiges Weltreich aus, bedarf keiner Utopie, sondern sucht den Wiederanschluß an die lange Zeit, die unbewegte, ist ihrem Wesen nach Tiefenerinnerung und insofern eine religiöse oder protopolitische Initiation. Sie ist immer und existentiell eine Phantasie des Verlustes und nicht der (irdischen) Verheißung. Eine Phantasie also des Dichters, von Homer bis Hölderlin."[68]

Ein paar Seiten später:

> „Die Wiederkehr der Götter [...], die Hoffnung der weisen – nur: Wie heißen die Künftigen, und wer empfängt sie? Wer steht in ‚fürchtigster Frömmigkeit' (Rilke) vor ihnen und kennt dann ihre Namen nicht? Und wenn sie sie bilden wollen auf ihren Lippen, kommen nur technische Floskeln heraus,

67 Vgl. zum Folgenden auch MÜLLER, Klaus: Streit um Gott. Politik, Poetik und Philosophie im Ringen um das wahre Gottesbild. Regensburg 2006. Kap. 1.

68 STRAUSS, Botho: Anschwellender Bocksgesang. In: SCHWILK, Heimo/SCHACHT, Ulrich (Hgg.): Die selbstbewusste Nation. „Anschwellender Bockgesang" und weitere Beiträge zu einer deutschen Debatte. Frankfurt a.M.; Berlin 1994. 19-40 Hier 24-25.

Kürzel und Kauderwelsch. Solche Wiederkehren kämen dem Einbruch des Unbekannten gleich, unter Umständen sogar: des einmalig Fürchterlichen."[69]

Man muss sich klarmachen, was dieses Raunen von einer Wiederkehr der Götter, das den Verlust, also das Opfer verherrlicht, und mit dem „einmalig Fürchterlichen" rechnet, ja nachgerade herbeisehnt, unausgesprochen bedeutet: Eine radikale Zurückweisung der christlichen Tradition und ihres Kerngedankens der Freiheit. „Bocksgesang" ist nichts anderes als die wörtliche Übersetzung des griechischen „tragodia", also von „Tragödie". Zum Wesen des Christlichen gehört aber die Überzeugung, eben keiner Tragödie, keinen Schicksalsgöttern ausgeliefert zu sein, sondern im Schutz eines als Liebe sich identifizierenden Gottes zu leben, vom Opfer befreit, also gratis da sein zu dürfen und einer unverlierbaren Vollendung entgegenzugehen. Die rechte Gesellschaftskritik von heute stellt dieses Grundsubstrat des Christlichen zur Disposition. In welcher Weise dies geschieht, ist offenbar geworden, als sich ein Jahr nach Erscheinen des *Anschwellenden Bocksgesang* 28 Autoren mit Beiträgen im Anschluss an diesen Essay zu Wort meldeten und sich dabei als Neue Rechte outeten: Das Buch *Die selbstbewußte Nation* herausgegeben von Heimo Schwilk und Ulrich Schacht[70] ist theologisch und philosophisch als Zeitdokument so aufschlussreich, wie es inhaltlich gesehen beängstigen muss. Theologinnen und Theologen haben allen Grund, die eigenen theologischen Grundlagen philosophisch zu reflektieren und sich von dieser Vergewisserung her in den gesellschaftskritischen und politischen Diskurs einzumischen.

Und das Begründungsproblem? Nimmt man nun diesen ganzen Durchgang durch das gesellschaftskritische Philosophieren von „links" und „rechts" nochmals insgesamt aus der Perspektive der uns leitenden systematischen Frage nach einer Begründung der Ethik in Blick, so ist auch in diesem Fall – genauso wie bei kantischen Ansatz beim Subjekt und den alternativen Einsätzen beim Anderen und bei der Kommunikationsgemeinschaft – eine solche Leistung auch hier nicht erbracht: Bei den explizit theonomen Konzeptionen der rechtskonservativen Stammväter von de Maistre bis Schmitt sowieso nicht, aber auch in der Frankfurter Schule und ihrer Fortschreibung nicht und genauso wenig im liberalkonservativen Kontrastlager der Ritter-Schule, die aus ihrer skeptischen Grundierung heraus explizit auf Moralbegründung Verzicht tut.[71]

Integrator J. G. Fichte. Was bleibt angesichts dieser aporetischen Lage überhaupt noch? Als einziger Ausweg kommt nur noch ein

[69] STRAUSS: Bocksgesang (Anm. 68). 34.
[70] Vgl. SCHWILK/SCHACHT: Nation (Anm. 68).
[71] Vgl. HACKE: Philosophie der Bürgerlichkeit (Anm. 54). 240-245.

Ansatz in Frage, der alle diese Konzeptionen überschreitet, aber gleichzeitig ihre begrenzten Leistungen in sich aufhebt und bewahrt. Das kann nur eine Position sein, die die kritisierten Ansätze nicht nur addiert, sondern gewissermaßen ineinander schiebt. Auch dieses Ethik-Konzept muss nicht künstlich am Reißbrett entworfen werden. Es liegt längst vor, auch wenn seine Sprach- und Begriffsform es für heutige Adressaten nicht unbedingt auf den ersten Blick attraktiv machen: Es ist die Ethik Johann Gottlieb Fichtes, nach seinem eigenen Titel *Sittenlehre* genannt. Der Blick auf Fichte legt sich um so mehr nahe, als er einerseits für den Konservatismus und vermittelt auch noch den Neokonservatismus durch seine Beiträge zur nationalen Idee – vor allem durch seine (keineswegs völkischen!) *Reden an die deutsche Nation*[72] – zu einem zentralen Bezugspunkt wurde.[73] So geht es etwa Lübbe unter dezidiertem Rekurs auf Fichte um den – ausdrücklich gegen Lukács gerichteten –

> „[...] Gegenbeweis gegen die marxistische These, dass die philosophischen Mächte der Aufklärung unter den Bedingungen des ‚imperialistischen' Deutschlands sich einzig in die Philosophie der Arbeiterklasse gerettet hätten."[74]

Andererseits blieb Fichte aber auch für die Linke, etwa bei R. Garaudy, in seiner Bedeutung für eine kritische Gesellschaftstheorie nicht unbemerkt.[75] Ich möchte nachfolgend diese komplexe philosophische Konzeption nicht eingehender zur Darstellung bringen, sondern beschränke mich auf die für unsere Frage relevanten Züge in weitgehend systematischer Reformulierung.

72 FICHTE Johann G.: Reden an die deutsche Nation. In: DERS.: Fichtes Werke. Hg. v. Immanuel Hermann Fichte. Bd. VII: Zur Politik, Moral und Philosophie der Geschichte. 259-499.

73 Vgl. dazu OESTERREICH Peter L./TRAUB, Hartmut: Der ganze Fichte. Die populäre, wissenschaftliche und metaphilosophische Erschließung der Welt. Stuttgart 2006. 330-351.

74 LÜBBE, Hermann: Politische Philosophie in Deutschland. Studien zu ihrer Geschichte. Basel; Stuttgart 1963. 26. Vgl. zu Fichte bes. 196-207.

75 Vgl. GARAUDY, Roger: Marxismus im 20. Jahrhundert. Reinbek b. Hamburg 1965. 215-217. Darauf verweist auch Hansjürgen Verweyen in seiner Einleitung zu Fichte in: FICHTE, Johann G.: Das System der Sittenlehre nach den Prinzipien der Wissenschaftslehre (1798). Einl. v. Hansjürgen Verweyen. Hamburg 1995. XXV Anm. 27.

8. Ethik unbedingter Freiheit – ein Vorschlag in kritischem Anschluss an Johann Gottlieb Fichte

Mit Kant über Kant hinaus. Kant hatte das Evidenzerlebnis des unbedingten Sollens zum Dreh- und Angelpunkt seines ethischen Neuansatzes gemacht. Er hatte dieses Sollen umfänglich analysiert und beschrieben, konnte aber hinsichtlich der Aufklärung seines letzten Ursprungs nicht weiter als dazu gelangen, dieses Sollen als ein Faktum der Vernunft aufzufassen. Den Ansatzpunkt teilt Fichte mit Kant ohne Einschränkung, aber in seiner Philosophie als Ganzer generell und mit seiner Sittenlehre, also Ethik, speziell, sucht er den Raum auszuschreiten, den Kant eröffnet hatte und die wirkliche Begründung des Sollens zu leisten.[1] Es geht um den Raum der Freiheit (↖ Bd. 1, Kap. 6.2; → Bd. 2, Teil B, Kap. 6) – um den Raum der Freiheit. Fichte will also mit Kant über Kant hinauskommen oder anders gesagt: Wenn moralisches Handeln nach Maßgabe des unbedingten Sollens seine Bedingung der Möglichkeit in der Freiheit des Menschen hat, wenn also das moralische Handeln im Raum der Freiheit geschieht, dann muss die gesuchte letzte Begründung für die normative Kraft des unbedingten Sollens in ebendiesem Raum der Freiheit selbst gesucht werden – und nirgends anders.

Unbedingte Selbstständigkeit. Damit ist der weitere Gang von Fichtes Begründungsarbeit bereits vorgezeichnet: Der letzte Grund für den Anspruch des Sittengesetzes kann nur dadurch sichtbar werden, dass das Subjekt seine Freiheit radikal realisiert oder – in Anlehnung an Fichtes Diktion gesagt – dass das endliche Vernunftwesen sich entschließt, unbedingt selbsttätig bzw. selbstständig zu sein. Konkret bedeutet das: Die Freiheit, die sich im Phänomen des Sollens ihrer selbst mit Evidenz gewiss ist, darf sich nicht damit begnügen, sich gegeben zu sein – und ich meine die letzte Wendung buchstäblich: Sich als gegeben zu begreifen, würde ja implizieren, dass eine gebende Instanz dem Subjekt die Freiheit verleiht; dann aber wäre Freiheit nicht mehr wirkliche Selbstständigkeit, sondern bereits wieder Schein; sie wäre zurückgeführt auf ein anderes, und das Subjekt, das sich frei wähnte, müsste sich als von anderem bestimmt, also als heteronom entdecken. Soll es Freiheit wirklich als Freiheit geben, dann kann das nur dadurch gezeigt werden, dass sich das unbedingte Sollen unhintergehbar, als inneres, konstitutives Moment wirklicher Selbstständigkeit ausweisen lässt. Anders gesagt: Das Sollen darf auf keine

[1] Ich beziehe mich bes. auf Hansjürgen Verweyens Einleitung zu Fichte in: FICHTE, Johann G.: Das System der Sittenlehre nach den Prinzipien der Wissenschaftslehre (1798). Einl. v. Hansjürgen Verweyen. Hamburg 1995. – DERS.: Philosophie und Theologie. Vom Mythos zum Logos zum Mythos. Darmstadt 2005. 318-331. – OESTERREICH, Peter L./TRAUB, Hartmut: Der ganze Fichte. Die populäre, wissenschaftliche und metaphilosophische Erschließung der Welt. Stuttgart 2006. 108-122.

Weise von außen an das Subjekt herantreten, sondern muss sich mit Notwendigkeit aus dessen Wesensverfassung selbst ergeben. Dann ist das Subjekt wirklich frei, wie sich umgekehrt von der Wirklichkeit dieser Freiheit her der Versuch unternehmen lässt, den letzten Ursprung dieses Sollens durch eine Selbstbeschreibung des freien Bewusstseins zu ermitteln.

„Absolutes Ich“. An den springenden Punkt dieses Programms, jenen gegen allen Zweifel resistenten Ausgangspunkt des Sollens, hat Fichte selbst sich in den immer neuen Anläufen seiner Wissenschaftslehre herangetastet. In der frühen Wissenschaftslehre, also ab dem ersten Entwurf der *Wissenschaftslehre* von 1793 an, schlägt er dazu einen Weg ein, der ihn so unbefriedigt lässt, dass er ab 1804 völlig neu ansetzt. Dieser erste Weg führte über eine Denkfigur, die sehr missverständlich war und schon zu Lebzeiten Fichtes Anlass zu heftigem Widerspruch, zu zum Teil gewollter Verzerrung seines Denkens und nicht zuletzt zu Spott gab. Fichte sieht wirkliche Freiheit nur dann gegeben, wenn sie aus einer schlechthin unbedingten Tätigkeit, einer Tätigkeit um der Tätigkeit willen hervorgeht. Eine solche – so Fichte – lässt sich am Phänomen des Selbstbewusstseins ausweisen: Das Ich setzt sich dem Nicht-Ich gegenüber. Sich selbst weiß das Subjekt dabei als Subjekt, das weiß, und als Objekt, das gewusst wird, zugleich. Im selben Zug wird darum die Subjekt-Objekt-Differenz abgewiesen, weil sich das Subjekt ja als Identisches weiß. D.h. die Differenz von Subjekt und Objekt, von Ich und Nicht-Ich kann nur auf dem Hintergrund einer ursprünglicheren, nicht mehr hintergehbaren Einheit des Bewusstseins zur Geltung kommen. Diese transzendentale Instanz nennt Fichte – weil sie unbedingt ist – „absolutes Ich“.

> „Dieser Terminus steht als Ausdruck dafür, daß die ursprüngliche Freiheit aller Vernunft das Absolute und dieses Absolute der Ursprung aller Freiheit ist, allerdings in einer solchen Einheit mit der sich selbst setzenden Freiheit, daß das Absolute nicht etwa als Ursache von Freiheit, diese in ihrem Wesen vernichtend, von ihr abgehoben werden kann.“[2]

Kuriose Missverständnisse. Fichtes Gedanke ist konsistent: Nur unter Voraussetzung einer ihrerseits nicht noch einmal hintergehbaren Einheit kann so etwas wie Differenz – also auch die zwischen Ich und Nicht-Ich – gedacht werden. Gleichwohl unterliegt dieser Gedanke seit Anbeginn Missverständnissen und Verständnislosigkeit. Als Fichte wieder einmal seinen mehr auf Saufen und Schlagen kaprizierten Studenten Disziplin und Ordnung beibringen und die Studentenverbindungen verbieten lassen wollte, er, der große Theoretiker der Freiheit, zertrümmerten sie ihm mit Steinen die Fenster seiner Wohnung. Goethe kommentierte höchst ironisch, man habe

2 VERWEYEN: Philosophie und Theologie (Anm. 1). 319.

wohl das absolute Ich in großer Verlegenheit gesehen, weil es von den Nicht-Ichs, die doch durch es gesetzt wären, sehr unhöflich gewesen sei, durch die Fenster zu fliegen.[3] Etwas später schrieb Schopenhauer in einem Brief:

> „Fichtes Tätigkeit um der Tätigkeit willen [...] ist zu exemplifizieren durch Einen, der herumspringt und sich mit der Ferse in den Hintern schlägt."[4]

Offensichtlich unbeirrt vom Status eines transzendentalen Gedankens können selbst Autoren der Gegenwart noch behaupten:

> „Es ist die Imagination des Ich als einzig und absolut: wäre es nicht Fichte, wäre es Wahnsinn. Die Irrenärzte der Zeit [...] erzählen fortlaufend von Kranken, die sich für Gott, Jesus, Ludwig XIV. oder das Universum halten. Hier aber: Wahnsinn als Philosophie [...]"[5] –

so die Gebrüder Hartmut und Gernot Böhme. Ebenso wurde das absolute Ich häufig als Gottesbegriff missverstanden. Freilich hat Fichte dem nicht nur durch das Prädikat „absolut" Vorschub geleistet. In der *Wissenschaftslehre* von 1793 schrieb er:

> „Alles vernunftlose [sic!] sich zu unterwerfen, frei und nach seinem eigenen Gesetze es zu beherrschen, ist letzter Endzweck des Menschen; welcher letzte Endzweck völlig unerreichbar ist und ewig unerreichbar bleiben muss, wenn der Mensch nicht aufhören soll, Mensch zu seyn, und wenn er nicht Gott werden soll."[6]

Atheismusstreit. Ein paar Jahre später – 1798 – hat Fichte diesen Vorbehalt eingezogen und damit nichts Geringeres als den Atheismus-Streit ausgelöst. (↖ Bd. 1, Kap. 8.3; ↗ Bd. 3, Teil B, Kap. 1.4) In dem Artikel *Über den Grund unseres Glaubens an eine göttliche Weltregierung* hatte er die Auffassung vertreten, dass das unbedingte Sollen, das Sittengesetz, der Vernunft als ihr selbst unauslöschlich eingeschrieben sei als die Form der Freiheit. Darum sei so etwas wie ein Gottesbeweis überflüssig. Denn:

> „Ich finde mich frei von allem Einflusse der Sinnenwelt, absolut thätig in mir selbst, und durch mich selbst; sonach, als eine über alles Sinnliche erhabene Macht. Diese Freiheit aber ist nicht unbestimmt; sie hat ihren Zweck: nur erhält sie denselben nicht von aussen her, sondern sie setzt sich ihn durch sich selbst. Ich selbst und mein notwendiger Zweck sind das Uebersinnliche.
>
> An dieser Freiheit und dieser Bestimmung derselben kann ich nicht zweifeln, ohne mich selbst aufzugeben. [...]
>
> Dass ich soll und was ich soll, ist das erste, unmittelbarste. Dies bedarf keiner weitern Erklärung, Rechtfertigung, Autorisation; es ist für sich bekannt, und für sich wahr. [...]

3 Vgl. Goethe. Jahrbuch der Goethe-Gesellschaft. Neue Folge. Weimar 1971. Hier 18.

4 Schopenhauer an Ch. Frauenstädt. Zit. nach: DIETZSCH, Steffen (Hg.): Philosophen beschimpfen Philosophen. Die kategorische Impertinenz seit Kant. Leipzig 1995. 41.

5 BÖHME, Hartmut/BÖHME, Gernot: Das Andere der Vernunft. Zur Entwicklung von Rationalitätsstrukturen am Beispiel Kants. Frankfurt a.M. 1983. 126. Vgl. 123-136.

6 FICHTE, Johann G.: Einige Vorlesungen über die Bestimmung des Gelehrten (1794). In: DERS.: Fichtes Werke. Hg. v. Immanuel Hermann Fichte. Bd. VI. Zur Politik und Moral. Berlin 1971. 289-346. Hier 299-300.

Jene lebendige und wirkende moralische Ordnung ist selbst Gott; wir bedürfen keines andern Gottes, und können keinen andern fassen."[7]

Skandal machte dabei nicht eigentlich dieser Grundgedanke der Selbigkeit von Sittengesetz und Gott, sondern die Konsequenzen, die Fichte daraus zog: Wenn Gott mit der moralischen Ordnung im Subjekt identisch ist, gibt es (a) keine Wirklichkeit Gottes außerhalb des Selbstbewusstseins und seiner Freiheit. Und (b): Die traditionellen Prädikate, die die Theologie Gott vor allen anderen zuschreibt – Persönlichkeit und Bewusstsein – sind nichts anderes als, modern gesprochen, Projektionen, die noch dazu das Unendliche verendlichen, weil Persönlichkeit und Bewusstsein ihrem Begriff nach Endlichkeit implizieren.[8]

So evident sich in der Tat diese Konsequenzen aus dem Gedanken der Identität von Gott und Sittengesetz ergeben, so überzeugt war Fichte trotzdem, kein Atheist zu sein – hatte er doch die Unbedingtheit des Unbedingten und seine Wirklichkeit auf eine Weise herausgearbeitet, an die keinerlei herkömmliches Beweisverfahren auch nur heranreicht. Der theistische Gottesdiskurs gilt ihm im Vergleich dazu als „Schulgeschwätz", welches allein schon deshalb aufzugeben sei, weil dann endlich „die wahre Religion des freudigen Rechtthuns"[9] sich ausbreiten könne.

Den Preis des Konflikts, der ihn schließlich auch seine Jenaer Professur kostete, war Fichte deswegen zu zahlen bereit, weil sich mit dem Gedanken der Identität von Gott und Sittengesetz die Sackgasse aufsprengen ließ, in die ihn die frühe Form seines Versuchs der Letztbegründung des Sollens geführt hatte. Der Rekurs auf das absolute Ich hatte diese Begründung insofern nicht zureichend geleistet, als Fichte den letzten Endzweck, die vollständige Erfüllung des Sollens für den Menschen kraft seiner Verfassung für „ewig unerreichbar", also prinzipiell unmöglich hielt. Aber wozu um die Realisierung von etwas bemüht sein, was sich nicht realisieren lässt? Der Gedanke der Identität von Gott und Sittengesetz löst diesen Widerspruch dadurch, dass die anthropologische Voraussetzung verändert wird: Kraft der Identität ist das Unbedingte selbst innerstes Moment des Subjekts. Kraft des Sollens als meines ureigensten Verfasstseins kann ich das Sittengesetz auch wirklich erfüllen. Freilich kostet diese Lösung einer Verinwendigung Gottes den genannten theologischen Preis.

Absolutes Sein. Der späte Fichte aber findet einen Weg, das im Gang des Atheismusstreits entdeckte Lösungspotenzial der Struktur nach festzuhalten, aber von jener theologischen Hypothek dennoch

7 FICHTE: Ueber den Grund unseres Glaubens an eine göttliche Weltregierung. In: DERS.: Fichtes Werke. Hg. v. Immanuel Hermann Fichte. Bd. V: Zur Religionsphilosophie. 175-189. Hier 181. 183. 186.

8 Vgl. FICHTE: Grund (Anm. 7). 186-188.

9 FICHTE: Grund (Anm. 7). 188.

freizukommen.[10] Um es vereinfacht zu sagen: Fichte dreht die Verinwendigungsrichtung gleichsam um. Er geht nicht mehr von einem absoluten Ich aus, sondern von einem absoluten Sein. Das ist keineswegs eine willkürliche Umstellung. Alle unsere Bewusstseinsakte setzen ja in der Tat ein Absolutes voraus: Bewusstsein ist immer Bewusstsein von etwas, aber die Differenz zwischen Bewusstsein und Bewusstem tritt nur auf dem Hintergrund eines Unbedingten hervor. Insofern bleibt die Grundfigur, die im frühen Ansatz hinter dem „absoluten Ich" steckt, durchaus erhalten. Ich kann etwas von etwas anderem nur unterscheiden, indem ich gleichzeitig über das in Frage stehende Objekt sozusagen schon hinaus bin. Ich kann etwas als Grenze, als Endliches nur erkennen, indem ich gleichzeitig die Grenze auch schon überschritten habe. Weil dies für alles gilt, was Tatsache des Bewusstseins sein kann, impliziert Bewusstsein notwendig einen Vorgriff auf das, worüber hinaus es keinen Vorgriff mehr geben kann, also auf Absolutes – was noch nicht heißt, dass es dieses Absolute geben muss; es könnte sich ja auch um einen Gedanken handeln, der zwar stringent ist, aber einer in unserer Vernunftstruktur eingebauten Täuschungsquelle entspringt.

Aber angenommen, es gäbe absolutes Sein. Dann stellt sich sofort die Frage: Wie kann dann etwas, was Gegenstand des Bewusstseins ist, überhaupt noch als wirklich seiend gedacht werden? Wenn ein Absolutes ist, dann ist es ja absolut, d.h. es kann „neben" ihm nicht noch anderes Seiendes geben, andernfalls wäre das Absolute nicht mehr wirklich absolut, sondern nur ungenau als ein besonders Großes nicht-absolutes Seiendes gedacht. Wenn also Absolutes und noch etwas sein soll, dann kann dieses andere (a) nur Äußerung des einen Absoluten sein, also aus diesem selbst hervorgehen, und muss es (b) Äußerung so sein, dass es trotz des Unterschieds die Absolutheit des Absoluten nicht beeinträchtigt, d.h.: Es kann nur Bild des Absoluten sein. Nur mit diesem Gedanken lässt sich unsere Vernunft als widerspruchsfrei begreifen: im Erkennen von etwas notwendig ein Absolutes zu setzen. Genau diese Widerspruchsfreiheit aber muss – muss! – jedes Ich wollen, solange es sich als frei begreift. Bliebe es in einem Widerspruch befangen, wäre es nicht mehr frei, sondern fremdbestimmt. Sie merken: Fichte ist noch immer exakt beim Thema der Freiheit. Jetzt muss nur noch gezeigt werden, wie sich aus der Logik des absoluten Seins und dem Bildgedanken wirklich eine letzte Begründung für das Phänomen des Sollens gewinnen lässt.

Transzendentaler Bildgedanke. Bevor wir diesen Schritt mit Fichte gehen, scheint mir sinnvoll, noch etwas bei diesem Gedanken vom endlichen Seienden als Bild des absoluten Seins zu verweilen. Dieser Gedanke, den auch schon andere vor Fichte, besonders Anselm von Canterbury, im Blick hatten (↗ Bd. 3, Teil C, Kap. 4.2), bringt es

10 Vgl. dazu OESTERREICH/TRAUB: Der ganze Fichte (Anm. 1). 108-122.

nämlich mit sich, zumindest beim ersten Mal, wenn er einem begegnet, Irritationen auszulösen. Das kommt daher, dass Fichte auch den Bildbegriff natürlich transzendental in Anspruch nimmt, d.h. rein und ausschließlich hinsichtlich dessen, was begrifflich das Wesen eines Bildes ausmacht. Dieses Wesen des Bildes besteht darin, Bild von etwas zu sein, also nichts für sich selbst. Ein Bild steht völlig im Dienst des Dargestellten. Bild ist ein Bild in dem Maß, in dem es nichts für sich ist. Sofort werden Sie mir natürlich entgegenhalten: Auch ein Bild muss doch etwas sein, sonst könnte es nichts darstellen! Es muss doch die materielle Seite in Rechnung gestellt werden. Antwort: Dieser Einwand hat bereits die transzendentale Ebene verlassen. Die Materie ist für ein Bild völlig unwesentlich. Ein Bild ist umso besser, je weniger es durch seine Beschaffenheit vom Dargestellten ablenkt. Außerdem ist für das Dargestellte völlig belanglos, mittels welcher Medien es zur Darstellung gebracht wird. Das heißt transzendental gewendet: Diese materiale Seite gehört nicht zum Wesentlichen eines Bildes. Bildsein ist hinsichtlich des dafür Notwendigen dadurch hinreichend bestimmt, dass das Bild nichts für sich, sondern reine Erscheinung des Dargestellten ist. Wird „Bild" solchermaßen transzendental gedacht, dann gelingt es mit diesem Begriff tatsächlich, Absolutes und Endliches so zusammenzudenken, dass die Absolutheit des notwendigerweise einen Unbedingten durch Bedingtes nicht doch heimlich eingeschränkt und damit völlig aufgehoben wird.

Ethische Wendung. Wie nimmt Fichte nun diesen Gedanken für seine Begründung des Sollens, also für seine Ethik der Freiheit in Anspruch? Eigentlich sehr einfach: Gibt es „neben" dem absoluten Sein überhaupt etwas, dann kann es sich nur um eine Äußerung des absoluten Seins handeln. „Äußerung" meint dabei, dass Gott

> „[...] etwas aus sich entläßt, das sich selbst zum Bild Gottes *macht*. Nur so entsteht kein anderes *Sein* gegenüber Gott, vielmehr vollzieht sich in einem anderen seiner selbst eine Selbstoffenbarung Gottes als des absolut einzigen und einen Seins. Das, was aus Gott hervorgeht, um sich selbst zum Bild Gottes zu machen, nennt Fichte *Vermögen* (zur Verwirklichung dieses Bildes). [...] Wenn aber irgend etwas außer Gott mit Recht zu sein behauptet, dann kann es nur Teil dieses Vermögens bzw. dessen endgültige Realisierung sein."[11]

Anders gesagt: Diese Äußerung kann nicht irgendetwas, eine Mitteilung etwa, beinhalten, sondern sie kann einzig Aufforderung an Freiheit sein, sich zum Bild des Absoluten zu machen, d.h. jede mögliche Äußerung des absoluten Seins hat die Form des Sollens. Damit erweist sich das Sollen als innerstes Implikat der denkerisch letztmöglich zu ermittelnden Struktur einer Wirklichkeit, in der Freiheit soll auftreten können.

[11] VERWEYEN: Philosophie und Theologie (Anm. 1). 326.

Erscheinung des Absoluten. Indem Freiheit gemäß ihrer eigenen Unbedingtheit dieser Aufforderung folgt und sich unbedingt dafür in Anspruch nehmen lässt, Bild des Absoluten zu werden, geschieht ein Doppeltes: Sie wird in diesem Bildsein aufgehoben (a) in dem Sinn, dass sie radikal nichts mehr für sich sein will, und (b) in dem Sinn, dass sie kraft dieses Bildwerdens im absoluten Sein selbst aufgehoben, also hinaufgehoben und aufbewahrt wird, d.h. Freiheit gewinnt im Bildwerden einen durch nichts mehr zu unterlaufenden Wirklichkeitssinn, in dem zugleich alles, was zunächst nach Absurdität aussah, seine Lösung findet. Indem Freiheit dem unbedingten Sollen folgt und sich zum Bild des Absoluten macht, wird das Ich Erscheinung des Absoluten, gewinnt also an dessen Wesen Anteil. Menschliche Freiheit als unbedingte und absolutes Sein sind darin genauso versöhnt, wie die absurde Verpflichtung auf ein prinzipiell unerreichbares Ziel überschritten ist, in die Fichtes früher Ansatz mündete.

Zurück zur praktischen Moralität. Damit ist dem Phänomen des Normativen in der Tat eine im strengen Sinn letzte, also nicht mehr zu hintergehende Begründung gegeben. Freilich stellt sich nun – gleichsam umgekehrt – die Frage, wie denn von dieser spekulativen Warte her auf die Ebene der konkreten, praktischen Moralität zurückzukommen sei. Fichte selbst hat seiner diesbezüglichen Lösung keine wirklich konsistente Form zu geben vermocht. Viel später haben andere – etwa der Philosoph Reinhard Lauth und der Fundamentaltheologe Hansjürgen Verweyen – Klärungen erarbeiten können. In lockerer Orientierung an diesen versuche ich, kurz den systematischen Gedankengang zu reformulieren, auf den Fichtes eigene Einlassungen mehr oder weniger direkt hintendieren:

Auch für den Weg des späten Fichte blieb methodischer Ausgangspunkt das Phänomen des selbstbewussten Ichs. Die Analyse des Bezugs des Ichs auf das Nicht-Ich, auf Bewusstseinsobjekte, brachte den unhintergehbaren Vorgriff auf Unbedingtheit qua Einheit zutage. Und von diesem Punkt an hatte Fichte dann das Verhältnis von Absolutem und Endlichem zu klären unternommen. Noch nicht gelöst ist damit aber das Problem der endlichen Vernunft selbst, Ich und Nicht-Ich zu jener Einheit zu bringen, die im erkennenden Vorgriff auf das eine Unbedingte unweigerlich schon gesetzt wird. Fichte selbst sieht in dieser Tendenz auf Einheit nichts Geringeres als das fundamentalste anthropologische Konstituens:

> „Der höchste Trieb im Menschen ist [...] der Trieb nach Identität [...]. Allen Begriffen, die in seinem Ich liegen, soll im Nicht-Ich ein Ausdruck, ein Gegenbild gegeben werden.“[12]

Der neuerlichen Absurdität, im Vorgriff auf unbedingte Einheit immer nur Differenz, Nicht-Ich zu produzieren, kann nur entgangen werden,

[12] FICHTE: Bestimmung des Gelehrten (Anm. 6). 304.

wenn das Verhältnis von Ich und Nicht-Ich seinerseits als Konkretisierung des Bildverhältnisses zwischen absolutem Sein und endlicher Freiheit gefasst wird. Nur indem sich die ichhaften Subjekte aus freiem Entschluss einander wechselseitig zum Bild machen, kann aus der Differenz der vielen Einzelnen jene Einheit wirklich werden, auf die jeder Einzelne kraft seiner Vernunftform ausgerichtet ist.

Intersubjektivität. Von dieser Einsicht in die Verfasstheit unseres Wissens her skizziert Fichte eine Intersubjektivitätstheorie, die lange vergessen war, heute vieldiskutiert wird und verblüffende Bestätigungen seitens der empirischen Psychologie, namentlich der Entwicklungspsychologie erfuhr.[13] Gleichermaßen verfügt sie über ein brisantes philosophisch-theologisches Potenzial, das sich seinerseits aber zugleich wieder als missbrauchbar herausgestellt hat. Ich gehe darauf nur insoweit ein, als das für unsere ethische Fragestellung von Belang ist.

Im Gefälle der einschlägigen Fichteschen Gedanken wird heute gesagt: Selbstbewusstsein wird dadurch konstituiert, dass mich ein anderer, ein Gegenüber auffordert, ich zu sein. Das einschlägigste Beispiel bietet das der Freude über das neue Menschlein entspringende Lächeln der Mutter, durch welches das Lächeln des Kindes geweckt und dieses überhaupt zum selbsttätigen Subjekt werde. Ein Subjekt entdeckt sich als sich selbst, indem es seitens anderer Anerkennung erfährt – also erlebt, dass es sein darf und sein soll. Eine solche Aufforderung zu Selbstbewusstsein einschließlich der konstitutiv dazugehörigen Freiheit als Aufforderung erkennen kann aber nur, wer dem vorweg seinerseits bereits andere Vernunft als seine Vernunft anerkannt hat. Formal gesprochen: Selbstbewusste Subjektivität geht aus einem dialektischen Anerkennungsverhältnis hervor. Nur ganz am Rande, aber weil es wichtig ist, erwähne ich an dieser Stelle, dass sich diejenigen, die sich heute in dieser Sache Fichte anschließen, regelmäßig schwer tun, diese Dialektik in wirklicher Symmetrie zur Geltung zu bringen. Nur ungenügend wird nämlich klargemacht, wie Selbstbewusstsein durch Aufforderung und Anerkennung seitens anderer konstituiert werden kann, wenn doch genauso konstitutiv deren Aufforderung als Akt anderer freier Vernunft schon erkannt und also anerkannt sein muss. Auch für diese Seite des Anerkennungsgeschehens muss also eine anerkennende Instanz vorausgesetzt werden, also ein Moment von Ichsein und Freiheit, das nicht erst durch die Anerkennung der anderen realisiert wird, sondern als deren Bedingung der Möglichkeit fungiert. Würde selbstbewusste Subjektivität tatsächlich in einem radikalen Sinn – also wie aus dem Nichts – durch Aufforderung und Anerkennung seitens anderer konstituiert, könnte die Identität des zu sich kommenden Subjekts nur geborgt sein, Resultat eines

[13] Vgl. dazu LAUTH, Reinhard: Le problème de L' interpersonnalité chez. J. G. Fichte. In: Archives de Philosophie 25 (1962). 325-344.

subtilen Behaviorismus; und seine Einmaligkeit wäre nur eine vermeintliche, also Schein. (→ Bd. 2, Teil A, Kap. 3.43)

Am bündigsten lässt sich der komplexe Zusammenhang wohl mit der von mir schon mehrfach im Zusammenhang von Grundfragen bemühten Formel „nicht ohne – nicht allein durch" fassen: Selbstbewusstsein kommt nicht ohne Aufforderung und Anerkennung seitens anderer zustande, aber nicht allein durch diese. Auch im Medium dieser eingeschränkten Version einer Fichteanischen Intersubjektivitätstheorie lässt sich die Ebene konkreter Normativität, um deretwillen wir auf die Konstitution von Selbstbewusstsein gestoßen waren, differenziert in Blick nehmen. Zwei Konstruktionslinien sind fundamental:

(a) Aufforderung und Anerkennung. Subjekte gibt es kraft Aufforderung und Anerkennung durch andere. Im Auffordern und Anerkennen anderer realisiert ein Subjekt auf unbedingte Weise, was es selbst ist – das Höchstmaß seines Wirklich-sein-Könnens, nämlich sich zum Bild zu machen. Also sind Subjekte unbedingt auf wechselseitiges Auffordern und Anerkennen verpflichtet. Sie erfahren dies als konkretes Sollen. Noch konkreter gewendet: Moralisch ist, was den anderen ihn oder sie selbst sein und ihn oder sie werden lässt, was sie oder er sind. Eine Moral unbedingter Freiheit bindet sich notwendig daran, anderer Freiheit unbedingt Raum zu geben.

(b) Gesellschaft und Geschichte. Wenn Aufforderung und Anerkennung seitens anderer Selbstbewusstsein mitkonstituieren, wird dieses im Ereignis seines Zu-sich-Kommens unentrinnbar in die Traditionen und Machtstrukturen verstrickt, aus denen heraus Aufforderung und Anerkennung seitens jener anderen erfolgen. So findet sich Selbstbewusstsein konstitutiv in Geschichte und Gesellschaft verwoben – und damit natürlich auch in alles, was in ihnen an Normativem sedimentiert ist. Als normativ kann dabei alles Mögliche begegnen. Im Klartext gesagt: Kraft seiner eigenen Konstitution kommt das freie Subjekt notwendig vor die Frage, welche der ihm geschichtlich-gesellschaftlich angesonnenen Normen es akzeptieren oder zurückweisen soll. Es wird darum ebenso notwendig nach Kriterien und schließlich einem letzten Grund für diese fragen, um sein Handeln auf rechte Weise zu orientieren.

Genau diese Frage hatten wir aber bereits im Horizont der Selbstauslegung selbstbewusster Subjektivität beantwortet: Das alles konkrete moralische Handeln im Letzten durchherrschende Sollen geht aus der Bestimmung alles Endlichen hervor, Bild des Absoluten zu sein. Nur so kann es das Absolute ja wirklich geben, auf das das endliche Bewusstsein in jedem seiner Akte notwendig vorgreift. Anders gesagt: Das Absolute kommt zur Erscheinung und alles Endliche gewinnt Wirklichkeit genau dadurch, dass sich alle Subjekte durch Aufforderung und Anerkennung wechselseitig zum Bild machen. In genau diesem reziproken Bildwerden – in der Horizontalen – erfüllt das Endliche als Ganzes – in der Vertikalen – seine wirklichkeitsverleihende Wesensbestimmung, Bild des Absoluten zu sein. Das Absolute kommt mit seiner Äußerung, also seinem Anspruch zur Geltung, indem und dadurch dass freie Subjekte in einem unbedingten Sinn füreinander da sind und darin ganz sie selbst sind.

Christliches Doppelgebot. Vielleicht lässt sich die Leistung dieser Denkbewegung nur dann einigermaßen erfassen, wenn man sie in genuin theologischen Begriffen reformuliert. Dann müsste man sagen: Fichtes ethischer Ansatz ermöglicht einen reflexiven Nachvollzug des christlichen Doppelgebotes der Gottes- und Nächstenliebe und seiner Einheit, wie er stringenter nicht gedacht werden kann. Bereits die einschlägige Passage Mk 12,28-34 parr. weist mit ihrer Formulierung unübersehbar in diese Aufgabe ein. Befragt, welche der 623 Vorschriften des Ersten Testaments das erste, also wichtigste Gebot sei, antwortet Jesus mit einer Kombination aus Dtn 6,4-5 und Lev 19,18 in sprachlich auffälliger Weise:

> „Das erste ist: Höre, Israel, der Herr, unser Gott, ist der einzige Herr. Darum sollst du den Herrn, deinen Gott, lieben mit ganzem Herzen und ganzer Seele, mit all deinen Gedanken und all deiner Kraft. Als zweites kommt hinzu: Du sollst deinen Nächsten lieben wie dich selbst. Kein anderes Gebot ist größer als diese beiden." (Mk 12,29-31)

Die Frage nach dem wichtigsten Gebot beantwortet Jesus also dadurch, dass er zwei Gebote aus der Tradition seines Glaubens ineinander schiebt, so dass das buchstäblich erste nur dadurch erstes ist, dass es das buchstäblich zweite in sich aufnimmt. Nur darum kann am Ende der Superlativ „kein größeres" mit dem Dual „diese beiden" identifiziert werden. Die narrative Version dieser Einheit von Gottes- und Nächstenliebe begegnet in Mt 25,31-46 in dem Doppelgleichnis, mit dem Jesus das endzeitliche Bestehen des Menschen vor Gott konstitutiv an seine Menschlichkeit gegenüber seinesgleichen bindet („Was ihr einem dieser Geringsten getan habt, das habt ihr mir getan.") Fichtes Ethik-Konzeption macht das vernünftig nachvollziehbar, so dass das christliche Doppelgebot als religiöse Chiffre einer aus autonomer Vernunft gewonnenen Ethik unbedingter Freiheit zur Geltung kommt.

Kritische Grenzen. Nichts läge mir ferner, als damit Fichte theologisch zu vereinnahmen oder gar heilig zu sprechen. Dazu bestehen weder Recht noch Anlass – dies umso weniger, als Fichtes Denken durchaus zu bestimmten Grundgedanken der christlichen Überlieferung kein Verhältnis besitzt, etwa zum Trinitätsgedanken und der Erlösungslehre. Ganz zu schweigen, dass es stellenweise einem Antisemitismus huldigt, der sich nur schwer ertragen lässt.

Nicht weniger gibt es philosophische Bedenken vorzutragen, die weit tiefer reichen, als das Mangel oder Fehler in einem Argumentationsgang täten. Kein Geringerer als Friedrich Wilhelm Joseph Schelling hat Fichte vorgeworfen, sein Denken treibe in

> „ein das Leben untergrabendes und aushöhlendes Moralisieren der ganzen Welt, [...] ein rohes Anpreisen der Sittlichkeit und der Sittenlehre als des einzig Reellen im Leben und in der Wissenschaft"[14]

und reiße damit eine Kluft zwischen Gedanke und Leben auf. Konkret schlägt sich das darin nieder, dass Fichte so gut wie kein Verhältnis zum Phänomen der Natur entwickelt. Viel Hohn hat ihm der Satz aus seinem schon erwähnten Artikel *Über den Grund unseres Glaubens an eine göttliche Weltregierung* eingetragen, der diesen Primat des Sittlichen zu Lasten des Verhältnisses zur Natur geradezu auf den Nenner bringt. Der Satz heißt:

> „Unsere Welt ist das versinnlichte Materiale unsrer Pflicht; dies ist das eigentliche Reelle in den Dingen, der wahre Grundstoff aller Erscheinung."[15]

Bei manchen, die heute systematisch-spekulativ an Fichte anschließen, spiegelt sich die kategorische Explikation aller Welt- und Selbstbeschreibung aus der ethischen Fragestellung gern in einem sittlichen Rigorismus, der für so etwas wie den sittlichen Kompromiss keinen Platz mehr vorsieht. Aber lässt sich angesichts der realen Verfasstheit des Menschen ohne sittlichen Kompromiss kompromisslose, also unbedingte Sittlichkeit überhaupt denken? Sprachlich verrät sich dieses Problem in der Regel an einer gewissen semantischen Gewalttätigkeit: Um Bild des anderen und darin Bild des Absoluten zu werden, müsse sich – so die einschlägige Sprachregelung –, das Subjekt zu einem Nichts machen oder sich restlos vernichten lassen – oder ähnliches.[16]

Korrektur. Von diesem Befund legt sich wie von selbst nahe, wie sich diese Schräglage am wirksamsten ausmitteln ließe: Wenn sich mit sprachphilosophischen Mitteln herausarbeiten ließe, dass im horizontalen Anerkennungsgeschehen wie im vertikalen Bildwerden die ichhafte Subjektinstanz als unhintergehbar gedacht und in Anspruch genommen werden muss. (↖ Bd. 1, Kap. 7.7; → Bd. 2, Teil A, Kap. 3.43) Erst dann käme auch vollständig zur Geltung, was Fichtes Konzeption unbeschadet ihrer Defizite gemessen am Kriterium philosophischer Ethik zu leisten vermag:

14 SCHELLING, Friedrich W. J.: Darlegung des wahren Verhältnisses der Naturphilosophie zu der verbesserten Fichteschen Lehre. Eine Erläuterungsschrift der ersten (1806). In: DERS.: Schellings Werke. Münchner Jubiläumsdruck. Nach der Originalausgabe in neuer Anordnung hg. v. Manfred Schröter. 3. Hauptbd.: Schriften zur Identitätsphilosophie 1801-1806. München 1958. 595-720. Hier 613.

15 FICHTE: Grund (Anm. 7). 185.

16 Vgl. dazu MÜLLER, Klaus: Anerkennung und Ich-Apriori. Eine Asymmetrie in Hansjürgen Verweyens erstphilosophischem Ansatz. In: DERS./LARCHER, Gerhard/PRÖPPER, Thomas (Hgg.): Hoffnung, die Gründe nennt. Zu Hansjürgen Verweyens Projekt einer erstphilosophischen Glaubensverantwortung. Regensburg 1996. 49-62.

Leistungsbilanz. Im Bildbegriff gelingt es, die Vertikale zwischen Absolutem und Endlichem mit der Horizontalen zwischen den endlichen Subjekten bruchlos zu verfugen. Damit wird Folgendes geleistet:

(a) Letztbegründung. Eine konsistente Letztbegründung des Phänomens unbedingten Sollens, die die Position des Intuitionismus wie des Dezisionismus überschreitet. Der Intuitionismus begnügt sich damit, Erlebnisse des Wertfühlens als letzte Basis der Moral zu konstatieren (das war etwa die von uns eingehend analysierte Position von Kutscheras gewesen). Der Dezisionismus, dem selbst Kant wie Levinas im Letzten verhaftet bleiben, findet sein Fundament in einer Entscheidung der Vernunft für das, was sie als ihre elementare Verfasstheit gewahrt. Mit Fichte lässt sich das Sollen als nicht mehr hintergehbares Konstituens der Vernunft selbst einsichtig machen.

(b) Kein naturalistischer Fehlschluss. Genau damit hat auch eine zweite Leistung des Fichteschen Ansatzes zu tun: Wenn Sollen qua Sollen als konstitutives Moment der Verfassung freier, selbstbewusster Subjektivität ausgewiesen werden kann, ist auch bereits die Sackgasse des naturalistischen Fehlschlusses vermieden. Dieser besteht darin, von einem „ist" zu einem „soll" überzugehen. Bei Fichte ist dies nicht notwendig, weil das Sollen nicht erst aus einem Ist-Zustand gewonnen werden muss, sondern immer schon als letzte Bedingung der Möglichkeit wirklichen Seins des Subjekts im Spiel ist.

(c) Diesseits von Teleologie und Deontologie. Weil das wirkliche Sein des Subjekts, also seine Vollgestalt, seine Bestimmung mit der Erfüllung des ihm innersten Sollen ineinsfallen, untergreift Fichtes Konzeption auch die schulmäßige Differenz von teleologischer und deontologischer Ethik und relativiert sie damit. Im Erfüllen des Sollens gewinnt endliche Freiheit ihr Telos. Wer in Rechnung stellt, dass diese Klassifikationen selbst für ihre Standard-Repräsentanten – Aristoteles und Kant – nur bedingt taugen, wird mit Interesse sehen, worin diese Relativität gründet.

„Integrative Ethik". Überblickt man diese fundamentalen Leistungen, so könnte man Fichtes Konzeption mit gutem Grund als „integrative Ethik" bezeichnen – wenn dieser Name nicht lange nach ihm anderweitig besetzt worden wäre. Der Tübinger Platon-Forscher Hans Krämer hat 1992 ein Buch mit genau diesem Titel *Integrative Ethik* vorgelegt.[17] Krämers erklärtes Ziel: die fruchtlose Opposition zwischen Aristotelischem und Kantischem Grundparadigma zu unter-

[17] Vgl. KRÄMER, Hans: Integrative Ethik. Frankfurt a.M. 1995. – Dazu auch: ENDREß, Martin (Hg.): Zur Grundlegung einer integrativen Ethik. Für Hans Krämer. Frankfurt a.M. 1995.

laufen, aber nicht so, dass er beide oder Teile von ihnen zusammenstückt. Vielmehr sucht er einen Theorierahmen zu skizzieren, innerhalb dessen wichtige Züge beider systematisch ineinander integriert werden. So soll gegenüber der gegenwärtig dominierenden Moralphilosophie (d.h. der Ethik Kantischen Typs) das Recht der Sittlichkeit, also dessen, worum es primär dem Aristotelischen Typ – insbesondere dem Kommunitarismus – zu tun ist, zur Geltung gebracht werden; für Letzteres hat Krämer den Namen „Strebensethik" geprägt. Unbeschadet dieser grundlegenden Doppeldimensionalität erblickt Krämer dabei in der Strebensethik das elementarere Konzept, sucht dieses aber – der Neuzeit entsprechend – gegen seine klassische Form postteleologisch zu formulieren: D.h. ein objektives Ziel allen Strebens – für Aristoteles bekanntlich die „eudaimonia", das Glück – schließt er aus. Diesen Grundbegriff der antiken Ethik – Glück – und denjenigen der neuzeitlichen – Freiheit – sieht er im Begriff des Könnens vermittelt; das Können repräsentiere

> „einen zentralen Bestandteil, ja das Primärgut erfüllten Lebens [...]."[18]

Noch mehr als der Stellenwert des Glücks verändert sich dabei derjenige der Freiheit. Für Krämer steht nämlich fest:

> „Moralisches Verhalten ist definiert durch Leistungen, die vom Eigeninteresse nicht abgedeckt werden und insofern überschießen. Ein solcher unabgegoltener, auch nicht durch die Aussicht auf künftige Entschädigung aufgefangener Überschuß ist für das moralische Sollen und Verhalten konstitutiv. Die moralische Forderung ist daher nötigend. Sie nimmt dabei zwischen Gewalt und Zwang einerseits und dem Eigenwollen andererseits eine irreduzible mittlere Position ein. [...] Die moralische Forderung bedarf daher des sozialen Außen- und Gegenhalts: Sie wird von Anderen, Dritten und zuletzt der Sozietät an uns herangetragen. Moral ist daher wesentlich sozionom und für den Geforderten heteronom und in diesem Sinn als externalistisch verfaßt zu betrachten."[19]

Nochmals Fichte. Auf dieser Folie einer konstitutiven Heteronomie des Moralischen bei Krämer kommt die spezifische Leistung von Fichtes Konzeption erst so richtig zum Vorschein: Sie ist im Horizont des Gedankens unbedingter Freiheit erbracht – und bedarf dafür keines Rückgriffs auf Religiöses oder Metaphysisches. (Sofern Krämer gerade dies seinem Entwurf in besonderer Weise zugute hält, kommt er damit glatte 200 Jahre zu spät). Im Blick auf die theologische Anschlussfähigkeit von Fichtes Gedanken, von der kurz die Rede war, kann deren autonomer Charakter gar nicht hoch genug veranschlagt werden. Wir dürfen ja nicht vergessen, dass eben wegen des modernen Freiheitsgedankens das Verhältnis zwischen der Epoche der Neuzeit und der katholischen Tradition bis heute tiefreichend von einer Rezeptionsblockade bestimmt wird. Eine produktive Auseinandersetzung gerade mit Fichte vermöchte da ohne Zweifel Verfahrenes

18 KRÄMER: Integrative Ethik (Anm. 17). 247.
19 KRÄMER: Integrative Ethik (Anm. 17). 42-43.

aufzusprengen – und tut es auch dort, wo die Mühe dieses Unterfangens nicht gescheut wird.

Problemüberhang. In der konkreten Durchführung freilich blieb vor allem Fichtes Programm der Vermittlung von Autonomie und Intersubjektivität fragil und zum Teil defizitär. Stabilität verliehen werden könnte ihm dann, wenn sich dieses Verhältnis in eine wirkliche Symmetrie bringen und zugleich jene von Fichte vernachlässigten Dimensionen der Materialität und des Natürlichen konstitutiv miteinbeziehen ließen. Bewähren kann sich diese Hypothese nur im Rahmen einer umfassenden wie gleichermaßen konkreten philosophischen Beschreibung menschlicher Existenz, also in Gestalt einer systematischen Anthropologie und einer mit ihr verbundenen Naturphilosophie. Sofern bei Fichte das Phänomen endlicher Freiheit in Intersubjektivität auf konsistente Weise in einer Bestimmung des Verhältnisses von Absolutem und Endlichem verankert war, müssen wir damit rechnen, auch im Rahmen dieser beiden Perspektiven auf einen Reflex dieses Zusammenhangs zu stoßen. Dem näher nachzugehen, ist Thema der Religionsphilosophie. Damit sind die drei Brennpunkte genannt, um die herum sich die weitere Erörterung philosophischer Grundfragen der Theologie entfalten wird: Anthropologie und Naturphilosophie als philosophische Selbstbeschreibung und Einbettung menschlicher Existenz, die aus sich vor die Frage der Religionsphilosophie bringt, ob und inwiefern der Mensch als möglicher Adressat eines von jenseits seiner selbst ergehenden Anrufs begriffen werden muss. (↗ Bd. 3, Teil B, Kap. 6.1)

Vor dem Einstieg in diese durchaus komplexen Fragebereiche stehen aber noch andere Reflexionsschritte an. Die Überschrift des ersten von ihnen wird zunächst vermutlich unerwartet wirken – aber auch das schon gehört zu dem, was wir nachfolgend zu bedenken haben. Die Überschrift heißt:

9. Grundfragen der Ästhetik

Wer sagte: „Ästhetik hat doch mit Kunst zu tun!“, könnte sich von den meisten einschlägigen Lexika bestätigt wissen. Der entsprechende Artikel beginnt in der Regel mit der definitorischen Bestimmung, bei der Ästhetik handle es sich um diejenige philosophische Disziplin, die sich mit den Künsten beschäftige und speziell damit, was denn das Schöne sei. Allerdings ist das weder eine sachlich noch eine historisch korrekte Auskunft, wenngleich die Kunst und das Schöne in den Bereich der Ästhetik hineingehören. Nur eben, dass dieser Bereich ungleich mehr umfasst – und genau damit hat auch zu tun, dass im Gang der hier anzustellenden Überlegungen auch von Ästhetik zu sprechen ist. Dieses Größere des ästhetischen Denkens über die Kunst hinaus wird heute von nicht wenigen Philosophinnen und Philosophen so prinzipiell aufgefasst, dass ihnen Ästhetik geradezu als neues Paradigma „Erster Philosophie“ gilt, also der philosophischen Instanz, die von sich beansprucht, für letzte Gründe aufzukommen[1] – davon war schon zu reden. (→ Bd. 2, Teil A, Kap. 3.22) Zunächst ist freilich zu klären, worauf sich denn der Titel „Ästhetik“ eigentlich bezieht, wenn er nicht primär die philosophische Auseinandersetzung mit dem Phänomen der Kunst und dem Begriff des Schönen bezeichnet. Ich stelle diese kleine Aufklärung unter den Titel:

9.1 Die Grundschicht des Ästhetischen

Anfänglicher Vorbehalt. Einmal in solchen Rang wie den einer „Ersten Philosophie“ einzurücken, hätte sich die Ästhetik – wenn ich einmal so sagen darf – an der Wiege des abendländischen Philosophierens nicht träumen lassen. Kein Geringerer als Platon votiert im 10. Buch seiner *Politeia*, seiner utopischen Beschreibung des idealen Staates, dafür, die Dichter einschließlich eines Homers aus dem Gemeinwesen zu verbannen. Denn die Künstler verstünden sich ja auf überhaupt nichts Wirkliches, sondern lediglich auf das Nachmachen von Wirklichem, auf Schein und Trug – und also das Gegenteil des Wahren, um das es der Philosophie zu tun sei. Insofern die Kunst deswegen ihr Werk fern der Wahrheit vollbringe, richte sie sich auch im Adressaten an das der Vernunft Ferne und verbrüdere sich mit diesem – so wörtlich – „zu nichts Gesundem und Wahrem“.[2]

Eigenartigerweise freilich gibt Platon gegen Ende seines harschen antiästhetischen Verdikts zu erkennen, dass er sich gewissermaßen selbst dazu überreden muss, gegen die Dichtkunst zu sprechen, weil sie ihn bezaubere – und er ihr deshalb die Tür einen Spalt zu seinem Idealstaat offen halten möchte:

1 Vgl. WELSCH, Wolfgang: Grenzgänge der Ästhetik. Stuttgart 1996. 96-97.
2 PLATON: Politeia. 603a-b.

> „Dennoch sei ihr [der Dichtkunst; K.M.] gesagt, daß wir ja, wenn nur die der Lust dienende Dichtung und Nachbildnerei etwas anzuführen weiß, weshalb auch ihr ein Platz zukomme in einem wohlverwalteten Staate, sie mit Freuden aufnehmen würden, da wir es uns bewußt sind, wie auch wir von ihr angezogen werden […] solange sie aber ihre Verteidigung nicht zustande bringt, wollen wir, indem wir ihr zuhören, mit dieser Rede und diesem Zauberspruch uns selbst besprechen, aus Furcht, wieder in jene kindische und gemeine Liebe zurückzufallen, und wollen als sicher annehmen, daß man sich um diese Dichtkunst nicht ernsthaft bemühen dürfe […]“[3]

Nimmt man hinzu, dass Platon sich selbst an einer Stelle in der *Politeia* mit einem Maler vergleicht, der das Musterbild eines guten Staates zeichnet – einem Künstler also![4] – und dass sein Werk letztlich als Poesie gelesen werden will, dann lässt sich kaum bestreiten, dass bereits bei Platon und durchaus gegen das explizite Verdikt dem Ästhetischen eine philosophische Relevanz über den Bereich des Kunstschaffens hinaus zukommt. Nur: Worum handelt es sich dabei?

Erkenntnistheoretischer Kontext. Ein erstes Stück Klarheit lässt sich durch denjenigen gewinnen, der als Begründer und Namengeber der Ästhetik als einer eigenen philosophischen Disziplin gelten muss: Alexander Gottlieb Baumgarten. Baumgarten war – kurz gesagt – darum zu tun, der sinnlichen Wahrnehmung einen philosophischen Ort zu geben. Darum etabliert er die von ihm so genannte „Ästhetik“ als allgemeine Lehre von der sinnlichen Erkenntnis als eigenständige Disziplin neben der Logik – und das ist auch der ursprüngliche Sinn von Ästhetik, d.h. der Terminus steht in einem erkenntnistheoretischen Zusammenhang. Die neue Wissenschaft soll der Vervollkommnung der Erkenntnis durch systematische Ausbildung des sinnlichen Wahrnehmens dienen. Zwar bleiben Sinneswahrnehmung und Empfindung unter Leitung der Vernunft, gleichwohl werden sie als eigenständiger Bereich gefasst, als etwas zwischen den hohen Vernunftvermögen und dem dunklen Grund der Seele, wie man damals sagte. Dazu kommt: Logik hat es mit abstrakter und allgemeiner Wahrheit zu tun; Ästhetik dagegen ist das geeignete Instrumentar, um Individuelles als solches überhaupt adäquat zu fassen und so auch das Konkrete philosophisch anschlussfähig zu machen.[5] Und ein Drittes: Ästhetik hat mit der sinnenfälligen Empfindung von Welt und Natur gegenüber deren Objektivierung im kopernikanischen Denken zu tun: Der Jahreslauf der Sonne durch die Sternbilder, wie ein (unter freiem Himmel lebender) Hirte ihn wahrnehme, komme in dem vom physikalisch und mathematisch denkenden Astronomen gefassten Begriff nicht vor.[6] Und wenn ein Dichter, der in Meeresnähe wohne, sage, die

3 PLATON: Politeia. 607c-608a.

4 Vgl. PLATON: Politeia. 472d-e.

5 Vgl. BAUMGARTEN, Alexander G.: Theoretische Ästhetik. Die grundlegenden Abschnitte aus der „Aesthetica“ (1750/58). Lateinisch-Deutsch. Übers. u. hg. v. Hans Rudolf Schweizer. 2., durchges. Aufl. Hamburg 1988. §§ 559. 560. 564.

6 Vgl. BAUMGARTEN: Ästhetik (Anm. 5). § 429.

Morgenröte steige aus dem Meer hervor, dann sei das zwar verstandesmäßig genommen falsch, ästhetisch jedoch wahr, wie Baumgartens Meisterschüler Georg Friedrich Meier die Intention seines Lehrers verdeutlicht.[7] Baumgartens als umfänglich geplante *Aesthetica* sind weitgehend Fragment geblieben, aber es sind genau diese Vermittlungsmomente zwischen Sinnlichkeit und Vernunft, Abstraktion und Individuum, Empfindung und Begriff, die sein Konzept systematisch belangvoll machen. Denn mit ihnen legt er philosophische Ressourcen an, die wenige Jahrzehnte später dringend gebraucht werden. Indiz dafür: Die Ästhetik, die Baumgarten in der ersten Hälfte des 18. Jahrhunderts als Epistemologie des unteren Erkenntnisvermögens in dienender Funktion für die philosophische Wahrheitssuche entwickelt, gilt im letzten Jahrzehnt des Jahrhunderts als die Spitzendisziplin der Philosophie schlechthin.

Ältestes Systemprogramm. Für diese Entwicklung gibt es einen singulären Beleg: das berühmte so genannte *Älteste Systemprogramm des deutschen Idealismus*, das 1796 entstanden sein dürfte und dessen Urheberschaft nach wie vor umstritten ist – vor allem, ob es Hegel oder Hölderlin zuzuschreiben sei, wobei mehr für Ersteren zu sprechen scheint. Dort heißt es u.a.:

> „Ich bin nun überzeugt, daß der höchste Akt der Vernunft, der, in dem sie alle Ideen umfaßt, ein ästhetischer Akt ist und daß *Wahrheit und Güte nur in der Schönheit* verschwistert sind. Der Philosoph muß ebensoviel ästhetische Kraft besitzen als der Dichter. Die Menschen ohne ästhetischen Sinn sind Buchstabenphilosophen. Die Philosophie des Geistes ist eine ästhetische Philosophie.
>
> [...] Zu gleicher Zeit hören wir so oft, der große Haufen müsse eine *sinnliche Religion* haben. Nicht nur der große Haufen, auch der Philosoph bedarf ihrer. Monotheismus der Vernunft und des Herzens, Polytheismus der Einbildungskraft und der Kunst, dies ist's, was wir bedürfen.
>
> Zuerst werde ich hier von einer Idee sprechen, die, soviel ich weiß, noch in keines Menschen Sinn gekommen ist – wir müssen eine neue Mythologie haben, diese Mythologie aber muß im Dienste der Ideen stehen, sie muß eine Mythologie der *Vernunft* werden.
>
> Ehe wir die Ideen ästhetisch, d.h. mythologisch machen, haben sie für das *Volk* kein Interesse; und umgekehrt, ehe die Mythologie vernünftig ist, muß sich der Philosoph ihrer schämen. So müssen endlich Aufgeklärte und Unaufgeklärte sich die Hand reichen, die Mythologie muß philosophisch werden und das Volk vernünftig, und die Philosophie muß mythologisch werden, um die Philosophen sinnlich zu machen. Dann herrscht ewige Einheit unter uns [...]. Dann herrscht allgemeine Freiheit und Gleichheit der Geister!“[8]

7 Vgl. MEIER, Georg F.: Anfangsgründe aller schönen Wissenschaften. Bd. 1. 2. Aufl. Halle 1754. § 91.

8 HEGEL, Georg W.F.: Das älteste Systemprogramm des deutschen Idealismus. In: DERS.: Werke in 20 Bdn. Bd. 1: Frühe Schriften. Frankfurt a.M. 1971. 234-236. Hier 235-236.

Versöhnung und Einheit. Über dieses Manifest wäre weiß Gott viel zu sagen, nicht nur über die darin auftretende Idee einer neuen Volksreligion, die mit den Revolutionsidealen von 1789 verknüpft ist, wie der Schluss der zitierten Passage unüberhörbar verrät. Mindestens ebenso spannend nimmt sich aus, dass es in dem Riesenwerk des Regensburger Bischofs Johann Michael Sailer Anweisungen zum rechten Predigen gibt, die wie eine orthodoxe Version des *Systemprogramms* klingen und ziemlich zeitgleich zu diesem entstanden sein dürften (wobei zu den Stärken Sailers gehörte, sich mit den intellektuellen Zeitgenossen intensiv auseinanderzusetzen, dies aber alles nur nebenher).[9] Im jetzigen Zusammenhang möchte ich nur besonders darauf hinweisen, wie das *Systemprogramm* geradezu pathetisch vom Gedanken der Einheit durchherrscht wird. Denn genau damit sind wir jetzt bis zu dem Punkt vorgestoßen, von dem her begreiflich wird, warum gerade an dieser Stelle unserer Überlegungen Grundfragen der Ästhetik aufzugreifen sind.

Reaktion auf Kant. Die Ästhetik im Baumgartenschen Sinne schoss nämlich deswegen binnen kurzer Zeit vom Status einer Hilfswissenschaft zur philosophischen Spitzendisziplin hoch, weil sie eine Problemkomplexion zu lösen versprach, die sich in geradezu bedrängender Weise aufgebaut hatte. Der Urheber des Ganzen: kein anderer als Kant.

Der Königsberger hatte die theoretische Vernunft kopernikanisch gewendet, die praktische Vernunft in vergleichbarer Weise auf eine neue Grundlage gestellt und der philosophischen Theologie eine gänzlich neue Gestalt – nämlich die einer Moraltheologie statt einer Metaphysik – gegeben. (↖ Bd. 1, Kap. 10.6; ↗ Bd. 3, Teil C, Kap. 8) Trotz (oder vielleicht: gerade wegen) seiner grundstürzenden Leistungen waren in Kants Denken Lücken geblieben, die bereits die Zeitgenossen entdeckten und bei allem Respekt veranlassten, mit Kantischen Mitteln gegen Kant über Kant hinauszukommen. Im Wesentlichen handelt es sich um drei Problemüberhänge:

(a) Anschauung und Denken. Zum einen geht es um das Verhältnis von Anschauung und Denken. Nur durch eine Synthese beider Momente kann Erkenntnis zustande kommen, sofern Anschauung ohne Begriffe blind, Begriffe – also Denken – ohne Anschauung leer seien, wie Kant einmal treffend formuliert.[10] Nur: dass verschiedene Faktoren eins sein können, setzt eine Dimension ursprünglicher Einheit voraus, wie Kant selbst gesehen hat, ohne diese Quelle aller

[9] Vgl. dazu MÜLLER, Klaus: Homiletik. Ein Handbuch für kritische Zeiten. Regensburg 1994. 162-163. Dort auch Quellenhinweise.

[10] Vgl. KANT, Immanuel: Kritik der reinen Vernunft (2. Aufl. 1787). In: DERS.: Kant's gesammelte Schriften. Hg. v. der Königlich Preußischen Akademie der Wissenschaften. Bd. III. Berlin 1911. 75.

Einheit je auf klare Weise zu benennen. Karl Leonhard Reinhold – übrigens einer der ganz wenigen an diesen Diskussionen Beteiligten, der katholischer Herkunft war – hat dabei in einer Weise über Kant hinausgeführt, die man als unmittelbare Vorbereitung dessen begreifen kann, was Fichte dann ins Werk setzen sollte.

(b) Einheit der Vernunft. Eine zweite Frage, die Kant unbeantwortet ließ, war die nach dem Verhältnis bzw. nach der Einheit von theoretischer und praktischer Vernunft. Welch fundamentale Rolle in seinem Konzept die Verlagerung der metaphysischen Frage aus der Perspektive der theoretischen in die der praktischen Vernunft spielt, hat uns schon hinlänglich beschäftigt. Nur: Ebenso klar ist, dass eine solche Operation – kantisch gesprochen – die Bedingung ihrer Möglichkeit darin hat, dass beide Dimensionen in einem Zusammenhang stehen, der diese Verlagerung erlaubt. Dazu jedoch findet sich bei Kant kein Wort.

(c) Subjekt und Objekt. Die dritte Lücke hat Kant an einer Stelle gelassen, wo man das auf den ersten Blick gar nicht vermuten möchte, nämlich in der Frage des Verhältnisses von Subjekt und Objekt. Und es ist zugleich die gravierendste Lücke in seinem Konzept: Einerseits besteht ja die sprichwörtlich gewordene „kopernikanische Wendung" des kantischen Denkens darin, dass sich die Gegenstände nach der Erkenntnis richten müssen, wie er pointiert im Vorwort zur zweiten Auflage der *Kritik der reinen Vernunft* schreibt.[11] Zugleich aber bleibt diese buchstäbliche Re-Volution konterkariert von einer konstitutiven Rezeptivität des erkennenden Subjekts: Es ist für alles Erkennen auf Erfahrung angewiesen. Beide Züge zusammengenommen führen dazu, dass das Erkennen nur bis zur Erscheinung der Dinge kommt, also dazu, wie sie sich ihm unter den von ihm selbst ins Spiel gebrachten Bedingungen zeigen – aber nicht, wie sie an sich sind. Was aber wird unter dieser Voraussetzung in der Erkenntnis erkannt? Um es etwas drastisch zu sagen: Der Begriff des Objekts verliert seinen wohlbestimmten Sinn. Und was sich noch verblüffender ausnimmt – dem Begriff des Subjekts geht es genauso: Wäre das Subjekt eine erfahrungstranszendente Realität, wäre es wegen der Beschränkung möglicher Erkenntnis auf den Bereich möglicher Erfahrung nicht erkennbar. Handelte es sich um etwas Empirisches, erreichte unser Erkennen von ihm – siehe oben – nur seine Erscheinung für sich. Wird es als rein formale Möglichkeitsbedingung von Erkenntnis vorausgesetzt, lässt sich von ihm selbst überhaupt nichts Bestimmtes mehr sagen – außer dass es ein Subjekt geben muss, wenn es so etwas wie Erkenntnis geben soll. Was einem ersten Blick nachgerade unglaublich erscheinen mag, trifft in der Tat zu: Die Ele-

[11] Vgl. KANT: Kritik der reinen Vernunft (Anm. 10). 11-12.

mentarbegriffe der kopernikanischen Wende sind bei Kant ungeklärt geblieben.

Doppeltes Absolutheitsproblem. Für die Generation nach ihm verbindet sich die Entdeckung ebendieser Lücken bei Kant auf engste Weise mit einer theologischen Herausforderung: Theologisch steht nämlich mit der Kritik der traditionellen Metaphysik, wie sie seit Beginn der Neuzeit geübt wird und in Kant zu ihrem Höhepunkt kommt, die Frage nach einem angemessenen Gedanken vom Absoluten im Raum. Gleichzeitig sind da auch die eben umschriebenen Lücken im Fundament der kantischen Konzeption. Korrigieren lassen diese sich letztlich nur, wenn es einen Ausweg aus der Befangenheit alles Erkennens in Erfahrung und Erscheinung gibt. Sollte es einen solchen Ausweg geben, dann kann er nur mit einem nicht nochmals hintergehbaren, also einem absoluten – wörtlich übersetzt: von allen Bedingungen unabhängigen – Wissen zu tun haben. Nach Kant – das ist genauso klar – kann eine solche Geltungsquelle nur noch auf Seiten des Subjekts gesucht werden. Also muss die Subjektinstanz daraufhin untersucht werden, inwiefern sie etwas Absolutes impliziert. Tut sie das aber wirklich, folgt daraus nicht nur, dass Erkenntnis möglich ist, die den Erscheinungsbereich überschreitet und zu den Dingen an sich kommt. Vielmehr greift dieses Resultat – wenn es denn eintritt – zugleich auf die erstgenannte theologische Dimension unmittelbar über. Denn wenn im Rahmen der Erkenntnisproblematik etwas Absolutes ins Spiel kommt, betrifft das notwendig auch die theologische Absolutheitsfrage. Der Grund dafür ist verblüffend einfach: Wenn es etwas Absolutes gibt, dann gibt es nur Eines. Zwei Absolute nebeneinander sind nicht denkbar. Sie müssen, wenn dieses Phänomen auftritt, entweder eines das andere implizieren oder schlichtweg identisch sein. Anders gesagt: Nachkantisch kommt es zu einem Ineinandergleiten der theologisch wie gleichermaßen erkenntnistheoretisch heraufbeschworenen Absolutheitsfrage. Wie im Fall kommunizierender Röhren hat, was in einem Bereich geschah, den anderen unmittelbar beeinflusst.

Nochmals Systemprogramm. Im Rückblick wird es nicht schwer fallen, die vorhin zitierten Passagen aus dem *Ältesten Systemprogramm* als direkten Reflex auf diese Lücken im kantischen Denken einschließlich ihrer theologischen Implikationen zu identifizieren. Die fundamentalste – wenn auch nicht einmal auffälligste – dieser Lücken ist ohne Zweifel die an zweiter Stelle genannte, also die Unklarheit hinsichtlich des Zusammenhanges zwischen theoretischer und praktischer Vernunft – und mit diesem Zusammenhang steht und fällt schließlich die gesamte kantische Philosophie, sofern ihr Spezifikum ja gerade darin besteht, die – auch aus der Sicht Kants – großen Fragen der Philosophie aus der theoretischen in die praktische Vernunft zu verlagern und damit für die Philosophie ein Theoriedesign zu gewinnen, das wissenschaftlichen Ansprüchen genügt.

Es ist genau dieses Problem des Zusammenhangs von theoretischer und praktischer Vernunft, das so etwas wie das Gravitationszentrum des *Ältesten Systemprogramms* bildet, weil von diesem Zusammenhang letztlich die Möglichkeit einer einheitlichen Welt- und Selbstbeschreibung abhängt. Und die Antwort des *Systemprogramms* auf die Frage nach dem, was für diesen alles entscheidenden Zusammenhang aufkommt:

> „Zuletzt die Idee, die alle [sc. Ideen; K.M.] vereinigt, die Idee der *Schönheit* [... und dann folgt der Satz, den ich vorhin schon einmal zitierte]. Ich bin nun überzeugt, daß der höchste Akt der Vernunft, der, in dem sie alle Ideen umfaßt, ein ästhetischer Akt ist und daß *Wahrheit und Güte nur in der Schönheit* verschwistert sind.“[12]

Das ist die Antwort auf die Frage nach dem Zusammenhang der Vernunftdimensionen: „Wahrheit und Güte“, also reine (theoretische) und praktische Vernunft bzw. Erkenntnistheorie und Ethik, sind in der „Schönheit“, also der Ästhetik, „verschwistert“, d. h. verbunden und zur Einheit gebracht.

Schellings Einlösung. Nun hat genau diese These aus dem *Ältesten Systemprogramm* sozusagen zu ihrer Zeit bereits eine Durchführung erfahren. Friedrich Wilhelm Joseph Schelling nämlich füllt Kants zweite Lücke – die der Vermittlung von theoretischer und praktischer Vernunft – im Rückgriff auf ihrerseits weitgehend kantische, zum Teil auch fichtesche Mittel dadurch, dass er das Doppel beider Vernunftperspektiven um die Dimension der Kunst erweitert. Das Phänomen der Kunst als solches hatte auch schon Kant aufgegriffen, seine präzise systematische Verortung und damit auch konsequente Durchführung im Ganzen einer vollständigen Vernunftanalyse muss Schelling zugeschrieben werden.

Das Paradigma der Kunst. Weshalb gerade das durch Kunst repräsentierte Phänomen der Ästhetik als Vermittlung von theoretischer und praktischer Vernunft fungieren kann, wird am einfachsten an folgender systematischer Überlegung klar: In der Wahrnehmung von Schönem geschieht etwas ganz und gar Praktisches, nämlich ein Angezogen-, ja ein In-Bann-geschlagen-Werden, also Bestimmt-Werden des Subjekts in Gestalt von etwas ganz und gar Theoretischem, nämlich der Betrachtung – also wörtlich Theorie – von eben dem, das mich da beansprucht. Im ästhetischen Ereignis erleben wir Subjektives als ganz und gar objektiv, weil die Faszination durch das Schöne nicht erzeugt werden kann – wie wir zugleich Objektives als ganz und gar subjektiv erleben, sofern das ästhetische Erleben durch

[12] HEGEL: Systemprogramm (Anm. 8). 235.

keinerlei Begriffsarbeit eingeholt, geschweige denn ausgeschöpft werden kann.

Problemüberhang. Gleichwohl ist damit noch keineswegs der Kern dessen erreicht, wodurch Ästhetik den Zusammenhang zwischen theoretischer und praktischer Vernunft herstellt – weshalb Schelling unbeschadet seiner diesbezüglichen Leistung auch durchaus dem bis heute gängigen, vorausgehend jedoch als defizitär analysierten Verständnis der Ästhetik als Philosophie der Kunst verhaftet blieb. Wirkliche systematische Einheit zwischen beiden Vernunftdimensionen wäre erst dann gegeben, wenn sich zeigen ließe, wie beide aus der Ästhetik im ursprünglichen Sinn von Wahrnehmung und Empfindung sozusagen als ihrem gemeinsamen Grund hervorgehen. Genau dies ist auch möglich und soll im nächsten Schritt zur Durchführung kommen – und zwar unter dem Titel:

9.2 Aisthesis, Wahrheit und Ethik

Kantische Ressourcen. Was es nachfolgend systematisch zu entwickeln gilt, stellt einen Paradefall dessen dar, was ich vorausgehend mit der Formel zu fassen suchte, schon Kants Zeitgenossen hätten sich daran gemacht, dessen philosophischen Neuansatz mit kantischen Mitteln gegen seinen Urheber fortzuschreiben. Denn die Mittel zu einer Klärung der Frage des Zusammenhangs von theoretischer und praktischer Vernunft aus Ressourcen der Ästhetik liegen bei Kant selbst bereit – und zwar nicht erst in der *Kritik der Urteilskraft* von 1790, die gemeinhin als das einschlägige Werk des Königsbergers zur Ästhetik gilt, sondern bereits weit früher: nämlich in der *Kritik der reinen Vernunft* von 1781, deren erstes Sachkapitel nach der umfänglichen Einleitung mit „Die transzendentale Ästhetik" betitelt ist. In diesem Abschnitt analysiert Kant die elementarsten Bedingungen dafür, dass wir überhaupt Erfahrungen machen und also etwas erkennen können. Und es sind ästhetische Bedingungen, nämlich: Raum und Zeit als Formen der Anschauung, d.h. als Instrument des Verstandes, mit dessen Hilfe eine erste – nämlich spatio-temporale – Ordnung in die auf unsere Sinne einstürmenden Empfindungen gebracht wird:

> „Was sind nun Raum und Zeit? Sind es wirkliche Wesen? Sind es zwar nur Bestimmungen oder auch Verhältnisse der Dinge, aber doch solche, welche ihnen auch an sich zukommen würden, wenn sie auch nicht angeschaut würden, oder sind sie solche, die nur an der Form der Anschauung allein haften und mithin an der subjectiven Beschaffenheit unseres Gemüths, ohne welche diese Prädicate gar keinem Dinge beigelegt werden können? Um uns hierüber zu belehren, wollen wir zuerst den Begriff des Raumes erörtern. [...]
> 1) Der Raum ist kein empirischer Begriff, der von äußeren Erfahrungen abgezogen worden. Denn damit gewisse Empfindungen auf etwas außer mir bezogen werden (d.i. auf etwas in einem andern Orte des Raumes, als drin ich mich befinde), imgleichen damit ich sie als außer und neben einander, mithin nicht bloß verschieden, sondern als in verschiedenen Orten vorstellen könne, dazu muß die Vorstellung des Raumes schon zum Grunde liegen. Demnach kann die Vorstellung des Raumes nicht aus den Verhältnissen der äußern Erscheinung durch Erfahrung erborgt sein, sondern diese äußere Erfahrung ist selbst nur durch gedachte Vorstellung allererst möglich.
> 2) Der Raum ist eine nothwendige Vorstellung a priori, die allen äußeren Anschauungen zum Grunde liegt. Man kann sich niemals eine Vorstellung davon machen, daß kein Raum sei, ob man sich gleich ganz wohl denken kann, daß keine Gegenstände darin angetroffen werden. Er wird also als die Bedingung der Möglichkeit der Erscheinungen und nicht als eine von ihnen abhängende Bestimmung angesehen und ist eine Vorstellung a priori, die nothwendiger Weise äußeren Erscheinungen zum Grunde liegt."[13]

[13] KANT: Kritik der reinen Vernunft (Anm. 10). 52-53.

Und ähnlich verhält es sich mit der Zeit. Beide zusammen – Raum und Zeit – als reine Formen der Anschauung eröffnen sozusagen die Bühne, auf der Wahrnehmungen auftreten können. Insofern leuchtet spontan ein, dass Erkenntnis – und also theoretische Vernunft – in der Tat ihre Wurzeln in der Aisthesis, also der Sinneswahrnehmung hat.

Damit ist freilich noch nicht die Pointe dieses Ansatzes zur Geltung gebracht. Besteht diese doch darin, dass dieses Ästhetische etwas ist, das in der Vernunftstruktur des Subjekts wurzelt. Oder anders gesagt: Das sinnlich Wahrgenommene wird nicht einfach als es selbst entgegengenommen, sondern kraft der reinen Anschauungsformen überhaupt erst konstituiert, d.h. Wahrnehmung ist von Wesen poetisch, fiktional – was Kant auch ausdrücklich macht, indem er mehrfach von der transzendentalen Idealität der reinen Anschauungsformen spricht, etwa so:

> „Wir behaupten also die empirische Realität des Raumes (in Ansehung aller möglichen äußeren Erfahrung), obzwar die transzendentale Idealität desselben, d.i. daß er Nichts sei, so bald wir die Bedingung der Möglichkeit aller Erfahrung weglassen und ihn als etwas, was den Dingen an sich selbst zum Grunde liegt, annehmen.“[14]

An anderer Stelle bezeichnet er die Vernunftbegriffe – also Gott, Welt, Unsterblichkeit der Seele – als „heuristische Fictionen“[15], nicht um zu sagen, dass sie Spintisiererei wären, sondern etwas, das einerseits über keinen erfahrungsmäßigen Anhalt verfügt, andererseits gleichwohl als Gedanke oder Idee der Vernunft aus ihrer eigenen Logik buchstäblich aufgezwungen werde.

Ästhetische Wurzel des Erkennens. Jedenfalls bleibt festzuhalten, dass Kant seine kopernikanisch gewendete Erkenntnistheorie von Anfang an ästhetisch fundiert hat – „ästhetisch“ in dem Sinn, dass alles Erkennen und damit auch Wissen, Wahrheit und Wissenschaft in einem ästhetisch-poetischen Akt einer Gestaltung seitens des Subjekts wurzeln. Dieser Sinn von Ästhetik bleibt auch in Kants *Kritik der Urteilskraft* gewahrt, die zentral dem Problem des Geschmacksurteils gewidmet ist. Ja mehr noch: Die ästhetische Lust gilt ihm als Folge jener Harmonie der Erkenntnisvermögen, ohne die es überhaupt keine Erkenntnis gebe, so dass das Geschmacksurteil gleichsam die Elementarform von Erkenntnisurteilen überhaupt repräsentiert:

> „Die subjective allgemeine Mittheilbarkeit der Vorstellungsart in einem Geschmacksurtheile, da sie, ohne einen bestimmten Begriff vorauszusetzen, Statt finden soll, kann nichts anders als der Gemüthszustand in dem freien Spiele der Einbildungskraft und des Verstandes (sofern sie unter einander, wie es zu einem Erkenntnisse überhaupt erforderlich ist, zusammen stimmen) sein, indem wir uns bewußt sind, daß dieses zum Er-

[14] KANT, Immanuel: Kritik der reinen Vernunft (Anm. 10). 56.
[15] KANT, Immanuel: Kritik der reinen Vernunft (Anm. 10). 503.

kenntniß überhaupt schickliche subjective Verhältnis eben so wohl für jedermann gelten und folglich allgemein mittheilbar sein müsse, als es eine jede bestimmte Erkenntniß ist, die doch immer auf jenem Verhältniß als subjectiver Bedingung ruht."[16]

Das bedeutet, um es nochmals zu wiederholen: Geschmacksurteile können deswegen Geltungsansprüche erheben, weil und insofern sie die Grundform von Erkenntnisurteilen verkörpern. Umgekehrt aber heißt das: Jedes mögliche Urteil impliziert einen ästhetischen Akt, sofern es kein Urteil ohne ein Moment des Zusammenstimmens – also der Harmonie – von Sinnlichkeit und Begriffsinstrumentar geben kann, das aber seinerseits nur ästhetisch (und nicht nochmals begrifflich) zur Geltung kommt. Alle Erkenntnis führt so von ihrer Abkunft her ein ästhetisches Kernmoment mit sich. Im nächsten Schritt werden wir der Frage nachzugehen haben, inwiefern die kantische Ästhetisierung des Erkenntnisproblems Radikalisierungen zulässt, die das kantische Projekt als solches geradezu dementieren und gerade heute von weitreichender Bedeutung sind.

Ästhetische Wurzeln der Ethik. Zuvor aber haben wir noch den zweiten Teil der Aufgabe einzulösen, die uns das *Älteste Systemprogramm* mit dem Wink gestellt hatte, Wahrheit und Güte seien in der Schönheit verschwistert – dass also die Einheit von theoretischer und praktischer Vernunft, von Erkenntnistheorie und Ethik in der Ästhetik zu suchen sei. Soll das tatsächlich der Fall sein, dann müsste sich jetzt – nach der Aufdeckung der substanziellen Verwurzelung aller Erkenntnis im Ästhetischen – Vergleichbares für den Bereich der praktischen Vernunft ausmachen lassen. In Frageform gebracht: Lässt sich zeigen, dass auch die elementaren Charakteristika der Ethik aus dem Ästhetischen hervorgehen?

Anfängliches Spannungsverhältnis. Eingangs unserer Überlegungen zur Ästhetik war von einem generellen philosophischen Vorbehalt gegen diese seitens der Philosophie die Rede, wie ihn namentlich Platon – freilich (wie gezeigt) in seltsamer Brechung – geltend macht. Unerachtet der Nähe, die mit Platon auch ein Aristoteles und später ein Thomas von Aquin zwischen dem Philosophen und dem Dichter walten sehen, weil beide es mit dem Staunenswerten zu tun hätten[17], hielt sich gleichwohl jene abwertende Linie genauso durch: So zitiert der Aquinate etwa das bereits auf ihn als unvordenkliches Sprichwort gekommene Diktum, dass die Dichter allermeistens Lügner seien.[18]

[16] KANT, Immanuel: Kritik der Urteilskraft. In: DERS.: Kant's gesammelte Schriften. Hg. v. der Königlich Preußischen Akademie der Wissenschaften. Bd. V. Berlin 1913. 165-485. Hier 217-218.

[17] Vgl. PIEPER, Josef: Schriften zum Philosophiebegriff. In: DERS.: Schriften zum Philosophiebegriff. Werke in acht Bänden. Hg. v. Berthold Wald. Bd. 3. Hamburg 1995.

[18] Vgl. THOMAS VON AQUIN: In Met. L. I, l. 1. Nr. 63.

Auf ganz spezielle Weise äußerte sich das Spannungsverhältnis zwischen Philosophie und Ästhetik dort, wo Letztere in den Umkreis ethischer Reflexionen trat. Um nochmals auf Platons *Politeia* zurückzukommen. Gleich zu Beginn des 10. Buches heißt es dort:

> „Um es nur zu euch zu sagen, denn ihr werdet mich doch nicht anzeigen bei den Tragödiendichtern und den übrigen Darstellenden insgesamt, mir scheint dergleichen alles ein Verderb zu sein für die Seelen der Zuhörer, soweit sie nicht das Heilmittel besitzen, daß sie wissen, wie sich die Dinge in der Wirklichkeit verhalten."[19]

Will sagen: das Ästhetische als sittliche Gefahr, als etwas, das darum durch ethische Regelung an die Kandare zu legen sei. Und dies ist auch die vorherrschende Meinung der abendländisch-christlichen Traditionen – übrigens nicht selten mit Bezug auf die Trias „Schönheit", „Frau" und „Sünde": Der einschlägigen Evas-Bilder ist Legion, oder etwa Signorellis Gerichtsgemälde im Dom von Orvieto: Da packen Teufelsgesellen langmähnig-blonde Sünderinnen im Evas-Kostüm mit einer Figur, dass selbst dem hormondürftigsten Mannsbild noch dämmern muss, was das Sündigen doch für eine tolle Sache wäre. Und nicht zu reden von der ästhetischen Bearbeitung der Gestalt der Maria von Magdala: Gegen jeden biblischen Anhalt seit je mit Huren-Image ausgestattet und entsprechend ins Bild gesetzt, schon früh und typisch übrigens mit knöchellanger roter, welliger Haarpracht als einzigem Kleidungsstück.

Modernes Nebeneinander. Neuzeitlich ist an die Stelle dieses Gegensatzes von Ästhetik und Ethik samt der häufig – wie eben angedeutet – ambivalenten Domestizierung der Ersteren ein Nebeneinander beider Bereiche getreten: Ethik und Ästhetik als autonome Disziplinsektoren. Gegenwärtig wird auch diese Verhältnisbestimmung wieder revidiert. Publikationen mit einem „und" zwischen „Ethik" und „Ästhetik" im Titel häufen sich. In bestimmten Theoriezusammenhängen wird beides in eine weitreichende Interdependenz gesetzt, die beide Seiten verwandelt. Auch darauf wird im nächsten Schritt noch eigens zurückzukommen sein. Hier soll uns vorerst nur die Frage beschäftigen, ob und inwiefern Ethisches aus dem Ästhetischen im eigentlichen – also auf Wahrnehmung und Empfinden abgestellten – Sinn des Wortes hervorgeht und damit ein einheitlicher Wurzelgrund und mit ihm ein systematischer Zusammenhang von theoretischer und praktischer Vernunft ausgewiesen wäre.

Es sind im Wesentlichen zwei Formstrukturen des Ästhetischen, die sich für den Gedanken eines Hervorgangs des Ethischen aus dem Ästhetischen in Anspruch nehmen lassen:

[19] PLATON: Politeia. 595b.

9.21 Formstruktur I: Empfindung und Geschmack oder Friedrich Schiller

Empfinden und Wahrnehmen. Die erste dieser Formstrukturen manifestiert sich als eine interne Dynamik innerhalb dessen, was ich vorausgehend Basisschicht des Ästhetischen genannt habe, also innerhalb der Aisthesis im ursprünglichen Doppelsinn von Empfindung und Wahrnehmung. Letzterer – der Wahrnehmung – ist um das Erkennen von sinnlichen Qualitäten zu tun, die Empfindung hat es mit der Lust oder Unlust an Sinnlichem zu tun. Die Empfindung zeichnet dabei eine Unmittelbarkeit aus, die daher rührt, dass die Empfindung der Vitalitätsdimension des Menschen zugehört, in der auch darüber entschieden wird, ob etwas, das sich darbietet, dem eigenen Dasein zuträglich oder abträglich ist. Einige unserer Sinne sind dabei dieser Unmittelbarkeit des Empfindens direkt zugeordnet – z.B. das Schmecken und Tasten –, andere wie etwa das Sehen vermögen sich auch auf weniger Unmittelbares, also Entfernteres zu richten, und genau in dieser funktionalen Differenz innerhalb des Sinnesspektrums tut sich der Unterschied von Empfinden und Wahrnehmen auf. Die Aisthesis beim Betasten eines Krokodils ist eben eine ganz andere als beim Sehen eines Krokodils aus der Ferne oder selbst auch nur 20cm entfernt von mir hinter der Panzerglasscheibe des zoologischen Gartens. Im Vollsinn realisiert sich das Wahrnehmen durch Konzentration auf die Erkenntnis eines Phänomens unabhängig von den Empfindungen, die es zu wecken vermag. So bildet sich „reines“ Wahrnehmen aus.

Reflexiv werden. Nun lässt aber dieses Auseinandertreten des ursprünglichen Doppelsinnes von Aisthesis und die Ausbildung des reinen Wahrnehmens auch den anderen Teil – das Empfinden – nicht unberührt. Auch es faltet sich sozusagen weiter aus in Richtung einer „reineren“ Empfindung im Sinn von „weniger vital, lust- und interessegeleitet.“ Es entsteht eine reflexive Lust in Gestalt von Wohlgefallen oder Missfallen an etwas, welche dadurch geweckt werden, dass etwas als schön, harmonisch oder als hässlich und disproportioniert empfunden wird. Kant kennt darum neben dem „Sinnen-Geschmack“ den „Reflexions-Geschmack.“[20]

Normatives Moment. Interessanterweise stehen nun Empfindung und Wahrnehmung einerseits, die beiden Dimensionen von Empfindung andererseits in der klassischen Ästhetik nicht einfach additiv nebeneinander. Vielmehr werden sie von Anfang an dynamisch einander zugeordnet: Empfindung soll auf Wahrnehmung hin überschritten, also von der vital-lustbetonten Komponente freige-

[20] KANT: Kritik der Urteilskraft (Anm. 16). 214.

macht werden; und: reine Empfindung im Sinn des Reflexions-Geschmacks ist erstrebenswerter als die sinnliche Empfindung. Soeben war von „soll" und „erstrebenswert" die Rede: Beide Termini markieren das Hervortreten eines ethischen Moments innerhalb des Ästhetischen selbst, wobei freilich bereits dem unmittelbar-sinnlichen Empfinden ein solcher Zug insofern eignet, als das vitale empfindungsmäßige Reagieren ja im Kern mit nichts anderem zu tun hat als mit der Aufgabe einer rechten Lebensführung, also dem, was zuträglich ist und der Selbsterhaltung dient. Worin wurzelt aber dieses doppelte Gefälle des Ästhetischen? Die Antwort darauf muss etwas ausgreifen. Der Konnex von unmittelbarem Empfinden und Lebensförderung ist auch den Tieren eigen – was im Umkehrschluss heißt: Das Auseinandertreten von beidem und damit die interne Dynamik des Ästhetischen hat mit dem Spezifikum des Menschen zu tun. Eine Passage aus Aristoteles' *Politik* gibt diesbezüglich ein paar interessante Winke. Beim Stagiriten heißt es:

> „Der Mensch ist aber das einzige Lebewesen, das Sprache besitzt. Die Stimme zeigt Schmerz und Lust an und ist darum auch den andern Lebewesen eigen (denn bis zu diesem Punkte ist ihre Natur gelangt, dass sie Schmerz und Lust wahrnehmen und dies einander anzeigen können); die Sprache dagegen dient dazu, das Nützliche und Schädliche mitzuteilen und so auch das Gerechte und Ungerechte. Dies ist nämlich im Gegensatz zu den andern Lebewesen dem Menschen eigentümlich, dass er allein die Wahrnehmung des Guten und Schlechten, des Gerechten und Ungerechten und so weiter besitzt. Die Gemeinschaft in diesen Dingen schafft das Haus und den Staat."[21]

Anthropologische Fundierung. Offenkundig sieht Aristoteles die Überwindung des animalischen Reiz-Reaktions-Schemas in engstem Zusammenhang mit der Fähigkeit zur Sprache. Auf unsere Frage ethischer Implikationen des Ästhetischen umgelegt folgt daraus: Durch Sprache wird die Ebene der unmittelbar-vitalen Empfindung und ihre rudimentäre Ethizität auf explizite und elaborierte Ethik hin überschritten. Sie erlaubt die Benennung und Kommunikation dessen, was nützlich und schädlich, gerecht und ungerecht ist, und ermöglicht dadurch Familie und Staatswesen. Mensch kann der Mensch nur werden, wenn er die unmittelbar-vitale Aisthesis qua Empfinden überschreitet auf ein „höheres" ethisches Niveau hin. Ästhetisch korrespondiert dem reines Wahrnehmen und Reflexions-Geschmack. Die interne Dynamik des Ästhetischen ist anthropologisch fundiert.

Ambivalente Asymmetrie. Innerhalb der klassischen Ästhetik als philosophischer Disziplin hat es diese Formstruktur zu nachgerade monopolistischer Dominanz gebracht. Entgegen dem, was Baumgarten als Begründer der philosophischen Ästhetik eigentlich beabsichtig-

21 ARISTOTELES: Politik. 1253a, 9-18.

te – nämlich die Etablierung eines Eigenrechts der sinnlichen Erkenntnis –, konzipiert bereits sein Schüler Georg Friedrich Meier Ästhetik auf dem Hintergrund dieses Aufstiegsschemas mehr oder weniger ausschließlich als Instrument zur Domestizierung der Sinne. Sonst hätte er auch nicht die sinnlichen Erkenntnisvermögen als „Pöbel der Seele“[22] titulieren können. Was natürlich auch bedeutet: Die Explikation dieses binnenästhetischen ethischen Moments fällt ausgesprochen ambivalent aus, um nicht zu sagen: Es tendiert dazu, das originäre Spezifikum des Ästhetischen zu paralysieren.

Paradefall F. Schiller. Den fundamentalen ethischen Charakter und Anspruch dieser binnenästhetischen Ausdifferenzierung von Empfindung und Wahrnehmen einerseits, Sinnen- und Reflexionsgeschmack andererseits samt ihrer ambivalenten Konsequenz dokumentiert drastisch einer, der gemeinhin als normativer Repräsentant klassischer Ästhetik gilt: Friedrich Schiller. In seiner berühmten Schrift *Über die ästhetische Erziehung des Menschen in einer Reihe von Briefen* von 1795 (teils hervorgegangen aus wirklichen Briefen an Herzog Friedrich-Christian von Schleswig-Holstein-Augustenburg) war ihm der Absicht nach durchaus um eine Ausformung menschlichen Empfindungsvermögens und Vermittlung von Sinneserkenntnis und Vernunft zu tun gewesen. Anders freilich die Durchführung: Sie artikuliert sich in Gestalt einer radikalen Unterwerfung alles unmittelbar Sinnlichen und Materiellen zugunsten des ästhetischen Niveaus im Sinn des Reflexions-Geschmacks. Schiller wörtlich im 23. Brief:

> „Durch die ästhetische Gemütsstimmung wird [...] die Selbsttätigkeit der Vernunft schon auf dem Felde der Sinnlichkeit eröffnet, die Macht der Empfindung schon innerhalb ihrer eigenen Grenzen gebrochen und der physische Mensch so weit veredelt, daß nunmehr der geistige sich nach Gesetzen der Freiheit aus demselben bloß zu entwickeln braucht. Der Schritt von dem ästhetischen Zustand zu dem logischen und moralischen (von der Schönheit zur Wahrheit und zur Pflicht) ist daher unendlich leichter, als der Schritt von dem physischen Zustande zu dem ästhetischen (von dem bloßen blinden Leben zur Form) war. Jenen Schritt kann der Mensch durch seine bloße Freiheit vollbringen, da er sich bloß zu nehmen, und nicht zu geben, bloß seine Natur zu vereinzeln, nicht zu erweitern braucht; der ästhetisch gestimmte Mensch wird allgemein gültig urteilen und allgemein gültig handeln, sobald er es wollen wird. Den Schritt von der rohen Materie zur Schönheit, wo eine ganz neue Tätigkeit in ihm eröffnet werden soll, muß die Natur ihm erleichtern, und sein Wille kann über eine Stimmung nichts gebieten, die ja dem Willen selbst erst das Dasein gibt. Um den ästhetischen Menschen zur Einsicht und großen Gesinnungen zu führen, darf man ihm weiter nichts als wichtige Anlässe geben; um von dem sinnlichen Menschen eben das zu erhalten, muß man erst seine Natur verändern. Bei jenem braucht es oft nichts als die Aufforderung einer erhabenen Situation (die am unmittelbarsten auf das Willensvermögen wirkt), um ihn zum Held

[22] MEIER: Anfangsgründe (Anm. 7). § 22. 36.

und zum Weisen zu machen; diesen muß man erst unter einen andern Himmel versetzen.
Es gehört also zu den wichtigsten Aufgaben der Kultur, den Menschen auch schon in seinem bloß physischen Leben der Form zu unterwerfen und ihn, so weit das Reich der Schönheit nur immer reichen kann, ästhetisch zu machen, weil nur aus dem ästhetischen, nicht aber aus dem physischen Zustande der moralische sich entwickeln kann.“[23]

Klassisches Brevier. Diese Passage bietet geradezu ein Summary der klassischen Ästhetik und ihrer ethischen Dimension. Stellen wir uns die wichtigsten Elemente nochmals kurz in genetischer Ordnung vor Augen:

- Das bloß physische – also auch das auf Reiz und Reaktion – beschränkte Leben weiß nichts von Schönheit, Wahrheit und Moral.
- Kultur – gemeint ist primär: Kunst – versetzt den physischen Menschen unter einen anderen Himmel, will sagen: In der Begegnung mit dem Schönen tut sich ein völlig neuer Horizont auf, eine Verweisungskraft und Durchsichtigkeit des Sinnlichen, die verrät, dass auch schon mitten in der Materie Geist und Sinn präsent zu sein vermögen.
- Ist der Mensch durch die Begegnung mit dem Schönen darauf aufmerksam geworden und also ästhetisch gestimmt, so ist dadurch die unmittelbar-vitale Empfindung bereits – man beachte Schillers Wortwahl! – „innerhalb ihrer eigenen Grenzen gebrochen.“
- Gleichfalls bemerkenswert: Das ästhetische Gestimmtwerden, wodurch die physische Ebene überschritten wird, widerfährt dem Menschen auf eine Weise, die seinem Willen entzogen ist, d.h. er erleidet sie. Und zugleich wird durch diese Transformation so etwas wie ein Wille überhaupt freigesetzt – logisch auch: denn erst durch die Brechung des geschlossenen Reiz-Reaktions-Schemas öffnet sich der Raum für wirkliches, d.h. freies Wollen.
- Ist dies geschehen, nimmt sich der Schritt vom ästhetischen Gestimmtsein zu Wahrheit und Pflicht und damit auch zu Erkenntnistheorie und Ethik ungleich einfacher aus als der vom physischen zum ästhetischen Niveau: Als Motivation zu ihm reicht eine „erhabene Situation“, sofern diese am unmittelbarsten auf den Willen wirke.

Unzureichende Verhältnisbestimmung. So konsistent diese Phänomenologie des Ästhetischen ausfällt, so sehr entfernt sie sich zugleich von der Grundschicht des Ästhetischen im ursprünglichen Sinn vervollkommneter Sinneswahrnehmung: soll doch nach Schillers Votum das Sinnliche als solches überwunden werden. Entsprechend lässt dieser Ansatz so etwas wie ein Verändertwerden des Subjekts

[23] SCHILLER, Friedrich: Über die ästhetische Erziehung des Menschen in einer Reihe von Briefen. In: DERS.: Schillers Werke. 4. Bd.: Schriften. Kleinere theoretische Schriften. Die großen Abhandlungen. Rezensionen, eingl. v. Hans Mayer. Historische Schriften, eingl. v. Golo Mann. Frankfurt a.M. 1966. 193-286. Hier 261-262. (23. Brief).

durch das Äußere, die Materie nicht mehr zu: Letztere ist einzig Medium, in dem das Subjekt alles, was es als Anlage formal in sich trägt, realisiert, und zugleich Material, das der Formung durch das Subjekt bedarf. Das sind für Schiller

> „[...] die zwei Fundamentalgesetze der sinnlich-vernünftigen Natur: Das erste dringt auf absolute *Realität*: er [sc. der Mensch; K.M.] soll alles zur Welt machen, was bloß Form ist, und alle seine Anlagen zur Erscheinung bringen; das zweite dringt auf absolute *Formalität*: er soll alles in sich vertilgen, was bloß Welt ist, und Übereinstimmung in alle seine Veränderungen bringen; mit andern Worten: er soll alles Innere veräußern und alles Äußere formen.“[24]

Der erfahrungsmäßige, passive Grundzug des Ästhetischen ist damit vollständig zum Verschwinden gebracht, übrig bleibt die ästhetische Produktion – und auf der Metaebene eine Prärogative des Reflexions-Geschmacks gegenüber Erkenntnis und Moral bzw. der Ästhetik gegenüber Wissenschaft und Ethik.[25]

Damit sind wir im bisherigen Durchgang unserer Frage nach dem Zusammenhang von Ästhetik und Ethik im Rahmen der Suche nach dem gemeinsamen Wurzelgrund von theoretischer und praktischer Vernunft zu einem seltsam ambivalenten Ergebnis gekommen: Zum einen hat sich herausgestellt, dass das Ästhetische in der Tat bereits in seiner elementarsten Form ein ethisches Moment freisetzt, den Imperativ zum Überstieg von der Empfindung zur Wahrnehmung und vom Unmittelbar-Vitalen zur „höheren“ Empfindung des Reflexions-Geschmacks. Zugleich aber zeigte sich – exemplarisch an Schiller –, dass die konsequente Auszeichnung dieser Drift zu einer faktischen Ausblendung des genuin Ästhetischen im Sinn einer epistemologischen Klärung und Perfektionierung der Sinneserkenntnis führt. Formal gewendet kann daraus nur gefolgert werden: Die Verhältnisbestimmung zwischen Ästhetik und Ethik, wie sie aus dem binnenästhetischen Imperativ des Überstiegs resultiert – „Empfindung *soll* Wahrnehmung werden“, „Unmittelbares *soll* Reflexion werden“ –, fällt unzureichend aus. Die Orientierung am „Sollen“ ist defizitär, weil sie aporetisch (um nicht zu sagen: autodestruktiv für das Ästhetische) endet.

Alternative? Wie von selbst legt sich daher die Frage nahe, ob es denn nicht noch ein anderes Verhältnis von Ästhetik und Ethik gibt, das einerseits die Einsicht der ersten Formstruktur-Analyse wahrt, zugleich aber durch eine Art Gegengewicht deren Aporie vermeiden hilft? Oder anders gefragt: Lässt sich eine zweite Formstruktur des Ästhetischen ausmachen, die auf andere Weise als die erste ein ethisches Moment innerhalb des Ästhetischen zur Geltung bringt?

24 SCHILLER: Erziehung (Anm. 23). 225. (11. Brief).
25 Vgl. SCHILLER: Erziehung (Anm. 23). 214. (8. Brief).

9.22 Formstruktur II: Das Nicht-Identische oder Theodor W. Adorno

Diese Frage lässt sich in der Tat positiv beantworten – und zwar in Orientierung an einer der großen Ästhetiken der Gegenwartsphilosophie, nämlich derjenigen Theodor W. Adornos. (→ Bd. 2, Teil B, Kap. 7) Nicht dass Adorno ein zuvor nicht da gewesenes Konzept vorgelegt hätte. Im Gegenteil bleibt auch er – unerachtet ungewohnter Sprachregelungen – dem bislang analysierten klassischen Paradigma tief verhaftet, legt aber auch dessen Widersprüche frei und lässt so den Umriss einer alternativen Form ästhetischen Denkens in Blick kommen. Folgen wir zunächst kurz der grundsätzlichen Auffassung des Ästhetischen bei Adorno, um von dort dann erneut unsere Frage nach dem Zusammenhang von Ästhetik und Ethik zu beantworten.

Kunst und Naturbeherrschung. Adorno sieht im künstlerischen Schaffen eine Weise von Naturbeherrschung, die so vor sich geht, dass sie sich in ihrem Vollzug selbst gleichsam durchstreicht, so dass in ihr das ursprünglich Natürliche, das Individuelle zum Vorschein kommen kann. Schon damit ist das Ethische ins Spiel gekommen, wie wir gleich sehen werden. Diesen Gedanken arbeitet Adorno in seiner (posthum 1970 erschienenen) *Ästhetischen Theorie* aus. Welcher Methodik dieses Konzept folgt, hatte Adorno zuvor schon in seinem einzigen im engeren Sinn fachphilosophischen Werk erläutert. Das Buch heißt *Negative Dialektik* und erschien 1966.

Negative Dialektik. In diesem Werk legt Adorno gleichsam die innere Vorgehensweise seiner kritischen Studien zu Musik, Literatur und soziologischen Fragestellungen frei; man darf die *Negative Dialektik* also nicht als eine systematische Philosophie Adornos lesen, sondern eher wie ihren Beipackzettel oder in des Autors eigenen Worten: In diesem Buch lege er die Karten auf den Tisch, aber das sei etwas anderes, als wenn er Karten spielen würde. Inhaltlich sucht Adorno – zum Teil in Auseinandersetzung etwa mit Kant, Hegel und Heidegger – zu begründen, warum er sich gegen das Philosophieren herkömmlichen Stils stellt. Dieses sei – so Adorno – von Wesen begriffliches Denken; das „begrifflich“ muss dabei von einem buchstäblich genommenen „be-greifen“ her verstanden werden: Die traditionelle Philosophie greift sich die Gegenstände, um sie zu bestimmen. Aber genau dadurch werden die Dinge ihrem unmittelbaren Gegebensein entrissen und kommen sie zu einer vermittelten Weise der Darstellung. Darum nennt Adorno solches begriffliches Philosophieren „dialektisch“: Es macht das, was es bestimmt, dadurch, dass es es bestimmt, zu einem anderen, als es unmittelbar ist.

„Das Nichtidentische“. Von daher ergibt sich unmittelbar, was Adorno unter „negativer Dialektik“ als seiner eigenen Methode versteht: Eine Aufhebung ebensolcher begrifflicher Vermittlung – mit dem Ziel, die Dinge in ihrer Unmittelbarkeit, also begrifflichen Unverrechenbarkeit sich zeigen zu lassen. Das bestimmende Denken muss sich zurücknehmen, damit Raum wird für das radikal Individuelle oder – wie Adorno gern sagt – für das „Nichtidentische“. Nur was nicht begrifflich identifiziert und damit gleichsam eingeebnet ist in die Dimension der Verfügbarkeit, kann den Menschen treffen und betreffen. Logisch natürlich, dass ein philosophisches Denken, das sich in negativer Dialektik diesem Nichtidentischen verpflichtet, seinerseits von Erfahrungen des Getroffenseins geprägt sein und sich auch entsprechend artikulieren wird. Trotzdem stellt sich an dieser Stelle die Frage, wie denn Nichtidentisches überhaupt gedacht werden könne – und ob es denn nicht allein schon dadurch, dass es gedacht wird, bereits wieder ergriffen und identifizierend beherrscht wird. Denn eine Erfahrung als irritierend bezeichnen, bringt ja unausweichlich sofort wieder ein identifizierendes Moment ins Spiel, nämlich den Begriff des Irritierenden, Nichtidentischen. Ein Verständnis des Nichtidentischen, das diesen Zirkel vermeidet, sieht Adorno durch die Erfahrung ermöglicht, die einem in der Begegnung mit einem Kunstwerk widerfährt. Darum führt die *Negative Dialektik* aus ihrer inneren Logik zur *Ästhetischen Theorie*.

Ästhetische Theorie. In diesem Werk geht es also nicht einfach um eine Theorie des Schönen als einer Teildisziplin der Philosophie, sondern um die Möglichkeit und Grundform von Philosophie überhaupt, wie Adorno sie versteht: als nicht-begreifende. Weil das natürlich auch einschließt, dass Kunst als solche nicht definiert werden kann, gestaltet sich die Lektüre des Werks nicht einfach, weil es seinen Grundgedanken in mannigfachen Wendungen variiert und nur in dem Beziehungsgeflecht zwischen den einzelnen Reflexionsmomenten das Gemeinte zum Vorschein kommen lässt. Der Grundgedanke besteht in folgender Überlegung: Ein Kunstwerk entsteht dadurch, dass sein Material – also Farbe oder Stein oder Klang – zu einer Einheit zusammengefügt wird. Kunstwerk ist darum für Adorno eine rationale Konstruktion. Und Kunstwerk wird eine Materialzusammenstellung dadurch, dass diese Einheit der Zusammenstellung so intensiv, so beziehungsreich ist, dass sie sich vom Betrachter oder Zuhörer nicht mehr einfach nachvollziehen lässt. Ein Bild oder eine Skulptur lassen sich nicht durch Aufzählung oder Beschreibung der für sie beanspruchten Materialien erfassen – auch und gerade dann nicht, wenn der Künstler nur wenige oder ganz einfache Materialien verwendet hat.

Picasso, Beuys und Sidur. Gerade die zeitgenössische Kunst bietet da schlagende Beispiele. Man könnte dafür auf die Plastiken Picassos verweisen, der aus Pappkarton oder alten Gartengeräten wundersam zarte, zerbrechliche Gestalten – man muss sagen – zu zaubern wusste. Genannt sei an dieser Stelle auch Joseph Beuys mit seinen berühmt-berüchtigten Materialien Filz, Fett und Kupfer – wobei ich im Übrigen Beuys nicht nur wegen seiner intensiven Auseinandersetzung mit Ignatius von Loyola für einen christlichen Mystiker halte.[26] Ich möchte noch an einen anderen erinnern, weil er zu den Großen des Jahrhunderts gehört, aber zugleich zu den fast schon wieder Vergessenen und weil eben das das zweite Unrecht ist, das diesem Künstler angetan wird. Ich spreche von Vadim Sidur.[27] Vadim Sidur war Bildhauer in der ehemaligen Sowjetunion. Er war verfemt. Seine Werke waren zu gut, zu nahe an der Wahrheit, als dass die Machthaber sie ertragen hätten. Das bekam er zu spüren. Nicht nur Anerkennung blieb ihm versagt. Ein zugiger Keller war sein Atelier. Material – Holz, Marmor, Bronze – wie die anderen, die Stalinbüsten und siegreiche Rotarmisten schufen, erhielt er nicht. So griff er zu dem, was ihm blieb: Stücke von Heizungsrohren, Schraubengewinde, Ketten, Kabelstücke, Drahtgeflechte. Daraus schuf er seine Werke, Menschenskulpturen zumeist: So nimmt er ein dickes Abwasserrohr, steckt ein dünneres hinein, das gegabelt ist – schon hat er den menschlichen Torso mit ausgebreiteten Armen. Ein Schraubengewinde wird zum Hals, ein anderes zum Kopf, ein flaches Stück Eisen zur Stirn, zwei tiefe Löcher zu Augen, die – schräg gestellt – schrecklich starren. Dem Unterleib angesetzt ein abgeschnittenes Rohrknie: das Geschlecht – groß, auf seine Kraft pochend, als Anklage jener, die die Schöpferkraft unterdrücken wollen mit politischer Gewalt. Und aus den schwarzen Eisenrohren ragen übergroß weiße Gipshände – bildgewordene Forderung nach Menschlichkeit.[28]

Vertretung der Natur. Durch den Anblick des Kunstwerks in Bann geschlagen – so nun Adornos Grundgedanke weiter – bleibt das Material, aus dem es besteht, dem begreifenden Zugriff entzogen. Auf diese Weise vermag Kunst das Nichtidentische, die noch nicht beherrschte Natur zur Geltung zu bringen – und zwar, das ist die Pointe dabei, kraft ihrer Rationalität. Kunstwerke vermögen die Natur zu vertreten und machen eben darin eine Wahrheit zugänglich, von der das begriffliche Philosophieren nichts weiß. Adorno wörtlich:

[26] Vgl. MENNEKES, Friedhelm: Joseph Beuys, Manresa. Eine Fluxus-Demonstration als geistliche Übung zu Ignatius von Loyola. Mit Aktionsfotos von Walter Vogel. Frankfurt a.M.; Leipzig 1992.

[27] EIMERMACHER, Karl/RIFF, Gisela (Hgg.): Vadim Sidur. Skulpturen. Bochum 1984.

[28] Eine der Wenigen aus dem Westen, die ihn entdeckten, war übrigens Luise Rinser; den Kontakt hatte Lew Kopelew hergestellt, der Moskauer Germanist, der später nach Deutschland emigrierte.

„Unverhüllt ist das Wahre der diskursiven Erkenntnis, aber dafür hat sie es nicht; die Erkenntnis, welche Kunst ist, hat es, aber als ein ihr Inkommensurables."[29]

Das „wahre" Wahre. Anders gesagt: Das, was diskursives Erkennen erreicht, mag unverhüllt sein, ist aber kein wahres Wahres. Kunst gelangt zu diesem, aber nur, indem sie es aufscheinen lässt, ohne diskursiv, also begrifflich darüber zu verfügen. Darum ist das Wahre der Kunst das wahre Wahre, aber es bleibt seinem Wesen nach verhüllt. Die Wahrheit des Kunstwerks gibt sich in der begrifflichen Unbestimmbarkeit, also Individualität seines Materials kund. Damit muss ein Philosophieren am Leitfaden der Nichtidentität, also auch die *Ästhetische Theorie*, wenn es denn zu Wahrheit gelangen will, sich selbst auf die Erfahrung von Kunst und die darin sich gebende Wahrheit beschränken. Als seinerseits unausweichlich diskursives Gebilde kann solches Philosophieren nur auf die Möglichkeit der Begegnung mit dem Nichtidentischen in der Kunst verweisen.

Ethik und Ästhetik. Was nun die Frage des Zusammenhangs von Ethik und Ästhetik betrifft, so nimmt sich Adornos Ansatz zunächst sehr traditionell aus: Er schreibt nämlich die typisch neuzeitliche Verhältnisbestimmung der Autonomie beider Bereiche fort, sofern für Adorno dem Gehalt oder Aussage des Kunstwerks keinerlei moralische und gesellschaftliche Bedeutung zukommt, im Gegenteil:

„Radikale Moderne wahrt die Immanenz der Kunst, bei Strafe ihrer Selbstaufhebung, derart, daß Gesellschaft einzig verdunkelt wie in den Träumen in sie eingelassen wird, denen man die Kunstwerke von je verglich. Nichts Gesellschaftliches in der Kunst ist es unmittelbar, auch nicht wo sie es ambitioniert. [...] Soweit von Kunstwerken eine gesellschaftliche Funktion sich prädizieren läßt, ist es ihre Funktionslosigkeit. Sie verkörpern durch ihre Differenz von der verhexten Wirklichkeit negativ einen Stand, in dem, was ist, an die rechte Stelle käme, an seine eigene."[30]

Indirekte Relevanz. Gerade durch diese Verweigerung einer direkten Relevanz für die Gesellschaft und verbunden damit für ethische Belange gewinnt das Kunstwerk ebendiese Relevanz als indirekte: Je mehr ein Werk Werkcharakter hat, also ästhetisch durchgebildet ist, desto mehr erhebt es als etwas, das ganz und gar für sich steht, Einspruch gegen gesellschaftliche Zusammenhänge, in denen allem nur immer Wert für anderes zukommt.

„Indem sie [sc. die Kunst; K.M.] sich als Eigenes in sich kristallisiert, anstatt bestehenden gesellschaftlichen Normen zu willfahren und als ‚gesellschaftlich nützlich' sich zu qualifizieren, kritisiert sie die Gesellschaft, durch ihr bloßes Dasein [...]. Nichts Reines, nach seinem immanenten Ge-

29 ADORNO, Theodor W.: Ästhetische Theorie. In: DERS.: Gesammelte Schriften. Hg. v. Rolf Tiedemann. Unter Mitwirkung von Gretel Adorno, Susan Buck-Morss u. Klaus Schultz. Bd. 7. 6. Aufl. Frankfurt a.M. 1996. 191.

30 ADORNO: Ästhetische Theorie (Anm. 29). 336-337.

setz Durchgebildetes, das nicht wortlos Kritik übte, die Erniedrigung durch einen Zustand denunzierte, der auf die totale Tauschgesellschaft sich hinbewegt: in ihr ist alles nur für anderes. Das Asoziale der Kunst ist bestimmte Negation der bestimmten Gesellschaft."[31]

Konkretisierung: Serrano. Lassen Sie mich diesen auf das erste Hören hin eher abstrakt klingenden ästhetischen Erwägungen Adornos wenigstens an einer Stelle sozusagen Fleisch geben anhand eines Beispiels. Vor ein paar Jahren hat der amerikanische Künstler Andres Serrano sein Werk „Piss Christ" vorgestellt: ein Kreuz mit Corpus versenkt in einem uringefüllten Glaszylinder. Ein Aufschrei ging durch die Staaten, Ausstellungssperren, der Ruf nach Entzug staatlicher Förderung für die moderne Kunst, wüste Beschimpfungen des Urhebers auf den Kanälen der TV-Churches mit ihren fundamentalistischen Predigern. Dabei hatte der Künstler nur im Sinne der Adornoschen Indirektheit ins Werk gesetzt, was das trotz der Staat-Kirchen-Trennung gleichermaßen bigotte wie verlogene God's own country mit der von ihm selbst in Anspruch genommenen metaphysischen Wurzel treibt.[32] Adornos Autonomie der Kunst mit ihrer indirekten ethischen Relevanz braucht es bisweilen in der Tat, um eine bestimmte Gesellschaft in bestimmter Weise zu negieren (das beidmalige „bestimmt" ist dabei als „bestimmt" im Sinn von „wohlbestimmt" gemeint). Was natürlich auch heißt, zu fragen, was denn das in Wahrheit Obszöne und Blasphemische sei, der „Piss Christ" oder frömmelnde amateurtheologische Politik.

Dennoch handelt es sich bei dem, was bisher über Adornos Ästhetik und ihren Zusammenhang mit Ethik auszumachen war, noch nicht um etwas, was das traditionell-klassische Paradigma der Ethik überschritte: Wie dieses lebt das Ästhetische für ihn von der Formung, also der Überschreitung des unmittelbar Sinnlichen, welches Adorno wörtlich „[d]as Rohe"[33] nennt, das von der Kunst gemäß dem Ideal der Durchformung, „a priori negiert"[34] werden müsse. Und auch der Gedanke der im Überschritt des Vital-Sinnlichen zu gewinnenden Freiheit ist traditionell (man braucht sich nur an das *Älteste Systemprogramm* zu erinnern).

Durchschaute Ambivalenz. Gleichzeitig aber hat Adorno die Ambivalenz dieser Drift der klassischen Ästhetik durchschaut. Der Formungsprozess ästhetischen Schaffens formt das unmittelbar Sinnliche nicht nur, sondern vergewaltigt es in einem gewissen Sinn dabei

31 ADORNO: Ästhetische Theorie (Anm. 29). 335.

32 Ein ganz anderes Thema wäre die Christologie dieses Werks, auf die an dieser Stelle nicht weiter einzugehen ist. Vermerkt sei nur der Hinweis, dass Serranos Werk dabei in engem Zusammenhang mit der Geschichte von der Taufe Jesu im Jordan (untertauchen in den Schmutz-[Sünden]-Fluten der Welt) stünde.

33 ADORNO: Ästhetische Theorie (Anm. 29). 344.

34 ADORNO: Ästhetische Theorie (Anm. 29). 344.

auch, ist jedenfalls dazu angetan, das Sinnliche als die Basisschicht des Ästhetischen buchstäblich zu entsinnlichen und so seiner selbst zu entfremden:

> „Freilich ist der Vergeistigung der Kunst ein trüber Bodensatz beigemischt. Wann immer sie in der Konkretion des ästhetischen Gefüges nicht ausgetragen wird, etabliert sich das entbundene Geistige als Stoffschicht zweiten Grades. Pointiert gegen das sensuelle Moment, kehrt Vergeistigung sich vielfach blind gegen dessen eigene Differenzierung, ein selber Geistiges, und wird abstrakt. In ihren Frühzeiten ist Vergeistigung von einem Hang zur Primitivität begleitet und neigt, gegenüber der sinnlichen Kultur, zum Barbarischen [...]. Vergeistigung in der Kunst hat die Probe zu bestehen, ob sie darüber sich zu erheben, die unterdrückte Differenzierung wiederzuerlangen weiß; sonst artet sie aus in die Gewalttat des Geistes.“[35]

Anerkennung des Heterogenen. Die Mannigfaltigkeit, Konkretheit und Individualität des sinnlich Auftretenden wird als Form eigener Dignität anerkannt, nicht einfach als das, was im ästhetischen Prozess überwunden werden muss: Diese Differenzierung im Feld des Materiellen ist – wie Adorno formuliert – „ein selber Geistiges“. Ästhetik besteht aber dann auch darin, diese Differenzen zu achten und sich von ihnen als etwas Geistigem bestimmen zu lassen. Und genau damit haben wir eine zweite – zur ersten gegenläufige – Formstruktur des Ästhetischen erreicht, an der sich ein ethisches Implikat geltend macht: Zu Ästhetik gehört das Anerkennen des Verschiedenen, Anderen und Andersartigen. Nochmals Adorno wörtlich:

> „Ästhetische Einheit empfängt ihre Dignität durchs Mannigfaltige selbst. Sie läßt dem heterogenen Gerechtigkeit widerfahren [...]. Wie sehr ästhetische Einheit ihrerseits Funktion des Mannigfaltigen ist, zeigt sich daran, daß Gebilde, die, aus abstrakter Feindschaft gegen Einheit, sich in die Mannigfaltigkeit aufzulösen trachten, einbüßen, wodurch das Unterschiedene zum Unterschiedenen überhaupt wird. Werke des absoluten Wechsels, der Vielheit ohne Bezug auf Eines, werden eben dadurch undifferenziert, monoton, ein Einerlei.“[36]

Das also – Gerechtigkeit gegenüber dem Individuellen, Konkreten, Differenten – ist der zweite Quellort des Ethischen im Ästhetischen; darum konnte ich eingangs der Erwägungen zu Adorno im Zusammenhang seines Begriffs des künstlerischen Prozesses als einer sich selbst aufhebenden Naturbeherrschung und der damit geschehenden Freilegung des Individuellen davon sprechen, bereits an diesem Punkt sei das Ethische ins Spiel gekommen.

Ohne auf die weiteren Konsequenzen einzugehen, die Adorno selbst aus seinem Ästhetik-Konzept gezogen und die andere später fortgeschrieben haben, können wir aus der uns leitenden systematischen Perspektive nunmehr resümieren:

[35] ADORNO: Ästhetische Theorie (Anm. 29). 143.
[36] ADORNO: Ästhetische Theorie (Anm. 29). 285.

Resümee. Es gibt neben dem dem Ästhetischen tief eingeschriebenen Imperativ der Überschreitung des unmittelbar Sinnlich-Vitalen den gleichermaßen aus der Logik des Ästhetischen aufkommenden Imperativ der Gerechtigkeit für das Individuelle und Heterogene. Formal gesehen kann man sogar sagen: Während sich der erste dieser Imperative als eine sollensethische Denkfigur präsentiert, korrespondiert der zweite dem tugendethischen Denken. Insofern markieren sie miteinander so etwas wie die tiefsten Wurzeln der beiden leitenden Paradigmata philosophischer Ethik überhaupt.

Und nicht mehr in Frage stehen kann nach dieser Erkundung des Zusammenhangs von Ästhetik und Ethik auch, dass in der Tat über das Ästhetische gerade kraft seiner Basisschicht der Zusammenhang zwischen theoretischer und praktischer Vernunft gesichert ist: Wahrheit und Moral, Erkenntnistheorie und Ethik gehen aus dem gemeinsamen Feld der Aisthesis hervor. Was das *Älteste Systemprogramm* nur thetisch behauptete und Schelling als Aufgabe einer – aus heutiger Sicht – traditionellen Ästhetik formulierte, hat sich stringent systematisch rekonstruieren lassen. Gerade vor dem Hintergrund dieser Fundamentalität des Ästhetischen und seines philosophischen Gewichts freilich bedarf eigener Aufmerksamkeit, dass das Ästhetische in der durchschnittlichen spätmodernen Lebenswelt ganz anders, nämlich – um es gleich in der entsprechenden Werbesprache zu formulieren – als „window dressing" individueller Lebensführung und gesellschaftlich-politischer Formationen begegnet. Die theologischen Hintergrundimplikationen dieses Phänomens machen seine Analyse nachgerade dringlich.

9.3 Ästhetisierung als Weltverhübschung

Verschönerungsoffensive. Wer auch nur mit halbwegs offenen Augen durch seine Welt geht, für den kann kein Zweifel bestehen: Seit Jahren befindet sich eine Ästhetisierungsoffensive des öffentlichen Lebens in Gang, wie es sie vorher so nie gab – nicht nur in einigen superreichen Industriestaaten, sondern global: Potentaten in armen Dritte-Welt-Ländern bauen sich Märchenpaläste oder eine Petersdom-Kopie, die das Original ursprünglich an Höhe übertreffen sollte; in den Hauptstädten der so genannten Tigerstaaten werden atemberaubende Skylines hochgezogen, nicht zuletzt in Malaysia mit den Petrona-Towers das höchste Doppelhochhaus der Welt; in Moskau hat man die zu Revolutionszeiten niedergerissene Erlöser-Kathedrale samt Echtgoldkuppeln wiedererrichtet. Die deutsche Bundesregierung leistet sich einen milliardenschweren Neubau der Regierungsbauten in der Wieder-Hauptstadt Berlin inklusive repräsentativer Kranzabwurfstellen – sprich: Denkmäler – für die Opfer der letzten Kriege und der Shoah. Und vom Hochsauerland bis zum tiefsten Bayerwald bald kein Kaff mehr, das sich nicht am „Unser Dorf soll schöner werden"-Wettbewerb beteiligte.

Konsumästhetik. Nicht anders im Mikrobereich unseres durchschnittlichen Alltags: Wer heute ein normales Kaufhaus betritt, findet sich unversehens in einer „Galeria" wieder, in der ihn sanfte Musik berieselt, hochgestylte Beraterinnen angrienen und ausgeklügelte Arrangements zum Kauf animieren – „Erlebnis-Shopping" heißt der Fachname dafür. Nicht anders, wer zum Schwimmen geht: Statt Dusche und 25m-Becken erwartet ihn eine „Event-Therme" mit echten künstlichen oder künstlichen echten Palmen, dito Sandstrand und Wellenschlag, die von einer künstlich echten Hawaianerin bediente Saftbar und das römische Dampfbad mit echten künstlichen oder künstlichen echten Relief-Kacheln aus Pozzuoli. Wenn er in einer solchermaßen mit künstlerischen Elementen gefluteten Lebenswelt irgendwann nicht mehr auseinanderbringt, was echt und was künstlich ist, darf das nicht verwundern. Nicht einmal, wenn er oder sie sich unter dem Eindruck der bezaubernden Sinnesreize mit Krösus verwechseln und erst angesichts der ultimativen Drohbriefe des Inkasso-Dienstes wieder zu einem Kontakt mit dem findet, was gemeinhin „Realität" heißt. Diese Oberflächenästhetisierung hat unmittelbar mit konsumptiven Genus und – das ist die Rückseite – genauso viel mit ökonomischen Strategien zu tun.

Psycho-somatisches Styling. Es gibt aber noch eine zweite Dimension dieser Oberflächenästhetisierung, eine, die den Menschen weit unmittelbarer tangiert als die eben beschriebene Konsumästhetik: Der Mensch selbst ist aufs Intensivste Objekt ästhetisierenden

Stylings geworden, und zwar somatisch wie psychisch: auf der einen Seite die sportliche, kosmetische, bisweilen auch chirurgische Trimmung auf Jugendlichkeit und nie endendes Schönsein (übrigens bis in den Sarg hinein; Leichenkosmetik zur Tilgung jeglicher Spur von Verfall ist dabei, der Hauptumsatzposten von Bestattungsunternehmen zu werden). Auf der anderen Seite gibt es genauso die psychosomatische Perfektionierung durch therapeutische Maßnahmen. (↗ Bd. 3, Teil A, Kap. 6.5) Ein Weiteres kommt hinzu: Über weite Strecken begegnet Wirklichkeit heute nur noch als ästhetisch konfigurierte: nämlich in den Medien, speziell den Neuen Medien – mit der Folge, dass so etwas wie ein Sein der Dinge, wie sie sind, zumindest tendenziell verschwindet. (↖ Bd. 1, Kap. 3.3; ↗ Bd. 3, Teil A, Kap. 6.5) Damit ist der Punkt erreicht, an dem sich die Oberflächenästhetisierungen mit der im Vorausgehenden bereits reflektierten philosophischen Tiefenästhetisierung (→ Bd. 2, Teil A, Kap. 3.22) berührt.

Verstörungsinstanz Religion. Die Verblendungsmacht solchermaßen universaler Ästhetisierungsprozesse lässt sich nur noch dann durchschauen und damit aushebeln, wenn sich im Feld des Ästhetischen (im ursprünglichen Sinn) selbst Momente ausmachen lassen, die sich einer Indienstnahme für Verhübschung kategorisch verweigern. Ich halte es für alles andere als einen Zufall, dass das Wahrnehmen und Vergegenwärtigen gerade solcher, den eingespielten ästhetischen Blick störender, ja vielleicht verstörender, Elemente signifikant in den Traditionen der großen Religionen statthat: Klage, Kleiderzerreißen, Todesgedächtnis, das christliche Aschenkreuz am Aschermittwoch etwa sind solche Störsignale. Ohne an dieser Stelle dafür Theorieanspruch zu erheben, möchte ich die These wagen, dass dies mit den Humanitäts- und Wahrheitspotenzialen der Religionen zu tun hat. Was natürlich umgekehrt heißt: Verhübschung wird dort unumgänglich, wo die religiösen Ressourcen stillgelegt oder abgestoßen werden; aber auch: Ästhetik, die nicht verhübscht, geht konstitutiv mit einer religiösen Konnotation einher. Dem bleibt noch etwas ausführlicher nachzugehen:

9.4 Religion und das Ästhetische

„Kerygma". Da wir uns mit dem Problem der Ästhetik im Raum philosophischer Grundfragen der Theologie befassen, scheint mir so legitim wie angebracht, so etwas wie eine erste Erprobung der vorstehenden These bezüglich des Zusammenhangs von Religion und Ästhetik im Medium der christlichen Tradition zu wagen. Das scheint mir am direktesten am Leitfaden des theologischen Grundbegriffs „kerygma" möglich zu sein, wenngleich das einschließt, etwas weiter auszuholen.[37] Im klassischen Griechisch meint der Ausdruck „Bekanntmachung durch den Herold", von „keryx" kommend, das neben „Herold" für jedwede Art von Boten oder Verkünder stehen konnte. Neutestamentlich eignen dem Wort noch ein paar mehr Dimensionen; alle stehen in unmittelbarem Bezug zur Predigt: Es meint die Redehandlung einer in Geist und Kraft erfolgenden Verkündigung; schon bei Markus impliziert es eine inhaltliche Aussage. Und die Pastoralbriefe bezeichnen den actus praedicandi, das Predigt-Ereignis wie schließlich auch das Predigtamt mit diesem Term.[38] So einfach sich seine Übertragung gestaltet, so komplex entpuppt sich die Sache, für die er steht. Was da „komplex" meint, kann spontan einer der berüchtigten „Bandwurmsätze" klarmachen, mit denen Karl Rahner Vielschichtiges auseinanderzufalten und durch den einen Atemzug in seiner Einheit zusammenzuhalten pflegte:

> „K[erygma] ist [...] die aktuelle Verkündigung des Wortes Gottes in der Kirche durch den von Gott in der Kirche legitimierten, bezeugenden Verkünder, derart, daß dieses Wort, in der Kraft des Geistes vom Verkünder in Glaube, Hoffnung u. Liebe gesagt, als evangel. Angebot des Heils u. als verpflichtende und richtende Macht das Gesagte (in dem sich Gott selbst dem Menschen zusagt) selbst Anwesen läßt in jener Aktualität, die die Heilsgeschichte in Christo Jesu nach Anfang u. Ende je in ihrer Weise ‚jetzt' Gegenwart sein läßt, u. daß vom Hörer im selben Geist das Gesagte u. Gehörte als im Wort Ereignis geworden glaubend und liebend angenommen werden kann."[39]

„Gleichzeitigkeit". Selbst wem diese Definition beim ersten Hören um zu viele Ecken gegangen wäre, hätte eines gewiss trotzdem registriert: „Kerygma" hat mit dem zu tun, was Kierkegaard „Gleichzeitigkeit" nannte: das Wort alter Überlieferung vergegenwärtigt durch seine je neue Verlautbarung als Wirklichkeit hier und jetzt, was es seiner Bedeutung nach meint. Kerygma besteht im Weitersagen und Auslegen des Evangeliums so, dass die Hörerschaft heute eben

[37] Vgl. zum Folgenden auch MÜLLER: Homiletik (Anm. 9). 221-234.

[38] Vgl. dazu FRIEDRICH, (Gerhard): Art. Keryx. In: Theologisches Wörterbuch zum Neuen Testament. Bd. 3. Stuttgart 1938. 682-717. Hier bes. 715-716.

[39] RAHNER, Karl: Art. Kerygma. II. Systematisch. In: Lexikon für Theologie und Kirche. Bd. 6. Freiburg i.Br. 1961. Sp. 125-126. Hier 125.

das erfährt, was laut Mk 1,22 diejenigen empfanden, die Jesus zuhörten –

> „[sie] waren sehr betroffen von seiner Lehre; denn er lehrte sie wie einer, der [göttliche] Vollmacht hat" (Mk 1,22)

und was laut Auskunft von Apg 2,37 auch durch die apostolische Missionspredigt geschah:

> „Als sie das hörten, traf es sie mitten ins Herz." (Apg 2,37)

Keine Frage: Diese Notizen konfrontieren uns (auch wenn das in der Regel völlig unbedacht bleibt) mit ästhetischen Prozessen. Diese Charakterisierung des Kerygmas aber gebietet unvermeidlich eine Stellungnahme zum Verhältnis von präsentischem Kerygma und der diesem Kerygma zugrundeliegenden Historie – oder ästhetisch gewendet: von ästhetischem Ereignis und seinem es tragenden Material.

Jesus und Christus. Hinter den relativ harmlosen Namen „Vergegenwärtigung" oder „Gleichzeitigkeit" verbirgt sich nämlich ein brandheißes theologisches Problem. Seinen zugespitztesten Ausdruck fand es schon vor einigen Jahrzehnten und findet es heute von neuem in der Frage nach dem Verhältnis zwischen dem historischen Jesus und dem Christus des Glaubens. Die reflexiv-theologische Version der Frage heißt: In welcher Beziehung stehen Exegese und Dogmatik zueinander? Das ist ein theologisches Dauerthema, das zudem periodisch in den Fokus intensiver Debatten rückt – zuletzt durch den singulären Vorgang, dass mit Benedikt XVI. ein amtierender Papst in die Rolle eines theologischen Disputanten wechselt und eine wissenschaftliche Monographie zu genau diesem (von ihm Zeit seines Theologenlebens bedachten[40]) Thema vorlegt.[41] Eine Generation vorher hat das – von heftigem Streit begleitet – auch Rudolf Bultmann getan. Um die Sache von vornherein auf den aufregenden Punkt zu bringen: Bultmann gilt der historische Jesus gewiss als Voraussetzung des christlichen Glaubens, aber nicht als der erste Christ. Christlichen Glauben gibt es erst, seit es ein christliches Kerygma gibt, d.h.: eine Verkündigung, die Jesus Christus, den Gekreuzigten und Auferstandenen, als Gottes eschatologische Heilstat proklamiert.[42] Das schließt natürlich ein, dass es für Bultmann keine Heilstatsachen geben kann. Erst das Wort der Verkündigung macht das Jesusgeschehen zum Heils-Geschehen, was soviel heißt wie: Das Wort selbst ist Heils-Geschehen und im urchristlichen Kerygma, wie es das NT überliefert, ist dieses heilschaffende Wort festgehalten. Daraus aber folgt: Die Rückfrage nach dem historischen Jesus wird überflüssig – eine Position, die in

[40] Vgl. dazu VERWEYEN, Hansjürgen: Joseph Ratzinger – Benedikt XVI. Die Entwicklung seines Denkens. Darmstadt 2007.

[41] Vgl. BENEDIKT XVI.: Jesus von Nazareth. Von der Taufe im Jordan bis zur Verklärung. Freiburg; Basel; Wien 2007.

[42] Vgl. BULTMANN, Rudolf: Theologie des Neuen Testaments. 7., durchges., um Vorw. u. Nachtr. erw. Aufl. hg. v. Otto Merk. Tübingen 1977. 2.

Anbetracht dessen, was im Vorausgehenden philosophisch zu erwägen war, ohne Abstrich als „ästhetisch“ zu qualifizieren ist.

Eine Reihe großer Bultmann-Schüler – ich nenne nur Ernst Käsemann und Günther Bornkamm – haben dem entschieden widersprochen und so eine neuerliche Debatte über den historischen Jesus ausgelöst, die aufgrund ihrer zeitlichen Nähe zur Freigabe der historisch-kritischen Methode durch Pius' XII. *Divino afflante Spiritu* (1943) intensiv auf die katholische Exegese einwirkte und auch von ihr aufgenommen wurde. Bultmann hat sich mit den Einwänden seiner Schüler intensiv befasst und in diesem Zusammenhang den Spitzensatz seiner Kerygmatheologie formuliert: Jesus sei ins Wort, ins Kerygma hinein auferstanden.[43] Das hat über konfessionelle Grenzen hinweg theologisch viel Wirbel gemacht. Einfach falsch ist der Satz trotzdem – und beileibe – nicht. Unbestritten ist er insofern im Recht, als der Dreh- und Angelpunkt christlicher Verkündigung, die Auferweckung Jesu, nicht in Gestalt eines Tatsachen-Reports erfolgt, sofern das Zeugnis des Zwölferkreises und der anderen Apostelinnen und Apostel konstitutiv in die Osterbotschaft hineingehört. (↗ Bd. 3, Teil B, Kap. 6.2) Und diese Dimension kann die historische Rückfrage prinzipiell nicht erreichen.

Quelle des Mehrwerts. Streit zu führen aber bleibt sehr wohl darüber, worin der Mehrwert dieses Zeugnisses über das historische Geschehen hinaus gründet. Bei Bultmann selbst kommt dafür im Wesentlichen der von Heidegger motivierte Ruf zur Eigentlichkeit in Gestalt eines Akts der Glaubensentscheidung auf. Aber eben dazu gibt es Alternativen, denen der von Bultmanns Ansatz involvierte Dezisionismus gänzlich fremd bleibt. Auch sie begreifen Kerygma als Rede von dem, was der Glaubende im und am geschichtlichen Geschehen sieht. Aber sie charakterisiert, dass das Motiv zum Zeugnis in einer Evidenz seitens der Sache gründet, die nicht in deren historischer Faktizität aufgeht; d.h.: Sie machen Gebrauch von einer Denkfigur, die prinzipiell diesseits der Spaltung in bezeugendes Subjekt und bezeugtes Objekt bleibt – was charakteristisch ist für eine ästhetische Kategorie. Eine dieser Alternativen führe ich vor, eine zweite nenne ich beim Namen.

Gewährsmann I: H.U. von Balthasar. Der hauptsächliche Gewährsmann für die gleichzeitige Bestätigung und Kritik der bultmannschen Auffassung vom Kerygma soll kein anderer als Hans Urs von Balthasar sein. Ohne mich über diese singuläre Gestalt der katholischen Theologie des 20. Jahrhunderts an dieser Stelle weiter auszulassen, bemerke ich nur, dass den Mittelpunkt des schriftstellerischen Werkes von Balthasars eine 15bändige Trilogie bildet, die sich

[43] Vgl. BULTMANN, Rudolf: Das Verhältnis der urchristlichen Christusbotschaft zum historischen Jesus. 5. Aufl. Heidelberg 1978. 27.

aus den Teilen *Herrlichkeit*, *Theodramatik* und *Theologik* zusammensetzt; bei der *Herrlichkeit* handelt es sich dabei um eine „Theologische Ästhetik", genauer: um eine theologische Wahrnehmungslehre.[44] Das Gesamt einer christlichen Theologie wird dazu – ganz ungewöhnlich – von den Transzendentalien, speziell von den drei Transzendentalien „schön", „gut" und „wahr", her durchbuchstabiert, weil sich – so von Balthasar – von ihnen her der Überstieg von einer wahren (will für ihn sagen: religiösen) Philosophie zur Offenbarungstheologie am mühelosesten ergebe.[45] Bei den Transzendentalien handelt es sich um die für die klassische Metaphysik zentralen Prädikate, die kategorienübergreifend mit dem Prädikat „seiend" austauschbar sind: Was „seiend" genannt werden kann, kann auch – im Maß es seiend ist – „wahr", „gut", „eins" und „schön" genannt werden, wobei gerade Letzteres Transzendentale nicht unumstritten war. (→ Bd.2, Teil C, Kap. 4.5) Von Balthasar geht es in diesem Werk darum, das Aufleuchten und auch Übersehenwerden des Wunderbaren („Herrlichkeit") der sich mitteilenden, ja verschwendenden Liebe Gottes in ihrem Reflex an den großen Gestalten aus der Geschichte der Theologie, der Metaphysik und der biblischen Traditionen nachzuzeichnen.

Dieser ästhetische Ansatz ist für von Balthasar so elementar, dass er sich auch durch so gut wie alle seine anderen, um dieses Opus magnum herum angelagerten Werke zieht. Ich stütze mich darum zur näheren Explikation des von Balthasarschen Verhältnisses von Theologie und Ästhetik auf eine Passage aus seinem Spätwerk, von der ich glaube, dass sie besonders prägnant Einsicht in das zur Debatte stehende Problem vermitteln kann. Zum Logion Lk 11,29-32, dass dieser bösen Generation kein anderes Zeichen gegeben werde als das Zeichen des Jona, bemerkt von Balthasar in seinen postum herausgegebenen Schriftbetrachtungen:

> „Welches Zeichen tat Jona, als er der Stadt Ninive den Untergang ankündigte? Sicher kein Schau-Wunder, aber es muß doch eine unbegreifliche Kraft in seiner Verkündigung gelegen haben, daß die ganze Stadt bis zum König hinauf ihm glaubte. Eine Qualität seines Wortes, in ihm selbst liegend, aber übergreifend auf die Herzen der Zuhörer [da geschieht die Überwindung der Subjekt-Objekt-Spaltung; K. M.; ...] ‚Kein anderes Zeichen', sagt Jesus. Es ist, als wische er damit alle Heilungen und Teufelsaustreibungen, alle Brotvermehrungen und Sturmberuhigungen weg, als gälten alle diese ‚Werke' nicht als gültige Zeichen, und er beschränke sich, wo es um die letzte Entscheidung geht, auf sich selbst, der das Zeichensein des Jona übertrifft. Er überbietet es durch seine eigene Unscheinbarkeit (‚bis zum Tod am Kreuz' Phil 2,8) in das dreitägige Weilen im Schoß der Erde hinein. Die Zeichenfordernden erhalten nichts als die Qualität des (menschgewordenen göttlichen) Wortes in seiner erniedrigten Alltagsge-

[44] Vgl. dazu NERI, Marcello: La testimonianza in H.U. von Balthasar. Evento originario di Dio e mediazione storica della fede. Bologna 2001. – ERP, Stephan van: The Art of Theology. Hans Urs von Balthasar's theological aesthetics and the foundations of faith. Leuven; Paris; Dudley, MA. 2004.

[45] Vgl. BALTHASAR, Hans Urs v.: Epilog. Einsiedeln; Trier 1987. 7.

stalt. Diese und nur diese ist glaubhaft, jedes Prunkzeichen wäre unglaubwürdig und würde auf eine widergöttliche Macht verweisen (Apg 13,3f., 13-15)"[46]

– bis dahin, dass das Zeichen der Auferstehung Jesu sein Tod sein werde[47] – Jesu Sterben das Zeichen seiner Auferstehung! Wenn das zutrifft, ergeht Auferstehung tatsächlich ins Kerygma hinein, durch die glaubende Proklamation der lebenskonstituierenden Bedeutsamkeit des Sterbens Jesu – dies aber nicht auf Konto eines von außen hinzutretenden Glaubensentscheids, sondern aufgrund der Art und Weise, wie das Sterben Jesu geschieht – also kraft seiner Gestalt.

Gewährsmann II: H. Verweyen. Den zweiten Gewährsmann für diese Annäherung ans Kerygma-Problem nenne ich – wie angekündigt – nur noch, weil eine ausführliche Auseinandersetzung mit ihm eine Skizze seines Gesamtkonzepts voraussetzte: Ich spreche von Hansjürgen Verweyens Grundriss der Fundamentaltheologie *Gottes letztes Wort*. Verweyen ortet den Angelpunkt christlichen Kerygmas in Mk 15,39:

„Als der Hauptmann, der Jesus gegenüberstand, ihn [!; K.M.] auf diese Weise sterben sah, sagte er: Wahrhaftig, dieser Mensch war Gottes Sohn." (Mk 15,39)

Was sah der Mann? Einen, der mit einem lauten Aufschrei endet. Aber auf genau dieser Basis legt der Hauptmann – ein Heide! – das einzige Sohn-Gottes-Bekenntnis des Markusevangeliums ab, das von Jesus – anders als das petrinische oder das von Dämonen – nicht zurückgewiesen wird. Selbstverständlich ist das markinische Konstruktion. Sie besagt: Die Gestaltwahrnehmung des Sterbens Jesu begründet das christologische Bekenntnis – und zwar voraussetzungslos: Dafür steht das Heidentum des Hauptmanns. Entgegen erstem Anschein lassen sich auch die Osterzeugnisse der anderen Evangelisten sowie das paulinische als systematisch im Gefälle dieses markinischen Ansatzes stehend identifizieren.[48] Das aber heißt: Das Neue Testament begreift Kerygma als etwas, was den historisch zu erhebenden Befund überschreitet, sich aber ebenso wenig inspiratorischen Einflüssen verdankt. Solchermaßen gefasst kann es sich bei der Emergenz von Gestaltwahrnehmung natürlich nur um ein ästhetisches Geschehen handeln. Nachgerade frappierend hat Hugo von Hofmannsthal diesen Vorgang beschrieben. Er sagt:

„Wer nicht gestalten kann, schleppt den Prozeß der Begriffe von einer Instanz zur andern."[49]

„Die Gestalt erledigt das Problem, sie beantwortet das Unbeantwortbare."[50]

46 BALTHASAR, Hans Urs v.: Du hast Worte ewigen Lebens. Schriftbetrachtungen. Einsiedeln; Trier 1989. 17-18.

47 Vgl. BALTHASAR: Worte ewigen Lebens (Anm. 46). 17-18.

48 Vgl. VERWEYEN, Hansjürgen: Gottes letztes Wort. Grundriß der Fundamentaltheologie. 3. vollst. überarb. Aufl. Regensburg 2000. 338-362.

49 HOFMANNSTHAL, Hugo v.: Rede auf Grillparzer (1922). In: DERS.: Gesammelte Werke (Anm. 49). 87-101. Hier 97. 198.

Gestalt. Was „Gestalt“ dabei eigentlich meint, kann nicht weiter definiert werden, handelt es sich dabei doch um einen ästhetischen Grundbegriff. Und Grundbegriffe haben an sich, nicht auf eine Kombination von Begriffen zurückgeführt werden zu können, die bekannter sind als sie selbst.[51] Ein wenig weiterhelfen kann aber wohl das zugehörige Verbum „gestalten“. „Gestalten“ bezeichnet künstlerische Prozesse. Als geglückt wird ein solcher Prozess dann empfunden, wenn es ihm gelingt, im Ausgang von einem quantitativ wie qualitativ begrenzten Rohmaterial an diesem Vorgegebenen etwas zum Aufscheinen zu bringen, was unverrechenbar mehr ist als jenes Vorgegebene.[52] Vielleicht muss man sogar sagen: An der Größe der Differenz zwischen Vorgabe und Ergebnis bemisst sich der künstlerische Rang eines aus einem Gestaltungsprozess hervorgegangenen Werkes.

„Gestaltung“ im eben beschriebenen Sinn repräsentiert das elementarste Baugesetz geglückter Verkündigung, das ästhetisch wie theologisch gleichermaßen begründet ist. Geglückt ist Verkündigung immer dann, wenn sie wie ein wahres Kunstwerk die Hörerinnen und Hörer so anrührt, dass sie sie kraft ihrer Gestalt ins Weite, theologisch (und in die Diktion Karl Rahners) gewendet: ins Weite der Unbegreiflichkeit Gottes und seiner unverbrauchten Transzendenz führt. Tut Verkündigung das nicht, erzeugt sie Festlegung, Indoktrination, Formalisierung. Das sind die typischen Merkmale ideologischen Sprechens – und ästhetisch gewendet von Kitsch. An ihrer Wirkung hat Gestalt ihr kritisches Kriterium.

Verkündigungstheologie. Die theologisch-kerygmatische Bedeutung von „Gestalt“ ist der Theologie schon vor Jahrzehnten zu Bewusstsein gekommen. Speziell geschah das durch die Vertreter der „kerygmatischen“ oder „Verkündigungstheologie“ in der ersten Hälfte des 20. Jahrhunderts, von denen ich schon mehrfach gesprochen habe.[53] Die zentrale Herausforderung dieses Programms: dass Verkündigung eine Sprache sprechen muss, die den heutigen Menschen und

[50] HOFMANNSTHAL, Hugo v.: „Neue deutsche Beiträge“. In: DERS.: Gesammelte Werke in 10 Bdn. Hg. v. Herbert Steiner. Reden und Aufsätze II. 1914-1924. Frankfurt a.M. 1979. 197-206. Hier 198.

[51] Vgl. dazu: METZGER, W(olfgang): Art. Gestalt. In: Historisches Wörterbuch der Philosophie. Bd. 3. Basel 1974. 540-548. – Vgl. aber die zeitgenössischen philosophischen Bemühungen um den Supervenienz- und den Emergenzbegriff z.B. in: PAPE, Helmut (Hg.): Kreativität und Logik. Charles S. Peirce und das philosophische Problem des Neuen. Frankfurt a.M. 1994. Darin bes. PAPE, Helmut: Zur Einführung. Logische und metaphysische Aspekte einer Philosophie der Kreativität. C.S. Peirce als Beispiel. 9-59 und CASTAÑEDA, Hector-Neri: Superveniente Eigenschaften, Emergenz und die Hierarchie konkreter Einzeldinge. 288-307.

[52] Das macht auch den harten Kern der Gestaltpsychologie aus (ohne dass diese eine Definition von „Gestalt“ leistet). Vgl. dazu METZGER, W(olfgang): Art. Ganzheit – Gestalt – Struktur. In: Lexikon der Psychologie. Bd. 1. Freiburg; Basel; Wien 1971. Sp. 675-682.

[53] Vgl. dazu LOO, Dirk van de: Hölzerne Eisen? Brückenschläge zwischen poetischer Dogmatik und erstphilosophischer Glaubensverantwortung. Regensburg 2007.

seine Glaubensnot findet und dass Kerygma trotzdem nicht vereinfachte Schultheologie sein kann. Dieses Anliegen sei noch immer nicht erfüllt, schrieb Karl Rahner 1961.[54] Sein Monitum gilt im Wesentlichen noch genauso wie damals. Die theologischen Bemühungen um das und nach dem Vatikanum II gingen aus vielschichtigen, hier nicht weiter zu erläuternden Gründen großenteils am Anliegen der kerygmatischen Theologie vorbei. Im letzten Viertel des 20. Jahrhunderts hatte im deutschsprachigen Bereich Eugen Drewermann das Thema wieder auf die Agenda gesetzt. Bei aller Kritik, deren sein Ansatz und mehr noch sein Stil bedurften, kämpfte er selbst noch hinter mancher Polemik und grellen Klischees um eine „theologia cordis" (eine Theologie des Herzens). Die beispiellose Hörbereitschaft so vieler bei seinen Vorträgen, auch so vieler, die eigentlich kein Verhältnis mehr zu Kirche und Tradition hatten, resultierte aus jenem Vakuum, das der flächendeckende Ausfall des Anliegens der kerygmatischen Theologie erzeugt hat, die der Sache nach eine ästhetische Theologie ist.

H.U. von Balthasars Grenze. Diesem Defizit vermochte auch der bereits erwähnte Ansatz von Balthasars nicht abzuhelfen. Das hat seine Ursache weder im Umfang seiner theologischen Ästhetik noch in der Unvertrautheit seiner Leitkategorie noch in der spekulativen Ranghöhe seiner Gedankenfolgen. Vielmehr zeichnet dafür m.E. verantwortlich, dass von Balthasars Zeichnung der Gestalt des Christlichen das oben erwähnte Kriterium, ins Weite zu führen, im Grunde nur bedingt erfüllt. Je später, je mehr drängt sich in seiner Trilogie ein nicht mehr einholbarer autoritärer Zug in den Vordergrund. Dieser Charakter prägt freilich schon den Anfang der Trilogie: In bezeichnender Abänderung des Titels der theologischen Ästhetik – „Herrlichkeit" – übersetzt von Balthasar in seinem Opus selbst das hinter „Herrlichkeit" stehende hebräische Wort „kabod" mit dem gewalttätigen „Wucht".[55] Begegnet eine Gestalt mit aller Wucht, pflegt sie ihren Betrachter zu erschlagen. Der kann nur noch schweigen. Ende der Rezeption. Ich halte von Balthasars Konzeption für einen Fall der im Theologischen wie Philosophischen immer wieder einmal auftretenden Figur einer Selbstvollendung als Selbstdementi: Die Übersteigerung eines Gedankens bringt ihn um seinen Einsichtsgewinn. Und ich denke, ich muss kaum ausdrücklich auf die strukturelle Nähe zwischen von Balthasars als Wucht verstandener Herrlichkeit und Lyotards bereits anderweitig zu erwägender Auffassung des Erhabenen (→ Bd. 2, Teil A, Kap. 3.32) aufmerksam machen – wieder so ein Fall der höchst seltsamen Koinzidenz von (eher konservativer) katholischer Theologie und Postmoderne.

[54] Vgl. RAHNER, Karl: Art. Kerygmatische Theologie. In: Lexikon für Theologie und Kirche. Bd. 6. Freiburg i.Br. 1961. Sp. 126.
[55] Vgl. dazu auch BISER, Eugen: Religiöse Sprachbarrieren. Aufbau einer Logaporetik. München 1980. 264-268.

Würde des Angeschlagenen. Was ich bisher im Blick auf die „kerygmatische Theologie" und auf von Balthasars *Herrlichkeit* über den Gestaltbegriff sagte, bedarf einer ganz wichtigen Erweiterung, die unmittelbar auf meine These vom verhübschungskritischen Humanitäts- und Wahrheitspotenzial des Religiösen, speziell des Christlichen, in ästhetischer Hinsicht zurückführt: Das Christliche ist nicht nur schön. Es gibt neben dem Schönen dem Ungestalten genauso Raum. Nicht nur, weil auch es in Form von Misslungenheit, Schmerz, Leiden, Tod zum Leben gehört, sondern weil sich erst durch es christlich die innerste Mitte Gottes mitteilt:

> „Er hatte keine schöne und edle Gestalt, so daß wir ihn anschauen mochten. Er sah nicht so aus, daß wir Gefallen fanden an ihm. Er wurde verachtet und von den Menschen gemieden, ein Mann voller Schmerzen, mit Krankheit vertraut." (Jes 53,2-3)

– Worte aus einem der jesajanischen Gottesknecht-Lieder, die seit je christlich auf Jesus hin gelesen werden. Gemeint ist damit: Darin erst – im Leiden – vollendet sich Jesu Gleichnishaftigkeit für Gott. Christentum geht ja von Anfang an im Kontext der spätantiken Kulturkanones mit einem ästhetischen Verstoß einher. Es ist bedingt durch die „deformitas Christi" – sein Auftreten als Leidensmann – von Wesen „sermo humilis" (niedrige, demütige Rede). Aber als genau solcher Diskurs eröffnet christliche Rede auch

> „[...] die Möglichkeit, einer Wahrnehmung des einzelnen, unableitbaren, faktischen Zerstörens und Leidens Ausdruck zu geben."[56]

Das ist der schärfstmögliche Einspruch gegen den diagnostizierten Verhübschungstrieb, dem daran gelegen ist, Widersprüche, nicht aufgehende Gleichungen, das Verfallen alles Lebendigen und zuletzt den Tod durch Blendwerk zu kaschieren. Dieser Drang zum schönen Schein selbst um den Preis von Verlogenheit macht den antiästhetischen Impetus der christlichen Rede nachgerade zum Kronzeugen auch des Dunklen, des Uneingelösten und damit des Ganzen der Wirklichkeit. Daran gemessen muss die heute über weite Strecken übliche Monotonisierung der christlichen Verkündigungssprache auf „Liebe" als Phänomen von Dekadenz denunziert werden. Indem solche Sprache Konflikte und im Letzten auch das Gericht ausklammert, unterschlägt sie, dass Gott auch ein Gott der Zumutung ist.[57] Viele der Psalmen etwa und allen voran das Ijob-Buch halten es anders.[58] Das Tremendum eliminieren hieße nur, die Gottrede verflachen. Dann aber wäre sie gnadenlos, denn: Sie vermöchte nicht mehr für die noch uneingelösten Rechte der Opfer der Geschichte zu plädieren, für die sich die Kritische Theorie und die Politische Theologie mit guten Gründen stark machen.

[56] BACHL, Gottfried: Wider die harmlose Redseligkeit. Thesen zur Sprachkultur in der heutigen Kirche. In: Herder Korrespondenz 45 (1991). 325-330. Hier 329.

[57] Vgl. BACHL: Redseligkeit (Anm. 55). Hier 328.

[58] Vgl. dazu MÜLLER, Klaus: Theodizee nach Ijob. Eine systematisch-geistliche Betrachtung. In: Theologie der Gegenwart 38 (1995). 211-222.

Christliche Gestaltdialektik. Wenn das bislang Erwogene zutrifft, heißt das: In der christlichen Gottrede gehören das Aufstrahlen des Schönen und das Ungestalte, Schockierende untrennbar zusammen. Ich denke, es liegt auf der Hand, diese Dialektik in der Gestalt (!) Jesu Christi, des auferstandenen Gekreuzigten, der auch als Österlicher seine Wunden behält, erfüllt zu sehen. Exakt in dem Jahr, in dem Karl Rahner die Einlösung der Intention der „kerygmatischen Theologie" einklagte und Hans Urs von Balthasar mit der Publikation seiner *Herrlichkeit* begann – 1961 –, forderte der Homiletiker Johannes Ries eine „kerygmatische Konzentration"[59], die darin bestehen sollte, dass der volle Reichtum der Botschaft in „einem" Punkt veranschaulicht werde. Unter Voraussetzung der eben erläuterten christlichen Dialektik von Herrlichkeit und Schrecknis kann der gesuchte Dreh- und Angelpunkt des Kerygmas einzig ein christozentrischer sein. Im auferstandenen Gekreuzigten als der mit Origenes gesprochen – „autobasileia" (dem Gottesreich in Person) bündelt sich, was christliche Gottrede zu sagen hat.

Leitfaden „Sonnengesang". Es gibt übrigens ein kerygmatisches Dokument, das das überwältigend Schöne und das Aufstörende am Dasein – also das Herrliche und das Erschreckende – ineins sieht und das sein Urheber für seine Schüler ausdrücklich als hilfreichen Leitfaden für die rechte Verkündigung betrachtet hat: Den *Cantico di frate Sole*, den Sonnengesang des Heiligen Franz von Assisi:

„Du höchster, mächtigster, guter Herr,
Dir sind die Lieder des Lobes, Ruhm
und Ehre und jeglicher Dank geweiht;
Dir nur gebühren sie, Höchster,
und keiner der Menschen ist würdig,
Dich nur zu nennen.

Gelobt seist Du, Herr,
mit allen Wesen, die Du geschaffen,
der edlen Herrin vor allem,
Schwester Sonne,
die uns den Tag heraufführt und Licht
mit ihren Strahlen, die Schöne,
spendet;
gar prächtig in mächtigem Glanze:
Dein Gleichnis ist sie, Erhabener.

Gelobt seist Du, Herr,
durch Bruder Mond und die Sterne.
Durch dich sie funkeln am
Himmelsbogen
und leuchten köstlich und schön.

59 RIES, Johannes: Krisis und Erneuerung der Predigt. Studien zur Situation der Verkündigung. Frankfurt a.M. 1961. 193.

Gelobt seist Du, Herr,
durch Bruder Wind
und Luft und Wolke und Wetter,
die sanft oder streng,
nach Deinem Willen,
die Wesen leiten, die durch Dich sind.

Gelobt seist Du, Herr,
durch Schwester Quelle:
Wie ist sie nütze in ihrer Demut,
wie köstlich und keusch!

Gelobt seist Du, Herr,
durch Bruder Feuer,
durch den Du zur Nacht uns leuchtest.
Schön und freundlich ist er
am wohligen Herde,
mächtig als lodernder Brand.

Gelobt seist Du, Herr,
durch unsere Schwester,
die Mutter Erde,
die gütig und stark uns trägt
und mancherlei Frucht uns bietet
mit farbigen Blumen und Matten.

Gelobt seist Du, Herr, durch die,
so vergeben um Deiner Liebe willen
und Pein und Trübsal geduldig tragen.
Selig, die's überwinden in Frieden:
Du, Höchster, wirst sie belohnen.

Gelobt seist Du, Herr,
durch unsern Bruder, den
leiblichen Tod; ihm kann
kein lebender Mensch entrinnen.
Wehe denen, die sterben
in schweren Sünden!
Selig, die er in Deinem heiligsten
Willen findet!
Denn sie versehrt nicht
der zweite Tod.

Lobet und preiset den Herrn!
Danket und dient Ihm
in großer Demut!"[60]

Der Poverello lag im Herbst 1225 schwerkrank danieder. Eines Nachts empfing er im Gebet die Verheißung ewigen Lebens und dichtete als

[60] Fontes Franciscani. A cura di S. Brufani/E. Menestò. Assisi 1995. 39-41. Übers. nach: Gebete für junge Christen. Hg. v. Informationszentrum Berufe der Kirche (o.J.).

Antwort dieses Lied. Ein Gesang auf die erfahrene Güte Gottes, gesungen mitten im Leid. In ihm begegnet alles, was ich vorausgehend über Gestaltung und kerygmatische Konzentration erläuterte: Mit ganz einfachen Worten besingt Franz den Zauber der Geschöpfe als Zeugen der Güte Gottes, seiner Herrlichkeit. Das Leid wird darob aber nicht verdrängt. Der Tod, „unser Bruder“ hat Platz im Lied von der Güte, weil, wer ihn wie hier Francesco mit Gott zusammenschaut, mit ihm ausgesöhnt ist. Und sogar das Mysterium der Sünde wird erinnert, zusammengebunden mit dem, was aus der Verstrickung in es befreit: im „heiligsten Willen“ Gottes gefunden zu werden. Franz' Verse versprachlichen gleichsam jene Fäden aus Licht, die alle geschöpfliche Wirklichkeit mit ihrem Schöpfer verbindet und denen entlang der Betrachter der Geschöpfe zu jener einenden Mitte von allem hinausfindet. Indem Franz als Zeugen der Gottesgüte auch diejenigen aufruft, die um der Liebe Gottes willen das Böse vergeben und in Geduld Trauer und Schmerz ertragen, benennt er, was die Macht hat, die Herrlichkeit Gottes mit dem Rätsel des Ungestalten in der Welt zu versöhnen. Dem allem zusammen gibt Franz poetisch durch kunstvolle Ordnung Gestalt: Der Sonnengesang repräsentiert das erste wichtige Werk der Dichtkunst in italienischer Sprache.

Das Christliche und das Ästhetische. Ich denke, Sie merken an diesem Beispiel von selbst, wie tief dem Religiösen – und gerade dem Christlichen – der Bezug zum Ästhetischen eingeschrieben ist, aber auch: wie umgekehrt die substanzielle Ambivalenz des Ästhetischen in der Konfrontation mit dem Religiösen aufgehoben zu werden vermag. Wenn ich dabei im Vorausgehenden mehrfach speziell auf das Christliche abgehoben habe, dann entsprang das nicht einfach meiner Zugehörigkeit zu dieser religiösen Tradition. Vielmehr liegt im Fall des Christentums eine Beziehung sui generis zum Ästhetischen vor.

Das lässt sich unschwer einsichtig machen: Es hat – um es vorwegnehmend gleich auf den Punkt zu bringen – mit der Inkarnation, der Menschwerdung Gottes als der christlichen Basis-Überzeugung zu tun. Auf dem Mutterboden des Christentums, also den jüdischen Glaubenstraditionen und ihrer Sedimentierung im Tenach, der jüdischen Bibel, begegnet dem Ästhetischen, den Bildern und ihrem Anschauen, zunächst eine ausgesprochene Reserve. Für sie steht das Stichwort „Bilderverbot“ – von ihm muss noch ausführlicher die Rede sein. (↗ Bd. 3, Teil B, Kap. 2.2) Wichtiger ist da zunächst das Hören. Aus gutem Grund spricht Erich Zenger von den für Israel normativen Hörbildern.[61] Erst relativ spät tritt eine Tendenz zur Visualisierung hinzu, die mit dem Begriff der „kabod“ (Herrlichkeit) auch den des Erscheinens konnotiert.

61 Vgl. ZENGER, Erich: Am Fuß des Sinai. Gottesbilder des Ersten Testaments. Düsseldorf 1993. 101-109.

Deutlich anders im Raum der christlichen Traditionen von Anfang an: 227 Mal begegnen in dem an sich schmalen Neuen Testament die Worte „doxa“ (Herrlichkeit, Erscheinung) und „doxadsein“ (erscheinen, aufstrahlen). Mehr als alle anderen Bücher des Neuen Testaments bestimmt das Johannes-Evangelium eine ästhetische Achse: Von Anfang bis Ende redet es vom Menschen Jesus aus Nazaret als dem, an dem die „doxa“ Gottes aufleuchtet, von 1,14 – 13,31. 1,14 heißt es:

> „Und das Wort ist Fleisch geworden
> und hat unter uns gewohnt,
> und wir haben seine Herrlichkeit gesehen,
> die Herrlichkeit des einzigen Sohnes vom Vater,
> voll Gnade und Wahrheit [wörtlicher: voll Charme und Treue; K. M.].“ (Joh 1,14)

Und 13,31 steht:

> „Als Judas [beim Abendmahl; K. M.] hinausgegangen war, sagte Jesus: Jetzt ist der Menschensohn verherrlicht, und Gott ist in ihm verherrlicht“ (Joh 13,31) –

weshalb ja auch für Johannes der Gekreuzigte der Verherrlichte, also die Herrlichkeit Gottes Versinnbildende ist, der die auf ihn Schauenden ergreift, so dass für Johannes Karfreitag, Ostermorgen und Pfingsttag ineins fallen.

Materialismus der Inkarnation. Es versteht sich von selbst, dass dieser durch den Materialismus der Fleischwerdung Gottes freigesetzte ästhetische Grundzug des christlichen Bekenntnisses fundamentale Folgen für das Verständnis des Religiösen wie des Ästhetischen nach sich ziehen musste. (↗ Bd. 3, Teil A, Kap. 6.5) Es gibt bis dato keine sinnlichere Religion als das Christentum. Gelegentliche anti-sinnliche Revolten – wie etwa der Ikonoklasmus, also die Zerstörung religiöser Bilder in der Ostkirche des 8. und 9. Jahrhunderts, aber auch im Westen unter dem Vorzeichen des Calvinismus und der Französischen Revolution – bestätigen das nur. Umgekehrt hat das Ästhetische im Horizont des christlichen Kerygmas einen nicht zu überschätzenden Gewichtszuwachs erfahren. Vielleicht wird das nirgends deutlicher als an einem Theologen unseres Jahrhunderts: an Karl Barth. Barth ist wesentlicher Begründer der so genannten „Dialektischen Theologie“. Dieser gilt alle Religion – alles Opfern, Feiern, Beten – als in sich bereits sündhafte Anmaßung des Menschen, sich des unverfüglichen Gottes zu bemächtigen. Und vor allem das menschliche Reden von Gott am Leitfaden von Ähnlichkeiten mit dem Kreatürlichen – also das seinem Kern nach ästhetische Prinzip der Analogie – erachtet Barth als die „Erfindung des Antichrist“[62], deretwegen man nach seiner Ansicht nicht katholisch werden kann, wobei ihm alle anderen Gründe dafür, nicht katholisch zu werden, im Ver-

62 BARTH, Karl: Die kirchliche Dogmatik. Bd. I,1: Die Lehre vom Wort Gottes. Prolegomena zur kirchlichen Dogmatik. 9. Aufl. Zürich 1975. VIII.

gleich dazu als – nochmals wörtlich – „kurzsichtig und unernsthaft“[63] gelten. (↗ Bd. 3, Teil C, Kap. 1.1) Doch ebendieser Karl Barth, der solches zu Protokoll gibt, schreibt im gleichen Werk, in dessen Vorwort die eben reportierte Invektive gegen die Analogie steht, etwas später einen knapp 50 Seiten langen Traktat über die Schönheit Gottes.[64]

Gottes Schönheit. Er beschließt seine Ausführungen über „Die Wirklichkeit Gottes“, also die systematische Gotteslehre, mit einem umfänglichen Kapitel über „Gottes Ewigkeit und Herrlichkeit“. Und in dessen Schlussteil wiederum rekurriert er zur wirklichen Durchklärung des Begriffs der Herrlichkeit Gottes auf das Schöne:

> „Der Begriff, der sich hier in unmittelbarer Nähe befindet und der zur Bezeichnung des uns noch fehlenden Momentes des Begriffs der Herrlichkeit legitim und dienlich sein dürfte, ist der Begriff der *Schönheit*. Dürfen und müssen wir sagen, daß Gott schön ist, dann sagen wir eben damit, *wie* er erleuchtet, überführt, überzeugt. Wir bezeichnen dann nicht bloß die nackte Tatsache seiner Offenbarung und auch nicht bloß deren Gewalt als solche, sondern die Form und Gestalt, in der sie Tatsache ist und Gewalt hat. Wir sagen dann: Gott hat jene für sich selbst sprechende, jene gewinnende und überwindende Überlegenheit und Anziehungskraft eben darin, daß er schön ist – göttlich, in seiner ihm und ihm allein eigenen Weise schön, schön als die unerreichbare Urschönheit, aber gerade so wirklich schön und eben darum nicht nur als ein Faktum, nicht nur als eine Kraft, oder vielmehr: als Faktum und Kraft in der Weise, daß er sich durchsetzt als der, der *Wohlgefallen* erregt, *Begehren* schafft und mit *Genuß* belohnt und das damit, daß er wohlgefällig, begehrenswert und genußvoll ist: der Wohlgefällige, Begehrenswerte und Genußvolle, das zuerst und zuletzt allein Wohlgefällige, Begehrenswerte und Genußvolle. Gott liebt uns als der, der als Gott *liebenswürdig* ist. Das sagen wir, wenn wir sagen, daß Gott schön ist.“[65]

Außerhalb des Horizonts des Inkarnationsgedankens wäre es Barth nach eigenem ausdrücklichen Bekenntnis nicht möglich gewesen, von so etwas wie der Schönheit Gottes zu sprechen, sofern

> „[...] wir es hier mit dem Zentrum und Ziel und so auch mit dem verborgenen Anfang aller Werke Gottes zu tun haben.“[66]

Erniedrigung Gottes – Erhöhung des Menschen. Für Barth geschieht in der Inkarnation eine Selbstunterscheidung Gottes in Gestalt einer unbegreiflichen Erniedrigung Gottes zum Menschen, die zugleich nichts anderes als eine unbegreifliche Erhöhung des Menschen zu sich selber ist und als solche die Herrlichkeit Gottes repräsentiert.[67] Barths eigene Konsequenzen dieses Befunds führen sozusa-

[63] BARTH: Dogmatik (Anm. 62). IX.
[64] Vgl. BARTH, Karl: Die kirchliche Dogmatik. Bd. II,1: Die Lehre von Gott. 3. Aufl. Zürich 1948. 722-764.
[65] BARTH: Dogmatik (Anm. 62). 733-734.
[66] BARTH: Dogmatik (Anm. 62). 746.
[67] Vgl. BARTH: Dogmatik (Anm. 62). 748.

gen senkrecht in das Innerste der christlichen Gottrede, also die Trinität. Derzeit erhält Barths systematisch-spekulative Beanspruchung der Ästhetik für eine Dogmatik so etwas wie ein empirisches Gegenstück: Der katholische Theologe Alex Stock ist gerade dabei, eine mehrbändige *Poetische Dogmatik* vorzulegen; die bereits erschienenen Bände zur Christologie und zur Gotteslehre sind verheißungsvoll.[68]

Folgefragen. Genauso aber vermag das ästhetisch gedachte Inkarnationstheorem – wird es denn ernst genommen – philosophisch in dreierlei Richtung substanzielle Fragen anzustoßen. Zum einen, inwiefern denn der Mensch als solcher angelegt sei, Ort der Manifestation oder gar Darstellung dessen zu sein, wovon Religion spricht. Zum zweiten, wie sich dieser Manifestationsort zu dem verhält, was gemeinhin „Natur" heißt. Und umgekehrt – drittens – provoziert der Inkarnationsgedanke auch die Frage, ob und inwiefern denn erst möglicherweise durch Religion – und auch noch: durch welche – das Rätsel „Mensch" zu einer stimmigen Aufklärung über sich selber kommt.

Damit sind die Anthropologie inklusive der Naturphilosophie und die Religionsphilosophie (↗ Bd. 3, Teile A u. B) als die Gravitationszentren weiterer Reflexionsarbeit in Blick gebracht, die dann ihr systematisches Widerlager in der abschließenden Gotteslehre (↗ Bd. 3, Teil C) finden werden.

Bevor dieser Gesamtbereich der Weisen von Selbstbezug und Gottesfrage in Blick genommen wird, steht aber noch so etwas wie ein Querschnittthema zu den vorausgehend in diesem Band behandelten Weisen der Weltbeziehung an, das dann aber auch die Themenfelder des nächsten Bandes begleiten und im Schlussschritt der Gotteslehre zur großen Herausforderung werden wird: die Frage, wie und in welchem Sinn all den bislang durchlaufenen und den noch ausstehenden philosophischen Selbst- und Weltbeschreibungen ein Wirklichkeitssinn zugesprochen werden kann und muss – und dahinter noch: Was denn das eigentlich meint: „wirklich sein". Diesem Themenkomplex ist im folgenden Teil der Überlegungen nachzugehen.

[68] Vgl. hier bes. STOCK, Alex: Poetische Dogmatik. Gotteslehre Bd. I-III. Paderborn u.a. 2004 - 2007. – Vgl. dazu VAN DE LOO: Hölzerne Eisen (Anm. 53).

Teil C:
Ontologie

0. Hinführung

Verschiedene Wirklichkeiten. Die nachfolgend anzustellenden Überlegungen könnte man auch unter einen Titel stellen, der im ersten Moment beinahe holprig klingt, obwohl er von einem der Großmeister der Philosophie stammt: „Was es ist, dies zu sein"[1]. Aristoteles bündelte in dieser Wendung eines der Hauptinteressen seines Nachdenkens. Er wollte wissen, was das eigentlich ist, was wir in der Alltagssprache „Wirklichkeit" nennen. Er fragt nach den Strukturen, Gründen und Prinzipien, dass etwas das ist, was es ist – und danach, wie wir das alles wissen können, wenn wir es wissen können. Er fragt nach dem Alltäglichsten, Selbstverständlichsten, weil wir auf Schritt und Tritt auf etwas stoßen, von dem wir sagen, dass es ist, und zu sagen versuchen, was es ist. Und zugleich fragt er damit natürlich auch nach allem, weil wir eben dies, dass etwas ist, von allem sagen, was uns begegnet, obwohl das, was uns da unterkommt, auf vielfältigste Weise verschieden ist – so verschieden wie eine Tasse von einem Traum, ein Traum von einem Atomkern, ein Atomkern von einem Bischof, ein Bischof von einem Gedanken, ein Gedanke von einem Planeten, ein Planet von einem Schatten, ein Schatten von einem Gewitter sein kann usw. usw.

***Eine* Rede.** Wie kommt es aber, dass wir trotzdem von all dem gemeinsam sagen, dass es sei? Ist da etwas Gemeinsames, das es über alles hinweg verbindet, gar etwas, an dem all das Genannte unerachtet seiner Differenzen teilhat. Oder bilden sie alle, diese Seienden, eine Ganzheit? Und was begründet diese? Oder ist sie grundlos, ihr eigener Ursprung? Wer sich freilich nicht damit begnügt, eine prinzipiell endlose Kette einzelner Seiender sozusagen durch sein Bewusstsein laufen zu lassen, sondern sie im Licht des Gedankens einer Ganzheit zu sehen, der hat bereits die Frage nach einer alles bestimmenden und begründenden Wirklichkeit hinter oder unter oder in all diesem einzelnen Seienden gestellt. Und genau das ist die Gelenkstelle zwischen der Frage nach dem Seienden als Seiendem und der Theologie. Sie kennt auch diesen Gedanken einer alles bestimmenden und begründenden Wirklichkeit und nennt das in diesem Gedanken Gedachte „Gott". Das aber bedeutet umgekehrt: Jede Theologie, die das, wovon sie spricht, nicht einfach als Poesie menschlicher Emotionen oder als Rhetorik im Dienst politischer Intervention abtut, geht so genannte „ontological commitments" ein, „ontologische Verpflichtungen", d.h.: Sie beansprucht für das, was sie sagt, einen Wirklichkeitssinn. Dass das ein ganz anderer sein muss als der Wirklichkeitssinn, den unsere Rede von Träumen, Bäumen, Blitzen und Bischöfen etwa impliziert, liegt auf der Hand. Aber um welche Weise von Wirklichkeit handelt es sich dabei? Das wird sich näherungsweise nur klären las-

[1] ARISTOTELES: Metaphysik. 988a, 34.

sen, wenn wir uns zuvor auch über den Wirklichkeitssinn der alltäglichen Dinge verständigt haben. Darum gehört zu den Philosophischen Grundfragen der Theologie auch ein Traktat der „Ontologie“. Was versteht man darunter genau?

0.1 Kleine Namenskunde

Ontologie. Der Name „Ontologie“[2] – am besten zu übersetzen mit: Lehre vom Seienden als Seiendem – kam allerdings erst neuzeitlich auf, wie übrigens die Namen auch etlicher anderer philosophischer Teildisziplinen (wie etwa „Religionsphilosophie“ oder „Anthropologie“). Erstmalig begegnet der Terminus im *Lexicon philosophicum* des Goclenius von 1613, das ist die latinisierte Form des Familiennamens eines gewissen Herrn Rudolf Göckel, den man zu seiner Zeit wegen seiner stupenden philosophiedidaktischen Fähigkeiten „Platon von Marburg“ respektive „Aristoteles christianus“ nannte (heute kennt ihn keiner mehr). In der Folgezeit findet der Name „Ontologie“ schnell Verbreitung (in der Anfangszeit findet man manchmal auch die Variante „Ontosophia“). Zufall war diese terminologische Neuprägung natürlich (wie immer in der Philosophie) keiner. Vielmehr spiegelt sich im Aufkommen des Namens „Ontologie“ der Anfang des Auseinandertretens dessen, was von Aristoteles bis in die Anfänge der Neuzeit wie selbstverständlich unter dem Titel „Metaphysik“ zusammengehörig schien. Die Frage nach dem Seienden als Seiendem hatte sich immer wie von selbst auf die nach den ersten Prinzipien oder dem letzten Grund von allem hinentwickelt. Diese Einheit geht jetzt verloren – und das ist lange vor Kant das erste Anzeichen dafür, dass der philosophischen Theologie fundamentale Umorientierungen bevorstehen. Die Reflexion der Seinsbereiche differenziert sich aus und verselbstständigt sich, der Gedanke eines ersten Grundes oder letzten Zieles wird ein Thema für sich. Jetzt wird die Frage nach dem Seienden als Seiendem, also die genuine Frage der Metaphysik, zum Gegenstand der „metaphysica generalis“, und dieser gegenüber gibt es eine „metaphysica specialis“. Die befasst sich in Gestalt einer natürlichen Theologie mit der Frage des ersten Grundes, wenig später werden dieser speziellen Metaphysik auch die Bereiche der rationalen Psychologie und der Kosmologie zugeschlagen. Das ist dann die Form der Schulmetaphysik, gegen die Kant seine Kritik formulieren wird. Schon mit dem Auseinandertreten beider Aufgabenfelder war freilich die Möglichkeit vorbereitet, die Fragen nach Gott, Seele und Welt einer ganz anderen Methodik zu unterwerfen als die Untersuchung der anderen Seinsbereiche und dementsprechend auch zu völlig neuen Lösungen durchzustoßen, wie das eben bahnbrechend (wenn auch

[2] Vgl. dazu bes. LENSINK, Jos: Art. Ontologie. In: Europäische Enzyklopädie zu Philosophie und Wissenschaften. Hg. v. Hans Jörg Sandkühler. Bd. 3. Hamburg 1990. 615-628. Hier bes. 615-618.

längst nicht befriedigend) durch Kant geschehen ist. Der Sache nach handelt es sich darum bei der Ontologie – kontraintuitiv zu ihrem alten Namen „metaphysica generalis" – um einen Teilbereich metaphysischen Fragens. Heute wird in der Regel von Ontologie gesprochen, um den Namen „Metaphysik" zu vermeiden und damit dem für beinahe alle gegenwärtige Philosophie als selbstverständliche Voraussetzung geltenden Prinzip des methodischen Atheismus von vornherein Genüge zu tun. Inwiefern Grund und auch nur Anlass zur Annahme dieses Prinzips besteht, ist ein Thema für sich, auf das wir eigens eingehen werden.

Metaphysik. Gleichwohl dürfen uns die verwickelten Verhältnisse und die Verlegenheit im Umgang mit dem Titel der „Ontologie" nicht sonderlich überraschen. Vergleichbares gilt nämlich genauso für den Gebrauch des Namens „Metaphysik" – und zwar von Anfang an. Nicht nur, dass nicht so richtig klar ist, woher der Name eigentlich genau kommt und dass im Gang der Epochen unter Metaphysik sehr Verschiedenes verstanden wurde, wie wir noch sehen werden. Genauso gehört zum Schicksal des Namens „Metaphysik", phasenweise regelrechte Ressentiments auf sich zu ziehen. Georg Wilhelm Friedrich Hegel etwa klagte 1802 in der Eröffnungspassage eines kleinen Aufsatzes mit dem Titel *Wer denkt abstrakt?*:

> „Denken? Abstrakt? – Sauve qui peut! Rette sich, wer kann! So höre ich schon einen vom Feinde erkauften Verräter ausrufen, der diesen Aufsatz dafür ausschreibt, daß hier von Metaphysik die Rede sein werde. Denn *Metaphysik* ist das Wort, wie *abstrakt* und beinahe auch *Denken*, ist das Wort, vor dem jeder mehr oder minder wie vor einem mit der Pest Behafteten davonläuft."[3]

Woher kommt diese schlechte Presse der Metaphysik? Rührt das nicht zuletzt daher, dass selbst die, die Metaphysik treiben, alles andere als eins sind darüber, was sie denn eigentlich tun und worum es ihnen geht – womit wir natürlich schon wieder mitten im Thema stecken.

Was ist Metaphysik? Um die Katze gleich aus dem Sack zu lassen: *Die* Metaphysik gibt es nicht. Was unter diesem technischen Titel begegnet, sind Richtungsangaben für eine Suchbewegung der Vernunft, wobei diese Suchbewegung von sehr verschiedenen Ausgangspunkten her in Gang kommen und in ebenso sehr verschiedene Richtungen sich entfalten kann. Sofern es uns überhaupt gibt, gibt es uns als Wissende. Wir können nicht *nicht* wissen. Und wir wissen nicht nur dies oder jenes, sondern wissen auch, dass wir dies und jenes wissen (und dies und jenes natürlich auch nicht). Darum fragen wir nach dem Wissen selbst, wie es zustande kommt, worauf es sich im Letzten stützt, ob und wie das Wissen von diesem und das Wissen von jenem zusammenhängt – und ob gar alles überhaupt mögliche Wissen eine

[3] HEGEL, Georg W.F.: Wer denkt abstrakt? In: DERS.: Sämtliche Werke. Jubiläumsausgabe in 20 Bänden. Hg. v. Hermann Glockner. Bd. 20: Vermischte Schriften aus der Berliner Zeit. 3. Aufl. Stuttgart 1958. 445-450. Hier 445.

letzte Einheit bildet. Aus unserer faktischen Selbsterfahrung als Wissende kommen Fragen auf nach ersten Gründen und letzten Zielen dieses Wissens, nach der Wirklichkeit dieses Wissens und natürlich auch nach der Wirklichkeit der in diesem Wissen thematisch werdenden Wirklichkeiten.

Weisheit. Dabei speist sich diese unserer Wissentlichkeit eingeschriebene Dynamik keineswegs nur aus einem theoretischen Interesse. Vielmehr ist sie in das eingebettet, was sehr ungenau „Sinnfrage" heißt und damit zu tun hat, wie jemand sein Leben als solches versteht und welche grundsätzliche Ausrichtung er oder sie ihm deswegen zu geben Anlass sieht. Metaphysisches Fragen prägt von Wesen ein sapientialer, also weisheitlicher Zug. Man könnte auch, wie das etwa Dieter Henrich seit langem tut, sagen: Metaphysik ist der Name dafür, dass aus einem bewusst geführten Leben „letzte Gedanken" aufkommen, Denkfiguren, die alles, was war, was ist, was getan und gelitten wurde, und auch das, was noch erhofft wird, in einen letzten Sinnzusammenhang stellen.[4] Und dass bewusstes Leben, will es nicht die Gewissheit seines eigenen Wirklichseins als Illusion verdächtigen, von diesem letzten Sinnzusammenhang auf dem Forum, also dem Gerichtsplatz der Vernunft, erwägen möchte, wovonher auch von ihm – diesem Sinnzusammenhang – gesagt werden könne, dass er wirklich sei.

Gleichzeitig besteht das Spezifische der Metaphysik als philosophischer Tätigkeit darin, diesem Trachten nach Weisheit – anders als etwa die Weisheitsformen der Mythen, der Religionen, der Künste – in Form begrifflicher Arbeit und kontrollierbarer Diskurse Geltung zu verschaffen. Übrigens entstand diese Form weisheitlicher Daseinsorientierung einzig im okzidentalen Kulturbereich und in einer nochmals ganz anderen, aber doch wiederum vergleichbaren Form im indischen Kulturbereich; möglicherweise steht das mit der besonderen Struktur der indoeuropäischen Sprachen im Zusammenhang, das nebenher. Sofern dabei über das Gegebene in seinem faktischen Gegebensein fragend hinausgegriffen wird auf sein Woher, Warum und Wozu, hält, wer Metaphysik treibt, Aussagen über Transempirisches für möglich – Aussagen, denen der Charakter von Wissen, also Evidenz und/oder Überprüfbarkeit eignet.

Kritik und Bestreitung. Von welchem Ausgangspunkt her und anhand welcher Methode dies zu geschehen habe, darüber gehen die Meinungen derer, die Metaphysik treiben, so weit auseinander, dass anderen ebendieses Faktum unaufhebbarer Dissense zum Anlass radikaler Metaphysikkritik und schließlich der Bestreitung auch nur

4 Vgl. HENRICH, Dieter: Bewußtes Leben und Metaphysik. In: DERS.: Bewußtes Leben. Untersuchungen zum Verhältnis von Subjektivität und Metaphysik. Stuttgart 1999. 194-216. Hier 195.

der Möglichkeit dessen wurde, was unter diesem Titel zur Debatte steht. Was freilich die Metaphysiker ihrerseits nicht ruhen und dann einigermaßen maliziös darauf hinweisen lässt, dass gerade die schärfsten Metaphysikkritiker ihre Kritik aus zum Teil kühnen metaphysischen Annahmen speisen. Darum ist z.B. der Materialismus selbst eine Metaphysik: Denn die Behauptung, es gebe einzig Materielles, reicht ja bereits über den Bereich des Empirischen hinaus und kann auch nicht mit den für das Empirische brauchbaren Weisen der Wissensgewinnung gerechtfertigt werden. Dass es nur Materielles gibt, kann mit materialistischen Mitteln nicht bewiesen werden. Die weite Verbreitung, die materialistische Weltbeschreibungen etwa seit Mitte des 19. Jahrhunderts gefunden haben und gegenwärtig in vielfältigen Naturalisierungsprogrammen alles Mentalen finden, vermögen darum in keiner Weise die Frage nach der Möglichkeit einer Metaphysik obsolet zu machen. Was im Übrigen nicht heißt, die Metaphysikkritik habe nicht auch Wichtiges zur Sache beizutragen – ganz im Gegenteil: Aus dem Druck kritischer Bestreitung geht das Tragfähige an metaphysischen Traditionen gehärtet hervor. Darum werden im Gang dieser Überlegungen auch die Grundformen von Metaphysikkritik zur Sprache kommen.

Programm. Damit kann bereits das nachfolgend abzuhandelnde Programm skizziert werden. Der Zugang zur Metaphysik wird über einige Gedanken desjenigen führen, mit dessen Namen der Titel „Metaphysik" untrennbar verbunden ist und der als der Begründer dieser Disziplin gilt, obwohl er den Namen selbst nie gebraucht hat und auch in einem nur sehr begrenzten Sinn als Gründerfigur in Frage kommt: Aristoteles. Gleichwohl sind die gesamte abendländische Philosophie und speziell die Metaphysik ohne genauere Kenntnis einiger aristotelischer Begriffe nicht zu verstehen. Dabei hat der Stagirite seine Überlegungen in einer verzwickten Mischung aus Übernahme und Kritik von Gedanken seines Lehrers Platon entwickelt, und der wiederum hat das, was man seine „Metaphysik" nennen könnte, im Blick nicht auf die Lehre – denn die gibt es gar nicht –, sondern auf die Figur des Sokrates konzipiert. Dieser Figur und den Konsequenzen, die Platon aus der Begegnung mit Sokrates zieht, haben wir in einem eigenen Abschnitt aber nicht nur wegen der Bedeutung für Aristoteles nachzugehen. Dafür gibt es einen ebenso wichtigen zweiten Anlass: Nach jahrhundertelangem Vergessen wurde der „ganze" Aristoteles auf abenteuerlichen Vermittlungswegen erst im 13. Jahrhundert im Westen bekannt. Christliche Theologen griffen diese völlig neue, von den Offenbarungstraditionen unabhängige Philosophie auf und entwickelten aus ihr in zum Teil kühnen Umbauten eine mit der christlichen Offenbarung kompatible Metaphysik, indem sie zumindest ein Stück weit so etwas wie eine Replatonisierung aristotelischer Gedanken wagten. Theologinnen und Theologen müssen diesem Vorgang zumindest einmal in den Grundzügen begegnet sein, weil sich nur von ihm her historisch wie systematisch die intellektuelle Wirkungsgeschichte der christlichen Denkform und ihrer Theologien begreifen lässt. Was längst nicht heißt, die reflexive Selbstentfaltung der christlichen Tradition habe in diesem mittelalterlichen Denken, das man sehr grob gern als Scholastik bezeichnet, ihr für alle Zeiten gültiges Richtmaß gefunden! Davon kann allein schon deshalb keine Rede sein, weil die Tradition der Metaphysikkritik nirgends anders als innerhalb der Theologie selbst und genau zu der Zeit einsetzte, da die christliche Metaphysik von Höhepunkt zu Höhepunkt zu eilen schien. Welche Kraft dieses Paradigma gleichwohl zu entfalten vermochte, wird daran ersichtlich, dass es nach dem Ende des so genannten Mittelalters unter den Bedingungen der Neuzeit mehrfach zu Neubegründungen der Metaphysik auf höchstem Niveau kommt und sogar nochmals eine wirkliche Schulmetaphysik entstehen konnte, also eine Konzeption, die allem philosophischen und theologischen Denken auf selbstverständliche Weise zustimmungsfähig schien. Um so drastischer freilich nimmt sich darum auch die Kritik aus, die diese Schulmetaphysik der Neuzeit dann durch denjenigen erfuhr, der sich durch den Gang und Erfolg der anderen Wissenschaften gezwungen sah zu prüfen, ob und wie denn auch die Metaphysik endlich auf dieses Niveau gehoben werden könne. Das war Immanuel Kant. Das Projekt hat ihm den Titel „Alleszermalmer“ eingetragen. Mit welchem Recht (oder nicht), werden wir zu prüfen haben. Weit mehr hätten diesen Titel wohl Spätere verdient; darum werden wir neben Kant noch andere Formen grundsätzlicher Metaphysikkritik ins Auge fassen, die des Neopositivismus und diejenige Martin Heideggers. Vor ein paar Jahren erst erschienen die Kongressbeiträge einer berühmten philosophischen Gesellschaft unter dem Titel „Metaphysik nach Kant?“ Das Fragezeichen hätte man sich sparen können. Denn schon zu Lebzeiten Kants selbst noch gab es Neuansätze von Metaphysik, die sich seinem Ansatz nicht nur nicht entgegenstellten, sondern überhaupt erst vollständig durchzuführen suchten. Und was die anderen Metaphysikkritiken betrifft: Heideggers Destruktion der abendländischen Metaphysik geschah einzig dazu, Platz zu schaffen für eine neue Metaphysik, im Vergleich zu der sich scheinbar gewagte Annahmen der Tradition eher harmlos ausnehmen. Und die Denkbewegung, der sich der Neopositivismus zugehörig weiß, die analytische Sprachphilosophie, hat mittlerweile Formen von Metaphysik hervorgebracht, die sich unschwer als Aristoteles-Comeback unter den Bedingungen der Gegenwart entziffern lassen. Muss daraus geschlossen werden, dass es ohne Metaphysik überhaupt nicht geht, nicht einmal dort, wo das ausdrücklich intendiert ist? Wenn das erwogen sein wird, werden wir auf die noch zu Kants Zeit einsetzende Neufassung der Metaphysik eingehen, weil sich mit ihr eine grundsätzliche systematische Alternative zu Aristoteles und zu Kant abzeichnet. Sie ist allen voran verbunden mit dem Namen Hegels und eröffnet dem philosophischen Denken buchstäblich eine neue Dimension. Mehrere spätere Varianten des Ansatzes, darunter die elaborierteste Metaphysik des 20. Jahrhunderts, diejenige Alfred N. Whiteheads, sowie die profilierteste Antimetaphysik der Gegenwart, die in Wahrheit eine der kühnsten Metaphysiken überhaupt ist, diejenige W.V.O. Quines, treten hinzu. So wird – wie ich hoffe – eine Art „dichte Beschreibung" dessen entstehen, was man heute unter Ontologie versteht und früher „metaphysica generalis" nannte. Die dazugehörige „metaphysica specialis" wird im Traktat über die philosophische Gotteslehre abgehandelt. (⇖ Bd. 1, Kap. 10; ⇗ Bd. 3, Teil C) Vielleicht lässt sich dieser traditionellen Unterscheidung zumindest dies entnehmen, dass es in der Philosophie nicht nur um die letzten und größten Dinge – wie eben die Gottesfrage etwa – geht, sondern mit gleichem Recht auch um das Naheliegende und Kleinste – wie eben das so genannte Datum oder Faktum, dass da etwas ist und dass es es ist und nicht ein anderes usw. Deshalb kommt man in das philosophische Nachdenken über das, was wir Wirklichkeit nennen, am besten dadurch hinein, dass man sich klar macht, wie uns alltägliche, ja geradezu banale Dinge ins Denken verstricken können – wenn man nur denkt.

0.2 Wie alle Ontologie beginnt oder: Sich ins Denken verstricken

Philosophie des Lochs. Wem wäre das noch nicht widerfahren: Man sinniert ein wenig oder macht eine irritierende Beobachtung und findet sich im Handumdrehen in ein Knäuel von Fragen verstrickt. Auf kaum mehr zu überbietende Weise hat das der Journalist Kurt Tucholsky 1931 in einer Kolumne mit dem Titel *Zur soziologischen Psychologie der Löcher* vorgeführt. Ich zitiere in Auszügen:

> „Ein Loch ist da, wo etwas nicht ist. Das Loch ist ein ewiger Kompagnon des Nicht-Lochs: Loch allein kommt nicht vor, so leid es mir tut. Wäre überall etwas, dann gäbe es kein Loch, aber auch keine Philosophie und erst recht keine Religion, als welche aus dem Loch kommt. Die Maus könnte nicht leben ohne es, der Mensch auch nicht: es ist beider letzte Rettung, wenn sie von der Materie bedrängt werden. Loch ist immer gut. Wenn der Mensch 'Loch' hört, bekommt er Assoziationen: manche denken an Zündloch, manche an Knopfloch, manche an Goebbels [Nota bene: geschrieben 1931].
> [...] Das Merkwürdigste an einem Loch ist der Rand. Er gehört noch zum Etwas, sieht aber beständig in das Nichts, eine Grenzwache der Materie. Das Nichts hat keine Grenzwache: während den Molekülen am Rande eines Lochs schwindlig wird, weil sie in das Loch sehen, wird den Molekülen des Lochs... festlig? Dafür gibt es kein Wort. Denn unsere Sprache ist von Etwas-Leuten gemacht; die Loch-Leute sprechen ihre eigene. Das Loch ist statisch; Löcher auf Reisen gibt es nicht. Fast nicht. Löcher, die sich vermählen, werden Eines, einer der sonderbarsten Vorgänge unter denen, die sich nicht denken lassen. Trenne die Scheidewand zwischen zwei Löchern: gehört dann der rechte Rand zum linken Loch? oder der linke zum rechten? oder jeder zu sich? oder beide zu beiden?...
> Wenn ein Loch zugestopft wird: wo bleibt es dann? Drückt es sich seitwärts in die Materie? oder läuft es zu einem anderen Loch, um ihm ein Leid zu klagen wo bleibt das zugestopfte Loch? Niemand weiß das: unser Wissen hat hier eines. Wo ein Ding ist, kann kein andres sein. Wo schon ein Loch ist:
> kann da noch ein andres sein?
> Und warum gibt es keine halben Löcher –?
> Manche Gegenstände werden durch ein einziges Löchlein entwertet; weil an einer Stelle von ihnen etwas nicht ist, gilt nun das ganze übrige nicht mehr. Beispiele: ein Fahrschein... und ein Luftballon. Das Ding an sich muß noch gesucht werden; das Loch ist schon an sich. Wer mit einem Bein im Loch stäke und mit dem andern bei uns, der allein wäre wahrhaft weise. Doch soll dies noch keinem gelungen sein. Größenwahnsinnige behaupten, das Loch sei etwas Negatives. Das ist nicht richtig: der Mensch ist ein Nicht-Loch, und das Loch ist das Primäre... Verzeihen Sie diesen Abschnitt; ich hatte nur zwischen dem vorigen Stück und dem nächsten ein Loch ausfüllen wollen."[5]

[5] TUCHOLSKY, Kurt: Zur soziologischen Psychologie der Löcher. In: DERS.: Gesammelte Werke. Bd. 9. Reinbek b. Hamburg 1975. Aufl. 1985. 152-153.

Mit Tucholsky selbst könnte man noch fortfahren: „Lochen Sie nicht...“[6] Die paar Zeilen zeichnen nämlich brillant nach, wie die abendländische Philosophie entstand, wie sie sich in ihrem Ursprung verstand – und worin die Grundprobleme speziell der Ontologie bestehen; auch die etwas ungewöhnliche sprachliche Form gehört dazu. Fünf Momente scheinen mir bemerkenswert:

(a) Theorie. Etwas gibt es nur in Verbindung mit dem Loch. Ohne Loch keine Philosophie und erst recht keine Religion, schreibt Tucholsky. Die Verfassung der Wirklichkeit treibt zum Philosophieren. Dass Dinge so sind, wie sie sind, und mit anderen Dingen in Zusammenhang stehen auf eine Weise, die nicht anders sein kann, als sie ist, ohne dass sich verstehen ließe, warum sich das so verhält, so beginnt alles. Der, dem das auffällt, hält inne. Er macht Pause (vom griechischen „anapauein“: „zur Ruhe kommen“, „sich ausruhen“) im besorgenden oder herstellenden Umgang mit den Dingen. Er unterbricht die Praxis, um den Dingen, die ihm begegnen oder mit denen er umgeht, nachzudenken. Er schaut nach, wie es sich mit dem, was ist, verhält. „Schauen“, „nachschauen“ heißt griechisch „theorein“. Philosophie ist von Wesen „theoretisch“, hat darum substanziell auch etwas mit Betrachtung im Sinn von Meditation, mit bedächtigem Erwägen zu tun.

Auch die so genannte „Praktische Philosophie“, also die Ethik, ist im erläuterten Sinn „theoretisch“. Sie sucht gedanklich zu klären, wie rechtes Handeln und Leben ausschauen. Den Gang der Dinge und des Handelns zu unterbrechen, um nachzuschauen, wie es sich verhält, kann sich dabei nur der leisten, der nicht um sein Überleben bangen oder kämpfen muss. Thomas von Aquin nannte die Philosophie darum „scientia vespertina“, etwas also, was am Abend, erst nach verrichtetem Tagwerk betrieben wird. Und Georg Wilhelm Friedrich Hegel sekundiert ihm, wenn er ca. 600 Jahre später schreibt, die Eule der Minerva – also das Wappentier der Göttin der Weisheit – beginne erst mit der einbrechenden Dämmerung ihren Flug.[7] Gleichzeitig unterhält sich, wer philosophiert, nicht mit einem Glasperlenspiel. Nachgeschaut und einem Sachverhalt nachgedacht (im buchstäblichen Sinn der Silbe „nach-“) wird ja mit dem Ziel, den Sachverhalt richtig zu kennen und zu erkennen, was er für Gründe und möglicherweise für Folgen hat. Das ist für sich genommen schon interessant; denn

> „Alle Menschen streben von Natur nach Wissen“[8],

wie Aristoteles im ersten Satz seiner *Metaphysik* schreibt. Aber auch jenseits solch zweckfreien Wissens ist die Kenntnis von Sachverhalten von Bedeutung. Denn nur wenn ich etwas wirklich kenne und um

[6] TUCHOLSKY: Psychologie der Löcher (Anm. 5). 153.

[7] Vgl. HEGEL, Georg W.F.: Grundlinien der Philosophie des Rechts oder Naturrecht und Staatswissenschaft im Grundrisse. In: DERS.: Sämtliche Werke. Jubiläumsausgabe in 20 Bänden. Hg. v. Hermann Glockner. Bd. 7. Stuttgart 1952. 37.

[8] ARISTOTELES: Metaphysik. 980a, 21.

seine ontologische Verfassung weiß, werde ich sachgemäß umgehen können damit. Auch sofern sie sich auf Praxis bezieht, ist Philosophie theoretisch (im buchstäblichen Sinn).

(b) Wissen und Nichtwissen. Der nächste Schritt Tucholskys führt bereits mitten hinein in die Ontologie: Kein Loch ohne Nicht-Loch und umgekehrt; das Problem mit dem Rand; und wohin geht ein Loch, wenn es zugestopft wird? Im Mittelalter hat man heftig darum gestritten, ob es denn nicht so wie einen Hund auch einen Nicht-Hund geben müsse. Denn der Satz „Es gibt einen Hund" behauptet die Existenz eines Hundes. Und behauptet der Satz „Es gibt keinen Hund" dann nicht folgerichtig, dass es etwas gibt, was eben ein Nicht-Hund ist? Dass man den Nicht-Hund, wenn es ihn gibt, nicht sehen kann, sticht nicht als Argument gegen ihn. Denn im Fall der Seele oder Gottes etwa verhält es sich genauso. Höchst merkwürdig das alles und mit solchen Merkwürdigkeiten beginnt die Philosophie. Das hat nicht erst Tucholsky gefunden, das wusste schon Aristoteles. Und darum hat er gleich auf einer der ersten Seiten seiner *Metaphysik* einen Satz geschrieben, den sich alle, die sich mit Philosophie befassen, auf einem Zettel über den Schreibtisch hängen könnten:

> „[...] das Staunen war dem Menschen jetzt wie vormals der Anfang des Philosophierens, indem sie sich anfangs über das unmittelbar Auffällige verwunderten, dann allmählich fortschritten und auch über Größeres sich in Zweifel einließen, z.B. über die Erscheinungen an dem Mond und der Sonne und den Gestirnen und über die Entstehung des Alls. Wer aber in Zweifel und Verwunderung über eine Sache ist, der glaubt sie nicht zu kennen."[9]

Das Staunen hat als der Urakt des Philosophierens zu gelten, gleichgültig, ob es um Löcher, Astronomie oder das All geht (und statt „All" könnte man in diesem Zusammenhang genauso gut „Gott" sagen). Was aber geschieht eigentlich, wenn jemand staunt? Aristoteles beobachtete scharf: Wer ins Staunen kommt, dem ist das, worüber er staunt, nicht oder nicht mehr aus sich und von selbst verständlich. Ich wundere mich, wenn ich in Zweifel darüber gerate, ob sich etwas wirklich so verhält, wie ich bislang gedacht habe. In dieser Beobachtung des Aristoteles steckt so viel, dass er selbst gar nicht alles gewärtigte. Einige Implikationen kamen im Grunde erst durch Immanuel Kant, also deutlich mehr als 2000 Jahre nach Aristoteles, wirklich zur Geltung. Und bestimmte Züge davon wiederum brachte schließlich die Philosophie unserer Tage ans Licht. Das Wichtigste davon an dieser Stelle nur im Stenogrammstil: Wenn „staunen" heißt: „Mir ist etwas nicht selbstverständlich und Zweifel kommen auf", dann gleiten im Staunen offenkundig Wissen und Nichtwissen von etwas ineinander. Wüsste ich von dem, worum es geht, überhaupt nichts, würde sich mir gar kein Problem stellen. Ein solches kommt erst dadurch auf, dass

9 ARISTOTELES: Metaphysik. 982b, 12-16.

ich von dem, worum es geht, weiß, aber auf für mich wahrnehmbare Weise nicht genug, nicht so viel, dass ich ohne Weiteres darüber hinweggehen und mich anderem zuwenden könnte. Am Anfang des Philosophierens stehen immer Wissen und Nichtwissen zugleich. Und das Philosophieren beginnt in dem Augenblick, in dem jemand ihr oder sein Wissen als vermeintliches, also als Nichtwissen entdeckt.

Für diese Vermeintlichkeit gibt es einen Namen, der es seinerseits in sich hat: „scheinen". Wenn ich etwas weiß, dann aber feststellen muss, dass es sich gar nicht so verhält, wie ich bislang meinte, dann schien mir nur, dass etwas so ist und nicht anders und trotzdem verhält es sich anders. Und dieses „Scheinen" ist keineswegs nur unvollständiges und damit ergänzbares Wissen. Die Differenz reicht unvergleichlich tiefer. Schon Platon hat sie in seinem Dialog *Theaitet* ausgelotet. Zwischen Sokrates und seinem Schüler Theaitet kommt es zu folgendem Wortwechsel:

„Sokrates: [...] Versuche also noch einmal von Anfang an, Theaitet, zu sagen, was Erkenntnis ist! [...].
Theaitetos: [...] Mir also scheint, wer etwas erkennt, dasjenige wahrzunehmen, was er erkennt; und wie es mir jetzt erscheint, ist Erkenntnis nichts anderes als Wahrnehmung.
Sokrates: [...] Wohlan, laß uns dieses gemeinschaftlich betrachten, ob es eine rechte Geburt ist oder ein Windei. Wahrnehmung, sagst du, sei Erkenntnis.
Theaitetos: Ja.
Sokrates: Und gar keine schlechte Erklärung scheinst du gegeben zu haben von der Erkenntnis, sondern welche auch Protagoras gibt [Protagoras ist einer der prominentesten Sophisten; K.M.]; nur daß er dieses nämliche auf eine etwas andere Weise ausgedrückt hat. Er sagt nämlich, der Mensch sei das Maß aller Dinge, der seienden, wie sie sind, der nichtseienden, wie sie nicht sind. Du hast dies doch gelesen.
Theaitetos: Oftmals habe ich es gelesen.
Sokrates: Nicht wahr, er meint dies so, daß wie ein jedes Ding mir erscheint, ein solches ist es auch mir, und wie es dir erscheint, ein solches ist es wiederum dir. Ein Mensch aber bist du sowohl als ich.
Theaitetos: So meint er es unstreitig.
Sokrates: Wahrscheinlich doch wird ein so weiser Mann nicht Torheiten reden. Laß uns ihm also nachgehen. Wird nicht bisweilen, indem derselbe Wind weht, den einen von uns frieren, den andern nicht. Oder den einen wenig, den andern sehr stark?
Theaitetos: Jawohl.
Sokrates: Sollen wir nun in diesem Falle sagen, daß der Wind an und für sich kalt ist oder nicht kalt? Oder sollen wir dem Protagoras glauben, daß er dem Frierenden ein kalter ist, dem Nichtfrierenden nicht?
Theaitetos: So wird es wohl sein müssen.
Sokrates: Und so erscheint er doch jedem von beiden?
Theaitetos: Freilich.
Sokrates: Dieses „erscheint" ist aber eben das Wahrnehmen.
Theaitetos: So ist es.

Sokrates: Erscheinung also und Wahrnehmung ist dasselbe in Absicht auf das Warme und alles, was dem ähnlich ist? Denn wie ein jeder es wahrnimmt, so scheint es für ihn auch zu sein.
Theaitetos: Das leuchtet ein.
Sokrates: Wahrnehmung ist also wohl immer des Seienden und untrüglich, wenn sie ja Erkenntnis ist.
Theaitetos: So scheint es."[10]

Gut, dass Theaitet auch an dieser Stelle „So scheint es" und nicht „So ist es" sagt. Sokrates wird ihm im weiteren Verlauf des Disputs nämlich schlüssig demonstrieren, dass Erkenntnis nicht mit Wahrnehmung identisch sein kann (weil nämlich das Sein von Ton und Farbe z.B., ihre Identität wie Differenz weder durch den Gesichtssinn noch durch das Gehör erkannt werden können, sondern nur kraft der Seele vermittelst ihrer selbst, also durch ein Vermögen, das von der Wahrnehmung verschieden ist). Bleiben wir hier aber unabhängig von dieser erkenntnistheoretischen Position nur beim Sinn des „Scheinens". Sokrates selbst bringt es ja in Zusammenhang mit Protagoras' berühmten „homo-mensura"-Satz, dass der Mensch das Maß aller Dinge sei und nennt es, wie am Ende zitiert, „apseudes", also „untrüglich". Und genau das stimmt ja auch. Sowenig freilich Scheinen und Erkennen identisch sind, so wenig hat Sokrates bzw. Platon diesen Status des Scheines selbst reflektiert. Und dieser Status ist aufregend, denn:

Was mir scheint, kann durch und durch falsch sein. Die Tatsache aber, dass mir etwas so und so scheint, wenn es mir so scheint, lässt sich durch nichts widerlegen. Sie ist – um es mit einem heute geläufigen Wort zu sagen – unhintergehbar. Was als Wahrnehmung vollkommen falsch ist, kann als Erkenntnis innerhalb der „Mir-scheint"-Klammer absolut richtig sein. Das aber hat eine brisante Rückseite, denn wer „Mir scheint" sagt, erhebt einerseits einen unbedingten Geltungsanspruch für den Inhalt der Äußerung, die sprachlich gesehen dem „Mir scheint" folgt. Gleichzeitig aber gibt sie oder er zu erkennen, dass sie oder er im Prinzip und wenn es überzeugende Gründe dafür gibt, bereit ist, diesen Anspruch zu revidieren und die bisherige Wahrnehmung zu korrigieren. Revision und Korrektur in diesem Sinn aber setzen logisch ein identisches Subjekt voraus: Es muss ein und derselbe oder dieselbe sein, denen etwas schien und die dies dann revidieren, indem sie den bisherigen Schein als falsch korrigieren. Erst durch Kant ist dieses Subjekt-Moment konsequent und systematisch in Betracht gezogen worden. Und die volle Bedeutung des „Mir scheint" hat schließlich die analytische Sprachphilosophie der letzten Jahrzehnte zum Vorschein gebracht. Anders und vielleicht ein bisschen verwegen gesagt: Schon in der Logik des aristotelischen Staunens als dem Urakt des Philosophierens lag beschlossen, dass es Philosophie ab irgendeinem Zeitpunkt nur noch so geben konnte, dass die oder der Philosophierende selbst ausdrücklich zur Voraussetzung, also

[10] PLATON: Theaitetos. 151d-152c.

zum inneren Moment des Philosophierens und damit auch aller Ontologie als Lehre vom Seienden werden musste. In einem Bild gesagt: Was es gibt und wie es das, was es gibt, gibt, wird nicht vernehmbar und erkannt ohne das Echo, das es im menschlichen Denkinstrumentar auslöst (auf die erkenntnistheoretischen Konsequenzen dieses Zusammenhangs von Subjektivität und Ontologie ist an anderer Stelle ausführlich einzugehen).

(c) Denken und Sprache. In engster Verbindung mit diesem Einbezug des philosophierenden Subjekts in sein eigenes philosophisches Denken steht die Frage, welche Rolle der Sprache dabei zukommt. Erstaunlicherweise hat sich gerade die Epoche, die den Rang des Subjekts herausarbeitete, so gut wie nicht um die Sprachlichkeit des Denkens gekümmert. Diese wirklich zur Geltung zu bringen, blieb der Philosophie seit der Mitte des 19. und derjenigen des 20. Jahrhunderts vorbehalten. Wohlgemerkt: Ich spreche nicht von Sprache als Thema der Philosophie. Das war sie seit Platons Dialog *Kratylos*. Hier geht es um die sprachliche Verfasstheit des Philosophierens als solchen und was möglicherweise durch sie an Sachproblemen ins Philosophieren selbst eingetragen wird. Tucholsky erwähnt, dass sich, wenn Menschen Wörter wie z.B. „Loch“ hören, Assoziationen einstellen („Zündloch“, „Knopfloch“, „Goebbels“ nennt er als Beispiele), also Bilder, die den weiteren Gedankengang in gänzlich verschiedene und damit möglicherweise auch falsche Richtung zu führen vermögen. Der Sprache eignet ein Überschuss, der sich als Verführungspotenzial geltend machen kann einerseits. Andererseits erweist sich Sprache gar nicht selten für philosophische Zwecke als zu arm. Während den Molekülen am Rand des Lochs vom Blick in dieses schwindlig werde, meint Tucholsky, müsse den Molekülen des Lochs beim Blick auf das sie umgebende Nichtloch ja wohl „festlig“ werden. Dieses Wort gibt es natürlich nicht. Aber viel öfter, als wir meinen, tritt genau dieses Sprachproblem auf, dass wir etwas nicht angemessen zu benennen wissen und darum zu einem Behelf greifen. Der besteht in der Regel darin, dass wir ein anderweitig schon vertrautes Wort nehmen und für etwas verwenden, wofür es eigentlich nicht gedacht ist. Nur, dass eben diese Notmaßnahme dann in Vergessenheit gerät und im alltäglichen Sprachgebrauch als Normalfall der Wortverwendung gilt. Schon Aristoteles handelt eigens davon, was geschieht, wenn es für etwas keine eigentliche Bezeichnungsweise gibt: Dann wird trotzdem auf einen so genannten analogen Ausdruck zurückgegriffen, obwohl die eine Seite der Analogie fehlt. Von Analogie war schon an anderer Stelle ausführlich die Rede. (↖ Bd. 1, Kap. 4.6) Hier darum nur nochmals im Telegrammstil das Problem: Ein klassischer Fall von Analogie lautet z.B.: Das Alter eines Menschen verhält sich zu seinem Leben wie der Abend zum Tag. In sprachlicher Verflüssigung und gleichzeitiger Verdichtung kann dann gesagt werden: „Das Alter ist der Abend des Lebens“.

Was aber wäre, wenn der Ausdruck „Alter“ nicht bekannt wäre? Dann geschieht laut Aristoteles' *Poetik* Folgendes:

> „In manchen Fällen fehlt eine der Bezeichnungen, auf denen die Analogie beruht; nichtsdestoweniger verwendet man den analogen Ausdruck. So heißt z.B. das Ausstreuen von Samen ‚säen'; für die Tätigkeit der Sonne hingegen, die ihr Licht ausstreut, gibt es keine spezielle Bezeichnung [Tucholsky würde wahrscheinlich „sonneln“ oder etwas Ähnliches vorschlagen; K. M.]. Doch verhält sich diese Tätigkeit ähnlich zum Sonnenlicht wie das Säen zum Samen; man hat daher gesagt: ‚Säend das göttliche Licht' [ein Dichterwort, dessen Herkunft nicht mehr aufklärbar ist; K. M.].“[11]

In der Zeit nach Aristoteles bekommen diese Spezialfälle von Sprachgebrauch den Namen „Katachrese“, am besten zu übersetzen mit „abgeleiteter Gebrauch, der gebräuchlich ist“. Sieht man sich die Fälle katachrestischen Sprachgebrauchs etwas näher an, so entdeckt man, dass viele von ihnen aus dem Bereich des Familien- und Arbeitslebens, also der wichtigsten Interessensphäre des Menschen hervorgehen, dass umgekehrt aber auch dem Menschen besonders nahestehende geistige Realitäten bevorzugt durch Katachresen aus leiblicher Welterfahrung bezeichnet werden. Besonders deutlich geschieht das im Lateinischen etwa im Fall von „sapiens“, von „sapere“ stammend, also schmecken (aber wie schmecken tiefgreifende Einsichten?), oder bei „spiritus“, ursprünglich „Hauch“, das zum Namen für „Geist“ wird (aber wie leise muss der Geist wehen, dass das Wort für „Hauch“ auch für ihn taugt? Besteht sein Wehen nicht genau darin, dass da überhaupt nichts weht?). In jedem Fall sollte diese Beobachtung bezüglich des Auftrittsbereiches von Katachresen damit rechnen lassen, diesem sprachlichen Gebrauchsfall bevorzugt gerade auch in philosophischem Kontext zu begegnen. Wer dann aber nicht aufmerksam wäre, wird sich heillos dadurch verstricken, dass er abgeleiteten Gebrauch von Ausdrücken, der gebräuchlich geworden ist, für eigentlichen Gebrauch hält und damit die Sache mit der zu ihrer Bezeichnung herangezogenen Analogie verwechselt. Es hat seinen guten Grund, dass Fritz Mauthner 1910/11 im Alleingang ein zweibändiges *Wörterbuch der Philosophie* veröffentlichte, dessen Artikel sich als – so der Untertitel – *Neue Beiträge zu einer Kritik der Sprache* verstehen.[12] Sowenig es ein Philosophieren ohne Einbezug des Philosophierenden in sein eigenes Tun geben kann, sowenig kann es Philosophieren ohne ein waches und kritisches Schauen auf sein eigenes Sprechen geben. Wir begegnen dem, was ist, immer nur durch unser Sprechen von ihm hindurch, nie daneben oder dahinter. Dieser Zusammenhang von Wirklichkeit und Sprache macht sich bei vielen großen Philosophen – besonders etwa bei Aristoteles, bei Thomas von Aquin oder Wittgenstein – in einem so genannten ontosemantischen Grundzug geltend.

Überschuss wie Armut der Sprache gleichermaßen und gerade deren ontologische Relevanz vermag drastisch der dritte Teil von Platons

[11] ARISTOTELES: Poetik. 1457b.
[12] Vgl. den Nachdruck Zürich 1980.

Dialog *Parmenides* versinnbildlichen. In diesem rein sprachlich schon kunstvollen, anspielungsreichen Werk, das auch als sein schwierigstes gilt, entwickelt Platon ein Gespräch zwischen dem großen Vorsokratiker Parmenides und einem gewissen Aristoteles, der aber nicht mit dem gleichnamigen Platon-Schüler identisch ist, sondern einer der so genannten „Dreißig Tyrannen“ war.[13] Zwischen diesem Aristoteles also und Parmenides entspinnt sich folgender Disput. Ausgangspunkt ist Parmenides' Basis-These vom Monismus, d.h. dass es nur ein absolut Eines das „Hen“ gibt:

> „Wohlan, habe Parmenides gesagt, wenn *Eins* ist, so kann doch wohl das Eins nicht vieles sein? – Wie sollte es wohl! – Weder dürfen also Teile desselben noch darf es selbst ganz sein. – Wie das? – Der Teil ist doch wohl Teil eines Ganzen? – Ja. – Und wie das Ganze? Wäre nicht das, dem kein Teil fehlte, ganz? – Allerdings. – In beiden Fällen also wird das Eins aus Teilen bestehen, wenn es ganz ist und wenn es Teile hat? – Notwendig. – In beiden Fällen also wäre das Eins vieles und nicht eins? – Richtig. – Es soll aber nicht vieles sein, sondern eins. – Das soll es. – Weder also kann das Eins ganz sein noch Teile haben, wenn es eins sein soll. – Freilich nicht. – Wenn es nun gar keinen Teil hat, so hat es doch auch weder Anfang noch Ende noch eine Mitte. Denn dergleichen wären doch schon Teile von ihm. – Richtig. – Gewiß aber sind Anfang und Ende die Grenzen eines jeden. – Wie sonst? – Unbegrenzt also ist das Eins, wenn es weder Anfang noch Ende hat? – Unbegrenzt. – Also auch ohne Gestalt, denn es kann weder rund noch gerade an sich haben. – Wieso? – Rund ist doch wohl das, dessen Enden überall von der Mitte gleich weit abstehen? – Ja. – Gerade aber das, dessen Mitte beiden Enden vorangeht? – So ist es. – Also hätte das Eins Teile und wäre vieles, es möchte nun die gerade Gestalt an sich haben oder die kreisförmige? – Allerdings. – Also ist es weder gerade noch kreisförmig, wenn es doch nicht einmal Teile hat. – Richtig.“[14]

Und so geht das dann weiter über Dutzende von Seiten, auf denen vorgeführt wird, dass das Eins weder sich selbst noch einem anderen innewohnt, also ortlos ist, dass es weder besteht noch wechselt, weder verschieden noch einerlei, weder ähnlich noch unähnlich, weder gleich noch ungleich sein kann, dass es nicht ist und sich nicht erfassen lässt usw. usw. und dann auch noch Gegenbeweise, dass es sich mit ihm also nicht weder so noch so, sondern sowohl so als auch so verhält.

Aber wozu das alles? Unter den nahezu zahllosen und vor allem einander widersprechenden Deutungen des *Parmenides* waren die nicht selten, die diese Ausführungen als logisches Gestrüpp und leeres Wortgefecht abtaten und immerhin bezeichnet der literarische Parmenides selbst seine Rede wörtlich als „Spielen eines mühsamen Spiels“.[15] Andere gingen so weit, den *Parmenides* schlicht als Reflex einer geistigen Krise Platons zu betrachten. Die ganzen Begriffsanaly-

[13] Am Ende des Peloponnesischen Krieges zwischen Athen und Sparta 431-404 v. Chr. führten die „Dreißig“ nach Abschaffung der Demokratie ein Schreckensregiment, wurden aber schon 403 v. Chr. von Thrasybulos gestürzt, der die Demokratie wiederherstellte.

[14] PLATON: Parmenides. 137c-138a.

[15] PLATON: Parmenides. 137b.

sen scheinen ja in einem völligen Nichts zu enden, und da Begriffe engstens mit Funktionen von Sprachgebräuchen verknüpft sind, heißt das auch: die Sprache versagt vor philosophischen Gedanken wie denjenigen, die Platons *Parmenides* da entwickelt. So gesehen, könnte eine Passage aus Ludwig Wittgensteins *Philosophische[n] Untersuchungen* als trefflicher Kommentar zu Platons *Parmenides* gelesen werden:

> „Die Ergebnisse der Philosophie sind die Entdeckung irgend eines schlichten Unsinns und Beulen, die sich der Verstand beim Anrennen an die Grenzen der Sprache geholt hat.“[16]

Aber dann fügt Wittgenstein noch einen Satz an, der aufhorchen lässt:

> „Sie, die Beulen, lassen uns den Wert jener Entdeckung erkennen.“[17]

Anders gesagt: Möglicherweise gibt das, was sprachlich im Gang eines Gedankens so irritierende Gestalt annimmt, den Blick auf etwas frei, was anders nicht zum Ausdruck zu kommen vermag. An den Beulen des Verstandes, die in sprachlichen Verbiegungen greifbar werden, verrät sich eine Entdeckung. Damit sind wir vor eine Möglichkeit philosophischen Denkens gebracht, die auf den ersten Blick erschreckend wirkt, jedoch jede und jeden, der mit ihr umzugehen lernt, regelrecht in Bann schlägt:

(d) Dialektik. Tucholsky stößt durch die Beobachtung, dass Löcher, die sich vermählen, Eines werden, auf die Vorgänge, „die sich nicht denken lassen.“ Genau um solches, was sich mit dem Instrumentar der üblichen Begriffe nicht denken lässt, geht es in Platons *Parmenides* auch. Der Grundgedanke, ohne dass ich jetzt auf inhaltliche Einzelzüge des Dialogs eingehe, ist folgender: Ich habe zwei Momente, die radikal gegeneinanderstehen und gleichzeitig engstens zusammengehören. Hier das Eine dort das Andere. Platon spielt alle Möglichkeiten der Verhältnisbestimmung zwischen beiden Momenten durch. Und es stellt sich heraus: Weder die absolute Gegenüberstellung beider noch die Leugnung jeweils eines von beiden vermag die gleichzeitige Differenz wie Zusammengehörigkeit beider Momente zu wahren. Beide bleiben jedoch gewahrt, wenn ich das Eine nicht mehr nur als das Eine und das Andere nicht mehr nur als das Andere denke, sondern das Eine als das Eine des Anderen und das Andere als das Andere des Einen. Wenn ich das aber tue, dann ist jedes der beiden Momente nur dadurch es selbst, also identisch, dass es zugleich auch nicht es selbst ist: Denn wenn das Eine das Eine des Anderen ist, dann ist das Andere zugleich auch das Eine für das Moment der Andersheit, die zum Wesen des Eines-Sein hinzugehört, und das Eine ist zugleich das Andere für das Moment des Eines-Sein, das zum Wesen des Anderen gehört usw. Binnen zweier Züge steckt man im gleichen Gestrüpp wie der platonische Parmenides. Das Problem der Dialektik

[16] WITTGENSTEIN, Ludwig: Philosophische Untersuchungen. § 119.
[17] WITTGENSTEIN, Ludwig: Philosophische Untersuchungen. § 119.

ist immer, dass sie mit ihrer Begriffsform und damit auch in ihrer Sprache von der natürlichen, eingespielten Begriffsform und ihrer Sprache abweicht – und erheblich abweicht. Wer trotzdem die Mühe auf sich nimmt, mit der Dialektik umzugehen zu lernen – und auch in Platons Akademie galt die Dialektik als Übung von langer Dauer und größter Anstrengung –, wer diese Anstrengung des Begriffs nicht scheut, der gewinnt um diesen Preis Erhebliches: Die Denkbarkeit von Zusammenhängen, die nach dem Maßstab der natürlichen Begriffe als nicht denkbar gelten. Und dieser Fall ist alles andere als ein Randphänomen. Vielmehr betrifft er gerade die elementarsten Fragen des Menschen nach der Wirklichkeit und nach sich selbst.

Beispiele für Dialektik. Platon hat mit der Dialektik das Problem zu lösen gesucht, wie in der Wirklichkeit Einheit und Vielheit, die ja offensichtlich beide auftreten, auch zusammengedacht werden können: Eben dadurch, dass die ganze Wirklichkeit als durch eine Struktur bestimmt gedacht wird, die ihrerseits durch zwei sich gegenseitig wesentlich bedingende Prinzipien konstituiert wird.[18]

Ein anderes Grundproblem: Wirklichkeit begegnet uns als eine Vielzahl von Einzeldingen, die in einer Ordnung zueinander stehen. Beide Seiten können weder aufeinander zurückgeführt noch auseinander hergeleitet werden. Noch für Kant steht beides unvermittelt nebeneinander. Philosophisches Denken als Frage nach dem Ganzen der Wirklichkeit kann sich damit nicht zufrieden geben.

Ähnlich verhält es sich mit dem Selbstverständnis des Menschen: Wir erfahren uns unhintergehbar einmalig als ein Ich und doch substanziell bestimmt und geformt von anderem und anderen jenseits und außerhalb unser selbst. Kindliches Bewusstsein ist noch unbestimmt, offen für Vieles, darum auch ein abstraktes Ich. Der Heranwachsende setzt sich der Welt aus, wendet sich ihr zu, verliert sich regelrecht an das Andere, das Fremde (nichts ist in dieser Phase so aufregend wie das, was ich nicht kenne, ich muss es ausprobieren, die erste Zigarette, das erste Bahnhofskino, den ersten Kuss...). Dabei wird das Fremde angeeignet, ich erkenne mich im andern meiner selbst und komme so gerade durch das Weggehen von mir bei mir an. So wird das ursprünglich leere, allgemeine Ich zum konkreten, also mit der Wirklichkeit zusammengewachsenen und darum gebildeten Menschen.[19]

Und nochmals begegnet das auf natürliche Weise Undenkbare, wo immer die Herausforderung aufkommt, ein Verhältnis zwischen Unendlichem und Endlichem zu denken. Denn wird ein Unendliches

[18] Vgl. zur Dialektik bei Platon bes. REALE, Giovanni: Zu einer neuen Interpretation Platons. Eine Auslegung der Metaphysik der großen Dialoge im Lichte der „ungeschriebenen Lehren“. Übers. v. Ludger Hölscher. Eingel. v. Hans Krämer. Hg. v. Josef Seifert. Paderborn u.a. 1993. 294-313.

[19] Vgl. KERN, W(alter): Art. Dialektik. In: Lexikon der Erkenntnistheorie und Metaphysik. München 1984. 41-44.

streng gedacht, kann neben ihm kein Platz mehr für ein Endliches sein, andernfalls wäre das Unendliche ja doch nur als (vielleicht besonders Großes) Endliches gefasst. Dann aber lässt sich Endliches allenfalls als für sich selbst völlig unselbstständiges Phänomen am Unendlichen denken. Genau das hat z.B. der heimliche Pate der Moderne und Pionier der historisch-kritischen Schriftinterpretation getan: Der Amsterdamer Jude und Linsenschleifer Baruch de Spinoza: Alles, was es gibt, begreift er lediglich als Modifikation der alleinen Substanz – mit brisantesten theologischen Konsequenzen bis heute. (↗ Bd. 3; Teil C, Kap. 9) Für ihn ist alles, was es gibt, in Gott und nichts kann ohne Gott begriffen werden.[20]

Die einzig mögliche Alternative, die der natürlichen Begriffsform offen steht, muss zwangsläufig zu einer Art spiegelverkehrten Version dieses Gedankens kommen: Wenn das Endliche nicht im Unendlichen einbegriffen sein soll, darf es dieses eben gar nicht geben: Das ist der dogmatische Atheismus. Freilich war der nie sonderlich überzeugend. Zu einer erstzunehmenden Position wurde er erst durch Ludwig Feuerbach: Statt eine Existenz Gottes einfach zu bestreiten, nahm Feuerbach Religion ernst, indem er die religiösen Phänomene und Aussagen nicht einfach eliminierte, sondern konsequent gegenreligiös deutete und eine Art Anti-Theologie konzipierte. Alles Transzendente wird auf anthropologische Befunde zurückgeführt und als deren Projektion entlarvt oder anders: Übernatürliches ist nichts anderes als das in ein Jenseits gezeichnete Bild des Menschen von sich selbst:

> „Das Bewußtsein Gottes ist das Selbstbewußtsein des Menschen, die Erkenntnis Gottes die Selbsterkenntnis des Menschen. Aus seinem Gotte erkennst du den Menschen, und hinwiederum aus dem Menschen seinen Gott; beides ist identisch [...]. Gott ist das offenbare Innere, das ausgesprochene Selbst des Menschen; die Religion ist die feierliche Enthüllung der verborgenen Schätze des Menschen, das Eingeständnis seiner innersten Gedanken, das öffentliche Bekenntnis seiner Liebesgeheimnisse.“[21]

Beiden Positionen in der Sache Unendliches versus Endliches dem konsequenten Monismus Spinozas wie dem argumentativen Atheismus Feuerbachs lässt sich einzig durch eine Gedankenfigur widerstehen, die die engstmögliche Verbundenheit von Unendlichem und Endlichem konsistent und in einem Zug mit einer unverkürzten Differenz zwischen beiden zusammenzudenken vermag wie eben die Dialektik: Gott als „superior summo meo“ und gleichzeitig „interior intimo meo“, um ein Wort des Hl. Augustinus aufzugreifen, als höher als mein Höchstes und mir innerlicher als mein Innerstes,[22] aber eben gedacht, und nicht bloß proklamiert.

[20] Vgl. SPINOZA: Ethik. I, Lehrsatz 15.

[21] FEUERBACH, Ludwig: Das Wesen des Christentums. In: DERS.: Werke in sechs Bänden. Bd. 5. Hg. v. E. Thies. Frankfurt a.M. 1976. 30-31.

[22] AUGUSTINUS: Confessiones. 3, 6, 11.

Spezialfall Hegel. Als im Zusammenhang der Einübung der Dialektik an eine dafür nötige „Anstrengung des Begriffs" erinnert wurde, war das bereits eine Anspielung auf den, der die drei Grundprobleme Ordnung versus Einzeldinge, menschliche Identitätsbildung und das Verhältnis von Unendlichem und Endlichem so konsequent wie kein anderer mit dem Instrument der dialektischen Begriffsform durcharbeitete: Georg Wilhelm Friedrich Hegel. Im Gang dieser Projekte gab er gleichzeitig der Methode der Dialektik die bis heute weitgehend maßgebliche Form. Im Fall der Frage nach dem Verhältnis der Einzeldinge und ihrer Ordnung funktionierte die dialektische Operation glänzend. Hegel konstruierte mit ihr eine selbst zu Kant alternative Ontologie (von ihr wird die Rede sein). Und noch erfolgreicher ließ sich die Dialektik für die begriffliche Fassung der menschlichen Selbstwerdung in Gebrauch nehmen: Die geistige Identitätsbildung wurde für Hegel regelrecht zum Paradefall des dialektischen Prozesses. Im Fall des Verhältnisses von Unendlichem und Endlichem aber stößt die dialektische Begriffsform, obwohl unumgänglich, an eine aufregende innere Grenze, denn: Wenn auch dieses Verhältnis streng der dialektischen Operation unterworfen wird, dass also das Eine seine Identität dadurch gewinnt, dass es sich als das Eine des Anderen vollzieht und umgekehrt –, wird dann nicht das Unendliche selbst durch die Dynamik des dialektischen Prozesses um seine Unendlichkeit gebracht, sofern es zu seiner Selbstgewinnung auf das Endliche angewiesen ist? Wäre ein solches Unendliches noch im eigentlichen Sinn unendlich oder souverän, wenn es um seiner selbst willen als einem Systemzwang wie dem der dialektischen Operation unterworfen gedacht werden muss?

Erst in theologischer Wendung tritt das ganze Gewicht dieses philosophischen Einwands hervor: Dass theologisch gesprochen Gott tief in Welt und Geschichte eingeht, um gerade dadurch sich als er selbst in seiner ganzen Transzendenz und Einmaligkeit zu bekunden, ist in christlicher Perspektive vertrauter Grundgedanke schlechthin. Aber würde diese Botschaft dann denkerisch-begrifflich in einer an Hegel orientierten Gestalt zu fassen gesucht, hieße das nicht, dass Gott die Welt hat schaffen müssen, den Sündenfall hat inszenieren, zumindest zulassen müssen, hat Mensch werden müssen, hat eine Kirche instituieren müssen, um letztlich durch diese Vollzüge hindurch er selbst zu werden?

Vermieden werden kann diese Konsequenz nur dann, wenn der dialektischen Operation selbst ein Moment innerer Begrenzung zugehört. Dieses Moment darf aber natürlich jetzt nicht einfach theologisch gefordert werden – das käme strukturell einem Denkverbot gleich. Es muss rein philosophisch gegeben sein. Inhaltlich lässt sich dieses Grenzmoment in der christlich-theologischen Perspektive relativ unmittelbar festmachen: Wenn Gott im dialektischen Prozess des Weggehens von sich und darin Kommens zu sich nicht in eine notwendige Abhängigkeit von der Welt geraten soll, muss er bereits in sich selbst so gedacht werden, dass innerhalb seiner dieser Prozess geschehen kann. Genau das bringt die christliche Trinitätslehre religiös zu Geltung. Wenn dabei von den drei göttlichen Personen die Rede ist, dann hat das seinen guten Grund (auch wenn man die Redeweise selbst für alles andere als glücklich halten kann, der theologische Streit darum füllt Bibliotheken): Zu Person gehört Freiheit, zu göttlicher Person absolute Freiheit. Jede Form der Zuwendung solcher Personen zu einander geht aus solcher Freiheit hervor. So wird verhindert, dass sich nur die Notwendigkeit des dialektischen Prozesses einfach innerhalb Gottes wiederholt, also der zwischen Gott und Welt dialektisch aufkommende Systemzwang einfach in Gott hineinverlegt wird. Gleichzeitig ist, weil die dialektische Bewegung aus Freiheit in Gott statthat, die Notwendigkeit gebrochen, dass sie zwischen Gott und der Welt um Gottes willen unbedingt geschehen muss. Wenn es trotzdem zu ihr kommt, dann eben auch aus Gottes Freiheit.

Ist man so durch die theologische Anwendung der Dialektik auf das Gott-Welt-Verhältnis auf dieses Problem einer inneren Grenze der Dialektik aufmerksam geworden, dann stellt sich sozusagen in einer Rückkoppelung die Frage, ob sich denn dieses Problem nicht auch in den anderen Fällen dialektischer Verhältnisse, ja für Dialektik als solche insgesamt stellt. Oder in Frageform gefasst: Lässt sich dieses Grenzmoment auch rein philosophisch identifizieren? Antwort: ja! Allerdings muss gleich hinzugefügt werden, dass dieses Grenzmoment philosophisch in einem gänzlich unerwarteten Gewand auftritt. Es begegnet nämlich in Gestalt der:

(e) Ironie. Das mag im ersten Moment verwundern. Aber schon der letzte Satz unserer Tucholsky-Kolumne hatte es präsent gemacht (darum hatte ich schon eingangs erwähnt, dass auch die sprachliche Form des Textes zu seiner philosophischen Aussage gehöre): Tucholsky beschließt seine Philosophie der Löcher mit dem an die Leserschaft gerichteten Satz:

> „Verzeihen Sie diesen Abschnitt; ich hatte nur zwischen dem vorigen Stück und dem nächsten ein Loch ausfüllen wollen."

Ironie nimmt nichts zurück, verharmlost und relativiert auch nicht. Eher im Gegenteil: Sie gibt dem, worauf sie sich bezieht, noch eine besondere Note, eine „Spitze", wie man so sagt. Wer das Seine ironisch vertritt, möchte doppelt treffen – natürlich die Sache, aber auch kritisch sein Gegenüber. Zugleich erhebt sie oder er dennoch nicht den Anspruch, mit der Stellungnahme die zu verhandelnde Angelegenheit wie den Disput kategorisch und definitiv erledigt zu haben. Ironie bringt die Kommunikationssituation und das, worauf sie sich bezieht, in Schwebe: Indem sie das, was sie ausdrückt, mit einer Gewissheit vorbringt, die sich insofern bescheidet, als sie keinerlei kategorischen Geltungsanspruch mit sich führt, appelliert sie an die Freiheit (!) ihres Adressaten, sich doch noch einmal zu überlegen, ob sich die Sache wirklich so verhält, wie er oder sie behauptet. Die Appellation geschieht dabei nicht durch eigens dafür bestimmte Worte, sondern durch die Wirkung der ironischen Redeform (in sprachphilosophischer Terminologie: sie geschieht nicht propositional, also satzhaft, sondern performativ). Gleichzeitig signalisiert, wer eine so eng mit der Freiheit verknüpfte Gewissheit bekundet, dass sie oder er sich unter Voraussetzung entsprechend triftiger Argumente durchaus eines Besseren belehren ließe (wiewohl durchaus in Frage bleibt, ob es solche Argumente überhaupt gibt). Das ist der sachliche Kern des sprichwörtlich gewordenen, aber übrigens wörtlich nicht zu belegenden sokratischen „Ich weiß, dass ich nichts weiß." An der Originalstelle, der platonischen *Apologie*, sagt Sokrates über sich selbst im Vergleich zu einem, der als weise gilt und sich auch dafür hält: Dieser andere wisse zwar nichts, halte sich aber für wissend; er, Sokrates wisse genauso wenig, halte sich aber auch nicht für wissend, weshalb er doch ein wenig weiser als der andere sei,[23] was natürlich seinerseits einen Paradefall von Ironie darstellt.

Genau dieses über die Ironie zu erschließende Offene der Freiheit fehlt der hegelschen Dialektik. Bei ihm tritt alles mit unbedingter Notwendigkeit auf den Plan.

> „Was vernünftig ist, das ist wirklich; und was wirklich ist, das ist vernünftig"[24],

steht in der Vorrede zu Hegels *Grundlinien der Philosophie des Rechts*. Da passt, um es suggestiv zu sagen, kein Blatt Papier mehr dazwischen. Trotzdem lässt sich offenkundig auch mit so kategorischen Mitteln ein Denkraum nicht wasserdicht schließen. Jedenfalls hat dieses Diktum aus der *Rechtsphilosophie* zum anhaltenden Streit darüber geführt, ob Hegel denn nun Revolutionär oder Reaktionär sei.

Ganz anders als bei Hegel erweist sich die Ironie dagegen als konstitutives Strukturmoment in der formativen Phase der abendländischen Philosophie einschließlich der platonischen Dialektik. Kein geringerer als Sokrates – wohlgemerkt: der Sokrates der platonischen Schriften – wird dermaßen unzweideutig als Ironiker gezeichnet, dass Sören Kierkegaard zur Verteidigung seiner Dissertation mit dem Titel *Über den Begriff der Ironie* von 1841 u.a. die These aufstellte:

> „X. Sokrates hat als Erster die Ironie eingeführt."[25]

Von ungefähr ist die These nicht. Sie kann sich auf Zeugnisse über Sokrates stützen, die andere in Platons Dialogen geben.[26] Ungleich gewichtiger sind die direkten Belege. Wenigstens zwei Kostproben:

> „Ich dachte [...] in meiner Einfalt, man müsse die Wahrheit sagen in jedem Stück von dem zu Preisenden; [...] Das war aber, wie es scheint, gar nicht

[23] Vgl. PLATON: Apologia. 21d.

[24] HEGEL, Georg W.F.: Grundlinien (Anm. 7). 33.

[25] KIERKEGAARD, Sören: Über den Begriff der Ironie. Mit ständiger Rücksicht auf Sokrates. In: DERS.: Gesammelte Werke. Abt. 31. Unter Mitarbeit v. Rose Hirsch übers. v. Emanuel Hirsch. Düsseldorf; Köln 1961. 4.

[26] Vgl. PLATON: Politeia. 337a. – DERS.: Symposion. 216 e. 218 d.

die rechte Weise, etwas zu loben, sondern darin besteht sie, daß man der Sache nur so Vieles und Schönes beilege als möglich, möge es sich nun so verhalten oder nicht."[27]

In der *Apologie* lässt Platon Sokrates u.a. sagen:

„Was wohl euch, ihr Athener, meine Ankläger angetan haben, weiß ich nicht: ich meines Teils hätte ja selbst beinahe über sie meiner selbst vergessen; so überredend haben sie gesprochen."[28]

Kierkegaard war im Übrigen überzeugt, dass die ganze *Apologie* ironisch konzipiert sei. Er schließt das vor allem daraus, dass sie gar keine Verteidigungsrede enthält, sondern ironische Attacken auf die Ankläger und geradezu gemütliche Unterhaltungen mit den Richtern. Dazu passe auch die von Diogenes Laertius überlieferte Anekdote, Lysias habe dem Sokrates eine Verteidigungsrede geschrieben. Dieser jedoch habe nach dem Durchlesen erklärt, es sei gewiss eine ausgezeichnete Rede, aber er sehe keinerlei Anlass, von ihr Gebrauch zu machen.[29] Zeitgenössische Platon-Interpreten verweisen im Übrigen eigens darauf, dass die Ironie das charakteristische Merkmal von Platons *Parmenides* darstelle, also genau der Schrift über die letzten Prinzipien des Wirklichen, also die Ontologie, anhand deren wir mit Blick auf die Sprachproblematik zur dialektischen Operation gelangt waren. Für Platon fungiert völlig anders als bei Hegel Ironie als inneres Moment der Dialektik als dem weitreichendsten Zugang zur Wahrheit. Mit Bezug auf Sokrates gesagt: Mittels der Ironie macht er sich zum Unwissenden gegenüber denen, die alles zu wissen glauben, und versucht, diese durch sein bohrendes Nachfragen auf ihr eigenes Nichtwissen zu stoßen; dann kann gemeinsam gesichertes Wissen gewonnen werden. Sokrates selbst spricht bezüglich dieser seiner Methode nicht von „Ironie", sondern von „Maieutike techne", zu Deutsch: Hebammen-Kunst.[30] Er stellt sein Wissen, das er im Vergleich zur Wahrheit als solcher als Nichtwissen weiß, im Gewand der Ironie in den Dienst ebendieser Wahrheit, um ihr buchstäblich herauszuhelfen, damit sie zu sein vermöge, was sie ist: „aletheia" wörtlich übersetzt „Unverborgenheit".

So schützt Ironie vor dem Schein, schon der ganzen Wahrheit teilhaft geworden zu sein. Gleichzeitig bleibt allein so das Streben nach Wissen, die Liebe zur Weisheit überhaupt virulent. Hätte ich nichts mehr an Wahrheit zu gewinnen, weil ich ohnehin schon über alles verfüge, bräuchte ich nach nichts mehr zu streben. Anders gesagt: Philosophie kann es ihrem eigenen Begriff nach nur unter der Bedingung der Ironie geben. Diese ist tatsächlich so etwas wie die Grenzwacht gegen einen Totalitarismus von Geltungsansprüchen, ohne deshalb den Gedanken der Wahrheit und Gewissheit als solchen abweisen zu müssen. Authentisches Philosophieren verrät sich darum an

[27] PLATON: Symposion. 198d.
[28] PLATON: Apologia. 17a.
[29] Vgl. KIERKEGAARD: Ironie (Anm. 25). 42. Anm. *.
[30] Vgl. PLATON: Theaitetos. 149a.

seinem immer wieder aufblitzenden Verstellen zum Geringeren hin (so kann man Ironie sprachlich charakterisieren) und daran, dass die Gedankenschärfe durch diesen rhetorischen Zug nicht nur nicht beeinträchtigt, sondern erst eigentlich vervollständigt wird.

Resümee. Im Rückblick lässt sich sagen: Eigentlich kommt man mit den Tucholskyschen Löchern ziemlich weit. Jedenfalls haben sie uns zu einem einigermaßen deutlichen Profil dessen verholfen, was unter Philosophieren generell und unter Ontologie speziell zu verstehen ist: Der Urakt des Verwunderns; der in ihn schon eingeschlossene Akt der Frage und die engstens mit ihm verbundene Differenz von Sein und Scheinen; die damit gleichursprünglich aufkommende Frage nach dem Subjekt des Staunens und Erkennens; die zentrale Rolle, die dabei der Sprache eignet; die Entdeckung der Dialektik anhand der sprachlichen Verbiegungen; schließlich die Verwandlung von Geltungsansprüchen in ein Instrument der Wahrheitsfindung durch die Ironie, die gleichwohl ein Überzeugtsein, eine Gewissheit des Ironikers bezüglich seines eigenen Wissens impliziert. Das alles zusammen genommen ist im Spiel, wenn wir uns mit Blick auf etwas, das uns begegnet, die schlichte Frage stellen, was es ist, dies zu sein. Selbst eine banale Alltagsbeobachtung jenseits allen Tiefsinns wie eben jene Löcher kann – zum Auslöser des Verwunderns geworden – Ausgangspunkt philosophischer Gedankenfolgen über Gott und die Welt werden, die nur noch an den Grenzen der Vernunft selbst enden. Kurz gesagt: Jedes vernünftige Wesen kann philosophieren. Mit der Beherrschung eines bestimmten Jargons oder der Informiertheit über schon Gedachtes hat Philosophieren nichts zu tun, auch wenn es höchst vernünftig ist, sich mit jeweils einschlägigen Gedanken anderer auseinanderzusetzen. Genau damit auch beginnen wir unsere systematische Erkundung ontologischer Fragen: Wir lassen uns in sie hineingeleiten von demjenigen Denken, das am Ende der Ausbildung der klassischen griechischen Metaphysik steht, also dem des Aristoteles. Und ich wähle diesen Weg nicht einfach deswegen, weil auf diesen das – bei allen wirkungsgeschichtlichen Schwankungen – bis heute wohl prägendste Modell von Ontologie zurück geht, sondern weil Aristoteles auf ganz eigentümliche Weise nicht einfach das Denken aus der Zeit vor ihm weiterführt, sondern seinerseits auf den Ursprung aller Metaphysik und Ontologie zurückgreift, sozusagen nochmals von vorne anfängt und Ontologie zugleich auf eine reflexive Ebene hebt.[31] Er liefert in seiner Ontologie zugleich die Begründung eines solchen Denkens mit, und von daher auch wird überhaupt erst klar, auf welche Fragen die Vorsokratiker, ein Sokrates und selbst ein Platon mit ihren einschlägigen ontologischen Gedanken überhaupt geantwortet haben. Darum setzen wir mit Aristoteles ein, um dann mit ihm im

[31] Vgl. ANGEHRN, Emil: Der Weg zur Metaphysik. Vorsokratik – Platon – Aristoteles. Weilerswist 2000. 334-337.

Rücken die anderen der genannten denkerischen Landschaften zu erkunden. Bereits die Überschrift, unter der dieser erste Schritt geschieht, erinnert an eine fundamentale Voraussetzung der aristotelischen Metaphysik:

1. Verwunderlich: Das Seiende als Seiendes

Modernes Echo. „Warum ist überhaupt Seiendes und nicht vielmehr Nichts?“[1] Mit diesem Satz endet Martin Heideggers Antrittsvorlesung zum Thema *Was ist Metaphysik?*, mit der er 1929 den Lehrstuhl seines Lehrers Edmund Husserl an der Universität Freiburg übernahm. Was Heidegger vortrug, empfanden viele als befremdlich. Im Grunde machte die Antrittsvorlesung Skandal: Heidegger erklärte, die abendländische Metaphysik habe von ihrem Anfang an entgegen ihrem Anspruch, Philosophie des Ersten und darum „Erste Philosophie“ zu sein, dieses Erste – nämlich das Sein – nie gedacht. Sie habe vielmehr das Sein mit dem Seienden verwechselt und darum die Seinsfrage gar nicht gestellt – weshalb er, Heidegger, sich genötigt sähe, sie gänzlich neu aufzuwerfen.

Heideggers Kritiker gingen ins Detail. Sie verwiesen darauf, dass die Schlussfrage der Vorlesung – „Warum ist überhaupt Seiendes und nicht vielmehr Nichts?“ – gar nichts Originäres sei, sondern Zitat aus Gottfried Wilhelm Leibniz, ohne dass Heidegger dies kenntlich gemacht habe. Zwanzig Jahre nach Erscheinen der Antrittsvorlesung setzt Heidegger dieser anlässlich der fünften Auflage eine umfängliche *Einleitung zu ‚Was ist Metaphysik?‘*[2] voraus und gibt darin zu erkennen, dass der Verweis auf Leibniz mit Absicht unterblieben sei. Darin sei angedeutet, in welchem Sinn die Seinsfrage radikal neu gestellt werden müsse: Nämlich nicht mehr als die nach der höchsten Ursache alles Seienden (wie das Leibniz tue), sondern als die nach dem schlechthin Anderen zum Seienden, dem Nichts als dem „Schleier des Seins“.[3] Und der aufmerksame Leser – so Heidegger – hätte schon vor zwanzig Jahren an der Großschreibung des Wortes „Nichts“ im Schlusssatz seiner Vorlesung durchaus erkennen können, dass das einzige Thema der Vorlesung das Nichts gewesen sei.[4]

Um nachvollziehen zu können, worauf Heidegger mit seinem Neuansatz zielt, muss natürlich einigermaßen geklärt werden, wovon er sich dabei abstößt. Und dafür ist Leibniz durchaus die richtige Adresse. Denn er gehört zu denen, die nach der Wende zur Neuzeit, die nicht zuletzt eine fundamentale Krise der überkommenen Metaphysik war, eine Neubegründung der Metaphysik zu leisten vermochten. Leibniz tat das auf eine Weise, die ein ganzes Jahrhundert Schulphilosophie prägte. Und er brachte mit seiner zum selbstständigen Logion

1 HEIDEGGER, Martin: Was ist Metaphysik? In: DERS.: Wegmarken. Frankfurt a.M. 1976. (Gesamtausgabe; 9). 103-122. Hier 122.

2 HEIDEGGER, Martin: Einleitung zu: „Was ist Metaphysik?“ In: DERS.: Wegmarken (Anm. 1). 365-383.

3 HEIDEGGER, Martin: Nachwort zu: „Was ist Metaphysik?“. In: DERS.: Wegmarken (Anm. 1). 303-312. Hier 312.

4 Vgl. HEIDEGGER: Einleitung (Anm. 2). 382.

gewordenen Frage, warum denn etwas sei und nicht vielmehr nichts[5], in der Tat auf nicht mehr zu überbietende Weise auf den Punkt, was wohl am Anfang aller Weisen von Metaphysik steht und was – wie bereits erwähnt (→ Bd. 2, Teil C, Kap. 0) – auch derjenige schon, nur anders freilich, ausgesprochen hatte, mit dessen Namen sich das Aufkommen der Metaphysik als solcher bis heute unauflöslich verbunden zeigt: Für Aristoles ist das Staunen der Anfang allen Philosophierens und als dessen Wurzelgrund wiederum gilt ihm das Nichtwissen.[6] Denn wenn ich mit meinem Wissen zufrieden wäre, würde ich nicht verwundert inne halten. Und ohne diese Unterbrechung kein Fragen nach dem Überhaupt und Warum und Wie und Woher und Wohin. Philosophie resultiert aus einem Defizit, das die Vernunft im alltäglichen Umgang mit der Wirklichkeit an sich selbst gewahrt.[7] Aristoteles muss ein ausgesprochen praktischer Mensch gewesen sein. Jedenfalls vergisst er in diesem Zusammenhang nicht zu erwähnen, dass die Suche nach solcherart Wissen, wie es das Fragen nach dem Woher und Wohin dessen, was ist, erstrebt, voraussetzt, dass elementare Lebensbedürfnisse befriedigt sind. Denn dann erst sei der Mensch frei genug, etwas um seiner selbst willen und nicht um eines Nutzens willen zu suchen.[8] Ist diese Voraussetzung gegeben, überrascht allein schon das scheinbar triviale Faktum, dass etwas ist, jemanden, der philosophisch fragt, mit einer regelrechten Überfülle von Einsichten, darunter auch solche, die ihrerseits nicht nochmals hintergangen werden können. Die Weise, wie Aristoteles dies alles entdeckt und wie diese Entdeckungen festgehalten und überliefert werden, nimmt sich dabei so eigenwillig aus, dass davon eigens die Rede sein muss.

1.1 Vorabklärungen zur Metaphysik des Aristoteles

Biographisches. Heidegger hat mit Blick auf Aristoteles zwei Sätze geprägt, die so etwas wie geflügelte Worte geworden sind. Von der Person des Aristoteles, sagte Heidegger, wisse man nur so viel: Er sei geboren worden, habe gearbeitet und sei gestorben. Und: Der Titel des Werkes, mit dem wir uns im gegebenen Zusammenhang beschäftigen – die *Metaphysik* –, sei „der Titel für eine grundsätzliche philosophische Verlegenheit"[9]. Beides ist ein bisschen übertrieben – aber weitgehend stimmt es.

5 Vgl. LEIBNIZ, Gottfried W.: De rerum originatione radicali. In: DERS.: Die philosophischen Schriften von Gottfried Wilhelm Leibniz. Hg. v. C.J. Gerhardt. Bd. VII. Unver. Nachdr. d. Ausg. Berlin 1890. Hildesheim 1961. 302-308. Hier 303.

6 Vgl. ARISTOTELES: Metaphysik. 982b, 12-16.

7 Vgl. dazu auch BUBNER, Rüdiger: Metaphysik und Erfahrung. In: Neue Hefte für Philosophie 30/31 (1991). 1-14.

8 Vgl. ARISTOTELES: Metaphysik. 982b.

9 HEIDEGGER, Martin: Kant und das Problem der Metaphysik. Frankfurt a.M. 1991. (Gesamtausgabe; 3). 7.

Darum zunächst nur ganz wenige Stichworte zur Biographie des Stagiriten. Das war soeben schon das erste von ihnen. „Stagirite" wird Aristoteles im Blick auf die geographische Herkunft genannt. Aristoteles ist nämlich 384 v. Chr. in Stagira auf der Insel Chalkidike geboren. Er studiert in Athen an der Akademie Platons, tritt mit dessen Denken in kritische Auseinandersetzung. Politisch ist Aristoteles promakedonisch und damit anti-athenisch eingestellt. Darum bekam er Schwierigkeiten. Nach Platons Tod 347 verlässt er Athen. Um 342/41 wird Aristoteles auf Bitten Philipps II., des Königs von Makedonien, Erzieher von dessen Sohn Alexander, später „Der Große" genannt. Nachdem Makedonien in Griechenland die Vormacht errungen hat, kehrt Aristoteles nach Athen zurück und eröffnet dort eine eigene Philosophenschule, das Lykeion am Lykabettos (das ist ein Bach etwas unterhalb der Akropolis). Die Schule wird auch „Peripatos" genannt, vom Griechischen „peripatein", „umhergehen": Aristoteles und seine Schüler saßen nämlich beim Unterricht nicht, sondern wanderten auf und ab. Nachdem 323 Alexander zu Tode gekommen war, wendeten sich erneut die politischen Verhältnisse. Die wieder aufflammende anti-makedonische Stimmung in Athen bekam auch Aristoteles zu spüren. Darum siedelte er 323/22 nach Chalkis auf Euboia in das Haus seiner Mutter um. Dort stirbt er dann ziemlich bald, nämlich 322 im Alter von 62 Jahren.

Werk und Werke. Dass wir heute von Aristoteles noch etwas wissen und sogar eine ganze Anzahl von Werken lesen können, ist im Grunde ein Wunder. Nach Aristoteles' Tod ging es nämlich mit seiner Schule schnell bergab. Erst mehr als 270 Jahre danach kam eine Gesamtausgabe der schulinternen Schriften des Stagiriten zustande, und zwar in Rom, veranstaltet von Andronikos von Rhodos. Er teilte dabei Aristoteles' Werk in vier Teile ein: das Organon – übersetzt „Werkzeug" –, das sind die Schriften zur Logik, am berühmtesten von allen die Schrift über die *Kategorien*. Sodann gibt es ethisch-politisch-rhetorische Schriften; dazu gehören u.a. die *Nikomachische Ethik*, die *Politik*, die *Rhetorik*, die *Poetik*, alles Werke mit spannenden, bis heute gültigen Analysen und Überlegungen. Drittens gehören zu Aristoteles' Werk in erheblichem Umfang naturphilosophisch-biologisch-psychologische Schriften: Der Stagirite war ein leidenschaftlicher Naturwissenschaftler mit einer unglaublich genauen Beobachtungsgabe. Ihn interessierte brennend, was es mit den konkreten Dingen der Welt auf sich hat. Darum schrieb er u.a. ein Buch über das Wetter, die *Meteorologica*, und eine Tiergeschichte, die *Zoologica*. Viertens schließlich gab Andronikos eine von ihm so genannte *Metaphysik* heraus. Kein Interesse hatte er daran, dass es neben diesen schulinternen, gern als „esoterisch" betitelten Werken, auch eine ganze Menge „exoterische" gab, genauer gesagt: Dialoge. Aristoteles hatte sich nämlich auch mit richtiggehenden Publikationen öffentlich zu Wort gemeldet und dafür die literarische Form gewählt, die sein Lehrer Platon zur Meisterschaft geführt hatte. Von den aristotelischen Dialogen sind uns – wenn überhaupt – nur winzige Bruchstücke erhalten. Anders gewendet heißt das: Die von Aristoteles zur Publikation bestimmten Werke sind verloren gegangen. Und das, was wir haben, sind keine Bücher im eigentlichen Sinn, sondern Notizen und Vorlesungsmitschriften, von anderen zusammengestellt oder sogar angefertigt.

Besonders drastisch merkt man das gerade der *Metaphysik* an. Sie wird wie ein Buch behandelt, ist in Wirklichkeit aber gar keines, und trägt als Titel einen Ausdruck, den Aristoteles nicht verwendet. Das zu wissen, ist für eine angemessene Lektüre notwendig, weil man keine Schritt für Schritt vorgehende Abhandlung in 14 Büchern vor sich hat und immer wieder mit Neueinsätzen zu einem Thema oder mit Wiederholungen konfrontiert ist (weshalb man die *Metaphysik* eigentlich nur analytisch Satz für Satz lesen kann). Andronikos hat da nämlich einfach Unterlagen, die weder in die logische noch in die politisch-ethisch-rhetorische noch in die naturphilosophische Abteilung passten, zusammengebunden und nach den naturphilosophischen Schriften – griechisch: „meta ta physika" – eingeordnet. Vielleicht schon er selbst, aber sicher andere wenig später haben aber gemerkt, dass diese Signatur freilich zugleich ein treffender Sachtitel für das war, was in diesem Band verhandelt wurde: Nämlich Überlegungen, was es denn dem Sinnenfälligen Vorausliegendes geben müsse, wenn es das geben soll, was es augenscheinlich gibt.

Und das ist auch schon eine ziemlich genaue Bestimmung dessen, was „Metaphysik" im Sinne von Aristoteles heißt („im Sinne von" sage ich deswegen, weil der Stagirite diesen Namen – wie schon erwähnt – nicht kennt). Unter „Metaphysik" geht seit der Aristoteles-Ausgabe des Andronikos bis heute ziemlich Verschiedenes um. Manche im Mittelalter haben darunter Auskünfte über Engel und anderes Übersinnliche gerechnet. Der klassische Kritiker der alten Metaphysik, Immanuel Kant, dem es nicht um eine Zertrümmerung, sondern die Neubegründung einer Metaphysik ging, die wissenschaftlichen Ansprüchen standhalten sollte (⇖ Bd. 1, Kap. 10; ↗ Bd. 3, Teil B, Kap. 1.4 u. Teil C, Kap. 8), – Kant also nennt als die drei Kernpunkte der Metaphysik Gott, Freiheit und Unsterblichkeit. Nach ihm, in der Zeit der klassischen deutschen Philosophie oder des Idealismus, also bei Fichte, Schelling, Hegel, Hölderlin wird unter Metaphysik ein System des Wissens verstanden, das alles Wissbare aus einer Grundoperation der Vernunft entwickelt und in einen einzigen Zusammenhang einbegreift.

Erste Philosophie. Von all dem ist Aristoteles weit entfernt. In dem, was man seine *Metaphysik* nennt, geht es weder um einen Blick in ein Jenseits noch um ein umfassendes System des Wissens. Aristotelische „Metaphysik" handelt davon, wie man die Welt erklären muss, wenn sie denn so ist, wie sie sich darstellt. Sie geht also von der Natur aus und dann über diese in dem Sinn hinaus, dass sie nach den Gründen des Seienden und den Prinzipien seiner Erkennbarkeit fragt. In dem Sinn ist sie „prote philosophia" – Erste Philosophie –, dem Gegenstand nach und der Perspektive nach. Gelegentlich nennt Aristoteles, was er da im Auge hat, einfach sophia, Weisheit, genauso aber auch „theiotate episteme", „göttlichste Wissenschaft" – und zwar deswegen, weil die einzig um ihrer selbst gesuchte Wissenschaft die der Gottheit selbst wohl am meisten zukommende sei, aber gleichermaßen deshalb, weil sie vom Göttlichen handle und Gott allen als Ursache oder Prinzip gelte.[10]

Dieser ersten Philosophie ist Aristoteles also offenkundig auf verschiedenen Wegen nachgegangen. Nur so erklärt sich, warum in der *Metaphysik* durchaus verschiedene Ansätze dazu nebeneinander geraten sind. Man kann drei Weisen unterscheiden, in denen sich laut Aristoteles Erste Philosophie betreiben lässt. Eingebettet findet sich dieser dreifach-eine Ansatz in eine ganze Reihe mehr oder weniger – und man muss wohl sagen: vor allem weniger – systematisch einander zugeordneter Gedankenstränge. Bei den einzelnen Büchern der *Metaphysik* handelt es sich auch um relativ selbstständige Einzelabhandlungen.

Zunächst bestimmt Aristoteles Philosophie als Wissenschaft von den ersten Prinzipien und den vier Ursachen des Seienden (dazu und zu einigem anderen gleich mehr). Schon innerhalb dieses Eröffnungszugs referiert Aristoteles übrigens ausführlich, differenziert und weitgehend zutreffend die Meinungen etlicher seiner Vorgänger, also von vielen der so genannten Vorsokratiker und vor allem natürlich diejenige seines Lehrers Platon. Insofern kann der Stagirite auch als erster Philosophiehistoriker gelten. In einem weiteren einleitenden Buch[11] listet er 14 Aporien auf, also Problemfälle, die zumindest erstem Hinsehen allem Drehen und Wenden widerständig unlösbar ins Ausweglose zu führen scheinen. Das gehört auch zum Charakteristikum der aristotelischen „Metaphysik": weniger Antworten zu bieten als vielmehr darauf aufmerksam zu machen, was die alltäglich begegnende Wirklichkeit schon an kniffligen Denkaufgaben aufhalst (wobei Aristoteles hie und da auch so etwas wie eine Lösung für eine der Aporien anbietet und gelegentlich auf eine der aufgeworfenen Unwegsamkeiten zurückkommt). Diese Problemanalysen sind ihm deshalb so wichtig, weil man – wie er in einem pointierten Gleichnis sagt – unmöglich einen Knoten lösen kann, ohne ihn zu kennen. Erst vor dem Hintergrund der Problemanalyse lässt sich überhaupt erst entscheiden, in welcher Richtung nach einer Lösung gesucht werden kann. Außerdem wäre ohne genaue Kenntnis der Schwierigkeit nicht auszumachen, zu

[10] Vgl. ARISTOTELES: Metaphysik. 983a.
[11] Vgl. ARISTOTELES: Metaphysik. III. Buch (B).

welchem Ziel denn eine Lösung führen muss, um als solche gelten zu können.[12]

Drei Varianten. Danach erläutert der Stagirite die Aufgaben der Ersten Philosophie, die er sich als Herausforderung stellt, beschreibt ihre wichtigsten Instrumente und erstellt so etwas wie das erste, zumindest das erste uns bekannte Philosophielexikon, in dem nicht weniger als 30 philosophische Grundbegriffe erläutert werden, von denen ein Gutteil bis heute zum systematischen Handwerkszeug philosophischer Reflexion gehört. Einen ersten Höhepunkt bildet dabei das Buch IV, in der die Erste Philosophie als Prinzipienwissenschaft gefasst wird. Eine andere Bestimmung erhält die „prote philosophia", dann in den so genannten Substanzbüchern VII-IX. Dort entfaltet Aristoteles sie als Ontologie und entwickelt in diesem Zusammenhang die Grundbegriffe des Wesens, die von Materie und Form, von Möglichkeit und Wirklichkeit. Eine dritte Variante Erster Philosophie begegnet schließlich in den Büchern XI und XII, sofern sie dort als Onto-Theologie, als Wissenschaft vom ersten Ursprung alles Seienden konzipiert wird. In dem noch folgenden vorletzten und letzten Buch der *Metaphysik* geht es vor allem um Platonkritiken, die jedoch auch in den vorausgehenden Teilen des Werks zum Teil schon umfänglich abgehandelt wurden.

Ich erwähne diese literarischen Charakteristika von Aristoteles' Metaphysik nicht zuletzt deswegen, weil sie geeignet sind, das Vorurteil auszuhebeln, die Grundschrift der abendländischen Metaphysik biete ein mit deduktiver Stringenz gewonnenes Begriffskonstrukt. Das ist so wenig der Fall, dass die beiden vielleicht fundamentalsten Gedankenfolgen der *Metaphysik* in der Explikation begrifflich nicht dezidiert zu fassender Operationen bestehen. Beide besitzen bis heute andauernde Relevanz, verlangen darum entsprechende Behandlung. Ich stelle sie unter den aristotelisierenden Titel:

[12] Vgl. ARISTOTELES: Metaphysik. 995a-b.

1.2 Der Zugang zum Seienden, sofern es ist

Analogie von „sein". Die Wissenschaft, die das Seiende betrachtet, sofern es ist, hat als Erstes zur Kenntnis zu nehmen, dass vom Seienden auf vielfache Weise gesprochen wird („pollachos legetai"). „sein" (verbal genommen) ist ein analoger Ausdruck. „analog" heißen sprachliche Zeichen, die in ihrem Gebrauch weder gänzlich Verschiedenes noch einzig streng Gleiches bezeichnen; erstere sind die äquivoken Ausdrücke (wie „Strauß" für ein Blumengebinde, einen Fechtkampf, einen laufstarken Riesenvogel und einen verblichenen bayerischen Landesvater stehen kann); letztere, also die Ausdrücke, die nur streng Gleiches bezeichnen, heißen „univok". Das Besondere der analogen Ausdrücke macht aus, dass sie für Verschiedenes verwendet werden können, das unter gewissen Hinsichten dennoch miteinander zusammenhängt. Aristoteles' klassisch gewordenes Beispiel: Man nennt einen Menschen „gesund", weil er gesund ist, ein Nahrungsmittel heißt „gesund", weil es Gesundheit erhält, eine medizinische Behandlung heißt „gesund", weil sie verlorene Gesundheit wiederherstellt, Urin heißt „gesund", weil seine Farbe (heute würden wir sagen: seine Laboruntersuchung) die Gesundheit dessen anzeigt, von dem er stammt. Die verschiedenen Dinge werden also im Hinblick auf ein Prinzip „gesund" genannt, wobei dieser Ausdruck jeweils verschiedene Bedeutungen annimmt, ohne dabei äquivok zu werden.[13]

Genauso nun verhält es sich mit dem Seienden, sofern es seiend ist. Auch das „sein" wird in vielfacher Hinsicht von einem Seienden ausgesagt. Anders gewendet: Seiendes als solches begegnet von vornherein in einer ihm immanenten Gegliedertheit, die sich philosophisch artikulieren lässt und die gleichzeitig durch die Analogizität des Ausdrucks „sein" in ihrer Einheit zur Geltung gebracht wird. Damit das geschehen kann, muss natürlich auch „sein" auf *ein* Prinzip hin ausgesagt werden – und dieses fungiert dann natürlich als der Dreh- und Angelpunkt der ganzen aristotelischen Auffassung vom Seienden als Seiendem, also seiner Metaphysik:

> „Man spricht nämlich vom Seienden, weil es entweder ein Wesen ist oder eine Affektion eines Wesens oder weil es ein Weg zum Wesen oder weil es Vergehen, Privation, Qualität, Bewirkendes oder Erzeugendes eines Wesens ist oder von etwas, das in Beziehung auf das Wesen ausgesagt wird, oder gar, weil es Verneinung von etwas derartigem oder eines Wesens ist. Daher sagen wir ja auch, ein Nichtseiendes *sei* nichtseiend."[14]

Wesen („ousia") also ist das Prinzip, auf das hin in vielfacher Weise vom Sein des Seienden gesprochen wird. Diese Seinsrede (wenn ich so sagen darf) erfolgt in Gestalt von Urteilen. Urteil ist der Akt, in dem einem Subjekt ein Prädikat zugesprochen wird: Etwas verhält sich so und so. Ich erwähne das an dieser Stelle, weil auf diese Weise gleich

[13] Vgl. etwa ARISTOTELES: Metaphysik. 1003a-b.
[14] ARISTOTELES: Metaphysik. 1003b.

zwei Charakteristika der aristotelischen Metaphysik greifbar werden: Zum einen sind in diese Reflexion des Seienden als Seienden immer wieder Überlegungen eingelassen, die wir heute eher der Erkenntnistheorie zurechnen würden – und „Urteil" ist einer von deren Grundbegriffen (das Phänomen wird uns gleich nochmals bei der zweiten Grundoperation der aristotelischen Metaphysik begegnen). Zum anderen stützt sich der Stagirite gerade in der Grundlegung seiner Wissenschaft vom Sein des Seienden wie selbstverständlich auf Überlegungen, die wir heute primär der Sprachphilosophie, speziell der Sprachanalyse zurechnen: Es geht fundamental um „legetai", um Gesagtwerden. aristotelisches Denken ist über weite Strecken ontosemantisch geprägt: ein Denken, das sich für die Aufklärung seiner Sache elementar am Reden über die Sache orientiert.

Vier Urteilsweisen. Folgt man diesem ontosemantischen Duktus, dann ist es legitim, die von Aristoteles selbst eher locker umrissene Seinsanalogie etwas stärker auf vier Grunddimensionen hin zu systematisieren:

(a) Dass etwas so und so ist, wird von etwas (dem Subjekt des Urteils) gesagt hinsichtlich dessen, was es an sich ist, was sein Wesen ausmacht und ihm darum notwendigerweise zugeschrieben werden muss, z.B. dass der Mensch sterblich ist: Das ist ein Wesensurteil.

(b) Dass etwas so und so ist, kann auch sein So-und-so-sein meinen, das nicht notwendig gegeben sein muss: „Der Dozent ist erkältet": Das ist ein azidentelles Urteil.

(c) Dass etwas so und so ist, lässt sich auch von Eigenschaften aussagen, die zum Zeitpunkt der Urteilsabgabe nicht als wirkliche gegeben sind: „Peter ist ein guter Klavierspieler" gilt – wenn das Urteil wahr ist – auch immer dann, wenn Peter gerade nicht Klavier spielt. Das Urteil artikuliert eine Möglichkeit.

(d) Dass etwas so und so ist, kann – Aristoteles selbst verweist eigens darauf – auch dann gesagt werden, wenn zum Ausdruck gebracht werden soll, dass dieses So-und-so-sein nicht ist, ja nicht einmal möglich ist. „Heute ist es nicht kalt", die „Primzahlen sind (außer durch sich selbst) nicht teilbar". Das Urteil drückt ein Nicht-sein aus, ohne damit in irgendeiner Weise ein Sein zu behaupten. Das „ist" des Urteils verbindet lediglich Subjekt und Prädikat, erfüllt also eine rein logische Funktion.

Kategorien. Sozusagen unterhalb des soeben ausgeschrittenen systematischen Niveaus nimmt bereits Aristoteles selbst eine Einteilung von Seinsweisen vor, die eine ungeheuere, weil über Jahrhunderte selbstverständliche Wirkungsgeschichte gehabt hat, obwohl Spätere unschwer kenntlich machten, dass diese Ausdifferenzierung wohl mehr oder weniger hemdsärmelig zustande gekommen sein muss, als pures Zusammenlesen von Aspekten, die sich eben gerade nahelegten. Es geht um Aristoteles' Kategorienlehre, und das war genau das Theoriestück, das wie kein anderes deswegen Bekanntheit erlangte, weil es – anders als fast alles andere von Aristoteles – auch in den Epochen bekannt war, in denen man von der Existenz einer *Metaphysik*, den Ethiken und anderem nicht einmal von ferne etwas ahnte.

Die Kategorien – kann man sagen – kommen für die inhaltliche Strukturierung der Analogie des Seienden auf, wie wir sie – notabene! – sprachlich konstituieren: Der Ausdruck „Kategorien" kommt vom griechischen „kategorein", „aussagen". Aristoteles unterscheidet zehn Kategorien: die Substanz als die grundlegende Seinsweise, die im Urteil an der Subjektstelle steht, und dazu neun weitere Kategorien, die von der Substanz ausgesagt werden und darum im Urteil die Prädikatstelle einnehmen. Es handelt sich dabei um Quantität (das Wie viel), Qualität (das Wie), Relation (Wozu des Bezugs), Ort (das Wo), Zeit (das Wann), die Lage (z.B. aufrecht), Ausstattung (Womit versehen), Aktivität und Passivität. Diese neun Seinsweisen bestehen nicht für sich selbst, sondern nur an einem anderen, nämlich einer Substanz. Diese macht die anderen neun Seinsweisen dadurch zu Seienden, dass sie ihr zukommen. Darum heißen diese Akzidenzien (vom Lateinischen „accidere", „zukommen", „zufallen"). Es gibt kein „Wo-Ding" und kein „Wann-Ding" etwa, sondern nur das Wo und Wann eines Dinges. So willkürlich die Kategorientafel auch wirken und in der Tat zustande gekommen sein mag – mit der Grundunterscheidung Substanz-Akzidenzien etabliert Aristoteles ein Elementarinstrument der Wirklichkeitsbeschreibung, von dem wir bis heute selbstverständlich Gebrauch machen.

Erstes Prinzip. Das gilt genauso für eine zweite Grundoperation, die uns den Zugang zum Seienden in seiner bestimmten Seiendheit eröffnet. Hatte Aristoteles die Kategorienlehre letztlich über die Perspektive der Ontosemantik, nämlich das Vielfach-Sagen der Analogie, in Blick gebracht, so tut er das in diesem Fall nun in Gestalt einer Analyse bestimmter Züge unserer Wissensbildung, also in einem primär erkenntnistheoretischen Zugriff. Wenn die Wissenschaft vom Seienden als Seiendem, also die Philosophie, die höchste Wissenschaft repräsentiert (weil sich andere Wissenschaften nur je mit Teilaspekten des Seienden befassen) – so Aristoteles –, dann muss sie auch die sichersten Prinzipien der Sache anzugeben vermögen. Wirklich sicher aber sind Prinzipien nur, wenn hinsichtlich ihrer keine Täuschung mehr möglich, wenn sie also evident und voraussetzungslos sind. Gibt es ein solches Prinzip? Aristoteles antwortet: Es muss ein solches Prinzip geben, damit wir überhaupt etwas von einem Seienden erkennen. Um nämlich überhaupt etwas als etwas erkennen zu können, muss der Erkennende bereits etwas mitbringen (das ist die Voraussetzungslosigkeit), was seinerseits keinerlei Zweifel mehr unterliegt (das macht die Evidenz aus). Dass ein Prinzip solcher Verfassung als sicherstes gelten kann, liegt auf der Hand. Worin aber besteht dieses Prinzip? Aristoteles wörtlich:

> „Daß nämlich dasselbe demselben in derselben Beziehung [...] unmöglich zugleich zukommen und nicht zukommen kann, das ist das sicherste unter allen Prinzipien; denn es paßt darauf die angegebene Bestimmung, da es unmöglich ist, daß jemand annehme, dasselbe sei und sei nicht."[15]

Das ist die Urformulierung des Prinzips vom ausgeschlossenen Widerspruch oder auch kurz das Nicht-Widerspruchs-Prinzip. Etwas kann nicht zugleich und unter derselben Rücksicht sein und nicht sein. Etwas ist oder es ist nicht. Das leuchtet auch spontan ein. Gilt das Prinzip aber für alle Seinsweisen, also nicht nur für die Substanz, sondern auch für die anderen neun Kategorien? Für diese steht die Wendung „in derselben Beziehung" in der aristotelischen Formel des Prinzips: Selbstverständlich kann etwas zugleich klein oder groß, leicht oder schwer, bitter oder süß, gesund oder schädlich sein – aber wenn, dann je für den einen schwer, weil er ein Schwächling, für den anderen leicht, weil Gewichtheber ist usw. Innerhalb der jeweils in Blick genommenen Beziehung bleibt das Nicht-Widerspruchs-Prinzip gültig.

Nun gab es aber schon zu Aristoteles' Zeiten und gibt es auch heute Leute, die das bestreiten. Ein gewisser Michael Macrone beispielsweise behauptet allen Ernstes, der physikalische Welle-Korpuskel-Streit um die Beschaffenheit des Lichts sei einer von zahlreichen Befunden, die das Nicht-Widerspruchs-Prinzip aushebeln.[16] Macrone müsste nur seinen Aristoteles genauer lesen. Wozu hat der denn die Klausel „in derselben Beziehung" in seine Formel eingefügt?! Wenn ich das Licht als Welle betrachte, gehe ich in ganz anderer Rücksicht, z.B. mit ganz anderen Messinstrumenten an das Phänomen heran, als wenn ich mich um den Nachweis seiner Korpuskelnatur bemühte. Die Bestreitungen des Prinzips, die Aristoteles kannte, waren einen Takt schlauer – und darum konnte er sie direkt aufgreifen, um die unbedingte Geltung des Prinzips vom ausgeschlossenen Widerspruch auf eine Weise darzutun, die zugleich einsichtig zu machen vermag, wie Metaphysik sich selbst begründen kann. Wie stark das Argument ist, verrät sich daran, dass von ihm bis heute wenigstens strukturell selbst dort noch Gebrauch gemacht wird, wo es gar nicht um Metaphysik, sondern um die Frage nicht mehr hintergehbarer Verbindlichkeiten von Aussagen geht wie etwa in der so genannten Transzendentalpragmatik und der in sie eingebetteten Diskursethik. (↖ Bd. 1, Kap. 6.3; → Bd. 2, Teil A, Kap. 3.23)

Aristoteles geht auf die ihm anscheinend wohl bekannte Forderung ein, auch die Gültigkeit des Nicht-Widerspruchs-Prinzips selbst müsse erwiesen werden. Eine solche Forderung aber könne nur einem Man-

15 ARISTOTELES: Metaphysik. 1005b.

16 Vgl. MACRONE, Michael: Heureka! Das archimedische Prinzip und 80 weitere Versuche, die Welt zu erklären. München 1998. 41-43.

gel an Bildung entspringen, weil doch näherem Zusehen klar werde, dass dieses Prinzip weder eines Beweises bedürftig noch fähig sei, wenn man sich nicht in einen infiniten Regress verwickeln wolle. Das – so Aristoteles weiter – werde in einer Art „widerlegendem Beweis" dadurch ersichtlich, dass ja der Bestreiter des Prinzips eben dieses selbst für seinen Sprechakt, der ja etwas ganz Bestimmtes ist (und nicht zugleich etwas anderes), in Anspruch nehme.[17] Die Pointe besteht dabei in der Wendung vom Inhalt zum Geschehen eines Kommunikationsakts (die metaphysische Tradition spricht diesbezüglich von „Retorsion", die moderne Sprachphilosophie von „performativem Widerspruch). (→ Bd. 2, Teil A, Kap. 3.21)

Ontologische Relevanz. Ontologisch belangvoll ist dieses erkenntnistheoretische Prinzip des ausgeschlossenen Widerspruchs insofern, als es die erste der Kategorien sichert, in bezug auf die dann die anderen neun erst sinnvoll angewandt werden können. Nur wenn etwas nicht zugleich und unter derselben Rücksicht sein und nichtsein kann, können wir etwas als etwas, also als etwas, was eben nicht ein anderes ist, ansprechen. Nur kraft des Nicht-Widerspruchs-Prinzips kann ein Ding ein Wesen sein und so in seiner Eigentümlichkeit bestimmt werden. Gäbe es von den Dingen keinen Wesensbegriff, so wäre buchstäblich alles Eines, aber auch alles eins in dem Sinn, in dem wir mit dieser Wendung meinen: alles ist gleichgültig. Denn – so Aristoteles mit einem weiteren seiner trefflichen Beispiele: Wenn das Nicht-Widerspruchs-Prinzip nicht gälte, dann wäre ja wahr, dass der Mensch Mensch und zugleich nicht Mensch ist, und so müsste man auch sagen, dass er weder Mensch noch nicht Mensch sei.[18] Wer also überhaupt etwas über die Wirklichkeit sagen will, kann das nur, indem er etwas als etwas Bestimmtes anspricht – und damit ist das Nicht-Widerspruchs-Prinzip bereits in Geltung gesetzt.

Kontrastposition. Wir werden noch eine Position kennen lernen, die sich selbst von diesem widerlegenden Beweis des Aristoteles und seiner Reformulierung durch andere nicht beeindrucken lässt und damit zu einer der einflussreichsten Konzeptionen im 20. Jahrhundert geworden ist: die Ontologie Willard Van Orman Quines. Vorwegnehmend an dieser Stelle nur so viel: Alle unsere Sätze über die Welt bilden nach Quine ein Ganzes, ein System, in dem jeder Satz mit jedem anderen irgendwie verknüpft ist (der Fachterminus für diesen Gedanken heißt „Holismus"). Keiner dieser Sätze ist revisionsimmun. Ändert sich einer, müssen die mit ihm zusammenhängenden entsprechend angepasst werden. Der Preis für diese Alternative liegt freilich auf der Hand: Erkenntnis im Sinn von Einsicht in die wirkliche Verfassung der Welt und ihrer Dinge, wird damit aufgegeben – was die

[17] Vgl. ARISTOTELES: Metaphysik. 1006a.
[18] Vgl. ARISTOTELES: Metaphysik. 1008a.

Vertreter dieser Position ausdrücklich hinzusagen: *Epistemology naturalized* heißt ein berühmter Aufsatz Quines: *Naturalisierte Erkenntnistheorie*. Gemeint ist: Erkenntnistheorie hat mit der Aufklärung von begrifflichen Strukturen unserer Wissensgewinnung überhaupt nichts zu tun. Es handelt sich lediglich um ein Segment empirischer Psychologie, in welchem dem menschlichen Reiz-Reaktions-Schema nachgegangen wird. Wie unter dieser Voraussetzung so etwas wie Ontologie möglich sein und die wahr-falsch-Unterscheidung festgehalten werden kann, dazu später mehr. (→ Bd. 2, Teil C, Kap. 5.1)

Resümee. Aristoteles hat also seine Erste Philosophie als Wissen vom Seienden als Seiendem durch den Gültigkeitserweis des Prinzips vom ausgeschlossenen Widerspruch retorsiv – also unhintergehbar – begründet. Inhaltlich gesehen hat er dazu auch den zuvor schon entfalteten Gedanken der analogen Vielheit in der Rede vom Sein des Seienden herangezogen. So hat er den Gedanken des Seienden als Seienden nicht nur – wie bereits gesagt – intern strukturiert, sondern zugleich stabil gemacht. Über das Nicht-Widerspruchs-Prinzip ist die Frage nach dem Sein des Seienden als sinnvoll, ja als elementar für überhaupt alles weitere Wissen erwiesen. Auf diesem Fundament kann nun die ontologische Analyse des konkreten Seienden in Angriff genommen werden. In ihrem Rahmen entwickelt Aristoteles die metaphysischen Grundbegriffe, die sein Denken durch und durch prägen und zum Teil noch bis heute in unserer durchschnittlichen Bildungssprache virulent geblieben sind. Ich beschränke mich auf die fundamentalsten Theoreme aus der ungeheuren Dichte der aristotelischen Beobachtungen am konkreten Seienden. Ich stelle sie unter die Überschrift:

1.3 Was macht ein Seiendes zu dem, was es ist?

Das Kreuz mit dem Konkreten. Diese Überschrift soeben spielt wie die vorherige wiederum auf einen Grundbegriff der aristotelischen Metaphysik an, ein Kunstwort, so schwer zu übersetzen, dass man es am besten unübersetzt ließe: „to ti en einai" – „Was es ist, dies zu sein". Was macht aus, dass ein Ding ist – und zwar als das ist, was es ist? Die Frage klingt im ersten Moment etwas umständlich, vielleicht sogar gespreizt – aber weit gefehlt! Darin spiegelt sich nur, wo die wahren philosophischen Probleme liegen: nämlich nicht bei den letzten Fragen oder ersten Gründen, wie wir ja vorhin selbst zu konstatieren hatten; das letzte unhintergehbare Prinzip von allem bedurfte nicht einmal eines Beweises, so evident ist es – und selbst das noch, dass es so ist, war mit einem einfachen Verweis auf das pure Verhalten dessen einsichtig zu machen, der das Prinzip bestreitet. Nicht die großen Fragen machen die Probleme, sondern die kleinen, die konkreten Dinge: dass etwas ist und nicht vielmehr nichts – und dass es das ist, was es ist, dies zu sein. Warum ist das so? Weil wirkliches Wissen universal und notwendig sein muss, also etwas überall und jederzeit Greifbares von allgemeiner Geltung, so dass jede und jeder jederzeit darauf hingewiesen werden und durch Selberdenken dieses Wissen als ihr Wissen gewinnen kann. Das konkrete Seiende dagegen, das als Ding in der Welt begegnet, ist völlig anders verfasst: nämlich einzeln und nicht-notwendig, weil etwa veränderlich oder vergänglich. Frage also: Wie kann das ontologische Wissen – das universale und notwendige – von den konkreten Seienden unserer Erfahrung – den einzelnen und veränderlichen – überhaupt wahr sein?

Zur Lösung genau dieses Problems hat Aristoteles jene Denkfiguren entwickelt, die wie die uns schon bekannte Grundfigur von Substanz-Akzidenz je durch ein Begriffsdoppel auf den Nenner gebracht werden können und zusammen mit jener Grundfigur das Instrumentar aristotelischen Denkens bilden. Orientiert hat sich der Stagirite dabei bevorzugt am Fall lebendiger Seiender, vor allem der Tiere (Aristoteles war in erheblichem Umfang als Zoologe tätig). Das ist auch spontan verständlich: Bei lebendigem Seienden stellt sich die Frage nach dem Verhältnis von Allgemeinem und Konkretem, von Selbigkeit und Verschiedenheit auch besonders zugespitzt, denn: Lebewesen machen im Gang ihres Daseins zum Teil erheblichste Veränderungen durch – und bleiben dennoch als Lebewesen dieselben. Der Schmetterling war Raupe – riesiger könnte der Unterschied kaum sein. Doch hinsichtlich seines Seiendseins ist er mit dem grünen Krabbeltier identisch. Nicht zuletzt auch am Auftreten des Menschen selbst findet diese Denkaufgabe einer Identität in Differenz Anhalt: Wie kommt, dass wir eine Greisin mit weißen Haaren und dritten Zähnen problemlos für identisch halten mit der kessen Maid auf vergilbten Fotos, die uns die alte Dame als Erinnerungsstücke aus ihrer Jugendzeit präsentiert? Man kann das Ganze auch sehr handfest, nämlich juristisch wenden: Wie kann jemand, der einen Menschen umgebracht hat, nach – sagen wir 25 Jahren – für seine Tat zur Rechenschaft gezogen werden, obwohl er völlig anders aussieht, völlig anders lebt, völlig anders denkt als zur Zeit der Tat? Aristoteles' Fragestellung war so elementar, dass wir von seinen Antworten heute noch zehren. Ein Seiendes als Seiendes verdankt, dass es ist und dass es ist, was es ist, neben der schon durchgearbeiteten Substanz-Akzidenz-Verknüpfung dem Zusammenspiel folgender dreimal zwei Faktoren:

(a) Möglichkeit und Wirklichkeit. Aristoteles selbst arbeitet das Problem in der für ihn typischen Differenziertheit im Buch IX der *Metaphysik* durch. Ich beschränke mich hier auf wenige grundlegende Züge seiner Analyse. Man kann sich die genuine Leistung des Stagiriten in dieser Angelegenheit am besten dadurch vergegenwärtigen, dass man sie mit den Konzepten konfrontiert, gegen die Aristoteles selbst den Doppelgedanken von Möglichkeit und Wirklichkeit entwickelt hat. Das Problem von Werden und Veränderung muss als ein Grundlagenproblem der frühen Philosophie überhaupt gelten. Drei Lösungsvarianten dürfte Aristoteles gekannt haben. Insofern wäre das Profil seiner Lösung erst von diesen Konzepten her wirklich zu fassen.

Heraklit. Es handelt sich zum einem um die Ontologie des Heraklit. Heraklit ist einer der ganz Großen der Vorsokratiker. Er etablierte den Logos-Gedanken als Grundwort der abendländischen Philosophie. Gleichzeitig konnte sich Heraklit so etwas wie Veränderung und Bewegung nur dadurch vorstellen, dass er schlechthin alles, was es gibt, als bewegt begriff. Platon hat das auf die berühmte, bei Heraklit selbst nicht auffindbare und ihn vereinfachende Formel gebracht:

„[...] panta chorei [...] – Alles fließt“[19]

Ein zweites, beinahe ebenso berühmtes, ihm zugeschriebenes Diktum ergibt sich daraus von selbst: dass man nicht zweimal in denselben Fluss steigen könne[20], das später sogar dahingehend verschärft wurde, „man könne auch nicht einmal in denselben Fluss steigen.“[21] Ist alles, was es gibt, von Wesen in Bewegung, macht die Erklärung konkreter Bewegungen und Veränderungen selbstverständlich keine Probleme mehr. In ihr manifestiert sich ja nur noch partikulär, was die Grundverfassung alles Wirklichen ausmacht.

Parmenides. Sozusagen genau seitenverkehrt dazu nimmt sich die Ontologie des Parmenides aus. Er entledigt sich des Problems

19 PLATON: Kratylos. 402a.
20 Vgl. PLATON: Kratylos. 402a.
21 ARISTOTELES: Metaphysik. 1010a, 13.

der Veränderung dadurch, dass er alle Bewegung für Schein, für Sinnestäuschung hält und alles als in sich ruhend begreift.

> „Denn niemals kann erzwungen werden, daß ist, was nicht ist. Im Gegenteil, du sollst das Verstehen von diesem Weg der Untersuchung zurückhalten, und die vielerfahrene Gewohnheit soll dich nicht zwingen, über diesen Weg das ziellose Auge schweifen zu lassen, das widerhallende Ohr und die sprechende Zunge. Nein: beurteile in rationaler Weise die streitbare Widerlegung, die ich ausgesprochen habe. [...]
> Einzig also noch übrig bleibt die Beschreibung des Weges, daß es ist. Auf diesem Weg gibt es sehr viele Zeichen: daß Seiendes nicht hervorgebracht und unzerstörbar ist, einzig, aus einem Glied, unerschütterlich und nicht zu vollenden: weder war es noch wird es einmal sein, da es jetzt zugleich ganz ist, eins, zusammengeschlossen."[22]

Über das Seiende kann man im Grunde nur sagen, dass das, was ist, ist. Ist etwas, dann kann es nicht geworden sein, denn dann müsste es ja aus dem Nicht-Sein kommen. Wenn etwas entsteht, muss es ein Prinzip des Werdens in sich haben – aber wie kann es das tun, wenn es doch gar nicht ist? Daraus ergibt sich für Parmenides:

> „Andererseits ist es unbeweglich/unveränderlich in den Grenzen gewaltiger Fesseln, ohne Anfang, ohne Aufhören, da Entstehung und Zerstörung in weiteste Ferne verschlagen worden sind: verstoßen hat sie die wahre Verläßlichkeit. Als ein selbes und im selben verharrend und für sich selbst befindet es sich und verbleibt in dieser Weise fest am selben Ort. Denn die mächtige Unentrinnbarkeit [„ananke"; K. M.] hält es in den Fesseln der Grenze, die es ringsum einschließt; weshalb es nicht erlaubt ist, daß das Seiende unvollendet wäre. Denn es ist nicht in irgendwelcher Hinsicht mangelhaft – wäre es dies, so würde es ihm an allem mangeln."[23]

Regelrecht populär geworden sind gewisse Züge dieser – man könnte sagen – gefrorenen Ontologie des Parmenides durch die Beweise der Unmöglichkeit von so etwas wie Bewegung, die sein Schüler Zenon führte. Das wohl bekannteste der dabei formulierten Paradoxe ist das von „Achilles und der Schildkröte": Achilles, der schnelle Kämpfer, und eine Schildkröte machen gegeneinander einen Wettlauf. Achilles ist nobel und räumt der Konkurrentin einen Vorsprung ein. Genau damit aber hat er schon verloren, weil er sie niemals wird einholen können: Hat Achilles die Hälfte des Abstands zur Schildkröte durchmessen, ist sie ja auch bereits wieder ein Stück vorgerückt. Hat er die Hälfte der verbleibenden Hälfte des verbleibenden ursprünglichen Abstands hinter sich gebracht, gilt für die Schildkröte wiederum, dass sie ein weiteres Stück vorgerückt ist und so in infinitum. Formal gefasst: Wenn etwas in Bewegung ist, muss es unendlich viele Situationen durchlaufen. Da aber nichts unendlich viele Situationen durchlaufen kann, gibt es keine Bewegung.

Megariker. Von diesem Hintergrund her ist die dritte noch zu erwähnende Position entwickelt worden, die Ontologie der Megariker.

22 DIELS/KRANZ 28 B 7; 28 B 8.
23 DIELS/KRANZ 28 B 8.

Begründet wurde diese Richtung von dem Sokrates-Schüler Eukleides. In ihr wird Sokrates' Lehre vom Guten mit der eleatischen Ontologie verknüpft („eleatisch" wird als Kurztitel für das Denken des Parmenides wie des Zenon gebraucht, sofern beide vermutlich aus Elea stammten und dort auch starben). Einer aus dieser eleatischen Schule, Diodoros Kronos, führte einen indirekten Beweis für die Unmöglichkeit von Bewegung, auf den Aristoteles eingeht (möglicherweise war der Beweis sogar direkt gegen den Stagiriten formuliert worden), und vor diesem Hintergrund entfaltet Aristoteles dann auch den Grundgedanken, mit dem er das Problem der Bewegung und des Werdens einer Lösung zuführt. Schon im ersten Satz seiner Bezugnahme auf diese Position macht Aristoteles den Dreh- und Angelpunkt des Problems namhaft:

> „Es gibt einige wie die Megariker, welche behaupten, ein Ding habe nur dann ein Vermögen, wenn es wirklich tätig sei, wenn jenes aber nicht wirklich tätig sei, habe es auch das Vermögen nicht."[24]

Damit etwas möglich ist, muss es wirklich sein. Insofern kommt ihm auch Notwendigkeit zu. Darum kann Nicht-Wirkliches nur unmöglich sein – und also kann es auch kein Werden geben. Der entscheidende Zug bei Aristoteles besteht darin, dass er diese Eins-zu-Eins-Zuordnung von Möglichkeit und Wirklichkeit aufbricht und dagegenstellt: Möglich ist das, was wirklich oder nicht-wirklich sein kann, und darum zwischen unmöglich und notwendig steht. Bei Diodoros sind Nicht-Wirkliches und Unmögliches einerseits sowie Wirkliches und Notwendiges andererseits deckungsgleich. Für Aristoteles dagegen kann Nicht-Wirkliches auch Mögliches sein und Wirkliches auch Nicht-Notwendiges. Formal gefasst: Mit seiner Ausdifferenzierung des Möglichkeitsbegriffs geht zugleich eine solche des Begriffs der Wirklichkeit einher.

Aristoteles' Lösung. Gerade an diesem Vergleich wird spontan einsichtig, dass Aristoteles nicht irgendwie eine dritte Art von Seiendem zwischen Nicht-Sein und Sein entwickelt, um das Problem der Bewegung und Veränderung in Griff zu bekommen. Vielmehr etabliert er eine neue Dimension von Ontologie, in der Sein und Nichtsein zusammen auftreten können, ohne dass daraus eine Kollision mit dem Nichtwiderspruchsprinzip entstünde. Was jetzt nicht ist, wird dadurch nicht unmöglich, wie die Megariker behaupten, sondern kann zu anderer Zeit sein. Insofern impliziert das bewegliche oder veränderliche Seiende als Seiendes die Möglichkeit seines Nicht-Seins, als Nicht-Seiendes die Möglichkeit seines Seins. Die Leistungsfähigkeit dieses Gedankens kommt gut zur Geltung, wenn man ihn direkt auf das Zenonsche Paradox anwendet: Bewegt sich ein Seiendes kontinuierlich, dann durchläuft es die prinzipiell unendlich vielen Punkte seiner Bewegungsbahn als potenzielle; aktuell sind nur zwei: der Ausgangs-

[24] ARISTOTELES: Metaphysik. 1046b.

und der Endpunkt der Bewegung. Würde es alle Punkte der Bahn aktuieren, käme es in der Tat nicht vom Fleck, d.h. gäbe es keine Bewegung.

Für dieses Begriffsdoppel Möglichkeit-Wirklichkeit hat Aristoteles zumindest zum Teil eigens neue Kunstausdrücke geprägt (immer ein Zeichen für den Versuch, etwas gänzlich Neues zur Geltung zu bringen). Er sprach von „dynamis“ und „energeia“ bzw. „entelecheia“. Heidegger hat „dynamis“ mit „Kraft“ wiedergegeben (ein Ausdruck, der in der Tat angemessener sein dürfte als das übliche „Vermögen“ oder „Möglichkeit“). „energeia“ wird mit „Wirklichkeit“ übersetzt, „entelecheia“ mit „Vollendetheit“: Etwas ist geworden, was es sein kann. Die lateinischen Pendants zu diesen Termen und ihre Eindeutschung – „potentia“ und „actus“, Potenz und Akt – sind schulmäßig so populär geworden, dass das aristotelische Denken und die an ihn anschließende Tradition das Etikett erhielt, eine Akt-Potenz-Metaphysik zu sein. Bei solchen Schematisierungen ist in der Regel Vorsicht geboten – und dies im gegebenen Fall allein schon deshalb, weil Aristoteles nicht nur eine innere Differenziertheit des jeweiligen Begriffs ausarbeitet, sondern überdies beide Ausdrücke analog gebraucht. Gleichwohl trifft jene Titulierung zumindest insofern zu, als in der Tat vom Akt-Potenz-Gedanken her die restlichen noch ausstehenden aristotelischen Grundunterscheidungen zur Erfassung des Seienden beinahe wie von selbst einsichtig werden. Das gilt zumal von derjenigen, die den am unmittelbarsten zugänglichen Aspekt des Seienden als Seienden betrifft, nämlich:

(b) Materie und Form. Dass etwas dasjenige ist, was es ist, verdankt es seiner „ousia“, seinem Wesen – sehr einfach gesagt: dem Zusammentreten bestimmter charakteristischer Züge nach einem bestimmten strukturellen Muster. Diese Züge bilden ein Ganzes, das mehr ist als die einfache Summe seiner Teile; das gilt etwa schon für eine Silbe: „da“ ist sprachlich mehr als die Summe eines „d“ und eines „a“.

Nun kann aber die Form eines Seienden durchaus öfter (!) als verwirklichte auftreten. Und zwar nicht nur in zeitlicher Abfolge, sondern gleichzeitig. Dackel und Pinscher und Dobermann gibt es nicht nur je einen, sondern viele. Also muss es ontologisch etwas geben, was eine solche Vervielfältigung der Form ermöglicht: das ist die Materie, griechisch „hyle“ (wörtlich zu übersetzen mit „Bauholz“). Diese Materie macht aber nicht nur eine Vielzahl von Instantiierungen derselben Form möglich. Genauso erlaubt sie, dass sich – sofern das wesensmäßig möglich ist – in ihr verschiedene Formen verwirklichen. Aus Holz z.B. kann man eine Statue schnitzen, ein Schiff bauen oder einen Stuhl konstruieren (aber es gibt keinen hölzernen Hund, außer es wäre eine Skulptur). Materie für sich genommen, ist im Grunde überhaupt nichts. Sie repräsentiert ein reines Seinkönnen, ist pure Potenz.

Materie meint darum zunächst eigentlich noch gar nichts in unserem üblichen Sinn Materielles, sondern benennt den Seinsgrund der Vielheit: dass eben von einer bestimmten Form im Prinzip zahllose Verwirklichungsfälle möglich sind; erst in einem zweiten Sinn bezieht sich „Materie" demgegenüber auf die Gebundenheit jeder Form an ein gewisses begrenztes Materiespektrum (Trinkgefäße lassen sich aus Metall, Ton, Glas, Holz, Plastik formen, vielleicht sogar aus Fasern – nicht aber aus Buchstaben etwa). Wie wenig veraltet sich diese Frageperspektive ausnimmt, lässt sich daran ermessen, dass derzeit in Teilen der „mind-brain"-Diskussion, also der partiellen Neuauflage der uralten „Leib-Seele"-Debatte (↖ Bd. 1, Kap. 7.3), darüber gestritten wird, ob und inwiefern Bewusstsein auch in anderer Materie als der Konstellation namens „Mensch" realisiert werden könne (davon lebt auch die ganze – zum Teil von Science-Fiction geprägte – Debatte über „Künstliche Intelligenz").

Kommt nun eine bestimmte Form in einer ihr gemäßen Materie zur Verwirklichung, so geht sie dabei von Potenz in Akt über. Dieser Prozess muss in zweierlei Hinsicht betrachtet werden: (1) Zum einen darf er nicht in dem Sinn missverstanden werden, dass Potenz und Akt einander einfach folgen; stattdessen sind beide simultan. Der Akt eines im Werden begriffenen Seienden aktualisiert eine Potenz. Insofern darf nicht gesagt werden, Potenz und Akt als solche seien. Vielmehr sind im Werden befindliche Seiende durch sie – oder anders: Potenz und Akt sind Prinzipien des Seienden (sofern es wird oder sich verändert). In diesem Sinn aktuiert Form Materie und aktuieren Akzidenzien die Substanz. Gerade an diesem Fall wird die Simultaneität unmittelbar evident: Es gibt keine Hundesubstanz und dazu ein Set möglicher Akzidenzien. Sondern wirklich ist der Hund als Lebewesen dadurch, dass ihm bestimmte Akzidenzien zukommen. Diese aktuieren seine (potenzielle) Substanz, sein Wesen. Substanzen sind also veränderbar und zwar im doppelten Sinn: Sie können sich akzidentell verändern, wenn etwa jemand im Lauf seines Lebens seine Haarpracht einbüßt, ohne dass das – wie wir sehr treffend sagen – an seine „Substanz" ginge. Kommt es dagegen zu einer substanziellen Veränderung, fallen also Züge aus der für dieses Seiende charakteristischen Wesensstruktur weg, hat das ein Vergehen des jeweiligen Seienden zur Folge. Damit kommt an der Akt-Potenz-Denkfigur von selbst auch jenes Moment zum Vorschein, ohne das es dieses dynamische Zusammenspiel der beiden Prinzipien gar nicht geben könnte und das in ein drittes aristotelisches Begriffsdoppel gefasst ist. Aktuiert kann eine Potenz nämlich nur werden kraft einer weiteren Doppelstruktur:

(c) Ursache und Ziel. Aristoteles spricht von „aitiai" und „telos", das heißt, er fasst den Ursachegedanken von vornherein in einer inneren Differenzierung. Wird etwas, so bedarf es dafür als innerer Ursachen dieses Seienden einer Materialursache (causa materialis) und einer Formalursache (causa formalis). Auf den ersten Blick nimmt sich das sehr einfach, beinahe etwas schulmäßig aus: Soll eine Statue entstehen, so fungiert der Holzblock als Materialursache, die Form, die ihm gegeben wird, ist die Formalursache. In diesem Fall bildet die Materialursache die Substanz, für die Formalursache kommen Akzidenzien auf. Anders dagegen, wenn in dem Veränderungsprozess die Substanz selbst zerstört (oder überhaupt erst hergestellt wird): Dann bilden die Elemente – die „stoicheia" – die Materialursache, als Formalursache fungiert die substantiale Form, die „morphe" oder „entelecheia". Würden schließlich die Elemente selbst zerstört, so bliebe als Materialursache nur ein absolut unbestimmtes Zugrundeliegendes, das aber nicht nichts wäre, weil es ein Alles-Sein-Können wäre. Das ist dann die „materia prima" gegenüber der „materia secunda", die aus bereits geformten Elementen besteht. Diese Erwägungen des Stagiriten zu den verschiedenen Besetzungen der Funktionen von causa materialis und causa formalis scheinen im ersten Moment ein nur bedingt relevanter Seitenzweig seiner ontologischen Grundentscheidungen zu sein. In Wirklichkeit resultiert daraus eine Konsequenz, die späteren Rezeptionen, namentlich christlichen Interpreten größte Probleme einbrachte: die völlig unbestimmte materia prima als Analyseprodukt der Materialursächlichkeit, die dennoch nicht nichts ist, weil sie alles sein kann, die darum auch nicht zerstörbar ist, weil es an ihr nichts zu zerstören gibt, die folglich auch ungeworden sein muss, – diese materia prima erweist Materie in ihrem innersten Kern als „ewig" (wir kommen auf die christlichen Probleme mit diesem Theorem zurück).

Den beiden bisher erörterten Ursachen causa materialis und causa formalis treten noch zwei weitere Ursacheformen an die Seite: Im Vorgang des Werdens oder der Veränderung würde aus dem Holzblock keine Statue, wenn der Materialursache die Formursache nicht durch eine Wirkursache (causa efficiens) verliehen würde. Diese Wirkursache repräsentiert in diesem Fall natürlich der Bildhauer. Jedoch vermag er diese Funktion nur dadurch auszuüben, dass er kraft seiner Aktivität eine bereits gefasste Idee, ein Projekt verwirklicht, nämlich die Ziel- oder Zweckursache (causa finalis). Diese Zweckursache bestimmt dabei die Wirkursache, welche der Materialursache die Formursache einprägt. Insofern nimmt die Zielursache in diesem ganzen Prozess die erste Stelle ein. Gleichzeitig kommt aber auch der Wirkursache eine eminente Rolle zu. Die Zielursache bestimmt die Wirkursache ja, so und so zu handeln (nämlich das Ziel zu verwirklichen). „Handeln" aber ist ein Charakteristikum dessen, was sich im Status der Aktuiertheit befindet und anderem (dem, was es handelnd schafft) etwas von seiner Aktuiertheit mitteilt, indem es aktuiert, was dieses in Potenz war. Die causa efficiens muss also von außen hinzukommen, um Potenzielles zu aktuieren (auch für die Entwicklung von Lebewesen gilt das: Die ihnen bereits im Keim eingeschriebene Entelechie, die ihre causa finalis ist, bedarf der Einwirkung etwa der Sonnenwärme oder der Feuchtigkeit, die von außen kommen). Wo es ein Werden gibt, muss es darum prinzipiell eine äußere Wirkursache geben. Das kommt bündig zum Ausdruck in dem Grundsatz, den Aristoteles in seiner Physik formuliert hat und der in der Tradition und Schulphilosophie als „Prinzip der Bewegung" oder „Bewegungssatz" überliefert wird:

> „Alles, was in verändernder Bewegung ist, muß von etwas in Bewegung gebracht werden."[25] Die lateinische Schulformel lautet: „Quidquid movetur, ab alio movetur."

Philosophischer Gottesgedanke. Und dieses Prinzip nun hat Aristoteles zugleich zur Grundlage dafür genommen, erstmals in der Philosophie in Gestalt rationaler Herleitung einen Gottesgedanken, man könnte sogar sagen: einen Gottesbeweis zu führen. An anderer Stelle ist davon detailliert zu sprechen (↗ Bd. 3, Teil C, Kap. Gotteslehre, Kap. 2), hier nur dies[26]: Dieser Gottesgedanke tut nichts anderes, als die Denkbarkeit des Seienden als eines durch und durch von Bewegung dirigierten zu sichern. Völlig unbewegt in sich, weil reines Denken des Denkens, also von nichts als von sich selbst affiziert, hindert er die Erklärung der Bewegung, in einen infiniten Regress zu geraten, sonst nichts. Insofern geht der Gottesgedanke des Stagiriten auch nicht aus einer theologischen Reflexion im strengen Sinn hervor, sondern aus physikalisch-astronomischen Überlegungen. Es bleibt darum auch eine gewisse unaufgelöste Spannung zwischen der ontologischen und der kosmologischen Perspektive. Als einziger Bezug zwischen diesem Gott der Noesis noeseos (Denken des Denkens) und der Welt bleibt derjenige der Herrschaft des Ersteren über die Letztere. In einer sehr viel später entwickelten Terminologie bringt das E. Angehrn auf den Nenner, die spekulative Leistung des Aristoteles bestehe darin,

> „in der Betrachtung des Alls nicht nur das *hen kai pan* in den Blick zu bringen, sondern als innerstes Prinzip des Ganzen einen transzendenten Ursprung zu setzen, der gleichzeitig die ontologische Steigerung zu ihrem letzten Abschluss bringt. […] Die Erforschung der ersten Ursachen soll gleichzeitig eine Erkenntnis dessen, was die Seiendheit alles Seienden ausmacht, ein Wissen vom höchsten Seienden und ein Begreifen der Wirklichkeit im ganzen ermöglichen."[27]

Ontologisch brisant nimmt sich dabei zudem aus, dass Aristoteles dadurch, dass er die Unbewegtheit des ersten Bewegers denkerisch in die Form der Selbstbezüglichkeit gießt, bereits einen Gedanken intoniert, der viel später zum Leitmotiv derjenigen Ontologie werden sollte, mit dem wir unsere Überlegungen zur Ontologie schließen werden:

25 ARISTOTELES: Physik. 241b, 24.

26 Vgl. zum Folgenden auch ANGEHRN, Emil: Der Weg zur Metaphysik. Vorsokratik – Platon – Aristoteles. Weilerswist 2000. 467-493.

27 ANGEHRN: Weg (Anm. 26). 492.

derjenigen Hegels, die dem Grundsatz folgt, dass das Wahre nicht als Substanz, sondern ebenso sehr als Subjekt aufgefasst werden müsse[28], wenn wirkliches Wissen soll gewonnen werden können. (→ Bd. 2, Teil C, Kap. 6)

Rückkehr in den Ursprung. Genau dadurch nun, dass dieser Abschlussgedanke der aristotelischen Theologie sozusagen aus der Logik des Begriffs der Bewegung entspringt, kehrt der Stagirite mit ihm zugleich wieder an den Ausgangspunkt seines eigenen Philosophierens zurück, nämlich die ausdrückliche Wiederaufnahme des Ursprungs aller Ontologie, wie sie in den Traditionsspuren der Vorsokratiker für ihn fassbar war (und für uns fassbar ist). Mit der aus Aristoteles vorausgehend gewonnenen Tiefenschärfe in der Frage nach dem Seienden können wir uns als für die Begegnung mit diesem Anfang selbst gerüstet betrachten. Ein zeitgenössischer Denker, der selbst zu den großen Interpreten jenes Anfangs gehört, wird uns dabei zusätzlich Wegbegleiter sein.

[28] Vgl. HEGEL, Georg W.F.: Phänomenologie des Geistes. In: DERS.: Sämtliche Werke. Jubiläumsausgabe in 20 Bänden. Hg. v. Hermann Glockner. Bd. 2. 3. Aufl. Stuttgart 1951. 22.

2. Ursprünge der Ontologie – und eine Kontrastfolie

Darauf aufmerksam zu machen, dass bezüglich der überlieferten Fragmente der Vorsokratiker überhaupt ein Verstehensproblem vorliegt, ist schon der erste Dienst desjenigen, durch dessen eigenständige philosophische Optik ich das Spezifische am Denken der Vorsokratiker fassbar machen möchte. Ich spreche von Heideggers Meisterschüler Hans-Georg Gadamer, den Begründer der hermeneutischen Philosophie, die einen eigenen – und durchaus auf eigentümliche Weise, nicht zuletzt binnenkatholisch erfolgreichen – Strang der Philosophie der zweiten Hälfte dieses Jahrhunderts darstellt. Dass uns der prominenteste Hermeneutiker des Jahrhunderts ein hermeneutisches Problem vergegenwärtigt, heißt natürlich nicht automatisch, dass er es auch auf zustimmungsfähige Weise löst (dazu wird gleich noch in einer für unseren Gesamtzusammenhang wichtigen Hinsicht etwas zu sagen sein). Gleichwohl hat Gadamer auf überzeugende Weise einsichtig gemacht, dass die Fragmente der Vorsokratiker – einfach für sich genommen – im Grunde nur Missverständnisse erzeugen können.

2.1 Lesehilfen für Vorsokratisches

Gadamer über Vorsokratik. Gadamers leitende Überzeugung lautet: Festen Boden erhalte eine Lektüre der überlieferten Fragmente einzig dadurch, dass sie vor dem Hintergrund vollständiger und in diesem Sinn geschlossener Texte zur Sache gelesen werden. Und wo finden wir die? Gadamers Antwort:

> „Die ersten wahren Texte zu unserem Thema sind die Schriften von Platon und Aristoteles […]. Mit der Technik des Zitierens läßt sich bekanntlich alles, oft auch dessen Gegenteil beweisen, denn das treueste und buchstäblichste Zitat kann, da es aus seinem Zusammenhang gerissen ist, auch etwas anderes besagen als im Original, wenn wir dieses nicht kennen. Wer zitiert, interpretiert schon durch die Form, in der er den Text des Zitats präsentiert. Alle in den Vorsokratiker-Sammlungen zusammengestellten Bruchstücke sind ja bloße Zitate, die nicht in einem abgerundeten und geschlossenen Text auf uns gekommen sind, sondern auf dem Weg über Platon und Aristoteles, den Peripatos, die Stoiker, die Skeptiker, die Kirchenväter – eine große Fülle von Autoren, die diese Lehren zu völlig verschiedenen Zwecken zitieren und beschreiben. Darum besteht die erste Aufgabe darin, Texte zu studieren, in denen das Denken der Vorsokratiker in zusammenhängender Form interpretiert wird“[1] –

wofür sich, so Gadamer, in besonderer Weise die *Physik* des Stagiriten (weil ungleich geschlossener als die *Metaphysik*) empfehle und besonders der aus dem sechsten nachchristlichen Jahrhundert stammende Kommentar des Simplicius zum Buch A der *Physik* als dem ältesten überlieferten Text über die Vorsokratiker. Zugleich aber – so Gadamer

[1] GADAMER, Hans-Georg: Der Anfang der Philosophie. Aufgrund der Übers. aus d. Ital. v. Joachim Schulte vom Autor revidierte Fassung. Stuttgart 1996. 43-44.

weiter – müsse man sich dabei fragen, nach welchen Gesichtspunkten der Aristoteles-Kommentator die von ihm aufgegriffenen Aristoteles-Zitate ausgewählt habe. Vor allem aber sei in Rechnung zu stellen, dass der für Aristoteles so leitende Begriff der „physis" noch in keiner Weise spezifisch ausgebildet, ja für einen Heraklit etwa noch nicht einmal philosophisches Gewicht besaß; für ihn und die anderen habe er einfach „Natur von etwas" bedeutet, aber nicht Natur als solche. Wirkliche Begriffsbildung sei erst durch das Aufkommen des Gegenbegriffs zu „physis", des „nomos", in Gang gekommen, also in der Zeit der Sophistik. Die hermeneutische Konsequenz daraus: Bei der Lektüre der Vorsokratiker müsse man beim Vorkommen des physis-Begriffs dessen aristotelische Prägnanz sozusagen subtrahieren, um in die Alten nicht etwas hineinzulesen, was diese noch gar nicht haben meinen können (man kann diese Erwägungen Gadamers zum Verständnis der Vorsokratiker als so etwas wie ein kleines praktisches Lehrbeispiel seiner Hermeneutik. (↖ Bd. 1, Kap. 5.2 u. 5.3) verstehen)

Ein zweites solches Lehrbeispiel folgt, und ich gehe auch darauf noch ein, weil es wiederum sowohl etwas Wichtiges über die Vorsokratiker wie über Gadamers Hermeneutik vermittelt. Gadamer lässt nämlich seinem Hinweis auf den problematischen Einfluss des aristotelischen physis-Begriffs auf die Lektüre der Vorsokratiker eine weitere Warnung folgen, eine nämlich – und das mag im ersten Moment verblüffen – vor Georg Wilhelm Friedrich Hegel. Warum ausgerechnet vor ihm? Weil – so Gadamer – die gesamte moderne, im 19. Jahrhundert anhebende und bis heute weitgehend als Standard geltende Geschichtsforschung zur griechischen Philosophie von einer durch Hegel formulierten Geschichtskonstruktion beherrscht – um nicht zu sagen behext – sei. Am markantesten melde sich dies – so Gadamer weiter – an dem bis heute fraglos vorausgesetzten Problem „Parmenides" versus „Heraklit".

Hegel-Kritik. Parmenides, einer der prominentesten Vorsokratiker, gilt als der Repräsentant einer gleichsam statischen, ja geradezu gefrorenen Ontologie: Alles, was ist, ist und ist eins. Nichtsein gibt es einfach nicht. Und genauso wenig Bewegung oder Veränderung; die seien nur Schein (wir kommen gleich darauf zurück). Die Rolle des radikalen Antipoden besetzt gemäß traditionellem Schema Heraklit. Er wurde übrigens schon in der Antike als „der Dunkle" bezeichnet, wohl deshalb, weil von ihm nur zahlreiche Einzelsprüche auf uns gekommen sind, meist aus dem Zusammenhang gerissen. Gadamer hat auf der Basis genauer sprachlicher Beobachtung als halbwegs verlässliches Identifikationskriterium authentischer Heraklit-Sentenzen vorgeschlagen:

> „Wo es knapp, konzentriert, paradox zugeht, da sind wir bei Heraklit."[2]

Der bekannteste seiner Sprüche ist wohl der vom Fluss:

[2] Gadamer: Hans-Georg: Der Anfang des Wissens. Stuttgart 1999. 51.

„Denen, die in dieselben Flüsse hineinsteigen, strömen andere und immer wieder andere Gewässer zu. ... [Der Fluß] zerstreut und ... bringt zusammen ... sammelt sich und fließt fort ... nähert sich und entfernt sich."[3]

Das Gleichnis hat sich nachweislich im Fortgang seiner Überlieferung sozusagen dynamisiert und damit das traditionelle Heraklitbild heraufbeschworen. (→ Bd. 2, Teil A, Kap. 0) Aber das ist gar nicht die Stoßrichtung des Heraklit, wie wir noch sehen werden – nur ein erneutes Beispiel der Lektürelenkung durch das platonische und aristotelische Textcorpus.

Gewiss gäbe es über beide – Parmenides und Heraklit – noch sehr viel mehr zu sagen. Dazu gehörte nicht zuletzt auch, dass es mit dem großen Gegensatz zwischen beiden nicht allzu weit her ist, weil auch das Denken des Heraklit von einem starken Einheitsgedanken durchherrscht wird, insofern alle Veränderungen als geregelte und in Balance geschähen – also unter der Norm eines Gleichgewichts, das kausal auf das Feuer zurückgeführt wird, welches hinsichtlich dieser Funktion auch „logos" heißt, also das Grundwort der okzidentalen Philosophie schlechthin zum Namen hat.

Religionskritik vorsokratisch. Eine dritte hermeneutische Vorbemerkung Gadamers scheint mir der Erwähnung wert, diesmal freilich nicht, um ihr zu folgen, sondern um ihr zu widersprechen. Gadamer weiß darum, dass zum angemessenen Verständnis des Anfangs der abendländischen Philosophie in der Epoche vor Aristoteles auch ein konstitutiver Einbezug der religiösen Formation der Epoche gehört. Trotzdem versucht er, gerade denjenigen der Vorsokratiker, der so intensiv wie kein anderer auf dieses Thema eingeht, damit abzutun, dass er dessen einschlägige Äußerungen als Wortmeldungen eines Rhapsoden, eines umherziehenden Bänkelsängers, abtut. Wenn ich die einschlägigen Fragmente des Betroffenen lese – es geht um Xenophanes von Kolophon –, frage ich mich freilich: Wird ausgerechnet ein Wandersänger messerscharfe Kritik an anthropomorphistischer – also menschengestaltiger – Rede von Gott üben und konstruktiv die Umrisse einer alternativen – nicht-anthropomorphen – Theologie entwerfen, wie sie etwa in folgendem Diktum zum Ausdruck kommt:

„Immer bleibt er [sc. Gott; K.M.] an demselben Ort, ohne sich in irgendeiner Weise zu bewegen; bald hierhin bald dorthin zu gehen geziemt sich für ihn nicht. Sondern ohne Anstrengung, durch das Denken seines Geistes erschüttert er alles."[4]

Reichlich reflektiert für einen Bänkelsänger, will mir scheinen. Und hinzugefügt sei auch: Gadamers diesbezügliche Stellungnahme hat

[3] HERAKLIT: Fragmente. Nr. 12. In: KIRK, Geoffrey S./RAVEN, John E./SCHOFIELD, Malcolm (Hgg.): Die vorsokratischen Philosophen. Einführung, Texte und Kommentare. Nr. 214. Übers. v. Karlheinz Hülser. Stuttgart; Weimar 1994. 213.

[4] XENOPHANES: Fragmente. Nr. 25-26. In: KIRK/RAVEN/SCHOFIELD: Die vorsokratischen Philosophen (Anm. 3). Nr. 171. 185.

unmittelbar mit dem Agnostizismus zu tun, dem er – je älter, je mehr –, zuneigt, will sagen: mit einer Position, die auf alle Rede über Absolutes, Gott und die Unendlichkeit verzichtet. Er hält für ausgemacht, dass bereits hinter den Zeugnissen des griechischen Denkens eine Metaphysik der Endlichkeit steht und dass diese Ontologie gewissermaßen das letzte Wort der griechischen Metaphysik gewesen ist.[5] Ob sich die vorsokratischen Einlassungen zu einer philosophischen Theologie wirklich auf diese Weise erledigen lassen, wird noch im Rahmen der Religionsphilosophie zu prüfen sein. (↗ Bd. 3, Teil B, Kap. 2.1)

Testfall Thales. An dieser Stelle soll statt Gadamer-Kritik aber an einem prominenten vorsokratischen Gedanken vorgeführt werden, wie ein Blick durch Gadamers Brille vermeintlich Bekanntes sehr ungewohnt und ebendarin aufschlussreich sehen zu lassen vermag. Es geht dabei um Thales. Thales gilt als der früheste griechische Naturphilosoph und als derjenige, der als Erster die Natur der Dinge in ihrem Zusammenhang erforscht hat. Dennoch ist eine angemessene Annäherung an ihn zweifach verstellt: zum einen durch die verbreitete Persiflage, er sei derjenige, der das Wasser als Urstoff von allem behauptet habe (und andere später hätten dann anderes in diese Funktion eingesetzt, das Feuer, die Erde, die Luft oder eine Kombination aus ihnen). Zum anderen wird die Gestalt des Thales von Anekdoten geradezu übermalt, am meisten von der, wie er – in astronomische Beobachtungen vertieft – in einen Brunnen gefallen und darum von seiner thrakischen Magd ob seiner Lebensuntüchtigkeit verlacht worden sei. Genau das aber konterkariert eine andere Anekdote, die davon berichtet, Thales habe kraft seiner astronomischen Kenntnisse eine reiche Olivenernte vorausgesehen, darum mit dem wenigen Geld, das er hatte, mitten im Winter die Ölmühlen der ganzen Gegend gepachtet und dann, als es im Sommer tatsächlich eine Olivenschwemme und entsprechenden Mahlbedarf gab, die Betriebe weiterverleast zu jedem von ihm bestimmbaren Preis – womit er seine Lebenstüchtigkeit unter Beweis gestellt hatte, nicht freilich, ohne hinzuzufügen, dass solcher Profit eben nicht das sei, wonach er als Philosoph strebe.

Nicht unerheblich für die Frage nach dem „wahren“ Thales ist, durch wen diese beiden Anekdoten überliefert wurden: die erste durch Platon, die zweite durch Aristoteles. Platon hat sich – und das ist ein relevantes Moment angemessener Interpretation seiner Wiedergaben vorsokratischer Traditionen – nicht selten über diese frühen Denker lustig gemacht; auf unmittelbare Weise greifbar wird das nicht zuletzt daran, dass im *Theaitet*, wo die Episode mit der Magd vorkommt, diese von Platon ausdrücklich als „chariessa“ (reizend) bezeichnet wird. Aristoteles dagegen scheint im Berichten über die frühen Philosophen verlässlicher zu sein, jedenfalls belegen andere Traditionen den von ihm in den Vordergrund gerückten Praxissinn des Thales. Gleichwohl

[5] Vgl. GADAMER: Anfang der Philosophie (Anm. 1). 95-96.

hat das nicht verhindert, dass auch seine Doxographie durch die Interessen, die ihn leiten, die eigentlichen Absichten der Vorsokratiker verzerrt. Das macht Gadamer beeindruckend gerade am Beispiel des erstgenannten Klischees – also der Rolle des Wassers bei Thales – sichtbar.

In seiner *Metaphysik* berichtet Aristoteles über Thales' Kosmologie in einer Weise, die jenes Klischee, dass alles letztlich aus Wasser sei, vor allem dadurch freigesetzt hat, dass sie die eine überkommene Nachricht über Thales' Denken unter dem Vorzeichen eines Gedankens liest, den dieser selbst noch gar nicht haben konnte, weil er erst im vierten vorchristlichen Jahrhundert aufkam. Bei Aristoteles heißt es:

> „Von den ersten Philosophen waren die meisten der Meinung, die Prinzipien stofflicher Art seien die einzigen Prinzipien aller Dinge; denn dasjenige, woraus jedwedes Seiende ursprünglich besteht, das, woraus es als erstem entsteht und worein es als letztem untergeht, wobei das Wesen fortbesteht und nur seine Eigenschaften wechselt, das – so sagen sie – ist ein Element und das ist ein Prinzip des Seienden. [...] Über die Menge und die Art des so beschaffenen Prinzips sagen freilich nicht alle dasselbe. Vielmehr erklärt Thales, der Urheber dieser Art Philosophie, es sei das Wasser (daher behauptete er auch, die Erde ruhe auf Wasser), und kommt zu dieser Vermutung vielleicht, weil er sah, daß die Nahrung aller Dinge feucht ist und daß das Warme selbst aus dem Feuchten entsteht und durch es lebt (das aber, woraus alles wird, ist das Prinzip von allem); dadurch also kommt er zu seiner Vermutung und dadurch, daß die Samen aller Dinge von feuchter Natur sind; das Wasser aber ist für alles feuchte Prinzip seiner Natur."[6]

Zu ersichtlich sind bei dieser Beschreibung der Position des Thales aristotelische Denkformen im Spiel, zumal diejenige eines Prinzips und die einer materiellen Ursache des Seienden – Gedanken, die das 6. Jahrhundert v. Chr. so noch nicht kannte. Das wird spontan deutlich an einem anderen aristotelischen Thales-Rekurs, der weit eher dem Denken jener frühen Zeit entspricht – und bezeichnenderweise von Aristoteles in seinem abschließenden Kommentar gründlich missverstanden wird. In seinem Buch *De caelo* heißt es:

> „Andere [sagen, die Erde] liege auf Wasser. Denn das ist die älteste Theorie, die uns überliefert ist; Thales von Milet soll sie vertreten haben, in der Annahme, daß die Erde deshalb ruhe, weil sie schwimmfähig sei, ähnlich wie ein Stück Holz oder etwas anderes von dieser Art (auch davon kann nämlich nichts auf Luft ruhen, wohl aber auf Wasser) – so als ob nicht dasselbe Argument wie für die Erde auch für das Wasser gelten würde, das die Erde trägt."[7]

Letzteres aber – die Frage nach einem letzten Grund – war überhaupt nicht Thales' Problem, und nicht einmal das von einigen anderen nach ihm. Noch ein Xenophanes ist der Meinung, das was wir unter den Füßen hätten, sei die obere Grenze der Erde, nach unten setze sie sich

[6] ARISTOTELES: Metaphysik. 983b, 6-25.
[7] ARISTOTELES: Über den Himmel. 294a, 28-33.

unbegrenzt fort.[8] Stattdessen scheint die Beobachtung, dass ein Baumstamm, wenn man ihn unter Wasser drückt, wieder nach oben steigt, bei Thales so etwas wie den Gedanken einer Fundamentalität des Wassers geweckt zu haben, und Gadamer meint, es könnte dies möglicherweise die einzige Form von Argumentation sein, die wirklich dem Denken der frühen Philosophen aus Milet zuzuschreiben sei. Der Gedanke hat im Übrigen strukturell zahlreiche Parallelen in den Schöpfungserzählungen des vorderen Orients – bis hinein in das Alte Testament –, ist im griechischen Raum dagegen singulär und artikuliert sich vollkommen unmythisch. Genau dies wiederum scheint Aristoteles den Anlass gegeben zu haben, in der *Metaphysik* im Zusammenhang seiner Ausführungen zur ersten Auffassung des Begriffs der Ursache zu sagen, diese habe Thales ins Spiel gebracht und er habe als Erster nicht mehr Mythen erzählt, sondern sich auf Beweise gestützt – was ja auch stimmt, jedoch ohne dass Thales darum mit Ursache das gemeint hatte, was dem Stagiriten als erste Weise von Ursache gilt, nämlich die Materie. Thales dagegen ging es nur um die These, dass das Universum auf dem Wasser aufruhe. Ist er darum mit seinem philosophischen Aufschwung sozusagen bereits noch in Sichtweite steckengeblieben, wie das etwa Aristoteles mit seiner – vorhin zitierten – süffisanten Frage insinuiert, was denn dann das Wasser trage, wenn auf diesem die Erde ruhe? Nahe stehende Textfragmente anderer Vorsokratiker verdeutlichen, dass genau diese Interpretation nicht zutrifft und was Thales eigentlich im Blick hat: Wie bei ihm das Wasser, so stehen bei Anaximander das berühmte „apeiron" und bei Anaximes die Luft für ein Im-Gleichgewicht-Bleiben des Universums, das sich in einer Periodizität ohne Anfang und Ende hält.[9] Und auch Xenophanes nimmt Gadamer in diese Zeugenkette hinein: Wenn dieser von dem Gott sage, dass er stets am selben Ort bleibe, ohne sich zu bewegen[10], meine er damit

> „[…] das Ganze, das All, das sich selbst trägt und dem auf dem Wasser schwimmenden Erdball oder der von Anaximander geschilderten Periodizität der Welt oder der abwechselnden [sic!] Verdichtung und Verdünnung duldenden Luft entspricht. […] Der einzige Gott, der neue Gott, ist das, was wir Universum nennen. Das ist das einzige, was existiert. ‚Gott' ist für die Griechen ein Prädikat."[11]

Ferne Parallele. Auch der Blick auf eine weitab liegende, gleichwohl verblüffende Parallele könnte einen wichtigen Wink zum authentischen Verständnis des Thales geben. Die indische Kosmologie stellt sich das Universum und seine Grundlegung so vor: Die Welt

[8] Vgl. XENOPHANES: Fragmente. Nr. 28. In: KIRK/RAVEN/SCHOFIELD: Die vorsokratischen Philosophen (Anm. 3). Nr. 180. 191.

[9] Vgl. GADAMER: Anfang der Philosophie (Anm. 1). 118-124.

[10] Vgl. XENOPHANES: Fragmente. Nr. 25-26. In: KIRK/RAVEN/SCHOFIELD: Die vorsokratischen Philosophen (Anm. 3). Nr. 171. 185.

[11] GADAMER: Anfang der Philosophie (Anm. 1). 126.

wird von Elefanten getragen, diese stehen auf dem Panzer einer Schildkröte, und diese ihrerseits ruht auf einer Schlange, die sich in den eigenen Schwanz beißt und damit Unendlichkeit anzeigt.[12]

In der neuzeitlichen Philosophie gab das Bild – angefangen von John Locke – häufig Anlass, Metaphysik im Sinn der Frage nach einem letzten Grund als unsinnig zu diskreditieren. Hegel hielt dem entgegen, dass sich das Denken im Letzten nur von einer letzten Selbstbeziehung her verstehen könne. Gewiss werden wir uns vor Anachronismen zu hüten haben. Aber könnte es sein, dass Thales mit seinem vielleicht als besonders authentisch überlieferten Gedanken von der wie Holz auf dem Wasser schwimmenden Erde weit über alle Naturphilosophie hinaus zugleich den allerersten Schritt der Metaphysik tat? Weiter als bis zu dieser äußerst vagen Vermutung kommen wir nicht.

Ordnungslinien. Gleichwohl darf man im Wissen um die hermeneutischen Schleier, die die Vorsokratiker-Spuren bleibend einhüllen, und um unsere hauptsächlich aristotelische Optik bei ihrer Interpretation dennoch den Versuch wagen, einige wenige systematische Ordnungslinien herauszupräparieren.[13] Setzt man dabei zunächst einmal eher formal an, so wird zu sagen sein, dass die vorsokratischen Denkbewegungen bei all ihrer sonstigen Disparatheit darin überein kommen, Distanz zur mythischen Überlieferung zu suchen und den Weg zu einer rationalen, wissenschaftlichen Weltbetrachtung einzuschlagen, der dann ab einem gewissen – und keineswegs unumstrittenen – Punkt der Entwicklung die Form einer Ontologie im strengen Sinn annimmt.

(a) Wandel und Statik. In einer Grobgliederung zu allererster Übersicht kann man sagen: Die Vorsokratik teilt sich in eine erste Phase von Thales bis Heraklit und in eine zweite, die von Parmenides und seiner Wirkung – oder mit einem anderem Namen: vom Eleatismus – beherrscht wird. (→ Bd. 2, Teil A, Kap. 0) Die Nachfolgenden bemühen sich entweder um eine weiterführende Vermittlung des Kerngedankens beider Phasen, nämlich des Wandels und des statischen Seins. Dieser Perspektive sind dann auch Platon und Aristoteles zuzuordnen. Oder sie suchen den parmenideischen Grundgedanken des Seins der Leitfrage der ersten Phase, d.h. der Frage nach der arche als dem Ursprung und Grund von allem, sozusagen zu implementieren und auf diese Weise zu vertiefen. Daraus geht der wirkmächtige Materialismus und Atomismus der späten Vorsokratik hervor, der Vorstufen dieser Denkform aus der ersten Phase aufgreift, konsequent

[12] HENRICH, Dieter: Die wahrhaftige Schildkröte. In: Hegel-Studien 2 (1963). 281-291.

[13] Vgl. zum Folgenden ANGEHRN, Emil: Der Weg zur Metaphysik. Vorsokratik – Platon – Aristoteles. Weilerswist 2000. 37-197.

ausfaltet und so auf komplexe Weise zur großen Gegenposition wird, von der sich die platonisch-aristotelische Metaphysik abstößt.

(b) Rationalität. Inhaltlich gesehen kommt das vorsokratische Denken durch das Bemühen in Gang, der arche gründlich nachzugehen, sie in gewissem Sinn zu durchdringen und aufzuklären. Dieser Zug zur Rationalität geht einerseits mit gesteigerter Reflexivität einher, die immer auch so etwas wie Infragestellung von Überkommenem und Autoritativem impliziert, zum anderen ist ihr ein Moment eingestiftet, das viel später – exemplarisch etwa in der Relecture der Vorsokratiker durch Heidegger – eine hochbedeutsame Rolle spielte: dass nämlich diese theoretisch-rationalisierende Einstellung nicht nur zusammenhänge mit einer gewissen Freisetzung von alltäglichen Lebensnotwendigkeiten, sondern notwendig auch einhergehe mit einer Entfernung, ja Entfremdung von der ursprünglichen Lebenswelt, aus der dieses Fragen aufkomme. Und dadurch werde Wesentliches der ursprünglichen Fragestellung verdeckt, vielleicht sogar ganz aus dem Blick verloren – schon für Parmenides wird dieser Vorwurf ziemlich massiv formuliert (wir werden gleich sehen, warum), definitiv aber für Platon als demjenigen, der eben jenen theoretisierenden Zug als Erster in seine spekulativen Höhen führt.

(c) Elementares und Ordnung. Strukturell lassen sich vorsokratischen Reflexionsgestalten zwei grundsätzliche Suchbewegungen zuordnen: Die eine geht darauf aus, das, was ist, auf Elementares zurückzuleiten, von dem her es verstanden werden soll. Die andere zielt auf ein Umfassenderes, eine Ordnung, man könnte mit Dieter Henrich sagen: auf abschließende Gedanken, in die das konkrete, einzelne Seiende hinein integriert werden soll. „Basales" einerseits und „Ganzes" andererseits sind die beiden Leitchiffren dieser frühen Ontologie.[14] In letztere Variante ist bei Anaximanders apeiron, bei Xenophanes' Gott und bei Anaxagoras' nous der Gedanke des Umfassendseins so eingeschrieben, dass er zugleich mit dem Motiv einer höchsten, leitenden Instanz verschränkt ist – die theologische der religionsphilosophischen Tiefenstruktur dieser Züge liegt (gegen Gadamer!) auf der Hand.

(d) Umfassendes. Die Perspektive des Ordnungsdenkens erfährt ab einem gewissen Moment, für das Xenophanes, Pythagoras und Heraklit stehen können, dadurch eine markante Vertiefung, dass alles Werden und Vergehen wie überhaupt Gegenläufiges in umfassendere Zuordnungskonzeptionen überführt werden, die sich exemplarisch in mathematischen und ästhetischen Denkfiguren niederschlagen.

[14] Vgl. ANGEHRN: Weg (Anm. 14). 56-59.

(e) Lichtung und Seele. Deren Luzidität, wie sie sich im Maß von Zahlen, in Proportionen und Schönheit, besonders dem musikalischen Wohlklang äußert, lässt zugleich aber auch den epistemischen Resonanzkörper des Seins, das erkennende Subjekt, genauer: die Seele und die Vernunft in vorher nicht da gewesener Weise in den Vordergrund treten.

(f) Eines und Vieles. Diese Entwicklung kommt – herauswachsend aus der alten Theorie des Werdens und das pythagoreische Denken umgreifend – in Heraklit zur Kulmination. Diesem geht es um nichts Geringeres als eine „gestaltete Einheit"[15], die aus einer Konsonanz von Entgegengesetztem resultiert und gegen alle Monotonie auf einen Monismus geordneter, spannungsdurchwirkter Vielfalt zielt. Genauer gesagt[16]: Bei Heraklit geht es nicht um die Abfolge verschiedener Zustände und ihr Übergehen ineinander, sondern die Gleichzeitigkeit von Einem und Vielem – bezogen auf das bereits erwähnte Fluss-Wort gesagt: Es geht um

> „[…] die Einheit des Flusslaufes und die Ruhelosigkeit seines Fließens." [17]

An anderen Gegensätzen, die Heraklit aufruft, wie etwa Leben und Tod oder Macht und Ohnmacht oder Schlafen und Wachsein, wird noch klarer, dass es um jähen Umschwung geht. An ihm zeigt sich, dass die eine Seite in der anderen immer schon da war, weil die jeweils verborgene plötzlich herausspringt – was umgekehrt wiederum heißt, dass die Seiten je für sich nichts sind und das Eine das allein Weise ist, wie Heraklit formuliert: „hen to sophon".[18] Dieses muss durch die Differenzen und Oppositionen hindurch erblickt werden, wird aber darum auch nicht wie ein Seiendes erfasst, sondern ist etwas, das als „logos" aus allem spricht. Von ihm, diesem Einen, gilt (nach einer Formulierung Platons):

> „Das Eine, das sich in sich selbst auseinanderstellt, fügt sich immer mit sich selbst zusammen."[19]

Das entscheidende Wort in diesem Spruch ist das „sich". Etwas bewegt „sich", entfaltet „sich", verändert „sich". Gadamer wörtlich:

> „Dieses ‚sich', das in allem ‚Umschlag' eines und desselben steckt, setzt Heraklit dem milesischen Gegensatzdenken entgegen. Das Sich-Entzünden des Feuers, das Sich-Bewegen des Lebendigen, das Zu-sich-Kommen des Erwachenden und das Sich-Denken des Denkens sind Manifestationen des einen Logos, der immer ist."[20]

Der Logos macht Heraklits Denken kraft seiner ordnenden, einen Selbstbezug implizierenden Integrativität über Differenzen hinweg zu

[15] ANGEHRN: Weg (Anm. 14). 119.
[16] Vgl. zum Folgenden GADAMER: Anfang des Wissens (Anm. 2). 41-77.
[17] GADAMER: Wissen (Anm. 2). 42.
[18] HERAKLIT: Fragmente. Nr. 41. In: KIRK/RAVEN/SCHOFIELD: Die vorsokratischen Philosophen (Anm. 3). Nr. 227. 221.
[19] PLATON: Symposion. 187a. Vgl. auch HERAKLIT: Fragmente. Nr. 51. In: KIRK/RAVEN/SCHOFIELD: Die vorsokratischen Philosophen (Anm. 3). Nr. 209. 210.
[20] GADAMER: Anfang des Wissens (Anm. 2). 92.

mehr und anderem als einer weiteren Kosmologie, wahrt aber etwas von der ursprünglichen, ungebrochenen Natürlichkeit der Phänomene, die für die alten Kosmologien charakteristisch ist. Genau diese Grenze aber wird mit Parmenides radikal überschritten.

(g) Parmenides als Schwelle. Weitgehende Übereinkunft besteht darin, dass im Gang dieser vorsokratischen Erkundungen des Wirklichen Parmenides eine Scheidemarke repräsentiert: Er, der erstmals die Fragen formuliert, die dann einen Platon und Aristoteles zentral umtreiben, riskiert eine radikale Infragestellung der Phänomene und greift als Erster auf eine „prima philosophia" im strengen Sinn aus. Das zwingt die Naturphilosophie nach Parmenides – also Anaxagoras, Empedokles und Demokrit – auf neue Bahnen eines radikalisierten Denkens des Elementaren und treibt die klassische Metaphysik eines Platon und Aristoteles an, das Seinsdenken (das sie von Parmenides her aufnehmen) mit einer Theorie dessen, was lebendig ist, zu vermitteln. Dass alles, was nach Parmenides kommt, entweder als kritische Fortsetzung seiner Position oder als deren Gegenmodell gelesen werden muss, macht das Schwellenhafte seines Auftretens aus: Es repräsentiert faktisch das erste Auftreten von Ontologie im strengen Sinn. Er scheint nur ein einziges Werk verfasst zu haben, sein berühmtes bzw. berüchtigtes Hexameter-Gedicht. Dort heißt es gleich anfangs:

> „Wohlan, ich also werde vortragen – du dagegen sollst meine Darstellung weitergeben, wenn du gehört hast –, welche Wege der Untersuchung allein denkbar sind: der eine, daß [es] ist und daß [es] nicht nicht sein kann, ist die Bahn der Überzeugung, denn sie folgt der Wahrheit; der andere, daß [es] nicht ist und daß es sich gehört, daß [es] nicht ist, – das ist, so sage ich dir, ein völlig unerkundbarer Pfad. Denn das, was nicht ist, kannst du weder erkennen noch aussprechen; dergleichen läßt sich nämlich nicht durchführen."[21]

Die Radikalität seines Einsatzes rührt daher, dass er gegen alle phänomenologische Evidenz alle Zeit und Bewegung eliminiert. Wie ausgerechnet jemand, auf den eine ganze Reihe astronomischer Entdeckungen zurückgeht, auf eine solche Idee kommen kann, darüber hat Sir Karl R. Popper interessante Überlegungen angestellt. Popper sieht hinreichende Indizien für die Hypothese, dass Parmenides' radikale Zurückweisung aller Sinneserkenntnis mit seiner Entdeckung der wahren Ursachen der Mondphasen zu tun hat: dass hinter diesen keine Veränderung des Mondes steht, sondern sein sich veränderndes Erscheinungsbild, je nachdem, wie die beleuchtete Halbkugel von der Erde aus betrachtet wird. Diese Entdeckung – so Poppers auch auf Spuren in der Sprache gestützte These – habe Parmenides regelrecht wie eine Offenbarung überwältigt und darum habe er ihre Grundstruktur, dass der Wechsel von Licht und Nacht Illusion sei, auf die

[21] PARMENIDES: Fragmente. Nr. 2. In: KIRK/RAVEN/SCHOFIELD: Die vorsokratischen Philosophen (Anm. 3). Nr. 291. 269.

Wirklichkeit als ganze extrapoliert. Sollte aber jeder Wandel überhaupt so trügerisch sein, dann müsse sich das auch beweisen lassen. Und genau diesen Beweis führt Parmenides am Anfang seines Lehrgedichts – und zwar vollkommen erfahrungsunabhängig. In Poppers Rekonstruktion nimmt er sich so aus:

> „1. Nur was ist, ist.
> 2. Das Nichts kann nicht sein.
> 3. Es gibt keinen leeren Raum.
> 4. Die Welt ist voll.
> 5. Da die Welt voll ist, gibt es keinen Raum für Bewegung – und somit für Wandel, der eine Art von Bewegung ist.
> 6. Wandel und Bewegung sind unmöglich.
> Das ist der Beweis der Göttin: Als Beweis ist er unfehlbar und somit göttlich."[22]

So entsteht die Theorie von der Welt als einem unbeweglichen, geschlossenen Block. Sie erklärt alle Bewegung zu Schein und das Seiendsein wirklichen Seins aus diesem selbst, indem sie es an seinem Vollendet-Sein, seinem Einssein und seiner Identität festmacht – wobei letztere nicht meint, dass etwas es selbst ist in Absetzung zu anderem, sondern sein Sein im Gegensatz zum Nichtsein. Platon reformuliert das in seinem *Sophistes* so: Denken heiße immer, etwas denken und dieses meint so viel wie es als seiend denken.[23] Insofern ist klar, dass das berühmte Parmenides-Diktum

> „Denn dasselbe ist Denken und Sein"[24]

nichts anderes als den Wahrheitsweg aus dem Lehrgedicht meint – jedenfalls ist es nicht in dem Sinn idealistisch zu verstehen, als bemesse sich das Sein von etwas an seinem Gedachtsein. Gemeint ist vielmehr, dass etwas nur, sofern es ist, gedacht werden kann: Denken heißt Wirkliches vernehmen, beim Wirklichen sein, so dass sich die Frage nach der etwaigen Deckung eines Gedankens durch Wirklichkeit überhaupt nicht stellt.

> „Denken heißt Erfaßtsein durch die Dichte und Präsenz des Seienden, Verwiesensein auf die Vollendung, Einheit, Identität des wahren Seins."[25]

Das ist auch die Messlatte, an der Parmenides dem Weg der Wahrheit drei Wege des Irrens entgegenstellt: den schon erwähnten Pfad des Nichtseins, der gänzlich unerkundbar ist, einen Pfad der Vermischung von Sein und Nichtsein – er erfährt die schärfste Kritik – und einen, den die Meinung der Sterblichen bildet, dem aber eine gewisse eingeschränkte, im Wahrscheinlichen liegende Wissensqualität zugebilligt wird. Über den zweiten der Irrtumswege heißt es bei Parmenides:

22 POPPER, Karl R.: Die Welt des Parmenides. Der Ursprung des europäischen Denkens. Hg. v. Arne F. Petersen unter Mitarbeit v. Jorgen Mejer. Aus d. Engl. v. Sybille Wieland u. Dieter Dunkel. München; Zürich 1998. 147-148.

23 Vgl. PLATON: Sophistes. 237b-e.

24 PARMENIDES: Fragmente. Nr. 3. In: KIRK/RAVEN/SCHOFIELD: Die vorsokratischen Philosophen (Anm. 3). Nr. 292. 271. [Übersetzung K. M.].

25 ANGEHRN: Weg (Anm. 13). 139.

> „Denn von diesem ersten Weg der Untersuchung halte ich dich zurück und dann außerdem von dem Weg, den bekanntlich die nichts wissenden Menschen sich bilden, die Doppelköpfigen. Denn Hilflosigkeit lenkt in ihrer Brust den umherirrenden Verstand; und sie treiben dahin, taub zugleich und blind, ständig in verwirrtes Staunen versetzt, entscheidungsunfähige Horden, denen das Sein und Nichtsein als dasselbe und auch wieder nicht als dasselbe gilt und für die es bei allem einen in die Gegenrichtung umschlagenden Weg gibt.“[26]

Schon der beinahe aggressive Ton verrät, dass es da nicht einfach um ein logisches Problem oder eine Dummheit geht, sondern ein existenzieller Kampf gegen einen Rückfall in ein Chaos, das formlose Tohuwabohu von Sein und Nichtsein geführt wird. So gelesen wird natürlich ausgerechnet in der steilen, spekulativen, abstrakten Ontologie des Parmenides etwas hörbar, was man spontan eher einem von der Angst bedrängten mythischen Bewusstsein zuschreiben würde. Nietzsche, Heidegger und andere haben darum Parmenides nicht nur als eine Stimme der Weltabdrängung gelesen, sondern regelrecht als Strategen der Weltleugnung. Eine Fixierung auf das Seinsdenken und eine nachgerade zum Zwang werdende Identitätshypertrophie mit ihrem Beharren auf Vollendetsein lasse sich wohl verstehen als Reaktion auf zerbrechende Ordnungen und dem daraus folgenden Relativismus, wie er in historischer Nähe zu Parmenides im Umkreis sophistischen Denkens zu beobachten ist. Klar ist, dass ohne den Gedanken der Einheit und Identität ein wirklichkeitserschließendes Denken und Sprechen seine Ermöglichungsbedingung einbüßte. Die Frage ist freilich, wo diese Voraussetzung in ein Schreckensbild des Denkens selbst umkippt und sich die Angst vor dem Chaos zu einer Angst vor dem Leben weitet, vor der nur noch etwas jenseits des Lebens Halt geben kann, welches dadurch seinerseits verleugnet werden muss: So kommt es zu Heideggers Vorwurf des Nihilismus gegen den Anfang der abendländischen Metaphysik. Wenn so die radikal rationale Emphase des Seins gleichsam in einer Überdrehung der Affirmation in dessen Entleerung und das Gegenteil des Intendierten mündet, ist der Philosophie die Frage nach dem Sein neu aufgegeben in einer Weise, die mit dem, was hinter der Beängstigung des Parmenides steht – das Werden, das Nicht-Notwendige, das Endliche – gänzlich anders umzugehen vermag. Das aber heißt freilich: Bei Ontologie handelt es sich, weit entfernt davon, abstrakte Spekulation oder empirische Weltbeschreibung zu sein, von ihren Anfängen her um ein existenziell hoch aufgeladenes Humanprojekt. Diese These lässt sich weiter erhärten, wenn man auf den vorausgehend entwickelten Umriss vorsokratischen Philosophierens einmal sozusagen die Folie ganz anderer Traditionslinien legt. Denn dadurch vermag man durch den Kontrast markanter Differenzen umso pointierter Konvergenzen und Koinzidenzen wahrzunehmen, die allesamt diese – ich möchte sagen – existenzphilo-

[26] PARMENIDES: Fragmente. Nr. 6. In: KIRK/RAVEN/SCHOFIELD: Die vorsokratischen Philosophen (Anm. 3). Nr. 293. 272.

sophische Verwurzelung von Ontologie zur Geltung bringen. Inszeniert wird diese hermeneutische Konstellation nachfolgend durch Rekurse auf ausgewählte Züge fernöstlichen frühen Philosophierens.

2.2 Kontrastfolie: Ganz andere Anfänge der Philosophie

„Östliches" Denken. Schon in dieser scheinbar harmlosen Überschrift steckt ein doppeltes hermeneutisches Problem: Wenn wir uns dem östlichen Denken als „ganz anderen Anfängen der Philosophie" annähern, dann geschieht das ersichtlich aus der Perspektive des „Einen", das gegenüber jenem ganz Anderen das unsere ist – also perspektivisch. Und zweitens subsumieren wir die fernöstlichen Denktraditionen dem, was wir aus westlicher Sicht „Philosophie" nennen. Dieses Verständnis stößt allein schon dadurch an ausgesprochen enge Grenzen, dass es sich bei den historisch am weitesten zurückreichenden einschlägigen Traditionen – nämlich der chinesischen Philosophie – primär um Moralphilosophie, also Ethik handelt, d.h. nur einen bestimmten Teilbereich dessen abdeckt, was uns im Westen als Philosophie gilt – wobei dieses Ethische bei den Vorsokratikern nicht fehlt: Dafür steht besonders Heraklit, bei dem man durchaus fragen kann, ob nicht viele seiner Sentenzen weit mehr auf das Moralisch-Politische als auf die Kosmologie bezogen sind.[27] Logik, Erkenntnistheorie und Metaphysik, die es auch gibt, treten aber in der chinesischen Philosophie gegenüber der Ethik ersichtlich zurück. Über das Niveau der praktischen chinesischen Philosophie des Anfangs bemerkte bereits Gottfried Wilhelm Leibniz:

> „Wenn ein weiser Mann zum Richter bestellt würde über die Vorzüglichkeit der Völker, würde er den goldenen Apfel den Chinesen reichen."[28]

China. Damit habe ich auch schon markiert, womit unser Gang in diese vorderhand fremde Welt des fernöstlichen Denkens einsetzen soll: mit einem Blick auf China. Um überhaupt einen ersten Eindruck dessen zu gewinnen, was es dabei in Blick zu nehmen gilt, greife ich zunächst auf eine Periodisierung der chinesischen Philosophiegeschichte zurück, wie sie chinesische Philosophen unserer Zeit vornehmen. Unterschieden werden drei große Epochen:

(a) „Frühlings- und Herbstzeit". Die Epoche trägt auch den Namen „Zeit der streitenden Reiche". Sie reicht vom 8. bis zum 3. vorchristlichen Jahrhundert. Ihr gehören die größten Gestalten und wichtigsten Schulen der chinesischen Philosophie an. 771 v. Chr. bricht die Zhou-Dynastie zusammen, zahlreiche feudale Fürstentümer entstehen auf dem Gebiet des heutigen China, die entsprechenden politischen Konflikte lassen nicht auf sich warten (darum „Zeit der streitenden Reiche"). Geradezu zwangsläufig kommt es zu einer Verklärung der Zeit davor als einem goldenen Zeitalter. Der Anfang der chinesischen Philosophie konstituiert sich im Wesentlichen in Reaktion auf diese

[27] Vgl. GADAMER: Anfang des Wissens (Anm. 2). 12-13. 34.
[28] LEIBNIZ, Gottfried W. Zit. nach REICHWEIN, Adolf: China und Europa. Geistige und künstlerische Beziehungen im 18. Jahrhundert. Berlin 1923. 89.

Lage: Wie lässt sich die alte Ordnung wiedergewinnen, der Konflikt beenden, umfassender Friede realisieren? Das sind die Fragen der ersten Philosophie jenes Denkraums – und das erklärt schon ziemlich viel von dem, was in den philosophischen Schulen jener Epoche ventiliert wird. Die wichtigsten von ihnen seien nachfolgend genannt und mit wenigen Strichen porträtiert:

Konfuzianismus. Da ist zum ersten der Konfuzianismus. Er sieht sein Ideal der Humanität dadurch gewahrt, dass Menschen miteinander höflich umgehen, dass sie sich als gerecht, weise und zuverlässig erweisen und dass sie maßvoll sowohl Loyalität wie Nachsicht praktizieren. Die elementaren zwischenmenschlichen Beziehungen sollen durch Menschenliebe, Gerechtigkeit und Ehrerbietung geprägt sein.

Anders als andere frühe chinesische Philosophien, von denen gleich noch die Rede sein wird, kann sich der Konfuzianismus auf eine historische Gründergestalt beziehen. Der Philosoph, Politiker und Pädagoge lebte von 552-479 v. Chr. – und man sagt, sein Geschlecht habe sich bis heute in unmittelbarer Abstammungslinie erhalten, was natürlich impliziert, dass die Zahl derer, die sich auf eine genealogische Herkunft von Kong – so sein ursprünglicher Name – berufen, in die Zehntausende geht. Konfuzius war insofern bis ins Mark konservativ, als ihm alles daran lag, die alte Ordnung (des goldenen Zeitalters) wiederzugewinnen, ohne dass ihm das allerdings gelungen wäre. Von daher erklärt sich leicht, dass er sich in seiner letzten Lebensphase um die Edition traditioneller Texte kümmerte, gleichwohl zutiefst frustriert darüber gewesen sein soll, dass seine ursprungsorientierten Erneuerungsbemühungen seitens der politisch Handelnden unter seinen Zeitgenossen kaum Resonanz gefunden zu haben schienen. Er hätte sich nicht träumen lassen, dass sein Denken etwa dreieinhalb Jahrhunderte nach seinem Tod zur Staatsdoktrin erhoben würde. Genau das aber geschah durch Kaiser Wu, den prominentesten Herrscher der Han-Zeit – was zur Folge hatte, dass Konfuzius' Denken für mehr als zwei Jahrtausende – und im Grunde bis heute – normativ wurde und die Grundsubstanz chinesischen Denkens ausmacht. Für sich spricht, dass gegen Mitte des 6. nachchristlichen Jahrhunderts allen chinesischen Provinzhauptstädten per kaiserlichen Befehl die Errichtung von Konfuzius-Tempeln befohlen wurde.

Im Zentrum von Konfuzius' Denken steht die Humanität. Sie gilt ihm als unabdingbare Voraussetzung menschlichen Miteinanders wie zugleich als höchste Form des Menschseins. Was Humanität inhaltlich ausmacht, deckt sich zum Gutteil mit frühchristlichen Tugendkatalogen, wie wir sie vor allem aus der paulinischen Tradition kennen: Hochachtung, Nachsicht, Klugheit, Tapferkeit, Rücksichtnahme, Ehrfurcht gegenüber den Eltern, Achtung gegenüber den älteren Brüdern. Realisiert werden kann Humanität nur kraft der Einhaltung der Sitten, also dessen, was als gesellschaftliche Norm gilt. Sitten sind darum streng zu respektieren, halten zu vernünftiger Vorsorge und zu Selbstbeherrschung an. Humanität und Sitte gelten individual- wie sozialethisch als unbedingtes Richtmaß, werden darum von den politisch Handelnden nicht weniger eingefordert als von den Einzelnen.

So bekannt Konfuzius' Name im Westen in der Regel ist, so wenig kann man das von demjenigen sagen, der den Titel „Zweiter Heiliger" (nämlich nach Kong) trägt und Konfuzius' Lehre tradiert hat: Menzius. Er wirkte als Philosoph, politischer Ratgeber und Pädagoge. Enttäuscht über die mangelnde Bereitschaft des von ihm beratenen König Xuans, seine ethische Lehre in die Tat umzusetzen, widmet er sich zusammen mit Schülern primär der Theoriebildung und arbeitet eine Art konfuzianischen Idealismus aus. Der charakteristische Unterschied seines Denkens gegenüber Kong liegt darin, dass Menzius neben der Humanität als zweite Säule des moralisch guten Lebens die Gerechtigkeit kennt:

> „Die Humanität ist die friedliche Wohnung des Menschen. Die Gerechtigkeit ist der rechte Weg des Menschen."[29]

Wie der Mensch vier Glieder besitze, so auch vier Anfänge des rechten Lebens, nämlich Mitleid, Bescheidenheit, Furcht vor dem Bösen und das Gewissen. Diese vier Anfänge sind dem Menschen vom Himmel als sein Wesen eingestiftet. Im Maß er die Anfänge vertieft, vermag der Mensch auch den Himmel zu verstehen. Formal gesagt: Menzius folgert aus seiner optimistischen Anthropologie einen „theologischen" Gedanken, der in der Grundstruktur dem ähnelt, was Karl Rahner unter „anthropologischer Wende" der Theologie verstand: eine philosophische Wesensbestimmung des Menschen zu erarbeiten, die als hermeneutischer Schlüssel einer möglichen Offenbarung gelten kann. Andere Konfuzianer freilich, wie etwa Xun Zi teilen den anthropologischen und damit auch ethischen Optimismus des Menzius nicht, sondern erachten den Menschen von Wesen her als schlecht; einzig durch Erziehung zu Recht und Sitte kann daran etwas geändert werden, weshalb das Gute, das es gibt, als vom Menschen künstlich erzeugt gilt.

Taoismus. Die zweite wichtige Schule der ersten Periode der chinesischen Philosophie ist der Taoismus. Als sein Begründer gilt Laotse, wobei freilich über dessen geschichtliche Existenz fast so gut wie nichts Verlässliches bekannt ist. Die Hauptschrift des Taoismus – das „Tao Te King" wird ihm zugeschrieben. Zhuang Zi gilt als Kron-Tradent Laotses und als derjenige, der dessen Gedanken weiterentwickelt habe.

Eine erste fundamentale Kennzeichnung des Taoismus lässt sich durch seine Absetzung vom Konfuzianismus gewinnen: Dessen „Sitt-

[29] MENZIUS: Li Lou. Teil 2. Zit. nach WILHELM, Richard: Mong Dsi – Die Lehrgespräche des Meisters Mong K'o. 2. Aufl. d. Neuausg. München 1994. 117.

lichkeit" wird als nur scheinbare rigoros abgelehnt, Humanität und Gerechtigkeit sollen beseitigt werden, weil diese Prinzipien allererst die Unordnung in die Welt brächten: Nur durch ein Nicht-Eingreifen kann wirklich moralisch gehandelt und politisch geherrscht werden. Wie kommt Laotse zu dieser auf den ersten Blick doch eigentümlichen Position? Durch den Gedanken des „Tao" – und er führt uns sozusagen auf die ontologische Rückseite dieses Denkens. Das Tao macht das Prinzip der Bewegung aller Dinge oder ihre Substanz aus. Als in sich selbst ruhendes Unbedingtes fungiert es als Richtmaß alles anderen. Richtig leben heißt für Laotse, dem Tao folgen, also wie dieses in sich zu ruhen, folglich nicht eingreifen, streiten etc. Aus der Sicht des Tao sind alle Differenzen – etwa groß und klein, gut und schlecht – relativ, im Grunde sinnlos. Streben nach Wissen ist überflüssig. Alles ist gleich-gültig, letztendlich aufgehoben in der Einheit des Tao. Pointiert hat diesem Monismus (Alleinheitsdenken) Zhuang Zi Ausdruck verliehen:

> „Schöne Frauen erfreuen der Menschen Augen. Aber wenn die Fische sie sehen, so tauchen die Fische in die Tiefe; wenn die Vögel sie sehen, so fliegen die Vögel in die Höhe; wenn die Hirsche sie sehen, so laufen die Hirsche fort. Welches von diesen Geschöpfen weiß nun, was wahre Schönheit unter dem Himmel ist? [...] Angenommen ich disputiere mit dir; du besiegst mich, und ich besiege dich nicht. Hast du nun wirklich recht? Habe ich nun wirklich unrecht? Oder aber ich besiege dich, und du besiegst mich nicht. Habe ich nun wirklich recht und du wirklich unrecht? Ich und du, wir können das nicht wissen. Wenn aber alle Menschen auch in einer solchen Unklarheit sind, wen kann ich rufen, um zu entscheiden? Soll ich einen holen, der mit dir übereinstimmt, um zu entscheiden? Da er doch mit dir übereinstimmt, wie kann er entscheiden? Oder soll ich einen holen, der mit mir übereinstimmt? Da er doch mit mir übereinstimmt, wie kann er entscheiden? Soll ich einen holen, der von uns beiden abweicht, um zu entscheiden? Da er doch von uns beiden abweicht, wie kann er entscheiden? Oder soll ich einen holen, der mit uns beiden übereinstimmt, um zu entscheiden? Da er doch mit uns beiden übereinstimmt, wie kann er entscheiden? So können also ich und du und die anderen einander nicht verstehen [...]."[30]

Aus unserer eingespielten westlichen Optik würden wir das natürlich umstandslos einen Skeptizismus nennen, gegebenenfalls sogar auf dessen Selbstwidersprüchlichkeit hinweisen, sofern doch ein Zhuang Zi mit dem, was er da schreibt, etwas mitzuteilen gedenkt und sich doch offenkundig verständig machen kann (jedenfalls glauben wir das). Dass die Stoßrichtung dieses Ansatzes auf etwas anderes zielt, lässt sich aber zumindest schon daran erahnen, dass er die Einebnung aller Differenzen faktisch aus ihrer Unüberwindlichkeit herleitet. Von der internen Logik dieses Monismus wird gleich noch die Rede sein.

Weitere Schulen. Zuvor erwähne ich nur noch, dass es innerhalb der ersten Periode der chinesischen Philosophie drei weitere

[30] ZHUANG Zi: Buch II, Theorie der Gleichheit. Zit. nach: Das wahre Buch vom südlichen Blütenland. München 1988. 48. 50-51.

Schulen gibt – den Mohismus (eine praktische Nützlichkeitsphilosophie), den Sophismus, in dem es primär um das Verhältnis zwischen Begriff und Wirklichkeit geht (man spricht tatsächlich von chinesischen Sophisten), und den Legalismus, der ganz stark die rechtliche Komponente zur Ordnung des Lebens in den Vordergrund stellt. Interessant ist, dass in der heutigen chinesischen Philosophie der Konfuzianismus mit einem Reisladen verglichen wird, also als zuständig für die Grundernährung gilt, die anderen Schulen mit Apotheken, also Ressourcen für Heilmittel in Notfällen.

(b) Zweite Periode. Die zweite Periode der chinesischen Philosophie reicht von der Westlichen Han-Zeit bis zum Ende der späteren Zhou, d.h. von 206 v. Chr. bis 960 n. Chr. Innerhalb dieser knapp 12 Jahrhunderte kommt es zu zwei Vorgängen von philosophisch weit reichender Brisanz: Zum einen wird der Konfuzianismus unter Kaiser Wu auf Betreiben von Dong Zhongshu sozusagen zur Staatsphilosophie erklärt – und ist es in weiten Bereichen der chinesischen Kultur bis heute geblieben. Zum anderen dringt ab 67 n. Chr. über die östliche Han-Dynastie der aus Indien stammende Buddhismus nach China ein und bildet dort eine Vielzahl von Schulen aus, als einflussreichste unter ihnen den heute auch im Westen bekannten Zen-Buddhismus. In der Zeit der Tang-Dynastie – d.h. in der zweiten Hälfte des ersten nachchristlichen Jahrtausends – wird der Buddhismus zusammen mit dem Konfuzianismus und dem Taoismus zur offiziellen Staatsdoktrin, muss freilich diese öffentliche Geltung nicht zuletzt dadurch erkaufen, dass er Elemente aus den beiden anderen Richtungen adaptiert.

(c) Die dritte Periode. Die nächste Etappe der chinesischen Philosophie reicht von 960 n. Chr. (Beginn der Song-Dynastie) bis – man kann es kaum glauben – 1911 (das ist das Ende der Qing-Dynastie). Philosophisch bestimmen dieses knappe Jahrtausend drei Varianten von Neokonfuzianismus: Unterschieden wird dabei eine „Ideenschule“, welche Ideen – gemeint ist damit: das moralische Gesetz – als objektive Substanz gegenüber der materiellen Welt auffasst, die „Bewusstseinsschule“, die alles aus dem menschlichen Bewusstsein entspringen sieht und Ideen ausschließlich als Bewusstseinsdinge auffasst, und schließlich eine „empiristische Schule“, die davon ausgeht, dass nur durch radikale Analyse empirischer Entitäten die Wesensgesetze der Dinge erschlossen werden können. Über ihre tief reichenden Differenzen hinweg allerdings verbindet alle diese neokonfuzianischen Schulen der Trend, die ursprünglich so gut wie gänzlich praktisch orientierte – also als Ethik konzipierte – Philosophie des Konfuzius in eine Art theoretisch-spekulativer Reflexion zu transformieren.

Achsenzeit. Nimmt man hinzu, dass sich durch diese ganze dritte Periode eine intensive Diskussion um das Verhältnis von menschlicher Begierde und Himmels-Idee zieht, die zum einen so etwas wie die Idee des Individuums an den Rand des Verschwindens bringt, dann durch okzidentale Einflüsse die menschliche Begierde rehabilitiert und schließlich aus eigenen Quellen zu einer Art aristotelischem Tugendgedanken kommt – nämlich weder schrankenlose Erfüllung noch gänzliche Unterdrückung der Begierde, sondern ihre Erfüllung nach Maß und Mitte –, dann kann man sich beinahe nicht mehr der Versuchung erwehren, in einen Vergleich zwischen östlichem und westlichem Philosophieren einzutreten (und im Grunde habe ich das soeben mit meinem Hinweis auf Aristoteles auch schon getan). Geschähe das ernsthaft, wäre das ein Projekt für sich. Nur dann wäre auch einigermaßen ernsthaft der Beobachtung Karl Jaspers' nachzugehen, dass es zu einem ganz bestimmten Zeitpunkt so etwas wie kulturübergreifende Transformationsprozesse zu geben scheint. Jaspers spricht von „Achsenzeit" und definiert diese wie folgt:

> „Diese Achse der Weltgeschichte scheint nun rund um 500 vor Christus zu liegen, in dem zwischen 800 und 200 stattfindenden geistigen Prozeß. Dort liegt der tiefste Einschnitt der Geschichte. Es entstand der Mensch, mit dem wir bis heute leben. Diese Zeit sei in Kürze die 'Achsenzeit' genannt. In dieser Zeit drängt sich Außerordentliches zusammen. In China lebten Konfuzius und Laotse [...], in Indien lebten die Upanischaden, lebte Buddha [...], in Palästina traten die Propheten auf [...] Griechenland sah [...] die Philosophen [...]."[31]

I Ging. Unangesehen all der damit verbundenen spannenden Fragen haben wir uns an dieser Stelle auf die Frage der Anfänge philosophischen Denkens zu beschränken – und im unmittelbar gegebenen Zusammenhang auf die zum okzidentalen Denken gegebenen Alternativen. Um sie wirklich zu begreifen, muss man allerdings sozusagen nochmals einen Schritt zurücktreten, bis zu der so genannten „vorphilosophischen" Weisheit Chinas. Erst von ihr wird verständlich, was Konfuzianismus und Taoismus wirklich wollen. Grundbuch dieser vorphilosophischen Weisheit Chinas ist das Orakelbuch „I Ging". „I" steht für „Wandlungen", „Ging" für „Meisterwerk" – also: „Meisterbuch über die Wandlungen". Das Opus entstand der Überlieferung nach im 11. vorchristlichen Jahrhundert. Es besteht aus zwei Teilen; der erste enthält 64 systematisch aus einem einzigen Ansatz entwickelte denkerische Grundfiguren, der zweite Teil besteht aus zehn (später entstandenen) Kommentaren zu ihnen. Das Grundprinzip, von dem alles seinen Ausgang nimmt, ist der Wandel, das Entstehen und Vergehen in der Zeit – das macht die Substanz aller Dinge und der Welt als solcher aus. Doch woher diese Prozessualität? Die Antwort des „I Ging": „Taiji", der Ursprung von allem, ist ohne Gestalt, dunkel,

31 JASPERS, Karl: Vom Ursprung und Ziel der Geschichte. München 1949. 19-20.

nicht zu ergründen und chaotisch. Doch er muss sich zeigen und tut das in Gestalt einer Zweiheit: Yin und Yang. Yang steht für den Himmel, wird als warm, fest, positiv und männlich charakterisiert; Yin mit den entgegengesetzten Prädikaten versinnbildet die Erde. Der Gegensatz freilich entzweit beide Elemente nicht nur, sondern kettet sie zugleich aneinander. Das klassische Bildkürzel enthält darum auch einen Embryo des je anderen Prinzips in sich, überdies umgreifen sich beide und verstärken sich so.

Die 64 Grundfiguren lassen sich von diesem dynamischen Doppelprinzip her unschwer entwickeln. Im „I Ging" steht für Yang ein durchgehender Strich, für Yin ein durchbrochener. Nun kann man beide mit sich selbst und je mit dem anderen in wechselnder Reihenfolge kombinieren. Da es sich dabei um Kombinationen des Himmelselements und des Erdelements mit sich oder dem je anderen handelt, ergeben sich daraus im Horizont der oben genannten Prädikate zum einen die vier Jahreszeiten, also die Zeit – z.B. zweimal Yang = doppelt warm, also Sommer –, zum anderen der Raum, sofern das „zweimal warm" auch für „Süden" steht. Und genauso bei zweimal Yin und den beiden möglichen Kombinationen. So gewinnt man die „Vier Erscheinungen".

Damit aber sind erst Himmel und Erde erfasst, nicht jedoch die anderen Dinge und mit ihnen die Lebenswelt des Menschen. Darum wird die Schematik um einen weiteren Strich – entweder durchgehend oder gebrochen – erweitert. Sofern jede Form zu jeder der vier Erscheinungen hinzutreten kann, erhalten wir acht Grundfiguren, und wenn diese wiederum alle miteinander kombiniert werden – acht mal acht –, entsteht die 64er-Liste. Mit dieser Symbolik lässt sich dabei eine erstaunliche Bandbreite von lebensweltlichen Phänomen erfassen: meteorologische Nässe genauso wie die moralische Einstellung der Bescheidenheit: Für Erstere wird das Symbol für „Wasser" über dasjenige für „Himmel" gesetzt: Wasser über dem Himmel ist Nässe; bei „Bescheidenheit" steht das Symbol für „Berg" unter dem für „Erde" – also: der Berg ist unter der Erde verborgen = Bescheidenheit. Und alles entsteht dadurch, dass die eine Strichform die andere dominiert oder von ihr dominiert wird.

So wird alles aus einem einheitlichen Ursprung begriffen, der nichts anderes als die Wandlung selbst ist, und Tao leitet diese. Nie kommen die Dinge unter diesem dynamischen Prinzip zur Ruhe; in ewigem Kreislauf bewegen sie sich. Das Wesen dieser Wandlung macht aus, Leben zu spenden, und wird als Tugend begriffen – was natürlich auch heißt, dass der Mensch dadurch tugendhaft lebt, dass er die Tugend von Erde und Himmel in der ihm gemäßen Weise auch selbst pflegt. Alles, was es gibt, tritt innerhalb einer wohlbestimmten Ordnung auf, die von Maß und Mitte durchherrscht wird und auf Harmonie zielt. Das Streben nach Harmonie kann als das grundlegende Motiv und in Konsequenz davon die Ordnung als das fundamentale Prinzip der chinesischen Philosophie gelten. Konfuzianismus wie Taoismus sind auf sie verpflichtet; richtet Ersterer sein Augenmerk primär auf die soziale Ordnung, so geht es dem Zweiten in erster Linie um das rechte Verhältnis – will sagen: die Einheit – zwischen Mensch und Natur. Moralisches Verhalten und die Gesetzmäßigkeit kosmischer Veränderung sind ein und dasselbe, sofern der Mensch Teil des einheitlichen Kosmos ist – wobei die kosmische Veränderung ihrerseits mit dem Gesetz des Himmels in eins gesetzt ist. Oberstes philosophisches Ziel ist darum ein Einklang von Mensch und Himmel, und zwar in einem moralischen wie in einem ontologischen Sinn: Moralisch äußert sich die Entsprechung im taoistischen Nicht-Eingreifen und Nicht-Streiten, sofern gerade darin die Tugend des Himmels (gen. subiectivus) bestehe; ontologisch wird der Einklang gemäß dem Schema „Makrokosmos-Mikrokosmos“ gedacht: Den 365 Tagen und 12 Monaten des Himmels entsprechen dabei die 366 kleinen und 12 großen Knochen des Menschen, dessen fünf innere Organe den fünf Elementen, die vier Gliedmaßen des Menschen den vier Jahreszeiten usw. Diese naturale Ontologie der Entsprechung weitet sich darüber hinaus wie von selbst ins Soziale: Naturkatastrophen oder Erntesegen sind so etwas wie die Entsprechung des Himmels zum sozialen und politischen Geschehen, wie umgekehrt durch letzteres Einfluss genommen werden kann auf das, was „von oben“ kommt, wie man so sagt. Und mit dieser moralisch-ontologischen Entsprechung zum Himmel schwingt der Mensch in eine Harmonie mit der Ewigkeit des Kosmos ein. Chinesisches Philosophieren denkt den Menschen nicht als Individuum, sondern als ein Wesen, das aus einer Einheit hervorgeht und durch sein Sterben in diese Einheit des Ganzen von Erde und Himmel zurückkehrt. Dieser unbedingte Respekt vor dem Tao des Himmels ist auch der Grund, weshalb – unbeschadet der Hochschätzung des Menschen gerade im Konfuzianismus – innerhalb des chinesischen Denkens okzidentale Begriffe wie der des Subjekts, der Freiheit und der Selbstbestimmung nicht ausgebildet werden konnten. Alles dreht sich stattdessen um Tao bzw. das Sittengesetz. Schon die knappe Skizze, die ich vorausgehend gezeichnet habe, lässt von selbst begreifen, dass und warum die chinesische Philosophie von Wesen gesellschaftsstabilisierend – und besonders auch hinsichtlich der Rolle der Frauen auf traditionelle Weise rollenfixiert – ist. Ein Autor aus der Zeit der vorletzten Jahrhundertwende, Li Dazhao, hat die Differenz zwischen der chinesischen und der okzidentalen Philosophie folgendermaßen beschrieben:

> „Die östliche Kultur ist ruhende Kultur, während die westliche Kultur bewegende Kultur [ist]. Die erstere ist natürlich, die letztere ist künstlich; die erstere ist ruhig, die letztere ist kämpferisch; die erstere ist passiv die letztere ist aktiv; die erstere ist abhängig, die letztere ist unabhängig; die erstere wiegt sich in einem faulen Frieden, die letztere ist stürmisch vorwärtsstrebend; die erstere hält an Überliefertem fest, die letztere ist schöpferisch; die erstere ist konservativ, die letztere ist fortschrittlich; die

erstere ist instinktiv, die letztere ist verständig; die erstere ist meditativ, die letztere ist realistisch; die erstere ist künstlerisch, die letztere ist wissenschaftlich; die erstere ist geistig, die letztere ist materiell; die erstere ist seelisch, die letztere ist körperlich; die erstere richtet sich nach dem Himmel, die letztere stützt sich auf die Erde; nach der ersteren herrscht die Natur über die Menschen, nach der letzteren machen sich die Menschen die Natur untertan."[32]

Die Selbstkritik, die diese Stellungnahme einschließt, schützt deren kritische Stoßrichtung gegen Klischeeverdacht und bringt zugleich nochmals das Spezifische des chinesischen Philosophierens auf den Punkt: das Streben nach einer Vervollkommnung von Geist und Charakter, das im gleichen Zug das für typisch westlich gehaltene Erkennen- und Erforschenwollen der Natur weitgehend zurückstellt.

Buddhismus. Ebendiese Konzentration auf die Bildung von Charakter und Geist (im beschriebenen moralphilosophischen Sinn) macht auch das Gemeinsame von chinesischem Denken und buddhistischer Philosophie aus, jedenfalls mit dessen Ausprägung in der Gestalt des Zen-Buddhismus. Natürlich gehört zum Buddhismus als einer der fundamentalen geistigen Strömungen der Weltgeschichte und eine der großen Weltreligionen unvergleichlich mehr als Zen. Dennoch beschränke ich mich an dieser Stelle auf ein bis zum Äußersten verknapptes Stenogramm zur Sache.[33] Ich rufe nur wenige Stichworte auf, um den buchstäblichen Kontinent des buddhistischen Denkens auch im Gesamtbild der hier versuchten Übersicht zu den Epochen philosophischen Denkens einzuordnen.

Entstanden ist der Buddhismus etwa ein halbes Jahrtausend v. Chr., also in der schon einmal erinnerten jasperschen Achsenzeit, in Indien. An der Historizität des als seine Gründerfigur geltenden Gautama Siddharta kann es keine vernünftigen Zweifel geben. Seit dem 13. Jahrhundert spielt der Buddhismus in seinem Herkunftsland praktisch keine Rolle mehr, dafür eine umso größere in allen fernöstlichen Kulturen außer Indonesien und den Philippinen – besonders in China und Japan. Längst hat der Buddhismus auch im Westen Anhänger gewonnen, übrigens nicht erst in den letzten Jahrzehnten oder gar Jahren; schon 1903 kam es etwa zur Gründung eines „Buddhistischen Missions-Vereins in Deutschland". Buddhistische Traditionen haben sich in bisweilen kaum mehr zu überschauender kultureller und schulmäßiger Vielfalt entwickelt. Doch genau dies macht das buddhistische Denken faktisch zum unterscheidenden Kennmal des

[32] BEIMING, Yan (Hg.): Zhe Xue Da Ci Dian (Großes Wörterbuch der Philosophie). Chinesische Philosophie. Shanghai 1984. 681. Zit. nach GAN, Shaoping: Die chinesische Philosophie. Die wichtigsten Philosophen, Werke, Schulen und Begriffe. Darmstadt. 1997. 89.

[33] Vgl. dazu bes. BRÜCK, Michael von: Einführung in den Buddhismus. Frankfurt a.M.; Leipzig 2007.

Ostens, wenn man diesen als eine Einheit vom Westen abzusetzen sucht.

Trotzdem darf man sich ein wirkliches Verstehen des Buddhismus – geschweige denn eine Rezeption – seitens des Westens nicht zu einfach vorstellen. Allein schon die Geschichte der deutschen Übersetzungen buddhistischer Texte verrät geradezu Bände über die dabei geschehenen Projektionen. In einer allerersten und damit auch ausgesprochen groben Kennzeichnung kann man sagen, dass Bestandstücke von Selbst- und Weltbeschreibung, die nach westlicher Klassifizierung als Logik, Erkenntnistheorie, Ontologie, Anthropologie oder Ethik gelten würden, in buddhistischem Kontext prinzipiell in soteriologischer Wendung auftreten, also unter dem Vorzeichen der Frage nach Erlösung im Sinn einer Befreiung des Daseins von Leid. Was natürlich sofort zum einen die Frage nach der Instanz dieses Leidens, zum anderen die nach des Letzteren Ursache aufwirft – und beide Fragen auf eine Weise beschieden werden, dass die Antworten beinahe ineinanderfallen: Denn Instanz oder Träger des Leidens ist das Subjekt, und zum leidvollen wird dieses dadurch, dass es überhaupt als es selbst, nämlich als vereinzeltes Seiendes auftritt, was natürlich umgekehrt besagt, dass Erlösung nur in der Überwindung dieser Vereinzelung und damit des Subjektstatus bestehen. Ich beschränke mich im Fortgang meines Stenogramms auf diese zwei Gedanken, weil mit ihnen zum einen der Grundgedanke des Buddhismus schlechthin – die Überwindung leidvoller Existenz – verdeutlicht, zum anderen eines der hartnäckigsten westlichen Klischees – dass es im Osten keinen Subjektgedanken gebe – geknackt werden kann.

Vorlauf. Beides je für sich – Soteriologie und Subjektivität – sowie ihr Zusammenhang untereinander lassen sich am bündigsten durch einen Blick auf die Vorgeschichte des eigentlichen Buddhismus, ohne die dieser wiederum nicht verstanden werden könnte, in Übersicht bringen. Die allerersten Anfänge reichen bis ins 12. Jahrhundert v. Chr. zurück. Zuerst klingen in bildgesättigten Dichtungen philosophische Fragen an, Denkversuche, die Vielzahl der Götter auf ein Prinzip zurückzuführen, schließen sich an. In einem weiteren Schritt fangen die Brahmanen, die Träger der religiösen Tradition, an, ihre Opferriten, mit denen sie die Beziehungen zwischen Menschen und Göttern regeln, zu reflektieren. Durch wirtschaftliche Überschusskapazitäten kann sich die Gesellschaft priesterliche Opferspezialisten leisten. Die Intensität, mit der diese ihrer Aufgabe nachkommen, steigert natürlich auch ihre eigene Bedeutung – bis dahin, dass es nicht mehr primär um die Götter, sondern um das professionalisierte sakrale Tun von Menschen geht, die durch ihr kultisches Können die gewünschte Wirkung zu erzeugen wissen. Aus Götterdienern werden Herren über die Natur und sogar höhere Wesen – mit der Folge, dass der Mensch als solcher und sein Handeln philosophisch eine Aufwertung erfahren. Genau darin vollzieht sich so etwas wie eine erste buddhistische Geburt des Subjektgedankens. Ein zweiter Strang dieser Subjektgenese scheint folgendermaßen gelaufen zu sein: Im Zug der Umstellung von Viehzucht auf Ackerbau treten an die Stelle der vielen von Kriegern getragenen Kleinrepubliken große – zentralistisch-monarchisch regierte – Staatengebilde. Die Krieger werden damit – verkürzt gesagt – arbeitslos, haben infolge dessen Zeit, sich denkerisch (also religiös-philosophisch) zu betätigen. Die Brahmanen aber geben ihr Wissen nicht an Kastenfremde weiter; darum wenden sich die Interessierten der Kriegerkaste dem einschlägigen Wissen der so genannten drawidischen Urbevölkerung Indiens zu (die Inder selbst sind arische Einwanderer). Dort finden sie ausgesprochen unmittelbare körperliche wie spirituelle Erfahrungen im schamanistischen Sinn, die gegenüber den opfertheoretischen Interessen der Brahmanen das Erleben ansprechen, und auch das ist ja etwas, das den Einzelnen betrifft. Aus so verschiedenen Quellen kommt frühbuddhistisch der Subjektgedanke auf.

Man wird sagen dürfen, dass aus der eben beschriebenen Überschneidung arischer und drawidischer Traditionen genau das aufkam, was wir heute mehr als alles andere mit buddhistischem Denken identifizieren: Yoga, Meditation, Askese. Sozusagen wissenssoziologisch verdichtet hat sich das Zusammenschließen der beiden Traditionslinien im Stand der Sramanen, die Haus, Hof und familiäre Bindungen verlassend als Bettelmönche umherziehen. Es ist dies auch der soziologische Hintergrund, aus dem Gautama Siddharta, seiner Herkunft nach Krieger und Sohn des Regenten einer zum Verschwinden verurteilten Mini-Republik, hervortritt.

Subjektsein. In sramanischen Kreisen scheinen auch zuallererst mit dem Aufkommen von Subjektivität verbundene Probleme angedacht worden und dann allmählich in brahmanische Traditionen eingewandert zu sein. Aus dieser Gemengelage tauchte dann als erstes Basisproblem das eines tragenden Grundes des Ichs auf. Und jetzt geht die Suche nach einem Wesen des Subjekts hinter all seinen Erscheinungsweisen los, eine Suche im Übrigen mit verblüffenden Parallelen zu vorsokratischen Naturerklärungen. Atem bzw. Wind, Wasser und Feuer kommen als Kandidaten der Substanz von Subjektivität ins Spiel – und zwar (auch das in engster Nähe zu den Vorsokratikern) in alles andere als primitiven Rückleitungen. Es lohnt sich, wenigstens zweien von ihnen in ganz wenigen Zügen nachzugehen, weil auf diese Weise zwei Elemente des buddhistischen Denkens spontan einsichtig werden.

Wind oder Atem kommen sehr einfach dadurch als Substanz von Subjektivität zur Geltung, dass Sprechen, Hören, Denken, Geschlecht und Atmen als die fünf Grundfunktionen des Menschen gelten, alle davon aber außer einer wegzufallen vermögen, ohne das das Dasein endete. Nur ohne Atmen geht es nicht. Folglich gilt der Atem als die Kraft, die alles Leben aus sich freisetzt und auch wieder in sich zurücknimmt, wie der Schlaf beweist, in dem die anderen vier Grundfunktionen verschwinden. Kosmologisch geschieht das Gleiche durch den Wind – durch ihn verschwindet z.B. das Wasser, indem er es zum Verdunsten bringt, um es dann freilich wieder aus sich in Gestalt von Regengüssen zu entlassen. Mit dieser Reduktion war zugleich ein ganz anderer Gedanke gewonnen: der eines rhythmischen Wechsels von Kommen und Gehen, Werden und Vergänglichkeit, und man muss sich sofort klarmachen, dass dieser Gedanke im unmittelbaren Zusammenhang der Frage nach der Substanzialität des Subjekts Platz greift – will sagen: Das Subjekt und mit ihm seine Welt werden bereits im Ansatz der Frage nach des Ersteren Wesen unter das Vorzeichen des Kommens und Gehens gestellt, also als instabile und damit flüchtige Phänomene bestimmt. Das ist ein erster Basisgedanke buddhistischer Selbstverständigung.

Ein zweiter – nicht minder fundamentaler – ergibt sich dadurch, dass als Substanz des Subjekts das Wasser angenommen wird. Durch Mangel in der Trockenzeit und Flut in der Regenzeit ist das Wasser so etwas wie ein Dauerthema; beides tritt zudem zyklisch auf. Herabkommend ermöglicht es die Vegetation, der Mensch nimmt es durch pflanzliche Ernährung auf, wird sein Leichnam verbrannt, kehrt das Wasser im Rauch wieder zum Himmel zurück. Ab einem gewissen Zeitpunkt wird der Mond – seinerseits durch zyklisches Zu- und Abnehmen geprägt – als ein großes Wassergefäß verstanden, in das die Verstorbenen im Rauch ihres Verbranntwerdens eingehen, um – und das ist der Ansatz des zweiten basalen Gedankens, – um von dort wiederzukehren; so kommt der Gedanke der Wiedergeburt auf.

Erlösung. Dem wiederum verbindet sich bruchlos das Problem der verschiedenen Qualität von Existenz. Warum lebt der eine als reich, der andere arm, als schön oder hässlich, als Tier, Mensch oder Geisterwesen? Woher kommt, dass einer ist, was er ist, wenn er doch schon vorher da war und jedes Kommen ein Wiederkommen darstellt? Nach anderen Theorieversuchen hat sich eine Sicht geradezu gebieterisch durchgesetzt: dass das je faktische Dasein vom eigenen Tun in der vorausgegangenen Lebensphase abhänge – ein Gedanke, der natürlich bestens zur Subjektzentriertheit des vorbuddhistischen Denkens passt und gleichzeitig dessen kritisches Potenzial freisetzt. Auf vorstehende Weise gedacht, kann sich der Einzelne nur noch auf sich geworfen, als verantwortlich für sein Geschick in der endlosen Folge seiner Daseinsauftritte fühlen – und wird er umso mehr Zuflucht zur Vergänglichkeit seines subjektiven Daseins nehmen, womit der Subjektgedanke geradezu zwangsläufig in eine Soteriologie zurückmündet, deren Verheißung in einem Vergehen aller Subjektivität aufgipfelt. Erlösung wird als Erlösung vom Subjekt gesucht, die praktisch durch Abkehr von der Welt gewonnen wird. Konzepte, die vom Ansatz her alternativ angelegt sind – etwa dasjenige einer ursprünglichen Prinzipialität des Subjekts – münden im Letzten in die gleiche Spur ein: Selbst dort, wo Erlösung als Erlösung des Subjekts von der Welt gedacht – also eine elementare Zweiheit unterstellt – wird, geht es in Wahrheit um einen Einheitsgedanken: Handlung als Form der Beziehung des Subjekts auf die Welt wird so radikal negativ gefasst, dass es mit Leiden ineinsfällt und nur die Neutralisierung schon geschehenen und die Vermeidung künftigen Handelns weitere Wiedergeburten verhindern kann.

Von der Ethik zur Ontologie. Damit sind auf allergröbste Weise die materialen und strukturellen Formationsbedingungen des buddhistischen Denkens benannt. Die Vernetzung von soteriologischen Intuitionen und Subjektreflexion im beschriebenen Sinn einer Aufhebung des Subjekts macht sein Spezifikum aus. Das Denken Gautamas selbst und erst recht die nach seinem Tod sich ausprägenden Lehrtraditionen hätten Gegenstand ganz eigener Untersuchungen zu sein. Im hier gegebenen Zusammenhang hatte es nur um „ganz andere Anfänge der Philosophie" zu gehen. Sind einem aus westlicher Perspektive diese anderen Anfänge überhaupt einmal als Ausdruck genuinen Philosophierens zu Bewusstsein gekommen, dann kann einem schnell passieren, die Andersheit jener Denkfiguren im Letzten als gar nicht so furchtbar anders zu empfinden, weil es innerhalb der Formationsphase des okzidentalen Denkens weit mehr als nur marginale Parallelen zu Wesenszügen des östlichen Denkens gibt. Zum Frappantesten an diesen Konvergenzen zählt, dass sich das unübersehbare Gefälle von der Ethik zur Ontologie, das sich den fernöstlichen Philosophien attestieren lässt, strukturell in der prägenden Formationsphase der klassischen Antike wiederfindet in der Konstellation Sokrates-Platon. Das Profil dieser Gestalten generell und die aus ihm hervorgehende Metaphysik und Ontologie speziell verlangen einige Gedankenzüge ab, die so weiträumig wie tiefbohrend sind:

3. Vermessung eines Denkraumes: Sokrates und Platon

Dass der Konstellation Sokrates/Platon im Gang des abendländischen Philosophierens singulärer Rang eignet, steht seit je außer Frage. Alfred N. Whitehead meinte einmal, alle Philosophie nach Platon bestehe mehr oder weniger aus Fußnoten zu diesem.[1] Das mag ein wenig exaltiert anmuten, gewinnt aber ein bestimmtes Recht dadurch, dass Platon in der Tat eine Vielzahl von Frageperspektiven aufriss, die die Philosophie bis zur Gegenwart herausfordern. Mit der Beantwortung der Fragen hat er sich vielfach deutlich zurückgehalten, in nicht wenigen Fällen fehlen Antworten ganz (was seine Gründe hat, wie wir sehen werden). Möchte man eine ganz elementare, erste Verortung des sokratisch-platonischen Denkens und dann seiner Fortschreibung durch Aristoteles vornehmen, so lässt sich sagen: Ihr Denken entwickelt sich aus einer kontinuierlichen Auseinandersetzung mit zwei Gegenströmungen: zum einem nämlich mit dem philosophischen Materialismus, wie er in der Atomistik der späteren Vorsokratik aufgipfelt und – wie gesehen – Fragen der Ontologie, Physik und Erkenntnistheorie zum Gegenstand hat. Die zweite Folie für ein kritisches Gegenprogramm – zentriert auf Fragen der Ethik und wiederum der Erkenntnistheorie – bildet die Sophistik.[2] Die sokratische Denkform selbst ist – soweit wir sie aus den Quellen überhaupt rekonstruieren können – einerseits durch eine Abwendung von der Naturphilosophie hin zur Ethik gekennzeichnet, gleichzeitig aber eng und kompliziert mit der Sophistik verwebt. Insofern werden wir bei der direkten Begegnung mit Platon auf die vorausgehend gewonnenen Einsichten zur vorsokratischen Naturphilosophie zurückkommen. Für eine Vermessung des sokratischen Denkens jedoch muss zunächst die Sophistik zumindest im Umriss vergegenwärtigt werden.

3.1 Denken in der Krise als Krise des Denkens: Sophistik

Belastete Tradition. Sich mit der Sophistik zu beschäftigen heißt, mit einem Stück dessen einzusetzen, was ich „Verlierergeschichte“ zu nennen pflege: also bewusst die Aufmerksamkeit auf Figuren und denkerische Traditionen zu lenken, die in den Schlagschatten der großen Namen geraten sind und dann noch ein zweites Mal dadurch unterliegen, dass die offizielle Geschichte grundsätzlich von den Siegern und ihren Anhängern geschrieben wird (obwohl die Unterlegenen vielleicht manches zu sagen hätten, was die Sieger von

1 Vgl. WHITEHEAD, Alfred N.: Process and Reality. An Essay in Cosmology. New York 1929. 63.

2 Vgl. ANGEHRN, Emil: Der Weg zur Metaphysik. Vorsokratik – Platon – Aristoteles. Weilerswist 2000. 177-178.

ihrem Ansatz her prinzipiell nicht einmal in Blick bekommen können).[3]

Nun nimmt sich allerdings eine solche rehabilitierende Annäherung an die Sophistik als einigermaßen delikate Angelegenheit aus. Der negative Beigeschmack, der Ausdrücken wie „Sophist" oder „sophistisch" für uns auf geradezu naturwüchsige Weise anhaftet, lässt sich bereits in der Zeit vor Platon ausmachen und wird durch Platon regelrecht kanonisiert. Zwar bezeichnete vorplatonisch der Titel „sophistes" zunächst Leute, die erfahren sind, Kenntnisse besitzen und diese zu nutzen sowie weiterzugeben wissen. Aber schon in der altattischen Komödie – namentlich durch die Spottdrossel Aristophanes – wird das Wort zum Schimpfnamen.

Platon spricht in seinem Dialog *Der Sophist* von dessen Kunst als einer Jagd auf angesehene, reiche Jünglinge, die dieser zu belehren sich anheischig macht, in Wirklichkeit aber nur Meinungen zu bieten hat und gegen Lohn in die Kunst der Überredung einweist.[4] Und im *Gorgias* antwortet der gleichnamige Dialogpartner auf des Sokrates' Frage, was denn das größte Gut für den Menschen sei:

> „Wenn man durch Worte zu überreden imstande ist, sowohl an der Gerichtsstätte die Richter als in der Ratsversammlung die Ratsmänner und in der Gemeinde die Gemeindemänner, und so in jeder anderen Versammlung, die eine Staatsversammlung ist. Denn hast du dies in deiner Gewalt, so wird der Arzt dein Knecht sein, der Turnmeister dein Knecht sein [...]."[5]

Andere gingen noch weiter und schmähten die Sophisten ob des monetären Aspekts ihrer Tätigkeit als Kuppler und „Huren des Wissens", so etwa der Schriftsteller Xenophon[6] – was insofern registriert zu werden verdient, als andere wie etwa Zenon von Elea, die nichts mit der Sophistik zu tun hatten, genauso Honorare – und zwar stattliche – annahmen, ohne dass man ihnen das angekreidet hätte.

Rhetorik. Einen zweiten zentralen Punkt der zeitgenössischen Kritik an den Sophisten markiert in den beiden soeben beigezogenen Platon-Stellen der Hinweis auf die Kunst der Überredung, also der Rhetorik in der spezifischen Funktion, die die *Gorgias*-Passage ausdrücklich zur Geltung bringt: das Herrschen über andere, also die Macht, genauer: die Macht, wie sie wohlgesetzte Worte auszuüben vermögen. Kein Geringerer als der selbst von der Sophistik beeinflusste große griechische Historiker Thukydides lässt an einer Stelle seines berühmten Werkes *Geschichte des Peleponnesischen Krieges* den Charakter der einschlägigen machtpolitischen Wirksamkeit der Sophisten

[3] Vgl. zum Folgenden aus historischer Perspektive SCHOLTEN, Helga: Die Sophistik. Eine Bedrohung für die Religion und Politik der Polis? Berlin 2003. – SCHUPP, Franz: Geschichte der Philosophie im Überblick. Bd. 1: Antike. Hamburg 2003. 146-164.

[4] Vgl. PLATON: Sophistes. 223b.

[5] PLATON: Gorgias. 452d-e.

[6] Vgl. etwa XENOPHON: Erinnerungen an Sokrates. I, 6, 13. Gr./Dt. Hg. v. Peter Jaerisch. 2. Aufl. München 1977.

greifbar werden. Den Anti-Demokraten Kleon lässt er den Athenern in einer seiner genialen fiktiven Reden vorhalten:

> „Was geschehen soll, beurteilt ihr nach einer guten Rede als möglich, was schon vollbracht ist, nicht nach dem sichtbaren Tatbestand, sondern verlaßt euch auf eure Ohren, wenn ihr eine schöne Scheltrede dagegen hört. Auf die Neuheit eines Gedankens hereinfallen, das könnt ihr gut, und einem bewährten nicht mehr folgen wollen – ihr Sklaven immer des neuesten Aberwitzes, Verächter des Herkommens [...]; so sucht ihr nach einer anderen Welt gleichsam, als in der wir leben, und besinnt euch dafür nicht einmal auf das Nächste zur Genüge; kurz, der Hörlust preisgegeben tut ihr, als säßet ihr im Theater, um Redekünstler zu genießen, und hättet nicht das Heil des Staates zu bedenken."[7]

Folgt man dieser von Thukydides dem Kleon in den Mund gelegten Diagnose, dann haben die Sophisten den Bereich der Politik sozusagen ins Ästhetische hineingezogen. Sie haben politische Auftritte auf ihre Wirkung abgestellt – also genau das getan, was wir heute unter dem durchaus treffenden Titel des „Politainment" auf allen Kanälen namentlich aus den Mündern von Partei-Generalsekretären erleben: Politik als Unterhaltung oder vielleicht besser: Unterhaltung als Politikersatz.

Soziale Motive. Genau dies aber ist brisanterweise zugleich der Punkt, von dem her eine Sicht der Sophistik gewonnen werden kann, die hinter den vorausgehend genannten und gewiss nicht klischeefreien Charakterisierungen eine eigenständige philosophische Intention auszumachen vermag. Das Spezifische der Sophistik scheint in der aus einer ganz bestimmten politischen Situation hervorgehenden Verbindung philosophischer Gedanken mit gesellschaftlichen Fragen zu bestehen. Noch pointierter gesagt: Die wesentlichen Züge der Sophistik bilden sich aus sozialen Motiven aus. Die alte feudale Stände-Ordnung, wie sie etwa in den Werken Homers vorausgesetzt ist, zerbricht. Die Polis-Demokratie, die sich nach Episoden tyrannischer und oligarchischer Regierungen etabliert und nun auch die Beteiligung der Unterschichten an politischen und gesellschaftlichen Entscheidungen vorsieht, setzt die politischen Akteure, die nach wie vor primär aus der Oberschicht kommen, unter Legitimationszwang. Die Volksversammlung fasst ihre Beschlüsse nach dem Mehrheitsprinzip. Also muss, wer seine Sache durchbringen will, Stimmen für sich gewinnen. Das aber wird nur dem gelingen, der seine Sache entsprechend attraktiv darzustellen weiß und damit die Menge auf seine Seite zieht. Daher rührt die enge Verbindung von Sophistik und Rhetorik. Man wird den Sophisten kein Unrecht tun, wenn man sagt, dass den Kern ihres Denkens ein formal-prozedurales Räsonieren bildet. Es geht ihnen dabei durchaus um die Frage, was denn die demokratische Gesellschaft zusammenhalten könne – nur dass sie aus diesen Überle-

[7] THUKYDIDES: Geschichte des Peleponnesischen Krieges. III, 38. Ed. Landmann. Bd. 1. München 1973. 220-221.

gungen Gedanken wie den eines für alle a priori Verbindlichen ausschließen. Als letztes Kriterium gilt ihnen das „sympheron“ – „das Zuträgliche“ –, für das ganz systemkonform nicht nochmals eine theoretische Rechtfertigung aufgeboten werden kann und das darum auch innerhalb der sophistischen Denkart sehr verschiedene Bestimmungen erfährt: Die reichen vom subjektiven Vorteil des Einzelnen über das Naturgemäße bis zu einer allen Bindungen aus dem Weg gehenden egoistischen Selbstgenügsamkeit. Bündig gesagt: Die Rhetorik ersetzt für die Sophisten die bisher in Geltung befindlichen Begründungsinstanzen. Und nach vorne gewendet: Einen Sokrates und einen Platon treibt nichts anderes um, als die Rhetorik als untaugliches Begründungssurrogat zu demaskieren und zugleich gegen die – wie eben gezeigt keineswegs willkürliche – sophistische Option eine neue Form begründungslogischen Argumentierens zu entwickeln; Sokrates tut das in der Perspektive der praktischen, Platon in derjenigen der theoretischen Vernunft. Bevor von beiden Projekten näher die Rede ist, nehmen wir einige charakteristische sophistische Problemstellungen in Blick und gehen wir den systematischen Konsequenzen ihres gesellschaftlich-politisch motivierten Philosophierens etwas nach.

Herkunft, philosophisches Profil und thematische Schwerpunktsetzung fallen dabei unter den Sophisten so verschieden aus, dass man nur schlecht von „der“ Sophistik im Sinne einer philosophischen Schule sprechen kann. Allenfalls lässt sich eine Schnittmenge von Charakteristika, an der die meisten und die repräsentativ gewordenen Sophisten partizipieren. Diese Schnittmenge bilden im Wesentlichen die folgenden Züge:

(a) Wanderlehrer. Sophisten sind professionelle Wanderlehrer, denen um die Vermittlung höherer Bildung und allgemeinen Wissens zum Zweck politischen Handelns zu tun ist.

(b) Politik und Ethik. Thematisch konzentrieren sich die Sophisten aus uns schon bekanntem Grund auf sprachtheoretische Probleme grammatischer, poetischer, etymologischer Art – also die Rhetorik sowie die Ethik unter besonderer Betonung der politischen Theorie – was zugleich bedeutet, dass bei ihnen die naturphilosophischen und ontologischen Probleme, die die Philosophen der vorausgehenden Zeit – also die Vorsokratiker – umtrieb, nur sehr bedingt interessierten.

(c) Relativität. Einen mehr oder weniger durchgehenden Grundzug allen sophistischen Philosophierens bestimmt die Annahme einer grundsätzlichen Relativität aller menschlichen Erkenntnisse, Einstellungen, Werte und Institutionen; darin schlägt sich am unmittelbarsten die Herkunft des sophistischen Denkens aus einer Krise der Traditionen nieder; sofern weder praktisch-politisch noch generellerkenntnistheoretisch auf Verbindliches rekurriert werden kann, muss – wie ich in der Überschrift dieses Abschnitts bereits zum Ausdruck brachte – aus dem Denken der Krise zwangsläufig eine Krise des Denkens werden. Pointiert fassbar wird diese nicht zuletzt an der Art, wie die Sophisten das Thema „Religion“ anschneiden. Der Sog der prinzipiellen Skepsis, der von der Sophistik ausgeht, macht nicht nur den typisch griechischen Gedanken der Präsenz des Göttlichen in der Welt, sondern den Begriff des Göttlichen selbst fraglich – Protagoras, Prodikos und Kritias vor allem haben das unverblümt ausgesprochen. (↖ Bd. 1, Kap. 2.1)

(d) Zuträglichkeit. Der vierte und letzte repräsentative Zug sophistischen Denkens hat mit dem vorausgehend bereits erwähnten obersten Kriterium der Zuträglichkeit zu tun. „Zuträglichkeit“ wird dabei auf der Basis einer Art subjektivistischen Freiheitsbegriffs gefasst, kann also etwa den Erhalt oder Erwerb von Privilegien – durchaus nach dem Prinzip „Macht ist Recht“ – einschließen oder auf den Grundsatz „Du sollst dich nicht erwischen lassen“ hinauslaufen. Ermöglicht wird diese Position durch eine Uminterpretation der drei Elementarbegriffe griechischen Denkens „logos“, „physis“ und „nomos“ – alle drei so fundamental, dass sie sich nur mehr schlecht als recht übersetzen lassen.

Logos. „logos“ wird in der Regel mit „Wort“, „Gedanke“ oder „Vernunft“ wiedergegeben. Die ursprüngliche Grundbedeutung dahinter meinte freilich so etwas wie „Sammlung“, d.h. Zusammenfassung von Vielem zu einer Einheit, und faltete sich dann auseinander in ein Aufzählen im Sinn von Erzählen und Aufzählen im Sinn von Zählen, so dass „logos“ schließlich für das Erzählte wie für das Gezählte, also die Zahl stehen konnte. In jedem Fall eignet dem Logos-Begriff vorsophistisch – und namentlich vom großen Logos-Denker Heraklit her – eine Dimension der Universalität. Genau die bestreiten die Sophisten: Für sie ist „logos“ so viel wie „beliebige Meinung, Behauptung“ – also etwas, wozu es genauso gut das Gegenteil geben kann. Ist das der Fall, kann es zum Kampf zwischen Meinung und Gegenmeinung kommen, über den die jeweilige Stärke oder Schwäche entscheidet. Protagoras folgert daraus, dass es darum darauf ankomme, den schwächeren Logos als den stärkeren zur Geltung zu bringen“[8] – bündige Beschreibung des rhetorisch-politischen Basisprogramms der Sophistik, das davon zehrt, dass die Beliebigkeit des logos die Möglichkeit freisetzt, den Adressaten der Rede zu beeinflussen.

Physis. Der zweite Grundbegriff, der einer Uminterpretation unterzogen wird, ist derjenige der physis – in der Regel mit „Natur“ übersetzt und damit erheblichen Missverständnissen ausgesetzt: Ge-

8 Vgl. DIELS/KRANZ 80 B 6b.

meint sein dürfte nicht ein „Werden“ oder „Wachsen“, in welchem Sinn später weitgehend (aber nicht nur) Platon und Aristoteles von „physis“ sprechen, sondern einfach „tatsächliche Beschaffenheit der Welt“. Während dieser vorsophistische Begriff von physis keinen Gegenbegriff kennt, bestimmen die Sophisten „physis“ als krasses Gegenteil von „nomos“ als dem, was Menschen als gesellschaftlich geltendes Gesetz aufstellen; „physis“ meint demgegenüber nun das Gesetz der Natur, und zumindest einige der Sophisten leiten daraus eine Ungleichheit der Einzelnen und schließlich den Gedanken einer Daseinsberechtigung und eines Primats des von Natur aus Stärkeren ab – eine Idee im Übrigen, die bei Friedrich Nietzsche wieder auftritt, im 20. Jahrhundert faschistisch orientierte Kreise zumal in Italien und Deutschland imprägnierte und teils auch zur Hintergrundideologie des spätmodernen ökonomischen Neoliberalismus gehört.

Nomos. Vom physis-Begriff der Sophisten her ergibt sich auch unmittelbar der gewandelte Sinn, den sie mit dem nomos-Begriff verbinden. War „nomos“ bei Heraklit noch eine Art Äquivalent zum logos gewesen, hatte also etwas Universales gemeint in dem Sinn, dass der nomos als konkrete politische Satzung einer Polis von der universalen Ordnung des logos zehrte, so verstehen die Sophisten den nomos als auf Vereinbarung beruhend, also konventionalistisch. Dass dieses Kriterium der Zuträglichkeit und speziell diese drei Uminterpretationen für eine philosophische Ethik nicht neutral sind, liegt auf der Hand und ist im Rahmen der Ethik näher zu verfolgen sein. (→ Bd. 2, Teil B, Kap. 5.1)

Prominente Namen. Wegen der bereits erläuterten historiographischen Verlierergeschichte der Sophistik ist nach dieser ersten Charakteristik angebracht, zum einen ganz kurz die hauptsächlichen Figuren und Quellen dieser Denkrichtung vorzustellen und zum anderen an einem besonders repräsentativen, ja geradezu prominent gewordenen Gedanken der Sophistik das Problem von deren Interpretation wie ihres argumentationsgeschichtlichen Kalibers einsichtig zu machen. Die einschlägigen Namen und Quellen nenne ich bloß, versehen mit ein paar erläuternden Stichworten:

Zu den bedeutendsten der Sophisten zählt Protagoras. In hellenistischer Zeit, also der Epoche des späten Griechentums wird er – unbeschadet der herben Kritik Platons an den Sophisten – zusammen mit diesem sowie mit Heraklit und Thales als einer der Großen der Philosophie genannt.

Der zwischen 490/485 v. Chr. in Sizilien geborene Gorgias soll als über Hundertjähriger ca. 376 in Griechenland gestorben sein. Sein Einfluss auf Politiker, aber auch auf Historiker wie den uns schon bekannten Thukydides, scheint beträchtlich gewesen zu sein. Sein wichtigster Schüler war Isokrates, der in Athen eine eigene Schule begründete und dessen Konzeption einer auf allgemeinen Konsens fußenden Ethik phasenweise einflussreicher als Platons Denken war.

Ein weiterer Schüler des Gorgias war Lykophron, von dem wir eigentlich nur wissen, dass er in den 60er Jahren des vierten vorchristlichen Jahrhunderts in Syrakus weilte. Nur durch Aristoteles sind uns Person und Denken fragmentarisch bekannt.

Vermutlich ein Schüler des Protagoras war Prodikos von Keos. Sprach- und naturphilosophische Überlegungen sind von ihm überliefert, desgleichen radikale Religionskritik. Überdies dürfte er die moralphilosophischen Reflexionen Sokrates' beeinflusst haben.

Hippias von Elis wurde als Philosoph erst im 20. Jahrhundert entdeckt, zuvor war er nur als Mathematiker bekannt gewesen.

Thrasymachos ist durch Platons *Politeia* bekannt (wenn denn der dortige Thrasymachos der Sophist ist und nicht ein anderer Herr gleichen Namens); jedenfalls würde damit zusammenstimmen, dass Thrasymachos' Metier die politische Philosophie war.

Antiphon hat sich ausführlich mit dem Thema physis-nomos beschäftigt, Ersterer einen juridischen Primat zuerkannt und dabei auch ein deftiges Statement über die Stellung der Frau und das Verhältnis der Geschlechter abgegeben.

Kritias, ein Onkel Platons und Schüler sowohl des Gorgias wie des Sokrates, trat zum einen als sophistischer Traditionskritiker hervor, zum anderen war er – ganz und gar nicht-sophistisch – Anführer der „dreißig Tyrannen", die 404 v. Chr. etwa 1500 Athener Bürger den Giftbecher trinken ließen. (↖ Bd. 1, Kap. 2.1)

Bei Kallikles, der in Platons Dialog *Gorgias* als Sophist auftritt, weiß man nicht, ob es sich um eine reale Figur handelt; von zwei anderen – Euthydemos und Dionysodoros – darf man zwar sicher sein, dass es sie gab, es lässt sich aber hinsichtlich ihres Denkens so gut wie nichts ausmachen.

Umgekehrt verhält es sich bei mehreren anonymen Schriften, die zweifelsfrei sophistisches Gut enthalten, aber keinem Autor zugeordnet werden können. Es handelt sich um den *Anonymus Iamblichi*, die *Dissoi Logoi* (übersetzt: *Doppelargumente*) und das *Corpus Hippocraticum*, das insofern als eine Quelle für die Sophistik gelten kann, als darin eine kritische Auseinandersetzung mit sophistischen Ansichten bezüglich der Medizin stattfindet.

Und einen dürfen wir in diesem Parcours natürlich nicht vergessen: Sokrates. Inwiefern er auch Sophist ist und als solcher selbst in einigen Passagen platonischer Dialoge gezeichnet wird, dort jedoch gleichzeitig als der große Gegenspieler der Sophistik auftritt, wird uns im nächsten Abschnitt eigens zu beschäftigen haben.

Homo-mensura-Satz. Damit – wie bereits angekündigt – zu einem sophistischen Theorem, das es zu einer bis heute anhaltenden wirkungsgeschichtlichen Prominenz gebracht hat und das zugleich einen Eindruck einerseits von der Schwierigkeit der Sophistik-Interpretation wie andererseits davon vermittelt, wie wenig sich diese Denkform sozusagen mit „links" abtun lässt. Es handelt sich um ein erkenntnistheoretisch-ontologisches Theorem, den so genannten „Homo-mensura-Satz" des Protagoras[9], der regelrecht als „[...] Grundstein der sophistischen Bewegung"[10] gilt. Der Name leitet sich unmittelbar vom Wortlaut folgenden Fragments her:

> „Panton chrematon metron estin anthropos, ton men onton hos estin, ton de ouk onton hos ouk estin."
>
> „Aller Dinge Maß ist [der / ein] Mensch, der seienden, daß / wie [„hos"] sie sind, der nicht seienden, daß / wie [„hos"] sie nicht sind."[11]

Der Satz muss als bis heute ungeklärt gelten (was aber nicht verhinderte, dass er für bestimmte Interessenzusammenhänge von sprichwörtlicher Dignität geworden ist). Die eben gebotene Übersetzung markiert zumindest die Quellen der Unklarheit: Es ist zum einen die Frage, ob das „hos" (a) mit „dass" oder (b) mit „wie" zu übersetzen ist, zum anderen, ob (c) vor „Mensch" ein „der" oder (d) ein „ein" zu stehen habe. Als weitere Variante kommt hinzu, daß Protagoras (e) mit „hos" das „dass" und das „wie" gleichzeitig gemeint und das „ist" im Sinne von „ist wirklich" verstanden haben könnte. Sprachlich-grammatisch sind alle fünf Varianten möglich.

Die Interpretationen (a) und (b) dürften ausscheiden, weil sie begriffliche Voraussetzungen implizieren – etwa den Unterschied zwischen „ist" als Existenzaussage und dem „ist" als Prädikationszeichen –, die man Protagoras nicht einfach unterschieben darf; und Variante (a) wäre nur dann nicht unsinnig, wenn Protagoras so etwas wie jene Theorie eines „esse-est-percipi" (Sein-ist-Wahrgenommen-Werden) vertreten hätte, die gewöhnlich erst dem Bischof George Berkeley zugerechnet wird. (↖ Bd. 1, Kap. 7.2)

Die Varianten (c) und (d) stehen für die subjektivistische bzw. relativistische Lesart des Homo-mensura-Satzes. Erstere meint: Generell jede Erscheinung ist wahr; die zweite: Jede Erscheinung ist wahr in Abhängigkeit vom jeweils die Erscheinung wahrnehmenden Subjekt, also etwa in Abhängigkeit von dessen Disposition. Obwohl das die bis heute gängigsten Interpretationen sind, hatten schon antike Kritiker entdeckt, dass sich die subjektivistische Variante sozusagen in einem einzigen Zug selbst aufhebt. Sextus Empiricus wörtlich:

> „Wenn nämlich jede Vorstellung wahr ist, dann ist das Urteil, daß nicht alle Vorstellung wahr ist, auf Vorstellung gegründet und selber wahr. Daher ist es falsch, daß alle Vorstellung wahr ist."[12]

[9] Vgl. dazu auch SCHOLTEN: Sophistik (Anm. 3). 35-63. Bes. 54-59.

[10] SCHOLTEN: Sophistik (Anm. 3). 16.

[11] PROTAGORAS: Fragmente. Nr. 1. In: KIRK, Geoffrey S./RAVEN, John E./SCHOFIELD, Malcolm (Hgg.): Die vorsokratischen Philosophen. Einführung, Texte und Kommentare. Nr. 551. Übers. v. Karlheinz Hülser. Stuttgart; Weimar 1994. 448.

[12] SEXTUS EMPIRICUS: Adv. Log. I, 389-390.

Und die relativistische Interpretation schließt als Bedingung ihrer Möglichkeit ein Moment unbedingter Wahrheit ein, denn: Die These, dass ein Urteil immer nur für den wahr ist, der so urteilt, setzt ja zum einen voraus, dass überhaupt etwas wahr ist und erhebt zum anderen einen allgemeingültigen Anspruch, der in performativem Widerspruch zu dem steht, was der so verstandene Homo-mensura-Satz dem Wortlaut nach besagt („performativer Widerspruch" meint: Eine Äußerung nimmt für ihre eigene Geltung genau das in Anspruch, was sie verbal bestreitet). (↖ Bd. 1, Kap. 6.3; → Bd. 2, Teil A, Kap. 3.23)

Bleibt also für ein konsistentes Verständnis des Homo-mensura-Satzes am ehesten die Lesart (e), gemäß der die Übersetzung des „hos" in den Hintergrund tritt und das „ist" im Sinn von „ist wirklich" zu verstehen wäre, also in einem veritativen Sinn, wie man heute zu sagen pflegt. Das meint: Das „ist" wäre dann keine Existenzaussage, sondern eine solche über das Bestehen oder Nicht-Bestehen von Sachverhalten – also darüber, was der Fall oder nicht der Fall ist, und das wiederum bezieht sich nicht auf individuelle Entitäten, sondern auf Eigenschaften und Relationen von Dingen. Obwohl ein solches Verständnis vom ganz normalen griechischen Sprachgebrauch her möglich ist, wird man sich hüten müssen, dem Protagoras Reflexionsformen unterzujubeln, die erst eigentlich durch Ludwig Wittgenstein entfaltet worden sind.

Und trotzdem gibt es bei Protagoras selbst so etwas wie einen Wink in diese Richtung. Mit seinem als einstelligen Prädikat konstruierten Reden vom „ist" und „ist nicht" nimmt er ja kaum zu übersehen Wendungen aus Parmenides auf, den wir schon kennen. Unter Auslassung sämtlicher interpretativer Feinheiten lässt sich wohl sagen: Im Homo-mensura-Satz artikuliert sich ein fundamentaler Protest gegen die parmenideische Unterscheidung von Sein und Schein. Der Mensch in seinem Erkennen verzerrt die Wirklichkeit nicht, sondern erschließt sie so, wie sie wirklich ist – und zwar deswegen, weil sich eine so genannte „wahre Welt", wenn es sie denn gäbe, von der „scheinbaren", wenn es sie denn gäbe, für ein Wesen, das nach Menschenart erkennt, überhaupt nicht unterscheiden ließe. Klar auch: Woher sollten wir denn Zugang zu der Differenz von Sein und Schein haben, wenn wir nicht a priori unterstellten, die von uns erfahrene Welt sei uns an irgendeinem Punkt so zugänglich, wie sie wirklich ist?

Insofern ist der Antagonismus von wahrer und scheinbarer Welt in der Tat sinnlos – und der Sophist Protagoras mit seinem verrufenen Homo-mensura-Satz begegnet uns auf einmal in beirrender Nähe zu jener kritischen Entzauberung von vermeintlich Selbstverständlichem, die als Substanz des sokratischen Denkens gilt. Insofern darf uns nicht allzu sehr überraschen, wenn wir sozusagen auch von der anderen Seite, also der des Sokrates her, auf das Phänomen dieser Nähe zwischen Letzterem und den Sophisten stoßen, wenn wir uns nun der alles überragenden Figur des Anfangs des okzidentalen Philosophierens widmen. Ich stelle meine Erwägungen zu ihm unter den Titel:

3.2 Die Gestalt „Sokrates“: Kleine Doxographie

Biographisches. Wer ist Sokrates? Wir verfügen für eine Antwort auf diese Frage über gar nicht so wenige Quellen – und wissen dennoch über den historischen Sokrates nicht allzu viel. Geboren ist er in Athen um 470 v. Chr. als Sohn des Steinmetzen Sophronisos und der Hebamme Phainarete. Er erlernt den Beruf seines Vaters, beteiligt sich am öffentlichen Leben durch selbstverständliche Übernahme der damals in Athen vorgeschriebenen Bürgerpflichten vom Kriegsdienst bis zum Vorsitz in der Ratsversammlung, heiratet relativ spät eine gewisse Xanthippe, wird mit ihr Vater von drei Söhnen, von denen wir nicht einmal die Namen kennen. Die Frau hat es zum sprichwörtlichen Ruf einer keifenden Gemahlin gebracht, vielleicht nicht einmal ohne historischen Anhalt, sofern Sokrates im fortgeschrittenen Alter seinen Beruf nicht mehr ausübte, sondern seine Zeit mit Diskussionen im Kreis junger Männer zubrachte – allerdings keineswegs als Zeitvertreib. Durch die politisch-gesellschaftliche Situation der athenischen Polis-Demokratie, ihrer Aufgaben und Gefährdungen war ein relativ starkes Bedürfnis nach politischer Kompetenz und als deren Voraussetzung wiederum ein solches nach höherer Bildung entstanden. Dem kamen in erster Linie die Sophisten entgegen, wie bereits zu vermerken war. Sokrates sieht sich als Bürger der Stadt für die gleiche Aufgabe in Pflicht genommen, teilt sich insofern mit den Sophisten das Wirkungsfeld, tritt dabei noch radikaler das Vermeintliche und Selbstverständliche in Frage stellend auf, als die meisten von ihnen, tut dies aber in einer – man kann sagen – konservativeren Weise als die Sophisten: Gegen deren – wie ich es im Vorausgehenden nannte – auf das Formal-Prozedurale orientierte Bildungsangebot beschränkt sich für Sokrates Bildung oder Erziehung nicht auf das Vermitteln von Fertigkeiten, sondern umfasst konstitutiv einen reflexiven Selbstbezug des zu Erziehenden, weil ihn nur dies für eine politische Tätigkeit tauglich mache. Die Bedingungen für eine Anleitung zu solchem Selbstbezug hat Sokrates gegen das marktförmige Angebot der Sophisten an der persönlichen Lehrer-Schüler-Beziehung festhalten lassen; in interner Verbindung mit Letzterer steht auch das für heutiges – selbst postmodernes – Empfinden seltsame (wenn nicht anstößige) Phänomen der griechischen Knabenliebe. Sokrates war – wie viele verheiratete Männer damals – nach eigenem Zeugnis Päderast mit solcher Hingabe, dass er im *Symposion* von sich sagte, er verstünde sich auf nichts anderes als die Erotica.[13] Freilich handelt es sich dabei nicht um das Bekenntnis einer verruchten Passion, sondern um ein komplex bedingtes gesellschaftlich-geschichtliches Phänomen[14], das zugleich ebenso komplex mit Sokrates' philosophischen

[13] Vgl. PLATON: Symposion. 177d.

[14] Für Weiteres zu dieser Thematik verweise ich auf das entsprechende Kapitel in BÖHME, Gernot: Der Typ Sokrates. Frankfurt a.M. 1992.

Intentionen verknüpft ist, die als Liebe zur Weisheit ihrerseits in einer besonderen Verbindung mit dem Eros stehen. Will man diesen für Sokrates' Auffassung von Philosophie fundamentalen Zug näher in Betracht nehmen, muss man ein Stück in seinen eigenen Bildungsgang eindringen und erlebt dabei – gerade auf dem eben geschilderten Hintergrund des päderastischen Kulturmusters – eine notable Überraschung: Sokrates hat nach verlässlicher Auskunft das für ihn typische Philosophieren bei zwei Frauen gelernt:

Lehrerin Aspasia. Bei der Ersten handelt es sich um Aspasia von Milet. Die Biographie dieser Frau wird in einem erheblichen Teil der Quellen von einer prekären Beziehungsangelegenheit überblendet: Der hochrenommierte Politiker Perikles hatte in Athen ein Gesetz gegen Fremdehen erlassen, das nicht-athenische Ehefrauen und deren Kinder trotz des athenischen Mannes und Vaters nicht die vollen Bürgerrechte gewinnen ließ. Wenige Jahre danach heiratet er selbst die um 30 Jahre jüngere nicht-athenische Aspasia – und gibt Lästermäulern damit natürlich reichlich Nahrung. Dies umso mehr, als es sich bei Aspasia um eine hochgebildete und rhetorisch außerordentlich begabte Frau gehandelt haben muss, die – und das scheint kein Gerücht zu sein – Perikles auch in politischen Belangen beeinflusste. Da sie zudem eine Art Salon gründete, in dem sich – bei den Göttern! – unverheiratete Männer und Frauen und schließlich auch noch Ehefrauen zum geistreichen Gespräch trafen, avancierte sie zur bevorzugten Zielscheibe von Komödiendichtern, wie sie andererseits wegen der anscheinend sehr offenen Gespräche als Kupplerin und schließlich als Gotteslästerin angeklagt wurde, die ihr Mann Perikles vor Gericht nur noch mit Mühe zu verteidigen vermochte.

Der Kontakt zu Sokrates ist gesichert. In Plutarchs Perikles-Biographie heißt es:

> „Die einen behaupten, Perikles habe Aspasia nur wegen ihrer Weisheit und politischen Einsicht umworben. Denn auch Sokrates besuchte sie zuweilen mit seinen Schülern, und ihre Freunde brachten oft die eigenen Gattinnen zu ihr, damit sie zuhören könnten [...] daß diese Frau den Ruhm besaß, wegen ihrer Beredsamkeit von vielen Athenern aufgesucht zu werden."[15]

In Platons Dialog *Menexenos* stellt Sokrates selbst Aspasia als seine Rhetorik-Lehrerin dar, die auch zahlreichen anderen – nicht zuletzt nach Sokrates' eigener Auskunft Perikles – diese Kunst beigebracht habe. In dem Dialog selbst geht es thematisch um eine Leichenrede auf im Krieg Gefallene. Im Gespräch mit einem jungen Athener gefragt, ob er selbst sich denn in der Lage sähe, eine solche Ansprache kurzfristig zu halten, bejaht Sokrates dies mit Verweis auf den exzellenten Rhetorik-Unterricht, den er durch Aspasia erhalten habe. Und

[15] PLUTARCH: Perikles. In: Von großen Griechen und Römern. Bd. 2. Eingel. u. übers. v. Konrad Ziegler. Zürich; Stuttgart 1955. 137.

noch konkreter befragt, was er denn zu diesem Anlass sagen würde, antwortet Sokrates:

> „Ich von mir selbst vielleicht nichts. Aber der Aspasia habe ich noch gestern zugehört, wie sie eine Standrede für eben diesen Fall vortrug. Sie hatte nämlich gehört, eben was du sagst, daß die Athener einen Redner dazu wählen wollten; da hat sie mir dann vorgetragen, einiges aus dem Stegreif, wie man es sagen müßte, anderes auch wohl früher Überlegtes, als sie, denke ich, jene Standrede ausarbeitete, welche Perikles hielt, so daß sie hier einiges dort Übriggelassene zusammenkittete.“[16]

Man merkt: Die Eingangspassagen des Dialogs triefen vor sokratischer Ironie – zuletzt Aspasia als Ghostwriter des hochwohllöblichen Perikles, die anlässlich der fälligen Leichenrede in Patchwork-Manier Überbleibsel aus einer früheren Redesituation recycelt. Das geht im Übrigen keineswegs gegen Aspasia, sondern weit eher gegen die Rhetorik generell – ein Grundzug platonischen Philosophierens. Ansonsten gilt als ausgemacht, dass der Mittelteil des *Menexenos* – die von Sokrates wiedergegebene Leichenrede der Aspasia – ausgesprochen unplatonisch wirkt. Ob dies daher rührt, dass da tatsächlich Aspasias Originalstimme kenntlich wird, lässt sich nicht mehr entscheiden; wenn nicht, dann steht zumindest zu vermuten, dass Platon da einen Ton wählte, der von Aspasia etwas bewahrte und dass er ihr als Lehrmeisterin seines eigenen Meisters damit eine Art Denkmal setzte.

Nun gibt es freilich noch einen ganz anderen Zugang zu Aspasia, näherhin einen ganz von Platon unabhängigen. Ich spreche vom Aspasia-Dialog des Aischines. Der als notorischer Sophistenschüler mit lockerem Geldbeutel bekannte Kallias befragt in diesem Dialog den Sokrates, wem er denn die Erziehung seines Sohnes anvertrauen solle – und Sokrates rät zu Aspasia, mithin zu einer Frau als philosophischer Lehrerin, die zudem als Hetäre gilt. Starker Tobak für einen um das Wohl seines Sprösslings besorgten Vater! Aber es kommt noch besser: Aspasia tritt im Aischines-Dialog als Repräsentantin des Eros im sokratischen Sinn auf – also als Verkörperung der Triebkraft menschlichen Handelns schlechthin, aber eben nicht in plumper Direktheit, sondern in Gestalt einer Eheberaterin für Xenophon und seine bessere Hälfte, die dem Paar das Wesen des Eros anhand des Gedankens klarmacht, dass beide um des je anderen willen besser werden wollen. Irgendwie kommt einem das ja alles sehr sokratisch vor. In Anbetracht des von Sokrates/Platon selbst bezeugten Lehrerin-Schüler-Verhältnisses zwischen Aspasia und Sokrates, an dem es keinen vernünftigen Zweifel geben kann, ist die eigentliche Pointe natürlich genau andersherum gesetzt. Interessanterweise hat das bereits ein Autor des 19. Jahrhunderts auf den Punkt gebracht. Ein gewisser (ansonsten völlig unbekannter) Adolf Schmidt schreibt im ersten Band seines Buches *Perikles und seine Zeit* von 1877, gerade Sokrates sei zu dem Philosophen, als der er bis heute verehrt werde, im Kontakt mit

[16] PLATON: Menexenos. 236a-b.

Aspasia geworden, und die ihm als charakteristisch zugeschriebene Methode des Philosophierens sei in Wahrheit die Methode Aspasias gewesen.[17]

Was nun den Aspasia-Dialog des Aischines über seinen konkreten Gehalt hinaus brisant macht, ist, dass er sich unbeschadet des völlig anderen Auftretens der Aspasia im platonischen *Menexenos* hinsichtlich der Kombination „Sokrates"-„Frau"-„Eros" mit einem anderen platonischen Dialog auf verblüffende Weise deckt. Ich spreche vom *Symposion*, einem geradezu als hyperklassisch geltenden Platon-Text.

Lehrerin Diotima. In diesem Dialog tritt Diotima aus Mantinea auf; die Zeitangaben bezüglich ihrer Biographie schwanken um die Zahlen 430 und 400 v. Chr. Sie soll Priesterin an einem als besonders heilig geltenden Zeustempel in Arkadien gewesen und nach Athen gerufen worden sein, um durch priesterliche Handlungen eine drohende Pestepidemie zu verhindern. Weil ihr der Ruf außergewöhnlicher Weisheit vorausgegangen sei, soll Sokrates zu Diotima Kontakt aufgenommen haben und von ihr in das Geheimnis des wahren Eros eingeweiht worden sein, wobei Eros als Sinnbild des Menschen für das Streben nach dem Vollkommenen steht.

Ich bediente mich soeben mehrfach des Wortes „soll", weil die historische Existenz Diotimas seit je unter Streit steht. Das derzeit maßgebliche altertumswissenschaftliche Handbuch – *Der kleine Pauly* – betrachtet sie als eine poetische Fiktion Platons.[18] Andere halten sie für eine historische Gestalt nicht zuletzt deswegen, weil es bei antiken Autoren an der Historizität der Gestalt keinerlei Zweifel gab. Ungleich wichtiger dürfte sein, dass sich Diotimas Auffassung der Liebe markant von derjenigen Sokrates' und Platons unterscheiden lässt – wobei wir freilich auch darüber nur über das platonische *Symposion* unterrichtet sind. In diesem Dialog lässt Platon den Sokrates erzählen, was er von Diotima über den Eros gelernt habe, und ungewöhnlich ist dabei, dass Diotima dabei klar als die Überlegenere erscheint, die Sokrates über seine Fehler aufklärt und ihn tadelt, wenn er begriffsstutzig ist.

Dem Sokrates-Referat von Diotimas Meinung über den Eros gehen andere Wortmeldungen voraus, die Eros als den ältesten Gott preisen, desgleichen der vom Komödiendichter Aristophanes erzählte Drei-Geschlechter-Mythos: Demgemäß habe es vorzeitlich das männliche, das weibliche und männlich-weibliche Geschlecht in Gestalt kugelförmiger Gestalten mit vier Armen, vier Beinen und zwei Gesichtern gegeben. Da diese Kreaturen sich verständlicherweise ziemlich kräftig fühlten, hätten sie beschlossen, sich einen Zugang zum Himmel zu

[17] Vgl. SCHMIDT, Adolf: Das Perikleische Zeitalter. Bd. 1: Perikles und sein Zeitalter. Darstellungen nebst vier kritischen Anhängen. Jena 1877. 100.

[18] Vgl. DÖRRIE, Heinrich: Art. Diotima. In: ZIEGLER, Konrat/SINTHEIMER, Walther (Hgg.): Der Kleine Pauly. Bd. 2. Stuttgart 1967. 94-95.

bahnen und die Götter anzugreifen – was Letztere freilich als nicht sonderlich charmant empfanden. Das ganze Pack einfach wegzuputzen, war allerdings auch nicht angeraten, würden dabei doch – so das *Symposion* wörtlich – „auch die Ehrenbezeugungen und die Opfer der Menschen mit weggeschafft“.[19] Da fällt Zeus nach langem Kopfzerbrechen die Lösung ein, die so genial ist, dass Platon sie den Göttervater gleich in erster Person vortragen lässt:

> „Ich glaube nun ein Mittel zu haben, wie es noch weiter Menschen geben kann und sie doch aufhören müssen mit ihrer Ausgelassenheit, wenn sie nämlich schwächer geworden sind. Denn jetzt, sprach er, will ich sie jeden in zwei Hälften zerschneiden, so werden sie schwächer sein und doch zugleich uns nützlicher, weil ihrer mehr geworden sind, und aufrecht sollen sie gehen auf zwei Beinen. Sollte ich aber merken, daß sie noch weiter freveln und nicht Ruhe halten wollen, so will ich sie, sprach er, noch einmal zerschneiden, und sie mögen dann fortkommen wie ein Kreisel. Dies gesagt, zerschnitt er die Menschen in zwei Hälften, wie wenn man Früchte zerschneidet, um sie einzumachen, oder wenn sie Eier mit Haaren zerschneiden. Sobald er aber einen zerschnitten hatte, befahl er dem Apollon, ihm das Gesicht und den halben Hals herumzudrehen nach dem Schnitte hin, damit der Mensch, seine Zerschnittenheit vor Augen habend, sittsamer würde, und das übrige befahl er ihm auch zu heilen. Dieser also drehte ihm das Gesicht herum, zog ihm die Haut von allen Seiten über das, was wir jetzt den Bauch nennen, herüber, und wie wenn man einen Beutel zusammenzieht, faßte er es in eine Mündung zusammen und band sie mitten auf dem Bauche ab, was wir jetzt den Nabel nennen. Die übrigen Runzeln glättete er meistenteils aus und fügte die Brust einpassend zusammen [...] und nur wenige ließ er stehen um den Bauch und Nabel, zum Denkzeichen des alten Unfalls. Nachdem nun die Gestalt entzweigeschnitten war, sehnte sich jedes nach seiner andern Hälfte, und so kamen sie zusammen, umfaßten sich mit den Armen und schlangen sich ineinander [...].“[20]

– was abgesehen von weiteren Komplikationen natürlich eine spontan einsichtige Erklärung für die Leidenschaft der verschiedenen Geschlechter für einander, aber gleichermaßen eine solche der Homosexualität liefert, wobei für Platon selbstredend deren weibliche Variante vollkommen zurücktritt hinter der sozusagen naturalistischen Legitimation, die er aus diesem Mythos für die Päderastie – die Knabenliebe – von Männern und nicht zuletzt von Sokrates gewinnt.

Das alles ist zwar schon ein Vorgeschmack dessen, was noch kommt – aber das wahre Wesen des Eros spricht Diotima aus: dass er kein Gott sei, weil sein Wesen Streben ausmache, kein wirklicher Gott aber nach etwas strebe, weil das doch in irgendeiner Form Insuffizienz – also etwas durch und durch Ungöttliches – impliziere. Also sei Eros als ein Dämon mit einer Stellung zwischen den Sterblichen und Unsterblichen zu begreifen, was Diotima durch die Genealogie, also Erzählung seiner Abkunft von Poros und Penuria (übersetzt: aus Draufgängertum und Armut), begründet.

19 PLATON: Symposion. 190c.
20 PLATON: Symposion. 190c-191a.

Jedenfalls ist der Eros Diotimas aus dem *Symposion* einer, der nach etwas strebt, nämlich dem Schönen, das gleichbedeutend ist mit dem Guten, dass er es besitze – und zwar für immer –, um glückselig zu sein. Auf ganz eigentümliche Weise beschreibt nun die platonische Diotima das Werk des Eros, also die Liebe:

> „Es ist nämlich eine Geburt in dem Schönen, sowohl dem Leibe als der Seele nach.“[21]

Weissagen müsse man wohl können, meint selbst Sokrates darauf, um zu verstehen, was Diotima damit meine. Darum erklärt sie es ihm. Ab einem gewissen Alter, so Diotima, eigne jedem Menschen eine leibliche wie eine seelische Fruchtbarkeit, und die trieben ihn gemäß ihrer Natur zum Zeugen an. Das aber vermöge die Natur nur im Schönen, nicht im Hässlichen. Und dann folgt eine Passage, die man – obwohl offenkundig aus der Männerperspektive formuliert – unbefangen lesen sollte, weil sie so sehr ein Paradestück sokratischer Ironie ist, wie sie gleichzeitig in die Sache Klarheit bringt (und ja ohnehin aus dem Mund der Diotima kommt). Ich zitiere sie:

> „Eine einführende und geburtshelfende Göttin also ist die Schönheit für die Erzeugung. Deshalb, wenn das Zeugungslustige dem Schönen naht, wird es beruhigt und von Freude durchströmt und erzeugt und befruchtet; wenn aber Häßlichem, so zieht es sich finster und traurig in sich zusammen und wendet sich ab und schrumpft ein und erzeugt nicht, sondern trägt mit Beschwerde seine Bürde weiter. Darum beeifert sich, wer von Zeugungsstoff und Lust erfüllt ist, so sehr um das Schöne, weil es ihn großer Wehen entledigt. Denn die Liebe, o Sokrates, geht gar nicht auf das Schöne, wie du meinst. – Sondern worauf denn? – Auf die Erzeugung und Geburt im Schönen. – Mag sein, sprach ich. – Ganz gewiß, sagte sie. – Warum aber auf die Erzeugung? – Weil eben die Erzeugung das Ewige ist und das Unsterbliche, wie es im Sterblichen sein kann. Nach der Unsterblichkeit aber zu streben mit dem Guten ist notwendig zufolge des schon Eingestandenen, wenn doch die Liebe darauf geht, das Gute immer zu haben. Notwendig also geht nach dieser Rede die Liebe auch auf die Unsterblichkeit.“[22]

Alles Sterbliche will von Natur aus Ewigkeit, um in Anlehnung an eine Formulierung Nietzsches zu sprechen, und gewinnt diese durch das Zeugen. Am besten – so Diotima weiter – sehe man das nicht am Menschen, weil man dem Absicht unterstellen kann, sondern an der Verliebtheit der Tiere, die sie nachgerade verrückt erscheinen und dann bis zur Drangabe des eigenen Lebens für die Nachkommenschaft sorgen lasse. So gewinne ein jedes endliche Lebewesen in den Nachkommen eine Unsterblichkeit, die insofern eine durchaus echte sei, als ja das einzelne Wesen selbst nicht einmal während seiner eigenen Lebensspanne materialiter – weder an Leib noch an Seele – das gleiche bleibe.

Was aber den Menschen betreffe, gäbe es noch ein zweites Bemühen um Unsterblichkeit, eines, das Letztere noch größerer Opfer wert scheinen lässt als die Sorge um die leibliche Nachkommenschaft:

[21] PLATON: Symposion. 206b.
[22] PLATON: Symposion. 206d-e.

> „Die nun, fuhr sie fort, dem Leibe nach zeugungslustig sind, wenden sich mehr zu den Weibern und sind auf diese Art verliebt, indem sie durch Kinderzeugen Unsterblichkeit und Nachgedenken und Glückseligkeit, wie sie meinen, für alle künftige Zeit sich verschaffen. Die aber der Seele nach, denn es gibt solche, sagte sie, die auch in der Seele Zeugungskraft haben, viel mehr als im Leibe, für das nämlich, was der Seele ziemt zu erzeugen und erzeugen zu wollen. Und was ziemt ihr denn? Weisheit und jede andere Tugend [...].“[23]

Darum gehe, wer beides in der Seele trage, wenn es soweit ist, auf die Suche nach dem Schönen, in dem seine Seele sich fortzeugen könne – und finde das in schönen Leibern genauso wie in schönen Seelen und freue sich am meisten, wenn beides zusammenfällt. An dieser Stelle des *Symposion* passiert etwas ganz Eigenartiges. Nur für den wirklich aufmerksamen Leser bemerkbar, kippt die ganz von der Zeugungs- und Geburtsmetaphorik durchherrschte Diotima-Rede unversehens in einen klassischen sokratisch/platonischen Päderastie-Diskurs um: Zeugung im Schönen geschieht nur, wenn einer, der Weisheit und Tugend in der Seele trägt, „den Schönen berührt“[24] und im Gang von dessen Erziehungsprozess durch das Aufscheinen des Schönen an diesem Geliebten zur Schau des Schönen an sich geleitet wird:

> „Wenn also jemand vermittels der echten Knabenliebe von dort an aufgestiegen jenes Schöne anfängt zu erblicken, der kann beinahe zur Vollendung gelangen. Denn dies ist die rechte Art, sich auf die Liebe zu legen oder von einem andern dazu angeführt zu werden, daß man von diesem einzelnen Schönen beginnend jenes einen Schönen wegen immer höher hinaufsteige, gleichsam stufenweise von einem zu zweien, und von zweien zu allen schönen Gestalten, und von den schönen Gestalten zu den schönen Sitten und Handlungsweisen, und von den schönen Sitten zu den schönen Kenntnissen, bis man von den Kenntnissen endlich zu jener Kenntnis gelangt, welche von nichts anderem als eben von jenem Schönen selbst die Kenntnis ist, und man also zuletzt jenes selbst, was schön ist, erkenne“[25] –

ein Weg aber eben, der Frauen nicht offen steht. Dass Platon gleichwohl den Diskurs über die Liebe qua Quellort des Philosophierens der Diotima in den Mund legt, dürfte zum einen damit zusammenhängen, dass Diotimas Rede einen historischen Kern hat; zum anderen verleiht er seiner spezifischen Interpretation der Liebe dadurch, dass er sie die Priesterin aus Mantinea aussprechen lässt, die Autorität unhinterfragbarer Wahrheit. Wozu treibt dieser Eros nun den Sokrates?

[23] PLATON: Symposion. 208e-209a.
[24] PLATON: Symposion. 209c.
[25] PLATON: Symposion. 211b-c.

3.3 Die Sendung des Sokrates

Schön und gut. Wenn ich von einer „Sendung“ des Sokrates spreche – und ich denke, das ist sachlich begründet – muss man sich freilich von Anfang an vergegenwärtigen, in welcher Form der Athener Steinmetz dieser Sendung nachkam: Von seinem Auftreten her war er von Anbeginn ein Sonderling, ein Kauz gewesen: Alles andere als eine Schönheit in dem vom Ideal der Eleganz, der ewigen Jugend und der Sportlichkeit besessenen Athen, mit stierem Blick, breiten Backenknochen, wulstigen Lippen, einer durch Aristoteles zum philosophischen Lehrbeispiel für den Begriff des Akzidens gewordenen Stupsnase und einem kleinen Schmerbauch dazu, immer in den gleichen Klamotten auftretend. Und wie auftretend: Meisterdenker blamierend, Autoritäten hinterfragend, die Selbstgewissen durch ironische Fragereien ratlos machend – und alles an erster Stelle dadurch, dass er ihnen immer und immer wieder vorexerziert, dass das alte griechische Ideal der „kalokagathia“ – dass das Schöne immer gut und das Gute immer schön ist – trügen kann, weil gut aussehen, von guter Herkunft sein und einen guten Ruf haben eben nicht gleichbedeutend ist mit „gut sein“ und es also auf etwas ganz anderes ankommt, als gemeinhin angenommen. Man muss durchaus wörtlich nehmen, was Alkibiades, Sokrates' wohl problematischschster Schüler, in einer ganz eigenartig ambivalenten Lobrede auf seinen Lehrer über diesen sagt:

> „[...] wie aber er durchaus keinem Menschen ähnlich ist weder von alten noch jetzigen, das ist ganz bewundernswert [...] wie aber dieser Mensch in seiner Wunderlichkeit ist, er selbst und seine Rede, so würde einer auch von fern nichts Ähnliches finden, weder bei den Jetzigen noch bei den Alten, wenn ihn nicht jemand, wie ich eben tue, mit keinem Menschen vergleichen will, sondern mit den Silenen und Satyrn, ihn und seine Reden [...]. Denn wenn einer des Sokrates Reden anhören will, so werden sie ihm anfangs ganz lächerlich vorkommen, in solche Worte und Redensarten sind sie äußerlich eingehüllt, wie in das Fell eines frechen Satyrs. Denn von Lasteseln spricht er, von Schmieden und Schustern und Gerbern und scheint immer auf dieselbe Art nur dasselbe zu sagen, so daß jeder unerfahrene und unverständige Mensch über seine Reden spotten muß. Wenn aber einer [...] inwendig hineintritt, so wird er zuerst finden, daß diese Reden allein inwendig Vernunft haben, und dann, daß sie ganz göttlich sind und die schönsten Götterbilder von Tugend in sich enthalten und auf das meiste von dem oder vielmehr auf alles gerichtet sind, was dem, der gut und edel werden will, zu untersuchen gebührt.“[26]

Alkibiades will sagen: Mit dem Auftreten des Sokrates kommt etwas völlig Neues, vorher nicht Dagewesenes ins Spiel, und vorderhand fassbar wird ihm dieses Neue an Sokrates Art zu reden: Profan und banal, frech und langweilig („immer dasselbe auf dieselbe Art“) dünkt es von außen – und entpuppt sich dem, der näher zusieht, also sich auf es einlässt, als voller Vernunft, göttlich und der „arete“ – dem Gutsein

[26] PLATON: Symposion. 221c-222a.

– gewidmet, Sokrates in rhetorischem Gestus und Habitus die personifizierte Differenz von Schein und Sein und damit Destruktion der alten „kalokagathia“, die im Übrigen so fundamental und bestimmend war, dass man im alten Hellas unter Umständen wegen körperlicher Schönheit (also auch sportlicher Verfassung) vor Gericht von einer Anklage freigesprochen werden konnte.

Auf der Bühne. Wie die durchschnittliche Öffentlichkeit auf das mit dem Auftreten des Sokrates verbundene Neuheitserlebnis reagierte, darüber gibt ganz gut Aristophanes' Komödie *Die Wolken* Auskunft, in deren Zentrum ein „Sokrates“ steht. Das Stück hatte 423 v. Chr. Premiere, da war Sokrates 46 Jahre alt. Dass er dabei in den Rang eines Bühnen-Protagonisten gerückt wird, verrät zweierlei: Zum einen, dass er damals bereits eine öffentlich bekannte Persönlichkeit war. Zum anderen waren die Komödien zu jener Zeit ausgesprochen zeitkritisch angelegt, d.h. Sokrates wurde aufs Korn genommen – und zwar doppelt. *Die Wolken* handeln von einem neureichen Bauern, den der Sohn durch seine Pferdeleidenschaft in finanzielle Probleme bringt. Der gute Mann sucht einen sophistischen Schnellkurs zu machen, in dem man lernt, das schwächere Argument ins stärkere zu verwandeln. Weil er die dazu nötige rhetorische Kiste nicht packt, schickt er den Sohn in die Schule. Der lernt auch die ganze Taktik, nutzt sie aber zuallererst, um die väterliche Autorität auszuhebeln. Sokrates wird dabei von Aristophanes als Erzrepräsentant einer Betrügertruppe gezeichnet, die anti-autoritäre Tendenzen initiiert, und zugleich als Vertreter einer bereits vorsokratisch konzipierten aufklärerischen Naturphilosophie, gemäß der der Göttervater Zeus nichts anderes als ein großer meteorologischer Wirbel am Himmel und seine Götter die Wolken seien. Das war in Bezug auf den eher konservativen Sokrates schlichtweg infam. (↗ Bd. 3, Teil B, Kap. 2.1) Gleichwohl trifft die Persiflage des Aristophanes einen entscheidenden Punkt jenes Neuen, für das Sokrates steht. Für einen Homer etwa waren die Agenten seiner Erzählungen noch mehr oder weniger Marionetten himmlischer Kräfte, also der Götter. Im 5. vorchristlichen Jahrhundert bildet sich demgegenüber der Gedanke aus, dass das menschliche Handeln nicht von außen (und oben) gesteuert wird, sondern einem Impuls folgt, der von einem im Innern des Menschen liegenden Zentrum kommt – und genau mit diesem aus der Perspektive des alten Denkens ohne Zweifel gotteslästerlichen Gedanken hat Sokrates zentral zu tun. Wie zentral – das lässt sich am einfachsten daran ermessen, dass die schließlich zum Todesurteil und zu dessen Vollstreckung führende Anklage lautete,

> „[...] er [Sokrates; K.M.] glaube nicht an die gleichen Götter wie die Stadt, sondern führe neue göttliche Wesen ein und verderbe die Jugend“[27] –

[27] XENOPHON: Apologie. In: Die Sokratischen Schriften. Übertr. u. hg. v. Ernst Bux. Stuttgart 1956. 308.

so das in diesem Fall mit Sicherheit zutreffende Zeugnis der sokratischen Schriften des Literaten und Historiographen Xenophon, die ansonsten nicht allzu viel Aufschlussreiches über Sokrates zu bieten haben.

Platonischer Sokrates. Völlig anders dagegen steht es diesbezüglich mit der dritten Quelle für die Figur des Sokrates: die Dialoge seines Meisterschülers Platon. Nicht, dass der uns mit historischer Akribie über seines Lehrers Denken in Kenntnis setzte. Im Gegenteil: Der ganze platonische Sokrates muss als stilisiert gelten, und je später, je mehr hat Platon dem Meister seine eigenen Gedanken in den Mund gelegt (ein nicht auszuschöpfendes Reservoir akademischen Streits darüber, was denn nun von dem einen und was von dem anderen stammt). Übrigens auch der herbe Kontrast zwischen Sokrates und den Sophisten, der in seltsamer Spannung zu den ausgesprochen sophistischen Zügen selbst noch des platonischen Sokrates steht, geht auf das Konto dieser platonischen Stilisierung: Er entspringt im Wesentlichen der Konkurrenzsituation, die dadurch entsteht, dass die Sophisten nach einer ersten Phase der Wanderlehrerschaft richtiggehende Schulen gründen und etliche Sokrates-Schüler – allem voran ein Platon mit seiner Gründung der Akademie – genau das Gleiche tun. Wer Ähnliches anzubieten hat wie andere, ist auf Gedeih und Verderb darauf angewiesen, das Seine unbeschadet der sachlichen Äquivalenz als völlig anders und besser darzustellen – das Grundgesetz aller Werbung. So entsteht der anti-sophistische Sophist Sokrates, ohne dass darum unterschlagen werden dürfte, was Letzteren mit den Sophisten verbindet (aber davon war schon die Rede).

Dennoch ist das platonische Portrait des Sokrates am ehesten dazu angetan, etwas von dem zu vermitteln, was das genuin Neue am Auftreten dieses seltsamen Athener Bürgers ausmacht. Gewiss hat sich der historische Sokrates selbst schon in gewisser Weise durch sein Auftreten – übrigens auch durch das Nicht-Hinterlassen einer Lehre und eines schriftlichen Vermächtnisses – stilisiert. Aber die platonische Stilisierung des sich selbst stilisierenden Sokrates hat dessen Profil – wie ein künstlerisch geglücktes Portrait das zu tun pflegt – durch unaufdringliche Überzeichnung jene Eindrücklichkeit verliehen, die es unvergesslich macht.

Aus dem Alkibiades I. Mit nachgerade verblüffender Präzision schreibt sich diesen Koordinaten ein platonischer Dialog ein, der in der jüngeren Platonforschung kaum, in den gegenwärtigen akademischen Lektüregewohnheiten überhaupt keine Rolle spielt. Es ist der *Alkibiades I* („I" deshalb, weil es auch einen Dialog *Alkibiades II* gibt, der aber erwiesenermaßen unecht ist und darum in den neueren Platon-Ausgaben nicht mehr auftaucht). In ihm nämlich wird unmittelbarer als in allen anderen platonischen Dialogen das unableitbar Neue des sokratischen Denkens festgehalten. Kein Wunder darum, dass der Dialog – im Gegensatz zu seiner derzeitigen Einschätzung – über Jahrhunderte als Einleitung in das platonische Denken in Anspruch genommen wurde. In ihm wird in der Tat ein Gedanke präfiguriert, den es vorher so nicht gab, der uns zugleich an das Zentrum des sokratischen Denkens heranführt, der aber auch gegen Verwechslungen mit naheliegenden anderen Reflexionen geschützt werden will. Folgen wir also ein Stück weit dem *Alkibiades I*:

Selbst-Sorge. Es ist die Idee des „epimeleisthai heautu" – des Sich-um-sich-selbst-Sorgens –, die in diesem Dialog (und übrigens auch in der *Apologie*, also im Bericht über Sokrates' Ende) entwickelt wird. Gleich an dieser Stelle ist zwei Missverständnissen vorzubeugen: Zum einen hat das „epimeleisthai heautu" nichts mit dem zu tun, was in unserem deutschen Ausdruck „Sorge" die Hauptbedeutung ausmacht, also nicht mit einem „sich Sorgen machen um jemand" und in diesem Fall um sich selbst. Gemeint ist stattdessen ein „Sich-kümmern-um", „pflegen", „Beachtung schenken". Zum anderen – das wäre das zweite Missverständnis – hat das sokratische „epimeleisthai heautu" nichts mit einem Rückzug in eine Welt der Innerlichkeit zu tun. Dieser Gedanke mit seiner spezifischen Unterscheidung zwischen einem Innen und einem Außen war griechischem Denken fremd und ist überhaupt erst durch jüdisch-christliche Impulse aufgekommen. Als Begründer der Kultur der Innerlichkeit muss Augustinus gelten. Natürlich hat diese christliche Innerlichkeit auch etwas mit Selbstsorge zu tun: im Kern nämlich mit der Sorge um das ewige Heil der unsterblichen Seele. (↖ Bd. 1, Kap. 7.5) Völlig anders das „epimeleisthai heautu" des Sokrates: Es gehört der Dimension der Öffentlichkeit an. Es ist das, was einer tun muss, der politisch zu Einfluss und Ansehen gelangen will. Genau das ist der Fall bei Alkibiades, einem jungen Mann aus bestem Hause, der bereits einige sportliche Meriten vorzuweisen hat, anerkanntermaßen zu den Schönen Athens gehört – also das Ideal der „kalokagathia" erfüllt – und nun auch anfängt, politisch mitzumischen. Sokrates stößt ihn im Gespräch darauf, dass er nicht einmal wisse, was das Gerechte und das Ungerechte sei, dass es also mit der Kompetenz für seine politischen Ambitionen gewaltig hapere, dass er dem aber durch „epimeleisthai heautu" abhelfen könne.

Alkibiades freilich versteht zunächst überhaupt nicht, was Sokrates damit meint, und denkt vielmehr an „Sorge um das Seinige", also um das Vermögen, die Familie und den eigenen Leib. An diesem Missverständnis kommt das genuin Neue der sokratischen Idee der Selbstsorge zur Geltung: Ihr geht es nicht um das, was einer hat und was ihm gehört, sondern um das, was einer selbst ist – also um das, was die berühmte Inschrift über dem Orakel von Delphi meint, die für Sokrates bis in seine Apologie hinein von größter Bedeutung war:

„Gnothi sauton" – „Erkenne dich selbst!" Klar auch: Wer um sich selbst Sorge tragen will oder soll, muss dieses sein Selbst erkannt haben. Nur: Wie erkennt man das Selbst und was ist es?

Sokratische Seele. In einer der für ihn typischen Frage-Kaskaden führt Sokrates den Alkibiades an eine für diesen völlig neue Differenz heran. Sokrates setzt dazu bei der aktuellen Diskurssituation zwischen ihm und seinem Gesprächspartner an (auch das einer jener Züge, die Sokrates' Äußerungen – wie schon einmal bemerkt – auf den ersten Blick den Anschein der Trivialität geben, um dann freilich radikal umzukippen):

> „Sokrates: Wohlan denn. Auf welche Weise könnte man wohl das Selbst selbst finden? Denn dann könnten wir wohl auch finden, was wir selbst sind, ist aber jenes noch unbekannt, dann wohl unmöglich.
> Alkibiades: Du hast recht.
> Sokrates: So komm denn, beim Zeus. Mit wem redest du jetzt? Nicht wahr, doch mit mir?
> Alkibiades: Ja.
> Sokrates: Und ich mit dir?
> Alkibiades: Ja. [...]
> Sokrates: Und nicht wahr, mit der Sprache redet Sokrates?
> Alkibiades: Womit sonst?
> Sokrates: Und reden und sich der Sprache gebrauchen nennst du doch einerlei?
> Alkibiades: Freilich.
> Sokrates: Der Gebrauchende aber und was er gebraucht, sind die nicht verschieden?
> Alkibiades: Wie meinst du?
> Sokrates: Wie, der Schuster schneidet doch mit dem Werkmesser und dem Kneif und anderen Werkzeugen?
> Alkibiades: Ja. [...]
> Sokrates: Was sagen wir aber weiter vom Schuster? Schneidet er bloß mit den Werkzeugen oder auch mit den Händen?
> Alkibiades: Auch mit den Händen.
> Sokrates: Er gebraucht also auch diese?
> Alkibiades: Ja.
> Sokrates: Gebraucht er auch die Augen, wenn er seine Arbeit verrichtet?
> Alkibiades: Ja. [...]
> Sokrates: Verschieden also [ist] der Schuster [...] von den Augen und Händen, womit [er] arbeitet?
> Alkibiades: So scheint es.
> Sokrates: Und nicht wahr, auch seinen ganzen Leib gebraucht der Mensch?
> Alkibiades: Freilich.
> Sokrates: Und verschieden war das Gebrauchende und was es gebraucht?
> Alkibiades: Ja.
> Sokrates: Verschieden also ist auch der Mensch von seinem eigenen Leibe?
> Alkibiades : So scheint es.
> Sokrates: Was also ist der Mensch?"[28]

[28] PLATON: Alkibiades I. 129b-c.

Die Stoßrichtung der Frage ist klar: Wenn der Mensch von seinem Leib Gebrauch macht, kann der Leib nicht der Mensch sein, vielmehr muss es etwas geben, was vom Leib Gebrauch macht bzw. über ihn herrscht, wie es an anderer Stelle des Dialogs heißt. Die einschlägige Instanz wird denn auch sofort benannt:

„Sokrates: Gebraucht den [sc. den Leib; K.M.] nun wohl etwas anderes als die Seele?
Alkibiades: Nichts anderes.
Sokrates: Indem sie ihn regiert doch wohl?
Alkibiades: Ja.
Sokrates: Und hierüber, glaube ich, wird wohl niemand andrer Meinung sein?
Alkibiades: Worüber?
Sokrates: Daß der Mensch nicht eines von diesen dreien wäre?
Alkibiades: Von welchen?
Sokrates: Entweder die Seele oder der Leib oder beides zusammen, dieses Ganze.
Alkibiades: Ganz gewiß.
Sokrates: Aber doch eben das den Leib regierende, haben wir angenommen, sei der Mensch.
Alkibiades: Das haben wir angenommen.
Sokrates: Welches also ist der Mensch? Regiert etwa der Leib sich selbst?
Alkibiades: Keineswegs.
Sokrates: Denn wir sagten, auch er werde regiert?
Alkibiades: Ja.
Sokrates: Dieser ist also nicht das, was wir suchen?
Alkibiades: Es scheint nicht.
Sokrates: Aber regiert etwa das Beiderlei den Leib, und wäre dieses der Mensch?
Alkibiades: Vielleicht wohl.
Sokrates: Wohl am allerwenigsten, denn wenn das eine von beiden nicht mit regiert, so ist wohl gar nicht auszusinnen, wie das Beiderlei regieren soll.
Alkibiades: Richtig.
Sokrates: Wenn nun weder der Leib noch das Beiderlei der Mensch ist, so bleibt nur übrig, entweder nichts ist er, oder wenn etwas, so kann nichts anderes der Mensch sein als die Seele.
Alkibiades: Offenbar wohl.“[29]

Die von Sokrates dem Alkibiades nahegelegte Sorge um sich selbst kann also nur Sorge um die Seele sein. Wem dieses Resultat des vorausgehenden sokratischen Reflexionsganges mehr oder weniger selbstverständlich erschiene, wäre freilich einem gravierenden Missverständnis aufgesessen, einem zumal, das in unserem bis heute christlich imprägnierten Vorverständnis von „Seele“ wurzelt. Es geht bei der Seele, von der Sokrates da spricht, nicht um meine *eigene* Seele im Sinne der Innerlichkeit; es geht auch nicht um etwas, das ich so ähnlich wie meinen Leib neben diesem auch noch hätte – denn wenn ich die Seele in diesem Sinne „hätte“, wäre sie wiederum von meinem

[29] PLATON: Alkibiades I. 130a-c.

Selbst verschieden, und dieses machte von ihr instrumentellen Gebrauch. Ganz typisch für Sokrates gibt es aber keine weiterführende Definition von „Seele“, die über deren Status aufklärte, so dass man lediglich sagen kann: Seele ist der Mensch, sofern er selbst lebt. Und diese Seele macht aus, von anderem, was zum Menschsein gehört, Gebrauch zu machen, ohne ihrerseits von anderem in Gebrauch genommen zu werden.

Reflexivität. Von da aus war es natürlich nicht weit zu dem in der sokratischen Tradition bald aufkommenden Gedanken, die Seele sei das Einzige sich selbst Gebrauchende; auch Platons Bestimmung der Seele als sich selbst bewegende Bewegung in seinem postum veröffentlichten Werke *Nomoi*[30] (Gesetze) schreibt sich dieser Interpretation ein. Das Brisante an Letzterer macht freilich die damit der sokratischen Seelen-Instanz unterstellte begriffliche Tiefenstruktur aus: die in Selbstsein sich vergegenwärtigende Seele wird als reflexiv konstituiert gedacht. Diese Interpretation wird auch gedeckt durch die Weise, wie Sokrates im *Alkibiades I* die Selbstsorge als Auslegung des „Gnothi sauton“ – „Erkenne dich selbst!“ von Delphi erläutert. Er tut das mit einem so implikationsreichen Bildwort und einem Resultat, dass es notwendig ist, nochmals ins Original hineinzuhören:

> „Sokrates: Ich will dir sagen, was ich glaube, daß dieser Spruch meint und uns anrät. Und es mag wohl nicht recht viele Beispiele dazu geben, sondern am Gesicht allein.
> Alkibiades: Wie meinst du das?
> Sokrates: Überlege auch du es. Wenn jemand unserem Auge wie einem Menschen den Rat gäbe und sagte: Besieh dich selbst, wie würden wir doch glauben, daß er das fordere? Nicht daß es dahin schauen sollte, wohinein das Auge schauend sich selbst sehen würde?
> Alkibiades: Offenbar.
> Sokrates: So laß uns denn bedenken, in welches unter allen Dingen schauend wir doch jenes und uns selbst erblicken würden?
> Alkibiades: Offenbar doch, o Sokrates, in Spiegel und dergleichen.
> Sokrates: Richtig gesprochen. Ist aber nicht auch in dem Auge das, womit wir eigentlich sehen, eben so etwas?
> Alkibiades: Freilich.
> Sokrates: Denn du hast doch bemerkt, daß, wenn jemand in ein Auge hineinsieht, sein Gesicht in der gegenüberstehenden „opsis“ (‚Sehe‘ = Pupille) erscheint wie in einem Spiegel, was wir deshalb auch das ‚Püppchen‘ („koren“), da es ein Abbild ist des Hineinschauenden [die Übersetzung von „opsis“ mit „Pupille“ von „pupa“ = „kleines Mädchen“ trifft den Sachverhalt präzis; K.M.].
> Alkibiades: Ganz richtig.
> Sokrates: Ein Auge also, welches ein Auge betrachtet und in das hineinschaut, was das edelste darin ist und womit es sieht, würde so sich selbst sehen.
> Alkibiades: Das ist offenbar. [...]

[30] Vgl. PLATON: Nomoi. 896a.

Sokrates: Wenn also ein Auge sich selbst schauen will, muß es in ein Auge schauen, und zwar in den Teil desselben, welchem die Tugend des Auges eigentlich einwohnt [was das Auge zum Auge macht; K.M.]. Und dies ist doch die „opsis"?
Alkibiades: So ist es.
Sokrates: Muß nun etwa ebenso, lieber Alkibiades, auch die Seele, wenn sie sich selbst erkennen will, in eine Seele sehen? Und am meisten in den Teil derselben, welchem die Tugend der Seele einwohnt, die Weisheit, und in irgend etwas anderes, dem dieses ähnlich ist?
Alkibiades: So dünkt es mich wenigstens, o Sokrates.
Sokrates: Haben wir nun wohl etwas anzuführen, was göttlicher wäre in der Seele als das, worin das Wissen und die Einsicht sich findet?
Alkibiades: Das haben wir nicht.
Sokrates: Dem Göttlichen also gleicht dieses in ihr, und wer auf dieses schaute und alles Göttliche erkennte, Gott und die Vernunft, der würde so auch sich selbst am besten erkennen.
Alkibiades: So scheint es."[31]

Das Erste, was diese Auslegung des Delphi-Spruches brisant – ja geradezu faszinierend – macht, ist ihre Inanspruchnahme eines ganz spezifischen Bildgedankens: Sokrates platziert das Problem der Selbsterkenntnis in einer optischen Dimension (wie übrigens die ganze klassische Metaphysik auf das Sehen ausgerichtet ist, der Elementarzug der jüdisch-christlichen Traditionen dagegen auf das Hören. (↖ Bd. 1, Kap. 3.1) Sokrates jedenfalls fasst Selbsterkenntnis als Selbstsehen auf. Im strengen Sinn selbst sehen kann sich nur Sehendes, also das Auge. Und im allerstrengsten Sinn sich selbst sieht es nur in etwas, das seinerseits selbst sieht, also nicht in einem Spiegel aus Quecksilber und Glas, sondern in einem anderen Auge. Dieser formale Gedanke wird dabei in seinem Vollzug gleichsam von einem empirischen Befund überholt – nämlich dem, dass sich jemand, der in das Auge eines anderen schaut, in diesem – dessen Pupille – tatsächlich selbst als pupilla, als Gestalt von püppchenhafter Größe selbst sieht.

Genau diesen eigenartig doppelzügigen Gedanken analogisiert Sokrates im nächsten Schritt mit dem Hinweis, dass es sich im Fall der Seele – also des Selbst – genauso verhalte wie im Fall des Auges, dass also eine Seele – ein Selbst – sich dadurch erkennt, dass es in eine andere Seele schaut, und zwar näherhin in deren Wesentliches oder Zentrum, also das, was jene Seele zu ihr selbst macht – genauso, wie ein Auge sich nicht im Augapfel eines anderen Auges sieht, sondern in dessen Pupille als seinem Zentrum.

Philosophisch umgesetzt bedeutet das: Selbsterkenntnis geschieht nicht in monologischer Reflexion, sondern im Gegenüber mit einem anderen Selbst, also kommunikativ-dialogisch. Dem wiederum entspricht zum einen exakt die Konstellation, in der Sokrates seiner selbstauferlegten pädagogischen Mission nachkommt, zum anderen natürlich nicht minder dem schriftlichen Reflex seines Auftretens in

[31] PLATON: Alkibiades I. 132d-133c.

Gestalt der platonischen Dialoge. Freilich ist das erst nur die formale Struktur der Selbsterkenntnis. Ungleich wichtiger ist die inhaltliche: Die Seele wird qua Selbsterkenntnis dadurch sie selbst – sagt Sokrates –, dass sie in das Eigentliche einer anderen Seele – also das diese als solche Ausmachende – blickt, und das ist die „sophia" (Weisheit), die aufs Engste mit Wissen und Vernunft zu tun hat; „sophia" ist für die Seele das, was die „opsis" für das Auge ist. Auch dabei kommt nochmals der Unterschied zum (uns eher vertrauten) christlichen Seelenbegriff zur Geltung: Gegenüber dieser durch und durch individuellen Instanz handelt es sich bei der sokratischen sapientialen Seele kraft ihrer wesentlichen Wissens- und Vernunfthaftigkeit vom Ansatz her um etwas Allgemeines. Nur abschließend weise ich darauf hin, dass sich damit bereits bei Sokrates/Platon eine Denkfigur anbahnt, die viel, viel später – nämlich bei Johann Gottlieb Fichte – als ein transzendentaler (also von allem Empirischen absehender) Bildgedanke entfaltet werden wird, mit dessen Hilfe es Fichte gelingt, das Verhältnis der Interpersonalität zusammen mit dem Verhältnis zwischen Endlichem und Unendlichem in einem einzigen Zug zu entwickeln. (→ Bd. 2, Teil B, Kap. 8)

Das Göttliche. Und selbst für diese Verfugung von Immanenz und Transzendenz zeichnet die vorhin zitierte Alkibiades-Passage schon die erste – und zwar durchaus markante – Spur vor (eine Spur im Übrigen, die bezeichnenderweise von allen zeitgenössischen Sokratesbüchern unterschlagen wird), und das ist das nach der dialogischen Reflexivität das zweite Aufregende an der Selbstsuche, auf die Sokrates den Alkibiades mitnimmt: Die sokratisch/platonische Ineinssetzung des Wesentlichen der Seele – also der „sophia" – mit dem Göttlichen. Wenn Selbsterkenntnis durch den Blick ins Wesentliche einer anderen Seele zustande kommt, dieses Wesentliche – die „arete" der Seele – aber dem Göttlichen gleichgesetzt ist, heißt Selbsterkenntnis, auf das Göttliche zu schauen und es zu erkennen. Damit ist zugleich ein Weiteres gesagt: Für Sokrates ist Tugend – „arete" – gleichzusetzen mit „Wissen" – was unter anderem auch die Folge hat, dass sich alle Arten von Gutsein auf eine – nämlich die wissensförmige – zurückführen lassen. Die Radikalität, mit der Sokrates diese Position besetzt, wird markant greifbar werden in dem, was bei Platon aus diesem Ansatz wird: Er vertritt ein im buchstäblichen Sinn mathematisiertes Konzept von Ethik. In aller Schärfe kommt dieses Konzept in der Konfrontation mit den alternativen griechischen Ethik-Entwürfen zur Geltung, wie es umgekehrt diesen allererst – sozusagen im Negativ-Verfahren – ihr spezifisches Profil verleiht. Davon wird an anderer Stelle ausführlich zu reden sein. (→ Bd. 2, Teil B, Kap. 5.1)

Spiegelungen. Das hier unternommene Sokrates-Portrait möchte ich damit beschließen, dass wir auf diesen – man muss ja im

Grunde sagen – Übervater okzidentalen Philosophierens einen Blick durch die Brille einiger anderer prominenter Philosophen werfen, die auf ihn Bezug genommen haben. Schon immer diente das Epitheton „sokratisch" bezeichnenderweise zur Etikettierung intellektuell aufregender Epochen. So betitelte man etwa Abaelard, diese Galionsfigur scholastischen Philosophierens, wenigstens auf dem Grabstein als „Sokrates Gallorum", und ebenso verlieh sich die kantische Epoche – also die Zeit vom letzten Viertel des 18. bis in das beginnende 19. Jahrhundert hinein – den Titel eines „sokratischen Zeitalters". Auffallen muss freilich, wie intensiv in der Zeit unmittelbar danach auf den Weisen von Athen Bezug genommen wird. In auffälligster Weise haben das Hegel, Kierkegaard, Nietzsche und im 20. Jahrhundert Romano Guardini getan. Letzterem ging es darum, am Sterben des Sokrates und dessen Haltung dazu herauszuarbeiten, was der Tod im Leben eines Menschen bedeutet. Dem hat Guardini in Gestalt einer Auslegung der platonischen Schriften *Euthyphron*, *Apologie*, *Kriton* und *Phaidon* nachgespürt, die unter dem Titel *Der Tod des Sokrates* 1943 erstmals erschien. Ich beschränke mich hier darauf, wenigstens in Stichworten den sokratischen Reflex im Denken der drei Erstgenannten nachzuzeichnen.

Reflex I: Hegel. Beginnen wir mit Hegel: Für ihn geschieht mit Sokrates ein weltgeschichtlich einmaliger Durchbruch von etwas Neuem, das er – Hegel – brisanterweise anhand jenes Satzes charakterisiert, der zum Kennmal des Erzsophisten Protagoras geworden ist: dass der Mensch das Maß aller Dinge sei – freilich von Hegel so gemeint, dass seit Sokrates nichts mehr einfach so und für sich gilt, sondern erst dann und dadurch, dass es Gegenstand der Reflexion und Kritik gewesen ist. Insofern hat Sokrates für Hegel das herkömmlich Geltende – die Sitte also – zerstört und darum durchaus das Todesurteil zu Recht auf sich gezogen. Mehrfach spricht Sokrates davon, dass er ein „daimonion" kennt, näherhin eine innere Instanz, die sich immer nur dann meldet, wenn er im Begriff ist, etwas Falsches zu tun (und nicht dazu, ihn in etwas Richtigem zu bestärken). Strukturell gesehen korrespondiert dieses „daimonion" dem Götterspruch, also dem öffentlichen Orakel – nur dass es eben nicht öffentlich ergeht, sondern in erster Person. Hegel schreibt:

> „Dies ist die Umwälzung, daß an die Stelle des Orakels das eigne Selbstbewußtsein des Menschen, das allgemeine Bewußtsein des Denkens eines jeden gesetzt ist. Diese innere Gewißheit ist allerdings ein anderer neuer Gott, nicht der bisherige Gott der Athenienser; und so ist die Anklage gegen Sokrates ganz richtig."[32]

Unbeschadet dieser Diagnose gibt Hegel freilich dem Sokrates in der Sache Recht, sofern er für eine die alte Sittlichkeit überragende Mora-

[32] HEGEL, Georg W.F.: Vorlesungen über die Geschichte der Philosophie. Zweiter Band. In: DERS.: Sämtliche Werke. Jubiläumsausgabe in 20 Bänden. Hg. v. Hermann Glockner. Bd. 18. 3. Aufl. Stuttgart 1959. 107.

lität im Sinn der einzelpersönlichen ethischen Stellungnahme stehe. Das Geschick des Sokrates – so Hegel – sei ein tragisches, sofern er an der Schwelle des Übergangs zwischen alter und neuer Ordnung stehe: Die Athener hatten mit ihrem Urteil so recht, wie Sokrates mit dem recht hatte, was er an radikal Neuem unter dem Namen „Seele“ begründete. Nach ihm aber kann das eine das andere ablösen; er selbst wird mit seinem Geschick sozusagen der Preis für diesen Prozess – das ist das Tragische an ihm.

Reflex II: Kierkegaard. In enger Nähe zu Hegel, aber gleichzeitig mit ganz anderer Ausrichtung, hat sich Sören Kierkegaard der Gestalt des Sokrates genähert. *Über den Begriff der Ironie. Mit ständiger Rücksicht auf Sokrates* war seine Dissertation von 1841 betitelt. (→ Bd. 2, Teil C, Kap. 0.2) Der Titel gibt auch bereits an, wovon her Kierkegaard die sokratische Frage sozusagen auf den Nenner zu bringen trachtet: vom Begriff der Ironie her. Das ganze Dasein des Sokrates – so Kierkegaard – sei Ironie, d.h. er versteht unter dieser eine Lebensform, und diese kennzeichne eine Negativität gegen alle empirische Wirklichkeit. Schon damit beginnt Kierkegaard das zu konzipieren, was ihn später zum Vater der Existenzphilosophie machen wird. Das dient Kierkegaard nicht zuletzt auch dazu, die heterogenen Sokrates-Portraits eines Platon, eines Xenophon und eines Aristophanes unter einen gemeinsamen Hut zu bringen – mit dem Unterschied, dass Xenophon zu seinem hausbackenen Sokratesbild komme, weil er ebenjene Ironie nicht durchschaut habe, die Aristophanes durchaus authentisch auf die Bühne und Platon zu reflektierter Darstellung brachte. Während es für Hegel den Sokrates nur einmal – eben zu seiner Zeit – geben konnte als jemanden, mit dem irreversibel etwas Neues zur Geltung kommt, begreift ihn Kierkegaard als Instantiierung einer Daseinsform, die es prinzipiell zu jeder Zeit geben kann.

Reflex III: Nietzsche. Letzteren Zug teilt in gewissem Sinne auch Friedrich Nietzsches' Sokratesbild, das im Übrigen innerhalb von Nietzsches Werk eine markante Veränderung erfährt. Identifiziert er ihn zunächst als den Typ des theoretischen Menschen, der ihm so nahe sei, dass er fast immer mit ihm zu kämpfen habe, so wird ihm später der Sokrates zum Objekt geradezu aggressiver Attacken. Aus den rauschhaften dionysischen Festen, die die Instinkte bestimmen, gehe zunächst – so Nietzsche – die Tragödie hervor, die sich dann ins Drama wandle: Das Musisch-Orgiastische weiche damit dem Verbal-Rationalen – und Sokrates sei so etwas wie der Patron dieser Entwicklung und habe damit das ursprüngliche Griechentum zerbrochen. An die Stelle des Instinkts der Triebe sei ein Wille zum Wissen getreten, der freilich genauso triebhaft sei wie Ersterer, sofern Wissen immer nur nach mehr Wissen verlange und sich an keinem Punkt befrieden könne. Dabei steht ja das sokratische Bemühen um Wissen ganz im

Dienst des Gutseins, also der Moral. Die aber ist mit ihrer Forderung nach Gleichheit und Nächstenliebe für den späteren Nietzsche nichts anderes als die Strategie der Schwachen, Kranken, Angeschlagenen – kurz: des Pöbels –, die Macht der starken Einzelnen (die für Nietzsche die wirklich Guten sind) einzuschränken. Und Sokrates ist der Stammvater dieses Verbrechens gegen den Instinkt, weil die Triebe durch dessen Suspendierung orientierungslos geworden seien und sich die Vernunft als untaugliches Mittel erwiesen habe, diesen eine Ordnung zu geben. In den zwölf Sokrates-Aphorismen der *Götzen-Dämmerung* heißt es unter anderem:

> „Sokrates gehörte, seiner Herkunft nach, zum niedersten Volk: Sokrates war Pöbel. Man weiß, man sieht es selbst noch, wie hässlich er war. [...] Die Anthropologen unter den Criminalisten sagen uns, dass der typische Verbrecher hässlich ist: monstrum in fronte, monstrum in animo. Aber der Verbrecher ist ein décadent. [...]
> Auf décadence bei Sokrates deutet nicht nur die zugestandene Wüstheit und Anarchie in den Instinkten: eben dahin deutet auch die Superfötation des Logischen und jene *Rhachitiker-Bosheit*, die ihn auszeichnet. Vergessen wir auch jene Gehörs-Hallucinationen nicht, die als ‚Dämonion des Sokrates', in's Religiöse interpretirt worden sind [...].
> [...] er schien ein Arzt, ein Heiland zu sein. Ist es nöthig, noch den Irrthum aufzuzeigen, der in seinem Glauben an die ‚Vernünftigkeit um jeden Preis' lag? [...] Sokrates war ein Missverständnis; *die ganze Besserungs-Moral, auch die christliche, war ein Missverständnis*... Das grellste Tageslicht, die Vernünftigkeit um jeden Preis, das Leben hell, kalt, vorsichtig, bewusst, ohne Instinkt, im Widerstand gegen Instinkte war selbst nur eine Krankheit, eine andre Krankheit – und durchaus kein Rückweg zur ‚Tugend', zur ‚Gesundheit', zum Glück [...].“[33]

Sokrates und Jesus. Wie beiläufig hat Nietzsche in der zuletzt zitierten Passage einen weiteren Problemzusammenhang einfließen lassen, der nicht unberücksichtigt bleiben soll: Die ganze Besserungsmoral – schrieb er –, sei ein Missverständnis gewesen, auch – jetzt wörtlich – „die christliche“. Anders gesagt: Nietzsche stellt Sokrates und das Christentum ohne wenn und aber an den gemeinsamen Pranger. Frage: Geht das so einfach? Oder anders gewendet: Wie steht es um das Verhältnis zwischen Sokrates und Jesus? Die Frage ist alles andere als neu: Sie stellte sich bereits der beginnenden christlichen Theologie. Die Antworten fielen – je nach grundsätzlichem Verhältnis zur Philosophie als solcher – extrem verschieden aus: Diejenigen, die für eine produktive Bezugnahme auf die Philosophie votieren – wie etwa ein Justin der Märtyrer, erblicken in Sokrates und seiner Seel-Sorge Vorausbilder des Evangeliums; die Gegenfraktion – angeführt vom ersten lateinischen Theologen Tertullian – hat für Sokrates allenfalls das Verdikt „Kinderschänder“ übrig. (↖ Bd. 1, Kap. 2.1 u. 2.2)

33 NIETZSCHE, Friedrich: Götzen-Dämmerung. Das Problem des Sokrates. 3, 4, 11. In: DERS.: Sämtliche Werke. Kritische Studienausgabe. Hg. v. Giorgio Colli u. Mazzino Montinari. Bd. 6. Berlin 1969. 50-154. Hier 62-63. 67.

Aufschlussreicher aber ist, dieser Frage nach dem Verhältnis Sokrates-Jesus einmal in der Optik eines Philosophen des 20. Jahrhunderts nachzugehen.

Jaspers' Vergleich. Im Jahr 1957 nämlich brachte Karl Jaspers ein voluminöses Werk mit dem Titel *Die großen Philosophen* heraus. Dessen erster Abschnitt heißt „Die maßgebenden Menschen" und handelt von Sokrates, Buddha, Konfuzius und Jesus.[34] Jaspers selbst weiß um die Ungewöhnlichkeit, diese vier als Philosophen zu bezeichnen. Aber er hält es für gerechtfertigt, sofern sie wie niemand anderer das Menschsein bestimmt und gewaltige philosophische Bewegungen angestoßen hätten.[35] Auch das Prädikat der Größe, das für die maßgebenden Menschen noch mehr zutrifft als für die Großen unter denen, die im üblichen Sinn „Philosophen" heißen, lässt Jaspers nicht unbestimmt:

> „Was ist Größe? Der große Mensch ist wie ein Widerschein des ganzen des Seins, unendlich deutbar. Er ist dessen Spiegel oder Stellvertreter. Nicht verloren an die Vordergründe steht er im Umgreifenden, das ihn führt. Seine Erscheinung in der Welt ist zugleich Durchbruch durch die Welt, sei es als der schöne Schein der Vollendung, sei es als tragisches Scheitern, sei es als die rätselvolle Ruhe in der aus dem Grunde beseelten unaufhaltsamen Bewegung seines Lebens, das zur Sprache der Transzendenz wird."[36]

Unter diesem Vorzeichen greife ich in Auswahl einige Züge dessen auf, was Jaspers vergleichend über Sokrates und Jesus sagt:

Beiden schreibt er zu, nicht durch ein Werk, Lehrinhalte oder Anweisungen prägend geworden zu sein, sondern durch eine Lebenswirklichkeit, die ihr Gegenüber in einen Prozess der Verwandlung hineinzieht, ohne den das durch sie in die Welt gebrachte Neue überhaupt nicht verstanden werden könne. Im Fall des Sokrates vollziehe sich dieser Wandlungsprozess als ein Fortschreiten durch Denken, im Falle Jesu in Gestalt einer die Welt außer acht lassenden Hingabe an den Willen Gottes.

Beide – Sokrates und Jesus – teilen das Schicksal eines gewaltsamen Todes: der eine gelassen, beinahe heiter, als 70-Jähriger, zum durchaus milden Tod durch das Gift des Schierlingsbechers verurteilt, der andere grausamster Marter ausgesetzt, etwas über 30 Jahre jung, sich im Todesschrei an den nur noch als Abwesenden anwesend erfahrenen himmlischen Vater klammernd – die zwei okzidentalen Antworten auf das Sterben schlechthin, solange dieses ein Thema sein durfte: die Geringachtung des Todes auf der einen Seite, andererseits sein Ausleiden, das sich jenseits des menschlich Möglichen auf einem tragenden Grund wiederfindet.

Zu besonderer Nähe finden beide – Sokrates und Jesus – in der Frage der Feindesliebe: Jesus fordert sie in nicht zu übertreffender

[34] Vgl. JASPERS, Karl: Die großen Philosophen. Bd. 1. München 1957. 103-228.
[35] Vgl. JASPERS: Philosophen (Anm. 34). 46.
[36] JASPERS: Philosophen (Anm. 34). 29.

Radikalität. Sokrates ist der Überzeugung, dass Böses und Unrecht um keinen Preis mit Gleichem vergolten werden darf, weiß aber auch um das Ungewöhnliche und auch die Inkommunikabilität dieser Position.

Bezogen auf Lehre und Verkündigung beider Protagonisten, kommt Jaspers zu der Bilanz:

> „Jesus lehrt durch Verkündigung der frohen Botschaft, Sokrates durch Hineinzwingen in das Denken. Jesus fordert Glaube, Sokrates Dialektik des Denkens. Jesus wirkt in unmittelbarem Ernst, Sokrates indirekt, auch durch Ironie. Jesus weiß von Gottesreich und ewigem Leben, Sokrates weiß nichts Sicheres davon und läßt die Frage offen. Beide lassen den Menschen keine Ruhe. Aber Jesus verkündet den einzigen Weg, Sokrates läßt den Menschen frei, erinnert ihn nur ständig an die Verantwortung aus dem Freisein. Beide erheben den höchsten Anspruch, aber Jesus mit bestimmten/m Inhalt, Sokrates in unbestimmten, unendlich bestimmbaren Räumen. Jesus gibt, was das Heil ist. Sokrates wird Anlaß, danach zu suchen."[37]

Jaspers' Befund ist von messerscharfer Präzision: Ein Punkt der Differenz, die er unbeschadet aller Gemeinsamkeiten zwischen Sokrates und Jesus hinsichtlich beider Lehre und Verkündigung zu benennen weiß, ist auch der Grund dafür, dass es so etwas wie Theologie in Gestalt vernunftförmiger Glaubensverantwortung gibt: Ein höchster Anspruch mit bestimmtem Inhalt kann spätestens dann, wenn eine Kenntnis seiner Nachbarschaft zu einem Wahrheitssucher wie Sokrates eintritt, gar nicht anders, als eminent dazu zu führen, über ihn – diesen wohlbestimmten Anspruch – auf dem Forum der Vernunft Rechenschaft zu geben. Daraus resultiert logisch ein eminentes Interesse der Theologie an der Weise, wie Sokrates dieser seiner Wahrheitssuche nachkommt. Oder in eine systematische Frage gefasst: Gibt es so etwas wie „letzte Gedanken" des Sokrates, also so etwas wie seine Metaphysik?

[37] JASPERS: Philosophen (Anm. 34). 225.

3.4 Sokratische „Metaphysik“

Maieutik. Wenn ich eben sagte „so etwas wie“, dann wollte ich damit andeuten, dass es im strengen Sinn keine sokratische Metaphysik gibt – und zwar allem voran deswegen, weil es überhaupt keine philosophische Lehre des Sokrates gibt (also auch keine Ethik oder Erkenntnistheorie usw.). Seine Philosophie manifestiert sich ausschließlich in der Form seines Philosophierens. Aber was sich dabei manifestiert, geht mit ebenjenem Anspruch einher, den wir heute mit dem Namen Metaphysik verbinden: nämlich nach wirklichem und damit nicht noch einmal hintergehbarem Wissen zu streben. Nach anfänglicher Zuwendung zur Naturphilosophie widmete Sokrates – enttäuscht von dem, was sich dabei gewinnen ließ – seine Interessen ganz und gar ethisch-politischen Fragen.

Charakteristisch die Passage aus der *Apologie*, der Verteidigungsrede des Sokrates vor dem Gericht, das ihn aus einem gleich noch zu nennenden Grunde zum Tode verurteilen wird:

> „[...] nichts anderes tue ich, als daß ich umhergehe, um jung und alt unter euch zu überreden, ja nicht für den Leib und für das Vermögen zuvor noch überhaupt so sehr zu sorgen wie für die Seele, daß diese aufs beste gedeihe, indem ich zeige, daß nicht aus dem Reichtum die Tugend entsteht, sondern aus der Tugend der Reichtum und alle andern menschlichen Güter insgesamt, eigentümliche und gemeinschaftliche.“[38]

Diese Sorge um die rechte Bildung oder Tauglichkeit der Seele (das meint unser heute wenig gebräuchliches Wort „Tugend“) praktiziert Sokrates – formal gefasst – in zwei Schritten: Zunächst geht es ihm darum, die Seele seines Gegenübers von Unwissenheit zu befreien und von falschen Meinungen zu reinigen, also von dem, was nur so und so zu sein scheint, es in Wahrheit aber nicht ist. So soll der Gesprächspartner zur Suche nach der wirklichen Wahrheit angestoßen werden. In einem zweiten Schritt geht es darum, dem Dialogpartner (und damit zugleich natürlich der Leserin und dem Leser) die Einsicht zu vermitteln, dass er jenes wahre Wissen vom rechten Leben und Handeln, um das es geht, schon besitzt, ohne dass er das freilich gewusst hatte. Diesen Vorgang bezeichnet der platonische Sokrates im Dialog *Theaitetos* selbst mit direktem Bezug auf den Beruf seiner Mutter als „maieutike techne“, als „Hebammen-Kunst“:

> „Von meiner Hebammenkunst nun gilt im übrigen alles, was von der ihrigen [sc. der Hebammen; K.M.]; sie unterscheidet sich aber dadurch, daß sie Männern die Geburtshilfe leistet und nicht Frauen, und daß sie für ihre gebärenden Seelen Sorge trägt und nicht für Leiber. Das Größte aber an unserer Kunst ist dieses, daß sie imstande ist zu prüfen, ob die Seele des Jünglings ein Trugbild und Falschheit zu gebären im Begriff ist oder Fruchtbares und Echtes. Ja, auch hierin geht es mir wie den Hebammen: Ich gebäre nichts von Weisheit, und was mir bereits viele vorgeworfen, daß ich andere zwar frage, selbst aber nichts über irgend etwas antworte, weil

[38] Platon: Apologie. 30a-b.

ich nämlich nichts Kluges wüßte zu antworten, darin haben sie recht. Die Ursache davon aber ist diese: Geburtshilfe leisten nötigt mich der Gott, erzeugen aber hat er mir verwehrt. Daher bin ich selbst keineswegs etwa weise, habe auch nichts dergleichen aufzuzeigen als Ausgeburt meiner Seele. Die aber mit mir umgehen, zeigen sich zuerst zwar zum Teil als gar sehr ungelehrig; hernach aber, bei fortgesetztem Umgang, alle, denen es der Gott vergönnt, als wunderbar schnell fortschreitend, wie es ihnen selbst und anderen scheint; und dieses ganz offenbar ohne jemals etwas von mir gelernt zu haben, sondern nur selbst aus sich selbst entdecken sie viel Schönes und halten es fest; die Geburtshilfe indes leisten dabei der Gott und ich.“[39]

Hochinteressant freilich, was im Gang solcher geburtshelferischer Tätigkeit ans Licht gehoben wird. Um es gleich an Beispielen zu zeigen (weil es sich anders im Grunde gar nicht sagen lässt): Laches, der berühmte General, weiß selbstverständlich, was Tapferkeit ist, vermag es aber im gleichnamigen Dialog nicht in Worte zu fassen;[40] Charmides besitzt ohne Zweifel Weisheit, kann sie aber nicht definieren;[41] Lysis weiß, was ein Freund ist, vermag aber im Gespräch nicht zu artikulieren, was Freundschaft bedeutet.[42] Dem Priester Euthyphron gelingt es nicht, auf zufriedenstellende Weise zu sagen, worin denn das bestehe, was als „fromm“ bezeichnet wird, handelt aber so energisch, wie nur jemand handeln kann, der das hundertprozentig weiß.[43] Es lohnt sich, in aller Kürze dem Verlauf des gleichnamigen Dialogs nachzuspüren, weil in ihm besonders prägnant fassbar wird, was es mit dem in der sokratischen Maieutik entborgenen Wissen auf sich hat:

Beispiel Frömmigkeit. Sokrates begegnet dem Euthyphron vor dem Gerichtsgebäude, wo die Richter amtieren, vor denen er selbst von einem Dichter namens Meletos unfrommer Umtriebe angeklagt wurde – weil er neue Götter erfinde und damit die jungen Leute, mit denen er Kontakt habe, zum Unglauben an die alten Götter der Stadt verführe. Auf „asebeia“ – Gottlosigkeit – lautet die Anklage, für die Sokrates am Ende ein Todesurteil kassieren wird. Auch Euthyphron ist eben dabei, zum Gericht zu gehen, aber nicht als Beklagter, sondern als Kläger – und zwar unter Umständen, von denen er selber sagt, dass sie ihn in den Augen Dritter verrückt erscheinen lassen müssen. Er verklagt nämlich seinen eigenen Vater, weil der einen von Euthyphrons Taglöhnern, der seinerseits im Suff zum Totschläger geworden war, gefangengenommen, in der Gefangenschaft aber vernachlässigt hatte, so dass er starb. Und jetzt geht Euthyphron, um seinen Vater des Totschlags anzuklagen, denn nichts zu unternehmen

39 PLATON: Theaitetos. 150b-d.
40 Vgl. PLATON: Laches. 193e-194b.
41 Vgl. PLATON: Charmides. 175e-176a.
42 Vgl. PLATON: Lysis. 223b.
43 Vgl. PLATON: Euthyphron. 15c-16a.

wäre gleichbedeutend damit, die Tat selbst verübt zu haben, also vor den Göttern als ruchlos zu gelten.

Das kompromisslose Wissen darum, was das Fromme und das Ruchlose ist, das sich an Euthyphrons Klagewilligkeit verrät, lässt den Sokrates sein Gegenüber um Belehrung bitten, was denn näherin das Fromme sei. Aber damit setzt ein seltsamer Wirbel ein. Zunächst bestimmt Euthyphron das Fromme als das, was dem Beispiel der Götter folgt. Aber die führen doch untereinander Krieg und hegen Feindschaft, wendet Sokrates ein. Er als Profi in Sachen Religion könne ihm noch Spektakuläreres von den Göttern erzählen, hält Euthyphron dagegen, ist aber dann einverstanden, das Fromme als das den Göttern Willkommene zu bestimmen – was freilich dem Sokrates als Antwort noch immer nicht taugt, sofern doch die Götter untereinander verschiedenster Ansicht seien. Darum zeigt sich Euthyphron bereit, das Fromme als das zu definieren, dem alle Götter zustimmen – aber das ist noch immer keine Lösung. Denn hinter dieser Fassung des Problems tut sich eine neue Frage auf: Die nämlich, ob das Fromme fromm sei, weil die Götter es gutheißen, oder ob die Götter es gutheißen, weil es fromm ist. Das aber nun lässt sich klar entscheiden: Geliebt wird etwas, weil es liebenswürdig ist, und nicht umgekehrt ist es liebenswürdig, weil es geliebt wird. Also muss auch das Fromme von den Göttern seines eigenen Wesens wegen geliebt werden und nicht deswegen, weil es gottgefällig ist. Wenn es damit aber etwas gibt, das gewissermaßen über den Göttern steht, ergibt sich von selbst die Herausforderung, nun dieses Wesen des Frommen näher zu bestimmen. Das Resultat, zu dem Sokrates und Euthyphron dabei gelangen, nimmt sich freilich misslich aus: Das Fromme wird – im ersten Augenblick durchaus plausibel – als eine Art von Gerechtigkeit gefasst. Bei der Folgefrage, was denn „gerecht" seitens des Menschen in Bezug auf die Götter näherhin meine, schnappt die Falle zu: Euthyphron definiert diesbezügliche Gerechtigkeit nämlich als das, was gemäß dem religiösen Ritual korrekt ist, und diese Korrektheit führt er ihrerseits wieder auf das den Göttern Genehme zurück. Das aber genau war der Punkt, von dem die ganze Klärung ihren Ausgang nahm: also ein circulus vitiosus – und die Natur des Frommen bleibt völlig ungeklärt, obwohl Euthyphrons Handelns nicht weniger als eine unbedingte Gewissheit in der Sache voraussetzt. Der Theologie-Profi (dumm ist er nicht!) merkt das auch. Doch Sokrates lässt nicht locker. Er möchte die ganze Sache nochmals aufrollen, gibt er sich doch überzeugt, dass der Spezialist – noch dazu in dem gegebenen dramatischen Fall – nicht nicht Bescheid wissen kann:

> „Sokrates: [...] denn kenntest du nicht ganz bestimmt das Fromme und das Ruchlose: so hättest du auf keine Weise unternommen, um eines Tagelöhners willen einen betagten Vater des Totschlags zu verklagen; sondern sowohl vor den Göttern hättest du dich gefürchtet, so etwas zu wagen, falls es doch vielleicht nicht recht getan wäre, als auch die Menschen hättest du gescheut. Daher weiß ich gewiß, daß du ganz genau zu kennen meinst, was

> fromm ist und was nicht. Sage daher, bester Euthyphron, und verbirg nicht, was du davon hälst.
> Euthyphron: Ein anderes Mal denn, o Sokrates; denn jetzt eile ich wohin, und es ist Zeit, daß ich gehe.“[44]

Hochwürden gibt Fersengeld. Die Schlussszene: eine sokratisch-platonische Bilderbuch-Gemeinheit. Der Professionsfromme ist im Begriff, vor Gericht einen Prozess wegen Gottlosigkeit anzustrengen, wird dabei von einem des gleichen Delikts Bezichtigten aufgehalten und um Auskunft in der Sache gebeten, vermag das aber nicht, flieht deswegen die Situation, während der ohne Antwort Gebliebene bald vor dasselbe Gericht treten und ohne Wenn und Aber – und selbst gegen Fluchtangebote – sein Todesurteil wegen Gottlosigkeit annehmen wird, er, der doch gar nicht weiß, was Gottlosigkeit ist, weil es ihm Euthyphron nicht gesagt hat oder sagen wollte oder konnte. Der Dialog *Euthyphron* ist so etwas wie die komödiantische Eröffnung einer Tetralogie, die über den *Kriton* und den *Phaidon* hinweg in der *Apologie*, also der Verteidigungsrede des Sokrates und seiner Abschiedsszene vom Leben gipfelt. Aber würde Sokrates im so leicht zu verlassenden Gefängnis verharren, wenn er sich nicht unter einen unbedingten Spruch durch das Fromme gestellt wüsste? Wenn er also nicht wüsste, was es mit diesem zuinnerst auf sich hat – und also er, der vorderhand unwissend Scheinende nicht der wirklich Wissende wäre, auch wenn dieses Wissen im Disput mit Euthyphron keinen diskursiven Ausdruck findet?

Unbedingtes im Handeln. Das ist es, worauf die „Gestalt Sokrates“ philosophisch hinausläuft. An ihr wird fassbar: Die tradierte Religion kann keine Antwort mehr geben. Die Sophisten wissen auf den Wellen dieser Krise trefflich (und gewinnbringend) herumzusurfen. Obwohl methodisch gesehen gar nicht so weit von ihnen entfernt, verweigert sich Sokrates der von den Sophisten vertretenen Skepsis und dem Relativismus, der alles gelten lässt und dem darum alles gleichgültig werden muss. Nur setzt er dem, was Euthyphron vorbringt, nicht ein irgendwie alternatives Wissen auf gleicher Ebene entgegen und genauso wenig eine begriffliche Strategie, die diesen in Bedrängnis brächte. Stattdessen stößt „Sokrates“ darauf, dass es so etwas wie ein Wesen, eine Natur des Frommen geben muss – ohne dass diese diskursiv ausgeleuchtet werden könnte. Gleichwohl orientiert sich an ihm das menschliche Handeln – darin sind sich alle einig: Euthyphron nicht weniger als Sokrates und natürlich auch der im Dialog ganz im Hintergrund bleibende, jedoch beständig präsente Sokrates-Ankläger Meleton. Es gibt also so etwas wie ein unbedingtes Wissen, das ganz und gar ins menschliche Handeln eingelassen ist, ja in diesem allererst seine ihm spezifische Bindekraft zur Geltung bringt. Gleichzeitig bezieht sich dieses Wissen auf etwas, was über den

[44] PLATON: Euthyphron. 15d-e.

Diskurs hinausreicht. Sogar noch die Götter richten sich danach. An der Figur „Sokrates" manifestiert sich ein Unbedingtes, zugänglich allein im Handeln, also auf der Ebene der Ethik.

Wenn ich vorhin von „sokratisch-platonischer Bilderbuchgemeinheit" sprach, war das selbst ein Fall dessen, was mit etwas offiziellerem Namen „Ironie" heißt. Ironie resultiert daraus, dass von der normalen Sprache auf eine Weise Gebrauch gemacht wird, die zugleich zur Geltung bringt, wie unangemessen das zu Sagende durch sie zu Wort kommt. Insofern dient die sokratische Ironie exakt der Versprachlichung dessen, worum es geht, ohne daß man es sagen könnte. Darum begegnet uns die sokratische Metaphysik in Reinform genau dort, wo „Sokrates" ironisch spricht.

Resümee. Damit lässt sich diese etwas seltsame sokratische Metaphysik formal auf folgenden Nenner bringen:

(a) Es gibt ein aller Manipulation entzogenes, also unbedingtes Wissen, das sich nicht diskursiv fixieren lässt.

(b) Dieses Wissen macht sich in unserem Handeln geltend, ohne dass wir es weiterer Erklärung zuzuführen vermöchten. Näherhin äußert es sich in einer Normierung unseres Tuns.

(c) In dieser Bindekraft meldet sich etwas, das den Bereich unserer Erfahrung überschreitet und darum „metaphysisch" genannt werden kann.

(d) Gleichzeitig bleibt dieses Metaphysische bei Sokrates unmittelbar an die Praxis gebunden. Metaphysik ist für ihn eine Angelegenheit der praktischen Vernunft.

Und vielleicht ist genau das zugleich der intensivste Berührungspunkt zwischen dem platonischen Sokrates und Platon selbst (sofern beide wirklich auseinandergehalten werden können). Wo aber liegt der Unterschied zwischen beiden?

3.5 Annäherung an Platon

Sokrates-Schüler. Gängig ist die Rede von Platon als Sokrates' Meisterschüler – was natürlich impliziert, dass es auch andere Schüler dieses Lehrers gab. Die wichtigsten von ihnen gründeten eigene Schulen, für die zum Teil weit auseinanderliegende philosophische Positionen charakteristisch sind (was umgekehrt natürlich ein starkes Indiz dafür liefert, dass es keine Lehre des Sokrates im gewöhnlichen Sinn des Wortes gab, sondern so etwas wie ein Aufgerufenwerden zum Denken im erläuterten Sinn der Selbstsorge, ohne dass das mit bestimmten Inhalten verknüpft gewesen wäre). Bei diesen schulgründenden Sokrates-Schülern handelt es sich um Anthistenes, den Ahnherrn des Kynismus, dessen bekanntester Vertreter Diogenes werden sollte; Aristippos begründete die kyrenaische Schule des Hedonismus (also einer lustorientierten Daseinsform), Phaidon von Elis rief die elisch-eretrische Schule ins Leben, Eukleides von Megara die eristisch-dialektische Megarikerschule – und Platon schließlich gründete zwischen 388-385 die Akademie in Athen.

Meisterschüler. Platon stammte aus vornehmer Athener Familie mit engen, auch verwandtschaftlichen Beziehungen zu politischen Kreisen. Der Politik galt auch in besonderer Weise sein praktisches wie theoretisches Interesse, weil hinter dem sokratischen und dann platonischen Bemühen letztendlich die Sorge um das Wohlergehen der Polis steht, welches nach Platons Überzeugung nur über die Philosophie gewonnen werden kann. Acht Jahre lang war er bis zu dessen Tode Schüler des Sokrates. Nach dessen Hinrichtung weilte er eine Zeit bei seinem Mitschüler Eukleides, später reiste er mehrfach nach Unteritalien und Sizilien, lernte dort unter anderem auch das Denken der Pythagoreer kennen.

Genre „Dialog". Zur Erfüllung dieser seiner Lebensaufgabe schafft Platon seine einzigartige Form des geschriebenen Dialogs, die allerdings von Späteren bis in die Gegenwart immer wieder aufgenommen und auf ihre Weise reproduziert wurde: Ich nenne nur als den ersten Dialogiker nach Platon dessen Schüler Aristoteles (dessen Dialoge aber mit Ausnahme weniger Fragmente allesamt verloren gingen); die Dialogform pflegt auch Augustinus, z.B. in *De magistro*, einer wichtigen Schrift zur Zeichentheorie und zur Theorie des Lernens; Nikolaus von Kues, besonders wichtig *De Visione Dei – Vom Sehen Gottes* –, ein Dialog mit Gott in Gebetsform; Friedrich Wilhelm Joseph Schellings *Bruno oder über das göttliche und natürliche Princip der Dinge*, eine Schrift, in der Schelling mit deutlichen Anspielungen auf Platons Dialog *Timaios* Vertreter der Alleinheitslehre, des Materialismus, des Intellektualismus und des Idealismus über den Grund alles Endlichen diskutieren lässt. Nicht vergessen sei, dass auch lange Passagen in Ludwig Wittgensteins *Philosophische Untersuchungen* die Form eines Dialogs zwischen dem Autor und dem Leser/der Leserin haben (Wittgenstein spricht ihn oder sie immer wieder mit „du" an). Dieses literarische Genre scheint besonders dort angemessen, wo ein philosophisches Problem nicht einfach auf den Begriff gebracht, sondern nur mehr oder weniger eingekreist werden kann, weil es sich in seinem Spezifischen als unsagbar erweist.

Mehr als 30 Werke von Platon sind überliefert. Alle, die bereits in der Antike als echt galten, sind erhalten, bei einigen ist man unsicher, von etlichen anderen wusste man bereits im Altertum, dass sie nicht von ihm stammen. Alle echten Schriften mit einer Ausnahme sind literarisch als Dialoge gestaltet – eine Kunstform philosophischer Prosa, die ohne Zweifel Platon selbst erfunden und in von keinem anderen übertroffener Meisterschaft beherrscht hat. Hervorgegangen sein dürfte die Dialogform aus dem Bestreben, die Situation des typisch sokratischen Lehrgesprächs in sozusagen situationsunabhängiger Form zu fixieren und zu bewahren.

Unübersehbar kann man mehrere Werkgruppen hinsichtlich ihrer thematischen Orientierung und ihrer sprachlichen Charakteristika unterscheiden; man nimmt heute vier Einteilungen vor: (1) Es gibt eine Gruppe so genannter „sokratischer" Schriften, die sich primär um ethische Fragen drehen, pädagogisch und protreptisch angelegt sind, meist aporetisch enden und in denen Sokrates als Hauptdialogpartner seine teils sophistischen, teils ironischen, teils unaufklärbar verwirrenden Maskenspiele treibt. Dazu zählen etwa die Dialoge *Laches*, *Euthyphron*, *Charmides*, *Lysis*, *Protagoras*, *Kriton* und die *Apologie*, die Verteidigungsrede des Sokrates vor seinem Sterben – die einzige nicht-dialogische Schrift Platons. (2) In einer zweiten Werkgruppe geht es primär um Kritik an den Sophisten, so etwa im *Menon*, im *Kratylos* oder *Gorgias*. (3) Eine dritte Dialoggruppe handelt eher systematisch von Erkenntnistheorie, Metaphysik, Ethik und Politik, so etwa das berühmte *Symposion*, der *Phaidon* und die Bücher II-X der *Politeia* (Der Staat), die als Platons Hauptwerk zu gelten haben (das Buch I der *Politeia* wird der ersten Werkgruppe zugerechnet und firmiert bisweilen auch unter dem eigenen Titel *Thrasymachos*). Schon in diesen Dialogen beginnt die Figur des Sokrates zu verblassen, erst recht (4) in einigen Schriften der vierten Gruppe, in der die Themen der dritten Abteilung weitergeführt und vertieft werden; dieses Verblassen geht so weit, dass – so etwa im *Parmenides* – als zentraler Gesprächspartner „Ein Fremder aus Elea" auftritt. *Sophistes* und *Philebos* etwa gehören in diese letzte Gruppe, ebenso der *Timaios*, später lange Zeit das einzige im Westen bekannte Werk Platons, das überdies wegen seiner Thematik der Erschaffung des Kosmos für eine Schrift christlicher Provenienz gehalten wurde. Schließlich gehören hierher auch die umfänglichen *Nomoi* (Gesetze), die erst postum herauskamen. Neben den über 30 Dialogen liegt uns eine weitere Quelle in 13 unter Platons Namen erhaltenen Briefen vor, von denen der siebte, vielleicht auch der sechste echt sein dürften.

Schriftkritik. Das ist schon für sich genommen ein komplexes Lektüreprogramm, doch die wirklichen Probleme, die Platons Werk stellt, sind damit noch gar nicht benannt. Es sind – sehr grob gesprochen – zwei Quellen, aus denen Schwierigkeiten aufkommen, zum einen (a) die Erfahrung, dass die Dialoge in ihrem Gesamt kein System platonischen Denkens fassbar werden lassen und auch noch quer durch viele Dialoge Passagen auftauchen, die sich hartnäckig allen Verstehensbemühungen verweigern. Schon im Altertum war man der Ansicht, dass es wohl so etwas wie einen Generalschlüssel zu Platon geben müsste, wollte man ihn ganz verstehen. Später hat Gottfried Wilhelm Leibniz das Problem auf die leicht resignative Formel gebracht:

> „Wenn jemand Platon auf ein System brächte, so erwiese er der Menschheit einen großen Dienst.“[45]

Und (b) die zweite Problemquelle besteht darin, dass Platon an zwei Stellen seines Werkes klipp und klar sagt, dass er die so genannten „wertvolleren Dinge“, nämlich die letzten Prinzipien seines Denkens, die alles tragen und zusammenhalten, nicht schriftlich festgehalten habe und das auch nicht tun werde; im *Phaidros* begründet er das – eingebettet in eine seiner Mythenerzählungen – mit einer grundsätzlichen Unterlegenheit des Schriftlichen gegenüber allem Mündlichen.[46] Im siebten der insgesamt von ihm überlieferten dreizehn Briefe sagt er es ungleich direkter:

> „So viel weiß ich indes, daß es am besten immerhin noch von mir selbst vorgetragen würde, nicht minder auch, daß es bei schlechter schriftlicher Abfassung mir sehr viel Herzenskummer bereiten würde. Wäre es aber meiner Ansicht nach möglich, diese Dinge in einer für das große Publikum befriedigenden Weise niederzuschreiben oder mündlich vorzutragen, was könnte ich dann für ein schöneres Werk aufweisen in meinem Leben als der Menschheit durch solche Schrift ein großes Heil zu bescheren und das Wesen der Dinge für alle ans Licht gezogen zu haben? Aber meines Erachtens bringt ein dahin gerichteter Versuch schwerlich einen Gewinn für die Menschen, höchstens für die wenigen, die auf einen kleinen Wink hin selbst imstande sind, es zu finden; die übrigen aber würden dadurch sehr zum Schaden der Sache teils mit einer übel angebrachten Verachtung der Philosophie erfüllt werden, teils mit einem ganz übertriebenen und hohlen Selbstbewußtsein, als wären sie im Besitze wer weiß welcher hohen Weisheit.“[47]

Und nicht einmal als Hilfsmittel zum Zweck späteren Erinnerns, wenn man alt geworden ist, taugen schriftliche Aufzeichnungen – eine

45 LEIBNIZ, Gottfried W.: Brief an Remond. In: DERS.: Die philosophischen Schriften von Gottfried Wilhelm Leibniz. Hg. v. C.J. Gerhardt. Bd. III. Unver. Nachdr. d. Ausg. Berlin 1887. Hildesheim 1960. 637. [Übers. K.M.]

46 Vgl. PLATON: Phaidros. 274b-277a.

47 PLATON: Siebenter Brief. 341d-e.

Möglichkeit, die Platon im *Phaidros* noch halbwegs eingeräumt hatte. Im siebten Brief sagt er stattdessen von jenen „höchsten Dingen“:

> „[...] denn hat einer sie einmal mit der Seele voll erfaßt, so besteht keine Gefahr, daß er sie wieder vergesse, da es nichts kürzer Zusammengefaßtes gibt.“[48]

Das Argument des siebten Briefes gegen die Verschriftlichung gerade der tragenden Gedanken des platonischen Philosophierens nimmt sich also ausgesprochen komplex aus: Möglich wäre es schon, meint Platon, die obersten Wahrheiten zu Papier zu bringen, aber es nützte nur wenigen, die fähig sind zu verstehen, und selbst denen nützte es nichts, weil sie es gar nicht brauchten, da sie nur eines kleinen Winks bedürften, um selbst zu sehen. Als Erinnerungsstütze braucht man die Aufzeichnungen ebenfalls nicht, weil jene obersten Einsichten kurz und prägnant wie nichts anderes seien, und überdies würden die meisten – also die Verständnislosen –, läsen sie jene Wahrheiten, sie verachten oder sich mit vermeintlichem Verstehen, das sie gar nicht haben, aufblasen.

Unzweideutig jedenfalls gibt Platon damit kund, dass seine Schriften nicht alles enthalten, was er gedacht hat, und zwar das Wichtigste nicht – was ja so viel heißt wie: Es gibt ein platonisches Denken außerhalb der Dialoge, und dieses Denken hat mit der Grundlage dessen zu tun, was in den Dialogen verhandelt wird. Wer die Dialoge verstehen will, muss über sie hinausgehen. Auf der anderen Seite entspricht dem exakt die vorhin unter (a) formulierte Erfahrung, dass die Rätsel der Zusammengehörigkeit der Dialoge und ihrer dunklen Stellen wie von selbst nach einer Art Generalschlüssel fragen lassen. Was aber liegt dann näher, als diesen in eben jenen Gedanken zu vermuten, die Platon schriftlich niederzulegen für unangemessen gehalten hat?

Ungeschriebene Lehre. So entsteht das berühmt-berüchtigte und immer wieder neu diskutierte Problem der „ungeschriebenen Lehre“ Platons: Schon die ersten Platon-Interpreten, seine eigenen Schüler, denen um eine systematische Platon-Interpretation zu tun war, beschäftigen sich mit dem Problem und gehen ihre Auslegung eindeutig von der ungeschriebenen Lehre her an – was für sie auch kein Problem war, sofern sie ja aus der Situation des persönlichen Gesprächs mit Platon unmittelbar zu jener Zugang hatten (die ungeschriebene Lehre hat überhaupt nichts mit „Geheimwissen“ oder Ähnlichem zu tun).

Eine zweite Epoche der Platon-Interpretation, die neoplatonische – bis zum 4. nachchristlichen Jahrhundert ausgebildet und dann für eineinhalb Jahrtausende tonangebend –, vergisst die ungeschriebene Lehre nicht ganz, stellt doch aber deutlich mehr die Schriften in den Vordergrund.

[48] PLATON: Siebenter Brief. 344d-e.

Eine dritte Interpretationsform wird durch Friedrich Daniel Ernst Schleiermacher begründet und bestimmte bis vor einiger Zeit fast monopolistisch die Platon-Auslegung. Schleiermacher, das philosophisch-theologische-pädagogische-philologische Allround-Genie (↗ Bd. 3, Teil B, Kap. 5.2), das von 1804-1828 fast den ganzen Platon auf heute noch gültige Weise ins Deutsche übersetzt hat, räumte den Dialogen den absoluten Primat ein und marginalisierte die ungeschriebene Lehre so gut wie ganz (über die ihrerseits philosophischen Hintergründe dieser Option, ist hier nicht weiter zu handeln – nur so viel: Es hat mit Schleiermachers Zugehörigkeit zur Philosophie des Deutschen Idealismus zu tun, für den unter anderem die Form der Kunst – in unserem Fall: der Dialog – mit dem Inhalt in eine Identitätsbeziehung tritt).

Seit Ende der 50er Jahre des 20. Jahrhunderts melden sich Stimmen, die den schleiermacherschen Ansatz sozusagen auf den Kopf stellen, also die ungeschriebene Lehre als Verständnisgrundlage für die Dialoge betrachten und damit in gewissem Sinn zum erstgenannten Interpretationsparadigma der unmittelbaren Platon-Schüler zurückkehren – freilich nicht in einfacher Wiederholung, sondern unter den Bedingungen eines dem Heute verpflichteten historischen Bewusstseins. Angestoßen und in beträchtlichem Umfang realisiert haben dieses Projekt die beiden Tübinger Altphilologen und Philosophen Konrad Gaiser und Hans Krämer, weshalb in Fachkreisen heute von der „Tübinger Schule“ die Rede ist. Gewaltige Schubkraft hat dieses Projekt durch den Mailänder Philosophiehistoriker Giovanni Reale erhalten, dessen großes Werk *Zu einer neuen Interpretation Platons* von 1984 in Italien binnen kurzem 10 Auflagen erlebte und seit 1989 auch auf Deutsch vorliegt (wegen der engen Zusammenarbeit zwischen Reale und den Tübingern sprechen manche mittlerweile auch von der „Mailand-Tübingen-Interpretation).[49] Reale nimmt sich dabei nichts Geringeres vor, als den Beweis anzutreten, dass sich im Ausgang von der ungeschriebenen Lehre so etwas wie ein Ganzes zumindest der großen Dialoge Platons erheben und deren dunkle Passagen aufklären lassen – und begleitet dabei dieses Unternehmen zugleich auf methodologischer Ebene mit wissenschaftstheoretischen Analysen in Anlehnung an Thomas S. Kuhns Theorem vom „Paradigmenwechsel“ (→ Bd. 2, Teil A, Kap. 3.2), d.h. vor allem: Er zeigt, an welchen Klippen der Platon-Texte das schleiermachersche Paradigma in Schwierigkeiten gerät und wie umgekehrt das neue Paradigma gerade in der Lösung der alten Aporien seine Fruchtbarkeit erweist.[50] Wir werden uns seiner bald in genau diesem Sinn bedienen. Zunächst aber

49 So Josef Seifert in seinem Nachwort zur deutschen Ausgabe von REALE, Giovanni: Zu einer neuen Interpretation Platons. Eine Auslegung der Metaphysik der großen Dialoge im Lichte der „ungeschriebenen Lehren“. Übers. v. Ludger Hölscher. Eingel. v. Hans Krämer. Hg. v. Josef Seifert. Paderborn u.a. 1993. 558.

50 Zur Sache vgl. auch KUTSCHERA, Franz v.: Platons Philosophie. Bd. III: Die späten Dialoge. Paderborn 2002. 149-171.

muss in Übersicht gebracht werden, was den Kern des platonischen Denkens ausmacht:

3.6 Das Ideen-Projekt

Platons Intention. Systematisch gefasst darf man sagen: Platon ist es darum zu tun, zum einen Antworten auf bei Sokrates offen gebliebene Fragen zu finden und das sokratische Fragen, das ja ein durch und durch offener Prozess blieb, in eine metaphysische Theorie im eigentlichen Sinn zu überführen und damit die Entdeckung des Meisters, jenes im Handeln implizierte Wissen um Unbedingtes, zu sichern. Zum anderen geht es – das Sokratesthema noch großräumiger umgreifend – um die Behebung der Defizite und Aporien der vorausgehenden Naturphilosophie und ihrer ontologischen Geltungsansprüche. Das alles tut Platon im Kern durch die Konzeption der Ideenlehre, die in ganz verschiedenen, aber doch untereinander auch verknüpften Kontexten entfaltet wird. In ihr greift Platon über die sinnliche Welt hinaus, um auf sie im Dienst ihrer denkerischen Transparenz zurückzukommen. Beide Bewegungen werden in eine philosophische Bewegung zusammengeschlossen.[51] An besonders markanten Durchführungen des Programms soll diese Logik der Ideenlehre nachfolgend erschlossen werden:

„Zweite Fahrt". Im Dialog *Phaidon* gibt es eine Passage, die Giovanni Reale emphatisch „[…] die ‚Magna Charta' der westlichen Metaphysik […]"[52] genannt hat, weil sie

> „[…] die erste rationale Darlegung und Demonstration der Existenz einer übersinnlichen und transzendenten Wirklichkeit"[53]

formuliere. Sokrates erzählt, wie er sich enttäuscht von der Naturphilosophie abwendet, weil sie ihm in der sie leitenden Frage nach dem Sein und Werden der Dinge, speziell ihrer Ursache, keine befriedigende Auskunft gegeben habe, und sich auf die „zweite Fahrt" macht, denn:

> „[…] mich dünkte, ich müsse zu den Gedanken meine Zuflucht nehmen und in diesen das wahre Wesen der Dinge anschauen."[54]

Mit „zweiter Fahrt" meint Sokrates/Platon das mühselige Rudern des Bootes, wenn der Wind für das Segeln fehlt und gibt damit eine ironische Charakterisierung des Philosophierens als zweitbesten Weg zur Wahrheit (der natürlich der eigentliche, nämlich Menschen gemäße ist). Der Weg dieser zweiten Fahrt – seine Zuflucht – führt ihn zu den Ideen. In diesem Spitzentext heißt es:

> „Ich will also versuchen, dir den Begriff der Ursache aufzuzeigen, womit ich mich beschäftigt habe, und komme wieder auf jenes Abgedroschene zurück, und fange davon an, dass ich voraussetze, es gebe ein Schönes an und für sich, und ein Gutes und Großes und so alles andere, woraus, wenn du mir zugibst und einräumst, dass es sei, ich dann hoffe, dir die Ursache zu

[51] Vgl. ANGEHRN: Weg (Anm. 2). 205.
[52] REALE: Interpretation (Anm. 48). 135.
[53] REALE: Interpretation (Anm. 48). 135.
[54] PLATON: Phaidon. 99e.

zeigen und nachzuweisen, dass die Seele unsterblich ist. – So säume nur ja nicht, sprach Kebes, es durchzuführen, als hätte ich dir dies längst zugegeben. – So betrachte denn, fuhr er fort, was daran hängt, ob dir das eben so vorkommt wie mir. Mir scheint nämlich, wenn irgend etwas anderes schön ist außer jenem Schönen selbst, dass es wegen gar nichts anderem schön sei, als weil es teilhabe an jenem Schönen, und ebenso sage von allem. Räumst du diese Ursache ein? – Die räume ich ein, sprach er. – Und so [...] halte [ich] mich ganz einfach und kunstlos und vielleicht einfältig bei mir selbst daran, daß nichts anderes es schön macht als eben jenes Schöne, nenne es nun Anwesenheit oder Gemeinschaft, wie nur und woher sie nur komme, denn darüber möchte ich nichts weiter behaupten, sondern nur, daß vermöge des Schönen alle schönen Dinge schön werden."[55]

Lassen wir für unsere Hinsicht auf die Quelle beiseite, dass diese einem Dialog eingeschrieben ist, der später in einer Abfolge von vier Anläufen die Unsterblichkeit der Seele zu beweisen trachtet. Für Platon ist mit den Ideen, also damit, dass Eigenschaften von etwas, wie eben „schön", als eine Wirklichkeit an sich selbst gesetzt werden, die Möglichkeit von verlässlicher Erkenntnis, von eindeutiger Rede und wirklicher Kommunikation über allen Wandel hinweg gesichert, wie Platon an anderer Stelle – im *Parmenides* – ausführt.[56] Mit Blick auf Heraklit gesagt, wird durch die Ideenlehre das „Motiv des festen Halts"[57] eingespielt. Freilich sind in der zitierten *Phaidon*-Stelle und weiteren Passagen des Dialogs auch schon alle Probleme intoniert, die diese Lösung des alten Sein-Werden-Antagonismus heraufbeschwört – und es sind so viele, dass sie Platon im Gang seines weiteren Denkens zu Modifikationen und Revisionen der anfänglichen Annahmen über die Ideen nötigen.[58]

Seinsart der Ideen. Völlig klar und keiner weiteren Erläuterung bedürftig ist für Platon, dass damit – wörtlich – „zwei Arten von Seienden"[59] gesetzt sind, eine sichtbare und eine unsichtbare, getrennt voneinander. Und die unsichtbare Art, die Ideen, ist jenseits von Erfahrung, Vielheit und Werden, sie wird auch nicht durch Induktion oder Ähnliches erkannt, sozusagen abgezogen von den konkreten Dingen, sondern aus ihnen selbst. Die Ideen werden – so Platon zunächst – geschaut, später kommt ein diskursives Moment hinzu. An ihnen selbst sind die Ideen – zunächst – ein nicht weiter zu begründendes Gegebenes, sie stehen ganz für sich, ohne Bezug, und darum auch plural nebeneinander. Das spezifische Profil dieser Seinsart des Ideellen lässt sich relativ leicht in einem Negativ-Verfahren aus der Konfrontation mit der Seinsart weltlichen Existierens gewinnen:

[55] PLATON: Phaidon. 100b-d.
[56] Vgl. PLATON: Parmenides. 135b-c.
[57] ANGEHRN: Weg (Anm. 2). 212.
[58] Vgl. zum Folgenden ANGEHRN: Weg (Anm. 2). 205-329.
[59] PLATON: Phaidon. 79a.

(a) Einheit. Die Unhintergehbarkeit des an der Idee festgemachten Wissens setzt voraus, dass es von etwas immer nur streng eine Idee gibt – eine, dem alles ähnelt, was auf sie zurückgeleitet wird. Insofern begründet die Idee das Vielfältige und fungiert sie als seinsmäßige Norm der ihr zu subsumierenden Seienden. Diese sind Derivate der an ihr selbst ontologisch realen Idee. An diesem Gedanken, der – wie vorhin gezeigt – mit Folgerichtigkeit aus der platonischen Absicht einer Sicherung der sokratischen Einsicht resultiert –, an diesen Gedanken hat Platons Schüler Aristoteles regelrecht seine selbstständige Position gegen den Meister abgearbeitet, obwohl das, was dabei herauskam am Ende so verschieden gar nicht war (manche sagen, es bestehe im Wesentlichen überhaupt kein Unterschied).[60] Dabei hat Aristoteles durchaus verblüffende Argumente gegen die Platonische Ideenlehre entwickelt – oder besser gegen das, was er dafür hielt oder noch besser: gegen das, wofür er sie ausgab; denn es ist nicht von der Hand zu weisen, dass sich in dieses Abgrenzungsbemühen des Stagiriten auch persönliche Motive mischten, die daher rührten, dass nicht er, der doch als Platons Meisterschüler galt, sondern sein Mitschüler Speusipp von Platon für die Leitung der Akademie nach dem Tod des Meisters vorgesehen wurde. Jedenfalls bietet der Stagirite gegen das Verständnis der Ideen als ontologische Größen, also für sich bestehende Seiender, unter anderem ein regelrechtes Totschlag-Argument auf. Es erhielt später in Anspielung auf das für es in Anspruch genommene Beispiel den Namen „Tritos-Anthropos-Argument", also „Dritter-Mensch-Argument" und geht so: Wenn der konkrete Mensch ein Seiendes ist, aber ebenso die Idee „Mensch" auch ihrerseits ontologisch gesehen etwas für sich ist, dann muss es notwendig so etwas wie eine Idee geben, die beide Seiende, den konkreten seienden Menschen und die seiende Menschen-Idee, unter sich einbegreift. Weil aber Ideen ontologisch real sind, gilt das natürlich auch für diese Ober-Idee, so dass es wiederum eine Hyper-Idee geben muss, die den konkreten seienden Menschen, die Menschen-Idee und die Ober-Idee von beiden ihrerseits wieder einbegreift – und zwar als ontologisch reale. Und so fort in infinitum.[61] Doch wenden wir trotzdem nochmals Platon selbst unsere Aufmerksamkeit zu. Er selbst gibt nämlich noch mehrere Bestimmungen der Idee im Rahmen dessen, was ich vorhin „Negativ-Verfahren" genannt habe. In diesem Zusammenhang kommt neben dem soeben erwogenen Eines-Sein der Idee gleich ein weiterer Zug zur Geltung:

(b) An-sich-Sein. Mit diesem Ausdruck An-sich-Sein ist gemeint, dass die Idee ist, was sie ist, ohne sich je zu verändern oder

[60] Der auch sonst nicht ganz uneigenwillige Philosoph Hermann Schmitz hat vor einigen Jahren ein mehrbändiges Werk mit dem Titel *Die Ideenlehre des Aristoteles* (Bonn 1985) vorgelegt.

[61] Vgl. ARISTOTELES: Metaphysik. 990a-991b.

dadurch, dass sie von jemandem erkannt wird, eine Modifikation zu erfahren.

(c) Wahrsein. Kraft des An-sich-Seins kommt der Idee auch das Prädikat zu, „wahres“ Sein zu sein – wahr nicht im erkenntnistheoretischen Sinn, in dem wir von „wahr“ im Gegensatz zu „falsch“ sprechen. Sondern „wahr“ im ontologischen Sinn, d.h. so, wie wir von „echtem Gold“ oder „wahrer Freundschaft“ sprechen im Gegensatz zu etwas, das nur so und so zu sein scheint, es aber nicht ist. Dass die Idee – ich sage es einmal so unbeholfen – „mehr seiend“ ist als gewöhnliches Seiendes, über mehr Wirklichkeitsgehalt als die Gegenstände unserer Erfahrungswelt verfügt, macht sich darin geltend, dass sie unveränderlich ist. Manifestiert sich doch in allem Werden ein nur unzureichendes Sein. Was sich verändert, tut das ja ebendeswegen, weil es noch nicht im vollen Sinn *ist*. Daraus folgt wie von selbst eine vierte Bestimmung der Idee:

(d) Übersinnlichkeit. Übersinnlich ist die Idee einfach deswegen, weil sie im eben erläuterten Sinn realer ist als das, was unseren Sinnen begegnet. Natürlich hat das erkenntnistheoretische Folgen: Da unsere Sinne auf das Veränderliche bezogen sind, muss – wenn wir von Realerem als dem Sinnlichen überhaupt etwas sollen wissen können – eine ihrerseits höhere Instanz für die Erkenntnis dieses Wirklicheren aufkommen. Und das tut das Denken – und zwar ausschließlich das Denken.

Wenn man sich an dieser Stelle nochmals das Quellmotiv für Platons Ideenlehre vergegenwärtigt – die Sicherung der im sokratischen Fragen neu aufgebrochenen Wissensweise –, dann kann einem trotzdem auch an der anfänglichen Fassung unangesehen ungelöster Problembestände spontan die innere Folgerichtigkeit der Ideenlehre klar werden. Ein im Handeln impliziertes unbedingtes, also normatives Wissen muss in einer Wirklichkeit gründen, die wirklicher ist als die Wirklichkeit des Handlungsraumes, weil nur so begründete Handlungsnormen zustande kommen können. Wer diese Denkfigur akzeptiert, für den oder die stellen die erkenntnistheoretischen Konsequenzen, von denen eben schon die Rede war, kein neues Problem mehr, sie profilieren lediglich die ontologische Sachlage.

Anamnesis. Mit der vorhin zitierten *Phaidon*-Passage ist aber natürlich auch schon das zentrale Problem der Beziehung zwischen den beiden Arten des Seienden, also den Ideen und den konkreten Dingen, thematisiert. Dieses Problem kann in zweifacher Hinsicht durchbuchstabiert werden: epistemologisch und ontologisch. Der erstere Weg wird im *Menon* am Leitfaden der anamnesis – Erinnerung – auf eine Weise entfaltet, die mit dem zweiten Beweis für die Unsterblichkeit der Seele aus dem *Phaidon* zusammenhängt: Es gibt eine

Präexistenz der Seele, also ein Bestehen und einen Zustand der Seele vor ihrem irdischen Verweilen, in dem sie die Ideen geschaut hat, so dass sie sich später während des irdischen Lebens an diese Wahrheit erinnern kann. Sokrates und sein Dialogpartner Menon überlegen, was denn Tugend sei. Als das Gespräch in einer der berüchtigten sokratischen Sackgassen endet, die einen völligen Neuanfang des Gesprächs erzwingen, erhebt Menon einen grundsätzlichen methodischen Einwand von bestechender Logik:

„Menon: Und auf welche Weise willst du denn dasjenige suchen, Sokrates, wovon du überhaupt gar nicht weißt, was es ist? Denn als welches besondere von allem, was du nicht weißt, willst du es dir denn vorlegen und so suchen? Oder wenn du es auch noch so gut träfest, wie willst du denn erkennen, daß es dieses ist, was du nicht wußtest?
Sokrates: Ich verstehe, was du sagen willst, Menon! Siehst du, was für einen streitsüchtigen Satz du uns herbringst? Daß nämlich ein Mensch unmöglich suchen kann, weder was er weiß, noch was er nicht weiß. Nämlich weder was er weiß kann er suchen, denn er weiß es ja, und es bedarf dafür keines Suchens weiter; noch was er nicht weiß, denn er weiß ja dann auch nicht, was er suchen soll.
Menon : Scheint dir das nicht ein schöner Satz zu sein, Sokrates?
Sokrates: Mir gar nicht.
Menon: Kannst du sagen, weshalb?
Sokrates: O Ja! Denn ich habe es von Männern und Frauen, die in göttlichen Dingen gar weise waren [...] Und was sie sagen, ist folgendes [...]:
Sie sagen nämlich, die Seele des Menschen sei unsterblich, so daß sie zu einer Zeit zwar ende, was man Sterben nennt, zu anderer Zeit jedoch wieder werde, untergehe aber niemals. Und deshalb müsse man aufs heiligste sein Leben verbringen[...].
Weil nun die Seele unsterblich ist und oftmals geboren und, was hier ist und in der Unterwelt, alles erblickt hat: so ist auch nichts, was sie nicht in Erfahrung gebracht hätte, so daß nicht zu verwundern ist, wenn sie auch von der Tugend und allem andern vermag, sich dessen zu erinnern, was sie ja auch früher gewußt hat. Denn da die ganze Natur unter sich verwandt ist und die Seele alles innegehabt hat: so hindert nichts, daß, wer nur an ein einziges erinnert wird, was bei den Menschen Lernen heißt, alles übrige selbst auffinde, wenn er nur tapfer ist und nicht ermüdet im Suchen.“[62]

Was „Sokrates“ da antwortet, ist alles andere als eine billige Ausflucht angesichts der schneidigen Grundsatzfrage des Menon, wie denn überhaupt nach etwas gefragt werden könne. Es ist vielmehr die einzig überhaupt mögliche Antwort, wenn so etwas wie wirkliches Fragen oder Suchen möglich sein soll. Ich kann in der Tat nur nach dem fragen, wovon ich so etwas wie Vorwissen besitze. Sonst wüsste ich ja nicht, in welche Richtung ich meine Frage ansetzen soll. Gleichzeitig kann ich aber sinnvoll nur nach dem fragen, wovon ich in Gestalt dieses Vorwissens noch nicht genug weiß. Sokrates/Platon macht dieses Vorwissen an einer Präexistenz, also einem Dasein der Seele schon vor ihrem irdischen Auftritt und damit an einer Unsterblichkeit fest, von der ihm weise Männer und Frauen, später als Priesterinnen und

[62] PLATON: Menon. 80d-81d.

Priester bezeichnet, Kunde gegeben hätten. So macht er dieses Vorwissen als unvordenklich und damit als seinerseits nicht nochmals begründungsbedürftig namhaft – und das geschieht mit logischer Notwendigkeit: Wäre auch das von der Seele in die Welt mitgebrachte Wissen wieder auf anderes Wissen zurückzuleiten, wäre bereits ein infiniter Regress in Gang gesetzt.

Freilich wäre damit lediglich eine Sicherung der Möglichkeit echten Fragens gegeben und über sie indirekt die Notwendigkeit eines nicht noch einmal zur Disposition stehenden Wissens erwiesen, die beide rein formal bleiben. Genau das ist Platon zu wenig; es ginge über das Niveau des sokratischen Fragens im Grunde nicht hinaus, um dessen theoretische Sicherung ihm doch zu tun ist. Das scheint Platon erst dadurch geleistet, dass diesem alles Fragen ermöglichenden Vorwissen seinerseits ein ontologischer Status zugeschrieben wird. Und ebendies geschieht in Gestalt der „Ideenlehre". Dem Wortlaut nach könnte der Begriff der Idee durchaus auf Sokrates selbst zurückgehen: Idee als charakteristisches Syndrom – wörtlich: Zusammenkommen – bestimmter Züge, die etwas als das, was es ist, erkennbar werden lassen. Gerade im *Euthyphron* spricht er mehrfach von der „idea", der „gewissen Gestalt", die das Fromme bzw. das Unfromme doch habe, nach dem die Frage geht.[63]

Für Platon dagegen gewinnt die Idee als Inbegriff nicht mehr verfüglichen und hintergehbaren Wissens ihrerseits nun ontologische Qualität – und muss das ja auch. Der Anspruch des für Sokrates zwar Evidenten, aber nicht Sagbaren kann ja nur dann für die Praxis handlungsbestimmend, also normativ werden, wenn hinter diesem Anspruch etwas steht, dem mehr Wirklichkeit eignet als dem der gelebten Wirklichkeit. Der Gedanke der „Idee" soll sichern, dass sich das von Sokrates als Implikat des Handelns entdeckte unbedingte Wissen seinerseits auf eine Wirklichkeit sui generis gründet.

Methexis. Genau da setzt die zweite, also die ontologische Hinsichtnahme im Verhältnis der zwei Seinsarten, also zwischen Ideen und Erscheinungswelt, an. In ihr operiert Platon mit einer Reihe von Denkfiguren, deren berühmteste die methexis, lateinisch participatio, ist, also der Begriff der Teilhabe. Daneben kennt er auch die mimesis (imitatio); im *Phaidon* spricht er von Gegenwart (parusia) und Gemeinschaft (koinonia) – ohne sich darüber genauer auszulassen: „wie nur und woher sie auch komme, denn darüber möchte ich nichts weiter behaupten"[64]. Aristoteles hat das später zum Anlass genommen, die diesbezüglichen Ausführungen seines Lehrers und anderer als „leeres Gerede und poetische Metapher"[65] zu kritisieren. Vor allem der methexis war später im Raum der christlichen Meta-

63 Vgl. PLATON: Euthyphron. 5d. 6d.
64 PLATON: Phaidon. 100d.
65 ARISTOTELES: Metaphysik. 991a, 20-22.

physik eine unabsehbare, bis in die jüngere Gegenwart reichende Wirkungsgeschichte beschieden; in deren Verlauf ging unter anderem auch verloren, dass in Platons Sicht die endlichen Dinge auch der Idee inhärieren, weil sie kraft des Anderen, das ihre Idee und das darum wirklicher als sie selbst ist, existieren.[66]

Es gehört zu den Stärken des platonischen Denkens, den eigenen Problemüberhängen nicht aus dem Weg zu gehen, sondern sich diesen zu stellen:

> „Die Ideenlehre ist kein feststehendes Dogma. Im Dialog *Parmenides* hat Platon ein Dokument der Selbstkritik von erstem Rang vorgelegt; in späteren Dialogen (*Sophistes, Timaios, Philebos*) hat er die Konzeption der klassischen Ideendialoge in entscheidenden Punkten vertieft und transformiert."[67]

In diesem Prozess einer Fortschreibung werden die anfänglich angenommene „[...] Absolutheit, Reinheit und Geschlossenheit der Idee [...]"[68] aufgebrochen. Gefragt wird, (a) was die Ideen im Letzten begründet, (b) wie die Ideen miteinander vernetzt und aufeinander bezogen sind und (c) was sie als Prinzip in ihrer geordneten Ganzheit zusammenhält.[69] Die erste der Fragen findet ihre markante Auflösung in den berühmten drei Gleichnissen der *Politeia* – dem Sonnen-, Linien- und Höhlengleichnis.[70] Das Letztere, von dem an anderer Stelle ausführlich die Rede ist (⇖ Bd. 1, Kap. 3.1), repräsentiert so etwas wie die pädagogisch-didaktische Außenseite der anderen beiden. Vor allem deren Ersteres zielt direkt auf die Frage nach dem Konstitutionsgrund der Idee und legt als diesen Grund die Idee des Guten frei.[71] Gegen Sokrates' Sträuben, eine elaborierte Erklärung dieser Idee zu geben, weil er sich, da er sie nicht kenne, nicht als Wissender ausgeben wolle, lässt er sich dann doch wenigstens das folgende Gleichnis abringen:

Die Idee des Guten. Das Gute entspricht in der Wissenswelt der Sonne in der physischen Welt. Der innere Zusammenhang der Gleichnishälften ist dadurch gesichert, dass die Sonne als vom Guten nach seinem Bild geschaffen gilt. Durch die Sonne sind die Dinge sichtbar und unsere Augen sehfähig. Außerdem ist sie auch die Ursache der Dinge, sofern sie das physische Leben wachsen lässt. So ergibt sich die Gleichung: Sonne verhält sich zu Sehvermögen und Sichtbarem wie Gutes zu Vernunft und Erkennbarem. Zugleich erhellt aus dem Gleichnis die Transzendenz des Guten als das, was wie die Sonne als Ursache alles Sehen und Werden, alle Vernunft und alles Sein überragt. Ebenso deutet sich an, dass dieses Gute Gegenstand höchs-

66 Vgl. ANGEHRN: Weg (Anm. 2). 256.
67 ANGEHRN: Weg (Anm. 2). 266.
68 ANGEHRN: Weg (Anm. 2). 281.
69 Vgl. ANGEHRN: Weg (Anm. 2). 283.
70 Vgl. PLATON: Politeia. 502c-521b.
71 Vgl. zum Folgenden auch KUTSCHERA, Franz v.: Platons Philosophie. Bd. II: Die mittleren Dialoge. Paderborn 2002. 108-114.

ten Wissens und selbst das höchste Gut und damit gnoseologisch letztes Prinzip ist. Normativ aber kann nur sein, was „mehr wirklich ist“ als das von ihm Normierte, weshalb die Idee des Guten auch ontologisch den ersten Platz besetzt. Von ihr her gewinnt alles Seiende sein Sein und seine letzte Fundierung und kann darum auch „göttlich“ genannt werden. (↖ Bd. 1, Kap. 3.1)

Ungeschriebene Prinzipientheorie. Trotz der inneren Evidenz dieser Gedankenfolge bricht Sokrates das Sonnengleichnis regelrecht ab und belässt Vieles in Andeutungen – aus gutem Grund, wie die Reaktion Glaukons in Form von Gelächter zeigt[72] – es bringt nichts, diese großen Dinge in der Öffentlichkeit breit zu treten. Genau das ist so etwas wie der naturwüchsige Einsatzpunkt der ungeschriebenen Lehre Platons, die wir als Problem der Platoninterpretation schon kennen gelernt haben. Jetzt greifen wir auf sie inhaltlich und in systematischer Absicht zurück. Freilich steht und fällt ein solches Unternehmen mit einer geradezu trivialen Voraussetzung: Wenn die platonischen Dialoge von der ungeschriebenen Lehre her gelesen werden sollen, die niederzuschreiben sich Platon weigerte, dann muss diese Ungeschriebene Lehre auf anderem Wege zugänglich sein. Und genau das ist auch der Fall. Reale spricht von „Indirekter Überlieferung“. Gemeint sind damit Passagen aus Texten unmittelbarer Platon-Schüler, die von Platons Lehre handeln, in keiner Weise jedoch mit dem in den Dialogen zur Geltung Gebrachtem abgeglichen werden können, gleichwohl zu dem dort Geäußerten nicht in unvereinbarem Widerspruch stehen und gleichzeitig keinerlei Verdacht auf unkorrekte Wiedergabe wecken. Es sind im Wesentlichen drei Quellen, über die sich die Perspektive auf die ungeschriebene Lehre Platons auftut: Die erste und zugleich erstrangige unter ihnen heißt – Aristoteles. Die zweite bietet Speusipp, der Neffe Platons, der ihm in der Leitung der Akademie nachfolgte, die dritte Xenokrates, der wiederum – sozusagen in dritter Generation – in die Fußstapfen Speusipps tritt (andere, kleinere Quellen kommen noch hinzu)

Das verblüffende an den einschlägigen Dokumenten: Sie stimmen darin überein, dass das, was sich aus den Dialogen über Platon erheben lässt, defizitär ist im Vergleich zu dem, was er wirklich gedacht hat – und zwar defizitär in der Grundstruktur, noch genauer: defizitär hinsichtlich des Status der gewöhnlich für das Steuerungszentrum des platonischen Denkens gehaltenen Ideenlehre. Sokrates hatte – um es nochmals bündig zusammen zu fassen – hartnäckig nach dem Wesen der Dinge gefragt und war überzeugt gewesen, dass einer dieses kennen müsse, wolle er etwas Konkretes erkennen oder richtig tun. Positive Antworten freilich hat Sokrates nie gegeben – nur, dass da etwas sein muss, was das Konkrete sozusagen normiert. Platons Ideenlehre will dieser sokratischen Einsicht ein ontologisches Fundament verlei-

72 Vgl. PLATON: Politeia. 509c.

hen. Das zentrale Kürzel für den Zusammenhang von Normierendem und Normierten heißt „Teilhabe". Und auch die Ideen als solche stehen nicht einfach nebeneinander, sondern kommen partizipativ von einem Letzten sie in ihrem Sosein Bestimmenden her, nämlich der Idee des Guten, die damit nichts anderes als die Idee der Ideen ist.

Aristoteles nun beschreibt bereits im Buch A seiner *Metaphysik* (Kapitel 6) das Verhältnis zwischen den sinnlichen Dingen und den Ideen durchaus so wie Platon. Mit dem Begriff der Teilhabe – so der Stagirite – habe Platon allerdings nur einen pythagoreischen Gedanken aufgegriffen, ohne die Sache selbst näher zu explizieren. Aristoteles selbst tut genau das, indem er die Partizipation als kausale Beziehung spezifiziert – und dann hinzufügt, dass die Ideen dennoch nicht die ersten und letzten Ursachen seien. Platon habe nämlich konstitutive Bestandteile der Ideen gekannt, also Prinzipien, die noch fundamentaler sind als die Ideen. Es handle sich dabei um das Prinzip der Einheit und um das Prinzip der Zweiheit von Groß-und-Klein oder – so eine andere Formulierung – das Prinzip der unbegrenzten und unbestimmten Zweiheit. Funktional entsprächen das erste Prinzip der Form, das zweite der Materie, wobei diese beiden Prinzipien der Idee dann ihrerseits wieder für die sinnlichen Dinge als Formal- wie Materialursache (gleichsam eine Stufe tiefer) fungierten. Aristoteles wörtlich:

> „Es erhellt [...], daß er [sc. Platon; K. M.] nur zwei Ursachen verwandte: die formale und die materiale. Denn die Ideen sind formale Ursachen der anderen Dinge, und das Eine ist formale Ursache der Ideen. Und auf die Frage, was die zugrundeliegende Materie sei, von der die Ideen im Bereich des Sinnlichen und das Eine im Bereich der Ideen prädiziert werden, antwortet er, daß das die Zweiheit ist, das Große und Kleine."[73]

Laut Aristoteles sind diese beiden Letztprinzipien zudem axiologisch differenziert: Das Prinzip des Einen fungiere als Ursache für das Gute, das der Zweiheit als diejenige des Schlechten.

Das ist aber noch nicht alles, was Aristoteles an dieser Stelle an Überraschendem über Platons Denken sagt: Neben diesen Prinzipien der Ideen unterscheidet er von Letzteren auch noch die idealen Zahlen als eine Instanz zwischen jenen letzten Prinzipen und den Ideen, zudem die mathematischen Entitäten als etwas zwischen den Ideen und den Sinnesdingen Stehendes. Damit bekommt der übersinnliche Bereich auf einmal eine vierstufige Gliederung, nämlich (von unten gelesen): Über den Sinnesdingen (1) die mathematischen („mittlere" genannten) Entitäten, (2) die Ideen, (3) die idealen Zahlen, (4) die beiden Letztprinzipien Einheit und Zweiheit.

Das deckt sich nur zum deutlich kleineren Teil mit dem, was die platonischen Dialoge besagen. Aber verblüffenderweise begegnet exakt die gleiche Auffächerung sowohl bei Speusipp als auch bei Xenokrates – wobei sich alle drei markant dadurch unterscheiden, welche der

[73] ARISTOTELES: Metaphysik. 988a, 9-14.

Stufen sie akzeptieren oder ablehnen (der Kritischste ist Aristoteles; der Platon-Naheste Xenokrates). Aber dass Platon so gedacht habe wie eben beschrieben, darin stimmen sie alle überein. Systematisch gesehen muss man sagen: Platons Schüler erster Hand erblicken einhellig in einer Prinzipientheorie die Grundlage des Denkens ihres Lehrers, von der die Dialoge nichts wissen. Speusipp stellt für die in dieser Prinzipientheorie liegenden Lösungspotenziale hinsichtlich bestimmter Aporien die Ideenlehre regelrecht zurück. Und Aristoteles interessiert sich – unbeschadet dessen, dass er alle vier Ebenen der platonischen Übersinnlichkeit abweist – besonders intensiv für die Prinzipienthematik. Jedenfalls geht es in den beiden letzten Büchern seiner *Metaphysik* (M, N – 13 und 14) um eben diese Gliederung des Transzendenzbereiches.

Zugewinn. Und was ist philosophisch gewonnen, wenn man sich auf das Mailand-Tübingen-Paradigma der Platon-Interpretation einlässt? Der Gewinn scheint mir ein doppelter: Zum einen spielt der Ansatz einen argumentationsgeschichtlichen Zugewinn ein: So wie es aussieht, erlaubt der Rekurs auf die ungeschriebene Lehre im erläuterten Sinn eine konsistente Aufklärung problematischer Schlüsselstellen in den großen Dialogen. Gleichzeitig wirft er auf die aristotelische *Metaphysik* und auch auf die neoplatonische Einheits-Spekulation – die so genannte „Henologie" – ein neues Licht, eines zumal, das so mancher mehr oder weniger als unverständlich ausgebuchten Passage in den einschlägigen Werken einen wohlbestimmten Sinn zurückzugeben vermag. Das ist aber nur das Eine.

Provokation. Das Zweite darf als Provokation bezeichnet werden: Die hermeneutisch – also zum Zweck einer Interpretation – herangezogene ungeschriebene Lehre lässt vor dem Hintergrund der divergenten Dialoge in diesen den Umriss einer systematischen Metaphysik zur Geltung kommen, was seinerseits freilich erhebliche Konsequenzen nach sich zieht, nicht zuletzt die, dass es sich bei bestimmten Passagen, die der herkömmlichen Deutung als platonischer Mythos gelten, gar nicht um einen solchen handelt. Das brisanteste Beispiel dafür findet sich im *Timaios*. Dieser der Weltschöpfung gewidmete Dialog redet von einem – so wörtlich – „Vater und Schöpfer des Alls", der in dem Werk eine zentrale Rolle spielt. Reale ist überzeugt, dass weder die letzten Prinzipien noch die idealen Zahlen noch die Ideen, weil allesamt reine Formalursachen, das Entstehen der Welt erklären können und diese also auf eine Wirkursache zurückgeführt werden müsse, nämlich den „Demiurgen" – den Weltschöpfer – aus dem *Timaios*. Ähnlich entpuppen sich in Reales Deutung die Seele und deren Unsterblichkeit als nicht-mythische Kernbestände des platonischen Denkens. Jedenfalls gewinnt für Reale das platonische Denken erst dadurch eine interne Kohärenz und Konsistenz, dass die genannten Gedanken – Demiurg, Seele, Unsterblichkeit (einschließlich einer Ewigkeit der Ideen) – buchstäblich (und nicht mythisch) gelesen werden.

Sofern damit personale Geistwesen – nämlich Demiurg und Seele – zentrale Motive der platonischen Wirklichkeitsbeschreibung ausmachen, lässt sich relativ leicht nachvollziehen, warum die Mailand-Tübingen-Interpretation Platons lebhaftes Interesse seitens – nach gängigen Maßstäben – eher als konservativ geltender christlicher Denker gefunden hat, wäre doch nach deren Auffassung durch die vorstehend skizzierte Platon-Deutung der philosophische Beweis für den Schöpfungsgedanken wie denjenigen einer unsterblichen Seele erbracht – und damit für Annahmen, die im ersteren Fall zum biblischen Grundbestand gehören, im zweiten zum biblisch nicht mehr zu sichernden Fundus klassischer christlicher Lehrentwicklung. Explizit bekennende Platoniker christlicher Provenienz von einiger Prominenz sind derzeit der evangelische Systematiker Wolfhart Pannenberg und Benedikt XVI., vormals Joseph Ratzinger.[74]

Komplexere Ontologie. Platonimmanent gesehen eröffnet die ungeschriebene Lehre eine zweite basalere Ontologie, die in begründender Absicht noch hinter die Ideenlehre zurückführt und eine zweifache Konsequenz zeitigt:

> „Zum einen verlieren die Ideen ihre Absolutheit und Letztheit: Die reine Form ist nicht ursprünglich, sondern abgeleitet und konstituiert. Zum anderen verblaßt der schroffe Dualismus der Welten: Die zweistufige Konstitution, die sich auf beiden Ebenen analog wiederholt – als Konstitution der Dinge aus Stoff und Form, der Formen aus Unbegrenztem und Grenze –, impliziert eine homogene, durchgängige Ontologie für Dinge und Ideen.“[75]

Analoges ist auch hinsichtlich der zweiten Transformation der Ideenlehre in ihrer späteren Entwicklung zu sagen: Auch die Abgetrenntheit der Ideen voneinander, ihre Isoliertheit und Unbezüglichkeit wird aufgebrochen zu einer Vernetztheit und Transitivität, weil nur so wirkliches Denken und Sprechen gesichert werden kann:

> „Es ist die völlige Vernichtung allen Redens, jedes von allem übrigen zu trennen. Nur durch die gegenseitige Verflechtung der Ideen kann uns ja eine Rede entstehen“[76],

heißt es im *Sophistes*. Das freilich heißt nicht, dass alles buchstäblich ineinander und durcheinander gehen darf, sondern dass sich die Aufgabe stellt, Identität und Differenz ineins zu denken. Das geschieht dadurch, dass das Selbstsein als Negation des Anderssein gefasst wird, aber dies so, dass dabei eben dieses Andersseins als Implikat des Selbstseins fungiert – in Bezug auf die eleatische Denkform gesagt:

[74] Vgl. dazu etwa PANNENBERG, Wolfhart: Theologie und Philosophie. Ihr Verhältnis im Lichte ihrer gemeinsamen Geschichte. Göttingen 1996. 37-68. – RATZINGER, Joseph: Eschatologie – Tod und ewiges Leben. Vorwort. Stuttgart 1977. 14-15.

[75] ANGEHRN: Weg (Anm. 2). 299.

[76] PLATON: Sophistes. 259e.

indem die strikte Trennung von Sein und Nichts in gewissem Maß verflüssigt wird.

Ihren markantesten Niederschlag findet dieser Zug der Transformation wohl im *Timaios*, wo die Schöpfung als geordnete Ganzheit zur Darstellung kommt, also die Vielheit der miteinander vernetzten I-deen auf transparente Weise in eine Einheit gefügt ist – das ist die dritte Fortschreibung der Ideenlehre. Gemäß dem *Timaios* durchgreift diese gegliederte Ganzheit des Kosmos die Prinzipialität eines Guten, das selber reine Güte ist. Platon wörtlich:

> „Timaios: Geben wir denn an, welcher Grund den Ordner alles Entstehens und dieses Weltganzen, es zu ordnen bestimmte. Er war gut; im Guten aber erwächst niemals und in keiner Beziehung Mißgunst. Dieser fern wollte er, daß alles ihm selbst möglich ähnlich werde. [...] Indem nämlich Gott wollte, daß alles gut und, soviel wie möglich, nichts schlecht sei, brachte er, da er alles Sichtbare nicht in Ruhe, sondern in ungehöriger und ordnungsloser Bewegung vorfand, dasselbe aus der Unordnung zur Ordnung, da ihm diese durchaus besser schien als jene. Aber dem besten war es weder, noch ist es ihm gestattet, etwas anderes als das Schönste zu tun; [...]“[77]

Und die innere Gliederung dieses geordneten Ganzen, das so aus der Güte Gottes hervorgeht, wird nicht als Addition, sondern als Proportionalität gefasst:

> „Das schönste aller Bänder ist nun das, welches das Verbundene und sich selbst so viel wie möglich zu einem macht; das aber vermag seiner Natur nach am besten ein gegenseitiges Verhältnis zu bewirken. Wenn sich nämlich von irgend welchen drei Zahlen oder Maßen oder Flächen die mittlere zur letzten wie die erste zu ihr sich verhält, so auch die letztere zur mittleren wie diese zur ersten, so folgt, indem die mittlere zur ersten und letzten wird und die letzte und erste beide zu mittleren, daraus notwendig, daß alle dieselben seien, indem sie aber untereinander zu demselben werden, daß alle eins sein werden.“[78]

Was so wohlgeordnet mit sich selbst zu einem Ganzen gefügt ist, ist auch unerachtet seiner inneren Elastizität, wie sie im Platzwechsel der Proportionsglieder zur Geltung kommt, so stabil, dass es nur sein Schöpfer wieder aufknüpfen könnte[79] – und das hätte glattweg als Frevel zu gelten.[80] In sprachphilosophischer Hinsicht ist diese *Timaios*-Passage zum primären Referenzpunkt der Analogielehre geworden, also dem Problem der Rede über Gott in menschlichen Termen. (↖ Bd. 1, Kap. 4.6) Ontologisch gesehen – und das ist die uns hier leitende Perspektive – öffnet diese Fortschreibung der Ideenlehre unter dem Motiv der Einheit uns eine hochbrisante Perspektive philosophischer Theologie: Weil das Beste kraft seines Wesens nur das Schönste zu tun vermag, so wird der Kosmos, den es schafft, nach seinem Bild geschaffen. Anders gesagt: Gott selbst als ewiges, noetisches Lebewe-

[77] PLATON: Timaios. 29e-30a.
[78] PLATON: Timaios. 31c-32a.
[79] Vgl. PLATON: Timaios. 32c.
[80] Vgl. PLATON: Timaios. 41b.

sen, als „[…] die Fülle des Lebens der Vernunft […]“[81], ist das Vor- oder Urbild, nach welchem er selbst als Demiurg den Kosmos schafft.[82] Und darum muss der geschaffene Kosmos, weil er ja etwas Körperliches ist, wie ein Lebewesen als mit Vernunft und Seele begabt gefasst werden:

> „So also sei, müssen wir der Wahrscheinlichkeit nach annehmen, durch Gottes Fürsorge diese Welt als ein beseeltes und in Wahrheit mit Vernunft begabtes Lebendes entstanden. Dies angenommen, müssen wir nun ferner angeben, welchem Lebenden ähnlich der Ordner es ordnete. Keinem seiner Natur nach unter dem Begriffe des Teiles Befaßten wollen wir diesen Vorzug zuerkennen; denn nimmer möchte wohl etwas einem Unvollkommenen Ähnliches zu einem Schönen werden; wir wollen vielmehr annehmen, daß vor allem dem am ähnlichsten sei, dessen Teil alles Lebende einzeln und seinen Gattungen nach ist; denn jenes umfasst und schließt alles denkbare Lebende in sich, wie dieses Weltall uns und alle außer uns sichtbaren Geschöpfe.“[83]

Der Kosmos wird ins Bild einer Kugel mit glatter Oberfläche, also ohne Verbindungskanäle oder -instrumente nach außen gebracht. Sein Leben – er ist ja Lebewesen! – realisiert sich

> „[…] ganz im Selbstverhältnis. Als Selbstbewegung und Selbstbeziehung […] – Sinnbild der ontologischen Selbständigkeit der Substanz wie der Vollendetheit göttlichen Glücks. Aufs Ganze projiziert ist die Geschlossenheit Kehrseite der Totalität: Philosophie denkt auf das Umfassende hin, das kein Außen hat.“[84]

Panentheismus. Ganz gemäß der Transformationslogik der späten Ideenlehre ist dabei der Kosmos als Bild des göttlichen Guten als Ganzheit und kraft des Bildseins seinerseits mit diesem in der Dynamik von Identität und Differenz zu einem Einen zusammengeschlossen! So zeichnet Platon der unzweifelhaft dualistischen Grundanlage seines Denkens Intuitionen ein, deren Leitmotive „Ganzheit“ und „All-Eines“ einer ganz anderen Denkform, nämlich derjenigen des Monismus entstammen. Darum auch endet der *Timaios* mit einem Monotheismusgedanken, der den schulmäßigen Differenz-Monotheismus – hier Gott und da Welt – mit seinen Aporien hinter sich lässt wie zugleich nicht ins Gefälle eines strukturlosen Monismus gerät, sondern sich in der Spur dessen bewegt, was heute unter dem aus dem 19. Jahrhundert stammenden Titel des „Panentheismus“ diskutiert wird. Der Dialog schließt mit den Worten:

> „Denn indem dieses Weltganze sterbliche und unsterbliche Bewohner erhielt und derart davon erfüllt ward, wurde zu einem sichtbaren, das Sichtbare umfassenden Lebenden, zum Abbild des Denkbaren als ein sinnlich wahrnehmbarer Gott, zum größten und besten, zum schönsten und vollkommensten dieser einzige Himmel, der ein eingeborener ist“.[85]

81 KUTSCHERA: Platons Philosophie. Bd. III (Anm. 50). 50.
82 Vgl. KUTSCHERA: Platons Philosophie. Bd. III (Anm. 50). 50.
83 PLATON: Timaios. 30c-d.
84 ANGEHRN: Weg (Anm. 2). 326.
85 PLATON: Timaios. 92c.

Es ist kein Zufall, dass in gegenwärtiger philosophischer Theologie, die dem Paradigma des Prozessdenkens folgt, die Metapher vom Kosmos als Gottes Leib einen gewichtigen Platz einnimmt.[86] Ihre Wurzeln liegen nicht zuletzt auch in theologischen Ressourcen des platonischen Denkens, die sich als offenkundig nach wie vor unverbraucht erweisen. Nicht umsonst rechnet das Standardwerk zum Panentheismus, Charles Hartshornes und William Reeses kommentierter Reader *Philosophers Speak of God* Platon der Riege des „Ancient or Quasi-Panentheism“[87] zu. (↗ Bd. 3, Teil C, Kap. 11.1)

In unserem Zusammenhang der ontologisch-metaphysischen Fragestellung ist es nun Zeit für ein Resümee. In diesem soll nicht nur propositional, also satzhaft, aufgelistet werden, was vorausgehend alles erschlossen wurde. Vielmehr soll auch die performative Seite des platonischen Denkens zur Geltung kommen, also die Weise, wie seine Gedanken als Akte philosophischer Vernunft in die Lebensform eingebettet sind, die den Namen „Philosophie“ trägt. Den Ansatz für ein solchermaßen gedoppeltes Resümee bietet etwas, das sich wie ein basso continuo durch alles zieht, was wir vorausgehend über die Idee des Guten zu sagen hatten: dass Platon diese und das, was von ihr ausgeht, immer auch mit dem Schönen in Verbindung bringt. Damit ist die Spur gelegt, der es zu folgen gilt:

86 Vgl. dazu BRIERLEY, Michael W.: Naming a Quiet Revolution: The Panentheistic Turn in Modern Theology. In: CLAYTON, Philip/PEACOCKE, Arthur (Hgg.): In Whom We Live and Move and Have Our Being. Panentheistic Reflections on God's Presence in a Scientific World. Grand Rapids; Cambridge 2004. 1-15. Hier 6-7.

87 Vgl. HARTSHORNE, Charles/REESE, William L: Philosophers speak of God. Nachdr. New York 2000. 38-57.

3.7 Resümee: Eros und Metaphysik

Das Gute und das Schöne. Wir hatten gesehen, wie und warum Platon der Idee des Guten neben ihrer epistemologischen Funktion auch ontologischen Charakter zuspricht. Wegen eben dieser seinsmäßigen Dimension eignet dieser Idee auch eine Art von Sichtbarkeit, nämlich einer solchen für das Denken. (⇖ Bd. 1, Kap. 3.1) In dieser – buchstäblichen – Hinsicht erscheint das Gute als das Schöne (das ist der Kern der schon erwähnten „kalokagathia"). Um das Schöne wahrzunehmen, muss die Seele den Bereich der sinnlichen Dinge verlassen, über das Irdische gleichsam hinaus gerissen werden und in gewissem Sinn sogar ihr irdisches Sterben vorwegnehmen.

Eros. Zur Schau des Schönen führen für Platon zwei Wege. Der eine Weg ist Eros, die Liebe. Im berühmten (und vielleicht schönsten) seiner Dialoge, im *Symposion*, erzählt Platon, wie Eros (und mit ihm die Seele des Menschen) vom Schönen angezogen wird und sie dadurch den Sog nach unten überwinden lässt. Sokrates wird selbst in dieses Geheimnis des Eros eingeführt – und zwar von der uns schon bekannten Diotima, deren Weisheit es ist, die er selbst erklärtermaßen weitergibt.

Einzigartig, wie Diotima für Sokrates den Eros beschreibt: Die Götter hätten die Geburt der Aphrodite (der Göttin der Liebe) gefeiert und dabei kräftig gezecht, unter ihnen auch Poros – wörtlich übersetzt: der „Weg", der „Ausweg" (Gegenwort zu „aporia": „Ausweglosigkeit"). Weil er dem Nektar ziemlich kräftig zugesprochen hatte – „denn Wein gab es noch nicht"[88] –, legte er sich im Garten des Zeus schlafen. Aber auch Penuria – wörtlich „Armut" – hatte von dem Fest erfahren, kam darum, um auch für sich etwas zu erbetteln. Als sie den im Nektarrausch schlummernden Poros entdeckt, fasst sie einen kühnen Plan. Um ihrer Not gründlich Abhilfe zu schaffen, legt sie sich zu Poros und empfängt von ihm einen Sohn: den Eros. Wegen dieser seiner Entstehung am Geburtstag der Aphrodite gilt Eros als deren Begleiter und als Liebhaber des Schönen, weil doch Aphrodite, die aus dem Meerschaum Geborene, so schön ist: Um sich das poetisch-erotische Fluidum dieser Erzählung zu vergegenwärtigen, könnte man etwa an das Gemälde *Geburt der Venus* von Botticelli (mit Aphrodite/Venus in der Muschelschale stehend)denken oder – vielleicht noch verdichteter – an die „Aphrodite Kallipygos" im Nationalmuseum von Napoli: eine Skulptur, die – für die Platzierung mitten in einem flachen Teich geschaffen – in anmutiger Drehung um die eigene Achse ihr Faltengewand lupft und im Wasserspiegel ihr wohlgeformtes Hinterteil betrachtet (der Beiname „Kallipygos" heißt übersetzt „mit dem schönen Po"; die Griechen empfanden das in keiner Weise als unanständig, weil – siehe oben – schön nur sein kann, was auch gut ist, egal, ob es

[88] PLATON: Symposion. 203b.

um einen Gedanken, eine Tugend oder einen Leib geht). Seiner Abstammung von Poros und Penuria wegen hat es mit dem Eros etwas Eigenartiges auf sich. Diotima erzählt:

> „Zuerst ist er immer arm und bei weitem nicht fein und schön, wie die meisten glauben, vielmehr rauh, unansehnlich, unbeschuht, ohne Behausung, auf dem Boden immer umherliegend und unbedeckt, schläft vor den Türen und auf den Straßen im Freien und ist der Natur seiner Mutter gemäß immer der Dürftigkeit Genosse. Und nach seinem Vater wiederum stellt er dem Guten und Schönen nach, ist tapfer, keck und rüstig, ein gewaltiger Jäger, allezeit irgend Ränke schmiedend, nach Einsicht strebend, sinnreich, sein ganzes Leben philosophierend, ein arger Zauberer, Giftmischer und Sophist, und weder wie ein Unsterblicher geartet noch wie ein Sterblicher, bald an demselben Tage blühend und gedeihend, wenn es ihm gut geht, bald auch hinsterbend, doch aber wieder auflebend nach seines Vaters Natur. Was er sich aber schafft, geht ihm immer wieder fort, so daß Eros nie weder arm ist noch reich und auch zwischen Weisheit und Unverstand immer in der Mitte steht. Dies verhält sich nämlich so: Kein Gott philosophiert oder begehrt, weise zu werden, sondern er ist es, noch auch, wenn sonst jemand weise ist, philosophiert dieser. Ebensowenig philosophieren auch die Unverständigen oder bestreben sich, weise zu werden. Denn das ist eben das Arge am Unverstande, daß er, ohne schön und gut und vernünftig zu sein, doch sich selbst ganz genug zu sein dünkt. Wer nun nicht glaubt, bedürftig zu sein, der begehrt auch das nicht, dessen er nicht zu bedürfen glaubt. – Wer also, sprach ich, Diotima, sind denn die Philosophierenden, wenn es weder die Weisen sind noch die Unverständigen? – Das muß ja schon, sagte sie, jedem Kinde deutlich sein, daß es die zwischen beiden sind, zu denen auch Eros gehören wird. Denn die Weisheit gehört zu dem Schönsten und Eros ist Liebe zu dem Schönen; so daß Eros notwendig weisheitsliebend ist und also als philosophisch zwischen den Weisen und Unverständigen mitteninne steht.“[89]

Und – so weiter Diotimas Einweisung – beflügelt durch die irdischen Schönheiten zieht es Eros zur Schönheit an sich hinauf, die es geben muss, weil es sonst keine endlichen Schönheiten geben könnte. An sein Ziel kommt er schließlich im ekstatischen Hingerissenwerden von der göttlichen Schönheit, von der her alles, was schön (und gut) heißt überhaupt zu seinen Prädikaten zu kommen vermag.

Geronnene Erotik: Metaphysik. Neben diesem ekstatischen – man kann auch sagen: mystischen – Weg des Eros zum Schönen, das das Gute ist und umgekehrt, gibt es aber noch einen zweiten Weg. Er nimmt sich ungleich prosaischer aus als der erste. Wir kennen ihn schon. (→ Bd. 2, Teil C, Kap. 3.6) Es ist der „deuteros plous“ – die zweite (Art) der Seefahrt – wenn nämlich das Schiff mit Muskelkraft gerudert werden muss, weil der Wind nicht die Segel bläht.[90] Das Bild sagt alles – dass nämlich dieser zweite Weg nur mühevoll und indirekt zu dem führt, was der Eros in unmittelbarem Aufschwung zu gewinnen vermag. Dieser Weg ist – die Metaphysik. Metaphysik ist zu Re-

[89] PLATON: Symposion. 203c-204b.
[90] Vgl. PLATON: Phaidon. 99c.

flexion geronnene Erotik (darum war mein Hinweis auf die „Kallipygos“ vorhin auch kein Gag, sondern sachgemäß). Metaphysik sucht begrifflich zu gewinnen, was dem Eros in seiner unbekümmerten Keckheit gleichsam in den Schoß fällt, aber – siehe Diotimas Charakterskizze – genauso schnell verloren gehen kann. Insofern geht mit den Kosten begrifflicher Umwegigkeit ein alles andere als zu verachtender Nutzen einher: Die begriffliche Durcharbeitung fixiert und hält damit zur Auseinandersetzung offen, was dem Eros durch die Hände rinnt und gleichsam vor dem Auge der Seele vorbeihuscht.

Bilanz. Ziehen wir eine kleine Bilanz:

(a) Platon ist es darum zu tun, das im Handeln implizierte unbedingte Wissen des Sokrates in einer metaphysischen Realität zu verankern und diese auf einen letzten Grund zurückzuführen.

(b) Diese Realität muss wirklicher sein als unsere Alltagswirklichkeit, sonst könnte sie auf diese nicht normativ wirken.

(c) Daraus ist zu schließen, dass es Realitätsgrade gibt, die in einem höchsten Grade gipfeln (das ist deswegen nötig, weil bei einer endlosen Skala von Graden die erwähnte Normativität nicht zustande käme).

(d) Jene wirklichste Wirklichkeit ist das Göttliche, und dieses fungiert als Ursprung alles Guten und Schönen, was in der Menschenwelt begegnet.

(e) Es gibt also Realität über das Materielle hinaus. Diese wird durch die Werte und Dinge der materiellen Welt wohl dargestellt und repräsentiert, aber nicht vollkommen. Das Irdische bleibt immer defizientes Abbild. Gleichwohl entsteht dadurch, dass im philosophischen Denken das Abbild und sein es hervorbringender Grund in eine Einheit zusammengedacht werden, eine Ganzheit, die alles geordnet ins Eins fügt.

(f) Der Zugang zu der metaphysischen Wirklichkeit führt genuin über den Weg der Ästhetik, der Wahrnehmung des Schönen, und der Erotik, der Liebe als dem Streben nach dem Schönen.

(g) Metaphysiktreiben in Gestalt begrifflichen Philosophierens ist einerseits unvollkommener Ersatz des ästhetisch-erotischen Aufschwungs, andererseits erlaubt es eine Antizipation dessen, was der Seele ansonsten nur im restlosen Verlassen der irdischen Welt, also im Tode, zu erreichen möglich ist.

(h) Schon Sokrates hatte sein Fragen in einer religiösen Dimension situiert – nicht nur, weil darin das „daimonion“ vorkommt, jene Instanz, die ihn warnt, bestimmte Dinge zu tun, und die als eine ihm innerlichste, zugleich aber als Mittlerinstanz zwischen Menschen und Göttern und überdies selbst als göttlich bestimmt wird. Genauso hatte er seine Aufklärung über wahres oder nur scheinbares Weise-Sein ausdrücklich als „tou theou latreia“, als „Gottesdienst“[91] verstanden.

91 PLATON: Apologie. 23c.

Platon teilt diese Auffassung von Philosophie als Religion. Streckenweise besteht sie in nichts anderem als diskursiver Reformulierung der alten Mythen.

Von diesem Befund her versteht sich fast von selbst, dass und warum die christliche Theologie in der Epoche ihres Aufkommens und ihrer ersten großen Systembildungen in Platon einen faszinierenden Widerpart findet. Natürlich bestehen auch massive Differenzen, etwa hinsichtlich der Erschaffung der Welt aus dem Chaos und hinsichtlich der Personalität des höchsten Seins. Aber gleichzeitig bietet dieser Platon Beweise für die Unsterblichkeit der Seele, kennt er die Gedanken des Aufstiegs und der Reinigung, gilt ihm das Gute als Höchstes und die (natürlich christlich gesehen nochmals läuterungsbedürftige) Liebe als ein Weg zu ihm. Ein Augustinus etwa gab sich überzeugt, dass – würden die alten Platoniker wieder geboren werden – sie sagen würden: Das Christentum ist genau das, was wir eigentlich sagen wollten, aber uns zu unserer Zeit noch nicht zu sagen getrauten.[92]

Um wie viel schwieriger war demgegenüber die Auseinandersetzung mit Aristoteles, als dessen vollständiges Werk im 12., 13. Jahrhundert im Westen wiederentdeckt wurde und die Theologie nicht nur wissenschaftstheoretisch, sondern auch mit einer völlig von der Bibel unabhängigen Theologie und Ethik herausforderte: Eine unvergängliche, also ewige Materie kommt bei ihm vor, dafür aber eine sterbliche Seele und schließlich ein Gott, der mit dem, wie die Welt ist, nichts zu tun hat, geschweige denn dass er sich um diese Welt kümmerte. Wie aber soll all das mit einem Schöpfungs-, einem Offenbarungs-, gar Vorsehungsglauben und mit einem personalen Gott in Einklang zu bringen sein? Und doch ist es der Stagirite – und nicht Platon –, der gleichsam den Takt für die Komposition der klassisch-abendländischen Metaphysik vorgibt, wie sie im Hochmittelalter Gestalt gewinnt. Die Vollgestalt dessen, was Metaphysik bedeutet, geht aus einer Rezeption des Aristoteles durch christliches Denken hervor. Die dazu jedoch unabdingbaren Anpassungen des Letzteren werden in Gestalt einer platonisierenden Kolonisierung aristotelischer Grundgedanken vorgenommen. Und durch diese entsteht eine Denkform, ohne die sich die gesamte christliche Theologie, ihre Größe, ihre Grenzen und ihre Krisen bis heute überhaupt nicht begreifen ließen – und genauso wenig das Aufkommen der neuzeitlichen Philosophie. Besteht diese doch strukturell gesehen in nichts anderem als einer Kritik der überkommenen Metaphysik und dem damit einhergehenden Projekt einer Neubegründung von Metaphysik. Das ist sozusagen der innere Rhythmus der Philosophie vom Spätmittelalter bis zur Gegenwart. Das bedeutet: Die klassische Metaphysik der ganzen Epoche nach der Zeitenwende ist als Implikat heutiger philosophischer Selbst- und Weltbeschreibung präsent – sei es, dass sie durch ihre Ablehnung die Struktur alternativer Konzepte mitdirigiert, sei es, dass sich im

[92] Vgl. AUGUSTINUS: De vera religione. 4, 6.

Durchgang durch kritische Strategien Einsichten dieser Denkform als von neuem zukunftsträchtig, vielleicht sogar unhintergehbar herausstellen. Aus theologischem wie philosophischem Grund haben wir also Anlass, Einblick in die Grundzüge dessen zu suchen, was man „christliche Metaphysik“ nennen kann. Ich stelle den Schritt unter den Titel:

4. Christliche Metaphysik aus der Interaktion von Theologie und Ontologie

Es ist noch nicht so lange her, da hat die Beschäftigung mit Metaphysik und Ontologie der antiken wie der ihr nachfolgenden langen Epoche, die man gemeinhin die mittelalterliche nennt, allenfalls historisches Interesse finden können. Für etliche Zeit schien durch Kant und dann – nach dem Zwischenspiel des Idealismus – mit dem Neopositivismus und der Analytischen Philosophie endgültig das Thema „Metaphysik" von der Agenda gestrichen. Aber dieser Abschied selbst ist längst Geschichte. Wie selbstverständlich wird heute „Metaphysik nach Kant" betrieben. Grenzen, auf die der Königsberger und die nachfolgenden Formen der Metaphysikkritik aufmerksam gemacht haben, werden genauso eingehalten wie argumentative und logische Standards der Analytischen Philosophie zum Arbeitsstil gegenwärtiger Metaphysik gehören – und davon, dass es in bald unüberschaubarer Vielfalt auch Analytische Metaphysik gibt, wird noch eigens zu sprechen sein. Diese Entkrampfung der Diskurslage hat aber auch dazu geführt, gerade die traditionelle, christlich genannte Metaphysik auf genauere und neue Weise wahrzunehmen, deren denkerische Potenziale freizulegen und sie gar nicht so selten in philosophische Diskurse der Gegenwart einzuspeisen.[1]

Von daher tut, wer sich philosophisch kompetent machen möchte, gut daran, sich auch mit diesem Strom okzidentalen Denkens in wesentlichen Hinsichten vertraut zu machen. Und wer christliche Theologie studiert, kann sich davon ohnehin nicht dispensieren, weil gerade in diesem Denkraum der christlichen Metaphysik eine Vielzahl von Fragestellungen formuliert und Denkfiguren erarbeitet wurden, ohne die sich der Gang der Theologie und damit weder die Geschichte ihrer Wege und Umwege geschweige denn ihre Gegenwart von heute verstehen lassen. In den Bestand dieses Beziehungsgefüges zwischen Philosophie und Theologie gehört auch ein Zug hinein, der so sehr in den Schlagschatten einer anderen Fragestellung geraten ist, dass es für ihn nicht einmal einen eigenen Namen gibt: Ich spreche vom Faktum, dass es nicht nur einen Einfluss der antiken Philosophie auf das christliche Denken und Lehren gibt, sondern umgekehrt auch Motive aus jüdisch-christlichen Traditionen, die so intensiv auf den Gang des philosophischen Denkens eingewirkt haben, dass dieses an manchen Stellen ohne diesen Einfluss nicht die Gestalt gewonnen hätte, wie sie faktisch entstand und nicht selten bis heute fortwirkt. Die prinzipielle Bedeutung dieser Prozesse macht nötig, ihnen ausführlicher nachzugehen.

1 Ein diesbezüglich wichtiger Beitrag wird geleistet von KOBUSCH, Theo: Christliche Philosophie. Die Entdeckung der Subjektivität. Darmstadt 2006. Detailergebnisse dieser Studie sind bes. in Kap. 4 u. 5. des Traktats „Anthropologie" rezipiert. (↗ Bd. 3, Teil A).

4.1 Reziproke Infiltrationen

Christizität. In jedem Fall gibt es eine verblüffend große Zahl von bis heute als elementar geltenden Denkfiguren und Begriffen in der okzidentalen Philosophie, die ohne diesen Motivationsschub durch Judentum und Christentum überhaupt nicht ausgebildet worden wären – oder zumindest nicht in der Gestalt, die ihnen de facto eignet. Ein gewiss unverdächtiger Zeuge, Jürgen Habermas, der wohl prominenteste deutsche Gegenwartsphilosoph, rechnet dazu

> „[...] den Begriff der subjektiven Freiheit und die Forderung des gleichen Respekts für jeden – auch und gerade für den Fremden in seiner Eigenheit und Andersheit. Ich meine den Begriff der Autonomie, einer Selbstbindung des Willens aus moralischer Einsicht, die auf Verhältnisse reziproker Anerkennung angewiesen ist. Ich meine den Begriff des vergesellschafteten Subjekts, das sich lebensgeschichtlich individuiert und das als unvertretbar Einzelner zugleich Angehöriger einer Gemeinschaft ist, also nur im solidarischen Zusammenleben mit Anderen ein authentisch eigenes Leben führen kann. Ich meine den Begriff der Befreiung – sowohl als Emanzipation aus entwürdigenden Verhältnissen wie als utopischer Entwurf einer gelingenden Lebensform. Der Einbruch des historischen Denkens in die Philosophie hat schließlich die Einsicht in den befristeten Charakter der Lebenszeit gefördert, hat die Erzählstruktur der Geschichten, in die wir uns verstricken, den Widerfahrnischarakter der Ereignisse, die uns zustoßen, zu Bewußtsein gebracht. Dazu gehört auch das Bewußtsein von der Fallibilität des menschlichen Geistes, von der Kontingenz der Bedingungen, unter denen dieser gleichwohl unbedingte Ansprüche erhebt.“ [2]

Das ist eine mehr als respektable Liste. Auffallen aber muss, dass Habermas mit keinem Wort darauf eingeht, dass es ohne den biblisch-christlichen Motivationshorizont auch die spezifisch okzidentale Philosophie des Seins – also die Metaphysik – nicht so gegeben hätte, wie es sie gab und gibt: gab in den Großkonzeptionen der so genannten Scholastik; und gibt in den zum Teil nicht minder weiträumigen Gestalten von deren Kritik wie Rehabilitierung. Metaphysik hat elementar mit einer – und jetzt präge ich ein ganz holpriges Neuwort –, Metaphysik hat mit einer impliziten Christizität der Philosophie zu tun; das ist mein Namensvorschlag für die Leerstelle, die das Pendant zur Hellenisierung bildet. Von „Christlichkeit“ oder „Christentümlichkeit“ zu sprechen, würde nicht stimmen (wobei letzterer Terminus überdies bereits von der sozialanalytisch ansetzenden Geschichtsschreibung besetzt wäre). Ich bediene mich dieses Kunstwortes, um darauf aufmerksam zu machen, dass es dabei um einen genuin innerphilosophischen Vorgang geht, der ohne den Einfluss jüdisch-christlicher Denkfiguren nicht zustande gekommen wäre. Im Übrigen gilt das für die mittelalterliche Ausbildung der christlichen Metaphysik genauso wie für die beiden Neubegründungen von Metaphysik, die den zwei großen

[2] HABERMAS, Jürgen: Israel und Athen oder: Wem gehört die anamnetische Vernunft? Zur Einheit der multikulturellen Vielfalt. In: Diagnosen zur Zeit. Mit Beiträgen von Johann Baptist Metz u.a. Düsseldorf 1994. 51-64. Hier 56.

Schüben von Metaphysikkritik in der Moderne folgen: Die Metaphysik eines Descartes oder eines Leibniz ist von christlichen Motiven imprägniert, heimlich auch die eines Spinoza. (↗ Bd. 3, Teil C, Kap. 9) Und noch mehr gilt das von den nachkantischen Konzeptionen eines Fichte, Schelling, Hölderlin und Hegel – und diesmal auch im Terminologischen und bis dahin, dass elementare Züge der christlichen Tradition in Bestandteile spekulativer philosophischer Konzepte überführt werden – zum Teil mit dem Anspruch, auf diese Weise innerphilosophisch allererst zu ihrer ganzen Wahrheit gebracht zu werden. Um es etwas pointiert zu sagen: Teile der klassischen Philosophie der Moderne treten so intensiv – wieder das Holperwort – christifiziert auf, dass die christlichen Theologien ihrerseits sich ausgesprochen irritiert zeigen und vor allem wegen eben jenes Erkenntnisanspruches der Philosophie zu dieser nur zögerlich Kontakt suchen oder gleich in Distanz bleibe.

Metaphysikkritik. Erst vor diesem Hintergrund aber kommt auch in aller Schärfe zur Geltung, dass zum Selbstverständnis christlichen Denkens in der Phase der klassischen Metaphysik gehört, Theologie und Philosophie markant gegeneinander abzusetzen: Theologie behält ja ihr Eigenrecht nur, wenn sie zeigen kann, dass so etwas wie Offenbarung möglich und notwendig ist und dies dadurch ausgewiesen wird, dass sich Grenzen der Vernunft geltend machen lassen, deretwegen diese zwar Gott als Thema der Metaphysik zu erfassen vermag, aber doch nicht aus eigenem Vermögen so, wie das für den Anspruch einer Wissenschaft geboten ist. Anders gesagt: Gerade angesichts der unmittelbaren theologischen Ansprüche der aristotelischen Philosophie und ihrer islamischen Interpretationen (durch die Erstere den christlichen Denkern überhaupt bekannt wurde), muss Theologie eine metaphysisch durchgeführte Metaphysikkritik leisten, um ihren genuinen Gegenstandsbereich – Gott – zu sichern und zugleich der Metaphysik als unverzichtbarer Partnerin ihren Eigenbereich – das Seiende als Seiendes – zuzuerkennen.[3] Es lohnt sich, vor dem Gang in die wichtigsten dieser Konstitutionsprozesse der christlichen Metaphysik sozusagen als Kontrastfolie exemplarische Züge der Hellenisierungsdebatte einzuspielen – nicht zuletzt auch deswegen, weil ja die im 13., 14. Jahrhundert stattfindende Auseinandersetzung mit und Rezeption von Aristoteles im Grunde als zweiter Schub von Hellenisierung verstanden werden kann.

[3] Vgl. dazu HONNEFELDER, Ludger: Möglichkeit und Formen der Metaphysik. In: DERS./KRIEGER, Gerhard (Hgg.): Philosophische Propädeutik. Bd. 3: Metaphysik und Ontologie. Paderborn u.a. 2001. 9-60. Hier 18-24.

4.2 Übersetzungsparadigma „Hellenisierung“

Erster Transfer. Die Sache selbst wurde eigentlich immer schon gesehen – und zwar aus einem ganz trivialen Grund: Von frühester Zeit an artikulierte sich der christliche Glaube in griechischer Sprache. Seine normativen Dokumente – das Neue Testament – sind in Griechisch geschrieben. Und bereits im Neuen Testament selbst wird die Frage der Heidenmission, also der Verkündigung Jesu als des Christus nicht nur an Juden, sondern auch an Griechen, positiv entschieden. Anlässlich der Wahl der ersten Diakone redet Apg 6,1 davon, dass es in der Gemeinde neben den „Hebräern“ auch „Hellenisten“ gibt, also Leute, die griechisch sprechen, denken, leben. Und klar auch, dass dem universalen Anspruch, den die Jesus-Leute für das Evangelium erhoben, nur dadurch Geltung verschafft werden konnte, dass sie sich daran machten, das, was sie sagen wollten, mutig in das führende Denken der damaligen Welt zu übersetzen – also eben das Denken des spätantiken Platonismus.

Verkomplizierung. Zum Problem wurde diese Hellenisierung des Christentums erst neuzeitlich. Im Zuge der humanistischen Wiederentdeckung der Antike stellt sich auf einmal angesichts sozusagen original gelesener antiker Klassiker die Frage, inwieweit denn die Übernahme von deren Denkfiguren in die frühchristliche Theologie deren eigene Quellen im Kern affiziert habe. Das war noch nicht einmal besonders kritisch gemeint; man sah eher in der Entwicklung der frühen Dogmen der Kirche eine Verkomplizierung des (angeblich) einfachen Ursprungs. Und selbst noch ein Philipp Melanchthon, der an sich Martin Luthers radikalen Neuansatz der Theologie auf einen institutionellen Nenner zu bringen trachtete, kritisierte den Einfluss platonischen Denkens auf die Lehrentwicklung der frühen Kirche, indem er faktisch gegen Platon auf Aristoteles rekurrierte.

Harnack. Zum Streitfall wird die Hellenisierung nach einer längeren Vorlaufzeit um die Wende zum 20. Jahrhundert. Der große evangelische Theologe Adolf von Harnack erblickt in der mit griechisch-philosophischen Mitteln vorgenommenen Interpretation des Gehalts der Evangelien einen grandiosen Verfall des ursprünglichen Christentums – und zwar in dem Sinn, dass die damals gewiss unumgängliche Dogmenbildung im Fortgang der Geschichte nicht ihrerseits wiederum kritisch in Gestalt einer Enthellenisierung auf die „moderne Kultur“ hin aufgebrochen worden sei – was natürlich de facto so etwas wie ein übergeschichtliches Wesen des Christentums zumindest heimlich unterstellt. Das freilich ist eine durch nichts haltbar zu machende Voraussetzung. Im Fall der Hellenisierung wird sie zudem auf nachgerade süffisante Weise dadurch obsolet, dass bereits Jean Le Clerc darauf hinwies, schon die ersten Christen seien griechischen Einflüssen unterlegen, sofern sie auf den Schultern eines hellenistisch imprägnierten Judentums gestanden hätten; das ist mittlerweile auf vielfache Weise belegt und gehört zum Common Sense der neutestamentlichen Exegese. Harnack freilich kommt in seinem *Lehrbuch der Dogmengeschichte* von 1885 unter anderem zu dem Ergebnis:

> „[I]hre [die neutestamentliche; K. M.] Botschaft [...] wurde sofort eingegliedert in eine Erkenntnis der Welt und des Weltgrundes, die bereits ohne Rücksicht auf sie gewonnen war. [...] die Religion [wurde] sehr schnell zu einer Lehre, welche an dem Evangelium zwar ihre Gewissheit, aber nur zum Theil ihren Inhalt hatte, und demgemäss auch von solchen [Personen] ergriffen werden konnte, welche mehr nach Erkenntniss als nach Religion suchten [...]. Das Dogma ist in seiner Conception und in seinem Ausbau ein Werk des griechischen Geistes auf dem Boden des Evangeliums.“[4]

Beiläufig erwähne ich an dieser Stelle, dass an der ganzen Debatte auf seine Weise auch kein Geringerer als Friedrich Nietzsche beteiligt war. In der Vorrede zu seinen 1886 erschienenen Aphorismen mit dem Titel *Jenseits von Gut und Böse* fällt der berühmte Satz

> „[...] Christentum ist Platonismus fürs ‚Volk'“.[5]

Und in *Der Antichrist* von 1888 heißt es:

> „Das Wort schon ‚Christenthum' ist ein Mißverständnis –, im Grunde gab es nur Einen Christen, und der starb am Kreuz“[6]

– wobei für dieses Missverständnis Paulus verantwortlich sei, sofern auf sein Konto gehe, aus der Botschaft des Evangeliums eine dem Proletariat der Antike zu passe kommende Lehre gemacht zu haben.

Bleiben wir hier noch einen Augenblick bei Harnack. Seine oben zitierte Diagnose, in der Theologie der ersten Jahrhunderte sei – aufgipfelnd in den Texten des Konzils von Nizäa (325) – die Botschaft des Evangeliums in eine griechische Weltbeschreibung (einschließlich deren Theologie) eingegliedert worden, stimmt ja durchaus. Keiner der Kernbegriffe der altkirchlichen Theologie in ihrem Ringen um Trinität und Christologie kommt im Neuen Testament vor: nicht „Substanz“ und nicht „Person“, nicht „Hypostase“ und nicht „usia“ (Wesen), nicht das „homousios“ (gleichwesentlich) und nicht der Begriff der Natur. Ja, es kommt noch schlimmer. Sobald einer der Begriffe in einem ersten Versuch theologisch aufgegriffen wurde, kam es regelmäßig zu seiner Zurückweisung in Gestalt amtlicher Verurteilungen. Selbst die Homoousie erlitt dieses Schicksal im 3., der Begriff der Person im 4. Jahrhundert – um ein paar Jahrzehnte später jeweils zum Emblem der Orthodoxie zu avancieren. Erst indem sie dieses ihr Durchgestri-

4 HARNACK, Adolf v.: Lehrbuch der Dogmengeschichte. Bd. 1: Die Entstehung des kirchlichen Dogmas. 4. Aufl. Tübingen 1909. 19-20.

5 NIETZSCHE, Friedrich: Jenseits von Gut und Böse. In: DERS.: Sämtliche Werke. Kritische Studienausgabe. Hg. v. Giorgio Colli u. Mazzino Montinari. Bd. 5. 2. Aufl. München; Berlin; New York 1988. 9-243. Hier 12.

6 NIETZSCHE, Friedrich: Der Antichrist. 39. In: DERS.: Sämtliche Werke. Kritische Studienausgabe. Hg. v. Giorgio Colli u. Mazzino Montinari. Bd. 6. Berlin 1969. 163-251. Hier 209.

chensein sozusagen als bleibendes Stigma mittrugen, schienen sie für die Auslegung des Glaubensgeheimnisses geeignet. Man kann das auch so sagen:

> „Wenn man die Dogmengeschichte der Trinitätslehre im Spiegel eines heutigen Handbuchs der Theologie betrachtet, erscheint sie wie ein Friedhof von Häresien, deren Zeichen die Theologie noch immer wie Siegestrophäen überstandener Schlachten mit sich herumträgt. Aber mit einem solchen Anblick ist die Sache nicht gut verstanden, denn all die Versuche, die im Lauf eines langen Ringens schließlich als Aporien und so als Häresien ausgeschieden wurden, sind doch nicht bloß Totenmonumente vergeblichen menschlichen Suchens, Grabmäler, an denen wir feststellen können, wie oft das Denken gescheitert ist, und die wir nun mit einer bloß rückwärts gewendeten Neugier – fruchtlos letztlich – beschauen würden. Jede Häresie ist vielmehr zugleich Chiffre für eine bleibende Wahrheit, die wir nur zusammenhalten müssen mit anderen gleichzeitig geltenden Aussagen, von denen losgetrennt sie einen falschen Anblick gibt. Anders gesagt: Alle diese Aussagen sind weniger Grabmonumente als Bausteine einer Kathedrale, die aber freilich nur dann nützen, wenn sie nicht allein bleiben, sondern hineingestellt werden ins Größere, so wie ja auch die positiv übernommenen Formeln nur gelten, wenn sie sich gleichzeitig in ihrem Ungenügen wissen."[7]

Systematisch gesehen besagt der eben skizzierte Befund: Eine Hellenisierung im Sinn platter Übernahme spätantik-griechischer Termini und Denkfiguren hat es gar nicht gegeben. Wo immer solche Übersetzungen geschahen – und sie geschahen notwendig, wie gesehen –, setzten ziemlich schnell zum Teil langwierige und höchst komplexe Umarbeitungsprozesse ein. An manchen Stellen geschieht das nicht nur negativ durch ein vorgängiges Durchgestrichenwerden eines Begriffs vor seiner Zulassung zum orthodoxen Diskurs. Es kann auch ein ursprünglich problematischer – sogar verurteilter – griechischer Begriff kraft seiner spezifischen Funktion im Gesamt des gegebenen Diskursfeldes buchstäblich das genuin Christliche retten und damit innerhalb des griechischen Denk- und Sprachraumes so etwas wie eine „Enthellenisierung" bewirken.

Beispiel Arius. An einem einzigen (aber schlechthin zentralen) Beispiel sei das erläutert: Der Presbyter Arius aus der Kirchenprovinz Alexandrien versuchte seiner platonistisch-neuplatonischen Umgebung das Christusgeheimnis so klarzumachen, dass er dabei mit der Rede vom Sohn Gottes nicht den Verdacht auf einen faktischen Polytheismus des Christentums erweckte. Auf der anderen Seite sollte aus Jesus Christus nicht nur ein besonderer Mensch werden, der sozusagen wegen seines anständigen Lebens zum Gottessohn geadelt würde (eine Lehre, die es bereits gab). Diese Gratwanderung zu bestehen, schien ihm nur möglich, wenn er einerseits Gott streng platonistisch als den allein ungeschaffenen, ursprungslosen, wahren und

[7] RATZINGER, Joseph: Einführung in das Christentum. Vorlesungen über das Apostolische Glaubensbekenntnis. 2. Aufl. München 1972. 118.

ewigen dachte, Jesus andererseits als von Gott als dessen Sohn vor aller Zeit hervorgebrachtes „vollkommenes Geschöpf“, also einzigartiges Geschöpf, was unvergleichlich mehr ist als ein besonders guter Mensch.[8] Im ersten Moment klingt das auch stimmig – und zieht trotzdem theologisch gesehen fatale Konsequenzen nach sich. Hören wir Arius wörtlich:

> „Und der Gott ist die Ursache aller, ganz allein ohne Ursprung, der Sohn aber, vom Vater zeitlos hervorgebracht und vor den Äonen geschaffen und gegründet, war nicht, bevor er hervorgebracht wurde; er ist zeitlos vor allen hervorgebracht, er allein hat vom Vater seine Existenz erhalten. Denn er ist nicht ewig oder gleich ewig oder gleich ungeworden mit dem Vater, noch hat er zugleich mit dem Vater das Sein [...]. Vielmehr ist der Vater, wie er Monade und Prinzip von allem ist, so auch Gott vor allem. So ist er auch vor dem Sohne.“[9]

Höchstes wird damit vom Sohn ausgesagt: zeitlos – d.h. vor aller Zeit – hervorgebracht; und Schöpfer der Welt ist er, das folgt daraus, dass er allein vom Vater seine Existenz erhalten hat – womit er übrigens gleichsam in die Rolle des platonischen Demiurgen rückt, aber das ist gar nicht das Problem. Der springende Punkt: Der Vater ist Gott vor allem, also auch vor dem Sohne, ist also auch von diesem radikal verschieden. Folge: Auch der Sohn bleibt dem Vater von Wesen fremd, hat also von ihm nichts zu sagen, d.h. der Gedanke der Gottesoffenbarung durch Jesus kollabiert – Sätze wie Joh 1,18 von Jesus als dem, der vom Vater Kunde gebracht hat – wörtlich: der den Vater exegetisierte – oder Joh 14,9 – „Wer mich gesehen hat, hat den Vater gesehen“ – sind dem arianischen Ansatz nicht mehr erreichbar. Um genau diesen Kernbestand des Glaubensbekenntnisses zu erhalten, entschloss man sich nach heftigem Ringen auf dem Konzil von Nizäa zum Gebrauch des „homousios“ („eines Wesens mit dem Vater“), um den Dreh- und Angelpunkt des christlichen Bekenntnisses gegen die Drift einer streng hellenistischen Theologie zu wahren. Formal gesagt passiert in Nizäa also eine Hellenisierung des Christlichen einschließlich einer konstitutiven Enthellenisierung mit hellenistischen Mitteln (und das ist längst nicht der einzige Fall, wo solches geschieht).

Inkulturationen. Solche Befunde haben freilich eine unmittelbare Konsequenz für Harnacks These vom hellenistischen Abfall der frühen Theologie vom ursprünglichen Christentum etc.: Formal – dass also überhaupt Transformationen ins Griechische stattfanden – erweist sie sich als mehr oder weniger trivial, inhaltlich als mindestens stark ergänzungsbedürftig, sofern es den inkriminierten Abfall vom Ursprung im Lehrmäßigen gar nicht gibt (m.E. gibt es ihn viel eher im Praxisbereich, z.B. in der Frage der Gemeindeleitung – aber das hat nicht unser Thema zu sein). Die intensive Debatte um die Hellenisie-

8 Vgl. ARIUS: Brief an den Bischof von Alexandrien. Zit. nach: GRILLMEIER, Alois: Jesus der Christus im Glauben der Kirche I. 2. Aufl. Freiburg i. Br. 1979. 364-365.

9 ARIUS: Brief (Anm. 8). 365.

rungsthese nach Harnack hatte freilich außerordentlich ertragreiche Konsequenzen in der Theologie des 20. Jahrhunderts – und hat sie im Übrigen gerade auch derzeit wieder. Zum einen hatten die näheren Untersuchungen der Hellenisierungsprozesse dafür sensibel gemacht, dass es zum Teil zeitgleich zu ihnen, zum Teil auch bereits vor ihnen so etwas wie eine Judaisierung des Christlichen gab – einfach deswegen, weil sich der Glaube des „neuen Weges" (so eine christliche Selbstbezeichnung aus der Apostelgeschichte) zunächst im jüdischen Denk- und Sprachmilieu entfalten musste. Man muss ja bedenken: So sehr das Christliche im ersttestamentlichen und frühjüdischen Milieu wurzelt, so wenig ist damit schon ausgemacht, das dort schon alles bereitliegt, was für ein artikuliertes Selbstverständnis des Christlichen vonnöten ist; so wie es Überhänge des Alten Testaments gibt, die durch das Neue Testament nicht eingeholt – geschweige denn nach dem Schema Verheißung-Erfüllung – überboten werden, genauso gibt es auch christliche Überhänge, die sich nicht auf ersttestamentliche Traditionen zurückleiten lassen z.B. die Unüberholbarkeit der Gottesoffenbarung in einem geschichtlichen Menschen (und in diesem Fall eben Jesus von Nazaret).

Von dieser – man muss sagen – Relativierung des Hellenisierungsproblems durch die Entdeckung der Judaisierung war es nur noch ein einziger – und konsequenter – Schritt zu dem Horizont, unter dem heute das Problem ungleich differenzierter als zu Harnacks Zeiten ventiliert wird.

> „Nicht die ‚Hellenisierung', ‚Romanisierung' oder ‚Germanisierung' an sich korrumpieren das Christentum. Diese Formen bezeugen an sich nur, daß die christliche Religion in den betreffenden Epochen selbständig durchdacht und angeeignet worden und daß sie Bestandteil der Kultur der Völker geworden ist"[10],

hatte der evangelische Dogmenhistoriker Reinhold Seeberg bereits 1895 (also zu Harnacks Zeiten) geschrieben und damit beinahe visionär die Perspektive markiert, in dem heute die Hellenisierungsfrage verortet wird: in der Debatte um die Inkulturation des Christentums. Denn klar: Das Problem, das am Fall der Hellenisierung entdeckt wurde, steckt natürlich genauso hinter der Begegnung des Christentums mit den heutigen Kulturen Lateinamerikas, denen Afrikas, den fernöstlichen Regionen und – auf nochmals ganz eigene Weise – der „natürliche" Kulturen übergreifenden, digital erzeugten Kultur des World Wide Web. In der Hellenisierungsdebatte geht es nicht um ein bisschen Platon da, ein bisschen Aristoteles dort und ein bisschen Stoa anderswo. Mit ihr ist vielmehr eine Frage nach dem Ganzen von Glaube und Christentum auf die Tagesordnung gesetzt, die keine Theologie mehr los wird, die sich selbst ernst nimmt. Das war übri-

[10] SEEBERG, Reinhold: Lehrbuch der Dogmengeschichte. 4 Bde. in 5 Teilen. Leipzig 1895-1898. Hier Bd. I. 3.

gens auch der eigentliche Kern der legendär gewordenen *Regensburger Vorlesung* von Benedikt XVI. im September 2006.[11]

Vor dem Hintergrund jenes ersten Paradigmas im Verhältnis von Theologie und Ontologie kann nun der seitenverkehrte Konnex beider Diskurse in Blick genommen werden – also jene Christifizierung der Ontologie, durch die die Gestalt der klassischen vorneuzeitlichen Metaphysik hervorgetrieben wird, ohne die sich die großen christlich-theologischen Systemkonzeptionen genauso wenig begreifen lassen wie ihre modernen Erneuerungsversuche und die anschließenden Neubestimmungen von Theologie und Metaphysik, von deren Konstellationen die gegenwärtigen Diskussionslagen gesteuert sind.

11 Vgl. die offizielle Druckversion in BENEDIKT XVI.: Glaube und Vernunft. Die Regensburger Vorlesung. Kommentiert v. Gesine Schwan, Adel Theodor Khoury, Karl Kardinal Lehmann. Freiburg; Basel; Wien 2006.

4.3 Übersetzungsparadigma „Schöpfungsmetaphysik"

Beispiel Dionys Areopagita. Natürlich verfügen auch die meisten spätantiken und frühmittelalterlichen Theologien über mehr oder weniger implizite und bisweilen auch elaborierte Ontologien. Vor allem der Neuplatonismus ist in diesem Zusammenhang zu eminentem Einfluss gekommen, man braucht etwa nur an Dionysius Areopagita zu denken, den ein Thomas von Aquin öfter zitiert als Aristoteles: Heute wird er in der Regel Pseudo-Dionysios genannt, weil klar ist, dass es sich nicht um den athenischen Ratsherrn handeln kann, der laut Apg 17,34 der erste Schüler des Apostels Paulus wurde, als dieser auf dem Areopag predigte und dann Bischof von Athen geworden sein soll. In Wirklichkeit könnte es sich um den Patriarchen Severus von Antiochien, also einen syrischen Autor handeln. Die pseudepigraphische Nähe zum Ursprung ließ seine Schriften zu fast so etwas wie einem Anhang zum Neuen Testament werden. Von nicht minderer Bedeutung wurden sie im Westen – und zwar dadurch, dass Kaiser Michael Bekkos zu Ohren kam, in der Abtei St. Denis zu Paris lägen die Gebeine des Dionysios, weshalb er dem dortigen König Ludwig dem Frommen eine kostbare Ausgabe der Werke Dionys' schenkte – was wiederum dazu führte, dass im 9. Jahrhundert Johannes Scotus Eriugena eine Übersetzung ins Lateinische schuf, die vielfach kommentiert wurde und – wieder einmal – in ihrer Wirkung nicht auf das Mittelalter beschränkt blieb.

Das Corpus Dionysiacum besteht aus den Schriften *Über die himmlische Hierarchie*, *Über die kirchliche Hierarchie*, *Über die göttlichen Namen*, *Über die mystische Theologie* und aus einer Sammlung aus elf Hirtenbriefen. Systematisch gesehen steht hinter diesen Werken recht gut erkennbar eine einheitliche Denkstruktur: Gott ist für Dionys das durch keinerlei Differenzierungen geprägte Eine und damit strenggenommen ein „Übereines", weil im alltäglichen Sprechen und Denken die Eins als der Zwei und den anderen Zahlen gegenüberstehend aufgefasst wird – was eben genau besehen nicht stimmt, weil die Eins als Bedingung der Möglichkeit des Zählens den anderen Zahlen inkommensurabel ist. Konsequent verwendet der Areopagit darum bezüglich Gottes auch Ausdrücke wie „superunitum", „superessentialis" oder „superdivinitas". Das dadurch jeweils ins Spiel kommende „Darüberhinaus" fungiert dabei in doppelter Stoßrichtung: Mit dem „super" wird das, was Gott im Modus des „super" zugeschrieben wird, zugleich abgesprochen. In der *Mystischen Theologie* heißt es an einer Stelle, dass, wer Gott rein schauen wolle, einem Bildhauer gleiche, der um die reine Schau des Wesens zu ermöglichen, den Marmor von aller Materie reinigen müsse. D.h.: Gott können Prädikate weder zu- noch abgesprochen werden, weshalb er unerkennbar ist. Was einzig bleibt, ist ein paradoxes, oft hymnisches Reden über das, wovon gar nicht gesprochen werden kann, wobei Dionys zwei Weisen theologischen

Redens differenziert: die kataphatische, zusprechende, also affirmative Theologie, und die apophatische, absprechende, also negative. Die kataphatische steigt von Gott zu den Dingen herab, apophatische geht vom Endlichen zum Unendlichen, indem sie das Unendliche durch das, was nicht Endliches ist, zur Geltung zu bringen sucht. Dionys ist einer der wichtigsten Begründer der negativen Theologie, also desjenigen Redens von Gott, das von der Überzeugung getragen ist, dass man von Gott – wenn überhaupt etwas, dann – nur das sagen könne, was er nicht sei, und strenggenommen ein Schweigen am angemessensten wäre. Und selbst dort, wo es sich um so etwas wie offenbarte Eigennamen Gottes handelt – also um kataphatisches Sprechen – wie etwa im Fall der Prädikation „Einer“ (1 Tim 2,5) oder gar den alle spätere christliche Metaphysik geradezu in Bann schlagende Spitzensatz göttlicher Selbstoffenbarung aus Ex 3,14 – „sum qui sum“ –, der in dieser lateinischen Version so verkürzt wiedergegeben ist wie in der deutschen Version als „Ich bin, der ich bin“. Selbst solche kataphatischen Prädikationen gelten Dionys lediglich als Theophanien, als Erscheinungsweisen des Göttlichen oder Gottesbilder. Er zögert nicht einmal, diese Namen mit algamata gleichzusetzen, dem Namen für die griechischen Hausgötter, die man – etwas anachronistisch gesagt – im Herrgottswinkel der eigenen vier Wände zu verehren pflegte. Selbst die durch Offenbarung zur Geltung gebrachten Gottesnamen sind nur so etwas wie ein gewiss kostbares, aber eben doch unvollkommenes Andachtsbild. Wir können durch sie Gott ehren und sichtbar machen, aber nur so, wie er uns erscheint, nicht, wie er an sich ist. Gott als Gott lässt sich nur post-diskursiv erfassen oder besser – und mystisch gesprochen – berühren, indem selbst die menschlich möglichen Spitzenprädikate durch Übersteigerung – „super“ – sozusagen gesprengt werden und sich im sprachlichen Aufgeben des Sprechers nichts anderes als dessen eigenes Sich-Aufgeben angesichts der namenlos zu benennenden Wirklichkeit Gottes ereignet – ein Gedanke im Übrigen, den der Philosoph Hans Blumenberg luzide entfaltet hat. (↖ Bd. 1, Kap. 4.7) Wer Gott sucht, muss um Gottes willen selbst noch über Gott, wie er sich offenbart, hinausgehen und kann sein Ziel nur dadurch erreichen, dass er sich – leer geworden von aller Prädikation – vom „radius tenebrarum“, vom dunklen Lichtstrahl treffen lässt, der deswegen dunkel ist, weil er sich weder mit Augen noch von Worten fassen lässt. Darum rät Dionys einem seiner paulinischen Mitschüler:

> „Du aber, mein geliebter Timotheus, lasse nicht ab davon, dich in mystischer Schau zu üben, entsage den Künsten des Verstandes, tue ab von dir, was immer noch den Sinnen oder der Klugheit verhaftet ist, befreie dich vollkommen von allem Sein oder Nicht-Sein, und erhebe dich, wenn du es kannst, bis zur Höhe des Nichts-mehr-Unterscheidens, über das All hinaus, bis dicht an die Schwelle des Verschmelzens mit dem, der über jedem Wesen und über jedes Wissen ist. Denn erst wenn du dich von allem ganz entäußert hast, vornehmlich aber von dir selbst, unaufhaltsam und absolut, und ohne jeden Rest leer bist, erst dann wirst du dich in reiner Ekstase bis zu jenem dunklen Strahl erheben können, der aus der Urgottheit vor al-

> ler Erschaffung kam, jenseits von aller Welt und jenseits von allem Sein, entblößt auch noch von dem, was jedes und dich selbst erst zum Wesen macht."[12]

Wer christliche Theologie als menschliche Rede von dem Gott, der auf menschliche Weise zu uns Menschen geredet hat, ernst nimmt, wird ebenso ernsthaft sagen müssen: Dem, was Dionys über die Bedingungen und die Struktur der Gottrede da sagt, kann in keinem Punkt widersprochen werden. Was natürlich umgekehrt auch heißt: Es wäre in Anbetracht des gegenwärtigen Theologiebetriebes höchste Zeit, dass wieder ein paar Leute mehr den Areopagiten lesen und sich auf diese Weise der überhaupt möglichen Reichweite ihres Diskurses vergewissern. Und dann blieben wir wohl auch von zum Teil hunderten von Seiten dicken Konvoluten verschont, deren Verfasser sich offenkundig als vorgeschobene Horchposten zur Auskundschaftung innertrinitarischen Liebesgeflüsters verstehen.

So treffend sich die Erwägungen des Stagiriten zur Struktur der Gottrede wie zum Charakter der Theologie insgesamt ausnehmen, so fremd mutet ein zweiter Zug an, der gleichwohl genauso konstitutiv zu diesem neuplatonisch durchherrschten Konzept gehört und nicht minder Wirkungsgeschichte erlangt hat: Für Dionys geht alles, was es überhaupt gibt, aus dem unnennbaren Einen hervor und kehrt zu ihm zurück. Alle Differenzen sind Emanationen, Ausflüsse aus dem Einen, die hierarchisch geordnet sind und untereinander im Verhältnis der Teilhabe stehen. So fasst der Areopagit die einheitliche Fundamentalstruktur aller Wirklichkeit und buchstabiert sie dann theologisch, ontologisch, ekklesiologisch und mystisch aus: Innergöttlich gibt es die Hierarchie der Trinität (wobei der Gedanke theologisch durchaus problematisch ist, hinsichtlich des Verhältnisses der drei innergöttlichen Personen von Hierarchie zu sprechen), ontologisch emanieren aus dem Ureinen als untergeordnete Seinsstufen die Engel, die Menschen und die Materie, ekklesiologisch reflektiert sich die Stufenstruktur in der kirchlichen Hierarchie und mystisch vollzieht sich der Aufstieg zu Gott im Dreischritt von Reinigung (via purgativa), Erleuchtung (via illuminativa) und Vereinigung (via unitiva) – genauso wird bis heute das mystische Erleben beschrieben. Solche Schematisierungen mögen auf den ersten Blick artifiziell wirken – philosophisch entspringen sie der Sache nach dem Ringen um eine komplexe einheitliche Wirklichkeitsbeschreibung, die die Welt, ihren tragenden Grund und den diese Beschreibung Vornehmenden gleichermaßen einbegreift, und das ist ein Vorhaben, das viel später nicht anders etwa einen Hegel beschäftigt hat, wenn auch unter Ingebrauchnahme ganz anderer Beschreibungsmittel. (→ Bd. 2, Teil C, Kap. 6)

Graeco-arabischer Schock. So also konnten spätantike, dann auch frühmittelalterliche Theologien wie etwa das Werk eines

[12] DIONYSIOS AREOPAGITA: De mystica theologia. I, 1.

Johannes Scotus Eriugena (↗ Bd. 3, Teil C, Kap. 3.3) Ontologien implizieren. Zu einer metaphysisch-ontologischen Debatte ganz anderen Kalibers freilich musste es kommen, als nach Jahrhunderten vollständiger Vergessenheit neben der christlichen Theologie samt ihren philosophischen Implikaten auf einmal der „ganze" Aristoteles wiederentdeckt wurde. Das war ein Schockerlebnis: Es gibt neben der Offenbarung ein völlig anders ansetzendes Denken, das sich jedoch genau die gleichen Grundfragen – die nach dem Ursprung und Ziel von allem einschließlich eines elaborierten Gottesgedankens – zum Thema stellt, und das zum Teil wenigstens mit Konsequenzen, die aus christlicher Perspektive inakzeptabel sind: ewige Materie, sterbliche Seele, weltindifferenter Gott – und was der irritierenden Gedanken des Stagiriten noch mehr sind. Das ist aber noch nicht alles: Aristoteles kommt nämlich nicht einfach als Grieche in den Westen, sondern als Graeco-Araber – und zwar so sehr, dass man die theologische Rezeption des Stagiriten im 13. Jahrhundert geradezu eine „[...] Arabisierung des theologischen Denkens der lateinischen Christen [...]"[13] nennen kann.[14] Und um das Ganze noch zu verschärfen: Ausgerechnet das Zentralthema der Scholastik – das Vernunft-Glaube-Verhältnis – ist ein arabischer Import, längst debattiert in Bagdad, wo es zur ersten Auseinandersetzung zwischen religiösem Monotheismus und Philosophie kommt, vor allem al-Kindi und der etwa ein Jahrhundert nach al-Kindi's Tod geborene al-Farabi sind hier zu nennen. Diese Debatten wurden zusammen mit den aristotelischen Quellen von Bagdad über Toledo und Neapel nach Paris übermittelt. Das erste große philosophische Œuvre, das (noch vor Aristoteles) den Westen erreicht, ist das des Muslims Avicenna, der mit seiner stark neuplatonischen imprägnierten Aristotelesinterpretation zu *der* Lesehilfe bei der westlichen Rezeption des Stagiriten avanciert. Sein Hauptwerk *Buch der Genesung der Seele* – er war gelernter Mediziner, der auch ein entsprechendes und für ein halbes Jahrtausend gültiges Standardwerk schuf –, also jenes Opus hatte vier Teile, die der Logik, der Physik, der Mathematik und der Metaphysik gewidmet waren. Letzterer Teil erweckte so viel Interesse, dass er vor den anderen auf Betreiben kirchlicher Instanzen – sei es aus Interesse, sei es aus Verdacht – von einem Archidiakon und zwei jüdischen Gelehrten übersetzt wurde. Mit Bezug auf diese Abhandlung schreibt Thomas von Aquin 1252 seine Schrift *De ente et essentia – Über das Seiende und das Wesen*, mit der er einen glänzenden philosophischen Einstand feiert.

Allerdings erfuhren Autoren wie Avicenna nicht nur christlicherseits Kritik, sondern genauso und zuvor schon gab es innerislamisch Widerstand gegen solche Vermittlungen von Theologie und griechischer Philosophie. Besonders heftig meldete sich al-Gazali zu Wort. Er

[13] LIBERA, Alain de: Denken im Mittelalter. Aus d. Franz. v. Andreas Knop. München 2003. 62.

[14] Vgl. dazu LIBERA: Denken (Anm. 13). 77-109.

wirft den Philosophen vor, grundlegende Annahmen des Koran wie Vorsehung, Willensfreiheit, Wunder oder Auferstehung zu leugnen. Der Philosophie ihrerseits bringt er so viel Skepsis entgegen, dass er das Kausalitätsprinzip bezweifelte und Gott als das eigentlich Wirkende in dem von uns für Ursachen Gehaltenem behauptete. Ohne Annahme Gottes (in diesem) Sinn handle es sich bei dem, was wir Ursache und Wirkung nennen, lediglich um ein (wenn auch vielleicht regelmäßiges) Nacheinander von Tatsachen – eine skeptische These, die genau in dieser Form Jahrhunderte später David Hume im Rahmen seines klassisch neuzeitlichen Skeptizismus vertreten hat. Dieser radikalen Erkenntniskritik gegenüber philosophischen und speziell metaphysischen Wissensansprüchen – eines seiner Werke heißt *Vernichtung der Philosophen* –, diesem Kritizismus also korrespondiert bei al-Gazali andererseits eine Hinwendung zur praktischen Religion in Gestalt der atheoretischen Mystik des Sufismus, dem er sich nach Aufgabe seines Lehramts an der Hochschule von Bagdad bis zum Lebensende verschreibt.

Al-Gazalis anti-philosophische Position wurde im Westen dadurch bekannt, dass ein anderer muslimischer Denker sie ihrerseits radikaler Kritik unterzog: Ibn Rushd oder Averroes. Die lateinisch-christlichen Kollegen der nächsten Generation nannten ihn lapidar „commentator" so wie Aristoteles einfach „philosophus" hieß, um seine Autorität zur Geltung zu bringen. Neben den Kommentaren verfasste er auch Traktate, die sich mit dem Verhältnis von Religion und Theologie, von Vernunft und Offenbarung auseinandersetzen. Sein markantestes Werk, das sich gegen al-Gazalis *Destructio philosophorum* richtet, trägt den Titel *Destructio destructionis – Vernichtung der Vernichtung*. Systematisch gesehen vermittelt er Vernunft und Offenbarung (des Korans) dadurch, dass er das auf wissenschaftliches Wissen ausgehende Verfahren der Vernunft als vom Koran gefordert betrachtet und dort, wo es zu Konflikten zwischen wissenschaftlichen Resultaten und Offenbarungssätzen kommt, für Letztere eine übertragene Rede unterstellt. Was über die Reichweite der Vernunft hinausgeht, hat gemäß dem Wortlaut des Koran genommen zu werden. Averroes verbindet diese Konzeption mit einem elitären Wissenschaftsverständnis: Diese ist nur Sache der Gebildeten; für die Ungebildeten steht alles Nötige im Koran; die Übereinstimmung von Vernunft und Offenbarung muss von ihnen nicht eingesehen werden. Würde man ihnen ohne Rücksicht auf ihre intellektuellen Möglichkeiten wissenschaftliche Resultate zugänglich machen, führte das nur zu Verwirrung und Missverständnissen.

Noch mehr als auf christliche Autoren wirkte Averroes auf die jüdische Philosophie ein. Deren mit Abstand bedeutendster Repräsentant jener Zeit ist Moses ben Maimon, im christlichen Bereich „Maimonides" genannt, von seinen Fans jedoch mit dem Akronym „Rambam", gebildet aus den Anfangsbuchstaben von „Rabbi Moses ben

Rabbi Maimon", bezeichnet. Rambam ist – wie Averroes – in Spanien geboren, musste dann aus religiösen Gründen nach Marokko fliehen und lebte schließlich bis zu seinem Ende in Ägypten. Er selbst hat sich philosophisch im Wesentlichen an Aristoteles orientiert und dessen Denken mit den Aussagen der Schrift in Einklang zu bringen versucht; wo das nicht möglich war – etwa bei Aristoteles' These von der ewigen Welt –, unterstellt er, dass es sich um eine Meinung handle, die nicht zwingend bewiesen sei und deren Gegenteil genau vertreten werden könne. Umgekehrt ist ihm aber auch um die Rationalität biblischer Aussagen zu tun: Wo Sätze der Schrift gegen unzweideutige Erkenntnisse der Vernunft stehen, bedürfen sie einer entsprechenden Interpretation, etwa mit dem uns bereits bekannten Instrumentar der übertragenen Redeweise, der Allegorie. (→ Bd. 2, Teil B, Kap. 1.2)

Aufklärung im Mittelalter. Allerdings war sich Rambam bewusst, dass diese Vermittlungsarbeit mühselig und keineswegs jedem so einfach möglich ist. Darum macht er sich zur Aufgabe, anderen dabei zu helfen. Und er tut das auf eine Weise, die mir zugleich Anlass gibt, einen wichtigen argumentationsgeschichtlichen Zug eines Gutteils der mittelalterlichen Philosophie insgesamt zur Sprache zu bringen – ein Zug zumal, der einen Namen trägt, der, wird er mit Bezug auf das Mittelalter genannt, nicht selten Stirnrunzeln erzeugt und als Anachronismus verdächtigt wird: Man kann an Maimonides besonders gut zeigen, dass es so etwas wie Aufklärung im Mittelalter gibt (was natürlich auch heißt, dass Grundzüge dessen, was ansonsten für die Epoche etwa zwischen 1630 und 1800 als charakteristisch gilt, über Vorzeichnungen verfügt, die ein paar Jahrhunderte älter sind, und von diesen nicht unabhängig ist).

Aufklärerisch hat Rambam vor allem durch zwei Werke gewirkt: Zum einen durch die zwischen 1168 und 1178 geschriebene *Mischneh Torah*, zu deutsch *Wiederholung der Torah*, ein vierzehnbändiges Werk, in dem er nach einer Neuordnung der 613 Ge- und Verbote der jüdischen Bibel diese in einer einfachen, für möglichst alle Juden verständlichen Sprache auf systematische Weise auslegte. Zu diesem Zweck gab er die Orientierung an der zum Teil komplizierten Struktur des Talmud auf, bezog auch nicht die dort oft und oft zitierten Autoritäten mit ein, sondern nahm an Lehrentscheidungen auf, was sich stimmig in seine Übersicht einfügte. Und – das nahm man ihm ziemlich übel – er machte damit im Grunde die professionellen Ausleger und Richter überflüssig: Die *Mischneh Torah* konnten auch einfache Leute lesen, und sie konnten – durch Selberdenken! – zu einer eigenen Entscheidung über das rechte Tun und Lassen kommen. Und genauso aufklärerisch haben die Zeitgenossen dieses Werk auch empfunden, mit Zustimmung oder Ärger eben, je nach dem. Diese nüchterne Vernunftorientierung bildet dabei nicht nur den pragmatischen Hintergrund für Maimonides' aufklärerische Tätigkeit. Sie schlägt sich auch inhaltlich nieder. Gegen Ende der *Mischneh Torah* schreibt er:

„Es komme Niemandem der Gedanke auf, daß in der messianischen Zeit etwas in der Weltordnung aufhören oder etwas Neues in der Schöpfung vorgehen werde; die Welt wird vielmehr im alten Gleise bleiben. So müssen auch alle Ausdrücke, die in bezug auf den Messias ausgesprochen wurden, nur als Symbole betrachtet werden. Denn alle diese im Blick auf den Messias ausgesprochenen Vermutungen kann kein Mensch mit Bestimmtheit wissen, es sei denn, sie realisieren sich. Sie sind sogar bei den Propheten dunkel, auch die Gelehrten haben keine Tradition darüber."[15]

Dieser aufklärerisch-skeptische Vorbehalt gegen allzu große Wissensansprüche in Sachen Gottes und der Metaphysik durchherrscht auch Rambams wohl bekanntestes Werk, mit dem Titel *Führer der Unschlüssigen*, das 1190 erschien – übrigens auf arabisch mit hebräischen Buchstaben geschrieben wie alle seine Werke außer der *Mischneh Torah*, weshalb es erst einmal ins Hebräische übersetzt werden musste. Im *Führer* möchte Maimonides Leuten eine Hilfestellung geben, die sich unsicher sind, welche Philosophie sich denn am besten mit der Bibel vereinbaren lässt. Das Problem wird aber zugleich dadurch sozusagen herabmoderiert, dass Rambam seine Erwägungen mit einer strengen theologia negativa einfasst: Er tut das in Gestalt einer so genannten negativen Attributenlehre: Alle Wesensattribute Gottes einschließlich dessen seiner Existenz dürfen nur in der Form doppelter Verneinung in Gebrauch genommen werden („Gott ist nicht-nicht-existierend), um auch nur jeden Hauch von Anthropomorphismus auszuschalten. Die akzidentellen Attribute wie etwa „Gott ist barmherzig" fungieren lediglich als eine menschliche Redeweise, mit der wir unsere Einschätzung des in Natur und Geschichte wahrnehmbaren Handelns Gottes zum Ausdruck bringen, ohne dass damit irgendetwas über Gottes Wirklichkeit als solcher gesagt wäre.

Diese theologia negativa betrifft dabei nicht nur philosophische Erkenntnisansprüche, sondern umgekehrt auch Offenbarungsaussagen, die mit dem Mittel der Vernunft nicht vollständig zur Klarheit gebracht werden können – so etwa in dem bereits erwähnten Fall von Schöpfung versus aristotelischer Ewigkeit der Welt. In Anbetracht der argumentativen Lage, die beide Alternativen wenigstens im Prinzip zulasse, könne man sich lediglich für eine der beiden Möglichkeiten entscheiden, ohne dafür die Autorität der Vernunft in Anspruch nehmen zu dürfen (und er als Jude, so Rambam, entscheide sich für die Schöpfung).

So arbeitet Maimonides unübersehbar die Begrenztheit menschlicher Erkenntnis hinsichtlich der Dinge heraus, die – wie er in einer

[15] MAIMONIDES: Mischneh Torah. Hilchot Melachim XI-XII. In: Moses Maimonides: Ein Querschnitt durch das Werk des Rabbi Mosche Ben Maimon. Dt. v. Nahum Norbert Glatzer. Köln 1966. 174-180. Zit. nach NIEWÖHNER, Friedrich: Maimonides als Aufklärer. In: FLASCH, Kurt/JECK, Udo (Hgg.): Das Licht der Vernunft. Die Anfänge der Aufklärung im Mittelalter. München 1997. 18-27. Hier 21.

naturwissenschaftlichen Einteilung des Kosmos sagt – „über dem Mond“ liegen, und tut damit etwas, was der Sache nach ohne jeden Zweifel auf den größten aufklärungskritischen Aufklärer der modernen Philosophie vorausweist: auf Kant. Und um diesen Zusammenhang noch zu intensivieren: Im dritten Teil seines *Führers der Unschlüssigen* fordert Maimonides zur Einhaltung des jüdischen Gesetzes auf, weil durch dieses Recht, Gnade und Tugend verwirklicht würden, welche die, die dem Gesetz gemäß handelten, das Wirken Gottes auf Erden nachahmen lasse. Die Wegwendung von aller metaphysischen Spekulation hin zu einem gottentsprechenden sittlichen Dasein in der Wirklichkeit der Welt kann gar nicht anders, als an Kants Wendung von der theoretischen zur praktischen Vernunft und der dortigen Neufassung der Gottesfrage zu erinnern – Kant und andere moderne Denker kannten und schätzten im Übrigen den *Führer der Unschlüssigen*. Durch eben dieses Werk erfuhren die christlichen Denker noch vor der Ankunft der aristotelischen Texte von den arabischen Vernunft-Glaube-Debatten.

Zweiter Anfang. In diesem so dichten wie konfliktgeladenen Netzwerk musste sich das christliche Denken theologisch und philosophisch durch Kritik und Rezeption positionieren: Nur so konnte die Theologie dem durch den neu entdeckten Aristoteles markierten, wissenschaftstheoretischen Standards gerecht werden und damit ihren eigenen genuinen Wissenschaftsanspruch aufrechterhalten. Dass sich dabei so etwas wie ein Quantensprung metaphysischen Denkens vollzieht, geht damit faktisch gesehen als Nebenwirkung einher, ist aber das systematisch eigentlich Interessante an der ganzen Sache. Es kommt nachgerade zu einem „[...] zweiten Anfang der Metaphysik im lateinischen Mittelalter.“[16] Diesen Neueinsatz prägen im Kern einige wenige, dafür aber umso fundamentalere Überzeugungen der jüdisch-christlichen Tradition[17]:

(a) Gott als Person. Allem voran zählt dazu das personale Gottesbild und engstens mit ihm verbunden der Schöpfungsgedanke: Ein absolut weltjenseitiger Gott bringt frei alles Seiende ins Dasein – aus dem Nichts, wie früh von theologischen Autoren betont und dann bereits 447 kirchenamtlich festgeschrieben wird.[18]

(b) Gottebenbildlichkeit. Ähnlich fundamentale Relevanz besitzt der Gedanke der Gottebenbildlichkeit des Menschen, aus dem heraus Letzterem wie Gott – natürlich im Maß des Kreatürlichen – Personalität und Freiheit zugeschrieben wird. Und auch Gottes

[16] HONNEFELDER: Möglichkeit und Formen (Anm. 3). 18.
[17] Vgl. zum Folgenden auch SCHMIDINGER, Heinrich: Metaphysik: ein Grundkurs. Stuttgart; Berlin; Köln 2000. 104-117.
[18] Vgl. DENZINGER/HÜNERMANN 285.

Transzendenz spiegelt sich im Geschöpf „Mensch“: nämlich in der Unvergleichlichkeit des konkreten Menschen, seiner unverrechenbaren Einmaligkeit, die sich in seiner Individualität geltend macht und die nach einiger Zeit bis zum Gedanken einer Inkommunikabilität ausgezogen wird – alles Momente, denen im Kontext der Anthropologie detailliert nachzugehen sein wird. (↗ Bd. 3, Teil A, Kap. 4 u. 5) Und auch gelegt sind darin bereits die Keime für die später immer mehr sich herauskristallisierende Überzeugung, dass der Mensch nicht ein Seiendes wie jedes andere ist und diese Sonderstellung mit der Dimension seiner Geistigkeit zu tun hat.

(c) Geschichtlichkeit. Eine dritte, die neue Metaphysik tief prägende jüdisch-christliche Intuition, ist die der Geschichtlichkeit, die sich aus der schöpferischen und erlösenden Initiative Gottes ergibt und alles Geschaffene von seinem Anfang bis zu seiner Vollendung zusammenbindet. Zyklische und lineare Zeitmodelle konnten sich dabei längere Zeit durchaus überlagern, so etwa in dem Parabelmodell von Heilsgeschichte, wie es etwa Thomas von Aquin kennt: eine von Gott absteigende Bewegung erreicht in Inkarnation ihre Peripetie und führt dann alles wieder in Gott zurück.[19] Radikal hervorgetreten ist das Bewusstsein von Geschichtlichkeit erst in der Moderne, gleichwohl wird so eine Dynamik auf Geschichtstheologien und -philosophien freigesetzt, die ja – da sie das Ganze des Wirklichen in einen Sinnzusammenhang zu bringen trachten – hochkarätig metaphysische Ansprüche mit sich führen.

Originalität. Gelegentlich kann man lesen, durch die eben genannten Motivkerne seien „Neue Gegenstände“[20] der Metaphysik konstituiert worden, so etwa ein gesteigertes Interesse an der menschlichen Seele, das sich dann zum Aufkommen von Erkenntnistheorie und Anthropologie fortentwickelt habe. Oder aus dem Schöpfungsgedanken sei der ganze Problem-Komplex von Transzendenz versus Immanenz hervorgegangen. Oder aber durch die Idee der „creatio ex nihilo“ sei überhaupt erst der Gedanke der Kontingenz, des Nicht-Notwendigen und damit der der Faktizität freigesetzt worden und damit schließlich auch die Frage nach dem Sinn von allem überhaupt.[21] Genaueres Zusehen wird aber einen solchen Anspruch auf Innovativität etwas zurücknehmen, weil die Kerne aller vier Motivlagen eindeutig bereits in der antiken Philosophie präsent sind, etwa das eminente Interesse an der Seele bei Platon und Aristoteles. Oder aber die Immanenz-Transzendenz-Thematik in der Fortentwicklung der Ideenlehre. Oder aber die radikale Dipolarität von Sein und Nichts

[19] Vgl. SECKLER, Max: Das Heil in der Geschichte. Geschichtstheologisches Denken bei Thomas von Aquin. München 1964.

[20] SCHMIDINGER: Metaphysik (Anm. 17). 113.

[21] Alle vier Momente finden sich bei SCHMIDINGER: Metaphysik (Anm. 17). 113-117.

bei Parmenides, die aber eben in Platons *Parmenides* und im *Timaios* aufgeschmolzen wird und dann das Nichts als das Andere des Seins und so als dessen eigenes Moment denkbar macht. Und natürlich ist die antike Metaphysik in allen ihren Varianten, die auf eine geordnete Ganzheit alles Seienden ausgreifen, nichts anderes als die Option auf eine letzte Logosförmigkeit von allem, eine Transparenz des Ganzen, für die die Chiffre „Sinn“ steht. Gleichwohl ist an der soeben eingeschränkten Innovationsthese richtig, dass im Raum des metaphysischen Neueinsatzes, viele und vor allem die fundamentalen Antworten anders gegeben werden als in der antiken Ontologie, sodass es unter dem Richtmaß der christlich-theologischen Leitbilder zu – meist hoch komplizierten – Umbauten, Anbauten oder regelrechten Neuarrangements alter Bausteine kommt.

Sein und Wesen. Einen der zentralsten dieser Vorgänge wähle ich an dieser Stelle aus, um den Formationsprozess der klassischen Metaphysik einmal konkret anschaulich werden zu lassen. Das Theorem, um das es dabei gehen soll, hat mit dem soeben erwähnten Gedankenkomplex von Kontingenz und Faktizität zu tun. Wenn die Dinge aus nichts geschaffen werden, ist zum einen staunenswert, dass es sie überhaupt gibt, dass vielmehr nicht nichts ist (wie die klassische Formulierung von Leibniz und die an sie anschließende von Heidegger lautet). (→ Bd. 2, Teil C, Kap. 1 Anfang) Zum anderen heißt das aber auch, dass sie einmal nicht waren, dass es sie also auch nicht geben muss – ihnen eignet also keine Existenznotwendigkeit. Daraus folgt aber: Will man ein Seiendes als Seiendes wirklich begreifen, reicht nicht die Kenntnis seines Wesens, sondern muss man sich auch Gedanken über sein Sein, seine Existenz machen. Oder anders: Eine zureichende metaphysische Reflexion des Dings muss sein Sein und sein Wesen unterscheiden, esse et essentia. Es hat eine ganze Weile gedauert, bis dieser Gedanke – über Zwischengestalten bei jüdischen und muslimischen Aristoteleskommentatoren – als die so genannte Realdistinktion von Sein und Wesen voll ausgebildet war, „[…] Thomas’ berühmteste Lehre im Blick auf das esse […]“[22], wie Anthony Kenny formuliert: Eine Substanz kann kraft Zusammensetzung aus Materie und Form und gemäß ihrer inneren Gesetzmäßigkeit denkbar sein, ohne dass sie darum schon existierte (etwa, wenn wir uns den mythischen Vogel „Phönix“ vorstellen und sagen, dass er wunderschön sei). Die Existenz der Substanz ist noch nicht dadurch gewährleistet, dass es sie als Substanz gibt – ein aristotelisch gedacht höchst seltsamer Gedanke. Mit ihm wird darum auch eine post-aristotelische Differenz etabliert: nämlich die zwischen dem – könnte man sagen – substanzialen Akt, kraft dessen es eine bestimmte Substanz als solche gibt, und dem Existenz-Akt, kraft dessen sie im Sinn von „existieren“

22 KENNY, Anthony: Thomas von Aquin. Aus d. Engl. v. Bernardin Schellenberger. Freiburg; Basel; Wien 1999. 88.

ist. Sprachanalytisch gesagt: der Ausdruck „sein", esse (im Sinn des englischen „to be"), wird als Verbindung von Subjekt und Prädikat, als Kopula im Urteilssatz verwendet und zugleich als Existenzaussage, wie Thomas übrigens selbst ausdrücklich differenziert.[23]

Prinzip *Sein*. Seiendes wird also gedacht als zusammengesetzt aus seinem (seinerseits aus Materie und Form zusammengesetzten) Was-Sein und dem Faktum seines Dass-Seins. Thomas betont dabei immer wieder, dass Sein selbst nichts ist, was ist, also ein Seiendes, jedenfalls nicht im strengen Sinn.[24] Denn wäre Sein ein Seiendes, müsste es ja different sein zu anderem, könnte dann aber nicht mehr das sein, was allen Seienden, sofern sie wirklich sind, eignet und als Voraussetzung ihrer Differenzen zueinander fungiert. Positiv folgt daraus für Thomas: Sein ist das, *wodurch* (lateinisch: „quo") etwas ist – also ein Prinzip. Wörtlich etwa in der *Summa contra gentiles*:

> „Das, wodurch etwas ist und Seiendes genannt wird, nenne ich ein formales, nicht ein faktives [d.h. im Sinn einer Wirkursache tätiges; K.M.] Prinzip."[25]

Man kann sich den Sinn dieser Prinzipialität gut klarmachen, wenn man ein wenig konkretisiert, was Formal- oder Faktivprinzip meint. Thomas selbst tut das mit einem oft gebrauchten Beispiel, das von Aristoteles stammt. Es ist gefasst in das Diktum:

> „Leben ist für lebendige Wesen [ihr; K.M.] Sein."[26]

Ich *bin* kraft aller meiner Lebensvollzüge wie wachen, schlafen, essen, arbeiten, lieben etc. Sie insgesamt machen mein Leben aus und dass ich *bin*. Das Leben ist nicht noch etwas, das zu ihnen hinzu käme – genauso wenig wie der Teamgeist einer Mannschaft ein zwölftes Etwas ist, das mit den elf Fußballern übers Spielfeld rennt, sondern der Elf innewohnt als das, was sie zusammenhält und perfekt macht in dem, was sie ist.[27] Insofern ist dieses Prinzip ein Innerstes des von ihm Verursachten, sodass es das Verursachende ohne das Verursachte gar nicht gäbe (und das ist etwas ganz anderes als die Beziehung zwischen einer Wirkursache und dem von ihr Bewirkten: die Erstere kann es ohne das Letztere gerade so gut geben wie mit ihm).[28]

Prinzip *Wesen*. Ähnlicher Verfassung wie das Sein – also Prinzip – ist auch das Wesen. Schon in der Frühschrift *De ente et essentia* erklärt der Aquinate:

> „Weil das, wodurch ein Ding seinen Ort in der ihm eigenen Gattung oder Art findet, eben durch die Definition ausgedrückt wird, die angibt, was ein Ding sei, gebrauchen die Philosophen für das Wort ‚Wesen' auch das andere der ‚Washeit'. Diese ist eben das, was der Philosoph [s.c. Aristoteles;

23 Vgl. THOMAS VON AQUIN: Summa Theologiae. I, q.3, a.4 ad2.
24 Vgl. THOMAS VON AQUIN: De potentia. I, 1. – DERS.: In hebdomadibus. 2. – DERS.: In divinis nominibus. VIII, 1.
25 THOMAS VON AQUIN: Summa contra gentiles. II, 68.
26 KENNY: Thomas (Anm. 22). 97.
27 Vgl. dazu KENNY: Thomas (Anm. 22). 97-98.
28 Vgl. SCHMIDINGER: Metaphysik (Anm. 17). 135.

K.M.] so oft nennt: was irgend etwas für ein Sein hat, d.h. das, wodurch irgend etwas sein Was-Sein hat.“[29]

Sein und Wesen werden so nicht als ihrerseits existierende Realität aufgefasst, sondern als ontologische Prinzipien, also als etwas, wodurch Seiendes seiend ist. Was ist, ist nur kraft des Zusammentretens beider Prinzipien, sodass sie real verschieden, einander entgegengesetzt und damit zugleich aufeinander relativ sein müssen. Sie sind das, wodurch ein bestimmtes Seiendes *dieses* Seiende ist und ein anderes *jenes*, d.h. sie schaffen Bestimmung, Begrenzung. Und gleichzeitig sind sie das, wodurch dieses oder jenes Seiende ist, und diesem *„ist“* wohnt keinerlei begriffsnotwendige Grenze inne, d.h. es ist zumindest der Möglichkeit nach unbegrenzt, unendlich – also absolut.

Beide Prinzipien treten nicht nur faktisch immer zusammen auf. Weit mehr lassen sie sich nur eines vom anderen her überhaupt begreifen. Sein ist immer Sein eines Wesens, wie umgekehrt Wesen das, was es ist, dadurch ist, dass es Sein hat. Dabei durchherrscht diese wechselseitige Zuordnung – wie im Fall von Möglichkeit und Wirklichkeit – eine Asymmetrie: So, wie im Fall der Bewegung der Wirklichkeit, dem Akt, ein Vorrang vor der Möglichkeit zukommt, weil ohne jegliches Vorhergehen von Aktualität Mögliches niemals in Wirklichkeit treten könnte, so eignet im Verhältnis von Sein und Wesen dem Sein eine Priorität: Ein Wesen ist ja überhaupt nur dadurch erkennbar, ja selbst denkbar, dass es ist. Demgegenüber ist „Sein“ bereits an sich von bedeutungsmäßigem Gehalt, sofern, wenn von „Sein“ die Rede ist, notwendig etwas da sein muss, was so und nicht anders ist, also ein Wesen. Anders gewendet: Aus dem Sein folgt das notwendige Gegebensein eines Wesens, während aus dem Was-Sein von etwas nicht auf sein Sein geschlossen werden kann. Vor diesem Hintergrund wird das Wesen als Prinzip der Begrenzung bezeichnet[30], weil es dafür aufkommt, dass etwas das ist, was es ist, und nicht ein anderes. Sein gilt dagegen als Prinzip der Aktualisation, das in sich von keiner Begrenzung bestimmt ist. Beispiel: Wenn ich etwas denke, denke ich immer etwas Bestimmtes, also von anderem Abgesetztes und damit Begrenztes, denken jedoch kann ich prinzipiell alles, nicht nur Denkbares, sondern in Gestalt von paradoxen Grenzbegriffen auch Undenkbares.

Realdistinktion. Diese reale Unterscheidung von Sein und Wesen leistet zweierlei: Zum einen kann kraft ihrer das kontingente Seiende unserer Erfahrungswelt wirklich als kontingent gedacht werden. Zum anderen lässt sie sichtbar werden, dass das Wesen noch nicht das letzte Wort der Metaphysik ist. Allein schon deren Denkbarkeit hatte auf etwas noch „Wesentlicheres“ als das Wesen des Seienden verwiesen, von dem her dieses überhaupt begriffen werden kann,

29 THOMAS VON AQUIN: De ente et essentia. I.

30 Vgl. THOMAS VON AQUIN: Summa contra gentiles. I, 43.

während dieses Wesentlichere seinerseits für ein Begriffenwerden nicht auf das Wesen angewiesen ist – aber ebendeswegen auch gar nicht so einfach (wenn überhaupt) begriffen werden kann, obwohl es evidenter Maßen alles Wissen im Letzten fundiert: eben das Sein. Was aber ist das, das Sein? Die klassische Metaphysik sucht darüber Aufschluss in einem Gedankengang, dessen Resultat lautet:

4.4 Sein ist Akt

Actus als perfectio. Das ist – wie soeben gesagt – ein Resultat. Was damit gemeint ist, kann nur begreifen, wer den Weg nachvollzieht, der zu ihm führt. Der erste Schritt besteht dabei darin, die sprachliche Fixierung der Sache etwas in Blick zu nehmen (wie das ja auch Aristoteles oder Thomas von Aquin und genauso ein Wittgenstein immer wieder tun). In dem am Aquinaten sich orientierenden Denken spricht man vom „actus essendi" und möchte damit zum Ausdruck bringen: Sein ist etwas, was eine Möglichkeit aktualisiert. Das aber kann es nur, wenn und insofern es selbst aktual ist. Aktual sein heißt: Vollendet, vollständig sein. Der lateinische Name dafür lautet „perfectio".

Eine wirkliche perfectio zeichnet aus, durch nichts eine Einschränkung zu erfahren. Was das genau bedeutet, lässt sich am besten an einer sprachlichen Beobachtung verdeutlichen, die im Rahmen von Thomas' Analogiekonzeption von großer Bedeutung ist. Es gibt „perfectiones purae" und „perfectiones mixtae". Prinzipielle Uneingeschränktheit äußert sich sprachlich in der grenzenlosen Steigerbarkeit eines Ausdrucks, z.B. „gut" – gut wird gesteigert mit besser, noch besser, nochmals besser, weitaus besser, am besten – unvergleichlich besser, einmalig gut. Die Bedeutung des Ausdrucks stößt an keine ontologisch bedingte Grenze, sondern lediglich an eine in unseren Äußerungsformen, die wir aber – wie eben gezeigt – durch gewisse Zusatzzeichen als überschreitbar markieren können. „Perfectiones mixtae" dagegen sind endliche Vollkommenheiten, also solche, die an eine inhärente ontologische Grenze stoßen. Nehmen wir als Beispiel „wohlgenährt": „Wohlgenährt" bezeichnet durchaus eine perfectio, etwas von Wert (etwa im Gegensatz zu „unterernährt"), erträgt aber nur eine sehr begrenzte Steigerung. Denn die führte ziemlich schnell zu den Bezeichnungen „übergewichtig", „verfressen" und schließlich „Fettkoloss", dessen Organismus unter dem eigenen Gewicht zusammenbricht.

Sein nun gehört sprachlich gesehen zu den ohne Einschränkung steigerbaren Ausdrücken. Darum bezeichnet dieser Term eine Vollkommenheit, welche Möglichkeiten aktualisiert und dies eben unbegrenzt kann. Von daher wird auch unschwer einsichtig, dass es sich beim Sein nicht um ein Datum, also wörtlich: ein Gegebenes handelt, sondern um ein Ereignis. Und das wiederum ist etwas, was wirklich sachgemäß nur durch ein Verbum ausgedrückt werden kann (und nicht durch ein Substantiv; die deutsche Nominalisierung „Das Sein" verstellt deshalb die Sache etwas, ebenso das italienische „l'essere". Das Englische bleibt besser an der Sache, sofern die Nominalisierung von „to be" partizipiale Gestalt erhält: „Being", ähnlich das Griechische mit „on" von „einai". Nüchternste Klarheit eignet dem Lateinischen: Verbale und nominale Form heißen identisch „esse").

Sein im Urteil. Von dieser Prärogative des Verbum her tun wir darum gut daran, nicht zu fragen, was denn nun dieses Sein sei, sondern, was es bedeute, dass etwas „ist", d.h. wir kommen auf eine Analyse des Urteils zurück. Genau besehen geschieht im Urteil ja eine Objektivation: Was von mir erkannt wird, wird durch es mehr als nur ein mehr oder weniger zufälliges, auf jeden Fall aber faktisches Tangiertsein meines Erkenntnisvermögens durch etwas. Urteilen heißt behaupten: Etwas ist so und so nicht nur für mich, als den Erkennenden, sondern etwas ist in sich selbst so, wie es ist, unabhängig von seinem Erkanntwerden durch mich. Durch das Urteil gewinnt darum das Erkannte eine Allgemeingültigkeit, die es durch das Erkanntwerden allein niemals gewinnen könnte. Wovon gesagt – also geurteilt – worden ist, dass es ist, das ist das, was es ist, nicht nur für mich, sondern für alle, und nicht nur unter den momentan gegebenen Bedingungen, sondern immer.

Dieses vom Erkanntwerden unabhängige An-sich-Sein des Erkannten wird im Urteil durch das Verb „sein" oder an seiner Stelle durch ein anderes Verb zum Ausdruck gebracht („Der Mantel ist warm" oder „Der Mantel wärmt"). Das impliziert aber: Ein Urteil konstatiert nicht nur, dass etwas so und so ist, und hält das fest, sondern artikuliert so etwas wie eine eigene Aktivität der vom Urteil gemeinten Sache – eine Aktivität, kraft deren sie ist oder – etwas seltsam formuliert – kraft deren sie sich das sein lässt, was sie ist. Lässt sich diese Aktivität „zu sein" näher bestimmen?

Am ehesten gelingt das im nochmaligen Ausgang von der formalen Struktur des Urteils: Ein Urteil synthetisiert, was im Erkenntnisprozess notwendig unterschieden werden muss: Einem Was, das durch eine Form bestimmt ist, wird ein Prädikat verliehen. Das Urteil bringt zum Ausdruck, dass diese verschiedenen Momente eine Einheit bilden. Das geschieht durch das Verbum „sein". Das „sein" (verbal genommen) drückt also nicht eine statische Selbigkeit aus, sondern bindet in Gestalt einer Konkretisierung zusammen, was in keiner Weise notwendig zusammen sein muss, d.h. es bezeichnet etwas Dynamisches. Genau insofern ist „sein" eben mehr als nur Gegebensein. Denn gegeben ist nur die Mehrheit aus geformtem Was und Prädikat. Das Urteil bringt zum Ausdruck, dass ein Wesen kraft Prägung durch kontingente, also nicht-notwendige Prädikate als ein ganz bestimmtes, konkretes Seiendes realisiert, aktualisiert ist.

Normalerweise schließt das Urteilssubjekt das Urteilsprädikat nicht analytisch ein. Analytischer Einschluss meint: Das Prädikat expliziert lediglich ein im Begriff des Urteilssubjekts bereits enthaltenes Moment z.B.: „Ein Kreis ist rund." Die Zahl solch analytischer Urteile dürfte relativ klein sein. Wenn darum gilt, dass das Urteilssubjekt das Urteilsprädikat in der Regel nicht einschließt und das Prädikat darum – wiederum – in der Regel kontingent, zufällig ist, dann folgt daraus: Mit dem Subjektausdruck, also dem, was für das Wesen eines Seienden steht, ist von diesem schon alles gesagt, was sich von ihm an Wichtigem sagen lässt, lateinisch gewendet: Der wesensbezogene Subjektausdruck umfasst seine perfectio. Wenn nun aber „sein“ soviel heißt wie: diese perfectio, diese Vollkommenheit aktualisieren, dann muss „sein“ als Vollkommenheit der Vollkommenheit gefasst werden. Thomas sagt das auch wörtlich:

> „Das Sein ist von allem das Vollkommenste […]. Das Sein enthält die Aktualität jedes Akts, und deshalb ist es die Vollkommenheit aller Vollkommenheiten.“[31]

Sein und Staunen. Trifft das zu, setzt das einen brisanten Folgegedanken frei: Das letzte Fundament aller Wirklichkeit und allen Wissens – das Vollkommenste des Vollkommenen eben – liegt nicht mehr, wie für Sokrates, hinter einem Schleier der Unsagbarkeit und muss nicht mehr, wie bei Platon, auf (mühseligem Weg) gesucht werden. Vielmehr ist es immer schon im Sein der Seienden gegenwärtig – darin, dass das, was genauso gut nicht sein könnte, eben ist. Diese Tatsache im buchstäblichen Sinn von Tat-Sache als eines aktiven Geschehens gibt der und dem, denen sie begegnet, Anlass zum Staunen. Das ist der ursprünglichste Akt im Gegenüber zum Seienden. Der mag in der Regel und alltäglich verstellt sein, weil wir mit Seienden nur urteilend oder handelnd umgehen. Doch haben diese Einstellungen das Staunen darüber, dass da etwas ist und nicht vielmehr nichts, zur Bedingung ihrer eigenen Möglichkeit. Jedoch bisweilen kommt dieser Urakt direkt zur Geltung, wenn wir – unser Urteilen und Handeln unterbrechend – innehalten, um etwas in seinem schieren Dasein staunend zu gewahren, weil es uns buchstäblich in Bann schlägt. Dichter wussten das immer schon besser zu sagen als Philosophen, Angelus Silesius etwa:

> „Die Ros' ist ohn warum;
> sie blühet, weil sie blühet […].“[32]

Gleichzeitig handelt es sich bei diesem Staunen über das Sein eines Seienden nicht um eine indifferente Einstellung. Es empfindet das begegnende Seiende als wunderbar, als gut und wertvoll – und damit als Vollendung dessen, was dieses Seiende seinem Wesen nach (also auch wenn es nicht existierte) bereits an Vollkommenheit repräsentierte. Auch die Liebe kennt dieses Staunen, dass es den anderen, die andere gibt, und ebenso die Faszination durch ein großes Kunstwerk. An dieser Stelle wird unmittelbar evident, was ich meinte, als ich eingangs zu diesem Abschnitt sagte, christliche Metaphysik entfalte sich zum Gutteil als eine Replatonisierung aristotelischer Grundgedanken – dadurch eben, dass der Begriff des Seienden – wie gerade gezeigt – im Horizont des mit der Liebe und der Schönheit engstens verbunde-

[31] THOMAS VON AQUIN: De potentia. VII, 2, 9.
[32] SILESIUS, Angelus: Cherubinischer Wandersmann. 1. Buch. Nr. 289.

nen Begriff des Staunens reformuliert wird. Keine Frage, dass sich dem unschwer elementare biblische Intuitionen wie das Gutsein der Schöpfung verbinden lassen, auf das im ersten Schöpfungsbericht der „Genesis" nicht weniger als sechsmal ausdrücklich hingewiesen wird. Und nicht anders natürlich das Wunderbare des Gottes, der sich in dem Namen „sum qui sum" verhüllend entbirgt. (↸ Bd. 1, Kap. 4.5)

Martin Heidegger hat der gesamten abendländischen Metaphysik vorgeworfen, seinsvergessen[33] zu sein. Sie verstehe Seiendes als Vorhandenes und das Sein als höchstes – wiederum vorhandenes – Seiendes. Das mag fallweise zutreffen. Aber allein schon die klassische christliche Metaphysik lässt eine Generalisierbarkeit dieser These nicht zu: Sie überschreitet bereits auf der Ebene des konkreten Seienden die Ebene der Vorhandenheit, indem sie sie in die Dimension des Staunens einbettet. Allerdings dürfte dieser Gedanke überhaupt erst im Horizont des Glaubens an einen Schöpfergott wirklich fassbar sein. Erst von einem solchen her kann ja ein Seiendes Anlass zum Staunen werden: dass in ihm das Sein selbst präsent ist, ohne dass dieses Seiende durch eine seiner Strukturen selbst für sein Sein aufkäme.

Zwei Seinsweisen. Hier liegt auch die entscheidende Differenz zwischen der christlichen Metaphysik und Aristoteles: Das Verhältnis von Substanz und Akzidenz erschöpft sich nicht mehr in einer Urteilsanalyse, die die Fortbestimmung der unveränderlichen Substanz (Kategorie eins) durch die Prädikate (Kategorien zwei bis zehn) in Blick nimmt. Ebenso wenig lässt es sich als Sonderfall der Werdensanalyse fassen. Vielmehr treten jetzt substanzielles und akzidentelles Sein als zwei Seinsweisen auseinander: Die Schulphilosophie spricht später von „actus primus" und „actus secundus". Seiendes ist Seiendes in sich. Sein So-und-so-Sein rührt von dem her, was sich an Akzidenzien an ihm findet; diese sind „Sein an anderem" – aber gleichzeitig alles andere als beiläufig für dieses. D.h., es kommt zu einer eigenartig doppelwendigen Bewegung: Die Substanz gewinnt eine Eigenbedeutung, ein In-sich-Stehen. Aber gleichzeitig geht das nicht auf Kosten der Akzidenzien, sondern im Gegenteil werden diese enger als zuvor mit der Substanz verklammert. Man kann sich das besonders gut etwa am Akzidenz des Handelns klarmachen: Handeln ist ja nicht nur etwas, das an anderem etwas bewirkt. Handeln muss genauso verstanden werden als Ausdruck dessen, der handelt, also als Ausdruck seines Seins – gleichgültig, ob sich dieses Handeln in einem dem Handelnden äußerlichen Resultat niederschlägt oder etwa als geistige Entwicklung ausschließlich im Handelnden selbst virulent wird. Lebendige, zumal geistbegabte Seiende, werden dann freilich nur sein, was sie sein können – also ausschöpfen, was in ihnen liegt, d.h. ihre Vollkommenheit realisieren –, indem sie handeln. Solches

[33] Vgl. HEIDEGGER, Martin: Sein und Zeit. 7. Aufl. Frankfurt a.M. 1977. (Gesamtausgabe; 2). 1. 3.

Handeln kann dann freilich ihrem substanziellen Sein in keiner Weise mehr beiläufig sein: In ihm kommt vielmehr das substanzielle Sein dieser Seienden zu seiner Vollendung. Trotzdem werden Substanz und Handeln nicht gleichgesetzt. Der Mensch ist nicht identisch mit seinem Handeln. Seine Akte sind die seinen. Als endliche Substanz ist und bleibt er begrenzt und damit im Werden, obwohl sein Handeln „actus ultimus" ist. Es gibt keine Vollkommenheit über sein Handeln hinaus, doch steht dieses Handeln immer weiterer Vollendung offen. Das akzidentelle Sein faltet das substanzielle aus und macht dabei Grenzen des Letzteren fassbar – nicht obwohl, sondern weil beide unbeschadet ihrer Differenz zuinnerst verschränkt sind.

Sein und Gott. Die Verschränkung von Sein und Wesen wird bei Thomas aber zugleich auch grenzbegrifflich in Anspruch genommen, indem er den Ineinsfall der differenten Prinzipien zum Charakteristikum der Unterscheidung von Gott und Geschöpf heranzieht. (↗ Bd. 3, Teil C, Kap. 5.3) Der Gedanke selbst wird ausgesprochen kontrovers diskutiert: Halten ihn die einen für die Aufgipfelung des thomanischen Herzstücks der Realdistinktion[34], so sind andere der Meinung, diese theologische Inanspruchnahme der Realdistinktion sei alles andere als glücklich.[35]

Von den bisherigen Erörterungen her liegt auf der Hand, dass Gott nicht das Sein im Sinn des esse commune ist, weil dieses sich ja nur im Zusammenspiel mit einer essentia aktuiert[36], indem diese die Möglichkeiten realisiert, deren Fülle im esse commune liegt – dieses wird höchstens Gottes Gleichnis genannt.[37] Und konsequent kann Gott auch kein Wesen haben wie die anderen Dinge, das zu seinem Sein hinzuträte. Er ist tautologisch gesagt purer „actus purus", (verbal genommenes) Sein schlechthin ohne weitere Wesensbestimmung als eben die „zu sein". Mit dieser an sich unendlichen Bestimmung ist Gott vollständig bestimmt. Mit zwei bündigen Sätzen gesagt: Gott ist (im strengen Sinn) sein Wesen. Esse und essentia sind in ihm identisch. Beide Sätze finden sich wörtlich als Kapitelüberschriften in der *Summa contra Gentiles* des Thomas von Aquin.[38] Nachdem er zunächst – wie der Stagirite – mit Rekurs auf das Regress-Argument die Seinsnotwendigkeit Gottes herausarbeitet, schließt er dem folgende Überlegung zur Identität von Sein und Wesen in Gott an:

> „Wenn dieses Sein nun, das notwendig ist, zu einer Washeit gehört, die nicht das ist, was es selbst ist, so steht es entweder im Mißklang und Widerspruch zu dieser Washeit, wie das Durch-sich-Sein zur Washeit des Weißseins im Widerspruch steht, oder aber es ist im Einklang und verwandet mit ihr, wie das Im-anderen-Sein mit dem Weißsein. Im ersten Fall

[34] Vgl. SCHÖNBERGER, Rolf : Thomas von Aquin zur Einführung. Hamburg 1998. 90-91.
[35] Vgl. KENNY: Thomas (Anm. 22). 92-93.
[36] Vgl. THOMAS VON AQUIN: De ente et essentia. VI.
[37] Vgl. THOMAS VON AQUIN: In divinis nominibus. I, 1.
[38] Vgl. THOMAS VON AQUIN: Summa contra gentiles. I, 21. 22.

> kommt dieser Washeit kein Sein zu, das durch sich notwendig ist, wie auch dem Weißsein nicht das Durch-sich-Sein. Im zweiten Fall aber muß solches Sein entweder [erstens] vom Wesen abhängen oder [zweitens] beides von einer anderen Ursache oder [drittens] das Wesen vom Sein. Die beiden ersten Fälle widersprechen dem Seinsnotwendigen, da ja etwas, wenn es von anderem abhängt, nicht mehr seinsnotwendig ist. Aus dem dritten aber folgt, daß diese Washeit akzidentell zu dem Ding hinzutritt, das durch sich seinsnotwendig ist, da ja alles, was auf das Sein des Dinges folgt, ihm akzidentell ist. Dann aber wäre es nicht seine Washeit. Gott hat also nicht ein Wesen, das nicht [zugleich auch] sein Sein wäre."[39]

Im Gang der weiteren Argumentation kommt überdies exemplarisch zur Geltung, wie für diese Denkform Motive biblischer Tradition ohne Überhang in eine philosophische Denkfigur einfließen können. Thomas greift dabei exakt im Angelpunkt seiner philosophischen Theologie auf etwas von dem zurück, was man unter die biblischen Treibsätze metaphysischer Reflexion rechnen kann (↗ Bd. 3, Teil C, Kap. 4.1) – den berühmten Gottesnamen aus Ex 3,14, den wir im Tetragramm IHWH verdichten:

> „Weiter. Ein jedes Ding ist dadurch, daß es Sein hat. Also ist kein Ding, dessen Wesen nicht sein Sein ist, durch sein Wesen, vielmehr ist es durch Teilhabe an etwas, nämlich dem Sein. Was aber durch Teilhabe an etwas ist, kann nicht das erste Seiende sein, da ja das, woran etwas teilhat, damit es sei, früher ist als dieses. Gott aber ist das erste Seiende, und nichts ist früher als er. Also ist das Wesen Gottes sein Sein.
> Diese erhabene Wahrheit aber hat der Herr den Moses gelehrt. Denn als dieser den Herrn fragte: ‚Wenn die Kinder Israels zu mir sagen werden: ›Wie ist sein Name?‹ Was soll ich ihnen sagen?', da antwortete der Herr: ‚Ich bin, der ich bin. So sollst du den Kindern Israels sagen: ›Der da ist, der hat mich zu euch gesandt.‹'(Ex 3,31f.). Damit zeigte er, daß sein eigentlicher Name sei: ‚der da ist'. Jeder Name aber ist dazu bestimmt, die Natur oder das Wesen eines Dinges zu bezeichnen. Daraus ergibt sich, daß das Sein Gottes sein Wesen oder seine Natur ist."[40]

Kraft dieser Identität von Sein und Wesen kann also – anders als noch beim Stagiriten– über Gott nicht mehr gesagt werden als: dass er ist – im strengen, also die innere Unbegrenztheit von „sein" ausdrücklich mit sich führenden Sinn des Wortes. Das ist in sich eine positive Aussage, eine – scholastisch gesprochen – perfectio, genauer eine perfectio pura, sofern kein begriffliches Limit den Umfang von „sein" eingrenzt. Gleichzeitig generiert diese Identität von Sein und Wesen eine Unbegreiflichkeit und Unsagbarkeit Gottes. Das liegt auch auf der Hand: Wenn Gottes Sein mit seiner Wesensbestimmung ineins fällt, kann es nicht weitere Wesensbestimmungen geben. Gleichwohl machen sich Erkenntnis von etwas und Aussage über etwas an Wesensbestimmungen fest. Auch unter der Voraussetzung, dass es sich bei „sein" um eine perfectio, also etwas Positives handelt, resultiert aus dieser Identität jenseits der Seinsaussage darum notwendig ein sozusagen we-

39 THOMAS VON AQUIN: Summa contra gentiles. I, 22.
40 THOMAS VON AQUIN: Summa contra gentiles. I, 22.

sentliches Schweigen über Gott, wenn von ihm nicht mehr gesagt werden kann als ebendies, dass er ist.

Trotzdem kippt die Positivität dieses Seins nicht aus ihrer eigenen Logik um in eine reine Negativität des Sagens. Die christliche Metaphysik kennt vielmehr eine Vermittlung beider Seiten. Die leitende These dabei lautet: Neben dem Ausdruck „sein" können in der Rede von Gott auch andere sprachliche Ausdrücke Verwendung finden. Nur muss dabei beachtet werden, dass solches Reden nach wohlbestimmten Regeln erfolgt, Regeln näherhin, die sicherstellen, dass dann, wenn ein aus dem alltäglichen Reden geläufiger Ausdruck theologisch in Gebrauch genommen wird, zwischen beiden Gebrauchsfällen eine Differenz waltet, durch die so etwas wie eine genuine Unvergleichlichkeit Gottes gesichert bleibt. So kann auf kontrollierte Weise über das gesprochen werden, worüber menschliche Worte in alltäglichem Gebrauch nicht zu sprechen erlauben. Diesem ganzen Komplex ist die klassische Analogielehre gewidmet, wie sie von platonisch-aristotelischen Intuitionen her entwickelt ein Kernstück der klassischen Metaphysik bildet. Ich handle die Sache selbst aus systematischem Grund aber nicht an dieser Stelle ab, sondern im Rahmen der Basics aus dem Traktat der Sprachphilosophie. (↖ Bd. 1, Kap. 4.6) So möchte ich zur Geltung bringen, dass es sich beim Analogieproblem – unbeschadet seiner ontologischen Dimension – im Kern um eine sprachliche Konsequenz des Gottesbegiffs der christlichen Metaphysik handelt. Darum hier nur so viel: Selbst der Meisterdenker dieses philosophischen Paradigmas, Thomas von Aquin, nimmt dreimal Anlauf, um das Analogieproblem in Griff zu bekommen. Die drei Ansätze lassen sich miteinander nicht nochmals auf einen Nenner bringen. Auch der Letzte – entfaltet im Spätwerk der *Summa theologiae* – begreift nicht alles ein, was die vorausgehenden Ansätze an Potenzial implizieren. Und – was noch wichtiger ist: Die eigene theologische Sprachpraxis des Aquinaten erweist sich als ungleich vielschichtiger als die theoretischen Ansätze zu ihrer Formalisierung überhaupt zu denken erlauben. Insofern muss eine sachlich angemessene Durcharbeitung der Analogiethematik ebenjene sprachpraktische Dimension einbeziehen – und hat darum im Rahmen der Überlegungen zur Sprachphilosophie stattzufinden.

Gleichwohl verfügt diese Möglichkeit der Analogie als eines Redens dort, wo streng genommen gar kein Reden mehr möglich ist, ihrerseits aus der Sicht der klassischen Metaphysik über eine ontologische Wurzel. Diese bilden:

4.5 Die Transzendentalien

Anderes als „sein". Die Transzendentalien sind so etwas wie der Nervenstrang der Analogie. Über Gott kann prinzipiell nur dann mehr oder anderes gesagt werden, als dass er ist, wenn sich Prädikate namhaft machen lassen, die an die Stelle von „sein" treten können, ohne damit etwas zu formulieren, was zu jener unbedingten Grundbestimmung in Widerspruch stünde oder aber nur eine Tautologie wäre. Erst damit ist sozusagen die Bresche geschlagen, dass von Gott überhaupt etwas anderes gesagt werden kann, als dass er sei. Diesen zu „sein" alternativen Prädikaten müsste darum die gleiche Reichweite wie „sein" eignen. Sie müssten von allem ausgesagt werden können, wovon gesagt werden kann, dass es ist. Und auch müssten sie auf ebenjene schon von Aristoteles betonte vielfältige Weise (pollachos) aussagbar sein, in der von „sein" über alle Kategorien Gebrauch gemacht werden kann. Von dieser Transkategorialität leitet sich der Name „Transzendentalien" ab, also das, was die Einzelkategorien übersteigt. Kleine, aber wichtige Nebenbemerkung: Transzendentalität in diesem metaphysischen Sinn muss unterschieden werden von Transzendentalität im Sinne der kantischen Philosophie. Kant spricht von „transzendental", wenn von den Bedingungen der Möglichkeit der Erkenntnis von Gegenständen die Rede ist – nicht in Bezug auf Gegenstände selbst.

Entdeckungszusammenhang. Wie kommt man auf solche Transzendentalien? Bereits hier beginnen wieder die Probleme: Transzendentalien lassen sich weder durch begriffliche Analyse des Seienden noch empirisch ausweisen. Transzendentalien sind vielmehr das, was notwendig und unumgehbar – wenn auch normalerweise implizit – mitgesetzt wird, wenn etwas als Seiendes behauptet wird, ohne dass sie zu dessen Definition gehörten. Die klassische Metaphysik kennt – in eher lockerer Orientierung an Platon und Aristoteles – drei mit dem Sein konvertible Transzendentalien. Eine der klassischen Aufzählungen bei Thomas von Aquin lautet:

> „Vier erste Seiende werden genannt, nämlich das Seiende, das Eine, das Wahre, das Gute."[41]

Etwas später tritt – wenn auch nicht immer und überall unumstritten – das Schöne hinzu. Ein Seiendes ist, sofern es ist, notwendig auch eines, wahr, gut und schön. Das wichtigste Wort in dieser Bestimmung ist das „sofern": Endliche Seiende sind ja nur begrenzt seiend, sind also als Seiende in gewissen Hinsichten nicht. Und diesbezüglich können sie natürlich auch nicht eines, wahr, gut und schön sein. Diese Qualifikationen eignen ihnen ausschließlich in dem Maß, in dem sie Seiende sind. Sollte die Transzendentalienlehre im ersten Moment als so etwas wie ein leeres Begriffsspiel erscheinen, so belehrt ein auch

[41] THOMAS VON AQUIN: De potentia. IX, 7 vid. 6.

nur kurzer Blick in das historische Aufkommen der Frage nach dem Sein, dass dem ganz und gar nicht so ist: Was uns heute als seit Thomas von Aquin formalisiertes Theoriestück begegnet, synthetisiert gleichsam die Perspektiven, in denen die Seinsthematik überhaupt in den Blick philosophischen Fragens kam: Ihre Entdeckung geschah im Horizont des Einheitsbegriffs durch Parmenides, für den es kein Nichtsein geben kann, sodass das, was ist, ist – und als solches als Einheit sich darstellt. Im Horizont des Begriffs des Guten wird das Sein von Sokrates thematisiert, im Horizont des Schönen – wie oben erläutert – von Platon natürlich, und Aristoteles entfaltet das, was wir seine Metaphysik nennen, im Ausgang von der Wahrheitsfrage: Nicht umsonst beginnt die Sammlung der *Metaphysik* betitelten Papiere mit dem lapidaren Satz, alle Menschen strebten nach Wissen, um dann alsbald die Frage nach einer ersten Wissenschaft aufzuwerfen und als deren Gegenstand das Seiende als Seiendes zu bestimmen.[42]

Im Übrigen sind es auch genau diese transzendentalen Eigenschaften, von denen sich die für die aristotelische Metaphysik speziell und dann die klassische Metaphysik generell fundamentalen Prinzipien der Nicht-Widersprüchlichkeit, der endlichen Kausalreihe und der Zielgerichtetheit herleiten, die uns alle bereits als erkenntnistheoretische Implikate des aristotelischen Seinsdenkens begegnet sind. Wenn an dieser Stelle nur drei Prinzipien genannt werden, vorhin aber von vier Transzendentalien die Rede war, macht sich darin die Sonderstellung des Schönen geltend: Hinter ihm steht kein eigenes Prinzip, sondern die Einheit der Transzendentalien „eines“, „wahr“ und „gut“. Die eben herausgestellte Herkunft der Prinzipien von den Transzendentalien gibt zugleich umgekehrt einen wichtigen Wink, was die konkrete Erschließung der Transzendentalien betrifft: Die genannten Prinzipien kennzeichnete, keines eigenen Beweises (im Sinn deduktiver Ableitung) zu bedürfen und auch nur fähig zu sein. Sie konnten nur uneigentlich „bewiesen“ werden, sofern sich aufdecken lässt, dass der, der sie bestreitet, von ihnen bereits für diesen Akt der Bestreitung Gebrauch macht. Leiten sich diese Prinzipien nun von den Transzendentalien her, so haben wir damit zu rechnen, bei der Erschließung der Transzendentalien a fortiori in diese spezielle epistemische Sondersituation nicht nochmals beweisbedürftiger und damit unhintergehbarer Evidenz zu geraten. Und genau das ist auch der Fall. Nirgends wird das unmittelbarer fassbar als im Fall des ersten Transzendentale.

(a) Das Eine. Wo immer wir überhaupt einen Gedanken fassen, also etwas denken – egal, ob wir von ihm sagen, dass es ist oder dass es nicht ist –, in jedem Fall geht mit dem Gedanken von etwas der Begriff des Einen einher. Selbst wenn ich das größtmögliche Chaos zu denken versuche, geschieht dies unter Rekurs auf den Einheitsbeg-

[42] Vgl. ARISTOTELES: Metaphysik. 1003a.

riff: Auch durcheinander können nur Dinge sein, die in einer gewissen Hinsicht eine Einheit bilden. Die ist sozusagen die Bühne, auf der sie überhaupt erst als Durcheinander auftreten können. Aber das gilt genau für jedes einzelne Seiende, sofern es ist: Ich frage z.B. nach etwas, erkenne etwas oder erstrebe etwas. Damit beziehe ich mich auf das betreffende Seiende. Das kann ich aber nur unter der Voraussetzung, dass dieses Etwas von mir Verschiedenes und zugleich an sich selbst verlässlich fragbar, erkennbar oder wollbar ist. D.h.: Um überhaupt in Beziehung zu ihm treten zu können, muss es etwas Bestimmtes sein, etwas, das so und so ist, und nicht anders. Wenn ich etwas als etwas soll erkennen oder wollen können, muss es eines – und nicht ein anderes – sein, genauso wie das Erkennen- und Wollenkönnen voraussetzt, dass da etwas mir gegenüber ist als jemand, der oder die seinerseits einer oder eine ist – nicht in numerischem Sinn als zählbare Entität, sondern als Instanz, denen die Akte des Erkennens oder Wollens als einer identischen zuzuschreiben sind. Insofern kennzeichnet das Eines-Sein als Transzendentale von vornherein eine Doppeldimensionalität: Was ist, ist innere Einheit im Sinn einer Identität dieses Seienden mit sich selbst und zugleich äußere Einheit im Sinn eines Andersseins als alles andere, also im Sinn einer Nicht-Identität. Formell gefasst: Etwas, das ist, ist, sofern es ist, es selbst und nicht ein anderes. Und es kann nicht zugleich und unter derselben Rücksicht sein und nicht sein. Abseits dieser Formalisierung könnte man sagen: In der transzendentalen Bestimmung des Seienden als eines je Einen äußert sich eine elementare Verlässlichkeit des Seienden als eines solchen. Die klassische Metaphysik hat deswegen im transzendentalen Einssein des Seienden einen Reflex der Treue des Schöpfers seinen Geschöpfen und ebenso sich selbst gegenüber gesehen. Dort, wo das Alte Testament von Wahrheit spricht, steht gerne das hebräische „emeth" oder „emunah", abgeleitet vom Wortstamm „aman": fest, sicher, zuverlässig sein. Gleichzeitig spiegelt sich darin der innere Zusammenhang zwischen dem Transzendentale der Einheit und einer zweiten transzendentalen Eigenschaft des Seienden als Seienden:

(b) Wahrsein. Im Zusammenhang des Traktats „Erkenntnistheorie" (↖ Bd. 1, Kap. 3.2) war schon davon die Rede gewesen, dass das Prädikat „wahr" im alltäglichen Sprachgebrauch in erster Linie denjenigen Urteilen zukommt, die von dem, was ist, sagen, dass es ist, und von dem, was nicht ist, dass es nicht ist. Das ist auch Aristoteles' Verständnis von Wahrheit. Die klassische Tradition hat das auf die Formel gebracht: Wahrheit bedeutet eine Angleichung des Intellekts an die erkannte Sache – die berühmte oder sollte ich sagen: berüchtigte Adäquationstheorie der Wahrheit. Vielleicht doch lieber Letzteres – also berüchtigt, weil diese Wahrheitstheorie, so plausibel sie im ersten Moment wirken mag, in einen infiniten Regress mündet, denn: Wenn Wahrheit in der Entsprechung zwischen Sache und Intellekt besteht:

Wie komme ich zur Feststellung dieser Entsprechung? Natürlich dadurch, dass diese Entsprechung per Entsprechung im Intellekt identifiziert wird. Und wie geschieht dieses wiederum: Natürlich durch eine Entsprechung zwischen der Entsprechung und der Entsprechung der Entsprechung. Und wie diese wiederum? Da capo!

Wir sagen aber auch noch in einem anderen Sinn von etwas, dass es „wahr" sei, z.B. nennen wir jemanden einen wahren Freund, weil er sich so verhält, wie man das von einem Freund erwartet. D.h.: In diesem Fall geht es nicht um eine Entsprechung zwischen Erkennendem und Erkanntem, sondern darum, dass etwas oder jemand so ist, wie er sein muss, um das zu sein, was von ihm (durch ihn selbst oder andere) behauptet wird, dass er es sei. Diese Entsprechung von etwas zu sich selbst nennt die klassische Tradition „ontologische Wahrheit" – im Gegenzug zu der logischen Wahrheit der Entsprechung zwischen Erkennendem und Erkanntem.

Außer Frage steht, dass diese ontologische Wahrheit engstens mit der transzendentalen Bestimmung des Einsseins des Seienden zusammenhängt. Trotzdem sind beide Bestimmungen nicht identisch. Während das Einssein als Bestimmung am Seienden als solchen auftritt, ist das Wahrsein konstitutiv auf Erkenntnis durch eine Vernunft bezogen. Sein als Wahrsein kann es als Gegenstand von Erkenntnis nur geben, sofern das in Frage stehende Seiende sich selbst entspricht. Insofern stehen ontologische und logische Wahrheit im Verhältnis von Potenz und Akt. Gleichwohl begründet unser menschliches Erkennen nicht die mit seinem Sein koextensive Erkennbarkeit des Seienden. Woher also rührt seine ontologische Wahrheit? Antwort der klassischen Metaphysik: Der Schöpfer hat die Dinge kraft seiner göttlichen Ideen geschaffen. Ihr Dasein verdanken sie ihrem Gedachtwerden durch den Schöpfer. Und ihre Entsprechung zu diesem göttlichen Gedanken macht ihre ontologische Wahrheit aus.

Damit gewinnen wir aus der Erkenntnis der Seienden indirekt ein Wissen um die göttlichen Ideen. Und das, was für uns logische Wahrheit in Satzform ausmacht, entspringt – vermittelt durch die erkannten Dinge – einer Entsprechung zur (sozusagen) logischen Wahrheit Gottes. Das verwandelt freilich zugleich den Wahrheitsbegriff als solchen: Wahrheit erweist sich damit nicht mehr nur als Richtigkeit von Aussagen, sondern als ein Sich-Zeigen der Dinge in ihrem Innersten. Wahrheit als aletheia, übersetzt: als Unverborgenheit, noch wörtlicher wiedergegeben als: der lethe – dem Vergessen – Entrissenes; a- in aletheia ist privativ.

Falschsein? Die Konvertibilität von Sein und Wahrheit wirft noch eine zusätzliche Frage auf: Wenn etwas wahr ist, sofern es ist, gibt es dann überhaupt so etwas wie Falschsein? Verschwindet dieses nicht sozusagen im Abgrund des Nicht-Seins? Die Antwort lautet doppelt: In der Perspektive der logischen Wahrheit ist Falschsein oder

Irrtum ein Urteil, das zum Teil unwahr ist, weil es von Seiendem sagt, dass es – zumindest in gewisser Hinsicht – nicht ist und umgekehrt. In der Perspektive der ontologischen Wahrheit ist Falschsein falscher Anschein, also die Verformung des Äußeren eines Seienden, sodass sein Inneres mit dem Äußeren nicht mehr übereinstimmt. Falschheit tritt auf, wenn eine richtige Aussage über ein Seiendes nicht möglich ist, weil sich das ihm Wesentliche nicht zeigen kann. Wird dieser Prozess des Sich-Zeigens von Seiendem willkürlich, also durch den Eingriff eines freien Aktes behindert oder unterbrochen, so liegt das vor, was gemeinhin „Lüge" heißt: Ein Seiendes wird bewusst zu etwas gemacht, was es nicht ist, oder in dem verstellt und verborgen, was es in Wahrheit ist. Daran wird ersichtlich, dass Wahrheit offenkundig aufs Engste mit Freiheit zu tun hat: Wahr ist nur, was sich frei als es selbst zeigen kann. Wie umgekehrt Freiheit sich in Stand gesetzt weiß, Wahrheit zu verfälschen oder zu unterdrücken. Auf diese Weise lenkt das Transzendentale „wahr" wie von selbst den Blick weiter auf jene Dimension, die gleichsam den „Sitz im Leben" eines weiteren transzendentalen Prädikats bildet:

(c) Gutsein. Der Zusammenhang liegt auf der Hand: Wo Freiheit – wie soeben beim Wahrsein – im Spiel ist, geht es um Handeln. Handeln aber ist genau besehen nicht etwas anderes, das unverbunden neben dem Erkennen stünde. Im Handeln vollendet sich vielmehr das, was im Vorgang des Erkennens beginnt. Schon indem ich etwas erkenne, trete ich ja mit etwas in Beziehung, d.h. es geht um eine gewisse Einheit zwischen Erkennendem und Erkannten. Nicht ungenau prägt die klassische Metaphysik die von Aristoteles her kommende Formel „anima est quodammodo omnia"[43] – die erkennende Vernunft ist in gewisser Weise alles, was Gegenstand ihrer Erkenntnis wird. Freilich bleibt diese Einheit intentional. Erkennend wird mir etwas bewusst oder wird es von mir gewusst. D.h. die Einheit von Erkenntnissubjekt und Erkenntnisobjekt realisiert sich am Ort des Subjekts. Mehr an Einheit realisiert sich, wenn ich das erkannte Objekt ergreifen, mir aneignen, vielleicht sogar einverleiben kann. Geht es dabei nicht um einen beliebigen Gegenstand, sondern um ein Gegenüber, um eine andere oder einen anderen, dann kehrt sich die interne Logik dieser Einheitssuche um. Einheit entsteht dann dadurch, dass ich den anderen als ihn selbst – buchstäblich – sein lasse, ihn bejahe und darum um seinetwillen nach ihm strebe. Formal gefasst: Die im Erkennen bereits grundgelegte Einheit von Subjekt und Objekt gewinnt ihre verdichtete Form im Wollen von etwas, also dem Streben nach etwas. Darin gründet jegliches Handeln. Interpersonal vertieft sich dieses Streben in dem Sinn, dass Kosten-Nutzen-Kalküle in den Hintergrund treten und – gar nicht so selten – ganz ausgeschaltet werden. Für einen Gegenstand, ein Ding, investieren wir bis zu einer

[43] THOMAS VON AQUIN: Summa Theologiae. I, q.14, a1.

gewissen Toleranzgrenze. Wenn der Preis einer Vase, die mir gefällt, deutlich über dem liegt, was ich mir vorstelle oder leisten kann, dann kaufe ich sie eben nicht (und habe sie wahrscheinlich nach ein paar Stunden vergessen). Wollen wir die Zuneigung eines anderen Menschen gewinnen oder als gewonnene im Überschwang des Glücks – und also notwendig überschwänglich – beantworten, dann kommen in der Regel Verrücktheiten heraus. D.h. wir nehmen auf die Kosten keine Rücksicht mehr, verausgaben uns (existenziell, emotional, nicht selten finanziell). Ein sehr getragen tönender – gleichwohl in diesem Zusammenhang angebrachter – Terminus heißt „Hingabe". Wir werfen, was wir sind und haben, um des anderen willen in die Waagschale. Das ist die Höchstform möglicher Einheit mit anderen, die uns möglich ist. Als Kürzel dafür steht das – freilich im öffentlichen Gebrauch völlig ausgelaugte Wort „Liebe". Als Liebe vollendet sich, was als Erkenntnis beginnt. Bereits kein Geringerer als Augustinus brachte das Ganze ontologisch auf den Punkt, als er sinngemäß meinte: Lieben heiße, einem anderen sagen „Ich will, dass du bist."[44]

Dieses Bonmot deutet zugleich auch bereits an, warum „gut" als transzendentales Prädikat gelten kann. Man kann nur lieben, was gut ist. Und wenn „lieben" soviel heißt wie sagen „Ich will, dass du bist", dann ist das Sein dieses Geliebten koextensiv mit dem, was wir „gut" nennen. Natürlich muss dieses Gutsein in sich differenziert gefasst werden. Als „gut" gilt uns ja zweierlei: „Gut" nennen wir, was uns guttut, was unseren Erwartungen, unserem Bedürfen entspricht. „Gut" heißt aber auch, was so ist, wie es sein soll, was also im Verhältnis (nicht zu uns, sondern) zu sich selbst diese Qualifikation verdient. Die eine Bedeutung schließt dabei die andere nicht aus, jedoch sind beide ebenso wenig deckungsgleich: Auch eine Untat – etwa ein Banküberfall – kann mir in meiner Situation guttun, ohne deshalb auch nur von ferne etwas an sich Gutes zu sein. Um beide Sphären bereits terminologisch zu differenzieren, spricht man in Bezug auf den ersten Gebrauchsfall des Ausdrucks „gut" von „Gütern", in Bezug auf den zweiten von „Werten". Auf der Hand liegt, dass sich die Konvertibilität von „sein" und „gut" nur auf das an sich Gute beziehen kann. Woraus resultiert die Transzendentalität des Gutseins?

Auf den ersten Blick nehmen sich „sein" und „gut sein" ja zunächst radikal verschieden aus. Phänomenologisch lässt sich das auf dreifache Weise festmachen: (1) Ein Wert wird nicht einfach festgestellt als etwas Vorhandenes, sondern er wird erstrebt. Der Wert gilt auch dann, wenn er nicht präsent oder realisiert ist – vielmehr gerade dann wird seine Geltung betont. Ein Wert ist kein Datum im buchstäblichen Sinn, kein Gegebenes. Er gehört dem Bereich dessen an, was sein soll. Seinsollendes begegnet nicht als Bestandteil des de facto Seienden, auch nicht der Natur. (2) Jeder Wert steht im Spannungsverhältnis zu einem Gegenwert – nicht nur zu einem Nicht-Wert, sondern zum wirk-

[44] Vgl. AUGUSTINUS: Ioan. Ep tr. VIII, 10.

lichen Gegenteil seiner selbst. Schön steht gegen hässlich, stark gegen schwach. Während Seiendes nur ist oder eben nicht ist, kann etwas sehr wohl als Schönes oder als Hässliches existieren. (3) Werte treten in einer Hierarchie auf und können darum nicht aufeinander zurückgeführt oder gegeneinander ausgespielt werden: Man kann naturale oder Glückswerte von Nützlichkeits- oder Lustwerten sowie von moralischen oder Werten der Ehre unterscheiden. Oder aber – nach anderer Axiologie: materielle, vitale, soziale und spirituelle Werte (wobei unter Letztere das Ästhetische, Moralische und Religiöse fällt). Wie immer diese Hierarchisierung gefasst wird: Evidentermaßen lassen sich die einzelnen Stufen nicht miteinander vergleichen und deswegen auch nicht durcheinander kompensieren. Der Mangel an Werten der einen Stufe kann nicht durch den Einsatz von Werten einer anderen Stufe ausgeglichen werden: Ich kann mich nicht mit Geld von moralischen Pflichten freikaufen, wie ich umgekehrt nicht mit religiösen Handlungen von mir selbst eingegangene Zahlungsverpflichtungen abgelten kann.

Alle drei dieser phänomenologischen Züge lassen nun aber offenkundig das Gutsein erheblich anders verfasst erscheinen als das Sein. Mit welchem Recht kann dann die metaphysische Transzendentalienlehre dennoch eine Konvertibilität beider behaupten? Oder konkret gewendet: Inwiefern kann gesagt werden, dass ein Seiendes, sofern es ist, per se auch gut ist? Abstrakt gefasst und im Rückgriff auf bereits Erläutertes formuliert: Der Seinsakt als Vollkommenheit der Vollkommenheiten aktualisiert das Wesen. Hat ein Seiendes Wert, dann nur, insofern es ist. Der Wert wird nicht dem Wesen zugesprochen, weil das Wesen nur in dem Maß, in dem es ist, etwas entsprechen kann, was sein soll, also einen Wert repräsentiert. Thomas von Aquin zieht ebendaraus die kühne Konsequenz, dass es immer noch besser sei, wenn etwas unvollkommen existiert, als dass es gar nicht existiert.

Die klassische Metaphysik hat diese formelle Begründung der Transzendentalität des Guten auch noch mit einer anderen Überlegung abgestützt: Für jedes Seiende bedeutet das eigene Sein einen höchsten Wert, auf den sich alles andere, was für es Wert ist, in seiner Werthaftigkeit bezieht. Alles Seiende geht darum auf Selbsterhaltung. (↖ Bd. 1, Kap. 7.9) In diese Dimension der Selbsterhaltung gehört hinein, dass ein Seiendes die Akzidenzien gewinnt, die es vollkommen das sein lassen, was es sein soll und die insofern für dieses Seiende einen Wert repräsentieren. Allem Seienden inhäriert insofern eine Tendenz auf diese ihm spezifische Vollkommenheit, und insofern ist sein Sein mit Gutsein koextensiv. Dem schließt sich überdies der Gedanke an, dass ein Seiendes, sofern es in diesem ihm zukommenden Sinn vollkommen ist, zugleich ein Gut für andere Seiende darstellt, sofern es etwas von dem erfüllt, was dem Feld des für diese Seienden Erstrebenswerten angehört.

Böses? Ähnlich wie bei der Transzendentalität der Wahrheit sich zwangsläufig die Frage stellte, was denn dann eigentlich das Falsche sei, so stellt sich hier vom Transzendentale des Gutseins her die Frage nach der Natur des Bösen. Wenn „sein“ und „gut sein“ konvertibel sind, muss ja das Gegenteil von „gut“ – also „böse“ – ein Nicht-Sein darstellen. Nur: Wenn man es so nennt, darf man dabei nicht unterschlagen, dass es sich um Nicht-Sein handelt, das existiert. Es kann geschehen, dass ein Seiendes, weil es kontingent ist, sich nicht im Sein erhalten kann, dann geht es unter. Das ist sein Tod. Oder aber ein Seiendes gewinnt nicht die Akzidenzien, die es haben muss, um zu sein, was es sein soll, d.h. es fehlen ihm Eigenschaften, die es eigentlich haben sollte. Dann liegt vor, was die klassische Metaphysik „malum physicum“ nennt, physisches, natürliches Übel (wie z.B. Krankheit und Behinderung usw.). Oder aber ein Seiendes ist nicht, was es sein soll, weil es sich dem eigenen Seinkönnen aus freiem Antrieb verweigert, dann handelt es sich um das „malum morale“, also um Schuld. In jedem dieser Fälle wird also das Böse als Fehlen einer Vollkommenheit aufgefasst, die das Seiende, sofern es ist, als solches haben müsste, die es also schuldig bleibt, wenn es sie nicht hat. Damit ist das Böse als „privatio“, als – wörtlich wiedergegeben – „Beraubung an Gutem“ gefasst. In der Sicht der klassischen Metaphysik kann Böses nur als Defekt am Guten auftreten. Oder nochmals anders, nämlich gnoseologisch gewendet: Wir nehmen Böses als Böses überhaupt nur wahr, weil das Seiende als Seiendes zugleich gut ist. Böses begegnet uns nur als Fehl an Sein, an Gutem. Insofern resultiert natürlich aus dieser begrifflichen Bestimmung des Bösen nochmals ein indirekter Erweis der transzendentalen Koextensivität von „sein“ und „gut“.

Konsequenzen. Im Kern steht hinter der Transzendentalienlehre die auf Gründe gestützte Überzeugung, dass man von etwas, das ist, in dem Maß, in dem es ist, auch sagen kann, dass ihm Einheit, Wahrheit und Gutsein zukommen. Die einschlägigen Gedankenfolgen falten aber nicht einfach etwas aus, das man auch auf sich beruhen lassen könnte. Einmal in Erwägung gezogen, verändern sie vielmehr die grundsätzliche Weise philosophischen Denkens von der Wirklichkeit überhaupt. Wenn Wirklichkeit so gedacht werden kann, wie die Transzendentalienlehre das insinuiert, dann bedeutet das ja: Wirklichkeit, Seiendes prägt ein Eindeutigsein, eine Verlässlichkeit. Seiende sind nicht einmal so und einmal so, sondern sie sind, was sie sind – und nicht ein anderes, und nur deswegen bilden sie untereinander auch so etwas wie eine Einheit zweiten Grades. Außerdem kann man Seiendes, sofern es ist, erkennen. Keine Frage, dass unser Erkennen an Grenzen stößt. Aber ein prinzipiell unerkennbares Seiendes wäre unsinnig. Was umgekehrt auch bedeutet: Wirklichkeit als Wirklichkeit ist sinnvoll. Diese Sinnhaftigkeit als solche repräsentiert ihrerseits einen Wert. Vernunft will nichts anderes und nichts mehr, als die Vielheit der Seienden, die ihr begegnen, buchstäblich zusammenzubringen. Ihr Streben danach findet sich wiederum auf die Konvertibilität von Sein und Einheit verwiesen – so schließt sich der Kreis. Dieser Kreis von „sein", „eins", „wahr" und „gut" bildet dabei seinerseits eine Form von Einheit ab:

(d) Schönsein. Gewiss handelt es sich dabei um eine andere als die ontologische Einheit, dass etwas es selbst ist und nicht ein anderes – aber ebendeshalb auch eine Einheit sui generis, eine, die aus dem Zusammenspiel der genannten Transzendentalien hervorgeht, so, wie die Wahrnehmung eines Vielecks in einem gewissen Moment – der „disclosure situation" (↖ Bd. 1, Kap. 4.7) – umspringt in die Wahrnehmung eines Kreises. „disclosure situation" meint: Ich kann über den Seiten eines gleichseitigen Sechsecks gleichseitige Dreiecke errichten und über deren Seiten wiederum solche und wiederum und wiederum – und irgendwann kommt mir beim Anblick des nunmehr entstandenen Vielecks der Gedanke: Aha, das wird ja ein Kreis! Materialiter gesehen bleibt das Vieleck ein Vieleck. Aber die Zusammenschau (übrigens ein genuin platonischer Term: synhoran) der vielen Ecken des Vielecks führt zur Wahrnehmung des Kreises als einer neuen Qualität.

Genau das macht die typische Einheit des Schönen aus: dass an sich heterogene Momente auf eine Weise zusammentreten, dass daraus etwas ganz Neues, Überraschendes aufgeht. Wie beim gelungenen Kunstwerk: Da wird nicht Schönheit zwischen die Farben oder anderen Materialien und Formen gemischt. Sondern schön ist, wie die Farben und anderen Materialien zueinander ins Verhältnis treten und Formen bilden. Nur deswegen können ja große Kunstwerke wie etwa die Plastiken Picassos aus verrosteten Gartengeräten oder scheinbar lässig beschmierten Pappestücken bestehen (und dabei von einer Zartheit sein, dass sie einen beim Anschauen fast andächtig machen).

Anfragen. In ebendiesem Sinn gewinnt die Einheit der klassischen Transzendentalien „sein", „eins", „wahr" und „gut" ihrerseits den Rang eines Transzendentale. Dass das Schöne diesen Rang eher spät und selbst dann nicht unwidersprochen erringt, hat damit zu tun, dass es sich seinem Wesen gemäß einer präzisen begrifflichen Fassung verweigert. Das Offene ästhetischer Prozesse taugt darum naturgemäß nur als Grenzfall eines metaphysischen Diskurses. Schönheit teilt alles, was sie zu geben hat, bereits im Akt ihrer Wahrnehmung mit. Es braucht zu ihrer Erfassung kein Urteil. Schönes wird also in einem subjektiven Akt ästhetischer Befriedigung wahrgenommen. (→ Bd. 2, Teil B, Kap. 9.1) Dennoch erwächst daraus kein Widerspruch gegen die Transzendentalität des Schönen, denn: Dieser subjektive

Akt verdankt sich gänzlich der Präsenz des Schönen. Der Betrachter wird von der Wahrnehmung des Schönen erfasst, genau besehen sogar über sich hinausgeführt, also in Ekstase versetzt: Im Anblick eines Wunderbaren, das mich in seinen Bann schlägt, vergesse ich alles andere ringsum und auch mich selbst samt all dem, was mich sonst beschäftigen mag, gleichgültig, ob das von einem Sonnenuntergang, einem Bergmassiv, einem Kunstwerk oder einem menschlichen Gesicht ausgeht. Insofern steht hinter dem ästhetischen Erleben unbeschadet seiner unbedingten Subjektivität eine konstitutive Objektivität. Sie ergibt sich ontologisch aus der Einheit – und das heißt auch – Gleichzeitigkeit des Einsseins, Wahrseins und Gutseins eines Seienden.

Phänomenologisch kann dieses Erleben von Schönem einschließlich seiner Objektivität als Transparenz eines Seienden gefasst werden: Im Fall des naturhaft Schönen gründet diese in einer gewissen Harmonie, in der sich die Vollkommenheit dieses Seienden zur Geltung bringt. Im Fall des Kunstschönen resultiert die Transparenz daher, dass in dem Kunstwerk eine Idee eine angemessene Ausdrucksgestalt findet. In diesem Sinn hat etwa Albert der Große das Schöne als Ausstrahlung der Form durch die Materie bestimmt.[45] Gnoseologisch gewendet handelt es sich darum bei der ästhetischen Wahrnehmung um den komplexesten Prozess unseres Geistes: In ihm werden nicht nur Erkenntnis und Streben, sondern gleichermaßen die Sinnenhaftigkeit und die spirituelle Dimension in Anspruch genommen – Letztere deshalb, weil eben ein spiritueller Gehalt (eine Idee) sinnlichen Ausdruck findet. Diese konstitutive Sensitivität des Ästhetischen generiert deswegen keinen Widerspruch gegen die Transzendentalität des Schönen, weil sie einen ontologischen Mehrwert zugänglich macht, den selbst die auf alles Seiende bezogene intellektuelle Erkenntnis nicht einzuholen vermag.

Einen dritten Vorbehalt gegen die Transzendentalität des Schönen gilt es noch zu entkräften: Das Schöne tritt immer nur unerwartet auf – dies auch eher selten –, und überdies erweist es sich als zerbrechlich. Darum geht menschliches Bemühen um das Schöne dahin, Schönheit festzuhalten oder noch intensiver zum Vorschein zu bringen, als die vor Sinnen stehenden Seienden das vermögen: darum etwa Bilder von Landschaften oder Sonnenuntergängen, Skulpturen, Kompositionen und Gedichte. Das alles gäbe es nicht, wenn die Begegnung mit konkretem Schönen nicht die Gewissheit mit sich führte, dass Schönheit als Schönheit, als höchste Vollkommenheit des Seins, sich noch nicht in dem erschöpft, was wir als schön wahrnehmen – dieses also transzendiert. Die gewissermaßen gegenwendige Tendenz der Erfahrung, dass selbst größte Kunstwerke an naturhaft Schönes nicht heranreichen, es also nicht auszuschöpfen vermögen, widerspricht dieser Transzendentalität nicht, sondern bekräftigt sie. Denn

[45] Vgl. ALBERT DER GROßE: Super Dionysium De divinis nominibus. 4, 72.

diese Erfahrung gibt einen Wink, dass Schönheit in einem letzten Sinn an das einfache Gegebensein von Seiendem gebunden, also mit diesem koextensiv und damit im metaphysischen Sinn transzendental ist.

Die ästhetische Erfahrung setzt dabei mit Notwendigkeit die Suche nach einer Schönheit in Gang, die alles sinnenhaft, also weltlich Schöne übersteigt. An dieser Stelle schwenkt die christliche Metaphysik am unmittelbarsten in den Leitgedanken der platonischen Epoptie ein: die Schau des Unsichtbaren – und die um diese Schau bemühte Philosophie als eine ihrem innersten Wesen nach religiöse Grundhaltung. Nicht umsonst nennt die klassische Tradition als oberstes Ziel allen Denkens und Strebens die „visio beatifica“, die seligmachende Schau des unbegreiflichen höchsten Gutes, welches „Gott“ genannt wird (und nicht seine „seligmachende Erkenntnis“).

Bilanz. Zweierlei scheint mir an diesem Abschluss der Transzendentalienlehre besonderer Beachtung wert:

(1) Die christliche Metaphysik erledigt die Frage nach dem Sein des Seienden nicht durch die Ausarbeitung eines begrifflich geschlossenen Systems. Stattdessen mündet ihre ontologische Reflexion in Gestalt der Aufgipfelung der Transzendentalienlehre im Schönen in die Haltung eines fundamentalen Staunens, also eine vorprädikative Einstellung. Und das ist ein neuerliches, nicht mehr zu entkräftendes Indiz, dass es gegen – entgegen der einschlägigen schon genannten These Heideggers – in der Tradition der abendländischen Metaphysik durchaus auch ein Seinsdenken gibt, das dieses nicht als Vorhandenes fasst (was ja eben prädikativ zum Ausdruck kommt!).

(2) Die innere Dynamik der Transzendentalität des Schönen drängt aus sich auf die Suche nach einem alles weltlich Schöne an Vollkommenheit übertreffenden Schönen und schlägt damit bereits vor allem erkenntnismäßigen Gottfragen eine Brücke zwischen Ontologie als der Untersuchung des Seienden und dem Göttlichen, also dem, was man später – wie schon eingangs erwähnt – einerseits „allgemeine“, andererseits „spezielle“ Metaphysik nennt. Das wird bei der vertieften Behandlung der Grundfragen der philosophischen Gotteslehre (↗ Bd. 3, Teil C) in Erinnerung zu rufen sein.

Bevor das geschieht, stehen jedoch noch mehrere andere Aufgaben an. Soeben war die Transzendentalienlehre durchzuarbeiten. In ihrem Zentrum stand – in allerletzter Verkürzung gesagt – die Frage: Kann von Seiendem als Seiendem mehr gesagt werden als das, dass es eben ist? Oder anders gewendet: Lassen sich dem Seienden als solchem Prädikate zuschreiben, die mit „sein“ nicht synonym, aber gleichwohl koextensiv sind?

Damit aber gibt es zwangsläufig auch noch eine andere Perspektive, in der eine Frage nach Prädizierbarkeit aufgeworfen werden kann, nämlich im Blick auf die Prädikate, die Seiendem als solchem nicht koextensiv zugesprochen werden wie die Transzendentalien, sondern die einem Seienden – sei es faktisch, sei es notwendig – zukommen, aber einem anderen genauso. Dahinter steckt nicht nur *eine* Frage, sondern ein ganzes Bündel.[46] Der Sammelname dafür lautet „Universalienproblem". Bevor wir uns diesem aber systematisch widmen, treten wir sozusagen nochmals einen Schritt zurück und nehmen wenigstens im Umriss eine alternative, gerade in der Seinsfrage ganz anders angelegte, Variante christlicher Metaphysik in den Blick und lassen uns auch von dieser auf das Universalienproblem hinführen. Denn erst auf diese Weise kann dessen ganzer Problemgehalt kenntlich werden und dessen innere Dynamik hervortreten, die wesentlich mitverantwortlich ist für den Übergang von der klassischen Metaphysik zu derjenigen der Neuzeit. Darum:

[46] Vgl. zum Folgenden auch WEISSMAHR, Bela: Ontologie. Stuttgart u.a. 1985. 73-88. – GEIER, Manfred: Das Sprachspiel der Philosophen. Von Parmenides bis Wittgenstein. Reinbek b. Hamburg 1993. 111-151. – BECKMANN, Jan P.: Wilhelm von Ockham. München 1995. 98-134.

4.6 Ontologie als Transzendentalwissenschaft

Alternativen. Es war keineswegs so, dass sich die philosophische Option des Thomas von Aquin, die man später und bis heute als exemplarische christliche Metaphysik titulierte bzw. tituliert, sogleich und geradlinig durchgesetzt hätte. Im Gegenteil: Gegen Ende seines Lebens und in den ersten Jahrzehnten danach sah es eher so aus, dass sich ein ganz anderer Typ philosophisch-theologischer Reflexion flächendeckend durchsetzen würde: das durch und durch biblisch-symbolisch geprägte Denken des Franziskanerordens, das in Bonaventura, dem Kollegen des Aquinaten auf dem Pariser Parallellehrstuhl, einen ersten Höhepunkt fand. (↗ Bd. 3, Teil C, Kap. 5.4) Der demgegenüber stark rational geprägte Stil des Dominikaners Thomas schien dem uneinholbar unterlegen. Und dennoch wendete sich – trotz einiger lehramtlicher Vorbehalte gegen diese theologische Neuerung – relativ rasch das Blatt, vielleicht nicht zuletzt deswegen, weil Thomas' Denken ungleich besser als dasjenige der Gegenseite geeignet war, mit dem durch Aristoteles in den Raum gestellten Problem einer autonomen Vernunft und ihrer Konsequenzen gerade für die Ethik und Moral nicht nur fertig zu werden, sondern dieses Motiv produktiv aufzunehmen. Wie unabweisbar der eben beschriebene Weg des Aquinaten war, wenn man sich nicht aus der universitären Szene abmelden wollte, belegt, dass in der Folgezeit, also der beginnenden Spätscholastik, nicht einmal mehr die Franziskaner der Sache nach etwas anderes tun konnten als Thomas – auch wenn sie natürlich gebührend Distanz zu ihm bekundeten. Deutlicher als an allen anderen wird das an dem hochkarätig scholastisch argumentierenden Franziskaner (!) Duns Scotus, der – die thomanische Rationalität zuspitzend – eine ganz eigenständige, alternative Konzeption christlicher Metaphysik entwickelt. Zuerst aber ein paar Daten, um Gestalt und Werk ein wenig Kontur zu geben:

Duns Scotus. Leben und Denken des später mit dem Beinamen „doctor subtilis“ bedachten schottischen Mönchs sind gleichermaßen schwer zu fassen. Von der Person sind nur der Tag der Priesterweihe – 17.03.1291 – und das Sterbedatum – 08.11.1308 in Köln – gesichert. Das Geburtsjahr lässt sich nicht klar ausmachen – vermutlich 1265 oder 1266 – ebenso wenig der Ort, sofern das „Duns“ in seinem Namen wohl diesbezüglich einen Hinweis gibt, dieser aber nicht zweifelsfrei zugeordnet werden kann. Ähnlich verhält es sich mit dem Werk. Dieses entwickelt sich in engster Verbindung mit Lehrtätigkeiten in Cambridge, Oxford, Paris, nach einer aus politischen Gründen erzwungenen Unterbrechung nochmals in Paris, schließlich in Köln, wo er dann stirbt und auch begraben ist. Die Überlieferung seines Werkes, das dafür, dass es in dem an sich kurzen Zeitraum von zehn Jahren entstand, ausgesprochen umfänglich ist, nimmt sich prekär aus. Erst im 20. Jahrhundert entstanden für einen Teil davon Quellenausgaben, die verlässlich wiedergeben, was Duns Scotus wirklich geschrieben hat – was unter anderem zur Folge hat, dass die gesamte Literatur zu Duns Scotus vor 1950 (dem Beginn der kritischen Ausgabe) als Makulatur gelten muss.

Das Werk selbst hat einen ausgesprochen markanten Schwerpunkt, ohne dass dieser freilich die Sache einfacher machte. Dieser Schwerpunkt rührt daher, dass Duns Scotus während seiner Lehrtätigkeit mehrfach Vorlesungen über die *Sentenzen* des Petrus Lombardus hielt, wobei es sich aber – und da geht das Problem schon los – nicht um die Kommentare handelt, die einer liefern musste, wenn er Theologieprofessor werden wollte, sondern um selbstständige, ausgesprochen spekulative Traktate, die den Text des Lombarden allenfalls zum Anlass, jedenfalls nicht zum Gegenstand haben. Verkompliziert wird die Lage weiter dadurch, dass entsprechende Einlassungen des doctor subtilis in mehrfachen Varianten überliefert sind, deren Namen zu allem Überfluss noch falsche Spuren legen: Da ist nämlich zunächst die als *Lectura* bezeichnete erste Niederschrift dieser Vorlesungen; gedruckt ist davon bislang nur das erste Buch. Bei der zweiten Fassung handelt es sich um – unvollständige – Vorlesungsnachschriften zu den Pariser Vorlesungen, die den Titel *Reportationes* oder *Reportata Parisiensia* tragen; auch von ihnen ist bislang nur ein Bruchteil gedruckt. Von Duns Scotus selbst zur Publikation vorgesehen war eine dritte Fassung, die unter dem Titel *Ordinatio* erscheinen sollte, vom doctor subtilis aber nicht mehr fertiggestellt werden konnte. Ältere Ausgaben bezeichnen diese Textvariante als *Opus Oxoniense* gegenüber den *Reportata Parisiensia*, was insofern irreführend ist, als es sich bei Ersterem eben gerade nicht um ein Protokoll der Oxforder Vorlesungen handelt, sondern um so etwas wie eine (erst nach den Pariser Vorlesungen entstandene) „Ausgabe letzter Hand".

Die *Ordinatio* hat als das zentrale Werk Duns Scotus' zu gelten. Wenige andere kommen hinzu: Ein paar Disputationen, ein paar Aristoteles-Kommentare und vor allem als selbstständige Arbeit der *Tractatus de primo principio* (*Traktat über das erste Prinzip*), ein Grundlagenwerk zur philosophischen Gotteslehre. Außerdem muss die Abhandlung mit dem Titel *Theoremata* genannt werden, ein Werk, dessen Echtheit mindestens für die ersten elf Bücher mittlerweile gesichert ist, das aber umso mehr Probleme durch seinen Inhalt aufwirft.

Insgesamt ist zu sagen, dass Scotus' Denken nicht (wie etwa im Fall des Aquinaten) durch eine Auslegungsgeschichte seiner Texte wirksam wird, sondern eher durch seinen Stil, seine Leitideen für bestimmte Beweisgänge, die der doctor subtilis selbst gar nicht ausgeführt hat, sondern die von Späteren aufgegriffen werden. In besonderem Maß gilt dies von Wilhelm von Ockham, auf den wir gleich im nächsten sachlichen Schritt ausführlich zu sprechen kommen werden.

Sein ganz eigenwilliges Profil gewinnt dieser Denkstil dadurch, dass Duns Scotus einerseits eine ausgesprochen kritische Distanz zu den Dominikanerphilosophen, namentlich zum Aquinaten sucht, dass er aber andererseits zugleich drei innovatorische Züge aus Thomas' Denken aufgreift und erst eigentlich philosophisch-theologisch stark macht: zum einen eine erkenntnistheoretische, weil vernunftkritische Grundfärbung allen Philosophierens, zum anderen die Entdeckung des autonomen Subjekts, zum dritten eine sprachkritische Wendung allen Denkens. Alle drei Motive lassen sich unschwer beim Aquinaten ausmachen, aber eben nur in der Praxis seiner philosophisch-theologischen Diskurse (weshalb sie oft übersehen werden), nicht prinzipiell und systematisch: Das geschieht bei Duns Scotus, elaboriert dann bei Ockham.

Metaphysikkonzept. Was dabei geschieht, ist deswegen hochbrisant, weil sich darin der spekulativste Teil des Überschritts vom „Mittelalter" zur „Neuzeit" vollzieht. Das ist als Anlass genug, dem Vorgang wenigstens hinsichtlich seiner elementarsten Züge etwas nachzuspüren. Beim ersten dieser Züge handelt es sich um Duns Scotus' Auffassung von Metaphysik. Sie gilt ihm – in Orientierung an Aristoteles' Buch *Metaphysik* IV als Wissenschaft vom Seienden als Seiendem. Die Begründung dafür wurzelt für ihn in einer vernunftkritischen Bestimmung des Verhältnisses zwischen Metaphysik und Theologie: Würde der Intellekt nur das Wesen von sinnlich Wahrnehmbarem erfassen können, wäre so etwas wie Offenbarung sinnlos; würde er Gottes Wesen erfassen können, wäre sie überflüssig. Die Tatsache, dass es Offenbarung gibt, verweist also darauf, dass die menschliche Vernunft ein ihr spezifisch adäquates Objekt haben muss, das über das Empirische hinausreicht, aber unterhalb des göttlichen Wirklichkeitsbereichs anzusiedeln ist: das Seiende im Allgemeinen. Aber Achtung: Trotzdem ist uns das Seiende als Seiendes nicht in seiner gänzlichen Differenz zugänglich, wie Duns Scotus die formale Allgemeinheit des Seienden als Seienden nennt, weil wir ja sonst alles Seiende, auch das Höchste Seiende – also Gott – , hinsichtlich seines Seiendseins erkennen müssten. Seinserkenntnis aber – so der doctor subtilis – gibt es für uns nur, sofern das allgemeine Seiende von der Vernunft erfasst werden kann (das ist der typisch vernunftkritische Zug). Wenn das Seiende nicht in seiner Indifferenz adäquater oder erster Gegenstand des Intellekts sein kann – was dann? Scotus' komplexe Antwort (ich lasse etliche Details aus) lautet: Das erste Objekt für den Intellekt muss dasjenige sein, das dessen Fähigkeit korrespondiert, also auf ihn hingeordnet ist und er auf es. Was aktualisiert das Vermögen des menschlichen Verstandes? Es ist – so Duns Scotus in einer wiederum komplexen Erwägung – das ens (das Seiende): nicht in seiner Indifferenz, sondern in seiner Funktion als notwendige und hinreichende Bedingung der Erkennbarkeit von etwas.

Wenn etwas ein dem Intellekt adäquates Objekt ist, bringt sich das in seiner Erkennbarkeit zur Geltung. Wird etwas erkannt, dann ist es ein ens. Sprachlich gewendet: Dem Intellekt als Objekt angemessen ist dasjenige, das von allem Erkennbaren prädiziert werden kann: „ens". Seiendes meint damit ein inhaltlich unbestimmtes „nicht nichts" gegenüber der sinnlichen Erkenntnis, aber auch nicht Gott, sofern die Gotteserkenntnis erst abstraktiv im Ausgang vom endlichen Seienden gewonnen werden müsse. Positiv kann man vom ens eigentlich nur sagen, dass es keinen Widerspruch einschließen darf. Sofern Seiendsein als Erkennbarsein bestimmt ist, wird das Seiende schon hier bei Duns Scotus (wie später dann in der neuzeitlichen Ontologie eines Leibniz etwa) zum Möglichen und damit Kontingenten, das nicht mehr in eine metaphysische Gesamtstruktur der Wirklichkeit im Sinne einer Ordnung eingebunden ist (wie das etwa noch bei Thomas geschieht).

Seinsbegriff. Es ist nun genau dieser Begriff des ens, an dem sich die eigentliche durch Duns Scotus vollzogene Weichenstellung im Gang des beginnenden spätmittelalterlichen Philosophierens ereignet – und damit komme ich zum zweiten elementaren Zug seines Denkens, auf den ich näher eingehen möchte. Diese Weichenstellung resultiert aus einer sprachkritischen, näherhin einer logischen und semantischen (also bedeutungstheoretischen) Analyse des Seinsbegriffs, die mit dessen bisheriger Bestimmung, wie sie namentlich Thomas auf dem Hintergrund von Aristoteles ausgearbeitet hatte, radikal bricht. Aristoteles hatte vor allem in seiner *Metaphysik* mehrfach darauf hingewiesen, dass das „sein" (am besten verbal genommen) „pollachos legetai", also „auf vielfältige Weise ausgesagt wird"; und er will damit festhalten, dass von der Substanz als der ersten Kategorie einerseits und den neun anderen Kategorien andererseits auf verschiedene Weise gesagt werde, dass sie seien – und auch die Kategorien zwei bis zehn untereinander „sind" auf durchaus verschiedene Weise. Unter Einbezug anderer, namentlich auch platonischer Elemente wird daraus das Lehrstück der Analogie, das vor allem Thomas zu umfänglicher Ausarbeitung bringt (wir haben davon an anderer Stelle gesprochen). Jedenfalls ist die analogia entis, die Seinsanalogie, dergemäß jeder sprachliche Ausdruck in der prädikativen Verwendung für Gott bei aller Ähnlichkeit unvergleichlich Größeres und Anderes meint als im Diskurs über Endliches, das Strukturprinzip der klassisch-scholastischen Gottrede.

Genau mit diesem Prinzip bricht Duns Scotus. Er fasst den Seinsbegriff als univok, also als vollkommen eindeutig, weil ein Begriff eindeutig bestimmt – oder eben gar kein Begriff ist. Mit gewissem Recht lässt sich behaupten, dass diese Option den Beginn der neuzeitlichen Metaphysik markiert, zum Fundament der einschlägigen Konzepte gehört und bis zu Kant hin wirkt. Duns Scotus selbst war sich über diesen seinen Bruch mit dem herrschenden Paradigma der Gottrede durchaus im Klaren:

> „Alle Professoren und Theologen scheinen einen Schöpfer und Geschöpf gemeinsamen Begriff zu gebrauchen, wenn sie auch dem Begriff widersprechen, wenn sie ihn anwenden. Denn darin kommen sie überein, daß sie metaphysische Begriffe annehmen und indem sie, was in den Kreaturen unvollendet ist, wegnehmen und, was zur Vollkommenheit gehört, Gott zuschreiben, wie z.B. Güte, Wahrheit und Weisheit."[47]

Ein Prädikat aus der Rede über die Geschöpfe so auf Gott zu übertragen, dass dazu gesagt wird, Gott sei weit mehr als das, was das Prädikat gemeinhin bedeute, hält Duns Scotus also schlichtweg für ein widersprüchliches Verfahren – und das war unter den gegebenen Diskursbedingungen eine ausgesprochen starke These. Denn aus ihr folgt, dass entweder Prädikate – sei es für Gott, sei es für die Schöpfung überhaupt – nicht gebraucht werden dürfen oder dass sie als univok, also in jedem der beiden Gebrauchsfälle mit identischer Bedeutung einhergehen.

Eben dies nun behauptet Duns Scotus für das Prädikat des ens: Seiendes wird von Substanz und Akzidens, von Gott und Kreatur gleichbedeutend ausgesagt. Und zwar sei das notwendigerweise so, weil es streng genommen überhaupt keine analogen oder äquivoken Begriffe geben könne, allenfalls analoge oder äquivoke Namen. Ein univokes Konzept falle immer streng unter ein und dieselbe ratio, also Begriffsstruktur, sei also immer eindeutig. Das zeigt sich für Duns Scotus prägnant am Gebrauch von Begriffen im Satz und im logischen Schlussverfahren. Durch die Einheit und Selbigkeit des Begriffs erst kommt es zu jenem Widerspruch, der dann entsteht, wenn ein Begriff von etwas bejaht und vom selben Seienden verneint wird: „Der Gummibaum ist eine Pflanze und der Gummibaum ist keine Pflanze" ergibt deswegen einen Widerspruch, weil der Begriff der Pflanze streng einheitlich und damit univok ist. „Dieser Strauß ist ein Vogel und dieser Strauß ist kein Vogel" erzeugt einen solchen Widerspruch deswegen nicht, weil „Strauß" unter den Begriff des Vogels, den des dekorativen Blumengebindes, den einer kriegerischen Auseinandersetzung fallen kann („sie fochten einen Strauß aus") (↖ Bd. 1, Kap. 4.6) – und in gewissem Sinn sogar unter den Begriff eines ehemaligen bayerischen Politikers; beide Sätze können – je nach Bezug und Redesituation – wahr sein, wobei unter gewissen Bedingungen der Satz „Dieser Strauß ist ein Vogel" auch noch bezüglich des Politikers einen Sinn ergibt; diese Vexierspiele machen ja auch den Reiz der äquivoken Rede aus. Ähnlich verhält es sich mit analogen Sprachgebrauchsfällen: Sie erlauben ohne Weiteres, z.B. einen Knollenblätterpilz als gesund und zugleich ohne Widerspruch als äußerst ungesund zu bezeichnen, als gesund, weil er im vollen Saft steht, wie man so sagt, als ungesund, was seine Wirkung auf die betrifft, die ihn verzehren. Genau das

[47] DUNS SCOTUS: Lectura I, d.3, p.1, q. 1-2, nr. 29.

gleiche Spiel funktioniert auch, wenn man den Begriff des Seienden analog auffasst: dann ist das Akzidens sowohl ein Seiendes wie kein Seiendes, weil nämlich ein abhängiges, aber kein unabhängiges Seiendes. Und dito im Falle Gottes: Er ist Seiendes, wenn man sich hinzu denkt „ungeschaffen", und er ist keines, wenn man sich hinzu denkt „geschaffen".

Auf ähnliche Weise macht Duns Scotus seine These von der Univozität des Seins durch Rekurs auf die Struktur des Syllogismus stark: Nur ein univoker Begriff kann als Mittelterm fungieren, ein äquivoker und ein analoger erzeugen Fehlschlüsse:

Univozität:

Jede Tulpe ist eine Blume
Jede Blume ist eine Pflanze

Also ist jede Tulpe eine Pflanze

Äquivozität:

Alle Sträuße sind Blumengebilde
Einige Vögel heißen Strauß

Einige Vögel sind Blumengebilde

Analogizität:

Alles Seiende ist Geschaffenes
Gott ist ein Seiendes

Gott ist etwas Geschaffenes.[48]

Die Pointe dieser beiden Rekurse des doctor subtilis: Nicht-eindeutige Begriffe verstoßen gegen die Regeln der Logik. Man muss sich klarmachen: Ein Repräsentant der franziskanischen Tradition erklärt – ein paar Jahrzehnte nach Bonaventura – die Vermeidung von Widerspruch und Trugschluss, also die Logik, zum Kriterium von Philosophie und Theologie – und verschreibt sich zugleich einem Ideal, das in der Sprachphilosophie des 20. Jahrhunderts „idealsprachlich" genannt und etwa von Frege, Russell und von Wittgenstein des *Tractatus logico-philosophicus* vertreten wird: die Idee, soweit wie irgend möglich alle Mehrdeutigkeiten aus der Sprache auszuschalten.

Scientia transcendens. Metaphysik als Wissenschaft kann es für Duns Scotus also nur anhand univoker Begriffe geben. Das hat zur Folge, dass das eigentlich Interessante an der Metaphysik nicht mehr

[48] Beispiele in Anlehnung an SCHULTHESS, Peter/IMBACH, Ruedi: Die Philosophie im lateinischen Mittelalter. Ein Handbuch mit einem bio-bibliographischen Repertorium. Zürich; Düsseldorf 1996. 230.

Seinsstufen und -grade innerhalb einer umfassenden (analogen) Ordnungsstruktur sind, sondern die Prädikate, die sich von Seiendem koextensiv aussagen lassen, deren Prädikationsbereich mithin so allgemein ist wie der Begriff des „ens" – also überkategorial. Darum wird Metaphysik für Duns Scotus „scientia transcendens", Wissenschaft von dem, was die Kategoriendifferenzen in begrifflicher Schärfe übergreift. Diese Prädikatenklasse ihrerseits teilt Duns Scotus nochmals in „passiones convertibiles" – d.h. unmittelbar austauschbare Prädikate – und in „passiones disiunctae" ein – das sind diejenigen, die einen Entweder-Oder-Gegensatz bilden. Unter Erstere fällt nichts anderes als die etwas modifizierten klassischen Transzendentalien „eins", „wahr", „gut" und bisweilen „schön", die wir bereits kennen. Duns Scotus operiert mit den Transzendentalien „Ding", „eins", „wahr", „gut" und „etwas". Unter die „passiones disiunctae" fallen Differenzen wie „notwendig" – „kontingent", „begrenzt" – „unbegrenzt", wobei in diesem Zusammenhang auch die Eigenschaften Gottes eine Rolle spielen, z.B. „allmächtig" oder „allwissend", die anderem Seienden ja nur disjunkt – also ohne den „all"-Faktor zugeschrieben werden können.

Vorschein der Moderne. Für heutige Ohren mag das alles im ersten Moment etwas „abgedreht" klingen, aber das täuscht. Genau im Gang dieser Fragestellungen des doctor subtilis transformiert sich Metaphysik aus ihrer klassischen Version in jene neuzeitliche Gestalt, die dann zum Abstoßpunkt der philosophischen Moderne werden sollte – und zwar nicht nur im Sinn einer Überwindung, sondern so, dass wichtige Elemente dieser späten Scholastik und frühneuzeitlichen Metaphysik konstitutiv in das mit Kant endgültig – und nach eigenem Verständnis – kopernikanisch gewendete Philosophieren eingehen. Paradigmatisch greifbar wird dieser Prozess an der Weise, wie Duns Scotus das Verhältnis zwischen dem Seinsbegriff und den Transzendentalien bestimmt. Das tut er nämlich in Gestalt seiner Lehre von der Formalunterscheidung („distinctio formalis a parte rei"). Diese dient zunächst dazu, die Vielheit der göttlichen Eigenschaften bzw. die Dreiheit der göttlichen Personen mit der Einheit des göttlichen Wesens zusammenzubringen, später auch dazu, das Verhältnis der Seele zu ihren Vermögen auf den Begriff zu bringen. In heutigen Kategorien gesagt: Die distinctio formalis vermag zu erklären, wie extensional äquivalente Prädikate intensional verschieden bestimmt sein können, d.h. wie dem Umfang nach gleichwertige Begriffe ihrem Inhalt nach verschieden sind. Duns Scotus geht zur Lösung dieses Problems einen Mittelweg: Die objektivistische Lösung, jede intensionale Differenz an einem Zug des erkannten realen Objekts festzumachen, würde die begriffliche Äquivalenz auf extensionaler Ebene sprengen. Die subjektivistische Lösung, intensionale Differenzen einfach auf bloße Verstandesunterscheidungen oder Redeweisen zurückzuführen, unterbietet das Problem. Darum gründen für den doctor subtilis intensionale Differenzen extensional äquivalenter Größen in Unterschieden auf der Sachseite, die aber – und das ist der Punkt – als solche nicht erkannt werden. Damit kommt ein Moment ins Spiel, das bei Kant später „transzendental" heißen wird im Sinn von: Rückführung von etwas auf eine notwendige Möglichkeitsbedingung, ohne dass diese ihrerseits empirisch zu greifen wäre. Damit wird ein asymmetrisches Junktim von Seiendsein und Erkennbarkeit im Sinn eines Primats der Letzteren hergestellt, – ein Junktim, das so eng ist, dass es vorausweist auf jenes Denken, das den Gegenstandsbereich der Metaphysik qua Erster Philosophie in Abhängigkeit von den Prinzipien menschlichen Erkennens bestimmt, ohne freilich selbst schon gewissermaßen prä-kantisch zu sein (Letzteres deswegen nicht, weil das transzendentale Moment für Duns Scotus immer noch auf der Objektseite liegt, für Kant dann ganz auf der Subjektseite). Das alles resultiert im Letzten aus dem Prinzip der Seinsunivozität.

Problem Individuierung. Derselben Quelle entstammt eine zweite Umorientierung, die eben jenes Thema betrifft, auf das vorhin auch unsere Überlegungen zu Thomas hingeführt hatten: das so genannte Universalienproblem, also die Frage, was es denn eigentlich mit den Allgemeinbegriffen auf sich hat: ob auch ihnen – wie den konkreten Seienden – ein eigener ontologischer Status eignet oder ob sie irgendwie in den konkreten Dingen steckende Prinzipien sind oder nur nachträglich von der Vielheit gleicher Seiender abgezogene Muster. In diesen Zusammenhang gehört nun auch die Frage, wie denn etwas Seiendes zur konkreten Verwirklichung und Instanz dessen werden kann, was ein Allgemeinbegriff bezeichnet. Thomas hatte das Prinzip der Individuation in der „materia" gesehen: Konkretes Seiendes einer bestimmten Art wird etwas dadurch, dass die in Frage stehende Form durch die Materie vereinzelt wird, sodass diese im Letzten als Seinsgrund der Vielheit gedacht wird. Duns Scotus dagegen fasst das Individuierungsprinzip nicht als eine Gegeninstanz zum Formprinzip, sondern als eine „propria passio", also eine sozusagen intern mögliche Modifikation der Form bzw. des Allgemeinbegriffs. In Anlehnung an sprachliche Wendungen bei Duns Scotus selbst bürgert sich durch seine Nachfolger dafür der Kunstausdruck „haecceitas" (Diesheit) ein, ein Terminus und Gedanke im Übrigen, der in Teilen der gegenwärtigen analytischen Philosophie Hochkonjunktur hat.[49]

Haecceitas soll die radikale Autonomie des Konkreten gegenüber dem begrifflich Denkbaren zur Geltung bringen. Strenggenommen ist die haecceitas natürlich so etwas wie ein sich selbst durchstreichender Grenzbegriff, denn: ein Dies-Sein von Seiendem so radikal anzusetzen, dass es auf der Prinzipienebene verankert wird, heißt ja nichts anderes als: das Individuelle, Konkrete lässt sich in seinem Auftreten in

[49] Vgl. etwa CHISHOLM, Roderick: Person and Object. A Metaphysical study. London 1976.

keiner Weise ab- oder herleiten und damit auch nicht begrifflich prädizieren. Prinzipienlogisch setzt das natürlich die Frage frei, ob und inwiefern denn die Frage der Individualisierung überhaupt am Leitfaden des Prinzipiengedankens geklärt werden kann und ob denn das nicht eine contradictio sei – Individuelles durch Prinzipielles erklären zu wollen. Nicht umsonst spricht Duns Scotus mit Bezug auf das Individuelle im Vergleich zum wesensmäßigen Sein von einem „esse alterius rationis“, also einem Sein anderer Grundstruktur, einem nämlich, das sein Prinzip in sich selbst hat. Das wiederum freilich beschwört wie von selbst den Gedanken der Autonomie herauf, der sich natürlich am intensivsten im Fall desjenigen Seienden geltend machen muss, das als Individuum par excellence gilt: das menschliche Subjekt. So rationalistisch redet und schreibt ein Franziskaner nur eine Generation nach Bonaventura. Das kann nur heißen: Durchgeklärte Rationalität ist Standard und damit unhintergehbar geworden. Am prägnantesten kommt das zur Geltung, wenn man sich – sozusagen nun eingestimmt durch Duns Scotus – die klassische Entfaltung dieses Problems von Allgemeinem und Einzelnem systematisch vor Augen führt:

4.7 Das Universalienproblem

Wer bei dieser Thematik von „Fragenbündel" redet, macht sich keiner Übertreibung schuldig. Man kann vier grundlegende Hinsichten unterscheiden, in denen das Universalienproblem philosophische Herausforderungen aufwirft:

(a) Ontologisch. Wenn von einem Seienden etwas Nicht-Individuelles ausgesagt wird, wie das im Regelfall des Urteils geschieht – „Peters Hund ist ein Dackel" –, welchen ontologischen Status hat dann das Dackelsein von Peters Hund? Ist Dackelheit etwas Wirkliches in unserer Welt? Doch wohl schon: Sonst wäre erstens Peters Hund kein Dackel. Und zweitens könnte, wenn sich die Dackelheit auf Peters Dackel exklusiv beschränkte, nicht zugleich auch Gottfried einen Dackel haben (sondern höchstens einen „Rackel" oder etwas Ähnliches). Aber wie muss diese Dackelheit dann genauerhin gedacht werden? Das ist die ontologische Hinsicht.

(b) Erkenntnistheoretisch. Sofort erhebt sich natürlich die Frage: Sind solche nicht-individuellen Bestimmungen, solche Allgemeinbegriffe Produkte unseres Denkens, durch die Gegenstände als solche überhaupt erst konstituiert werden?

(c) Wissenschaftstheoretisch. Eine weitere Frage, die im Bereich der Wissenschaftstheorie liegt, schließt sich an: Welchen Status haben Allgemeinaussagen überhaupt?

(d) Semantisch. Schließlich kommt noch eine semantische Perspektive hinzu, sofern gefragt werden kann: Wie verhält sich denn die Allgemeinheit der Bezeichnung, also die Möglichkeit der Verwendung des Zeichens für mehrere Seiende, zur Einheit seiner Bedeutung?

Natürlich geht es in allen vier der genannten Perspektiven im Letzten um das Problem der Prädikation eines Nicht-Individuellen von einem konkreten Seienden. Um aber gerade in der Hochphase des Universalienstreits nicht die Übersicht zu verlieren und den Blick dafür zu schärfen, welche weitreichenden, nämlich weit über die Universalienfrage hinausreichenden Weichenstellungen dabei grundgelegt werden, scheint geraten, die innere Komplexität der Fragestellung von vornherein – wenigstens nebenher – in Betracht zu ziehen.[50] Noch eine zweite methodische Vorbemerkung scheint mir hilfreich: Wenn in obiger Überschrift explizit von Universalien*problem* die Rede ist, hat das seinen Grund darin, dass sich in ebendieser Frage jener Sprengstoff ansammelte, der die christliche Metaphysik als Paradig-

[50] Vgl. dazu ausführlich LIBERA, Alain de: Der Universalienstreit. Von Platon bis zum Ende des Mittelalters. Aus d. Franz. v. Konrad Honsel. München 2005.

ma philosophischen Denkens zertrümmern sollte und ohne den weder die neuzeitlichen Versuche einer Wiedergewinnung der Metaphysik noch die heutige Diskussionslage begriffen werden können. Die Frage, wie von einem konkreten einzelnen Seienden etwas ausgesagt werden könne, das an sich allgemein ist, sofern es genauso von anderen Seienden ausgesagt werden kann, nimmt sich auf den ersten Blick völlig unspektakulär aus – und doch steckt die Frage so voller Schwierigkeiten, dass sie im Grunde bis heute angetan ist, Streit zu erzeugen – aber gleichzeitig (zumindest auch) dafür verantwortlich zeichnet, dass es heute so etwas wie eine Analytische Metaphysik gibt, die freilich auch über keine Patentlösungen verfügt. Anders gesagt: Bei den Universalien handelt es sich um genau jene Sorte philosophischer Fragestellungen, die durch bündige Antworten zu keiner Lösung gebracht werden können – das begegnet auch in anderen Kontexten, z.B. der Frage nach dem genauen Unterschied zwischen Wissen, Meinen und Glauben (→ Bd. 2, Teil A, Kap. 1) oder dem Verhältnis von Leib und Seele. (↖ Bd. 1, Kap. 7.2; ↗ Bd. 3, Teil A, Kap. 8) Wie man es dreht und wendet: Immer bleibt ein Problemüberhang. Aber diesen zu ignorieren oder einfach zu Schein zu erklären, hilft genauso wenig weiter. Im Gegenteil: Der Bestreitung, dass es Universalien wirklich gebe, kann nur noch Sarkasmus standhalten. So schreibt etwa Paul Lorenzen, einer der Begründer der so genannten „Erlanger Schule", eines auf nüchterne Präzision bedachten Denkens und darum völlig unverdächtig, was metaphysische Ausschweifung betrifft:

> „Es steht allerdings jedem an dieser Stelle frei, sich eine Weltanschauung zuzulegen, indem er behauptet, es gäbe nur Konkreta. Wir leben in einem pluralistischen Rechtsstaat. Weltanschauungen sind also staatlich geschützte Rechtsgüter."[51]

Das Bissige dieser Einlassung nötigt nachgerade dazu, den eben zitierten Worten ein „... (Punkt, Punkt, Punkt)" anzufügen, sozusagen als Platzhalter für die Unzurechnungsfähigkeitserklärung derer, die die Existenz von Universalien bestreiten. Seriöser gewendet: Universalien verfügen über eine begründungsunbedürftige Evidenz. Wenn es aber in diesem starken Sinn Universalien gibt – was sind diese dann?

Erste Antworten. Typisch für solcherart fundamentale philosophische Probleme: Schon die erste Antwort, die ergeht, erzeugt wirkungsgeschichtlich eine nicht mehr tilgbare Spur. Als sie selbst kann sie in keiner Weise überzeugen, erfährt gar stringente Widerlegung – jedenfalls dann, wenn man sie so versteht, wie ihre ersten Kritiker sie verstanden haben oder verstehen wollten. Gleichzeitig legt sie die Dimensionen fest, in denen nachfolgend überhaupt nach einer Lösung Ausschau gehalten wird. Einmal mehr gibt diese erste Antwort auf die Universalienfrage kein anderer als Platon. Die Weise, wie er das tut, macht dabei schon kenntlich, wie sehr eine tiefe Aporetik das Univer-

51 LORENZEN, Paul. Zit. nach GEIER: Sprachspiel (Anm. 46). 111.

salienthema durchherrscht. Im Dialog *Sophistes* kommt Platon nämlich in folgender Weise auf das Problem zu sprechen:

„Fremder: Die einen ziehen alles aus dem Himmel und dem Unsichtbaren auf die Erde herab, mit ihren Händen buchstäblich Felsen und Eichen umklammernd. Denn an alles dergleichen halten sie sich und behaupten, das allein *sei*, woran man sich stoßen und was man betasten könne, indem sie Körper und Sein für einerlei erklären; und wenn von den andern einer sagt, es *sei* auch etwas, was keinen Leib habe, achten sie darauf ganz und gar nicht und wollen nichts anderes hören.

Theaitetos: Ja, arge Leute sind das, von denen du sprichst, denn ich bin auch schon auf mehrere solche getroffen.

Fremder: Daher auch die gegen sie Streitenden sich gar vorsichtig von oben herab aus dem Unsichtbaren verteidigen und behaupten, gewisse denkbare und unkörperliche Ideen wären das wahre Sein, die Körper jener aber und was sie das Wahre nennen, stoßen sie ganz klein in ihren Reden und schreiben ihnen statt des Seins nur ein bewegliches Werden zu. Zwischen ihnen aber, o Theaitetos, ist hierüber ein unermeßliches Schlachtgetümmel immerwährend."[52]

Wohl wahr – das immerwährende Schlachtgetümmel hält bis heute an und bewegt sich genau zwischen den zwei Grenzlinien, die die eben zitierte Passage markiert: „Nur das Konkrete ist wirklich Seiendes, und darüber hinaus gibt es nichts" versus „das Konkrete ist nur ein im abgeleiteten Sinne Seiendes und verdankt das, was es ist, einer unkörperlichen Realität namens Ideen". Durch den prominentesten Platon-Kritiker – seinen Schüler Aristoteles – bereits wird noch eine dritte Variante ins Spiel gebracht, und damit waren die drei grundsätzlichen Möglichkeiten im Umgang mit dem Universalienproblem schon konstituiert.

Platon selbst hat ja den Status der Ideen im Grunde genommen ungeklärt gelassen. Natürlich haben sie ontologischen Charakter, heute würden wir sagen: Sie sind sogar onto-theologischer Natur, weil sie im Letzten auf das Gute als Idee der Ideen zurückgeführt werden und dieses als göttlich gilt. Aber es gibt – gegen ein bis heute flächendeckend virulentes Klischee – bei Platon mehr als genug Stellen, die gegen eine ontologisch abgetrennte Existenz der Ideen sprechen. Im *Sophistes* etwa ist durchaus ironisch von „Ideenfreunden"[53] die Rede, und im Dialog *Parmenides* lässt Platon den Parmenides gegen den Sokrates einen Absurditätsbeweis gegen an sich als abgetrennte Wirklichkeit bestehende Ideen führen:

„Ich glaube, daß du aus folgendem Grunde annimmst, jeder Begriff für sich sei eines. Wenn dir nämlich vielerlei Dinge groß zu sein scheinen: so scheint dir dies vielleicht eine und dieselbe Gestalt zu sein, wenn du auf alle siehst, weshalb du dann glaubst, das Große sei *eins*. – Ganz richtig, habe er gesagt. – Wie aber nun, das Große selbst und die anderen großen Dinge, wenn du die ebenso mit der Seele zusammen überschaust: erscheint dir nicht wiederum *ein* Großes, wodurch notwendig ist, daß dieses alles dir

52 PLATON: Sophistes. 246 a-c.
53 PLATON: Sophistes. 248a.

groß erscheint? – Das leuchtet sehr ein. – Noch ein anderer Begriff der Größe wird dir also zum Vorschein kommen außer jener ersten Größe und den diese an sich habenden Dingen, und wiederum über allen diesen zusammen noch ein anderer, wodurch diese alle groß sind, und so wird dir jeder Begriff nicht mehr eines sein, sondern ein unbegrenzt Vielfaches."[54]

Bündig gesagt: Die Annahme abgetrennter existierender Ideen machte ein weiteres abgetrennt Existierendes notwendig, von dem her die großen Dinge und die Größe an sich hinsichtlich ihres Groß-Seins übereinkämen. Und dann bräuchte man eine weitere abgetrennte Größe an sich, um seinerseits das wiederum, worin Größe und große Dinge übereinkommen, mit diesen zusammenzubringen usw. Kurz: die Annahme abgetrennt existierender Ideen führt in einen infiniten Regress.

Nota bene: So steht es bei Platon selbst. Das freilich hat den Aristoteles nicht gehindert, mit gewandeltem Inhalt genau dieses formale Argument gegen Platon in Stellung zu bringen: es ist das berühmte „Tritos-Anthropos"-Argument, das wir bereits kennen (→ Bd. 2, Teil C, Kap. 3.6) – das Argument vom „Dritten Menschen", das mehrfach in den Werken des Stagiriten begegnet, z.B. in der *Metaphysik* gleich dreimal. Gemeint ist: Wird die Idee des Menschen als für sich existierende Wirklichkeit gesetzt, dann bedarf es einer dritten Wirklichkeit „Mensch", in der der konkrete Mensch und die Idee „Mensch" übereinkommen – und so in infinitum. Folgerung:

> „Und überhaupt heben die für die Ideen vorgebrachten Gründe dasjenige auf, dessen Sein wir, wenn wir von Ideen sprechen, noch mehr wollen als das der Ideen selbst [...]."[55]

Die Tatsache, dass es viele konkrete Seiende gleichen Wesens gibt, dadurch zu erklären, dass man dieses ihr Wesen auf eine „methexis" – lateinisch „participatio" –, also auf eine Teilhabe an einer Idee des jeweiligen Wesens zurückführt, hält der Stagirite für philosophischen Unfug:

> „[...] es ist [...] auf keine der Weisen, die man gewöhnlich anführt, möglich, daß aus den Ideen das andere werde. Wenn man aber sagt, die Ideen seien Vorbilder und das andere nehme an ihnen teil, so ist das leeres Gerede und ein Sprechen in poetischen Metaphern"[56] –

kein sonderliches Kompliment, wenn man bedenkt, dass nach einem für Jahrhunderte sprichwörtlich gewordenen Diktum Platons selbst für die Poeten charakteristisch sei zu lügen, dass sich die Balken biegen.

Wenn also die konkreten Dinge offenkundig ihr Was-Sein nicht einem Nicht-Individuellen verdanken können, das ihnen als von ihnen abgetrennte Entität vorausliegt und an dem sie partizipieren, wie löst der Stagirite dann das Problem? Sprachlich gesehen dadurch, dass er die Präposition im Verhältnis zwischen Konkretem und Allgemeinem

[54] PLATON: Parmenides. 132a-b.
[55] ARISTOTELES: Metaphysik. 990b, 18-19.
[56] ARISTOTELES: Metaphysik. 991a, 19-23.

austauscht: An die Stelle des platonischen „mit" der Teilhabe, das natürlich ein „vor" impliziert – dem Konkreten liegt sein Wesen als Allgemeines voraus –, also an die Stelle dieses „vor" setzt Aristoteles ein „in": Was ein Ding kraft seiner Form zu dem macht, was es ist, liegt nicht mehr außerhalb des je konkreten Seienden, sondern in diesem. Form oder Wesen gibt es nur als Wesen eines Seienden, nicht nochmals nebenher als eigenes Seiendes. Das ist auf dem Hintergrund des „Tritos-Anthropos"-Arguments evident. Nur: Was ist damit für das gestellte Problem des Verhältnisses zwischen Konkretem und Allgemeinem gewonnen? Gar nichts, denn: (a) Im Grunde hat Aristoteles die platonische Differenz – wie er sie sieht! – nur ins Innere des konkreten Seienden gezogen, vermeidet damit zwar den Regress, klärt aber damit das Problem positiv genauso wenig wie die kritisierte Konzeption. Und (b): Wenn man im Blick behält, dass Platon selbst keiner abgetrennten Existenz von Ideen das Wort redet: Wo liegt dann in diesem Punkt genau der Unterschied zwischen Aristoteles und seinem Lehrer? Gibt es überhaupt einen? Und wenn es einen gäbe, könnte er dann nicht einzig darin bestehen, dass das Nicht-Individuelle nur im Denken erkennender Subjekte gegeben ist, also der Begegnung mit konkretem Seienden immer nur nachfolgen kann? Hier haben wir die dritte Präposition (Metaphysik hat sprachlich gesehen immer elementar mit Präpositionen zu tun): „nach". Damit sind auch die Ausgangspunkte für die dreifache Formel fixiert, an deren Leitfaden das Universalienproblem bis heute diskutiert wird: Ist das Universale

- ante rem (vor dem konkreten Ding),
- in re (im konkreten Ding),
- post rem (nach dem konkreten Ding)?

Wirkungsgeschichte. Die christliche Metaphysik begegnet dem Problem tatsächlich auch rein textlich gesehen in genau dieser Form, die wir soeben systematisch aus der platonisch-aristotelischen Konfrontation entwickelt haben. Der größte Teil des aristotelischen Opus war – wie bereits erwähnt – für Jahrhunderte verschollen. Zu dem wenigen, das immer bekannt blieb, gehörte die Kategorienschrift, und diese wurde zusammen mit einer kleinen kommentierenden Einleitung aus der Feder des Porphyrios, einem Schüler des großen Neuplatonikers Plotin, tradiert. Dort fragt Porphyrios, worauf sich denn eigentlich Allgemeinbegriffe beziehen, und stellt drei doppelte Alternativen nebeneinander:

- Existiert so etwas wie Gattungs- oder Artbegriffe nur in Gedanken oder existiert es auch außerhalb ihrer?
- Sind Allgemeinbegriffe körperlich oder unkörperlich?

- Existieren Allgemeinbegriffe in den konkreten Dingen oder außerhalb ihrer?[57]

Porphyrios selbst gibt keine Antwort auf diese Fragen, und so werden diese – in ihrer lateinischen Version, die Boethius herausbringt – zu jenem Treibsatz, der die klassische Metaphysik zunächst aufwühlt und schließlich sprengen wird. Der äußere Vorgang und die Beteiligten sind rasch genannt:

Vermittelt durch die neuplatonische Ausdifferenzierung des Seinsdenkens in eine Stufung vom unergründlichen Ureinen bis zur Ebene des Materiellen hinab, greift zunächst das auf die platonische Intuition sich berufende „ante rem" Platz – aber jetzt unter ausdrücklicher Betonung eines vom sinnlichen Seienden abgetrennten Seins der Ideen. Augustinus hat diese Denkfigur ins Theologische gewendet, das neuplatonisch oberste Eine mit dem Gott des „Sum qui sum" identifiziert, der allem Sinnlich-Materiellen transzendent, diesem durch die Formen seine Gestalt verleiht.

Radikalisiert wird diese Konzeption durch den in gewisser Hinsicht rätselhaften Johannes Scotus Eriugena, und zwar auf eine Weise, die unmittelbarer Anlass des späteren Universalienstreits werden sollte. Eriugena versteht die Prägung des Materiellen durch die dem transzendenten Gott zugehörigen Ideen so unmittelbar, dass das Weltliche seinen Eigenstand einbüßt und nur noch Erscheinungsweise Gottes selbst sein kann. Die Dinge sind Sinnbilder und explizieren das Wesen Gottes. Umgriffen wird dieser Prozess zugleich vom Gedanken der Seinsstufung: Je konkreter etwas ist, desto weniger Sein kommt ihm zu, je allgemeiner, desto mehr, d.h. etwa: Gattung ist etwas Wirklicheres als Art, Art etwas Wirklicheres als Individuum. Als allgemeinstes weil allbefassendes Wesen ist darum Gott notwendig auch wirklichste Wirklichkeit. (↗ Bd. 3, Teil C, Kap. 3.3)

Damit ist ohne Zweifel eine Vermittlung zwischen der dualistischen Ontologie des Platonismus und dem christlichen Schöpfungsgedanken gewonnen, jedoch zugleich nur eine instabile intellektuelle Gemengelage entstanden: Wenn alles, was es gibt, Symbol ist, wo bleibt dann die Wirklichkeit, an der man sich stoßen und die man greifen kann (um eine Wendung aus Platons *Sophistes* von vorhin aufzugreifen)? Die radikale Versymbolisierung alles Weltlichen stößt von sich aus auf eine Sättigungsgrenze. Es kann nicht auf lange Zeit gutgehen, wenn Menschen beim morgendlichen Waschen der Anblick des Wassers an die Sintflut erinnert, das Stück Holz, das sie von draußen zum wärmenden Ofen tragen, an das Kreuztragen Christi und jeder Bissen Brot sein eigentliches Sein darin besitzt, Erinnerung an das Abendmahl zu sein. Menschliches Bedürfen braucht auch Wasser als Wasser, Holz als Holz und Brot als Brot. Unter dem zusätzli-

[57] Vgl. PORPHYRIOS: Einführung in die Kategorien des Aristoteles (Isagoge). In: ARISTOTELES: Kategorien. Hermeneutik oder vom sprachlichen Ausdruck. Gr.-Dt. Darmstadt 1998. (Aristoteles: Organon. Bd. 2). 153-188.

chen Einfluss erster Tendenzen hin zu wissenschaftlichem Wissen kollabiert die hypersymbolistische Wirklichkeitssicht und beginnt – fast zwangsläufig – in ihr Gegenteil umzuschlagen: Das ist die Geburtsstunde des so genannten Nominalismus.

Nominalismus. Die Anfänge des Nominalismus nehmen sich noch durchaus unspektakulär aus: Sie dürften in einem Gedanken aus der aristotelischen Kategorienlehre liegen, der Allgemeingut geworden war und der mit der Differenz zwischen der ersten Kategorie einerseits und den Kategorien zwei bis zehn andererseits zu tun hat: dass nämlich Letztere von der ersten Kategorie ausgesagt werden. Die erste Kategorie, die Substanz, steht in Urteilen immer an der Subjektstelle, die anderen Kategorien treten an der Prädikatstelle auf, also dort, wo logisch gesehen das Allgemeine seinen Ort hat. Das aber heißt in schulmäßiger Formel:

> „Res de re non praedicatur.“[58] – Von einem Ding, werden keine Dinge ausgesagt,

sondern Universalien, und im Umkehrschluss können diese als sie selbst nicht substanziell verstanden werden. Sind sie Nicht-Substanz, dann kann es sich bei ihnen nur um bloße Namen oder Ausdrücke handeln, die einzig dazu dienen, der Zahl nach verschiedene Dinge auf einen Nenner zu bringen und zu kennzeichnen. Die Radikalversion dieser Sicht drückt die Universalien gleichsam auf empiristisches Niveau herab: Weil das Nicht-Individuelle keinerlei ontologischen Gehalt besitzt, ist es nur „flatus vocis“, ein mit dem Sprechorgan erzeugter Lufthauch. Real sind ausschließlich empirische Einzeldinge. Roscelin von Compiègne etwa hat das konsequent vertreten – jedenfalls bezeugen das die von ihm erhaltenen Fragmente, es sei denn, diese gäben eine ironische Überzeichnung aus dem Kontext einer Realismuskritik wieder.

Diese Form von Nominalismus dreht sozusagen die Regel um, die Eriugenas Denken bestimmt hatte: Nicht Allgemeinheit und Realität sind koextensiv, sondern Einzelheit und Realität. Am wirklichsten ist, was als einzelnes Seiendes auftritt. Das Allgemeinste ist ontologisch völlig leer und bezeichnet lediglich, worin alle existierenden Dinge übereinkommen: nämlich, dass sie sind. Die theologischen Konsequenzen dieser Position zogen lehramtliche Interventionen nach sich, obwohl Roscelin ohne größere Wirkung blieb.

Abaelard. Gleichwohl: die Konfrontation zwischen „ante rem“ und „post rem“ war geschehen. Die Herausforderung stand im Raum, begründet zu einer Entscheidung zwischen beiden Optionen zu kommen. Eine solche Situation ruft zwangsläufig Vermittlungsbemühungen auf den Plan. Den ersten unternimmt der Roscelin-Schüler Petrus Abaelard. Einerseits, so denkt er, hat das Prädikat des Urteils in der

[58] Zit. nach GEIER: Sprachspiel (Anm. 46). 126.

Tat keine eigenständige Wirklichkeit, es ist bloßer Begriff, gewonnen durch Abstraktion unter Absehung von den konkreten sinnlichen Realitäten. Trotzdem muss das Universale mit dem Einzelding etwas zu tun haben, weil es sonst nichts zur Erkenntnis des Seienden beitragen könnte, was es ja offenkundig tut. Möglich, so Abaelard, ist das nur, wenn in den individuellen Dingen irgendwie eine conformitas, eine Gleichheit oder Ähnlichkeit von uns wahrgenommen werden kann, die uns die Prädikation erlaubt. Verankert wird die conformitas dabei schöpfungstheologisch: Sie rühre daher, dass Gott die Welt nach in seinem Geiste liegenden Urbildern geschaffen habe. Universalien gibt es darum als „conceptus mentis" im göttlichen Geist und insofern „vor" den konkreten Seienden, zugleich sind sie „in" den Seienden präsent als Gleichheit von deren charakteristischen Zügen, und als „nach" den konkreten Dingen bilden sie die im Prozess unseres Erkennens gewonnenen Konzepte und Prädikate. Aber was sind nun Universalien? Eine wirkliche Antwort unterbleibt.

Thomas von Aquin. Andere Vermittlungsversuche folgen, einen haben wir bereits tangiert: Duns Scotus' Lösung mit der haecceitas, die offenkundig an der Aporie leidet, das Individuelle als solches wieder (wie auch schon die korrespondierende quidditas) aus einer Prinzipieninstanz herzuleiten. (→ Bd. 2, Teil C, Kap. 4.6) Einen zweiten Lösungsversuch stelle ich nochmals näher vor, weil er zur Standardlösung avanciert – ohne in Wirklichkeit eine zu sein, wie ich gleich hier hinzufüge. Es handelt sich um denjenigen des Aquinaten. Konstruiert ist diese Lösung im Wesentlichen anhand einer der für das Werk des Thomas so typischen Distinktionen: Er differenziert nämlich den Gehalt des Allgemeinbegriffs von der Weise seiner Verwirklichung. Derselbe Begriffsinhalt hat mit Bezug auf die konkreten Dinge einen anderen Status als mit Bezug auf die Vernunft. Thomas argumentiert folgendermaßen: Die Annahme einer abgetrennten Existenz des Mathematischen und der Formen sei nicht notwendig,

> „[d]enn auch wenn der Intellekt die Dinge dadurch einsieht, daß er ihnen ähnlich ist, was die intelligible Form betrifft, durch die er aktuiert wird, so muß jene intelligible Form dennoch nicht in der Weise im Intellekt sein, in der sie sich in dem erkannten Ding befindet; denn alles, was in irgendetwas ist, ist dies auf die Weise dessen, in dem es ist. Und deshalb ergibt sich mit Notwendigkeit aus der Natur des Intellekts, die eine andere ist als die Natur des erkannten Dings, daß die Erkenntnisweise, in der der Intellekt erkennt, eine andere ist als die Seinsweise, in der das Ding existiert. Natürlich muß das im Ding sein, was der Intellekt erfaßt, aber dennoch nicht auf dieselbe Weise [sc. wie es im Intellekt ist; K.M.]. Obwohl daher der Intellekt das Mathematische ohne Miterfassung des Sinnlichen und die Universalien neben den Einzeldingen erfaßt, müssen dennoch das Mathematische nicht neben dem Sinnlichen und die Universalien nicht neben den Einzeldingen existieren. Denn wir sehen, daß auch das Sehen die Farbe

ohne Geschmack wahrnimmt, obwohl sich in den Sinnesdingen Geschmack und Farbe gleichzeitig finden.“[59]

Insofern kennt Thomas also auf der Ebene der Einzeldinge keine ontologische Einheit, sondern nur auf der Ebene des die Dinge erfassenden Intellekts. Gleichwohl erfolgt die Bildung des Allgemeinbegriffs am Leitfaden bestimmter Momente an den konkreten Einzeldingen selbst, d.h. durch etwas an den Dingen wird die Bezeichnung mit demselben Ausdruck legitimiert – ohne dass freilich ebendiese als Anhaltspunkte für das Allgemeine fungierenden Momente näher bestimmt würden. Summa summarum heißt das: Auch das thomanische Vermittlungskonzept bleibt ein verbaler Versuch, das Problem unter Kontrolle zu bringen, ohne dies wirklich zu tun.

Ockhams razor. Anders gewendet: Ist das Universalienproblem einmal in aller Schärfe aufgeworfen, kommen alle Vermittlungsfiguren im Sinne eines gemäßigten Realismus zu spät. Was bleibt? Ockhams „Rasiermesser“, heißt die gängige, gar zum Sprichwort avancierte Antwort. Die Antwort ist richtig, aber nur verständlich, wenn sie nicht als Schlagwort verwendet, sondern in ihren philosophischen Implikationen zur Kenntnis genommen wird. Der Franziskanermönch Wilhelm von Ockham wird allenthalben zitiert mit dem Grundsatz „Entia non sunt multiplicanda praeter necessitatem“: Seiende sollen nicht über das notwendige Maß hinaus vermehrt werden – eine Wendung im Übrigen, die sich in seinen Schriften nirgends findet, wohl aber den in Blick genommenen Gedanken korrekt wiedergibt. (→ Bd. 2, Teil A, Kap. 2.2) Gemeint ist: Wenn es darum geht, die Bausteine der Welt zu bestimmen, soll ein Prinzip der Sparsamkeit gelten: Es sollen keine Entitäten, keine Seienden unterstellt werden, wenn sich die Verfasstheit der Wirklichkeit auch ohne ihre Annahme erklären lässt. Zwar betrifft das natürlich in erster Linie den ontologischen Status der Allgemeinbegriffe, jedoch ist mit dem „Rasiermesser“-Prinzip erst die Hälfte der ockhamschen Position erfasst. Denn anstelle realistisch gedachter Universalien steht nicht einfach nichts, sondern das Problem als Ganzes erhält eine zeichentheoretische oder – wie man heute sagt – semiotische, zum Teil auch wissenschaftstheoretische Wendung.

Referenz. Der allererste Ansatz dazu war bereits in der Frühscholastik grundgelegt worden, sofern dort bereits in Bezug auf die Universalien das Stichwort „nomen“, also „Namen“ oder „Zeichen“ gefallen war. Und auch der bereits erwähnte Abaelard hatte in diese Richtung gedacht: Für ihn gilt nicht die Alternative entweder real und extramental oder mental und nicht-real. Vielmehr legt er zwischen beide Perspektiven eine dritte Dimension: die semantische, also die Perspektive der Bedeutungen. Und Bedeutungen sind wirklich, sofern

[59] THOMAS VON AQUIN: In libros Metaphysicorum 1, l. 10, n. 8.

sie einen wirklichen Bezug zu den durch Ausdrücke bezeichneten Dingen haben, oder in der Sprache zeitgenössischer analytischer Philosophie gesagt: Die Wirklichkeit von Allgemeinbegriffen resultiert aus ihrer realen Referenz – wobei die genauere Verfassung dieses Bezugs in eben der Weise offen blieb, wie vorhin Thomas die Frage nach den gemeinsamen Momenten der Einzeldinge, die den Allgemeinbegriff tragen, unbestimmt gelassen hatte.

Genau die Präzisierung dieser Referenzproblematik in Angriff zu nehmen und über sie mindestens zu einer Vertiefung des Universalienproblems zu kommen, macht die Leistung Ockhams aus, eine Leistung, deren Schwierigkeitsgrad sein Echo in Ockhams Beinamen „doctor invincibilis" (unbesiegbarer Doktor) findet und ihn als „venerabilis inceptor" gelten lässt, als „ehrwürdigen Erneuerer" des Nominalismus – Erneuerung verstanden im Sinn einer kritischen Klärung dessen, was der frühe Anti-Realismus unbedacht gelassen oder zu Unrecht mit über Bord geworfen hatte. Genau Letzteres getan zu haben, trifft aus der Sicht Ockhams für die Bestimmung des Allgemeinbegriffs als „flatus vocis" zu. Sein schlagender Einwand dagegen ist wissenschaftstheoretisch: Ohne Allgemeinbegriffe kann es keine Wissenschaft geben. Die Allgemeinbegriffe fungieren dabei als Zeichen, und zwar als Zeichen für konkrete Seiende wie als Zeichen für andere Zeichen. Nun werden in Urteilen Ausdrücke gebraucht, die von vielen Einzeldingen in derselben Bedeutung ausgesagt werden. Worum handelt es sich aber ontologisch gesehen, bei dem, was in diesem Sinn univok, also in strikt identischem Sinn von vielen Dingen ausgesagt werden kann? Die Antwort darauf muss sich folgerichtig im Gefälle des wissenschaftstheoretischen Ansatzes entfalten: Die Wissenschaften handeln nicht von den Dingen, sondern von den Aussagen über die Dinge. Nur Sätze werden gewusst, nicht Dinge. Also ist die Wirklichkeit des Gewussten von anderer Art als das Wirklichsein von Dingen: Es ist wirklich auf die Weise, in der Sätze wirklich sind. Der Seinssinn von Allgemeinem kann damit nicht mehr vom Seinssinn der Einzeldinge her gewonnen werden – genauso wie das, was bezeichnet wird, keinen Einfluss auf den ontologischen Status des Bezeichnenden hat: Ich kann mit einem sprachlichen Zeichen einen Hund, ein Gefühl, einen Gedanken oder etwas Nichtexistentes bezeichnen.

Formal gefasst: Ockham unterscheidet zwischen dem, was als unmittelbar Gewusstes Gegenstand von Wissenschaft ist – die Sätze –, und dem, was im Sinn des Realbezugs von Wissenschaft ihr Gegenstand ist – die Einzeldinge. Oder anders gewendet: Unterschieden wird zwischen dem Gewussten und dem, wofür es steht. Begriffe fungieren also als Suppositionstermini: Sie supponieren – zu deutsch: sie vertreten – in der Dimension des Wissens das, wovon das in Sätze gefasste Wissen handelt. Den Allgemeinbegriffen selbst Realität im Sinn der Einzeldinge zuzuschreiben, hieße darum, Zeichen und Bezeichnetes zu vermengen. Auf dieses Resultat laufen im systematischen Kern alle

Auseinandersetzungen Ockhams mit Argumenten hinaus, die für einen Universalienrealismus angeführt werden.

> „Die Einheit des Begriffs zwingt keineswegs zur Annahme einer dem Begriff entsprechenden Realität, die Allgemeinheit der Referenz impliziert keine Referenz auf Allgemeinheit.“[60]

Extramental verfügen darum ausschließlich Einzeldinge über Realität. In der Schale auf dem Tisch befindet sich ontologisch nicht Obst, sondern Äpfel, Birnen und Bananen – genauso wie es im Zoo nicht Tiere gibt, sondern Papageien, Nashörner und Affen – und zwar völlig unabhängig von unserem Erkennen. Von einem Anhalt der Universalien in den Einzeldingen zu sprechen, wie das die gemäßigten Realisten tun, gilt Ockham als das Resultat einer Sprachverführung durch das Existenzprädikat „ist“. Während in einem Satz wie „Peter existiert (d.h. ist seiend)“ Subjekt und Prädikat für ein und dasselbe individuelle Ding der Außenwelt stehen, supponieren in „Peter ist ein Mensch“ Subjektterm und Prädikatterm nicht für ein und dasselbe denkunabhängige Einzelding: Der Subjektterm steht für ein solches Einzelding, der Prädikatterm dagegen für ein denkabhängiges Universale.

Daraus folgt in keiner Weise eine Abwertung der Allgemeinbegriffe. Im Gegenteil macht deren Gebrauch einen erheblichen und wichtigen Teil unserer intellektuellen Aktivität aus. Nur muss bezüglich ihrer ein Doppeltes in Rechnung gestellt bleiben: (a) Die Universalien sind allein Sache des Verstandes und nicht der Einzeldinge. Und (b): Damit sind die Universalien nicht nichts, sondern – so wörtlich – „sie deklarieren die Substanz der Dinge, wie es Zeichen tun.“[61] Nochmals in analytischer Diktion gesprochen: Mit regelkonformem Zeichengebrauch identifizieren wir etwas als etwas Gegebenes. D.h. Ockham überführt die Universalienproblematik in eine Funktionsanalyse der Allgemeinbegriffe.

Diese Funktionsbestimmung entwickelt Ockham von einer bereits erwähnten Unterscheidung her, die schon Augustinus kennt. Dieser unterscheidet zwischen „nomen rei“, dem Namen des Dings, und dem „nomen nominis“, dem Namen des Namens, also einem metasprachlichen Zeichengebrauch. Gnoseologisch gewendet spricht Ockham von „erster“ und „zweiter Intention“. Intention ist etwas in der Seele, das etwas anderes bedeuten kann. Zu den Namen der ersten Intention nun gehören all die Ausdrücke, die etwas bezeichnen, was seinerseits kein Zeichen ist oder zu einem Zeichen gehört. Darunter fallen Ausdrücke für Einzelnes wie für Allgemeines. Sie supponieren für reale Substanzen nicht anders als für Qualitäten. In der ersten Intention werden sie Zeichen, durch welches Erkennen ermöglicht wird. Namen der zweiten Intention sind solche, die nun ihrerseits wieder für die Zeichen erster Intention supponieren können:

60 BECKMANN: Wilhelm von Ockham (Anm. 46). 106.
61 OCKHAM, Wilhelm v.: Opera Theologica II, 254.

> „So wie von allen Menschen eine allen gemeinsame Intention ausgesagt wird, wenn ich sage, ‚Dieser Mensch (Sokrates) ist ein Mensch', ‚Jener Mensch (Platon) ist ein Mensch' und ebenso von allen einzelnen, ebenso wird von allen Intentionen, die bedeuten und für Dinge supponieren, eine gemeinsame Intention ausgesagt, wenn ich sage ‚Diese Art (Mensch) ist eine Art', ‚Jene Art (Hund) ist eine Art' und ebenso in anderen Fällen. Ebenso wenn man sagt: ‚Stein ist eine Gattung', ‚Tier ist eine Gattung', ‚Farbe ist eine Gattung' und ebenso in anderen Fällen wird von Intentionen eine Intention ausgesagt in der Weise, wie in den Aussagen ‚Mensch ist ein Name', ‚Esel ist ein Name', ‚Weiße ist ein Name' von verschiedenen Namen ein Name ausgesagt wird."[62]

Universalien sind – „sind" (!) – metasprachliche Zeichenfunktionen – auch das Universale „Universale"; der Ausdruck supponiert für auf der objektsprachlichen Ebene gebrauchte allgemeine Kategorien. Ein Satz wie „Sokrates ist ein Mensch" kann dann auf eine Weise verstanden werden, die weder eine Identität von Subjekt und Prädikat noch eine Teilhabe des Subjekts am Prädikat noch eine Inhärenz des Prädikats im Subjekt noch eine extramentale Verbindung von Prädikat und Subjekt erfordert. Die semiotische Interpretation des Satzes besagt stattdessen: In jemandes Urteil supponieren Subjekt und Prädikat für ein und dasselbe, das Subjekt („Sokrates") tut das „suppositione discreta", also in eindeutig bestimmter Weise, das Prädikat („Mensch") „suppositione confusa tantum", also in nur unpräziser Weise. Diese Differenz als solche hält Ockham für problemlos: Beide Suppositionsweisen seien evident gleichermaßen in denselben intuitiven Erkenntnisakt eingebettet.

Lösungsvarianten. Natürlich kommt eine solche zeichentheoretische Wendung der Universalienfrage aus den offenkundigen Aporien unmittelbar ontologischer Lösungsstrategien frei. Aber was genau besagt sie? Die soeben genannte Differenz von diskreter und konfuser Supposition macht ja in Verbindung mit dem Rekurs auf eine Evidenzbehauptung irgendwie hellhörig. Wird da möglicherweise eine ontologische Sackgasse nur zeichentheoretisch reformuliert und damit auch reproduziert? Ockham selbst lädt geradezu ein, so zu fragen, sofern er mit vielen anderen seiner Zeit die Überzeugung teilt, die Klärung der Universalienproblematik gehöre in die Metaphysik. Unter dieser Voraussetzung kann seine Überzeugung, bei den Allgemeinbegriffen handle es sich um etwas im Bereich des Denkens, zweierlei Gestalt annehmen: (a) Universalien gibt es nur als von jemandem aktuell gedachte. Oder (b): Universalien verfügen, wenn sie einmal gedacht sind, über eine mentale Realität unabhängig von ihrem je aktuellen Gedachtwerden, also über ein Wirklichsein, das daraus resultiert, dass sie jederzeit *denkbar* sind. Die Terminologie, deren sich

[62] OCKHAM, Wilhelm v.: Summa Logicae. I, 12. 43-44. In: DERS: Opera philosophica et theologica. Bd. 1. Hg. v. Philotheus Boehmer, Gedeon Gad, Stephanus Brown. New York 1974. [Übersetzung K. M.].

Ockham diesbezüglich in Übereinstimmung mit der Sprachregelung seiner Zeit bedient, kann heute Verwirrung stiften, weil in ihr „objektiv" und „subjektiv" jeweils genau das Gegenteil dessen meinen, was wir mit den Ausdrücken heute verbinden: Die vom aktuellen Gedachtwerden abhängige Universalität – also Fall (a) – nennt er „esse obiectivum" im Sinn von „Gegenstand-Sein" von Erkennen im jeweiligen Erkenntnisakt (und nur in diesem). Fall (b) – die in der jederzeit möglichen Denkbarkeit wurzelnde Realität der Universalien – heißt dagegen „esse subiectivum" im Sinne von „dem Subjekt innewohnend" und meint etwas zumindest prinzipiell allen denkenden Subjekten Zugängliches und damit etwas Intersubjektives.

Ockham prüft beide Varianten. Sein ontologisches Sparsamkeitsprinzip lässt ihn natürlich zunächst auf die „esse-obiectivum"- Alternative schauen, weil er mit ihr die wenigsten – wieder einmal analytisch gesprochen – „ontological commitments", also ontologischen Verpflichtungen eingehen müsste. Dementsprechend wird die Auffassung der Universalien als auf das je aktuelle Gedachtwerden beschränkten Entitäten als „Fictum"-Theorie durchgearbeitet, also: Allgemeines als ausschließlich vom Intellekt gebildet und produziert. Ockham selbst will ausdrücklich den Beigeschmack des Fingierten ausgeschlossen wissen (das nennt er gegenüber dem Fictum-Charakter der Universalien „figmentum"). Die vom Intellekt gebildete Vorstellung reicht ihm aus, um Wissenschaft treiben zu können – zunächst jedenfalls. Im Rahmen einer Überarbeitung eines seiner einschlägigen Werke – des großen *Sentenzenkommentars* –, zu der es nicht unabhängig vom Druck der Kritik an der „Fictum"-Theorie gekommen sein dürfte, räumt Ockham auch die Möglichkeit der Universalien im Sinn des „esse subiectivum" ein – dass es sich beim Allgemeinen also um eine vom aktuellen Vorgestelltsein unabhängige mentale Wirklichkeit handelt. Diese wird dabei näherhin qualitativ gefasst: Das Sein des Allgemeinen besteht darin, mögliches Prädikat sein zu können, das als Zeichen für ein Einzelding zu fungieren vermag. Beide Möglichkeiten lässt Ockham ausdrücklich nebeneinander stehen. Das kann er auch, sofern sie sich nicht widersprechen, sondern nur ontologische Verpflichtungen verschiedenen Umfangs eingehen. Was sie dieser Differenz vorausliegend verbindet, ist die kategorische Absage an jedwede „in-re"-, geschweige denn „ante-rem"-Lösung der Universalienfrage. Das Allgemeine bleibt in jedem Fall eine Funktion intellektueller Aktivität, also Produkt denkerischen Handelns.

Zeichentheoretischer Nominalismus. Was Ockhams Position trotzdem vom „flatus vocis"-Nominalismus unterscheidet, ist, dass er seinen Umgang mit dem Universalienproblem unter Voraussetzung des ontologischen Sparsamkeitsprinzips in ein theoretisches Gefüge aus Logik, Semantik, Ontologie und Erkenntnistheorie einbaut. Ihren Dreh- und Angelpunkt hat die Konzeption darin, dass sie einerseits kategorisch ausschließlich Einzeldinge in der wirklichen Welt zulässt, auf der anderen Seite um die Notwendigkeit von Allgemeinbegriffen für jegliches wissenschaftliche Prozedere weiß. Sie verbindet beides dadurch, dass Wissen nicht als Eins-zu-Eins-Abbildung von Wirklichkeitsstrukturen begriffen wird, sondern als Produkt von Operationen mit rein mentalen Größen – den Allgemeinbegriffen – nach präzisen logischen und grammatischen Regeln. Die Rückbindung der wissenschaftlichen Allgemeinheit an die Realität – sozusagen ihre ontologische Lokalisierung – erfolgt dabei entweder über das Verständnis der Universalien als „esse obiectivum" oder als „esse subiectivum"; beide Varianten gelten Ockham als akzeptabel. Sie kosten zwar einen je verschiedenen Preis an ontologischer Verpflichtung – die „esse subiectivum"-Theorie etwas mehr als die andere –, aber beide kommen darin überein, den Urfehler aller Realismen (auch der noch so gemäßigten) im Ansatz zu vermeiden, nämlich Semantik und Ontologie zu vermengen, also die prädikative Aussage mit dem, wofür sie steht. Genau das geschieht ja, wenn etwa im Fall eines Ähnlichkeitsverhältnisses zwischen zwei Seienden diesen eine Teilhabe an einer allgemeinen Wirklichkeit zugeschrieben wird. In Wahrheit hat die Allgemeinheit mit dem semantischen Charakter des Ausdrucks „Ähnlichkeit" zu tun, weil es sich bei diesem um einen Relationsterminus handelt: Er ist ein so genanntes zweistelliges Prädikat, d.h. er bezieht sich notwendig auf zwei Entitäten (weil „Beziehung" begrifflich notwendig immer „Beziehung zwischen" meint). Universalienrealistisches Denken missversteht die Struktur der Prädikation als Eigenschaft dessen, worüber prädiziert wird. Und die Ähnlichkeit zwischen zwei Seienden gibt es nur, sofern zwischen ihnen durch einen sie vergleichenden Intellekt eine Beziehung hergestellt wird, d.h. das Universale gehört ausschließlich der mentalen Dimension an. Zunächst mag es dabei als „esse obiectivum" gefasst sein, als etwas rein im aktuellen Vorstellen des Intellekts Gegebenes. Sofern das Universale dabei aber als Zeichen fungiert, verweist dieser Ansatz aus sich auf eine Auffassung des Universale als „esse subiectivum" weiter, sofern es zum Wesen eines Zeichens gehört, allgemein zu sein und immer neu sowie von grundsätzlich allen verwendet werden zu können. Von daher legt sich der Gedanke an ein im Intellekt selbst gegebenes, funktionales Zeichensystem für mögliche oder tatsächliche Prädikationen nahe. (Von daher sollte Ockhams Denken am besten als zeichentheoretischer Nominalismus tituliert werden; so wird es abgegrenzt vom „flatus vocis"-Nominalismus (der häufig zu findende Name „Konzeptualismus" ist sehr missverständlich, sofern er der Sache nach viel eher für Positionen wie etwa diejenige George Berkeleys passt, demgemäß *alles* Sein nichts anderes ist als Wahrgenommensein: „Esse est percipi"[63]).

[63] BERKELEY, George: A Treatise Concerning the Principles of Human Knowledge. Ed. with Introd. by Colin. M. Turbayne. New York 1957. I, 3. 24.

Satzwissenschaft. Eine letzte systematische Konsequenz bleibt zu bedenken. Für Ockham steht – wie schon erwähnt – außer Diskussion, dass die Universalienproblematik in die Metaphysik gehört. Wenn nun die Frage nach dem ontologischen Status von Allgemeinbegriffen in der beschriebenen Weise aufzulösen gesucht wird und dies erklärtermaßen mit dem Anspruch metaphysischer Reflexion erfolgt, dann zieht das notwendig eine Veränderung der Metaphysik als Ganzer nach sich. Das liegt geradezu auf der Hand: Seit Aristoteles und dann in charakteristischer Transformation durch die christlichen Denker gilt Metaphysik als Wissenschaft vom Seienden als solchen sowie seinem letzten Grund. Bei Ockham aber kommt es zu einer Verschiebung, die man durchaus mit einem Namen belegen kann, der erst Jahrhunderte später aufkam, als es neuerlich zu einer parallelen Verlagerungsbewegung im philosophischen Denken kam. Man kann bereits bei Ockham von einem „linguistic turn" sprechen, am besten zu übersetzen mit „Wende zur Sprache" oder von einem „semantic ascent" (dem semantischen Aufstieg) (↖ Bd. 1, Kap. 4.4), ein Ausdruck den der Analytiker W.V.O. Quine geprägt hat.[64] Gemeint ist: Gegenstand philosophischer Untersuchung sind nicht mehr Phänomene, sondern Sätze über Phänomene. Genau das ist ja auch bei Ockham der Fall: Er arbeitet das erzmetaphysische Thema „Universalien" nicht mehr gegenstandsbezogen durch, sondern mit Blick auf einen widerspruchsfreien Gebrauch des Existenzprädikators „ist". In Verbindung mit seiner bereits erwähnten wissenschaftstheoretischen Option, dass Gegenstand der Wissenschaft nicht Dinge, sondern Sätze sind, hat das eine weitreichende Folge: Die für Wissenschaft charakteristische Notwendigkeit und Allgemeinheit kann nicht mehr in den Dingen gesucht werden, sondern muss aus den Sätzen kommen. Die Herkunft der Allgemeinheit ist dabei bereits näher geklärt: Sie resultiert aus dem Zeichencharakter der in den Urteilen in Gebrauch genommenen Universalien (denn Zeichen sind von Wesen allgemein). Und auch die Notwendigkeit kann gar nicht anderswo als in den Sätzen gesucht werden, sofern außer dem Sein Gottes alles Seiende nicht-notwendig, also kontingent ist. Soll Metaphysik Wissenschaft sein, muss es in ihr darum nicht um Aussagen über Notwendiges, sondern um notwendige Aussagen gehen. Damit war natürlich zugleich eine kritische Messlatte für alle bisherige Metaphysik etabliert: Nach Ockham kann diese nur in dem Maß anerkannt werden, in dem sich ihre Sätze über notwendiges Sein in notwendige Sätze übersetzen lassen. In Sätzen über kontingentes Seiendes – also alles Seiende außer Gott – kann keinerlei Notwendigkeit auftreten, die aus den Dingen selbst herrührte. Allenfalls sind unter bestimmten Voraussetzungen notwendige Sätze über kontingentes Seiendes möglich, etwa wenn ein Satz unter bestimmten Voraussetzungen notwendig wahr ist. Das trifft etwa dann zu, wenn eine Aussage auf intuitiver, unmittelbarer Erkenntnis ba-

[64] Vgl. QUINE, Willard V.O.: Wort und Gegenstand. Stuttgart 1980. 467.

siert: „Peter schläft“ ist ein notwendiger wahrer Satz, wenn er den mir offenkundigen Sachverhalt beschreibt, dass Peter soeben schläft. Ebenso können Allgemeinaussagen notwendig wahr sein: Der Satz „Wenn es einen Menschen gibt, ist er ein Lebewesen“ ist unter den Bedingungen der gegebenen Welt notwendig wahr. Nicht notwendig wahr aber ist der Satz „Der Mensch ist ein Lebewesen“, weil es den Menschen auch nicht geben oder in einer ganz anders beschaffenen Art geben könnte. „Mensch“ und „Lebewesen“ verbindet keine Sachnotwendigkeit. „Notwendig“ ist darum keine ontologische Qualität, sondern die Modalität eines Satzes (genauso wie „möglich“ oder „kontingent“). Metaphysik kann also – soll sie von Allgemeinheit und Notwendigkeit bestimmte Wissenschaft sein – nicht von Gegenständen handeln, weil es in der ganzen Welt keine notwendigen Gegenstände gibt. Das einzige nicht-kontingente Seiende ist Gott. Für eine gegenstandsorientierte Metaphysik könnte er der einzige „Gegenstand“ sein, dann jedoch fiele Metaphysik mit Theologie zusammen. Metaphysik als Metaphysik kann es folglich nur dann geben, wenn sie statt als Sachwissenschaft als Satzwissenschaft konzipiert wird.

Retrospektive. Man muss sich klarmachen: Hinter diesem verblüffenden Resultat steht kein nassforscher Versuch einer Art Säkularisierung der christlichen Metaphysik. Vielmehr handelt es sich dabei um nichts anderes als die letzte systematische Konsequenz des Umbaus der aristotelischen Wissenschaft vom Seienden in die christliche Metaphysik unter dem Vorzeichen des Schöpfungsgedankens. Erst das für die philosophische Einholung dieses jüdisch-christlichen Grunddatums notwendige Auseinandertreten von esse und essentia schreibt allem Geschaffenen jene Kontingenz ein, die sich Ockhams wissenschaftstheoretischem Zugriff als jene Nicht-Notwendigkeit erweist, die eine gegenstandsorientierte Metaphysik (eben der fehlenden Notwendigkeit wegen) unmöglich macht.

Blick nach vorne. Diesem retrospektiven Zusammenhang entspricht ein nicht weniger aufregender prospektiver: Immanuel Kant hat nach eigenem Anspruch und Ausspruch eine kopernikanische Wende in der Philosophie eingeleitet mit dem Ziel, durch eine erkenntniskritische Wendung der metaphysischen Fragestellung endlich eine wissenschaftliche Metaphysik grundzulegen. Das geschieht dadurch, dass statt nach den Gegenständen nach den Bedingungen der Möglichkeit für das Auftreten von Gegenständen gefragt wird. Die Pointe von Kants Konzept liegt dabei darin, dass er die Auftrittsbedingungen der Gegenstände mit deren Möglichkeitsbedingungen überhaupt identifiziert. So wenig Ockham diese Zuspitzung unterstellt werden kann, so sehr liegt jedoch auf der Hand, dass genau wegen Ockham die mittelalterliche Metaphysik in keiner Weise pauschal als Gegenstandsmetaphysik gegen die neuzeitliche Frage nach den Ge-

genstandsbedingungen abgegrenzt werden kann. Bereits Ockham hat – nach Vorstufen auch schon bei Duns Scotus – aus der Logik seiner kritischen Metaphysik das Frageniveau zugänglich und zu einer Herausforderung gemacht, auf dem Kant seine kritizistische Konzeption entfalten wird. Mit der Verlagerung des metaphysischen Problems aus den Dingen in den Intellekt muss Metaphysik erstmals die Bedingungen ihrer eigenen Möglichkeit mitthematisieren. Das aber bedeutet auch: Das spezifisch neuzeitliche Paradigma der Philosophie wird durch den selbstkritischen Gang christlich-metaphysischer Reflexion induziert. Die kantische Wende hat ihre Vorzeichnung in Ockhams Transformation der Metaphysik in Satzwissenschaft, zu der ihn seine Auseinandersetzung mit dem Universalienproblem nötigt. Gleichzeitig geht Ockham – und das ist verblüffend – in gewisser Hinsicht bereits noch einen Schritt weiter als Kant das tun wird: Sofern es im Zentrum seiner kritischen Aufmerksamkeit darum geht, den metaphysischen Urfehler der Verwechslung von significantia und significata, also von Zeichen und Bezeichnetem zu vermeiden, ist seine Metaphysik bereits vom Ansatz her sprachkritisch verfasst. Sie weiß um die Gefahr, dass in den Wissenschaften – und am meisten in ihr selbst – das Denken durch die – Wittgenstein wird später sagen – „Oberflächengrammatik“[65] verführt wird, eine Äquivalenz zwischen der Form der Aussagen und der Struktur der Wirklichkeit anzunehmen. Das kann aber allein schon deshalb nicht der Fall sein, weil es dann nur Eigennamen und keine Allgemeinbegriffe geben könnte – was übrigens zur Folge hätte, dass unsere Kommunikation binnen kürzestem zum Erliegen käme: Wir bräuchten ja – ohne Universalien – für jedes auftretende Seiende, selbst für Seiende gleicher Art, einen je eigenen Namen; es gäbe keine Dackel, sondern nur einen Dackel, einen Hackel, einen Mackel, einen Rackel usw. Ausweislich gelingender Kommunikation muss es also Allgemeinbegriffe mit Wirklichkeitsbezug geben, ohne dass deren Allgemeinheit ihrerseits Gegenstand von Referenz sein kann.

Eine sprachkritisch gewendete Ontologie freilich ist nicht etwas nur von Ockham gleichsam Initiiertes. Vielmehr handelt es sich dabei um genau die Theorieform, unter der ontologische Fragestellungen in der Philosophie der Gegenwart eine verblüffende Renaissance erleben. Nicht zufällig habe ich im Vorausgehenden mehrfach zur Verdeutlichung bestimmter Zusammenhänge bei Ockham das Stichwort aufgerufen, unter dessen Vorzeichen diese zeitgenössische Ontologie betrieben wird: Sprachanalyse. Diese kann ohne Einschränkung eine philosophische Erfindung der Theologie des Mittelalters genannt werden.[66] Im 20. Jahrhundert wurde daraus mehr als bloß ein Methodenarsenal und ein bestimmter philosophischer Stil, nämlich das Philosophieren aus der Vernunftform der Wissenschaft. (→ Bd. 2, Teil A, Kap. 2) Schon lange gibt es in diesem Kontext in großem Umfang und zum

65 Vgl. WITTGENSTEIN, Ludwig: Philosophische Untersuchungen. § 664.
66 Vgl. LIBERA: Denken (13). 118.

Teil subtil ausgearbeitet das Phänomen einer Analytischen Ontologie. Es lohnt sich – gerade auch aus der Perspektive philosophischer Grundfragen der Theologie – sehr, in einige ihrer Basisvarianten wenigstens einen Blick zu werfen.

5. Analytische Ontologie

Kurzer Rückblick. Ich beginne das, was unter diesem Titel zu verhandeln steht, mit einer provokativen Frage: Hat Ockham das Universalienproblem gelöst? Wenn ich jetzt – sagen wir – Thomas von Aquin hieße, würde ich meine Antwort einleiten mit den Worten: „Et videtur quod“ – Und es scheint so: Es scheint, dass er – Ockham – das Problem gelöst hat. Mindestens ein Dreifaches spricht dafür: (a) Die innere Widersprüchlichkeit, in die der Ultrarealismus mit seinem „ante rem“ treibt, ist restlos aufgedeckt, (b) die gemäßigten Realisten kommen mit ihrem „in re“ auch nur zu etwas, das – wie man so sagt – weder Fisch noch Fleisch ist, (c) das strenge „post rem“ der frühen nominalistischen Position im Sinn der „flatus vocis“-These, gemäß der Allgemeinbegriffe bloße Namen sind, leistet im Grunde überhaupt nichts außer einer Negation (wenn sie überhaupt ernsthaft je so vertreten worden ist), und (d): Die wissenschaftstheoretische und semiotische Wendung, die Ockham der ganzen Problematik gibt, bietet nicht nur eine schlüssige Erklärung, warum den Universalien keine dem Sein der Einzeldinge vergleichbare oder von ihm abgeleitete Seinsart zukommen kann, sondern benennt diese ganz andere Seinsart auch positiv: Das Sein der Universalien besteht in ihrer Referenz auf Einzeldinge, die sie als Zeichen innerhalb prädikativer Funktionen besitzen.

Frageüberhang. Die Bilanz kann sich wahrlich sehen lassen. Dennoch, um nochmals auf das klassische – fast muss man sagen – Ritual des Aquinaten zu rekurrieren, muss diesem „Videtur quod“ ein „Sed contra dicendum“ folgen, also ein: „Dem ist entgegenzuhalten“. Dabei handelt es sich nicht um Denkfehler Ockhams, sondern um etwas, was sich weniger fassbar, jedoch im gleichen Zug als gewichtiger denn präzis umgrenzte und möglicherweise zu behebende Fehler ausnimmt. Tatsache ist nämlich, dass es nicht nur den mittelalterlichen Universalienstreit gab, den wir vorausgehend in seinen wichtigsten systematischen Zügen erkundet haben. Vielmehr gibt es auch einen so genannten „modernen Universalienstreit“, der in diesem Jahrhundert aufbrach und bis heute anhält. Kann aber ein Problem wirklich geklärt gewesen sein, das auf fundamentale Weise Jahrhunderte, nachdem es für gelöst galt, in der Gegenwart von Neuem aufbricht? Diese Frage stellt sich mit umso mehr Brisanz, als der Universalienstreit in einem Zusammenhang zurückkehrte, wo er systematisch gesehen niemals hätte aufbrechen dürfen (selbst wenn man mit seiner Renaissance gerechnet hätte).

Verortung. Den Sitz im Leben sozusagen des modernen Universalienstreits bildet die sprachanalytische Philosophie. Diese freilich ist von ihrem Ansatz her und besonders in den ersten Jahrzehnten ihrer Ausbildung radikal metaphysikkritisch imprägniert. Um nur die allerwichtigsten Anhaltspunkte zu rekapitulieren: Nach dem Zusammenbruch des idealistischen Systemdenkens, der schon kurz vor Hegels Tod (1831) einsetzt und mit diesem flächendeckend um sich greift, emanzipieren sich die Wissenschaften endgültig von der Philosophie, zerfällt diese selbst in mehr oder weniger (meist weniger) verbundene Disziplinsegmente und begibt sich akademisches Philosophieren nahezu ganz in das Ghetto der historischen Beschäftigung mit der eigenen Herkunft und ihren Ansprüchen.[1] Philosophie wird zu Philosophiegeschichte im Sinn einer Bilanzierung dessen, was schon einmal zu welchen Fragen gedacht worden ist. Systematisches Philosophieren tritt allenfalls als Reformulierung eines historischen Anspruchs auf. Dieses Selbstverständnis der Philosophie resultiert natürlich aus einem fundamentalen Zweifel an der orientierenden Kraft des Denkens. Solcher Zweifel betrifft natürlich die konkreten Weisen, in denen sich der Anspruch der Vernunft geltend macht – und das sind die Dimensionen der Tradition, der Reflexion der Lebenspraxis und der Wissenschaft – ganz am Anfang dieses Bandes war darauf bereits in einer allerersten Orientierung einzugehen. (→ Bd. 2, Teil A, Kap. 0) Vor diesem Hintergrund kommt es – bezogen auf diese drei Dimensionen – in den 20er Jahren des 20. Jahrhunderts zu Neueinsätzen, die sich symbolisch wie gleichermaßen sachbezogen am Erscheinen von Ludwig Wittgensteins *Tractatus logico-philosophicus* (Wissenschaft), von Georg Lukacs' *Geschichte und Klassenbewußtsein* (Reflexion der Praxis) und Martin Heideggers *Sein und Zeit* (Tradition) festmachen lassen.

Wissenschaftliche Philosophie. Dem ersten der einschlägigen Programme ist es vor allem anderen um die Wiedergewinnung eines wissenschaftlichen Niveaus der Philosophie zu tun, das mit dem anderer Wissenschaften Schritt halten kann. Das ist das treibende Motiv hinter der doppelgleisigen Ausbildung der Analytischen Sprachphilosophie in eine idealsprachliche und eine normalsprachliche Richtung. Die idealsprachliche, grundgelegt durch Bertrand Russell, sucht alle Zweideutigkeiten aus der Sprache zu tilgen, der normalsprachlichen, begründet durch George E. Moore, geht es um eine Transformation philosophischer Problemstellungen in alltagssprachliche Diskurse – wobei sich, so Moores Überzeugung, sehr viele philosophische Probleme als Scheinprobleme herausstellen würden.

Beim *Tractatus*, der im Übrigen auch den Anfang der Philosophie des 20. Jahrhunderts zwei Jahrzehnte nach der kalendarischen Jahrhundertschwelle überhaupt darstellt, handelt es sich im Wesentlichen um das Unterfangen, so genau wie möglich die Grenzen menschlicher Erkenntnis zu bestimmen, wobei es Wittgenstein allerdings nicht um

1 Vgl. dazu SCHNÄDELBACH, Herbert: Philosophie in Deutschland 1831-1933. Frankfurt a.M. 1983.

das innerhalb, sondern das außerhalb dieser Grenzen Liegende zu tun ist:

„4.113 Die Philosophie begrenzt das bestreitbare Gebiet der Naturwissenschaft.

4.114 Sie soll das Denkbare abgrenzen und damit das Undenkbare.
Sie soll das Undenkbare von innen durch das Denkbare begrenzen.

4.115 Sie wird das Unsagbare bedeuten, indem sie das Sagbare klar darstellt.

4.116 Alles, was überhaupt gedacht werden kann, kann klar gedacht werden. Alles, was sich aussprechen läßt, läßt sich klar aussprechen.“[2]

Was jenseits dieses Sagbaren liegt, ist nicht nichts und fällt auch nicht in unergründliches Dunkel, sondern – so Wittgenstein – *„zeigt* sich.“[3] Versucht man, darüber zu sprechen, kommen dabei heraus und müssen herauskommen: unsinnige Sätze. Sinnvoll sind ausschließlich naturwissenschaftliche Sätze. Alle anderen – ethische, ästhetische, religiöse, metaphysische Sätze – sind notwendig unsinnig, aber gerade in ihnen geht es um das für den Menschen wirklich Belangvolle. Als Sätze der Sprache freilich bilden sie insgesamt nur so etwas wie eine negative Grenzlinie, jenseits derer die wirklichen Fragen des Daseins beginnen. Formal gefasst: Der *Tractatus* steht gänzlich in der Perspektive des kantischen transzendentalen Ansatzes und ist nichts anderes als ein Dokument einer auf strengste Wissenschaftlichkeit bedachten Metaphysik.

Problematische Wirkungsgeschichte. Genau das freilich wird in den ersten Jahrzehnten nach Erscheinen des *Tractatus* so gut wie nicht wahrgenommen. Darum erlebt dieses Werk zunächst eine Rezeption, die im Wesentlichen aus einem Missverständnis besteht: Vertreter des so genannten „Wiener Kreises“, später unter dem Etikett Neopositivisten oder „Logische Empiristen“ zusammengefasst, greifen eine Unterscheidung Wittgensteins aus dem *Tractatus* auf und machen das (aus Wittgensteins Sicht) Nebensächliche an ihr zum Leitmotiv einer wirkmächtigen philosophischen Option: Der Logische Empirismus, allen voran Rudolf Carnap, macht Wittgensteins Differenz von sinnvollen und unsinnigen Sätzen zu einem wissenschaftstheoretischen und innerphilosophischen Kriterium: Sinnvoll und damit wissenschaftlich gerechtfertigt wie philosophisch belangvoll sind ausschließlich Tautologien und Kontradiktionen einerseits, also Sätze, die rein schon aufgrund ihrer Form wahr oder falsch sind (wie etwa mathematische Formeln), und empirisch verifizierbare Sätze andererseits. Alle anderen Sätze sind – so nun die von Wittgenstein leicht abweichende Sprachregelung – sinnlos. Sie geben allenfalls die Stimmung oder die Gefühle ihres Sprechers kund: Mehr können ethische,

2 WITTGENSTEIN, Ludwig: Tractatus logico-philosophicus. Nr. 4.113-4.116.
3 WITTGENSTEIN, Ludwig: Tractatus logico-philosophicus. Nr. 6.522.

religiöse, ästhetische oder metaphysische Sätze nicht. Wissenschaftliche Philosophie tut nichts anderes, als zur Klärung naturwissenschaftlicher Begriffe und Sätze beizutragen.[4] (→ Bd. 2, Teil A, Kap. 2.4)

Universalienproblem? Klar, dass aus dieser Perspektive so etwas wie das Universalienproblem als grober Unfug erscheinen muss, ja selbst noch für seine nominalistische Auflösung im Sinn der „flatus vocis"-Theorie gilt das:

> „Es ist klar, daß die scheinbare Negation einer Pseudo-Aussage auch eine Pseudo-Aussage sein muß",[5]

schreibt Carnap, da schon die Ausgangsfrage sinnlos, weil kognitiv leer gewesen sei. Carnap empfiehlt darum eine Radikalkur:

> „Auch die Scheinfragen über Eigenschaften und Beziehungen und damit der ganze Universalienstreit beruhen auf der Verführung durch Allwörter. – Alle derartigen Scheinfragen verschwinden, wenn man anstatt der inhaltlichen die formale Redeweise anwendet, wenn man also bei der Formulierung von Fragen anstatt der Allwörter (z.B. ‚Zahl', ‚Raum', ‚Universale') entsprechende syntaktische Wörter (‚Zahlausdruck', ‚Raumkoordinate', ‚Prädikat') benutzt."[6]

Philosophische Reflexion beschäftigt sich also nicht mit (wie auch immer verfassten) Gegenständen, sondern mit den sprachlichen Ausdrücken, mit denen Naturwissenschaft über die Welt kommuniziert. Carnaps philosophisches Ziel verrät der Titel eines seiner Hauptwerke: *Logische Syntax der Sprache*. Es ist ihm um eine formale Theorie zu tun, in der die grundsätzlichen Regeln (Grammatik) und die Transformationsregeln (Logik) für den Gebrauch dieser Ausdrücke geklärt und festgehalten werden.

Das ähnelt im ersten Moment etwas Ockhams Differenz erster und zweiter Intention – und fällt trotzdem nicht mit ihr zusammen. Das wird unmittelbar an einem Beispiel Carnaps klar: Die Zoologie etwa, sagt er, befasst sich mit Tieren, ihren Eigenschaften, Beziehungen und Arten. Philosophie dagegen hat sich in keiner Weise mit den Gegenständen der Zoologie zu befassen – auch nicht mit der Frage, was denn ein Gegenstand sei, sondern einzig mit der Grammatik und Logik der zoologischen Sätze, der entsprechenden Begriffs-, Hypothesen- und Theoriebildung. Die Beziehung der sprachlichen Ausdrücke auf das durch sie Bezeichnete, also die Referenzthematik, bleibt aus der Untersuchung ausgeschlossen. Und genau hier liegt der Unterschied zu Ockham, wie wir ausführlich gesehen haben. Mehr noch: Gerade ihre Referenzialität bewirkt, dass Universalien ontologisch nicht nichts sind.

[4] Vgl. CARNAP, Rudolf: Die physikalische Sprache als Universalsprache der Wissenschaft. In: Erkenntnis 2 (1931). 432-465. Hier 433.

[5] CARNAP, Rudolf: Empirismus, Semantik und Ontologie. In: STEGMÜLLER, Wolfgang (Hg.): Das Universalienproblem. Darmstadt 1978. 338-361. Hier 350.

[6] CARNAP, Rudolf: Logische Syntax der Sprache. 2. Aufl. Wien; New York 1968. 238.

Völlig anders Carnap: In unserem alltäglichen Reden bedienen wir uns einer Dingsprache: „Steht das Fahrrad im Keller?“ „Hast du das Buch mitgebracht?“ „Gestern waren wir in der Kneipe auf ein Bier.“ Über alle die in diesen Sätzen genannten Dinge können wir uns problemlos Auskunft verschaffen – etwa durch Nachsehen oder Nachfragen etc. Unbeschadet dieser unmittelbaren Zugänglichkeit von Dingen verstricken wir uns mit den Fragen, ob es Dinge gebe und was Dinge seien, in das heillose Durcheinander der Universalienfrage. Dem aber kann Einhalt geboten werden: Bei „Ding“, so Carnap, handelt es sich um ein syntaktisches Prädikat. Das heißt im Klartext: Ein Satz wie „Tasse ist ein Ding“ ist präzis wiederzugeben als „‚Tasse‘ ist ein Dingwort.“ Ockham hatte die realistische Verhexung des Denkens durch die Sprache dadurch ausgeschaltet, dass er die Aussage zeichentheoretisch als eine Verbindung von suppositio discreta (Subjekt) und suppositio confusa (Prädikat qua Universale) interpretierte. Carnap beschäftigt sich nur mit der suppositio materialis, also dem Wortgebilde und den Regeln, denen sein Gebrauch folgt (daher steht im obigen Beispielsatz der Subjektausdruck auch in Anführungszeichen); seine Referenzialität interessiert ihn nicht, d.h. die Beziehung zwischen Zeichen und Bezeichnetem fällt für Carnap aus dem Gegenstandsbereich der Philosophie. Die ontologisch-metaphysische Fragestellung scheint damit eliminiert – ist es aber nicht. Darum gibt es seit einiger Zeit eine Neuauflage des Universalienstreits speziell und ontologischer Themen generell – und das ist das Überraschende daran – im Raum der als radikalen Metaphysikkritik angetretenen Analytischen Philosophie selbst. Bei dem Vorgang selbst handelt es sich um eine systematische Konsequenz der ambitioniertesten Ansprüche dieser philosophischen Denkform. Daher zunächst einige Bemerkungen über:

5.1 Hintergründe einer Wiederentdeckung

Carnaps Lücken. Die Wiederkehr der Universalienproblematik in der Analytischen Philosophie der Gegenwart ist zentral mit dem Namen W.V.O. Quines, dem prominentesten Schüler Carnaps, verbunden. Zumindest in zwei Punkten lässt Carnaps Konzept ja Lücken: (a) Zum einen gibt er kein Kriterium dafür an, was als „Allwort“ im beschriebenen Sinn gelten soll. Für Carnap bestimmen Allwörter den Wertbereich, also Umfang einer bestimmten Art sprachlicher Variablen (unter Variablen versteht man Buchstaben, die in formalisierten Sprachen als Stellvertreter bedeutungsvoller Ausdrücke auftreten). Aber solche Variablen können innerhalb eines Sprachsystems beliebig festgelegt werden, also helfen sie nicht zur Unterscheidung, ob es sich um eine sinnvolle oder eine metaphysische Existenzfrage handelt. Auch die Ausdrücke „Wasser“ oder „Gold“ sind ja Allwörter, aber sie sind das offenkundig auf andere Weise als das Allwort „Ding“ – dieses gibt es nicht „an sich“, Wasser und Gold aber schon. Damit ist auch bereits die zweite Lücke markiert: (b) Die Frage nach der Existenz dessen, was Allworte bezeichnen, ist nicht einfach absurd. Auch die Klärung der logischen Syntax der Sprache geschieht ja nicht einfach so, sondern ist in irgendeinem Sinn auf wissende Weltorientierung bezogen, d.h.: Carnaps Ausschluss der Referenzproblematik kommt der Tabuisierung einer ontologischen Frage gleich. Systematisch gewendet: Auch die formalisierte Fassung empirischer Wissenschaft wird die Existenzfrage nicht los. Sinnvoller Sprachgebrauch geht mit der Überzeugung einher, wahre oder falsche Aussagen über Gegenstände machen zu können. Wenn nun mit solchen sprachlichen Mitteln eine Theorie formuliert wird: Von was behauptet dann diese Theorie, dass es existiert? Anders gewendet: Jede Theorie, die ihre Sätze als wahr vertritt, hat ontologische Voraussetzungen. Oder in der Diktion Quines gesagt: Wer eine Theorie aufstellt, geht „ontological commitments" ein, ontologische Verpflichtungen. Eine bestimmte Theorie für wahr zu halten, verpflichtet mich, bestimmte Entitäten für existent zu halten, sonst hätte diese meine Theorie nichts mit wissender Weltbeschreibung zu tun. Darum fragt Quine in einem berühmten Aufsatz von 1948 mit dem Titel *On What There Is*[7] danach, was es denn eigentlich gibt.

Quines Holismus. Das Brisante daran ist, dass diese Frage im Rahmen derjenigen philosophischen Konzeption gestellt wird, die in der Philosophie des letzten Jahrhunderts das radikalste Naturalisierungsprogramm zu realisieren trachtet und dabei zu einem in keiner Weise zu überschätzendem Einfluss gekommen ist. (↖ Bd. 1, Kap. 3.2) Quine muss bis heute als der „spiritus rector" eines erheblichen Teils vor allem der angelsächsischen Philosophie gelten – unbeschadet der Tatsache, dass ihm schon seit etlicher Zeit widerfährt, was er selbst mit seinem Lehrer Carnap gemacht hatte, nämlich von seinen besten Schülern fundamental kritisiert zu werden (das geschieht am prominentesten durch Quines Schüler Hilary Putnam). Naturalisierungsprogramm heißt bündig gesagt: Die Naturgesetze bilden eine Einheit und umfassen ausnahmslos alles, was an Realität gegeben sein mag. Leitdisziplin ist die Physik. Alles, was an nichtphysikalischen Phänomenen auftritt, kann als Illusion entlarvt und auf Physikalisches zurückgeführt werden. Bewusstsein, Selbstbewusstsein oder Gültigkeitsbehauptungen fallen darunter. Erkenntnistheorie kann naturalisiert werden, d.h. es handelt sich bei ihr lediglich um Probleme einer empirischen Psychologie. Wirklichkeit bildet ein Ganzes, wissenschaftlich gewendet ein Ganzes von Sätzen. Der Fachterminus dafür heißt „Holismus" (vom Griechischen „holos", „ganz"). Jeder Satz in diesem Ganzen hängt mit jedem anderen unmittelbar oder mittelbar zusammen. Jeder beliebige Satz in diesem Ganzen

7 QUINE, Willard V.O.: On what there is. In: The Review of Metaphysics 2 (1948). 21-28.

kann verändert werden (es gibt keinen endgültigen oder unhintergehbaren Satz). Nur müssen wir bei solchen Veränderungen dann jeweils in den mit dem veränderten Satz zusammenhängenden Sätzen die nötigen Anpassungen vornehmen. Das kann nur einige, aber auch sehr viele betreffen. Je mehr mit einem Satz zusammenhängende Sätze angepasst werden müssten, desto zögerlicher verändern wir einen Satz. Daher erklärt sich für Quine auch die philosophische Überzeugung, es gäbe letzte selbstevidente, also keines Beweises mehr bedürftige noch fähige, weil unhintergehbare Prinzipien – wie etwa das aristotelische Nicht-Widerspruchsprinzip. Auch das ist naturalistisch gesehen eine Illusion. Für ein unhintergehbares Prinzip halten wir nur Sätze, deren Veränderung eine solche Masse von Anpassungen anderer Sätze nach sich zöge, dass uns das ganze Unternehmen einfach zu beschwerlich ist. Die systematische Pointe dieses ganzen Unternehmens wird angesichts der Radikalität seiner Konsequenzen gern übersehen. Unbeschadet seiner methodischen Bindung an die Physik beansprucht der Naturalismus Quines, mehr zu sein als eine wissenschaftliche Theorie:

> „[...] er ist in seinem Resultat eine Extrapolation und in seinem Aufbau eine Synthese von wissenschaftlichen Disziplinen, die als solche selbst gar nicht Forschungsresultat sein kann“[8],

schreibt Dieter Henrich treffend. Extrapolation meint: Die Denkform der Physik wird universalisiert, von den der Untersuchung unterworfenen Phänomenen gilt das als Wirklichkeit, was mit dem Instrumentar der Physik registriert werden kann – und sonst nichts. Die diesen Zugriff steuernde Hypothese, dass es nur Physikalisches gibt, ist aber etwas, was sich genau mit diesem Instrumentar nicht als Forschungsresultat gewinnen lässt. Oder anders gesagt: Der Grundgedanke des Materialismus, dass es nur Materielles gibt, kann mit den Mitteln des Materialismus nicht gesichert werden. Genau diese Implikation einer Überschreitung des Materiellen im Grundgedanken des Materialismus macht das Metaphysische auch und gerade am quineschen Naturalismus aus. Die Metaphysik – zumal die moderne etwa in der Gestalt der Philosophie Hegels – intendiert ja nichts anderes, als die menschliche Selbsterfahrung samt ihren theoretischen und praktischen Konflikten einschließlich der von ihr vorausgesetzten Weltbegriffe in einen einheitlichen, alle Differenzen übergreifenden, abschließenden Gedanken zusammenzuführen. Quines Naturalismus zielt strukturell auf nichts anderes: Verschiedene Weisen von Erfahrung und ihre sprachliche Fassung sollen auf einen letzten systematischen Nenner gebracht werden, dessen Schlussgedanke die Einheit und Allumfassendheit der Gesetze der Physik bildet. Insofern kann man sagen, dass Quines Konzeption, wie sie sein Opus magnum *Word and*

8 HENRICH, Dieter: Was ist Metaphysik – was Moderne? Zwölf Thesen gegen Jürgen Habermas. In: DERS.: Konzepte. Essays zur Philosophie in der Zeit. Frankfurt a.M. 1987. 11-43. Hier 24.

Object (Deutsch: *Wort und Gegenstand*) umfassend entfaltet, so etwas wie ein echtes Gegenbild in Hegels *Phänomenologie des Geistes* hat – und wie diese hochkarätige Metaphysik repräsentiert (nur welche, ist dann die Frage). (→ Bd. 2, Teil C, Kap. 6)

Quine über Ontologie. Insofern liegt auf der Hand, dass sich Quine als Analytiker vehement für Ontologie – und dann auch für den Universalienstreit – interessiert. Ontologie gilt ihm von seinem Ansatz her als eine Art modifizierte Naturwissenschaft. Von anderen Disziplinen unterscheidet sie lediglich, dass sie mit einem etwas allgemeineren begrifflichen Instrumentar arbeitet, das sich für mehrere fachlich differente Bereiche einsetzen lässt. Eines der grundlegenden Motive für Quines radikales Naturalisierungsprogramm ist genuin ontologischer Herkunft: Wer physikalisch spricht, geht nur einigermaßen leicht einzuhaltende ontologische Verpflichtungen ein. Welche Relevanz und Attraktivität dieser Vorentscheidung zukommt, wird spontan klar, wenn man den Fall der Annahme auch nicht-physikalischer Sprachen in Erwägung zieht, etwa psychologische oder mentale Sprachen: Postwendend hat man dann unter anderem mit dem uralten „Leib-Seele"-Problem zu tun. (↖ Bd. 1, Kap. 7.2; ↗ Bd. 3, Teil A, Kap. 8) Tatsächlich sucht auch der Mainstream der einschlägigen Forschungsstrategien eine Lösung auf der durch Quine markierten Spur, ohne freilich zumindest bislang auch nur von ferne zu einer überzeugenden Beschreibung des aufzuklärenden Sachverhalts zu kommen. Die vehemente Rückkehr der Frage (wie auch die zuvor schon geschehene der Selbstbewusstseinsthematik) bringt natürlich die Grundlagen der quineschen Naturalisierung erheblich unter Druck. Damit kommt diese Konzeption in die Situation einer aufregenden Selbstbezüglichkeit. Denn es stellt sich ja die Frage: In welchem Umfang können innerhalb des quineschen Holismus selbst unter dem Zwang der genannten Gegenpositionen Anpassungen angenommen werden, ohne dass dieser Naturalismus als Naturalismus kollabiert? Genauerem Zusehen erweist sich die Aufgabe, genau zu bestimmen, ob in einem gegebenen Theoriefall noch naturalistisch gedacht wird oder nicht mehr, weitaus schwieriger, als man auf den ersten Blick annehmen möchte – so viel zum prinzipiellen Gehalt und den alles andere als trivialen Implikationen des ontologischen Motivs für Quines Naturalismus.

Reiz-Reaktion. Nun zur näheren Charakterisierung der solchermaßen perspektivierten Ontologie selbst: Indem wir eine ausschließlich physikalische Sprache entwickeln, formulieren wir Theorien, für deren Wahrheitsanspruch wir ausschließlich ontologische Verpflichtungen für physikalische Gegenstände eingehen. Diese zeichnet – gegenüber etwaigen nicht-physikalischen Entitäten – ein doppelter Vorteil aus: Sie sind per se intersubjektiv zugänglich. Und:

Das Sprechen über sie wird normalerweise durch Hinweise auf Sinnesreizungen gelernt. Reiz und Reaktion ist gewissermaßen der elementarste ontologische Grundvollzug – im Gegensatz etwa zur klassischen Metaphysik, die diesen Grundvollzug in der Seinsfrage sähe, also darin, dass nach allem, was es gibt, gefragt werden kann, also ein fragender Intellekt gleichsam immer schon bei allem Seienden sei, so dass in gewissem Sinn von einer ursprünglichen Identität von Sein und Erkennen gesprochen werden kann, wie das etwa auch Karl Rahner tut. (↗ Bd. 3, Teil B, Kap. 6.1) In diesem Gegenüber von Sein-Erkennen versus Reiz-Reaktion wird der Hiat zwischen den beiden Metaphysiken der klassischen Tradition und derjenigen Quines unverstellt greifbar.

Vierdimensionales Schema. Als existent können somit nur die Gegenstände gelten, auf die wir uns mit der physikalischen Sprache verpflichten. Als physikalische Gegenstände sind diese als einzig existent geltenden Entitäten dabei durchaus noch näher bestimmt: Um als physikalisches Objekt gelten zu können, muss etwas über eine genau bestimmte und damit auch angebbare raum-zeitliche Ausdehnung verfügen. Das heißt: Physikalische Gegenstände sind Vorkommnisse in einem vierdimensionalen spatio-temporalen Schema. Die drei räumlichen Dimensionen werden dabei qualitativ nicht von der vierten, der temporalen Dimension verschieden betrachtet. Ein Vorkommnis kann im gleichen Sinn räumliche und zeitliche Teile haben (mein 50. Lebensjahr z.B. ist nicht anders Teil des Vorkommnisses Klaus Müller wie mein linker Daumen). Physikalische Gegenstände werden auf diese Weise als raum-zeitliche Zonen gefasst oder anders gesagt als Summen raum-zeitlicher Phasen und können als solche in einem vierdimensionalen Raum-Zeit-Schema zu adäquater Darstellung gebracht werden. Diese auf den ersten Blick etwas kontraintuitive Bestimmung des Gegenstandsbegriffs hat erhebliche Vorteile: Man kann alles, was als physikalische Entität vorkommt, einheitlich erfassen, egal, ob es sich um Belebtes oder Unbelebtes, um Statisches oder Dynamisches handelt. Im vierdimensionalen Raum-Zeit-Schema gibt es keinen ontologischen Unterschied zwischen einem Felsblock, einem Hund, einem Gewitter, einem Denkprozess und einer Gefühlsregung. Die klassische Unterscheidung zwischen Dingen als etwas, das über Zeitphasen hinweg mit sich identisch bleibt, und Ereignissen ist damit zugunsten einer „one-category-ontology" eingezogen. Diese Reduktion nimmt Quine nicht vor, weil er partout auf ein ontologisches Minimalprogramm hinauswill (in dem Punkt ist Ockham mit seinem Prinzip der ontologischen Sparsamkeit weit strenger). Quine ist es pragmatisch um eine Vereinfachung der Weltbeschreibung zu tun und das philosophische Instrumentar soll diesem Zweck adaptiert werden. Daher auch Quines legeres Resümee, was die Verbindlichkeit ontologischer Optionen betrifft:

„[...] die Frage, welche Ontologie man nun akzeptieren soll, ist immer noch offen, und der naheliegende Ratschlag ist der der Toleranz und Experimentierfreudigkeit.“[9]

Schwachpunkte. Freilich konnte diese Theorie-Liberalität die dahinter verborgenen ambitionierten Ansprüche nicht vor kritischen Rückfragen schützen. Die entscheidende Kritik betrifft Quines vierdimensionales Raum-Zeit-Schema. Im Kontext naturwissenschaftlicher Zugriffe kann dieses Konzept durchaus leistungsfähig sein, in der durchschnittlichen Weltbeschreibung dürfte es relativ schnell an Grenzen stoßen. Der Gleichschaltung der räumlichen und der zeitlichen Dimension widerspricht etwa der Befund, dass sich Gegenstände völlig anders durch den Raum bewegen als durch die Zeit: Die räumliche Bewegung ist innerhalb der drei Raumkoordinaten beliebig, die Bewegung durch die Zeit ist unumkehrbar gerichtet und zugleich an je einen Jetztpunkt gebunden. Ich kann mein Neues Testament an jeden beliebigen Punkt der Welt, selbst des Universums schaffen (jedenfalls im Prinzip), ich kann es aber nicht in die Vergangenheit transportieren, um es etwa dem Herrn Jesus zum Signieren vorzulegen (und natürlich auch nicht in die Zukunft). Ein vergleichbarer Einwand richtet sich auch gegen die Parallelisierung von räumlichen Teilen und zeitlichen Phasen. Gerade das – typisch aristotelische – Beispiel lebender Wesen, die durch erhebliche Veränderung hindurch doch dieselben bleiben, sperren sich diesem Zugriff – es sei denn, diachrone (also über einen Zeitraum durchgehaltene) Identität würde als solche geleugnet. Geschähe dies, so müssten – mit Quine gedacht – grundlegende Sätze unserer Welt- und Selbstbeschreibung auf eine Weise angepasst werden, die zum flächendeckenden Zusammenbruch dessen führte, was wir unter Selbst- und Weltbeschreibung verstehen. Ohne diachrone Identität wären Kategorien wie Zurechenbarkeit, Verantwortung oder Lebensplanung sinnlos. Wenn ich vor zwei Jahren nicht mit Sicherheit der war, der ich heute bin (auch wenn sich mein Äußeres und selbst meine Einstellungen fundamental geändert haben sollten), dann bin ich für den Bankraub von damals nicht mehr haftbar zu machen.

Fragen kehren zurück. Folge: Die problematischen Konsequenzen der ambitionierten Metaphysik Quines zwingen zur Diskussion von Themen, die als zum Kanon klassisch-metaphysischer Fragen gehörig gelten müssen. Natürlich geschieht diese Wiederaufnahme in der Theoriesprache und mit dem Instrumentar der Analytik selbst. So kommt es zu lebhaften analytischen Diskussionen um Begriffe wie Existenz und Identität, Einzelding und Universalität, Ding und Ereignis, um nur die Bereiche zu nennen, denen eine unmittelbare Vertrautheit aus der klassischen Tradition eignet. Die Debatten sind teil-

9 QUINE, Willard V.O.: Was es gibt. In: STEGMÜLLER: Universalienproblem (Anm. 5). 102-123. Hier 121.

weise kaum mehr gänzlich zu überschauen, weil es zum charakteristischen Arbeitsstil der Analytiker gehört, ausgesprochen arbeitsteilig und in Beschränkung auf kleine Detailprobleme Forschung zu treiben, ohne in der Regel dann die Ergebnisse nochmals in integrativen Großtheorien zusammenzuführen (wobei durchaus fraglich bleibt, inwiefern das angesichts der dabei zusammenkommenden Datenmassen überhaupt noch möglich ist). Es geht darum im Folgenden nur um eine ganz grobe Skizze einiger besonders interessanter analytischer Wiederaufnahmen klassischer Fragen. Ich setzte ein mit dem Thema, das uns im Vorausgehenden unmittelbar auf die Spur der Analytischen Ontologie gebracht hatte, also dem Universalienproblem und gehe dann zu einigen Begriffen über, deren kritische Rekapitulation sich aus der Metaphysik Quines von selbst nahe legte.

5.2 Werkstattbesuch – Ontologien von heute

Wie vorausgehend schon kurz angedeutet, hatte Quine selbst aufgrund eines doppelten Ungenügens an Carnaps radikaler Metaphysik- und speziell Universalienkritik das Problem der Allgemeinbegriffe neu auf die Tagesordnung gesetzt. Die Art, wie er das tut, bringt uns zugleich vielleicht auch am direktesten an die Struktur seiner Denkform heran, die ich beim Überblick über seine Gesamtposition aus Gründen der Verständlichkeit eher im Hintergrund gelassen habe.

Universalien. Vergegenwärtigen wir nochmals den Zusammenhang, innerhalb dessen sich Quine in die Universaliendebatte einklinkt: Angefangen hatte der moderne Universalienstreit mit einer Grundlagendebatte in der Mathematik, zu der Bertrand Russell die Lunte gelegt hatte mit der später so genannten „Zermelo-Russellschen Antinomie" in der Mengenlehre. Es gibt ja formal gesehen nur genau zwei Arten von Mengen: (a) Mengen, die sich selbst nicht als Element enthalten und (b) Mengen, die sich selbst als Element enthalten. Beispiele machen die Sache sofort einsichtig: Eine Menge besteht aus individuellen Instanzen, das sind die Elemente. Die Menge der bisherigen Päpste schließt sich nicht selbst als Element ein, weil sie ihrerseits kein Papst ist. Gleichwohl gibt es Mengen, die sich selbst als Element einschließen: Etwa die Menge aller Nicht-Lebewesen ist selbst ein Nicht-Lebewesen. Nun kann man natürlich auch Mengen aus diesen beiden Arten von Mengen bilden und folgende Frage aufwerfen: Ist die Menge aller Mengen, die sich nicht selbst einschließen, eine Menge, die sich einschließt, oder eine, die sich nicht einschließt? Die Antwort lautet doppelt: Enthält sie sich selbst nicht, dann steht das im Widerspruch zu ihrer Definition als Menge aller Mengen, die sich nicht selbst enthalten. Enthält sie sich selbst als Element, ergibt sich ein Widerspruch zur Definition ihrer Elemente, die doch Mengen sind, die sich nicht selbst enthalten. Formal gefasst: Die Antinomie kommt dadurch zustande, dass über sämtliche Fälle einer bestimmten Art von Elementen eine generelle Aussage gemacht wird, aber ebendiese Aussage ein neues Element darstellt, das denen, über die die Aussage gemacht wurde, zugleich gleicht und nicht gleicht. Verblüffenderweise führt also die Aufstufung von Mengen von Mengen von Mengen, also ein Fall von ganz normaler Universalienbildung, sehr schnell zu einem unlösbaren Widerspruch. Damit kippte der bis dato in der Mathematik wie Logik selbstverständlich vorausgesetzte Platonismus.

Unterscheidungskriterium. Die im Gang der damit notwendig gewordenen Neubegründung der Mathematik entwickelten Überlegungen werden bald darauf zu einer Klärung des Prozesses wissenschaftlicher Begriffsbildung überhaupt herangezogen, und in diesem

Zusammenhang formuliert Quine ein Kriterium für die Unterscheidung zwischen platonistischen und nominalistischen Sprachen. Jede Aussage in einer Prädikatenlogik, so Quine, ist so übersetzbar, dass alle Prädikatoren (das sind Ausdrücke für Eigenschaften und Beziehungen) einer oder mehreren Variablen zukommen, die durch Quantoren (Ausdrücke wie „einige" oder „alle") gebunden sind. Untersucht man den Wertbereich dieser Variablen, also was an die Stelle dieser Variablen treten kann, so lässt sich herausfinden, welche ontologischen Verpflichtungen mit der betreffenden Aussage eingegangen wurden. Bei Sprachen, in denen über Eigenschaften, Klassen usw. quantifiziert werden darf, handelt es sich um platonistische, bei solchen, die nur über Individuen quantifizieren, um nominalistische.

Prädikatenkalkül. Um präzis die ontologische Frage zu klären, was es denn nun für eine bestimmte ontologisch gegebene Theorie gibt – also welche „ontological commitments" sie eingeht –, muss die Theoriesprache nach Quines Überzeugung reglementiert werden, d.h. in eine Form überführt werden, die jede Zweideutigkeit ausschließt. Die Alltagssprache taugt dazu nicht, es bedarf dafür einer kanonischen Notation. Quine bedient sich dazu des quantifizierten Prädikatenkalküls. Logiker pflegen beim Anblick dieser Notationsform in (ihnen sonst eher fremdes) Entzücken auszubrechen und von deren „Tiefe und Einfachheit, Schönheit und Nützlichkeit"[10] zu schwärmen, und davon, wie der Prädikatenkalkül sein Gebiet mit strahlender Klarheit erfülle. Man unterscheidet:

Grundelemente des quantifizierten Prädikatenkalküls:

- Existenzquantor: (∃x) – zu lesen als „Es gibt ein x".
- Allquantor: (∀x) – zu lesen als „Alle x".
- Individuenvariable: x.
- Prädikatenvariable: F.

Damit können wir bereits zwei vollständige ontologische Sätze formulieren:

- (∃x) Fx: Es gibt ein x, und x ist F.
- (∀x) Fx: für alle x gilt: x ist F.

Schon von diesen allerersten notationellen Formulierungen her lässt sich nachvollziehen, worauf Quine mit dieser Fassung der ontologischen Frage hinauswill: Die Individuenvariable, die durch den Existenzquantor oder den Allquantor gebunden werden kann, vertritt ja die singulären Namen all der Individuen, die an der Stelle von x eingesetzt werden können. Ob eine quantifizierte Aussage wahr oder falsch ist, entscheidet sich daran, ob Elemente in den Bereich des Existenzquantors (∃x) oder des Allquantors (∀x) fallen. Daraus zieht Quine einen generellen Schluss bezüglich des ontologischen Gehalts von Theorien:

[10] GEIER, Manfred: Das Sprachspiel der Philosophen. Von Parmenides bis Wittgenstein. Reinbek b. Hamburg 1993. 143.

> „[E]ine Theorie ist genau auf jene Entitäten festgelegt, auf welche sich die gebundenen Variablen beziehen können müssen, damit die Behauptungen der Theorie wahr werden.“[11]

Die entscheidende Pointe des Ganzen folgt auf dem Fuß:

> „[Z]u sein heißt, der Wert einer (gebundenen) Variablen zu sein.“[12]

Seinsbegriff. Jede Theorie, die etwa (∃x) Fx impliziert, wobei F = „Mensch“, ist nur wahr, wenn es Elemente der Klasse „Mensch“ gibt. Es ist vielleicht hier der Punkt, wo auch die eher notationsskeptisch Eingestellten der erwähnten Hingerissenheit der Logiker vom quantifizierten Prädikatenkalkül unter Umständen ein nachsichtiges Wohlwollen entgegenbringen. Denn in der Tat eignet dieser Fassung des Seinsbegriffs durch Quine im Vergleich zur durchschnittlichen Komplexität des Begriffs in der klassischen Tradition so etwas wie Luzidität.

Die lässt sich sogar noch vertiefen – und zwar dann, wenn Eigennamen zu berücksichtigen sind. Nehmen wir den schon bei Ockham gebräuchlichen Beispielsatz „Sokrates ist ein Mensch“. Der kann als existenzquantifizierende Identitätsaussage gefasst werden, indem als Identitätsbestimmung eingeführt wird (∃x) x = a: Es gibt ein x, und x ist identisch mit a. Damit kann „Sokrates ist ein Mensch“ wiedergegeben werden mit (∃x) x = a und Fx: es gibt ein Individuum x, und das ist identisch mit Sokrates und ein Mensch. Immer drückt die Existenzquantifikation aus, was gemäß einer Theorie existieren muss, wenn diese wahr sein soll. Nichts gesagt freilich ist damit darüber, was Existenz als solche ist. Quine formuliert lediglich ein Kriterium, mit dem sich bestimmen lässt, wovon sinnvollerweise gesagt werden kann, dass es existiert.

Offene Fragen. Ohne auf die anschließende Debatte einzugehen, die die Analyse des Universalienproblems anhand des quantifizierten Prädikatenkalküls auslöste, sei nur auf zwei Fragen hingewiesen, die auch in diesem Konzept noch offen bleiben: (a) Es geht bei Quine an keinem Punkt um Gründe für oder gegen ontologische Annahmen, außer dass er faktisch dem ockhamschen Sparsamkeitsprinzip folgt. Er formuliert lediglich ein Kriterium für die Unterscheidung platonistischer und nominalistischer Sprachen. Über den ontologischen Status von Universalien sagt er nichts. (b) Die Prädikate – das „F“ in der Notation – treten nur als unselbstständiger Teil von Satzfunktionen auf und gewinnen darum Bedeutung nur durch den Kontext, in dem sie stehen. Genau besehen stellt Quine das Universalienproblem durch die Notation technisch still, indem notationell nur das x als durch den Allquantor oder den Existenzquantor bindbar gilt. Ein Satz wie (∃F) Fx ist für ihn sinnlos, weil er der in der Notation fixier-

[11] QUINE: Was es gibt (Anm. 9). 115.
[12] QUINE: Was es gibt (Anm. 9). 117.

ten Grammatik nicht gehorcht. Anders gesagt: Für Quine kann nach dem ontologischen Status von Allgemeinbegriffen sinnvoll überhaupt nicht gefragt werden.

Ich schließe die Hinweise auf die Analytische Ontologie Quines mit ebender Frage, die mit Bezug auf Ockham am Anfang dieser Hinweise stand: Hat Quine das Universalienproblem gelöst? Ohne Zweifel hat er das Profil des Problems angeschärft und trotzdem läuft seine Position auf eine Variante jener ontologischen Fragetabuisierung hinaus, deren carnapsche Version ihm unmittelbarer Anlass gewesen war, die Universaliendebatte neu anzufachen. Kommen andere weiter?

Ansätze gibt es. Sie gehen unmittelbarer als Quine von der in der Analytischen Philosophie erarbeiteten Gesamtstruktur von Sprache aus. Die beiden elementarsten Züge bilden dabei die Referenz und die Prädikation; ihre Verbindung bestimmt die Struktur von Propositionen, also den in Sätzen ausgedrückten Sachverhalten. Sehr vereinfacht gesagt bezeichnet Referenz die Bezugnahme (von Sprechern und Sprachzeichen) auf Außersprachliches mittels sprachlicher Ausdrücke; Prädikation sagt von dem, worauf Bezug genommen wird, durch generelle Termini etwas aus. Die Differenz zwischen beiden Vollzügen manifestiert sich im grammatischen Unterschied zwischen Subjekt- und Prädikatausdrücken: Erstere dienen zum Referieren, Letztere zum Prädizieren.

Strawsons Alternative. Peter F. Strawson, prominenter Oxforder Analytiker als Nachfolger auf dem Lehrstuhl von Gilbert Ryle und glänzender Kant-Interpret, nimmt genau diese Differenz zum Ausgangspunkt seiner Untersuchung des Universalienproblems. Dass es diese Differenz gibt, ist natürlich nichts Neues:

> „Die traditionelle Lehre, die wir zu untersuchen haben, besagt, daß Einzeldinge nur als Subjekte, niemals als Prädikate in der Rede auftreten können, während Universalien oder allgemein alles, was nicht Einzelding ist, entweder als Subjekt oder als Prädikat auftreten kann [...]: Sowohl über Einzeldinge wie John als auch über Universalien wie das Verheiratetsein als auch über das, was wir Einzelding-Universalien nennen könnten, wie das Verheiratetsein mit John, könnten wir mit Hilfe von auf sie bezogenen Bezeichnungen sprechen; aber nur Universalien und Einzelding-Universalien könnten mit Hilfe prädikativer Ausdrücke prädiziert werden, Einzeldinge allein niemals. [...] Im Moment soll nur das Bestehen einer Tradition vermerkt werden, wonach zwischen Einzeldingen und Universalien hinsichtlich ihrer Zuordnung zur Unterscheidung zwischen Subjekt und Prädikat eine Asymmetrie besteht."[13]

Und dann beginnt Strawson ein umfängliches und vor allem detailliertes Untersuchungsprogramm, das sich zum Ziel nimmt, das Recht dieser Asymmetrieannahme zu begründen. Gleichzeitig wird daraus aber auch so etwas wie eine Versuchsanordnung für das Universalien-

[13] STRAWSON, Peter F.: Einzelding und logisches Subjekt (Individuals). Ein Beitrag zur deskriptiven Metaphysik. Übers. v. Freimut Scholz. Stuttgart 1972. 175-176.

problem, wobei dessen Beantwortung im Grunde zum Nebenprodukt dieses ganzen Untersuchungsprogramms gerät. Bei einer näheren Analyse der genannten Asymmetrie stellt sich nämlich heraus, dass im Vollzug von Referenz und Prädikation gleichzeitig mit den Subjekt- und Prädikattermen auch nicht-sprachliche Momente ins Spiel gebracht werden, die einer rein grammatischen Untersuchung des Referierens und Prädizierens gar nicht in Blick kommen. Anders gewendet: Im Vollzug einer Prädizierung wird etwas mitausgesagt, das mit dem sprachlichen Ausdruck an der Prädikatstelle der Aussage nicht identisch ist. Mit dem Satz „Sokrates ist ein Mensch“ wird dem betreffenden Subjekt, auf das ich referiere, nicht nur ein prädikativer Ausdruck zugeschrieben, sondern mit diesem wird von Sokrates zugleich etwas ausgesagt, das ihn zum Element der Spezies Homo sapiens sapiens macht. Was durch Prädikate eingeführt wird, kann von Subjektausdrücken – so Strawson – „kategorial“[14] unterschieden werden: Während wir uns mit den Subjektausdrücken auf konkrete, raumzeitlich bestimmte Seiende beziehen, kommen durch die Prädikate zeitlose und nicht-lokalisierte Universalien ins Spiel. Nur unter Annahme dieser Kategoriendifferenz lässt sich für Strawson das Spezifische von Referenz und Prädikation sowie ihre Differenz begreifen. D.h. die Annahme von Universalien legt sich aus der Analyse der elementarsten Züge unseres begrifflichen Weltverhältnisses nahe. Eben dafür hat Strawson den – zumindest bei seiner Einführung durch einen Analytiker – aufsehenerregenden Titel *Deskriptive Metaphysik* geprägt (der bekanntlich auch im Untertitel von Strawsons Hauptwerk *Individuals* – Deutsch: *Einzelding und logisches Subjekt* – von 1959 steht). Von deskriptiver Metaphysik spricht Strawson in Gegenstellung zu dem, was er „revisionäre Metaphysik“ nennt. Diese kennzeichnet der Versuch, die Strukturen unseres faktischen Denkens über die Welt auf idealere Strukturen zurückzuleiten, wie dies nach Ansicht Strawsons ein Descartes, ein Leibniz oder Berkeley tun. Diesem Programm stellt Strawson folgende Alternative entgegen:

> „Deskriptive Metaphysik begnügt sich damit, die tatsächliche Struktur unseres Denkens über die Welt zu beschreiben [...]“[15].

Der formale Gehalt dieser programmatischen Erklärung am Anfang von *Individuals* kommt nirgends deutlicher zur Geltung als in den Schlusssätzen des Buches:

> „Es dürfte außer Zweifel stehen, daß diese Dinge, die ich hier rational darzustellen versucht habe, in gewissem Sinne Überzeugungen sind, und zwar solche, an denen viele Menschen auf einfacher Reflexionsstufe sowie einige Philosophen auf einer etwas höheren hartnäckig festhalten; obwohl viele andere Philosophen, vielleicht auf noch höherer Ebene, sie zurückgewiesen oder scheinbar zurückgewiesen haben. Es ist schwer zu sehen, wie sich solche Überzeugungen begründen lassen, außer dadurch, daß man ihre Über-

[14] STRAWSON, Peter F.: The Asymmetry of Subjects and Predicates. In DERS.: Logico-linguistic Papers. London 1971. 96-115. – Vgl. DERS.: Einzelding (Anm. 13). 213-221.

[15] STRAWSON: Einzelding (Anm. 13). 9.

einstimmung mit dem von uns verwendeten Begriffssystem zeigt; daß man zeigt, wie sie die Struktur dieses Systems widerspiegeln. Wenn also Metaphysik heißt, Gründe zu finden – gute, schlechte oder indifferente – für das, was wir instinktiv glauben, dann ist dies Metaphysik gewesen."[16]

Universalien. Auf das uns beschäftigende Problem umgelegt, ergibt sich aus diesem Ansatz eine begründete Annahme von ontologisch qualifizierten Universalien, sofern das aus der Analyse der elementarsten Züge der begrifflichen Struktur unseres sprachlichen Weltverhältnisses folgt. Sofern Strawson selbst Aristoteles und Kant als Repräsentanten der von ihm favorisierten deskriptiven Metaphysik nennt[17] und sich anderweitig als Kant verpflichtet zu erkennen gibt, liegt nahe, seine eigene Position in Sachen Universalien der Perspektive Kants zuzurechnen in dem Sinn, dass die von ihm angenommenen, zeitlosen und nicht-lokalisierten Universalien als transzendental begriffen werden, also als Möglichkeitsbedingungen dafür, dass unser referenzieller und prädikativer Apparat so funktioniert, wie er das ausweislich unserer sprachlichen Leistungen tut.

Theorien und ihr Rahmen. Bemerkenswert scheint mir Strawsons Position aber auch nochmals rückblickend im Vergleich zu derjenigen Quines. Unbeschadet der Klarheit der Problemfassung hatte sich Quines Version der Universalienfrage auf eine formalisierte kriterielle Unterscheidung platonistischer und nominalistischer Sprachen beschränkt und jede Frage nach dem ontologischen Status von Allgemeinbegriffen mit Rekurs auf eine quantenlogisch vereindeutigte Grammatik als sinnlos abgewiesen. Den systematischen Hintergrund für diese radikale Wendung des Universalienproblems gibt – natürlich – die idealsprachlich orientierte Analytik ab (und der quantifizierte Prädikatenkalkül kann ja nachgerade als Paradefall dieser Denkform gelten). Ganz anders liegt der Fall bei Strawson: Sein Konzept einer deskriptiven Metaphysik verkörpert ja in nicht minderer Reinform die normalsprachliche Analytik, die die Verlässlichkeit des Common Sense zum Ausgangspunkt ihrer aufklärenden Intentionen wählt. Und aus diesem Ansatz resultiert – wie gezeigt – völlig gegensätzlich zu Quines Sinnlosigkeitsthese die Notwendigkeit der Annahme von Universalien.

Chisholms Alternative. Diese fundamentale Abhängigkeit philosophischer Positionen von ihrem jeweiligen umfassenden Theorierahmen tritt nicht weniger auffällig bei anderen Konzeptionen des Universalienproblems zutage, die einerseits weniger unmittelbar sprachphilosophisch ansetzen als Strawson, und damit Quines logisch-ontologischen Ausgangspunkt teilen, jedoch zugleich gegen ihn mit

16 STRAWSON: Einzelding (Anm. 13). 316-317.
17 Vgl. STRAWSON: Einzelding (Anm. 13). 9.

Strawson in der Annahme von referenzfähigen Universalien übereinkommen. Auf besonders markante Weise tut das Roderick Chisholm, einer der interessantesten und eigenwilligsten Analytiker, sofern er sich uneingeschränkt als Neo-Cartesianer bekannt und zugleich einen der seltenen Brückenschläge zwischen der angelsächsischen und der kontinentalen Philosophie hergestellt hat: Chisholm kam durch Vorlesungen Russells mit dem Denken Alexius Meinongs, durch solche von Moore mit der Philosophie Franz Brentanos in Berührung, gewann auf diese Weise Zugang zur Phänomenologie und speiste das in dieser Denkform über die Subjekt- und Bewusstseinsthematik Erschlossene später in die analytische Rehabilitierung der Selbstbewusstseinsthematik ein (und mischt in dieser Diskussion als einer ihrer Protagonisten mit). Im Zentrum seiner Überlegungen steht der Begriff der Intentionalität: dass also Bewusstsein immer und notwendig Bewusstsein von etwas ist, und umgekehrt etwas nur ist, sofern es bewusst ist. Anders gesagt: Für Chisholm muss alles, worauf wir uns beziehen können, ontologisch untergebracht werden. Sofern referenzielle Akte auch auf Eigenschaften möglich sind, die nicht mit konkreten Zuständen einhergehen, kommt Chisholm zur Überzeugung, dass nicht nur in Gegenständen instantiierte Eigenschaften, sondern referenzfähige Eigenschaften überhaupt als real zu gelten haben – natürlich eine klar platonistische Position, motiviert durch den Theorierahmen der Phänomenologie. Chisholms erkenntnistheoretischem Cartesianismus – gelegentlich als fundamentalistische Epistemologie tituliert –, verbindet sich so ontologisch ein extremer Realismus.

Universalienrealismus pro ... Dass, wer solchermaßen universalienrealistisch denkt, nicht notwendig einen extremen und schon gar nicht einen esoterischen Standpunkt einnimmt, geht daraus hervor, dass eine vergleichbare Position auch aus wissenschaftstheoretischen Interessen eingenommen werden kann. Eines der Hauptargumente betrifft dabei die Geltung von Naturgesetzen. Ohne notwendige Relationen zwischen universalen Entitäten sei deren Allgemeingültigkeit nicht zu erklären. Konkrete Einzeldinge würden diese Universalien nur exemplifizieren, so etwa David M. Armstrong oder Jonathan E. Lowe in jüngeren Studien.[18] Desgleichen könnte auch das Problem natürlicher Arten universalienrealistisch einer Klärung nähergebracht werden: Einiges spricht dafür, dass wir konkrete Einzeldinge nicht individuieren können, ohne auf sie als Elemente bestimmter Arten oder Sorten zu referieren. Daraus folgte, dass es Arten im Sinn universaler Entitäten geben muss, weil es sonst keine konkreten Einzeldinge geben könnte. Aus der selbstverständlichen Annahme Letzterer folgte die notwendige Annahme der Ersteren.

[18] Vgl. ARMSTRONG, David M.: Universal and Scientific Realism. Vol II. Cambridge 1978. – LOWE, Jonathan E.: Kinds of being. A Study of Individuation, Identity and the Logic of Sortal Terms. Oxford 1989.

... und contra. Gegen diese Plausibilität einer Annahme real verstandener Universalien gibt es aber inneranalytisch auch kritische Einwände, die erheblich über das – faktisch allgemein geteilte – Prinzip der ontologischen Ökonomie (im Sinne Ockhams) hinausreichen. Zwei Fragen sind von besonderem Gewicht:

(a) Individuierung. Im Fall des Universalienrealismus tritt ja eine genuine Variante von Individuierungsproblem auf: Wenn Arten oder Eigenschaften als eigene Entitäten in einer Ontologie auftreten, dann müssen für sie Individuierungsbedingungen angegeben werden können. Sofern es sich bei Typen, Eigenschaften etc. aber um zeitlose und nicht-lokalisierbare Entitäten handelt, können diese Individuierungsbedingungen nicht mit denen raumzeitlicher konkreter Entitäten zusammenfallen; sie können diesen nicht einmal ähneln. Mit Begriffen wie „Exemplifikation“ oder „Inhärenz“ ist dafür nichts gewonnen. Zum einen leiden sie ersichtlich an dem Black-Box-Symptom, das schon Aristoteles am Reden der Platoniker von „methexis“ – von Teilhabe – kritisiert hatte. Zum anderen bezeichnen diese Ausdrücke ja Beziehungen: Beziehungen zwischen Allgemeinem und Einzelnem bzw. Beziehungen zwischen Ding und Eigenschaft. Beziehungen aber sind selbst Eigenschaften, also universal. Wie wird dann aber die Exemplifikationsrelation etwa exemplifiziert? Die einschlägigen Termini stellen nur von neuem die „Tritos-Anthropos“-Falle auf. (→ Bd. 2, Teil C, Kap. 3.6)

(b) Sortale. Ein zweites Problem ergibt sich aus einer doppelten internen Differenzierung der Universalien: Man kann nämlich zum einen Universalien, die beliebig instantiiert sind, von solchen unterscheiden, die keine willkürliche Zerteilung dessen erlauben, was unter sie fällt. Umfasst etwa im Fall von „Wasser“ der Begriff jeden beliebigen Teil vom Nebeltröpfchen bis zum Ozean, so gilt das im Fall von „Apfel“ und „Stuhl“ ganz und gar nicht. Jedes Seiende, das unter den jeweiligen Allgemeinbegriff fällt, ist wohlumgrenzt, und Einzelteile von ihm oder Anhäufungen einer Vielzahl davon fallen gerade nicht mehr unter das Universale: Der Stiel oder die Schale des Apfels sind kein Apfel, genauso wie 10 000 Stühle kein Stuhl, sondern ein Stuhllager oder ein Stadion sind. Strawson hat für diese Universalien den Terminus „Sortal“ eingeführt und sie so charakterisiert:

> „Ein Art-Universale liefert ein Prinzip, individuelle Dinge zu kennzeichnen und zu zählen, die es umfaßt.“[19]

Sortale Universalien gehen mit einer artspezifischen Individuierung einher. Charakteristischerweise kommen Sortale durch Substantive zum Ausdruck, während die von ihnen unterschiedenen so genannten „charakterisierenden“ Universalien durch Adjektive und Verben artikuliert werden. Diese Differenz wird nun gleichsam von einer zweiten

[19] STRAWSON: Einzelding (Anm. 13). 215.

überlagert, nämlich der zwischen natürlichen und nicht-natürlichen Arten. „Apfel“ und „Wasser“ zählen zu Ersteren (obwohl untereinander sortal verschieden), „Stuhl“ oder „Kunstschnee“ (wiewohl genauso sortal verschieden) zählen zu Letzteren. Frage: Können nicht-natürliche Arten und Sorten genauso problemlos universalienrealistisch gedacht werden, wie sich das für natürliche Arten nahe legt? Wenn ja, hieße das unter Umständen, dass unter Voraussetzung der entsprechenden technischen Möglichkeiten Universalien beliebig generiert werden können. Schließt das auch die Möglichkeit etwaiger Manipulation natürlicher Universalien ein? Liegen dann aber überhaupt noch Universalien vor? Und was taugt dann diese Kategorie noch für den ontologischen Diskurs? Denn ohne Zweifel kommt ja dem Gebrauch von Universalien in unserem begrifflichen Weltverhältnis auch eine kriterielle und damit normative Funktion zu. Von x zu sagen, dass F, heißt ja nicht zuletzt, x ist bezüglich bestimmter Eigenschaften identisch und verlässlich. Oder signalisieren diese Problembestände, dass der Universaliendiskurs bereits wieder zu realistisch geführt wird und von neuem an seine ockhamschen, gar quineschen Grenzen zurückverwiesen werden muss?

Resümee. Fragen über Fragen. Unterm Strich bleibt zu konstatieren: Das von Platon aufgeworfene Problem der Universalien ist unbeschadet tiefgreifender interner Durcharbeitung bis heute nicht definitiv geklärt. Im Grunde lassen sich nur zwei Grenzwerte angeben, zwischen denen sich die Lösung befinden muss, ohne dass sie (bisher?) präzis fassbar geworden wäre: Die eine Grenzlinie heißt: Jeder Realismus, der immer mehr oder weniger ausgesprochen ein Platonismus ist, verliert sich in den Regress. Die zweite Grenzlinie lautet: Es ist bisher nicht gelungen, alles, was in platonistischer Sprache gesagt wurde, ohne Überhang in nominalistischer Sprache zu reformulieren.[20] Vielleicht kommt man der Sache am nächsten, wenn man wie Ockham denkt, in Richtung seiner „esse subiectivum“-Theorie tendiert und damit ein bisschen verstohlen einer platonischen Intuition nachgibt.

Es ist im Übrigen nicht die schlechteste philosophische Lektion, eine Fragestellung mit allen zur Verfügung stehenden Mitteln durchzuarbeiten – und doch zu keinem Resultat zu kommen, das sich – in eine handliche Formel gegossen – gleichsam nach Hause tragen ließe. Mit dem Universalienproblem ist uns das im Vorausgehenden widerfahren. Einmal mehr entpuppt sich einer der elementaren Züge unseres Welt- und Selbstverhältnisses – der Umgang mit Universalien – als resistent gegen überhanglose begriffliche Erledigung (ganz ähnlich wie im Fall des Selbstverhältnisses beim Versuch, das zu fassen, was wir als „Seele“ oder „Selbstbewusstsein“ bezeichnen. (↖ Bd. 1. Kap. 7.2

[20] Vgl. dazu bereits die Diagnose von STEGMÜLLER, Wolfgang: Das Universalienproblem einst und jetzt. Darmstadt 1965.

u. 7.7; ↗ Bd. 3, Teil A, Kap. 5 u. 8) Nicht zufällig hatte ich gegen Anfang dieses Abschnitts aus Wittgensteins *Tractatus* die Stelle zitiert, wo es heißt, die Aufgabe der Philosophie bestehe darin, das Undenkbare von innen durch das Denkbare zu begrenzen. Genau das haben wir im Fall des Universalienproblems getan. Weiter kommt man philosophisch bei keinem der wirklich fundamentalen Themen (und ist – wenn man es tut – gleichwohl weiter, als Wissenschaften aus Prinzip zu kommen vermögen). Vielleicht wird das nirgends greifbarer als im Medium analytischen Philosophierens.

5.3 Kernset für Analytische Ontologien

Zusätzliche Bestätigung erhält dieser Befund, wenn man in die Erwägungen zur Analytischen Ontologie wenigstens im Umriss noch die Frageperspektiven einbezieht, die sich als systematische Folgethemen wie von selbst der Universalienfrage anschließen. Handelt diese vom Allgemeinen und seinem Verhältnis zum Einzelding, so liegt von selbst auf der Hand, auch nach dem Einzelding als solchem zu fragen. Das kann in zweierlei Richtung geschehen. Zum einen kann nach dem konkreten Seienden gefragt werden sofern es ist und sofern es es ist: Das sind die Fragen nach Identität und Existenz. Zum anderen bedarf die Rede von konkreten Seienden noch einer weiteren Differenzierung. Schon Quines Interpretation des Seienden in einem vierdimensionalen Raum-Zeit-Schema hatte dazu genötigt, von Entitäten als von „Vorkommnissen" zu sprechen. Unbeschadet der Kritik, die Quines Nivellierung der vier Dimensionen nach sich ziehen muss, erinnert seine Konzeption gleichwohl daran, dass als Entitäten nicht nur konkrete Dinge auftreten, sondern genauso (nicht minder, aber auf andere Weise) konkrete Ereignisse und ebenso Handlungen. Damit sind die Begriffe genannt, über die der bisher schon gewonnene Umriss Analytischer Ontologien noch etwas ausdifferenziert werden kann. Damit zu:

(a) Identität und Existenz. Existenz scheint auf charakteristische Weise Identität zu implizieren. Sein kann nur etwas, wenn es ist, was es ist, also mit sich identisch ist. Was nicht mit sich identisch ist, kann nicht sein. Das steht ja auch bereits hinter dem aristotelischen Nicht-Widerspruchsprinzip. Auch in der Analytik wird von diesem Prinzip Gebrauch gemacht – übrigens gerade und ausgerechnet auch durch Quine. Für ihn steht außer Frage, dass man sinnvollerweise nur über Seiende sprechen kann, die mit sich identisch sind. Ihm wird sogar der Slogan „No entity without identity!"[21] zugeschrieben – aber Achtung: Diese Ingebrauchnahme des Nicht-Widerspruchsprinzips ist eine rein pragmatische. Epistemologische Ansprüche wie bei Aristoteles gehen damit in keiner Weise einher. (→ Bd. 2, Teil A, Kap. 3.21)

Referenz. Der Existenzbegriff – dass etwas ist – wird analytisch in engem Zusammenhang mit Referenzialität diskutiert, d.h. gefragt wird, inwiefern auf etwas Bezug genommen wird, wenn wir sagen, dass es existiert oder nicht existiert. Diese Frage ist erstens nicht neu und zweitens theologisch von außerordentlicher Brisanz. Gestellt hat sie bereits Immanuel Kant und regelrecht berühmt geworden ist das Problem dadurch, dass Kant daraus eine Widerlegung des so genannten ontologischen Gottesbeweises gewinnt. (↸ Bd. 1,

[21] QUINE, Willard V.O.: Speaking of Objects. In: DERS.: Ontological Relativity and Other Essays. New York 1969. 1-25. Hier 23.

Kap. 10,6) Sein Resultat lautet folgendermaßen – es lohnt sich, das Argument einmal im Original zu hören, das im Übrigen ja 1763, also vom vorkritischen Kant, nämlich 18 Jahre vor Erscheinen der *Kritik der reinen Vernunft* formuliert wurde, in der es dann erst so richtig zu (kritischen) Sache ging. Also:

> „Nehmet ein Subject, welches ihr wollt, z.E. den Julius Cäsar. Fasset alle seine erdenkliche Prädicate, selbst die der Zeit und des Orts nicht ausgenommen, in ihm zusammen, so werdet ihr bald begreifen, daß er mit allen diesen Bestimmungen existiren, oder auch nicht existiren kann. Das Wesen, welches dieser Welt und diesem Helden in derselben das Dasein gab, konnte alle diese Prädicate, nicht ein einiges ausgenommen, erkennen, und ihn doch als ein blos möglich Ding ansehen, das, seinen Rathschluß ausgenommen, nicht existirt. Wer kann in Abrede ziehen, daß Millionen von Dingen, die wirklich nicht dasind, nach allen Prädicaten, die sie enthalten würden, wenn sie existirten, blos möglich sein; daß in der Vorstellung, die das höchste Wesen von ihnen hat, nicht eine einzige Bestimmung ermangele, obgleich das Dasein nicht mit darunter ist, denn es erkennet sie nur als mögliche Dinge. Es kann also nicht statt finden, daß, wenn sie existiren, sie ein Prädicat mehr enthielten, denn bei der Möglichkeit eines Dinges nach seiner durchgängigen Bestimmung kann gar kein Prädicat fehlen. Und wenn es Gott gefallen hätte, eine andere Reihe der Dinge, eine andere Welt zu schaffen, so würde sie mit allen den Bestimmungen und keinen mehr existirt haben, die er an ihr doch erkennet, ob sie gleich blos möglich ist.
>
> Gleichwohl bedient man sich des Ausdrucks vom Dasein als eines Prädicats und man kann dieses auch sicher und ohne besorgliche Irrtümer thun, so lange man es nicht darauf aussetzt, das Dasein aus blos möglichen Begriffen herleiten zu wollen, wie man zu thun pflegt, wenn man die absolut nothwendige Existenz beweisen will. [...] Es ist aber das Dasein in den Fällen, da es im gemeinen Redegebrauch als ein Prädicat vorkommt, nicht sowohl ein Prädicat von dem Dinge selbst, als vielmehr von dem Gedanken, den man davon hat.“[22]

Kants These also: Sein oder Existenz ist nicht nur irgendwie anders Prädikat als alle anderen Prädikate von Dingen, sondern Sein ist überhaupt nicht Dingprädikat, weil es der Bestimmung von Dingen nichts hinzufügt. Vielmehr ist Existenz ein Prädikat des Gedankens des jeweiligen Dings. „Existenz“ drückt aus, dass dem Gedanken in der Realität etwas entspricht.

Aussage zweiter Ordnung. Die Analytische Ontologie hält diesen Gedanken fest, indem sie Existenzaussagen – mit einer Sprachregelung Gottlob Freges – als Aussagen „zweiter Ordnung“ oder „zweiter Stufe“[23] interpretiert. Aussagen zweiter Ordnung beziehen sich auf Begriffe oder sprachliche Ausdrücke (nicht auf Gegenstände!).

[22] KANT, Immanuel: Der einzig mögliche Beweisgrund zu einer Demonstration des Daseins Gottes. In: DERS.: Kant's gesammelte Schriften. Hg. v. der Königlich Preußischen Akademie der Wissenschaften. Bd. II. Berlin 1912. 63-163. Hier 72.

[23] FREGE, Gottlob: Funktion, Begriff, Bedeutung. Fünf logische Studien. Hg. u. eingel. v. Günther Patzig. 4., erg. Aufl. Göttingen 1975. 36. Anm. 8.

Durch sie wird zur Geltung gebracht, dass der betreffende Begriff oder Ausdruck erfüllt ist, d.h., dass es etwas gibt, das unter ihn fällt – oder eben nicht im Fall der negierten Existenzaussage. Gerade an letzterem Fall wird der Charakter der Existenzaussage als einer Aussage zweiter Ordnung besonders deutlich: „Es gibt keine runden Vierecke" ist keine Negation des mit dem Begriff Gemeinten in der Wirklichkeit (weil das ja gar nicht möglich wäre), sondern die Feststellung, dass der Begriff nicht erfüllt, weil leer ist, sofern nichts Wirkliches unter ihn fällt. Mit dem Existenzquantor der Prädikatenlogik, der ebenfalls auf Frege zurückgeht, kann die Existenzproblematik formalisiert – und damit von Missverständlichkeiten frei – zur Darstellung gebracht werden. Was Existenz dann präzis bedeutet, ist uns schon im Rahmen unserer Überlegungen zu Quine begegnet: Existenz heißt, Wert einer gebundenen Variablen zu sein.[24]

Identität. Soll die Referenz sprachlicher Ausdrücke geklärt werden – also ob und wie sie sich auf etwas beziehen, und wenn ja, worauf –, dann kommt nahezu zwangsläufig die Identitätsproblematik ins Spiel. Referenzielle Akte anderer müssen ja verstanden werden. Und dazu muss klar sein, ob wir uns auf dasselbe Seiende beziehen oder nicht. Alltagssprachliche Klärungen erfolgen in der Regel mit Hilfe von Ausdrücken wie „anderes als", „identisch mit", „dasselbe wie" oder „verschieden von". Auch für den Vorgang des Zählens ist Identitätsklärung fundamental, sonst käme in Zählvorgänge dadurch Verwirrung, dass wir Identisches mehrfach oder Verschiedenes nur einmal zählen. Eine notorische Quelle von Missverständnissen liegt in der mangelnden alltagssprachlichen Differenzierung von Selbigkeit und Gleichheit. Selbig, also identisch im strengen Sinn, kann nur etwas numerisch Eines sein. „Peter benutzt denselben Computer wie ich" heißt, dass Peter an ebendem PC arbeitet, an dem ich das auch tue. Benutzt er den gleichen PC, dann heißt das, dass er an einem anderen Computer identischen Typs arbeitet.

Kognitive Relevanz. Das scheint uns – zumindest dann, wenn ausdrücklich darauf hingewiesen ist – deswegen so selbstverständlich, ja beinahe trivial, weil Identitätsaussagen auf den ersten Blick nichts Wichtiges über die Realität zum Ausdruck zu bringen scheinen – außer eben, dass etwas mit sich identisch ist. Das täuscht aber. Identitätsaussagen können nämlich durchaus kognitiv relevant sein, also Erkenntnis über Realität vermitteln. Ein klassischer Fall ist das bereits andernorts (→ Bd. 2, Teil A, Kap. 2.1) erwähnte Beispiel „Der Morgenstern ist der Abendstern" von G. Frege. Beide Male handelt es sich um die Venus. Beide Namen bezeichnen denselben Gegenstand, unterscheiden sich aber hinsichtlich der Weise, in der sie ihn bezeichnen. Der eine Name meint die Venus als den Stern, der am Morgen als

[24] Vgl. QUINE: Was es gibt (Anm. 9). 117.

Letzter untergeht, der andere Name meint die Venus als den Stern, der am Abend als Erster aufgeht. Trotz desselben Wahrheitswerts drücken sie verschiedene Gedanken aus und tun damit verschiedene Wege auf, einen Gegenstand zu identifizieren. Insofern steckt hinter Identitätsaussagen philosophisch weit mehr, als man auf den ersten Blick meinen möchte.

Wahrheitsbedingungen. Ähnlich verhält es sich mit der Frage der Wahrheitsbedingungen von Identitätsbehauptungen, die ja die erkenntnistheoretische Seite der ontologischen Referenzproblematik ausmacht. Zunächst scheint problemlos angebbar zu sein, wann ein Identitätssatz wahr ist: Dafür ist notwendig und hinreichend, dass sich die Ausdrücke a und b in dem Satz „a ist identisch mit b" auf dieselbe Entität beziehen. Wann aber ist diese Bedingung erfüllt und wie lässt sich das überprüfen? Normalerweise wird dafür auf das so genannte „Leibnizsche Prinzip" rekurriert, welches besagt: Dafür, dass a mit b identisch ist, müssen a und b in allen Eigenschaften übereinkommen. Damit sind die notwendige und die hinreichende Bedingung für Identität erfüllt.

Eigenschaften. Dieses Prinzip verliert sofort seine vermeintliche Selbstverständlichkeit, wenn die Frage angefügt wird, welche Eigenschaften der betreffenden Entitäten denn für die Erfüllung der Wahrheitsbedingung der Identitätsaussage herangezogen werden sollen. Eigenschaften sind nämlich ihrerseits nochmals zu differenzieren in so genannte „extensionale" und „intensionale" Eigenschaften. Extensionale Eigenschaften bestehen aus Zügen, die eine Entität an sich hat unabhängig von ihrer Wahrnehmung durch jemanden, intensionale Eigenschaften ergeben sich daraus, unter welcher Hinsicht sich jemand auf die Entität bezieht: Die Gegenwart eines schwerbewaffneten Leibwächters wird den Politiker, den er begleitet, beruhigen, den Pulsschlag des gegebenenfalls anwesenden potenziellen Attentäters jedoch in die Höhe treiben – es geht aber um die identische Entität „Leibwächter". So klar einerseits ist, dass intensionale Eigenschaften für die Erfüllung der Wahrheitsbedingungen von Identitätsaussagen ausscheiden, so fraglich ist, ob extensionale Eigenschaften allein für Identität ausreichen, sofern in dieser Hinsicht auch eine absolute Gleichheit zwischen de facto numerisch verschiedenen Entitäten denkbar wäre. Auch der Versuch, die Identität an einer Teilmenge extensionaler Eigenschaften, etwa an der raum-zeitlichen Bestimmung eines Seienden festzumachen, führt nur begrenzt weiter: Er funktioniert für materielle Seiende, sofern zur selben Zeit und am selben Ort nicht ein anderes sein kann als eben das in Frage stehende Seiende. Er implizierte aber auch, dass etwa Personen wegen der raum-zeitlichen Koinzidenz zwischen ihnen und ihren Körpern mit ihren Körpern identisch wären. Es ist darum kein Zufall, dass es gerade in der zeitgenössischen Neuauflage der „Leib-Seele"-Frage in Gestalt des „Mind and Brain"-Diskurses zu intensiven Diskussionen um das Leibnizsche Prinzip kommt; und alle Ansätze, die einerseits dem Dualismus ausweichen und andererseits das Phänomen des Mentalen nicht einfach ignorieren wollen, laborieren im Grunde an einer Lockerung der strengen Identitätsbedingungen des Leibnizschen Prinzips, um so von einer Identität von Mind and Brain sprechen zu können, die dennoch für gewisse Differenzmomente Raum lässt. (↖ Bd. 1, Kap. 7.3) Freilich repräsentieren nicht nur Personen einen kritischen Fall im Blick auf identitätslogische Wahrheitsbedingungen. Das tun nämlich genauso auch jene Entitäten, die nicht Dinge, sondern Vorkommnisse anderer Art sind. Darum einige Gedanken über:

(b) Ereignisse und Dinge. Gibt es Gründe, zwischen beiden Vorkommnissen zu unterscheiden? Die „one-category-ontology" Quines etwa bestreitet das, wie wir bereits gesehen haben. Weil beide im vierdimensionalen Raum-Zeit-Schema gleichermaßen darstellbar seien, könnten sie auch einheitlich als physikalische Objekte behandelt werden. In beiden Fällen handelt es sich demgemäß jeweils um Summen von raum-zeitlich verschiedenen und als solchen zählbaren Teilen. Die entscheidende Schwäche dieser Position besteht darin, dass ihr die Identitätsproblematik aus dem Blick gerät, sei es das an sich einfache temporale Sich-Durchhalten von Dingen, sei es die Identität von Dingen, die trotz qualitativer Veränderungen als mit sich identisch erachtet werden (wie etwa Lebewesen). Gleichzeitig stellt sich einer solchen Ontologie wie derjenigen Quines ganz unmittelbar neu die Grundfrage der aristotelischen Metaphysik nach der Möglichkeit von Bewegung und Veränderung. Nur unter Voraussetzung eines mit sich identischen Seienden lässt sich so etwas wie Veränderung überhaupt denken. Die „one-category-ontology" tendiert unübersehbar in Richtung der „gefrorenen" Ontologie eleatischer Provenienz. (→ Bd. 2, Teil A, Kap. 2.1)

Nur Dinge? Der uns ebenfalls bereits bekannte Peter F. Strawson nimmt diesen Befund zum Anlass, auf Ereignisse als eine ontologische Kategorie sui generis zu verzichten. Wir gehen – so Strawson – im Sprechen über Ereignisse keine eigenen ontologischen Verpflichtungen ein – und zwar deswegen, weil sich Ereignisse ohne Bezug auf Entitäten anderer Art – genauerhin auf materielle Einzeldinge – nur in verschwindend geringem Umfang individuieren zu lassen scheinen. Die allermeisten Individuationen von Ereignissen erfolgen unmittelbar so, wie etwa Zahnschmerz als Ereignis dadurch individuiert wird, dass er der Zahnschmerz einer ganz bestimmten Person ist. Gegenbeispiele entpuppen sich näherem Zusehen als scheinbare. Formal gefasst:

> „Die Minimalbedingungen für unabhängige Identifizierbarkeit eines Typs von Einzeldingen waren, daß diese Dinge weder privat noch unbeobachtbar

> sind. Viele Arten von Zuständen, Prozessen, Ereignissen oder Beschaffenheiten erfüllen diese beiden Bedingungen. Unter geeigneten Umständen kann ein solches Einzelding direkt lokalisiert und somit ohne Bezugnahme auf irgendein anderes Einzelding identifiziert werden. Selbst wenn es nicht direkt lokalisierbar ist, kann ein solches Einzelding unter bestimmten Umständen ohne explizite oder implizite Bezugnahme auf ein Einzelding identifiziert werden, das nicht selbst wieder ein Zustand bzw. ein Prozeß, ein Ereignis oder eine Beschaffenheit ist. Aber die Fälle, in denen diese intratypische Identifikation möglich ist, sind sehr beschränkt. Denn sie setzen voraus, daß die identifizierend sich auf ein Ding beziehenden Partner mit ein und demselben typenhomogenen Bezugssystem operieren. Und die grundsätzliche Beschränktheit der Zustände, Prozesse, Ereignisse und Beschaffenheiten als unabhängig identifizierbarer Einzeldinge liegt darin, daß sie keine Bezugsrahmen zu liefern vermögen, wie wir sie brauchen, um uns identifizierend auf Dinge beziehen zu können. Um so weniger können sie aus sich heraus einen *einzigen*, umfassenden und fortlaufend anwendbaren Rahmen dieser Art liefern. So erweitern wir den Bereich der Zustände, Prozesse etc., auf die wir uns identifizierend beziehen können, ganz beträchtlich, wenn wir eine vermittelnde Bezugnahme auf Orte, Personen und materielle Dinge zulassen."[25]

Dinge als solche bedürfen nach Strawson zu ihrer Individuation keines Verweises auf andere Identitäten und sind darum ontologisch fundamental. Andere Autoren – wie etwa Donald Davidson, eine Art Nestor der Ereignistheorie – sind diesbezüglich vorsichtiger, können sich gegen die von Strawson behauptete Asymmetrie zwischen Ding und Ereignis auch eine reziproke Verwiesenheit beider zum Zweck ihrer jeweiligen Individuation vorstellen. Was sie alle aber über solche interne Differenzen hinweg verbindet, ist die Ablehnung einer Reduktion von Dingen und Ereignissen auf eine ein-kategoriale und in diesem Sinn monistische Ontologie.

Wider die ontologische Homogenität. In der Tat spricht dagegen Erhebliches. Aus der formalen Möglichkeit einer einheitlichen Darstellung von Dingen und Ereignissen im vierdimensionalen Raum-Zeit-Schema folgt in keiner Weise automatisch eine entsprechende ontologische Homogenität des Dargestellten. Ein erstes Indiz, das diesbezüglich in die gegenteilige Richtung weist, bietet die Tatsache, dass sich der Ort von Dingen und die Dauer von Ereignissen ungleich leichter angeben lassen als die Dauer von Dingen und die Orte von Ereignissen. Wann genau etwa beginnt die Existenz eines menschlichen Körpers? Ist das schon im Augenblick der Verschmelzung von Ei und Samenzelle der Fall? Warum sprechen wir dann aber für viele Wochen von Embryo? Wann genau wird der Embryo zum ungeborenen Menschenkind? Und ab wann ist der menschliche Körper nicht mehr Körper? Im Augenblick des Todes? Ab einem gewissen Stadium des Zerfalls (aber wann genau)? Klar ist nur, dass wir ein Gerippe nicht mehr „Körper" nennen. Entsprechend knifflig verhält es

[25] STRAWSON: Einzelding (Anm. 13). 67.

sich mit Ortsangaben von Ereignissen. Ein Warnstreik etwa lässt sich noch problemlos mit dem Hinweis auf Beteiligte und den Ort seines Stattfindens individuieren (aber da liegt genau die von Strawson behauptete normale Abhängigkeit der Ereignisse von Einzeldingen vor). Ungleich kompliziertere, weil hinsichtlich der nötigen Grenzziehungen weit unschärfere Fälle wie etwa das Ereignis eines Gewitters oder ein Abendrot müssen räumlich auf dieselbe Weise individuiert werden, also über am Ereignis beteiligte Objekte oder Personen (auch das Beobachten oder das Erschlagenwerden vom Blitz fällt unter Beteiligung; Letzteres in besonderer Weise offenkundig). Grundsätzlich gilt: Räumliche Angaben zu Ereignissen – und damit Individuierungen – sind ohne Verweis auf ihrerseits räumliche, strukturierte Entitäten, die ihrerseits nicht Ereignisse sind, nicht möglich.

Trotzdem folgt daraus nicht die einfache Asymmetrie zwischen Einzelding und Ereignis, die Strawson behauptet. Der soeben herausgearbeitete Primat dinglicher Entität gegenüber Ereignissen war ja kein prinzipieller, sondern bezog sich auf die räumliche Individuierung von Ereignissen. Demgegenüber nimmt sich die vorhin schon ins Auge gefasste zeitliche Individuierung von Dingen, also die Bestimmung ihrer Dauer, nicht weniger prekär aus, denn dass diese Dimension integral zur Identifizierung von Dingen gehört, steht außer Frage. Alles spricht dafür, dass wir die zeitliche Erstreckung von Entitäten nicht anders erfassen können als durch Rekurs auf Ereignisse oder Ereignisketten, in die sie verwickelt sind. Bestes Beispiel (einmal mehr): Personen. Deren zeitliche Individuierung ist uns nicht anders möglich als durch Rekapitulation biographischer Daten: Geboren am Soundsovielten, da und da gewesen, diese und diese Ausbildung absolviert, zum Soundso ernannt am Soundsovielten, pensioniert am Soundsovielten und schließlich verschieden an dem und dem – Friede seiner Asche! Ohne Zweifel: Im vollen Sinne individuiert werden können Dinge ohne Rekurs auf Ereignisse so wenig, wie Ereignisse ohne Rekurs auf Dinge. Anders gesagt: Ontologie muss notwendig plurikategorial angelegt sein, wenn sie einer tragfähigen Beschreibung dessen, was ist, fähig sein soll. Insofern handelt es sich bei der analytisch lebhaft diskutierten Frage, inwiefern denn Ereignisse nun auch ihrerseits nochmals von Handlungen zu unterscheiden seien, sozusagen nur um ein Unterproblem, allerdings ein interessantes. Darum:

(c) Ereignisse und Handlungen. Keiner weiteren Begründung bedarf, dass Handlungen Ereignisse darstellen. Aber sind sie nur Ereignisse? Ist für solche nicht charakteristisch, jemandem einfach zu widerfahren, während Handlungen aus durch Wissen und/oder Willen gesteuerten Interventionen hervorgehen? Gibt es darum kraft der notwendigen Zielorientierung allen Handelns so etwas wie einen Überhang allen Handelns über das Ereignishafte, der in dem besteht, was philosophisch Intentionalität heißt? Der Hinweis darauf, dass jede Handlung eines Trägers bedarf, verfängt nicht, weil auch Ereignisse – wie erläutert – nur durch Rekurs auf funktional näher zu bestimmende Trägerinstanzen individuiert werden können. In radikaler Konsequenz daraus wird teils die ontologische Bedeutung intentionaler Akte bestritten, teils werden sie naturalistischen Reduktionsprogrammen unterworfen. Naturalistisch-physikalistischen Auflösungen von Intentionalität – wie sie besonders prominent etwa Daniel C. Dennett propagiert[26] –, lassen sich folgende Asymmetrien zwischen Ereignissen und Handlungen entgegenhalten:

Ereignis-Spezifika. (1) Anders als für Personen kann im Fall von Ereignissen der Zusammenfall der Teilmenge raum-zeitlicher, extensionaler Eigenschaften als notwendige und hinreichende Bedingung von Identität gelten. Ein Blitzeinschlag an dem und dem Ort zu der und der Zeit ist nur er selbst und kein anderer.

(2) Allerdings muss sofort hinzugefügt werden, dass Ereignis nicht gleich Ereignis ist. Auch Ereignisse müssen artspezifisch individuiert werden. Ein Gewitter repräsentiert einen völlig anderen Typ von Ereignis als etwa eine Geburt, eine Taubenzüchterversammlung oder eine Vorlesung.

(3) Gleichermaßen kann ein und dasselbe Ereignis gänzlich verschieden beschrieben werden. Der Ausgang einer Wette etwa wird den, der gewonnen hat, zu einer erheblich anderen Beschreibung des Vorgangs motivieren als den, der verloren hat. Insofern unterliegen Ereignisse nicht nur den Bedingungen artspezifischer Individuierung, sondern können zugleich als Vorkommnisse verschiedener Arten individuiert werden.

Damit sind drei markante Merkmale von Ereignissen benannt: (1) raum-zeitlich fundierte Identität, (2) artspezifische Individuierung, die (3) artmäßig variieren kann. Diese Merkmale scheinen fundamental genug, um sie gleichzeitig als Kriterien für den Zusammenfall oder die Differenz von Ereignissen und Handlungen in Anspruch zu nehmen. Treffen alle drei auch für Handlungen zu, dann können diese in der Tat ohne Einschränkung wie Ereignisse behandelt werden. Tun sie das nicht, dann sind Handlungen anders als Ereignisse zu behandeln. Wie also verhält es sich unter den genannten Hinsichten mit Handlungen?

Handlungs-Spezifika. (1') Bereits in der Frage der Identitätsbedingungen reißt zwischen Ereignissen und Handlungen eine Kluft auf, von der nicht einmal im Ansatz zu sehen ist, wie sie sich überbrücken ließe. Die Identität von Ereignissen lässt sich, wie erläutert, unschwer an raum-zeitlichen Faktoren als einer Teilmenge ex-

[26] Vgl. DENNETT, Daniel C.: Philosophie des menschlichen Bewußtseins. Hamburg 1994. – DERS.: Darwins gefährliches Erbe. Die Evolution und der Sinn des Lebens. Hamburg 1997.

tensionaler Eigenschaften festmachen, selbst im Fall eines Gewitters etwa. Wenn nun Intentionen ein uneliminierbares Element von Handlungen sind (und alles spricht dafür), dann müssten – sollen Handlungen nur und nur Ereignisse sein – auch für Intentionen, also Absichten, Willensentschlüsse etc. raumzeitliche Lokalisierungen angebbar sein. Bereits heute aber kann man mit Gewissheit sagen, dass sich bei allen Bemühungen um eine Gehirn-Geographie niemals mit Gewissheit der hirnphysiologische Ort einer Intention angeben lassen wird, weil aufgrund der so genannten Plastizität des Gehirns durchaus verschiedene Zellpartien für eine bestimmte Leistung aufkommen können, ohne dass sich von vornherein sagen ließe, welche dies nun tun werden.

(2') Auch Handlungen können wie Ereignisse artspezifisch individuiert werden – allerdings gänzlich anders als diese. Während sich Ereignisse material differenzieren lassen, werden Handlungen allem voran – übrigens seit je – formal in zwei Klassen differenziert, nämlich kraft ethischer Wertung als gut oder schlecht. Anders gesagt: Handlungen werden nicht nur wie Ereignisse nach empirischen Kriterien artspezifisch individuiert, sondern genauso nach normativen Kriterien.

(3') Wiederum wie Ereignisse können auch Handlungen unter ganz verschiedener Rücksicht beschrieben werden. Doch während es sich im Fall der Ereignisbeschreibungen um Alternativen handelt, liegt im Fall der Handlungsbeschreibungen eine kategoriale Differenz vor. Der Freibadbesitzer flucht über das nun schon zehn Tage anhaltende Regenwetter mitten im Sommer – die Leute bleiben weg –, während der Gemüsebauer jubiliert: das Grünzeug wächst auf Teufel komm raus, und er muss fast nichts dazutun. Das Ereignis bleibt – von seinen Beschreibungen unberührt – allemal dasselbe. Anders im Fall der Handlung: Erschießt einer jemanden, dann dreht sich der nachfolgende Prozess in der Regel um die penible Klärung, ob ein Fall von Notwehr vorliegt, ein Fall von fahrlässiger oder vorsätzlicher Körperverletzung mit Todesfolge, oder sogar Totschlag oder Mord. Welche Handlung vorliegt, entscheidet sich daran, welche ihrer möglichen Beschreibungen als zutreffend erachtet wird. Der gravierende Unterschied zwischen den Beschreibungsmöglichkeiten macht sich darin geltend, dass das Urteil in ersterem Fall – dem der Notwehr – auf Freispruch, im Fall von Totschlag (nach derzeitiger deutscher Rechtsprechung) auf sieben bis acht Jahre Haft, in letzterem Fall – also bei Mord – auf lebenslänglich lautete. Formal gewendet: Anders als bei Ereignissen kommt bei der Variabilität von Handlungsbeschreibungen ein Moment ins Spiel, das sich aus der empirisch fixierbaren Datenmenge der Handlung nicht erheben lässt. Würde das bestritten, müssten juristische Urteile – etwa in dem soeben beigezogenen Fall – notwendig auf eine Weise erfolgen, die mit krassen Ungerechtigkeiten einhergeht, sofern dann ein Akt der Notwehr unter Umständen mit

„lebenslänglich" bestraft, dagegen ein Mörder freigesprochen würde – der Basis-Datensatz ist ja in beiden Fällen identisch: eine Leiche und einer, der geschossen hat.

Resümee. Als Minimal-Resümee aus den vorausgegangenen Überlegungen kann festgehalten werden: Ereignisse sind etwas anderes als Dinge. Darum muss eine „one-category-ontology" als philosophisch defizient gelten. Darüber hinaus lassen sich Handlungen nicht auf Ereignisse reduzieren, wiewohl sie ohne Rekurs auf ereignisontologische Strukturen nicht zu erklären sind. Aber – wie so oft bei philosophischen Elementarfragen – „nicht ohne" heißt nicht „allein durch".

Solche Differenzierungen wie die eben artikulierte machen unübersehbar: Das, was Analytische Ontologie heißt, folgt zumindest strukturell – und bisweilen auch inhaltlich – der aristotelischen Metaphysik im Sinn der Wissenschaft vom Seienden als Seienden. Freilich geschieht dies nicht einfach reproduktiv: Im Kontext der Existenzproblematik war deutlich geworden, dass die Analytische Ontologie die transzendentale Wende alles andere als verschlafen hat und die kritizistische Dimension Kants mit einbegreift. In jedem Fall bewahrt auch die Analytische Ontologie jene Komplexität, die schon bei Aristoteles und nicht anders in der christlichen Metaphysik wie auch ihrer kritischen Transformation durch Ockhams zeichentheoretischen Nominalismus zu konstatieren war.

Einzelding und Ordnung. Und trotzdem klafft in dieser Form der Ontologie von Aristoteles bis zu den Analytikern eine riesige Lücke. Sie lässt nämlich unbeschadet ihrer Differenziertheit und selbst dort, wo sie einen letzten Grund alles Wirklichen denkt, einen elementaren Zug der von ihr bedachten Wirklichkeit ungedacht. Der Stagirite, ein Thomas von Aquin, ein Kant und – beispielsweise – ein Strawson nehmen gleichermaßen zum Ausgangspunkt ihrer Ontologien das konkrete Seiende, also die Einzeldinge, wie sie in ihrer weltlichen Geordnetheit begegnen.[27] Aristoteles' Nichtwiderspruchssatz etwa, das Kausalitätsprinzip, der Kontingenzgedanke und die mit ihm zusammenhängende Notwendigkeit eines ersten Grundes, aber auch Identität als Möglichkeitsbedingung von Referenz und Zählbarkeit sind Indizien für diese Ordnung, in der alles Seiende steht. Was aber ist diese Ordnung selbst? Eines ganz gewiss nicht: Sie ist kein Einzelding. Was aber dann? Aus den Einzeldingen gewonnen kann sie genauso wenig werden, wie sich die Einzeldinge aus der Ordnung deduzieren lassen, in der sie stehen. Man kann sich das Problem auch sehr bündig am Identitätsgedanken vergegenwärtigen: Dass Seiendes, soll es sein, identisch sein muss, steht – wie wir gesehen haben – von Aris-

[27] Vgl. zu diesem Motiv HENRICH, Dieter: Selbstbewußtsein und spekulatives Denken. In: DERS.: Fluchtlinien. Philosophische Essays. Frankfurt a.M. 1982. 125-181. Hier 160-163.

toteles bis Quine außer Frage. Aber woraus resultiert diese Identität eines Seienden? Aus dem Verhältnis zu sich: Identität heißt Selbigkeit: Deckungsgleichheit mit sich selbst. Die im Selbstverhältnis virulente Beziehung aber ist bereits eine Ordnungsstruktur. Ein Zweites kommt hinzu: Identität als Selbstverhältnis geht aus begrifflicher Notwendigkeit mit Abgrenzung einher, also damit, dass etwas es selbst ist im Unterschied zu anderem. Das Selbstverhältnis impliziert notwendig ein Verhältnis zu anderem (ohne aus diesem zu resultieren) – wieder eine Ordnungsstruktur. Seiendes ist nicht, was es ist, ohne die Ordnung, in der es steht. Daraus aber folgt: Seiendes kann nicht wirklich gedacht sein, ohne dass die Ordnung, der es untersteht, in diesen Gedanken ausdrücklich mit einbegriffen wird. Alle Ontologie, die diese Zusammenführung von Einzelding und Ordnung schuldig bleibt, lässt die Wirklichkeit hinsichtlich ihrer fundamentalsten Struktur in ein Dunkel getaucht. Dies gesehen und darum die beiden Größen Einzelding und Ordnung in einen einheitlichen Gedanken vermittelt zu haben, ist die singuläre Leistung Georg Wilhelm Friedrich Hegels. Insofern blieben systematische Erwägungen zur Ontologie unvollständig, wenn sie nicht berücksichtigten, auf welche Weise Hegel das Denken des Seienden in eine vorher noch nie da gewesene und nachher nicht mehr auszublendende Dimension geführt hat. Bereits in die Überschrift zu diesem letzten Teil unserer Ontologie setze ich dabei das Wort, das zu einer Art Etikett des hegelschen Denkens insgesamt geworden ist: „Dialektik". Daher:

6. Die dialektische Struktur des Wirklichen

Programm „Versöhnung". Um Missverständnisse von vornherein auszuschalten: Was jetzt folgt, ist nicht einmal von Ferne eine Einführung in Hegel, geschweige denn eine Gesamtdarstellung seines Denkens, sondern lediglich ein ganz beschränkter Blick auf die ontologische Relevanz der Grundoperation des hegelschen Denkens. Dennoch wird damit nicht willkürlich ein Zug des hegelschen Denkens neben anderen herausgegriffen. Bereits in seiner ersten spektakulären Veröffentlichung mit dem Titel *Differenz des Fichte'schen und Schelling'schen Systems der Philosophie in Beziehung auf Reinhold's Beyträge zur leichtern Übersicht des Zustands der Philosophie zu Anfang des neunzehnten Jahrhunderts* vom Juli 1801, kurz *Differenzschrift* genannt, Hegels Debüt gleichsam, nachdem er endlich in eine akademische Laufbahn einschwenken konnte, benennt er die originäre Triebkraft seines Denkens ausdrücklich auch mit Bezug auf die ontologische Problematik:

„Entzweiung ist der Quell *des Bedürfnisses der Philosophie* [...]"[1],

lautet das formale Leitprinzip. Materialiter gesehen sind es drei Herausforderungen, durch die sich Hegel demgemäß zum philosophischen Denken genötigt sieht: zum einen die politischen Verhältnisse, die durch die Französische Revolution 1789 hervorgetrieben werden, zum zweiten die Spannung, die durch die Aufklärung zwischen Christentum und Vernunft aufgekommen ist, und zum dritten die statische Dualität von Subjekt und Objekt, Vernunft und Erfahrung – alles Ausdruck des Problems Einzelding-Ordnung –, die die zu seiner Zeit tonangebende kantische Philosophie durchherrscht. Dass sich die Arbeit an der Überwindung aller drei Entzweiungen in Hegels Werken über weite Strecken wie aufeinander gelegte Folien überlagert, auch in sozusagen katalysatorischer Absicht durchdringt, macht das streckenweise Gewöhnungsbedürftige an Hegels Denken aus. Zudem ist dieses dreifache Versöhnungsprogramm in ein theologisches wie ein philosophisches Leitmotiv eingebettet: Das theologische besteht in der schon zu Studienzeiten ins Auge gefassten Idee, eine neue Volksreligion zu initiieren[2], in der Vernunft und Glaube, Sittlichkeit und Kunst sich zu einem stimmigen Ganzen als den Parametern eines bewusst und frei geführten Lebens fügen – ein Projekt, dessen Umriss sich noch in den späten Werken Hegels wiedererkennen lässt: eine „[...] ‚Grammatik der Freiheit' als Schlüssel zu einer wahrhaft humanen,

[1] HEGEL, Georg W.F.: Differenz des Fichteschen und Schellingschen Systems der Philosophie in Beziehung auf Reinhold's Beiträge zur leichteren Übersicht des Zustandes der Philosophie zu Anfang des neunzehnten Jahrhunderts. In: DERS.: Sämtliche Werke. Jubiläumsausgabe in 20 Bänden. Hg. v. Hermann Glockner. Bd. 1: Aufsätze aus dem kritischen Journal der Philosophie und andere Schriften aus der Jenenser Zeit. 3. Aufl. Stuttgart 1958. 31-168. Hier 44.

[2] Vgl. HOFFMANN, Thomas S.: Georg Wilhelm Friedrich Hegel. Eine Propädeutik. Wiesbaden 2004. 76-84.

nicht-entfremdeten Welt […]"[3] ist das Ziel, das Hegel von Kant her kommend und zusammen mit den anderen Idealisten, die seine Zeitgenossen sind, im Blick hat. Und das philosophische Leitmotiv zielt auf Überwindung des Skeptizismus. Was dabei gewonnen werden soll, nennt Hegel (für die Ohren mancher Zeitgenossen skandalös) „absolutes Wissen" – und dieses findet sich natürlich sofort in Spannung zu aller religiösen Gewissheit, so dass sich die Aufgabe einer Vermittlung von Religion und Wissenschaft bzw. Philosophie stellt – ein Programm, dem Hegel allem voran sein großes Jugendwerk *Phänomenologie des Geistes* (1807) widmet.[4] Ich blende nachfolgend diese Überlagerungen und Koordinaten rigoros aus (so spannend sie sind, vor allem hinsichtlich dessen, was die christliche Tradition und die Theologie betrifft)[5] und beschränke mich auf die Frage der nach Hegels Ansicht durch Kant in einen statischen Gegensatz eingesperrten Ontologie.

6.1 Die Leitidee Hegels

Kant-Kritik. Zur Durchführung bringt Hegel sein komplexes Programm einer Verflüssigung und damit Aufhebung der genannten Entgegensetzungen vor allem in seinem Werk *Wissenschaft der Logik*, erschienen in zwei Bänden 1812 und 1816, einer der herausforderndsten Texte der Philosophie überhaupt (Hegel schrieb ihn neben seiner Tätigkeit als Gymnasialdirektor in Nürnberg). Entsprechend fielen auch die ersten Reaktionen der Zeitgenossen aus. Schon der Name irritierte. „Logik" – an sich seit Aristoteles Terminus für den klar umgrenzten Bereich formaler Gesetze des Denkens, bezeichnet bei Hegel das, was früher „Metaphysik" hieß (ähnlich wie ja auch Hegels Zeitgenossen Fichte und Schelling für ihre metaphysischen Neuansätze neue Namen prägten: Fichte spricht von „Wissenschaftslehre", Schelling von „Identitätsphilosophie" bzw. „positiver Philosophie"). Die alte Metaphysik ist durch Kant – so Hegel wörtlich – „mit Stumpf und Stiel ausgerottet worden, und aus der Reihe der Wissenschaften verschwunden."[6] Die alten Fragen freilich sind geblieben, wie ja Kant ausdrücklich selbst betont – nur dass er sie mit den dem menschlichen Erkenntnisapparat zur Verfügung stehenden Mitteln nicht für beantwortbar hält. Und darum bleibt Kants Denken – und muss es – ontologisch gesehen beim Ding-an-Sich stehen, also der Anerkennung,

3 HOFFMANN: Hegel (Anm. 2). 16.

4 Vgl. dazu SIEP, Ludwig: Der Weg der Phänomenologie des Geistes. Ein einführender Kommentar zu Hegels „Differenzschrift" und „Phänomenologie des Geistes". Frankfurt a.M. 2000. 14-23.

5 Vgl. als besonders hilfreiche synthetische Übersicht HOFFMANN: Hegel (Anm. 2). 16-50.

6 HEGEL, Georg W.F.: Wissenschaft der Logik I. Erster Teil. Die objektive Logik. In: DERS.: Sämtliche Werke. Jubiläumsausgabe in 20 Bänden. Hg. v. Hermann Glockner. Bd. 4. Stuttgart 1958. 13.

dass wir über das Seiende als solches überhaupt nichts zu wissen vermögen, sondern Inhalt all unseres Wissens über die Wirklichkeit könne nur sein, wie sie uns aufgrund der Verfassung unseres Denkapparates erscheint. Eben dagegen hält Hegel es für geboten, mit der Metaphysik „wieder einmal von vorne anzufangen"[7] – natürlich nicht im Sinn einer Restauration der vorkantischen Metaphysik, sondern in Gestalt der radikalen Durchführung und damit auch erst Vollendung der kantischen Grundidee. Für Hegel steht außer Frage, dass der Ansatz der alten Metaphysik stimmig und ihre Intention legitim waren. Und deswegen überragt sie für ihn als auf Erkenntnis des Wirklichen in seinem An-sich-Sein gerichtete den kantischen Kritizismus. Kant hatte demgegenüber auf die gewissermaßen naive Unmittelbarkeit und Vertraulichkeit des Denkens sich selbst gegenüber verwiesen, war aber aus Hegels Sicht dabei auf halbem Wege stehen geblieben. Im *System der Philosophie* heißt es:

> „Die erste Stellung [sc. des Gedankens zur Objektivität; K. M.] ist das *unbefangene* Verfahren, welches noch ohne das Bewußtsein des Gegensatzes des Denkens in und gegen sich, den *Glauben* enthält, daß durch das *Nachdenken* die *Wahrheit erkannt,* das, was die Objekte wahrhaft sind, vor das Bewußtsein gebracht werde. In diesem Bewußtsein geht das Denken geradezu an die Gegenstände, reproduziert den Inhalt der Empfindungen und Anschauungen aus sich zu einem Inhalte des Gedankens und ist in solchem als der Wahrheit befriedigt. Alle anfängliche Philosophie, alle Wissenschaften, ja selbst das tägliche Tun und Treiben des Bewußtseins lebt in diesem Glauben."[8]

Wahrheit der alten Metaphysik. Diese Einstellung des Denkens, die die alte Metaphysik prägt, ist dabei nicht etwas, was eben einmal historisch war und dann abgelegt werden kann. Vielmehr bildet sie sozusagen die natürliche Verfassung des Denkens, von der wir grundsätzlich als Denkende notwendig auszugehen haben. Das liegt auch auf der Hand: Setzten wir nicht ein prinzipielles Erkennenkönnen des Seienden durch unser Denkinstrumentar voraus, würden wir mit so etwas wie Erkenntnis überhaupt nichts anfangen, geschweige denn uns philosophisch über Erkenntnis, ihre etwaigen Grenzen und ihre Reichweite klarzuwerden suchen.

Verstand – Vernunft. Gerade um dessentwillen aber darf das Denken nicht in dieser Unmittelbarkeit seiner Dingerkenntnis verharren, sondern muss in diesen Klärungsprozess auch sich selbst mit hineinnehmen. Oder mit einem Begriffsdoppel gesagt, das schlechthin zentral ist für das Verständnis des hegelschen Denkens: Aus der bloßen Verstandesansicht muss Vernunfterkenntnis werden.

[7] HEGEL: Logik I (Anm. 6). 16.
[8] HEGEL, Georg W.F.: System der Philosophie. Erster Teil. Die Logik. In: DERS.: Sämtliche Werke. Jubiläumsausgabe in 20 Bänden. Hg. v. Hermann Glockner. Bd. 8. 3. Aufl. Stuttgart 1955. § 26. 99.

Das kann nur dadurch geschehen, dass die Prädikate, mit denen die Metaphysik arbeitet, „ganz", „eins", „endlich", „unendlich" usw., als solche untersucht werden, auf ihr Wahrsein hin, und ebenso, ob Wahrheit in Gestalt von Urteilen gewonnen werden könne.[9] Diese Aufgabe wird in der durch Kant kritizistisch gewendeten Philosophie in der Tat in Angriff genommen, aber eben nicht wirklich durchgeführt. Hegels durchaus polemischer Kommentar:

> „Das *Ding-an-sich* (– und unter dem *Ding* wird auch der Geist, Gott befaßt) drückt den Gegenstand aus, insofern von allem, was er für das Bewußtsein ist, von allen Gefühlsbestimmungen wie von allen bestimmten Gedanken desselben *abstrahiert* wird. Es ist leicht zu sehen, was übrigbleibt – das *völlige Abstraktum,* das ganz *Leere*, bestimmt nur noch als ein *Jenseits;* das *Negative* der Vorstellung, des Gefühls, des bestimmten Denkens usf. Ebenso einfach aber ist die Reflexion, daß dies *caput mortuum* selbst nur das *Produkt* des Denkens ist, eben des zur reinen Abstraktion fortgegangenen Denkens [...]."[10]

– was soviel heißt wie: Der kritische Prozess muss fortgesetzt werden, muss sozusagen in eine neue Runde gehen: Das Ding-an-Sich ist ja dadurch ins Spiel gekommen, dass tatsächlich das Denken selbst mit in die Erkenntnisklärung einbezogen wurde: Ding-an-Sich ist das, was wegen der apriorischen Gebundenheit des Erkennens an die Kategorien als prinzipiell Unzugängliches an der Wirklichkeit auftritt. Aber ebendeswegen bleibt das Denken mit diesem Reflexionsstand immer noch (und erst recht) einem Gegensatz verhaftet. Wirklich durchgeführt kann die kritische Intention erst dann sein, wenn sie die Sphäre dieser Gegensätzlichkeit von Denken und Wirklichkeit grundsätzlich überwindet. Das heißt – jetzt einmal sehr vereinfacht gesagt, um die prinzipielle Richtung des ganzen Projekts anzudeuten: Denken und Wirklichkeit müssen so gedacht werden, dass sie in keiner Weise mehr einander gegenüberstehen. D.h. das Denken muss völlig in die Wirklichkeit eingehen und gleichzeitig umgekehrt die Wirklichkeit ins Denken. Beide müssen ineinander übergehen. Der Gedanke ist evident: In der Tat kommt das Denken erst dann zur Wahrheit über das Wirkliche, wenn es ganz in diesem aufgehoben ist, ohne für sich noch etwas zu sein, wie umgekehrt Wirkliches nur wahr sein kann als ganz und gar Denken Gewordenes. Wie aber soll das geschehen können? Klarer als an vielen anderen Stellen scheint mir das an einem der mündlichen Zusätze Hegels im *System der Philosophie* zu werden, die in späteren Auflagen dieses Werkes mit abgedruckt wurden. Und zugleich lässt diese Passage auch erkennbar werden, was sich in diesem Prozess gegenüber der herkömmlichen Metaphysik ändert. In Erläuterung zu dem § 28 des *System[s] der Philosophie*, wo Hegel – wie schon erwähnt – darauf hinweist, dass die herkömmliche Meta-

[9] Vgl. HEGEL: Enzyklopädie der philosophischen Wissenschaften im Grundrisse. In: DERS.: Sämtliche Werke. Jubiläumsausgabe in 20 Bänden. Hg. v. Hermann Glockner. Bd. 6. 3. Aufl. Stuttgart 1956. § 115. 101-103.

[10] HEGEL: System der Philosophie (Anm. 8). § 44. 133.

physik weder die von ihr in Gebrauch genommenen Prädikate kritisch reflektiert noch dic Frage, ob die Urteilsform ihrer Intention überhaupt angemessen sei, heißt es im Zusatz:

> „Was nun aber näher das Verfahren jener alten Metaphysik anbetrifft, so ist darüber zu bemerken, daß dieselbe nicht über das bloß *verständige* Denken hinausging. Sie nahm die abstrakten Denkbestimmungen unmittelbar auf und ließ dieselben dafür gelten, Prädikate des Wahren zu sein. Wenn vom Denken die Rede ist, so muß man das *endliche*, bloß *verständige* Denken vom *unendlichen, vernünftigen* unterscheiden. Die Denkbestimmungen, so wie sie sich unmittelbar, vereinzelt vorfinden, sind *endliche* Bestimmungen."[11]

Kurze kommentierende Unterbrechung: Die unmittelbar vorfindlichen Denkbestimmungen sind deswegen endliche Bestimmungen, weil in der Sphäre der Gegensätzlichkeit alles notwendig endlich sein muss. Ist da eines und ihm gegenüber ein anderes, dann sind eines wie das andere endlich und müssen es sein. Auch die Prädikate der herkömmlichen Metaphysik gehören der Sphäre der Gegensätzlichkeit an – sie gewinnen ihre Bedeutung aus Entgegensetzungen: „eins" steht „viel" gegenüber, „ganz" dem „partiell", „unendlich" dem „endlich". Und gerade an diesem letzten Beispiel wird klar, dass die herkömmliche Metaphysik mit endlichen Prädikaten das Unendliche zu fassen sucht und also in der Unwahrheit befangen sein muss. Gibt es daraus einen Ausweg für das Denken und damit auch die Möglichkeit einer wahrheitsfähigen Metaphysik? Hegel fährt in seinem „Zusatz" fort:

> „Das Wahre aber ist das in sich Unendliche, welches durch Endliches sich nicht ausdrücken und zum Bewußtsein bringen läßt. Der Ausdruck *unendliches Denken* kann als auffallend erscheinen, wenn man die Vorstellung der neueren Zeit, als sei das Denken immer beschränkt, festhält."

Nochmals kommentierende Unterbrechung: Denn gemäß der eben aufgedeckten Logik der Prädikate muss ja so etwas wie „unendliches" Denken – unbeschadet des mit diesem Ausdruck erhobenen Anspruchs – als unmöglich gelten: Weil es mit unmittelbar aufgenommenen Prädikaten operiert, bleibt es notwendig der Dimension der Endlichkeit verhaftet.

> „Nun aber ist in der Tat das Denken seinem Wesen nach in sich unendlich. Endlich heißt, formell ausgedrückt, dasjenige, was ein Ende hat, was *ist*, aber da aufhört, wo es mit seinem Anderen zusammenhängt und somit durch dieses beschränkt wird. Das Endliche besteht also in Beziehung auf sein Anderes, welches seine Negation ist und sich als dessen Grenze darstellt. Das Denken aber ist bei sich selbst, verhält sich zu sich selbst und hat sich selbst zum Gegenstand. Indem ich einen Gedanken zum Gegenstand habe, bin ich bei mir selbst. Ich, das Denken, ist demnach unendlich, darum, weil es sich im Denken zu einem Gegenstand verhält, der es selbst ist. Gegenstand überhaupt ist ein Anderes, ein Negatives gegen mich. Denkt das Denken sich selbst, so hat es einen Gegenstand, der zugleich keiner ist, d.h. ein aufgehobener, ideeller. Das Denken als solches, in seiner Reinheit, hat also keine Schranke in sich. Endlich ist das Denken nur, in-

[11] HEGEL: System der Philosophie (Anm. 8). § 28. 101.

sofern es bei beschränkten Bestimmungen stehenbleibt, die demselben als ein Letztes gelten. Das unendliche oder spekulative Denken dagegen bestimmt gleichfalls, aber bestimmend, begrenzend, hebt diesen Mangel wieder auf."[12]

Aufhebung der Gegensätze. Nur kraft solchen radikalen Rückgangs des Denkens auf sich selbst – von Hegel „spekulatives Denken" genannt – kann das einsetzen, was Hegel schon in der frühen *Differenzschrift* als „das einzige Interesse der Vernunft"[13] bezeichnete: die Aufhebung der statisch gewordenen Gegensätze. Dabei ist „Gegensatz" für Hegel nicht einfach etwas an sich Negatives, das es auszuschalten gälte. Im Gegenteil geht Leben aus unablässigen Entgegensetzungen hervor, und höchste Lebendigkeit ist ein Sichwiedergewinnen aus radikaler Trennung. Aber nur im Durchgang und damit in der Überschreitung oder Vermittlung oder Versöhnung der Entgegensetzungen, die der Verstand in seiner Wirklichkeitsbeziehung setzen muss, kommt das Denken als Vernunft zu *wirklicher* Einsicht in das *Wirkliche*. Die Wahrheit des Einen ist erst dann gewonnen, wenn ich sie als durch das Andere des Einen mitbestimmt begriffen habe, weil das Eine immer nur das Eine des Anderen ist und darum das ihm Entgegengesetzte nie loswerden kann. Erst das in diesem Sinne Ganze macht die Wahrheit aus. In ihm müssen das Eine und das Andere aufgehoben werden. Das – „Aufhebung" – ist auch eines der hegelschen Grundworte. Man muss „aufheben" dabei gleichzeitig in einem dreifachen Sinn hören: als „tollere" – aufheben im Sinn von „wegschaffen" des Gegensatzes; als „conservare" – aufheben im Sinn von „aufbewahren" (also nicht einfach über Bord werfen); und als „elevare" – aufheben im Sinn von „auf eine höhere Ebene heben".

Dialektik. Ungeachtet schwierigster formaler Bestimmungen dieser Grundoperation in Hegels Denken findet er gleichwohl immer wieder frappante Beispiele dafür, wie diese Dialektik Wirklichkeit durchherrscht. Mit ihnen wehrt Hegel auch den Verdacht ab, Dialektik erzeuge eine willkürliche Begriffsverwirrung oder sei „[...] weiter nichts als ein subjektives Schaukelsystem von hin- und hergehendem Raisonnement [...]."[14] Im Gegenteil:

> „In ihrer eigentümlichen Bestimmtheit ist die Dialektik vielmehr die eigene, wahrhafte Natur der Verstandesbestimmungen, der Dinge und des Endlichen überhaupt. Die Reflexion ist zunächst das Hinausgehen über die isolierte Bestimmtheit und ein Beziehen derselben, wodurch diese in Verhältnis gesetzt, übrigens in ihrem isolierten Gelten erhalten wird. Die Dialektik dagegen ist dies *immanente* Hinausgehen, worin die Einseitigkeit und Beschränktheit der Verstandesbestimmungen sich als das, was sie ist, nämlich als ihre Negation darstellt. Alles Endliche ist dies, sich selbst auf-

[12] Hegel: System der Philosophie (Anm. 8). § 28. 101.
[13] Hegel: Differenz (Anm. 1). 21.
[14] Hegel: System der Philosophie (Anm. 8). § 81. 189.

> zuheben. Das Dialektische macht daher die bewegende Seele des wissenschaftlichen Fortgehens aus und ist das Princip, wodurch allein *immanenter Zusammenhang und Notwendigkeit* in den Inhalt der Wissenschaft kommt, so wie in ihm überhaupt die wahrhafte, nicht äußerliche Erhebung über das Endliche liegt."[15]

Ontologie, die wirkliche Wirklichkeitsbeschreibung sein will, muss das Wirkliche dialektisch fassen und das Dialektische als Grundstruktur der Wirklichkeit erfassen, weil nur so jene Dunkelheit überwunden werden kann, die in jeder Ontologie steckt, die bei Entgegensetzungen anhält. Das Dunkel rührt ja daher, dass das Zwischen der Entgegengesetzten, die Ordnung, in der sie zueinander stehen, nicht miterfasst ist. Dialektisch gedacht sind die Entgegengesetzten in ihrem gegenseitigen Sich-Bestimmen und damit in ihrer Aufhebung zusammen mit dieser Ordnungsdimension erfasst.

Beispiele. Die von Hegel aufgebotenen Beispiele[16] reichen von der Astronomie über die Physik und die Anthropologie bis zu Recht, Sittlichkeit und Emotionalität. Die Bewegung eines Planeten z.B., daraus resultierend, dass er sich jetzt an *diesem* Ort befindet, dass aber zu seinem An-sich-Sein gehört, auch an *jenem* Ort aufzutreten, manifestiert das Dialektische. Aber genauso, dass der Mensch sterblich ist: Verstandesmäßig gefasst wird das Sterben als etwas begriffen, das zum Leben aus äußeren Ursachen auch noch hinzukommt – während vernunftgemäßem Zusehen nicht verborgen bleiben kann, dass Leben und Sterben untrennbar zusammengehören, also dialektisch ineinandergeschoben sind, sofern allem Leben von seinem ersten Augenblick an das Sterbenwerden als inneres Moment inhäriert. Desgleichen zeigt sich gerade im Bereich des Geistigen immer und immer wieder, dass die höchste Zuspitzung eines bestimmten Phänomens in ihr schieres Gegenteil umkippt: „Summum ius summa iniuria" sagt etwa schon ein altrömisches Sprichwort – höchstes Recht ist identisch mit größtem Unrecht: Wird ein Rechtsprinzip bis zum Letzten durchgesetzt, erzeugt es im Höchstmaß das, was es zu verhindern gehabt hätte. Genauso kippt politisch jede Überdehnung von Autoritätsansprüchen um in Willkür und Anarchie (übrigens etwas, für das man – obwohl unzählige Male bestätigt – bei katholischen Leitungsinstanzen bis heute eher selten Verständnis findet). „Hochmut kommt vor dem Fall" gilt Hegel als Reflex der Dialektik im Sittlichen, desgleichen im Emotionalen die Beobachtung, dass sich äußerste Freude unter Tränen kundtut, während tiefste Wehmut sich in einem stillen Lächeln äußern kann. Dialektik ist alldurchherrschend – und ebendarum setzt sie als ontologisches Strukturprinzip noch einen Folgegedanken größter Reichweite frei:

[15] HEGEL: System der Philosophie (Anm. 8). § 81. 190.
[16] Vgl. dazu HEGEL: System der Philosophie (Anm. 8). § 81. 189-195.

Dialektik des Unendlichen. Als dialektisches übersteigt das Denken ja von seinem Begriff her schon alle Entgegensetzung und steht damit notwendig in der Dimension des Unendlichen. Anders gesagt: Dialektisch gedacht ist auch der avancierteste nicht-dialektische Gedanke immer schon eingeholt. Denn nicht-dialektisch – also aus Hegels Perspektive gesprochen: kantisch – gedacht folgt der Gedanke des Unendlichen, d.h. der Gottesgedanke, aus der Verfassung des Verstandes als dessen Inbegriff, d.h. als das, was die Verstandesbestimmungen als solche zusammenhält. Das aber ist von Hegel her gesehen lediglich eine Entgegensetzung besonderer Art – besonderer Art insofern, als diese Entgegensetzung durch die Vernunft selbst erfolgt. Sie setzt, um verstandesgemäß sie selbst sein zu können, Unendliches sich selbst gegenüber. Als Entgegengesetztes muss das Unendliche natürlich so unwahr sein, wie die Vernunft sich als Entgegensetzende selbst zum Entgegengesetzten macht und damit im Unwahren verstrickt. Notwendig ist die Vernunft darauf aus, vernunftmäßig zu sein. Darum hegt sie größtes Interesse, diese Entgegensetzung – im erläuterten Sinn – aufzuheben. Dies kann nur dergestalt geschehen, dass sich Vernunft in ihrem dialektischen Durchgang durch alles Entgegengesetzte, der notwendig als unendlicher begriffen werden muss, als Selbstvollzug des Unendlichen, also als Selbstvollzug Gottes begreift. Daraus freilich resultiert dann der folgenreiche Gedanke, dass Gott ohne Welt nicht Gott sein könne.[17] Das kann auch umgekehrt gesagt werden: Gott wird nur dadurch als Gott erfasst, dass der menschliche Geist Gott in seinen Vollzügen zur Verwirklichung bringt. In Hegels eigener Formulierung aus dem *System der Philosophie*:

> „Was Gott als Geist ist, – Dies richtig und bestimmt in Gedanken zu fassen, dazu wird gründliche Speculation erfordert. Es sind zunächst die Sätze darin enthalten: Gott ist nur Gott, insofern er sich selber weiß; sein Sich-wissen ist ferner sein Selbstbewußtsein im Menschen und das Wissen des Menschen *von* Gott, das fortgeht zum Sich-wissen des Menschen *in* Gott."[18]

Theologische Konsequenzen. Ich weise an dieser Stelle nur darauf hin und gehe nicht weiter darauf ein, dass sich aus diesen Konsequenzen der Dialektik natürlich brisante Probleme für jede Theologie ergeben, die der hegelschen Ontologie auch nur im Ansatz ein philosophisches Verständigungspotenzial zugesteht. Hegel selbst hat diesen Problemdruck nicht nur nicht gemindert, sondern sozusagen über die Reizschwelle gesteigert dadurch, dass er ausdrücklich der

17 Vgl. dazu PANNENBERG, Wolfhart: Theologie und Philosophie. Ihr Verhältnis im Lichte ihrer gemeinsamen Geschichte. Göttingen 1996. 292.

18 HEGEL, Georg W.F.: System der Philosophie. Dritter Teil. Die Philosophie des Geistes. In: DERS.: Sämtliche Werke. Jubiläumsausgabe in 20 Bänden. Hg. v. Hermann Glockner. Bd. 10. 3. Aufl. Stuttgart 1958. § 564. 454.

Überzeugung war, der Inhalt der von ihm als Metaphysik konzipierten „Logik“ sei:

> „[...] die Darstellung Gottes [...], wie er in seinem ewigen Wesen vor der Erschaffung der Natur und eines endlichen Geistes ist.“[19]

Gleichwohl: Wer sich in Hegels Ansatz konsequent hineindenkt, wird diesen Anspruch nicht einfach als absurd abtun. Der Grundgedanke Hegels war ja aus ontologischen Gründen sozusagen quer zu allem natürlichen Denken über das Wirkliche angesetzt gewesen. Insofern darf nicht allzu sehr überraschen, dass seine Ausfaltungen in vom natürlichen Denken abweichende Begriffsformen führen.

Hegel-Rezeptionen. Was übrigens manche Theologen bis heute nicht davon abhält, systematisch auf Hegel zu rekurrieren, und zwar mehr auf Hegel als jeden anderen neuzeitlichen Theologen. Das Prinzip der alles durchherrschenden Dialektik entspricht ja nicht nur – wie Hegel selbst ausdrücklich bemerkt – dem Gedanken der Allmacht Gottes.[20] Dialektik ist auch in Gott selbst. Das heißt: Auch die Entgegensetzung von unendlich und endlich, von Himmel und Erde, Gott und Mensch ist dialektisch aufgehoben: Gott ist ein werdender Gott. Dialektisch geht er von sich weg, verliert sich gewissermaßen im anderen seiner selbst, um so zu sich vermittelt erst wirklich zu werden, was und wer er ist. Alles Geschehen überhaupt und insbesondere der Gang der Geschichte gehören so in Gott hinein, besser: In Geschehen und Geschichte kommt der Gott, der Geist ist, zu sich. In der christlichen Idee der Menschwerdung tritt diese innerste Wahrheit von allem erstmals vorstellungsmäßig zu Tage, weshalb Hegel das Christentum auch als höchste Religion erachtet. Die Aufgabe der Philosophie besteht darin, diese noch im Status der Vorstellung verharrende Wahrheit in begriffliche Wahrheit zu überführen – wobei sich das Zusichkommen Gottes im Vollzug dieser philosophischen Verbegrifflichung, also konkret in ihrer Realisierung als Philosophie Hegels vollendet. So hat Hegel selbst gedacht – und wenn man so ansetzt wie er, ist das unter bestimmten Voraussetzungen auch die Konsequenz. Theologen denken natürlich nicht so, trotzdem beziehen sich manche auf ihn – und zwar aus zweierlei systematischen Gründen. Zum einen wird auf diese Weise eine systematische Einholung der Idee der Inkarnation auf dem Forum der Vernunft möglich. Zum anderen – aber das deute ich hier nur an – vermag Hegel im Ansatz genau das festzuhalten, was die neuzeitliche Philosophie aufgipfelnd in Fichte aufgegeben hatte: einen theistischen Gottesgedanken. Der Konzeption des frühen Fichte war auch darum zu tun gewesen, die Entgegensetzung von Transzendenz und Immanenz zu unterlaufen, beide müssen ineinandergedacht werden. Im Erfahren des Sittengesetzes, also der Unbedingtheit, der sich Vernunft vom ersten Augen-

[19] HEGEL: Logik I (Anm. 6). 46.
[20] Vgl. HEGEL: System der Philosophie (Anm. 8). § 81. 189.

blick ihres Erwachens unterstellt findet, sieht Fichte das Absolute im Endlichen präsent. So identifiziert er die unbedingte sittliche Verpflichtung im Menschen mit Gott – aufgipfelnd in dem berüchtigten Satz:

> „Jene lebendige und wirkende moralische Ordnung ist selbst Gott; wir bedürfen keines andern Gottes und können keinen andern fassen."[21]

– das Diktum aus dem Aufsatz *Über unseren Glauben an eine göttliche Weltregierung*, mit dem Fichte 1799 den „Atheismusstreit" auslöste. (↖ Bd. 1, Kap. 8.3; ↗ Bd. 3, Teil B, Kap. 1.4) Fichte muss von diesem Ansatz her natürlich den Gedanken eines Gottes mit Bewusstsein und Personalität aufgeben – und hat das auch getan. Genau an diesem Punkt aber geht Hegel einen völlig anderen Weg: Er denkt Gott nicht nur als ein Wesen, das sich im menschlichen Denken denkt und im menschlichen Bewusstsein zu Selbstbewusstsein kommt, also personal verfasst ist. Darüber hinaus ist dieser Gott notwendig in seinem Sein trinitarisch, weil ja aufgrund der Allumfassendheit der Dialektik diese Struktur auch von Anfang an in Gott selbst gegeben sein muss und dann zudem noch geschichtlich im dialektischen Dreischritt von These, Antithese und Synthese zu sich kommt: Und das wiederum ist die begriffliche Einholung des alten theologischen Unterschiedes von immanenter und ökonomischer Trinität, der Dreifaltigkeit, die Gott in sich ist und die dann anhebend mit der Inkarnation und sich vollendend in der Geistsendung in den Raum der Offenbarkeit tritt. Das alles hat – trotz gewisser Hypotheken – Hegel für manche Theologen natürlich attraktiv gemacht, so etwa für den frühen Hans Küng, der (was heute nicht mehr viele wissen) 1970 ein umfängliches Buch vorgelegt hat mit dem Titel *Menschwerdung Gottes. Eine Einführung in Hegels theologisches Denken als Prolegomena zu einer künftigen Christologie*.[22] Und noch weniger macht der evangelische Dogmatiker Wolfhart Pannenberg einen Hehl aus seiner Sympathie für Hegel (der ihm im Übrigen als der einzige wirklich relevante Philosoph neben Platon zu gelten scheint).[23] Inwiefern sich Pannenberg eben wegen seiner Orientierung an Hegel in anthropologische und trinitätstheologische Aporien verstrickt, steht noch auf einem anderen Blatt und ist hier nicht zu diskutieren. Auch im französischsprachigen Bereich gab es eine intensive Hegelaneignung, angestoßen durch den Jesuiten Gaston Fessard, heute vor allem repräsentiert von Claude Bruaire. Ich belasse es an dieser Stelle bei diesen wenigen Hinweisen zur Gottesfrage bei Hegel. Ich musste aber auch an dieser Stelle wenigstens im Umriss darauf eingehen, weil der Gottesgedanke bei Hegel nicht nur aus seinem ontologischen Ansatz gewonnen wird, sondern – eben wegen der Dialektik – in den ontologischen Ansatz selbst konstitutiv hineingehört.

21 FICHTE, Johann G.: Ueber den Grund unseres Glaubens an eine göttliche Weltregierung. In: DERS.: Fichtes Werke. Hg. v. Immanuel Hermann Fichte. Bd. V: Zur Religionsphilosophie. 175-189. Hier 186.

22 KÜNG, Hans: Menschwerdung Gottes. Eine Einführung in Hegels theologisches Denken als Prolegomena zu einer künftigen Christologie. Freiburg; Basel; Wien 1970.

23 Vgl. bes. PANNENBERG: Theologie und Philosophie (Anm. 17). 257-293.

Einigermaßen durchsichtig können diese Zusammenhänge werden, wenn wir uns jetzt noch – unter Ausblendung theologischer Gehalte – vor Augen bringen, inwiefern der von der eingespielten Denkform abweichende Ansatz Hegels philosophisch gerechtfertigt und im Blick auf die uns leitende Frage der Ontologie sinnvoll ist. Das soll nachfolgend auf eine primär systematische, also vom direkten Rekurs auf Hegel-Texte absehende Weise geschehen.

6.2 Natürlich, spekulativ – und zurück

Grunddifferenz. Hegels Grundfrage lautet: Wie kann eine erschöpfende Weltbeschreibung gewonnen werden, die alles faktisch und alles prinzipiell Wissbare umfasst? Das natürliche Denken ist diesbezüglich mit einer schweren Hypothek belastet, sofern es die Wirklichkeit als Ordnungsgefüge von Einzeldingen beschreibt, ohne aber Einzelding und Ordnung ihrerseits nochmals wissensförmig zusammenzubringen. Sie belässt es bei der wechselseitigen Bezogenheit beider Komponenten, die sich ihrerseits darin geltend macht, dass erkenntnismäßig alles in Gegensatzpaaren auftritt: Das Eine-das Andere, Identität-Nichtidentität, Affirmation-Negation. Mit einem Satz: Die Welt besteht aus in Ordnungsstrukturen auftretenden Einzeldingen – und ist darum nicht verständlich.

Selbstbezügliche Andersheit. Hegel geht es darum unter dem Titel „Logik" oder „Metaphysik" nicht um ein Wissen neben dem Wissen unserer Erfahrung, sondern um ein anderes, weil vollständigeres Wissen von der Erfahrung; noch genauer: es geht darum, überhaupt Wissen von der Welt zu gewinnen, das diesen Namen verdient. Und dieses wirkliche Wissen soll dadurch gewonnen werden, dass auch noch das Gegenüber jener Entgegensetzungen wissend mit einbegriffen wird. Dazu aber müssen die Entgegensetzungen des natürlichen Wissens aufgelöst werden: Positives schließt Negatives mit ein und beschreibt es in seiner Negativität. So entsteht die von der natürlichen systematisch und konstruktiv abweichende spekulative Denkform. Unser natürliches Wissen ist von dem Grundsatz geprägt: Entweder ist a oder es ist nicht-a; niemals kann gelten: Es ist a und es ist nicht-a. Die spekulative Denkform folgt diesem Prinzip genau nicht: A ist immer auch nicht-a, sofern das Eine nicht nur das Eine, sondern immer das Eine des Anderen und insofern auch für sich das Andere ist. Das Andere gehört wissensmäßig gesehen in das Eine hinein, wie das Eine in das Andere hineingehört und beide nur so an und für sich sind, was sie sind. Wegen dieser spekulativen Grundstruktur ist das Denken Hegels monistisch verfasst: Es folgt einer Funktion, nicht zweien (daher der Titel „Monismus"). Gleichzeitig kennzeichnet dieses Denken eine konstitutive Dynamik, sofern es durch interne Gegenbewegungen geprägt ist. Das rührt daher, dass Positivität als Beziehung auf sich, Negativität als Ausschluss seiner selbst bzw. Andersheit seiner selbst bestimmt wird und gleichzeitig wegen der Auflösung der Entgegensetzung von positiv und negativ gilt:

> „Die positive Beziehung ist in sich selbst negativ; alles ist es selbst nur, insofern es mit sich selbst auch nicht identisch ist; alles Unmittelbare ist we-

> sentlich vermittelt; jedes ist Eines nur, insofern es auch das *Andere seiner selbst ist*“[24] –

schreibt bündig Dieter Henrich, einer der ausgewiesenen Hegel-Interpreten der Gegenwart. Das „Andere seiner selbst“ ist die Grundfigur der spekulativen Ontologie. Alle Grundbegriffe des hegelschen Systems sind „Nachfolger und Komplikationen“[25] dieser Grundfigur. Mit ihnen kann die Wirklichkeit als Ganze zur Darstellung gebracht werden. Das lässt sich an den Leistungen dieser Denkfigur ablesen:

(a) Identität im Wandel. Sofern etwas ein Anderes seiner selbst ist, ist es ein Geschehen, um so gerade kraft seiner selbstbezüglichen Negativität unter wechselnden Zuständen es selbst, also identisch zu bleiben.

(b) Individuum. Als solches ist es Einzelnes im Sinn von Individuum, also Eines, das in sich der Ausbildung von Differenzen fähig und mächtig ist, ohne in diesen Differenzen zu verschwinden.

(c) Erkenntnis. Auch Erkenntnis entspricht der Struktur der selbstbezüglichen Andersheit: Was wie etwas Fremdes aufgefasst werden könnte, wird als demjenigen zugehörig aufgefasst, durch das es aufgefasst wird. Über das Medium der Fremdheit vermittelt wird das Erkannte als das Eigene, d.h. als Unmittelbares ergriffen.

(d) Volitive Akte. Entsprechend dieser Bestimmung kognitiver Akte können auch volitive Akte gefasst werden: Wie im Erkennen das Fremde Eigenes wird und den Erkennenden – im Vergleich zu vorher – buchstäblich verfremdet, so wird in Akten der Hingabe, in denen ich mich an den anderen entäußere oder verliere, der andere verändert, und ich gewinne mich wieder in seiner Veränderung. Auch die List folgt übrigens dieser Struktur, wie schon Horkheimer und Adorno mit Blick auf Odysseus in der *Dialektik der Aufklärung* bemerkten:

> „Das Organ des Selbst, Abenteuer zu bestehen, sich wegzuwerfen, um sich zu behalten, ist die List.“[26]

Und davon – von der Liebe oder von der List, und meist von beidem zugleich – handeln alle Romane der Welt. Mit gewissem Recht kann man sagen: Hegels Werke sind der Roman des absoluten Geistes, also Gottes.

(e) Selbstbewusstsein. Auch das rätselhafteste Phänomen der Wirklichkeit – Selbstbewusstsein – kann mit der spekulativen

24 HENRICH, Dieter: Kant und Hegel. Versuch der Vereinigung ihrer Grundgedanken. In: DERS.: Selbstverhältnisse. Gedanken und Auslegungen zu den Grundlagen der klassischen deutschen Philosophie. Stuttgart 1982. 173-208. Hier 199.

25 HENRICH: Kant und Hegel (Anm. 24). 201.

26 ADORNO, Theodor W./HORKHEIMER, Max: Dialektik der Aufklärung. Philosophische Fragmente. Frankfurt a.M. 1998. 55.

Denkform relativ unproblematisch gefasst werden. Selbstbewusstsein in seiner unhintergehbaren Doppelung von Seinigkeit und Verwiesenheit auf Anderes und Andere besteht darin, sich im Anderen seiner selbst als sich selbst zu wissen.[27]

Zusammengenommen heißt das: Geistige Prozesse und sogar Selbstbewusstsein müssen in der spekulativen Denkform nicht anders als Dinge beschrieben werden. Mehr noch: Das Wissen von der Welt einschließlich des Wissens des Wissens von sich und die Form der Welt lassen sich mit einem Gedanken umgreifen. Damit ist die Dunkelheit der natürlichen Ontologie in der Tat aufgeklärt – allerdings um den Preis der systematischen Abweichung von der natürlichen Denkform.

Rückübersetzung. Die philosophische Verständigungsleistung dieser alternativen Ontologie kann damit natürlich nur dann freigesetzt werden, wenn das über die spekulative Denkform Erreichte nun seinerseits nochmals – natürlich mit dem Instrumentar der selbstbezüglichen Andersheit! – in die Sprache der natürlichen Weltbeschreibung rückübersetzt werden kann. Anders gewendet: Die kantische Weltbeschreibung mit ihrer Auffassung von Wirklichkeit und Wissen muss in der neuen „[…] monistischen Ontologie der Einheit von Selbstbeziehung und Differenzbeziehung […]“[28] einen Ort finden, von dem her sie sich tiefer erschließen lässt als vorher. Diese Rückübersetzung lässt sich als ein Verfahren in fünf Schritten beschreiben, wobei jedem dieser Schritte ein Grundbegriff hegelschen Denkens zugeordnet werden kann.[29]

(1) Prozess. Die spekulative Begriffsform „Anderes seiner selbst“ muss in eine Bestimmung gebracht werden, die es erlaubt, mit ihr Beschreibungen von Sachverhalten vorzunehmen. Gelingt es, die nicht-natürliche Denkform auf diese Weise gewissermaßen im Raum des natürlichen Wissens selbst funktional wiederzuentdecken, dann hat sie bereits gleichsam Weltboden unter den Füßen und entgeht dem Verdacht, abgehobene Spekulation zu sein. Diese – fast möchte ich sagen – „Erdung“ ist tatsächlich möglich, wenn man die Denkfigur als Prozess bestimmt – „Prozess“ ist der erste der in diesem Zusammenhang relevanten hegelschen Grundbegriffe. Als Prozess bezeichnen wir entweder das Übergehen von etwas zu etwas, wobei es ein

[27] Vgl. HENRICH, Dieter: Selbstbewußtsein und spekulatives Denken. In: DERS.: Fluchtlinien. Philosophische Essays. Frankfurt a.M. 1982. 125-181. Hier 175.

[28] HENRICH: Kant und Hegel (Anm. 24). 201.

[29] Ich orientiere mich in der anschließenden Darstellung neben HENRICH: Kant und Hegel (Anm. 24). 200-208 in einigen Punkten an Motiven aus Henrichs Vorlesung *Hegels Metaphysik und Logik* vom Wintersemester 1981/82, aus der einige wichtige Überlegungen bis dato noch nicht in Veröffentlichungen Henrichs eingeflossen sind. – Hinweise auf bereits publizierte Motive vgl. in MÜLLER, Klaus: Wenn ich „ich“ sage. Studien zur fundamentaltheologischen Relevanz selbstbewußter Subjektivität. Frankfurt a.M. u.a. 1994. Kap. 7.

anderes wird, als es war. Oder wir sprechen von Prozess im Sinn von Verwandlung von etwas in sein Gegenteil.

Lebewesen und Staaten. Anderes seiner selbst ist also etwas, das nicht das Eine und nicht das Andere ist, sondern aus sich heraus das Andere wird als Anderes gegen sich. Wirkliches *ist* – im strengen Sinn des Wortes – als sich verändernd (und nicht statisch, wie die natürliche Denkform in ihrem unmittelbaren Zugriff meint). Die selbstbezügliche Andersheit und damit das Sich-Verändern ist die Grundform dessen, was ist. Weshalb Wirkliches zunächst einmal auch als endlich zu begreifen ist. Was aber zugleich auch heißt: Kein Gedanke von ihm erfasst das Ganze des betreffenden Seienden. In jeder seiner Phasen ist das, was ist, begrenzt, also unvollkommen – und darum kann der Prozess seines Seins an ein Ende kommen. Endlichkeit ist dem, was ist, nicht äußerlich, es kann aus sich aufhören. Zu Seiendem gehört insofern Kontinuität (sonst gäbe es kein Übergehen) wie Instabilität im Sinn von Endenkönnen. Paradigmatische Seiende sind darum für Hegel nicht unvergängliche Entitäten, sondern Lebewesen oder Staaten, weil etwas, das verändern und das vergehen kann, wirklicher ist als Unveränderliches oder Unvergängliches.

„Herr und Knecht". Der zweite Sinn von Prozessualität – die Verwandlung – macht ein Seiendes nicht nur zu einem anderen als dem, was es gewesen ist, sondern verkehrt es in sein Gegenteil. Klassisches Beispiel: die berühmte Dialektik von Herr und Knecht, wie sie Hegel in der *Phänomenologie des Geistes* ausgeführt hat.[30] So kurz wie möglich zusammengefasst: Selbstbewusstseine sind wesentlich und wirklich dadurch, dass sie sich jeweils wechselseitig im Anderen erkennen und anerkennen. Weil sie dadurch aber ihre Identität verlieren, trachten sie sich gegenseitig aufzuheben, also wegzuschaffen. Darum treten sie in einen Kampf auf Leben und Tod ein. Erst dann kann sich einer seiner Selbstständigkeit gewiss sein. Gleichzeitig muss dieser Kampf eine Form haben, die verhindert, dass die Überwindung des anderen zu seiner Vernichtung wird, weil so die die Gewissheit vermittelnde Anerkenntnis verloren ginge, so dass Selbstbewusstsein zu einer leeren Instanz geriete. Auch auf der anderen Seite (derjenigen des überwunden werdenden Selbstbewusstseins) würde mit dem eigenen Tod – erlitten durch den anderen – das Ziel, seiner selbst gewiss zu werden, aufgehoben. Also müssen Selbstbewusstseine um ihrer selbst willen – um nicht von vornherein verloren zu gehen – in ein agonisches Verhältnis treten, indem der eine sich dem anderen unterwirft dadurch, dass er sein Leben vorzieht und sich zum Knecht dessen macht, der in diesem Kampf einen Schritt weiter geht, nämlich Selbstbewusstsein dem Leben vorzieht und sich so als Herr zeigt, weil ihm das Selbstbewusstsein als wesentlicher und d.h. als wirklicher gilt

30 Vgl. dazu auch SIEP: Weg (Anm. 4). 101-106. – HOFFMANN: Hegel (Anm. 2). 261-267.

als (das eigene und fremde) Leben – dahinter steht der von Aristoteles bis in die Neuzeit akzeptierte Gedanke, dass einer, der in einem gerechten Krieg unterliegt, unter Schonung seines Lebens als Sklave erachtet werden darf.[31]

Hegel zeigt aber nun, dass es in diesem Kampf zu einem beidseitigen Scheitern des Intendierten kommt: Der Herr gewinnt nicht die Bestätigung durch den anderen, weil die Unterwerfung des anderen diesen gar nicht mehr fähig sein lässt, eine freie Anerkennung zu leisten, eine erzwungene aber überhaupt keine Anerkennung ist. Und zugleich wird der Herr dadurch, dass ihm der Knecht als lebendiges Werkzeug dient, der die Dinge für ihn bearbeitet, um sie für sich genießen zu können, vom Knecht abhängig, gewinnt also genau nicht die Unabhängigkeit vom Leben und den anderen, die seine Bevorzugung des Selbstbewusstseins im Eintreten in den Kampf insinuiert hatte. An der Herrschaft des Herrn zeigt sich darum auf doppelte Weise,

> „daß ihr Wesen das Verkehrte dessen ist, was sie sein will“[32],

was Hegel sofort erwarten lässt, dass es auch auf der Seite der Knechtschaft zu einem Umschlag der anfänglichen Situation in ihr Gegenteil kommen wird, die in einer Weise über das Bewusstsein des Herrn hinausführt, dass sich der Knecht als der eigentliche Herr erweist: Denn zum einen reißt die im Kampf den Knecht ergreifende Furcht diesen aus allem konkreten Bedürfen und Wünschen heraus, befreit ihn also aus allem Bestimmtwerden, aller Heteronomie durch die Dinge (während der Herr den Dingen, die er genießt und vertilgt, in seiner Begierde ausgeliefert ist); zum anderen ahmt der Knecht, indem er dient und sich der Dinge, die er für den Herrn bearbeitet, enthält, das freie Selbstsein, das (eigentlich) das Herrsein auszeichnet, nach; und drittens kann der Knecht durch seine Arbeit sein Selbstbewusstsein, das schon durch Furcht und Dienen von Heteronomie durch die Dinge freigesetzt ist, in den Dingen vergegenständlichen, ausprägen, um es in ihnen anzuschauen. Und zugleich zeigt er in jener Enthaltsamkeit und in diesem Bearbeiten der Dinge seine Überlegenheit über die Macht der inneren und der äußeren Natur. So kommt der Knecht zu einem freien Selbstbewusstsein, das seinem Herrn prinzipiell unzugänglich ist. Und damit verkehrt sich das Verhältnis von Herr und Knecht, was den Gewinn von Selbstbewusstsein betrifft, also dessen, worum willen der ganze Prozess überhaupt in Gang kommt – ein Vorgang, der in seiner prozessualen Komplexität mit den Mitteln natürlicher Ontologie in keiner Weise rekonstruierbar wäre und darum als Phänomen unbegriffen bleiben müsste (die typi-

31 Vgl. dazu und zum Folgenden SIEP, Ludwig: Die Bewegung des Anerkennens in der *Phänomenologie des Geistes.* In: KÖHLER, Dietmar/PÖGGELER, Otto (Hgg.): G.W.F. Hegel – Phänomenologie des Geistes. Berlin 1998. 107-127. Hier 114-116.

32 HEGEL, Georg W.F.: Phänomenologie des Geistes. In: DERS.: Sämtliche Werke. Jubiläumsausgabe in 20 Bänden. Hg. v. Hermann Glockner. Bd. 2. 3. Aufl. Stuttgart 1951. 155.

sche Dunkelheit der natürlichen Ontologie).[33] Die Rückübersetzbarkeit der spekulativen Denkform in einen Bezug zur natürlichen Welt darf allein schon kraft ihrer Eignung zum Beschreiben solcher Prozesse als evident gelten – aber sie beschränkt sich längst nicht auf Prozessualität. Daher ein zweiter Schritt:

(2) Einzelnes. Als philosophisch belangvoll kann die spekulative Denkform nur gelten, wenn sie erlaubt, den Gedanken des Einzelnen zu denken. Hegel selbst hat das Einzelnsein spekulativ durch den Begriff der Selbstdifferenzierung konkretisiert. Sie macht, dass Seiendes Einzelnes ist. In der natürlichen Ontologie hat Einzelnsein mit Identifizierbarkeit zu tun. Spekulativ greift diese Verbindung nicht – wie eben gesehen. Dass etwas es selbst ist, hat damit zu tun, dass es übergeht oder sich verwandelt. Sein Sein resultiert aus der Abfolge seiner Veränderungen oder Transformationen. Einzelnsein kann dann aber nur gefasst werden, wenn in diesem Prozess etwas nicht irgendetwas Anderes oder etwas ganz Anderes wird, sondern dieses Andere immer schon das eigene Andere ist. Es muss dem, woraus es geworden ist, immer schon wesentlich zugehören. Das, wozu etwas in seinem Werden wird, muss ihm als solchem wesentlich sein. D.h. Einzelnes als solches kann spekulativ nur gedacht werden, wenn Veränderung oder Verwandlung nicht einfach stattfinden, sondern als Entwicklung sich vollziehen. Der Begriff der Entwicklung entnimmt das Geschehen einem beliebigen Verlaufen, kommt also für die Selbigkeit des Werdenden auf, und zugleich drückt er dieses Werden als ein notwendiges aus: Etwas im Sinn einer Entwicklung Werdendes ist ja erst es selbst, also identisch, wenn es sich ganz entwickelnd ein anderes als zunächst geworden ist. Nur in der Selbstdifferenzierung gewinnt es seine Einheit. Diese besteht darin,

> „daß Eines sich in sich selbst zu einem Anderen macht, ohne von der eigenen Andersheit bedroht zu werden. […] Das ist charakteristisch für das, was man unter einem eigentlichen Individuum (z.B. einem Organismus, einer Persönlichkeit) versteht. Es differenziert sich zu relativ selbständigen Teilen, hat aber gerade in deren Funktionszusammenhang seine Einheit, seine Stabilität, seine wirkliche Unterscheidung von anderen und damit auch die Möglichkeit der unbefangenen Beziehung zu ihnen.“[34]

In einem sich Entwickelnden sind Einheit und Differenz buchstäblich zusammengewachsen: Es ist ein Konkretes. Gegen die Meinung der natürlichen Ontologie muss darum nicht Einfaches als das eigentlich Wirkliche gelten, sondern das Konkrete. Je stärker etwas solcher Selbstdifferenzierung fähig und mächtig ist, desto mehr „ist“ es. Ein wichtiger Zug tritt noch hinzu: Nur was der Selbstdifferenzierung fähig ist, kann sich auch selbst erhalten: Selbsterhalten kann sich nur Einzelnes, und es tut das, indem es seine Differenzierungen in eine Einheit einbegreift, die es selbst steuert – so dass keine Differenzie-

[33] HEGEL: Phänomenologie des Geistes (Anm. 32). 148-158.
[34] HENRICH: Kant und Hegel (Anm. 24). 202.

rungen auftreten, die es um sein Wirklichsein brächten, also etwa gewaltsame Veränderungen von außen. Als selbstbestimmtes System kann Wirkliches als Konkretes dem widerstehen. Alles wahre Einzelne in der Welt kann aus sich solcher Einwirkung opponieren.

(3) Erkenntnis und Selbsterkenntnis. Die dritte Stufe weltlicher Bewährung der spekulativen Denkform besteht darin, Erkennen und besonders Selbsterkenntnis als einen Modus selbstbezüglicher Andersheit auszuweisen. Diese Bedingung wird dadurch erfüllt, dass sich Erkennen als ein Übergreifen von etwas, das seinerseits nicht von Wesen Erkennen ist, fassen lässt. Im Erkennen holt Erkenntnis etwas anderes als anderes in ihr Eigenes hinein und hält es dort – also in einer ganz anderen Dimension – in Gestalt eines Urteils fest. Im Fall der Selbsterkenntnis wird das Andere *als* Eigenes und in ihm das Selbst als es selbst erkannt (das auch erst ist die volle Form der selbstbezüglichen Andersheit im Medium der Erkenntnis und sie ist das Paradigma von Erkennen überhaupt). Dieses Übergreifen von Differenzen war ja zunächst auch schon im Prozess des Einzelnseins zu konstatieren. Der Unterschied zur Einheit im Bereich der Erkenntnis liegt darin, dass die Differenzen nicht zusammengehalten werden müssen, sondern freigegeben werden können. Erkanntes kann gegeneinander stehen, zum Verschwinden gebracht werden, verlorengehen. Jedoch hält Erkenntnis auch noch das Zerstörte, Verlorene usw. als das Andere dessen, was es gewesen war, fest – und kann das, weil sie selbst Anderes dessen ist, was sie erkennt. Erkenntnis ist adäquate Übersetzung in eine gänzlich andere Sphäre. „Übergreifen ins Anderssein“ lautet der hegelsche Grundbegriff in diesem Zusammenhang. Erkennen heißt damit: Etwas als etwas erfassen, und das impliziert einerseits radikale Differenz zwischen dem Wissen und dem Gewussten, besagt aber zugleich Korrespondenz zwischen dem Gewussten und dem, was Gegenstand des Wissens ist. Entscheidend aber ist, dass es sich dabei eben nicht um jene Entsprechung der aporetischen Korrespondenztheorien handelt. All diese Theorien operieren ja im Kern mit einer – thomanisch gesprochen – „adaequatio rei et intellectus“, setzen also in der Vernunft ein Repräsentat des Erkannten, um die Wahrheit als Übereinstimmung zwischen beiden zu fassen – und enden in einem infiniten Regress, weil sie für die Feststellung der Übereinstimmung ja wieder einen Maßstab, also ein Repräsentat des Repräsentats benötigen und so in infinitum. (↖ Bd. 1, Kap. 3.2) Hegels Denkfigur der selbstbezüglichen Andersheit verhindert das genau dadurch, dass sie das Erkannte als anderes seiner selbst (als eines Wirklichen) zu fassen erlaubt.

(4) System. Im vierten Schritt der Rückübersetzung der spekulativen Denkform wird die natürliche Welt sozusagen wieder ganz erreicht, sofern nach der Klärung der grundsätzlichen Weltfähigkeit des spekulativen Denkens und nach der Wiedergewinnung der Begriffe des Einzelnen und der Erkenntnis nun auch der zweite Grundgedanke der natürlichen Weltsicht reformuliert wird: derjenige der Ordnung. Der Gedanke der Ordnung, in der die Einzeldinge auftreten, hatte ja durch sein unauflösliches Gegenüber zum Einzelding-Gedanken überhaupt zur Infragestellung der natürlichen Ontologie geführt. Kann also auch dieser natürliche Weltbegriff als Modus der spekulativen Denkform gefasst werden? Ja: Hegel tut das in Gestalt des Systembegriffs. Sich selbst differenzierende und insofern einzelne Seiende sind dynamische Entitäten und haben ihr Spezifikum darin, Differenzen in eine Einheit zu bringen, also nicht willkürlich sich ausdifferenzieren zu lassen und damit bestimmte Plätze innerhalb der Ordnung des Wirklichen einzunehmen. Genau dieser Vorgang aber – in der natürlichen Ontologie hinsichtlich seiner Form nicht durchschaubar – muss spekulativ begriffen werden können als Modus der denkerischen Grundform des Anderen seiner selbst. Die Aufgabe besteht darin, Einzelne als selbstständige und zugleich ihr In-Beziehung-Stehen zu denken, aber so, dass dabei weder die Selbstständigkeit verschwindet noch das In-Beziehung-Stehen einfach vorausgesetzt wird – und umgekehrt gilt dasselbe: Auch die Selbstständigkeit darf nicht einfach vorausgesetzt werden oder die Beziehungskomponente ausgelassen (das wären nur Varianten der natürlichen Denkform). Nötig ist also ein Gedanke, in dem sich Einzelding und Ordnung so implizieren, dass sich aus dem Einzelding als solchem sein Ordnungsplatz angeben und aus der Kenntnis des Ordnungsplatzes das Einzelding in seiner Selbstständigkeit darstellen lässt. Auch für diesen Gedanken gibt es innerhalb der natürlichen Welt einen Anhalt. Denn in der natürlichen Welt treten nicht nur Einzelding, Ordnung und Erkenntnis auf, sondern auch so genannte formale Objekte wie Zahlen, geometrische Figuren, Klassen, Mengen usw. – Konkretionen Letzterer wären etwa Arten von Lebewesen und menschliche Gesellschaften.

Was diese formalen Entitäten spezifiziert, ist, dass sie aus sich selbst nicht gegen die Ordnung gleichgültig sind, in der sie auftreten: Jede einzelne Zahl etwa – als Einzelding – steht innerhalb der Zahlenreihe – also der Ordnung – unverrückbar und unvertretbar an je ihrem Platz. Wo die Zwei steht – zwischen Eins und Drei – ergibt sich vollständig aus ihrem Zweisein, und sie kann nirgends anders stehen. Zahlen als Zahlen machen die Ordnung der Zahlenreihe aus, genauso wie geometrische Figuren nicht einfach einen Raum ausfüllen, sondern Raum als so und so bestimmten konstituieren. Im Fall der formalen Objekte liegt also genau jene wechselseitige Implikation von Einzelding und Ordnung vor, die den jeweils einen Faktor zur Konstitutionsbedingung des jeweils anderen macht, und darum orientiert Hegel seinen spekulativen Weltbegriff an diesem Paradigma.

Vorbild Platon. Nun ist dies freilich weder eine verwegene und vor allem keine neue Idee. Nichts anderes hat ja auch schon Platon unternommen: Die formalen Objekte heißen bei ihm „Ideen“, und von ihnen her soll alles Wirkliche in seinem Sein verständlich gemacht werden. Nur nebenher erinnere ich an die Bedeutung des pythagoreischen Denkens für die Konzeption von Platons Ideenlehre (↖ Bd. 1, Kap. 3.1; → Bd. 2, Teil C, Kap. 3.6), um darauf aufmerksam zu machen, dass der Entdeckungszusammenhang bei Platon wie bei Hegel faktisch der gleiche war: „Dinge existieren als Abbild von Zahlen“[35], lautet einer der Grundsätze der Pythagoreer. Genau diese Herleitung der Einzeldinge aus Formen war ja zentraler Kritikpunkt des Aristoteles gewesen und Abstoßpunkt für seine Konzeption am Leitfaden der Einzelheit. Hegels Denken stellt so etwas wie den Versuch einer Vermittlung dar: Das, woraus alles erklärt wird, weil es bestimmt, was wirklich ist, soll Formcharakter haben, und trotzdem soll das Recht der Einzelheit unverkürzt erhalten bleiben. Am nächsten käme diesem Vorhaben, wenn Formen als solche auch schon untereinander in ganz bestimmten Beziehungen, also Verhältnissen zu denken wären.

Proportionen. Genau das hat Platon in einem seiner berühmtesten Dialoge ausgeführt, und Hegel hat mit Bezug auf die einschlägige Stelle seinen spekulativen Weltbegriff entwickelt. Es handelt sich um eine Passage aus dem *Timaios*, der in seinem Zentrum die Erschaffung der Welt zum Thema hat: Der weltschaffende Gott, so Platon, musste bei seinem Werk bestimmte Prinzipien einhalten, um die Vielheit der Elemente – Feuer, Erde, Luft und Wasser – in eine geordnete Ganzheit zu bringen (also hier schon das Thema „Einzelding und Ordnung“!):

> „Das Gewordene muß aber körperlich, sichtbar und betastbar sein. Nun dürfte wohl nichts je ohne Feuer sichtbar noch ohne etwas Festes betastbar werden, fest aber nicht ohne Erde. Daher schuf der Gott, als er den Körper des Alls zusammenzusetzen begann, ihn aus Feuer und Erde. Daß sich zwei Bestandteile allein ohne einen dritten wohl verbinden, ist nicht möglich; denn ein bestimmtes Band in der Mitte muß die Verbindung zwischen beiden schaffen. Das schönste aller Bänder ist aber das, welches sich selbst und das Verbundene, soweit möglich, zu einem macht. Das aber vermag ihrer Natur nach am besten die Proportion zu bewirken.“[36]

Die beiden zu verbindenden Größen werden nicht durch eine dritte Größe zu Verbundenen, sondern dadurch, dass sie zueinander in ein Verhältnis gebracht werden, das sie aus sich zu Verbundenen macht – was dazu führt, dass Verbindendes und Verbundenes eine Einheit bilden, was erkennbar eine Vorzeichnung dessen abgibt, was in Gestalt des hegelschen spekulativen Weltbegriffs zu denken ansteht (dass das „kallistos“ der „desmon“, das schönster aller Bänder – die Propor-

[35] ARISTOTELES: Metaphysik. 987b, 11.
[36] PLATON: Timaios. 31b-c.

tion –, im griechischen Original den Namen „analogia“ trägt, schlägt unmittelbar die Brücke zu jenem klassischen Lehrstück der sprachlichen Dimension des Gott-Welt-Verhältnisses, das unter eben diesem Titel in der Sprachphilosophie zu verhandeln ist). (↖ Bd. 1, Kap. 4.6)

Nun hat Platon selbst schon im *Timaios* die Proportion als das spezifisch Zusammenhaltende des Weltganzen auf eine für Hegel äußerst bedeutsame Weise fortbestimmt. Die oben zitierte Passage geht folgendermaßen weiter:

> „Wenn nämlich von drei Zahlen, seien es nun irgendwelche Mengen oder Quadratzahlen, sich die mittlere so zur letzten verhält wie die erste sich zu ihr und wiederum wie die letzte sich zur mittleren, so die mittlere zur ersten, dann wird, da die mittlere zur ersten und letzten wird, die letzte und erste aber beide zu mittleren, daraus notwendig folgen, daß alle dieselben seien. Indem sie aber untereinander zu demselben wurden, daß alle eins sein werden. Sollte nun der Körper des Alls eine ebene Fläche ohne jegliche Tiefe werden, dann wäre *ein* Mittelglied ausreichend, sich selbst und ihre Begleitwerte zu verbinden. Nun aber kam es ihm zu, dreidimensional zu werden, die dreidimensionalen Dinge verbinden nie ein sondern immer zwei Mittelglieder; indem der Gott so also inmitten zwischen Feuer und Erde Wasser und Luft einfügte und sie zueinander möglichst proportional machte, nämlich wie Feuer zu Luft so Luft zu Wasser und wie Luft zu Wasser so Wasser zu Erde, verknüpfte und gestaltete er einen sichtbaren und betastbaren Himmel. Und deswegen und aus diesen derartigen der Zahl nach vierfachen Bestandteilen ward der Körper des Alls erzeugt als durch Proportion übereinstimmend, und hieraus erlangte er freundschaftliches Einvernehmen, so daß er, zur Übereinstimmung mit sich selbst zusammenfindend, für irgendeinen anderen als den, der ihn verknüpfte, unauflöslich wurde.“[37]

Gerade auch die zuletzt zitierten Sätze Platons wären eingehender Erwägung wert, vor allem der Hinweis auf die aus der Proportion resultierende „philia“, also Freundschaft: Sie ist so etwas wie die Grundstimmung der Welt und steht für deren Verlässlichkeit und Stabilität, sofern die proportionale Verknüpfung eine so vollkommene Form von Verbindung repräsentiert, dass sie kein anderer als ihr Urheber aufheben könnte. Das drückt einen Schöpfungsoptimismus aus, der wie von selbst an die Qualifikationen aus Gen 1 erinnert – „Und er sah, dass es gut, dass es sehr gut war“ – oder an die definitive Bestandsgarantie für die Schöpfung gegenüber Noah nach der Flut in Gen 9 (entsprechend lebhaft ist auch das Interesse christlicher Rezipienten am *Timaios* gewesen; heute wird er so gut wie nicht mehr gelesen).

Syllogismus. Aber nicht davon kann hier weiter die Rede sein. Im gegebenen Zusammenhang muss unser Interesse ausschließlich Platons Ausdifferenzierung der Proportion gelten, denn aus ihr gewinnt Hegel den Formbegriff, der als der Grundbegriff seiner spekulativ transformierten Weltbeschreibung fungiert, der Begriff des „Syl-

[37] PLATON: Timaios. 31c-32c.

logismus“, also des Schlusses, wörtlich: des Zusammengeschlossenwerdens. Alles, was wirklich ist, wird syllogistisch zusammengeschlossen, und nichts, was einbegriffen werden kann, wird ausgelassen. Syllogismus geht darum mit Totalität einher. Das eigentlich Spannende aber ist die genauere Form dieser Totalität. Und die lässt sich am besten im Blick auf die Hegel inspirierende platonische Ausdifferenzierung der Proportion begreifen.

Die durchaus komplexe sprachliche Form dieser Ausdifferenzierung in der oben zitierten Passage wird gut überschaubar, wenn man sie in die Gestalt eines konkreten Zahlenbeispiels bringt. Also: Drei Zahlen

- von denen sich die mittlere so zur letzten verhält, wie die erste sich zu ihr: 9:6 = 6:4
- und von denen sich die letzte zur mittleren wie die mittlere zur ersten verhält: 6:9 = 4:6
- und von denen die mittlere zur ersten und letzten wird, die letzte und erste aber beide zur mittleren: 6:4 = 9:6.

Die entscheidende Pointe besteht nun darin, dass im Durchgang durch die drei Proportionen die Mittelstelle von allen drei beteiligten Zahlen besetzt wird. Genau das macht eben die Proportion zum „kallistos“ der „desmon“, zum schönsten aller Bänder, dass alle in ihr stehenden Elemente an die vermittelnde Stelle zu treten vermögen. Der Zusammenhang ist ja damit durch jedes der vermittelten Elemente auch vermittelt worden, und das ist die vollkommene Vermittlung, wenn die Vermittelten gleichbeteiligt die Vermittlung erwirken.

Spekulativer Weltbegriff. Dieses Schema legt Hegel der Gewinnung eines spekulativ strukturierten, aber zur Beschreibung der natürlichen Welt tauglichen Weltbegriffs zugrunde. Auch dabei treten ja drei Faktoren auf: Einzelheit (E), Besonderheit (B) und Allgemeinheit (A). Zur Begriffsklärung kann eine Passage aus dem ansonsten äußerst schwierigen einschlägigen Kapitel aus der *Wissenschaft der Logik* dienen:

> „E[inzelheit]-B[esonderheit]-A[llgemeinheit; Erg. K.M.] ist das allgemeine Schema des bestimmten Schlusses. Die Einzelheit schließt sich durch die Besonderheit mit der Allgemeinheit zusammen; das Einzelne ist nicht unmittelbar allgemein, sondern durch die Besonderheit; und umgekehrt ist ebenso das Allgemeine nicht unmittelbar einzeln, sondern es läßt sich durch die Besonderheit dazu herab. – Diese Bestimmungen stehen als *Extreme* einander gegenüber und sind in einem *verschiedenen* Dritten eins. Sie sind beide Bestimmtheit; darin sind sie *identisch*; diese ihre allgemeine Bestimmtheit ist die *Besonderheit*. Sie sind aber ebenso *Extreme* gegen diese als gegeneinander, weil jedes in seiner *unmittelbaren* Bestimmtheit ist.“[38]

[38] HEGEL, Georg W.F.: Wissenschaft der Logik. Zweiter Teil. Die subjektive Logik oder Lehre vom Begriff. In: DERS.: Sämtliche Werke. Jubiläumsausgabe in 20 Bänden. Hg. v. Hermann Glockner. Bd. 5. 3. Aufl. Stuttgart 1949. 122.

Im Blick auf Platons Proportionsdifferenzierung ergibt sich daraus für Hegel als Syllogistik folgendes Schema:

- Einzelheit : Besonderheit = Besonderheit : Allgemeinheit
- Allgemeinheit : Einzelheit = Einzelheit : Besonderheit
- Besonderheit : Allgemeinheit = Allgemeinheit : Einzelheit

Wiederum die Pointe: Vermittlung erfolgt einmal über die Differenzen als solche (Besonderheit), einmal über die Einzelnen, einmal über das Allgemeine. Und nur über dieses Zusammenschließen der drei Schlüsse lässt sich ein Ganzes wirklich verstehen.[39] Der spekulative Charakter dieses Proportionensystems liegt auf der Hand: Jede Variante ist hinsichtlich der jeweils anderen Anderes ihrer selbst.

Formenzusammenhang. Der entscheidende systematische Gewinn der ganzen Operation besteht darin, dass Hegel mit ihr die Einzelheit des Einzeldings als eine Formbestimmung einholen kann, d.h. Wirklichkeit als Ganze aus Einzelding und Ordnung ist ein Zusammenhang von Formen. Damit ist eine monistische, also eine aus einer Gedankenform gewonnene Weltbeschreibung erreicht (und genau das war die ursprüngliche Absicht). Nur ein Schritt steht noch aus: nämlich die wissende Durchdringung der Form dieser Weltbeschreibung aus einer Dreiheit sich mit Bezug aufeinander unterscheidender Proportionen. Auch deren Zusammengehörigkeit und Einheit muss noch gedacht werden, um die Welt als Ganze spekulativ gefasst zu haben. Darum ein fünfter und letzter Schritt:

(5) Geist. Als Frage gefasst: Inwiefern kann noch ein Formbegriff benannt werden, der auch das Schema der Proportionen als Einheit und damit als Form umgreift? Der Ansatz zu einem solchen abschließenden Einheitsgedanken ist dadurch gegeben, dass die drei Schlüsse nicht einfach beliebig nebeneinander stehen, sondern in sich bereits einer Ordnung folgen: Im ersten steht die Besonderheit an der Vermittlungsstelle, im zweiten die Einzelheit, im dritten die Allgemeinheit. Damit bringt der jeweils folgende Schluss die im Vorausgehenden gewonnene Einheit vertieft zur Geltung. Zugleich kommt die Vermittlung als solche überhaupt erst durch den dritten Schluss zustande. Darin macht sich geltend, dass dem Schema der Proportionen die Struktur einer Entwicklung eingeschrieben ist. Ist das geschehen, kommt beinahe von selbst in Blick, dass der Entwicklungsgedanke zugleich auch in einem noch tiefergreifenden Sinn den Syllogismus prägt: Damit die ganze Abfolge der drei Schlüsse in ihrer Umstellbarkeit überhaupt in Gang kommt, müssen die Elemente A, B, E in ursprünglicher Zusammengehörigkeit und gleichzeitig in einer Abtrennbarkeit voneinander gegeben sein. In ebendieser Abfolge von ursprünglicher Einheit, Auseinandertreten der Elemente im Urteil – Urteilen wörtlich genommen – und permutativem Syllogismus fasst He-

[39] Vgl. HEGEL: System der Philosophie (Anm. 8). § 198. 409-410.

gel die Wirklichkeit des Geistes. Und das ist der Begriff, mit dem die Rückkehr aus der spekulativen Denkform zu einer – nunmehr vermittelten – Beschreibung der Welt abgeschlossen wird.

Absolutes als Abschluss. Sofern es sich um den Abschluss einer monistischen Konzeption handelt, ist dieser Abschluss als ein Absolutes zu verstehen. Dieses hat die bisher durchmessene Wirklichkeit als wirkliche Einheit zur Geltung zu bringen. Es muss die vier Stufen der spekulativen Denkform des „Anderen seiner selbst" in ebendieser Form der selbstbezüglichen Andersheit als Einheit begreifen und erweist sich darin als Geist. Das heißt: Das Absolute beginnt als Prozess in der Dimension der Endlichkeit. Dieser Prozess kann sich in Einzelnen gleichsam verdichten und so in deren Selbstverwirklichung münden. Desgleichen bringt dieser Prozess die Einzelnen in Systemzusammenhänge (immer natürlich in solche selbstbezüglicher Andersheit). Und nochmals zugleich damit kommt es in diesem Prozess des Veränderns und Verdichtens auch zum Auftreten jener Form des Übergreifens von Differentem, die „Erkenntnis" heißt, d.h.: Es kommt zu Bewusstsein von der Welt, das seinerseits ganz in diese Welt hineingehört und ihr nicht mehr einfach (wie in der natürlichen Ontologie) gegenübersteht. Innerhalb des Prozesses, der der Weltprozess ist, kommt Erkenntnis auf. Gewinnt diese die Gestalt von Selbsterkenntnis, dann handelt es sich um Selbsterkenntnis, die dem Prozess zuinnerst zugehört, d.h. es kommt zu Selbsterkenntnis des Weltprozesses und damit zu Selbsterkenntnis der Selbsterkenntnis. Der Prozess wird ja erkannt, sofern erkannt wird, dass durch ihn Selbsterkenntnis aufkommt, und selbstbezüglich Anderes ihrer selbst ist Selbsterkenntnis dabei dadurch, dass sie den ganzen Prozess ihres Aufkommens als Erkannten einbegreift (man merkt hier ein wenig, wie man sich die spekulative Denkform gegen die Schwerkraft des natürlichen Denkens erringen muss; aber die Mühe ist es wert, weil sich sonst nie begreifen ließe, wie so etwas wie Geist inmitten der Welt überhaupt auftreten kann).

All-Eines. Solche Erkenntnis der Einheit der vier Schritte ist Erkenntnis des Ganzen als Erkenntnis des Weges, der zu diesem abschließenden Gedanken geführt hat, in unabtrennbarer Einheit mit diesem Gedanken selbst. Dieses Ineinander von Weg und Ziel, das in der im Ziel erreichten Erkenntnis den Weg als Erkennen präsent sein lässt, fasst Hegel in die Bestimmung des Absoluten als Geist: Der monistische Ansatz der spekulativen Denkform begreift in Überwindung der unauflöslichen Entgegenstellungen der natürlichen Ontologie alles Wirkliche notwendig als All-Eines. Und konsistent kann das in der Tat nur in der Gedankenform eines Prozesses geschehen, der in seine Selbsterkenntnis als Erkenntnis des Ganzen seiner selbst ineins mit seiner Erkenntnis als Ganzem mündet. Erst in der für Geist charakteristischen Selbstdurchsichtigkeit, die gleichwohl wegen ihrer selbstbezüglichen Andersheit das viele Einzelne innerhalb des Prozesses, aus dem sie aufkommt, nicht übersieht, ist Wirklichkeit ohne Überhang und ohne Dunkelheit – also wirklich – begriffen.

Bezeichnenderweise endet Hegels *System der Philosophie* nach dem § 577 mit einem Zitat aus Aristoteles' *Metaphysik*, Buch XI:

> „Denken aber möchte man von sich aus stets das an sich Beste, und je mehr es Denken ist, desto mehr. Nun kann sich der Geist selber denken, insofern er am Gedachten teilbekommt. Er wird nämlich selbst Gedachter, wenn er an die Sache rührt und denkt, so daß denkender Geist und Gedachtes dasselbe sind. Denn das, was das Gedachte und das Sein erst aufzunehmen vermag, ist zwar auch Geist, aber er ist erst wirklich tätig, wenn er es schon hat; daher ist dies mehr als jenes das, was man am Geist für göttlich hält, und die Schau ist das Erfreuendste und Beste. Wenn nun so wohl, wie wir uns zuweilen, der Gott sich immer befindet, ist das etwas Wunderbares, wenn aber noch mehr, dann ist es noch wunderbarer. So aber befindet er sich wirklich. Auch Leben kommt ihm natürlich zu. Denn die Tätigkeit ist Leben, und jener ist die Tätigkeit. Seine Tätigkeit ist an ihm selbst vollkommenes und ewiges Leben. Wir behaupten also, daß der Gott ein lebendiges Wesen, ewig und vollkommen ist, so daß Leben und beständiges, ewiges Dasein dem Gotte zukommen, denn dies ist das Wesen des Gottes."[40]

Der Gott kommt zu sich. „Touto gar ho theos", ganz wörtlich: „Denn dies ist der Gott" – mit diesen Worten endet systematisch gesehen das hegelsche Denken. Die radikale, weil nichts mehr auslassende denkerische Durchdringung des Wirklichen am Leitfaden der spekulativen Denkform mündet aus ihrer eigenen Logik mit Notwendigkeit nicht nur in einen Gedanken vom Absoluten, sondern entdeckt sich in ebenso radikaler Selbsterkenntnis als Absolutes selbst, so dass der ganze Durchgang durch den spekulativen Prozess nichts anderes als das Zu-sich-Kommen des Absoluten – des Gottes – sein kann. Niemals je vorher und nachher sind Gott und Welt – dem natürlichen Denken der Gegensatz schlechthin – so atemberaubend zusammengedacht worden. Und gleichzeitig kommt dieses so konsequent von der natürlichen Ontologie abweichende spekulative Denken in seinem Ende punktgenau mit dem Abschlussgedanken der natürlichen Ontologie schlechthin, nämlich der aristotelischen, überein (in selbstbezüglicher Andersheit, versteht sich).

Provokante Endlichkeit. Und weil sich auf diese Weise unser Gang durch die Problemfelder und Denkalternativen der Ontologie so wunderbar rundet, schließe ich mit einem vermutlich im ersten Moment verstörenden Hinweis: Dasjenige Denken, das uns in seiner Vollendungsgestalt das Absolute buchstäblich so nahe kommen lässt

[40] ARISTOTELES: Metaphysik. 1072b, 19-30. Übersetzung u. Kommentar v. Hans-Georg Gadamer. 3., verb. Aufl. Frankfurt a.M. 1976. 35.

wie kein anderes, denkt das Absolute – oder sagen wir einfach: denkt Gott – in seinem Anfang auf eine Weise, gegen den sich jeder natürliche Gottesgedanke nachgerade vehement sperrt: Die spekulative Denkform, die den Hiat zwischen Unendlich und Endlich überwindet, die Geschichte positiv einbegreift und das Absolute, Gott, als die innerste Wahrheit alles Wirklichen zu denken erlaubt, denkt dieses Absolute ja nicht nur als in einem dynamischen Prozess als es selbst werdend. Ineins damit macht dieses Denken dieses als seinen abschließenden Gedanken gewonnene Absolute im Anfang des spekulativen Prozesses von Endlichem, also Beliebigem abhängig. Ohne die selbstbezügliche Andersheit in der Veränderung und damit Endlichkeit der Dinge, also ohne das, was in keiner Weise in sich steht, käme es nie zu dem seiner Form nach notwendigen Auftreten des Geistes, also des Absoluten. Absolutes impliziert, dass Endliches ist. Der natürlichen Denkform gilt die exakte Gegenthese als evident: Endliches impliziert, dass Absolutes ist. Was aber, wenn anerkannt werden muss, dass die spekulative Ontologie die ersichtlich kohärentere und luzidere Durchdringung der Wirklichkeit leistet, die sich auch noch praktisch in der Führung eines bewussten Lebens bewährt? Muss sich dann nicht die philosophische Theologie gerade um ihres emphatischen Anspruchs auf Wahrheit willen gegen alle Widerstände des natürlichen Denkens – selbstverständlich unter Einschluss von Korrekturen an Hegel – auf genau den Weg machen, der ihr vom Gang der Ontologie angesonnen wird? Die philosophische Gotteslehre (↗ Bd. 3, Teil C, Kap. 11) wird eben dazu einen Vorschlag unterbreiten.

Zuvor aber ist im nächsten Schritt in diejenigen Grundfragen der Anthropologie und Naturphilosophie sowie der Religionsphilosophie einzutreten, die im Gang der bisherigen Überlegungen zu den Weisen der Weltbeziehung immer wieder bereits gebieterisch ihr Recht anmeldeten.

PERSONENREGISTER